刘秉忠 著

世界情报组织秘密行动

［上］

时事出版社
北京

图书在版编目（CIP）数据

世界情报组织秘密行动：上下册／刘秉忠著.
北京：时事出版社，2025.6. -- ISBN 978-7-5195
-0553-0

Ⅰ．D526

中国国家版本馆 CIP 数据核字第 20258Y6X69 号

出 版 发 行：时事出版社
地　　　　址：北京市海淀区彰化路 138 号西荣阁 B 座 G2 层
邮　　　　编：100097
发 行 热 线：(010) 88869831　88869832
传　　　　真：(010) 88869875
电 子 邮 箱：shishichubanshe@sina.com
印　　　　刷：北京良义印刷科技有限公司

开本：787×1092　1/16　印张：45　字数：773 千字
2025 年 6 月第 1 版　2025 年 6 月第 1 次印刷
定价：198.00 元
（如有印装质量问题，请与本社发行部联系调换）

目　录

（上　册）

绪　论 …………………………………………………………（1）
　第一节　间谍与秘密行动的相关术语 ………………………（2）
　第二节　情报组织的秘密行动机构 …………………………（7）
　第三节　秘密行动与隐蔽行动 ………………………………（18）
　第四节　秘密行动的特点 ……………………………………（25）

第一章　美国中央情报局与隐蔽行动 ………………………（34）
　第一节　美国隐蔽行动战略的产生与发展 …………………（35）
　第二节　美国隐蔽行动的运行机制 …………………………（44）
　第三节　美国隐蔽行动的四种类型 …………………………（54）
　第四节　美国隐蔽行动的发展阶段 …………………………（64）

第二章　秘密行动的基础建设 ………………………………（74）
　第一节　队伍建设 ……………………………………………（74）
　第二节　阵地建设 ……………………………………………（96）
　第三节　多方合作 ……………………………………………（114）
　第四节　体系作战 ……………………………………………（126）

第三章　秘密行动的策划与实施 ……………………………（137）
　第一节　情报支撑 ……………………………………………（138）
　第二节　方案制定 ……………………………………………（148）
　第三节　风险评估 ……………………………………………（161）
　第四节　模拟演练 ……………………………………………（173）
　第五节　行动实施 ……………………………………………（186）

第四章 暗杀类秘密行动 ·· (200)
第一节 暗杀秘密行动的主要方式 ····································· (200)
第二节 暗杀秘密行动的主要对象 ····································· (215)
第三节 暗杀的武器装备 ·· (225)
第四节 对暗杀秘密行动的认识及政策调整 ························ (234)

第五章 绑架类秘密行动 ·· (243)
第一节 绑架的主要方式 ·· (243)
第二节 绑架的主要对象及目的 ······································· (256)
第三节 绑架和暗杀的区别与转换 ···································· (269)

第六章 策反类秘密行动 ·· (276)
第一节 色情诱惑 ··· (277)
第二节 金钱收买 ··· (289)
第三节 思想诱导 ··· (298)
第四节 把柄胁迫 ··· (309)
第五节 战争与策反 ·· (318)

第七章 渗透类秘密行动 ·· (327)
第一节 渗透的主要方式 ·· (327)
第二节 渗透的主要部位 ·· (337)
第三节 渗透的主要目的与作用 ······································· (349)
第四节 思想文化渗透 ··· (361)

目录

（下　册）

第八章　欺骗类秘密行动 (371)
 第一节　欺骗的主要方式 (372)
 第二节　欺骗的主要目的和作用 (388)
 第三节　心理战 (399)

第九章　离间类秘密行动 (414)
 第一节　离间的主要方式 (415)
 第二节　离间的主要目的 (430)
 第三节　离间与欺骗的联系与区别 (442)

第十章　破坏类秘密行动 (452)
 第一节　设施破坏 (452)
 第二节　经济破坏 (463)
 第三节　社会破坏 (473)
 第四节　技术破坏 (478)

第十一章　颠覆类秘密行动 (490)
 第一节　颠覆的主要方式 (490)
 第二节　"非暴力抗争"理论与"颜色革命" (504)
 第三节　非政府组织在颠覆政权中的作用 (514)

第十二章　窃取类秘密行动 (530)
 第一节　窃取的主要方式 (530)
 第二节　窃取的主要目标 (549)
 第三节　外国对我国科技成果的窃取 (565)

第十三章　营救类秘密行动 (575)
 第一节　营救的主要方式 (575)
 第二节　营救从事间谍活动的人员 (591)
 第三节　营救被恐怖分子劫持的人质 (605)

第十四章　准军事类秘密行动 ……………………………………（620）
第一节　准军事行动的主要方式 …………………………………（621）
第二节　准军事秘密行动的主要目的 ……………………………（634）
第三节　雇佣兵与准军事秘密行动 ………………………………（644）

第十五章　秘密行动与伦理道德 …………………………………（666）
第一节　秘密行动与国际关系基本准则 …………………………（670）
第二节　秘密行动与国内政治 ……………………………………（679）
第三节　秘密行动与个人道德 ……………………………………（692）

主要参考资料 …………………………………………………………（710）

绪　论

　　人类历史进入国家初期就有了间谍活动的萌芽，并随着人类社会的发展逐步成熟，在政治斗争、军事斗争和国家间的较量中发挥着越来越重要的作用。间谍活动中包含了秘密情报与秘密行动两个方面的内容，有意思的是，被认为是中国最早的间谍活动"女艾谍浇"与西方最早的间谍活动"特洛伊木马计"，都属于秘密行动的范畴。前者帮助夏王相的遗腹子少康杀死寒浞之子浇，成功复国；后者助力希腊联军攻破特洛伊城，结束了苦战十年的特洛伊战争，都是运用秘密行动的方式，解决了常规手段和渠道无法解决的重大问题，千百年来，一直为世人所乐道。中国古代兵书中，涉及用间的内容，主要是与秘密行动紧密相关，成书于战国时代的兵书《太公六韬》，专门用一篇讲"文伐"，即通过渗透、策反、欺骗、离间等秘密行动方式，来诱导激发敌方的骄奢和自大之心，分化瓦解其内部和盟友，削弱其实力，然后再兴兵攻伐。唐代李筌在《太白阴经·人谋》中，将秘密行动称为"阴倾之术，夜行之道，文武之教"。中国古代区域性政权和对立的政治军事集团，也长于运用秘密行动的方式进行博弈。在我国春秋战国时期，许多诸侯国已经将秘密行动作为国家之间博弈的相对独立的重要工具，鲁国将军曹沫通过在诸侯盟会上劫持齐桓公，胁迫其归还了侵鲁之地；燕昭王派遣苏秦到齐国成功地实施了"弱齐"战略，导致齐国几近亡国，都是运用秘密行动的方式，达成了其他手段难以达到的重大目标。燕太子丹派遣荆柯行刺秦王如获成功，很可能会扰乱或迟滞秦统一六国的进程，为弱小的燕国续命。这些方式和手段，在当今依然具有旺盛的生命力。但在漫长的人类历史长河中，总体而言，人们更重视秘密情报。一战之后，秘密行动越来越受到重视，其解决重大问题的独特作用逐步得到认同。二战之后，秘密行动在有些国家甚至被提升到国家战略的高度，成为与军事斗争、外交博弈相提并论的"第三种选择"，并将其作用发挥到了极致。后冷战时期，秘密行动走上了泛化之路，成为一种常规的较量方式或新的战争形态。情报组织的秘密行动，在当前国家间的博弈中，扮演着越来越重要的角色，发挥着独特的作用。《孙子兵法·计篇》："兵者，诡道也。"说用兵打仗是一种诡计多端、欺蒙诈骗的行为，但与情报组织的秘密行动相比，可以说是小巫见大巫。兵者诡道，谍者则为诡道之极。

军事上通过诡道,可以以少胜多、以弱胜强,但对整场战争而言,在大多数情况下,双方在战场上硬碰硬的对抗还是会起到决定性的作用。具有西方兵圣之称的德国军事理论家克劳塞维茨在《战争论》中说:"不论是在战术上还是在战略上,数量上的优势是最普遍的制胜要素……数量上的绝对优势对于战斗的最终结果而言是非常重要的。在一切有利的因素中,数量上的优势尤为重要。"[①] 诡道大多是起辅助性的作用,而且军事上的诡道也是属于秘密行动的范畴,如前面所提到的"特洛伊木马计",以及国人耳熟能详的"空城计",二战时期盟军的"卫士计划"等,莫不如此。诡道则成为情报组织的秘密行动存在的载体,离开了诡道,秘密行动也就无从谈起。从某种意义上讲,秘密行动与诡道,是一枚硬币的两面,相互依托,缺一不可,诡道与谍术具有天然的亲和性,谍术是诡道的最高表现形式,或者说谍术即诡道。通过秘密行动来进行国家之间、组织之间的博弈,已经成为一种惯常的手段和方式,并营建了一个深藏世人背后、神秘莫测的诡异空间,悄然改变着某些事件的结局、国家或组织的命运,甚至世界局势的走向。

第一节 间谍与秘密行动的相关术语

涉及间谍情报活动的相关术语和概念,各国及不同时期在使用上存在着一定的差异性,平时在使用的过程中也会有一定的出入。《论语·子路》有言:"名不正则言不顺。"对这些术语和概念的内涵和外延进行相对的规范和定位,才能比较准确地展开研究和论述,避免造成理解和把握上的混乱。

一、间谍与间谍活动

《辞源》中对"间谍"是这样解释的,"事之有隙可寻者曰间","伺候敌人之间隙以反报其主者曰谍"。在我国古代文献中,"间"和"谍"均有秘密行动和秘密情报的含义,但"间"一般偏重于秘密行动,"谍"一般偏重于秘密情报。秘密行动与秘密情报本身也是一对孪生兄弟,秘密情报是秘密行动的先导,通过秘密行动除了解决一些重大问题之外,也可以获取相关的情报,二者有着极为密切的关系,很难将它们绝对分开。"间谍"一词最早出自《太公六韬》:"游士八人,主伺奸候变,开阖人

[①] [德]克劳塞维茨著,余杰译:《战争论》,台海出版社2018年版,第145—146页。

情,观敌之意,以为间谍。"其认为间谍的作用是收集敌方内部的情报。《礼记·千乘》:"以中情出,小曰间,大曰谍。"其将间谍发挥作用的情况分为大、小两类。《孙子兵法·用间篇》:"故用间有五:有因间、有内间、有反间、有死间、有生间……乡间者,因其乡人而用之;内间者,因其官人而用之;反间者,因其敌间而用之;死间者,为诳事于外,令吾间知之而传于敌间也;生间者,反报也。"① 其将间谍的类型分为五类,其所发挥的作用除了搜集敌方情报外,换一个角度来看,实际上还包含着秘密行动的因素。利用敌方普通居民做间谍的"因间"是渗透;收买和利用敌方官员、敌方间谍做我方间谍的"内间"和"反间",包含策反和渗透;向敌方故意散布假情报的"死间",可归于欺骗或离间。自古以来,间谍既是掌握敌情的"潜望镜",又是攻击对手的"撒手锏"。

现代一些词典类工具书,对"间谍"的词义作了规范的解释。《辞海》:"由异国情报机关派遣或指使,窃取、刺探、传送机密情报,或进行颠覆、破坏等活动的人员。"在一些英文词典中,对间谍的解释为:指那些受雇于某一国家或组织,秘密搜集其他国家或组织情报的人。从间谍活动的实际情况来看,这些工具书的解释都有不完善的地方。《辞海》的解释将间谍的活动范围限定在国家之间,即"异国",实际上在一国之内,处于分裂状态或是战乱时期,敌对的政治军事集团之间,同样会使用间谍来作为博弈的手段。英文词典的解释只讲了情报搜集,没讲秘密行动,缺少了一个方面的内容。并不是说西方间谍史上缺少秘密行动,西方国家一般将"特洛伊木马计"的故事作为间谍史的开端,希腊青年战士西农也成为西方间谍史上最早的有文字记载的间谍。这个故事与搜集情报关系不大,而是兼具渗透、欺骗和破坏等多种方式的秘密行动。《现代汉语词典》的解释相对比较完善:"被敌方或外国派遣、收买,从事刺探军事情报、国家机密或从事颠覆活动的人。"但仍有值得商榷之处,颠覆一般是针对国家政权而言,有许多间谍秘密活动并不一定是以搞垮对方政权或组织为目的,而是给对方造成某种损害以增益己方的利益。尤其是像营救、窃取之类的秘密行动,则纯粹是为了己方的利益,当然从对方的角度来看也是一种破坏活动,但不宜称为颠覆活动。破坏一词的含义比较宽泛,凡属对己方不利的行为都可称为破坏活动,广而言之,颠覆也是一种破坏活动,只不过是针对国家政权的特殊破坏活动。也就是说,在词义上破坏可涵盖

---

① 孙厚洋、周春:《孙子兵法研究》,时事出版社2000年版,第252页。

颠覆，颠覆涵盖不了破坏，当同时使用破坏和颠覆这两个词时，破坏就专指除颠覆之外的其他损害对手利益的行为，在颠覆后面加上破坏一词就会显得更为周密。

间谍也可称为情报人员，它主要包括两类人员，一类是情报机构体制内的人员，也被称为情报官员或特工，军事部门情报机构或按照军事部门体制管理的情报机构，其情报官员还会被授予军衔，也可称这类情报机构的情报官员为军官，但一般会在前面加上情报机构的名称，如克格勃军官、德国军事谍报局军官等。特工意为"从事特殊工作的人员"，情报机构所承担的是非常规的特殊工作任务，其工作人员自然可称为特工。另一类是由情报官员根据间谍活动需要，通过策反、收买、胁迫、利用等手段招募发展的人员，也有主动投靠的，被称为情报人员或线人、线民、眼线、卧底等，西方国家也将这类人称为"鼹鼠"，鼹鼠白天潜伏在地洞中，晚上出来活动，与潜伏敌中间谍的活动方式有相似之处。常与间谍混用的还有特务一词，源自日语，本意为"特别任务"，引申为"执行特别任务的人"，其含义与间谍一致，只要是从事间谍活动的人员均可称为特务，但它已经是一个历史名词或民间用语，我国在20世纪末官方规范用语已改为间谍。

间谍活动也称为情报活动，是指间谍在情报机构的委派下，采用隐蔽秘密的手段，有目的、有组织地在目标国家、组织或地区，所从事的刺探、收买、窃取情报，招募间谍、建立和发展间谍组织，实施渗透、颠覆和破坏等活动的行为。渗透、颠覆和破坏等行动，都属于秘密行动。简单地说，间谍活动就是搜集情报、建立间谍网和开展秘密行动，而建立间谍网的目的是搜集情报和开展秘密行动，建立间谍网本身也属于渗透、策反类秘密行动，因此，间谍活动或情报活动的核心内容就是搜集情报和开展秘密行动。

二、情报机关、情报机构、情报部门与情报组织

情报机关，又可称为情报机构、情报部门或间谍情报机关、间谍情报机构，指承担秘密情报和秘密行动工作职能的专门官方机构，包括其总部、分支机构及派驻海外的情报站组。一般情况下，专指其总部时，使用情报（间谍）机关；泛指或是指其分支机构及派驻海外的情报站组时，使用情报机构。情报机构本身是政府或军队及组织的一个部门，当涉及与政府或军队的其他部门并列、对称时使用情报部门。情报组织的概念更大一些，包括承担秘密情报和秘密行动工作职能的官方机构和招募发展的间谍网、以掩护名义开办的企业公司或相关社会组织，还可涵盖协助配合情报

机构开展工作的相关政府部门、军队或其他社会民间组织，如经常配合情报机构实施秘密行动的特种部队，有些并不隶属于情报机构，还有为满足特殊秘密行动需要而使用的雇佣军和非政府组织等，在有些秘密行动项目中，他们往往起着举足轻重的作用，在他们参与承担情报机构的任务期间，我们将其视为情报组织。总之，承担或参与秘密情报、秘密行动任务的机构、间谍网及各种相关组织，统称为情报组织。

三、情报与行动

情报组织开展的情报和行动，分别称为秘密情报和秘密行动，也可简称为情报和行动。西方情报界还有"干湿活"的说法，"湿活"是指使用绑架、暗杀、破坏、准军事等暴力手段，涉及流血或伤亡等具有暴力色彩的间谍活动；"干活"是指不使用暴力手段，不涉及流血或伤亡的间谍活动，如情报搜集与分析工作。一般情况下，"干活"可作为情报搜集与分析的代称，"湿活"可作为秘密行动的代称。

根据不同的语言环境其含义有所不同，广义的情报，包括情报和行动；狭义的情报，则是与行动相对应的一个概念，专指情报的搜集及之后的处理工作。如美国中央情报局、俄罗斯联邦对外情报总局，其名称中有"情报"而无"行动"，但在职能上情报和行动二者兼有。二战时期英国专门成立了特别行动执行署，主要职能是将特工秘密投送到德占区，从事针对纳粹德国的破坏活动和支持配合当地地下抵抗运动，体现了以行动为主的特点，战后合并进秘密情报局，行动的职能仍然保留。二战时期法国流亡政府成立中央情报暨行动局、以色列建国后成立中央情报与特殊使命局（摩萨德），在机构名称中将"情报"与"行动（特殊使命，也可译为特别行动）"并列。这也说明相关国家对情报和行动术语的使用上还是有所不同的，但术语使用上的差别，对其职能和任务并没有明显的影响，美国中央情报局的前身战略情报局就体现出对秘密行动的偏好，在冷战时期更是承担了隐蔽行动的重任。有些国家在主要情报机构的名称上加上行动的字眼，可能会对行动更加关注和重视一些，如以色列中央情报与特殊使命局，为其赢得巨大声誉的主要是秘密行动，将"特殊使命"演绎到了极致。

行动的概念，也有广义与狭义之分，广义的行动，包括情报和行动；狭义的行动，也是与情报相对应的一个概念，指排除了以搜集情报为主要目的的活动。情报机构内设的行动部门，有的是负责境外的情报搜集、间谍发展和秘密行动工作，基本上境外的工作都归行动部门管理，如美国中央情报局的行动部；有的则是专门负责颠覆、暗杀、破坏及准军事等秘密行动，如克格勃内设的行动处、法国对外安全总局内设的行动处等。在这里，情报、行动以及秘密情报、秘密行动等概念，一般情况下，除了机构名称和专用术语之外，主要是从狭义的角度上来把握和使用的。

四、秘密行动、特别行动、谋略工作与隐蔽行动

秘密行动，是指根据国家战略、国家或政治军事集团利益及现实斗争的需要，由情报机构策划、组织、主导或参与实施的，针对特定的国家、组织或目标、部位，通过隐蔽秘密的方式，采取暗杀、颠覆、欺骗、破坏及准军事行动等相关方式和手段，改变某种现存状态，小则给对手制造麻烦、造成损害，大则摧毁对手政权甚至灭其国家，以维护或攫取本国本组织利益，打击、削弱或消灭对手的行为。

秘密行动与特别行动含义上是一致的，英国、法国、以色列等国家将情报组织的秘密行动通常称为特别行动，美国中央情报局在某个时期也将隐蔽行动改为特别行动，在内涵上没有明显差别，但在给人的感观上还是有细微差别的。秘密行动，会给人一种偷偷摸摸、不光明正大的感觉，词语虽属中性，但暗含有负面的因素；特别行动则显得光明正大，虽然也是中性词语，但规避了负面的因素。

秘密行动在日本和韩国被称为谋略工作或谋略活动。在我国古代兵书中，"谋"为欺骗，"略"为计策，二字连用首见于《太公六韬》"智略权谋"。"谋略"作为一个完整的概念使用，最早出现于西晋陈寿《三国志》，在《魏书·明帝纪》中有"进同谋略，退为辅佐"，《魏书·程昱传》中有"才策谋略，世之奇士"等语。谋略意为计谋策略，而计谋往往体现为阴谋。情报组织的秘密行动，具有浓厚的谋略色彩，可以说"无谋不成秘"，将其称为谋略工作或谋略活动，是换了一个角度看问题，其本质特征并无不同。日本情报机构将谋略工作视为所追求的最高目标，承担这方面任务的也是日本最高层次的间谍，如明石元二郎、土肥原贤二等。抗战时期，日本间谍机构将策反一批民国时期的军政要人、建立伪政权以及诱蒋降日作为谋略工作的重要内容，如策反汪精卫的"渡边工作"、策反唐绍仪和吴佩孚等人的"鸟工作"、离间蒋政权将领及政客的"鹭工作"等。韩国中央情报部专门设有从事谋略活动的业务机构，将谋略活动分为九类：宣传谋略、谣言谋略、军事谋略、行动谋略、经济谋略、技术谋略、假降谋略、瓦解谋略、逆用谋略，这些都属于秘密行动的范畴，其中行动谋略为采取绑架、暗杀、爆炸、纵火等手段打击敌方领导人物或要害部位，或制造混乱及恐怖气氛等。

绪 论

隐蔽行动是美国在二战后才开始使用的一个概念，英文为"covert action"或"covert operation"，可译为"秘密行动（活动）"或"隐蔽行动（活动）"。查阅相关资料，四种译法都有，早期译为"秘密行动（活动）"的更多一些，但随着时间的推移，"隐蔽行动"的译法相对较多。20世纪70年代中前期，美国社会对情报机构的疑虑和敌意全面爆发，"隐蔽行动"这个词语的名声不佳，1976年以后美国将"隐蔽行动"改为"特别行动"，与英法等国使用的概念一致，以避免刺激质疑和反对者。15年之后，在美国国会《1991财年情报授权法》中又重拾"covert action"一词。这也证明了从一般意义上来说，"秘密行动（活动）""隐蔽行动（活动）"和"特别行动"三个词语差别并不明显，可以通用。

第二节　情报组织的秘密行动机构

间谍活动从传说时代就开始了，并在国家之间及各种对立的政治军事集团的斗争中，一直是一个重要的博弈手段和渠道。传说夏朝"少康使女艾谍浇，使季杼诱豷，遂灭过、戈（《左传·哀公元年》）"，最后得以复国，这就是中国最早的间谍故事"女艾谍浇"。据《史记·仲尼弟子列传》记载，春秋时期孔子的学生子贡凭借惊人的韬略和口才，纵横捭阖，一次周游列国式的游说，"存鲁、乱齐、破吴、强晋而霸越"。子贡主要是使用欺骗和离间等手段，打破和改变了这些诸侯国之间的关系，使其相互争斗和制衡，为弱小的鲁国创造了比较好的"国际"生存环境，体现出了秘密行动的强大威力，成为战国时期纵横家的先声。我国早期出现了一些兼有间谍情报职能的官方机构，如周代的"行人"，秦代的"中尉""内史"，汉代的"绣衣直指""司隶校尉"和"刺史"，三国时期的"校事"，北魏的"候官"，隋代的"候人"，唐代的"察事"等。但真正完全独立的情报机构，直到我国宋代才开始出现。宋朝建立了世界上最早的直属于最高决策者、直接为皇帝效力的完全独立的情报机构"皇城司"，除了刺探国内的各种情报之外，还负责开展针对敌国辽金和西夏的间谍活动。明代先后设置了"锦衣卫""东厂""西厂"等情报机构，这些机构权势煊赫，但总体上来说其主要职能是对内，带有后世"政治警察"的特点，对外的职能很弱。清朝建立后，在广袤的疆域、大一统的格局和宗藩朝贡体系之下，缺乏对外开展情报活动的需求和动力，情报机构及情报活动出现了倒退，虽然也设立了"织造衙门""尚虞备用处"等兼有情报职能的机构，但均非主业，而西方国家却以传教、经商等为名对我国开展间谍活动并日益猖獗，清政府对此毫无防范意识。产生过有史以来第一部间谍学专著《孙子兵法·用间篇》的伟大国家，就此在间谍情报斗争领域远远落后于世界水平，这也是清朝晚期备受列强欺凌的重要原因之一。面对世界列强的侵略，清政府意识到了情报工作的重要性，于清末建立了"军咨府第二厅"，根据国别和地区下设五个科，专门负责对外国的间谍情报活动，这也是我国历史上第一个专司对外情报职能的情报机构。在中国古代，间谍活动往往与军事斗争息息相关，也是各类兵书的重要组成部分，运用间谍活动方式进行博弈的主体，一般为君主、大臣、军事将领或谋士，前面所述带有情报职能的机构，但发挥的作用十分有限。

西方间谍活动一开始就主要用于国与国之间的斗争，从古希腊"特洛伊木马计"开始，国家之间、国内各派政治军事势力之间间谍活动非常活跃，但间谍都是以个体的形式存在，没有设立相应的情报机构。15世纪意大利建立了固定的驻外使馆，并利用大使馆开展间谍活动，16世纪欧洲大多数国家都先后借鉴意大利的做法，大使馆成为间谍活动的中心。16世纪中叶，英国弗朗西斯·沃尔辛厄姆创建了情报机构"维尔辛根（保密局）"，成为现代情报机构的雏形，这个时期英国的情报工作也领先于其他国家。俄国于1565年成立了特工局，1826年成立沙皇办公厅第三局，1885年改组为国家保卫部，后来显赫一时的克格勃就是滥觞于此。此后德国、法国、日本等也相继建立了情报机构。[1] 德国普鲁士国王弗里德里希二世建立了历史上第一个情报机构，成为战争机器的有机组成部分，被欧洲各国所模仿，其也被称为"德国现代谍报之父"。号称"半个上帝"的威廉·斯蒂贝尔，于1863年效力于铁血宰相俾斯麦，并被其称为"我的警犬之王"，他创新发展了情报组织的工作方式，如在国外设立情报站、在情报机构中设立专门的情报欺骗部门、有意识地使用"美人计"进行渗透和策反、建立电报和书刊审查制度等，使情报组织的活动开始从业余性向专业性转变，秘密行动也成为情报组织关注的重要工作内容。[2] 但直到一战前，世界各国的情报组织多处于间歇性、分散性和相对边缘化的状态，秘密行动也处于随机为之、缺乏系统性的状态。

---

[1] 陈玉明主编：《世界间谍组织绝密档案》，吉林摄影出版社1999年版，第19—33页。

[2] 綦甲福、赵彦、朱宇博、邵明：《德国情报组织揭秘》，时事出版社2013年版，第1—8页。

绪　论

一战到二战期间，绝大多数国家的情报组织将主要精力多放在情报搜集上，比较忽视秘密行动的作用，纳粹德国的情报机构则通过花样层出的秘密行动，成为希特勒发动和实施侵略战争的助推器。二战初期，英国决策者意识到秘密行动在纳粹德国的侵略战争中发挥了巨大的作用，开始重视发挥秘密行动的作用，成立了专门的秘密行动机构特别行动执行署和专门负责对德进行战略欺骗的伦敦监督处，成功地实施了一系列秘密行动，为盟军赢得战争发挥了不可替代的作用。二战期间，美国按照英国的模式建立了专门的情报机构，一开始就将秘密行动与秘密情报放在同等重要的位置来对待，并由此奠定了二战之后美国单独或与英法等欧洲盟友联手开展隐蔽行动的基础。以色列建国后，派专员到美国中央情报局考察，学习借鉴其模式，成立了中央情报与特殊使命局，将"特殊使命（又可译为特别行动）"放在机构的名称上，显示了对秘密行动职能的高度重视，后来在秘密行动上也确实创造出了骄人的业绩。

苏联的情报机构克格勃是在契卡（全俄肃反委员会）的基础上发展起来的，早期实施的秘密行动具有将肃反工作向境外延伸的特征，主要是追杀有重大影响的政治流亡者和叛逃者，二战爆发后才将工作的重心转向对手国家，战后通过帮助东欧国家组建情报安全机构、扶持代理人等方式，协助苏共实行了对东欧国家的全面控制。冷战时期为配合两大阵营的斗争，克格勃率领东欧国家、古巴等国情报机构，与以美国中央情报局为首的西方国家情报机构，在欧洲、亚洲、非洲和拉丁美洲展开了全面较量。冷战结束后，针对恐怖组织的秘密行动，成为相关国家情报机构的工作重点。后面的论述中，将会使用到大量的案例，这也必然会涉及许多国家的情报机构及秘密行动的职能部门。一些国家的情报机构众多，主要情报机构的职能及名称变化也比较大，这里简要介绍世界上几个重要国家的主要情报部门中的秘密行动机构及职能发展变化等情况，以便对此问题有一个整体的了解和把握。

一、美国情报机关的秘密行动机构

美国在独立战争时期创建了情报机构秘密通信委员会，南北战争时期南方设立了秘密情报局，北方设立了波托马克军团军事情报局，这些机构在战争结束后都被裁撤。1882年设立海军情报局，1885年陆军设立军事情报局。二战前期，罗斯福总统认识到现有的情报体制已经明显不适应新形势的需要，不顾陆军和海军情报局及联邦调查局的反对，于1941年6月任命威廉·多诺万为情报协调官。多诺万依照英国情报机构的模式，将情报业务工作分为五个方面：秘密情报（指情报搜集）、特工（指破坏和颠覆）、心战（指广播宣传）、行动（指训练和装备目标国家游击队或武装叛乱人员）和反间谍组。① 其中第二至第四项，属于秘密行动的工作范畴。"珍珠港事件"发生后，在追责的浪潮中，美国各情报机构因失职而诚惶诚恐，为罗斯福设立新的情报机构创造了条件。1942年6月在情报协调办公室的基础上，美国组建战略情报局，其职责有两大项：为参谋长联席会议搜集和分析战略情报；规划指导和实施参谋长联席会议所需要的特别行动。战略情报局局长多诺万对秘密行动具有极大的兴趣和冲动，重视秘密行动的这一传统，也被后来的中央情报局继承并发扬光大。二战一结束，战略情报局就被撤销，不久又成立了中央情报组，不再承担秘密政治和准军事等行动。

1947年5月，在中央情报组的基础上成立了中央情报局，但成立之初并未获得在国外开展颠覆破坏等活动的秘密行动授权。同年底，杜鲁门总统批准了中央情报局开展秘密宣传的行动计划。1948年6月，杜鲁门签署的国家安全委员会第10/2号文件，认可了心理战和准军事行动计划，并对秘密行动下了具体的定义："它将包括与下述活动有关的任何秘密行动：宣传鼓动、经济战；先发制人的直接行动包括破坏和反破坏活动、爆破及疏散工作；颠覆敌对国家，包括支持地下抵抗运动、游击队和难民解救小组、支持自由世界受共产主义威胁的国家中土生土长的反共力量。"② 逐步形成了由总统指派和批准并向总统负责的执行秘密行动的机制，规定由中央情报局全面负责隐蔽行动的规划和实施。

1947年在中央情报局内设特别计划处，稍后更名为政策协调处，处长由国务院任命，规定在和平时期应听命于国务院，战时则服从五角大楼的指挥。1952年8月成立行动规划部，后改为国家秘密行动部（以下简称行动部），取代了特别行动处和政策规划处。行动部不仅承担中央情报局在境外搜集秘密情报和开展秘密行动的任务，还是美国整个情报界境外情报活动的总协调者。行动部约占全局总预算的三分之一，有6000多名全职雇员，在境外设立了130多个情报站，包括在境外发展的间谍或线人，估计有10万人之众。行动部负责制定秘密行动或准军事行动计划，提供行动计划实施过程中所需要的各种支持，包括：政治指导和咨询、给发展的间谍和情报提供者发放津贴、向属意的政党或团体提供经济援助和技术帮助、

---

① 卫安主编：《外国情报史》，时事出版社1993年版，第128页。
② 黄爱武：《战后美国国家安全工作的法律规则》，《法治论丛》2010年第3期。

向民间组织提供秘密宣传计划和材料、为所支持的组织秘密培训活动人员、制定旨在推翻或支持某一政权的准军事和政治行动计划、制定暗杀计划并监督其顺利实施。①海豹突击队、三角洲、绿色贝雷帽等特种部队经常参与并协同实施秘密行动。二战后美国针对欧洲及亚非拉国家开展了一系列的秘密行动，20世纪70年代受到国会调查，秘密行动大幅度减少。进入20世纪80年代后，秘密行动又重新受到重视，在促成苏东剧变中发挥了重要作用，其后在策动相关国家"颜色革命"及反恐斗争中秘密行动成为重要或主要的工具。

二、苏联及俄罗斯情报机关的秘密行动机构

苏维埃俄国于1917年成立全俄肃反委员会，简称契卡，3年后在其内部增设国外处，负责搜集境外政治和军事情报、遏制西方国家对苏的颠覆破坏活动、监视和分化瓦解流亡国外的反苏反共势力。契卡后来依次更名为内务人民委员会国家政治保卫局、国家政治保卫总局、国家安全总局，归并到内务人民委员会、国家安全人民委员会，再一次更名为国家安全总局并入内务人民委员会，1943年又改回国家安全人民委员会，1946年改称国家安全部；斯大林去世后贝利亚又将其合并进内务部。内设特别工作处，专门负责绑架、暗杀等秘密行动；还设有游击作战局，直接或间接地对外国共产党员进行各种作战技术、通信方法和破坏技术的训练，二战时负责领导在德军后方的游击战活动。1954年3月设立国家安全委员会，简称克格勃。所属第一总局内，以下几个局处与秘密行动有关：非法活动局，承担政治暗杀、绑架和破坏等特别行动；国际反间谍局，负责对外国情报机构进行渗透，收买、策反外国情报机构工作人员，派遣情报官员打入外国情报机构，向国外苏侨团体渗透；特别宣传局，也称假情报局，负责对国外政府和公众进行欺骗性宣传，将假情报散布给有关国家、政党团体或个人，以影响其决策；特别行动处，负责执行政治暗杀、绑架和颠覆等直接破坏活动，其工作人员往往以相关身份派驻到世界各地的情报站；顾问处，负责与东欧国家及古巴等国家情报机构的日常联系，并以委派顾问等方式进行控制。苏联很注重利用驻外使领馆及国际组织外交人员和雇员的身份派遣情报人员，一般占驻外使领馆和外交使团人员总数的30%左右，在某些重点国家甚至达到或超过50%。②其先后组建阿尔法、信号旗

---

① 卫安主编：《外国情报史》，时事出版社1993年版，第165—166页。
② 卫安主编：《外国情报史》，时事出版社1993年版，第23—25页。

特种部队，执行颠覆、破坏、暗杀、绑架、准军事及人质营救等特别行动，尤其是信号旗特种部队主要在境外执行秘密行动任务，深藏于神秘的面纱背后，世人对其知之甚少。

1918 年成立野战司令部登记局，逐步演变为总参谋部情报总局，或称为军事情报部，简称格鲁乌，建制上隶属于军队，业务上受到克格勃的制约，主要承担对国外的情报渗透及破坏活动，二战前及二战期间对外的渗透与情报活动取得了巨大的成绩，在欧洲的"特雷伯"情报网、"红色乐队"情报网和"拉多"情报网，在日本的"拉姆扎"情报网，均由该局建立和经营。该局内设特别行动处，主要是执行破坏、暗杀、绑架、策反和制造假情报等任务。另设战略欺骗总局，又称假情报局，针对苏联军事方面的实力和科技水平等进行有计划的虚假宣传，在美苏争霸斗争中表现突出。

苏联解体后，俄罗斯联邦接管了克格勃，几经周折，将其分拆为俄联邦对外情报总局、俄联邦安全总局和俄联邦警卫总局。《俄联邦对外情报法》第 5 条规定，对外情报总局的主要职责是：为俄联邦总统、联邦会议和联邦政府作出政治、经济、国防、科学技术和生态领域的决策提供情报保障；为顺利落实俄联邦在安全领域的政策创造有利条件；促进俄联邦经济发展、科技进步及军事技术安全保障能力提升，后两项任务与秘密行动有密切关系。内设行动处，其活动也很活跃，尤其是暗杀秘密行动，仍然沿袭了苏联的做法。[①] 阿尔法和信号旗两支特种部队在苏联解体后转隶俄联邦安全总局。俄联邦完整地继承了苏联总参情报总局（格鲁乌）的组织机构，虽然在内设机构和职能上有所调整，但总体的架构变化不大。其内设第三局（无线电技术情报局）在运用导弹炸死车臣恐怖组织头目杜达耶夫的行动中，提供了精准的电子信号定位数据。俄罗斯情报机构在影响美国总统大选、叙利亚内战、吞并克里米亚等事件及反恐斗争中，运用秘密行动发挥了重要作用。

三、英国情报机关的秘密行动机构

1855 年英国陆军部设立地形测量和统计局，是英国第一个常设性军事情报机构，先后更名为情报署、陆军情报部。1909 年改为秘密勤务局，按照业务分为两部分，国内部负责反间谍职能，后演变为军情五局（处）；国外部负责对外情报职能，后演变为军情六局（处）。一战后这两个机构已不

[①] 艾红、王君、慕尧：《俄罗斯情报组织揭秘》，时事出版社 2013 年版，第 61 页。

再隶属于军事部门,称军情某局(处)只是习惯性称呼,正式名称分别为英国安全局和英国秘密情报局,前者隶属于内政部,后者隶属于外交部。

二战初期及以前,英国情报机构专注于搜集情报,很少从事颠覆、破坏等秘密行动。二战爆发后,面对德国咄咄逼人的秘密行动攻势,英国决策者认为,战争初期德国在西线势如破竹的根本原因,在于其存在一个"第五纵队",英国应以其人之道还治其人之身。"第五纵队"的说法源自于西班牙内战,是指在敌方的内部或后方开展破坏活动的间谍队伍。1940年7月,英国成立了特别行动执行署,秘密情报局的D处、陆军部的GS(R)小组、外交部的EH宣传部门也由其接管,在欧洲、非洲、中东及亚洲有50多个间谍网,拥有13200多名特工。组织关系上隶属于秘密情报局,但又具有很强的独立性,苏联间谍金·菲尔比和后来成为苏联间谍的布莱克都曾在该署工作过,这两人都曾创造了间谍史上的奇迹。行动方式一般是将间谍分为数人一组,将他们伪装成为传教士、医生、矿工、技师、敌方军官等身份,用飞机或潜艇等方式投送到德占区,实施暗杀、破坏及支持当地地下抵抗组织的武装斗争等活动,同时也搜集情报,[①] 成功实施了暗杀纳粹德国盖世太保头目海德里希的"类人猿行动",炸毁德国设在挪威的重水工厂及"苏赛克斯行动"等重大秘密行动。另外,英国安全局在二战期间新增了两个处,即监控轴心国无线电通信的W处与管理外国侨民和监督颠覆活动的处,负责管理"双十委员会"的工作,经营了一批针对纳粹德国的双重间谍,表现十分出色。政府密码学校(政府通信总部),成功研制出"炸弹"破译机,有效地开展了对德国密码"恩尼格码"的破译工作,被称为"超级机密"。

1946年特别行动执行署被合并到秘密情报局,成为特别行动和政治处。此后秘密情报局将更多的资源投入到秘密行动之中,与美国中央情报局联手,针对苏联东欧和原英国的殖民地或势力范围,实施了一系列秘密行动,如针对阿尔巴尼亚的"宝贵行动"、颠覆伊朗摩萨台政府的"阿贾克斯行动"等。1956年"克雷布事件"之后,其秘密行动虽然受到了很大的制约和限制,但依然在非洲、中东等地的战乱中积极开展活动,以维护英国在这些地区的既得利益。秘密情报局借助英国在南亚长期殖民所积累的资源,积极配合美国中央情报局支持阿富汗穆斯林游击队对抗苏联入侵,在后来的反恐斗争中同样给中央情报局提供了帮助和支持。

---

① 王谦:《英国情报组织揭秘》,时事出版社2016年版,第59页。

四、法国情报机关的秘密行动机构

法国在 17 世纪前期,黎塞留出任首相伊始,就建立了内阁情报机构,被认为是法国历史上第一个近代意义上的情报机构,黎塞留也被间谍史家认为是法国情报界的鼻祖。其主要职能是对内,经常派遣间谍打入反叛分子内部,挑起内讧,实施绑架、暗杀、投毒等秘密行动,令叛乱分子闻风丧胆。拿破仑时期组建了保安局(或称间谍局),拿破仑三世建立特别警署,1871 年改为军事情报局,简称总参二局。在一战中,总参二局指挥长期以商人身份潜伏在德国的间谍查尔斯·卢齐托,窃取了德国毒气武器的秘密及相关实物,摧毁了德军的阿尔霍恩飞艇基地,被誉为"两次改变战争进程的人"。

二战前期,总参二局屡次在重大军事问题上判断失误,也随着法国的战败而寿终正寝。在维希傀儡政权中的前总参二局特工表面上为德国服务,暗地里从事反纳粹的情报及破坏活动,总参二局被改组为反国家阴谋局,两年后被解散。流亡到英国和北非的法国抵抗组织成立了多个情报机构,1940 年 7 月戴高乐授权组建"自由法国(后易名为战斗法国)"总参二局,次年改为情报局,增设行动科,负责与英国特别行动执行署协作。1942 年先后更名为中央情报暨军事行动局、中央情报暨行动局,内设情报搜集、秘密行动和反情报三个部门;还有伦敦情报暨行动局、阿尔及尔情报暨行动局,三者后又合并为特别任务总局,两年后改组为调查及研究总局。二战结束后,调查及研究总局改组为国外情报暨反间谍局,勒鲁瓦于 1951 年组建第七处并任处长,专门组织实施秘密行动,据称该处创造了国外情报暨反间谍局 90% 的工作成果,勒鲁瓦也被称为西方情报界的"间谍大师"。1982 年更名为对外安全总局,内设行动处,负责策划和辅助海外的各种秘密政治军事行动,包括监视、绑架、暗杀、窃取和准军事等行动。冷战结束后,对外安全总局内设机构改为局,其中行动处划归作战局,据称这将有助于拓宽行动处的活动空间,除了执行秘密行动之外,还可以经由作战途径来进行情报的搜集与研判。①

五、德国情报机关的秘密行动机构

德国国防部军事谍报局,肇始于普鲁士 1867 年成立的总参谋部情报

---

① 高振明:《法国情报组织揭秘》,时事出版社 2013 年版,第 64—70、88—89、230—233 页。

部，一战后被降格为情报组，后又改为军队部三局阿勃韦尔（德语音译，意为防守，指反间谍）处。其实反间谍并非其主要职能，德国战败后，被战胜国强制取缔了对外情报搜集的权利，起这个名称是为了掩盖其对外情报搜集的实际职能，相当于是德国为应付战胜国玩了一个文字游戏。1928年该处与海军情报机构整合为国防部军事谍报局，或称为军事情报总局。下设五个处，其中第二处主管心理作战、颠覆和破坏活动等秘密行动。该处还组建了专业化的秘密行动特种作战部队"勃兰登堡分队"，共有600多人，在二战中曾立下赫赫战功，有四分之三的人员因功被授予了"铁十字勋章"。1944年，该局局长卡纳里斯上将在与党卫军保安总局的权利之争中落败，该局被保安总局吞并，"勃兰登堡分队"也被解散了①。

纳粹党卫军保安处的历史可追溯到1930年，1932年海德里希任保安处处长，后升格为保安局。1933年戈林在内务部组建秘密国家警察署，简称盖世太保，1936年盖世太保与中央刑事警察局合并为保安警察总局。1937年，党卫军保安局与保安警察总局合并为党卫军保安总局，其中盖世太保即秘密国家警察署参与对外派遣间谍和破坏活动的职能被保留下来，海德里希任保安总局局长。海德里希策划实施的针对苏联元帅图哈切夫斯基的"斩首行动"离间计，引发了苏联对军队的大清洗，严重削弱了苏军的战斗力，导致在德军入侵初期苏军处处被动挨打。随着二战战败，保安总局灰飞烟灭，出于战后对抗苏联的共同目标，原纳粹德国东线外国军队处处长赖因哈德·盖伦积极与美军占领当局合作，组成"盖伦组织"，1955年在此基础上组建联邦情报局，所属第一分局（情报侦察分局）将人力情报分为行动搜集和接收搜集，前者是指通过派遣特工打入对方组织，或是运用策反、收买等方式进行渗透来搜集情报，曾将一对间谍夫妇渗透到东德（民主德国）最高领导人昂拉克的身边长达9年；第四分局（行政、法律和中央服务分局）下设心理战处。② 东德和西德（联邦德国）处于两大阵营对抗的最前沿，美国中央情报局主导的自由欧洲电台就设在西德慕尼黑，两德间的心理战尤为激烈。

东德国家安全部成立于1950年，简称史塔西，是在苏联的帮助和控制下，按照克格勃和格鲁乌的模式组建的，并在工作上接受克格勃的指导。

---

① 綦甲福、赵彦、朱宇博、邵明：《德国情报组织揭秘》，时事出版社2013年版，第23—33页。

② 綦甲福、赵彦、朱宇博、邵明：《德国情报组织揭秘》，时事出版社2013年版，第46—52页。

1951年成立外国情报局，后改名为情报总局，再后来成为国家安全部第二总局（国外情报总局）。其下设有四个部，其中第一部负责对西柏林、西德政党和政府的渗透，第二部负责在西德企业中发展内线。其被公认为是冷战时期最出色的情报组织之一，战斗力在某些方面甚至超过了克格勃，在北约和西德政府要害部门及其他西方国家中，通过派遣、策反、渗透等方式，建立了一支4000多人的间谍队伍。其所经营的"罗密欧小组（男性性间谍）"，针对西德政府和北约总部要害部门的女秘书开展色诱策反渗透活动，据已披露的有重大影响的案件就多达数十起。史塔西派遣到西德的特工京特·纪尧姆，经过十多年的潜伏和发展，成为西德总理勃兰特的高级秘书，渗透进西德最核心的部位，其暴露后直接导致勃兰特下台。艾森豪威尔时期的国务卿克里斯琴·赫托认为东德国外情报总局是"世界上破坏活动和间谍活动最集中的所在"。担任国外情报总局局长长达30年的马库斯·沃尔夫被西方称为"间谍之王""间谍大师"。[①] 东德消亡后，他在回忆录《隐面人》中，披露了许多过去秘不示人的谍战事件和故事。

六、以色列情报机关的秘密行动机构

自古以来，以色列人就对间谍活动高度重视，《圣经》中就记载了犹太美女绦莱拉通过迷惑大力士参孙，了解其身体弱点，成功将其捉拿并囚禁的故事。以色列情报组织的前身可追溯到奥斯曼帝国时期的"尼里"和二战前后的"沙伊"。1951年9月，以色列借鉴美国中央情报局的模式，成立了中央情报协调局，后经两次易名为中央情报与特殊使命局。内设机构中，行动计划与协调处，具有与国内情报系统的其他成员沟通情况、协调相互间行动的职能；政治行动与联络处，主要负责政治性秘密行动计划的制定和实施，所属特别行动科负责开展秘密行动。主要职能是除了情报搜集职能之外，策划并实施以暗杀、破坏、绑架、营救人质、窃取军事装备为主的特别行动等；负责处理与以色列无外交关系国家的有关事务，以秘密途径和方式营救境外情报人员及公民，并对肇事者进行报复等。2003年，摩萨德进行了重大改革，将大部分情报搜集职能转交军事情报局，专注于秘密行动，包括打击对以色列构成威胁的国家、组织和个人，抓捕和暗杀恐怖分子头目，以及摧毁敌对国家大规模杀伤性武器等。

国内安全总局简称辛贝特，内设阿拉伯事务处，负责打击境内及被占

---

① 綦甲福、赵彦、朱宇博、邵明：《德国情报组织揭秘》，时事出版社2013年版，第57—61页。

领土上阿拉伯人针对以色列的间谍、恐怖和颠覆活动。针对恐怖组织头目和骨干人员的"定点清除"行动,大多是由辛贝特组织实施的。军事情报局简称阿穆恩或阿曼,下辖有塞雷特特种部队,也称"131"特种部队,由沙龙的"101"特种部队发展而来,由总参谋长直接掌管,专门配合本局及其他情报机构执行秘密行动,它实质上是一支专门从事秘密行动的特种部队,由摩萨德组织实施的带有军事突袭性质的秘密行动任务,主要由其承担。科技事务联络局简称拉卡姆,经常配合摩萨德实施与窃取重大武器装备相关的秘密行动,如"高铅酸盐行动"等。[①] 以色列这4个主要的情报机构都有组织实施重大秘密行动的职能,在执行秘密行动项目时相互支持配合,也极大地提升了秘密行动的成效。

七、日本情报机关的秘密行动机构

16世纪日本战国时代的丰臣秀吉,因善于使用间谍被称为"间谍大师",德川幕府时代以留学为名向国外派出了第一批间谍,明治时期军方和民间的各种情报机构纷纷成立,有陆军情报署、宪兵队、海军情报机构军事部,民间的有"玄洋社""黑龙会"等,形成了政、军、民三位一体的情报组织体系,使领馆成为日本海外间谍活动的中心。日俄战争前夕,日本陆军情报官员明石元二郎以驻俄公使馆武官的掩护身份,在俄国开展秘密行动并取得显著效果,为日本赢得日俄战争发挥了至关重要的作用。1901—1945年在我国上海开办东亚同文书院,这是一所旨在培养"中国通"的间谍学校,其培养的学生成为侵华的急先锋,从事情报搜集和各种破坏活动。二战期间,日本陆军参谋本部第二部为情报机关,其中针对中国的第七科中的第四班,主要负责宣传、谋略、破译密码及其他机密情报等工作,1937年升格为独立的科,不久改为第八科,负责处理研判国际形势、宣传、谋略三个方面的工作,其中宣传和谋略工作属于秘密行动。甲午战争之前,日本借助官方和民间的间谍组织,就对我国开展了广泛而深入的间谍活动,成为日本侵略我国的马前卒,甲午战争的失败与日本的间谍活动有着密切的关系,后来炸死张作霖、组建伪满政权、为"九一八事变"和"七七事变"等事变制造借口、策反收买国民党军政要人成立大大小小的傀儡政权等,给我国造成了深重的灾难。

日本海军驻美情报机构主要是使馆武官处,针对美国太平洋舰队进行

---

① 高庆德:《以色列情报组织揭秘》,时事出版社2016年版,第45—81页。

渗透，为成功偷袭珍珠港提供了重要保障。日本间谍还向东南亚、南亚国家进行渗透，开展心理战，为日本"南向"战略服务，配合日军侵占了东南亚。战后日本推行经济立国的战略，间谍活动有85%围绕经济和科技展开，日本官方及商社等各种民间组织，在全球针对先进科技和传统工艺技术及实物实施窃取活动，并迅速转化成为商品，占领国际市场，为战后日本经济腾飞发挥了重要作用。

八、中国情报机关的秘密行动机构

民国时期，国共双方都建立了情报机构，国民党成立了两个主要的情报机构。一个是中央党部调查统计局，简称中统，其前身为正元实业社（内部名称密定为特工总部），在各省、特别市及铁路干线设立调查统计室，内设的四个科中有行动科，主要是暗杀、绑架、审讯、密捕共产党员及民主进步人士。另一个是军委会调查统计局，简称军统，抗战结束后改组为国防部保密局，内设第三处是行动处，各地情报站内设三个组，其中有行动组，执行暗杀、绑架、密捕和破坏等秘密行动。国民党情报组织对共产党及民主进步人士犯下了累累罪行，但在抗战时期，通过制裁重要汉奸，暗杀日本侵略者重要军政人员，策反和离间日伪重要官员，为抗战作出了贡献。国民党溃败到台湾后，其情报组织频繁针对大陆实施秘密行动，企图扰乱新中国秩序，但都被挫败。

第三节 秘密行动与隐蔽行动

秘密行动与隐蔽行动语义相通、内容相近、工作相关，也都不包含以获取情报为主要目的的活动，承担该任务的机构、使用的手段及方式都是一致的，在一般意义上可以通用和互换。美国政府对隐蔽行动赋予了特殊的含义，使得它与一般意义上的秘密行动又有了一定的差别，我们可以将其视为对秘密行动的丰富与发展，或是秘密行动中与国家战略相关的那部分项目。秘密行动从服务的主体和影响的重要性而言，可分为情报工作层面上的秘密行动和国家战略层面上的秘密行动，前面二者的结合我们可理解为秘密行动，后者单独我们可理解为隐蔽行动，但在实际操作中，二者并没有严格的分界线，而是相互交织。美国国家安全委员会在其文件中，曾数次给隐蔽行动下定义，其内涵也由心理战逐步扩充为综合运用全方位的工作手段和方式，其中1955年12月28日第5412/2号文件《国家安全委员会关于隐蔽行动的指令》中的定义是:"本指令所说的隐蔽行动,应被理解为按照本指令实施的所有活动,这些活动的计划与实施要使未经授权的人员不清楚美国政府在其中的责任,万一活动败露,美国政府可以巧言否认任何责任。具体地说,这些活动应该包括下列有关的任何隐蔽活动:宣传,政治行动;经济战;预防性直接行动,包括破坏、反破坏、爆炸拆毁、撤离转移;颠覆敌对国家和团体,包括援助地下抵抗运动、游击队和难民解放组织;支持自由世界受到威胁的国家中的反共产主义分子;欺骗计划与行动,以及所有与本指令一致的、有助于完成上述目标的活动。这些活动不包括可识别军事力量的武装冲突、间谍与反间谍活动,也不包括为军事行动而采取的秘密欺诈活动。"[1]

一、目的设定不同

秘密行动大多是服务于具体的工作事项,解决具体的问题,如法国对外安全总局派遣特工到新西兰奥克兰港炸毁"绿色和平"组织"彩虹勇士号"轮船;以色列为营救被恐怖分子劫持到乌干达客机上的人质,摩萨德策划实施了"霹雳行动";还有窃取敌对国家先进武器装备实物等,都是为了解决具体工作中的具体问题,与国家整体战略关系不大,至少是大多数秘密行动项目不涉及国家整体战略。除了在策划设计秘密行动时是否从国家战略出发之外,有些还要看其实际效果的大小,如纳粹德国离间图哈切夫斯基的"斩首行动",如果仅仅导致图哈切夫斯基一人被冤杀,只能算是除掉了一个具体的对手;而实际效果为使得苏军旅以上军事主官大半被清除,严重地削弱了苏军的战斗力,那么此次秘密行动则成为服务希特勒征服苏联战略的行为了。美国隐蔽行动的目的,根据其《国家安全委员会关于隐蔽行动的指令》规定是"补充美国政府公开的对外活动","确保隐蔽行动的计划和实施与美国的外交、军事政策和公开活动相一致",其所解决的是涉及国家战略层面的重大问题,具体地说,就是在美苏全球争霸的大背景下,中央情报局根据美国的国家战略和政策,针对亚洲、欧洲、非洲和拉丁美洲的相关国家,所实施的旨在颠覆和控制这些国家及其政府,将这些国家所在的区域打造成为美国的势力范围,以阻止苏联势力渗入或将苏联势力逐出的秘密行动。如美国中央情报局与英国秘密情报局联手实施"阿贾克斯行动",颠覆了有可能倾向苏联的伊朗摩萨台政府,

---

[1] 白建才:《"第三种选择":冷战期间美国对外隐蔽行动战略研究》,人民出版社 2012 年版,第 411 页。

使伊朗在此后20多年的时间里，成为美国围堵苏联战略的重要一环；在拉丁美洲颠覆多个国家左翼政府，扶持右翼代理人，使被美国视为后院的拉丁美洲没有"古巴化"。这种由解决局部问题转变为解决全局性问题，由解决战术性问题转变为解决战略性问题的现象，可视为对秘密行动的丰富和发展，是秘密行动在新的历史条件下，由从属地位向主导地位转变，由低级阶段向高级阶段成长的必然结果。

二、战略地位不同

秘密行动大多是解决具体问题的一种手段或途径，处于一种配合和从属的地位。冷战时期美国的隐蔽行动，用于实现全球战略目标，是美国称霸世界、遏制苏联扩张的全球战略的主要工具之一，与军事斗争、外交斗争处于同等的地位。赫尔姆斯在回忆录中写道："秘密行动（原译文如此，指隐蔽行动）被称为第三种选择，也就是说，它比传统的外交斡旋更具有进攻性，但又不如军事介入那么激烈。事实确实如此，这也是我们政府保持实施秘密行动的最好理由。"[①] 隐蔽行动成为介于低烈度的外交博弈与高烈度的军事斗争之间，居于中等烈度的进攻工具，以解决低烈度的工具效果不佳、高烈度的工具风险太大的问题，同时因为隐藏了国家和情报组织的身份背景，进退比较自如，回旋的空间比较大，收益预期性比较好，投入产出比比较高，风险可控性比较强。美国政治学家约翰·雅各布·纳特认为："隐蔽行动从早期的偶然使用，到冷战时期上升到对外政策的顶端，典型地体现了美苏的幕后竞争。从前隐蔽行动是单纯的调味品，20世纪40年代末之后成了一道主菜。"[②] 冷战结束后，尤其是"9·11"事件的刺激，美国出于反恐斗争的需要，隐蔽行动的"主菜"地位进一步加强，白宫曾表示："布什政府的国家安全战略和国防计划文件，开始将情报提升为国家安全决策的核心……在传统上被视为支援功能的情报，现在已经成为了国家权力的一个决定性要素。"[③] 这里情报包括秘密情报和秘密行动（隐蔽行动），而反恐斗争中的秘密情报又是直接为隐蔽行动服务的，美国反恐斗争中的重大成果基本上都是由隐蔽行动体现出来的，包括击毙本·拉丹

---

① [美] 理查德·赫尔姆斯、威廉·胡德著，佚名译：《谍海回首——前中央情报局局长赫尔姆斯回忆录》，社联印制2004年版，第258页。

② 白建才：《"第三种选择"：冷战期间美国对外隐蔽行动战略研究》，人民出版社2012年版，第59页。

③ 高庆德：《美国情报组织揭秘》，时事出版社2016年版，第39—40页。

等一批恐怖组织的头目和骨干分子。恐怖组织不具备国家实体地位，被称为非国家行为体，更确切地说应该是隐形非国家行为体，具有隐蔽性、流动性、变异性、分散性和凶残性等特点。针对这类对手，军事和外交手段很难解决问题，有时甚至连着力点和方向都找不到，隐蔽行动正好起了作用，成为反恐斗争中的主导性手段，由"支援功能（配合）"变身为"决定性要素（主导）"。

三、涉及范围不同

从理论上来讲，美国隐蔽行动的适用范围比秘密行动要小。情报组织的秘密活动中，除主要目的是获取秘密情报的活动之外，其他的均可归于秘密行动，包括情报组织围绕军事斗争所开展的各种秘密行动，围绕科技、经济等方面的发展所开展的渗透与实物窃取等秘密行动。在战争年代，各国情报组织主要是为战争提供服务和保障，其秘密行动也是全力以赴地为战争服务，如英国、法国、美国和苏联等国家在二战期间都是如此，尤其是以英国为代表的盟国，组织实施了大量的"为军事行动而采取的秘密欺诈活动"，为盟军攻占西西里岛和北非、登陆诺曼底发挥了重要作用；长期处于战争威胁下的以色列，也同样是将秘密行动的重点放在配合军事斗争上，如窃取先进武器装备、暗杀敌对国家先进武器研发人员、摧毁敌对国家核设施等。美国隐蔽行动则"不包括可识别军事力量的武装冲突……也不包括为军事行动而采取的秘密欺诈活动"，在工作内容上显然比秘密行动所涵盖的范围要小。不过，这可能只是政策上或理论上的一种界定，在越南战争、海湾战争、反恐战争及当下的俄乌军事冲突中，美国中央情报局的隐蔽行动同样是为围绕战争来开展工作，很难将二者完全割裂开来。

在时间上，隐蔽行动的涵盖范围也比秘密行动的时间要短。美国隐蔽行动战略，肇始于1946年底《心理行动》备忘录及附件《国家安全委员会给中央情报局局长希伦科特的指令》，提出"为了世界和平和美国的国家安全，决定采取隐蔽的心理战以补充美国政府的对外情报活动"。随着冷战的加剧，美国政府认为仅采取心理战不足以反击苏联的扩张，1948年6月，在"冷战鼻祖""遏制之父"乔治·凯南的运作和推动下，出台了《国家安全委员会关于特别项目署的指令》，对隐蔽行动的目标任务、内涵、运行机制等作出了详细的规定，方式也由心理战扩展到运用全方位的手段，在中央情报局内成立专门负责隐蔽行动的特别项目处，这标志着美国隐蔽行动战略的正式确立。因为《心理行动》及附件是在1946年底出台的，学者一般将1947年作为美国实施隐蔽行动战略的起始时间，笼统地表述时，一般为"二战后"或"战后"，该时间之前的美国情报机构的秘密行动，都不属于隐蔽行动的范畴。学界一般将二战后美国情报组织比较重大的秘密行动都归于隐蔽行动的范畴，其他国家目前尚未披露其有完整系统的隐蔽行动战略，也不适合套用隐蔽行动这个术语。

四、内容归类不同

秘密行动与隐蔽行动各自所包含的主要内容在分类上有差别。笔者通过对数百个案例进行系统的分析研究，认为秘密行动主要包含暗杀、绑架、破坏、欺骗、离间、策反、渗透、颠覆、窃取、营救、准军事11种行动类别。这是从行动所采取的工作方式上来归纳的，显得比较具体，操作性很强，体现了工具的性质。美国《国家安全委员会关于隐蔽行动的指令》对隐蔽行动内容的规定看起来比较庞杂，据赫尔姆斯透露，在1995年印发的一份非保密文件中，中央情报局对隐蔽行动下了一个新的定义，对其所包含的类别也进行了界定："经过策划可以影响政府、事件、组织或人员的活动，以支持外交政策，而不会必然归因于资助方（指隐藏在背后的操纵者），它可以包括政治、经济、宣传或准军事行动（重点强调）。"① 学者们的研究也一般将其归纳为四个方面：政治行动，又称为政治战，包含颠覆敌对国家和团体，支持反共产主义分子；宣传战，又称为心理战，包含欺骗计划与行动；经济行动，又称为经济战，在经济上压垮和瓦解对手；准军事行动，包含预防性直接行动，涉及破坏、反破坏、爆炸拆毁、撤离转移，以及援助地下抵抗运动、游击队和难民解放组织等。从上面的分析来看，隐蔽行动所包含的内容是从涉及社会生活方面的角度来归纳的，主要包含政治、宣传（涉及心理、意识形态，也可以说是思想战，可归入文化的范畴）、经济和准军事四个方面，相对比较抽象和宏观。整个社会生活，主要分为政治、文化、经济和军事四个大的领域，美国的隐蔽行动也是分为这四个大的类别，可见其是全方位地向对手展开进攻的，从这个意义来说，只是看问题的角度不同，其具体的手法并没有什么差别，即隐蔽行动是从进攻和影响的社会生活方面来归类的，而秘密行动则是从使用的方法和手段的角度来归类的，隐蔽行动所使用的方法和手段还是秘密行动的这一套。这也比较好理解，作为国家战略的隐蔽行动，是

---

① [美]理查德·赫尔姆斯、威廉·胡德著，佚名译：《谍海回首——前中央情报局局长赫尔姆斯回忆录》，社联印制2004年版，第158页。

国家最高决策者所主导的游戏，会更多地从宏观的层面来考虑和把握问题，从社会生活的主要领域或要素方面来进行分类，契合宏观把握的要求。而秘密行动是情报部门的工作方式和手段，会更多地从微观的层面考虑和把握问题，注重具体可感度和实际可操作性。

从美国隐蔽行动70多年的历程来看，其具体的工作方式，与秘密行动没有什么区别，还是需要通过前述11种秘密行动的具体工作方式去实现，只不过秘密行动多为各种类别的方式单独使用，当然也不排除少数复杂的秘密行动项目会运用到多种方式；而美国中央情报局隐蔽行动则一般是多种工作方式的综合运用，有时时间跨度还比较长。如美国在20世纪50年代中后期对印尼实施的隐蔽行动中，就综合运用了多种秘密行动的方式，策划暗杀印尼时任总统苏加诺、干预印尼大选、鼓动政变、抹黑苏加诺及以印尼共产党为代表的左翼政党、支持印尼外岛军队叛乱、雇佣飞行员空投武器装备和轰炸印尼军事目标和设施等，行动方式就涉及暗杀、颠覆、欺骗、离间、破坏、准军事行动等。仅在准军事行动方面，中央情报局就先后组织实施了给印尼叛军空投武器的"汉斯行动"和"苹果1号计划"，给叛军提供飞机并对政府军进行轰炸的"哈帕计划"，支持配合叛军进攻政府军的"我的祖国"反击计划等，但最后以失败告终，中央情报局的准军事干涉活动尴尬收场。中央情报局将隐蔽行动的重心转移到暗杀苏加诺、发动政变上，"9·30"事件给中央情报局提供了新的机会，在其操纵扶持下，印尼右翼将军苏哈托掌控了权力，并于1966年发动政变，次年就任总统，建立起了统治印尼长达30年的亲美反共独裁政权。[①] 在冷战时期，颠覆和控制一个国家的政权，是一项十分复杂和艰巨的任务，单个的秘密行动项目、单一的工作手段往往很难奏效。美国中央情报局针对一个国家的隐蔽行动，实际上是由几个、十几个乃至数十个秘密行动组合而成的，往往持续时间比较长，参与执行的部门也相对比较多，同时还会有外交或军事等其他公开的手段相配合，来共同达成颠覆或控制目标国家政权的目的。赫尔姆斯在《谍海回首》中透露，中央情报局制定的颠覆古巴卡斯特罗政权的"猫鼬计划"，就涉及了32项任务，分派到10多个不同的政府职能部门。其中仅策划实施的针对卡斯特罗的暗杀行动，有据可查的就高达数十次，而这只能算是其中的一项任务。

---

① 白建才：《"第三种选择"：冷战期间美国对外隐蔽行动战略研究》，人民出版社2012年版，第221—238页。

五、政治色彩不同

秘密行动与情报组织的日常活动密切相关，主要是为了维护本国或本政治军事集团的利益，政治色彩上居于中性。隐蔽行动除此之外，还与冷战密切相关，这就使得它具备了浓厚的政治色彩或意识形态色彩。美国《国家安全委员会关于隐蔽行动的指令》中认为，"苏联、中国共产党、以及他们控制的政府、党派和团体正在采取恶毒的隐蔽行动，旨在诋毁和败坏美国及其他自由世界国家的目标和活动。国家安全委员会决定……为了世界和平与美国的国家安全，要用隐蔽行动补充美国政府公开的对外活动"；"国家安全委员会决定，根据美国和苏联的实力并考虑到避免战争的风险，最大程度地实施隐蔽行动。旨在：为国际共产主义制造麻烦，破坏苏联和中国共产党以及他们与卫星国的关系，使苏联、中国共产党及其卫星国对国内的控制复杂化，减缓苏联集团军事和经济潜力的增长；诋毁国际共产主义的声誉和意识形态，削弱各国共产党及其支持者的力量；反对任何党派或个人直接或间接地接受共产党的控制以在自由世界国家取得统治权；削弱国际共产主义对世界任何地区的控制；加强自由世界国家和人民对美国的向心力，尽可能增加这些国家和人民与美国之间的利益认同，以及适当地支持真正赞同或信任这些共同利益的集团，并增强这些国家和人民抵制国际共产主义的意愿和能力；按照既定政策和可行条件，在受国际共产主义统治或威胁的地区，发展地下抵抗力量，促进隐蔽和游击活动，保证这些力量在战争中可以利用，包括战争期间在战区提供军事基地，使军队可以据此扩展这些力量，以及提供敌后潜伏、逃跑和避难的场所"[1]。从美国隐蔽行动政策和战略设计的初衷来看，针对的就是两种政治制度、两种意识形态及两大阵营的较量，并一切以此为依归，不讲是非、不择手段。美国前总统尼克松在《1999：不战而胜》中写道："尽管我们与苏联在军事、经济和政治上竞争，但意识形态是我们争夺的根源……如果我们在意识形态斗争中打了败仗，我们所有的武器、条约、贸易、外援和文化关系都将毫无意义。"[2] 浓厚的政治色彩是冷战的底色，同样也是作

---

[1] 白建才：《"第三种选择"：冷战期间美国对外隐蔽行动战略研究》，人民出版社2012年版，第410—411页。

[2] [美] 理查德·尼克松著，王观声等译：《1999：不战而胜》，世界知识出版社1997年版，第109页。

为美国冷战主要工具隐蔽行动的一种固有的属性。在后冷战时代的"颜色革命"和反恐斗争中，美国隐蔽行动战略的政治色彩虽然不如冷战时期那样鲜明，但依然具有明显的政治色彩，推销美国的意识形态与拓展美国的势力范围、打击美国的重要对手互为表里。

第四节 秘密行动的特点

隐蔽行动与秘密行动虽然存在诸多不同之处，但都属于情报组织的秘密行动职能范畴，从具体的工作方式上来说是一致的。情报组织从事秘密行动所使用的工具箱，也是美国中央情报局隐蔽行动所使用的工具箱。一个隐蔽行动项目，往往是要颠覆或控制一个国家的政权，肯定是一个复杂的系统工程，策划设计上可能会比秘密行动项目更为复杂一些，但其所通过的工作途径，所使用的工作方式方法则没有区别，而且隐蔽行动概念的出现要晚于秘密行动，其所涵盖的范围要小于秘密行动，从这个意义来说，秘密行动的概念可以包含隐蔽行动，隐蔽行动可以看成是对秘密行动的丰富和发展。或者可以说，隐蔽行动是指秘密行动中涉及国家战略的那部分项目，这部分项目往往事涉重大事项，所以美国规定必须由总统"裁决"后才能实施，其他秘密行动项目属于情报机构日常工作中所涉及的事项，情报机构负责人可以依据自身职责视情况进行决策和处置。这里主要是从具体工作方式的层面上研究讨论秘密行动，而在此层面上隐蔽行动与秘密行动基本上不存在什么差别，同时为行文方便，在以后的论述中，秘密行动的概念中包含了隐蔽行动。

一、鲜明的目的性

情报组织的秘密行动都具有非常具体而清晰的直接目的，并围绕这个目的来设计和组织实施相关的秘密行动项目，这与秘密行动注重快、准、狠的特征是一致的。快意味着任务必须单纯，不能搞大杂烩，能够快速实施，迅即撤离；准意味着目的必须清晰精准，能够一击而中；狠意味着解决的都是大事难事，执行任务时必须显雷霆之力，一招致命。一是目的的具体性，是指其所要达到的目的非常具体，看得见摸得着。如暗杀类秘密行动，其目的就要结束特定对象的生命；窃取类的秘密行动，其目的就是要将对手国家或组织特定的实物给偷回来。成与不成，一目了然，具体而实在，基本上没有灵活掌握或解释的空间。即便是以颠覆和控制相关国家政权为目的的秘密行动，检验其目的是否达成的标准也很明确实在，就是是否将己方不满意的国家领导人赶下台、己方选中的代理人扶上了国家领导人的位置。二是目的的单一性，是指秘密行动往往是一事达成一个直接目的，一般不会在一个秘密行动项目中设置多个目的，基本上是一事一了。秘密行动本身十分注重保密，参与行动的人员和动用的相关工作资源越少越好，具体实施的过程越简单越好，这也决定了其目的的单一性。美国旨在颠覆和控制他国政权的秘密行动，也是由许多具体的小项目所构成，一个具体的小项目就是一个具体的秘密行动，也是为了达成某个单一的目的。有时为了达成一个单一的目的，甚至会连续策划实施多起秘密行动，如美国中央情报局策划暗杀卡斯特罗的秘密行动，据说高达600多次，按常理推测，能够进入实施阶段的不会有这么多，但据相关资料显示，也达到了数十次。这种暗杀行动，也只是中央情报局图谋颠覆古巴政权总体战略中的一种工作方式和一个具体的工作目的。三是目的之间的关联性，有些秘密行动是围绕着一个大目的，组织实施若干秘密行动小项目，这就使多个小目的与大目的之间产生了关联，小目的必须服务和服从于大目的，用多个小目的来达成大目的。如二战时期，英国很清楚"丹麦科学家+挪威重水+比利时铀矿"，对德国的原子弹研发工作意味着什么。为了达到阻止德国原子弹研究计划的目的，英国特别行动执行署先后炸毁了德国设在挪威的重水工厂，通过丹麦地下抵抗组织渠道，营救走了德国原子弹研究的核心科学家尼尔斯·玻尔教授，在三个重要因素中去掉了两个，彻底地摧毁了德国的原子弹研发梦想。前面所说的美国中央情报局为颠覆印尼苏哈托政权，组织实施了一系列的秘密行动项目，每个具体项目的目标不尽一致，但都是围绕颠覆苏哈托政权的总目的服务的。

二、复杂的系统性

任何一个秘密行动项目都是一个复杂的系统，有时候在一个大目标下设计多个秘密行动项目就更复杂了，还需要情报的支撑、相关部门人员的参与和配合，共同构成了一个复杂的工作系统。一是谋划设计系统的复杂性。秘密行动中，多为单一的项目，如暗杀或绑架叛逃流亡重要人员、欺骗误导对手决策、营救重要人员等。但项目单一并不意味着实施起来很简单，每一个具体的秘密行动项目包含着一系列不同的工作环节，如苏联情报组织暗杀托洛茨基行动中，就至少涉及以下几个环节或几个方面的内容与考量：派谁去执行、以什么借口贴近对象、如何取得对象的信任、选用什么样的凶器并怎么携带进场、选择什么场所和时机悄然下手、如何顺利撤离现场、如何从墨西哥平安脱身、一旦失手如何进行应对等，每一个环节都可能会出现意外，但又都不能出错，一旦出错，后果会非常严重。这次暗杀行动整体上来说是成功的，但在下手暗杀的环节上出现了重大失误，冰镐砸偏了，导致场面失控，没能顺利撤离，由此暴露了暗杀事件的国家背景，搞得苏联政府很狼狈，暗杀执行者也被判处了20年监禁。有些因任务复杂，需要组织实施多个或一系列的具体秘密行动项目来完成，如二战期间为配合诺曼底登陆、误导德军部署，英国情报机构组织实施了欺骗纳粹德国决策者的秘密行动"卫士计划"，其包含6个大的蒙骗计划、36个附属计划，其中有借助虚假电子信号和双重间谍进行欺骗，还有詹姆斯假扮蒙哥马利元帅视察直布罗陀和阿尔及尔的"铜头行动"等。在这类复杂的具有集群特征的秘密行动系统中，除了各个具体的秘密行动项目的目的必须要围绕总目的服务之外，各个具体的秘密行动项目之间还必须相互呼应和印证，通过多种方式和多个渠道来传递相同或相似的虚假信息，对纳粹德国最高决策者进行"洗脑"，在这些虚假信息不间断、多渠道、全方位、高密度的轰炸之下，使他们由不信到将信将疑，逐步滑入完全相信的陷阱，最后成功地达到了误导希特勒的军事部署，削弱诺曼底及周边地区守军和先进装备，使盟军能够顺利登陆的总目的。二是执行系统的复杂性。实施秘密行动同样非常复杂，如以色列"上帝的复仇"中突袭巴解总部的秘密行动，30人的突袭队由摩萨德特工、蛙人、伞兵特种部队组成，从以色列乘快艇再换乘橡皮登陆艇，登陆后乘汽车直奔贝鲁特市中心巴解总部大楼，打死哨兵，分头寻找并击毙"死亡名单"上的3名对象，炸毁巴解总部大楼，与赶来围攻的巴解士兵展开激战，最后原路撤退回以色列。队伍组成、来回路径、交通衔接、突袭场所、攻击方式、安全撤离等，每个方面、每个环节都非常复杂，潜藏着许多不可预知或难以控制的因素。为了做到万无一失，许多秘密行动实施前还会进行严格的模拟演练，这种模拟演练有时与实战别无二致，使实战的过程尽可能成为模拟演练的拷贝式版本。即便如此，也常常会因一个微小变量的发生，使得整个秘密行动面临巨大的风险甚或陷入绝境。美国击毙本·拉丹的"海神之矛"秘密行动，经过了周密的谋划和精心的准备，因执行突袭任务的一架黑鹰直升机在其所藏身的小院坠损，差点导致整个行动的失败。三是情报支撑系统的复杂性。秘密行动离不开秘密情报，秘密行动必须以秘密情报作为支撑，二者的关系可以理解为情报事前引导行动方案的制定、事中助力行动的实施和事后验证行动的结果,一旦情报有误或没有及时掌握目标的动态变化情况,就可能会使秘密行动功亏一篑。以色列实施空军突袭伊拉克核设施的"巴比伦行动"时,另一支由摩萨德组成的特别爆破行动小组也抵达了目标附近,其任务是观察并向国内报告突袭的效果,也即验证行动的结果;如果空袭效果不行,再由他们实施人工爆破。

三、严格的隐秘性

秘密行动最核心的特质是"出其不意,攻其不备",许多秘密行动已经给对手造成了或大或小的损害,对手还浑然不觉,或是不知道是谁对己方造成了损害,因而必须做到隐蔽秘密,保密是其生命线。《孙子兵法·用间篇》云:"事莫密于间","间事未发,而先闻者,间与所告者皆死。"强调事情没有比使用间谍更机密的了,使用间谍的计谋还未实施,计划就被泄露了,那么执行者和知悉该秘密的无关人员都应该被处死。古人对"用间"的保密要求,达到了严酷的程度。在现代谍战中,大量的经验与教训也一再印证保密的重要性。一是秘密行动意图的保密。谋其未知,攻其不备,是秘密行动成功的关键,在研究决策、制定方案时要严格保密,防止对方获悉对其实施秘密行动的意图。1949—1954年,美国和英国情报组织为了颠覆阿尔巴尼亚共产党政权,先后实施了"宝贵行动"和"BC魔鬼计划",组织投放近20次共500多名的破坏人员和叛乱分子,但每次都遭到围歼。原来先后任英国秘密情报局驻美国华盛顿联络官和总部反间谍处处长的菲尔比是苏联间谍,阿尔巴尼亚通过苏联及时掌握了相关情报,然后张网以待,注定了这些人有来无回的悲惨命运。秘密行动的意图一旦被对手获悉,失败是必然的结果。二是秘密行动过程的保密。秘密行动为由小规模的人员,深入到对方的重要核心部位,悄无声息地完成重大秘密的任务,其过程必须做到神不知鬼不觉,一旦被对手察觉,后果将不堪设想。1993年10月,美国派遣突击队到摩加迪沙实施抓捕索马里势力最大的军阀、恐怖组织头目法拉赫·艾迪德的"哥特蛇行动",惊动了上万名索马里武装分子,秘密突袭抓捕行动很快逆转为对手主导的"围猎战",造成了重大的人员伤亡和先进装备的毁损。同时,此举因有违联合国维和行动的总体部署,还受到了英法等诸多国家的指责。三是秘密行动背景的保密。针对一个主权国家或在一个主权国家境内实施秘密行动,都属非法行为,一国之内对立的政治军事集团之间也同样会如此认定。需要运用秘密行动解决的问题,也往往是公开手段解决不了或不便解决的问题。因此除极少数比较特殊的情况之外，严格隐藏秘密行动的国家或组织背景非常重要，有的是需要多少年之后才能解密，有的解密了也不一定公开全部真相，有的可能永远也不会解密。如韩国中央情报部部长金炯旭出逃多年后，于1979年在巴黎神秘失踪，成为当时的一大谜案。直到26年后的2005年，韩国国家情报院（中情部是其前身）才解密此事，承认是按照时任中情部部长金载圭的指令，在巴黎将其绑架后暗杀。美国中央情报局对他国实施秘密行动时，会想尽办法掩藏美国的背景和痕迹，如向他国叛乱分子空投武器装备或参与军事行动时，会专门成立有掩护背景的航空公司、雇佣其他国家的飞行员或本国退役人员，消除飞机及参与行动人员的美国标识和痕迹，或通过第三方渠道来进行。前述针对印尼秘密行动中的"哈帕计划"，中央情报局就曾雇佣台湾飞行员执行任务。当然也有在秘密行动结束后就宣布实施者背景的，如以色列营救人质的"霹雳行动"，美国突袭并击毙本·拉丹的"海神之矛"行动等，但这些都是特例，因为此类营救行动及反恐斗争本身具有一定的正当性和正义性，在国际上一般不会引起太大的争议，也不会牵连到其他相关秘密行动和情报人员的暴露问题。同时像"霹雳行动"这样大规模的人质救援行动完成后也不可能保住密，追捕或追杀本·拉丹是美国反恐斗争的头号任务，为宣示其反恐的战绩，事后也不需保密。不过，这类事后不刻意隐藏背景的情况虽时有所见，但并非通例。

四、巨大的风险性

秘密行动实施的地点，多为深入敌后或是非己方所控制的区域，对手防控严密，情况复杂多变，可用资源有限，时机稍纵即逝，这就意味着任何秘密行动项目，都很难有百分之百的成功把握，决策者和实施者都必须承担巨大的风险。中央情报局前局长赫尔姆斯也认为，"在策划秘密行动的时候，不能假设每一步都不会受到挑战，不会出现差错，另外总有好运气"[1]，必须尽可能周密细致地考虑到出现的各种情况，做好成功与失败的多种预案，并设计好因应之策。如"海神之矛"秘密行动实施之前，中央情报局就准备好了成功与失败两种版本的文案，美国政府也做好了与巴基斯坦交战和断交的准备。对秘密行动充满兴趣的美国总统肯尼迪也意识到

---

[1] [美]理查德·赫尔姆斯、威廉·胡德著，佚名译：《谍海回首——前中央情报局局长赫尔姆斯回忆录》，社联印制2004年版，第246页。

了其中的风险，以及失败或暴露后恶劣影响的倍增效应，他曾对中央情报局官员说："你们的成绩不出门，你们的过失传千里。"其亲自决策，由中央情报局组织实施的古巴流亡人员组成的"古巴旅"入侵猪湾的"萨帕塔计划"惨败，并遭到国际舆论的强烈谴责，曾让肯尼迪焦头烂额。一是方案评估的风险。一个完善的秘密行动方案是成功的基石，研究制定方案的过程，也是风险评估的过程。据美国中央情报局副局长迈克尔·莫雷尔在《不完美风暴：美国中央情报局反恐30年》一书中透露，在研究制定突袭本·拉丹的"海神之矛"行动方案时，对于情报的可靠性和行动的方式进行了反复的研究评估。对本·拉丹藏身于距巴基斯坦首都伊斯兰堡约48千米（30英里）的阿伯塔巴德市郊一小院的情报，经中央情报局内不同方面情报分析专家的反复评估，评估意见分歧相当大，认为可靠程度在40%—95%之间，莫雷尔向时任总统奥巴马进言："即便只有60%的把握，我也会选择实施突袭行动。"奥巴马事后说自己只有50%的把握。秘密行动有多个备选的行动方式，导弹袭击可能会给本·拉丹家人及邻居造成附带伤害，也不能够确认是否击毙了其本人；派遣地面突击队突袭有可能造成突击队员伤亡或被俘，引发与巴基斯坦的军事冲突和外交纠纷。这次行动也不能事先通报巴基斯坦，担心其政府或军方内部有"基地"组织的同情者通风报信；也不能够继续等待，以防本·拉丹得知袭击意图或转移居所，机不可失，时不再来。经过反复权衡，奥巴马最终选择了用隐形飞机"黑鹰"运送突击队到小院进行突袭的方案。这次秘密行动，从结果上看是完美的，但支撑整个秘密行动的条件并不完美，这就需要在规避风险与敢冒风险之间慎重拿捏和权衡，对方案的制定者、决策者和实施者都是巨大而严峻的考验。二是行动失败的风险。导致行动失败的因素有很多，如情报不准确、行动方案存在重大瑕疵、支撑行动的条件缺失、实施过程中突发意外情况、执行任务的人员叛逃等。由美国中央情报局组织实施的"萨帕塔计划"秘密行动，就因遭到古巴军队围剿而失败，导致1189人被俘，114人被打死，美国用价值5300万美元的医药和食品才将他们赎回，由此彻底打消了美国政府利用准军事手段颠覆古巴卡斯特罗政权的念头，后来此事也成为美国国会全面调查中央情报局秘密行动的导火索之一。二战期间英国和德国分别组织实施"双十委员会"和"北极行动"，使对方处于双重间谍的迷惑之中，不仅付出了惨重的人员伤亡，还误导了事关战争胜败的重大决策。苏联时期及后来的俄罗斯，经常派遣行动处特工潜入西欧，暗杀叛逃人员和政治流亡人员，先后发生了多起特工在执行任务时叛逃的事件，不仅没有完成既定目标任务，还将以往的暗杀事件抖露出来，引发了国际舆论的广泛炒作和指责，苏联及俄罗斯政府再怎么否认也无济于事，严重损害了国家形象。三是国家或组织背景暴露的风险。身份背景暴露，极易引发外交纠纷及舆论风暴，严重的可能会诱发政府和情报机关的政治地震。法国对外安全总局派遣爆破小分队，于1985年7月在新西兰奥克兰港炸毁了"绿色和平"组织的"彩虹勇士号"旗舰，所留下的蛛丝马迹，被新西兰调查人员紧紧咬住不放，世界舆论和法国反对党也步步紧逼，法国政府被迫承认了此事，时任法国总统密特朗不得不"挥泪斩马谡"，解除了国防部长和对外安全总局局长的职务，对外安全总局也受到了彻底清洗，成为该局自二战以来所遭受的最严重的挫折。四是养虎成患的风险。英国首相丘吉尔曾说："这个世界没有永恒的朋友，也没有永恒的敌人，只有永恒的利益。"对于情报组织秘密行动所依靠和扶持的对象来说，就更是如此。临时的目标交集与功用，并不能保证长期合作，有些还会反目成仇。本·拉丹及其"基地"组织，就是在美国中央情报局的扶持和培植下发展壮大起来的，作为在阿富汗境内对抗入侵苏军的力量和工具。当苏军撤出阿富汗后，共同抗苏的目标就消失了，本·拉丹及"基地"组织也逐步演变成为一股极度仇视美国的力量，频繁针对美国在海内外的目标进行恐怖袭击，其中包括"9·11"事件，这也是美国本土自"珍珠港事件"之后所遭受的最严重的袭击事件。虽然本·拉丹已被击毙，"基地"组织也遭受到了前所未有的沉重打击，但其对美国的威胁仍未完全消除，一日养虎易，百日除虎难，教训十分深刻。

五、显著的成效性

秘密行动能够解决公开或常规手段和途径解决不了、或不便解决的问题，大多数时候投入产出之比比较高，有的还可以取得长期的红利。一是可以有效解决问题。以色列立国之后，强敌环伺，保持武器技术装备优势事关国家的生死存亡。但有一个时期许多西方国家先后对其实施了武器禁运，苏联及东欧又是支持阿拉伯国家的，亟须的先进技术和武器装备很难从公开或正规渠道得到，以色列政府将解决问题的希望寄托了以摩萨德为主的情报组织身上，他们的确也做到了不辱使命。以色列情报组织通过秘密行动进行两面出击，一方面窃取了敌对国家苏制飞机和雷达等先进武器装备，以及西方国家的导弹快艇、先进飞机图纸、原子弹原材料铀等；另一方面暗杀敌对国家研制先进武器的科学家、摧毁其核设施等，使得以色列保持了武器装备上的绝对优势,在这块杀机四伏、黄沙滚滚的弹丸之地上屹立不倒。二是投入产出之比高。秘密行动大多数时候是少花钱多办事,有时甚至不花钱也能办大事,如前所述以色列窃取阿拉伯国家的苏制武器和装备就是如此。在国家战略层面上组织实施的秘密行动,这个特点就更为明显。冷战初期,美国总统艾森豪威尔将冷战称为"争取民众思想和意志的战争""争夺思想和心灵的战争"。美国中央情报局花几千美元收买某个知名的作者,让他在报刊杂志上发表体现本局意图的文章,去影响或误导社会公众及特定的群体,所产生的效果颇佳。据称美国空军曾算了一笔账,在朝鲜战争上,空军消灭一个敌兵需要4500美元,而通过心理战方式则仅需750美元。在2005年5月18日非政府组织国际共和学院"自由奖"年度颁奖仪式上,时任美国总统小布什透露:"为了在阿富汗和伊拉克推进民主、进行政权更迭,美国几乎耗费了3000亿美元。相反,在策划如下几个国家(指格鲁吉亚、乌克兰、吉尔吉斯斯坦等国家)'颜色革命'的过程中,美国仅仅花费了不足46亿美元。可谓是少花钱、多办事,起到了事半功倍的效果。"[①] 三是参与重塑国际政治格局。二战后期,苏联国家安全人民委员会的特工随着苏军反攻的脚步,到东欧各国组建、新建或支持所在国家的工人党、共产党组织,组建国家安全机构并用以监视相关国家政府,打压、分化和消灭这些国家内部的其他各种政治势力,在很短的时间里先后建立了社会主义政权,并通过渗透与控制等方式,协助苏联政府有效地控制了东欧国家的这些政权,组成了强大的与西方资本主义阵营相抗衡的社会主义阵营,重塑了战后国际政治格局。二战后世界殖民体系逐步崩溃,民族解放运动风起云涌,美国政府打着遏制苏联共产主义扩张的旗号,授权中央情报局策划和主导,在亚非拉国家开展了一系列的秘密行动,迅速填补了英、法、葡、西、比等老牌殖民主义国家日落西山后的权力和利益真空,逐步建立了全球霸权。冷战结束后,美国政府及中央情报局通过策动前苏联地区的"颜色革命",扶持代理人,极大地削弱了俄罗斯在这个区域的影响力,进一步收紧了对俄罗斯的包围圈;同时操纵"阿拉伯之春",更迭了中东地区一批国家的传统政权,打破了该地区原有的政治格局。当然,并不说这种世界格局的形成完全取决于情报组织的秘密行动,但毫无疑问,情报组织的秘密行动,在其中发挥了不可替代

[①] 孙壮志主编:《独联体国家"颜色革命"研究》,中国社会科学出版社2011年版,第433页。

而又举足轻重的作用。

情报组织的秘密行动还处于成长期，其所使用的具体工具、作用的具体领域、攻击的具体方式，以及在国家、组织之间的博弈中所发挥的重要作用，正在进一步拓展和提升，从某种程度上说，已经发展成为一种介于热战与冷战之间的新的战争方式和形态，在达成本国本组织重要目标、给对手造成重大损害的基础上，还可以在时间、空间和烈度上进行有效的管控。我国军事学者乔良、王湘穗在《超限战》中写道："除以上所述（即贸易战、金融战、新恐怖战、生态战），我们还可以举出非军事战争许多已有的和可能有的作战手段及方式，如造谣恫吓瓦解对方意志的心理战，搅乱市场打击经济秩序的走私战，操纵视听诱导舆论的媒体战，祸殃他国谋取暴利的毒品战，潜踪匿形防不胜防的网络战，自定标准垄断专利的技术战，展现实力示形于敌的虚拟战，掠夺储备攫取财富的资源战，明施恩惠暗图控制的经援战，引领时尚同化异己的文化战，把握先机创立规则的国际法战等等，举不胜举"，并认为"这种战争的目的将不会仅仅满足于'用武力手段强迫敌方接受自己的意志'，而应该是'用一切手段，包括武力和非武力、军事和非军事、杀伤和非杀伤的手段，强迫敌方满足自己的利益'"。这种超限战式的战争方式，与秘密行动有着紧密的亲缘关系，可以广泛运用秘密行动的手段和工具，反过来说也可以纳入秘密行动的范畴，从秘密行动的角度进行规范和解读。该书附录7为托尼·科恩研究"超限战"的文章《自"超限战"中和平崛起：针对中国特点的大战略》，该文来源于美国普鲁金斯大学2006—2009年"超限战研讨会"论文选，文章认为："超限战也可以看作是一种秘密行动，所以在五角大楼以外的人们对它感到迷惑也情有可原。"[1] 这应该是看到了超限战的本质，但除五角大楼外，美国中央情报局及世界重要国家的情报机构对此种博弈或战争方式并不陌生。因为这种博弈或战争方式，一些是情报组织过去曾经做过的，一些是当今正在做的，一些是将来很可能会做的。只不过这种博弈或战争方式的主体，并不仅仅局限于情报组织，但情报组织均可通过某种渠道和方式介入其间，成为其中必不可少的重要玩家甚至是主导者。

---

[1] 乔良、王湘穗：《超限战与反超限战——中国人提出的新战争观美国人如何应对》，长江文艺出版社2016年版，第39、251—252页。

第一章

美国中央情报局与隐蔽行动

《美国法典》对隐蔽行动的定义为："是美国政府影响国外的政治、经济和军事情况的一种或多种活动，其意图在于向外界隐藏美国政府在其中所扮演的角色。"在冷战时期，美国将隐蔽行动作为外交斗争和军事斗争之外的"第三种选择"，并将其提升为国家战略，成为美国对苏联东欧集团及中国等社会主义国家实施的主要战略之一，是服务于遏制大战略的一个重要的子战略。具体地说，是美国为维护西方社会制度，遏制苏联势力扩张，并最终战胜苏联，而综合运用隐蔽的政治战、经济战、心理战和准军事行动等斗争手段，给苏联制度造成最大的紧张和压力，以削弱并击垮苏联势力的战略。具体执行这个战略，并策划、组织和实施隐蔽行动的主要责任单位是美国中央情报局。隐蔽行动比柔性的外交斗争更为有效，比刚性的军事冲突更为可控，而且还可以通过各种手段和方式来隐藏美国的背景，回旋的空间更大，因而隐蔽行动成为实现美国特定对外政策目标的一种快捷而有效的方式。所谓的"特定对外政策"，本质上是美国在全球扩张和攫取利益，并达到称霸和控制全球的目标。中央情报局也如鱼得水，在全球各相关地区将隐蔽行动做得风生水起，在助力美国赢得冷战，取得全球独霸地位上发挥了极其重要的作用。冷战结束了，但美国隐蔽行动的战略并没有改变，只是在新的历史条件下，针对的主要对象有所调整、行动的方式有所改变而已，在国际反恐斗争及"颜色革命"中，中央情报局的隐蔽行动依然发挥着重要或主力军的作用，再次改变着世界特定区域的政治版图。历史上情报部门的职能定位通常是服务与配合，很少作为相对独立的主要工具来使用，二战后一些国家悄然发生了变化，情报部门在继续履行服务与配合职能的同时，也逐步作为一种相对独立的博弈手段走上了历史的舞台，如苏联（俄罗斯）、以色列等一批重要或比较重要的国家就是如此。但像美国这样将中央情报局主导的隐蔽行动，提升到与外交和军事同等的地位，并定为国家战略，还是很少见的现象。而且总体上来说，中央情报局也没有让美国政府失望，这"第三种选择"也助力美国实现了一超独大、称霸全球的目标。从目前披露的材料来看，与其他国家相比，美国的隐蔽行动战略及政策体系最完备、执行力最强、效果最明显，对世界政治格局的影响也最大。深入了解美国的隐蔽行动战略及其运行方式，有助于我们加深对秘密行动的认识，并进行有效的应对。

第一节 美国隐蔽行动战略的产生与发展

美国立国的时间并不长，但运用秘密行动来谋求美国国家利益的历史则源远流长，可以说是与美国相伴而生的。在美国独立战争期间，为了获得法国的支持，北美大陆会议派遣一名外交官到法国，收买剧作家皮埃尔－奥古斯丁·卡罗斯·博马奇斯，由其开办了一家贸易公司，法国政府通过该公司向正在争取独立的英属北美13个殖民地输送了大量的资金和武器，在具有决定性作用的萨拉托加战役中，北美大陆军队所使用武器的90%来自法国。该贸易公司掩藏了法国政府的背景和作用，避免了英法冲突，又使美国得到了关键性的援助，成为美国对外秘密行动的第一个成功案例。[①] 二战期间，美国战略情报局开展欺骗、离间、策反、渗透、破坏、营救及准军事等秘密行动，出道不久便声名远扬，在欧洲参与了英国情报机构组织的"苏塞克斯行动""杰德堡行动"等秘密行动，在缅北及越南丛林组织山地民族武装开展对日游击战，都取得了不俗的战绩。但总体上来说，这些都应该属于秘密行动，服务和从属于军事部门与战争。美国在冷战时期确立了隐蔽行动战略，并将其提升到与外交、军事等量齐观的地位时，隐蔽行动就成为了一个相对独立的实现美国战略利益的工具，不再是或不完全是其他工具的附庸。对此问题，国内外学界研究者众多，其中陕西师范大学白建才教授在《"第三种选择"：冷战期间美国对外隐蔽行动战略研究》一书中进行了比较深入和全面的研究。

一、美国隐蔽行动战略出台的背景

为打败纳粹德国，美苏在二战中进行了密切的合作，战争末期及战后初期，美苏战时同盟基础逐渐消失，政治制度、意识形态和全球利益的巨大差异，使得美苏两国渐行渐远，并最终走上了对抗之路。1945年初，美国战略情报局驻伯尔尼情报站站长艾伦·杜勒斯，为了扼制战后可能出现的所谓共产主义威胁，与纳粹德国党卫军意大利战线负责人卡尔·沃尔夫

[①] 白建才：《"第三种选择"：冷战期间美国对外隐蔽行动战略研究》，人民出版社2012年版，第68页。

上将,秘密策划了使西线德军单独与英美媾和的"日出行动",以便整合力量来对付当时还是盟友的苏联。二战与冷战之间并没有绝对的分界线,中间有一个交错和渐变的过程。战后美国兴起的"修正学派",认为从"日出行动"中,可以看到冷战的影子,战争尚未结束,共同的敌人还没有被完全消灭,杜勒斯就急着与纳粹媾和,以求共同对付苏联,应该就是冷战的先声。[①]

美苏由于国家利益及对外战略构想的迥然不同,意识形态和社会制度的截然对立,双方在战后世界安排的问题上产生了严重分歧,战时同盟关系迅速走向破裂。苏联为保障国家安全,力图控制东欧,将其变成保障苏联的安全地带,并尽可能在西欧、中近东和远东牟取权益,伺机推进世界革命,改变苏联一国社会主义的孤立处境。美国则企图凭借战争建立起来的强大经济和军事实力,成为世界的领导者,输出和捍卫西方所谓民主制度。1946年3月,刚卸任英国首相不久的丘吉尔访问美国时,在杜鲁门总统的家乡富尔顿发表"铁幕演说",冷战序幕被正式拉开。1947年3月,美国总统杜鲁门在国会发表演讲,声称世界已分裂为"极权政体"与"自由国家"两个敌对阵营,"美国的政策必须是支持各国自由人民",抛出了要反击共产主义扩张浪潮、承担维护"自由世界"责任的"杜鲁门主义",美苏冷战正式爆发。双方首先在欧洲进行了激烈的争夺,美国抛出"马歇尔计划",力图挽救在战争摧残及共产主义浪潮冲击下濒临坍塌的西欧资本主义大厦,并将东欧也纳入西方政治经济体系。苏联在严厉指责美国企图把欧洲国家置于其经济政治控制之下的同时,也推出了"莫洛托夫计划",并组建共产党工人党情报局,力图阻止美国对东欧各国的侵蚀渗透,形成了与西方资本主义相抗衡的苏联东欧经济政治圈。双方在谈判桌上唇枪舌剑,寸利必争;在军事领域你追我赶,大力研制发展核武器等先进武器装备;在意识形态领域相互攻讦,抹黑对手。[②] 双方较量的态势日趋激烈,但美国并不想诉诸战争,开始寻找其他烈度较低的较量战略和手段,于是隐蔽行动就进入了美国决策者的视线。

1946年2月,时任美国驻苏联大使馆外交官员乔治·凯南给国内发了

---

① 刘雪梅等:《神秘的第三只手——二十世纪美国情报机构绝密行动》,东方出版社2005年版,第77页。

② 白建才:《"第三种选择":冷战期间美国对外隐蔽行动战略研究》,人民出版社2012年版,第72—73页。

一封长达8000余字的电报,认为:"美苏两国的意识形态完全不一样,它是要不断扩张的。美国不能与苏联打仗,而是要实行一种遏制战略,从而将苏联的影响限制在它自己的势力范围里,同时将美国主导的国际体系建立得非常稳固、强大。如此一来,苏联迟早会垮掉。"他在这里首次提出了"遏制战略",这也是冷战的内核。1947年7月,已升任美国国务院政策规划室主任的乔治·凯南又在《外交》杂志上撰文《苏联行为的根源》,主张"美国对苏联政策的要旨在于,它必须是一种长期的、耐心而又坚定的、警惕地扼制俄国对外扩张倾向的政策",促使苏联内部发生变化,最终在苏联建立"任何同我们所熟悉的那种私人企业相类似的制度"。乔治·凯南为冷战提供了理论上的支持,由此成为了公认的"遏制理论思想家"和"冷战之父"。

1950年美国国家安全委员会《美国国家安全的目标与计划》(文件标号NSC68)首次明确提出了"遏制政策",并要"创造一个让美国制度得以生存和繁荣的国际环境"。为此美国要执行两项政策,一个是"谋求发展一个健康的社会",这是"即使没有苏联的威胁我们也会奉行的政策";一个是"'遏制'苏联制度的政策"。文件还进行了解释:"至于'遏制'政策,就是采取除战争之外的一切手段以期达到以下目的的政策:(1)阻止苏联强权的进一步扩张;(2)揭露苏联宣传的欺骗性;(3)减少苏联的控制和影响;(4)总之,在苏联制度内培植破坏力量,使克里姆林宫至少能改变其做法,遵守公认的国际准则。"美国的遏制政策,排除了与苏联直接的军事斗争,为隐蔽行动提供了广阔的空间。美国政治学家约翰·雅各布·纳特认为:"隐蔽行动从早期的偶然使用,到冷战时期上升到对外政策的顶端,典型地体现了美苏幕后竞争。从前隐蔽行动是单纯的调味品,40年代末之后成了一道主菜。"①

二、隐蔽行动战略的提出和确立

面对冷战阴云,美国开始寻找除军事、外交等公开手段以外的其他博弈手段,其中首先提出的是隐蔽的心理战。1951年7月,前陆军部长、广播和出版传媒专家、北卡罗莱纳大学校长戈登·格雷,受邀出任心理战略委员会第一任主席时,总统杜鲁门在邀请函中写道:"毫不夸张地说,避

---

① 白建才:《"第三种选择":冷战期间美国对外隐蔽行动战略研究》,人民出版社2012年版,第46—47页、第59页。

免第三次世界大战爆发的可能性,依赖于我们心理战领域努力的程度和心理战行动的有效性。"这封信写于隐蔽行动战略已经确立之时,真实而生动地反映了美国最高决策者对隐蔽行动所寄予的厚望。

1946年底,美国国务院—陆海军协调委员会向国家情报局递交了关于《心理战》的报告,提议立即建立一个负责制定心理战政策、计划并进行相关研究的委员会。1947年11月,其下属的一个特别小组提交了题为《心理战》的报告,就心理战的机构设置、政策制定等问题提出了明确具体的建议。次月,国家安全委员会第四次会议批准了标号为NSC4-A的文件,包含《心理行动》及附件《给中央情报局局长希伦科特的指令》,指令中说"为了世界和平与美国的国家安全,决定采取隐蔽的心理行动以补充美国政府的对外情报活动","责成中央情报局局长确保这些心理行动与美国对外政策和公开的情报活动相一致,并将这些行动告知直接受其影响的美国政府在国外的有关部门(包括在各地的外交和军事代表)"。

1948年6月,遏制思想的提出者乔治·凯南提交的《开展有组织的政治战》及根据其建议草拟的《国家安全委员会关于特别项目处的指令》(文件标号NSC10/2),获得国家安全委员会批准,并以该指令取代先前的NSC4-A指令,表明综合使用各种相关手段的隐蔽行动,已经取代单一手段的心理战,标志着美国隐蔽行动战略的正式确立,凯南也被认为是美国隐蔽行动战略的设计师。该指令首次明确提出了隐蔽行动,指出其作用是"补充美国政府公开的对外活动",并对其内涵和活动内容作出了明确的界定。隐蔽行动的内涵为"所有由美国政府实施或资助的反对敌对国家或集团、支持友好国家或集团的活动(除了此处指出的之外)",强调了其隐蔽和保密的性质,"在计划和实施这些活动时,不能让未经授权的人了解美国政府在其中的责任,一旦这些活动暴露,美国政府则可以巧言否认任何责任"。具体内容为:"隐蔽行动包括任何相关的秘密活动:宣传、经济战;预防性直接行动,包括破坏、反破坏、爆炸拆毁、撤离转移;颠覆敌对国家,包括援助地下抵抗运动、游击队和难民解放组织,支持自由世界受到威胁国家中的反共产主义分子。这些行动不包括可识别军事力量的武装冲突、间谍和反间谍以及为军事行动而采取的秘密欺诈活动。"

1951年10月,杜鲁门总统批准了《国家安全委员会关于隐蔽行动的范围与步骤的决定》(文件标号NSC10/5),作为对NSC10/2号文件的补充。强调加强隐蔽行动的目的是:首先是"给苏联的权力结构施加最大的压力,包括苏联与其卫星国以及共产党中国的关系;在按照美国与苏联的实力和避免战争风险的前提下,在合适的时间、地点,努力削弱苏联的力量和影响,使其不再对美国的安全构成威胁";其次是"增强自由世界国家和人民对美国的向心力,增强他们抵抗苏联统治的意志和能力";再次是"在具有战略意义的地区……最大限度地发展地下抵抗力量,推进隐蔽的游击活动,并保证在战争爆发时根据国家安全委员会的既定原则利用这些力量,包括在战区为军队提供基地,使军队可以将其扩展成军事力量"。①

三、隐蔽行动政策的发展与完善

艾森豪威尔总统时期,反共和极右的"麦卡锡主义"盛行,艾森豪威尔也成为美国最重视隐蔽行动战略的总统之一。1953年10月底,其批准了《国家安全基本政策》(文件标号NSC62/2),被认为是其"新面貌战略"的一份重要文件,强调"采取一切可行的外交、政治、经济和隐蔽手段,反对直接或间接受苏联控制的政党或个人,在自由世界国家获取统治权力的任何威胁";"美国采取可靠的政治、经济、宣传和隐蔽措施给苏联制造麻烦,利用这些麻烦,破坏苏联与共产党中国的关系,使苏联对卫星国的控制复杂化,阻止苏联集团军事和经济潜力的增长"。据此,于次年3月至1955年年底,艾森豪威尔先后下达了3个《国家安全委员会关于隐蔽行动的指令》,且均为后一个指令取代前一个指令,主要内容基本相同,但也有一些变化,主要为对监管指导隐蔽行动的组织机构进行了调整;矛头指向由苏联东欧集团扩大到了包括中国及整个共产主义世界;所要达到的目标更加宏大和具体,并专门列举了6个方面的目标;在隐蔽行动的具体内容中增加了"政治行动",及"欺骗计划与行动;以及与本指令不矛盾的、实现上述目标所需要的所有活动",使隐蔽行动的内容与实现方式得到进一步的拓展。艾森豪威尔总统顶住了强硬派与苏联"一决胜负"的压力,制定了"现实主义外交政策",以避免与苏联发生正面冲突,从而引发血腥的常规战争或灾难性的核战争。其幕僚秘书古德帕斯特说:"靠武力击退,或以武力威胁共产主义的路线再也没有人提过。我们转移了工作重点,全力发挥中央情报局的作用,协助其他部门抵制苏联征服、支配

---

① 白建才:《"第三种选择":冷战期间美国对外隐蔽行动战略研究》,人民出版社2012年版,第72—80页。

世界，努力使自由的希望长存。"①

肯尼迪总统基本上沿袭了前任的隐蔽行动战略和政策，同时制定了一些有关隐蔽行动的具体政策文件，其于入侵古巴猪湾的"萨帕塔计划"准军事秘密行动失败后不久，就批准了国家安全行动备忘录《准军事行动的责任》（文件标号 NSAM57），具体规定了美国实施准军事行动的意图、方式、批准程序和部分分工等。文件指出，准军事行动可以支持对美国友好的政府，或支持旨在推翻与美国敌对政府的反叛组织；美国可以对这些行动采取公开、隐蔽或兼具这两种形式的援助。准军事行动的实施经5412特别小组审查后，报总统批准，国防部负责公开的准军事行动，中央情报局负责隐蔽的准军事行动。

尼克松总统深刻地理解隐蔽行动战略的重要性，其后来在《1999：不战而胜》一书中认为："有时公开的经济或军事援助足以实现我们的目标，有时一次直接的军事干涉也可以取得这样的效果，但在这两者之间存在着一个巨大的领域，美国必须能够采取隐蔽行动。没有这种能力，我们就不能保护美国的重要利益。"其上任初期，就签署了国家安全备忘录《关于实施、监督以及协调隐蔽行动的责任》（文件标号 NSDM40）。但由于国际关系格局发生了重大变化，尼克松认为由过去的美苏两强变为美国、苏联、中国、西欧和日本"五大力量中心"，美国也急于从越战中脱身，对苏联提出了缓和政策，对中国也在酝酿改善关系，对盟国提出了要他们承担更多责任的"尼克松主义"，因而在NSDM40文件中淡化了反苏、反华和反共的色彩，后因"水门事件"等相关因素的影响，美国国会加强了对隐蔽行动的监督，隐蔽行动趋于低潮。福特继任总统后签署了行政令《美国对外情报活动》（文件标号 E. O. 11905），继续把隐蔽行动作为实现美国对外政策目标的重要工具，但用不太敏感、较为中性的"特别行动"取代了"隐蔽行动"一词，同时规定："任何美国政府的雇员都不得从事或阴谋从事政治暗杀活动。"

里根总统上台后，一改70年代的缓和政策，将隐蔽行动作为其"进攻性外交政策的一个基本组成部分"，并运用到极致。1985年，其签署《隐蔽行动政策批准与协调程序》（NSDD159）指令，详细规定了隐蔽行动的批准、审议协调、监督、保密等程序及相关责任人和机构。1987年"伊

---

① ［美］戴维·罗特科普夫著，孙成昊、赵亦周译：《操纵世界的手——美国国家安全委员会内幕》，商务印书馆2014年版，第86—87页。

朗门"丑闻爆发后，里根又签署了《特别行动的批准与审查》（NSDD286）指令，强调中央情报局在国外的所有隐蔽行动，都必须在总统签署裁决后才能实施，监管更加严格。这时期又重新加强了针对苏联东欧的隐蔽行动，通过隐蔽的政治战、宣传战、经济战对苏联和东欧展开全面攻击；通过大力扶持阿富汗穆斯林游击队及地方军阀，对苏联驻阿军队开展准军事秘密行动。苏联的解体，除了其自身的原因之外，里根对苏联的隐蔽行动战略也是一个不可忽视的因素。另外在中美洲和非洲，美国也通过隐蔽行动与苏联展开了激烈的对抗和争夺。

里根的副手老布什就任总统后，国际局势又发生了新的变化，苏共总书记戈尔巴乔夫开展了大刀阔斧的"改革"，对东欧的控制也出现了松动的迹象。在此情形下，老布什于1989年9月签署了《美国与苏联的关系》（NSD23），提出了新的对苏政策，即"超越遏制，积极促进苏联融入现存的国际体系的政策"，被称为"超越遏制战略"。即在遏制的基础上，利用苏联东欧正在进行"改革"的时机，综合运用经济、政治、文化、意识形态等各种手段，促使苏联和东欧国家"和平演变"，最终纳入西方资本主义体系。相对于里根时期而言，对抗的烈度有所下降，合作的成分有所增加。但美对苏的隐蔽行动并没有停止，NSD23文件中仍然写道："我们也将通过对朋友、盟国和自由战士的政治、经济和军事支持，限制苏联通过提供武器、派遣军队、支持傀儡等扩张实力。"随着苏东剧变、冷战终结，为冷战而生的美国隐蔽行动战略基本上达到了目的。[①]

四、美国隐蔽行动政策的转型

隐蔽行动是美国冷战战略的重要工具，同时也是美国实现其对外政策目标的一项基本战略，该对外政策的核心是拓展和维护美国的全球利益，其总体目标是维护美国在全球的霸主地位，美苏争霸不过是一种外在的表现形式，其主要对手苏联的消亡，并不意味着美国隐蔽行动战略的终结。1993年，新任中央情报局局长詹姆斯·伍尔西提出了"龙蛇理论"，即"苏联是一条已经被杀死的巨龙，而我们现在生活在充满各种各样毒蛇的丛林里"，认为冷战结束后美国情报界的任务不仅没有减轻，反而更加复

---

① 白建才：《"第三种选择"：冷战期间美国对外隐蔽行动战略研究》，人民出版社2012年版，第85—116页。

杂多样，得到时任总统克林顿的赞赏。① 因此冷战结束了，美国的隐蔽行动并没有退出历史舞台，而是在新的国际格局中，铆定并针对"各种各样的毒蛇"，即实力弱于苏联的对手，采取新的博弈方式，来实现美国新的战略目标。

随着冷战的结束，国际恐怖主义势力迅速崛起，并将美国作为主要攻击目标，美国在海内外的机构、设施和人员不断遭到恐怖袭击，最后发展到"9·11"事件。"9·11"事件发生当日，小布什总统在演讲中就强调"会对恐怖分子和窝藏他们的国家一视同仁"，此后形成了"先发制人的原则"，也被称为"布什原则"。次日小布什就签署命令，授权中央情报局消灭"基地"组织高层领导人，限制中央情报局海外隐蔽行动的一些规定也被取消，如暗杀手段等。不久美国国会通过了《使用军事力量授权法》，使得美国总统基本上可以自由地在世界各地以反恐名义发动战争，另一项涉及反恐的400亿美元的紧急支出法案也获通过。② 反恐斗争并非始于小布什时期，克林顿任总统时就已经明显感受到国际恐怖主义的威胁，并在1995年签署了《总统决策指令第39号》，时任国家安全事务助理桑迪·伯杰认为："克林顿政府由此成为历史上第一个进行有系统、有组织的反恐行动政府——说他们有系统、有组织，指的是行动资源及反恐内容的系统化及组织化。"1998年8月，即美国驻坦桑尼亚和肯尼亚大使馆遭到恐怖袭击前的3个月，美国国家安全委员会设立了国家反恐协调员的职位，他可以参加"首长委员会"的会议，并具有比较高的权威。据称只要是五角大楼派来将军级别以下的人，担任该职务的克拉克就会毫不犹豫地将他们赶出去；同时他还要求中央情报局和空军派遣"捕食者"无人机搜寻本·拉丹在阿富汗的据点。③ 在东非两个使馆的恐怖袭击事件发生之后，克林顿签署了多份文件，准许中央情报局利用其在阿富汗的代理人采取行动，抓捕或杀死本·拉丹。援引《武装冲突法》的规定，杀死一个对美国造成迫在眉睫的威胁且无法抓捕的人属于自卫，而不是暗杀，为在反恐领域开展暗杀秘密行动找到了"法理"依据，其后美国多届政府都保持了这一立场。此后20多年的时间里，中央情报局除了追捕和追杀了一批包括本·拉

---

① 《詹姆斯·伍尔西（美国特工）》，百度百科，https://baike.baidu.com/。

② ［美］迈克尔·莫雷尔、比尔·哈洛著，朱邦芹译：《不完美风暴：美国中央情报局反恐30年》，中信出版集团2018年版，第64页。

③ ［美］戴维·罗特科普夫著，孙成昊、赵亦周译：《操纵世界的手——美国国家安全委员会内幕》，商务印书馆2014年版，第427—429页。

丹在内的恐怖组织头目和重要骨干分子之外，还配合美军在22个国家实施了反恐行动，包括地面作战、空中打击、战俘拘留及支持合作伙伴军队的作战行动等。其中最具争议的是RDI，即中央情报局为规避美国法律而实施的引渡、羁押和审讯计划。由中央情报局将涉恐嫌疑人从被捕之地转移到其原住地，或其被指控、通缉及可进入法律程序的其他地方。简单点说，就是将这些嫌疑人引渡和关押在美国以外的、法治不健全的相关国家或地区，这样就可以不受美国法律的约束，便于以严酷的手段对付他们，来达到中央情报局的工作目标。在审讯过程使用了"强化审讯手段"，也即采取非常严酷的手段，包括立正抓领、囚禁、控头技术、扇耳光、在狭窄空间里关禁闭、与昆虫同室、面墙站立、保持受压姿势、剥夺睡眠及水刑等10种酷刑，以迫使其屈服。据称这些亡命之徒极为顽固，不采取这些措施根本撬不开他们的口，其中剥夺睡眠和水刑这两种酷刑的效果最佳。这些做法显然与美国所宣称的价值观背道而驰，该情况被披露后，引起了美国各界及世界舆论的广泛质疑和指责。奥巴马总统上任次日，签署了禁止使用所有"强化审讯手段"及关闭境外羁押设施的总统令，但保留了引渡的做法，改称为"短期移交"。①

  冷战结束后，美国向全世界推广美国的民主和自由市场核心理念，增进世界各地对美国及其价值观的热情和兴趣，宣称要将美式自由赋予所有被剥夺了自由权利的人，以巩固冷战的胜利成果。美国学者戴维·罗特科普夫认为，克林顿和小布什政府"都坚持美国价值观和美国体系，愿意不顾一切反对将其推广至世界各地，并把民主和市场作为绝不动摇的坚定信念"。②小布什上台后推行"全球民主化"战略，通过进攻型的外交、军事、经济及隐蔽行动等手段，向全球推广"民主"和"自由"，根除所谓"专制"和"暴政"，以此来维护和拓展美国在全球的利益。他在第二任期演讲中强调"我们获得和平的最佳途径，就是把自由扩散到全世界每个角落"，被欧美学者称为"新布什主义"。③为此，除了美国政府公开的手段之外，中央情报局主要通过各种非政府组织，秘密提供经费、组织培训、

---

  ① [美]迈克尔·莫雷尔、比尔·哈洛著，朱邦芊译：《不完美风暴：美国中央情报局反恐30年》，中信出版集团2018年版，第26页、第276—297页。

  ② [美]戴维·罗特科普夫著，孙成昊、赵亦周译：《操纵世界的手——美国国家安全委员会内幕》，商务印书馆2014年版，第499页。

  ③ 傅宝安、吴才焕、丁晓强编：《"颜色革命"：挑战与启示》，江西人民出版社2006年版，第178页。

操纵媒体、扶持代理人等渠道和方式,通过"非暴力革命"即"颜色革命"的方式,先是在前苏联地区建立摆脱传统俄罗斯影响、接受西方价值观和更加亲西方的政权;后来又进一步扩展范围,颠覆某些区域国家的传统政权,也即美欧所说的"独裁极权政府",按照西方价值观建立亲美亲西方的政权,如"阿拉伯之春"中的中东、北非许多国家的政权更迭就是如此,其影响还外溢到了其他地区的一些国家。

第二节 美国隐蔽行动的运行机制

美国隐蔽行动作为一种国家重要战略,主要针对目标国家的国家政权或重要组织的核心层(如恐怖组织)发力,事关重大,其运行机制自然会比较复杂。隐蔽行动虽由中央情报局负责,但其组织领导、研究决策、资源调配、实施和监督等都要远超中央情报局职能所覆盖的范围,建立权责明晰、协调简便、运转顺畅的运行机制势在必行。随着隐蔽行动的开展,这些运行机制也在不断地发展变化,由草创走向成熟,由粗放走向细密,由多变走向稳定。这里主要介绍其领导协调机构与机制、决策审批机制、执行机构与机制、监督机构与机制等几个方面的情况。

一、领导协调机构与机制

美国隐蔽行动的领导协调机构隶属于国家安全委员会,基本上在每一任总统手里,都要调整前任所设立的领导机构并更换新的名称,同时大体上经历了机构规格由低到高、成员单位由少到多、机构层级由一个到多个,以及由单设到并入国家安全委员会运行机制的过程,一直到老布什总统时期才基本稳定下来。美国学者戴维·罗特科普夫认为:"(美国)各届政府围绕国家安全委员会的较量直到20世纪80年代末、90年代初才偃旗息鼓,两党就国家安全委员会的运行模式终于达成一致。"[1] 这个过程也是一个逐步调整、优化和完善的过程,并被美国后来的执政者所承袭。

1947年7月,美国《国家安全法》正式生效,与此相伴而生的是美国国家安全委员会和中央情报局的成立。国家安全委员会由总统任主席,成员有副总统、国务卿、国防部长、财政部长、紧急准备局局长、中央情报

---

[1] [美]戴维·罗特科普夫著,孙成昊、赵亦周译:《操纵世界的手——美国国家安全委员会内幕》,商务印书馆2014年版,第114页。

局局长、参谋长联席会议主席及国家安全事务助理等，总统涉及到对隐蔽行动的指令，一般是以该委员会的名义向中央情报局下达。

1951年4月，杜鲁门总统下令成立了心理战略委员会，负责美国对外心理战行动，其中国务院负责公开心理战、国防部负责军事心理战、中央情报局负责隐蔽心理战。成员为副国务卿、国防部副部长和中央情报局局长，如果他们不能出席，可指派适当人选；其他参加心理战行动的部门，可以由委员会决定是否派代表参会；参谋长联席会议派代表作为军事顾问列席会议，以确保委员会的心理战目标、政策和项目能够与批准的军事行动相配合。设立心理战略委员会的目的是在现有的国家安全政策框架内更有效地设计、协调和评估国家心理战。心理战略委员会的核心成员单位是国务院、国防部和中央情报局，成员多为副职。1953年9月，行动协调委员会取代心理战略委员会，由国务院、国防部和中央情报局的代表组成，隶属于国家安全委员会，制定有关计划，审查隐蔽行动项目。1955年，又设立了一个级别更高的机构计划协调组，成为"批准这些计划以及协调国务院、国防部和中央情报局支持的正常渠道"。同年底，根据艾森豪威尔总统NSC5412/2指令，撤销计划协调组，设立NSC5412/2领导小组，由总统、国务卿和国防部长各自指定的级别在部长助理以上的代表组成，负责批准主要的隐蔽行动计划以及协调国务院、国防部和中央情报局的支持，同时还以附件的形式，规定了运行的基本程序。肯尼迪上任后，将"NSC5412/2领导小组"，改为两个特别小组。一个是5412特别小组，由国家安全特别事务助理、副国务卿、国防部副部长、中央情报局局长、参谋长联席会议主席、司法部长和总统军事顾问组成，被要求"对计划和审查隐蔽行动承担更大的责任"，成员单位明显增加了，但核心成员仍以副职为主，同时，领导协调机构由一个变成两个。另一个是根据肯尼迪总统批准的《建立反叛乱特别小组》（NSAM124）备忘录成立的同名小组，成员为在前者的基础上增加了国际开发署主任，其职责为专门制定、协调旨在阻止和抵抗对友好国家颠覆性叛乱及其他形式间接侵略的政策和审查相关计划。约翰逊接任总统后，国家安全委员会通过第303号国家安全行动备忘录《改变5412特别小组的名称》（文件标号NSAM303），改名为303委员会，人员构成与职责依旧。1970年2月，尼克松总统签署第40号国家安全决定备忘录，又将负责领导监管隐蔽行动的最高机构改称为40委员会，由总统国家安全事务助理任主席，成员为司法部长、负责政治事务的副国务卿、国防部副部长和中央情报局长。

世界情报组织秘密行动

1976年2月福特总统下令成立行动顾问组,取代40委员会,成员为总统国家安全事务助理、国务卿、国防部长、参谋长联席会议主席和中央情报局局长;司法部长、管理与预算局长或他们的代表,以及其他由总统指定的人员,作为观察员参加所有的会议。福特政府明显地提高了对隐蔽行动审批监管的级别,将成员全部提升为部长级。1977年卡特就任总统次日,就下令在国家安全委员会中设立特别协调委员会,以取代行动顾问组,成员包括国家安全委员会的法定成员或其代表,以及其他合适的高级官员,使隐蔽行动的领导协调机构与国家安全委员会的组成人员趋同;要求"特别协调委员会将权衡考虑每一项特别行动,并给总统提出政策建议,包括各种不同意见",实际上又赋予了委员会一定的决策职能。里根总统上任后成立了国家安全计划组,以取代特别协调委员会,成员为总统、副总统、国务卿、国防部长、总统国家安全事务助理、中央情报局长及白宫总管、副总管和总统私人顾问,这是一个级别极高的机构,可以说是国家安全委员会的复制版本。在实际操作过程中,许多重大事项都不再经过国家安全委员会,而是直接在会上决策,事实上已经将隐蔽行动的领导协调机构与国家安全委员会的机构合二为一了。1985年,里根总统签署的《隐蔽行动政策批准与协调程序》指令,全面规范了情报(隐蔽行动)批准程序、国家安全计划组和计划协调组的构成与职责、程序的协调、国会通报程序及保密程序。在国家安全计划组的成员中增加了参谋长联席会议主席,同时规定司法部长、预算与管理局长及其他合适人员参加审议隐蔽行动的会议;"作为国家安全委员会的一个分委员会,将就每一项拟议中的隐蔽行动,或打算对一个正在实施的隐蔽行动进行调整,向总统提出意见"。根据该文件又设立了一个计划协调组,作为国家安全计划组的辅助机构,成员为副总统办公室代表、负责政治事务的副国务卿、负责政策的国防部副部长、负责行动的中央情报局副局长、参谋长联席会议主席助理、总统国家安全事务副助理,后者任主席,其他有关部门的代表可应邀参加有关会议。这与以后的首长委员会和副手委员会基本相当,只不过当时还没有这么命名。

1989年,布什总统上任伊始,就签署了第1号国家安全指令《国家安全委员会组织结构》(NSD1),决定废除之前所设立的相关机构,在国家安全委员会设立三级工作小组,即首长委员会、副手委员会和政策协调委员会,不再单设隐蔽行动的领导协调机构,涉及到隐蔽行动的事宜由这三级工作小组负责领导和协调。首长委员会是讨论影响国家安全问题的高级部际机构，职责是审查、协调和监督国家安全政策的制定与执行，成员为国务卿、国防部长、总统国家安全事务助理、中央情报局局长、参谋长联席会议主席和总统办公厅主任，由总统国家安全事务助理任主席，司法部长在讨论涉及到法律和隐蔽行动问题时参会。副手委员会由上述几个主要部门的副职组成，在讨论隐蔽行动问题时，司法部长的代表参会，它是次一级的讨论国家安全政策问题的跨部门机构，职责是审查和监督其他两个部际机构的工作，并就国家安全政策的制定和执行提出建议。政策协调委员会是按照地区和部门分别设立的部际协调机构，即按照欧洲、苏联、拉丁美洲、东亚、非洲、近东—南亚等地区，及国防、国际经济、情报、武器控制等部门，分别设立一个政策协调委员会。每一个政策协调委员会都是提出和执行关于该地区或该领域的国家安全政策的主要部际机构负责方，其职责是确定和提出需要国家安全委员会考虑的政策问题，并为讨论准备必要的材料。由副手委员会成员单位各派1名部长助理级别的代表组成，其主席由相关职能部门的首长任命，如情报政策协调委员会主席由中央情报局局长任命。①

1993年克林顿就任总统后，一改过去每位总统上任后都会调整更改前任领导协调机构和机制的做法，沿袭了老布什政府的领导协调机构和机制，国家安全事务正副助理分别担任首长和副手两个委员会的主席，并使之制度化，此后就基本上稳定下来了。随着针对美国的恐怖主义袭击事件越来越多，1998年8月，在国家安全委员会内设立了国家反恐协调员职位，克林顿任命克拉克担任这个职务，并允许其与国务卿、国防部长及中央情报局长一起出席首长委员会的会议。② 可见反恐协调员在国家安全委员会的决策层中拥有一席之地，也表明了随着恐怖袭击威胁风险的进一步加大，美国政府在国家安全委员会的领导决策机制中进行了及时的回应和调整。

二、决策审批机制

隐蔽行动是美国对外政策的重要手段和工具，无论得失成败，必然会

---

① 白建才：《"第三种选择"：冷战期间美国对外隐蔽行动战略研究》，人民出版社2012年版，第72—115页。
② [美]戴维·罗特科普夫著，孙成昊、赵亦周译：《操纵世界的手——美国国家安全委员会内幕》，商务印书馆2014年版，第428—429页。

产生相应的国际影响力，从道理上来说，其决策审批应当是慎之又慎，但事实上并非如此，其决策审批机制由粗放到严谨，同样历经了一段曲折的过程。决策审批的权限，大体上经历了由领导协调机构审批，到分级审批，再到收归总统审批的过程。总体上来说，其结果是在行政系统内部对隐蔽行动的监管力度加大了，决策审批的权力集中到了最高决策者手中，审批的手续趋于严格和完备。一般而言，涉及国家战略或重大的秘密行动，都是国家最高决策者所操控的游戏。二战时期，英国成立了直属首相丘吉尔的伦敦监督处，专门负责对希特勒进行战略欺骗并取得了巨大的成功，如"肉馅行动""卫士计划"等。离间图哈切夫斯基元帅的"斩首行动"，也是经希特勒同意后策划实施的。苏联重要的秘密行动，需包括克格勃主席在内的两名政治局成员审批，特别重要的需报总书记审批。像以色列"霹雳行动""上帝的愤怒"等重要的秘密行动，都是由总理召集少量人员进行策划或做好相关准备工作后，再召开内阁部长会议进行决策，一般情况下都会获得通过。

杜鲁门总统时期，隐蔽行动的审批权集中在心理战略委员会手里。中央情报局在策划实施隐蔽行动时，需服从心理战略委员会的领导，隐蔽行动计划由其批准，隐蔽行动的规模、步骤、时间、重心由其确定。据统计，心理战略委员会共策划制定了44个心理战计划和项目，如《削弱共产党在法国和意大利的势力和影响》《关于苏联卫星国逃亡人员的心理行动计划》《培养日本亲美倾向的心理战略计划》等。这些计划相对比较宏观，大多还需有一系列具体的秘密行动项目进行实施。

艾森豪威尔总统到尼克松总统时期，领导协调机构保留主要的或敏感度较高的隐蔽行动项目的审批权，将次要的或敏感度较低的隐蔽行动项目的审批权限下放到了中央情报局。"NSC5412/2领导小组"负责批准主要的隐蔽行动计划以及协调国务院、国防部和中央情报局的支持。文件中"负责批准主要的隐蔽行动计划"的要求，也就意味着次要的或一般性的隐蔽行动计划不需要领导小组审批，由具体的执行部门中央情报局自己审批就可以了。肯尼迪总统时期要求5412特别小组，"对计划和审查隐蔽行动承担更大的责任"，对隐蔽行动的审批权限又进行了调整，规定经费超过2500万美元的项目由特别小组批准，2500万美元以下或敏感度比较低的项目，只要符合国家安全委员会的政策和指令，仍可由中央情报局局长批准和监管。尼克松总统时期要求40委员会对所有主要的或政治上敏感的隐蔽行动，都要获得其批准；每年审查一次先前批准的隐蔽行动计划；在

40委员会中没有代表的任何部门提出的隐蔽行动或行动建议,都应提交该委员会批准,除了那些由总统领导的行动。根据隐蔽行动的重要程度和敏感程度,形成了总统、领导协调机构及中央情报局三级分别审批的模式。

从福特总统开始,隐蔽行动的审批权全部收归总统,里根总统时期还规定了严格的审批程序和手续。福特政府明显地提高了对隐蔽行动审批监管的级别,1976年新成立的领导协调机构行动顾问组由原来的副部长级提升到部长级,取消了中央情报局局长直接批准隐蔽行动计划的权力和领导协调机构的审批权,将隐蔽行动的审批权全部收归总统。1977年卡特就任总统次日,就下令将行动顾问组改为特别协调委员会,要求"特别协调委员会将权衡考虑每一项特别行动,并给总统提出政策建议,包括各种不同意见"。领导协调机构主要行使审核和参谋的功能,不过因成员为各相关部门的首长,其建议和意见大多会得到总统的充分尊重,事实上具有了一定的决策权力,但审批权仍然掌控在总统手中。1985年,里根总统签署《隐蔽行动政策批准与协调程序》指令,全面规范了情报(隐蔽行动)批准程序、国家安全计划组和计划协调组的构成与职责、程序的协调、国会通报程序及保密程序。文件规定所有隐蔽行动必须由总统签署"总统裁决"的形式进行批准后才能实施;如总统来不及签署"裁决",也需要有总统口谕并记录在案,书面裁决必须在两天内提交总统签署;任何裁决都不能事后授权或批准隐蔽行动项目,这些规定都被后来的总统沿袭下来了。[①]

三、执行机构与机制

隐蔽行动的主要责任单位和执行机构是中央情报局,同时国务院和国防部等部门给予支持配合。这样不仅可以协调不同部门的步调,还可以有效整合和调用各相关部门的资源,在实施具体的隐蔽行动项目时,可以弥补中央情报局自有工作资源有限的问题,做到强强联合,优势互补,共同顺利完成任务。

1947年中央情报局成立伊始,便受命负责隐蔽的心理行动,中央情报局局长希伦科特指定由负责秘密搜集情报的特别行动处,担纲指导隐蔽的心理战,处内增设特别程序科,负责组织和指导隐蔽宣传行动。1948年,

---

① 白建才:《"第三种选择":冷战期间美国对外隐蔽行动战略研究》,人民出版社2012年版,第72—104页。

世界情报组织秘密行动

根据 NSC10/2 文件要求，在中央情报局内设立专司隐蔽行动的特别项目处，负责策划指导隐蔽行动，战时则与参谋长联席会议策划协调指导此类行动。特别项目处处长由国务卿提名，中央情报局局长认可，国家安全委员会批准任命，该处具有相对的独立性，处长直接向中央情报局局长负责，可直接向国务卿和国防部长报告工作。中央情报局局长的职责是：通过国务院和国防部派来的代表，确保隐蔽行动与美国的外交、军事政策及公开活动相一致；确保战时隐蔽行动计划的制定有参谋长联席会议的代表参加，并与战时军事行动计划相一致；当隐蔽行动将影响美国政府在国外的外交和军事活动时，要通过合适的渠道告知。涉及经济战的隐蔽行动，由特别项目处在负责经济战计划的相关部门指导下实施。该机构在 1948 年 8 月成立时，为掩人耳目，改名为政策协调处。1952 年 8 月，中央情报局政策协调处与特种作战办公室合并，成立行动规划部，1973 年更名为行动部，2005 年再次更名为国家秘密行动部，其职责定位是"协调、去除冲突以及评估美国情报界秘密行动的国家主管部门"。它不仅是中央情报局在境外进行秘密行动的中坚力量，也是整个美国情报系统对外情报活动的总协调者，主要负责境外秘密情报搜集和开展秘密行动。其下设有隐蔽行动委员会，负责起草隐蔽行动及准军事行动计划，提供计划实施过程中所需的各种支持，为国内民间组织或媒体编发秘密宣传计划和材料，制定并指导旨在推翻或扶持某国政权的准军事计划，审定针对特定人物的暗杀计划等。随着以本·拉丹"基地"组织为代表的国际恐怖主义组织的威胁日益明显，中央情报局于 1996 年在总部附近设立了代号为"亚力克情报站"的特别小组，俗称"拉登处"，致力于瓦解"基地"组织、切断其财源、追捕本·拉丹及骨干人员。2003 年成立恐怖主义威胁综合中心，2004 年 8 月更名为国家反恐中心，主要任务是制定反恐战略、分析与整合一切有关反恐事务的情报、为反恐行动部门提供情报支持等。①

隐蔽行动、外交斗争和军事斗争，都是美国实现对外政策最主要的工具，中央情报局与国务院和国防部也成为隐蔽行动领导协调机构最核心的部门，可以说是铁三角，事实上在隐蔽行动战略实施的初期，领导协调机构成员单位也主要是这三个部门，后来才逐步增加了一些相关的部门和人员。由中央情报局负责组织实施的隐蔽行动，必然会与国务院和国防部产

① 高庆德：《美国情报组织揭秘》，时事出版社 2016 年版，第 18 页、69—70 页、第 44—45 页。

生千丝万缕的联系，需要相互的协调、支持与配合，在美国总统所签署的相关文件里，也作出了明确的规定。1948年6月的NSC10/2号指令，规定"在和平时期，由中央情报局负责实施隐蔽行动，中央情报局局长全面领导隐蔽行动、间谍与反间谍活动"，中央情报局局长应该负责"通过指定的国务卿和国防部长的代表，确保隐蔽行动的计划和实施与美国外交和军事政策以及公开的活动保持一致。若中央情报局局长与国务卿的代表或国防部长的代表就隐蔽行动的计划产生分歧，应提交国家安全委员会裁决"，"在战争时期，或根据总统指令，所有隐蔽行动计划都应与参谋长联席会议协调"。在1951年10月的NSC10/5号文件中，要求国防部为中央情报局局长提供合适的手段，保证其在制定准军事行动计划时，始终获得参谋长联席会议的建议与合作。[①] 如中央情报局在境外实施隐蔽行动时，所在国家或区域的美国使馆有时会成为前沿指挥阵地，情报站站长或大使负责指挥和协调一线的隐蔽行动；实施击毙本·拉丹的武装突袭行动，就是由军方的特种部队负责执行的。这种不同部门之间的合作，成为隐蔽行动的一种工作常态，体现在每一个具体隐蔽行动项目的实施过程之中。

四、监督机构与机制

隐蔽行动领导协调机构及中央情报局内部，都具有监督的功能和机制，这都是行政系统的自我监督，属于内部控制系统，也可称为同体监督，这种监督也会有一定的有效性，但有时难免会失灵。这里重点谈异体监督，即美国国会对隐蔽行动的监督。"水门事件"之前，对隐蔽行动的监督处于同体监督阶段，此后便逐步建立了国会对隐蔽行动的监督机构和机制，确立了立法机关与隐蔽行动的监督权。

1972年6月，"水门事件"爆发，中央情报局牵扯其中，引爆了公众自猪湾入侵事件以来对中央情报局潜滋暗长的不满情绪，中央情报局在境外开展隐蔽行动和境内进行秘密活动的大量事实和细节被揭露出来，在公众眼中，中央情报局由"捍卫民主的先锋"变成为"威胁美国的恶魔"。连接替辞职的尼克松而继任总统的福特，都表示对"中央情报局那些令人厌恶的非法行径"感到"沮丧"。人们再也不能容忍中央情报局以"国家安全"作为挡箭牌，来逃避监督的行为。1975年，参众两院相继成立"情

---

① 白建才：《"第三种选择"：冷战期间美国对外隐蔽行动战略研究》，人民出版社2012年版，第405—406、408页。

报特别调查委员会",依据调查委员会负责人的名字分别称为"丘奇委员会"和"派克委员会",对美国情报机构展开了世界情报史上迄今为止"最严厉、最苛刻"的调查,媒体也是穷追猛打,将中央情报局的许多机密公之于世,中央情报局一时声名狼藉。① 中央情报局当时颇有"世界末日"之感,但中央情报局驻雅典情报站站长理查德·韦尔奇突遭暗杀一事,悄然改变了风向。此时美国公众意识到由于官方调查和媒体揭露而造成的泄密,使得驻外情报官员的生命受到严重威胁,也有损于国家利益,调查最终以相对比较和缓的方式收场。"水门事件"触发了对中央情报局的大规模调查和揭露,同时也成为美国国会对隐蔽行动确立监督权的良机。

1974年底,美国国会通过《休斯—瑞安修正法案》,确立了国会对隐蔽行动的监督权,被认为是自中央情报局成立以来,国会对中央情报局施加法律限制的第一步。该法案规定:本法案或任何其他法案授权下的拨款,不得由中央情报局或代表中央情报局用于在国外的活动,除非总统"裁决"每一项这样的活动都对美国的国家安全很重要,并且以及时的方式向适当的国会委员会报告,说明这一活动的种类和范围,但那些目的纯粹是为了获取必要情报的活动除外。简单点说,就是要求总统亲自审批所有的隐蔽行动计划,并建立起及时向国会报告这些隐蔽行动的正式监督机制;同时防止一旦隐蔽行动出了问题,总统以不知情为由推卸责任的现象再度发生,国会的监督是对审批者总统和执行者中央情报局的双重监督。但"适当的国会委员会"最多时达到了8个,即参众两院的拨款委员会和军事委员会,参议院的对外关系委员会和众议院的国际关系委员会,参众两院情报委员会成立后又加入了这个行列,另外加上必然知情的几十位高级工作人员,知悉隐蔽行动秘密的人员多达200人左右,存在非常高的泄密风险,对隐蔽行动构成了潜在的威胁。中央情报局无奈之下,干脆取消了一些已经计划好的行动,策划新行动的动力也不足,加上国会对中央情报局的调查影响了士气,隐蔽行动暂时进入了低潮期。②

1976—1977年,根据两个"情报特别调查委员会"的建议,国会参众

---

① 白建才:《"第三种选择":冷战期间美国对外隐蔽行动战略研究》,人民出版社2012年版,第280—283页。

② 白建才:《"第三种选择":冷战期间美国对外隐蔽行动战略研究》,人民出版社2012年版,第284页。

两院先后成立了"参议院情报委员会"和"众议院情报委员会",成为对情报部门进行监督的常设专门机构。其职责有接受总统有关隐蔽行动的"裁决",对有关隐蔽行动进行调查和听证等。两个委员会的建立,为国会对隐蔽行动等情报活动的监督提供了"工具及必要的制度性安排",结束了美国行政机关独揽隐蔽行动等情报活动大权的时代,为国会监督隐蔽行动提供了机构和制度保障。

1980年,美国国会通过了《情报监督法》,并取代了《休斯—瑞安修正法案》,成为1947年《国家安全法》的重要组成部分,进一步完善了国会对情报活动,尤其是隐蔽行动的监督控制机制,比较好地规避了泄密风险,隐蔽行动又得到了时任总统里根的高度重视,成为美苏抗衡的重要博弈工具。该法规定了更完善的报告程序和范围,总统对隐蔽行动的"裁决"只需通报参众两院的两个情报委员会;如果总统认为情况特殊,需要缩小知密面,可将事先通报的人数限制在"8大巨头"的范围内,即参众两院情报委员会主席及少数党资深委员,众议院议长和少数党领袖,参议院多数党和少数党领袖。当总统决定无法事先通报国会时,事后要及时向国会情报委员会提交书面声明并解释原因。此后所有隐蔽行动计划都需要总统签署"裁决"进行批准,并及时将"裁决"通报国会情报委员会。该法还规定,中央情报局等美国政府相关部门或机构,必须向国会情报委员会提供它所要求提供的任何有关隐蔽行动的信息和材料,以便于情报委员会更好地履行监督职责。[①] 总之,该法赋予了国会对美国所有隐蔽行动法定的优先知情权和监督权,也成为每项隐蔽行动决策过程的重要参与者和监督者。

当然,建立了完善的监督机制并不意味着就一劳永逸,监督者与被监督者永远是一对冤家,相互之间的博弈也并不亚于"道魔游戏"。对具有严格保密要求、浓厚非正当性色彩、经常踩线或越线、作为突破困境的特殊方法来使用的隐蔽行动而言,就更是如此。这里面存在着太多不可为外人道的隐情,谋于密室行不留痕的谨慎,隐瞒实情编造说辞的侥幸,推脱责任嫁祸于人的无情,在此种情形下便会表现得淋漓尽致,常常会使得事发后的处理结果未必符合正常的逻辑。1986年,美国秘密向伊朗出售武器,以武器换人质,并将所得资金用于支持尼加拉瓜反政府武装的"伊朗

---

① 白建才:《"第三种选择":冷战期间美国对外隐蔽行动战略研究》,人民出版社2012年版,第277—279页。

门事件"爆发，一时舆情汹涌，里根政府处于风雨飘摇之中，里根遭遇了其从政生涯的至暗时刻。该项行动代号为"复原行动"，由国家安全委员会政治处副处长诺思中校与中央情报局拉丁美洲分部主任杜威·克拉里奇等人执行，这显然违背了美国对伊朗实行武器禁运的政策及不支持对尼加拉瓜实施准军事行动的政策。1984年国会通过的《博伦修正案》明确规定，用于中央情报局、国防部或"从事情报活动的美国任何其他机构"的经费，都不能"直接或间接"地花在支持"尼加拉瓜的军事或准军事行动"上。时任中央情报局局长威廉·凯西，二战时曾任战略情报局驻伦敦站站长，对隐蔽行动充满了激情，他认为："规定就是那种你可以死守，也可以随意解释的东西。"当得知国务卿舒尔茨反对此事时，凯西非常不满："让国务卿滚他妈的蛋吧！"积极推动此项秘密行动的决策与实施。参众两院特别调查委员会进行了为期11个月的调查，共听取了500多人的证词，查阅了30多万字的文件材料。亲自批准该项隐蔽行动、并未向国会情报委员会通报的里根总统坚称自己毫不知情，竟然安然脱险，但其总统班底中许多参与或知悉此事的重要成员相继离职，中央情报局局长凯西也以生病为由辞职，不久因癌症去世。国家安全事务助理波因德克斯特和具体操办此事的诺思中校成为背锅侠，分别被判处6个月和3年的监禁，一场惊天骇浪变成了几许水波纹。[①] 当然，对两名受到惩处的官员个人来说，由此彻底改写了人生。经过此次"伊朗门事件"的一番折腾，美国政府与国会对隐蔽行动似乎也形成了某种新的共识和默契，此后除因"虐囚"事件闹出了一场不大不小的政治风波外，在隐蔽行动问题上基本再没有发生明显的"府院之争"现象。种种迹象表明，应该是参众两院对隐蔽行动的看法与态度发生了重大变化，由反对、质疑走向了理解、认同和支持。

第三节　美国隐蔽行动的四种类型

美国隐蔽行动所涉及的政策范围和手段比较庞杂，美国相关隐蔽行动的文件对其内容的表述也比较复杂。多年来，美国学术界对此进行了深入的研究，一般将其归纳为四种类型，即隐蔽的政治行动、经济行动、宣传行动和准军事行动。这四种类型基本上能够涵盖美国隐蔽行动的各种活动

[①] 刘雪梅等：《神秘的第三只手——二十世纪美国情报机构绝密行动》，东方出版社2005年版，第335—350页。

方式,同时这四种类型所涉及的政治、经济、文化(宣传战与文化密切相关,思想和意识形态都可归于文化的范畴)和军事(准军事也可纳入军事的范畴),基本上可以涵盖整个社会生活。从这个意义上来说,美国的隐蔽行动具有全方位攻击对手的特点,只不过所采取的不是明火执仗,而是暗中捣鬼的方式,即隐蔽的方式来进行的。因此,有学者将隐蔽行动称为"寂静的行动",但实际上像爆炸、准军事等带有暴力性质的秘密行动,有时闹的动静并不小,只是很难查明背后的真凶或操纵者。套用普林斯《阴影下的军队》的书名,我们也可以将隐蔽行动称为"阴影下的行动",这种说法可能更为贴切。这四种类型的隐蔽行动相互联系、相互配合,有时甚至相互交织,构成了隐蔽行动的完整体系。

一、隐蔽的政治行动

隐蔽的政治行动也称为"政治战",是指通过秘密资助、支持目标国家的某些政党、机构、团体或个人,收买并扶持代理人,甚至采取造谣抹黑、挑拨离间乃至暗杀政治领导人、制造社会动乱等秘密行动方式,来分化瓦解对手,以影响目标国家或政治军事集团的政治格局,阻止其反对的政治势力或个人执掌政权,扶植其中意的政治势力或个人执政,分裂、颠覆目标国家的反美政府或所谓的专制独裁政权,建立或巩固亲美政权,分裂和破坏反美阵营,削弱目标国家或组织的力量和影响,以遏制所谓苏联共产主义势力的扩张。隐蔽的政治行动比隐蔽的经济行动、宣传行动更具进攻性和有效性,它通过直接或间接的方式对准目标国家或政治军事集团的最高权力部位发力,往往是搞定了这个部位,就可以赢得一个国家或组织。[1] 或者是在底层制造社会动乱,煽动民众情绪,诱导民意走向,让汹涌的"民意"洪流摧毁目标国家政权。

1953年,中央情报局通过在伊朗秘密选定代理人并支持帮助其发动政变的方式,推翻了可能倒向苏联的摩萨台政府,将伊朗前将军扎赫迪扶上首相宝座,建立了一个长期亲美亲西方的政府,封堵了苏联在中东地区向外扩张的一个重要通道,对中东乃至全球的遏制战略发挥了不可小觑的作用,直到26年后霍梅尼领导的伊斯兰革命推翻巴列维王朝为止。这次代号为"阿贾克斯行动"的隐蔽行动,是美国在第三世界国家,第一次运用隐

---

[1] 白建才:《"第三种选择":冷战期间美国对外隐蔽行动战略研究》,人民出版社2012年版,第62页。

蔽行动推翻一个合法政府的成功案例，为其以后的海外颠覆秘密行动开了一个恶劣的先例。暗杀目标国家领导人能够直接颠覆其政权，为避免遭到国际舆论指责，中央情报局针对目标国家的领导人实施暗杀行动时，通常是采取借刀杀人的方式。据赫尔姆斯在《谍海回首》中透露，"丘奇委员会"曾对中央情报局的5次暗杀"企图"进行了调查，包括古巴领导人卡斯特罗、多米尼加总统特鲁希略、刚果总理卢蒙巴、智利陆军总司令施耐德将军等。除卡斯特罗命太硬外，其他几人都被中央情报局以借刀杀人的方式成功清除。因不是直接暗杀的，最终调查也不了了之。赫尔姆斯颇为自得地写道："在为期8个月的引人注目的调查中，丘奇参议员费尽心思，仅仅证实了中央情报局没有暗杀过任何人。"[①] 这其中几次成功的暗杀行动，都不同程度地改变了所在国家的政治格局，并最终使之朝着有利于美国的方向发展。

隐蔽行动对目标国家上层往往是针对特定的个人，多为掌管最高权力者。针对下层的则多为群体，秘密鼓动并借助底层民众的力量来制造社会动乱，使最高统治者的统治难以为继，要么丢掉性命，要么失去权力，从而实现政权的非正常更迭。1980年，反政府组织波兰独立自治团结工会成立，美国政府除了公开给予支持之外，中央情报局还秘密向团结工会提供经费及通信和印刷等设施，大量印制和散发能够煽动波兰人民对政府和苏联不满的传单，通过美国工会组织劳联—产联及其他非政府组织（NGO）提供指导、培训及资金等支持，甚至还秘密策划组织了支持团结工会的游行示威活动。中央情报局局长凯西及里根总统曾先后亲赴梵蒂冈，游说教皇持支持团结工会的立场，最后帮助其夺取了波兰政权，从而开启了苏东剧变的魔盒。冷战结束之后，中央情报局针对目标国家或地区的隐蔽政治行动，多是假手NGO组织，秘密提供经费、培训、相关设备及扶持代理人等方式，来策动草根阶层反抗政府，制造大规模的社会动乱，以达到推翻或更迭目标国家政权的目的，席卷东欧、中亚、中东、北非等地区的"颜色革命"就是如此。这种手法更加巧妙，将美国与目标国家政府的较量，转化成为目标国家政府与其民众的对抗，把目标国家政府置于非常尴尬的境地，面对非理性的闹事民众，出手轻了解决不了问题，自己会倒台；出手重了必定导致人员伤亡，会更加激怒民众，同时引来"国际舆论"的谴

---

① ［美］理查德·赫尔姆斯、威廉·胡德著，佚名译：《谍海回首——前中央情报局局长赫尔姆斯回忆录》，社联印制2004年版，第598页。

责和相关重要国家的"制裁",同样会倒台。事实也反复证明,有了现代化通信和传媒工具的加持,在强大的非理性民意洪流冲击下,相关国家政府大多束手无策,执政者支撑不了多久便会黯然下台,迅速实现政权的更迭。

二、隐蔽的经济行动

如果说战争时期是军事上的对抗和博弈,在和平时期则是经济上的对抗和博弈,冷战期间美苏带有浓厚军事竞争色彩的军备竞赛,其底层逻辑仍为经济上的对抗和博弈,因为军备竞赛需要强大的经济(包含科技)作为支撑。健康的经济是一个国家社会政治稳定的基础,而破坏了这个基础,政权迟早会出问题。隐蔽的经济行动又称为"经济战",是指通过秘密的贸易管制、经济破坏等手段,以搅乱目标国家的经济运行秩序,削弱其经济实力,造成民众生活困难,来动摇目标国家政权的政治统治根基,达到削弱或颠覆其政权的目的。美国学者马克·洛温塔尔认为,由于经济混乱往往会导致政治动荡,因此扰乱目标国家经济就成为有效开展隐蔽行动的重要手段。由于经济对社会和政治生活均具有重大的影响力,隐蔽经济行动从一开始就成为美国隐蔽行动的一个重要组成部分。美国学者戴维·罗特科普夫认为,"美国一次又一次地发现,处理外交事务的最好方法是经济手段","对于美国民众来说,经济上的劲敌比军事强敌更值得担忧","作为超级经济强国,如果我们利用自身实力,并且把进入美国市场、获取美国科技资金及劳力、与美国公司合作的机会、学习与众不同的创新发明和思维方式当作条件,来拉拢盟友,击败敌人,那美国就能大大提高在全世界范围内的影响力,确立对自身超级大国地位的认同感,传播我们的价值观,从而提升成功的可能性。"[①] 美国具有重商主义的传统,通过经济手段来拉拢盟友和搞垮对手,是其一贯的做法,尤其是明白了美国"经济上的劲敌比军事强敌更值得担忧"的心理状态,就不难理解其发动针对中国"贸易战"的深层次原因。当一个国家在经济上发展到可与美国分庭抗礼的阶段时,就不可避免地成为了美国竭尽全力打压的对象,不管是敌国还是盟友,苏联是如此,日本是如此,现在轮到中国了。美国觉得自己输不起,中国更是输不起,这注定是一场比硝烟弥漫的战场还要激烈

[①] [美]戴维·罗特科普夫著,孙成昊、赵亦周译:《操纵世界的手——美国国家安全委员会内幕》,商务印书馆2014年版,第388页。

和艰巨的战争。其打压对手的方式除了公开的手段之外，秘密的渠道和手段也发挥着不可或缺的作用。隐蔽的经济行动具有战略性目的，但相较于隐蔽的政治行动和宣传行动，其战术性的特点更为鲜明，也即手段和目的更加具体直接，破坏所造成的后果更加直观，基本不需要中间的转化环节。而隐蔽的政治行动和宣传行动通常需要中间环节的转化，然后再作用到目标部位。如策动政变，必须通过被策动者这个中间环节去实施，才能最后达成目的。隐蔽宣传行动也是如此，必须通过被欺骗或被离间者中起主导作用的一方上当并采取其所希望的行动，才能达到目的。隐蔽的经济行动多为直接作用到目标部位，部分项目的烈度还比较强，也即具有显性的破坏性。

为打击主要对手苏联及其他社会主义国家的经济，除了公开的途径之外，美国还运用隐蔽的经济行动，采取多种手段和渠道开展秘密破坏活动。通过秘密组建的"巴统"组织，实行贸易管制，对削弱和破坏苏联集团的经济实力起到了非常重要的作用。美国纠集西方发达国家于1949年11月在巴黎成立了一个"秘密的非正式国际组织"，即"对共产党国家出口管制统筹委员会"，简称"巴统"，主要针对苏联集团实施经济制裁和出口管制。列入管制的禁运清单有军事武器装备、尖端技术产品和稀有物资等3大类上万种产品，朝鲜战争爆发后，将管制范围扩大到中国，在亚洲设立了分支机构"中国委员会"，直至1994年解散，但其所制定的禁运物品列表后来被《瓦瑟纳尔协定》所继承。[①] "巴统"将禁运限制同被禁运国家的社会制度、经济体制或人权联系在一起，带有强烈的冷战色彩和意识形态目的，成为美国开展隐蔽经济行动的重要工具。出面进行贸易管制的是"巴统"各国，而美国是幕后的倡议者和推动者，这样就掩盖和淡化了美国的作用，美国政府也可以完全否认自己的主导作用。苏联地大物博，资源丰富，出口石油和天然气是其经济支柱和主要外汇收入来源，中央情报局通过"沙特行动"，将国际市场石油价格打到苏联的成本价以下；又通过植入恶意程序的天然气管线阀门控制所需的数据采集和监控系统软件，使苏联用于出口西欧的天然气管道发生特大爆炸事件，致其外汇收入锐减，严重影响了苏联的技术设备更新和工业项目的建设，苏联的命运也进入了倒计时阶段。苏联解体后，美国也没有放过已经实行资本主义制度

---

① 《巴黎统筹委员会（对社会主义国家实行禁运和贸易限制的国际组织）》，百度百科，https://baike.baidu.com/。

的继承国俄罗斯，由美国帮助制定的"休克疗法"将俄罗斯的经济彻底拖入泥潭，中央情报局也介入其中，被普遍认为是美国又一次出色的隐蔽经济行动。

随着网络技术的兴起，通过网络技术来破坏目标国家的电网、通信设施及重要工厂等民用基础设施的事件时有发生。据报道，美国曾网络攻击委内瑞拉等南美国家的电力系统、在海湾战争期间用病毒控制伊拉克的指挥系统和防空系统，以色列在伊朗核电站离心机控制运行系统中植入病毒等，都给目标国家造成了重大的损失。这种破坏活动隐蔽性强，可以远程操控，很难固定证据并确认加害方，即使查到了其也可以摆出很多理由加以否认；危害性大，能够使一个国家或区域的经济和社会生活停摆，或重要设施遭到毁损；成本极低，只需要制作一个软件便可横行无忌。在金融领域也是如此，在二战时期，多个国家曾以印制并散发伪币的方式来破坏对方的金融，现在来看就不需要这么复杂了。美国金融大鳄索罗斯运用其旗下的量子基金，自1992年以来先后狙击英镑、泰铢、港元、卢布、日元等货币，导致相关国家和地区金融动荡，尤其是1997年造成了亚洲金融风暴，使有些经济发展状况不错的国家或地区经济倒退了至少10年。社会的发展和现代技术的进步，为破坏他国的经济提供了更多成本更低、效果更佳、操作更简便、渠道更隐秘的选择。作为无所不用其极的隐蔽行动，必然会及时丰富和更新其武器库或工具箱，只是什么时机使用、对谁使用的问题。如果说外交领域和军事领域在国际上还有一些公认的规则，多多少少讲一点政治伦理和战争伦理的话，情报组织的活动则基本上游离于各种伦理之外，只有想不到，没有做不到，这也正是隐蔽行动最难防和最可怕的地方。

三、隐蔽的宣传行动

隐蔽的宣传行动也称为"心理战"，美国学者詹姆斯·奥尔森认为，就是利用精心挑选的真实信息或精心捏造的虚假信息，以影响对手的判断行为和精神面貌，乃至改变对手的价值观念和政治信仰，从而达到分化瓦解、削弱和消灭对手的目的。具体地讲，是指通过资助、支持、收买某些广播电台、电视台、报纸杂志，及编辑、记者、学者等媒体及人员，指使他们撰写、编造、发表体现美国意图的信息，或通过秘密地散发传单、书刊、海报及墙报、广告等方式，进行鼓动性或欺骗性宣传，以达到宣传美国意识形态和价值观，增强美国及西方社会的吸引力，扶持美国所中意的势力及代理人，诋毁对方的社会制度、意识形态和统治集团，煽动对方内乱，削弱对方的力量和影响，动摇甚至颠覆对方政治统治的目的。

美国国家安全委员会1950年7月出台的《国家心理战计划》（文件标号NSC74）中，将宣传分为3种类型，"公开宣传"又称为"白色宣传"，指公开宣布并承认其来源的宣传活动；"隐蔽宣传"又称为"黑色宣传"，指掩藏其真实来源的宣传活动；"灰色宣传"指避免确定来源的宣传活动，统称为"三色宣传"。前面是从信息来源的角度来界定"三色宣传"，另外还可以从信息真实度的角度来看待这个问题，"白色宣传"的信息是真实的，自然可以明确来源；"黑色宣传"的信息是虚假的，是完全凭空捏造，自然不可能透露、也无法透露来源；"灰色宣传"则是真假参半，在真实的基础上进行有目的的歪曲，甚至收买有一定社会影响力的人按照中央情报局的意图撰文发表，或是中央情报局准备好文章以被收买者的名义发表等，在标明信息来源时往往含糊其词，让人无法进行追溯或追查。[①] 在隐蔽的宣传行动中，"黑色宣传"用得最多，"灰色宣传"次之，"白色宣传"相对较少。

有人认为"白色宣传"不属于隐蔽宣传行动的范畴，其实"白色宣传"可分为两种情形，一种是纯粹的公开宣传，与其他公开宣传没有两样；另一种是披着公开宣传外衣的隐蔽宣传行动，如中央情报局针对目标国家、团体或个人的揭秘式宣传就属于此种情形。比较典型的事例有赫鲁晓夫的"秘密报告"，内容和来源都是真实的，苏联方面要拼命保密，美国中央情报局窃取到手后则开动所有重要的宣传机器，不搞得全球人人皆知不罢休，一时间舆论场上刀光剑影，背后的操纵者中央情报局忙得不可开交，并由此煽动起东欧一些国家民众的不满情绪和反抗行为，这应当属于隐蔽宣传行动的范畴。在2016年美国大选中，据称俄罗斯军事情报部门制造了希拉里"邮件门事件"，对大选结果产生了微妙的影响。邮件涉密事件是真实存在的，来源是希拉里的电子邮箱，也应该属于隐蔽宣传行动中的"白色宣传"。情报组织实施的隐蔽宣传行动，也具有"扬己抑人，片面极端"的特点，片面的宣传，即使内容是真实的，也是一种欺骗性的宣传。就好比考察一名干部时，只说优点或只说缺点，即便所说的内容都是真实的，也会造成事实上的欺骗误导，至少是不全面，会最终误导考察

[①] 白建才：《"第三种选择"：冷战期间美国对外隐蔽行动战略研究》，人民出版社2012年版，第63—64页。

第一章　美国中央情报局与隐蔽行动

者的观点，从而造成使用上的不合适结果。中央情报局在文化冷战中就是如此，在其所控制的杂志及对好莱坞电影进行审查时，对有损美国形象的内容会坚决予以剔除，以塑造美国正面高大的形象。美国电影所形成的风靡全球的"美国精神"及"英雄主义气概"，并不是自然生长或偶然发生的现象，细究起来，也得算上中央情报局的一份功劳。

隐蔽的宣传行动最早得到美国决策层的重视，其于1951年成立的最早的隐蔽行动的领导协调机构就名为心理战略委员会，也是美国隐蔽行动中使用最多的类型，约占美国隐蔽行动实施项目的一半左右，被称为"隐蔽行动的面包和黄油"。① 冷战最深层次的原因，是两种绝然对立的意识形态和政治制度的对抗与争夺，这就决定了隐蔽的宣传行动成为使用最广泛、渗透力最强的隐蔽行动类型。美国前总统尼克松在《1999：不战而胜》中指出："尽管我们与苏联在军事、经济和政治上竞争，但意识形态是我们争夺的根源。苏联企图扩张共产主义，消灭自由；而美国则要阻止共产主义，扩大自由。如果我们在意识形态斗争中打了败仗，我们所有的武器、条约、贸易、外援和文化关系都将毫无意义。"② 艾森豪威尔也曾将冷战称为"争取民众思想和意志的战争""争夺思想和心灵的战争"，宣传则毫无疑问是争夺思想和心灵的最有效武器。《文化冷战与中央情报局》作者桑德斯认为："冷战是心理战，就是用'和平方式'屈敌，也就是用宣传的武器来瓦解敌方的立场。"同时隐蔽宣传行动具有烈度低、风险小、花费少、成效大等特点，被中央情报局作为"常规武器"来使用就不难理解了。1948年意大利大选中，美国为了"维护意大利独立、民主、对美国友好和能够参与抵抗共产主义扩张（出自NSC1/1文件）"，阻止意大利落入共产党之手，中央情报局花费1000万美元，主要通过隐蔽的宣传行动，抹黑左翼政党，诱导和操纵民意，帮助本来不占优势的右翼天民党赢得了大选，建立了反共亲美政府并长期执政，成为西方阵营的重要一员，也成为美国在西欧和地中海地区阻止苏联扩张渗透的坚强堡垒。这是战后美国实施隐蔽行动的一场试验，很好地解决了外交手段不管用、军事手段不便用的困境，做到了花小钱办大事，为美国拓展和维护海外利益、与苏联争夺

---

① 白建才：《"第三种选择"：冷战期间美国对外隐蔽行动战略研究》，人民出版社2012年版，第63页。
② [美]理查德·尼克松著，王观声译：《1999：不战而胜》，世界知识出版社1997年版，第109页。

· 61 ·

霸权开辟了新的天地，它的成功促成了美国隐蔽行动战略的形成与确立。

四、准军事行动

准军事行动又称为"秘密战"，是美国对外隐蔽行动的重要组成部分和对外政策与战略的重要工具。我们将在后面专章讨论准军事秘密行动，将其范围限定为一般不直接使用本国正规军队，政府不公开承认，由情报组织通过秘密渠道，主要借助第三方人员开展的，多数情况下烈度相对较低的军事行动。这么定义的目的，是为了将准军事秘密行动与其他类别的秘密行动比较好地区分开来，减少交叉重叠的问题。而美国隐蔽行动中准军事行动的范围则要大得多，凡是中央情报局等情报机构策划组织实施的与暴力活动相关的秘密行动，都可归入准军事行动的范畴。即除了前述"准军事秘密行动"所包含的内容之外，还包括派遣本国情报人员渗透到目标国家、或在目标国家和地区发展情报人员，或是在本国及友国情报部门和军方的支持配合下，所进行的颠覆、破坏、暗杀等带有暴力性质的活动。1955年底《国家安全委员会关于隐蔽行动的指令》（文件标号NSC5412/2）表述为："预防性直接行动，包括破坏、反破坏、爆炸拆毁、撤离转移；颠覆敌对国家和团体，包括援助地下抵抗运动、游击队和难民解放组织。"即本书所述颠覆、破坏、渗透、暗杀、绑架、营救等秘密行动中，与暴力或武装行动相关的内容，再加上准军事秘密行动，才能构成美国隐蔽行动中准军事行动的基本内容。综上所述，准军事行动是指介于传统军事行动与非军事行动之间、主要由情报部门策划组织实施的秘密行动，具体包括支持训练目标国家的相关武装人员，从事颠覆或是维护某政权的活动，或在国家间的战争中暗中武力支持或破坏某方的行为；派遣情报人员直接或训练目标国家和地区的间谍，实施武装破坏和暗杀等带有暴力性质的行动，以及武力反恐等活动。

美国学术界对准军事行动进行了深入的研究，提出了准军事行动的相关理论。学者罗伊·戈德森认为，准军事行动是指未公开承认的武力使用，或向叛乱力量或抵抗运动提供秘密支持，包括武力支持的政策行为。哈里·罗西泽克认为，准军事行动是指支持和激发他国反政府武装力量的行为，或利用非正规武装侵犯他国并颠覆其政权的行为，或二者兼而有之。杰弗里·里奇森根据国际关系的新发展，进一步拓展了准军事行动的内涵，认为准军事行动具有两大功能，一是传统功能，即推翻、暗中破坏或支持一国政权的隐蔽行动；二是现代功能，即抵制并阻止一国试图获得或发展先进武器的秘密行动，以及打击恐怖主义的隐蔽行动。① 罗西泽克和戈德森对准军事行动的概念涵盖面比较窄，相当于准军事秘密行动；里奇森的理论涵盖面比较宽，相当于美国隐蔽行动中准军事行动的概念。

准军事行动与军事行动相比烈度较低，但在隐蔽行动中则是烈度最高的类别，据估计，从战后到20世纪70年代中期，美国所实施的上千次隐蔽行动中，准军事行动约占16.7%。如阴谋颠覆阿尔巴尼亚政府的"宝贵行动"和"BG魔鬼计划"，支持印尼外岛叛乱以图颠覆苏加诺政府的"海克行动"，妄图分裂西藏的隐蔽行动等，基本上是由中央情报局秘密组织流亡人员或支持反叛军人等方式，开展针对目标国家或地区的武装斗争活动。颠覆危地马拉阿本斯政府的"成功行动"，则是综合运用了心理战和经济战等方式，最终通过准军事行动达到了目的，即支持代理人阿马斯所领导的叛军攻入首都，窃取了政权。在反恐准军事行动中，主要方式则为中央情报局等情报机构查清恐怖组织头目及骨干或相关重要目标的藏身之所后，通过派遣武装特别行动小组进行抓捕暗杀或利用导弹、炸弹进行定点清除。在美国的隐蔽行动中，准军事行动烈度高、影响大，往往会涉及到人员伤亡，引起的非议也最多。1961年，经总统肯尼迪批准、中央情报局秘密组织实施的入侵古巴猪湾的"萨帕塔计划"失败，1189人被俘，114人阵亡，在美国及世界引起了轩然大波，使肯尼迪面临双重困境，即入侵事件本身有违国际准则，该保的密没有保住，搞得路人皆知，并且失败得惨不忍睹，留下一摊子烂事很难善后。他恨不得将中央情报局撕成碎片，最后毫不留情地将中央情报局局长杜勒斯及两位副局长撤职，其中包括主管隐蔽行动的副局长理查德·比斯尔。有的隐蔽行动办成了也会有争议，如"伊朗门事件"就是如此，这主要是国内的争议。有的在国内没有多少争议，但在世界上会受到非议。美国以其支持恐怖主义为由，于2020年1月3日凌晨，在伊朗"圣城旅"指挥官苏曼莱尼少将到访伊拉克期间，出动MQ-9无人机用3枚"地狱之火"导弹将其暗杀，受到许多国家的批评和谴责。虽然准军事行动会存在这样那样的风险，但似乎并没有影响到美国继续将其作为重要战略工具使用的决心。

---

① 舒建中：《美国的准军事行动理论》，《国际资料信息》2012年第12期。

第四节 美国隐蔽行动的发展阶段

自从1948年美国杜鲁门政府确立了隐蔽行动的战略以来,美国历届政府都继承和发展了这一战略,并根据美苏实力对比和冷战格局的变化,不断调整隐蔽行动战略的相关政策,在不同的阶段呈现出了不同的特点。陕西师大白建才教授在《"第三种选择":冷战期间美国对外隐蔽行动战略研究》一书中将其划分为4个阶段,并进行了深入的论述。冷战结束后,美国的隐蔽行动战略并没有取消,而是在新的历史条件下,针对新的对手,采取新的方式,为维护美国的独霸地位和全球利益,继续发挥着不可替代的作用。

第一阶段:20世纪40年代中期—20世纪50年代中期

这个时期隐蔽行动战略实施的重点在欧洲,同时在其他重点国家和地区也视情出手。欧洲是世界资本主义的发源地和重要阵地,在国际政治经济中具有十分重要的地位,二战将欧洲分裂为资本主义的西欧和社会主义的东欧,在世界格局中的战略地位尤为突出。美苏双方都不肯止步于现有的意识形态分界线,在欧洲展开了激烈的争夺,美国对苏联集团全力开展了政治战、经济战、心理战和准军事行动,以配合公开的国家战略和行动,同时也针对意大利、菲律宾、伊朗、危地马拉等国家和地区实施隐蔽行动,以阻止所谓的共产主义扩张。

二战使欧洲这个世界经济最发达的地区几乎变成废墟,经济凋敝,民生维艰,左翼思潮在西欧比较盛行,西欧一些国家的共产党等左翼政党在苏联的支持帮助下,成为这些国家政治生活中不可忽视的一支重要力量,在有些国家已经具备了夺取政权的实力和可能。战后意大利共产党拥有170万名党员,直接领导的"加里波第游击队"达25万人,对意大利局势具有举足轻重的影响力,通过武装起义或议会道路上台执政都有很大的可能性。为防止意大利落入意共和苏联之手,中央情报局参与评估的《美国关于意大利的立场》(NSC1/1)文件中,确定美国对意政策旨在"维持意大利独立、民主、对美友好和能参与抵抗共产主义扩张",并通过"书信运动"、黑色宣传、资金资助等隐蔽行动方式,帮助右翼政党天民党赢得了意大利1948年的大选,使意大利成为阻止苏联向西欧扩张的堡垒。

针对苏联及东欧,美国主要是运用隐蔽的宣传行动,进行分化瓦解,制造矛盾、鼓动人民起来反抗,来促使东欧政权和制度发生对美国有利的变化。为此，中央情报局除了利用"美国之音"外，还以掩护名义专门建立了"自由欧洲电台"和"自由电台"，对苏联和东欧各国开展心理战。《自由欧洲电台指南》明确其目的为："通过维持其士气，激励他们与正统治他们的、受苏联支配的政府的不合作精神，解放铁幕背后被奴役的民族。"中央情报局窃取到赫鲁晓夫《秘密报告》后，开动各种宣传机器进行大肆宣传和挑拨，导致了由示威游行发展成为暴乱的波兰"波兹南事件"，以及由和平抗议发展成为武装起义的"匈牙利事件"的发生，但很快就被平息下去了。为图谋颠覆阿尔巴尼亚霍查政权，美国中央情报局先是与英国秘密情报局联合实施了"宝贵行动"，但效果不佳，英国退出，中央情报局又单独实施了"BG魔鬼计划"。主要是招募训练阿流亡人员，以空投或海运等方式，将他们秘密送回阿尔巴尼亚从事武装颠覆破坏活动。苏联在英国秘密情报局的间谍菲尔比，时任秘密情报局与中央情报局的联络协调官员，他将情报及时传递到苏联，这些准军事行动都遭到了失败。经历了这些事情之后，美国觉得苏联对东欧的控制严密有效，再继续此类行动，只会给苏联提供镇压的口实并强化其控制，便提出了"和平演变"的战略，减少了对苏联东欧的此类隐蔽行动，将这种方式转用到第三世界国家。

1953年，美国认为伊朗摩萨台政府正在靠拢苏联，中央情报局在英国秘密情报局的配合下，策划实施了颠覆伊朗摩萨台政府的"阿贾克斯行动"。他们启用代号为"诅咒"的反苏行动网及秘密情报局的一个政治行动网，进行反苏反共宣传，离间摩萨台首相与相关合作政党的关系，鼓动推翻其政府；同时选定并扶持代理人扎赫迪将军发动军事政变，联络巴列维国王支持配合政变行动。政变成功后扎赫迪将军任首相，建立了亲美政府，成为美国围堵苏联并遏制其向中东地区扩张的重要据点。这是美国在第三世界国家首次运用隐蔽行动推翻合法政府的成功尝试，积累了经验的中央情报局，又于次年将隐蔽行动的矛头对准了处于美国"后院"的危地马拉，策划实施了"成功行动"。危地马拉阿本兹政府被美国认为是苏联在"中美洲的赤色前哨"，其授权共产党人负责的土地改革事务，被美国认为是严重损害了美国联合果品公司的利益，时任国务卿及中央情报局局长的杜勒斯兄弟等一众美国高官是该公司的重要股东。中央情报局通过隐蔽的宣传行动，对阿本兹政府进行抹黑和离间；扶持逃亡军官阿马斯作为代理人，帮助其组建和训练雇佣军，提供包括飞机在内的武器装备。失去军队支持的阿本兹总统只得宣布辞职，并到墨西哥使馆寻求政治避难，阿马斯夺取政权成为总统。此事激起了拉美其他国家的反美情绪，苏联与美国在拉美的争夺也日趋激烈。"阿贾克斯行动"和"成功行动"达到了预期的目标，更加坚定了美国实施隐蔽行动战略的决心，中央情报局也变得更加自信，认为"只要我们想做，我们可以做到任何事情"。

第二阶段：20世纪50年代后期—20世纪70年代初期

这一时期欧洲的冷战格局趋于稳定，出现了相对缓和的局势，而亚非拉民族解放运动兴起，一大批殖民地或半殖民地国家陆续获得独立。随着老牌殖民主义国家势力的削弱和退出，这些地区出现了权力真空，美苏都乘虚而入，争夺新的势力范围。美国将冷战争夺和隐蔽行动战略的重点转向亚非拉第三世界国家，对苏联东欧集团则继续实施隐蔽的经济战以阻止其军事实力的增长，实施隐蔽的政治战、宣传战以促使其内部发生变化。在朝鲜战场上曾痛击美国并影响东南亚民族解放运动的中国，也成为美国隐蔽行动的重点对象。

新中国成立后，美国曾试图离间中国与苏联的关系，但效果不明显，转而将隐蔽行动的重点放到图谋削弱中国、策动西藏独立上。从1956年开始，美国中央情报局通过秘密培训流亡"藏独"分子、建立训练基地、提供经费和武器装备、将这些武装人员空投回西藏，开展游击战和颠覆破坏活动。1959年发生的西藏大规模武装叛乱与此有着密切的关系，美国中央情报局还策划和协助达赖出逃。直到1969年尼克松总统希望缓和与中国的关系，才关闭了在尼泊尔木斯塘的训练基地，美国中央情报局对中国西藏的准军事行动自此告一段落。

二战刚结束，法国殖民者又在印度支那卷土重来，越柬老三国人民经过长期斗争，于1954年迫使法国承认其独立。为阻止老挝出现一个亲苏亲中的政府，阻止共产主义势力在老挝的发展，中央情报局前期是开展隐蔽的政治战，秘密支持右派集团屡屡发动政变，扶持其上台执政，建立了亲美政权。另外，从1961年开始，中央情报局支持赫蒙族（苗人）首领王宝建立根据地，提供经费和武器装备、帮助训练和组织指挥，使这支具有雇佣军特点的山地民族地方武装，由1000人发展到4万多人，根据中央情报局的意图和要求，与老挝爱国阵线和北越军队作战。直到1975年美国仓皇撤离越南，该武装才彻底解体，这次行动被称为是"中央情报局实施的最大的准军事行动"。

1955年4月第一次亚非会议在印尼召开，美国对印尼的左倾外交政策十分焦虑，同年9月印尼首次大选中，印尼共赢得18%的选票，成为第4

大政党，美国认为印尼有滑向共产主义的危险。当时印尼政府内部及地方矛盾比较突出，印尼外岛军队出现了多处武装叛乱，印尼的统一受到严重威胁。美国觉得与其让一个统一的印尼倒向共产党，还不如让其分裂，通过中央情报局积极支持外岛叛乱武装，主要是运用空投和海运的方式向叛军提供大量的武器装备，有时还派出雇佣飞行员驾驶战机参与叛军作战。1958年5月，中央情报局雇佣的飞行员波普被印尼政府军俘虏，美国为避免出现外交冲突，放弃了对叛军的援助，叛乱随即被平息。同年9月底，"9·30"事件爆发，忠于苏加诺总统的营长翁东等3个营联合行动，抓捕并处死了6名军方高层将领，次日被苏哈托镇压。美国认为"翁东叛乱给了美国一个史无前例的机会影响印尼事态"，美驻印尼大使格林建议采取隐蔽的方式宣传印尼共产党的所谓犯罪、背叛和暴行，并诬称中国参与了此次印尼的政变等等。这些黑色宣传煽动起了印尼民众仇共反华的情绪，使印尼共党员和华人华侨遭受大规模的屠杀。美国一贯不满苏加诺的亲共政策，长期暗中支持印尼陆军中的右翼势力，1967年扶持苏哈托登上总统宝座，建立了亲美独裁政权。

1960年6月底，刚果获得独立，但前宗主国比利时并不情愿放弃在刚果的既得利益，在比利时军人的支持下，刚果最富裕的省份加丹加省政府首脑莫伊斯·冲伯宣布成立"加丹加共和国"，并自任总统。刚果总理卢蒙巴政府无力应对危机，便向美国求援，美国担心开罪盟友及给苏联提供干预的口实而未答应；卢蒙巴又向联合国求援，但仍然没能解决冲伯叛乱集团的问题。卢蒙巴表示不论是谁，只要帮他收回加丹加省，赶走比利时人，就愿意接受其支持和援助。正在非洲争夺势力范围的苏联觉得是一个极好的机会，很快就向刚果派遣了军事顾问和技术专家，运来了包括飞机在内的大量先进武器装备。卢蒙巴向苏联等社会主义国家靠拢的行为引起了美国的恐慌。当时美国进口的75%的钴、50%的钽、80%的工业钻石及大部分的铜均来自刚果，同时刚果具有极为重要的战略地位。中央情报局认为要想阻止刚果落入苏联之手，就必须清除掉卢蒙巴，并制定了暗杀行动计划，后来艾森豪威尔总统担心暗杀行动会影响美国的大选，下令终止了直接暗杀的行动。9月中旬，中央情报局和比利时情报机构策动刚果陆军参谋长蒙博托发动军事政变，接管了政府权力，驱逐苏联等社会主义国家使馆和援助人员。中央情报局刚果情报站配合蒙博托的军队抓到了卢蒙巴，并极力鼓动蒙博托将其交给冲伯叛军，致使其遭到残酷折磨后被枪杀。中央情报局就这样以借刀杀人的方式除掉了卢蒙巴，后来又支持蒙博托再度发动政变,建立了亲美独裁政权,实行了30多年的残酷统治,里根总统曾赞扬蒙博托是美国在非洲"最好的朋友"。[①]

1959年初,卡斯特罗推翻亲美独裁政府,建立了革命政府,美国并不乐见自己眼皮底下出现一个与苏联关系密切的国家,一直寻求和支持古巴的亲美人士来推翻和取代卡斯特罗政府。1960年,中央情报局策划制定了《反对卡斯特罗政府的隐蔽行动计划》,代号为"冥王星计划",通过隐蔽的政治行动、宣传行动和准军事行动,来达到"用一个更致力于古巴人民的真正利益、更被美国所接受的政府,以避免暴露美国干涉的方式,取代卡斯特罗政府"的目的。其中影响最大的是中央情报局招募、组织、资助和培训古巴流亡人员组成雇佣军,入侵猪湾的"萨帕塔计划"。这次准军事行动的失败,是美国实施隐蔽行动以来所遭受的最严重的挫折,中央情报局的能力受到质疑,肯尼迪总统将局长杜勒斯和2名副局长撤职,并将隐蔽的准军事行动职能暂时划到国防部。这迫使古巴为了政权安全,寻求苏联更大力度的保护,引发了此后不久的古巴导弹危机。另外就是中央情报局针对卡斯特罗策划实施了千奇百怪的暗杀秘密行动,据报道达638次之多,但均未成功。古巴成为扎在美国心头一颗怎么也拔除不了的钉子。

第三阶段:20世纪70年代初—20世纪70年代末

此时处于美苏关系缓和期,冷战处于低潮,同时由于"水门事件"的影响,中央情报局的隐蔽行动受到社会公众的质疑和国会严厉审查,中央情报局隐蔽行动机构中的工作人员大幅压缩,隐蔽行动数量骤减,此前隐蔽行动经费占中央情报局预算的一半左右,到1977年下降到不足5%。苏联利用美国的越战困境和一定程度上的战略收缩,在缓和的表象下乘机向亚非拉扩张,美国在一些重要的战略地区毫不相让,明争暗斗。

拉美被美国视为自家的后院,古巴革命胜利后,美国重点防范拉美再度出现具有亲苏倾向的左翼政权。社会党创始人萨尔瓦多·阿连德是智利左翼政党的代表人物,中央情报局为阻止他在大选中获胜,先后在智利1958年、1964年总统大选及1969年国会选举中,运用给右翼政党及其中意的候选人提供资金支持,开展声势浩大的支持右翼候选人和抹黑阿连德的宣传战等方式,使得左翼政党在3次选举中都战绩不佳。在1970年的总统选举中,阿连德代表由6个左翼政党组成的"人民团结联盟"参选,美

[①] 白建才:《"第三种选择":冷战期间美国对外隐蔽行动战略研究》,人民出版社2012年版,第240—249页。

国为防止拉美出现"第二个古巴",中央情报局先后实施了"损毁行动"和"双轨行动(包含第一轨道和第二轨道两个秘密行动)"。"损毁行动"的宣传主题是"阿连德的胜利等于暴力和镇压",同时利用虚假材料离间左翼政党。"双轨行动"的核心内容是激发和鼓动军方采取措施或发动政变,但军方不为所动,导致支持宪法的军队总司令施耐德被中央情报局暗中支持的军官暗杀,此事反而刺激了民众对左翼政党的支持力度,阿连德还是顺利当选了总统。为将阿连德赶下台,美国及中央情报局对智利实施了限制贷款、打压智利支柱产业铜矿的价格及出口渠道,向反对党及反政府的媒体、私营部门和团体秘密提供经费支持等秘密行动,并策动右派军人皮诺切特于1973年9月11日发动武装政变,阿连德血洒总统府。美国在智利综合运用隐蔽行动的各种方式,渗透到社会的每一个角落,为通过秘密渠道干涉和改变目标国家政治格局积累了更为成熟的经验。

　　1975年安哥拉独立后,三派政治势力立刻打起了内战,美苏及扎伊尔、南非和古巴深度卷入了这场战乱,成为冷战时期两大阵营的重要角力点。美国及扎伊尔和南非支持"安解阵"和"安盟",先后实施了代号为"安哥拉行动"和"特色行动"的隐蔽行动,提供资金、武器装备、军事顾问、技术人员和帮助招募雇佣兵,以及开展诋毁"安人运"及其支持者苏联和古巴的黑色宣传活动。在这场内战初期,苏联方面给予了"安人运"更大力度的支持,提供的武器装备比美国的更先进,苏联派遣了1000多名军事顾问和教官,古巴则先后派遣了5万余名"志愿者"参战,大大增强了"安人运"的战斗力,迅速击败了"安解阵""安盟"及南非的军队。美国引入南非种族主义政权派兵参战,起到了适得其反的效果,为古巴派遣大量军队介入提供了口实;引起了"非洲统一组织"的不满,许多非洲国家转而支持"安人运";也惹恼了美国反感南非种族主义政权的国会议员,促使他们提出并通过了终止"特色行动"的法案。① 当然这只是第一个回合,这场内战打打谈谈,谈谈打打,直到2002年才告结束,最终赢得胜利的是"安人运"。但此时苏联早已灰飞烟灭,美国已转变成为"安人运"的支持者了,真是世事难料。有人评论说苏联赢了开始,美国赢了结果。其实在这场内战之前,苏联是支持"安解阵"的,因"安解阵"帮助过刚果冲伯叛乱集团等原因,才改为支持"安人运"。本来支持

---

① 白建才:《"第三种选择":冷战期间美国对外隐蔽行动战略研究》,人民出版社2012年版,第318—330页。

"安人运"的美国,发现"安人运"与苏联勾勾搭搭后大为不爽,便转而支持"安解阵",相互交换了场地,到最后美国还是转回到"安人运"的场地上来了。这也说明在非洲的战乱中,你是什么样的政治军事势力不重要,美苏所看重的是你能否给本国带来所预期的利益。不过这时在安哥拉问题上,美国只有合作者而没有较量者了,苏联已经解体10多年了。

第四阶段:20世纪80年代—20世纪90年代初冷战结束

1979年底苏联入侵阿富汗后,美国迅速调整了对苏联的缓和政策,展开了强硬的全面对抗。美国利用苏联国内外的困境,公开外交与隐蔽行动密切配合,在阿富汗和波兰重点突破,在东欧和亚非拉全面出击,隐蔽的政治战、经济战、宣传战、准军事行动齐头并进,迫使苏联步步后退,最终赢得了冷战。

1980年波兰爆发了罢工浪潮,并成立了全国统一的"波兰独立自治团结工会"。美国除了公开的外交手段支持之外,还通过隐蔽的政治行动和宣传行动向"团结工会"秘密提供多方面的支持,使"团结工会"不断发展壮大,成为美国在波兰及东欧地区的最大代理人。到1989年8月,"团结工会"顾问马佐维耶茨基出任总理,东欧出现了第一个非共产党领导的政府,次年波兰统一工人党停止活动,波兰成为苏联集团崩溃的第一张多米诺骨牌。

被称为"帝国坟场"的阿富汗,在1979年苏联入侵前已是政局动荡,亲苏与反苏势力内斗非常残酷。苏联秘密派遣特种部队暗杀了阿富汗时任总统阿明,扶持阿人民党旗帜派领导人卡尔迈勒回国执政。美国认为这"是自1975年以来共产党凭借苏联的枪械坦克夺取政权的第七个国家",对美国在波斯湾至关重要的利益造成了严重威胁。美国及中央情报局主要通过准军事行动,打起了针对苏联的代理人战争,向阿富汗穆斯林游击队及地方军阀提供军事援助,包括巨量经费、大规模训练、大量先进武器装备,其中甚至有美军尚未列装和实战使用的"毒刺"式导弹,到1988年已花费20多亿美元,被称为是美国历史上耗资最多的隐蔽行动之一。阿富汗复杂的地形地貌和穆斯林神出鬼没的游击战,使苏军陷入了前所未有的困境,成为压垮苏联的最后一根稻草。

中美洲尼加拉瓜"桑地诺民族解放阵线"经过18年的武装斗争,推翻了独裁亲美的索莫查家族的统治,于1979年建立了民族复兴政府。"桑地诺"政府与苏联和古巴的友好关系,引起美国的严重不安,担心在中美洲国家引起连锁反应。苏联东欧及越南、古巴等国受到了鼓舞,开始向中美洲各国的革命武装组织提供大量武器弹药,支持他们的武装斗争。美国时任总统卡特认为,美国必须"鼓励在尼加拉瓜的民主力量,而不是冒在中美洲出现一个新的与莫斯科结盟的极权政府的危险",授权中央情报局在整个拉美实施反对苏联和古巴的隐蔽行动。里根总统上台后进一步加大了对萨尔瓦多、洪都拉斯等多个中美洲国家的军事援助,帮助它们平息内部的反政府武装,同时进一步加强了对尼加拉瓜的经济封锁和颠覆破坏活动,向反政府武装秘密提供经费、军事训练和武器装备,参与并组织指挥军事行动,"伊朗门事件"就与此密切相关。但由于苏联等国对尼加拉瓜提供了巨额经济援助,仅 1986—1988 年就达 5 亿多美元;巴拿马、古巴、委内瑞拉、墨西哥等拉美国家,也都以不同的方式支持尼政府对抗美国的颠覆破坏活动,美国的目标短期内并未达到。直到 1990 年尼总统大选中,中央情报局通过 NGO 组织美国国家民主基金会整合 14 个反对派组织,推出候选人查莫罗夫人,提供竞选经费、帮助开展竞选宣传,策划组建多个帮助竞选的群众性组织,最终帮助查莫罗夫人赢得了大选,实现了将苏联势力逐出尼加拉瓜的目标,而此时冷战已经接近尾声。[①]

第五阶段:20 世纪 90 年代初期至今

国际形势发生了巨大的变化,苏联解体、东欧剧变使美国的隐蔽行动战略失去了主要对手。1993 年,新任中央情报局局长詹姆斯·伍尔西提出了"龙蛇理论",得到时任总统克林顿的赞赏。正当人们以为美国的隐蔽行动战略可能会难以为继时,国际恐怖主义势力异军突起,在美苏争霸背景下催生的美国隐蔽行动战略迅速转型,开展反恐斗争和操纵"颜色革命"成为美国隐蔽行动战略的重点。反恐斗争主要以准军事行动方式进行,"颜色革命"则大多通过 NGO 组织这个白手套,以隐蔽的政治行动、宣传行动和经济行动的方式来进行。

为将苏联赶出阿富汗,美国中央情报局通过隐蔽行动的方式支持阿富汗抵抗组织,培养出了本·拉丹及其所领导的"基地"组织。因不满美国领导的盟军进驻沙特等原因,本·拉丹开始与美国为敌,并在 1998 年发布了针对美国的"圣战宣言",精心策划了 2001 年的"9·11"恐怖袭击事件。美国随后打响了针对伊拉克、阿富汗及"基地"组织的全面反恐战争。从 1992 年开始,"基地"组织针对美国的恐袭案就层出不穷,其中影

---

① 白建才:《"第三种选择":冷战期间美国对外隐蔽行动战略研究》,人民出版社 2012 年版,第 366—379 页。

响比较大的有：针对驻索马里美军的也门旅馆爆炸案、美国世贸中心爆炸案、利雅得美军军营爆炸案、东非美国使馆爆炸案、也门美军"科尔"号军舰爆炸案等。其中美国驻坦桑尼亚和肯尼亚使馆爆炸案最为惨烈，死亡257人，受伤5000余人。隐蔽行动是反恐战争中的一种重要方式，在美国为首的联军入侵伊拉克之前，中央情报局就实施了"维京人之锤"行动，联络库尔德人抵抗组织，消灭了伊北部的伊斯兰辅助者组织，配合美军特种部队牵制了多达13个师的伊拉克军队，使他们无法南下参战。中央情报局还会同特种部队执行"红色黎明"行动，抓捕到了潜逃藏匿的伊拉克总统萨达姆·侯赛因。在打击阿富汗塔利班的战争中，中央情报局于"9·11"事件发生后不久，便派遣分遣队进入阿富汗，执行"碎颚者"行动，与随后到达的特种部队一起联络并帮助北方联盟，迅速打垮了塔利班政权；运用导弹袭击或派遣武装人员进行突袭等方式，先后追捕和追杀了一批恐怖组织头目和骨干；策划和组织实施了"海神之矛"行动，通过秘密派遣特种部队海豹突击队6队进行武装突袭的方式，于2011年5月1日，在巴基斯坦成功击毙"基地"组织创立者和头号人物本·拉丹，成为美国反恐战争最引人注目的战绩。中央情报局还抓获了"9·11"事件的主谋哈立德·谢赫·穆罕默德，其在负隅顽抗一段时间之后，在"强化审讯手段"面前不得不选择屈服。在与像恐怖组织这样的隐形非国家行为体的较量中，常规战争根本没法解决问题，采取隐蔽行动这种非常规战争的方式成为美国的主打手段。按照中国军队学者乔良、王湘穗著作《超限战》的说法，可将此种战争方式称为"超限战"。美国军事学者托尼·科恩认为："超限战也可以看作是一种秘密行动。"[1] 反过来说，情报组织所有秘密行动也都可以纳入"超限战"的范畴，在人类战争史上，这似乎已经成为一种新型的战争方式。美国通过隐蔽行动战略，将作为附属品的情报活动，发展成为一种新型的低烈度的战争方式，在针对恐怖主义的战争中，发挥了极其重要的作用。

"颜色革命"并不是凭空而来的，美国学者吉恩·夏普通过毕生的研究，提出了理论性和操作性都极强的"非暴力抗争"理论，成为"颜色革命"的行动指南；苏东剧变期间捷克斯洛伐克爆发了"天鹅绒革命"，成为非暴力更迭政权方式的成功预演；世纪之交发生在南联盟的"倒米运

---

[1] 乔良、王湘穗：《超限战与反超限战——中国人提出的新型战争观美国人如何应对》，长江文艺出版社2016年版，第251页。

动"，成为"颜色革命"的前奏。而这一切的背后，都有中央情报局神秘的身影。与以往由中央情报局直接插手不同，在"颜色革命"中，主要是由中情局秘密向相关 NGO 组织提供大量经费，再由 NGO 组织出面组织和操纵目标国家的相关组织和群体，以组织相关团体、鼓动公众抗议、开展街头运动的方式实现政权更迭。美国国家开发署、国家民主基金会、国家民主研究所、国际共和研究所、爱因斯坦研究所、索罗斯基金会、福特基金会等一大批 NGO 组织的分支机构，扎根于目标国家的相关社会组织和群体之中，活跃在"颜色革命"的前沿阵地。从 2003 年底开始，格鲁吉亚的"玫瑰革命"、乌克兰的"橙色革命（又称栗子花革命）"、吉尔吉斯斯坦的"郁金香革命（又称黄色革命）"都取得了成功；但在阿塞拜疆的"黄色风暴"、白俄罗斯的"雪花革命"、缅甸的"番红花革命"等并未达到预期的目标。2010 年底，由突尼斯的"茉莉花革命"引发的"阿拉伯之春""颜色革命"浪潮，席卷了阿尔及利亚、埃及、利比亚、叙利亚、伊拉克、也门等一大批北非和西亚国家，许多国家的政权倒台，这比冷战时期搞垮一个国家的政权容易多了；未倒台的国家政府也大多在政治上或经济上作出了重大让步和调整。这场"革命"浪潮甚至波及到了东亚、西欧和拉美等地区。2011 年下半年美国发生的"占领华尔街"运动，被许多人认为是"颜色革命"的"倒灌"，其行为方式与"颜色革命"相类似，只不过其诉求相当温和，背后也不可能没有中央情报局及相关 NGO 组织的影子。美国所扶持的代理人瓜伊多多次密访美国，2019 年策划实施了图谋颠覆委内瑞拉马杜罗政权的"颜色革命"；2022 年新年伊始，哈萨克斯坦也爆发了类似"颜色革命"的抗议与骚乱事件，不过在两国政府的有效应对和相关国家的支持下，这两次"颜色革命"均告流产。到目前为止，"颜色革命"的幽灵并没有远去，在看似风平浪静的表象下，美国的许多 NGO 组织仍在相关国家秘密发展，埋头苦干，深耕细作，只是不知道哪里会是下一个"颜色革命"的引爆点。

第二章

秘密行动的基础建设

情报组织的秘密行动，由开始主要服务于军事斗争转变为更多地维护和拓展海外国家利益，美苏冷战时期，秘密行动成为不同国家集团、不同意识形态进行较量、在全球争夺势力范围的重要工具。秘密行动在二战及以前，主要是军事斗争的配角，二战后逐步演变为一定范围、一定程度上的主角，美国在冷战时期将隐蔽行动（秘密行动）看作是与外交斗争和军事斗争相提并论的"第三种选择"，在反恐斗争中，美国和以色列等国都将秘密行动作为主要的反恐工具来使用。恐怖主义组织作为隐形非国家行为体，外交途径基本无用武之地，单纯的军事斗争则如同大炮打蚊子无从下手，秘密行动正好派上了用场，军事手段有时甚至成为秘密行动的配角和附庸。如"海神之矛"秘密行动主要由中央情报局策划、组织和指挥，本来中央情报局完全可以派遣自己的特工去完成，只是局长帕内塔考虑到武装突袭行动的专业性，才提出由军方特种部队执行，显然情报部门才是主角，军方特种部队是情报部门所调用的资源，或者可以说是因秘密行动所需，而临时配给的相关工作资源。在有些国家，围绕着秘密行动提供支援和保障的部门与资源也呈现出逐步增加之势，如美国为支撑一次特别重大的秘密行动，所配给或可动用的相关工作资源，不亚于一场重要的战争。秘密行动是一个系统工程，它包含着情报支撑、队伍建设、阵地建设、多方合作、体系作战等丰富的内容，这些方面的有机结合，构成了秘密行动得以成功开展的坚实基础。情报支撑将在下一章"秘密行动的策划与实施"中进行论述，这里主要讨论其他四个方面的问题。

第一节 队伍建设

任何行业和工作，人都是第一位的因素。革命先行者孙中山曾说："治国经邦，人才为急。"克劳塞维茨认为："如果把物质的原因与结果比作刀柄，那么精神的原因与结果就是锋利的刀刃。"[①] 情报官员队伍就是秘

[①] [德]克劳塞维茨著，余杰译：《战争论》，台海出版社2018年版，第133页。

第二章 秘密行动的基础建设

密行动"锋利的刀刃",其建设水平的高低,决定了秘密行动质量的高低与成效的优劣。曾先后任以色列阿穆恩和摩萨德局长的梅厄·阿米特认为,谍报工作是"一种智力斗争,技术运用及其他方面的改进,只对人的思维劳动起辅助作用",以色列使用的是"人与机器的组合体,在这种组合体中,人是决定的因素,情报界更是如此"。[①] 情报组织的秘密行动,大多是以小股人马甚至是单枪匹马的形式,在敌控区域秘密作战,许多国家将这种作战方式称为"特别行动",将其所承担的任务称为"特殊使命"。我国过去通用的"特务"一词,从字面上来理解,也是"执行特别(特殊)任务的人"。这也必然要求要用"特殊"的方法,打造一支"特别"能战斗的队伍。情报机构的工作面向全球,但情报机构本身人员是有限的,一个中等以上国家的情报机构,体制内在编情报官员大多为上千至数万人不等。号称史上最庞大情报机构的苏联克格勃,在巅峰时期高达50万人,但除开30万边防军,就只剩下20万人了,这里面还有人要承担国家警卫、政府通信、信号侦听和反间谍等职能,真正专事情报工作的人员只有数万人,而能派驻海外的还要低于这个数字。苏联解体后克格勃被一分为四,其中俄联邦对外情报总局关闭了30多个海外情报站,驻外机构人数也减少了将近一半,基本上降低到一个正常国家的水平。跻身全球四大情报机构之一的以色列摩萨德,成立后相当长一段时间仅有数百人,到现在估计在1200—1500人之间,国小人少的现实,迫使他们走精兵之路,以质取胜。情报机构工作面宽,工作方式复杂多变,针对部位难度很大,从业人员又相对较少,也很难拥有开展秘密行动所需的全部技能和资源,仅靠自有人员来开展工作显然无法应对。情报机构通常会以发展情报人员、借用第三方力量(如雇佣军、反政府武装、NGO组织等)、调用政府相关工作资源(如特种部队、驻外使领馆等)及开展国家间的情报合作等方式来解决这个问题,这些内容将会在相关章节中进行论述,这里着重讨论情报机构体制内即情报官员队伍建设的问题。

一、情报官员的招募

情报官员的招募,是指情报机构根据情报工作的需要,按照一定的条件和标准,通过多种渠道和方式,物色、选择、审查和吸收情报人员的过程。各国情报机构都将招募情报官员作为一项重要的工作,它是确保情报官员队

[①] 高庆德:《以色列情报组织揭秘》,时事出版社2016年版,第92页。

伍质量、履行情报工作职责及承担情报工作任务的基础。各国国情不同，招募的方式也不尽相同，但早期多使用秘密或半秘密招募的方式，渠道相对比较狭窄，有些国家情报机构的招募对象甚至还局限在一定的群体或圈子里。随着时代的发展，公开招募逐步成为比较主流的招募方式，吸纳社会精英人才进入情报部门工作的渠道进一步拓宽，门户或圈子意识有所淡化。

秘密或半秘密的招募方式。这种招募方式一般表现为在招募对象不知情的情况下进行物色和推荐，或是在很小的范围内通过熟人介绍推荐的方式进行物色。这样做并不意味着降低了招募标准，美、英、以等国认为只有高智商的人才能从事情报工作，他们往往是在精英的圈子里物色人选，局外人很难染指。美国中央情报局1947年成立时，三分之一的人员出身于常春藤联合会大学或是华尔街原战略情报局的精英。这些精英中有多诺万当年延聘的哈佛大学著名历史学家威廉·兰格、著名中国问题专家费正清、威廉学院院长詹姆斯·巴克马斯特等著名专家级人物；还有一帮华尔街的百万富翁，这些人智商极高，对金钱已经不感兴趣，对新奇刺激的情报工作充满了向往；[①]另外还有4位在欧洲战场上屡建奇功，日后成长为中央情报局局长的干将，以及一群将会在中央情报局历史上留下浓墨重彩的人物。1970年以前，中央情报局的招收对象主要是通过工作人员推荐的学生、熟人和校友等，这就使得中央情报局基本上被美国东海岸的精英所主宰。从优秀大学毕业生中进行招募，是英国情报界吸收情报官员的传统做法。对情报官员的招募要求为出身于上流社会，具有绅士风度，受过良好的教育，最好是牛津或剑桥大学的毕业生。一般为派人到大学进行物色，或由牛津、剑桥等名校的教授推荐合适人选；另外是通过得力的保举人推荐招募对象，即从那些曾给情报机构提供过情报或有过联系的人中间进行招募；还有从军队尤其是特种部队中招募其优秀退役军人。这种传统的招募方式使英国情报机构聚集了大量名校毕业生，也凭此打造了一支质量高、战斗力强的情报官员队伍，不仅在二战中发挥了不可替代的作用，还使得英国秘密情报局长期跻身于世界四大情报机构之列。但不足之处也是显而易见的，选择面比较窄，熟人圈子的气息比较浓厚，相互缺乏应有的警觉性，往往会对个人的问题苗头视而不见，给一些猎奇冒险者、意志薄弱者、叛国投敌者提供了一定的机会，英国情报机构中潜伏的苏联间谍

[①] 刘雪梅等：《神秘的第三只手——二十世纪美国情报机构绝密行动》，东方出版社2005年版，第19—20页。

第二章　秘密行动的基础建设

就有以菲尔比为代表的"剑桥五杰"。以色列建国之初，情报机构招收的人员具有相似的特点，基本上都是欧洲出生的犹太人，能讲多种语言，都会为自己的教育程度和修养感到骄傲，他们形成了英国式的"兄弟会"，将国内社会的内聚力变成为在境外执行秘密行动时高度统一的意志力。此后的招收对象主要为高校毕业生、军人和与情报界打过交道的人，其中从精锐部队尤其是特种部队招收人员是一大特色，以色列情报机构强悍的秘密行动能力，与此有着极为密切的关系，他们认为这些军人具有"进取和首创精神、机敏的素质、坚定的意志，以及与敌人一比高低的强烈欲望"。[①] 许多特种部队军人经常与情报机构合作，共同承担和完成秘密行动任务，已经显露出从事情报工作及秘密行动方面的潜质和才能，自然成为情报机构青睐的招收对象。以色列政坛身居高位的许多政要，早年曾配合情报部门的秘密行动，或在情报机构工作过，而军队正是他们起步的地方，如曾任以色列总理的沙米尔、沙龙、巴拉克和贝内特等。贝内特在总参侦察营（即"野小子"特种部队）服役时，成功执行了许多秘密行动任务，但其中代号为"愤怒的葡萄"的行动以失败告终，他当上总理后，不少人仍以此事质疑其领导国家的能力。一批执行过秘密行动任务的人员陆续登顶政坛，可能是以色列所特有的政治现象，也说明了秘密行动对以色列国家生存与安全具有非同寻常的作用。苏联克格勃招收情报官员时，带有自上而下的特点，依托各级党组织，进行秘密挑选和推荐，由克格勃选择招收对象。军事外交学院是专门为格鲁乌培养情报官员的学校，作为军事情报机构，由其自主在苏联武装部队挑选合适的生源。对自告奋勇者，苏联情报机构决不招收，反而会进行严厉的审查，还会祸及帮其出主意的人。他们认为这类人必定动机不纯，说不定是想借此作为跳板出国后叛逃。这样做的目的，据《苏联特工组织手册》规定，是"要尽一切可能避免吸收那些将来可能由于精神上或肉体上不够坚强，而无法经受未来工作考验的人"。[②] 规矩非常严格，但也不排除内部仍有操作的空间，使得苏联情报机构子承父业的现象比较突出，并一直延续到苏联的继承国俄罗斯。2010年俄罗斯用4名在押美国间谍向美国交换10名俄被捕特工，他们回国后受到时任总理普京的接见和鼓励。《莫斯科共青团员报》却讥讽道，

---

① 高庆德：《以色列情报组织揭秘》，时事出版社2011年版，第209页。
② 黄狐编著：《鹰眼——苏联克格勃行动档案》，河北人民出版社1998年版，第289—290页。

之所以急急忙忙换回这些"接近于白痴水平"的特工，是因为他们在俄对外情报总局有亲戚。此前有报道称，其中确有1名特工的父亲是该局高官。但从这些特工能够通过非法派遣的渠道进入美国后潜伏下来，并积极开展情报工作的情况来看，其专业素养还是毋庸置疑的。

从20世纪70年代开始，世界许多国家情报机构先后采取公开招募的方式来吸收情报官员。美国中央情报局在行政管理部设立了招募中心，并在全国设有12个招收中心，用刊登广告的方法从社会上招收情报官员。该中心负责刊登招募广告、到各地尤其是大学招收人才、监督招收程序、组织对申请人进行心理测试及其他方面的审查等工作。招收人员每年要深入到450多所大学，为对情报工作感兴趣的毕业生播放广告录像，解答相关问题。每年可收到申请信和个人简历15—20万份，从中筛选出5000多名初选对象，经过审查淘汰，最后能招收全职、兼职或合同雇员1000多人，高淘汰率保证了招募对象的质量。① 20世纪90年代初开始，英国情报机构通过公开广告招募有志于情报工作的优秀人才，他们通常以国防部或政府部门的名义发布广告，还提醒："如果您要来应聘的话，千万不要告诉您的亲朋好友，因为您有可能成为一名情报人员。"招募的重点是已工作数年，有一定工作经验的大学毕业生；在事业上已经做出了一定的成绩，又希望迎接新挑战的优秀人才。以色列也逐步改为通过公开媒体发布招募信息的方式进行招收，克格勃继承者之一的俄罗斯联邦对外情报总局也改变了招收方式，希望加入该总局的俄罗斯公民可通过信件、传真、电子邮件等公开渠道，或通过俄其他国家机关提出申请。对招收人员学历和专业能力上也有明确的要求，德国联邦情报局要求招收对象必须懂两门以上外语，对国际政治、外国文化和外国语言有浓厚的兴趣，具有信息技术、化学、物理、工程等方面的知识。在1990年前后，其工作人员90%以上具有大学文化程度，拥有硕士、博士和多学位的占42%以上，现在这个比例会更高；同时还会根据情报工作的需要，延揽相关学科专家类的人才，如气象、飞机、舰船、火炮、装甲等各方面的专家。② 相对开放的招募模式，为情报机构吸纳优秀人才提供了更为宽广的平台，也进一步提升了招募对象的质量，拓展了招收人才的类别。

---

① 高庆德：《美国情报组织揭秘》，时事出版社2016年版，第265页。
② 綦甲福、赵彦、朱宇博、邵明：《德国情报组织揭秘》，时事出版社2013年版，第102页。

二、对招收对象及情报官员的审查

审查的核心是安全审查,包括对其政治观点、行为、性格和人格特点,巨大精神压力下的心理承受能力,以及面对突发性灾难事件时的应对能力等。情报机构既是秘密进攻他国的利器,又是他国情报机构秘密进攻的重点部位,对招收对象和内部人员的安全审查,是一项保障情报官员队伍安全和情报业务工作安全的必备措施。情报机构最忌讳情报官员里通外国、吃里扒外,一旦出现此种情况,势必会对国家或组织造成巨大的危害。为杜绝或降低这方面的风险,情报机构会采取多种方式,对招收对象进行全面考察和测试,有些方法到了残酷无情甚至残忍的地步,情报机构会将审查工作贯穿于从招收到培训及使用的全过程。一般来说,除了对其家庭及个人成长经历、性格特点进行全面深入的常规调查审查之外,情报机构通常还会采取特殊的方式,对招收对象进行忠诚度考验,这种特殊的方式主要有设置陷阱、逮捕审讯和心理测试等,如果在考验的过程中坚持不住或是露出了破绽,就会被无情地淘汰。

常规调查是指采用常规的调查方式,对招收对象的家庭亲友、成长经历、政治观点、文化知识、个性特征、爱好特长等方面的情况,进行全面深入的调查和了解,并对与报收对象有过交集的人员进行广泛的走访,以判断该对象是否适合到情报机构工作。美国中央情报局在招收爱德华·霍华德时,要求其填写了1份长达16页的"本人历史陈述",共分为两个部分,第一部分为"求职适用",要求写明体检资料、婚姻状况、学历、业务专长、服兵役情况、国际事务知识、外语水平等,还要介绍国外亲属的姓名、工作简历、本人曾否犯罪、是否参加图谋颠覆政府的组织及有无饮酒和吸毒嗜好等;第二部分为"查证适用",要求说明受雇简历、家庭历史,包括父母、岳父母、兄弟姐妹及配偶的详细情况,17岁以后的住址变化、收支情况及其他需要说明的问题。接着进行专业测试和面试,面试官一般由资深专案官员或曾任海外情报站站长的人员担任。面试通过后,中央情报局开始对受试人进行背景审查,调查内容覆盖申请人的全部历史,其朋友、邻居、亲戚和同事都会被一一询问到。申请人还需经过健康检查,包括心理健康以及精神疾病等方面的问题排查。[①] 英国情报机构对招

---

① 高金虎等:《剑与盾——二十世纪俄罗斯情报机构绝密行动》,东方出版社2005年版,第316页。

募对象的审查非常严格，有暗中目测、闲聊观察、家访深谈、正式面试、多科目笔试及智力测验等。深入了解对象的私人生活和各个方面的情况，调查询问范围包括其朋友、同学、同事、大学老师、中小学校长等，涉及到人品、社交能力及对国王是否忠诚（即对国家是否忠诚）等内容。以色列在确定招募对象备选名单时，首先要初核对象是否有政治和刑事犯罪的经历或嫌疑，接着详细调查其家庭背景和本人18岁以后或被招募前10—15年的个人经历，包括政治观点和社会关系，关键时刻可能会导致不安全的性格或人格缺陷等；同时对智力水平、从事情报工作的心理准备程度、思维敏捷性、交际能力及其他重要职业素质进行评价。

设置陷阱是指情报机构在考察和审查招收对象期间，故意提供诱使对象显露出政治不坚定、品格低下等缺陷的机会，以便及时发现问题，淘汰不合适的人选。一般为设置语言陷阱、行为陷阱和身份陷阱，语言陷阱是指隐藏身份的考察人员假装发表不当观点或发泄不满情绪，行为陷阱是指故意给被审查对象提供私占财物或接近美色等机会，身份陷阱是指考察人员冒充他国情报组织的间谍进行策反和引诱，以观察被审查对象的反应。苏联情报机构对招收对象审查工作一般会持续数月至一年甚至更长的时间，会故意制造陷阱和圈套，几种手段都会用上，来考验招收对象的思想忠诚度和品行是否端正，在利益诱惑或巨大的压力面前能否把持得住。克格勃特别调查部会采用各种方式对招收对象进行调查，来判断其是否可靠。他们可能派出1名隐藏真实身份的情报官员，设法同考察对象交朋友，混熟后，故意透露一些对时局不满的情绪，与对象私下讨论时政弊端。如果对象不为所动，过些日子，他会进一步装成对党的不满分子，向对象诉说对党的不满情绪，或者表明自己是外国情报组织的人，准备拉对象入伙。如果对象表示自己也有同感，或是不向组织主动报告，那么这个对象不仅会被从招收名单上剔除，还会轻则受处分，重则被送到劳改营。有时会在对象的工资袋里多放些钱，看其是否会见利忘义，私吞这些钱。必要时，还会设置色情陷阱，看其能否经得起女色的考验。[①] 考察方法五花八门，这只是其中的几个例子。如果通过了这一系列的考察，才会被初步吸收并送到基础学校进行培训。这些考察方法并不是苏联所独有的，其他国家情报机构也会采用相同或类似的方法进行考察。以色列情报机构有时也

[①] 黄狐编著：《鹰眼——苏联克格勃行动档案》，河北人民出版社1998年版，第290—291页。

第二章　秘密行动的基础建设

会派人伪装成他国间谍，来对这些初选或试训对象进行招募和策反，以考验其忠诚度。

逮捕审讯指将初选或受训对象，以相关借口突然逮捕，进行审讯并迫使其认罪的考验和审查方法。这种方法往往是假戏真做，过程残酷，有时甚至会使对象产生生不如死的感觉，没有特别强的心理素质和身体素质很难挺过这一关。克格勃的招收对象经过基础和中等培训之后，需要挑选其中的优秀人员参加高等培训，这些人员将会被派遣到境外从事秘密情报和秘密行动工作，其忠诚度成为境外工作成败的关键，克格勃采取逮捕审讯的方式，来对其进行考验和审查。在半夜三更突然将考验对象"逮捕"，依次对其进行3个等级的审讯，第一个等级的审讯较为温和，主要为指责对象是无耻的外国间谍，强迫其交待问题，威胁如不老实招供就会动刑。第二个等级是持续进行24小时审讯，直到对象神情恍惚，精神崩溃。然后拖进行刑室，进行第三个等级的审讯，其残酷程度会让人感到生不如死。据一名叛逃到西方的克格勃情报官员揭露说："他们把我绑在手术台上，用电流刺激我的脚心。我浑身颤抖，就像无数的芒刺刺在身上一样。他们又将线圈套在我的生殖器上，然后通电，使我产生勃起，直至精液狂喷。最后，他们用电流刺激我的两肋，使我痛苦地抽搐。电刑过后，手术台上全是汗水，我整个人已经虚脱了……"如果对象还没有屈服，会被拉到荒地上执行"枪决"，一声枪响，枪口冒出了白烟，与真实的枪决现场没有两样，只是没有射出子弹。对象又被带回审讯室进行"洗脑"，使其丧失自控能力，如果仍未招供或屈服，就算考验合格了。[①] 一名克格勃官员会向其表示祝贺，说你已被证实精神上和肉体上足够强壮，可以抵御巨大的压力，下一步会被送到红旗学院及间谍城继续深造。美国中央情报局对初选对象进行各种测验，如"观察力测验""意志力测验"等。其中"意志力测验"是将应试者突然逮捕，押送到地下审讯室里，置于强烈的反光灯下，或是与死囚关在一起，从黑暗中传来严厉的审问声、恐吓声，来测试其心理素质。[②] 对培训接近尾声，即将派驻国外情报站的对象，中央情报局也会以逮捕审讯等方式进行安全审查，同时测试其应变能力和心理素

[①] 黄狐编著：《鹰眼——苏联克格勃行动档案》，河北人民出版社1998年版，第298—301页。

[②] 孙立华：《美国如何选特工》，《当代军事文摘》2006年第11期，第35—36页。

质，而且是由联邦调查局的特工来实施。由国内的同行和竞争对手来做这件事，能保证测试的客观性和严肃性，测试对象很难蒙混过关。霍华德在中央情报局"皮里尔营"即"农场"培训完境外情报工作的各种技能之后，与其妻子玛丽·霍华德一起接受派驻莫斯科情报站之前的训练。一天，当他们夫妇受命来到位于波托马克河滨水区的一个小船坞的交接点，捡一个装有混合酒的纸盒子时出事了。霍华德刚捡起纸盒，一个女人跑过来高声叫道："你得付我钱！"此时两名联邦调查局特工也出现了，他们把霍华德逼到墙边，用枪指着他的头，玛丽在一旁吓得哭了起来。联邦调查局特工从纸盒中拿出了一袋粉状物，说是可卡因。他们将霍华德夫妇带到华盛顿分局，分别进行审讯。玛丽在审讯过程中完全被击垮了，将所有的事情都说了出来。霍华德则比较镇静，审讯者使出了浑身解数也没能击垮他，他什么都不肯说，只是要求找律师。审讯者后来发现了霍华德的中央情报局证章，便改变了态度，说对他的表现感到很满意。这时他们才告诉霍华德，刚才的事情是一场设计好的考验，并指出他哪些地方做得好，哪些做得不好，霍华德通过了考验。[①]

心理测试，俗称测谎或测谎试验，是指利用检测和记录人的生理指标的仪器设备，对被测试人就特定事项进行心理信息探查，通过对仪器记录的生理指标图谱进行分析，从而判断被测试人与特定事项的关联程度。测谎设备可以记录下对象由于思想压力或情绪波动所引起的反应，通过其血压、脉搏、呼吸、排汗等方面的指标变化，来综合分析招收对象的心理素质或是否隐瞒重要问题等情况，作为是否录用的重要依据。美国、俄罗斯、以色列、法国、德国等众多国家的情报机构，都会对招募对象进行心理测试，这已经成为对招收对象进行审查和筛选的必备手段。测谎发轫于1947年曾任美国陆军情报审讯员的克利夫兰·巴克斯特所设计的一种测试，旨在解决生活方式和反情报问题，中央情报局随即在自愿和实验性的基础上使用测谎技术，后来逐步成为美国情报机构对招收对象和内部人员进行安全审查的一种常规性手段。美国军事情报机构招收文职情报人员时规定："可能会要求参加一次准备好的反情报范围的测谎试验，并将随机检查。职务轮换时专门的测谎试验可能会检测生活方式。拒绝参加者可能

[①] 高金虎等：《剑与盾——二十世纪俄罗斯情报机构绝密行动》，东方出版社2005年版，第321—322页。

第二章　秘密行动的基础建设

不能被任命。"① 这也应该是美国情报机构招收情报官员时的共性要求。中央情报局设立了专门的心理测试机构和培养心理测试人员的学校，在招收对象中，据称有8%的人会因心理测试不过关而被拒。乔纳森·波拉德曾于1977年申请加入中央情报局，因未通过心理测试而被拒，两年后他进入了不需要心理测试的海军监视与情报中心，后转入海军反恐怖主义警备中心工作，被以色列拉卡姆策反，提供了大量涉及到军事科技、新式武器及间谍卫星所拍照片等情报，如叙利亚发展化学武器，伊拉克重建核反应堆，埃及、沙特等阿拉伯国家购买武器清单及性能的材料等情报。根据他提供的巴解组织突尼斯总部的卫星照片等情报，以军于1985年空袭该总部，60余人遇难，巴勒斯坦领导人阿拉法特因迟到15分钟才侥幸躲过劫难。波拉德暴露后，美以关系一度处于紧张状态。从此事可以看出，心理测试对安全审查还是很有效果的。

　　心理测试不仅在招收阶段使用，情报机构在管理情报官员过程中也经常使用这种方式，来考察其忠诚情况，如定期对情报官员队伍进行测试，以及对某些重点对象根据需要进行及时的测试，这些重点对象包括拟升职的对象、怀疑对象和拟派驻海外的对象等。美国中央情报局规定每5年对内部所有情报官员进行一次心理测试，法国对外安全总局规定每5年进行一次安全调查和心理评估，以便及时发现问题，将可能被敌方策反的对象及时清理出去。2010年被美国抓捕的俄罗斯10名潜伏特工属"S小队"，由俄对外情报总局谢尔巴科夫上校负责管理。在美方抓捕这些人之前，谢尔巴科夫已从俄罗斯叛逃到美国，据称这10名俄特工就是被他出卖的。此前一年多，谢尔巴科夫曾婉拒了升职的机会。据事后分析，他这样做的目的，可能是为了逃避接受测谎仪器的检测，以免露出破绽。② 从这个事例中可以看出，对拟升职对象进行心理测试，是俄罗斯情报机构对情报官员进行忠诚管理的必备手段。美国情报机构策反逆用的苏联（俄罗斯）情报官员陆续出事，中央情报局怀疑可能出现了内鬼。中央情报局和联邦调查局分别成立了代号为"演员"和"天光"的专案小组进行调查，逐步将嫌疑对象从200多名缩小到40多名，苏东部反间谍处处长埃姆斯名列其中，位次也逐步前移。通过初步调查，发现其酗酒、曾离过婚、收入与支出不

---

① 高庆德：《美国情报组织揭秘》，时事出版社2016年版，第274页。
② 《谢尔巴科夫（俄罗斯对外秘密情报局负责人）》，百度百科，https：//baike.baidu.com/。

符等问题,使其成为调查的重点对象。对这些人员进行的一次"例行"心理测试中,检测人员发现埃姆斯心理波纹异常。随即对其展开了深入调查,发现其拥有与收入不相称的巨额财产,联邦调查局从其家中搜出了144份机密文件及相关作案间谍器材。对中央情报局负责对首要对手苏联东欧反间谍工作的处长展开调查和搜查,没有相当可靠的怀疑依据是不行的,而心理测试正是提供了这样一个依据,或者说至少是提供了一个调查和采取强制措施的合适借口。有心理测试过不了的风险,就会有应对心理测试的方法,这里也成为情报机构较量的战场。克格勃在经营埃姆斯的过程中,采取了许多措施来保护他,其中包括如何应对心理测试。克格勃总部心理会诊小组制定应对方案,包括长达4页的问卷,这些都可能是心理测试中需要面对和回答的问题,训练对象如何控制好自己的情绪,沉着冷静、不留破绽地回答好这些问题。另外还给对象创造圆谎的机会,一天埃姆斯正与一名苏联外交官在华盛顿一家饭店吃饭,负责招募和经营埃姆斯的克格勃情报官员切尔卡申突然出现在饭桌旁。联邦调查局了解切尔卡申的底细,并对他进行了监视,埃姆斯担心事情败露。后来切尔卡申解释说:"我知道中央情报局经常让它的特工接受测谎,测谎时可能会问埃姆斯最近是否与克格勃特工有过非正式接触。我故意制造一次意外的会面,这样就可以说那个人在他试图招募一名苏联外交官时走了过来,对此测谎仪器是辨别不出来的。"切尔卡申利用这次刻意设计的邂逅,帮助埃姆斯通过了1986年派驻罗马之前的心理测试,但此次埃姆斯的好运气已经用完了。[1] 霍华德在被中情局招收时,就进行过心理测试,当时没有发现问题。在派驻莫斯科之前,再次对其进行了心理测试,中央情报局安全室研究了测试的结果,认为其回答问题时存在欺骗,又进行3次心理测试,均未获通过,其中第三次测试前,他非常紧张,服用了一片镇静剂,惹得测试人员大怒,因为镇静剂可能会改变测试结果。由于心理测试没有通过,中央情报局勒令霍华德主动辞职。此时霍华德已经全面掌握了"莫斯科规则",即与潜藏在莫斯科的间谍进行联络的时间、地点、预约方式和暗语口令等核心机密;同时他已经在中央情报局苏联东欧部工作了15个月,掌握了一批潜藏在苏联核心保密部门间谍人员的相关情况,以及中央情报局驻莫斯科情报站人员身份,这些人均以外交官身份作为掩护,苏联反间谍机构不

---

[1] [俄]维克托·切尔卡申、格里高利·费弗著,佚名译:《经营间谍的人——一名克格勃特工的自传》,社联印制2006年版,第209—210页。

第二章 秘密行动的基础建设

一定都能甄别清楚。① 霍华德认为命运对他不公,恨透了中央情报局,而且还拥有了报复的资本,最终叛逃到苏联,给中央情报局造成了重大的损失。

心理测试的原理是一个人撒谎时,心理压力会使人的呼吸、血压、心跳和出汗四个方面的生理指标发生变化,通过分析这些数据,来判断被测试者是否说谎。但毕竟这些都是间接的分析方式,也容易受到多种其他因素的影响。科学实验已经证明,只要服用一定量的普通镇静剂,就能在测谎仪器面前从容说谎;有着强大心理素质和丰富经验的测试对象,也可以使测谎仪器失灵。人的心理活动本身就是一个很微妙的东西,心理测试也会受到这种不确定性的影响,同一个人在不同的时段也可能会测出不同的结果。因此在情报机构的招募审查和例行审查的心理测试中,既有蒙受不白之冤者,也有漏网之鱼。主动投靠克格勃的美国联邦调查局官员罗伯特·汉森,曾多次接受过心理测试,都没有暴露出任何疑点;埃姆斯在向苏联及俄罗斯出卖情报期间,曾两次顺利通过了心理测试。另外,还有些没有问题的人被测出了问题,美国国会的技术办公室证实,被心理测试认定的撒谎者,有19%是冤枉的。② 俗话说"人心叵测",将"叵(此字为可的反写体,意为不可)测"变为"可测",本身就是一种巨大的进步,并且还具有比较高的准确率,已属难能可贵。许多国家的情报机构认为,测谎虽然不是一个完美的解决方案,但仍不失为一种有效的、经过验证的安全筛查技术,成为安全和忠诚管理的一个重要手段和工具。通过心理测试,也确实揪出了不少双重或多重间谍。1979年中央情报局通过心理测试抓住了一名捷克三重间谍卡尔·科切尔,此人是捷克情报机构帮助苏联克格勃招募的情报官员,1965年以到美国驻奥地利大使馆寻求"政治避难"的方式来到美国,1972年打入到中央情报局苏联情报处担任翻译工作,不久便成为中央情报局的一名高级情报分析员,有权接触美国情报界的核心机密"屏风计划",同时为捷克和苏联情报机构服务,曾得到时任苏联克格勃主席安德罗波夫的高度赞赏。克格勃曾对科切尔进行过严格的如何应对测谎的训练,在进入中央情报局时,他顺利地通过了心理测试。因美国中央情

---

① 高金虎等:《剑与盾——二十世纪俄罗斯情报机构绝密行动》,东方出版社2005年版,第325—327页。

② 高金虎等:《剑与盾——二十世纪俄罗斯情报机构绝密行动》,东方出版社2005年版,第325页。

报局潜伏在苏联重要部位的间谍接连被捕及捷克情报官员的出卖,中央情报局对科切尔深感怀疑。除了自己直接经营的间谍之外,其他出卖者一般只能提供一些线索,绝大多数情况下并不能指向某个具体的人,受害情报机构根据这些线索进行排查,只能划出一个或大或小的嫌疑人范围,从中找出真正的鼹鼠十分不易,而心理测试则是提供了一个直达目的的快捷手段。在联邦调查局的审查面前,科切尔的测谎试验没能过关,不得不承认其苏联和捷克间谍的身份。[①] 这类间谍通常具有高超的伪装技巧和反侦察能力,很难通过外围秘密调查掌握到确凿的证据,而怀疑对象又往往不止一个,你不可能对所有的怀疑对象都采取强制措施,心理测试结果就成为逼迫对象缴械的有效手段,以及采取搜查、拘押和审讯等强制措施的绝佳借口。正所谓"千里之堤,溃于蚁穴",人的心理防线也是如此。对一些受到怀疑的间谍来说,一旦被挖出了破绽,又难以自圆其说时,本身就紧绷着的心理防线便会訇然垮塌,因为较量的双方都是明白人,此时任何诡辩都已毫无意义。

三、对招募对象及情报官员队伍的标准和要求

曾先后任苏联克格勃主席和苏共总书记的安德罗波夫认为:"打打杀杀成不了克格勃。作为特工不仅需要手段,更需要娴熟的技巧、周密的计划、足够的耐心、超凡的胆略,还有更重要的一点——足以影响左右他人的能力。"为确保情报官员队伍适应情报工作的需要,情报机构招收情报官员,都会有相应的标准和要求。各国有不同的国情,其标准和要求也不尽相同。但总体上来说,共性大于个性,其最基本的要求具有比较高的一致性,主要包括政治素质、专业素质、心理素质和身体素质及无不良嗜好等要求。其中政治素质包括政治立场、个人品行、家庭背景等;专业素质包括文化素养、个人修养、专业技能、智商水平和求知欲望等;心理素质包括性格特征、自控能力、抗压能力、低调自律、团队精神等;身体素质包括精神正常、体魄强劲、行动敏捷,从事秘密暴力活动、适应极度恶劣环境及抵御非人折磨的能力等。不良嗜好包括贪财好色、嗜酒吸毒及同性恋等,这些都极易成为对手引诱的陷阱和控制的把柄,从而诱使或胁迫相关情报官员背叛国家和组织,这方面的案例数不胜数,在入口严格把关,能够有效消除隐患,降低风险。查利·梅厄卡斯掌握了 8 种语言,可以走

---

① 程景:《苏联克格勃绝密行动》,北方文艺出版社 2017 年版,第 208—212 页。

第二章 秘密行动的基础建设

遍欧洲,通过审查和 3 年的培训之后,进入摩萨德工作。摩萨德为其投入了高昂的培养成本,其本人确实也非常优秀,但当上司发现他是一名同性恋者后,立即就被解雇了。这些不仅是招募情报官员对象的标准和要求,也是对情报官员队伍进行管理的标准和要求。

苏联情报机构对招收对象的政治素质、专业素质、心理素质和身体素质等方面都有非常严苛的审查标准。具体的要求是政治清白,遵纪守法,对工作主动热情,勤勉而富于经验,有集体主义精神而无自我表现欲望,有一定专业知识和文化素养,为达目的锲而不舍、不择手段,没有嗜酒、吸毒及同性恋等不良嗜好,克格勃规定政治信仰是指导招收工作的首要原则。格鲁乌除此之外,还要求招收对象必须种族纯正,上溯四代无外族血统,不得有任何海外关系,不招收高级官员的子女,格鲁乌军官的子女只有当其父母退休后才可考虑。[①] 以色列招募情报官员及间谍的标准,是具有高度的智力、聪敏的头脑、果敢的行为、强烈的求知欲和见机行事的机敏、不爱虚荣、充满自信、言行稳重、具有强烈的敬业精神和奉献精神。有下列特点的人员可能得到优先录用:会多种语言;冷静沉着,喜怒不外露;形貌符合要求,即看起来不像以色列人,如没有实施过割礼;具有一技之长;智力超群等。[②] 英国情报机构对情报官员的招募要求为,出身于上流社会,具有绅士风度,受过良好的教育,最好是牛津或剑桥大学的毕业生;相貌英俊,观察敏锐,性格开朗而又不惹人注意;有独立生活收入,有胆量,毅力顽强,冷静客观;最好是具有两面性格,外表好似愚笨势利、愤世嫉俗、做事马虎、性情张扬,实则敏感机警、博学谨慎;政治上的要求是对国王忠诚。[③] 法国对外安全总局招收情报官员的条件是高度忠诚、表现顶尖,同时低调、适应力强、能高度自主等。美国军事情报机构对文职情报人员招募对象,要求必须是美国公民,其直系亲属(包括配偶、父母、兄弟姐妹、子女及任何共同生活的人)都必须是美国公民。对招收对象个人的特质要求是:无条件地对政府和美国宪法保持忠诚;诚实、正直和高度责任感;对军事情报文职人员特别职业规划及其任务特别感兴趣,并具备倾向于从事此类工作的潜质;智商较高,有常识和自律能

---

① 艾红、王君、慕尧:《俄罗斯情报组织揭秘》,时事出版社 2013 年版,第 103—104 页。
② 高庆德:《以色列情报组织揭秘》,时事出版社 2016 年版,第 214—219 页。
③ 王谦:《英国情报组织揭秘》,时事出版社 2016 年版,第 172—174 页。

力；在有情绪的时候也能成熟地判断，拥有接受任务和完成它们的能力；尊重领导并能服从领导；有强有力的指挥才能和令人愉快的个性；能够和各种类型的人和睦相处，并能相互鼓励，增强信心；自信，并能换位思考；持续的求知欲和学习能力，能不断增加知识储备等。①

从表面上来看，世界主要国家情报机构招收情报官员的标准和要求似乎存在一定的差异性，但其核心内容和内在要求并没有明显的差别。拉迪斯拉斯·法拉戈曾提出情报人员的标准，对各国情报机构招募情报官员及发展间谍都具有普遍的指导意义。法拉戈一生从业经历十分丰富，曾做过新闻记者、自由欧洲电台心理战宣传节目主持人、美国中央情报局情报人员等，对间谍活动有比较丰富的实践经验和深入的研究。他明确提出，作为一名优秀的间谍，必须具备10个方面的条件：必须有高昂的士气和顽强的事业心；必须精神饱满、热情和具有强烈的进取心；必须善于随机应变，是一个敏捷而又实际的思想家；必须具有正确的判断力，并知道怎样去对事对人和思考；必须坚毅沉着，能吃苦，有极大的忍耐力和自控能力，还应该镇静、能容忍和克制，身体健康；必须善于和别人相处，有集体主义精神，善于了解和观察别人的缺点，而同时又要克服自身的缺点；应该懂得如何激发自己的伙伴，懂得如何去组织、管理和领导别人，应该勇于接受任务；必须谨慎、不慕名利，并且知道怎样守口如瓶；应该懂得欺蒙诈骗，但必须在需要的时候才这样做；必须伶俐、剽悍和大胆；必须有观察一切事物的能力，对于详细情况有准确的记忆力，还必须把观察所得做透彻的分析和判断，并能够把观察所得与别的极其错综复杂的事物联系起来。② 这10个具体条件被西方国家情报机构所普遍接受，并用作招收情报官员和发展间谍的指导性文本。

四、情报官员的培训

《管子·权修》云："一年之计，莫如树谷；十年之计，莫如树木；终身之计，莫如树人。"培养一名合格的情报官员，是一项充满了挑战和十分艰苦的工作。美国特工拉尔夫·彼得认为："培养、训练、成熟、使用间谍都需要时间。尽管在某些时候，一名间谍几年后就可以产生效益，但

---

① 高庆德：《美国情报组织揭秘》，时事出版社2016年版，第274—275页。
② 陈玉明主编：《世界间谍绝密档案》，吉林摄影出版社1999年版，第38—39页。

更多的时候,培养一名成功的间谍需要20年时间!最让人烦恼的是,现在那些自告奋勇想当秘密间谍的人,却是我们最不想要的人!"[1] 间谍虽然具有几千年的发展史,但以专门学校集中进行教育培养的方式,产生的时间并不长。在第一次世界大战期间,德国女情报专家伊丽莎白·希拉格穆勒创建了第一所现代化的间谍学校,教学的重点是语言、技能技巧和实战模拟,其所编撰的教材极具独创性和实用性,所提出的间谍训练的基本方法和谍报工作的基本原则,至今仍被美、英、德等西方国家情报机构和情报院校所普遍采用。[2] 对招收的对象进行系统化的情报职业培训,对情报官员进行知识技能更新和提高性培训,成为各国情报机构提高情报官员队伍业务素养的一项重要措施。情报官员培训主要依靠情报类院校及具有实景模拟性质的培训基地,这些都属于正规的培训方式,对教学目标和学制都有明确的要求。另外还有短期情报业务技能培训、模拟演练及与地方高校合作办学等方式。如果将模拟演练也算作是培训的一种方式,可以说培训工作一直贯穿着情报官员的职业生涯。

利用情报类院校培养人才。由情报机构开办的专门培养情报官员的学校,西方国家主要教授情报工作理论和基本技能,苏联除此之外还会有思想教育和文化课程。苏联时期形成了完备的情报官员培训体系,专门培养间谍的学校有200余所,分为基础、中等和高等三个层次。基础培训学校,如马恩学校,主要为思想教育和文化课程,培训的目的是对初选对象进行考察和筛选。中等情报学校,如列宁技术学校,除思想教育和文化课程外,增加了情报专业技术和军事技能训练,培训的目的是使受训对象能够胜任一般的情报工作任务,推荐优秀人员到重要情报工作岗位,发现具有潜质的人员并推荐作进一步的专业培训。中等教育主要是技能培训,包括体能训练、自卫术、枪械使用、爆破术、使用麻醉剂和投毒、密码电报和间谍摄影术等。这些训练都要符合情报工作的特殊要求,如间谍摄影术,要学会使用各种照相机,包括微型照相机、红外照相机和伪装成日常用品的相机等间谍专用相机,同时也要学会熟练使用日常所用的各类照相机来翻拍文件或图纸,万一被人发现,因所使用的不是间谍专用相机,便于寻

---

[1] 刘雪梅等:《神秘的第三只手——二十世纪美国情报机构绝密行动》,东方出版社2005年版,第10页。

[2] 綦甲福、赵彦、朱宇博、邵明:《德国情报组织揭秘》,时事出版社2013年版,第237—238页。

找脱身的借口;还要学会将照片缩小为标点符号大小的"微缩点",并将其隐藏在书本等相关物品中,以便于情报的保密和传递。爆破术是学习如何安装炸药,什么样的建筑物和设施需要什么特性的炸药;学会如何自制地雷、炸弹等;炸毁建筑物和桥梁等战略设施的技术,以及炸锁、炸防盗门和保险柜等技能;还要学会将药性强体积小的炸药安装在火柴盒、打火机或其他日常小用品中的技巧,便于隐藏、携带和实施爆炸。[①] 这些技能都具有极强的独特性和实用性,会给日后的情报工作及秘密行动带来很大的帮助。高等情报学院,如安德罗波夫红旗学院(克格勃第101学校),培训内容与前者基本相同,但在涉及情报专业技术的深度和广度上不可同日而语,培训的目的是使受训对象掌握各类高级情报工作技巧,能够胜任派驻海外等特别重要的工作任务,培训对象除了中等情报学校选送的优秀学员外,还有从其他重点大学物色的具有情报工作潜质的优秀毕业生。俄罗斯现任总统普京、前对外情报总局局长特鲁尼科夫、曾任国防部长和第一副总理的伊万诺夫等政界要人都曾在该院受训。而普京和伊万诺夫在名校列宁格勒大学(现名圣彼得堡国立大学)读书期间就是好朋友,同时被克格勃选中,毕业后到安德罗波夫红旗学院深造,学成后都曾以外交人员身份到驻外情报站工作过。格鲁乌的培训机构主要是军事外交学院,受训学员均为军龄6年以上、军衔为上尉以上的优秀军官。通过第3个层次培训的对象,大多会以合法派遣的方式派驻到海外,如以外交官、国际组织雇员、军事和技术顾问等合法身份从事秘密情报工作。苏联解体后俄对外情报总局接管了安德罗波夫红旗学院,改名为俄罗斯对外情报学院,继承了苏联时期独特的训练方法,培训的主要内容与苏联时代相差无几,同时还借鉴美英两国的训练经验,专业培训中更新了现代科学技术和侦察技术等内容。[②] 美国国防部于1963年设立情报防务学校,后几经更名,现名为国家情报大学,通过不同形式、多个层次的情报学历学位教育项目,构建了跨部门界限、跨专业领域、跨情报门类的现代情报教育综合体系,为国防部、情报界以及所有相关国家安全部门,提供了一个指向明确、高效协作、功能齐备的教育与训练平台。美国国防部第3305.01号指令明确其主

---

① 黄狐编著:《鹰眼——苏联克格勃行动档案》,河北人民出版社1998年版,第292—296页。

② 艾红、王君、慕尧:《俄罗斯情报组织揭秘》,时事出版社2013年版,第112—113页。

第二章 秘密行动的基础建设

要任务是:"通过教育及研究等手段,培养军政机构情报人员;通过各种学术活动与教育规划提高情报人员的能力;作为国防部主要的情报学术推广联络服务机构,为有情报需求的国防政策、国土防御、国土安全等领域的军政人员提供专业技术培训,向联邦、公立和私立院校推广学位授予计划及进行国际项目的研究和学术推广等活动。"国家情报大学的办学方针是培养能与决策、计划和作战紧密配合的下一代掌管国防、情报和国家安全事务的领袖级情报人才,成为面向21世纪情报人才的教育培养基地,为美国情报界培养精英;同时该校还具有研究型大学的特点,进行情报学术研究和推广。[1] 英国对情报官员的培训包括情报机构内部培训和外部培训,内部培训着重强化情报工作职业技能,外部培训着重强化对情报工作重点领域知识的更新和使用。英国情报机构借助英高等教育发达的优势,直接将名校高学历人才招致麾下,根据需要进行情报工作实用技能的培训,如对于从事人力情报和秘密行动的岗位,注重监视与反监视、格斗技能、武器使用、破坏方法、联络技巧等方面的培训。除情报工作技能的培训之外,对培训对象的忠诚教育也是必不可少的,日本间谍学校陆军中野学校,将"诚"作为学校的精神,并将其贯穿到学员以后所从事的情报工作之中。该校第6期学员小野田宽郎少尉等4人,于1944年12月,接到日本驻菲部队谷口义美少佐关于在菲律宾卢邦岛上继续从事游击战的命令,其他3人1降2死之后,他独自坚持到1974年,将任何要求他结束游击战的命令和各种信息都视为敌方的心理战。直到日方派遣已到暮年的原上司谷口义美向其宣读了解除作战的命令后,他才结束了这场长达30年的孤独战争。此间有130名菲律宾军警和平民被其打死或打伤,本应受到菲律宾法律的制裁,当时的菲律宾政府赦免了他,他才得以重返日本。[2] 我们不否认他受到了日本军国主义的精神毒害,但从忠于职守的角度上来看,还是值得称道的,这也是作为一名情报官员所必须具备的政治素养。

　　利用培训基地培养人才。很多国家的情报机构都建有模拟目标国家、目标地区人文环境的基地,在这些具有逼真实景的氛围中,专门培养针对目标国家或地区的情报官员。其目的是将培训对象从语言到思维、从文化到习俗、从工作到生活、从整体到细节,完全脱胎换骨,变成一名地地道道、土生土长的目标国家"当地人",同时培养出善于与对手较量并力压

---

[1] 高庆德:《美国情报组织揭秘》,时事出版社2016年版,第288页。
[2] 梁陶:《日本情报组织揭秘》,时事出版社2012年版,第427—434页。

对手的高超的情报工作技能。苏联将这种专门培训非法派遣情报官员的机构称为特殊情报学校，外界通常称为"间谍城"，即模拟目标国家城乡人文环境或复制其某个社区而建设的情报官员培训基地，据报道苏联时期共有7座这样的"间谍城"，分布在全国不同的地区，这类学校属于高度机密，防守非常严密。有针对英语国家的"加兹纳"学校，针对亚洲国家的"基塔伊斯卡雅（中国学校）"和"沃斯托奇纳亚（东方学校）"，针对北欧国家的"帕拉霍夫卡"，针对东欧国家的"索尤兹纳亚（联盟学校）"，针对南欧国家的"斯捷普纳亚"，针对非洲国家的"诺瓦亚（新学校）"等。其中针对英语国家的"加兹纳"学校规模最大，占地面积达42平方公里，分为4个隔离区域，东北部为英国及联合王国区域，北部为加拿大区域，西北部为美国区域，南部为澳大利亚、新西兰、印度和南非区域。完全按照目标国家的环境来建设，区域内所有的建筑和设施，如街道、商店、电影院、餐厅、酒吧、银行、邮局等完全模拟目标国家某个社区进行仿造，街道命名及车辆、行人和警察等人文景象也完全一样。学校的教官大多是熟悉了解西方国情和生活方式的苏联情报机构前驻外情报官员，如"千面谍王"阿贝尔，从美国被交换回国后就在这里任教官；叛逃到苏联的英语国家情报机构人员和家属，如美国国家安全局前雇员米切尔、"剑桥五杰"中唐纳德·麦克莱恩的妻子梅林达等。学校的工作人员都是经过严格挑选的英语国家前公民，他们已经加入了苏联国籍，与祖国断绝了一切联系。整个学校就像一个真正的目标国家城镇，居民的衣着打扮、语言谈吐、生活习惯、商品买卖、流通货币及报纸、电影、音乐、舞蹈等都与模拟国家毫无二致，受训人员可以全面熟悉和掌握目标国家的思维、语言及生活方式。"加兹纳"学校的标准学制为10年，前5年进行适应性训练，目的是通过全方位的目标国家生活方式训练，使学员最大程度地变成目标国家的人，用新的名字，学习纯正英语，养成英语思维，对目标国家的历史传统、社会风俗、文化艺术、体育娱乐、新闻事件及商场饭店等各方面的情况及细节都有深入的了解，看不出与目标国家土生土长的人有什么区别。后5年为专业训练，主要是进一步提高境外情报工作和秘密行动的各项技能。具有"花花公子"之称的克格勃特工帕霍莫夫，在"加兹纳"学校整整学习了10年间，变成了一名地地道道的加拿大人，于1954年顶替已经失踪的加拿大人朗斯达尔的身份，先经美国到加拿大，办理加拿大身份证和护照，再以富商子弟的身份到达目标国家英国。他一反潜伏间谍人员谨小慎微的常规做法，在英国过着花天酒地的生活，反而更好地隐藏了间谍活动的行迹，在英国秘密活动了9年时间，因被波兰叛逃特工出卖才暴露，其经历也是创造了情报史上"花花公子大闹英格兰"的独特传奇，可见"间谍城"的培训方式效果颇佳。① 对需要经过媒介国洗白再潜入目标国家的对象来说，在培训时对媒介国和目标国家的情况都要十分熟悉才行，只有这样才能确保不露馅，这就必须在"间谍城"耗费比较长的时间。格鲁乌的培训机构为"非法派遣人员培训中心"，培训方式与克格勃的"特殊情报学校"类似。相关国家情报机构还注重对性情报官员的培养和使用，在苏联和东德表现得尤为突出。苏联在喀山附近建有专门的性间谍学校，名为"维尔霍纳"，培训课程主要有生理解剖、心理学、性技巧等。② 苏联的"燕子（女性性间谍）"和"乌鸦（男性性间谍）"，东德的"罗密欧小组（男性性间谍）"，一度在对西方国家的间谍战中攻城略地，令西方国家情报机构惶恐不安、头疼不已。中央情报局的培训基地是位于弗吉尼亚州威廉斯堡的"皮里尔营"，内部称为"农场"，这里的培训注重实用性和针对性，主要培训情报工作尤其是秘密行动的业务技能，如格斗擒拿、窃取窃听、跟踪监视、化装接头、密码发报、纵火爆破、枪械使用等多方面的技能。还要经受"地狱周"训练的磨炼，参训学员6天中只能睡眠4小时，许多人关节扭伤、骨头摔折及患上肺炎等疾病，对学员的意志力和身体是极大的考验，坚持不下来的人会被淘汰。美国学者约翰·弗雷德里克森在《美国特种部队》一书中，将中央情报局特别行动部也列为特种部队，所招募的有一部分是特种部队的退役人员，在这里还要进行现代化武器、爆破技术、狙击技术、火器使用及越野驾驶、徒手格斗、逃脱追捕、自我营救、医疗急救、战术通信等技能的培训。美国的间谍学校及中央情报局"农场"都建有仿造目标国家某地自然人文实景景观的模拟训练基地，在这种仿真的环境中进行模拟训练，使受训人员有身临其境之感。如"农场"内通过实景环境来训练盯梢、监视、摆脱跟踪、安全接头、及时转移，学会化装、接发报、纵火爆破、暗杀绑架、擒拿格斗、绘制地图等各种情报工作技能，还建有模拟防守严密的国境线，供学员练习非法偷越国境。在这里经过1年左右训练的合格人员，分配到中央情报局

---

① 黄狐编著：《鹰眼——苏联克格勃行动档案》，河北人民出版社1998年版，第301—304、195—204页。

② 艾红、王君、慕尧：《俄罗斯情报组织揭秘》，时事出版社2013年版，第114—117页。

世界情报组织秘密行动

所属各个部门,在训练办公室的管理和指导下工作学习3年左右,考核合格者会被派驻到海外情报站组,执行秘密情报和秘密行动任务。① 以色列情报机构对新招收的对象进行系统的间谍工作基础、专业和针对性训练之后,进行各种别出心裁的考核,如将某个被考核对象骗到英国,让他身上不名一文,看他能否在不暴露身份的情况下,完全依靠个人的应变能力回到以色列。其中一名对象在夜间偷偷撬开了一家超市,偷到钱后乘坐飞机顺利返回,通过了考核。将一名被考核对象派到法国执行情报任务,很快就被法国反间谍机构抓住了,进行严刑拷打。如果招供了,就会被淘汰。这些实施抓捕和审讯人员的真实身份,就是以色列负责考核的特工,而不是什么法国的反间谍人员。经过这些花样百出而又出乎意料的考核,剩下的合格人员已不足参训者总数的60%,再从中挑选出10%的特别优秀的人员,分配到专司境外秘密行动的特别行动处,在坐落于偏僻乡村的培训中心进一步培训。观摩枪击、爆炸、突袭、冷兵器、制造车祸等各种重大暗杀事件的教学片,由专家进行分析讲解,从中学习技能和吸取教训。进行跳伞、驾驶、穿越障碍物等实操性训练,如设置低墙、雷场、浮桥、陷阱、沼泽、铁丝网、山洞及尸体等逼真环境,并随机变换障碍设置的距离和高度等参数,如不能准确判断和及时应变,就有可能通过不了障碍物,或是被铁丝网倒刺等物弄伤,使学员适应常人难以承受的挑战,在体能、意志、心智和求生本能等方面得到有效的磨炼和提高。对各种技能的训练都会有特殊的要求,并非社会大众式的普通标准,而是具有极高的技巧和难度,如驾驶技术的训练,要求能在车辆疾驶的过程中上下自如,在夜间或雨雪天气中能熟练操纵汽车急停或急转弯,能一手驾驶汽车、一手持枪准确命中目标等,直逼谍战大片中007(邦德)的身手。② 常言道,一分耕耘,一分收获。正因为如此,以色列摩萨德具有极强的秘密行动能力,所创造的秘密行动案例往往令人叹为观止。

其他培训方式。主要有短期情报业务技能培训、模拟演练和与地方高校合作办学等培训方式。前两种培训方式带有非常规性、临时性和应急性等特点;与地方高校合作办学更多地带有发现和输送情报人才的性质。威廉·斯蒂芬森是英国秘密情报局在西半球的负责人,同时还是丘吉尔安排

---

① 詹静芳、詹幼鹏:《美国中央情报局绝密行动》,北方文艺出版社2017年版,第41页。

② 高庆德:《以色列情报组织揭秘》,时事出版社2016年版,第260—265页。

第二章 秘密行动的基础建设

在罗斯福身边的私人代表,二战期间在加拿大开设了"X训练营",为英国、加拿大和美国培养了2000多名杰出的情报人员,其中4名学员后来先后成为中央情报局局长,为美国情报事业的发展奠定了基础。艾伦·杜勒斯在瑞士指挥对付德国的情报网,实施了"日出行动";理查德·赫尔姆斯协助多诺万领导反纳粹的秘密活动;威廉·科尔比作为"杰德堡行动"突击队员,空降到挪威和被占领的法国执行破坏任务;威廉·凯西建立了潜入德国的情报小组;比较有名的还有威纳斯、安格尔顿、克莱因及密码破译专家威廉夫妇等,他们都在中央情报局的历史上留下了浓重的印迹。[①]英国特别行动执行署对英国及欧洲盟国的大量特工进行短期培训后,马上投入到欧洲战场,承担情报搜集和秘密行动任务,对这些特工进行严格的军事基础训练及情报工作专业培训,包括徒手搏斗、武器使用、密码发报、暗杀破坏、空投跳伞、地图识别及武装袭击、游击战等准军事行动的方法技能。英国特别行动执行署有专门的培训基地,具有业务技能培训和实战演练的双重功能,炸毁挪威韦莫克重水工厂的"边炮手行动"、暗杀海德里希的"类人猿行动"等重大秘密行动,对执行任务的特工进行培训及实战模拟演练都在该培训基地进行。在战时状态下,临时招募的承担秘密行动任务的人员,并不是所有的人都具备情报工作的基本技能,因而技能培训与实战演练往往是兼而有之,或者说实战演练也成为了技能培训的一种方式。一般未将模拟演练视作业务培训,但只要我们认真考察一下模拟演练的作用,就不难发现模拟演练的双重功能,从下步执行任务的角度而言,是模拟演练;从提高参战人员的执行能力和专业技能而言,是技能培训,其核心目标是尽最大可能提高参战人员的秘密行动执行力,也即执行该项秘密行动所需的各种技能,以及如行云流水一般使用这些技能的本领,从而顺利完成任务。进行模拟演练,已成为许多国家情报机构相关秘密行动实施之前的一个重要工作环节,像"海神之矛""霹雳行动"等重大秘密行动就不用说了,一些设计相对简单的秘密行动,为确保万无一失,也会进行模拟演练。摩萨德绑架艾希曼之前,专门就现场控制对象,针对其可能的不同反应,进行了反复的模拟演练;美国中央情报局霍斯特基地负责人马修斯对打入"基地"组织核心部位的间谍巴拉维,同样进行了模拟演练,只不过将模拟演练的重点放在了沟通交流上,忽视了安全防护和检查方面的演练,最后付出了惨重的代价。模拟演练事实上已经成为

---

① 卫安主编:《外国情报史》,时事出版社1993年版,第126—127页。

情报官员在岗提高业务水平和技能的一个重要途径，而且这种方式的针对性、实操性和创造性更强，将其视为一种培训方式，似乎并无不妥之处。与地方大学合作，成为发现和培养情报人才的一种新的途径，有效扩大了情报人才的来源渠道，打破了原先相对封闭的人才培养模式，在相对开放的平台上，培养拥有更广泛知识背景和文化背景的人才。美国情报界出资上亿美元与 10 所地方大学共建"情报界优秀学术中心"，是为美国情报界培养 21 世纪专业情报人才而实施的一项战略性人才发展项目，旨在培养在信息技术、语言、政治经济、科学技术、危机管理等方面的专家型人才，特别是培养拥有不同文化背景、不同语种或在地理学方面有特长的女性、少数族裔的情报人才群体。[①] 另外还在哈佛大学、麻省理工学院等数十所地方高校开设了情报类的课程，引导和激发学生对情报工作的兴趣，为美国情报界培养、发现和输送优秀人才，进一步拓宽了情报人才的来源渠道，保证了招收人员的多样性，以满足情报工作多方面的需求。

第二节　阵地建设

境外或非己方控制的区域才是情报组织的主战场，秘密行动就更是如此，在那里没有可资利用的政权等合法资源，而且还是目标国家和地区所严厉打击的犯罪和非法行为，要想潜入进去并隐藏起来，通过秘密的手段和渠道完成难度系数和危险系数极高的工作任务，对情报组织及执行任务的人员都是极大的考验。执行这些任务大多需要有所依凭，即需要相应的工作阵地和平台，这些阵地和平台，可给秘密行动提供渠道、载体及指挥、掩护、观察、保障、攻击等方面的支撑。情报组织开展秘密行动，必须建立各种适应工作需要、比较稳固的秘密工作阵地，这也是有效开展秘密行动的先决条件。

一、阵地的类别

情报组织开展工作几乎涉及到整个社会的各个方面，所依托的工作阵地也是五花八门，以满足不同秘密行动的需要。主要包括机构类、组织类、媒体类和据点类阵地。

机构类工作阵地，是指情报机构在境外的分支机构，主要有情报站组

[①] 高庆德：《美国情报组织揭秘》，时事出版社 2016 年版，第 294 页。

第二章 秘密行动的基础建设

和秘密基地。境外情报站一般设在驻在国使领馆内,情报站工作人员以外交官身份作为掩护从事情报工作。针对一些幅员比较广、地位比较重要的国家,还会在首都之外的其他重要城市设置领馆,情报机构也会在领馆派驻情报官员或设立情报组,由设在大使馆的情报站领导。英国的海外情报站通常由站长及10余名特工和秘书组成,情报站站长一般会被任命为大使馆(公使馆或总领馆)一秘、二秘或三秘作为公开身份,视各站的大小和重要性而定。金·菲尔比1946年出任伊斯坦布尔情报站站长和1949年出任华盛顿情报站站长,公开身份都是大使馆一等秘书。后来像驻巴黎、华盛顿、莫斯科等极为重要的情报站站长,公开身份职务提升到了参赞级。克格勃驻伦敦情报站代理站长奥列格·戈尔季耶夫斯基的公开身份,就是苏联大使馆政务参赞,贵为联合国副秘书长的苏联外交官阿尔卡迪·谢夫钦科,也得按照克格勃驻美情报站的指令行事。这样做的好处是情报官员一旦暴露或执行秘密任务时被捕,可凭借外交官身份获得豁免,免除性命之忧或牢狱之灾,在冷战时期,美苏两大阵营国家经常大规模驱逐对方使领馆人员,与此就有着密切的关系。不足之处是大多会受到驻在国家反间谍部门的严密监视,活动不太方便,但二者是道魔博弈关系,再严密的防范措施,也会有力有不逮或虑所不及的地方,许多国家的情报站依然干得红红火火。如苏联克格勃驻美国华盛顿情报站在联邦调查局和中央情报局的眼皮底下,策反了中央情报局苏东部反间谍处处长埃姆斯,在长达15年的时间里经营指导联邦调查局特工汉森,埃姆斯和汉森等人也不是侦察所发现的,而是被苏联叛逃情报人员出卖相关线索之后,经过了长时间反复的查证才最后确认其"鼹鼠"身份。苏共总书记安德罗波夫任克格勃主席时,特别重视情报人员利用外交官的身份来刺探情报和开展秘密行动,派遣国外的情报官员峰值达3万人,苏联大使馆内情报站人员所占比例非常高,它的整个外交使团像是在为情报机构打掩护,特别使命高于外交活动,情报官的生活待遇和工作待遇也明显高于外交人员,如拥有随时使用公车和请客送礼等方面的特权,让外交官员眼红心恨。安德罗波夫特别强调:"须知我们用人民所创造的财富送你们到国外去,不是为了让你们观赏异国风情和享受高级生活的!"后来为防范驻在国反间谍机构通过这种区别来甄别情报官员,以及平息使领馆内外交人员的不满情绪,才将使领馆外交人员的待遇提升到与情报官员同等的水平。为了把墨西哥变成反美的前沿阵地,将美国死死地拖在美洲,使其腾不出手来在其他地区与苏联争夺势力范围,克格勃于20世纪60年代后期至70年代初期,秘密在美国的邻国墨西哥物色培养并支持组织了反政府武装，图谋颠覆墨西哥政府，建立亲苏政权。当时墨西哥政府与苏联在政治、经济、文化等各方面的交往聊胜于无，大使馆没有多少事情可办，墨西哥驻苏联大使馆人员仅为5人，而苏联驻墨西哥大使馆人员却高达57人，其中仅有8人为真正的外交人员，其他的均为克格勃情报官员及特聘情报人员，正是这伙人披着外交官员的合法外衣，暗地里执行着颠覆墨西哥政权的秘密行动。就在准备工作已经就绪，当地地下武装马上要举行暴动之时，被一名下班回家的老警察意外撞破，几名组织者相继落网，最后功亏一篑。① 有些国家的驻外情报站还具有监视派驻驻在国的本国外交官员、情报官员及本国其他公民的职责。克格勃驻外情报站专门有一位副站长负责反间谍工作，对苏联派驻的外交人员、情报官员及其他官方和非官方苏联人员进行监督，保护他们的安全，防止他们叛逃或被策反，一旦发现及时进行处置。通过埃姆斯提供的情报线索，克格勃查出了情报站 X 线（科技情报）副手马蒂诺夫已经被美国联邦调查局策反，克格勃驻华盛顿情报站负责反间谍工作的副站长切尔卡申，正着急如何找到合适的借口、不动声色地将马蒂诺夫送回苏联时，正好有一个护送尤尔琴科回国的任务，蒙在鼓中的马蒂诺夫登上了这趟通向死亡的航班，切尔卡申终于松了一口气。而在暗处目送其远去的美国联邦调查局特工总感觉情况不妙，他们事先曾提醒过此行的风险，但马蒂诺夫不以为意，联邦调查局也不想丢掉这条价值颇高的暗线，心存侥幸地同意了其决定。飞机在莫斯科一落地，马蒂诺夫就被送进了监狱，一年多后被处决。②

秘密基地一般建在该情报机构认为特别敏感或特别重要的区域，地位低于情报站，具有实战的性质，任务相对比较单一，对外严格保密。两次震惊世界的袭击事件，才使得美国中央情报局霍斯特和班加西两处秘密基地暴露于世人面前。中央情报局霍斯特秘密基地，位于阿富汗东部霍斯特省首府霍斯特城，该基地在一座小型机场上，原为美军查普曼军事基地，后来成为中央情报局"前进"行动基地，通称为霍斯特基地，这里安保工作十分严密，进入基地内部需要经过3道检查站。主要任务是追捕和消灭

---

① 高金虎等：《剑与盾——二十世纪俄罗斯情报机构绝密行动》，东方出版社2005年版，第208—214页。

② ［俄］维克托·切尔卡申、格里高利·费弗著，佚名译：《经营间谍的人——一名克格勃特工的自传》，社联印制2006年版，第251—256页。

第二章　秘密行动的基础建设

"基地"组织高层人员，尤其是头号恐怖分子本·拉丹。据《纽约时报》报道，"前进"行动基地执行了许多秘密行动，策划运用无人机进入巴基斯坦西北边境，对塔利班和"基地"组织头目的藏身之处实施空中打击，在塔利班势力猖獗的阿富汗东南部地区，中央情报局甚至派出特工直接参与打击行动。该基地之所以出名，是因为2009年12月30日下午，基地负责人詹尼弗·马修斯在此接谈打入"基地"组织核心层的间谍胡马姆·哈利勒·巴拉维，出于信任及巴拉维的要求，没有进行例行检查，遭到身着炸弹背心的巴拉维的袭击，导致包括马修斯在内的7名中央情报局官员、2名负责安保工作的黑水公司雇员及配合工作的1名约旦情报官员丧生，还有几人重伤。① 利比亚班加西一直是卡扎菲大多数反对派的聚集地，也被美国用作关键前哨站，以便对利比亚东部在卡扎菲之后的关键决策人物施加影响。美国国务院在这里设了一个临时特派机构，中央情报局也在其附楼里设了一个秘密基地。2012年9月11日，这里遭受到了大规模武装分子的袭击，临时到此活动的美国驻利比亚大使克里斯·史迪文森遇难，中央情报局驻利比亚的黎波里情报站立即组织人马，前来营救了秘密基地的特工。② 中央情报局的秘密基地对外都是秘而不宣的，因为袭击事件才使得它们浮出了水面。

　　组织类工作阵地，是指情报组织为秘密行动的需要，将相关非政府组织及政治、军事、文化、企业等各种社会组织，作为实施秘密行动的工作平台或阵地。NGO组织是美国中央情报局利用的一支重要力量，这些非政府组织具有政府、社会、私人或国际等不同背景，美国国家民主基金会、国际共和研究所、美国工会组织劳联—产联、索罗斯基金会、爱因斯坦研究所等一大批非政府组织，成为中央情报局在海外目标国家或地区实施秘密行动的阵地，在苏东剧变和"颜色革命"中表现得最为突出。世界和平理事会是克格勃操控建立的最大的国际组织，由共产党工人党情报局领导，1949年在巴黎和布拉格同时开幕，首任主席是约里奥·居里，苏联每年提供上千万美元的经费支持。其将注意力集中到解决第三世界国家问题上，得到了许多国家的支持，而该会利用这种支持秘密为苏联服务，按照

---

　　① [美]乔比·沃里克著，王祖宁译：《三重间谍：打入中央情报局的"基地"鼹鼠》，广东人民出版社2013年版，第197—202页。
　　② [美]迈克尔·莫雷尔、比尔·哈洛著，朱邦芹译：《不完美风暴：美国中央情报局反恐30年》，中信出版集团2018年版，第224—235页。

苏联的意图制定活动方针和计划。在国际场合将斗争的矛头直指西方，痛斥以美国为首的北约组织给全球和平带来的危害，宣称苏联才是维护世界和平的力量。越南战争爆发后，该组织通过了一系列谴责和孤立美国的决议，力图扩大苏联在第三世界的影响力。虽然该组织在维护和平、反对侵略方面发挥了一定的作用，但仍然难掩被苏联操控、为苏联服务的本质。①这也比较好理解，投入了这么多精力和金钱，好不容易搞起来一个国际性的组织，其主要目的肯定要为苏联的国家战略服务。作为一个国家的政府，其在国际上开展的所有活动都会有其明确的出发点和归宿点，出发点就是本国的全球战略和国家战略，归宿点就是维护和拓展本国的利益。针对伊拉克反对派的力量分布情况，中央情报局帮助成立了几个反对派组织，这些组织具有政治和军事性质，如"库尔德爱国联盟""库尔德民主党""伊拉克民族和解"和"伊拉克国民大会"等，并联合它们组成了反对萨达姆的统一战线。中央情报局拿出巨款，向这些组织提供武器装备和军事训练，安排他们袭击伊拉克政府军，如"库尔德爱国联盟"在中央情报局的参与下制定作战计划，1996年3月袭击了伊政府军的2个师，俘获了700多名伊军官兵。② 美国、英国、法国及苏联与后来的俄罗斯等国家情报组织，利用目标国家和地区的反政府武装、民族地方武装、雇佣军组织甚至恐怖组织等，实施准军事行动，成为这些国家介入全球热点地区武装冲突的一种重要方式。企业也成为掩护背景及开展秘密行动的平台，美国中央情报局于1950年建立并运营到1976年的"美国航空公司"，以及"南方空运公司"和"长荣航空公司"等，航迹遍布世界各地，为中央情报局完成过许多秘密行动任务，介入了许多地区的武装冲突，包括侦察、巡逻、空袭，向冲突地区运送或空投人员、武器装备及食物药品等物资，在敌方控制区域救援特工和相关人员等。为支援西藏叛匪，中央情报局专门成立了一家号称民用的"尼泊尔航空公司"，以掩人耳目。负责暗杀托洛茨基"鸭子行动"的克格勃特工列昂尼德·亚历山德罗维奇·艾廷根，于1939年10月持法国护照抵达纽约，在布鲁克林开办了一家"进出口公司"，作为联络中心，同时为杀手拉蒙·梅尔卡德提供一个临时落脚点。拉蒙在墨西哥使用的是伪造的加拿大护照，护照上的名字为弗兰克·杰克

---

① 《欧洲共产党和工人党情报局的建立》，喜马拉雅手机版，https://m.ximalaya.com/sound/616796688/681089665。

② 烨子编著：《间谍》上册，中国广播电视出版社2005年版，第4—5页。

第二章 秘密行动的基础建设

逊,其加拿大商人的虚假身份也方便其到艾廷根的"公司"接受指令。当时克格勃由奥瓦基米扬领导的驻美国和墨西哥的非法情报网,以"苏美贸易股份公司"为掩护开展间谍活动。为保守暗杀托洛茨基行动的秘密及免受牵连,这两个以企业组织作为掩护的间谍网各自独立,互不往来。拉蒙暗杀成功后,艾廷根等人迅速撤回苏联。

媒体类工作阵地。媒体指大众传媒,包括报纸、杂志、书籍、广播、电视、电影及网络等,报纸、杂志、书籍等为纸质媒体,广播、电视等为电子媒体,网络作为一种新型电子媒体,逐渐成为受众最广、影响力最大的媒体类型。情报组织秘密操纵相关媒体,通过舆论炒作、学术评论和艺术渲染等方式,来改变广大民众或特定目标受众的思想、情感和行为方式,以达到欺骗误导,分化离间,制造目标国家社会动乱,甚或颠覆其政权等目的,西方国家一般将这种秘密行动方式称为心理战或宣传战。纸质媒体作为传统媒体,在电视和网络兴起之前,是情报组织使用最多的媒体类阵地。在颠覆智利阿连德政权的秘密行动中,中央情报局通过《信使报》进行歪曲宣传,操纵了智利的舆论,极大地迷惑了智利民众。苏联战略欺骗总局管理指导《红星报》《苏联》《旗手》《武器与装备》等上百种军事报纸杂志,对美国和西方国家进行欺骗性宣传,使美国以为苏联在军事科技领域取得了优势,给美国施加了强大的心理压力。[①] 在文化冷战中,中央情报局操纵的"文化自由代表大会",在相关国家出版了《邂逅》《纪实》《证言》《当代》等数十种杂志,推销美国价值观,进行反苏反共宣传,为打造美国文化霸权发挥了积极的作用。中央情报局隐蔽行动部的一位负责人认为:"书籍同所有其他媒体不同,因为一本书就可以使读者的态度和行为发生重大变化,这是其他任何单一媒体所不及的,所以要把书籍当作(长期)战略宣传最重要的武器。"为此中情局所插手出版的书籍至少有1000多种,其中有中央情报局招募和资助作者撰写的文学作品或相关学术著作,也有苏联东欧作家创作的在本国内无法出版的文学作品,如《日戈瓦医生》《古拉格群岛》等,中央情报局通过各种非法的渠道,将这些书籍秘密散发到苏东地区,对瓦解苏东意识形态、实现"和平演变"战略发挥了重要的作用。中央情报局插手好莱坞电影审查,对反映美国阴暗面的电影如《愤怒的葡萄》《烟草路》《巨人》《霍迪尼》等进行打

---

① 《苏联战略欺骗总局(苏联总参谋部下设的一个部门)》,百度百科,https://baike.baidu.com/。

压或删改，资助和组织拍摄《赤色噩梦》《兽园》《1984年》等一大批反共电影；甚至联邦调查局也来凑热闹，出资拍摄了《在比肯大街上往东走》，深受时任局长埃德加·胡佛的赞赏。① 运用广播作为阵地来开展心理战，英国广播公司即BBC是最早的广播公司之一。二战期间，BBC接受由外交部政治战执行局和特别行动执行署等部门组成的特别委员会的领导，德国和日本还涌现出了如"哈哈爵士""东京玫瑰"等广播心理战名人。美国中央情报局在冷战时期操纵"自由欧洲电台""自由电台"，针对东欧和苏联开展心理战。为颠覆卡斯特罗政权，美国专门在迈阿密设立了对古巴进行心理战的电台，电视兴起后，又设立了专门的电视台；在海湾战争和阿富汗战争期间，美国还运用飞机装载的电台和电视发射装置向敌方开展心理战。网络兴起之后，这种具有成本低廉、方便快捷、受众广泛、双向互动、隐蔽秘密等特点的新型媒体，很快成为情报组织新的阵地和战场，利用网络来窃取秘密、破坏设施、操纵民意和煽动动乱等，在"颜色革命"中体现了网络技术的威力。网络也为国家间的政治博弈提供了新的平台，2016年大选结果出炉后，美国4家情报机构针对俄罗斯干预美国大选事件，联合推出了一份调查报告，认为普京有足够的理由影响美国大选，以及通过网络活动和社会媒体进行操控，抹黑希拉里，扶特朗普上位。②

据点类工作阵地，指情报组织开展秘密行动时，临时建立和使用的，具有指挥、藏匿、联络、陷阱、监视和掩护等功能的秘密工作地点，一般规模不大，工作任务明确单一，大多在任务完成后随即撤销。具有指挥功能的据点会尽可能设在比较方便和安全的地方，一些前沿指挥阵地一般还兼具武装突袭部队潜入和撤退阵地的功能。武装突袭组织工作相对比较复杂，为确保前沿指挥及潜入和撤退的方便与安全，多将前沿指挥部设在目标国家的附近，如针对伊朗的"鹰爪行动"，前沿指挥部设在阿曼的马西拉机场；针对乌干达的"霹雳行动"，前沿指挥部设在其邻国肯尼亚的内罗毕机场；针对巴基斯坦的"海神之矛"行动，前沿指挥部设在阿富汗美军基地；抓捕索马里恐怖分子头目及军阀艾迪德的"哥特蛇行动"，是将

---

① ［英］弗朗西斯·斯托纳·桑德斯著，曹大鹏译：《文化冷战与中央情报局》，国际文化出版公司2002年版，第240—243、275—277、331—337页。

② 韩显阳：《美情报机构：俄政府主使干涉美大选》，《光明日报》2017年1月7日。

前沿指挥部设在附近海域的美国航母上。其他一些人数规模较小、一般不会惊动当地军警、可完成任务后悄无声息撤离的秘密行动，其前沿指挥部的设置要求则为方便和秘密。摩萨德局长哈雷尔亲赴阿根廷指挥绑架艾希曼的秘密行动，他将代号为"堡垒"的指挥部设在布宜诺斯艾利斯的一处秘密房室内，为避免引起当地人注意，他还将一些咖啡馆作为流动的联络和指挥场所，尽可能不在一家咖啡馆露两次面。哈雷尔特别行动小组控制了艾希曼后，就将其藏匿到代号为"宫殿"的据点里，一直藏匿了9天才安全撤离，可见这处藏匿据点安全性很高，同时为防意外，他们还设置了多处可用来转移的安全据点，这类据点也被称为"安全屋"。1953年，东德国家安全局局长罗伯特·比亚维克中将叛逃到西柏林，被秘密安置在西柏林一个防守严密的安全住处，这个安全住处就是用于藏匿的据点。为保证海外间谍的安全，情报机构常在该间谍所在国家或第三国设立用于联络和接谈的安全据点，这类据点的要求是必须确保绝对安全，安全放在第一位，方便服从于安全。1970年前后数年间，为方便与埃及前总统纳塞尔的女婿、摩萨德间谍马旺联系和接谈，摩萨德在英国伦敦多切斯特旅馆附近，买了一个多套间公寓作为安全据点，摩萨德局长扎米尔曾多次在此密会马旺，并在这里获得了1973年10月5日埃及与叙利亚将进攻以色列的重大绝密情报，可惜以色列国防部长达扬不相信这个情报，认为马旺上次说埃及和叙利亚会进攻以色列，结果害得以色列浪费了3500多万美元。上次狼没来，这次却如期而至，结果以色列被打得措手不及。[①] 摩萨德为绑架叛逃的核研究人员瓦努努，派遣代号为"辛迪"的美女特工到英国伦敦，将其诱骗到意大利罗马的一处公寓，早已等候在此的2名摩萨德特工将他制服并注射了麻醉剂，绑架回了以色列。该处公寓就是摩萨德设置的一个陷阱式据点。为调查或掌握目标对象的实时动态情况，情报组织通常会在目标对象的附近设置具有监视功能的据点，进行观察和侦察，为实施后续的秘密行动提供情报支撑。如军统赴越南河内执行暗杀汪精卫的秘密行动时，将汪所住楼房对面的房子租下来，作为监视据点。在实施"海神之矛"行动之前，中央情报局就在本·拉丹藏身小院的附近租了一栋房子作为监视据点，突袭行动凌晨完成后，这些特工就全员悄悄撤离了。西方国家向苏联东欧实施先进设备禁运，苏联就在美欧等西方国家设立了大量的掩护公司进行购买，然后伪造出口许可证，冒充非禁运品，通过复杂的转运网络运回苏联。据美国

---

① 高庆德：《以色列情报组织揭秘》，时事出版社2016年版，第248—250页。

情报机构统计，苏联和东欧国家情报机构在美国设立了数十家、在欧洲设立了300多家这样的掩护公司，以公开掩护秘密，以合法掩护非法，来突破"巴统"的禁令。① 这类公司属于具有掩护功能的据点。

二、阵地的建设方式

秘密行动中的工作阵地，需要情报组织根据所执行秘密行动的个性需求，视不同情况，因地制宜，因事制宜，因时制宜，在充分隐藏好身份背景的前提下，采取各种看似合法的途径和方式，悄无声息地进行建设，主要方式有自建、依托、收买和影响等。

自建，是指情报机构自己建立的阵地，包括直接自建和间接自建。直接自建是情报机构以虚假的身份和名义，直接建立的阵地，前面所说的情报站、秘密基地及部分据点等属于这种情况。有时情报组织为隐藏自身背景，借用其他组织或人员的名义建立阵地，这种情形属于间接自建。1949年6月，美国成立了一个所谓民间反共组织自由欧洲全国委员会，参加该组织的有不少是代表美国政府、军队、企业界、媒体、劳工组织的权势人物，其中艾森豪威尔3年后入主白宫，主要筹建者之一杜勒斯后来任中央情报局局长。该组织的宗旨是"利用逃亡的东欧人多种多样的来历来开展各种项目，以此积极地与苏联的统治地位作斗争"。特别是杜勒斯掌管中央情报局后，他就成为该组织不挂衔的后台老板，其90%的经费由中央情报局从特别经费中提供。自由欧洲全国委员会的主要活动是建立自由欧洲电台，电台设在德国慕尼黑，绝大部分经费由中央情报局提供。从东欧流亡人员中招募工作人员，其工作目的是"通过维持其士气，激励他们与正统治他们的、受苏联支配的政府的不合作精神，解放铁幕背后被奴役的民族"，其广播政策通过自由欧洲电台、中央情报局和国务院协商决定，许多广播材料由中央情报局提供，如赫鲁晓夫的"秘密报告"、叛逃西方的波兰公安部党安局副局长约瑟夫·斯维亚特沃的100多盘谈话录音等。同时还开办出版社，印制针对苏联东欧集团的各种书籍、小册子和传单等宣传品，来进一步拓宽心理战的渠道。中央情报局派员参与电台的管理，对电台主要官员的任用起着决定性作用。② 直到1971年，中央情报局建立自

---

① 卫安主编：《外国情报史》，时事出版社1993年版，第45页。
② 白建才：《"第三种选择"：冷战期间美国对外隐蔽行动战略研究》，人民出版社2012年版，第141—147页。

第二章 秘密行动的基础建设

由欧洲电台的事情被公众所知晓，才转交国际广播局管理，其预算由中央情报局的秘密资金改为公开拨款，但服务于中央情报局秘密行动尤其是心理战的任务并没有明显的变化。美国国家民主基金会是由时任总统里根倡议，时任中央情报局局长威廉·凯西与资深秘密行动专家沃夫特·雷蒙德于1983年联手创建的，雷蒙德也是里根政府国家安全委员会成员。由此来建立隐藏中央情报局身份背景的资金流通机制，方便向非政府组织提供资金支持。凯西也认为："中央情报局不应走到前台，也不应以赞助人或倡议者的身份出现。"该基金会每年支配1亿多美元的美国政府基金，注入到全球各类非政府组织及媒体和目标国家反对派手中，曾在苏东剧变、"颜色革命"等颠覆目标国家政府的行动中兴风作浪。① 冷战时期，中央情报局与克格勃各自暗地建立或操纵各种国际组织，针锋相对，相互抗衡。如美国中央情报局建立和操纵国际法学委员会、争取欧洲自由委员会、国际妇女委员会、全国学生协会、世界青年大会、国际记者联合会、国际自由工会联合会等国际组织，苏联克格勃建立和操纵国际民主律师协会、世界和平理事会、国际妇女民主联合会、国际学生联合会、世界民主青年联合会、国际新闻工作者组织、世界工会联合会等。② 这些表面标注国际、世界名头的所谓国际组织，基本上涵盖了各个大的领域。这一群相生相克的"孪生兄弟"，在一个时期成为美苏两大集团情报机构的傀儡和施展拳脚的战场。

　　依托，是指情报组织依靠和凭借其他组织或人员的平台，来作为己方实施秘密行动的阵地。情报组织所拥有的资源及条件是有限的，而秘密行动所需要的阵地因时因事会有很大的变化，通过自建的方式不可能完全满足秘密行动的需要，借用和依靠社会上的其他阵地资源，就成为满足己方阵地需求的必然选择。合作、支持、购买服务及利用特定人员社会职业所掌控的工作平台等，是采用依托方式建立阵地的主要途径。文化艺术是专业性很强的工作，中央情报局不可能全部包揽，据英国学者桑德斯在《文化冷战与中央情报局》一书中透露，中央情报局除了背后操纵建立文化自由代表大会之外，还依托美国国内的文化资源参与文化冷战，进行思想文

---

① 《美国国家民主基金会（美国非政府组织）》，百度百科，https://baike.baidu.com/。

② 《美国曾大搞文化冷战，中央情报局变身"文化部"》，国际在线，2006年3月1日，手机新浪网，https://news.sina.cn/sa/2006-03-01/detail-ikknscsi9737682.d.html。

化渗透，同时代公司、国际笔会、大都会歌剧院和纽约现代艺术博物馆、哈泼－罗公司、美国知识协会理事会和美国现代语协会等进行合作。由于是由专业机构做专业的事情，所以取得了良好的效果，逐渐改变了欧洲人对美国是"文化荒漠"、美国人"粗鄙"等负面看法，使美国文化逐渐取得了对欧洲文化的优势，对建立美国的文化霸权功不可没。中央情报局与许多非政府组织合作，针对目标国家进行颠覆活动，具有美国政府背景及美国大富豪所建立的各种基金会就不用说了，单说美国的工会组织劳联－产联，被称为"劳工中央情报局"，二战后积极配合中央情报局开展破坏意大利大选，颠覆危地马拉、巴西、智利等国民选政府，支持波兰团结工会，卷入针对委内瑞拉查韦斯政府的政变等，成为中央情报局在海外开展颠覆秘密行动的工具。所谓支持是指提供经费、物资装备和组织培训等方式，将相关组织和群体打造成为开展秘密行动的工作资源和阵地，如中央情报局组织和培训相关流亡人员，并提供资金和武器装备，开展了入侵古巴的"萨帕塔计划"、企图颠覆阿尔巴尼亚政府的"BG魔鬼计划"、针对我国西藏进行破坏活动的准军事行动等。中央情报局还实施了支持阿富汗穆斯林游击队抵抗苏联入侵的秘密行动，这些流亡人员、反政府武装和游击队就成为中央情报局开展准军事秘密行动的阵地。20世纪80年代以来，私人军事企业如雨后春笋，情报组织与这些企业的关系，也进入了商业化运作模式的阶段，通过订单合同的方式来购买服务，如美国黑水公司、MPRI公司，英国宙斯盾防务服务公司、装甲组织（集团）国际，俄罗斯瓦格纳私营军事公司等，这些私人军事企业受到情报组织的雇佣，在伊拉克、阿富汗、叙利亚、利比亚、乌克兰等军事冲突热点地区，为情报组织提供安保、情报、秘密行动和直接战斗等服务。将特定人员社会身份所掌控的资源和平台，变成己方的秘密工作阵地，是情报组织的常用手法。有的是将其发展为己方的间谍，使其社会职业工作平台变成己方能长期使用的秘密工作阵地。苏联将曾任南非总理彼得·博塔的军事顾问迪特·格哈特发展为间谍，他利用自己在政界和军界的官方身份所具备的权力及人脉关系等资源，以及南非与西方国家军事合作的有利条件，为苏联窃取了西方国家军事合作、军事部署及各种尖端武器装备等情报，向苏联偷运大量受到禁运的先进科技设备。另外在帮助苏联情报机构向非洲渗透，在安哥拉、埃塞俄比亚等国建立亲苏政权，在古巴军事干预非洲事务等方面，背后都有其活跃的身影。格哈特官方职位所掌握的平台，成为克格勃使用长达20年的秘密工作阵地。有的则是通过胁迫等方式，使特定对象的工作平

第二章 秘密行动的基础建设

台临时为我所用。为突破对以色列的核原料封锁，摩萨德实施了窃取铀矿石的"高铅酸盐"秘密行动，他们通过设置美女陷阱并利用其原纳粹军人的身份，胁迫西德阿斯马纳化学股份有限公司的老板赫伯特·舒尔岑，由其谎称将转入石油化工产品生产，急需铀作为辅助催化剂的名义，骗取到欧洲原子能委员会的批文，最终将200吨氧化铀偷运到以色列。舒尔岑的阿斯马纳化学股份有限公司，临时成为了摩萨德实施"高铅酸盐"秘密行动的阵地，事情办成后便各奔东西。

收买，是指情报组织用财物或其他利益笼络相关组织和个人，将其所掌控的相应工作平台，变成己方实施秘密行动的阵地。在安哥拉内战时，中央情报局驻金沙萨、卢萨卡等情报站，收买一些媒体的编辑记者，授意他们撰写发表符合中央情报局意图的文章和报道，诋毁"安人运"及其支持者苏联和古巴，先将这些文章发表在金沙萨的报纸上，然后用电报发给欧洲、亚洲及南部非洲等其他情报站，相关情报站人员又将这些文章秘密传给各区域相关媒体，不久这类文章就会出现在世界各地的媒体上。中央情报局驻卢萨卡情报站精心编造了一则古巴士兵在安哥拉强奸妇女、抢劫财物的新闻，并详细描述了这些士兵被逮捕、审判和处决的过程，还配有相关照片。该新闻一时广为流传，严重影响了苏联和古巴的声誉。[①] 在美军占领伊拉克期间，为改善和树立美军的正面形象，由美国私人军事承包商、总部位于华盛顿的公关公司林肯集团进行运作，收买伊拉克新闻媒体，刊发由美军信息作战部队操刀的文章；林肯集团还出钱收买了4名逊尼派宗教学者，这些学者不仅为驻伊美军的宣传战提出许多针对性很强的建议，还亲自撰写并刊发了一批美化美军及美国占领当局的文章，企图以此来减轻或消除伊拉克人的仇视心理和反抗行为。[②] 克格勃特工用8万美元的酬金，收买西德一家公司的推销经理洛塔尔，向美国一些公司订购了价值300万马克的生产半导体和微型电路的贵重机器，然后通过第三国企业，从进出口限制较松的瑞士将这些设备转运回苏联。帮助摩萨德完成"高铅酸盐"秘密行动的阿斯马纳化学股份有限公司老板舒尔岑，除受到了胁迫之外，摩萨德还承诺给予其丰厚的回报，即利益收买，面对摩萨德

---

① 白建才：《"第三种选择"：冷战期间美国对外隐蔽行动战略研究》，人民出版社2012年版，第325页。
② 言明：《美军虚假宣传杜撰拙劣英雄故事，军方非常难堪》，《世界新闻报》2006年4月6日。

胡萝卜加大棒的双重手段，舒尔岑选择了屈服。他心里可能还会盘算，这样做不仅逃脱了性命之忧，还有丰厚的收益，这桩买卖值得做。

　　影响，指情报组织通过巧妙的方法，在对方完全意识不到的情况下，使对方甚至敌方的相关平台为我所用，以达成秘密行动的目标。不动声色，使用巧劲，借敌之器以制敌，借敌之手以乱敌，以达到"谈笑间，樯橹灰飞烟灭"的效果。美国学者马克·莫亚在《被丢弃的胜利：越南战争（1954—1965年）》一书中认为，越战失败的主要原因之一，是听任反战运动的兴起、壮大乃至最后肆虐，在此问题上发挥了重要作用的是曾先后为路透社和《时代》周刊工作的范春安。他除了自己撰写文章之外，还对为《纽约时报》等美国主流媒体撰写报道的大卫·霍伯斯坦和尼尔·希恩等美国著名记者产生了重大的影响，这些记者大量的反战报道在美国主流媒体刊发后，在美国民众对越战的态度变化上发挥了巨大的作用，强大的反战浪潮，压得美国政府喘不过气来。范春安具有法国、美国、南越和北越四重间谍的身份，在西贡美越政界、军界、情报界和新闻界等各方面都吃得开，其丰富的学识、精辟的分析能力和长袖善舞的特性，使美越这些上层和精英人士都十分欣赏和佩服，他也在这些活动中将北越的意图悄悄贯穿其中，如通过提供越南相关新闻素材及对事件和人物的分析等方式，影响美国记者对越战的态度和对南越吴庭艳政权的看法，使他们在美国主流媒体上刊发反战及妖魔化吴庭艳的报道，由这些报道引发美国民众的反战情绪并进而形成声势浩大的反战运动，成为迫使美国政府抛弃吴庭艳及结束越战的重要因素。[①] 在这项秘密行动中，美国主流媒体在不知不觉中成为北越情报机构的宣传阵地。这是通过特定的人（如记者）来影响特定的平台（记者所服务的新闻媒体），使之成为己方的阵地，以实现己方的意图。还有的是通过特定的事项，来影响对方的相关群体和平台按照己方的意图行事。在2016年美国大选的关键时期，俄罗斯情报机构抛出了民主党总统候选人希拉里的"邮件门事件"，犹如引爆了一颗原子弹。媒体需要吸引眼球的新闻素材，两党政客需要寻找对手可供攻击的把柄，选民需要相关的依据来判断总统候选人的优劣。美国新闻媒体及总统大选的平台上，"邮件门事件"自然成为舆论风暴的核心，此时美国新闻媒体及总统大选的各种活动，在某种意义上来说，已经成为俄情报机构实施针对希拉

---

　　① 刘见林：《马克·莫亚：颠覆越战失败论作者》，豆丁网，2012年11月3日，Docin.com/monica6333/2012 – 11 – 03。

第二章 秘密行动的基础建设

里的秘密行动阵地。俄情报机构秘密窃取邮件、适时抛出邮件后，便可坐山观虎斗，由美国人在美国的相关平台上进行炒作和攻击，最后达到影响选民投票意愿、使希拉里梦想成空的意图。这一招的高妙之处在于，即使美国人当时知道这是俄情报机构有意设置的一个陷阱，也并不能改变什么，大家还是会纷纷往里面跳，因增加了一个可供炒作的敏感因素，可能会搞得更加热闹。背后始作俑者云淡风轻，前台受害方却刀光剑影，在当事情报机构看来，或许会是一个既感到得意、又感到反讽的有趣画面。

三、阵地的作用

阵地最本质的作用是秘密行动的工具和平台。大而言之，工具和平台差别不大，可以通用；细而言之，工具更多地具有武器的性质，是攻击敌方的利器，如反政府武装、雇佣军等；平台更多的是提供渠道或途径，是攻击敌方时所依托的相关支撑条件，如据点等；有的则兼具工具和平台的作用，如NGO组织、媒体等，既是秘密行动所依托的支撑条件，又是攻击敌方的利器。因秘密行动的形态和方式千变万化，在阵地的使用上也是如水赋形，很难将工具和平台完全划分开来，这里是从通用的意义上来使用工具和平台这对概念的。阵地的主要作用是组织指挥、培训集结、掩护藏匿、攻击破坏等，多数阵地的作用相对单一，少量阵地会兼具多种功能。

组织指挥。组织指挥包括策划、组织、指挥和协调等工作内容，作为前沿或一线的指挥阵地，既有相对宏观的组织与指挥，也有相对微观的参与和执行。情报机构驻外情报站组、秘密基地、前沿指挥阵地及现场指挥阵地，在秘密行动过程中，其主要作用是组织实施和指挥秘密行动，情报站组、秘密基地也会参与执行秘密行动。驻外情报站一般负责组织指挥驻在国或驻在国区域的合法派遣范围内的秘密行动，但也会存在一些特殊的情况，在安哥拉内战中，美国为支持"安解阵"和"安盟"与苏联扶持的"安人运"相对抗，由中央情报局成立特别行动小组负责实施"特色行动"，具体工作任务由中央情报局派驻在刚果（金）首都金沙萨、南非行政首都比勒托利亚、赞比亚首都卢萨卡及安哥拉首都罗安达的4个情报站负责，前3个是中央情报局驻安哥拉邻近国家的情报站。这是因为美国意识到安哥拉形势具有很大的不确定性，直接卷入所带来的风险可能要大于收益，在《关于回答NSSM224"美国对安哥拉政策"的特别敏感备忘录》中认为："无论如何，我们不能考虑任何直接的公开的军事支持，诸如运送武器或派人参战。任何援助都必须是隐蔽的，军事援助必须通过第三方

· 109 ·

进行。"由中央情报局提供的资金和武器装备,都是通过扎伊尔、赞比亚、南非和刚果等第三方国家转交,中央情报局将葡萄牙在安哥拉商业公司使用的一种小型运输机用"安解阵"的名义进行改装,由葡萄牙飞行员驾驶,从金沙萨到"安解阵"和"安盟"之间进行运送,还鼓动南非派军介入。美国在这种间接支持的方式中与南非种族政权发生了联系,许多非洲国家因憎恨南非种族政权,转而支持苏联所扶植的"安人运",也给古巴秘密派军参战提供了口实,这也是美国所始料未及的,到1976年,中央情报局基本上暂停了在安哥拉的秘密行动。[①] 前沿指挥阵地为方便和安全考虑,一般设在目标国家的邻国,这个邻国通常是关系比较友好或能够掌控的国家。中央情报局针对中美洲古巴和危地马拉等国的秘密行动,因这些国家距离美国很近,便将前沿指挥阵地设在了美国南部沿海地带,这里离中美洲国家很近,更加方便和安全,但仍然会严加保密。中央情报局将负责对古巴秘密行动的前沿指挥部,设置在与古巴隔海相望的佛罗里达州迈阿密市,以一家正在履行政府合同的电子公司作掩护;颠覆危地马拉阿本兹政府"成功行动"的前沿指挥部,设在迈阿密市郊的一个小村庄,中央情报局有几百人参与该行动,并将驻朝鲜情报站站长,曾在越南、印尼、朝鲜等地从事秘密行动,具有丰富经验的艾伯特·哈尼上校调任为前沿指挥,具体负责这次秘密行动。负责秘密行动组织指挥和实施的情报站负责人,还可以调动和支配情报站以外的资源。颠覆智利阿连德政权的秘密行动,由中央情报局圣地亚哥情报站站长负责执行,由于情报站与智利军方没有密切的联系,于是利用使馆武官保罗·威默特来向智利军方传递美国支持军事政变的信息,提供用于政变的武器,后来又秘密支持右派军人皮诺切特于1973年发动"9·11"武装政变,阿连德血洒总统府。情报站不仅仅是秘密行动的组织指挥和执行者,有时还是该国对目标国家政策的建言者和制定实施何种秘密行动的掌控者。在颠覆刚果卢蒙巴政府并暗杀卢蒙巴的秘密行动中,中央情报局驻利奥波德维尔情报站站长维克多·赫奇曼除了是一线组织指挥者外,还对美国政府的刚果政策及秘密行动的整体规划和实施起着非常重要的作用,其在给中央情报局总部的电报中说,"大使馆和情报站认为,共产党人正在刚果用惯用的传统方法接管政权,……不管卢蒙巴是一个真正的共产党,或只是为了巩固权力而玩弄共产党的把戏,反西方的势力正

[①] 白建才:《"第三种选择":冷战期间美国对外隐蔽行动战略研究》,人民出版社2012年版,第323、321页。

第二章　秘密行动的基础建设

在刚果迅速发展。采取行动避免出现另一个古巴的时间已经不多了",并提出"用亲西方人士取代卢蒙巴的行动目标",①策动陆军参谋长蒙博托发动军事政变,配合蒙博托的军队抓获卢蒙巴,鼓动蒙博托将卢蒙巴交给冲伯叛乱集团等,都是在该情报站的具体组织指挥和参与下进行的。

　　培训集结。培训和集结是阵地的一项重要功能,主要是情报机构对可利用的相关群体或对象,进行执行秘密行动所需的技能培训,部分培训基地同时也是情报机构对相关群体和对象进行系统化组织管理的场所,临时或长期聚集、集结、驻扎的营地,以及秘密行动所依托的大本营或后方基地,其中带有准军事性质的秘密阵地,一般称为"营"或"营地"。为策动西藏叛乱,将西藏从中国分裂出去,中央情报局多批次地在台湾地区、冲绳群岛、塞班岛、关岛及美国本土的黑尔营秘密训练了至少数百名"藏独"分子。西藏暴乱平定之后,西藏叛匪部分残余势力逃到尼泊尔的木斯塘,中央情报局在此设立训练基地,对2000多名叛匪进行军事训练,派遣他们渗透回西藏开展武装袭击等破坏活动,木斯塘训练基地逐步演变成为西藏叛匪组织的驻扎之地和大本营。尼克松总统上台后采取联中抗苏的政策,中央情报局才关闭了这个训练基地,但西藏叛匪并没有离开这里,直到1973年尼泊尔政府军对此地进行清剿,才算将其彻底清除干净。为开展入侵古巴的准军事行动,中央情报局将位于巴拿马运河区的训练营地,转移到了危地马拉太平洋沿岸的赫尔维地亚,称为特拉克斯营,将古巴游击队的训练全部集中到了这里,除了训练外,还将这些人员编制为成建制的队伍,号称"古巴旅"。同时还在附近开设了空军训练基地,训练古巴飞行员和机械师,为此,中央情报局向这里调集了15架B-26轰炸机和12架C-46、C-54运输机。在实施"萨帕塔计划"之前,中央情报局将训练过的古巴流亡者用小船运到古巴海岸,企图潜入古巴与反卡斯特罗分子联系,建立和扩大游击队,进行颠覆和破坏活动;中央情报局还运用这些飞机向古巴境内的游击队空投30多次物资。1961年4月入侵猪湾的"古巴旅"和轰炸机就是从这个训练营地出发的。为支持游击队将苏联赶出阿富汗,中央情报局与巴基斯坦联合情报委员会合作,在巴境内开办了7个训练营地,这些营地由巴陆军情报局具体负责,先后共训练了8万余名穆斯林游击队员,另外还在伊朗境内设有一些训练中心。由中央情报局训练

---

　　① 白建才:《"第三种选择":冷战期间美国对外隐蔽行动战略研究》,人民出版社2012年版,第255、185、295—296、244页。

的巴基斯坦教官承担了主要的训练任务,伊朗、英国、埃及、沙特阿拉伯等国也参与了训练工作。据苏联方面的情报,当时专门从事军事训练的中心和据点总共有212处,其中178处在巴基斯坦境内,34处在伊朗境内。训练的主要内容为各式武器的原理和操作、布雷排雷、暗杀破坏、判断地形、医疗救护等,训练时间为两三周至半年不等。[①] 为颠覆尼加拉瓜"桑解阵"政权,中央情报局在其邻国洪都拉斯租借了一个军用机场,作为尼加拉瓜反政府武装的主要营地,先由中央情报局对洪都拉斯和阿根廷的军警人员进行游击战训练,再由这些军警人员对尼反政府武装进行训练,训练经费主要由中央情报局提供。由美国提供的武器弹药和食品等物资也源源不断地运到该营地,许多尼加拉瓜反叛分子前来受训,最多时达到2万多人,成为拉美规模最大的反政府武装组织。

掩护藏匿。情报组织在境外开展的秘密行动都属于非法行为,即使在本国内开展的秘密行动,也大多为法律所禁止,民众对此也会非常反感,所以只要是秘密行动,无论在境外还是在境内,都必须采取严密的掩护措施。20世纪70年代中前期,美国媒体对中央情报局的秘密行动进行了揭露,其中涉及到在国内也存在这种情形,引起了美国民众的担忧和反感,对中央情报局的揭发与指责如同山洪暴发,几乎要将中央情报局冲垮,最后中央情报局驻雅典情报站站长韦尔奇因揭发和调查引起的泄密而遭到暗杀,才扭转了这个局势。1964年,美国派遣副国务卿乔治·鲍尔,参加在法国戛纳举办的欧洲经济共同体政府间谈判,法国国外情报暨反间谍局第7处派特工,在鲍尔下榻的酒店房间窃取了其文件。这种行为也违反了法国的法律,如果在行窃时暴露,不仅会引起与美国的外交风波,在法国国内也不好交代。事后暴露就比较好处理了,既可以矢口否认,也可以谎称是小蟊贼的偷盗行为,将政府撇干净就行了。情报组织无论在何处开展秘密行动,所使用的阵地都会隐藏情报组织的身份背景,大多是借用第三方的力量或冒用第三方的名义,如使用雇佣军和反政府组织打代理人战争,利用非政府组织来开展渗透和颠覆活动,冒用第三方名义建立组织、据点等,从表面上来看,与外国或情报组织扯不上任何关系。法国国外情报暨反间谍局为满足在国内开展秘密行动需要,成立了许多掩护公司,在全国最大的搬家公司中还拥有股份。实施窃取苏联喷气发动机秘密的行动时,

---

① 白建才:《"第三种选择":冷战期间美国对外隐蔽行动战略研究》,人民出版社2012年版,第200—204、255—256、356页。

第二章　秘密行动的基础建设

该局第 7 处为避免给这些已有的掩护公司带来麻烦，临时成立了国际运输公司，以低价获得了将苏联故障喷气发动机从机场运到火车站的承运业务，在此过程中顺利获取了该发动机的机密，完事后便将公司注销，以抹去痕迹。① 国际运输公司就是第 7 处的掩护阵地，万一窃取的过程中出了问题，很难查清这家刻意临时成立公司的背景；若事后泄露了秘密，该公司已经不存在了，也难以进行追查。前面所说到的美苏情报机构建立和操纵的大量的冠以国际、世界名头的组织，名义上是全球性非政府组织，实质上是美苏情报机构开展秘密行动的阵地，即以国际组织之名，行掩护秘密阵地之实，还可以混淆国际视听，具有极大的欺骗性。这些掩护性阵地都会严格隐藏情报组织的背景和形迹，只有驻外使领馆例外，将情报站组设在使领馆内是一个惯例，但情报人员的身份是保密的，驻在国反间谍机构很难将外交人员与情报人员完全区分开来，如果对使领馆的所有人员都进行同等力度的监视，会极大地占用和浪费有限的资源，形成更多的薄弱环节和盲区，给对方情报人员的活动提供更多更安全的机会。苏联情报人员一般占使领馆总人数的 30%—50%，在重点国家的占比会更高，比西方国家高出不少。具有严密监视体系和先进监视装备的美国反间谍机构，对苏联合法派遣情报人员活动的监视也是漏洞百出，其他国家就更不用说了。摩萨德绑架艾希曼时建立临时安全据点，用来藏匿绑架对象。在"鹰爪行动"方案中，专门在德黑兰 84 公里处设置"沙漠 2 号"，作为执行行动的 8 架直升机和突击队白天隐藏的地点及集结点，只是因该行动启动不久便夭折了，没来得及派上用场。

攻击破坏。阵地更多是用于直接承担具体秘密行动任务的平台，是情报组织执行具体秘密行动任务的阵地，同时也是向对手开展攻击和破坏的工具。为干预 1990 年尼加拉瓜大选，中央情报局通过美国国家民主基金会，将尼加拉瓜 14 个反对派组织联合起来，组建为全国反对派联盟，推举统一的总统候选人查莫罗夫人，同时还暗中操纵建立了年轻市民组织、尼加拉瓜妇女运动组织等群众组织，破坏民众对"桑解阵"的信任，鼓动民众支持查莫罗夫人并取得了成功。② 全国反对派联盟等组织明里是支持查

---

① 勾宏展等：《塞纳河畔的管子工——二十世纪法国情报机构绝密行动》，东方出版社 2005 年版，第 133—134、89 页。

② 白建才：《"第三种选择"：冷战期间美国对外隐蔽行动战略研究》，人民出版社 2012 年版，第 378—379 页。

莫罗夫人角逐总统的本国政治组织，暗地里是中央情报局操纵尼大选的工具和阵地，明面上的事情都由其操办，具有代理组织的性质。反过来讲，这些组织是中央情报局破坏尼正常大选的武器和工具。1941年底，英国特别行动执行署将接受过训练的捷克特工空投到捷克，执行暗杀海德里希的"类人猿行动"。捷克特工与当地地下抵抗组织取得联系，并以其营地或安全屋作为据点，地下抵抗组织成为英捷情报机构执行暗杀海德里希秘密行动的前沿阵地。暗杀小组在此秘密活动了近半年的时间，才终于寻找到了暗杀机会，将其炸成重伤后不治身亡。对此，盖世太保进行了疯狂的报复，将事发地利迪希村夷为平地，这些特工频繁转移藏身之地，最后躲藏到一座东正教教堂的地下室里，被出卖后与围困他们的德国军队抵抗到最后一刻。用于宣传及准军事秘密行动的阵地，基本上都是具体秘密行动项目的承担者，如自由欧洲电台、《信使报》等媒体，雇佣军、反政府武装等都是如此。以中央情报局为首的西方国家情报机构所支持的穆斯林游击队，在长达10年的时间里，将苏联逐出了阿富汗，对阿富汗人来说是完成了抗击苏联的反侵略战争，对"基地"组织来说是打赢了一场针对异教徒的"圣战"，对中央情报局来说是成功组织了一场削弱苏联的代理人战争。其实情报组织将他人作为工具和平台，他人又何尝不是将情报组织作为工具和平台，只不过面对共同的敌人或利益交集，各取所需罢了。正因为如此，曾经亲密无间的合作者，一旦共同的敌人或是共同的利益基础消失，便反目成仇者史不绝书。最典型的案例，莫过于美国及中央情报局与本·拉丹及"基地"组织的恩怨情仇，苏联已经消亡了30多年，但"基地"组织与美国及中央情报局的孽缘似乎还看不到尽头，主客翻脸，敌友易位，真可谓世事无常。

第三节 多方合作

《三国志·吴书》载孙权语："能用众力，则无敌于天下矣；能用众智，则无畏于圣人矣。"所谓"众力""众智"，在这里我们可以理解为合作，集中相关方面的资源、力量和智慧，来共同完成重要任务。作为秘密机构的情报部门，其所组织的秘密行动，具有高度的保密性，但保密并不意味着自我封闭、排斥合作。保密并不是说完全不让人知悉，其要义是尽可能缩小知情面，不让无关人员获悉，对有关人员而言，则不仅在一定范围内不存在保密的问题，还需要其合作。情报机构所拥有的资源是有限

第二章　秘密行动的基础建设

的，而秘密行动所需要使用的资源则趋向于无限，因而加强国内情报机构之间的合作、情报部门与其他部门之间的合作，以及国家间情报机构的合作就显得特别重要。情报机构既是秘密行动的执行者，也是组织者和协调者，尤其是跨部门、跨行业、跨国家之间的组织协调工作，难度大、要求高、保密性强，必须具备高超的组织能力、协调能力和沟通能力，体现出高度的协作性和相容性，才能够确保相关秘密行动的顺利开展。

一、国内情报机构之间的合作

一个国家能使世人耳熟能详的情报机构名称好像并不多，大多为一个或两三个，但实际上每个国家尤其是世界上一些主要或重要国家的情报机构，数量之多，超出人们的想象，各个情报机构所掌管的情报业务范围会有所不同，其所拥有的工作资源也会存在一定的差异性，其中一般会有一家龙头情报机构起主导作用。在策划实施秘密行动时，有时需要多家情报机构的合作和配合，以整合资源，集中优势，来共同完成任务。

各国由于历史传统、生存环境和国家体量的差异性，其情报机构的设置与数量也会有所不同，但主要的情报机构大体上都差不多，多数国家在境外开展秘密行动的职能一般由龙头情报机构承担，也有少量国家有多家情报机构都有秘密行动的职能。美国的情报机构大大小小加起来达17个之多，有国家情报主任办公室，主任是美国情报界的首脑，总统的首席情报顾问，2005年才分设，此前一直由中央情报局局长兼任；[①] 中央情报局，是美国唯一一家通过国会立法建立的情报机构，是美国情报界的龙头老大，其局长与国务卿和国防部长曾是参与总统国家安全决策的三巨头，2005年后被分设的国家情报主任所取代；联邦调查局是美国最大的反间谍机构，国防情报局是国防部负责战略情报的主要机构，国家安全局负责信号情报工作；还有国务院情报与研究局、国土安全部、国家侦察办公室、国家地理空间情报局，以及司法部、能源部和财政部内设的情报机构等。军队的情报机构除了国防情报局外，还有陆军情报局、海军情报局、空军情报监视侦察局、海军陆战队情报主任及海岸警卫队等军种情报机构。虽然美国的情报机构众多，但被赋予开展涉及到国家战略层面秘密行动（即隐蔽行动）职能的仅有中央情报局一家，在此类秘密行动需要时，中央情报局会与相关情报机构进行合作。以色列仿效美国中央情报局的模式，建

---

① 高庆德：《美国情报组织揭秘》，时事出版社2016年版，第54—55页。

立了直属总理办公室领导的最高情报机构中央情报与特殊使命局，简称摩萨德，局长兼任"梅穆内（情报总管）"及情报局长联席委员会主席，赋予其领导和协调以色列所有情报机构的权力；国内安全总局简称辛贝特，负责反间谍和国内安全，因要对付阿拉伯人的反抗与恐怖袭击，还有被占领土上的安全，所以其职能覆盖范围要超出常规意义上的国内；军事情报局简称阿穆恩或阿曼，是国防系统中规模最大和最重要的情报机构，其下设有情报学院和"塞雷特"特种部队，特种部队由总参谋长直接掌管；科技事务联络局简称拉卡姆，是以色列国防部系统的科技情报机构。这几个情报机构均有秘密行动的职能，这点上与其他国家有所不同，很多时候是与摩萨德联合或配合行动。另外还有空军情报部、海军情报部、外交部情报研究司、警察情报局（SB 特别勤务局）等。其他主要国家与美国和以色列的情况类似，都设有任务职能各有侧重的众多情报机构，其中最主要的有3—4家，即类似于美国中央情报局（海外情报和行动）、联邦调查局（国内反间谍）、国家安全局（政府通信及电子信号情报与侦察）和国防情报局（军事情报），承担政府通信及电子信号情报与侦察的机构，有的国家单设，有的没有单设，而是将这些职能分散到其他机构中。在众多的情报机构中，大多会有一家起主导作用，秘密行动也一般会由该情报机构主导。苏联时期，主要有克格勃和格鲁乌（苏军总参情报部，或称苏联军事情报部）两大情报机构，1939 年二战爆发之前，克格勃（此时称为内务人民委员会，但因其在 1954 年改称国家安全委员会即克格勃之前更名比较频繁，用此通用名称以避免引起混乱）主要负责国内肃反工作以及对付流亡国外的反苏组织、民族分裂分子和托洛茨基分子，实质上是将"肃反"工作延伸到了境外，二战爆发后才将工作的重心转向国外情报与秘密行动，逐步演变成为一个巨无霸式的情报机构，集中了其他国家多家情报机构的职能，如国外情报与行动、国内反间谍侦察及电子信号情报等，在美国分别由中央情报局、联邦调查局和国家安全局承担。美国基本上是仿效英国的模式，在英国分别由秘密情报局、安全局（反间谍）和政府通信总部承担。格鲁乌的工作重心始终在国外，二战时期苏联最著名的情报网都是格鲁乌经营的，如"红色乐队""拉多"及佐尔格在日本的"拉姆扎"等情报网。格鲁乌的人事权、对外情报活动的计划与安排等，都受到克格勃的监督与控制。苏联解体后，俄罗斯将克格勃分拆成俄联邦对外情报总局、联邦安全总局、联邦警卫总局及联邦政府通信和信息署等多家机构，信号情报后又划归对外情报总局；总参情报总局（格鲁乌）内设机构和职能任

第二章 秘密行动的基础建设

务有所调整,但变化不大。

不同的情报机构有着不同的业务范围,也就意味着一家情报机构不可能掌握全部的情报手段和资源,在实施一项比较复杂或重大的秘密行动项目时,实现情报机构的缺项互补与优势集成成为必然的选择。在合作中也会存在主从关系,即其中有一家是起主导作用的,其他的起配合作用。在追杀本·拉丹的秘密行动中,最核心的问题是要找到其行踪。"9·11"事件之后不久,本·拉丹为逃避美国中央情报局的追捕和追杀,基本上就销声匿迹了,不再使用先进的通信工具,利用最原始的信使方式传递指令。擅长人力情报的中央情报局在审讯重要囚犯时获取了信使"科威特"的化名,通过在目标区域发展间谍,打探到了信使的姓氏及大致活动区域。美国国家安全局在对"基地"组织一名重要头目的电话监听中,锁定了与该头目通话的信使,并继续对其进行电话监听。中央情报局特工通过跟踪信使,发现了位于巴基斯坦阿伯塔巴德小镇带有3层楼建筑的小院,并运用长焦镜头、热红外成像和高科技音频窃听设备,以及在当地发展的间谍,对小院进行了严密的监视和侦察。美国国家地理空间情报局运用间谍卫星也对小院及该区域进行监视和拍摄,并运用所积存的小院图像视频历史资料,制作了精准的三维微缩模型,记录了院内的日常生活及当地的交通等状况,为中央情报局策划"海神之矛"秘密行动及进行模拟演练提供了实景依据。为"海神之矛"提供情报支撑的至少有这3家情报机构,而且是各自发挥了职能和手段优势,最终基本上锁定了本·拉丹的藏身之处,为引导"海神之矛"秘密行动发挥了不可替代的作用。寻找本·拉丹的目的是为秘密行动服务的,中央情报局又是秘密行动的主责单位,很显然中央情报局是这个合作机制的主导者,其他两家情报机构是根据自己的技术和手段优势提供支援。

俗话说同行是冤家,情报机构之间同样存在着竞争,维护和扩大自身利益也是其天性,建立在制度性安排上的合作才能够更为持久和有效。为整合各情报机构的资源,共同完成某项或某方面的重大秘密行动任务,有时会成立由主责单位或龙头单位牵头的专门协调机构和机制。二战期间,为经营双重间谍,并通过此种渠道对纳粹德国进行战略欺骗,英国正式成立了一个隶属于国防部的机构"双十委员会",主要人员由安全局组成,成员单位有总参谋部、秘密情报局、海军情报局、空军情报局及本土防卫局等,委员会主席和秘书由安全局产生。所有有关双重间谍的情报都由它进行分析和整理,研究、制定和实施一系列欺骗敌方的秘密行动。该委会成功地控制和使用了一批双重间谍，还保全了"超级机密"不为德国人所知，与"伦敦监督处"配合，有计划地对德国进行大规模的情报欺骗和战略欺骗，成功误导了希特勒的决策，为掩护诺曼底登陆发挥了重大作用。[1] 秘密情报局与特别行动执行署相互配合，在欧洲开展了一系列的秘密行动，针对纳粹德国开展暗杀、破坏和准军事等秘密行动，支持德占区国家地下抵抗组织的游击战，对德国进行战略欺骗等活动。成立于1957年的以色列科学事务联络局（拉卡姆）隶属于国防部，负责收集军事科技方面的情报及窃取核原料。成立之初，它主要负责搜集制造核武器相关的科技情报，在全球范围内窃取铀材料运往以色列，搜集分析各种核材料。该情报机构事关核武器研发工作，非常隐秘，世界上很少有人知道它的存在，直到1985年波拉德间谍案爆发，才显露出了它的行迹。涉及到军事科技方面的秘密行动，大多是拉卡姆与摩萨德联合行动，摩萨德间谍网络更为庞大和完善，秘密行动能力更强，在这些合作中摩萨德成为主导者。如通过美国纽梅克公司老板夏皮罗窃取浓缩铀、窃运氧化铀的"高酸铅盐"及智取"幻影"飞机蓝图等与军事科技相关的秘密行动都是如此，只不过拉卡姆向来秘不示人，外界并不知道其中的奥秘，将功劳全部记到摩萨德头上去了。辛贝特经常采用导弹袭击、定时炸弹及狙杀等方式，对巴勒斯坦政治派别领导人和恐怖分子进行"定点清除"，实际上就是暗杀。由阿穆恩提供信号情报和摩萨德提供人力情报支持，2004年3月和4月，辛贝特先后用导弹暗杀了哈马斯创始人及精神领袖艾哈迈德·亚辛和继任者阿卜杜勒·阿齐兹·兰提西。为支撑辛贝特的安全警卫和"定点清除"工作，以色列三大主要情报机构实行了日常联系和合作的"瓦西拉会议"制度，一般每周召开一次，政府总理、摩萨德局长、辛贝特局长、阿穆恩局长、外交部长和警察局长参会。通常由摩萨德局长主持会议，几位情报局长通报最新情报，辛贝特根据情报开展"定点清除"等秘密行动。[2]

二、情报机构与其他政府部门的协调合作

情报机构本身是政府或军队的组成部门，其工作的主要职责是配合政治、外交、军事及经济等方面的斗争；在开展秘密行动时，其他相关部门

---

[1] 肖池编著：《米字旗守护神——英国军情局和秘密情报局行动档案》，河北人民出版社1998年版，第120页。

[2] 高庆德：《以色列情报组织揭秘》，时事出版社2016年版，第59页。

第二章 秘密行动的基础建设

的支持与配合也成为一种必然的要求。这是一种双向互动的过程，也是一个共生共荣的生态系统。情报机构规模和资源的有限性，与秘密行动需求和方式的无限性，决定了许多秘密行动不可能由情报机构独自承担，借用其他部门的资源成为秘密行动得以顺利开展的必由之路。在秘密行动中，情报机构不仅仅是执行者，还是策划者、组织者、指挥者、协调者等诸多角色，在不同的秘密行动中，情报机构所扮演的角色、所借用的相关部门的资源也会有所不同。

与外交部门的合作。外交部门提供外交政策支持，给情报官员身份掩护，有时甚至会直接参与策划实施秘密行动。在境外开展秘密行动，必然会涉及到外交政策，要与外交政策相一致。美国国家安全委员会5412/2号文件（NSC5412/2）规定："确保隐蔽行动的计划和实施与美国的外交、军事政策和公开活动相一致。"美国隐蔽行动的领导协调机构中最开始只有国务院、国防部和中央情报局三个部门的负责人参加，后来规模逐步扩大，但这三个部门的负责人始终居于核心地位。在NSC10/2号文件中，明确提出："必须用隐蔽行动补充美国政府公开的对外活动。"隐蔽行动成为实现美国对外政策的一种手段和工具，必须接受外交部门对隐蔽行动在外交政策上的指导和审查。外交政策也有公开和秘密之分，台面上说的与私底下做的有时会相去甚远。有些不一定与台面上的外交政策相一致，但与秘密的外交政策是一致的，秘密行动一旦惹出了麻烦，也需要外交部门出来灭火善后。NSC10/2号文件要求："在计划和实施这些活动时，不能让未经授权的人了解美国政府在其中的责任，一旦这些活动暴露，美国政府则可能巧言否认任何责任。"一个国家的外交部门一般不会公开鼓动别国发动政变、支持武装叛乱等危害相关国家政治稳定的行为，至少不会公开承认本国政府相关部门介入了这些活动，但作为情报机构而言，这正是它们施展拳脚和实现本国干预目标国家内部事务意图的机会。20世纪50年代中后期，美国通过中央情报局支持印尼外岛叛乱以图搞垮苏加诺政府，其所雇佣的飞行员波普暴露了美国飞行员的身份，激起了印尼举国上下的反美情绪，美国驻印尼大使发表声明称：被判刑的飞行员，只不过是受人出钱聘请，而成为雇佣兵的一个普通美国人，[①] 强调美国政府与波普的行为完全没有关系，为中央情报局擦屁股。驻外外交机构可为情报官员提供

---

① [日] 松本利秋著，熊苇渡、蔡静译：《雇佣军——战争生意与生死博弈》，中国书籍出版社2011年版，第79页。

世界情报组织秘密行动

身份掩护,参与秘密行动的组织指挥。派往海外的情报官员,分为合法派遣和非法派遣两类,其中合法派遣的情报官员,大多以外交官作为公开身份,派驻使领馆或相关国际组织,情报站组也通常设在使领馆内,为情报官员提供了比较安全的工作阵地和平台,既为开展秘密行动提供了方便,又可在暴露后获得外交豁免。美国驻外使馆及官员经常参与中央情报局组织的秘密行动,美国驻伊朗大使洛伊·亨德森参与了由国务卿杜勒斯主持的"阿贾克斯行动"方案的研究审定工作,在方案实施过程中,亨德森亲自拜会巴列维国王,探寻其对中央情报局所选择的代理人扎赫迪发动政变、出任首相的意见,得到了国王有条件的支持。在伊朗政局动荡,对立政治势力剑拔弩张的情况下,由大使来做秘密沟通联络工作,更为方便和安全。秘密行动负责人克米特·罗斯福又进一步做工作,国王同意了政变计划,最终导致摩萨台政府倒台。在支持波兰团结工会夺取政权的秘密行动中,美驻波大使馆成为中央情报局设在苏联东欧地区最重要的据点,时任美国驻波兰大使约翰·戴维斯也发挥了重要的作用,他与团结工会领导人保持着密切的联系,并成为其密友和顾问,经常在其官邸与他们举行非正式聚会,不断提供建议和指导,深刻影响了波兰政局的发展,使波兰成为苏东剧变中第一张倒下的多米诺骨牌。①

与军方的合作。在战争时期,情报机构的秘密行动主要是为战争服务,与军方的合作自然是最密切的,军方本身也有情报机构,他们也会按照军方的指令开展相关秘密行动;在和平时期,情报机构介入到相关国家和地区的军事冲突、反恐斗争以及其他与准军事行动相关的秘密行动,也大多会借助军方的相关资源。美国国家安全委员会对中央情报局与军方在隐蔽行动上的合作,在NSC10/2文件中作了明确规定:"确保在战争时期,由参谋长联席会议的代表协同制定隐蔽行动计划,并由该代表认可所制定隐蔽行动计划符合并有助于已经批准的战时军事行动","在战争时期,或依据总统指令,所有隐蔽行动计划都应与参谋长联席会议协调。在有美国军队作战的地区,隐蔽行动应在美军战区司令的直接指挥下实施,其命令将通过参谋长联席会议传达,或由总统直接指令。"② 战争时期的秘密行

---

① 白建才:《"第三种选择":冷战期间美国对外隐蔽行动战略研究》,人民出版社2012年版,第172、346页。

② 白建才:《"第三种选择":冷战期间美国对外隐蔽行动战略研究》,人民出版社2012年版,第406页。

第二章 秘密行动的基础建设

动,实际上已经纳入到了军方管控和指挥的范围,全面为军事斗争服务,二战时期各参战国的情报机构就是如此,在海湾战争和阿富汗战争中,中央情报局所实施的策反伊拉克军政高官及"碎颚者"等一系列秘密行动,主要是在为军事斗争服务。和平时期,在反恐、营救、破坏、暗杀等具有突袭或暴力性质的秘密行动中,军方尤其是特种部队成为许多秘密行动的主力,情报机构主要起策划、组织、指挥、协调及提供情报支撑等作用,如营救被恐怖分子劫持人质的"霹雳行动"、抓捕索马里恐怖组织头目艾迪德的"哥特蛇行动"、击毙本·拉丹的"海神之矛"等秘密行动都是由特种部队执行的;炸毁伊拉克核设施的"巴比伦行动"由空军特种部队执行等。以色列针对巴勒斯坦政治派别领导人、美国和俄罗斯针对恐怖组织头目进行"定点清除"暗杀秘密行动,一般为运用军队的导弹进行袭击或派遣特种部队进行突袭。

与其他部门的合作。这里所说的其他部门是指除外交和军方之外的政府部门,这些部门参与秘密行动的频次一般要少得多。1950年兰斯代尔作为空军中校被借调到中央情报局,并被派遣到菲律宾担任菲军队顾问,帮助镇压了已控制该国大多数地区的新人民军游击队,还将议员雷蒙·麦格赛赛推上了总统宝座,被时任总统艾森豪威尔称赞为"深奥微妙政治行动的典范"。已成为少将的兰斯代尔,在肯尼迪政府时期被任命为"猫鼬计划"行动主管,这是一项图谋颠覆古巴卡斯特罗政权的秘密行动计划,兰斯代尔将32项任务分派到国务院、国防部、商务部、财政部以及美国新闻署、中央情报局、联邦调查局和移民局等单位。[①] 这里面有多家与秘密行动没有直接关系的政府部门,但因为涉及到要借助和使用其所掌控的资源,同样也给它们分派了任务。这个庞大的计划虽然启动后不久就中止了,但说明在美国,各个政府部门都有支持和配合秘密行动的义务。中央情报局借助自由欧洲委员会的名义,于1949年建立了自由欧洲电台,一直运营到1971年,才被公众知晓是由情报机构在运作,并引起了美国公众和世界舆论的非议,此后移交到国际广播局管理,其为中央情报局服务的职责并没有改变,不过二者之间的关系发生了变化,过去是中央情报局自有的手段和平台,此后则成为其与国际广播局之间的合作了。自由欧洲电台在冷战时期主要针对苏东集团国家开展心理战,根据美国对外政策和军事

---

① [美]理查德·赫尔姆斯、威廉·胡德著,佚名译:《谍海回首——前中央情报局局长赫尔姆斯回忆录》,社联印制2004年版,第280页。

斗争的需要，后来又增加了新的广播项目，1985—1993年管理自由阿富汗电台的运作，1994年在自由伊拉克电台和法尔达电台提供波斯语服务，1997年又增加了对科索沃的广播。① 哪里有心理战的需要，自由欧洲电台就会根据中央情报局指派的任务在哪里现身。

三、国家之间情报机构的协调合作

美国情报史专家、英国学者杰佛里斯·琼斯在《1939—2000年美英加三国情报关系》中认为："个人间相互信任的最敏感的试金石，就在于他们会有多大程度愿意让对方分享自己的秘密，国家之间的关系也同样是如此。"② 国家之间情报机构的合作，表明了国家之间关系友好的程度，或是表明了一方对另一方希望友好的态度。分享秘密就意味着可以坦诚相待，在某些方面、某种程度上无需提防和保留，"五眼联盟"可能是国家之间情报机构合作比较典型的例子。国与国之间的关系错综复杂，其发展变化也是难以预测，友好与对抗，合作与较量，经常是时移事易，翻脸比翻书还快。情报机构之间的合作也会随着国家关系的变化而变化，有时化敌为友，有时变友为敌，有时主客易位，一幕幕大戏在常人不易察觉的角落里上演，而其显性的影响力，有时却可能超过一场不大不小的战争。

情报机构的合作，是反映国家关系的晴雨表。一般情况下，情报机构合作得越多越深入，表明国家之间的关系越密切，同时情报机构的合作有时也并非平等意义上的合作，大多会由实力更强大的一方来主导。美英两国同文同种，具有特殊的关系，其情报机构的合作既反映出了两国之间的亲密程度，也反映出了国势盛衰对合作的影响。克林顿时期的中央情报局局长詹姆斯·伍尔西曾说："尽管在情报界没有完全的朋友可言，但美国在与英国这方面的关系已经达到了尽可能亲密的极限了。"③ 威廉·史蒂芬森是加拿大巨富、英国情报界高官和美国情报机构的催生者，1940年奉丘吉尔之命到美国组建英国安全协调局并任局长，相当于秘密情报局驻华盛顿情报站站长，对美国战略情报局的创建和发展作出了重大贡献。史蒂芬森在加拿大设立了"X训练营"，是北美第一所训练战时秘密情报人员的

---

① 《自由欧洲电台（是一家由美国国会出资建立的广播和通讯电台组织）》，百度百科，https://baike.baidu.com/。
② 王谦：《英国情报组织揭秘》，时事出版社2016年版，第190页。
③ 王谦：《英国情报组织揭秘》，时事出版社2016年版，第234页。

第二章 秘密行动的基础建设

学校，美国战略情报局局长多诺万选派了大批青年参训，英国情报机构也因此成为美国情报机构的老师，其中4名美国学员先后成长为中央情报局局长。美国战略情报局初出茅庐，缺乏境外情报工作的经验和培训间谍人员的基础设施，他们使用英国特别行动执行署的训练营地和设施培训特工和间谍，英国中东安全协调处帮忙推荐合适的情报人员，秘密情报局的海外站组帮助美国战略情报局建立海外情报站。甚至战略情报局建立的西班牙南部的"香蕉"情报网和在伊斯坦布尔建立的"仙人掌"情报网，都是秘密情报局帮助的结果，但由于缺乏经验，两个情报网都先后被对手方一网打尽。在秘密情报局与战略情报局联合实施的"苏塞克斯"秘密行动中，在招募人员和培训等工作中，离开了秘密情报局的支持就办不成事，英方的间谍小组除1人死于盟军轰炸外，全部都干到了战后，美国方面组织的间谍小组则损失惨重。对此，美国战略情报局局长多诺万充满感激之情："（英国）秘密情报局在我们起跑时给了我们难得的巨大的帮助。"但战略情报局成长迅速，在随后的"杰德堡行动"中，美国特工通过灵活的战术很好地完成了任务；在缅甸丛林的艰苦环境中，战略情报局101特遣队组织当地近万名山地民族武装，消灭5500多名日军，救援出200多名美国飞行员，取得了辉煌的战绩，战略情报局很快就打造出了一支富有战斗力的队伍。二战时英国秘密情报局和特别行动执行署以老大自居，对美国战略情报局指手画脚，美国人时有不快，但指望着别人的帮助和学艺，也不敢表露出来。二战结束后不久，美国中央情报局与英国秘密情报局联合实施针对阿尔巴尼亚的"宝贵行动"，此时美国已经取代日薄西山的大英帝国，成为世界霸主，中央情报局也感觉到自己今非昔比，不再心甘情愿地接受秘密情报局的摆布，秘密情报局一时还适应不过来，加之每次秘密潜入的人员都被阿方剿灭，秘密情报局就退出了对阿的秘密行动。这也正合中央情报局想要单干的意图，于是中央情报局接着单独实施了"BG魔鬼计划"，想好好表现一番，不过由于菲尔比的出卖，该秘密行动还是以失败告终。后来在"白银行动""黄金行动""阿贾克斯行动"及支持阿富汗游击队抵抗苏联入侵的"飓风行动"等秘密行动中，英国秘密情报局完成了从老师、老大到跟班的角色转换，并且一旦适应了这个角色之后，便会亦步亦趋地跟着老大跑。这对亲兄弟的合作史，也诠释了国运是如何深刻影响情报机构在国际合作中的地位的。苏联克格勃与东欧国家情报机构也有着特殊的合作关系，但这种关系可能更类似于上下级的性质，与其说是合作，还不如说是统一指挥领导，这也是不正常的国家关系在情报机构身上的一种映射。苏东剧变后，这种合作关系便土崩瓦解，过去的合作伙伴，如今大多已成为对手甚至死敌。

　　情报机构之间的合作也会有矛盾，如前所述美英情报机构整体上合作得不错，但心里还是会产生一些抱怨情绪。"五眼联盟"的合作由美国主导，英加澳新4个国家将监听的数据全部提交给美国，美国只拿出了一部分进行共享，这4个国家也颇为不悦，但合作肯定是得大于失，合作的游戏仍然可以玩下去。虽然中央情报局对巴基斯坦情报机构心存疑虑，但在追踪本·拉丹的秘密行动中，中央情报局与巴三军情报总局仍进行了合作，不过这种合作更像是单向的付出。2010年7月，巴三军情报总局向中央情报局提供了在阿伯塔巴德监测到的与信使"科威特"相关联的电话号码，美国国家安全局通过这个电话号码监听到了"科威特"打给"基地"组织同伙的电话，为中央情报局锁定"科威特"和找到小院发挥了关键性的作用。但中央情报局高度怀疑巴方内部有人与本·拉丹有关系，担心巴方泄密，对本·拉丹可能藏身此处的情报及后续的突袭行动，不仅没有告知巴三军情报总局，还进行了严格的封锁。"海神之矛"秘密行动完成后，中央情报局局长帕内塔接受《时代》周刊采访时说："我们认为，任何与巴基斯坦在一起进行合作的努力，都可能会危及这次任务的成败。"当中央情报局副局长莫雷尔受奥巴马总统之命，赴巴基斯坦向巴三军情报总局局长艾哈迈德·帕夏解释此事时，帕夏说，如果美国的某个盟友在美国来一场突袭，杀死一个逃犯之后再把他的尸体运走，你们就会感同身受了。[①]话语中可以明显感受到巴方的不满和无奈。

　　一般来说，友好的国家关系是情报机构合作的前提，以色列则反其道而行之，由情报机构的合作来推动国家关系的改善。以色列建国后，在国际上比较孤立，与许多国家都没有建立外交关系，尤其是与阿拉伯国家处于尖锐的敌对状态，缺乏正常沟通的渠道。在此情况下，摩萨德成为"第二外交部"，协助以色列政府开展秘密外交活动，并有效分化了阿拉伯国家对以色列的敌对立场，改善了以色列的区域生存环境。如安排协调约旦国王侯赛因与拉宾总理在两国边境线秘密会晤，安排拉宾总理密访摩洛哥，摩萨德局长霍菲在摩洛哥密会埃及副总统等。在此过程中摩萨德与这些国家的情报机构也建立了合作关系，如与约旦情报机构达成了一项重要

---

① ［美］迈克尔·莫雷尔、比尔·哈洛著，朱邦芊译：《不完美风暴——美国中央情报局反恐30年》，中信出版集团2018年版，第192—193页。

第二章　秘密行动的基础建设

协议，双方交换有关共同敌人巴勒斯坦恐怖组织的绝密情报，摩萨德此后曾多次提供了巴方组织企图刺杀侯赛因国王及内阁部长的阴谋计划①。摩洛哥反对派领袖、第三世界革命著名领导人本·巴尔卡，受到摩洛哥政府的通缉及国家安全情报局的追杀。其长期在巴黎从事国际政治活动，又成为法国国外情报暨反间谍局防范的对象。摩洛哥国家安全情报局为摩萨德的秘密外交活动提供了许多方便，摩洛哥国家安全情报局便找摩萨德及法国国外情报暨反间谍局帮忙，3个国家的情报机构共同组成了秘密行动小组。由摩萨德特工假称拍摄一部反映非洲反殖民主义斗争的影片，将巴尔卡诱骗到巴黎，在法国特工的配合下，摩洛哥国家安全情报局实施了绑架并杀害巴尔卡的秘密行动。此事给法国国外情报暨反间谍局第7处带来了灭顶之灾，摩萨德则基本未受到影响。② 1977年，摩萨德获取了一个重要情报，利比亚总统卡扎菲与苏联克格勃达成一项协议，利比亚向苏联提供舰船停靠和飞机着陆权，以便苏联向安哥拉和埃塞俄比亚运送武器装备，苏联向利比亚派遣一支克格勃特工队伍，负责训练巴勒斯坦"人阵"、西德"红军派"和日本"赤军"等恐怖分子。这些恐怖分子的暗杀目标，是被卡扎菲称为"阿拉伯事业叛徒"的埃及总统萨达特。以色列政府为了化解与埃及的敌对关系，由摩萨德将这一情报通报给了埃及情报局。埃及政府将信将疑，派出飞机进行侦察，果然在一片绿洲中发现了恐怖分子的训练基地，并派遣特种部队摧毁了这个基地。③ 此事也成为埃以两国关系的转折点，由私底下秘密沟通走上了公开和解的道路。

情报机构的合作，必然会对第三方造成损害。秘密行动是暗地里进攻的利器，具有很大的破坏性，情报机构的合作，会加大这种工具的破坏能量，给第三方造成更大的损害。"五眼联盟"是由美国、英国、加拿大、澳大利亚和新西兰5个英语国家所组成的情报共享联盟，它们对全球电子信号进行分区监听，成果共享，英国由政府通信总部、美国由国家安全局负责此项工作。经济、科技和文化等领域的合作可形成多方共赢的局面，而情报合作则具有损人利己的特点，必然会对第三方造成损害。美国国家安全局承包商叛逃雇员斯诺登所曝光的"棱镜门事件"表明，"五眼联盟"不仅对传统意义上的敌对国家进行监听，甚至对"五眼联盟"之外的盟国

---

① 高庆德：《以色列情报组织揭秘》，时事出版社2016年版，第95页。
② 高振明：《法国情报组织揭秘》，时事出版社2013年版，第266—269页。
③ 高庆德：《以色列情报组织揭秘》，时事出版社2016年版，第96—98页。

也不放过。斯诺登披露美国国家安全局在全球 80 多个国家使领馆中安装了监控设施，曾监听过联合国秘书长及日本首相等 35 个国家的元首，时任德国总理默克尔竟然被监听了十多年。① 据美国多家媒体报道，2023 年 4 月 10 日，美国国防部表示有一批"高度敏感和机密"的情报外泄，"对国家安全构成了非常严重的风险"。这些泄密文件表明，美国国家安全局对乌克兰总统泽连斯基，以及韩国和以色列等国家的领导人进行了监听，泄露的文件详细描述了乌克兰春季攻势的计划及相关军事情报，使乌克兰不得不修改调整部分作战计划。长时间以来，许多受害国家感到非常不满并提出了抗议，但并没有对"五眼联盟"的运作产生实质性的影响，日本等国还死皮赖脸地想要加入这个联盟。在扶持波兰团结工会上，摩萨德与中央情报局展开了密切合作。摩萨德与来自波兰、苏联和匈牙利的流亡者合作，建立了一条从阿尔巴尼亚到波兰再延伸至苏联心脏地带的情报线，这条情报线主要由犹太人中持不同政见者和宗教界人士组成，当以色列需要特定的情报以及一条人员与物资进出苏联集团的秘密渠道时，就会启用这条情报线。1984 年 4 月，中央情报局局长凯西密访以色列，与摩萨德局长伊扎克·霍菲商定，美国向以色列提供有关中东地区的间谍卫星照片和经费，以色列则允许美国使用这条情报线。这条情报线帮助中央情报局所委派的劳联—产联，将资金及传真机、计算机、印刷设备、通信设备等物资，秘密运交团结工会，对颠覆波兰政权、扶持团结工会上台执政发挥了重要作用。②

第四节　体系作战

军事上的体系作战，是指诸多作战单元和要素的有效集成和运用。从秘密行动的前台执行层面上来看，似乎只是单一或少量要素的运用，但实际上，前台一个人，后台一群人，是秘密行动的一个鲜明特点。这同样会涉及到体系作战的问题，诸多作战单元和要素的有效集成和运用，也成为支撑秘密行动顺利开展的基础。体系支撑是现代战争制胜的决定性因素，

---

① 《美国全球监听行动记录显示：多达 35 国领导人被监听》，国际频道－新华网，2014 年 5 月 27 日，http://www.xinhuanet.com/world/2014－05/27/c－126550886.htm。

② 白建才：《"第三种选择"：冷战期间美国对外隐蔽行动战略研究》，人民出版社 2012 年版，第 340—341 页。

第二章 秘密行动的基础建设

秘密行动尤其是带有准军事性质的秘密行动是一种特殊的战争形态，称为特种作战或非常规战争，也可纳入我国军事学者乔良和王湘穗所提出的"超限战"的范畴，具有以小博大、以暗博明、以奇博正、以点博面、以动博静等特点，随着时代的发展，体系支撑显得越来越重要。在古代，策划实施秘密行动，大多是君主、大臣、军事将领或谋士的急智之用，执行秘密行动的间谍也大多是临时客串人员，如"特洛伊木马计""荆柯刺秦王""蒋干盗书"等，缺少相应的支撑和保障，秘密行动的成败，相当程度上取决于执行者灵活应变的能力和运气。它不是体系支撑下的作战，而是由个体或小微型团队，在深入敌方核心部位、孤注一掷的冒险行为。也就是说，一旦执行秘密行动的间谍出发了，大本营就基本上失去了指挥控制和支援救助的能力，可谓福祸难测，成败由天，"风萧萧兮易水寒，壮士一去兮不复还（《战国策·燕策三》）"，成为古代出征间谍的真实写照。现代秘密行动有专门的情报机构进行策划设计，大多会有一套或简单或复杂、或粗疏或完备的保障和支援体系进行支撑，对像美国这样实力雄厚、经验丰富的国家来说，这套体系的复杂和完备程度更是令人叹为观止。

根据秘密行动的重要和复杂程度、国家经济与科技实力的强弱，情报部门所能动用资源的多寡呈天壤之别，秘密行动的作战体系也会存在巨大的差异性。即使是单枪匹马的暗杀秘密行动，背后也有一套支撑的作战体系。如拉蒙·梅尔卡德暗杀托洛茨基的"鸭子行动"，该行动的负责人艾根廷在美国设立了一家贸易公司，作为指挥联络拉蒙的据点；给拉蒙伪造了加拿大护照，化名弗兰克·杰克逊，身份为加拿大商人；拉蒙暗杀托洛茨基时，艾根廷与拉蒙的母亲在别墅外的汽车里，等着拉蒙悄然完成暗杀任务后，接应其撤离，因托洛茨基的一声惨叫而撤离未果。其支撑体系包含有建立据点、伪装身份、接应撤离等，从该项暗杀秘密行动的整体资源配置上来看，拉蒙并不是独行侠，只不过这种支撑体系相对比较简单和粗疏，缺乏应对风险的能力，一旦秘密行动出现事先没有预料到或难以及时控制的问题，这个支撑体系便会瞬间崩溃。克格勃特工斯塔申斯基暗杀别列德和班德拉，则主要是依靠科技的支撑。在看似独行侠式的暗杀秘密行动背后，运行着一套复杂高端的科技研发体系，是科技的力量使得暗杀秘密行动的执行人员可减少到最低限度，操作的简便性、隐蔽性和安全性也得到大幅度提升。克格勃建有专门的病毒制剂和毒药实验室，称为"X实验室"，其研制出的氰化物毒剂及喷射装置，操作简便，效率极高，且不留作案痕迹，杀手可以从容离去，将暗杀秘密行动的风险降到了最低限度。事实上，苏联及俄罗斯情报机构使用毒素所实施的暗杀秘密行动，还没有听说过执行者被现场抓获的情形，如果不是时不时有执行者叛逃而说出真相，相关涉案事件基本上都会成为难解之谜。

现代军事理论、情报理论及科学技术的发展，为秘密行动插上了翅膀，其作战体系与过去相比，也不可同日而语。具体负责实施"海神之矛"突袭行动的美国军方将领麦克雷文，1995年在海军研究生院进修时曾撰写过一本军事理论著作《案例分析：特种作战理论与实践》，对历史上8次特种作战（秘密行动）案例进行分析研究，认为特种作战虽属小规模战术行动，却可以产生重大的战役和战略效果，特种作战的成功与否，并不取决于敌对双方的总体实力对比，而是由双方在关键时间和地点上的兵力数量与质量对比来决定的，即相对优势。他提出了特种作战的6大原则：简单原则（制定简单计划）、保密原则（精心隐藏意图）、重复原则（实施反复演练）、突然原则（赢得突袭效果）、速度原则（实现速战速决）和目的原则（完成使命任务）。这套理论对美国特种部队的军力建设与实战行动产生了潜移默化的重大影响，美国《联邦新闻周末论坛》评论道："这本书观点清晰、行文流畅、细致入微、眼光独到，是一部史料详尽、引人入胜和独一无二的历史著作，对20世纪军事历史研究作出了重大贡献。"有人甚至认为其理论价值和指导意义，在一定程度上并不亚于当年美国杰出的军事理论家马汉提出的"海权论"。麦克雷文与其他军事理论家的重大区别在于，他既是军事理论家，又是一线指挥作战的将领，后来还担任了美军特种作战司令部司令，有条件将其军事理论与实战运用紧密地结合起来，并在"海神之矛"秘密行动中达到其事业的颠峰，因此战绩被晋升为四星上将。[①] 美国重大的特种作战行动，都深受该军事理论的影响。

"海神之矛"秘密行动，直接参与战斗的为2架"黑鹰"隐形直升机和24名"海豹"突击队员，从规模大小与复杂程度上而言，只能算是一次相对比较简单的突袭行动，但支撑该行动的支援和保障体系却相当庞大。该行动潜藏着被巴方发现并进行武装打击的巨大风险，很有可能由突袭行动演变成为一场小型战争。小院内居住人数不足30人，多为妇女儿童，执行针对小院的突袭行动，这支包括翻译在内共25人的精干队伍没有

[①] 付征南：《"海神之矛"背后的美军特种作战理论》，《解放军报》2017年9月21日。

第二章　秘密行动的基础建设

大的问题，具有相对优势；而预防和应对可能发生的与巴方的小型战争，显然力量过于弱小。体系支撑是战争制胜的砝码，现代战争是体系与体系的对抗，秘密行动同样是体系与体系的对抗，而且实施方与目标方通常不是在相同体系下的对抗，如"海神之矛"的秘密行动体系，所要应对的是"基地"组织的恐怖组织体系和巴基斯坦的军警防卫体系，这3个体系，都不在一个频道上。"海神之矛"秘密行动的作战与保障体系，是包括空、天、地、海的立体网络体系，这个体系不是专为该项秘密行动所设立的，绝大多数也不属于情报部门，但情报部门可以充分运用这个体系。这种强大体系的支撑有效降低了秘密行动的风险，保障了秘密行动的成功率。"海神之矛"秘密行动的背后，有35颗卫星、40余架飞机为其提供强大的情报保障，还有海上航母编队接应，陆上2个美军驻中亚军事基地支援，以及近万名各类保障人员提供支持；C-17"环球霸王"战略运输机远程投送行动人员；侦察卫星和"全球鹰"无人机实时传输目标画面；2架CH-47"支奴干"直升机运载补充燃料，并在距目标15分钟航程处设置前线临时加油点；1架海军EA-18G电子战飞机干扰巴方雷达和通信；1架AWACS预警机监控巴空军；4架F-15战斗机在巴阿边境巡逻；"卡尔·文森"号航母在海上支援策应。2架"黑鹰"直升机运载突击队员隐蔽渗透，突破巴基斯坦的防空体系，悄无声息地抵达目标区域，在不到40分钟的时间里完成了针对小院的突袭任务。① 这次行动直接作战的人员虽然很少，但保障体系十分庞大。根据海明威著名的"冰山理论"，如果说直接作战的24名突击队员是"冰面上"的八分之一，那么在"冰面下"支撑他们作战的八分之七，则是成千上万人及各种先进武器装备所组成的完备军事行动体系。从实际运作的情况来看，直接作战与支撑体系是点与面的关系，支撑体系的比例要远大于"冰山理论"的数值，只不过因整个行动过程相对比较顺利，绝大多数为备而未用。

一、指挥体系②

完善的指挥体系和较少的指挥活动，是秘密行动的一个特点。可以理

---

① 张翚：《大体系支撑精兵行动》，《解放军报》2018年11月5日。
② ［美］小彼得·F.潘泽瑞著，张立功译：《"海神之矛"行动："海豹"突击队猎杀本·拉丹》，中国市场出版社2016年版。本节以下所使用的资料主要来源于该书，不再一一标注。

解为这里的指挥活动，主要作用是应对意外或突发情况，即用于应对应急事项的。秘密行动具有高风险的特质，必须从底线思维的角度考虑问题，建立起完备的指挥体系。正常情况下，按照事先的计划和演练的程序，有步骤地执行就可以了，即使出现了事先所预测到的一些问题，执行团队也可以按照准备好的应对方式来进行处置。对于执行人员来说，这个过程已经是烂熟于心了，基本上不需要他人来指手画脚。秘密行动执行过程中，指挥活动越多，表明执行的过程越不顺利，成功的概率也会越低。

"海神之矛"秘密行动的指挥体系，从最高层的决策者到在第一线执行突袭任务的现场指挥官，总共可分为4个层级，即以奥巴马总统为首的国家安全最高决策团队，后方指挥为中央情报局局长帕内塔，前沿指挥为麦克雷文中将，现场指挥为带领24名"海豹"突击队员突袭小院的指挥官杰伊。看起来层级繁多，但通过现代化的即时通信工具、责任分工及事先针对各种情况进行的反复演练，整个指挥体系有条不紊，给人的感觉是，在突袭行动实施的过程中，多级指挥层级里，有些根本就没有发挥作用，发挥作用的指挥层级作用也不明显，基本上是按照事先编排好的"剧本"进行的，即使是出现了一些意外状况，也基本在演练预想的范围之内。几架 RQ-4 全球鹰和 RQ-170 哨兵无人机在巴基斯坦上空隐秘飞行，提供实时视频监控和中继视频通信，通过卫星通信系统将突击队行动实况实时回传到白宫、五角大楼、中央情报局临时指挥中心及阿富汗贾拉拉巴德战术作战中心，奥巴马总统及决策层成员在会议室通过屏幕目睹行动实施的全过程，整个指挥体系与实战现场之间实现了即时化、可视化和扁平化，从国家最高元首到第一线的突击队员，实现了共景共情。尤其是"黑鹰"直升机坠损的那一刻，他们的心无一例外都提到了嗓子眼上，当得知无人员伤亡，可以继续执行突击任务时，都又长吁了一口气。奥巴马授权由中央情报局局长帕内塔负责指挥整个秘密行动，由于比较顺利，秘密行动全部由前沿指挥官麦克雷文在贾拉拉巴德战术作战中心指挥操控，帕内塔实际上成为了旁观者。麦克雷文的指挥也只是在得知一架"黑鹰"直升机坠损、没有发生人员伤亡情况时，下令行动继续进行，并通过视频向国内上级指挥链报告"黑鹰"坠损的简要情况，调派1架前线临时加油点的"支奴干"直升机，到小院替代坠损的"黑鹰"直升机，所进行的指挥活动也十分简单。如果没有出现"黑鹰"坠损的意外情况，我们可以想见，前沿指挥官麦克雷文大概率也会成为旁观者。现场指挥官杰伊的指挥活动也不多，1架"黑鹰"直升机出现问题后，突击队员按照事先演练的程序，迅速调整和找到自己的位置，基本上没有产生慌乱的现象，对行动的顺利执行影响并不大。E-6A"水星"飞机上的空中指挥所在巴基斯坦上空进行指挥控制，以确保在各作战和保障元素之间行动协调、通信畅通。空中指挥所主要是起协调作用，可不视为一个独立的指挥层级。

二、作战体系

参与"海神之矛"秘密行动直接作战和应急保障人员总计为79名，主要为"海豹"突击队队员和联合特种作战司令部的特种作战支持专家，包括突击组、快速反应组和应急组。其中突击组直接承担针对小院的突袭行动，快速反应组和应急组提供加油服务和应急支援。作战体系中最核心的作战力量是突击组，整个秘密行动成败的关键也系于突击组。在整个行动中，除突击组直接承担并完成了突袭任务外，快速反应组提供了一架飞机的替代任务和加油任务，因未出现激烈交火及意外事件而造成的人员伤亡，或其他需要支援和救援的情况，没有动用应急组。这也说明在执行秘密行动任务时，对作战体系中配置的保障和支援要素动用得越少，表明行动越顺利，如果不是一架"黑鹰"直升机在小院坠损，快速反应组只需按原定计划提供加油服务就可以了，任务会更单一，整个秘密行动所面临的风险也会更少。

突击组。由美国陆军第160特种作战航空团驾驶2架"黑鹰"隐身直升机，各装载1个突击队，共24名"海豹"突击队员、1名翻译和1条军犬，"海豹"突击队员中包括拆除爆破专家、医疗专家和空中狙击手等，共分为4个小组。行动开始后，2架"黑鹰"直升机从阿富汗贾拉拉巴德起飞，避开巴方军事设施，在山谷和山峰背面贴地飞行，机载设备监控着巴方雷达，防止被他们发现。两架"黑鹰"按照中央情报局地面特工激光指示器的标识，到达小院上方的预定位置。2号"黑鹰"直升机迅速着陆，将4名突击队员、翻译和军犬放置到小院北部的交叉路口后再次起飞，翻译和1名突击队员在路口设置了安全警戒，禁止所有车辆和人员接近；另两名队员和军犬快速奔向院墙，顺时针方向转圈警戒，防止院内目标逃走。1号"黑鹰"直升机悬停在小院上方，11名突击队员准备用绳梯快速下降到院子中，但封闭的水泥院墙造成了危险的气流旋涡，该机坠落院内，好在突击队员及机组人员都未受伤，突击队员迅速离机投入战斗。2号"黑鹰"直升机飞行员得知1号"黑鹰"直升机出现问题后，执行了一个应急选项，着陆在小院外正西北区域，在这里放下了现场指挥官杰伊和其余的突击队员，该部分突击队员进入小院后，与院内突击队员一起从1楼攻击到3楼，先后击毙了信使"科威特"及其弟弟夫妇、本·拉丹的儿子哈立德和本·拉丹，控制了院内的其他人员。收集和打包了所有的计算机硬件驱动、文件、DVD、存储器、照相机和其他可用于情报分析的电子设备等情报载体；辨认本·拉丹的尸体，采集其血液、唾液和骨髓等生物样本；拆毁失事直升机上的涉密设备并在撤离时将其炸毁。2号"黑鹰"直升机装载1号"黑鹰"直升机的原班人马及本·拉丹的尸体离开小院，到前线临时加油点加注燃油。从临时加油点调派到小院的一架"支奴干"直升机，装载2号"黑鹰"直升机的原班人马及情报资料，从小院直接飞回阿富汗贾拉拉巴德基地。

快速反应组。因两架"黑鹰"直升机使用了最大负载而减少了载油量，完成突袭任务返航时需加注燃油。两架CH-47"支奴干"直升机搭载22名"海豹"突击队队员，两名燃油装载员和1名翻译，各额外挂载M134机枪以增强火力，并携带两个给"黑鹰"直升机加油的软油箱，在阿伯塔巴德东部20英里处坎达尔的农田里着陆，设立前线临时加油点。派出监视小组在附近警戒，其他人留在飞机上。1名当地农民因好奇而靠近时，被"海豹"突击队扣留。因1架"黑鹰"直升机在小院坠损，此地一架"支奴干"直升机被派到小院接替。一架"黑鹰"直升机返回时在此花费20分钟补充燃料，然后释放被扣当地农民，与提供加油服务的1架"支奴干"直升机，一起按照预定线路返回贾拉拉巴德基地。

应急组。两架"支奴干"直升机搭载24名"海豹"突击队员及两名医生，携带医疗及相应物资，在阿富汗边境一个预先设定的临时飞行点待命。因总体上执行任务的过程比较顺利，没有出现人员伤亡和其他需要提供支援或救援的情形发生，应急组备而未用。

三、支援体系

支援体系有火力支援和救助、电子监控和对抗、情报及行动支持等，这个体系非常庞大，从海面到太空、从前沿到后方、从人力到技术、从有形到无形，可以说是无所不包。由于"海神之矛"秘密行动执行比较顺利，没有动用火力支援与救助所配置的要素及中央情报局在小院附近地面所配置的武装人员。

火力支援与救助。这些力量分布在陆地、空中和海上，构成了立体的火力支援和救助网络。4架美国空军战斗搜索与救援飞机和团队在阿富汗

第二章 秘密行动的基础建设

边界待命，飞行员始终在驾驶座上，一旦接到命令就能迅速提供紧急救援或救助，并能在任务期间的任何一个时间点作出反应。4架AH-64阿帕奇攻击直升机在阿富汗待命，可以随时根据需要提供火力和运输支援，对任何紧急情况作出反应或提供救助。F/A-18超级大黄蜂喷气战斗机部署在位于北阿拉伯海的"卡尔·文森"号航母上，加满了燃油，随时待命提供空中支援。RQ-170哨兵和MQ-9死神无人机在空中巡航，随时准备提供导弹打击。KC-135同温层空中加油机待命，随时准备给前来支援作战的飞机加注燃油。

电子监控和对抗。E-3哨兵空中预警机实施全天候电子监控，跟踪所有友军飞机，寻找任何非友军飞机，探测巴基斯坦雷达、电子通信和空中防御等活动，如果需要随时进行电子对抗，同时还有卫星、空中和地面部署的电子战元素。卫星、机载和地面部署的电子战装备全部激活，包括具有信号情报多频谱拦截和干扰能力，负责监控巴基斯坦军方及所有其他相关方面的动向。执行突袭任务的"黑鹰"直升机具有隐形和电子监测等功能，秘密进入巴基斯坦领空后，每隔15分钟，飞行员就向前沿指挥部报告"没有被画上"，即巴方雷达没有监测到他们。"支奴干"直升机上的电子战装备，能够监测、提供假诱饵并干扰敌方的雷达、导航、指挥控制和通信功能。

情报及行动支援。除了在策划制定"海神之矛"秘密行动时提供了情报支撑外，中央情报局在小院附近据点的特工，在秘密行动实施时仍然发挥着独特的作用。在小院附近的武装中央情报局特工在SUV车辆上待命，还分别将雇佣的巴基斯坦私营保安机构人员部署在预先选定的部位上，作为地面应急救助力量。行动开始后，中央情报局特工负责关闭当地电力系统，并使得该区域的移动电话服务中断。此前中央情报局还曾专门在当地预演停电，以观察当地人对停电的反应。由于当地经常停电，人们已经习以为常，停电后并没有引起任何关注，直到突击队撤离前才恢复了供电。停电后，对手处于黑暗之中，便于己方配备有夜视仪和红外激光瞄准装置的突击队员展开攻击行动。"黑鹰"直升机接近小院时，中央情报局特工在地面用激光指示器标出了小院的具体位置，引导"黑鹰"直升机在小院上空悬停及突击队员索降。由于突袭行动比较顺利，中央情报局所配备的地面武装人员没有启用。突击队撤离后，中央情报局人员随即悄然撤离该小镇。巴基斯坦空军的美国顾问接到指示，负责监控和报告巴基斯坦F-16战斗机机群的任何活动。

四、保障体系

保障体系主要有行动阵地及运输保障、先进武器和装备保障等。从"海神之矛"秘密行动所动用的保障资源来看，世界上能够提供这种高水平保障的国家极少。看来秘密行动不仅仅是情报机构在看不见的战线上的较量，它还需要依托强大的国力和先进的科技。在科学技术日新月异的今天，对秘密行动的保障也有了更新更高的要求。

行动阵地及运输保障。该项秘密行动的执行团队从美国跨越大半个地球抵达阿富汗，中途需要给飞机加油；到达阿富汗后，需要继续进行战前演练；需要在安全方便的地方建立前沿阵地，用于前沿指挥和可供突击队出发与返回的基地；还需要将本·拉丹的尸体处理得不留一点痕迹，免得给恐怖组织和恐怖分子提供"朝圣"和凭吊之地，美军的多个相关军事基地及航母，都提供了相应的支持与保障。4月25日，麦克雷文和"海神之矛"执行团队乘坐C-17飞机从美国弗吉尼亚海军航空站出发，中途在德国的拉姆施泰因空军基地加油，飞往阿富汗巴格拉姆空军基地的阿尔法营地，进行了实战前的最后演练，然后转移到阿富汗贾拉拉巴德的前沿指挥和行动基地。突袭小院任务完成后，装载突击队员、本·拉丹尸体及情报资料的两架飞机回到贾拉拉巴德基地，重新对本·拉丹的尸体进行了察看和鉴定，然后一起乘坐两架C-130大力神运输机转场到巴格拉姆空军基地。当地时间早晨5点，1架V-22鱼鹰飞机，在两架F/A-18战斗机的护航下，将本·拉丹尸体运往位于北阿拉伯海的"卡尔·文森"号航母上进行了"海葬"。实质上是抛尸大海，毁尸灭迹，抹去与本·拉丹身体相关的一切痕迹，以免产生后续不良影响。

先进武器和装备保障。"海神之矛"秘密行动中，直接和间接参与行动的有各类先进的直升机、无人机、战斗机、运输机、空中加油机及间谍卫星和航母等，具有隐形、电子监测、电子对抗、远程视频传输等功能的各类先进装备，各自在秘密行动中发挥着独特的作用。其中"黑鹰"直升机采用了美国最先进的隐身和降噪技术，并能监测对方雷达是否发现了自己，在这次突袭行动中，其承担了主战任务，据称这可能是该种机型第一次执行此类实战任务。"海豹"突击队员的个人装备也十分先进，成为高科技武器装备的集合体。一些队员配备有冲锋枪、夜视仪、红外激光指示器、白色强光电筒和消声器；一些队员携带HK-416突击步枪，配备HK-417狙击步枪、狙击镜和夜视适配器、哈里斯两脚架和消声器；所有队员

第二章 秘密行动的基础建设

都在腿部枪套中放置了1把带有消声器的西格-绍尔 P226 手枪作为备用枪支；所有队员都有自己个性化的装备配置，包括带有各种口袋以及连接其他相关设备的各种配置的防弹衣。在枪械上可以安装特制的轨道，在轨道上可根据需要装配光学瞄准镜、照明器及 M203 枪榴弹发射器等。在黑暗中，本·拉丹的儿子哈立德手持 AK-47 突击步枪，从2楼冲到3楼的楼梯间，朝推进到2楼的突击队员射击。突击队员通过头盔上的全景夜视镜，将哈立德看得清清楚楚，并用枪支上安装的红外激光指示器进行瞄准，所产生的光束瞄准点，只有通过夜视镜才能看得见，一声枪响便使其毙命。另外还有炸开铁门的小型炸弹和炸毁坠损"黑鹰"直升机的 C4 炸弹等。最先进的武器装备，高标准的入选门槛，高难度的业务训练，高精度的模拟演练，全方位的支援保障，使得"海豹"突击队的战斗力极为强悍。

以最小的资源投入来获取最大的收益，是秘密行动得以存在和发展的前提。"海神之矛"秘密行动在体系作战上所配置的资源极为丰富和复杂，从全球各国情报机构秘密行动的实际情况来看，这是一个极端化的例子，对美国中央情报局的秘密行动而言，也不可能是一种常态化的运作模式。本·拉丹是美国反恐战争中极具象征意义的符号，美国决策层才会不惜一切代价，调动一切可以调动的作战和支援等资源，以最高等级的要素配置，来确保一击而中，并能全身而退，使这个必然会吸引全球目光的秘密行动有一个漂亮光鲜的结果，最后也的确达到了所预期的目标。不同的秘密行动类别在体系作战上会体现出不同的特点，绝大多数都是相对比较简单，动用的工作资源相对比较少，以较少的投入获得更大的收益，这也是秘密行动受到相关国家青睐的重要原因，像"海神之矛"这样投入巨大的秘密行动，具有标本价值，而不具有普遍意义。我们从这个案例中可以看到，在科学技术高度发达的今天，当一个实力雄厚的国家，要运用秘密行动达成一个国家级的特别重要的目标时，其体系作战的能量及所能调动的工作资源是超乎常人想像的。

再完备的作战体系，再先进的武器装备，再精准的模拟演练，都会有其薄弱环节或疏漏之处，同时行动过程中任何一个微小的变量，也可能会使整个行动陷入绝境。假如1号"黑鹰"直升机坠损时造成了重大人员伤亡，此次突袭行动很可能会提前结束，这些指挥、支援和保障体系也会迅速转向救援与善后任务，本·拉丹大概率会逃过这一劫。2号"黑鹰"直升机在前线临时加油点加注燃油的20分钟，也被认为是最脆弱和最危险的时刻,一旦遭到空中打击或地面围攻,将很难全身而退。克劳塞维茨认为:"在军事战争里只有各种可能性、盖然性、幸运和不幸的活动,它们像经纬线一样纵横交织在战争中,使战争在人类社会的各种活动中最近似于赌博。"① 对秘密行动而言,同样没有什么事情是必然的。"海神之矛"秘密行动能够如期完成任务,既有美国准备周密充分、战力保障强悍等必然因素,也有巴方反应迟缓、事故损失轻微等偶然因素,还有本·拉丹藏身之处重在藏匿、疏于防卫的特点,降低了突袭的难度。"海神之矛"秘密行动的成功,也引来了对方的报复。3 个月后,有情报显示塔利班重要成员在阿富汗一幢神秘房屋中开会,1 架美军"支奴干"直升机出动执行突袭任务时,被塔利班火箭弹击中。这种火箭弹全名为"火箭助推榴弹发射器",俗称"火箭筒",是苏联时期的一种便携式反坦克武器,精度很差,打坦克都挺费劲,这次却击中了世界上最先进的飞机,令人颇感意外。当美军攻进该处房屋时,发现根本就没有什么"高价值"的人物,意识到中了塔利班的圈套,迅即收兵,登机撤离。塔利班早就张网以待,此时在 130 多米处射来了一枚火箭弹,机上 30 名美军官兵、1 名翻译和 7 名阿富汗士兵共 38 人全部阵亡。30 名阵亡美军士兵中,有 22 名来自"海豹"突击队 6 队。6 队是"海豹"突击队中最精锐的部队,"海神之矛"秘密行动就是由该队执行的。据称美国特种部队官兵每完成一项重大的特种作战任务后,一般会给予数月的休假时间,因而此次阵亡人员名单中,并没有执行"海神之矛"秘密行动的"海豹"突击队队员,但仍然给这支精锐中的精锐部队蒙上了浓重的阴影,也给塔利班及"基地"组织提供了宣示力量的机会。② 这次秘密行动美国似乎并没有配置其他支援和救助的要素,这才是秘密行动的常态,不过即使配置了这些要素,在误入陷阱而遭到暗算的情形下,也很难改变这种悲惨的结果。号称"帝国坟场"的阿富汗,曾是压垮苏联的最后一根稻草,在 2021 年又使美国重温了"西贡时刻"。历经 20 年,耗资上万亿美元的阿富汗战争及反恐战争中,中央情报局的秘密行动曾经大显身手,成就了一批令人称道的经典案例,但最后的结局却令人唏嘘。美军仓惶撤离,塔利班卷土重来,一切似乎又回到了起点,不过"基地"组织对美国的威胁,还是得到了一定程度的遏制。

---

① [德]克劳塞维茨著,余杰译:《战争论》,台海出版社 2018 年版,第 15 页。
② 《美国称已击毙击落驻阿美军直升机的塔利班分子》,中国新闻网,2011 年 8 月 10 日,https: //www.chinanews.com.cn/gj/2011/08-10/3249041.shtml。

第三章

秘密行动的策划与实施

　　古希腊哲学家柏拉图在《理想国》中写道："人生的态度是，抱最大的希望，尽最大的努力，做最坏的打算。"在策划实施风险度极高的秘密行动时，尤其要遵循这一告诫。秘密情报多为发现问题，秘密行动多为解决问题，解决问题能够直接增进本国或本组织的利益，比发现问题有时更能得到决策层和社会公众的认可。在有些国家如日本，将谋略工作（即秘密行动）视为职业间谍所追求的最高目标，从事这项工作的也是日本最高层次的间谍，日本最顶尖的间谍如明石元二郎、土肥原贤二、石原莞尔等，多以秘密行动为主。为以色列情报机构摩萨德赢得巨大声誉的也主要是秘密行动，如营救人质的"霹雳行动"震惊全球，成为当时国际特大新闻。美国中央情报局在海湾战争前，将主要精力放在扶持伊拉克反政府势力及策反伊拉克政府和军队高官等秘密行动上，而忽视了秘密情报搜集工作，并将这作为一个问题进行了反思。克格勃将加拿大青年休·汉布尔顿培养成为具有杰出学者身份的教授间谍，认为仅用于搜集情报太可惜了，曾策划将其推向加拿大政坛发展。这些都反映了相关国家情报机构对秘密行动的重视与偏好。秘密行动也的确能够解决其他方式不便解决或难以解决的问题，美国"全球反恐战争"推行二十年来，仅在阿富汗就耗资超过1万亿美元，美军受伤2万多人，阵亡超过2400人，但真正体现美国反恐战争最高成就的，却是击毙本·拉丹的"海神之矛"秘密行动，对"基地"组织的许多头目和骨干，也大多是通过秘密行动的方式进行清除的。秘密行动相较于单纯的情报搜集工作要复杂得多，一些秘密行动所动用的资源、配合的部门、参与的人员也相对比较多，策划实施的环节及对时机的把握也都有很高的要求。秘密行动所面对的风险也很高，秘密情报失败了一般不会惊动目标对象，也就大多不会有社会影响；但秘密行动一旦失败，大多会惊动目标对象，会产生不良的社会甚至是国际影响，并引起相关国家或政治军事集团之间的争端，影响本国或本组织的声誉，对组织实施的情报机构负责人也会造成比较大的损害。因此，情报组织策划实施秘密行动时，会慎之又慎，对每个环节和细节都会反复推敲和完善，力求尽可能降低或规避失败的风险。秘密行动的策划与实施是一个复杂的系统工程，从整个工作流程上来说，包括情报支撑、方案制定、风险评估、模拟演练、行动实施等几个主要方面或环节。

第一节 情报支撑

德国军事思想家克劳塞维茨认为："情报是指我们对敌人或敌国所掌握的全部材料，是我们所有计划和行动的基础。"① 对秘密行动来说，就更是如此。秘密情报与秘密行动虽然是情报组织的两大工作职能，但二者之间并不是绝然分开、毫无联系的，而是相互交叉，有时还是相互融合、相互促进。没有秘密情报的支撑，秘密行动就无法开展，秘密行动的成果有时也可以转化成为情报。有的秘密行动甚至就是奔着获取情报去的，只不过是这些情报标的物要么体积较大，必须策划实施专门的秘密行动进行窃取和偷运；要么不能直接被人体所感知，需要建设专门的工程或设施去秘密获取。但不管是什么样的秘密行动，秘密情报永远是秘密行动的先导，并伴随秘密行动的全过程。秘密情报在秘密行动中的作用主要表现为引导秘密行动的策划、助力秘密行动的实施和验证秘密行动的结果。

一、引导秘密行动的策划

情报是制定秘密行动方案的基础和前提，这也是情报在秘密行动中最主要的作用。这里所说的情报，指秘密行动方案制定之前，目标对象及相关的实时现状等情况，这些情况大多只能通过秘密手段和秘密渠道获取，即使是通过公开途径搜集到的有关目标对象的情况，在这种情形下也变为情报了。引导秘密行动的策划，是情报支撑中最核心最重要的作用，没有情报就没有秘密行动，有什么样的情报就策划设计什么样的秘密行动，也即是否运用秘密行动、运用什么方式的秘密行动，以及在什么时间节点上实施秘密行动，情报起着主导性的作用。即便是已经通过决策者审批同意的秘密行动方案，因目标对象的现状或相关重要条件突然发生了比较重大的变化，也必须对方案进行有针对性的调整，或是暂停、中止实施。从本质上来说，情报引导就是目标对象的实时现状情况，为策划设计秘密行动提供了什么条件，然后按照这些条件来制定实施方案。

准确的情报是策划秘密行动的前提条件。情报可分为直接情报和间接

---

① ［德］克劳塞维茨著，余杰译：《战争论》，台海出版社2018年版，第56页。

情报，直接情报是指通过秘密手段获取的，能够直接反映目标对象相关隐秘情况的信息；间接情报则为不能直接反映目标对象相关隐秘情况的信息。直接情报是直击核心，往往一条信息就足以说明问题，分析研判相对比较简单；而间接情报多为在核心真相外围打转，搜集得越多会越接近于真相，但依然可能会出现差之毫厘、失之千里的情形，很难达到等同于真相的标准。引导秘密行动的情报，一般要求是直接情报，在证据确凿充分的情况下，才会考虑在此基础上策划设计秘密行动。1961年策划赴阿根廷绑架纳粹罪犯阿道夫·艾希曼秘密行动方案之前，以色列摩萨德就从多个渠道获悉艾希曼利用假名藏身阿根廷的情报，但局长哈雷尔认为证据还不够确凿，情报来源及情报内容还包含有不确定性因素，于是专门派遣特工到阿根廷，费尽千辛万苦，终于摸清了此人的家庭情况及住所，并偷拍了他的照片。经过技术人员与纳粹德国时期档案中的艾希曼照片进行分析比对，将照片面部各部位的末端用线连成多边形，发现了8处同样的特征，而没有一处是异样的特征，由此基本确认该男子就是艾希曼。随后摩萨德按照时任总理本·古里安的要求，制定实施了将艾希曼绑架到以色列的秘密行动。[①] 以色列为了摧毁伊拉克的核设施，派遣摩萨德特工以美色诱惑、金钱收买及欺骗等方式，从派驻到法国萨塞勒核工厂的伊拉克核科学家布特斯·艾本·哈利姆手中，窃取到了伊拉克核工厂的设计图、所在位置、容量及工程建设的精确时间表等详细资料，这些也都是直接情报，以色列据此策划实施了"巴比伦行动"。

任何事情都会有例外，美国策划实施"海神之矛"秘密行动时，所依据的本·拉丹藏身之处的情报，则完全是"马赛克"式的间接情报。"马赛克理论"是美国著名情报分析理论家理查兹·休尔提出来的，他认为："搜集到的小的情报碎片，当把它们放在一起时，就像马赛克或拼图游戏，最终使分析人员感知到关于事实的一个清晰的画面……搜集、储存信息碎片是非常重要的，因为这些碎片都是构成图像的原始材料。"[②] 2001年底，美军和中央情报局在阿富汗托拉博拉山区的山洞群发动大规模打击行动，抓获了"基地"组织两名最高级别的头目并关押到古巴的关塔纳摩监狱，中央情报局从审讯中得知，昵称为阿布·艾哈迈德·科威特的男子，有可

[①] 高金虎等：《大卫的铁拳——二十世纪以色列情报机构绝密行动》，东方出版社2005年版，第33—40页。

[②] 高庆德：《美国情报组织揭秘》，时事出版社2016年版，第252页。

能是本·拉丹的信使或是与其生活在一起的人。中央情报局花了好几年时间，通过在巴基斯坦发展的间谍人员和美国国家安全局的信号情报，才查清了他的真名及大体的活动区域。2010年8月，美国国家安全局窃听到科威特与一个"基地"组织成员的通话，情报人员据此锁定并跟踪"科威特"，找到了距伊斯兰堡不足60公里的小镇阿伯塔巴德的一个院子。"科威特"和其兄弟阿布拉尔两家人一起居住在这个有一座3层小楼的院子里，这两兄弟没有明显的经济来源，却花了5万美元置下了该处地产。中央情报局在小院附近秘密租下了一栋房子作为据点，安排特工进行24小时不间断监视和侦察，同时运用间谍卫星和无人机进行拍照和录像，对住在小院内的人进行生活模式研究。这个院子有3500平方米，房屋只占八分之一的面积，周围做了高3.7—5.5米的水泥围墙，墙头装有带刺的铁丝网，院子内有两道墙壁将主要建筑包围起来；房子的窗户非常少，内部的结构也比较复杂，很难从一个房间通到另一个房间，在3楼的阳台前还修建了一面墙；院子不通电话和网络。当地居民都是将垃圾扔到外面让垃圾车来收，院子里的居民却自己焚烧垃圾。院子里有一个1英亩的小农场，种植着苹果、蔬菜、葡萄等，还养有鸡和牛，食物的产出量显然比院子里已知人员的食物消耗量高，显示院子里还存在着"看不见的住客"。院子里每天都晾晒女人的衣服、男子的长袍、儿童服装及尿布，远远超过了信使兄弟两个家庭11个成员的使用量。经过一段时间的观察，发现隐形家庭住着楼房最好的位置。特工根据晾晒的衣物估算出隐形家庭包括1名男子、3名成年女性和至少10个孩子，这与所得到的本·拉丹家庭的情报完全相符。事后证实，这里住着本·拉丹及其3个妻子、最小的8个孩子和4个孙子。科威特两兄弟时常出入往来，但神秘家庭的人从来不出院子，小孩也没有上学，有1位住在3楼的神秘成年男子几乎从不离开，即使出来也仅在两道墙壁之间的小树林里散步，只能通过间谍卫星和无人机看到其头顶。还发现"科威特"并未与恐怖组织脱离关系，仍在为"基地"组织工作，他打电话要到离小院很远的地方才开机。[①] 这些情报所涉及到的来源多、渠道多，内容也很庞杂，有中央情报局通过"酷刑"得到的线索，有美国国家安全局窃听到的电话信号，有美国国家地理空间情报局通过间谍

[①] 《比小说精彩：本拉登躲藏15年，是怎么被美军找到了？》我有故事给你讲，2023年11月6日，手机网易网，https://m.163.com/dy/article/IIRTHLA0055641J9.html。

卫星拍摄到的图像视频情报,有中央情报局特工对小院现场监视和调查的相关情报等,但没有一条能直接证明本·拉丹藏匿于此。中央情报局运用"马赛克理论",对所搜集到的这些情报碎片进行"拼图"和分析研判,认为这个院子是为隐藏和保护某个重要人物而定制的,那个神秘人物,很有可能就是本·拉丹,但并没有十足的底气。向奥巴马汇报时,时任中央情报局副局长莫雷尔说:"总统先生,我认为2002年关于伊拉克拥有大规模杀伤性武器的间接证据,要比现在我们用于证明本·拉丹住在阿伯塔巴德大院中的证据还要有力。"① 美国曾以"伊拉克拥有大规模杀伤性武器"为由,发动了入侵伊拉克的海湾战争,事后证明完全是"莫须有"的罪名。但这次奥巴马依然批准了"海神之矛"秘密行动,具体原因后面会进一步进行分析。

情报决定了秘密行动的有无和方式。换一个角度来看,就是目标对象的实时动态情况,决定了是否采取秘密行动或采取什么方式进行秘密行动。情报是秘密行动的先导,有情报才有秘密行动,没有情报的引导和支撑,再好的设计和想法都是空中楼阁。东德国家安全局局长罗伯特·比亚维克中将于1953年叛逃到西柏林,对东德和苏联造成了恶劣的政治影响,东德史塔西和苏联克格勃无时无刻不想除掉他,但因缺乏此人行踪的可靠情报,除掉此人的秘密行动无法开展。直到3年后,他私自走出位于西柏林防守严密的安全住处,刚到小巷出口,就被守候在此的克格勃特工强行塞进小汽车,此后便杳无音信。潜伏在英国秘密情报局的苏联间谍乔治·布莱克,这期间正在驻西柏林情报站工作,居住在比亚维克住处的附近。他一直监视着比亚维克的一举一动,当他发现比亚维克出门后,立即通知了克格勃,随后就发生了其被绑架的事件。如果不是布莱克提供了比亚维克安全住处及其出门的准确情报,克格勃就算是再厉害,也无法实施绑架秘密行动。制造了"9·11"恐怖袭击事件的本·拉丹,是美国反恐战争的头号目标,但直到"9·11"事件发生近10年后,美国才通过秘密行动击毙了他。其原因是本·拉丹制造了"9·11"事件之后不久,除了偶尔发出一些无法查清地址的视频外,基本上就销声匿迹了,美国包括中央情报局在内的多家情报机构,动用4000多人,花了数千万美元,用了近10年时间才追查到他的踪迹。有了情报的支撑,后续的秘密行动就顺理成章

---

① [美]迈克尔·莫雷尔、比尔·哈洛著,朱邦芊译:《不完美风暴:美国中央情报局反恐30年》,中信出版集团2018年版,第181页。

了,"海豹"突击队员袭击其所藏身的小院,不到40分钟便解决了问题。在这个特殊的案例中,情报获取似乎远比秘密行动艰辛。1937年,盖世太保头目海德里希针对苏联元帅图哈切夫斯基策划实施离间秘密行动时,苏联有5个元帅,有的地位还比图哈切夫斯基高,为什么选中了他呢?主要是基于以下三个方面的情报,当时苏联的政治生活极不正常,正在清洗所谓斯大林的反对派,许多高级将领遭到关押或枪决,有实施离间秘密行动的政治环境条件;斯大林生性刚烈而又多疑,对旧军人出身的图哈切夫斯基抱有很大的成见,二人关系比较紧张,具有离间的个人关系条件;图哈切夫斯基军事能力卓越,并对纳粹德国保持高度警惕,成为希特勒图谋入侵苏联的最大障碍,具有离间的重大现实价值。这三个方面的因素叠加到一起,图哈切夫斯基就在劫难逃了。这些情报中,最关键的是图哈切夫斯基与斯大林关系紧张的问题,是支撑该离间秘密行动最核心的情报。假如二人关系密切,离间成功的希望会非常渺茫,或是另一位元帅与斯大林关系更为紧张,也许中招的就是另一个人了。也有人认为斯大林早就想清洗掉图哈切夫斯基,只是尚未找到合适的时机和借口,海德里希正好雪中送炭,使得斯大林得遂其愿。这也同样说明海德里希的情报工作做得不错,策划实施秘密行动的对象、方式和时机都把握得比较好。从这个案例中,我们可以看出情报也会影响秘密行动具体的对象和方式,也即有什么样的情报就会有什么样的秘密行动,情报对秘密行动具有非常明显的引导和决定性的作用。

二、助力秘密行动的实施

从秘密行动方案获得批准到秘密行动结束之前,在部分秘密行动中,实时动态的情报仍然发挥着非常重要的作用。在此期间,秘密行动的目标对象及相关条件仍有可能发生变化,对秘密行动的实施产生或大或小的影响,有时甚至关乎秘密行动的成败。根据情报所掌握的实时变化情况,对秘密行动的方案或过程进行适当的调整,是确保秘密行动成功的重要举措。

有些秘密行动需要特定的环境条件,一旦这些条件发生了变化,对秘密行动的实施就会产生制约作用。"海神之矛"的实施时间原定于4月30日晚上,监测到巴基斯坦当日的天气状况很糟糕,在阿富汗贾拉拉巴德基地负责前沿指挥的联合特种作战部队司令麦克雷文中将,决定将时间推迟了1天,即5月1日午夜进行突袭。对常人而言,天气情况是司空见惯的

第三章 秘密行动的策划与实施

自然现象，但对秘密行动而言，就是事关行动成败的重要情报。虽然相关资料上并没有说明有关天气情况情报的来源，但天气情况对夜间飞机飞行及武装人员行动肯定会有很大的影响，这些都应该是美国的间谍卫星、无人机及中央情报局在小院附近的据点所必须关注的重要工作内容。因忽视精准掌握天气变化情况而导致秘密行动失败，美国有着这方面的惨痛教训。1980年4月24日实施营救美国使馆人质的"鹰爪行动"时，当天伊朗境内天气晴好，但沙漠地带天气变化无常，飞机群进入大沙漠后就遭到了先后两团沙尘暴的袭击，能见度低于1600米，一位飞行员事后描述"像飞行在一碗牛奶中"，还要严格保持无线电静默，各架飞机只能独自运作；其中一架直升机高度仪发生了故障，驾驶员只得返航，又重新穿越了这两团沙尘暴。其他飞机到达伊朗"沙漠1号"临时基地时，最迟的一架比预定时间晚了90分钟，对时间通常精确到分的秘密行动而言，已经属于重大失误。这时又有一架直升机因液压故障无法参与执行行动，可用直升机已低于满足执行任务的最少数量，现场指挥官只得中止执行任务，准备撤离时两架飞机相撞，导致8人死亡，还未见到伊朗首都德黑兰的影子，秘密行动就以惨败告终。该事件击碎了卡特总统的连任竞选梦，促使美军特种作战司令部，以及为特种部队作战提供支撑的第160特种作战航空团的成立。① 这叫一步不顺，步步受限，一场沙尘暴打乱了整个秘密行动的节奏，加之接二连三地出问题，一次精心策划的秘密行动，变成为一场毛手毛脚的闹剧。

秘密行动的目标对象通常涉及到人，有的就是专门针对某个特定的群体或个体来的。在秘密行动的实施过程中，因未及时获取到目标对象比较重大变化的情报，而导致行动失败的案例也并不少见。1938年12月中旬，国民党副总裁汪精卫出逃越南河内，公开走上了投日叛国的道路，在劝返无效的情况下，军统派遣具有丰富暗杀经验的北平区区长陈恭澍，率行动小组到河内暗杀汪精卫。汪精卫一行居住在原军阀朱德培位于河内高朗街的公馆里，陈恭澍一行秘密将公馆对面的3层小楼租了下来，对公馆进行24小时不间断监视，寻找下手的机会。次年3月19日晚上11时，王鲁翘带领特工潜入公馆，闯进汪氏夫妇的卧室，持枪对着躲到床下的男子一阵乱射，男子的腰背上穿了几个窟窿。王鲁翘认为这个男子就是汪精卫，便

---

① 詹静芳、詹幼鹏：《美国中央情报局绝密行动》，北方文艺出版社2017年版，第202—210页。

迅速撤离，第二天得到的情报却是杀错了人。原来当天汪精卫秘书曾仲鸣的妻子带着儿子从香港赶来团聚，汪精卫将自己宽敞舒适的卧室主动让给了曾仲鸣夫妇，阴差阳错，使曾仲鸣做了替死鬼。[①] 这次暗杀秘密行动之所以失败，是因为没有及时获取到汪精卫临时调换房间的情报，也就是在助力秘密行动方面出现了情报缺失，使得十几名特工数月的辛劳付诸东流。当时如果能在汪氏藏身的公馆内打入或收买1名间谍，实时掌握汪精卫的一举一动，就会是另外一种结果。当然汪精卫一行外逃，引起全国公愤，他们的警惕性必然很高，此时打入或拉出人员并不具有现实的可行性。

秘密行动的核心是"秘密"，不仅不能惊动对手，还要尽可能选择在其最松懈的时候出手。以色列在1981年6月实施的"巴比伦行动"，就是选在伊拉克"圣灵降临节"的前一天，这天又是星期天，伊拉克防卫部队受节假日的影响，一般警惕性都比较低。但以色列还是不放心，专门派遣摩萨德特工潜入伊拉克达塔穆兹核研究中心附近进行监视和观察，发回了"一切正常"的密码电报，于是14架世界上最先进的喷气战斗机拔地而起，向伊拉克方向飞去，突袭秘密行动正式启动。在这个节骨眼上，最好的情报就是没有发现新情况，看似没有任何具体内容的"一切正常"，在秘密行动的指挥官眼里就是最有价值和最想得到的情报。[②] 事实也证明，这次突袭打得伊拉克措手不及，等他们反应过来用防空火炮进行还击时，核工厂已成为一片废墟，以色列机群也顺利返航。"海神之矛"秘密行动启动后，在小院附近据点的中央情报局特工也没有闲着，他们除了切断小镇电源，瘫痪当地的照明和通信系统之外，还用激光指示器标出了小院的具体位置，引导两架运送"海豹"突击队的"黑鹰"隐形直升机准确到达小院上方并投放队员。[③] "黑鹰"直升机在模拟演练时，只是在与此地相似的环境中操练过，并没有到达过真实的地点，夜间突袭时要在陌生的环境里准确找到小院的位置并不容易，激光指示器的引导作用就显得特别重要。在这里激光指示器标示小院位置，实际上就是给"黑鹰"直升机提供

---

① 徐飞编著：《狼与狈——中统军统行动档案》，河北人民出版社1998年版，第188—190页。

② 詹为为、詹幼鹏：《以色列摩萨德绝密行动》，北方文艺出版社2017年版，第209页。

③ [美]小彼得·F.潘泽瑞著，张立功译：《"海神之矛"行动："海豹"突击队猎杀本·拉丹》，中国市场出版社2016年版，第59页。

的实时情报,体现了情报对行动的助力作用。

三、验证秘密行动的效果

有些秘密行动的执行过程完成之后,是否真正达成了核心目标,有时还需要情报来进行验证。二战时期纳粹德国曾派遣了一批间谍到英国,现场观察并收集德军炮击、轰炸英国重要城市及重要军事民用设施效果的情报,以此来安排部署下一轮的炮击和轰炸计划,这些情况大多都是明面上的,获取情报的手段和情报载体也相对单一一些。秘密行动中用于验证效果的情报就要相对复杂一些,有现场观察的,有过去搜集的;有人力获取的,也有通过技术手段获取的;情报载体有文字、图片、视频、电子信号及人体生物材料等。秘密行动的目标、方式和目的不同,用于验证效果的情报来源方式和载体也会存在一定的差异性。

秘密行动的执行过程结束了,有时并不意味着该项秘密行动的终结,只有在验证完其效果后,才能画上句号,这也是决策者所最关注的问题。执行者关注的是过程,决策者关注的是结果,而这个结果有时必须借助情报来确认。"巴比伦行动"的效果,有三个方面的情报进行验证,执行突袭任务的飞行员发回的轰炸效果报告,摩萨德特别行动小组现场观察的情况,以及美国间谍卫星拍摄的照片。以色列空袭战斗机群出发时,另一支由摩萨德特工组成的特别行动小组,从潜伏地开始秘密向伊拉克达塔穆兹核研究中心靠近,他们来这里是监视该中心情况和观察空袭的效果,如果空袭没能彻底摧毁核反应堆,他们就乘乱对核反应堆再次实施爆破行动。他们亲眼观察到当天空袭的效果非常好,马上向国内发电报告了突袭成功的情报。次日早晨,摩萨德局长霍菲将一大叠照片送到了贝京总理的办公室,兴奋地说这是昨天空袭行动的成果验证,刚由美国最尖端的 KH-11 间谍卫星实时传输系统发来。"整个行动十分成功!"霍菲自信地向贝京总理汇报道。[①] 获得照片的时间要晚于前二者,但很明显其可靠性的位阶最高,肉眼的观察很难超越高科技手段,卫星照片能够非常直观地反映出目标现场的状况,难怪霍菲感到兴奋而自信。前面所说的制定绑架艾希曼秘密方案之前,已经基本确认了艾希曼其人,但很难说有绝对的把握,毕竟在岁月的侵蚀下,其容貌已经发生了很大的变化。摩萨德特别行动小组将

---

① 詹为为、詹幼鹏:《以色列摩萨德绝密行动》,北方文艺出版社2017年版,第211页。

世界情报组织秘密行动

艾希曼绑架到安全据点后,立即围绕着其使用纳粹制式帽子和制服的大小、纳粹党党证和党卫军号码,以及头上伤疤的来历等一系列个人私密问题进行了审讯和核实,这才真正确认了其身份,局长哈雷尔悬着的心才算落地。① 对马哈苏德死亡后的验证是通过现场图片来实现的,中央情报局一直追踪着这位巴基斯坦塔利班运动首领,于2009年8月5日晚,当其在位于巴基斯坦西北部岳父家的房顶上做治疗时,被中央情报局运用"捕食者"无人机发射的"地狱之火"导弹击毙。人是确凿无疑的,主要是验证目标对象是否死亡及附带伤害情况。两架无人机在房子上空盘旋了几分钟,拍下了这一场景,并很快传输到中央情报局兰利总部,放到了局长帕内塔的桌上:"经确认,共有2人死亡,没有造成其他人死亡,楼房没有倒塌。"② 当时房子内住有几十人,包括妇女和孩子,帕内塔曾担心导弹袭击会造成房子倒塌,带来重大的附带伤亡,这将是一个灾难性的后果。无人机拍摄的图片验证了目标对象已经死亡,也没有带来过多的附带伤亡,导弹袭击的效果颇佳,帕内塔对此结果非常满意。

在战争期间的欺骗类秘密行动,尤其要追踪其效果,这个效果往往并不只是结果那么简单,它同时也是后续某项重大军事行动的前置条件,只有通过情报验证了敌方真像己方所预设的方向行动,欺骗秘密行动才算成功,才能够赢得战争的主导权和主动权。也就是说此类秘密行动的效果兼具结果和前提的双重性质,而且结果是为前提服务的。二战时盟军对德国实施了"卫士计划"欺骗秘密行动,以掩护"霸王行动"登陆诺曼底的战略目标。1944年5月,美军从缴获的德军军车中,发现了1份德军本月的作战纲要,里面有德军兵力部署的详细情况,可以看出希特勒已经根据"卫士计划"的误导,重新部署了作战兵力。5月底,美军又通过"超级机密"破译了希特勒与日本驻德国大使大岛浩男爵的谈话要点,表明希特勒相信"卫士计划"的一系列假情报,认为盟军在地中海至少配备了80—90个师的兵力,可能还有7—8个空降师,主要进攻方向是加来区域。希特勒还将西线最精锐的4个装甲师抽出来作为预备队,以便随时增援加来

---

① 高金虎等:《大卫的铁拳——二十世纪以色列情报机构绝密行动》,东方出版社2005年版,第47—48页。
② [美]乔比·沃里克著,王祖宁译:《三重间谍:打入中央情报局的"基地"鼹鼠》,广东人民出版社2013年版,第99—101页。

方向，大大削弱了诺曼底地区的军事力量。① 几个方面的情报都验证，希特勒已经落入了"卫士计划"所设置的欺骗陷阱，盟军可以放心地实施诺曼底登陆行动了。对像"卫士计划"这样复杂且重大的秘密行动的效果，单一渠道的反馈性情报不足以说明问题，必须采用多渠道、多方面的情报来进行验证。

"巴比伦行动"和"卫士计划"等所涉及的属于增量情报，即在秘密行动实施过程中或结束后所搜集到的反映目标对象最新情况的情报。另外与此相对应的还有存量情报，也就是以前搜集到的情报，在验证秘密行动的效果时又重新派上了用场，真正确认艾希曼、萨达姆和本·拉丹身份的情报就是如此。艾希曼在纳粹德国时期的档案材料，包括其照片、制服型号及各类证件号码等，其他人不可能掌握这些情况。在藏匿地点的审讯过程中，围绕这些问题一一核实，成为验证其身份的铁证。2003年底，中央情报局得到了萨达姆藏身于距提克里特约15公里的达瓦尔镇附近的情报，并协同军方立即实施了"红色黎明行动"，在一处地窖中抓获了自称是萨达姆的男子。该男子面容清瘦、胡子拉碴、衣衫褴褛、精神萎靡，与他当政时的形象大相径庭，让人很难将二者联系起来。中央情报局通过将过去搜集到的萨达姆的DNA进行比对，才确认此人正是萨达姆。② "海豹"突击队击毙了1名貌似本·拉丹的男子，突击队指挥官杰伊马上发回了"以上帝和国家的名义，杰罗尼墨，EKIA"的暗语，"杰罗尼墨"是给本·拉丹取的代号，"EKIA"是"已在行动中杀死敌人"的英文缩写，暗语的意思是已经击毙了本·拉丹。话虽这么说，但实际上并没有绝对的把握，因为世界上不乏长相相似的人，还有本·拉丹有替身的传闻，所以这只是一个初步的判断，并不是最终的结论。"海豹"突击队将男子尸体运回阿富汗贾拉拉巴德基地后，麦克雷文请一个个子较高的队员躺在尸体边，估算出与所掌握的本·拉丹1.92米左右的身高基本相符；中央情报局技术专家运用本·拉丹过去的图片和视频资料进行脸部识别，有90%—95%的相似度。但总统奥巴马对此结果并不满意，认为只要有一丝一毫的不确定性，他就不应该公开宣布本·拉丹被击毙的消息。第二天早上，美国军事实验

---

① 詹非非、詹幼鹏：《英国情报组织绝密行动》，北方文艺出版社2017年版，第106页。

② 《"红色黎明"降祸萨达姆》，《新晚报》，2003年12月15日，手机新浪网，https：//news.sina.cn/sa/2003-12-15/detail-ikkntiak8858567.d.html。

室及另一个实验室的 DNA 检测结果出炉，显示尸体不是本·拉丹的可能性只有万亿分之一，这样才算真正打消了奥巴马的疑虑。① 这里是运用中央情报局先前所搜集的本·拉丹身体信息和生物材料的情报，来最终验证"海神之矛"秘密行动完全达到了目的。本来中央情报局早就想运用这些情报来锁定本·拉丹，并想出了一堆五花八门的点子。既要抵近侦察，掌握本·拉丹是否藏身于此的真凭实据，又不宜动作过大，以免打草惊蛇，中央情报局可谓绞尽脑汁。如取回小院下水道的污水，看能否检测到本·拉丹的 DNA；用一种外观酷似小鸟的无人机去拍摄神秘男子的相貌，因这种无人机太过逼真，曾遭到老鹰的攻击；想在小院外面的树上偷偷安装监控摄像头，但几天后"科威特"兄弟就将那些树砍掉了；想雇佣一名当地医生假借在小镇开展疫苗接种计划的名义，以取得神秘家庭的 DNA 样本等。但这些计划都无果而终，导致这些情报在本·拉丹活着时没能用上，使得中央情报局及美国决策层在确认本·拉丹情报的可靠性问题上纠结不已。

第二节　方案制定

秘密行动的类别很多，各种类别秘密行动的差异性很大，工作流程也会呈现出不同的特点，这些都必然会映射到实施方案上，因此，制定实施方案时，也必须因事而异。如用制作假情报的方式来离间对手阵营，一般分为选择合适目标对象、伪造有针对性的假情报、以合适方式将假情报传递给对方及跟踪掌握离间效果 4 个主要环节；绑架一般分为接近目标、控制目标和转运目标 3 个主要环节；暗杀一般分为接近目标、处置目标和安全撤离 3 个主要环节等。欺骗类秘密行动一般为设定欺骗目标、设置欺骗陷阱和追踪欺骗效果 3 个主要环节，尤其是涉及到军事斗争的欺骗行动，欺骗的效果直接影响到军事决策，对欺骗效果的及时和准确掌握就显得尤为重要。绑架、暗杀、窃取、营救等秘密行动大多"结果在手"，即成果的载体掌握在己方手中；而欺骗、离间等秘密行动大多为"结果在彼"，即所显现的成果是在对方手里，必须通过对对方内部情况的掌握和对相关公开情况的观察研判才能获知。"海神之矛"这种带有武装突袭性质的暗

---

① [美]迈克尔·莫雷尔、比尔·哈洛著，朱邦芊译：《不完美风暴：美国中央情报局反恐 30 年》，中信出版集团 2018 年版，第 189—190 页。

杀秘密行动,需要使用先进的运载工具和小股队伍,并在远离美国本土的区域进行,这就必须在目标区域附近建立前沿阵地,并增加前沿集结这个环节,整个工作流程为集结、潜入、突袭和撤离4个主要环节。不同类型秘密行动的主要环节及具体做法,倒推过来基本就是行动方案,在相关的案例中都有比较明显的体现。这里主要讨论策划制定秘密行动方案时,所需注意的一些基本原则和要求。

一、目标明确单一

是指秘密行动大多会遵循"有限目标"的原则。秘密行动一般是在非己方控制的区域通过秘密的方式实施,是采取特殊手段解决重要问题,大多需要快进快出,干净利落,任务不宜过于繁复,设定的目标必须明确,绝大多数的秘密行动项目一般只设定一个工作目标,即一个秘密行动项目大多只解决一个具体问题,当然也不排除在达成核心目标的前提下,再附带达成个别的次要目标,只是这种情形并不多见。对一些任务复杂的秘密行动,通常会在其下面再分设若干个子项目,有的甚至在子项目下再分设第二级子项目,通过若干次的分解之后,每个小项目的任务和目标就比较单一了。反过来说,就是通过若干个目标单一的秘密行动项目,来共同达成一个复杂的工作目标。

一般情况下,秘密行动所能动用的资源有限,为保密和隐藏形迹起见,也不宜动用过多的资源,因而秘密行动所使用资源的冗余度是非常有限的,有的秘密行动根本就没有冗余度。所谓冗余度,是指从确保完成任务及应对可能出现意外情况的角度考虑,给秘密行动所配置的超出完成任务所需最低的人力和其他相关工作资源。在"鹰爪行动"中,配置了8架RH-53D"海上种马"直升机,而行动方案设定支撑行动的最低需求是6架,那么这多出来的2架就是直升机资源配置的冗余度。"海神之矛"秘密行动方案所设定的小院突袭时间为30分钟,考虑到可能会遇到意外情况,另外安排了10分钟的机动时间,这10分钟就是时间上的冗余度。执行过程中1架"黑鹰"直升机坠损及遇到了抵抗,最后完成小院突袭时间花了38分钟,可见秘密行动方案中所给予的冗余度,也是经过了严格的考量和控制的。这也是"黑鹰"直升机燃油所能支撑的最大时限,超过了这个时间,就可能会在到达前线临时加油点之前耗尽燃油,这将会是一个新的灾难。有的则没有这种冗余度考虑,如克格勃特工拉蒙·梅尔卡德暗杀托洛茨基,斯塔申斯基暗杀流亡国外的乌克兰民族主义者列别德和班德拉等秘密行动，在现场都是由 1 名特工单枪匹马干的。有限的资源配置，决定了绝大多数秘密行动工作目标的单一化，也即"有限的工作目标"，这也是秘密行动的一个重要工作原则，只有这样才能心无旁骛地聚焦核心目标，达成秘密行动最根本的目的。

个别秘密行动在达成核心目标的基础上，也可以附带达成某个次要的工作目标。次要的工作目标与核心目标并非是风马牛不相及的关系，而是有着一定的甚至是紧密的联系。"海神之矛"秘密行动在 4 套备选方案中选择通过直升机运送突击队进行地面突袭的方案，除了能达成击毙本·拉丹并能确认的核心目标之外，还有一个很重要的原因，是能够获取本·拉丹住处的电脑资料、音视频及文字材料等情报。击毙本·拉丹只是美国反恐斗争中的一个重大目标，并非反恐斗争的终点，而要想继续深化反恐斗争，进一步扩大战果，作为"基地"组织头号人物住处的情报资料就显得尤为宝贵。[1] 据中央情报局副局长莫雷尔披露，从这些情报中获悉，本·拉丹对美国运用无人机携带导弹袭击"基地"组织头目和骨干的事情感到很头疼，表明此种反恐手段效果不错；也证明了本·拉丹与巴基斯坦政府没有任何关系，从而打消了美国这方面的疑虑。从常理来推论，这些情报资料中可能还包含大量涉及"基地"组织总部及分支机构、核心层及骨干人员的情况资料，以及"基地"组织已经实施的或正在策划的恐怖袭击计划和方案，只是莫雷尔不便透露而已。实施"霹雳行动"时，需要在肯尼亚首都内罗毕建立中转站，用作前沿指挥阵地、给飞机加油中转和伤员送医救治等事宜。当时肯尼亚与乌干达关系紧张，乌干达先进的战斗机群让肯尼亚心里发怵，肯尼亚因而要求以色列在乌干达恩德培机场营救人质时，顺手将停放在该机场的战斗机炸毁，以彻底摧毁乌干达的空军。[2] 这既可视为对肯尼亚提供前沿指挥阵地的交换条件，同时也可以防止乌干达空军在以色列人员撤离时进行追击或事后对肯尼亚进行报复。总之，主、次目标任务一般会有很强的相关性，次目标任务往往是服从或服务于主目标任务的。

为掩护盟军诺曼底登陆的"霸王行动"，伦敦监督处专门策划实施了"卫士计划"欺骗秘密行动，总共包含 6 个大的欺骗计划，36 个小的计划

---

[1] [美]迈克尔·莫雷尔、比尔·哈洛著，朱邦芊译：《不完美风暴：美国中央情报局反恐 30 年》，中信出版集团 2018 年版，第 174—177 页。

[2] 烨子编著：《间谍》上册，中国广播电视出版社 2005 年版，第 130 页。

第三章　秘密行动的策划与实施

及一些零散的相关计划，如其中有一个大的欺骗计划代号为"坚韧计划"，下面又分设了"北方坚韧"和"南方坚韧"计划，前者用于牵制德军在斯堪的纳维亚的27个师，后者用来将德军最精锐的装甲部队第15军拴在加来地区，每个最小的子项目只达成一个单一的目标。① 作为战略欺骗层次的"卫士计划"，它所要欺骗的不限于某个特定的人，而是以希特勒为核心的整个纳粹德国的军政决策层，要将他们的思维引入预先设置的死胡同，不可能通过个别或数个零散的具体欺骗秘密行动就能达到目标，它必须是一个庞大的、系统的、相互可以"印证"的欺骗行动集群，才有可能将老狐狸希特勒为首的纳粹德国决策层套住。这种方式可理解为是"渐进侵蚀法"，在一个时期内，不间断地运用一个又一个具体的、相互关联和"印证"的欺骗行动项目，将他们在盟军反攻地点上的正常认知逐步侵蚀掉，由不信到将信将疑，再到相信，最后体现到兵力部署上，"卫士计划"才算大功告成，希特勒离末日也就不远了。1961年11月，肯尼迪总统批准了旨在颠覆古巴政府的"猫鼬计划"秘密行动，包括袭击古巴政府、开展心理战、暗杀卡斯特罗、策反古巴军政官员、破坏经济和炸毁重要设施等内容，总共涉及到32项任务，负责该计划的兰斯代尔将军，将这些任务分派到国务院、国防部、商务部、财政部以及中央情报局、新闻署、联邦调查局和移民局等单位。该项计划虽然没能继续实施下去，但从这里我们可以看出，情报部门在组织实施秘密行动时，会对各项任务作进一步的分解，甚至会根据工作职能，将任务分派到相关的部门。这也意味着最终所实施的每一个具体的项目，大多是目标任务比较单一的项目。

二、过程周密简洁

老子在《道德经》中认为"大道至简"。越复杂的系统越容易出错，秘密行动也是如此。策划制定秘密行动方案时，对整个工作流程的安排必须周密简洁。周密包含两层意思，一是指对秘密行动所涉及到的相关问题都尽可能考虑到，宁可过虑，也不可因粗枝大叶留下隐患，日常工作中因考虑不周出现了问题还有机会进行弥补，秘密行动中因考虑不周出现了问题，通常连弥补的机会都没有；二是指每个工作环节必须环环相扣，一气呵成，实行无缝对接，其间稍有差池，就可能带来灾难性的后果。简洁是

---

① 詹非非、詹幼鹏：《英国情报组织绝密行动》，北方文艺出版社2017年版，第96—97页。

指秘密行动的过程安排不宜过于复杂，在确保秘密行动顺利执行所必需最低要求的基础上，具体环节安排上越少越好，具体细节处理上越简单越好。机器越复杂越容易出故障，秘密行动越复杂，所带来的无法预料和不可控的因素就会越多，失败的概率也会越高。在反思入侵古巴的"萨帕塔计划"失败的教训时，曾任中央情报局局长的赫尔姆斯在《谍海回首》中写道："我更进一步确信，'萨帕塔'行动是如此复杂的一项冒险活动，即使其最后没有陷入绝境，而在其整个过程中任何一个环节的失误，都会使所有的努力付之东流。"① 这里我们主要就"鹰爪行动"和"霹雳行动"两个同为营救较大规模人质的秘密行动进行对比分析。

"鹰爪行动"方案所计划的主要过程。（1）建立前沿阵地。由118名"三角洲"和"游骑兵"特种部队组成的特遣队乘坐C-141运输机飞过西德和埃及，到达阿曼马西拉机场。该行动的前沿指挥部设在此地，人质获救后先撤退到这里。（2）潜入。特遣队转乘3架C-130"大力神"直升机与3架携带燃油的"大力神"，从阿曼马西拉机场一同飞往德黑兰东南方400多公里处的"沙漠1号"。"沙漠1号"位于一条极少使用的公路边，先部署12人的道路监视小组，以截断和扣留任何经过此地的伊朗人。8架RH-53D"海上种马"直升机从位于波斯湾的"尼米兹"号航母上起飞，前往"沙漠1号"集结点。所有飞机以低飞等方式避开沿途雷达。8架"海上种马"在"沙漠1号"加满燃油，载上特遣队前往距德黑兰84公里处的"沙漠2号"集结点。此时接近天亮，直升机和特遣队在此藏匿到晚上。晚上20点30分，由事先潜入伊朗的中央情报局特工带着6名司机、6名翻译及6辆卡车，到"沙漠2号"接特遣队，前往德黑兰营救人质。（3）救援。车队进入德黑兰后，于23—24点分兵袭击关押着人质的美国使馆和伊朗外交部，并切断当地供电和设置路障。得手后，使馆内的人质前往附近体育场，在外交部的人质前往附近公园，分别与从"沙漠2号"飞来的"海上种马"会合，登机飞往曼扎里耶空军基地。（4）撤离。在德黑兰救援行动的同时，另一支"游骑兵"特遣队搭乘2架"大力神"，攻占位于德黑兰西南约60公里的伊朗曼扎里耶空军基地，数架C-141运输机到此等候，8架"海上种马"到达后，救援人员和人质一起搭乘C-141运输机撤离伊朗，飞到前沿阵地马西拉机场；将8架"海上种马"弃

---

① ［美］理查德·赫尔姆斯、威廉·胡德著，佚名译：《谍海回首——前中央情报局局长赫尔姆斯回忆录》，社联印制2004年版，第257页。

置或炸毁。①

"霹雳行动"的主要过程。（1）建立前沿阵地。前沿总指挥、以色列空军司令佩雷德中将一行乘机飞往肯尼亚首都内罗毕，建立前沿指挥部和临时医院，为营救人质的飞机和人员返程时提供中转和救治。（2）潜入。以空军特种部队司令薛姆龙少将及内塔尼亚胡中校率180名特别行动小组队员，分乘4架涂有民航标志的"大力神"运输机，在10架战斗机的护航下，长途奔袭4000公里，直抵乌干达恩德培机场。（3）救援。突袭机场旧候机大楼，消灭恐怖分子及守卫的乌干达士兵，救出人质。与此同时，爆破小组到停放战斗机群的区域，分别安装炸弹将其炸毁。（4）撤离。特别行动小组完成机场救援任务及炸毁乌干达战斗机后，与获救人质和被劫持飞机机组人员，一起乘坐4架"大力神"运输机撤退到内罗毕，重伤人员送到医院治疗，其余人员在飞机加注燃油后返回以色列。

虽然两个秘密行动的整个过程都是建立前沿阵地、潜入、救援和撤离4个阶段，但每个相对应阶段的复杂程度完全不一样。"鹰爪行动"作为营救50多人的秘密行动，所设计的工作过程过于复杂，已经大大超出了秘密行动所能有效控制的范围。我们可以从建立临时阵地、攻击地点、转运过程和在目标国家活动的时间等几个方面来进行比较。"鹰爪行动"需要在目标国家领土内先后开辟"沙漠1号"、"沙漠2号"、德黑兰市区内的体育场和公园，以及曼扎里耶空军基地等5处临时阵地，用于集结、加油、藏匿、救援、中转和撤离；"霹雳行动"中只有1处，直飞救援地点，迅速展开攻击和救援，完成任务后迅即撤离目标国家。"鹰爪行动"有3处攻击地点，扣押人质的使馆和外交部，及用于撤离的曼扎里耶空军基地；"霹雳行动"中只有1处，即恩德培机场。"鹰爪行动"人员转乘过程非常复杂，从突入到撤离，先后乘坐"大力神"、"海上种马"、卡车、"海上种马"和C-141运输机，需要5次在不同的地点转乘不同类型的交通工具；"霹雳行动"不需要转乘和更换交通工具，突入和撤离乘坐同样的飞机。"鹰爪行动"计划在目标国家活动的时间为将近2天，大批量的武装人员在敌对情绪异常激烈的目标国家长时间活动，面临的不确定性因素和难以把控的因素太多；"霹雳行动"在恩德培机场的救援时间为54分钟，

---

① 赵贵谦：《1980年美军"蓝光行动"始末》，《坦克装甲车辆》2023年第20期。笔者注：该秘密行动代号为"鹰爪行动"，执行该任务的团队代号为"蓝光"特遣队，这二者容易弄混。

加上进出乌干达领空的时间不到 3 个小时,实现了快进快出,迅速脱离险境。从这里我们可以体会到,为降低风险,提高成功的概率,在目标国家出现的部位、攻击的部位和转乘衔接宜少不宜多,待的时间宜短不宜长。这就意味着过程安排上,在确保完成任务的前提下越简单越好,简单就好衔接,越复杂衔接的难度就越大,周密度上出问题的概率也会越高。

"鹰爪行动"方案计划派遣 200 多人,在将近 2 天的时间里,在敌国伊朗先后建立 5 处临时基地、攻击 3 个重要部位,将 50 多名被分散到 2 个地方严格控制的人质救出并带离伊朗,似入无人之境,怎么看都觉得太过乐观。伊朗是中东军事大国,当时美国使馆人质事件闹得沸沸扬扬,伊朗必定高度戒备,在这么多部位先后遭到攻击的情况下,足以反应过来并进行回击。在具体细节上,"鹰爪行动"方案中考虑得也不太细致周全,漏洞比较多,如临时阵地选址、沙漠气候变化、直升机性能、不同军种之间的通信联络等方面均存在比较重大的问题,在执行突入阶段行动的过程中,这些问题就都逐渐显现出来了。第 1 架"大力神"抵达"沙漠 1 号"后,道路监视小组展开后就遇到了 1 辆走私的油罐车,油罐车加速逃离时被击毁,车上 2 名伊朗人 1 死 1 逃,留下了泄密隐患。不久又来了 1 辆载有 45 人的大巴车,他们将这些乘客集中到"大力神"上扣押起来。8 架"海上种马"从"尼米兹"号航母上出发 2 小时后,1 架出现故障被遗弃;又飞行 1 个小时后,遭遇到了强烈的沙尘暴,1 架因导航和仪表出现问题而返航;最后 1 架到达"沙漠 1 号"的直升机不仅比预定时间晚了 90 分钟,还因液压系统出现故障不能参加执行任务,可用"海上种马"直升机的数量已经少于方案所认可最低 6 架的限度,特遣队负责人凯里上校经请示后中止执行秘密行动。1 架"海上种马"撤离前需要"大力神"给加注燃油,另 1 架"海上种马"起飞腾让位置时撞到"大力神"上,引起爆炸,8 人当场死亡。所有剩余人员乘坐 3 架"大力神"返回马西拉机场,并遗弃了剩下的"海上种马"直升机。8 架参与行动的"海上种马"直升机,在执行突入的路途中就有 3 架出了问题,是因为为满足长途飞行的需要,临时加装了备油箱,影响了其性能。用"海上种马"来取代常用的 HH-53 直升机,则是因为"海上种马"的尾柱可以折叠,能够藏到航母的甲板下面,可以躲避苏联的监视。苏联一直使用间谍卫星监视"尼米兹"号等航母,8 架大型直升机在甲板上的图像,能足以让苏联分析出美国想干什么,并提前向伊朗示警。这相当于解决了一个问题,从中又衍生出了一个新的问题,对这个新问题又没有引起足够的警觉和重视,导致接二连三地出问题。从事后来反思，像"鹰爪行动"方案这么复杂的过程设计，基本上没有可行性，在潜入阶段因频出问题而中止执行，应该说是一件幸事，如果继续执行下去，损失将会更加惨烈，不排除全部被围歼的可能性，很可能使美伊由政治对抗上升为军事对抗，会使使馆人质问题的解决更为复杂和艰难。

三、行动精准快捷

秘密行动对时间的要求非常高，有时甚至是以分秒计，这样既能使对手来不及反应，避免或减少因对手抵抗或躲避带来的不确定性风险，又能快速完成任务后撤离危险区域，确保执行秘密行动人员和国家组织背景的安全。精准快捷是指干净利落，不拖泥带水，是秘密行动取得成功的关键。具体地说精准为极其准确，分毫不差，核心在准；快捷为动作迅速，直截了当，核心在快。准必然导致快，快则依赖于准，这二者互为表里。

精准度是对所有秘密行动的普遍要求，正所谓差之毫厘，失之千里，一个动作的失误，就有可能导致秘密行动的挫折或失败。在有些秘密行动中，对精准度的要求几乎达到了苛刻的程度，精准度也成为该项秘密行动成败的关键，那么在策划制定秘密行动方案时，精准度就是需要考量的最核心的因素。1964年，由美国发起在法国戛纳举行的以欧洲经济共同体为主要对象、以互减关税为主要内容的政府间谈判，有54个国家参加。法国政府为了准确掌握美国的谈判立场和底牌，要求国外情报暨反间谍局第7处，在美国谈判代表下榻的美琪大饭店窃取其文件资料。第7处通过"诱鸟笛（宾馆饭店的眼线）"打探到美国代表团领队、副国务卿乔治·鲍尔预定的房间，派特工雅克·韦兰到该房间住了两天，进行窃取文件的模拟演练。韦兰对套房里的设施进行了认真的检查和研究，取下了门锁钥匙的印模。他晚上躺在床上，侧耳倾听各种声音的来向大小和间隔时长，并在房间反复练习摸黑来回走动，直到不触及任何东西，不发出任何声响。他找到最合适安装窃听器的地方是窗帘杆，窃听器与窗帘杆颜色一致，二者都是金属制品，探测器也很难区分，又有窗帘遮挡，一般发现不了。在饭店后面用一辆伪装为"洁净洗染店"的小型卡车作为流动工作间，用于拍照窃取的文件资料。鲍尔在会议前一天抵达饭店后，随行人员对房间进行了全面检查，什么问题也没有发现。在他们就餐期间，一名特工扮作服务员，在窗帘杆上安装了微型定向窃听器。中午鲍尔出去参加宴会，韦兰用配制的钥匙打开房门，将公文包内的文件都用微型相机拍照下来。法国参

世界情报组织秘密行动

会代表发现鲍尔在其他国家代表发言时,总喜欢在纸上写些什么,然后将纸条塞进口袋。这应该是他对发言的反应、准备给手下人下达的指令或争取的目标,远比在会议上分发的文件有价值,要求国外情报暨反间谍局将这些纸条搞到手。这是美国副国务卿的随身物品,只能等到他熟睡时才有可能窃取到,这个任务仍由韦兰来完成。当天深夜,他们从窃听器中听到了鲍尔平静舒缓的呼吸声,分析他已经处于酣睡状态。韦兰悄悄溜进鲍尔的房间,拿着微型手电筒,取走了桌子上的文件夹和衣柜里上衣口袋中的许多纸条,到流动工作间拍照后又回到房间放到原处,一切都做得悄无声息,而鲍尔仍在梦中遨游。① 这是一个反映模拟演练和实战的案例,但其模拟演练和实战都是根据行动方案进行的,由此我们可以反推在秘密行动方案中,对执行该项秘密行动特工动作的精准度,应该是提出了明确的标准和要求。我们可以想象,如果法国特工韦兰在房间行窃时,触碰到了什么东西而惊动了鲍尔,将会是一个什么样的场景和结果。

快捷就是速度要快,直截了当,不做多余的动作。以色列摩萨德实施"霹雳行动"之前,在搭建的与恩德培机场同等比例的土木结构模型里,由特种部队中校约尼·内塔尼亚胡指挥突击队员在这里进行模拟演练,他详细讲解机场的情况,并将劫机嫌犯的照片一张一张展示给队员看,强调说:"成功与否在数秒钟内即可决定,要全力以赴,到达人质那儿,消灭恐怖分子,绝不能让他们有开一枪的机会。"突击队将要乘坐的"大力神"运输机,停靠在模拟建筑的 1400 米处,这个距离处于枪支的射程范围之外。这次营救行动中,内塔尼亚胡负责带领突击队乘坐"大力神"运输机突降恩德培机场后,迅速袭击候机楼、消灭恐怖分子、保护人质安全。内塔尼亚胡手执秒表,对部下进行测试,一辆吉普车从"大力神"机腹内冲出,驶向沙袋墙,士兵从车中跃出,举枪射击。反复训练,不断压缩时间,内塔尼亚胡依然不满意,他担心乌干达士兵发现一辆外国吉普车从一架外国飞机中开出来,并径直冲向扣押人质的候机大楼,肯定会开枪,速度一定要快到对方来不及反应才行。有人建议说:"乌干达军队连以上军官都配有黑色梅赛德斯轿车。要是驾驶一辆这种车,一般士兵便会自动立正。"内塔尼亚胡立即下令将一辆梅赛德斯旧轿车开到了现场,反复进行演练,最终将时间缩短到 100 秒。这些模拟演练的情况与最终实战的过程

---

① 勾宏展等:《塞纳河畔的管工——二十世纪法国情报机构绝密行动》,东方出版社 2005 年版,第 130—134 页。

相差无几。该行动中以色列机群长途奔袭 4000 多公里，途中穿越 7 个国家，飞行 7 个小时，仅比预定时间迟到了 1 分钟。在旧候机楼大厅，仅用 1 分 45 秒就结束了战斗，救出人质，队员们迅速冲上 2 楼清除了乌干达卫兵和另外 3 名恐怖分子。特别行动小组从抵达恩德培机场、击毙恐怖分子、救援人质、炸毁 20 多架乌干达最先进的战斗机，到乘飞机离开机场，总共花了 54 分钟。① 表明在制定方案时，对时间的测算和把握非常精准。"海神之矛"秘密行动中，小院内的突袭时间，按照行动方案是 30 分钟，同时预留了 10 分钟的机动时间，即执行时间上有 10 分钟的冗余度，后来因为一架直升机出现问题及遭到了抵抗，才导致时间延长了 8 分钟。从结果来看，行动方案中预定 30 分钟的正常执行行动的时间和预留 10 分钟处理意外情况的时间，都高度契合了实战的要求。

四、确保隐蔽秘密

秘密行动具有非常规性、非正当性的特点。非常规性主要表现为所使用的是特殊的手段和渠道，以奇为正，以暗博明，为的是要出其不意，使对手猝不及防，并以此来取胜，完成常规手段所难以完成的任务。非正当性主要体现为其行为方式不能用普遍认可的道德规范和是非标准来衡量，也即游离于政治伦理和社会伦理之外，为了国家或政治军事集团的利益，不择手段，在己方执政者及情报机构眼中的战绩和功劳，在对方国家或组织眼中肯定是暴行和犯罪，在社会公众或其他相关方的眼中很有可能是污点和劣迹。就算是正义感满满的"海神之矛"秘密行动，在政治伦理和法律原则上也存在着重大缺失。在巴基斯坦领土上秘密进行武装突袭行动，严重侵害了该国的主权，有违国际关系准则；本·拉丹即便是再罪大恶极，也应该是将其缉捕归案，进行审判定罪后再行处置，而不应偷偷派人将其暗杀，这实质上是用恐怖主义的方式去应对恐怖主义，有违现代文明国家的政治伦理和法律精神。对这些问题，美国的决策层心如明镜，只是在"得"与"失"的权衡中，天平倾向了"得（终结本·拉丹的危害）"的那一边。秘密行动的这两个特点，决定了不仅在策划制定方案和实施过程中要严格保密，绝大多数的秘密行动在事后也要保密，多少年后才能解密，有的可能永远也不会解密。即使是解密的材料中，有的也会删去、涂

---

① 高金虎等：《大卫的铁拳——二十世纪以色列情报机构绝密行动》，东方出版社 2005 年版，第 271—276 页。

掉或改动敏感的内容，你所能看到的可能只是部分真相，至于打了多少折扣，完整的真相是什么，也许你永远也弄不清楚。有一句阿拉伯格言道出了保密的重要性："保守秘密时，秘密是忠仆；泄露秘密时，秘密是祸主。"说保密是秘密行动的生命线，一点也不为过。

策划和决策时的保密，重点是严格控制内部知密人员。我们平常所理解的保密，多为对局外人或对公众的保密，事实上秘密行动在策划和决策时的保密工作，远比这个要严格得多，有时甚至达到了严苛的程度。法国有一句格言为"保密三人太多，娱乐三人太少"，此言直击保密的本质，就是严格控制知密范围。对一些特别重大的秘密行动，就算是决策层里的某些高官，在某个时段或非必需的情况下，都可能会被排除在知密的范围之外。据亲历了"海神之矛"策划和决策过程的中央情报局副局长莫雷尔在《不完美风暴》中透露，对决策层相关部门首长实行了严格的保密措施，只是到了万不得已的情况下，他们才得以知晓并参与此事，对涉及此事的会议、会场的保密措施也非同寻常。2010年9月21日，中央情报局在向奥巴马报告了本·拉丹可能的藏身之处后，奥巴马下达了两项命令：一是希望获得更多关于那处小院的信息，二是不要向任何人通报有关小院的情报。此后白宫召开了很多后续的会议，安保级别都很高，这些会议在国家安全委员会的官方日程表上，都被列为"无关紧要的会议"，每次开会，都会关闭战情室内的安保摄像头；每当工作人员进来给总统送饮品，大家都会停止讨论。直到突袭前几周，国务卿希拉里参与决策层研究是否该立即采取秘密行动时才知晓此事；国家反恐中心主任也是在突袭前几周才被告知，因为需要考虑和商讨"基地"组织可能会采取什么报复行动；司法部长、联邦调查局局长和国土安全部长都是在突袭前一两天才知悉此事的。奥巴马此前甚至命令中央情报局不要让军方知晓并参与该秘密行动，只是中央情报局局长帕内塔考虑到一定会与军方合作，才私下里向国防部长盖茨和参谋长联席会议主席迈克·马伦等4位军方高层官员通报了情况，这为随后中央情报局与军方的合作打下了良好的基础。"霹雳行动"方案是在极少数人的圈子里制定的，当总理拉宾召开内阁会议决策此事时，大多数内阁部长感到愕然并疑虑重重，经过反复讨论，好在大家最后都一致同意实施该秘密行动。而此前20分钟，营救人质的突击队已经乘飞机出发，他们被告知如果内阁会议不同意武力营救就返回。当同意行动的命令到达时，他们正在飞越西奈半岛的南端。该秘密行动的保密工作可以说做到了极致，对决策层绝大多数成员进行严密封锁，并在决策层形成决

第三章 秘密行动的策划与实施

策意见之前就已经出发了，可以说带有点先斩后奏的意思，但考虑到事关100多名人质和机组人员的生命安全，及4000多公里路程的重重险阻，确保不得透露半点风声，保密工作做得过分一点也可以理解。1981年6月7日，以色列总理贝京召开内阁会议决策"巴比伦行动"时，又重现了这一幕，他对匆忙赶到会场的18名内阁部长冷冷地宣布："我们在这里召开会议之前，我们的飞机正朝东向伊拉克飞去，去炸掉巴格达郊外的'希拉克核反应堆'，也就是说，我们'巴比伦行动'开始了！"部长们经过短暂的骚动之后，同样一致批准了这项已经启动了的秘密行动。① 在决策层内部保密工作都做得如此严密，更遑论其他人员了。

潜入和实施过程中的保密，重点是隐藏己方执行人员的形迹。摩萨德执行绑架艾希曼的11名特别行动小组特工，持不同国家的护照先飞往欧洲相关国家，然后再从不同的方向飞往阿根廷首都布宜诺斯艾利斯。局长哈雷尔带领3名特工持完全能以假乱真的护照，进入布宜诺斯艾利斯圣费尔南多区的小旅馆住下来。其他特工也在预定的时间到达，并入住该区的其他小旅馆，有的1人住一家旅馆，有的两三人住一家旅馆，装作相互之间不认识的样子。另外还安排了7处安全屋，控制了艾希曼之后，将其带到一处安全屋里藏匿。2010年1月，摩萨德在迪拜布斯坦罗塔娜酒店暗杀了巴勒斯坦"哈马斯"组织高级官员哈茂德·马巴胡赫。酒店监控录像记录了这场暗杀行动，迪拜警方通过倒查，发现该暗杀小组11名成员全部使用伪造的护照，分别从巴黎、法兰克福、罗马和苏黎世等地飞到迪拜，其中6本护照盗用了侨居以色列的英国公民的身份，其余5本分别是伪造的爱尔兰、法国和德国的护照。暗杀任务完成后，他们又分别搭乘了飞往巴黎、香港和南非等地的航班顺利撤离，从表象上来看，这些人与以色列扯不上任何关系。② 如果不是酒店的监控，马巴胡赫之死也许会永远成谜。"海神之矛"秘密行动则是运用了具有隐形功能的"黑鹰"直升机、实行无线电静默、电子干扰和避开巴方雷达等方式潜入。小院附近据点里的中央情报局特工关闭了当地电源，并使得该区域移动电话服务中断；特工用激光指示器标示出了小院的具体位置，指引"黑鹰"降落或人员索降。封

---

① 高金虎等：《大卫的铁拳——二十世纪以色列情报机构绝密行动》，东方出版社2005年版，第273、296页。
② 詹为为、詹幼鹏：《以色列摩萨德绝密行动》，北方文艺出版社2017年版，第278—283页。

控小组在路口设置了警戒线，不允许车辆和人员靠近。突袭行动开始后，附近居民听见了直升机、爆炸和枪声，逐渐过来围观，有的甚至想到小院一看究竟，封控组的翻译用当地语言将他们都挡了回去，让他们误以为是本地某个执法机构在处理一件平常的事件。既有尖端的高科技技术，又使用常规的办法，做起来如行云流水，这些也都应该是秘密行动方案中所设计好了的。"鹰爪行动"中，在"沙漠1号"击毙走私油罐车人员及扣押40多名大巴车乘客，也是为了防止走漏消息。虽然是临时的应变措施，但也是在保密方面所应该做的常规动作。

事后的保密，重点是防范知密人员泄露相关情况。秘密行动结束了，并不意味着就可以公开此事了。从目前的情况来看，除了营救类秘密行动及与反恐相关的秘密行动有些是完成任务后就解密之外，其他类型及领域的秘密行动这样做的并不多，大多是通过媒体揭秘、对手或叛逃者揭露、保密期满解密及其他相关方式被偶然披露出来，秘密行动的执行方及相关政府可能还会极力否认。托洛茨基被暗杀后，苏联《真理报》报道说他是被一个"幻灭的追随者"杀死了，直到多年后，拉蒙的亲兄弟及叛逃的克格勃军官弗拉基米尔·彼得罗夫才揭露了事实真相。海德里希制造入侵波兰借口的"希姆莱行动"、离间图哈切夫斯基元帅的"斩首行动"等秘密行动，都是在纳粹德国覆灭后，通过战后审判和清查纳粹档案等方式才被揭露出来。二战时期英国的"超级机密"，英国首相丘吉尔称其"就像是能下金蛋的鹅，但从不咯咯大叫"，战后解散参与该项工作的团队时，严令所有人员不得泄密，直到20世纪70年代才逐步披露出来，此时离纳粹覆灭、二战结束已经过去了将近30年。① 1974年12月22日，《纽约时报》记者西摩·赫斯发表了揭发中央情报局"家庭珍宝"的文章，"家庭珍宝"是中央情报局内部汇编的长达693页的"有问题的活动"项目清单，引爆了民众对情报系统的敌意，国会两院分别成立了调查委员会，对中央情报局等情报机构的情报活动进行调查，中央情报局的秘密行动才被大量揭发出来，而此前人们对其中的绝大多数秘密行动闻所未闻。冷战结束后，美国在冷战时期的许多秘密行动因保密期已满而解密，但解密材料中有许多内容被涂黑、修改或删除，这时对许多秘密行动而言已是时过境迁，曾经的刀光剑影，已成为一页页发黄变脆的历史，但依然会引起社会的广泛关

---

① 《英国布莱奇利园，一个影响战争走向的地方》，陶鹿家，2022年6月27日，个人图书馆，https://www.360doc.cn/article/80081264-1041531321.html。

注，中央情报局不得不将其中最敏感、最隐秘的内容处理掉，以免引发不良后果。挖空心思窥探他人的隐私，以满足个人的好奇心是人类的天性，使得秘密行动一旦被揭秘，便成为一个时期民众的饕餮盛宴。苏联东欧剧变后，其情报机构也风流云散，大量秘密被知情人或经办人揭露出来。曾先后任克格勃驻华盛顿情报站代理站长和克格勃第一总局反间谍局局长的奥列格·卢卡金，是当时克格勃最年轻的少将，苏联消亡后陆续出版了《第一总局：我的32年反西方情报和间谍史》《卢比扬卡即景》《化为灰烬的桥梁》《超级鼹鼠》《再见了，卢比扬卡》等书籍，披露了克格勃在境外开展秘密行动的大量机密，揭发了一批为苏联服务的美国间谍，导致许多人被捕或加重刑罚；曾任东德外国情报总局局长的马库斯·沃尔夫出版了回忆录《隐面人》，揭开了许多未解之谜。还有一些失业的前克格勃军官出版回忆录，披露了大量鲜为人知的秘密，使得这个已经退隐到历史烟尘中的情报机构和有关当事人仍然不得安宁。这里所要说的是，由情报机构主动公布秘密行动真相的情形是极为少见的，严守秘密是情报机构的基本纪律要求，主要是由其他方式或渠道被动披露出来。事后的保密不仅仅关乎保守秘密行动秘密的安全，有时还关乎政治上的安全，有些秘密行动被揭露出来，往往会导致政治上的灾难，如里根总统被"伊朗门事件"搞得焦头烂额；中央情报局前任局长赫尔姆斯和时任局长科尔比，在国会的调查中声名狼藉，中央情报局在这个时期也成为过街老鼠，受到新闻媒体、公众、政治人物及受害国家等多方面的谴责和攻击。

第三节　风险评估

风险评估是指在风险事件发生前或进展过程中，对该事件所造成的影响和损失的可能性进行评价和估算的工作。秘密行动本身就是高风险的工作，对其进行风险评估，是有效规避和控制风险、确保取得成功的一个重要和必备的工作环节。在秘密行动领域，利益与风险总是并存的，风险评估的目的并不是要完全排除掉风险，而是如何规避和降低风险，或将风险控制在己方所能接受的范围内，并针对这些风险谋划好应对之策。马基雅维里认为："任何一个国家都不能够认为自己总是能够选择一条万全的途径……人们在避免一种不利的同时，难免遭到另一种不利。"[①] 秘密行动的

---

① [意] 马基雅维里著，潘汉典译：《君主论》，商务印书馆2017年版，第110页。

风险评估从情报支撑环节就已经开始了，但最重要的还是在秘密行动方案初步制定之后的风险评估。方案通常是综合考量了与秘密行动相关的各方面因素，包括情报方面情况的基础上所制定出来的。因此，对秘密行动方案的风险评估，实际上就是对所有影响秘密行动因素的综合性评估，包括对情报的可靠性评估、对秘密行动方案的可行性评估及对方案实施后衍生危害的可控性评估等，核心是对秘密行动方案的可行性评估，但情报及衍生危害也会对方案评估产生很大的影响。对情报的评估属于对已然因素的评估，对方案和衍生危害的评估则属于对未然因素的评估。评估的方式多种多样，有文字报告式评估、会议研讨式评估，以及临机决断式评估等，后面将要谈到的验证性演练也可算作是一种比较特殊的评估方式。

一、对情报的可靠性评估

情报的可靠性是指其真实性，这种真实性是建立在情报来源的可靠性、情报内容的真实性及分析研判的准确性基础之上的。一般来说，情报来源可靠是内容真实的基础，但来源可靠并不一定代表内容就真实，因为人力情报方面，有可能会说谎、没有弄清楚状况或是对方的欺骗陷阱；技术情报方面，有可能只是截获了一些信息碎片或是对方故意释放的烟幕弹；另外目标对象的情况很可能会随着时间的推移发生相应的变化。在这种情况下，专业人员的分析研判就非常重要了，但同样的情报素材给不同的专业人员进行分析研判，得出的结论有时也会有所出入甚至大相径庭。美国情报理论家迈克尔·汉德尔认为，情报会受到敌方因素、国际环境及己方因素"三重噪音"的影响，在重重歧路之下，要想抓住真相这只"羊"殊属不易。对使用情报的机构和人员来说，多一分审慎的态度，就会少一分失误的风险，正所谓侥幸是祸水之源，谨慎是智慧之子。不过任何事情都不是绝对的，过于谨慎也不一定是好事。克劳塞维茨认为："战争中搜集到的情报，大部分是相互矛盾的，还有许多是假的，绝大部分是不确定的"，"一般而言，人们容易相信坏消息，不容易相信好消息，并容易把坏的消息加以夸大。"[①] 用于秘密行动的情报，恰恰对可靠性、真实性和准确性有着极高的要求，是秘密行动赖以存在的前提和基础，很难想象一份虚假的或真假参半的情报，或是被分析人员和决策者误读的情报，能够引导秘密行动走向成功。因此，对情报可靠性的评估，就显得非常

---

① [德]克劳塞维茨著，余杰译：《战争论》，台海出版社2018年版，第56页。

重要。

　　前面说过，情报分为直接情报和间接情报。直接情报可靠性的评估相对比较简单，用事实来说话最具说服力，一般不会有明显的分歧；间接情报主要靠拼图和推理，差异性就比较大。用于"巴比伦行动"的情报，来自于熟知伊拉克核工厂建设的科学家之手，情报内容的专业性和系统性极强，很难伪造，属于直接情报，在评估其可靠性时，不必花太多的精力。对所窃取的赫鲁晓夫"秘密报告"的分析评估则相对复杂一些，不仅要评估其真伪，还要评估其是全本还是删节本。根据美国时任总统艾森豪威尔的指令，中央情报局特工威纳斯通过波兰情报人员买了1份"秘密报告"的复制件，经美国驻苏联大使查尔斯·波伦的鉴定和评估，确认是"秘密报告"的节略本，有35处删节，其中关于苏联对外政策方面的内容被全部删除了，其价值大打折扣。中央情报局不死心，又通过以色列摩萨德窃取到了一份"秘密报告"，经中央情报局机要室负责人雷·克莱因分析评估，确认是报告的全本。[①] 这两人中，一人是驻苏大使，对苏联高层政治状况及苏联文件特点非常熟悉；一人是中央情报局机要室负责人，对文件材料的格式用语具有敏锐的感受力和判断力，他们的专业能力决定了其评估的权威性和准确性。时任中央情报局局长杜勒斯将此事称为他"情报生涯中最辉煌的成就"，并马上借助报刊和广播电台进行轰炸式宣传，以离间苏联与东欧各国、苏东各国党与民众之间的关系，在苏东阵营中引起了极大的混乱。总体上来说，对直接情报的可靠性评估，大多不会兴师动众，评估的程序和方式相对比较简便，投入的人力和精力相对比较少。

　　对间接情报的评估就要复杂多了，尤其是对那些事关重大秘密行动的情报，评估的复杂程度超乎想象，投入的人力成本极高，最后还不一定能得出满意的结果，在决策层中也容易引发意见分歧。中央情报局通过情报拼图，认为本·拉丹藏身阿伯特巴德小院的可能性比较大。出于慎重起见，中央情报局组织不同的专业人员进行了反复的分析研判，也就是对本·拉丹藏身小院情报的可靠性进行评估，但结论的差异性比较大。中央情报局反恐怖中心首席分析员认为有95%的把握确定本·拉丹就藏身在这个院子里；高级分析员（为总统做简报的人）认为有80%的把握。出于稳妥考虑，反恐中心主任召集了一个紧急小组，组员都是经验丰富的情报分析人

[①] 詹静芳、詹幼鹏：《美国中央情报局绝密行动》，北方文艺出版社2017年版，第65页。

员，并且此前从未参与过该项工作，能够避免非客观因素的影响，对相关情报进行了彻底核查，他们分别有50%—80%不等的把握。在最终决定行动之前，中央情报局反恐中心又召集4名情报分析员再次复核情报，其中1人把握为60%，2人为50%，1人为40%，信心度明显偏低。中央情报局副局长莫雷尔认为自己有60%的把握。奥巴马总统在会上没有说自己的把握有多大，但事后说自己的把握只有50%。不同人员的评估结果之所以差别如此之大，是因为所有用于分析的情报素材都是间接证据，没有一份情报素材能够直接证明本·拉丹就在那个院子里。美国通过间谍卫星拍摄了院中散步男子的视频，但只能看清"踱步者（中央情报局对这名男子的代称）"的头顶，身体的其他部位基本上都被头顶覆盖住了，连身高都无法确定。中央情报局请专家估算其身高，得到的答案是1.5—2.1米，而本·拉丹的身高为1.92米，对分析评估也无任何补益。① 在决策层中，副总统拜登，曾任中央情报局局长的时任国防部长鲍勃·盖茨都认为情报的可靠性不够充分；还有一派认为需等到有更确切的情报之后再行动；但以中央情报局为代表的一派则主张尽快实施秘密行动。中央情报局作为秘密行动的主要负责单位和行家里手，理应比决策层的其他人员更专业、更理性和更慎重，其意见似乎有些违反常规。从情报的可靠性上来讲，是不宜以此作为策划制定秘密行动依据的，也即组织实施"海神之矛"秘密行动的情报依据并不充分，时机也不成熟。

二、对秘密行动方案的可行性评估

对秘密行动方案的可行性评估，是围绕将秘密行动方案付诸实施时将会出现什么样的问题，进行认真细致的分析和评估，包括该行动方案有无现实可操作性、能否达成核心目标、可能遇到的影响秘密行动顺利实施的意外情况等问题。这是在掌握了与秘密行动方案相关的各方面情况的基础上，运用推理的方式，对方案实施的前景进行客观的评估，是对尚未发生的事情进行分析研判，预测评估可能产生的问题和结果。

秘密行动方案有无现实可操作性，是对方案的整体评估，包括方案有没有办法实施，或实施后的胜负率如何等情形。没有办法实施的行动方案犹如空中楼阁，再好看也没有用，还有可能将决策者引进思维的死胡同。

---

① [美]迈克尔·莫雷尔、比尔·哈洛著，朱邦芊译：《不完美风暴：美国中央情报局反恐30年》，中信出版社2018年版，第179—181页。

第三章 秘密行动的策划与实施

有的方案虽然具有比较强的操作性，但其成功的概率不是很高，同样也不具备可行性。1998年春天，中央情报局亚力克情报站发现本·拉丹现身于距坎大哈机场仅5公里之遥的塔尔纳克庄园，这里建有3米高的围墙和80余间的房屋，是本·拉丹的一个据点，他带了几名保镖与妻子一起在这里住了好几天。当时他并没有意识到危险，随意使用着卫星电话，中央情报局借助间谍卫星精准定位并绘制出了庄园的地图。亚力克情报站制定出了抓捕行动计划，该计划为联合阿富汗的一个部落武装组织，由30人组成两个行动小组，一个小组通过排水沟潜入庄园进行突袭，将本·拉丹带到庄园门口；一个小组驾驶两辆"巡洋舰"吉普车，到庄园门口解决掉两名警卫。两个小组会合后，将本·拉丹绑架到50公里外的山洞里藏匿起来。等1个月"基地"组织警惕性松懈之后，再由美军用飞机秘密将其运出阿富汗。对这个行动计划，亚力克情报站负责人迈克·朔伊尔充满了信心，但中央情报局局长特尼特和行动部的负责人却否决了这个方案。否决的理由是这个秘密行动方案过于复杂，时间拉得也比较长，越复杂变数越多，失败的风险就越大，认为这个方案几乎没有成功的可能。[1] 当时美国政府对中央情报局还没有放开直接暗杀的政策，只能采取绑架的方式进行抓捕，如果当时能够进行暗杀，执行难度就会大幅度下降，本·拉丹真就可能走不出这个庄园了。击毙本·拉丹4个备选方案之一的秘密运送部队进行突袭的行动，突击队需要通过地面秘密潜入巴基斯坦，但很可能会与巴基斯坦的军队发生战斗，造成突击队的伤亡或被俘。奥巴马总统也认为这个方案太复杂了，行动结束后，突击队也很难顺利撤离巴基斯坦，也就是风险太高，因而否决了这个方案。最终采纳和实施的是用隐形飞机运送突击队进行突袭，可以快进快出，显然要优于前者。

能否达成核心目标。任何秘密行动都会预设核心目标，即该秘密行动所必须达到的目标，如果这个目标能够达到，即使风险高一点也可以承受。马基雅维里认为："人们在避免一种不利的同时，难免遭到另一种不利。但是，谨慎在于能够认识各种不利的性质，进而选择害处最少的作为最佳的途径。"[2] 策划秘密行动时，除了需要遵循"两害相权取其轻"的原

---

[1] 詹静芳、詹幼鹏：《美国中央情报局绝密行动》，北方文艺出版社2017年版，第270页。

[2] ［意］马基雅维得著，潘汉典译：《君主论》，商务印书馆2017年版，第110页。

则外，还必须做到"两利相权取其重"，这里所说的"重"，就是核心目标。在策划研究"海神之矛"秘密行动时，奥巴马总统逐渐将核心目标聚焦到能击毙或抓到本·拉丹、并能确认所击毙或抓到的人就是本·拉丹，能够获取本·拉丹住处的情报资料等两项目标上，认为通过隐形直升机运送突击队进行偷袭是最佳方案。虽然这个方案同样会存在突击队员伤亡的风险，巴基斯坦军方很可能会发现这些入侵领空的飞机并开火，但机动性更强，潜入和撤离都比较快捷，要优于从地面上运送突击队进行袭击的方案。空袭是4个备选方案中风险系数最低、实施最简便的方案，决策层多数人倾向这个方案，但无法确认是否炸死了本·拉丹，也没有机会获取情报资料，无法达成核心目标的要求。奥巴马的决策是以能否达成核心目标为标准，选择了一个中等风险的方案。在风险等级和核心目标之间的平衡上，不同的秘密行动及不同国家的情报机构，在拿捏上会有不同的习惯和偏好，多数力求定位于二者之间的平衡点，也有的偏重于规避风险或偏重于达成目标。以色列情报机构往往将达成核心目标放在首位，风险系数高一些也在所不惜。摩萨德如果选择暗杀艾希曼，对他们而言行动难度及风险系数都很低，但他们却将核心目标锁定为将其绑架到以色列，难度和风险都高了不止一个等级。

可能影响秘密行动顺利实施的意外情况。击毙本·拉丹的行动，美国本可将情报通报给巴基斯坦，由巴方进行抓捕，或由巴方配合美军突袭，既能够有效达成核心目标，又可以化解巴方对秘密行动可能造成的阻碍和危险，应该说是一个最完美的方案。这个方案能使收益最大化，风险最小化。另3个方案中所说的部队伤亡及行动失败的风险也基本上都与巴方有关，这种合作实际上是化解了此种风险。但又要防止其他意外情况的发生，这与方案没有直接关系，但与合作的对方人员有直接的关系，这就是保密的问题。中央情报局觉得会存在泄密的风险，院内人员可能会接到密报后逃走，保密是秘密行动的生命线，所以这个方案也被否决了。美国决策层认为这方面有着深刻的教训，1998年8月，中央情报局获取了本·拉丹将于20日在位于阿富汗霍斯特的"基地"组织营地活动的情报，美国实施了代号为"无限延伸"的秘密行动，从红海军舰上发射了75枚"战斧"式巡航导弹，对这个营地进行了远程高密度轰炸，但本·拉丹及"基地"组织领导层在轰炸前刚离开此地。在实施该行动之前，美国专门派遣参谋长联席会议副主席乔·罗尔斯顿将军前往巴基斯坦，告知美国巡航导弹很快将会越过巴基斯坦的领空射向阿富汗。因而中央情报局怀疑是巴政府中某个本·拉丹的同情者通风报信,才使得此次轰炸扑空。2000 年又发生了类似的事情,使得美国对巴基斯坦充满了疑虑。在这种情况下,事关本·拉丹的任何秘密行动,涉及到巴方知晓或参与的方案,都不可能获得通过。① 运用直升机运送部队的袭击方案,有可能出现被巴基斯坦军方或警方发现,而遭到围攻的意外情况,前沿指挥官麦克雷文计划让突击队在小院里缴械投降,由高层出面进行营救。奥巴马则明确表示:"万一遭遇那样的情形,你们必须背水一战。"在实施绑架艾希曼的秘密行动时,摩萨德局长哈雷尔亲赴阿根廷,对可能出现的意外情况进行了评估,并提出了应对的措施。如果在抓捕控制艾希曼时他不肯就范,就现场处决;特别行动队员如果在现场被阿根廷警方逮捕,就声称是私人性质的行动,如能逃脱,就迅速乘坐火车向阿邻国转移。如果已经成功控制了艾希曼,在藏匿地点被阿警方发现,特别行动小组指挥官嘉比·埃勒达德就应将自己和艾希曼铐在一起,其他队员设法潜逃回国;要求嘉比说明艾希曼的历史和罪行,说是局长哈雷尔亲自指挥这次行动的,提供哈雷尔所住旅馆地址,由哈雷尔来解释这一行动的动机及承担法律责任。② 这里设想和评估了执行过程中的多种突发性意外情况,并相应确定了应对的方法和措施,尤其是最后一个应对措施,相当于将摩萨德的老本都赌上了。实际上这个案例中风险评估的目的不是要规避风险,而是发生风险时如何进行应对,也从一个侧面反映了摩萨德不达目的不罢休的行事风格,只要能达到目标,任何风险都能承受。好在这些意外情况都没有发生,但有些秘密行动就没有这么幸运了。1993 年 10 月,美军派遣特种部队到索马里摩加迪沙实施抓捕军阀和恐怖组织头目法拉赫·艾迪德的"哥特蛇行动",却出现了遭到上万名当地武装分子围攻的意外情况,不仅抓捕任务没有完成,还损失了两架"黑鹰"战机,阵亡 18 人、受伤 73 人,1 名飞行员被俘,几具没能抢回的尸体被恐怖分子拖去游街。③ 这次"黑鹰坠落事件"使美国颜面尽失,在美国国内也引起了一场舆论风暴。这与事先没有充分考虑到派遣突

---

① [美] 迈克尔·莫雷尔、比尔·哈洛著,朱邦芊译:《不完美风暴:美国中央情报局反恐 30 年》,中信出版社 2018 年版,第 174—177 页。
② 高金虎等:《大卫的铁拳——二十世纪以色列情报机构绝密行动》,东方出版社 2005 年版,第 44—46 页。
③ 《美军特种部队的传奇与悲剧:士兵被俘后脱光示众》,来源《广州日报》,中国新闻网,2013 年 10 月 13 日,https://www.chinanews.com/gj/2013/10-13/5372983.shtml。

击队到恐怖组织头目老巢实施秘密行动的风险性有关,艾迪德同时是当地最大的军阀,当地居民也多为亦民亦兵、亦匪亦恐,稍有不慎,就如同捅了马蜂窝,场面变得不可收拾。

三、对衍生危害的可控性评估

这里所说的衍生危害,是指由秘密行动可能派生出来或导致的其他不利后果和因素,通常情况下会力图规避或尽可能控制其影响的范围和程度。这种可控性,包含着两层意思,一是指将事态置于可控制的范围内,表现为规避、控制或降低风险,尽可能避免或减少不利后果;二是指将不利后果和因素控制在己方所能接受的范围内,表现为己方为达成某种目标,愿意承担多大的风险或不利后果。情报机构可能是国家机器中工作风险最大的一个部门,既能解决正常途径所难以解决的问题,又可能会给政府和组织惹来麻烦或困扰,这就需要想方设法对可能产生这些麻烦或困扰的因素进行规避和限制。

情报机构虽然可以突破道德与法律的限制开展秘密工作,有一个说法是可以"无所不用其极",但作为政府或军队的一个职能部门,多多少少还是要背负一些政治责任,对衍生危害的控制,就是对这种责任承担义务的表现。中国军事学者乔良、王湘穗认为:"遵循一定规则且只动用有限力量去达到有限目标的国家和军队,在与那些从不遵守任何规则、敢于用无限手段打无限战争的组织对抗时,往往很难占上风","在这方面,一贯信奉无所不用其极原则的新老恐怖分子,仍是各国政府最好的老师。"[①] 恐怖组织的做法与情报组织有许多相似之处,或者可以理解为恐怖组织学习借鉴了情报组织的许多做法。在古代许多秘密行动都兼具恐怖袭击的特征,如《史记·刺客列传》中的荆柯等刺客,换一个角度来看,说他们是恐怖分子也不为过。现代国家情报组织所实施的带有暴力性质的秘密行动,与恐怖组织所使用的手段很难说存在本质的区别,最主要的区别可能只是实施的主体不同而已。有些秘密行动的受害方指责加害方是恐怖分子和恐怖行为,也未必全无道理。苏联东欧的情报组织与胡狼卡洛斯及"红军派""红色旅""赤军""人阵"等恐怖组织有着密切的关系,甚至对这些恐怖组织的人员提供保护和进行培训;以"基地"组织为代表的国际恐

[①] 乔良、王湘穗:《超限战与反超限战——中国人提出的新战争观美国人如何应对》,长江文艺出版社2016年版,第32、102页。

第三章 秘密行动的策划与实施

怖组织,是在美国中央情报局等西方国家情报组织的扶持下发展壮大起来的,这些恐怖组织的行事风格深深地打上了情报组织的烙印,将情报组织和传统恐怖组织的行事方式结合起来,并推向极致。恐怖组织与情报组织最大的不同之处,在于恐怖组织作为隐形非国家行为体,飘忽不定,聚散无时,行迹诡秘,处事极端,不需要遵守任何规则和承担任何责任,也无须顾及任何政治后果,将制造恐怖事件和扩散恐怖效应当作终极追求目标,可以做到残害对手无下限,敢冒风险无上限,尤其是他们所普遍采用的自杀式人体炸弹(包括驾驶汽车、飞机作为炸弹来使用),连自己的命都不要了,还有什么样的风险不敢冒?或者说在其词典中,根本就没有"风险"这个词语,"基地"组织所制造的"9·11"事件就是如此。虽然情报组织也讲求"无所不用其极",但它毕竟属于某个国家政府或政治军事组织,需要承担一定的政治后果,因此对风险必须有相应的评估和控制。这个所谓的"无所不用其极",实际上会有许多限制条件,只是相对于国家政府或组织的其他部门而言,情报部门这方面把握的尺度要更大一些,活动的空间范围要更广一些,但并不是说想怎么做就能怎么做。

避免和尽可能减少附带伤害,是控制衍生危害的一项重要内容。所谓附带伤害,是指因实施秘密行动而可能伤及无辜的情形。策划"巴比伦行动"时,贝京总理特别要求:"要最大限度地减少法国援建人员和周围平民的伤亡。就像动手术,既要摘除毒瘤,又要避免大出血。"于是选择在1981年6月7日,伊拉克"圣灵降临节"的前一天实施,这天也是星期天,外籍专家均远离反应堆建设工地休息。这样的时机空袭易于得手,又可避免因外籍专家伤亡而引起外交上的麻烦。实施空袭时,在此帮助建设核反应堆的150名法国技术人员和50名意大利技师都不在厂内,只有1位名叫查皮斯的法国青年专家,因主动留在厂内加班被炸身亡,这也可算是一个意外现象,尽可能减少了附带伤害。[①]击毙本·拉丹备选方案中的空袭方案,除了不能完全达成核心目标之外,还因必须使用大量炸弹,包括掩体爆破炸弹,以防院内有地下室或隧道,这些炸弹威力巨大,有些可能会偏离目标,会导致院内妇女和儿童,以及小院对面一户人家的死亡,还可能会给附近的居民造成伤亡或其他财产损失,这无疑会影响阿拉伯世界与美国的关系及对美国反恐行动的支持。即使决策层中多数人倾向这个方

[①] 詹为为、詹幼鹏:《以色列摩萨德绝密行动》,北方文艺出版社2017年版,第208—211页。

案,还是被奥巴马否决了。20世纪50年代末期,中央情报局支持印尼叛军发动代号为"我的祖国"的反击行动,叛军在进攻马鲁加首府安汶时误炸了一个集贸市场,造成大量平民伤亡,使原本支持叛军的当地民众转而支持政府军。① 一颗造成重大附带伤害的炸弹,就炸翻了当地的民意,可见在策划秘密行动时,对可能涉及附带伤害问题时须慎之又慎才行,因为即使是再正义的行动,也不应以伤害无辜为代价,更何况许多秘密行动并不那么光明正大,所带来的负面效应会成倍增加。

秘密行动会影响到国际形象和国家关系。一般来说,这种影响和风险是可以预见的,这就要看相关国家和情报机构是如何把握的了,即为了达成某个目标,愿意冒多大的风险,承担多大的代价。在秘密行动领域,不可能存在两全其美的事情。为追杀制造"慕尼黑惨案"的恐怖分子,以色列总理梅厄夫人决定由摩萨德实施"上帝的复仇"秘密行动。这个过程必然是残酷和血腥的,但作为一个国家的政府不能如恐怖分子一样以暴制暴,它必须遵守相应的文明准则,否则会给国家形象造成严重的损害。摩萨德局长扎米尔采取了一个办法来解决这个两难问题,要求参与特别行动小组的每个人必须首先在1份文件上签字,从法律上与摩萨德脱离关系,今后的一切行为都属个人行为并由个人负责,与摩萨德无关。1973年6月,特别行动小组突袭贝鲁特"巴解"总部,不仅打死了3名与"慕尼黑事件"有关的恐怖分子,还炸毁了"巴解"总部大楼,楼内100多人遇难。此事在国际上引发了轩然大波,许多国家严厉谴责以色列,严重影响了以色列的国际声誉。虽然特别行动小组的人员与摩萨德"脱离"了关系,但这种掩人耳目的做法解决不了根本问题,以色列对此也必定心中有数。以色列敢于这么做,说明其已经做好了承担国际舆论谴责风险的心理准备。与恐怖分子及恐怖组织较量,有时会奉行加倍奉还的原则,以色列在这方面尤具代表性,这可视为对此原则的一个活生生的注脚。以色列实施"上帝的复仇"秘密行动,除了复仇之外,还兼具威慑的作用,想借此彻底打消恐怖组织再度策划实施类似恐怖袭击事件的意图。绑架艾希曼这件事也引起了阿根廷的强烈谴责,联合国通过决议,指责以色列破坏了国际和平,美、英、法、苏等国也都谴责了以色列。抓捕并审判艾希曼没有错,但潜入他国以秘密行动的方式将目标对象控制并偷运回国,无疑是侵

---

① 白建才:《"第三种选择":冷战期间美国对外隐蔽行动战略研究》,人民出版社2012年版,第227页。

第三章 秘密行动的策划与实施

犯了当事国的主权，肯定会影响与当事国的关系及招来国际舆论的指责。如果以外交途径来进行引渡，则可能会旷日持久或是困难重重，不排除引渡流产的可能性，两相权衡，还不如自己偷偷来干更可靠一些。据亚力克情报站负责人朔伊尔披露，"9·11"事件之前，美国有多次机会可以干掉本·拉丹，1998年底获悉本·拉丹在阿富汗坎大哈城一所房子过夜，该情报站提出用导弹或飞机炸死他，但决策者担心会炸毁隔壁的清真寺，从而引起伊斯兰世界的愤怒；1999年3月，该情报站又发现本·拉丹正在阿富汗南部沙漠中的一个狩猎营地里，与某中东国家的几名王子一起享乐，提议用导弹炸毁营地，白宫担心会伤及那些王子，使美国陷入与伊斯兰国家之间的外交危机，均被否决。[①] 反恐斗争必须要取得阿拉伯国家的配合与支持，从这些案例中我们可以体会到，当时美国在可能伤害与阿拉伯国家关系的问题上，还是比较谨慎的。但"9·11"之后，这种情形发生了根本的变化，击毙或抓捕本·拉丹成为美国政府压倒一切的政治任务。"海神之矛"秘密行动是在友好国家的境内进行突袭，会严重侵犯巴基斯坦的主权，时任副总统拜登甚至担心巴会与美国断交，但奥巴马依然力排众议作出了实施的决策，并作好了与巴开战的相关准备工作。国家关系破裂了可以修复，本·拉丹逃脱了机会就再难寻找，表明了奥巴马是宁冒断交和开战的风险，也不愿放过暗杀的机会，这也说明奥巴马是将击毙本·拉丹事项的重要性置于美巴关系之上。在此情形下，任何涉及到与美巴国家关系相关的风险，都可放置一旁。

对秘密行动的决策是一种政治决策，这就意味着会产生相应的政治后果，如果秘密行动决策失误、失败或暴露，还可能会引发政治上的次生灾害，因而政治考量和政治算计有时会成为决策的重要因素。卡特总统因"鹰爪行动"失败，在国内备受攻击，连任之梦破碎；里根总统在"伊朗门事件"中艰难甩锅，才好不容易逃脱了被弹劾的命运，但依然对其总统生涯产生了很大的负面影响。这些都是由秘密行动衍生出来的不利政治后果。有了这些前车之鉴，在是否立即实施"海神之矛"秘密行动的问题上，奥巴马同样陷入了两难的境地。时任总统国家安全事务副助理罗兹认为，所有参与该计划的人都知道，奥巴马"将自己的总统宝座都押上了"，如果奥巴马坚持继续等待，本·拉丹跑掉了，奥巴马会被指责坐失良机，

[①] 詹静芳、詹幼鹏：《美国中央情报局绝密行动》，北方文艺出版社2017年版，第271页。

让头号敌人逃出生天;如果行动失败,反对党会将其比作吉米·卡特,将此次行动视为另一个失败的"鹰爪行动",而当年卡特因为此事声望大跌,不得不放弃了参与第二任期竞选的想法。决策层大多数人倾向于反对或等到有了更确切的情报后再说,中央情报局局长帕内塔和副局长莫雷尔认为,没人能保证等待的时间更长就会获得更多更准确的情报;知悉情报报告和分析的人越来越多,随时可能泄密,会使本·拉丹闻风而逃;即使没有人给本·拉丹通风报信,也不能够保证他不会搬家,因为不知道这里是其长期还是短期的住处。一旦出现后两种情况中的任何一种,都会使前面所有的工作成果归零,一切需从头开始,而前面所做的工作花了近10年时间。莫雷尔在《不完美风暴》中认为:"如果他(奥巴马)不采取行动,之后人们又知道了中央情报局曾认为本·拉丹就在那里,就会大大有损他的总统形象和美国的可信度。"① 从这里我们可以看出,奥巴马作出实施"海神之矛"秘密行动的决断,主要依据并不是情报的可靠性,他对情报只有50%的把握,很大程度上是担心迟疑不决可能会引发政治上的严重后果。考虑到就是这样可靠性不高的情报也来之不易,本·拉丹又是美国的头号敌人,在没有更好选择的情况下,行动比不行动好,有鱼没鱼打一网,不失为一种明智的举动。诚如丘吉尔所言:"我从不担心行动的危险,我更担心不行动的危险。"幸运的是,他这一宝押对了。在"霹雳行动"最后决策时,摩萨德局长霍菲力主按计划实施,国防部长佩雷斯也决心干到底,而总理拉宾有点犹豫不决。佩雷斯鼓动道:"如果成功了,你将成为一名英雄。"拉宾担忧道:"如果不成功,我们大家只能引咎辞职。"经过一番激烈的思想斗争,拉宾才最终拍板实施。② 秘密行动风险度高,尤其是一些特别重大的秘密行动,风险度更高,引发次生政治灾害的可能性更大,这时政治考量就有可能成为决策的重要甚至是首要的因素。

对秘密行动的风险评估,通常主要是集中在对核心和主要因素的评估上,有时也会导致出现一些盲区,如对一些新的因素缺乏敏感性,对边缘性因素的关注度不够,有些秘密行动恰恰会在这些方面出问题。摩萨德特工在境外实施各类秘密行动,惯常的做法是持伪造的他国护照,相关证卡

---

① [美]迈克尔·莫雷尔、比尔·哈洛著,朱邦芊译:《不完美风暴:美国中央情报局反恐30年》,中信出版社2018年版,第182—185页。

② 高金虎等:《大卫的铁拳——二十世纪以色列情报机构绝密行动》,东方出版社2005年版,第237页。

也不用以色列的，不仅有效掩藏和抹去了以色列的痕迹，也没有带来多少不利的影响。但 2010 年初在迪拜暗杀巴勒斯坦"哈马斯"高级官员马哈茂德·马巴胡赫的事件，却因此引发了众怒，被称为以色列和摩萨德的"迪拜门"事件。本来阿联酋警方初步判断受害人死于心脏病突发，而酒店的监控记录打开了真相的大门，据此查到是以色列特工所为。这 11 名特工到迪拜时，分别持有英国、爱尔兰、法国、德国等国的假护照，这些国家相继召见以色列大使，认为以色列此举严重玷污了本国护照的信誉，破坏了国家之间的关系，严辞谴责暗杀行为，要求以色列配合调查，国际刑警组织也发布了红色通缉令。他们使用的手机卡来自奥地利，用于购买机票的信用卡出自美国，也引起了这两个国家的强烈不满。摩萨德的座右铭是"睿智若亡，国家则亡"。在该项秘密行动的风险评估中，很明显对监控视频这个新事物缺乏应有的敏感，对酒店的监控设施没有采取相应的规避和破坏措施，习惯于按照原有的思维行事，没有体现出应有的"睿智"。警方根据酒店的监控视频进行倒查，查清了参与执行暗杀行动 11 名特工的身份及活动轨迹，并公布了他们的照片；还查清了另外负责跟踪、监视马巴胡赫等配合性工作的 15 名特工的活动轨迹，涉案视频被迪拜制作成纪录片后立刻传遍全世界，使以色列政府及摩萨德在世人面前出丑。面对铁的事实，以色列惯用的否认手法也失灵了，在强大的国际国内压力下，有"幕后幽灵"之称的时任摩萨德局长梅尔·达甘只得宣布辞职。[①] 如果不是酒店的监控使暗杀行动露了马脚，我们可以想见，迪拜警方很难查出暗杀的真相，即使查出来了，只要不是视频证据，以色列也会死不认账，摩萨德特工盗用他国护照和证卡的事情也难以坐实，暗杀事件所引起的风暴就不会这么大，具有这方面丰富经验的以色列政府完全可以用谎言轻松应对过去。

第四节　模拟演练

绝大多数秘密行动是派遣个别人员或小股队伍深入敌境，在陌生的环境里，敌我双方力量悬殊的情况下，执行高难度的秘密任务。秘密行动的这种特性，决定了任何秘密行动都具有极高的风险性，必须做到周密细

[①] 詹为为、詹幼鹏：《以色列摩萨德绝密行动》，北方文艺出版社 2017 年版，第 278—283 页。

致，才有可能取得成功，一个环节或细节稍有差池，就可能导致整个行动的失败，而且有些秘密行动基本上是机不可失，时不再来，一旦失手，就有可能永远失去了机会。为增强决策者的直观感受，提高决策的科学性，以及实战的顺利进行，情报机构通常会组织模拟演练。模拟演练是对秘密行动环境和过程的仿真预演，最成功的模拟演练，应该是对实战全过程的预先克隆，后面的实战就是对模拟演练的复制。当然这是一种理想的状态，任何一个微小的变量，都可能会改变预设的状态，这就需要在模拟演练时尽可能考虑到各种不同的情况，并设计出因应的办法。组织各种模拟演练，成为许多秘密行动决策过程与实施之前的重要内容，根据模拟演练在整个秘密行动工作流程中的时间节点及所起的作用，可分为推演性演练、验证性演练和实战性演练。一般情况下，只会进行实战性演练，只有那些特别重大、特别敏感或实施难度特别高的少量秘密行动项目，才会进行多种模拟演练，如"海神之矛"秘密行动。从目前所搜集到的资料来看，实战性演练的案例最多，推演性演练和验证性演练相对比较少。

一、推演性演练

推演性演练，大多在会议室或办公室等室内场所，以会议汇报或研究的方式进行，也可称为桌面推演。通常是借助实物缩小模型、图像、图片或文字等介质，按照初步设计的方案对整个秘密行动的方式和过程进行模拟和演绎，分析研究有利与不利条件及应对的方法，以进一步完善方案及供高层官员在决策时参考。一般是在制定出了初步的秘密行动方案，又尚未决策前使用这种演练方式。对于特别重要和复杂的秘密行动，有时还会提供多套备选行动方案进行推演，分析每套方案的优点和不足，以给决策者提供更宽阔的思路和更多的选择。

"海神之矛"秘密行动的目标对象本·拉丹是美国的头号通缉犯，历尽千辛万苦，耗时近10年总算追寻到了他的踪迹，美国从最高决策者总统、执行突袭任务的军方，到负责策划设计秘密行动方案的中央情报局都高度重视，希望能毕其功于一役，中央情报局和军方联合制定了秘密行动的4个备选方案。在向国家安全事务助理多尼伦汇报之前，中央情报局与军方高层在局长帕内塔的会议室，对所有备选方案进行了一次模拟演练。美国国家地理空间情报局利用间谍卫星图像描绘出小院的基本结构，还利用间谍卫星历史影像资料进行对比分析，掌握了自2005年以来小院内3层小楼建造、维修和改造等情况，以及出入口和房子内部结构等细节，制作了该院子1∶64的仿真模型，大约1.2米见方。模型的精准度极高，连树木和灌木丛的位置、圈养动物笼子的大小和位置都极为精确，为推演性演练提供了模拟实物实景条件。因准备很充分，向多尼伦汇报十分顺利。10天后向总统奥巴马等决策层汇报时，以桌面推演等方式，详细介绍和讨论了每个备选方案，范围缩小到空袭和武装人员乘坐直升机到小院进行地面突袭两个备选方案上。过了几天，奥巴马认为通过直升机运送突击队的地面突袭是最佳方案，并询问负责前沿指挥秘密行动的美军联合特种作战司令威廉·麦克雷文中将是否可行。麦克雷文回答道："我只有在演练之后，才能明确无误地告诉您可行与否。我会在两周内给您答复。"[①]

从这里我们可以看出推演性演练的优点和局限性，优点在于实物模型、图像或图片能够增强与会者的现场感，对秘密行动目标对象所处的环境及实施秘密行动所要克服的问题和障碍有一个基本直观的了解。其局限性还是显而易见的，即主要还是处于坐而论道的层面上，模型和图像等物品虽然具有一定的形象性和直观性，但与真景实人的演练相比还是差距比较大。秘密行动的实践一再表明，实施过程中遇到的问题、困难和不可预知的因素，往往会超出方案设计者和决策者的认知和想象力。在推演性演练中可行的方案，在实战中不一定可行，因此，对一些极为重要的秘密行动方案，还需要经过真景实人的模拟演练来进行验证。

也并不是所有类型的秘密行动都适合做真景实人式的演练，如欺骗、离间等带有心理战性质的秘密行动，核心是如何把握和控制对方的心理，是心灵与心灵的碰撞，思维与思维的较量，可以通过图片、图像、声音和文字等介质进行桌面推演，但要进行真景实人式的演练，一般情况下并不具备可行性。真景实人式的演练大多适合相对封闭的环境，而一些过于开放或庞大的场景，在技术上操作的难度非常大。苏联克格勃派遣华人女特工赴日本东京暗杀叛逃的兵器专家尤里·巴甫伦夫，除了对喷射毒气的技能和过程进行实战演练外，还需要全面熟悉东京的环境，便于在东京的活动和事成后能够顺利撤离。为此，克格勃不惜血本，花费近8万卢布，制作了一个20平方米大小的东京全景立体沙盘，将东京的每条街道及河流、楼房、店铺，甚至每个公交车站牌都标得一清二楚，傅索安在此花了两个多月的时间熟悉街景，设计不同情景下的毒杀手法和遭遇不同情形下的逃

---

① ［美］迈克尔·莫雷尔、比尔·哈洛著，朱邦芹译：《不完美风暴：美国中央情报局反恐30年》，中信出版社2018年版，第175—177页。

生撤离线路，一切都烂熟于心后才出发。后来在东京热闹的街市上成功暗杀对象，并迅即直奔机场，顺利撤回苏联。行动之迅捷，根本没给日本警方反应过来的时间。① 近距离暗杀大多是寻找或创造与对象单独相处的机会时下手，一般不会惊动他人，撤离的难度相对比较小。傅索安所执行的这次暗杀任务则有所不同，很难找到与巴甫伦夫单独相处的机会，只能选择在对象每天的必经之路，也即闹市上下手。此时正值上班时间，行人熙熙攘攘，撤离的难度要远高于毒杀的难度，演练的重点也是放在如何趁乱撤离上。不可能建造一个与东京同比例的模型来进行实战演练，只能通过地图或沙盘来进行推演式演练，从结果来看，效果不错。不同类型或不同项目的秘密行动，各自的情况千差万别，在模拟演练的选择和安排上并不是一成不变的，必须根据任务的需要和现实的可能来灵活掌握。

二、验证性演练

验证性演练是指通过模拟演练的方式，来验证秘密行动方案是否可行。一般为决策者已经明确倾向于某个秘密行动方案，又没有最终敲定之前，执行团队觉得尚无十足把握的情况下，模拟与实战相似的环境条件和程序要求进行的演练，以验证该秘密行动方案的可行性。这种演练方式的结果，可对决策者的最终选择施加直接的影响。如果该秘密行动方案可行，则验证性演练与下步的实战性演练就能够无缝对接。验证性演练与实战性演练在外在形式上不存在什么差别，只是时间节点和目的性不一样。验证性演练在最高决策者决策之前，实战性演练在最高决策者决策之后；验证性演练的目的重在验证，以检验秘密行动方案的可行性；实战性演练的目的重在实战，以确保秘密行动方案在实施时得到精准执行。

前面所述奥巴马总统认为以直升机运送突击队员进行突袭是最佳方案，并询问麦克雷文是否可行，麦克雷文要求给两周的时间进行演练之后，才能给予准确的答复。2011年4月，24名"海豹"突击队员及1只军犬抵达美国北卡罗莱纳州训练基地，中央情报局在这里建造了一座与阿伯塔巴德的院子大小和结构完全一样的实体模型，麦克雷文安排承担此次秘密行动的"海豹"突击队员进行模拟演练，队员们认真研究院子及房子

---

① 《1968年，一个女知青游过界河，逃苏当6年克格勃，自杀时以血写悔字》，鉴史官，2022年6月13日，网易新闻，手机网易网，https://m.163.com/dy/article/H9N6C78N055339FF.html。

的结构，对每一个细节都认真观察并烂熟于心，尽可能考虑到每一步可能出现的意外情况，并设计好应对的方法。每晚都要按照秘密行动方案演练两三遍，发现问题，逐项解决，对每一个环节和细节认真推敲，反复训练，最后将抵达院子后的突袭时间压缩到30分钟以内。承担飞行任务的第160特战航空团在与巴基斯坦北部地形相似的地区进行夜间飞行训练，大大提升了作战行动的精准性和协调性。4月中旬，突击队员和直升机前往内华达州，进行全建制全过程演练，从躲避雷达、低空渗透、快速机降、突入突击到收队撤离，每个细节都认真推敲，并充分预想行动中可能出现的各种复杂情况，完善应对的办法。在演练时精确到了所有的细节，包括时间选择在晚上，统一的军大衣、夜视镜，能够躲避雷达的隐形直升机等。通过半个月的模拟演练，验证了飞机投送突击队进行突袭方案的可行性。麦克雷文向奥巴马总统汇报了验证性演练的结果，认为该方案可行，并建议最好安排在4月30日深夜，在漆黑的夜晚中，戴夜视镜的突击队员会占有极大的优势，同时还可以有效隐藏突袭行动的形迹，奥巴马采纳了其建议。[①] 麦克雷文对突袭时间的建议，可视为经过验证性演练后，对原有方案的改进和完善。营救人质的"霹雳行动"大获成功后，以色列总理拉宾说："在没有准确的情报、在部队没有编成及模拟演练还没有进行的情况下，我无法确定营救作战会取得成功。我完全没有采取军事行动的信心。"[②] 这也说明了验证性演练对决策的重要作用。在以色列内阁会议尚未作出决策之前，执行"霹雳行动"突袭任务的团队在内塔尼亚胡中校的带领下，在搭建恩德培机场实景模型的基地里进行了反复的演练，直到整个"霹雳行动"的执行团队出发20分钟后，内阁才作出了实施的决策，这也说明了情况紧急，时间不等人。而作出这个决策的重要依据之一，就是模拟演练的结果。由于营救人质的时间十分紧迫，"霹雳行动"实际上是将验证性演练与实战性演练结合在一起进行的，对内阁决策而言是验证性演练，对执行团队而言是实战演练。

"鹰爪行动"之所以失败，有人认为没有进行认真的验证性演练或实战性演练是其中一个重要原因。参战不同军种之间的通信联络和协调配

----

① [美]迈克尔·莫雷尔、比尔·哈洛著，朱邦芊译：《不完美风暴：美国中央情报局反恐30年》，中信出版社2018年版，第177—178页。

② 高金虎等：《大卫的铁拳——二十世纪以色列情报机构绝密行动》，东方出版社2005年版，第267页。

合、直升机改装后对其性能的影响、在伊朗建立 5 个临时阵地是否能顺利达成、5 次转乘能否顺利衔接、3 个攻击地点能否成功拿下；以及 200 多人的队伍和近 20 架飞机深入敌国，开展为期近两天的营救行动，伊朗能否反应过来并进行围剿等一系列问题，通过认真细致的验证性或实战性演练，至少可以发现其中的一部分问题，那么该秘密行动方案付诸实施的可能性恐怕就不大了，或是会根据验证性演练的结果，对行动方案进行大幅度的修改和完善。一般而言，进行验证性演练并非常态，而是一种比较特殊的现象，多用于特别重大的秘密行动项目。验证性演练一般会有 3 种结果，一是验证了秘密行动方案可行，则验证性演练就自然而然地变成或过渡到实战演练，没有增加成本，有效地完成了两项任务；二是发现了秘密行动方案中的问题和瑕疵，则需要进行修改完善，在下一步的实战演练中根据完善后的方案进行调整和改进，前期的验证性演练则是提供了一个良好的基础；三是验证了秘密行动方案不可行，则该秘密行动方案作废，重新制定新的方案或是取消该次秘密行动，以确保秘密行动不出现重大的挫折或失败问题。

三、实战性演练

实战性演练，是指在决策之后和实施行动之前，由执行秘密行动的人员，模拟秘密行动的实景场所、程序环节、操作方法等进行的全建制全过程的演练。要求尽可能与后续的实战没有大的出入，一个成功的实战模拟演练，最好是后续的实战为实战演练的复制品。所谓全建制全过程，是指参与秘密行动的团队全员参加，按照实战的要求和程序，演练从出发到收兵回营的整个行动过程。精准度和迅捷度是秘密行动成败的命门，这就必须使执行秘密行动的人员，最大限度地熟悉环境和整个工作流程，并在每个工作环节和细节上尽可能缩短操作的时间。执行人员要做到两个烂熟于心，即对目标对象所处的环境烂熟于心，对秘密行动的每个环节、细节甚至自己的每个动作烂熟于心，在真正实战时才能够做到精准迅捷、一气呵成。在执行难度比较高的秘密行动时，各国情报机构非常重视实战演练，并尽可能做到与实战完全一致。全建制全过程演练是实战演练的基本做法，但因为每个秘密行动项目都会有自己的特点和不同的需求，在实战演练时对侧重点的把握也会有所不同，大体上可分为偏重过程、偏重环境和偏重技术等类别。

偏重过程的实战演练组织工作更为复杂一些，一般为处于相对开放的

第三章　秘密行动的策划与实施

环境里，秘密行动的环节比较多，呈线型分布，每一个环节都能决定秘密行动的成败。"巴比伦行动"须派遣飞机远距离偷袭伊拉克的核反应堆，最大的问题是如何躲过沿途约旦、沙特阿拉伯和伊拉克等国的雷达，另外是空投的炸弹会不会从核反应堆坚硬的水泥外壳上弹跳出去。为此，精选的20多名执行轰炸任务的飞行员，由一位曾参加过3次中东战争的上校指挥，摩萨德和阿穆恩详尽地介绍了轰炸目标的情况，在西奈地区"月亮山谷"中的埃其翁空军基地进行了实战演练。演练开始阶段，飞行员每天长时间在约旦与沙特接壤的大沙漠上空飞行，以培养飞行员的体力，适应在无标志可循的沙漠上空长距离飞行，并试探约旦和沙特雷达防空区的盲点区域和位置。两伊开战以来，美国空军的3架预警机一直在海湾上空游弋，特别行动小组的飞行员，还必须在训练中找到一条不被预警机上电子眼和电子耳发现，能平安到达巴格达的空中线路。为迷惑途经国家的防空雷达，第二阶段训练的重点是飞行编队。一部分飞机低空单飞，一部分飞机高空飞行，还有一部分飞机做集群飞行。这样在途经国家的雷达荧屏上，这些飞机所反射出的集群图像，正好像一架大型商业飞机所显示的大亮点，而不是那种令人警觉的战斗机小亮点。第三阶段是轰炸训练。摩萨德局长霍菲亲自指挥特工们为飞行员提供核反应堆厚度、水泥成份等情报资料，并在内格夫沙漠中按照伊拉克核反应堆的实际大小、形状建造出了水泥模型，让飞行员们反复进行轰炸演练。他们担心从高空直接投下炸弹可能会从核反应堆坚硬的水泥圆顶外壳上弹跳开去，便练习低空飞行，以平直弹道扔炸弹，使炸弹能横向穿透核反应堆外壁，在里面引起爆炸，从而将核反应堆的圆顶掀开，彻底炸毁里面的所有设施。[①] 偏重过程并不是只顾过程，该案例中三个阶段的演练都与操作技术紧密相关，它们贯穿整个秘密行动的全过程，因而将其称为偏重过程的实战演练。

　　法国国外情报暨反间谍局第7处窃取苏联图－104飞机发动机时，虽然是在国内实施的，各项条件要相对好一些，但既要保证窃取秘密行动成功，又要不引起苏联的怀疑，还要向相关部门及社会公众保密，执行的难度并不低。他们为此也进行了实战演练，不过不用另外再搭实景模型，悄悄在实地进行演练就行了。当时苏联喷气发动机研究方面居于世界领先水平，苏联和东欧国家的许多飞机都在巴黎布尔歇机场起降。法国国防部要

[①] 高金虎等：《大卫的铁拳——二十世纪以色列情报机构绝密行动》，东方出版社2005年版，第294—295页。

求国外情报暨反间谍局窃取一台苏联的喷气发动机,供研究之用。国外情报暨反间谍局正在发愁,机会就送上门来了。苏联飞机的一台发动机坏了,从国内运来了一台新发动机进行了更换,坏发动机准备通过火车运回国内。国外情报暨反间谍局第7处马上成立了一家名为"国际运输公司"的搬家公司,通过压低价格的方式获得了将坏发动机从机场运到火车站的合同,并计划在运输途中设计摆脱苏联的押运人员后,悄悄运到附近的特里贡空军基地,由专业人员进行拆解,拍照绘图,获取发动机的技术参数,然后再恢复原状,运往火车站。第7处仔细研究了整个行动计划,实地测定路途所需时间,记下红绿灯、十字路口、拐弯的数量及位置,并进行了实地演习。车队由一辆配有无线电的雷诺小车在卡车前面开路,一辆配有无线电话的DS牌小汽车在后面跟随,所有交叉路口都有第7处的汽车待命,必要时他们会制造"交通事故"以配合行动。经过两天的实地演习和反复优化,一切都安排得天衣无缝,第7处已经有十足的把握完成此项任务。两天后,进行实物运输时,全程与演习相差无几,通过制造交通事故、拉住扯皮和报警等方式,将苏联押运人员带到派出所处理"事故纠纷",在派出所借各种由头拖延时间。"卡车司机"则将发动机迅速运到指定地点,由30多名专业技术人员花了6个多小时的时间,对发动机进行了全部拆解和拍照绘图,恢复原状后送到火车站时,苏联的押运人员还未到达。当他们好不容易从派出所脱身赶到火车站,看到发动机完好无损时才松了一口气,并未意识到他们掉进了法国情报机构设置的陷阱。[①] 反过来说,即使苏联押运人员怀疑其中有猫腻,无凭无据的,也开不了口。几天后,法国国防部长给行动小组写了一封感谢信,盛赞他们为法国航空事业赢得了十年的时间。

偏重环境的实战演练,一般是处于一个相对封闭的环境里,对这个封闭环境的熟悉程度决定了秘密行动的成败。往往会搭建与真实环境同比例的仿真模型,或是寻找与目标场所相似的环境,组织参与行动的人员进行反复演练,将熟悉环境和熟练掌握在此环境中的行动过程作为最核心的任务。二战期间,为顺利炸毁纳粹德国位于挪威尤坎镇的韦莫克重水工厂,英国秘密情报局和特别行动执行署,进行了严格周密的实战模拟演练。秘密情报局派遣挪威流亡政府情报机构重要特工艾因纳·斯金纳兰德潜入该

---

① 勾宏展等:《塞纳河畔的管子工——二十世纪法国情报机构绝密行动》,东方出版社2005年版,第88—92页。

第三章 秘密行动的策划与实施

厂摸清情况。斯金纳兰德此前曾在该厂工作过，现在他的一个兄弟和几个儿时的朋友还在该厂工作。斯金纳兰德潜入该厂后，就依托这些朋友建立了一个情报小组，其中一个朋友已担任厂里的总工程师，为掌握该厂的详细情况提供了很大的方便。斯金纳兰德很快就掌握了该厂的厂房布局、内部设施、安全防卫、电力和水源等详细情况，并将这些情报写成文字材料，连同与工厂相关的地图和照片拍成微型胶卷，通过秘密渠道送回英国。根据这些情报，英国特别行动执行署在训练基地修建了一座模拟工厂，组织参与"边炮手行动"的6名挪威特工在这个模拟工厂进行了长时间的演练，使每一个人都对工厂的布局了如指掌，哪里有德国哨兵、哪里是车间、哪里放着装满重水的贮存罐等，以及将炸弹安放在哪些部位和设施上，都一一牢记在心。这6人与先期到达的斯金纳兰德和其他特工会合，于凌晨开始行动。行动人员到达韦莫克工厂时，发现工厂大门上的铁链锁与模拟工厂的一模一样，剪断铁链进了工厂，避开了模拟工厂提示过的警报器，找到可进入工厂心脏部位地下室的隧道，这个80英尺长的拐弯管道他们在模拟工厂已经不知道爬过多少次了，管道尽头果然是一名德国卫兵，他们立即制服了这个打着瞌睡的卫兵。行动人员掏出卫兵身上的钥匙，打开地下室的门，眼前也是他们再熟悉不过的场景，都与模拟工厂的相仿。他们迅速在每个重水贮存罐、重水进出口管道及电缆管道里都安装了定时炸弹，然后悄悄撤离。半小时后，工厂发出震耳欲聋的爆炸声。①重水被毁，工厂瘫痪，秘密行动达到了预想的效果。"巴解"组织最高军事指挥官阿布·杰哈德号称"圣战之鹰"，以色列认为其是恐怖分子，并对自己的国家构成了重大威胁，召开秘密内阁会议，决定派遣摩萨德特工，前往"巴解"组织总部所在地突尼斯进行暗杀。为了摸清杰哈德住处的情况，以色列军事情报局派遣化名阿伊沙·萨丽迪的女特工来到突尼斯，自称是某大报的专栏记者，专门采访巴勒斯坦人民反抗以色列的斗争情况。经过"巴解"组织新闻部门批准，她获得了到杰哈德别墅进行采访的机会，借机仔细观察了别墅内外布局、结构和警卫措施。此后她又以请教政治问题为借口，多次登门拜访杰哈德，将别墅内外所有细节都掌握得十分清楚。摩萨德为确保暗杀秘密行动万无一失，制定了周密的实战演练方案。在海法的一座训练基地里，专门搭建了一座与杰哈德别墅一模一样

---

① 肖池编著：《米字旗守护神——英国军情五局和秘密情报局行动档案》，河北人民出版社1998年版，第204—207页。

的建筑物，连抽水马桶的牌子和式样都是相同的，至于别墅布局、房间结构、楼层高低、院子与房屋前后左右的间距等都丝毫不差。执行暗杀任务的特别行动小组在这里进行了长时间的实战训练，比对自己家里都还要熟悉，并精确地计算出从发起攻击、暗杀成功到最后撤离别墅的时间。在实战时，他们完全重复了模拟演练时的过程，前后仅用了22秒钟，就顺利完成了暗杀任务。[①]

也有个别秘密行动不用搭建模型，选择一个相似或相同的环境进行演练。2002年10月下旬，为营救被车臣恐怖分子劫持的莫斯科轴承厂文化宫大剧院中的850多名人质，俄罗斯特种部队突击队员找到了另一处剧院进行实战演练。当年苏联在剧院建设中，往往按照一套图纸建造多处剧院，该剧院与轴承厂剧院建设所用的是同一套图纸，为这次实战演练提供了完全相同的环境条件。经过实地演练，特战中心确定了首要突入点，通过爆破墙体，可让突击队直接进入音乐厅的舞台，选用经验丰富的射手，从突入到歼灭试图引爆大型爆炸装置的武装分子，必须在2—3秒内全部完成。第二个攻击方向是从剧院大门开始，以肃清外围办公区域内的武装人员，为人质疏散清理安全通道。通过剧院的通风管道释放麻醉气体，等剧院内人员麻醉后发起攻击。特战中心突击队员戴着厚重的头盔和防毒面具，手持微形步枪，按照实战演练的操作规程发起攻击，仅20余分钟就将40名武装人员全部击毙，己方无一伤亡。[②]特战中心内部人士告诉记者，该事件之后，欧洲国家的反恐单位也试图针对类似的事件做好应对措施，并开展了类似设定背景下的演习，但是不管是特种部队还是特警，都不能有效达成任务目标，演习结果表明，进攻方损失会达到80%左右，人质则几乎全部被害，也即一个国家的特战单位很难有这样的经验或能力，可以在确保零伤亡的同时执行与该事件类似复杂条件下的突击行动，这也说明俄罗斯特种部队具有极高的战斗力。

偏重技术的实战演练，一般为将实战演练的重点放在某项技术操作上，对该项技术操作的熟练程度，直接影响到秘密行动的执行结果。随着科技的发展及秘密行动的需要，必然会使用到新技术和新方法，在这种情

---

① 詹为为、詹幼鹏：《以色列摩萨德绝密行动》，北方文艺出版社2017年版，第222—224页。
② 朱俊玮：《普京透露莫斯科人质事件内幕，解救行动开始后他跪拜在神像前》，2018年4月11日，中国军网，https://mp.weixin.qq.com/s?-biz=Mzl2MzAwOTgyNQ==&mid=2649934369。

第三章　秘密行动的策划与实施

况下，有些秘密行动实战演练的重点就从熟悉过程和环境转移到熟悉技术和方法上来了；有的则是通过反复演练，将已有的技术运用得更加纯熟和快捷，以适应实战的需要。这种实战演练大多带有技术培训与模拟演练的双重性质，将该项新技术和新方法的操作熟练掌握了，实战演练的主要目的就基本上达到了。克格勃特工斯塔申斯基于1957年暗杀流亡慕尼黑的乌克兰民族主义者、《乌克兰独立报》编辑列夫·列别德之前，进行了新技术的实战演练。在驻柏林苏军总部，克格勃武器专家塞尔盖向斯塔申斯基展示讲解了一件新式暗杀武器，外表像一根手指粗细的金属管，长不足18厘米，由3节拧在一起的短管组成，底部一节有发射装置，推动中间一节的金属杆，将管口装有氰化物毒药的小玻璃针管撞破，毒气从金属管的前端喷出。只需在50厘米距离内将毒气喷到脸上，吸入毒气的被喷者就会立即倒地身亡，而且不会留下任何的作案痕迹。塞尔盖得意地说："这气雾杀人不留丝毫痕迹，不可能查出是谋杀。"塞尔盖第二天带着斯塔申斯基走进附近的一片小树木，将一只小狗拴在树上，让斯塔申斯基服下一片防毒药片，并告诫道，"在执行暗杀任务前必须服下防毒片，否则自己也不能幸免。"斯塔申斯基手握暗器，在离小狗约40厘米处按下了发射栓，一团毒雾喷向小狗面部。一切都悄无声息，小狗当即倒地，经过短暂的痉挛就死去了。塞尔盖又递给他一根解毒用的玻璃针管，要他立即弄破解毒针管，吸取里面的解毒气雾。[①] 此后不久克格勃就下达了暗杀密令，斯塔申斯基赶到慕尼黑，完全按照实战演练的方式，暗杀了列别德。身体健壮的列别德突然死在自家门口，有人怀疑是克格勃干的，但法医检查未发现任何异常，媒体报道其死于心脏病突发。后来斯塔申斯基叛逃西方，才将这个秘密抖露出来，引起世界震惊，可见这种暗杀方式的科技含量不低。摩萨德在执行"上帝的复仇"秘密行动中，暗杀"黑九月"组织驻意大利的头目瓦埃勒·兹怀伊特前，考虑到对象已有高度戒备之心，速度一定要快到对象反应之前就解决掉，执行特工反复演练从快速掏枪到击发的方法和姿势：右脚后退半步，呈半蹲姿态，紧贴体侧的右手撩开上衣，抓住枪柄，左手心向下，呈半圆形压在"贝雷塔"手枪上，拉动套管发出"咔嚓"声，击锤和撞针处于待发位置，第一颗子弹从弹夹跳入弹膛，整个过程不到1秒钟、为了这1秒钟，他们演练了上万次，直到动作纯熟为止。两名特工在暗杀对象时，基本上是重复了这个动作，用装有消音器的"贝

[①] 程景：《苏联克格勃绝密行动》，北方文艺出版社2017年版，第119—120页。

雷塔"手枪在极短的时间里打了 14 发子弹，登上了在旁边等候的汽车后融入到了车流之中。① 20 世纪 80 年代，苏联研制出了世界上重量最大的米－24 "雌鹿"武装直升机，并用于利比亚对乍得的战争，乍得军队收复瓦迪杜姆机场时，发现有一架完整的此款战机。中央情报局用 200 万美元和一批"毒刺"导弹向乍得"买下"了这架战机，但必须从利比亚军队的眼皮底下悄悄偷运回去，否则有可能会引起利军的袭击和苏联的阻拦。美国为实施窃取这架空重达 8.2 吨的"雌鹿"战机，专门制定实施了"希望山 3 号"秘密行动。计划用吊载超过 10 吨的"支奴干"直升机，将"雌鹿"悬吊起来，飞往美军控制的前沿阵地。为此，美军第 160 特战航空团"夜间潜行者"，在新墨西哥州一处沙漠地区进行实战演练，重点是吊挂"雌鹿"的方法。使用直升机吊挂这样的庞然大物过去没有做过，需要相当高的专业技能才能胜任。他们对其中一架准备执行吊装"雌鹿"任务的 MH－47 "支奴干"重型直升机进行了改装和加固，反复训练吊挂与"雌鹿"形状重量相仿的模型，直到熟练掌握为止，后来用此方式顺利窃取到了该架战机。②

　　实战演练过程中，有时还需要真枪实弹地进行操练，使之更接近于实战的要求。这也让实战演练潜藏了诸多危险因素，一个小小细节上的疏忽，就有可能出现重大事故，"出师未捷身先死"的悲剧也并不鲜见。伊拉克总统萨达姆曾在海湾战争期间，向以色列发射了 39 枚飞毛腿导弹，炸死了 15 人。为报此仇，以色列摩萨德与军方特种部队多次制定暗杀萨达姆的秘密行动计划，并进行实战演练，其中两次因实战演练出了重大事故，而取消了暗杀行动。1992 年 8 月 23 日，以色列总参侦察营进行"闪电猎手"行动的最后一次实战演练，由突击队长萨姆龙中校率领 30 名突击队员及 8 架 F－15 战斗机、2 架 C－"大力神"飞机和 2 架空中加油机，直扑巴格达郊外萨达姆的"别墅"，只用了不到 10 分钟，就迅速占领并摧毁了"别墅"。以军参谋长埃胡德·巴拉克及将军们通过夜视仪观摩了整个演练过程，并露出了满意的笑容。这时突然一声巨响，满载 15 名突击队员的 1 架直升机霎时成为火球。原来是机上 1 名射手忘了关上火箭筒的保险，

---

　　① 詹为为、詹幼鹏：《以色列摩萨德绝密行动》，北方文艺出版社 2017 年版，第 164 页。
　　② 《沙漠中的战利品——冷战中美军第 160 航空团偷窃米－24 雌鹿直升机》，战甲装研菌，2023 年 6 月 27 日，网易新闻，手机网易网，https://m.163.com/dy/article/188AMRG405359IAJ.html。

第三章　秘密行动的策划与实施

无意中触发了火箭筒，导致 5 名队员死亡、6 人重伤。鉴于突击队员伤亡过大，短时间内无法组织新的力量，比色列只得忍痛取消了将于 3 天后实施该行动的计划。① 不久后，摩萨德获悉萨达姆的岳父将不久于人世，萨达姆会到提克里特参加其葬礼，便想借此机会除掉他，制定了"荆棘行动"方案。具体暗杀方法是，由以色列特种部队突击队携带一种小型激光制导导弹和激光定位仪器，乘坐"大力神"飞机潜入伊拉克，埋伏在葬礼现场附近，将激光准确定位到萨达姆的鼻子上，再运用导弹发动攻击，引导小型激光制导导弹将其击毙。为此，突击队进行了严格的实战演练，演练工作进展也很顺利，他们在 1992 年 11 月 5 日进行实战前的最后一次演练，以军参谋长巴拉克和其副手、军事情报局首脑及其他数位高级军官到现场观摩，却突然发生了意外。当时由 5 名士兵装扮萨达姆及其保镖，用导弹模拟攻击时全部被炸死。这次是真枪实弹的演练，由于工作疏忽，被攻击模拟目标没有及时更换成人体模型，造成了这场意外事故，负责此事的巴拉克一怒之下，取消了此次暗杀行动。② 事后情报获悉，萨达姆如期参加了那场葬礼，只是他不知道，演练场上的事故先后救了他两次。从这里我们也可以看出，有些实战演练与实战的要求是完全一致的，从某种意义上来说，后面的实战就是对实战演练的重演，只不过换了一个场所而已。

实战演练的过程，也是针对秘密行动相关工作细节发现瑕疵和问题，进行改进和完善的过程，但发现问题的眼力与问题存在的可能，有时很难达到完美的平衡，在不经意忽视的地方，在认为不会出现问题的地方，在觉得再正常不过的地方，往往会出现问题，而且一个小问题，很可能会引发灾难性的后果。因为担心出问题，才运用实战演练的方式来发现和解决问题，这又应了产生于美国的"墨菲定律"所揭示的一个规律："感觉会出错的事，往往就会出错。"该定律认为，任何事情都没有表面上看起来那么简单；所有的程序都会有缺陷；会出错的事总会出错；如果你担心某种情况发生，那么它就更有可能发生。③ 为"海神之矛"秘密行动实战演练所搭建的本·拉丹藏身小院的等比例实景模型，将水泥围墙改成了围

---

① 烨子编著：《间谍》上册，中国广播电视出版社 2005 年版，第 44—49 页。
② 詹为为、詹幼鹏：《以色列摩萨德绝密行动》，北方文艺出版社 2017 年版，第 291 页。
③ 《墨菲定律（一种启发性原则：任何可能出错的事情最终都会出错）》，百度百科，https://baike.baidu.com/。

栏。这一个不经意的小小改动，对突击队员攻击行动不会有什么影响，但对悬停在小院上空的直升机，却造成了致命的风险。围栏是通透的，悬停直升机可以正常运行，实战演练可以顺利进行；围墙是封闭的，改变了直升机旋翼下压的气流，所形成的危险涡流会使直升机失去浮力，结果该直升机从10多米高的空中坠入院中。如果不是飞行员经验老到，应急处置有方，这场突袭行动很可能会逆转成为手忙脚乱的事故救援行动。① 实战演练一般为单方面的非对抗性演练，更多的是从己方的角度或以己方的眼光来审视问题，很容易出现疏漏的地方。为突袭韩国总统府青瓦台，暗杀时任韩国总统朴正熙，朝鲜情报机构专门组建了一支突袭队，并在元山港复制了一处与青瓦台完全相同的建筑，进行实战演练。1968年1月，31名敢死队员神不知鬼不觉地穿过重重防御的"三八线"，经过5天的艰难跋涉，于21日晚10时许直逼青瓦台，就在即将发起袭击之时，被韩国巡警察觉，除1俘1逃之外，其余全部战死。导致这场突袭行动失败的原因，是一处被己方所忽略的微小细节，而在敌方看来，则是一处非常显眼的疑点。突袭队员身着韩国军服，伪装成韩国反情报队人员，潜入到了离青瓦台不足百米处。在总统府附近巡逻的警察，发现了6名脚蹬黑色胶鞋的韩国军人，这种胶鞋一般为朝鲜军人的标配，而韩国军人不会穿这种鞋子，立即上前盘问，随即引发激烈枪战。② 这个细节上的问题，如果换成以敌方的眼光来进行审视，应该是不难被发现的。一双鞋子葬送了一次耗资巨大、精心策划的秘密行动，也让这支千锤百炼的虎狼之师遭遇灭顶之灾，将西方"一颗钉子毁掉一个国家"寓言故事的节略版重演了一遍。情报机构作为秘密行动的行家里手，一般来说，在大的或明显的问题上出错的概率会很低，但面对一系列、一大堆不起眼的具体细节，难免会出现百密一疏的问题，而一疏往往会使百密付之东流。细节决定成败，在秘密行动中表现得尤为突出。

第五节　行动实施

秘密行动的实施阶段才是最核心的工作环节，前面所有的工作都属前

---

① ［美］小彼得·F. 潘泽瑞著，张立功译：《"海神之矛"行动："海豹"突击队猎杀本·拉丹》，中国市场出版社2016年版，第30、60页。
② 《1·21青瓦台袭击事件（社会事件）》，百度百科，https://baike.baidu.com/。

第三章　秘密行动的策划与实施

期准备工作，都是为实施秘密行动服务的，同时秘密行动的实施，也是检验前期准备工作质量的试金石。在秘密行动的实施过程中，有些秘密行动项目，基本上能按照事先准备的计划方案和模拟演练的程序有序开展，但也有许多秘密行动项目在执行的过程中，遇到这样那样的问题和难题，有的需要及时解决所遇到的问题并作出相应的调整，保证预定工作目标的实现；有的未能达到预定的工作目标，需要策划实施新的秘密行动项目来继续推动该工作目标的实现；有的遭到重大工作挫折或因国际形势和政策变化，秘密行动已经无法继续执行下去，于是中止执行，以避免遭受更大的损失或是顺应新的形势和政策要求。

一、按照秘密行动方案及实战演练的程序完成任务，或是虽然出现了一些问题，但不影响结果的达成

执行秘密行动最理想的状态，是按照秘密行动方案和实战演练的程序，顺利达成工作目标，许多秘密行动也能完全照此操作。但秘密行动方案与实战演练，毕竟是在己方可控的区域内，按照单方面的设想所进行的，再全面的考虑，再周密的设计，都有可能存在一些思维的死角，同时现场情况也可能会出现一些微妙的变化，这就大大增加了出现意外情况的概率，而出现意外情况，对秘密行动而言也基本上是一种常态。许多秘密行动即使受到一些不利因素或意外情况的影响，基本上也没有影响到原计划核心目标的实现。

完全按照方案执行，顺利完成目标任务。海德里希离间图哈切夫斯基元帅的"斩首行动"，是完全按照伪造其叛国"证据"、通过多个渠道向苏联释放信息、将"证据"传递到苏联、影响苏联最高决策者的决策、图哈切夫斯基元帅遭到处决、引发对苏联军队的大清洗的方案进行的，达到了极大地削弱苏联红军，为希特勒闪击苏联创造条件的目标。方案的设计非常巧妙，实施的过程也非常顺利，中间没有发生任何意外情况。英国掩护诺曼底登陆的"卫士计划"、以色列炸毁伊拉克核设施的"巴比伦行动"等许多秘密行动，都是按照方案和实战演练的方式有序地执行。美国中央情报局秘密干预意大利大选、扶持天民党上台执政的"意大利行动"、颠覆伊朗摩萨台政权的"阿贾克斯行动"，也是按照既定的行动方案，一步一步稳步推进，最终顺利达成工作目标。

秘密行动的核心工作环节已执行到尾声时出现了意外情况，但没有影响到原计划的执行。以色列在执行营救乌干达恩德培机场人质的"霹雳行

动"过程中，约尼·内塔尼亚胡中校担任由塞雷特特种部队组成的突击队队长，亲自指挥和带领突击队突袭旧候机楼，击毙恐怖分子和乌干达守卫士兵，解救被扣留的100多名犹太人质和机组人员，正掩护人质向飞机方向撤离时，守卫指挥塔台的乌干达士兵从突如其来的打击中逐渐清醒过来，朝突击队进行射击，一发流弹击中了内塔尼亚胡，喷涌而出的鲜血染红了衣服，成为突击队中唯一的阵亡人员。因事先的方案周密，实战演练到位，突击队指挥官的阵亡，并没有影响到后续行动的正常进行，其余突击队员仍然按照原定方案和演练的程序，顺利完成了任务。

核心目标已达成时出现了重大问题，虽然造成了遗憾，但不影响结果。在实施"鸭子行动"时，拉蒙·梅尔卡德用冰镐暗杀托洛茨基，冰镐稍微砸偏了一点，托洛茨基惨叫一声并与其搏斗，警卫人员冲进来抓住了凶手，使其完成暗杀任务后悄然撤离的计划泡汤。托洛茨基送医不治，拉蒙被判处了20年监禁。对苏联及克格勃来说目的已经完全达到了，只是暗杀者拉蒙得经受牢狱之灾。拉蒙出狱后到了苏联，被授予"苏联英雄"称号和相当于少将的薪水。在苏联和俄罗斯，"梅尔卡德"已成为暗杀者或暗杀小组的代名词。对于出卖俄罗斯10名间谍后叛逃美国的俄罗斯对外情报总局上校谢尔巴科夫，克里姆林宫一名未公开透露姓名的官员对《生意人报》说："我们知道他是谁，也知道他在哪里。别担心，梅尔卡德已经上路。"① 拉蒙执行任务时虽然做得不够干脆利落，导致身陷囹圄，但并没有影响苏联及俄罗斯对他的评价，他甚至还成为一种象征。只是这种象征充满了威胁和血腥的意味，但对拉蒙个人来说，也未尝不是一种荣誉。

一般来说，秘密行动的核心目标达成之后，即使出现了问题，也大多不会对结果产生实质性的影响，但在特殊情况下，仍有可能出现结果反转的现象。1997年9月，摩萨德受命派遣两名特工执行"安曼行动"，暗杀"哈马斯"驻约旦首都安曼办事处负责人哈立德·迈沙阿勒。他们乘迈沙阿勒不备，向其颈部注射了神经麻醉毒剂，迅即乘车逃离现场。当他们自以为已经脱离了险境，并现身联络点时，被尾随而来的约旦警察抓了个正着。迈沙阿勒两小时后药性发作，约旦医生从未见过这样的怪病，怀疑是遭到化学武器袭击，但不知如何下手施治。约旦国王侯赛因意识到此事可能系摩萨德特工所为，亲自给以总理内塔尼亚胡打电话，明确要求其提供

---

① 杜鹃：《双重间谍向美告密，俄间谍网络遭驱逐》，《文汇报》2010年11月13日。

第三章　秘密行动的策划与实施

毒药的名称和解药，并以约旦将考虑召回驻以色列大使、以色列可能会接连遭到自杀式爆炸袭击相威胁。为了平息事态和换回被捕特工，以色列不得不奉送上解药，使迈沙阿勒得以死里逃生，还释放了35名巴勒斯坦囚犯及"哈马斯"精神领袖亚辛。本就对此次暗杀行动持有异议的摩萨德局长丹尼·亚托姆，为给总理当替罪羊而宣布辞职。[①] 这次暗杀秘密行动在执行完核心任务后撤离时出了问题，不仅使已经达成了的结果出现反转，还使得摩萨德局长丢掉了乌纱帽。从后来以色列还是通过"定点清除"的方式暗杀了亚辛的情况来看，当时以色列奉送解药和释放亚辛实属无奈之举。约旦是中东阿拉伯世界少有的与以色列关系友好的国家，以色列对此十分珍视，才使得这个"中东小霸王"作出了罕见的妥协。

二、在执行过程中出了问题，及时进行调整，最终达成目标

世界上的万事万物，都处于动态的变化过程之中，计划没有变化快，说的就是这个道理。这个规律也适用于秘密行动，一个不经意的疏忽，或是一个可忽略不计的微小变量，都可能会搅乱秘密行动方案的执行。还有些变化是情报机构所难以掌控的，一旦出现了诸如此类的问题，就必须立即对秘密行动方案作出相应的调整，以确保秘密行动能够继续执行下去，并最终达到预期的目标。

因疏忽而导致秘密行动在执行过程中出现了比较重大的问题，依据事先方案或演练所设计的应对方式，对执行行动及时进行调整。"海神之矛"秘密行动在实施过程中出现了飞机坠损的重大事故，后续的执行过程出现了相应的调整和变化。按照实施方案，1号"黑鹰"直升机悬停在小院上空，11名突击队员索降到院中，从底楼向上逐层搜索和攻击；2号"黑鹰"直升机先将4名突击队员及翻译和军犬投送到小院北部的交叉路口，然后将包括现场指挥官杰伊在内的7名突击队员索降到院内三层小楼的房顶上，从顶楼向下逐层进行搜索和攻击，形成上下夹击之势。院内行动期间，两架"黑鹰"直升机在小院上空盘旋，各配备1名狙击手在机上执枪担任警戒任务，掩护在小院行动的突击队员。院内的突袭行动结束后，这两架"黑鹰"直升机装载参与突袭的原班人马、本·拉丹尸体及从院内搜集的情报资料，到小镇西边20英里外坎达尔的前线临时加油点加注燃油

---

① 詹为为、詹幼鹏：《以色列摩萨德绝密行动》，北方文艺出版社2017年版，第253—254页。

后，一起返回阿富汗贾拉拉巴德基地。但1号"黑鹰"直升机在小院上方悬停时坠落院内，引起了后面行动的一系列变化，好在事先有应急预案，经过短暂的忙乱之后，很快按照预案调整到位，转入到有序的攻击行动。1号"黑鹰"直升机坠机的原因，是在实战演练时出现了细节上的疏忽。在内华达实战演练场所的小院同比例仿真模型中，其院墙是用围栏代替的，而小院真实的院墙是封闭式的混凝土建筑，这个好似无害的差异，给实施行动时构成了严重的威胁。悬停离地面10多米高的"黑鹰"直升机，其发动机和旋翼桨叶全功率运转，由于下面有封闭的高大混凝土墙，引起了危险的气流旋涡，使直升机失去升力，而围栏内外的空气是通透的，不会出现这种危险情况。在开阔地带硬着陆都非常危险，在小院上空坠落，旋翼会碰撞到水泥墙等固定物体，导致直升机撕裂和爆炸。幸好飞行员有着非常丰富的经验，直升机坠落时，他控制其旋翼未与围墙或其他建筑物接触，没有发生爆炸或人员伤亡的情况，不然突袭行动尚未开始便会惨然收场。因1号"黑鹰"直升机出了问题，便启动了应急选项，该机所配备的1名狙击手爬上了一个房屋的屋顶，掩护本机下来的突击队员推进。2号"黑鹰"直升机在小院外正西北区域着陆，现场指挥官和6名突击队员下机，在这里炸开一个小门，准备进行攻击，却发现门口被砖完全封死，他们又准备按照备用计划去炸开小院西边的主门。这时现场指挥官听到了院内轻武器开火的声音，立即呼叫现场的突击队员，要突破主门进入院内。院内的突击队员打开主门，两组人员会合到一起行动，并按照处置应急情况演练的方案，迅速到达指定的攻击顺序和位置上，一起从1楼逐层搜索和攻击到3楼，先后击毙了信使"科威特"及其兄弟夫妇、本·拉丹的儿子哈立德和本·拉丹等人；搜集该处的文件情报；拆除1号"黑鹰"直升机上的所有涉密装置，撤离时将其炸毁。2号"黑鹰"直升机载上原乘坐1号"黑鹰"直升机的人员及本·拉丹的尸体，前往坎达尔的临时加油点，加注燃油后返回阿富汗。临时加油点派出1架"支奴干"直升机到小院，接替坠损的1号"黑鹰"直升机执行撤离任务，载上原2号"黑鹰"直升机的人员、1号"黑鹰"直升机机组人员及文件情报资料，照预定的线路直接返回阿富汗。因坠机事件的影响，在小院内的实战过程与方案相比，发生了比较大的变化，但由于事先针对各种情形进行了反复的演练，对实战目标的实现基本上没有太大的影响。[①] 从这里我们也可以看到，

[①] 张翚：《大体系支撑精兵行动》，《解放军报》2018年11月15日。

第三章 秘密行动的策划与实施

在秘密行动中真正投入到一线具体作战的资源非常有限，也非常脆弱。如果不是1号"黑鹰"直升机的飞行员经验丰富、处置得当，"海神之矛"很可能成为另一个版本的"鹰爪行动"。而这一切竟然缘起于"围墙"与"围栏"的细微差别，一个不经意的小小疏忽，就可能使一个计划周密的秘密行动毁于一旦。

摩萨德实施绑架艾希曼的秘密行动时，则是由于阿根廷方面因接待压力太大，而推迟了以色列代表团的入境时间，给执行绑架任务带来了新挑战。1961年阿根廷举办独立150周年大庆，以色列领导人也受到了邀请，原定于5月11日率代表团乘专机赴阿根廷。摩萨德局长哈雷尔计划在5月10日晚上动手绑架艾希曼，将其藏匿1天后，乘坐返程的专机将艾希曼秘密带回以色列。哈雷尔与特别行动小组的成员分头秘密进入了阿根廷，一切围绕着5月10日的绑架行动开展工作。此时以色列政府接到阿根廷的通知，由于参加庆典的国家领导人比较多，接待能力有限，请求以色列代表团推迟到19日到达。这下把原定的计划完全打乱了，将绑架对象藏匿1天，出岔子的可能性比较小，但要藏匿10天时间，变数就太大了。哈雷尔经过深思熟虑，决定还是在10日动手，但为了确保不出意外，他决定在阿根廷多寻找几个藏身之所。临近动手时，哈雷尔将绑架时间推迟了1天，又租了两处住所作为安全据点，这样行动小组的安全据点就增加到了7处，还买了1辆别克轿车以备应急使用。11日晚上将艾希曼绑架后，把他囚禁在一所小房子里，唯一的小窗户也被蒙上了黑布，完全与外界隔离开来，就这样安全藏匿了9天时间。哈雷尔分析，艾希曼掩藏纳粹头目身份，在阿根廷过着清苦的惊弓之鸟式的生活，最怕的就是警察，其家属不会去报警，其纳粹朋友也不会多管闲事，还会为了自身的安全迅速躲藏起来。事情也真如哈雷尔所料，避免了因对象亲友报警导致的追捕风险。到20日，特别行动小组伪装专家将其注射麻药，打扮成为病人，蒙骗过海关人员，登上了返程的以色列专机。[①] 为应对绑架对象出境时间延后的问题，哈雷尔没有选择大幅度推迟绑架时间，好不容易才将逃亡到数万里之遥的对象查找到，只要没有控制在自己手中，就有可能因各种变故而从自己的视线中消失，再找就会更加困难。而控制时间过长，又会存在暴露的风险，为应对这种风险，哈雷尔采取了多设安全据点、准备交通工具，一旦有风吹

---

① 高金虎等：《大卫的铁拳——二十世纪以色列情报机构绝密行动》，东方出版社2005年版，第41—52页。

草动便可迅速转移的方式来应对，同时对逃亡纳粹人员及家属的心理活动也把握得十分到位。

秘密行动的核心在于"秘密"，泄密是秘密行动的大忌，必然会对秘密行动的执行产生重大的、有时甚至是毁灭性的影响。以色列的"摩西行动"，被官方的两次泄密行为所打断，最后几经周折，历经 14 年才完成。1977 年摩萨德根据政府的决策，组织实施秘密移民工程"摩西行动"，计划将居住在埃塞俄比亚的数万"贝塔以色列人"偷运回以色列。"贝塔以色列人"皮肤黧黑，被当地人称为"法拉沙人"，意为"陌生人"或"被放逐者"，受到歧视和迫害。1974 年门格图斯上校发动政变，建立了军人政府，受到西方国家制裁，以色列政府以提供经济和军事援助为诱饵，来换取埃塞俄比亚允许"贝塔以色列人"回以色列，1978 年先后有两批埃塞俄比亚境内的"贝塔以色列人"乘坐飞机到以色列。时任以色列外交部长摩西·达扬在记者招待会上不小心透露了这个秘密，西方国家在谴责以色列的同时，进一步加大了对埃塞俄比亚的制裁力度，迫使门格图斯中止了这项交易。以色列只得另谋出路，摩萨德派遣人员，潜入到埃塞俄比亚各地，鼓动和组织"贝塔以色列人"逃到苏丹。以色列政府与苏丹尼迈里总统达成秘密协议，以色列给苏丹提供巨额资金，苏丹允许"贝塔以色列人"悄悄过境，以色列飞机通过第三国中转到苏丹运回这些移民，不长的时间便运回了 8000 多人，主要是青壮年男子。这时一名负责移民安置工作的官员接受记者采访时，透露了这方面的消息，顿时闹得满城风雨，以色列总理佩雷斯知道这件事瞒不下去了，索性将该计划全部公之于众，在阿拉伯世界引起了强烈的反响。苏丹总统尼迈里成为众矢之的，被巴勒斯坦领导人阿拉法特斥为"阿拉伯人民的叛徒"，因为"他帮助以色列征募了更多的战士"。埃塞俄比亚关闭了与苏丹之间的边界，尼迈里下令停止通过苏丹转运"贝塔以色列人"，"摩西行动"再次中止。1991 年，埃塞俄比亚总统门格图斯在叛军的步步进逼之下宣布辞职，乘此混乱之机，以色列租用了 34 架大型客机，在 36 小时之内，将埃塞俄比亚境内 1 万多名"贝塔以色列人"全部抢运到了以色列。几经起伏，历时 14 年的"摩西行动"终告完成，不久埃塞俄比亚首都就被叛军占领了。[①]"摩西行动"在执行过程中，由于受泄密事件的影响，多次中止或暂停，并根据情况的发展

---

① 詹为为、詹幼鹏：《以色列摩萨德绝密行动》，北方文艺出版社 2017 年版，第 214—219 页。

变化不断调整工作方式，开始是与埃塞俄比亚新政府秘密合作，改变为与苏丹政府秘密合作，最后是趁埃塞俄比亚内乱无暇他顾时进行突击运输，最终达成了目标。

三、秘密行动没有完全达到目标，再策划实施新的秘密行动

一般情况下，某项秘密行动没有完全达到目标或是失败了，必然会引起对方的高度警觉和戒备，会成倍地增加继续开展针对该目标部位秘密行动的难度，在短期内针对该目标通常不会再策划实施新的秘密行动。但对有些必须达到的目标，情报组织会不惜代价，不管失败多少次，都会在此基础上不断策划实施新的秘密行动项目，直到将目标对象彻底摧毁或制服为止。

二战时期，尽快研发出原子弹，成为纳粹德国取得战争胜利的最后希望。一旦希特勒掌握了这种人类历史上最厉害的杀人武器，对盟国将是毁灭性的打击。摧毁纳粹德国的原子弹之梦，成为以英国为代表的盟国情报机构秘密行动所必须达到的目标，其中摧毁纳粹德国的重水工厂，就是在先后多个秘密行动的打击之下，才最终达成了目标。英国秘密情报局获知纳粹德国正在研发原子弹，并利用所控制的挪威尤坎镇韦莫克工厂生产重水。为破坏这个工厂，英国特别行动执行署与挪威流亡政府情报部门合作，派遣挪威特工艾因纳·斯金纳兰德潜入韦莫克工厂，将工厂内部及周边环境的地图、照片和文字材料拍成微型胶片传回了英国，英国据此建立了模拟工厂，对执行爆炸破坏活动的特工进行模拟训练，并随后实施了"新手行动"。40名突击队员分乘两架轰炸机后面牵引的滑翔机飞到工厂附近，当天天气状况不佳，1架轰炸机连同滑翔机撞上山峰机毁人亡。另一架滑翔机无法着陆，决定返航时拖缆突然断裂，轰炸机和滑翔机迫降在大雪覆盖的山顶上，8名突击队员当场身亡，其余幸存者也大多受伤，德国人将他们全部抓获并先后处死，"新手行动"惨遭失败。英国特别行动执行署很快制定了新的破坏方案，代号为"边炮手行动"，挑选6名精干挪威特工，在模拟工厂进行了长时间的演练，并将工厂的布局和细节牢记于心。英国将他们空投到工厂附近，他们与斯金纳兰德等人会合后潜入工厂，按照演练的程序将工厂设备和重水罐炸毁。但工厂经过抢修，半年后又恢复了重水生产。德国加强了对工厂的安全保卫工作，派遣特工实施爆炸破坏活动的方式已经很难成功，便由美国派遣飞机对工厂进行轰炸，德

国人在工厂所处的山谷施放了大量的烟幕,炸弹全部偏离目标,只是炸毁了给工厂供电的水电站。工厂失去了动力,又经常遭到盟国的攻击和破坏,负责德国原子能发展的戈林决定,将工厂设备和已经提取出来的重水运到德国,拆卸设备需要时间,先运回39桶重水及浓缩水。英国秘密情报局电令潜藏挪威的情报组织,坚决阻止重水运到德国,斯金纳兰德和留守的几名特工承担了该项任务。德国计划用火车将重水桶运到廷斯约湖的铁路渡口,从湖上摆渡到廷诺塞特,转陆路运到黑罗伊港,再装船运回汉堡。斯金纳兰德了解到德国的陆路运输安保工作十分严密,湖上正好是一个薄弱环节,同时该湖湖水很深,重水桶一旦沉入湖底便无法打捞。斯金纳兰德自制了一枚定时炸弹,与另外2名队员一起寻找借口到渡船上安装好定时炸弹后溜下渡船。装载着重水桶的渡船行至深水区时炸弹爆炸,渡船和重水桶一起沉入了深不可测的湖底,希特勒原子弹研发的希望也一并沉入了湖底。[①] 为达到破坏纳粹德国生产重水的工厂及重水,以阻止德国原子弹研发的目标,英国先后组织实施了4次秘密行动,即"新手行动""边炮手行动"、美军空袭及炸毁运输重水的渡船等,都是因为前一个秘密行动没有达到目标,而这个目标又必须要达到,根据情况的发展变化,不断策划实施新的秘密行动,直到目标完全达到为止。

在"9·11"事件之前,本·拉丹就针对美国海内外目标组织实施了一系列的恐怖袭击活动,其中最著名的是1993年美国世贸中心爆炸案、1998年美国东非使馆爆炸案及2000年也门亚丁港美国"科尔号"军舰遇袭案,受到中央情报局的追捕。"9·11"事件爆发后,本·拉丹成为美国反恐战争的头号敌人,追杀本·拉丹成为反恐战争的首要任务,中央情报局成为这一任务的主要承担者。1996年中央情报局成立亚力克情报站,展开了追捕和追杀本·拉丹的秘密行动。据曾任该情报站负责人的朔伊尔透露,此间至"9·11"之前,曾有多次机会干掉本·拉丹,有些还制定了具体的秘密行动方案,因担心被指责为搞暗杀及造成重大附带伤害等问题,均遭到决策者否决。"9·11"之后,美国总统小布什取消了不准中央情报局搞暗杀的禁令。2001年12月,中央情报局及美国特种部队对藏匿在阿富汗托拉博拉山区的本·拉丹展开了清剿行动。托拉博拉在普什图语中是"黑寡妇"的意思,这里崇山峻岭,峡谷纵横,岩洞众多,平均海拔

---

① 肖池编著:《米字旗守护神——英国军情五局和秘密情报局行动档案》,河北人民出版社1998年版,第192—212页。

达 3500 米，自然环境极为恶劣。"基地"组织花费巨资在这里修建了大量的碉堡和地道，开办了训练营地，成为"基地"组织的大本营。喀布尔易手之后，本·拉丹带领"基地"组织残部 1000 多人躲藏到这里。美国中央情报局获悉了这个情报，随即策划了该项秘密行动，意图将本·拉丹及"基地"组织一网打尽。当时本·拉丹弹尽粮绝，通过步话机希望得到当地阿富汗人的补给。中央情报局特工冒充阿富汗人给送去了粮食，在其中隐藏着全球定位系统，同时用激光定位仪锁定目标区域，引导美军飞机对该地区的洞穴进行了精确轰炸，大量使用了 GBU-28 激光制导空地炸弹和 BLU-118 温压炸弹，前者可以精准炸毁坑道与洞穴入口，后者可用高温高压把整个岩洞变成炼狱，同时联合 3000 多人的反塔利班联盟部队开展地面围困和清剿。本·拉丹却借助复杂的地形绕开包围圈，进入巴基斯坦部落地区，逃脱了追杀。① 此后本·拉丹深知先进通信联络工具带来的危险，转而使用最古老的信使方式进行联络，除了偶尔发布不明地址的视频之外，基本上就销声匿迹了。中央情报局等情报机构通过近 10 年的追踪，终于通过其"信使"这条线索找到了位于巴基斯坦阿伯塔巴德的小院，策划实施了"海神之矛"秘密行动，成功击毙了本·拉丹，追杀本·拉丹的秘密行动才算大功造成。

四、秘密行动遇到重大问题或国际关系新的变化，已经无法或无须继续执行下去，要及时中止

有成功便会有失败，秘密行动也是如此。组织实施秘密行动数量最多的情报机构，通常是秘密行动能力、水平与战斗力最强的情报机构，同时也可能是品尝失败滋味最多的情报机构，中央情报局、克格勃、秘密情报局和摩萨德等著名情报机构莫不如此。水平高，策划实施秘密行动的难度也会提高；战斗力强，最高决策者所寄予秘密行动解决重大问题的期望值也会升高；做得多，失手的机会自然会增多，因而秘密行动失败的数量并不能成为评判情报机构能力水平高下的标准。一个在秘密行动上从来没有出现过问题或极少出现问题的情报机构，很可能会是在世界同行面前无足轻重、对国家需求无所作为的情报机构。对"霹雳行动"能否达成目标，以色列总理拉宾决策时也是疑虑重重，甚至做好了引咎辞职的准备。"海

---

① 詹静芳、詹幼鹏：《美国中央情报局绝密行动》，北方文艺出版社 2017 年版，第 273 页。

神之矛"秘密行动能否成功,美国最高决策者及中央情报局,也没有十足的把握,秘密行动启动之前,中央情报局还专门准备了66页的公关文件,成功与失败的版本各为33页。实际上同本·拉丹"基地"组织所实施的"9·11"恐怖袭击事件的难度相比,"海神之矛"秘密行动不过是一碟餐前开胃的小菜。历史的经验反复证明,一个理性和成熟的情报机构,对秘密行动能否成功都会持相当谨慎的态度,而不会盲目乐观。在执行过程中遇到重大困难和问题,秘密行动已经难以执行下去,及时止损,中止执行,以避免造成更大的损失,不失为一种明智的选择。正所谓明智的放弃,好过盲目的坚持。还有些秘密行动在执行过程中,因国际局势或国家之间的关系发生了新的变化,继续执行该秘密行动已经不合时宜,也会中止执行。

在执行的过程中遭遇到了重大的问题和困难。秘密行动一般是在敌方所控制的区域开展的,不管有多么强大的支援和保障体系,真正直接执行秘密行动的团队及所直接动用的资源都是十分有限的,敌方所控制的区域对己方来说是一个相对陌生的环境,再深入全面的情报也很难将所有的方面和细节全部搞清楚,同时相关情况还处于动态的变化之中,因而所面临的困难和风险也会无处不在,即使是一个微小的变量,在特殊情况下,也可能放大为难以克服的巨大困境。"鹰爪行动"因遭遇到事先没有料到的一场沙尘暴及为增加航程加装备油箱,便使得用于突袭救援行动的"海上种马"直升机到达前线临时集结点的过程中就损坏了3架,可用直升机少于执行任务所需的最低数量,不得已取消了突袭救援行动。"鹰爪行动"刚启动便中止了,接着准备给其中1架直升机加油时,更是造成了灾难性的撞机事件。这还只是停留在突袭营救行动团队范围之内运作时的境况,与真正的对手伊朗方面尚未有实质性的接触。1993年美国抓捕索马里军阀、恐怖组织头目穆罕默德·艾迪德的"哥特蛇行动",遭到上万名当地武装的围攻,美军由抓捕秘密行动迅速转变为自救行动。情报获悉艾迪德及其骨干人员在摩加迪沙奥林匹克饭店开会,美国立即派出5架"黑鹰"直升机载着"游骑兵"和"三角洲"特种部队队员前去抓捕,成功突入饭店并抓获24名骨干人员,艾迪德逃出后用广播鼓动居民和军队出来战斗,上万名武装人员携带AK-47突击步枪、重机枪、迫击炮和火箭筒等武器从四面八方赶来围攻。美军经过半天惨烈的巷战后,在救援部队的支援下才得以脱离险境。美军低估了艾迪德在其老巢的影响力及当地武装的意志力,陷入到了当地武装的汪洋大海之中,主动进攻的抓捕秘密行动,瞬间

第三章　秘密行动的策划与实施

逆转为被动的自我救援行动。美军特种部队虽依靠其强悍的战斗力和先进装备，消灭了当地1000多名武装分子，但仍然以惨重的代价收场。美军18人阵亡、70余人受伤、1名飞行员被俘，两架"黑鹰"直升机被击落、3架被击伤，数辆卡车和悍马车被击毁。①此后8年时间里，美军视地面作战行动为畏途，在1998年对伊拉克的"沙漠之狐"行动及1999年对南联盟的战争，采取的基本上都是以空袭为主的非接触式作战方式。"哥特蛇行动"中止执行，并不意味着战斗已经结束，恰恰相反，这只是更为艰巨的自我救援行动的开始。在这种情况下，秘密行动的执行与中止，都是一种艰难的抉择和艰巨的考验。

　　执行过程中暴露了秘密行动的意图。秘密行动大多为使用非正当的手段、达到非正当的目的、获取非正当的利益，最怕见光，具有"见光死"的特点，因而一旦暴露了意图，该项秘密行动就难以继续执行下去了。如美国中情局图谋颠覆印尼苏加诺政权、支持外岛叛军叛乱的"海克行动"，因1名雇佣飞行员被俘，暴露了美国的背景，美国并不想同苏加诺政府公开翻脸，不得不中止了该项秘密行动，没有了中央情报局的支持，叛军很快就被印尼政府军扫荡一空。在1971年韩国总统选举中，金大中代表民主党挑战时任总统朴正熙，竞选活动中遭遇伪装成车祸的未遂暗杀行动，以得票微弱之差落败后流亡日本，继续从事反对朴正熙独裁统治的活动。1973年，时任韩国总统朴正熙下令中央情报部将金大中绑架后进行处置，韩国中情部制定了周密的绑架行动计划"KT行动"。金大中在日本争取支持以发起反对朴正熙独裁的民主运动，于8月8日到东京大皇宫饭店2212室会见韩国"民主统一党"总裁梁一同，当会见结束后金大中走出房间时，被韩国中情部几名特工悄悄拽进隔壁房间，用浸了麻醉药的毛巾捂住他的鼻子，塞进轿车送到海边的"龙锦号"特工船上，打算将金大中绑上铁砣沉入大海，毁尸灭迹。金大中的日本保镖金康寿发现其失踪后立即报警，日本警方和中央情报局随即出动寻找并向韩国提出警告，朴正熙只得释放了金大中。事件披露后，时任中情部部长李厚洛被作为替罪羊而撤职。②该绑架秘密行动的目的是为了暗杀对象，事件暴露后由于美日的干

---

①《"黑鹰坠落"——摩加迪沙抓捕艾迪德行动》，策马西风，2023年7月31日，手机搜狐网，https://m.sohu.com/a/709328641-121687419。
②樊繁：《历史回顾：1973年金大中被特工绑架》，《环球时报》2002年5月11日。

· 197 ·

世界情报组织秘密行动

预,不得不中止了暗杀行动,甚至连绑架行动也中止了。1998年金大中就任韩国总统后,对中情部进行了大刀阔斧的改革,于次年更名为国家情报院。1968年,苏联K-129号核潜艇失事,沉入太平洋夏威夷西北5000多米深的海底。中央情报局策划和实施了打捞该核潜艇的"杰尼弗行动",由休斯公司以"勘探海底金属矿"为名,实施打捞秘密行动,并于1972年打捞出了核潜艇的前半截。中央情报局并不死心,正紧锣密鼓地策划第二次打捞秘密行动时,休斯公司总部的大量文件被盗,小偷意外发现了"杰尼弗行动"的相关秘密文件,并以此勒索该公司老板霍华德·休斯。休斯公司被盗案引起了媒体的广泛关注,《洛杉矶时报》于1975年将这件事捅了出去,苏联立即作出了强烈反应,指责美国违反了国际海洋法,当时国际海洋法规定,沉没在公海的船只打捞权属于该船只的所有国;并要求美国停止任何打捞行动,将已经打捞上来的物品和所有资料归还苏联;同时宣布在事发海域进行无限期军事演习,将击沉所有出现在事发海域的船只。[①] 美国自然不会答应苏联归还物品的要求,但看到苏联的态度如此强硬,自知理亏的中央情报局不得不取消了再次打捞的计划。

在执行过程中国家关系或国际环境发生了重大变化。"萨帕塔计划"失败后,美国并未放弃颠覆古巴卡斯特罗政权的企图。1961年11月,肯尼迪总统批准了旨在推翻古巴政府的"猫鼬计划",包括袭击古巴政府、开展心理战、暗杀卡斯特罗、策反古巴官员、破坏经济和炸毁重要设施等内容,总共涉及到32项任务。负责该项行动的兰斯代尔将军,将这些任务分派到国务院、国防部、商务部、财政部以及中央情报局、新闻署、联邦调查局和移民局等单位。但在实施的初始阶段就发现了操作上的困难,于是将第一阶段的重点放在获取古巴各方面的情报上。这个计划使古巴认为美国将会再次采取猪湾式的入侵行动,要求苏联在古巴部署导弹。随着导弹危机的加剧,肯尼迪政府承诺撤走部署在意大利和土耳其的核弹,以及不再入侵古巴,作为苏联从古巴撤走导弹的交换条件,美苏两国便达成了协议,在此情况下肯尼迪下令中止了"猫鼬计划"。实际情况是,只中止了内容复杂庞大的"猫鼬计划",中央情报局其他颠覆古巴政权的秘密行动并没有中止,如接二连三地推出暗杀卡斯特罗的秘密行动,只是因为卡斯特罗的命太硬,这些秘密行动均无果而终。古巴革命胜利后,美国一直

---

① 詹静芳、詹幼鹏:《美国中央情报局绝密行动》,北方文艺出版社2017年版,第66—67页。

第三章 秘密行动的策划与实施

想拔掉这颗眼皮底下的钉子，苏联也想将古巴打造成美国的心腹之患。从表面上看，古巴似乎是这场导弹危机的得利者，至少美国向苏联作出了不入侵古巴的承诺。但在古巴领导人卡斯特罗看来，古巴遭到了苏联的出卖，意识到依靠大国的保护并不靠谱，于是大力向拉丁美洲、非洲等第三世界国家输出革命，支持当地的革命政府或反政府武装，力图扶持并建立一批认同古巴或与古巴类似的国家政权，以营造一个有利于维护古巴安全的国际环境。于是这些地区烽烟四起、战乱频发，以美苏为代表的两大阵营情报机构也没有闲着，积极展开争夺和博弈。古巴的国力不足以支撑大规模的境外准军事秘密行动，苏联为古巴提供了强大的保障和支持，古巴的一切努力，又成为苏联国际战略中的重要一环，这也是冷战时期许多中小国家的宿命。因朝韩关系趋于缓和，韩国中止暗杀朝鲜领导人金日成的秘密行动，还引发了一场武装叛乱。1968年，朝鲜保卫省侦察局派遣31名特种兵队伍潜入韩国，冒充韩军情报人员，试图混进青瓦台，暗杀韩国总统朴正熙，同时解救被关押的朝鲜间谍，暴露后遭到围剿，该事件造成近200名韩美军警及平民伤亡。为报复朝鲜，根据朴正熙指令，中情部制定了暗杀金日成的"獾作战"秘密行动计划，组建了一支31名主要由囚犯组成的名为"684北派部队"的敢死队，在荒芜的实尾岛上建立秘密基地，仿制平壤锦绣山议事堂金日成宫殿的构造及周围地形实景模型，在这里经过魔鬼式训练，一个个技艺精湛，身手不凡。正当他们转移到紧靠朝鲜的白翎岛，随时准备出击，以消除犯罪记录，重新回归正常人的生活时，朝韩关系出现了缓和趋势，秘密行动被中止。敢死队只得撤回实尾岛，队员们的希望瞬间破灭，悲愤不已，这支主要由亡命之徒组成的队伍的存废问题也让韩国政府十分挠头。敢死队员无意中获悉韩国政府为掩盖"獾作战"计划秘密，可能会将他们灭口的消息，于是发起暴动，血洗实尾岛，经仁川一路杀进首都汉城市区。韩国政府大为震惊，立即组织军队进行镇压，并诬称他们是朝鲜游击组织，最终将其剿灭。[1] 如此魔幻的故事，恐怕连《西游记》的作者吴承恩都不敢这么写。但情报机构作为一个非常组织，行使非常职能，运用非常手段，解决非常问题，必定会创造非常故事。出现此类事情，既出乎意料之外，又在情理之中。

---

[1]《韩国的对朝特攻"684"部队暴动事件》，网易军事，2009年11月10日，网易新闻，手机网易网，https://m.163.com/news/article/5NPPTBBP00011232.html。

第四章

暗杀类秘密行动

暗杀秘密行动，指情报组织通过秘密渠道和手段，针对特定对象，所进行的有预谋的阴谋暗害行为。情报组织在作了周密的行动计划之后，派遣或收买行动人员乘被害人员不备，用暴力或其他相关手段终结其生命，以期达到消灭和打击对手，减少或终止危害，以及威慑、复仇等目的。在历史上，暗杀曾是最重要的秘密行动手段之一，它可直击问题的核心并迅速解决重大问题。司马迁在《史记·刺客列传》中生动记述了5位刺客的事迹；《圣经·犹滴传》中记载了犹太寡妇犹滴通过色诱的方式暗杀敌军主帅何乐弗尼，从而大败敌军，拯救整个民族的故事。在秘密行动中，暗杀具有标志性的意义，一般提到秘密行动，首先想到的便是暗杀。有关国家对秘密行动政策的调整，最明显的也是体现在对暗杀政策的调整上。暗杀所针对的目标对象是个体，该个体通常是比较重要或比较敏感的对象，有的甚至是对方的核心或首要人物。对一个国家或组织来说，如果己方有人被对手方的情报组织所暗杀，往往极具震撼力、羞辱性和破坏性，对社会大众的心理也会产生比较大的冲击力。对对方核心或重要人物的暗杀，甚至可能改变其结盟立场和政策走向，形成符合己方利益的发展趋势。我们可以想象，荆轲刺秦王如获成功，一定会给秦国政治带来巨大的冲击，很可能为燕国续命创造一线生机，至少不会亡得那么快。

第一节 暗杀秘密行动的主要方式

从肉体上消灭对手阵营的重要人物乃至头目，不仅能有效削弱其力量，还能制造恐慌情绪，涣散瓦解其队伍，威慑类似的对象。同时，这也是处置叛徒的一种重要方式，以消除危害或警示内部人员。相对而言，这是一种具有比较直接、比较彻底性质的解决方式。希特勒对此问题看得很透彻："对敌人来说，没有什么地方比坟墓更好的了。"暗杀就是将己方所忌讳或憎恶的重要对象直接送进坟墓。暗杀的方式多种多样，从最古老的冷兵器到最先进的导弹猎杀方式无所不包。暗杀方式和工具虽然存在时代的差异性，但新工具和新方式的纳入，只会使暗杀的工具和方式更加丰富，并不意味着旧工具和旧方式的完全退出。由于现代科技的发展，不断有科技含量更高、更方便有效的暗杀方式和工具，被纳入到暗杀的工具箱中，有效地降低了暗杀的难度和风险度，也进一步强化了暗杀在破解困局中的地位和作用。暗杀秘密行动一般可分为接近对象、处置对象和安全撤离三个主要工作环节，不同的暗杀方式在这几个环节上的要求各不相同。在接近对象方面，大多为想方设法贴靠到对象身边，也有将目标对象引诱到某个特定场所进行处置的现象，如摩萨德暗杀号称"里加屠夫"的原纳粹恶魔赫伯特·库克斯就是如此，他曾在拉脱维亚屠杀了 8 万名犹太人。摩萨德派遣化名为赫尔·孔兹勒的特工扮作游客和商人，将隐藏在巴西圣保罗 20 年的库克斯以洽谈生意的名义，引诱到乌拉圭蒙得维的亚哥伦比亚街的科伯蒂别墅，潜伏在此的 4 名摩萨德特工将其制服，他们宣读了其罪状和死亡判决书后，用装上了消音器的冲锋枪结束了其罪恶的一生，给暗杀披上了一层"依法办事"的外衣。①

一、使用刀具及日常用具

在冷兵器时代，自然只能用刀具等冷凶器进行暗杀，司马迁《史记·刺客列传》中的刺客，曹沫劫持威胁齐桓公、专诸刺杀吴王僚、豫让图谋刺杀赵襄子及荆轲刺秦王，所使用的都是匕首，并给我们留下了"图穷匕见"的成语，比喻事情发展到最后，终于露出了真相或来意。在热兵器时代，冷凶器因携带或取用方便，可以悄无声息地执行任务，仍然受到杀手的青睐；有些地方不适合带枪，一般采取方便取用或便于携带的日常工具作为武器，来实施暗杀行动。这类暗杀行动，大多带有熟人或准熟人作案的性质，或是派人打入对象身边，或是策反其身边的亲信，或是设计制造对象愿意与执行者近距离接触的机会，总之是要通过各种有效的方式取得暗杀对象的信任，在其毫无防备之时突然出手。也有的是陌生人作案，往往需要等候合适的时机，执行的周期就会相对比较长。在处置目标对象时，冷凶器相对而言显得更为血腥和残忍，有的本来可以运用其他更为便捷的方式进行暗杀，但出于对目标对象的愤恨，有意选择这种比较残酷的方式，用以泄愤及震慑潜在的同类人员。

---

① 肖宪、刘亚明、李华：《以色列情报组织摩萨德追杀纳粹屠夫库克斯》，网易历史，2009 年 7 月 13 日，手机网易网，https：//m.163.com/news/article/5E4BFKSD00011247.html。

熟人作案，选择时机。派人打入目标对象身边或是策反其身边的人员，这类执行人员与目标对象比较熟悉，相处的机会比较多，目标对象也对其缺乏防范心理，一般是选择与目标对象单独相处、下手后可以顺利撤离的时机。地位曾仅次于列宁的苏联领导人托洛茨基在党内斗争中落败，先后被流放和驱逐出境，辗转多国后定居墨西哥。流亡途中，他写了大量著作及组织活动，反对苏联政府和斯大林，一直遭到暗杀威胁。被克格勃招募为特工的拉蒙·梅尔卡德曾经伪装成托洛茨基主义的拥护者，参加了1938年托派组织"第四国际"成立大会，会议期间结识了美国姑娘西尔维娅，她于1940年初到墨西哥担任托洛茨基的秘书。拉蒙化名弗兰克·杰克逊来到墨西哥，很快见到西尔维娅，每天到托洛茨基的别墅外接送她上下班，偶尔也进入别墅，与托洛茨基有过多次接触。1940年8月20日下午5时许，拉蒙以请教一篇文章为由，跟随托洛茨基进了书房。随后悄悄掏出隐蔽在身上的冰镐，用尽全身力气，向正在认真看文章的托洛茨基的头部砸了下去，头盖骨被打碎，血流满面。托洛茨基发出尖利的哀号声，同凶手进行搏斗，后被警卫及家人送进医院治疗，于当晚心脏停止了跳动，拉蒙也被墨西哥警方逮捕。如果不是因为冰镐砸偏了一点导致场面失控，拉蒙完全可以若无其事地离开现场，与别墅外接应的同伙会合后溜之大吉①。这是典型的熟人作案的案例，先是寻找机会打入到目标对象身边，取得其本人及生活圈子中的人的信任，然后寻找合适的时机下手。按照克格勃的设计，冰镐方便携带进入作案场所，可以悄无声息地解决问题，并为平安撤离创造有利条件，但因砸得有点偏，引发了被害人的惨叫和反击，才使得杀手拉蒙无法按原计划平安脱身。后面将要谈到的军统暗杀伪上海特别市市长傅筱庵，则是策动傅的亲信和仆人朱升源用菜刀将其悄悄砍死。此种暗杀行动，关键在找准策反的对象，因执行人长期生活在暗杀对象身边，对其各种情况了如指掌，加之出入方便，便于制造和寻找下手的机会，能够有效降低执行的难度和风险。

准熟人作案，创造时机。正常情况下，执行人员与目标对象不可能聚在一起，这就必须制造与目标对象近距离接触的机会，将执行人员与目标对象的关系由陌生人变成准熟人，目标对象一般不会对来人产生戒备心理，从而出其不意解决问题。从战国末期的情况来看，荆轲与秦王根本不会有交集，借受燕国派遣向秦王献燕督亢地图和秦叛将樊于期首级之名，

---

① 程景：《苏联克格勃绝密行动》，北方文艺出版社2017年版，第33—35页。

第四章 暗杀类秘密行动

就创造出了两人见面的机会。见面之前，秦王已经对其来历、身份和任务有了比较全面的了解，心中有了底数，不会刻意提防。知道身份而不熟悉面相，见面就可算是熟人，我们将之称为准熟人，双方相见后，可以进行沟通和互动，从而为作案提供良好的条件。只是这种身份往往是经过精心伪装的，以欺骗和迷惑目标对象。抗日战争爆发后，日本情报机构加强了对晚清民国时期的军政高官和社会名流的收买拉拢，一些人也经不起诱惑，纷纷投向日本人，成为可耻的汉奸。抗战初期，曾任民国第一任内阁总理的唐绍仪滞留沦陷区上海，虽然口称"宁为亡国奴，也不当汉奸"，但借故迟迟不离开上海。日本为了进一步实施"以战养战，以华制华"的策略，加快了筹划建立全国性伪政权的步伐。1938年7月，日本驻中国特务总机关长土肥原贤二上任伊始，便亲赴上海诱降唐绍仪。军统戴笠认为唐卖国投敌已成定局，给军统上海区下达了制裁令，行动组组长赵理君负责执行。赵理君根据唐收藏古玩的雅好，买下了唐在古玩店看中的一只景泰蓝花瓶，并将一把小斧子藏进装花瓶的木盒里，然后带人扮作古董商人到唐家"谈生意"，富于秘密行动经验的赵理君等人借故支开了唐家仆人，趁唐绍仪弯腰俯首鉴赏花瓶时，迅速抽出小斧子，朝其脑后猛力一击，唐便悄无声息地一头栽倒在地毯上，鲜血脑浆涂满一地。还未等有人发现，行动人员已迅速撤离。[①] 这里与暗杀托洛茨基所使用的是类似的工具，做得更为干脆利落，既完成了任务，实施暗杀行动的人员又安然脱离了险境。

　　陌生人作案，寻找时机。执行人员与暗杀对象不熟悉，很难找到接近对象的机会，必须密切关注目标对象的行踪，或是根据相关情报，寻找其独处、落单或松懈之时下手，在此情况下，相遇即是相杀。1978年，驻守东德的苏联空军第16集团军司令员康斯坦丁·科舍利夫中将，携带苏军在东德前线所有重要战略部队和核设施部署等机密叛逃，获得美国3000万美元的奖励，而几乎丧失所有前线机密的苏联，不得不花费数百亿美元重新调整部署。为防止苏联追杀，美国派军队保护其安全，就这样过了7年。严密的安保措施虽然确保了科舍利夫的生命安全，但也让其十分厌烦这种牢笼般的生活，觉得已经过了这么多年，苏联应该淡忘了此事，便强烈要求外出活动。这一念之差，就将其送上了黄泉路。在假日酒店的厕所里，

[①] 徐飞编著：《狼与狈——中统军统行动档案》，河北人民出版社1998年版，第170—176页。

科舍利夫身中二十多刀，在其尸体旁放置的纸板上，用其鲜血写着："叛徒，一百年也不会让你好过！"① 从科舍利夫遇刺的环境来看，完全可以使用无声手枪或喷射、注射毒液等方式，就算是使用刀具，一至数刀便可毙命。刺杀的频次与力度超乎常理，还一反常态地通过留下文字的方式故意暴露作案者的背景，显然具有强烈的泄愤和警告的色彩，以让其不得好死的方式进行惩罚并警示和威慑潜在的效仿者。革命导师列宁曾经说过："历史是一位无情的继母，报复起来什么也不放过。"从某种意义上来看，情报组织是在创造和丰富这种报复的历史，从而使目标对象难以逃脱历史的报复。

二、使用枪械

一般使用加装消声器材的无声手枪、冲锋枪或狙击步枪等枪械。能够制造与暗杀对象单独或近距离接触机会的，多使用无声手枪，这样能悄无声息地执行完暗杀任务，不会惊动周边人员，便于执行暗杀行动的人员迅速安全地撤离，同时还有利于隐藏暗杀行动背后的政治背景，最大限度地避免引发政治或外交纠纷。对于有较远距离的，则多使用狙击步枪。带有武装突袭性质的暗杀行动往往会制造出相对比较大的动静，有可能会遇到抵抗或反击，大多使用冲锋枪，可以连续射击，火力比较强，在进攻或自卫时更有效率。

1972年9月，巴勒斯坦恐怖组织"黑九月"冲进了慕尼黑奥运村以色列代表团驻地，当场杀害了2名教练员，绑架9名运动员，在随后联邦德国警方武装营救人质行动过程中，9名运动员全部遇害。"慕尼黑惨案"震惊了世界，"黑九月"组织也遭到了世界舆论的谴责。以色列总理梅厄亲自召见摩萨德局长扎米尔等人，命令成立特别行动小组"死神突击队"，执行"上帝的复仇"行动计划，对"黑九月"组织实施报复。"死亡名单"上共列出了11名恐怖分子骨干，历经9年的追杀，除1人因癌症病死外，其余10人全部被特别行动小组暗杀，其中6人被枪击身亡。第一个进入特别行动小组视野的是瓦埃勒·兹怀伊特，其公开职业是利比亚驻罗马大使馆翻译，秘密身份则为欧洲恐怖组织的主要组织者和协调人，他曾在1968年策划了劫持以色列航班的行动，从而拉开了国际恐怖活动的帷幕；随后他又制造了以色列航班爆炸案，所幸未造成坠机事件。行动小组经过

---

① 《苏联叛逃美国职务最高官员：集团军副司令科舍列夫中将，后遭惨杀》，环军情线，2021年4月28日，搜狐网，https://www.sohu.com。

长期跟踪调查,掌握了其详细住址和活动规律。1972年10月16日晚上,兹怀伊特回到公寓电梯间时,两名行动小组成员几乎同时扣动了扳机,装有消音器的贝雷塔手枪发出柔和的"咔嚓"声,兹怀伊特身中14枪后倒了下去。稀疏的路人并没有发现什么异样,行动小组成员迅速乘车离去,消失在夜幕里。[1]

抗日战争初期,国民党副总裁汪精卫对抗战前途悲观失望,在日本人的诱降下,于1938年12月出逃越南河内,暂住高朗街27号原军阀朱德培的公馆。为惩治汉奸,军统实施了针对汪精卫的制裁行动,并在公馆对面租了一幢三层楼房,对该公馆进行实时监控。行动小组于某晚悄悄潜入公馆,用斧头将汪精卫所住房门砍了一个大洞,只见床铺下面趴着一名男子,腰背还露在外面,行动组人员认定此人就是汪精卫,迅速举起冲锋枪一阵乱射,估摸对象已经死亡,便迅速撤离现场。事后才知道杀错了人,原来暗杀当日,汪精卫秘书曾仲鸣之妻从香港过来,汪精卫主动将大房间让给曾仲鸣夫妇,竟然让曾仲鸣当了替死鬼。[2]

三、使用毒素

一般采用食物投毒,注射、喷射或涂抹药物,使用放射线物质等方式进行。后两种暗杀方式,苏联克格勃及继承了其衣钵的俄联邦安全总局、以色列摩萨德使用得比较多。这两种方式,科技含量高,执行方便,不留痕迹,便于隐藏暗杀行动背景,误导警方或对方对死者死因的判断,甚至可以将一起令人发指、有可能引发舆论风暴的政治暗杀事件,伪装成常见的急病自然死亡事件。克格勃内部有一句格言:"任何斧子都能砍死人,但需要艺术家来安排一种自然死去的环境。"这个所谓的"艺术"就是伪装的艺术,让对手和警方误认假相为真相,或是难以查出真相,以隐藏暗杀的真相或暗杀执行者国家和组织的背景。

食物投毒方式比较常用,针对个体和群体都可以使用,尤其是一些慢性中毒的食物,直到人死后,都不知道是死于暗杀。1939年6月10日,军统南京区对日本驻南京总领事馆实施了"投毒行动"。当日,日本总领

---

[1] 高金虎等:《大卫的铁拳——二十世纪以色列情报机构绝密行动》,东方出版社2005年版,第231—232页。

[2] 徐飞编著:《狼与狈——中统军统行动档案》,河北人民出版社1998年版,第180—190页。

馆举办欢迎外务省次官清水的盛大宴会,日本华中派遣军司令部高官和伪"维新政府"高层汉奸也将出席宴会。潜伏在总领馆做佣人工作的军统特工詹长炳兄弟,在酒中放入氰化钾,安排好后便借故离开总领馆。宴会开始后不久,就不断有人出现中毒症状,由于抢救及时,只毒死了一名总领馆书记官,但对日伪心理上的打击非常巨大。① "解放巴勒斯坦人民阵线(人阵)"领袖哈达德,在1968年和1976年,策划实施了两起针对以色列的飞机劫持事件,成为摩萨德一个时期追杀的头号目标。哈达德听到风声后,悄然躲到伊拉克首都巴格达,从此深藏不露,根本不给摩萨德接近的机会。摩萨德了解到其特别爱吃巧克力的习惯后,收买了一名巴勒斯坦人,不时给其送去比利时生产的名贵巧克力。摩萨德在巧克力漂亮的蕾丝边里渗入了微量慢性毒药,几个月后哈达德体内的毒素慢慢积聚,身体逐渐垮了下来,医生查不出其究竟所患何病,自然也谈不上对症治疗,最后病死在东德一家破旧的旅馆里。巴勒斯坦官方宣布的死因却是白血病,并未意识到其是死于摩萨德之手。直到美国《时代》周刊驻耶路撒冷记者克莱因《回击》一书出版,才揭开了哈达德死因之谜。②

苏联境内有些民族都存在着分离主义倾向,一些流亡境外的民族分离主义组织与美国中央情报局、英国秘密情报局等西方国家情报组织保持着不同程度的联系,图谋里应外合搞垮苏联,获得民族独立,克格勃对这些民族主义流亡组织的领袖展开了持续的暗杀行动,以摧毁这些流亡反苏势力。20世纪50年代,克格勃研制出了一种新式暗杀武器"气雾杀人枪",只需要对准面部轻扣扳机,喷出的氰化物毒气就能杀人于无形,基本上不留什么痕迹。克格勃特工博格丹·斯塔申斯基使用这种武器,于1957年暗杀了流亡德国慕尼黑的《乌克兰独立报》编辑列夫·别列德,媒体报道其是死于心脏病突发。他用同样的方法,于1959年暗杀了"乌克兰民族主义者组织"慕尼黑领导人斯捷藩·班德拉。这些流亡民族主义领袖接连毫无征兆地突然死亡,引起了西德警方的警觉,经过尸检发现其脸上有一道极小的划痕,残留有细微的玻璃碎片,怀疑是被氢氰酸毒死的,但无法形成被暗杀的完整证据链。苏联为摆脱嫌疑,将水搅浑,在《红星报》上编

---

① 徐飞编著:《狼与狈——中统军统行动档案》,河北人民出版社1998年版,第193—197页。

② 李兆耿、王晓:《毒剂:冷战时期的暗杀利器》,《中国国防报·军事特刊》2017年2月24日。

第四章 暗杀类秘密行动

发了一个假新闻，说班德拉是被联邦德国难民事务部部长特奥尔多·奥伯兰德尔杀害的，原因是奥伯兰德尔的非法活动，班德拉知道得太多了，就这样"一个恶棍搞掉了另一个恶棍"。[①] 如果不是后来执行暗杀任务的斯塔申斯基叛逃西方，这两人的死亡之谜会很难揭开。为解除对象的戒备心理，根据不同情况，有的需要派遣同民族、同种族的人员去接近对象，便于对象接纳；有的则需要派遣不同民族、不同种族的人员去接近对象，便于打消对象的防范心理，如水无常形，因器而赋形。曾任苏共总书记勃列日涅夫卫士、后成为兵器专家的尤里·巴甫伦夫，1967年在保加利亚讲学期间，被美国中央情报局策反叛逃。勃列日涅夫对其有救命、培养和知遇之恩，感到十分痛心，命克格勃多次暗杀未果。他后来悄悄整容隐居日本东京并开办了公司，保镖形影不离。克格勃意识到在这个东方大都市里，白人会非常显眼并引起巴甫伦夫的警觉，没法接近他，于是派遣黄色面孔的傅索安赴东京执行暗杀任务。傅索安原为从天津来到中苏边境村落奇玛村的女知青，因挑动村民械斗引起严重后果而潜逃到苏联，苏联将其送到特维尔谍报学校，培养成为克格勃特工。1970年，傅索安化名为"李娜丽"，持香港护照来到东京，在巴甫伦夫每天必经之处设了一个小报摊，摸清其日常活动规律并吸引其注意后，设计出了以街头斗殴奔跑求救的方式，引开保镖的注意力，直奔坐着看报、享受擦鞋服务的巴甫伦夫，正急着上演"英雄救美"大戏的巴甫伦夫猝然压到擦鞋者身上。原来是傅索安乘此机会，对着其面部抠动了卷在报纸里的毒气枪。傅索安乘乱跳进同伙安排的出租车，驰入机场并顺利回到了苏联。[②] 日本警方初步调查的结论是巴甫伦夫死于心肌梗塞，并未意识到其是遭到了政治暗杀。

使用放射线物质搞暗杀，显得更为隐秘和高效，短时间里很难判定什么时候中的毒、中的什么毒。即使好不容易弄清楚了，要么因时间耽误过久而不治，要么本身就无药可治，能从中死里逃生的就是创造了奇迹。1954年2月，苏联克格勃第13处特工尼古拉·霍赫洛夫奉命到法兰克福执行暗杀任务时叛逃西方，公开揭露了13处执行政治暗杀、绑架和破坏等秘密活动的内幕情况。克格勃高层异常震怒，下达了除掉霍赫洛夫的命

[①] 高金虎等：《剑与盾——二十世纪俄罗斯情报机构绝密行动》，东方出版社2005年版，第252—253页。

[②] 《背叛勃列日涅夫的卫士，1970年被女特工用毒烟毙命，警方不敢调查》，蜉蝣说，2024年8月4日，网易新闻，手机网易网，htpps：//m.163.com/dy/article/J8PEG0QE055651K3.html。

令。1957年9月，霍赫洛夫突然感到胃痛，并发生剧烈呕吐，医生诊断他是患了急性胃炎，但治疗毫无效果，白血球在减少，血液从毛孔渗出，骨骼被腐蚀，唾腺在萎缩，生命危在旦夕。将其转到法兰克福美军医院，治疗也不见效果，只能是维持生命而已，3个星期后侥幸地好转并康复了。后来一位美国毒物学专家经过研究，才解开此病之谜，原来他是中了铊毒，这种铊元素受过强烈的原子辐射，并以剧烈的辐射伤害人体。[①] 1998年，俄联邦安全总局中校利特维年科叛逃英国，公开揭露该局派遣他到英国，用灌有毒液的特制钢笔暗杀流亡到此地的俄罗斯商界巨头鲍里斯·别列佐夫斯基，世界舆论哗然。2006年，他在英国因放射性元素钋-210中毒身亡，再次引发世界极大关注。普京总统曾说："只要是为了国家卖力，国家是不会忘记的；而那些背叛国家的人，国家同样也不会忘记。"被苏联或俄罗斯情报机构惦记着的人，其结局肯定会很悲惨。对巴解领导人阿拉法特的死因也是众说纷纭，病历显示死因是由血液疾病引发的心肌梗塞，其遗孀和女儿高度怀疑阿拉法特是被以色列毒死的，将已经埋葬7年的阿拉法特开棺验尸，由瑞士、法国和俄罗斯三个国家分别对相关物品进行检测，其中瑞士从其遗体和遗物上检测到了超过正常值20倍的放射物质钋。[②] 巴勒斯坦后来宣布阿拉法特是被摩萨德用放射线物质毒死的，但以色列坚决予以否认。真相究竟是什么，恐怕只有以色列最清楚。

四、制造爆炸事件

采用爆炸方式实施暗杀行动，可以远距离操控、远程投寄、设置定时或物理触发装置，其在实施过程中的隐秘性要高于手执其他武器，具体实施暗杀行动的特工不易暴露，便于平安撤离，同时由于爆炸案易于引起新闻媒体和社会大众的关注，其影响力和震慑力会更大。具体的方式有电话炸弹、汽车炸弹（还有飞机、船只、摩托车等其他交通工具，不过最常用的是汽车）、邮件炸弹、其他固定式炸弹和便携流动式炸弹等。不同种类炸弹的精准度差异性很大，有些种类炸弹的可控性和精准性比较高，有的相对较低，容易伤及无辜。

---

① 黄狐编著：《鹰眼——苏联克格勃行动档案》，河北人民出版社1998年版，第234—236页。

② 《阿拉法特死亡之谜》，2012年7月5日，央广网，https://www.cnr.cn/kby/tf/201207/t20120705-510118137.html。

定时炸弹及在特定条件下引爆的炸弹,便于实施暗杀秘密行动的人员平安撤离现场。面对希特勒疯狂的侵略行为和种族灭绝政策,德国国防军中一部分军事将领觉得希特勒的军事冒险政策,必然会将德国带进失败的深渊,给德意志民族造成深重的灾难,逐步形成了反对希特勒的秘密组织"黑色乐队"。以卡纳里斯为局长的军事谍报局成为反希特勒组织的重要成员,他们组织参与了两次针对希特勒的暗杀行动。这个反对希特勒的密谋集团通过军事谍报局,与盟国情报机构秘密建立了或直接或间接的联系,用于暗杀的炸弹由英国特别行动执行署提供,苏联"拉多间谍网"所属的"露西小组"也参与了该行动。第一次是1943年3月的"闪光行动",在希特勒返回大本营的专机上放置以"白兰地酒"为伪装的包裹炸弹,因引信失灵而未果。该炸弹的设计十分巧妙,只需按下按钮,装着腐蚀酸的小瓶破裂,腐蚀性液体流到一根拉住雷管撞针的金属线上,30分钟左右金属线就会被腐蚀断,从而引爆炸弹。因当天天气不好,飞机飞得比往常高,腐蚀酸被冻住了,计划失败。密谋分子大感意外,急忙派人赶到大本营,找借口将"白兰地酒"包裹取了回来。这是一种运用化学物理原理所设计制造的特殊定时装置。第二次是1944年7月,国内驻防军参谋长冯·施陶芬贝格上校,到希特勒大本营"狼穴"的会议室开会,悄悄把公文包放在希特勒的座位旁边,不久便以接电话为由离开了会议室。随后公文包发生剧烈爆炸,4名军官被炸死,而希特勒仅受了轻伤。[1] 这次暗杀行动导致"黑色乐队"组织几乎全军覆灭,卡纳里斯被绞死。汉城奥运会前夕的1987年,朝鲜特工金胜一和金贤姬分别化名"蜂谷真一"和"蜂谷真由美",假扮日本观光父女,将装有定时9小时的炸弹行李带上大韩航空858班机,经停巴林时这两名特工下机,飞机如期在安达曼海上空爆炸,机上115名乘客和机组人员全部遇难。巴林出入境管理局随即将2人抓捕调查,两人当场服毒,男子死亡,女子幸存,引渡到韩国后,经过艰苦反复的审讯,才交待出了事情的真相。[2]

使用电话炸弹、汽车炸弹及床下炸弹等方式进行暗杀。1972年9月在慕尼黑奥运村,巴基斯坦恐怖主义组织"黑九月"绑架并屠杀了11名以色列运动员。为了报复并追杀凶手,摩萨德实施了"上帝的愤怒"秘密行

---

[1] 肖池编著:《米字旗守护神——英国军情五局和秘密情报局行动档案》,河北人民出版社1998年版,第155页。

[2] 《大韩航空858号航班空难》,百度百科,https:/baike.baidu.com/。

动，先后用在暗杀对象的住宅电话、汽车座位下或底盘下、床下等地方安装炸弹的方式，炸死了其中4名"黑九月"组织的恐怖分子骨干人员，其中1人死于住宅电话炸弹、2人死于汽车炸弹、1人死于床下炸弹。电话炸弹是将炸弹秘密安装在目标对象的住宅或其所居住旅馆房间的电话机上，然后在附近观察守候，当发现对象回家或回到旅馆房间后，便拨通该电话，对象拿起听筒接听电话时就会引爆炸弹。这种炸弹精准度比较高，曾经风行一时。汽车炸弹一般是将炸弹偷偷安装在对象所要乘坐的汽车上，或是对象必经之路边的汽车上，大多是吸在汽车底盘上，安装比较方便，也不容易被发现。然后在隐蔽处进行监视，当发现对象上了炸弹汽车或靠近路边的炸弹汽车时，进行遥控引爆。床下炸弹是将炸弹安装在床铺下面，当对象上床休息时，便会物理触发或是遥控引爆炸弹。从摩萨德对这些炸弹技术使用的情况来看，应该说是精准高效，弹无虚发，基本上每次都能置目标对象于死地，执行秘密行动的特工也能安然撤离。

使用远程投寄的邮件炸弹来暗杀目标对象，是摩萨德的发明创造。这种炸弹可分为信件炸弹、书本炸弹和包裹炸弹，多为松发引信，即在打开邮件时造成电路接通而引爆。这种暗杀方式，使得暗杀者与对象之间即使远隔千山万水，也可轻松达到目标，防范的难度更大，暗杀者也基本上规避了难以撤离的风险与留下的痕迹，可以说是当时将风险降低到最低限度的一种暗杀方式。摩萨德的暗杀行动向来以稳、准、狠而闻名，与以色列的立国环境极其凶险有关，暗杀对手的目的是想从心理上彻底压倒敌对国家和恐怖组织，有时并不像苏联克格勃那样严格地隐藏暗杀行动实施者的背景。第一次邮件炸弹暗杀行动，是在1955年报复埃及人指挥的"费代因（阿拉伯突击队）"组织的袭击行动，在这些袭击中，以色列死亡22人，伤20人。以色列认为埃及情报官员穆斯塔法·哈费兹上校是"费代因"真正的指挥官和组织者。摩萨德使用了一名双重间谍，该间谍诡称埃及情报机构给哈费兹送来了一个包裹。哈费兹一打开便发生了爆炸，身受重伤，不治身亡。摩萨德的第二个目标是埃及驻约旦大使馆武官、"费代因"约旦负责人萨拉赫·穆斯塔法上校。穆斯塔法收到了标明来自联合国在耶路撒冷分支机构的一件包裹，他在那里有一些朋友，于是毫不犹豫地拆开了包裹，内有一本回忆录，谁知书本中间掏空处藏着一枚炸弹，穆斯塔法打开书本时被炸身亡。① 在此后一个时期里，邮件炸弹曾经风行一时，

---

① 卫安主编：《外国情报史》，时事出版社1993年版，第569—570页。

许多国家的情报组织、恐怖组织,甚至因个人恩怨进行报复敲诈也会运用到这种手段。

五、制造意外事故

这类暗杀行动极为巧妙,往往是扑朔迷离,死得非常蹊跷,有想象的空间,无确凿的证据,事出有因而又查无实据,比如制造医疗事故、交通事故及其他意外事故的方式来暗杀对象。由于设计巧妙,从表面上来看,有些甚至连事故都说不上。这类暗杀行动往往很难解密,即使是解密也会是许多年以后,大多已是时过境迁,物是人非。

托洛茨基的长子谢多夫是其得力助手,随其一起流亡到巴黎时得了阑尾炎,1938年到当地一家白俄出资开办的诊所做了很成功的手术。但奇怪的是,第二天发现手术切口处有大片淤血并伴有高烧,医生又给他做了第二次手术,不久就死在这家诊所里。托洛茨基坚信儿子是死于苏联国家政治保卫总局(克格勃的前身)之手,当即就此发表公开声明,并提出了六七个间接的证据。① 从苏联疯狂追杀他,并将其绝大多数家人迫害致死的情况来看,托洛茨基所说并非没有可能。1939年,原北洋大军阀吴佩孚吃羊肉水饺时被骨头卡到了牙齿,在日本医生的建议下拔掉了这颗牙齿,但症状不仅没有减轻,反而越发严重,高烧不退,连水也喝不下去。由日本间谍川本和大汉奸齐燮元带来日本医生,进行手术治疗。这位日本医生对其浮肿的右腮下气管与静脉部位一刀割下去,顿时血流如注,吴佩孚再也没有醒过来。当时吴佩孚虽已退出政坛10余年,但在中国仍有比较大的影响力,日本人正是看中了吴佩孚可资利用的价值,想拉拢其充当日本侵略和控制中国的爪牙,并由土肥原贤二组织实施了策反吴佩孚等前北洋军政大佬,以便组织伪政权的"鸟工作",遭到吴佩孚严词拒绝,日本人对此强烈不满,遂招致杀身之祸。② 在1971年韩国总统大选中,反对党领袖金大中与朴正熙势均力敌,当时有评论认为:"如果有公正的选举机构监督,正确计算选票,金大中肯定当选总统。"金大中成为独裁者朴正熙的心腹大患,为除掉这个政坛劲敌,朴正熙指使中央情报部暗杀金大中。金大中前往光州参加选举活动的途中遭遇惨烈车祸,虽然侥幸死里逃生,却留下

---

① 程景:《苏联克格勃绝密行动》,北方文艺出版社2017年版,第31页。
② 杨帆:《揭秘吴佩孚死因:被日本军医强行"治疗"牙疾致死》,《人民政协报》2014年4月10日。

了终身残疾，这就是中情部给他的"馈赠"。金大中熬过了40年严酷的政治迫害，经受了常人难以忍受的苦难，于1998年就任总统后，他选择的不是报复，而是宽恕，被称为"亚洲曼德拉"。他说："要憎恨的不是人，而是罪恶本身。"①

前面所说的意外事件多多少少还留下了些许引人怀疑的线索，而有些意外事件则做得浑然天成。1956年4月，苏联领导人赫鲁晓夫和布尔加宁乘坐"奥尔忠尼启则"号巡洋舰抵达英国进行访问。秘密情报局派遣海军水下破坏专家、潜水员莱昂内尔·克雷布中校，潜入该巡洋舰停泊处执行秘密任务，却神秘失踪，14个月后，一具疑似克雷布的无头尸体被冲上了海岸。这具尸体是否就是克雷布，克雷布是怎么死的，都没法证实。此事在英国引发了强烈的政治风暴，苏联也提出了强烈的抗议。许多英国议员认为，秘密情报局好像是受到了美国中央情报局的唆使，试图破坏苏联领导人对英国的友好访问。英国时任首相安东尼·艾登十分恼火，秘密情报局局长辛克莱下台，克雷布的死反而没有谁去深究，当然对此无头案也无法深究。在这起事件中，苏联巧妙地变不利为有利，而英国则是既丢了人又丢了脸。蒋介石败退到台湾后，严厉打击"台独"势力，"台独"分子对其恨得咬牙切齿。流亡日本的刺客郑松焘受到"台独"分子廖文毅的收买和指使，以记者身份潜入台湾刺杀蒋介石，被发现后潜逃回日本。蒋介石下令派人到日本处理掉廖文毅，蒋经国认为廖背后有美国人支持，不如通过暗杀郑松焘来震慑廖。台湾"国安局"立即派出3人暗杀小组追踪到日本，发现郑松焘每天乘地铁再转乘公交车上下班，便设计了在地铁站制造意外事故进行暗杀的方案。1961年11月29日，1名特工伪装成乡下姑娘，佯装不小心踩上了同伴事先扔下的香蕉皮，一时步履踉跄，顺势将正在候车的郑松焘推下站台，正好列车疾驰而来，郑松焘就这样死于非命。心怀鬼胎的廖文毅吓得六神无主，此后行事变得非常低调，并于1965年在东京宣布解散台独组织"台湾统一战线"。② 日本警方对此案进行了调查，但并没有发现什么疑点，最终以普通意外事故结案。

---

　　① 《资料：金大中，大半生处于逆境》，网易，2009年8月18日，网易新闻，https://m.163.com/news/article/5H0MVjV20001121M.html。

　　② 王心文：《"台独"神枪手要价黄金五百两刺杀蒋介石，反被推进车轨客死异乡》，《文史博览》2010年第11期。

六、武装突袭

对一些保卫安全措施严密、居住或藏身环境特殊、无法贴靠或难以寻找到合适场所单独下手机会的暗杀对象，情报组织往往会采取武装突袭的方式来实施暗杀行动。暗杀行动小组进行武装突袭，有的是由情报组织特工组成行动小组执行；而对其中任务极其艰巨、危险度极高的突袭行动，通常是由情报机构策划设计，特种部队参与实施。随着现代科技的发展，通过精准定位后，运用飞机轰炸、导弹远程打击或无人机突袭等暗杀方式越来越常用，这种方式多用于反恐斗争，美国中央情报局、以色列和俄罗斯情报机构运用得比较多，"9·11"之后美国境外反恐的显性成果也集中体现在这里。

1941年，纳粹德国"盖世太保"头目海德里希，被希特勒任命为捷克总督。海德里希在那里实行极端残暴和恐怖的统治，英国和捷克流亡政府对海德里希恨得咬牙切齿。经首相丘吉尔批准，英国秘密情报局和特别行动执行署制定并实施了暗杀海德里希的"类人猿行动"计划，派遣受过严格训练的捷克特工潜回国内，与地下抵抗组织接上头，摸清海德里希生活规律，根据其不喜欢带警卫的特点，于1942年5月27日，在海德里希从郊外官邸出来必经之路的拐弯处设伏进行袭击，其受伤不治身亡。海德里希被暗杀，希特勒极为震惊，纳粹党卫军对特别行动小组活动基地利迪斯村进行了疯狂的报复，整个村子被夷为平地，村民基本上被杀光，其中95名儿童除9名被认为值得接受德化教育而幸存外，其他的全部遭到残杀，"六一"国际儿童节就是来源于纪念此次遇难的儿童。在纳粹后续的追杀行动中，特别行动小组成员无一幸免，配合暗杀行动的捷克地下抵抗组织也损失惨重。[①] "9·11"恐怖袭击事件发生之前的1996年，美国中央情报局就专门成立了"亚历克情报站"来追踪本·拉丹。该情报站非常特殊，位于中央情报局总部附近，"9·11"之后将追杀本·拉丹及恐怖组织头目作为首要任务，代号为"持久自由行动"。2001年11月，中央情报局特工格雷·贝斯特恩在阿富汗的崇山峻岭中发现了本·拉丹藏身的营地，并用激光定位仪锁定了目标，美军立即出动轰炸机和战斗机进行高密度轰炸，但没过一段时间，其声音就又出现在广播中。经过艰苦努力，中央情报局

[①] 詹非非、詹幼鹏：《英国情报组织绝密行动》，北方文艺出版社2017年版，第64—68页。

终于等来了机会。2011年5月1日，24名"海豹"突击队官兵乘坐2架"黑鹰"直升机，乘夜色从阿富汗美军空军基地出发，突袭藏身于巴基斯坦小镇阿伯塔巴德小院的本·拉丹，并成功将其击毙。这个代号为"海神之矛"的秘密行动，也成为美国反恐战争的标志性事件。

  用导弹袭击的方式来暗杀目标对象，在反恐斗争中用得比较多。这种方式是运用现代信息技术手段对目标对象精准定位后，然后发射导弹将其击杀。中央情报局运用武装"捕食者"无人机发射导弹，击毙了巴基斯坦塔利班头目、世界恐怖大亨贝图拉·马哈苏德。2020年1月初，美国中央情报局掌握了伊朗伊斯兰革命卫队"圣城旅"指挥官卡西姆·苏莱曼尼少将到访伊拉克行程的准确情报，运用"死神"无人机发射导弹，进行精准击杀。美国指责苏莱曼尼是恐怖分子，但在国际上还是引发了很大的争议。"圣城旅"是具有情报机构特征的特种部队，由苏莱曼尼于2000年组建，部队规模达1.5万人，主要负责海外准军事秘密行动和情报工作。据美国"全球安全"网站透露，苏莱曼尼指挥"圣城旅"培训伊拉克的反美武装组织，支持当地"马赫迪军"与美军对抗，暗中向逊尼派抵抗运动提供武器，在伊拉克阵亡的4000多名美军官兵中，有600多名死在其所培训、支持和指挥的武装组织之手。他还深度介入了叙利亚内战，支持叙政府军打击反政府武装，成为中东地区最有影响力的战地指挥官和军事战略家，被称为伊朗的"间谍王"和"暗局之神"。[①] 在反恐斗争中，俄罗斯和以色列也经常利用导弹来追杀恐怖分子头目。1996年4月22日，格鲁乌第6局（无线电技术情报局）"A50"预警机发现了车臣分裂武装组织头目杜达耶夫卫星电话的电磁波，随后两架苏-25轰炸机在40公里远的地方发射了两枚"DAB-1200"反辐射导弹，当场炸死了杜达耶夫。[②] 巴勒斯坦"哈马斯"精神领袖亚辛是以色列定点清除的重点对象，2004年，以色列精准定位到了其现身之处后，指挥武装直升机向其发射了3枚导弹，致其当场死亡。

七、借刀杀人

  就是借助他人之手，除掉目标对象。美国在冷战时期，为了控制非

---

① 《卡西姆·苏莱曼尼（伊朗重要军事人物）》，百度百科，https://baike.baidu.com/。

② 艾红、王君、慕尧：《俄罗斯情报组织揭秘》，时事出版社2013年版，第65页。

洲、东南亚和拉丁美洲等地区的相关国家，与苏联争夺势力范围，经常采取这种方式，既达到了清除目标对象的目的，自己手上又没有直接沾染鲜血，有时还可以调解者的身份出现，顺利实行对该国政权的控制。这类借刀杀人的方式，是借友之手以杀敌，即借助盟友或所支持的组织之手，除掉共同的对手或敌人，表现为背后的操纵者不愿或不方便冲在前头，以免招惹麻烦或非议。与离间的借刀杀人有共同点，都是借助别人之手除掉己方所要除掉的目标对象；也存在不同之处，离间为借助敌方之手以除敌，表现为在敌人内部制造内讧，使其自相残杀。

美国中央情报局为了颠覆智利社会党左翼领袖萨尔瓦多·阿连德政权，实施了"轨道行动"。中央情报局策动智利陆军总司令施奈德将军发动政变遭到其抵制，转而支持退休陆军将领维沃克斯和圣地亚哥卫戍区司令瓦伦朱拉将军绑架施奈德将军，但在绑架过程中施奈德被击身亡。在绑架前一天，中央情报局还把3支轻型冲锋枪，交给了反对施奈德将军的军官。中央情报局继续支持右翼军人发动政变，进攻总统府，阿连德坚持抵抗，最后战死在总统官邸。吴庭艳是中央情报局选中的政治代理人，并被推上了南越总统的宝座，但其实行残暴统治，非常不得人心，与美国也产生了矛盾，美国政府决定除掉他。时任中央情报局局长麦科恩曾力挺吴庭艳，认为吴庭艳的确是个畜生，但"他是我们的畜生"，后来迫于美国政府压力，还是责令西贡情报站站长执行命令，支持南越总统府特别军事顾问杨文明等发动政变，进攻总统府，吴庭艳投降得到安全保证后，依然被政变士兵乱枪打死。刚果共和国总理帕特里斯·卢蒙巴，也是死于中央情报局和比利时情报机构支持的叛军首领冲伯之手。这些国家领导人虽然不是直接死于中央情报局之手，但都是死于中央情报局所精心设计的阴谋陷阱及其代理人之手，符合中央情报局的目标和愿望。借刀杀人实质上是间接暗杀，与刑事案件中的雇凶杀人有相似之处。这类暗杀秘密行动因涉及到第三方，设计和协调会相对复杂一些，但会带来明显的益处，这就是作为背后操纵者的手上没有直接沾染鲜血，为撇清关系、保持形象创造了有利的条件，可直接受益而免于背过，即使有人指责，也方便寻找诿过脱责的借口。

第二节 暗杀秘密行动的主要对象

暗杀是一种具有极端暴力色彩的秘密行动类别，一般情况下是不会随便动用的。赫尔姆斯认为："最好的方法是，把秘密行动作为一把锋利的手术刀，不到万不得已不宜使用，而在使用过程中也要加倍小心。"① 暗杀是秘密行动中最具威慑力和争议性的一种类别，但并不妨碍有些情报机构将其作为一种日常的重要手段来使用，如近年来美国追杀恐怖组织头目、俄罗斯暗杀重要叛逃人员、以色列清除他们所认为的恐怖分子，这把"手术刀"使用的频率并不低。情报组织的暗杀对象一般是目标国家领导人和有重要影响的军政高官、有重要影响的政治流亡者和叛逃叛变者、有重大威胁的对方情报组织人员，以及被认为是严重危害本国国家安全的特定群体等，并以此来消除危害，威慑对手或其同类人员。

一、暗杀目标国家领导人和有重要影响的人物

是指暗杀政府首要人物、核心层人员或具有重大影响力的政治军事集团头面人物，以达成严重削弱或搞乱对手，甚至颠覆其国家政权、消灭其组织的目的。一般而言，事情做到这一步，表明了二者之间的关系已经到了水火不容的地步，通过政治或外交渠道解决问题的可能性不大，通过军事手段来解决的时机不宜、困难太大或顾忌太多，只能选择暗杀行动秘密解决问题，还可以巧言否认。但领导人的安全保卫工作会非常严密，实施暗杀的难度非常大；同时暗杀领导人的政治、外交风险很高，各国情报组织对此相对比较慎重。但在战争时期或是极度敌对的国家之间，暗杀对方最高领导人的顾忌就会少了很多，因为两国之间的关系已经是坏到无以复加的程度了，反而可以适当放开手脚。暗杀有重要影响的人物，可在国际或国内造成重大政治影响，影响或改变对方的政治路线和重大方针，或是消除己方的威胁隐患，激发与对手斗争的士气。

在二战时期，为夺取战争的胜利，暗杀敌对国家的领导人成为情报组织的重要任务。1943年11月，德国军事谍报局派遣施坦因纳中校率领14人的暗杀小分队，暗杀计划视察一个空军基地后在韦劳德农庄下榻的英国首相丘吉尔；土肥原贤二利用叛逃到满洲的苏联内务部远东地区部长柳什科夫，策划实施了"猎熊计划"，派遣7人暗杀小组到索契市郊的马采斯塔温泉刺杀斯大林；后来日本又与德国合作，利用柳什科夫实施暗杀斯大林的"节日礼炮行动"，将隐藏在鲜花中的定时炸弹放在列宁墓前的鲜花

---

① ［美］理查德·赫尔姆斯、威廉·胡德著，佚名译：《谍海回首——前中央情报局局长赫尔姆斯回忆录》，社联印制2004年版，第258页。

丛中，计划在斯大林"五一"集会演讲前献花时引爆；① 苏联通过"露西情报网"，参与策划了施道芬贝格在"狼穴"放置定时炸弹暗杀希特勒的秘密行动等。这些暗杀秘密行动要么事先已经被对方所掌握，要么在实施过程中暴露了行迹，要么是被暗杀对象运气不错，都未获成功。1979年12月，苏联认为阿富汗总统阿明有明显背离苏联的倾向，决定将其除掉。27日晚，克格勃"阿尔法"、格鲁乌特种情报颠覆部队，身着阿军制服，乘坐阿军标志的军用卡车，强行通过了检查站，对阿明总统居住的达鲁曼拉宫进行武装突袭，阿明及其家属和卫队被全部打死，直接颠覆了阿明政权。② 在美苏争霸的大背景下，美国认为刚果共和国总理帕特里斯·卢蒙巴倾向苏联，担心刚果变成第二个古巴，在中央情报局和比利时情报机构联手策动下，刚果陆军参谋长蒙博托发动军事政变接管了权力，中央情报局特工积极配合蒙博托抓获了卢蒙巴，并将其交给地方叛军头目冲伯，借冲伯之手残忍地杀害了卢蒙巴，后来蒙博托在刚果实行了30多年的独裁统治，并成为美国抵御苏联在非洲扩大势力范围的重要人物。此事引起了全世界的愤怒，由于中央情报局做得很巧妙，负责刚果维和行动的联合国秘书长哈马舍尔德成了众矢之的，受到了许多国家的谴责，苏联甚至宣布不再承认他是联合国秘书长。在冷战时期，美国中央情报局采取这种间接杀人的方式，先后除掉了拉丁美洲、非洲和东南亚等地区好几个国家的领导人。20世纪60年代，美国政府为了颠覆古巴政权，中央情报局制定了"猫鼬行动"计划，专门成立了"W特别行动小组"，策划实施针对古巴领导人卡斯特罗的暗杀行动。为此，他们找过黑社会、施过"美女计"、收买策反其保健医生，以及中央情报局特工亲自动手等方式，策划实施过枪击、投毒、爆炸、触电等许多种类，有些甚至是异想天开的暗杀方式，都因各种不同的必然或偶然的因素而失败。有报道称中央情报局针对其所策划的暗杀行动高达638次，卡斯特罗曾风趣而又语带讥讽地说："今天我还活着，但过错不在我，而在美国中央情报局。"③ 中央情报局针对利比

---

① 《日本策划过2次绝密暗杀，多亏一神秘人相助，斯大林毫发未损》，带你看军事，2018年2月12日，网易新闻，手机网易网，https：//m.163.com/dy/article/DAFDF35D0515ON3K.html。

② 宋颖编著：《特种部队：世界王牌特种部队秘密档案》，哈尔滨出版社2009年版，第144—149页。

③ 詹静芳、詹幼鹏：《美国中央情报局绝密行动》，北方文艺出版社2017年版，第145—151页。

亚领导人卡扎菲先后实施了一系列暗杀行动，其中于1972年执行暗杀任务的美女杀手莎菲娥领受任务后，每天通过电视观察研究卡扎菲，居然爱上了他，现场放弃暗杀行动，疯狂吻其皮靴和脚，成了卡扎菲的妻子，随后参与这次行动的人员被一网打尽。莎菲娥并非平庸之辈，她为卡扎菲亲自挑选和训练了一支在全球独一无二的女子卫队"女子敢死队"，她们均出身于军事学院，规模40人左右，数年更换一批，一个个年轻貌美，武艺超群，护卫其躲过了一次又一次的暗杀。① 1986年4月15日晚，经中央情报局局长凯西亲自策划，多架美国战斗机空袭利比亚首都卡扎菲的住处，其家人死伤惨重，但他仅受了轻伤。卡扎菲成为中央情报局眼中打不死的"小强"，后来美国通过操纵"阿拉伯之春"，才最终颠覆卡扎菲政权并使其死于非命。

　　暗杀有重要影响力的人物。日本人对张作霖在东北的发展给予了许多帮助，但"东北王"张作霖颇有民族骨气和气节，不断拒绝日本提出的各种所谓"权益"要求，并力图摆脱日本人的控制，在与日本驻华公使会谈修建东北"满蒙五铁路"时彻底谈崩，激怒了日本。关东军高级参谋河本大作认为："日本要实现满蒙政策，最大的眼中钉就是张作霖，只要把他干掉，要怀柔小孩子（张）学良就不会有什么困难了。"土肥原贤二伙同日本奉天情报机构，由河本大作具体负责实施，在皇姑屯车站炸毁了张作霖乘坐的专列，制造了"皇姑屯事件"。② 但张学良主政后迅速易帜，使日本的阴谋暂时落空。曾任日本首相和时任朝鲜总督的伊藤博文，是制造中日甲午战争和并吞朝鲜的罪魁祸首。1909年10月到我国东北与俄国财政部长谈判日俄争端问题，在哈尔滨火车站被致力于朝鲜独立运动的"断制同盟"盟主安重根击毙。③ 安重根的行动受到世界人民的敬重，有效震慑了日本侵略者，也激发了中朝两国人民抵抗日本侵略者的斗志。

二、暗杀政治反对派

　　主要是指暗杀流亡国外的有重大影响的政治反对派组织重要骨干，或是虽然没有明确加入某个组织，但活动多、影响大的个人，也有一些是在

---

　　① 《卡扎菲敢死队（亚马逊护卫队）》，百度百科，https：//baike. baidu. com/。
　　② 魏大庆、罗克祥、张伟、王虎成编著：《诡狐——日本特工行动档案》，河北人民出版社1998年版，第152—160页。
　　③ 《刺杀伊藤博文（1909年10月6日发生的事件）》，百度百科，https：//baike. baidu. com/。

国内开展政治反对派活动的重要人士。当事国领导人或政府认为其对国家政权造成了危害，有的甚至缺席判处了死刑。采取暗杀的方式将他们清除掉，以期起到消除危害、震慑他人的作用。

苏联成立后及冷战时期，苏联和东欧一批有影响的政治反对派和民族主义分子流亡国外，采取著书立说、办报出刊、建立组织、策划活动、组织叛乱、游说西方国家政府等方式，攻击苏联东欧政府和领导人，煽动民族主义情绪，企图颠覆苏联及东欧国家社会主义政权，苏联东欧政府和领导人认为对其国际形象和国家稳定造成了很大的危害。流亡西德的乌克兰人列别德出版发行《乌克兰独立报》，班德拉成立"乌克兰民族主义者组织"，致力于将乌克兰从苏联独立出来，严重影响了苏联的国家稳定，被克格勃特工秘密毒杀。被列宁称为"红军缔造者"的托洛茨基，在苏联和国际共产主义运动中享有巨大的声望，他被驱逐出苏联后，一直没有停止政治活动，撰写了大量反对斯大林的著作，坚持和宣传他的《不断革命论》，组织"第四国际"活动等，有在国际共产主义运动中与斯大林分庭抗礼之势，在苏联国内也产生了很大的影响。他不一定是反对苏联，但对苏联政权及斯大林国际共产主义领袖的地位造成了很大的冲击，最后被克格勃追杀身亡。

在美国政府及中央情报局的支持下，拉丁美洲各国在1964—1976年间先后建立了右翼军事独裁政权。为清除左翼流亡人士及在国内组织反抗运动的领导人，由智利军事独裁者皮诺切特牵头，智利、玻利维亚、巴西、委内瑞拉、阿根廷、乌拉圭和巴拉圭等国情报部门联合签署了"情报和行动合作"协议，共同实施"秃鹰计划"，先后暗杀了阿连德政府的支持者、曾任智利驻美大使及国防部长的奥朗多·莱特里尔（当时其流亡美国，聚集了一批流亡海外的左翼支持者，还计划与前总统阿连德的女儿一起建立流亡政府），阿根廷左翼政党"左派革命运动"领导人米盖尔·恩里克斯（在家中组织秘密会议时被捕后遭到枪决），秘密潜伏于乌拉圭的左派人士怀特劳、古铁雷斯及同情左翼的前议员米盖利（被暗杀后扔在一辆废弃的汽车中），还有很多人被装进麻袋扔到沼泽里活活闷死。切·格瓦拉在玻利维亚遇害，也是美国中央情报局与"秃鹰计划"合作的结果。乌拉圭军事情报局甚至向"秃鹰计划"总部递交了一份报告，策划暗杀支持对智利和乌拉圭实行制裁的美国议员蔻迟。[①] 卡舒吉家族与沙特王室关系密切，

---

① 《秃鹰计划（在南美洲搜集情报和暗杀对手的政治迫害行动）》，百度百科，https://baike.baidu.com/。

但其经常肆无忌惮地批评沙特当权者，引起王室的极度不满，在国内待不下去，只好出走到美国。遇害前他在土耳其当记者，在《华盛顿邮报》上发表了《王储必须结束残酷的也门内战，来恢复沙特阿拉伯国家的尊严》一文，引起沙特政府的极度恼怒。2018年10月2日，他到沙特驻伊斯坦布尔领馆领结婚许可文件，被从沙特派遣来的情报人员在领馆残忍肢解。①

韩国总统朴正熙实行专制独裁统治，对政治上的反对派重要人物从来不会心慈手软，曾在大选中与其争夺总统职位的民主派领袖金大中，多次遭到韩国中央情报部特工的暗杀。一次是制造车祸并将其撞成重伤，虽然幸免于难，但导致了终身残疾；一次是在日本将其绑架后，计划在返回韩国途中将其沉入大海，毁尸灭迹，幸得日本警方和美国中央情报局提出警告，金大中才得以再次死里逃生。后来金大中成为韩国总统，将中央情报部改组为国家情报院，有人认为这是金大中对当年频遭中央情报部暗杀一事的惩戒措施。韩国国家情报院此后未再改名，并运作得相当有效率，看来是有人作了过度的解读。

三、暗杀对方间谍情报人员

这往往是为了报复打击对手、消除威胁、消弱对方的力量。这类暗杀行动，真正体现了行家与行家、对手与对手的较量。尤其是暗杀对方情报组织头目或重要骨干，如何有效突破对手的防范心理，周密设计行动方案，精准细致地推进每一个步骤，最后水到渠成地完成任务，对行动小组都是巨大的考验。

纳粹德国"盖世太保"头目海德里希，在捷克实行极端残暴和恐怖的统治，对英国在欧洲大陆及捷克的间谍网和捷克地下抵抗组织进行了残酷的破坏，英国秘密情报局、特别行动执行署及捷克流亡政府情报机构，通过实施"类人猿行动"，成功地暗杀了海德里希，沉重地打击了"盖世太保"的嚣张气焰。参与制造了"慕尼黑惨案"的"黑九月"组织头目阿里·哈桑·萨拉曼，后来得到了巴解组织领导人阿拉法特的重用，成为巴解组织情报机关的头目和政治家，并娶了一名世界小姐为妻，家庭事业双丰收，一时风光无两。但摩萨德并没有打算因此放过他，派遣美女特工佩妮洛普，伪装成单身画家和萨拉曼的崇拜者，租住在黎巴嫩贝鲁特萨拉曼

---

① 《贾迈勒·卡舒吉（原沙特阿拉伯记者）》，百度百科，https://baike.baidu.com/。

所在公寓对面的大楼里,并很快与其打得火热,一起游泳、打网球,准确掌握了其作息时间和活动规律。1979年2月的一天,暗杀行动小组成员在其公寓前的街道边,放置了间距100多米的安装了遥控炸弹的两辆汽车。佩妮洛普站在自己房间的窗前,看到萨拉曼上午9点准时在保镖的护卫下乘座防弹车出行,在其经过炸弹汽车时,先后引爆了这两辆汽车。萨拉曼的防弹车闯过了第一辆炸弹汽车,正好到达第二辆炸弹汽车旁边时,巨大的爆炸能量将防弹车掀到空中,汽车碎片和人体残肢散落一地,萨拉曼和4名保镖连全尸都没有留下。碰巧路过此地的一名德国修女和几名英国学生也当场死亡,还有10余名路人受伤。佩妮洛普则从容地收拾好行装,悄然离开了贝鲁特。[①]

1983年,法国对外安全总局负责法东南部地区反间谍工作的陆军中校贝尔纳·尼特被克格勃暗杀。尼特负责保卫极其重要的法国核设施,掌握着一大批密探和反间谍联络员,严密监视着克格勃在法国的间谍活动。尼特还数次到意大利,协助意反间谍机构对克格勃活动进行调查。尼特因此成为克格勃的眼中钉,后者最终对其下了毒手。这次暗杀引发了两国政府的一场外交大战,法国总统密特朗决定对苏联间谍采取断然措施,指令内政部驱逐了150名苏联人。军统除掉汪伪政权特工总部头目李士群,是借助其与周佛海及日本人争权夺利的矛盾,怂恿日本宪兵队特高科长冈村,设计让李士群吃了含有阿米巴菌的牛肉饼,最后不治身亡。李士群平时与人交往时都保持着高度的警惕,从不轻易在外吃东西。当冈村请他吃牛肉饼时,他推辞不吃,后来看到冈村津津有味地吃了起来,才小心翼翼地尝了一小口,匆匆回家后立马呕吐出来了,但为时已晚。[②]

四、通过暗杀方式来惩治叛徒

这里所说的叛徒,主要是指叛逃的己方情报人员和军政要员、在敌对国家占领时期的重要合作者及政治军事集团中的重要背叛者。这些背叛人员有的有重大的影响力,有的给己方造成了重大的损失,有的存在重大的现实危害和隐患。

---

① 詹为为、詹幼鹏:《以色列摩萨德绝密行动》,北方文艺出版社2017年版,第178—181页。
② 徐飞编著:《狼与狈——中统军统行动档案》,河北人民出版社1998年版,第257—261页。

世界情报组织秘密行动

情报人员叛逃，往往会造成多方面的现实危害，揭露绝密内幕重大事项，出卖潜伏情报人员，危及相关间谍网及间谍的人身安全，常常会引发舆论风暴，损害国家和组织的形象。因此，采取暗杀手段来惩罚叛逃情报人员，在许多国家是一种常用的手法。苏联克格勃内部有一个说法："克格勃的手比叛徒的腿长。"意为不管叛徒跑得有多远，藏身在何处，都逃脱不了克格勃的手掌心。实际上世界上绝大多数国家情报机构的手都比叛徒的腿长，对一些危害巨大的叛徒，无论其逃到哪里，都会千方百计进行追杀。情报机构对叛逃情报人员的恨更甚于其他叛逃人员，追杀的决心更大，毅力更为持久。韩国中央情报部部长金炯旭失宠下台后潜逃到美国，1977年在美国国会作证，揭发韩国中情部特工朴东宣贿赂美国国会议员一案造成轰动，使美国和韩国政府都十分被动。3年后，其在巴黎神秘失踪，据披露系被韩国中情部绑架后暗杀。苏联克格勃第13处特工尼古拉·霍赫洛夫奉命到法兰克福执行暗杀任务时叛逃西方，公开揭露了克格勃神秘的13处执行政治暗杀、绑架和破坏活动的内幕情况，被克格勃下了铊毒。俄罗斯联邦安全总局中校利特维年科叛逃英国，公开揭露该局派遣他到英国暗杀前俄罗斯商界巨头鲍里斯·别列佐夫斯基的机密，8年后他在英国因放射性元素钋-210中毒身亡。第一次海湾战争后，伊拉克军队和安全部门的一些负责人叛逃国外，在西方国家的支持下反对萨达姆。萨达姆政权的情报安全首脑于2000年决定实施"猎鹰行动"，由萨达姆的长子乌代做总指挥，挑选出一批漂亮的女特工，经过专门的毒杀、车祸等暗杀技能训练后，以舞女、侍女、演员、政治难民等身份派遣到西方国家，对这些反政府人士和叛逃者进行暗杀。①

二战期间，一些欧洲国家流亡政府的情报组织在英国情报组织的支持下，针对积极配合纳粹德国占领军的民族败类实施暗杀行动，有效地震慑了一些犹疑不定的人。参与组织实施暗杀海德里希"类人猿行动"的约瑟夫·加比希克，是捷克流亡政府情报组织专门从事暗杀活动的特工，此前他们曾在瑞士成功暗杀了甘当纳粹走狗的卡吉姆少将，一度使许多"捷奸"闻风丧胆。美国战略情报局成立之初，就派出特别行动分部的特工，在北非阿尔及尔用匕首刺杀了法国维希政府的海军上将达兰，以此来震慑为纳粹德国卖命的德占区法国军政高官。军统在抗战时期采取暗杀的方

---

① 孙树理主编：《间谍情报与安全保密辞典》，解放军出版社1995年版，第884—885页。

式，制裁了一批著名汉奸，如北洋政府时期曾任湖南省督军兼省长的张敬尧、华北头号汉奸王克敏（受伤未死）、北洋政府第一任总理唐绍仪、上海大流氓张啸林、上海特别市伪市长傅筱庵等，在一定程度上起到清除汉奸、震慑叛国投敌分子的作用。通过暗杀手段来惩罚叛逃者的方式至今仍未过时，据报道，驾驶米－8军用直升机叛逃乌克兰的俄飞行员马克西姆·库兹明诺夫，于2024年2月13日在西班牙被两名枪手暗杀，全身中弹12发，尸体遭到凶手驾驶的汽车反复碾压。2023年8月其驾机叛逃时，打死了两名不愿投敌的同机战友，嗣后将其所了解的俄军机密全部告知乌军，导致俄军在顿涅茨克方向的军事行动遭受重大挫折，叛逃事件也严重影响了俄军的士气。他领到乌克兰50万美元奖励后，隐姓埋名到西班牙定居，以为从此就能过上富足安宁的生活。但俄罗斯从来不会放过一个叛徒，对其中特别痛恨的对象还会刻意加剧其死亡时的痛苦，甚至是踩踏其尸体。①俄联邦安全会议副主席、曾任俄总统总理的梅德韦杰夫评价此事时说："狗有狗的死法，我不会对他的死感到遗憾！"

五、暗杀危害本国国家安全的特定群体

这里主要讨论恐怖组织群体和武器研发群体。对于恐怖组织群体造成的危害，以色列、美国和俄罗斯等国尤其敏感。以色列主要针对的是阿拉伯恐怖主义组织，美国主要是以"基地"组织为代表的国际恐怖主义组织为目标，而俄罗斯则最为痛恨车臣分离恐怖主义组织，这3个国家的情报组织以暗杀作为对抗的重要手段，表现得最为突出。针对敌对国家武器研发群体方面的暗杀行动，以色列情报组织的表现更加引人注目。

以色列立国之后一直遭受恐怖袭击的困扰，针对恐怖组织骨干实施暗杀行动，成为以色列维护国家安全的重要手段。冷战结束后，国际恐怖主义组织异军突起，美国和俄罗斯也将暗杀行动作为反恐斗争的重要手段。针对涉恐组织骨干或实施过暴恐行动的恐怖分子这个特定群体，美、俄及以色列等国家直至当前，仍将其作为重要的打击目标，如前所述的本·拉丹、杜达耶夫、亚辛等就是因此而丧命。这种暗杀行动目前仍在进行之中，而且使用即时情报、信号锁定、导弹袭击这种高科技暗杀方式已经成为常态。美国运用武装突袭、空袭、导弹袭击等方式，暗杀了一大批"基

---

① 童师群编译：《俄军前飞行员被曝已遭暗杀身亡》，来源《参考消息》，光明网，2024年2月20日，https://baijiahao.baidu.com/s?id=1791387170921804869。

地"组织中高层头目，以及被美国认定为恐怖分子的相关国家高级官员，如"基地"组织总头目本·拉丹、巴基斯坦塔利班运动首领马哈苏德、伊朗"圣城旅"指挥官苏莱曼尼等。希特勒对待仇敌的态度是："我们将要系统地、绝不留情地覆灭仇敌，连根带叶。"看来持此想法的不仅仅是他一人。2022年7月底，美国运用无人机发射两枚"地狱之火"导弹，将本·拉丹的精神导师和继任者、藏身于喀布尔一栋住宅的扎瓦希里击毙。美国总统拜登在电视讲话中宣称："正义已经被伸张，恐怖主义组织头目不复存在。"[1] 恐怖组织这种隐型非国家行为体，行为方式神出鬼没，攻击手段十分残忍，成规模的武装力量往往派不上用场，外交手段也缺乏施展的平台和机会，主要的反恐国家都不约而同地选择将秘密行动作为反恐斗争的重要或主要手段，并力求从肉体上彻底消灭其所认为罪大恶极的恐怖分子，暗杀秘密行动便有了充分施展的机会。一批国家在某个领域集中使用暗杀的方式来解决问题，这是一个十分独特的社会历史现象。当然，有些十分强大的国家如美国，在世界上可以横行无忌，却被可称为乌合之众的这类隐型非国家行为体搅和得心惊肉跳，在很长一段时间里束手无策，顾此失彼，也是历史上从未有过的现象。这就如同《伊索寓言》中老鼠与大象的故事所揭示的道理一样，强大的动物必然有其弱点，弱小的动物也必定有其长处，当弱小的动物以己之长攻彼之短时，强大的动物未必承受得了。中国军事学者乔良、王湘穗认为："（恐怖战）军事上的特点就是以有限手段打无限战争。这一特点使总是按一定规则行事、因此也就只能用无限手段打有限战争的国家力量总是在战端未启便处于十分不利的地位。"[2] 从现在来看，有关国家似乎已经找到了应对恐怖主义比较有效的战争方式，这就是秘密行动，也可视为以恐制恐，即以恐怖手段来应对恐怖主义。

以色列处于敌对国家的包围之中，认为保持武器装备的领先水平，是取得战争胜利、确保国家安全的必要保障。因此，以色列摩萨德等情报机构针对敌对国家研制先进武器的科学家群体，在数十年的时间里，持续不断地实施了暗杀行动。20世纪60年代初，有一群德国科学家帮助埃及研

---

[1] 张江平：《拜登宣布美军在阿富汗击毙"基地"组织头目艾曼·扎瓦西里》，环球网，2022年8月2日，https://mp.weixin.qq.com/。

[2] 乔良、王湘穗：《超限战与反超限战——中国人提出的新战争观美国人如何应对》，长江文艺出版社2016年版，第37页。

制导弹,以色列通过外交途径,企图促使这批科学家离开埃及的努力失败后,实施了代号为"达摩克里斯"的暗杀行动。负责购买导弹工程机械的经理汉兹·克鲁格博士,于1962年9月的一天,与一名身份不明的人离开办公室后失踪;11月,导弹制造工厂厂长皮尔兹博士先后收到两个包裹,代其收拆包裹的秘书及5名工作人员被炸死;次年2月,负责导弹导航系统的电气专家汉斯·克兰沃切尔博士开车回家的路上,突然一辆汽车超车并朝他开枪,因挡风玻璃的折射作用幸免于一死。为阻止伊拉克的核计划,摩萨德开展了全方位的破坏活动,除了炸毁法国为伊拉克生产的核设备以及伊拉克的核工厂外,还于1980年暗杀了到巴黎萨塞勒工厂参观的著名核科学家叶海亚·迈什哈德,其死在旅馆房间的床上,头颅被砸碎,气管被切断,法国警方分析应该是职业杀手干的,但因缺少破案线索,只得塞进无头案的档案柜里。为终止和破坏伊朗的核武器计划,据伊朗指控和西方情报机构分析,以色列针对伊朗的核武器研发科学家及相关人员开展了系列暗杀行动。2007年,伊朗顶级核专家阿尔德希尔·哈桑普尔死于气体中毒;2009年,一名伊朗核物理学家前往沙特朝觐时神秘失踪;2010年,伊朗德黑兰大学核物理学教授阿里·穆罕默德,出门上班路上遭遇摩托车炸弹死亡;伊朗铀浓缩和原材料供应链上的几个关键人物,在伊朗或欧洲相继离奇死去。[1] 2020年11月,摩萨德特工潜入伊朗德黑兰市郊,用汽车炸弹和机关枪相结合的方式暗杀了伊朗国防部副部长、顶级核科学家穆赫辛·法赫里扎德,此人被称为"伊朗核弹之父"。[2] 一个欧洲国家情报官员表示:"以色列在刺杀敌对国家的武器专家时,从来都不犹豫。"以色列情报机构对相关国家先进武器研发群体持续不断的暗杀行动,在阻止和迟滞这些国家先进武器研发方面确实起到了重要作用,使以色列得以保持在中东地区武器装备的领先地位,对相关国家形成了有效威慑,保障了以色列的安全。

第三节 暗杀的武器装备

暗杀的武器装备多种多样,包括现成顺手的刀具等日常工具、专门研

---

[1] 王妍慧、郭晓兵:《核科学家的命运》,《世界知识》2010年第3期。
[2] 《顶级核专家遇刺身亡!伊朗"点名"以色列为"幕后凶手"》,央视新闻,2020年11月28日,https://baijiahao.baidu.com/s?id=1684583479651965040。

发配备的特制武器、各种毒素及现代化的武器装备等。不同国家情报组织所使用的武器有自己的特色和偏好，如苏联及俄罗斯情报组织偏重使用毒素，以色列情报组织偏重使用枪击和爆炸，美国中央情报局在反恐行动中偏重使用导弹。虽然新的暗杀武器的加入一般不会淘汰旧有的武器，但不同时代所使用的主要暗杀武器还是会带有明显的时代特征，冷兵器时代，自然是以刀剑等日常兵器为主；二战及以前，多使用枪械和刀具；冷战时期多使用枪械、毒素和炸弹；后冷战时代，在反恐斗争中，导弹的使用越来越普遍。从这里也可以看出，随着暗杀主要武器装备的更新换代，暗杀的直接成本（仅指武器损耗）也在节节攀升，使用刀剑几乎是零成本，因为这种冷兵器可以反复使用；使用枪械是微成本，子弹不值几个钱；使用炸弹和毒素是低成本；相对而言，使用导弹的成本就比较高了，一枚导弹一般为数万、十数万、数十万乃至上百万美元，为确保致死率，有时会同时使用多枚导弹，如以色列"定点清除"哈马斯精神领袖亚辛、美国暗杀伊朗"圣城旅"指挥官苏莱曼尼，都是使用了3枚导弹，可以说是不计成本，但与其所要解决问题的价值相比，仍然是低成本高收益的买卖。

一、枪械类

这类武器包括手枪、冲锋枪和狙击步枪及伪装成日常用品的特种枪械等，要求体积小，无声或消声效果好，便于携带和隐藏、操作简便等。"科尔特"护身大左轮手枪，枪体为侦探特种型，许多国家的情报组织都配备和使用这种手枪。"曼努林"手枪机身非常小巧，法国情报组织使用这种武器参与了在世界上颇具影响力的秘密行动，包括数次试图暗杀埃及总统纳赛尔及法属殖民地独立运动领袖。苏联情报组织研发并使用袖珍型"纳根特"秘密警察左轮手枪，这种手枪极易隐藏。

20世纪50年代苏联情报组织换装新研发的"托加列夫"TT-33无声手枪，它采用缩减发射火药的特殊子弹，保持子弹亚音速飞行，避免了子弹穿越声障时的撕裂声，同时在枪头安装消音器和隔音层，消音效果良好。以色列摩萨德装备使用"贝雷塔"小型手枪，可以装上消音器和弹药量缩减的子弹，消音效果非常好。摩萨德暗杀行动小组经常使用这种手枪执行任务，他们在追杀制造了"慕尼黑惨案"的"黑九月"恐怖分子时，此种枪械发挥了重要作用。英国情报组织曾装备过"斯特恩"Ⅱ型无声冲锋枪，后来还研制出了"马克"Ⅱs型冲锋枪。

特制的伪装成日常用品的特种枪械，如用腰带、雪茄、钢笔、香烟、烟斗、铅笔、电筒等伪装的,可发射小型枪弹或针刺物的特种武器。这类特种枪械便于携带,不必刻意隐藏,方便带入检查比较严格的场所,使用时不会引起对象的警觉,可以出其不意地解决问题,这些貌似日常使用的随身物品也不会引起警方的关注,便于安全撤离。克格勃女特工通常会随身携带一种做成唇膏(口红)形状的手枪,仅有4.55厘米长,只有一发子弹,被称为"死亡之吻"。1942年2月,苏联格鲁乌叛逃特工沃尔特·克里维茨基,在华盛顿一家旅馆离奇死亡。此后,有一名放弃暗杀任务叛逃西方的苏联情报人员尼古拉·霍赫洛夫,向西方情报机构展示了克格勃研制的暗杀武器,其中一种外形酷似香烟盒,能发射杀伤力极强的达姆弹,克里维茨基头部正是被一颗达姆弹穿透而死亡的。

二、毒素类

用于暗杀的毒素种类包括植物毒素、生物毒素(恶性病菌)、化学毒素、放射性元素等。植物毒素如蓖麻毒素等,生物毒素如肉毒杆菌、阿米巴细菌和蛇毒等,化学毒素如氮化芥子气、神经毒剂VX及砒霜、氢氰类毒剂等,放射性元素如铊、钋等。为确保能将目标对象一击致命,情报组织有时会将数种不同类别的毒素混和合一起使用。使用毒素暗杀的方法有食物投毒、涂毒信件、喷射毒气、注射毒液、射入毒弹、释放病毒、投放放射性元素,以及在枪弹刀具等武器上涂毒使用以增强杀伤力等。在毒物类武器研发和使用方面,美国和苏联(俄罗斯)比较有代表性,克格勃总部内设有专门研制毒杀类武器的"X实验室"。美国中央情报局技术服务室也曾经投入巨大资源,研究各种毒药,如"蓝鸟工程""洋蓟工程""饶舌工程"和"MKNAOMI"工程等,用于暗杀或诱导被审查者说出心中的秘密。2002年4月,为除掉车臣非法武装组织3号头目哈塔卜,俄联邦安全总局收买了其最信赖的心腹易卜拉欣·阿里,让他将一封涂有神经毒素的信件面呈哈塔卜,其打开信件不到5分钟就中毒死亡。[①] 美国中央情报局为了暗杀卡斯特罗,策反和收买了其保健医生米勒,中央情报局专门研制了一种对付卡斯特罗的毒药。可是米勒被卡斯特罗的人格魅力所打动,有很多次下手的机会都放弃了。最后在中央情报局的不断催促下,米勒终于狠下心来,可就在他施放毒药的时候,一不小心把药瓶打翻在地,

---

① 艾红、王君、慕尧:《俄罗斯情报组织揭秘》,时事出版社2013年版,第178页。

强烈的毒性竟然腐蚀了水泥地板,米勒吓了个半死,只好自首。① 卡斯特罗宽恕了他,并把他安排到一家普通的医院继续当医生。

苏联研制的毒弹手杖、毒弹雨伞,在手杖末端和伞尖伸出一根粗针,悄无声息地将致命的微小毒弹射入受害者体内,受害者不会当场出事,但数日后就会毒发身亡,执行暗杀任务的特工可以从容离去。1978年,保加利亚领导人下令暗杀流亡伦敦的持不同政见者乔治·马尔科夫,保加利亚情报机构寻求克格勃的暗杀技术援助。马尔科夫时任英国广播公司保加利亚节目组制作人,还为自由欧洲电台撰稿,大肆攻击日夫科夫政权,在保加利亚拥有数百万听众。9月7日,马尔科夫向伦敦滑铁卢桥走去时,遭遇到了人生最大的滑铁卢。他感觉到右脚轻微麻痛了一下,发现是一个陌生人的伞尖弄伤了自己,也就没有在意,继续赶去广播公司上班,但不久便因休克住院,4天后痛苦而死,大家都以为他是死于疾病。医生为弄清死因,对其进行了尸检,在伞尖所造成的创口里发现了1粒直径为1.52毫米的空心金属球,内含蓖麻毒素,里面还掺和了可产生坏疽的厌氧细菌。蓖麻毒素比眼镜蛇毒液的毒性还要高出一倍,一克便可毒死36000人。② 与此类似的有钢笔手枪,携带和使用更为方便,用不锈钢制成,可在距离1英尺的范围内,发射1粒微小轴承滚珠大小的子弹,能击穿一层衣服,给人被蚊子咬了一口的感觉。弹头上有两个被蜡封住的小孔,里面装着无液细菌,蜡被体温溶化后,这些比蜂蛇毒性强数倍的细菌便会倾巢而出,攻击人体并使之丧命,医生难以查出病因和死因。克格勃还研制出了向暗杀对象面部喷射毒气的香烟盒毒气喷射装置、毒气喷射手杖、毒气枪、毒气喷射钱包等,遭遇毒气袭击的受害者往往会被误认为是突发急病而死,如心脏疾病等。这种专门研制的毒气毒剂毒性非常强,能够在数秒内置人于死地,为避免实施暗杀行动的特工中毒,克格勃专门为他们配备了解毒药,如行刺前30分钟吞服硫代硫酸钠片,行刺后马上吸入戊基硝酸盐等。联邦德国反窃听电子专家赫斯特·舒维尔克曼,于1964年到联邦德国驻莫斯科大使馆,拆毁了克格勃秘密安装的许多窃听设备,克格勃对其极为痛恨,秘密用压缩的氮化芥子气喷射其臀部,若不及时治疗,毒素会侵入肺

---

① 詹静芳、詹幼鹏:《美国中央情报局绝密行动》,北方文艺出版社2017年版,第149—150页。

② 高金虎等:《剑与盾——二十世纪俄罗斯情报机构绝密行动》,东方出版社2005年版,第216—219页。

部，使皮肤糜烂、眼睛失明，甚至死亡。苏联却借故不卖给其回国的机票，在联邦德国的强硬交涉下，他才得以回国及时救治，捡回一命。美国研制的镇静剂飞镖枪，飞镖内装有剧毒，可以使被击中者出现类似心脏病发作而死亡的症状。

在枪弹、炸弹、导弹等武器上也可以同时涂抹或装载毒剂、毒菌，在枪击或爆炸未能立即致死的情况下，毒素可以继续完成前者未完成的任务；在食品和其他日常用品上投毒，也可达到暗杀的目的。如"盖世太保"头目海德里希被炸弹炸伤后送医，病情一度出现好转，但弹片将致命的肉毒杆菌毒素带进了其体内，侵蚀和攻击各种器官，他7天后便一命呜呼。还可以在食物及用具等上面涂抹病毒，使目标对象感染致死，从而达到暗杀的目的，如李士群就是吃了带有阿米巴菌的牛肉饼后毒发，由腹泻和呕吐造成的脱水，导致其身体收缩成为一团最终身亡。中央情报局了解到卡斯特罗喜欢游泳和潜水，便委托到古巴去交涉"古巴旅"俘虏事宜的美国著名律师詹姆斯·多诺万，将一套潜水服作为礼物送给卡斯特罗。这套潜水服上涂有肉毒杆菌，感染后会使皮肤溃烂，引发多种疾病而导致死亡。不明就里的多诺万觉得这套陈旧的潜水衣实在拿不出手，便自掏腰包另买了一套崭新的贵重潜水服送给了卡斯特罗，使得中央情报局的暗杀计划成为泡影。[①] 中央情报局还在一盒雪茄中注入肉毒杆菌，想辗转送到卡斯特罗手中，只要其将其中一支雪茄叼到嘴上就会中毒而死，但没能成功。十分喜爱雪茄的卡斯特罗，因雪茄成为下毒的重要载体，据说不得不在一个时期忍痛戒烟。

德国化学家克拉普罗特于1789年发现了放射性元素铀，百年之后居里夫妇又发现了放射性元素镭和钋，他们可能怎么也想不到，放射性元素居然成为情报组织的暗杀利器。俄罗斯情报机构叛逃特工利特维年科于2006年11月26日在伦敦去世，次日，英国警方从其尿液中发现大量放射性元素钋-210，初步断定是导致其死亡的主要原因。钋-210是铀的一种伴生物，在地球上含量极为稀少，全世界每年的产量仅有100克，价格极为昂贵，是一种毒性极强的放射性金属元素，只需一粒盐大小的钋就能杀死一个成年人。可通过进食、呼吸或伤口进入身体，对人体造成严重伤害乃至死亡。据英国警方检测到的毒死利特维年科的钋剂量，价值高达3000万欧

---

① 詹静芳、詹幼鹏：《美国中央情报局绝密行动》，北方文艺出版社2017年版，第150页。

元,可称为成本最昂贵的暗杀行动。[①] 相对于钋而言,铊更容易得到,在工业和医学领域用途比较广泛,情报组织用铊来实施暗杀秘密行动更为常见。早期使用铊杀人时,医生还没有遇到这种情况,对病因茫然无知,只能死马当作活马医,胡乱用药。1957年,克格勃叛逃特工尼古拉·霍赫洛夫突然病重,西德医生不知其所患何病,束手无策,后来转到美军医院治疗,也未能查出病因。当时还没有铊中毒的案例,医生也不会朝这方面想,只能凭感觉胡乱用药,他居然康复了,让医生大感意外。后来一名美国毒物学家对其病理特征进行研究,才找到了答案,这就是中了铊毒。[②] 1960年喀麦隆领导人罗兰德·穆米埃,在瑞士被法国特工用铊毒暗杀。中央情报局也准备用铊毒来对付卡斯特罗,雇人在擦鞋时撒在他的皮靴里,先是使其脸上魅力十足的胡须掉光,毁掉他那非凡的气质,再慢慢要了他的命,不过始终没有找到合适的擦鞋人。据英国《星期日泰晤士报》2004年10月10报道,伊拉克总统萨达姆曾在巴格达大学医学院设立了医学毒药部,专门研究用于暗杀的各种毒素,其中包括铊毒,将政治犯和其他囚犯当作毒物试验的"小白鼠",并派遣情报局特工铲除国内及流亡境外的政敌,一些被萨达姆视为政敌的宗教人士、持不同政见者死于铊毒。1988年一名伊拉克商人在英国伦敦一餐厅就餐时中了铊毒,15天后不治身亡。[③]

三、爆炸类

暗杀所使用的炸弹,制作方式上可分为常规炸弹、特制炸弹、自制炸弹和导弹等;引爆方式上可分定时炸弹、遥控炸弹和触发炸弹;炸弹载体上可分为电话炸弹、邮件炸弹、汽车炸弹、日常用品类炸弹等,在"9·11"事件中,恐怖分子甚至将劫持的民航飞机变成了炸弹,袭击世贸大厦和五角大楼。定时炸弹是指设定了爆炸时间的炸弹,这种炸弹多用于爆破相关设施,用于暗杀的相对较少,因为人的流动性和行为的临时变动性比较强,暗杀的精准度相对比较差。遥控炸弹多设置在固定场所的相关物品里或交通工具上,待暗杀对象靠近时遥控起爆,这种暗杀方式精准度比较

---

① 艾红、王君、慕尧:《俄罗斯情报组织揭秘》,时事出版社2013年版,第266—269页。
② 黄狐编著:《鹰眼——苏联克格勃行动档案》,河北人民出版社1998年版,第234—236页。
③ 《萨达姆秘制毒暗器,拿政治犯活体试验(图)》,2004年10月12日,荆楚网,http://www.cnhubei.com/200410/ca582752.html。

第四章 暗杀类秘密行动

高，使用比较普遍。电话炸弹兼具遥控和触发式炸弹的性质，一般安装在暗杀对象经常使用的座机上，通过监视发现其单独与座机在一起时，便拨通该座机，暗杀对象拿起听筒接听时便会爆炸，暗杀的精准度非常高，一般不会误伤他人。这种炸弹可精准控制引爆时间，与遥控炸弹类似；当暗杀对象拿起听筒时便接通电源引起爆炸，与触发炸弹的原理相同。冷战时期，以色列摩萨德经常采用这种方式搞暗杀活动，由于手机的普遍使用，这种暗杀方式也基本走进了历史，运用导弹进行暗杀的方式又应运而生，导弹可追踪手机信号或是进行精准定位后击杀对象。

邮件炸弹属于触发式炸弹，曾经风行一时。邮件炸弹可以远程投寄，操作起来相对简便，执行人员基本上没有风险，但邮件炸弹也存在明显的缺点，对象自己拆邮件时如果身边有人，会导致无辜人员的死伤；如果是他人代拆邮件，则会误杀他人，并惊动暗杀对象，以后想要再次动手则会困难重重。随着世界各国邮件检查制度的进一步完善，这种暗杀方式现在已不多见。为了更好地适应某次暗杀行动的特殊需要，暗杀特别行动小组还需自制炸弹，但自制炸弹风险很高。摩萨德执行"上帝的复仇"暗杀行动计划的特别行动小组中，有一名爆破专家罗伯特制作用于暗杀的炸弹，结果将自己炸死在试验现场。被暗杀对象很敏感地从中嗅到了死亡的气息，迅速消失得无影无踪，使这次暗杀行动无果而终。定时炸弹的设计方式也是多种多样的，二战时期，德国"黑色乐队"在"闪光行动"中用于暗杀希特勒的炸弹，则是一种特殊的定时炸弹，按下按钮击碎小玻璃瓶，瓶中的腐蚀酸流到一根拉住雷管撞针的金属线上，半小时许金属线被腐蚀断，就可引爆炸弹，这是运用物理和化学的方式来控制引爆时间。

导弹可以说是一种特殊的炸弹，必须依靠现代先进的科学技术作为支撑，需要实时情报、电子定位、信号追踪和专用发射平台等。暗杀秘密行动中的发射平台一般采用飞机发射导弹，包括战斗机、轰炸机和无人机等，如美国的"全球鹰""捕食者"无人机。无人机发射平台机动性强，便于实时出击，尤其是"全球鹰""捕食者"无人机，续航时间长达14小时，可以每天在清除对象活动的区域上空侦察盘旋，集搜寻目标与打击目标于一体，也即集实时侦察、电子定位和导弹攻击于一体，一旦找到时机，可迅速出击，具有很强的精准性和威慑力，许多被美国指控为恐怖分子的对象，就这样命丧黄泉。根据需要也可以采用舰基、车载等发射平台，但使用相对比较少。情报机构能运用这种先进武器装备实施暗杀行动的国家并不多，目前运用这种先进武器装备比较多的有美国、俄罗斯和以色列等国家，一般用于反恐斗争。在俄乌军事冲突中，采用无人机攻击对方的军事民用设施、装备和作战人员，成为一种高效率和高威慑力的作战方式，在一定程度上颠覆了传统的战争形态和军队强弱的观念。

日常用品类炸弹。二战以来，非武器类物品武器化的趋势越来越明显，像邮件、电话、汽车等物品与武器风马牛不相及，在一个时期却成为情报组织高频度使用的暗杀利器，让人防不胜防。近期闹得沸沸扬扬的黎巴嫩通信设备爆炸事件，截至2024年9月19日共导致37人死亡、约3000人受伤，绝大多数为黎巴嫩真主党骨干和成员。据报道称，很可能是以色列情报组织制造了这起事件，他们在寻呼机和对讲机里封装了高爆炸药，外观上与普通的此类器材完全一样，通过发出的电子信号指令将其引爆。摩萨德为此专门成立了伪装身份的公司，以合同金额80%的回扣率作为诱饵，卖给了真主党的采购人员。暗杀一般为针对个体目标，这次是成规模地针对某个特定的群体，并造成了巨大的人员伤亡，大大超出了世人的想象力。科学技术的发展并没有使这个世界变得更加安全，反而是给情报组织提供了更意想不到的隐秘渠道和更难防范的新奇方式，可以高精度、低成本和零风险地打击敌方。这里所说的零风险是指具体执行的人员没有任何风险，但对以色列这个国家来说，会面临来自国际社会的谴责和压力所带来的困扰。以色列情报组织曾发明了邮件炸弹，现在又将通信工具变成了暗杀的利器，也许还有一些日常所使用的物品和设施将要或已经被他们变成了武器，只是尚未投入使用或引爆，想想令人不寒而栗。

四、其他类

包括特制刀具、勒绳、指节铜套和棍棒等，另外还有可顺手操持的日常用具作为暗杀利器。美国1944年发明了一款叫做"执拗者"的手枪，经过简单改装就可以发射飞镖，用空包弹气流推动。英国20世纪70年代发明了一种强有力的金属弓弩，可以发射钢箭或刀刃，起初打算用于暗杀或格斗，后来主要是用于对付警犬。二战期间英国特别行动执行署研制出了秘密成套刀具，包含十余种特制小型匕首刀具及皮套。1940年，英国两名军官研制出了"费尔白恩—西克斯格斗刀"，其改进型到90年代还在生产和使用。

二战时约翰·佩思吉研制了近战套装武器，包括勒绳、匕首、腕带和铅棒，供执行特别行动人员使用。勒绳的制作方式也是多种多样，用绳索环套勒住受害者使其毙命。有的勒绳上带有锯齿，可以临时作锯子使用，

第四章 暗杀类秘密行动

清除前进路上的栅栏式障碍物；也可作逃生之用，如被捕关押时，可用其毁坏门窗逃生。二战时，英国特种部队使用避孕套隐藏勒绳，既可防止勒绳生锈，又可在受到检查时蒙混过关，因为当时有许多人携带避孕套，不会引起检查者的特别关注。指节铜套可有效增强拳击的力量，用于近身搏斗。铅棒可用来打晕或置对手于死地，英国情报组织和美国中央情报局特工曾配备这种武器，既可以攻击对手，又可以防身自卫。美国中央情报局还发明了袖珍信标装置，通过收买人员或双重间谍，在追杀或追捕对象随身携带的物品中装上这种信标装置，其所发出的电子信号，能指引特工或特种部队前来击毙或抓捕。1992年中央情报局指使线人在索马里恐怖组织资助者奥斯曼·艾托的手杖中安装了这种信标装置，乘坐"小鸟"直升机的特种部队在其指引下，对艾托实施了抓捕。2009年，索马里青年党领袖萨利赫·纳布汉乘坐被装上了信标的汽车出行时，两架"小鸟"直升机追踪而来，对其猛烈扫射并带走了其尸体。还有许多被美国认为是恐怖分子的对象，先后在信标装置的指引下被捕或被击毙。①

也不是所有的武器都是特制的，有的可根据实际情况，选择方便取用又没有什么响动的日常用具作为暗杀的武器。如克格勃特工暗杀托洛茨基，用的是随手可得的冰镐；军统暗杀唐绍仪，就是选择了一把可藏于花瓶木盒的小斧子。1939年10月，中国通商银行总经理傅筱庵不顾民族大义，出任伪上海特别市市长，他还出卖了联络其诱杀汪精卫的许天民和吴赓恕，蒋介石十分震怒。傅筱庵的亲信和贴身仆人朱升源本就对其投靠日寇深为不满，并多次规劝无效。军统通过说服和收买，朱升源乘其凌晨酒醉在家里卧室熟睡之机，用菜刀将其砍死，几乎将头部切了下来，然后收拾好现场，以早上出门买菜为由从容离去。② 摩萨德在巴黎一旅馆暗杀伊拉克著名核科学家叶海亚·迈什哈德，使用了多种日常用具，用木棍敲碎头颅，用刀具切断气管，显得十分残忍，与克格勃暗杀叛逃的苏联空军第16集团军司令科舍利夫中将的方式如出一辙，很明显地超出了终结对象生命所需的限度，以极度残害目标对象的方式，来发泄憎恨和愤怒的情绪，对类似的对象进行警示和威慑。

---

① [美]约翰·F.弗雷德里克森著，朱振国译：《美国特种部队》，上海科学技术文献出版社2014年版，第318—319页。

② 徐飞编著：《狼与狈——中统军统行动档案》，河北人民出版社1998年版，第208—215页。

· 233 ·

五、特种部队装备

许多具有暴力性质和准军事色彩的秘密行动,通常会有特种部队参与和配合,在许多国家还是这些特种部队的一项重要职责,有的甚至是主要职能。根据情报机构策划设计的方案,运用武装突袭的方式来暗杀目标对象,是其配合开展秘密行动的一种重要方式。经常承担秘密行动任务的特种部队,比较著名的有美国的"三角洲"和"海豹"突击队,苏联(俄罗斯)的"阿尔法"和"信号旗"特种部队,英国第22空中特勤团,以色列塞雷特"和"野小子"(总参侦察营)特种部队等,它们的武器装备更为丰富和复杂。据《海豹突击6队》一书介绍,其单兵作战个人随身携带的成套装备有:装有水和电池的维持包、有夜视功能的头盔、医疗包、无线电通信器材、弹药携带背心、防弹背心、特制战术撬棍、特制手枪、M4突击步枪(配备具有频闪召唤和夜视镜)等。[①] 根据执行任务的不同,还可以配备SIG公司专为"海豹"突击队设计制造的9mm口径P-226手枪、温彻斯特马格努姆狙击枪、CAR-冲锋枪、霰弹枪、里奥波特-10强力瞄准具、KN-250夜视瞄准器、激光测距仪、全球卫星定位系统、轻型激光制导器等。其中轻型激光制导器用于为导弹指引打击目标,就是派遣人员抵近打击目标进行侦察,将激光加密脉冲光束发射到打击目标上,再反射到空中,导弹发射后就能循光而来,实施精准打击。"海豹"突击6队是美国特种部队中最精锐的部队,其武器装备也代表了最先进的水平。击毙本·拉丹的"海神之矛"秘密行动是由"海豹"突击6队执行的,使用了大量最先进的武器装备,在涉及到对此案例的分析时已经介绍了相关情况,这里不再赘述。

第四节 对暗杀秘密行动的认识及政策调整

暗杀在情报组织的秘密行动中具有标志性意义,在某种特殊的语境中,甚至能成为秘密行动的代名词,同时暗杀又是秘密行动中极具敏感性的一个类别,对暗杀秘密行动的认识与政策,往往事关对整个秘密行动的认识与政策。英国学者雷蒙德·帕尔默认为:"谍报和特务是一项不道德

---

① [美]霍华德·E.瓦斯丁、斯蒂芬·坦普林著,段淳淳、匡晓文译:《海豹突击6队》,光明日报出版社2011年版,封底外页《海豹突击队单兵作战装备分析图》。

第四章 暗杀类秘密行动

的行为,它不仅包括偷窃、讹诈、威胁、伪造以及其他各种犯罪行为,而且还包含暗杀。"暗杀秘密行动虽然是世界各国情报组织经常使用的一种工作方式,但毕竟有违政治伦理和社会道德,具有偷偷摸摸、秘而不宣的特点,不能拿到台面上来讲,除反恐斗争领域外,大多不会主动透露这方面的情况。中央情报局局长艾伦·杜勒斯曾说:"在情报工作问题上,凡是有可能保持沉默的时候,沉默总是最好的政策。"在暗杀问题上尤其如此。我们所能了解到的暗杀方面的案例可能只是其中极少的一部分,连冰山的一角都谈不上,而且大多是叛逃者揭发、媒体人深挖、暗杀行动把柄被抓住等情形而被动透露出来;或因社会变迁、年深月久而偶然解密;还有的就是分析加猜测,众说纷纭,莫衷一是,会有许多相互矛盾的版本在社会上流传,而真相已经被封存在一个不为人所知的角落里,可能永远也见不了天日。杜勒斯认为:"在所有的各种职业中,为人了解最少而讹传最多的,恐怕就是情报工作了。"① 二战以来,世界重要国家的公众舆论对暗杀行动的争议比较大,有些国家政府政策上进行调整和反复的情况也比较明显;也有个别国家将暗杀秘密行动作为维护国家安全和利益的重要保证,不论国际社会及舆论施加什么样的压力,都不会影响其对暗杀的政策。同时对暗杀手段的限制和禁止,意味着对秘密行动政策的收紧;对暗杀手段的放松,也就意味着对秘密行动政策的放松。从相关国家政府对暗杀手段认识的变化,我们可以体会到该国对秘密行动政策的变化。暗杀都可为,则其他无不可,正所谓春江水暖,一叶知秋。

一、对暗杀秘密行动的认识

对暗杀秘密行动的看法和认识比较复杂,不同的国家和组织有不同的看法,不同的时期有不同的看法,对己方与敌方也会有不同的说辞,甚至同一国政府在公开与秘密场合的说法上也是大相径庭;有时表面的说辞是一回事,私底下的行事方式又是一回事,这里面的关系错综复杂。经过初步的梳理,主要有以下几个方面的观点。

暗杀是非道德的,不能取代法律程序。曾任美国中央情报局局长的赫尔姆斯在回忆录《谍海回首》中写道:"多次得到(总统)要'干掉'卡斯特罗的直接指示,让我们在和平时期再一次涉入了非道德的政治暗杀",

---

① 刘雪梅等:《神秘的第三只手——二十世纪美国情报机构绝密行动》,东方出版社2005年版,第74、146页。

"没有一个人会当着总统的面讨论暗杀的问题,这会让总统难堪。总统之所以雇佣我们这帮人,就是不想让椭圆形办公室卷入到这种事情中来。"[①] 赫尔姆斯认为,和平时期搞暗杀并不一定是真正的好办法,一是涉及杀害外国领袖,那么问题来了,下一个被杀的是谁,你杀了别人的领袖,他们为什么不能杀你的领袖?曾在中央情报局工作25年的前高级官员哈里·罗西兹克在《中央情报局的秘密活动》中认为:"为了本国的利益而下决心杀戮外国领导人,此举不仅说明其在道德上的堕落和政治上的虚弱,而且也显示其蛮横无理地妄想一国控制全人类的命运","对一个外国通过谋杀来进行干涉,就是一种罪孽了。"[②] 在美国的道德文化中,暗杀在道义上是不可饶恕的。美国司法部长爱德华·顿维说过:"根据我国的道德标准、我们的生活方式以及我们的信仰,暗杀是一件肮脏的、邪恶的、该诅咒的丑恶勾当。"[③] 哈勒维在1998——2002年担任摩萨德局长,在其中不到一年的时间里,至少有60名巴基斯坦人被以色列认定为恐怖分子而遭到暗杀。以色列的这种行为遭到了国际社会的谴责,美国、俄罗斯、欧盟、阿拉伯国家及国际人权组织,认为这同巴勒斯坦人的自杀性炸弹一样残忍。"即使是对美国俄克拉荷马城联邦大楼爆炸案元凶麦克维那样的恶魔,也要经过审判才能将其处死",一位人权组织的成员说,"谋杀不能取代法律程序。"美国国务院发言人鲍彻也表示:"我不认为这种有目标的谋杀是一种好政策。它是错误的,对任何受到波及的人都是一个可怕的悲剧。"[④]

借刀杀人不算暗杀,或将暗杀解释为自卫。中央情报局在冷战时期的秘密行动中,采取这种借刀杀人方式,除掉某些国家领导人的做法,自认为不属于暗杀行为,也不必承担任何责任,甚至还体现在相关法律的条文中,在反恐怖斗争中沿袭使用。赫尔姆斯在回忆录《谍海回首》中写道:"如果一个人在政变中被杀,我可说不清这到底算不算是暗杀。对于吴庭艳之死,我们不必承担任何责任……吴庭艳死在他自己的同胞手中。"他还对"丘奇委员会"的调查报告给予了嘲讽,"该报告着力强调了5次暗

---

① [美]理查德·赫尔姆斯、威廉·胡德著,佚名译《谍海回首——前中央情报局局长赫尔姆斯回忆录》,社联印制2004年版,第281页。

② 白建才:《"第三种选择":冷战期间美国对外隐蔽行动战略研究》,人民出版社2012年版,第250页。

③ 刘雪梅等:《神秘的第三只手——二十世纪美国情报机构绝密行动》,东方出版社2005年版,第149页。

④ 高庆德:《以色列情报组织揭秘》,时事出版社2016年版,第187页。

杀企图：古巴的卡斯特罗、多米尼加共和国的拉菲尔·特鲁希略、刚果扎伊尔的帕德里斯·卢蒙巴、智利的施耐德将军……丘奇参议员费尽心思，仅仅证实了中央情报局没有暗杀过任何人。"① 很显然，无论是中央情报局还是美国政府，都不认为借第三方之手来间接谋杀的方式是暗杀行为。曾任美国中央情报局副局长的莫雷尔透露："在东非爆炸案发生之前，中央情报局只获得了抓捕本·拉丹的许可，但明令禁止使用致命武器，这一新的秘密行动草案准许中央情报局利用其在阿富汗的代理人采取行动，在这个行动过程中如若判断抓捕不可行，则可杀死本·拉丹。这一步意义重大——原则上同意中央情报局杀死一名恐怖分子。克林顿政府的态度是，根据《武装冲突法》规定，杀死一个对美国造成迫在眉睫的威胁且无法抓捕的人属于自卫，而不是暗杀。其后的布什政府和奥巴马政府也都保持同一立场。"② 既想搞暗杀，又不想手上沾血，或者绕来绕去说不是暗杀。"9·11"事件爆发之后，这一套说辞也不要了，由中央情报局直接组织协调指挥特种部队或高科技武器，对一批恐怖组织头目和骨干实施了"持久自由"行动、"蟒蛇行动"及"海神之矛"等秘密行动，击毙了本·拉丹等一批恐怖组织头目。

"暗杀"不是暗杀，而是防御性打击。以色列民众对于情报行动的认识和这些西方国家完全不同，他们虽然并不了解情报机构的工作，但是绝对支持的。这是因为以色列人始终生活在战火的威胁之中，他们之所以能够每晚安然入睡，不仅是受到了一支战斗力强大的军队的保护，而且受到了全世界最优秀的情报机构的保护。情报机构一切行动都是必要的，都是关系到国家利益，同个人的隐私、人权等相比，个人的一切都是微不足道的。面对国际社会的指责，以色列则辩解说，自2000年9月底以巴爆发冲突以来，巴勒斯坦武装组织"哈马斯"进行了28起自杀性炸弹爆炸事件及其他攻击行动，已经造成了近150名以色列人死亡。以色列公共安全部长兰道认为："我们所做的并不是暗杀，而是将自杀性人体炸弹制止在实施途中。"这种行动被以色列称作"防御性打击"，据称在国内民众中获得了75%的支持率。③ 但以色列的暗杀秘密行动，并没能制止巴勒斯坦的

---

① ［美］理查德·赫尔姆斯、威廉·胡德著，佚名译：《谍海回首——前中央情报局局长赫尔姆斯回忆录》，社联印制2004年版，第598页。

② ［美］迈克尔·莫雷尔、比尔·哈洛著，朱邦芊译：《不完美风暴：美国中央情报局反恐30年》，中信出版集团2018年版，第26页。

③ 高庆德：《以色列情报组织揭秘》，时事出版社2016年版，第187页。

"人肉炸弹","哈马斯"精神领袖亚辛说:"我们会有无尽的自杀性人体炸弹待命出征。以色列要暴力,那么他会得到的。"以暴制暴,以暴易暴,成了一个无解的难题,目前战火正酣的巴以冲突,正是这种无解难题的延续。

暗杀行动应避免伤及无辜及其他连锁反应。面对"上帝的愤怒"特别行动的威慑,"死亡名单"上的部分恐怖分子撤回到黎巴嫩首都贝鲁特巴解总部。摩萨德专门制定实施了针对巴解总部的武装突击行动"青年之春",打死了名单上的3名恐怖分子,并用400多公斤TNT炸药炸毁了巴解总部大楼,导致几十名巴勒斯坦人遇难。此事遭到了世界舆论的一致谴责,主要原因是伤及无辜。中央情报局"亚力克情报站"首任站长迈克·朔伊尔说:"我们有很多机会可以干掉他(本·拉丹),尤其是在1998—1999年之间,这样的机会至少有8—10次。中央情报局向上面报告了所掌握的情况,并提出抓捕他或从空中对他进行军事打击的可行性报告,但没有得到批准。决策者担心,美国一旦采取行动,将会被指控为搞暗杀。这样做一是代价太大,二是会得罪欧洲人,三是会引起穆斯林的愤怒……1999年3月,我们得到情报,本·拉丹某晚在阿富汗坎大哈城的一所房子里过夜,我们非常准确地掌握了这个地点,并再次提出用导弹或飞机从空中干掉他。但这个方案又被否定了,原因是那座房子的隔壁是清真寺,决策者担心会炸毁那座清真寺,从而引起伊斯兰世界的愤怒。"他认为:"如果在那里干掉了本·拉丹,就不至于(在"9·11"事件中)丧失3000条美国人的生命。"[①]莫雷尔在《不完美风暴》中也透露,在研究抓捕本·拉丹秘密行动方案时的顾忌,"还有附带伤害的问题,因为本·拉丹的身边看起来总是妻儿环绕"。2009年中央情报局运用"全球鹰"无人机发射导弹,击毙巴基斯坦塔利班头目、世界恐怖大亨贝图拉·马哈苏德时,也是待其与一名妻子到楼顶上打针时才出手精准攻击,避免误伤其家庭成员。

二、世界主要国家对暗杀秘密行动的政策调整

世界上主要国家对情报组织暗杀秘密行动的政策方面差异比较大,大体上存在以下几种情形:由肯定到否定再到肯定、说是调整而实际上并无变化、坚持不调整等比较有代表性。大多数国家要么只做不说,难以窥其

---

① 詹静芳、詹幼鹏:《美国中央情报局绝密行动》,北方文艺出版社2017年版,第271页。

第四章 暗杀类秘密行动

堂奥；要么本身做得就少，基本不涉及政策方面的问题。这里主要介绍英国、美国、苏联（俄罗斯）和以色列4个国家的情况。

英国和美国对情报组织暗杀秘密行动经历了肯定—否定—再肯定的过程。当然也不是简单的政策回归，尤其是美国中央情报局的暗杀秘密行动，暗杀重点对象由冷战时期的外国领导人或高层人士，转变为恐怖组织核心或骨干成员，以及被其指控为恐怖分子的相关国家军政高官，暗杀方式上由间接暗杀转变为直接暗杀，暗杀的装备上由传统武器转变为现代高科技武器。

从二战到20世纪60年代初期，英美等国情报组织将暗杀秘密行动作为夺取二战胜利、美苏争霸、维护殖民地利益和拓展势力范围的重要手段。二战初期，英国情报组织针对纳粹国家专注于搜集情报，极少开展暗杀等破坏活动，情报组织对战争的支撑作用受到了相当大的限制。后来英国决策者意识到了这个问题，认为战争初期德军在西线势如破竹的根源，在于其存在一个"第五纵队"，他们在欧洲各国从事颠覆破坏等活动，极大地配合和支持了侵略战争，英国应以其人之道还治其人之身。1940年7月，英国成立了负责暗杀、破坏等秘密行动的特别行动执行署，在欧洲、非洲、中东及亚洲建立了50多个情报网，其行动方式主要是把特工分为4—5人一组，用飞机或潜艇等方式送入德占区，开展暗杀、破坏及准军事等秘密活动，也进行情报搜集工作。特别行动执行署组织和协同欧洲一些国家流亡政府的情报机构，成功暗杀了德国"盖世太保"头子海德里希，炸毁了德国设在挪威的重水工厂以阻止德国的原子弹研发计划。1946年，特别行动执行署被合并进秘密情报局，成为特别行动和政治处。

冷战前期，英国秘密情报局与美国中央情报局开展了一系列隐蔽行动，如颠覆伊朗摩萨台政府、图谋颠覆阿尔巴尼亚霍查政权、企图暗杀埃及总统纳塞尔等。美国中央情报局也单独开展了一系列隐蔽行动，借助他人之手暗杀或图谋暗杀目标国家领导人。冷战中期，英美国内对暗杀秘密行动的争议越来越大，最终导致被明令禁止。1956年"克雷布"事件发生后，英国秘密情报局在开展秘密行动方面就变得非常谨慎，同年上任的局长怀特认为，秘密情报局不再是特别行动执行署在和平时期的延续，其任务并非破坏和暗杀。1973年上任的局长奥德费尔德认为，情报机构欲赢得尊重，那就不能将搜集情报与破坏暗杀等秘密行动相混淆，所以他对秘密行动作出更加严格的限制，命令秘密情报局不再承担辅助性的军事行动。

肯尼迪总统上任后，对暗杀秘密行动兴趣颇浓，并用以对付卧榻之侧的卡斯特罗。1963年11月,肯尼迪总统被谋杀后,新总统约翰逊下令,不准中央情报局搞暗杀行动,中央情报局表面上停止了针对卡斯特罗的暗杀行动。70年代初期,美国社会因"猪湾事件"、越南战争和"水门事件"所逐步积累的对情报系统的疑虑和敌意,终于在此时全面爆发。美国国会和白宫相继成立了丘奇、派克等4个调查委员会,对中央情报局及相关情报机构的活动进行了"最严厉、最苛刻"的全面调查,中央情报局从事秘密行动的人员大量削减,海外秘密行动大幅度下降。1973年,中央情报局候任局长科尔比在等待正式任命期间,发布了一项内部命令:"中央情报局将不进行暗杀,也不诱使、帮助或怂恿其他可能去暗杀的人,只在国外收集涉及国内事务的活动情报。"1976年2月,福特总统发布第11904号行政令《美国对外情报活动》,该命令虽然继续把隐蔽行动作为实现对外政策目标的重要工具,这些活动的计划和执行要使美国政府的作用不被暴露或公开承认,但明文禁止暗杀活动:"任何美国政府的雇员都不得从事或阴谋从事政治暗杀活动。"[1]

冷战结束后,随着非传统安全威胁的上升,暗杀秘密行动再次受到了英美等国政府的重视。英国外交与联邦事务部发言人曾称:"秘密情报局可以进行暗杀活动,但必须得到外交与联邦事务大臣的许可。"解除了对暗杀等秘密行动的禁令。[2]"9·11"事件后,美国出台了一系列扩大情报、安全机构权力的举措,仅一个月后,限制中央情报局海外秘密行动的一些规定被取消,其中有不许采用暗杀手段等规定。在反恐斗争中,暗杀秘密行动成为美国中央情报局的杀手锏,反恐斗争的主要成果也是由暗杀秘密行动来体现的。

苏联及俄罗斯一直否认情报机构实施过暗杀秘密行动,对暗杀政策在法律上有过调整,但实际操作中并没有什么明显的变化。针对刚果总理卢蒙巴被暗杀、巴解总部遭到以色列突击队炸毁并致使几十名巴勒斯坦人遇难,以及本世纪初期以色列对巴勒斯坦人的报复性暗杀行动等事件,苏联及俄罗斯一直持强烈的谴责与批评的态度,表明了他们在公开场合并不赞同用暗杀的方式解决问题。但在现实斗争中,他们一直将暗杀秘密行动作为惩治叛逃情报官员和科学家,追杀政治流亡者,以及恐怖组织骨干等群

---

[1] [美]理查德·赫尔姆斯、威廉·胡德著,佚名译:《谍海回首——前中央情报局局长赫尔姆斯回忆录》,社联印制2004年版,第238—239页。

[2] 王谦:《英国情报组织揭秘》,时事出版社2016年版,第112—113页。

体的首选手段。苏联国家安全委员会（克格勃）第一总局下设"特别行动处"，负责执行政治暗杀、绑架和颠覆等直接破坏活动，另外该总局所属"非法活动局"也承担破坏、暗杀等秘密行动。苏联解体后，俄罗斯政府对情报机构进行了重大改革，并宣称不再采用任何暗杀秘密行动。《俄罗斯联邦对外情报法》第13条规定：情报活动的方法和手段不应对人的生命和健康造成危害，不应对环境造成破坏。对该法律条文简单地理解就是不搞暗杀、不使用毒素。但从偶然披露的相关案件来看，俄罗斯情报组织并没有停止暗杀秘密行动，对前面所述4类重点对象的追杀行动，从来就没有放松过，暗杀的方式也是多种多样，其中更多地采用枪击、刀具和毒素等方式。实施过程悄无声息，被害者往往也死得不明不白，如果不是知情者披露或执行暗杀秘密任务的情报官员叛逃，谜底也许永远不可能被揭开。

以色列政府将暗杀等秘密行动作为维护国家安全的重要手段，一直没有动摇过，在新世纪还有进一步加强的趋势。有个说法为以色列是西方国家中唯一公开使用暗杀手段的国家，他们并不讳言从事暗杀活动，但不会主动披露相关情况。对于外界的指责，他们会强硬地给予反击。1948年5月以色列建国，首任总理本·古里安就指出："我们需要出色的情报工作来帮助我们求得生存。我们的国家是地球上最小的国家之一，但是我们必须建立全世界最优秀的情报机关。"面对恐怖袭击行为，时任以色列总理沙龙对记者说，这种暗杀秘密行动将持续下去，"我们正在采取许多特别行动和突击行动来对付恐怖分子"，"其中许多不为人所知，但其中有许多是十分成功的。"对于世界舆论和有关国家的指责，以色列公共安全部长兰道说："我们的首要任务是保卫我们的人民，任何能够拯救生命、拯救以色列国家的行动，我们都将付诸实施。"摩萨德情报官员利夫尼认为："无论是谋杀还是暗杀，从法律上来讲当然是不合法的。但如果这是为了自己的祖国，那它就是合法的。"[①] 摩萨德被公认为是世界情报组织中"没有最狠，只有更狠"的角色。直到现在，以色列情报组织通过常规或高科技等手段，实施暗杀秘密行动的事件，时不时就冲上热搜。如2018年以色列时任总理内塔尼亚胡专门点名伊朗首席核物理学家、国防部副部长法赫里扎德，称"要记住这个名字"，其两年后便在德黑兰附近遭到摩萨德暗杀。2022年5月，伊朗"圣城旅"所属840部队副指挥哈桑·赛义德·科

---

① 高庆德：《以色列情报组织揭秘》，时事出版社2016年版，第179—187页。

代伊上校,在德黑兰的住处附近被两名骑摩托车的杀手开枪打死,《纽约时报》称是以色列所为。"圣城旅"具有秘密行动的职能,负责袭击伊朗境外的西方目标和反对派团体,参与策划实施针对以色列和其他国家犹太人的袭击活动。同年11月,伊朗革命卫队驻叙利亚军事顾问达乌德·贾法里上校,在叙首都大马士革南部国际机场附近,遭遇路边炸弹袭击而不治身亡。2024年7月31日,哈马斯政治局领导人伊斯梅尔·哈尼亚赴伊朗首都德黑兰参加伊总统就职典礼,在旅馆被炸身亡,伊朗和巴解均指责是以色列所为,以色列政府发言人表示不予置评。[①] 2003年摩萨德进行了重大改革,放弃了绝大部分的情报搜集职能,改组成为一支全球化的特种部队,在世界范围内开展特别行动。由此可见职能转型后的摩萨德,更加专注秘密行动这个唯一的主业,在境外实施暗杀等秘密行动的力度进一步加大了。

[①] 江洁宇:《以色列拒评哈马斯领导人遇刺身亡》,央视新闻客,2024年7月31日,央广网,https://news.cnr.cn/sq/20240731/t20240731-526825938.shtml。

第五章

绑架类秘密行动

绑架秘密行动，是指情报组织为达到某种目的，派遣特工或相关特别行动人员，通过隐蔽秘密的方式或渠道，采取暴力或以暴力相威胁等手段，强行劫持、悄悄转移特定对象到预定地点的秘密行动，一般包含接近对象、控制对象、转移对象3个主要工作环节。绑架工作结束只是意味着本阶段的任务完成，而真正实现绑架目的的阶段才刚开始。从这个意义来说，绑架并不是目的，只是为实现目的创造了基础性的前提条件。根据所实现目的的不同要求，后续工作有些由情报部门继续完成，有些则会转交其他部门。如以色列摩萨德绑架艾希曼，目的是想将其弄到国内进行审判，以清算其在为纳粹德国效力时所犯灭绝犹太人的罪行，为受害者复仇，最终目的是交由司法部门来达成的。"文洛事件"中被盖世太保绑架的2名英国特工，则继续由盖世太保进行审讯和关押，并通过审讯得到的口供，将英国在欧洲大陆建立的情报网络几乎破坏殆尽。绑架的对象一般为对立国家或组织的重要人员，或是本国、本组织的叛逃和流亡等特定人员，有时也有为满足己方特殊需要的特定对象等。绑架秘密行动是情报组织惯用的手段，带有明显的欺骗性、诡秘性和暴力性。

第一节 绑架的主要方式

绑架是唯一一个必须与对象进行身体接触的秘密行动类别，除此之外，别无他途。只有通过身体接触的方式，才能有效地控制对象，因而绑架最核心的环节是如何接近对象，就如同吃食物必须先靠近食物。从某种意义上来说，被绑架对象就是绑架者的猎物，而且这个猎物通常是要活的。暗杀往往是将对象就地消灭，撤离时核心任务已经完成，工作的重点转移到了如何确保执行人员的安全撤离上。绑架则要将对象控制后秘密转移到预定的地点，实际上就是要携带着目标对象进行撤离，执行人员的负担更重，面对的不确定因素更多，执行的难度更大。因而决策者往往会授权执行人员，如果在控制或转移环节遇到了很大的困难，可以将绑架对象就地处置，这实际上是将任务化繁为简，变难为易。如何顺利地秘密接近目标、控制目标和转运目标,是绑架能否成功的几个关键环节。针对不同的目标、不同的环境和不同的条件等因素,设计实施的绑架方式也会有所不同。以相关有效的方式接近并控制对象之后,运用捆绑、麻醉、装箱或伪造身份等方法,将其用飞机、汽车、船舶等运输工具,秘密运送回国或其他预定的地方,绑架工作才算完成。

一、美色诱惑

使用美女间谍将绑架对象引诱到预定的场所,再实施绑架行动,可降低现场绑架的难度,保守绑架行动的秘密,同时也可为下步的转运工作创造更好的条件。美色诱惑是充分利用了人的本能和人性的弱点,能有效降低对象的警惕性和防范意识,使其悄然陷入险境而不自知,并在自我陶醉的幻觉中被牵着鼻子走,最后成为一只待宰的羔羊。这类绑架行动所预定的绑架场所,多为避开复杂的环境,就近设置,以方便执行人员实施;也有的是为了规避某些特定国家的法律或避免引起与该国的外交纠纷,或是为了方便控制和转运,而将绑架对象引诱到另一个国家后再进行绑架。

引诱到就近的预设场所进行绑架。1964年,摩萨德采取金钱收买的方式,策反埃及飞行员阿巴斯·希尔米驾驶"雅克"教练机叛逃到以色列,向阿穆恩提供了大量有关阿拉伯空军的装备、技术等方面的情报。他还被以色列派上了政治方面的用途,让他现身说法,公开谴责埃及总统纳塞尔对也门的武装干涉行为,揭露埃及对也门保皇派使用了毒气,让埃及政府既难堪又痛恨。摩萨德给了希尔米优厚的待遇,并为他安排了理想的工作,但他无法适应这个犹太国度的生活,决定移居南美洲。以色列情报机构给他提供了新身份证和一大笔现金,并告诫其所必须遵守的安全事项。他到阿根廷安顿下来后,便逐步淡忘了自己是亡命天涯的人,已经不可能过正常人的生活,而犯了一个致命的错误。他向仍生活在埃及老家的母亲寄了一张标明了真实地址的明信片,暴露了自己的藏身之处,被埃及情报机构截获。后来他在当地夜总会认识了一名埃及籍的女子,使其在异国他乡的孤寂心理得到了少有的安慰,并与她打得很火热。女子邀请他到自己的公寓去,他毫无防备,以为碰上了一场期待已久的艳遇。谁知这是埃及情报机构设置的温柔陷阱,希米尔刚踏进公寓,守候在此的埃及特工人员一拥而上,很快将其制服,把他装进箱子运到了埃及驻阿根廷大使馆,然

第五章 绑架类秘密行动

后又用货船运回了埃及,埃及军事法庭以叛国罪对其处以死刑。[①]

引诱到第三国进行绑架。1986年,摩萨德精心策划实施了绑架摩德奇·瓦努努的秘密行动。瓦努努是以色列迪莫纳核工厂的员工,在此工厂工作8年后,因行事怪诞、思想偏激而被解雇了。心怀恨意的他离开工厂前,秘密拍摄了厂内各种设施的大量照片,其中包括不同类型的炸弹模型。1985年底他离开以色列到了澳大利亚,向英国《星期日泰晤士报》提供了有关该核工厂的资料,随后又到伦敦进一步提供翔实情况,包括名为"麦昌2号"地下核工厂控制室的照片和所有核设施的详尽草图。地下核工厂建造在内盖夫大沙漠底下,仅有150人准许出入,属以色列最核心的机密。这些资料于1986年10月5日在《星期日泰晤士报》上发表,文章称以色列至少存有100件核武器并具有制造核武器、原子武器或中子武器的能力;该工厂每年生产40公斤钚,可制造10枚原子弹。以色列研究并制造出了核武器的新闻,在世界上尤其是阿拉伯国家引起了惊天动地的反响。以色列总理佩雷斯要求摩萨德将瓦努努抓回来进行审判,但他也明白,英国首相撒切尔夫人对英国的尊严十分敏感,抓捕行动无论如何不能触犯英国的法律,否则会给英以关系带来巨大的麻烦。摩萨德很快就查清了瓦努努的藏身之地,决定派遣"短剑"特别行动小组到伦敦,将他诱骗到另一个国家后绑架回国,其中有一名化名"辛迪"的女特工切瑞尔·哈琳。辛迪到伦敦后,经过精心设计,在伦敦剧院街区中心地带的莱斯特广场,与瓦努努"偶遇",瓦努努为辛迪的美色所倾倒,抑制不住上前搭讪的念头,还邀请她一起去喝咖啡,开始了频繁的约会。《星期日泰晤士报》明白以色列一定不会善罢干休,十分重视瓦努努的安全,每一两天便更换一处住所,提醒辛迪可能是摩萨德间谍,一再告诫他:"不要出国,不要乘飞机,也不要住任何要求出示护照以证明身份的饭店。"鬼迷心窍的瓦努努早已忘记了自己是一名叛逃人员,反而劝报社不用担心。辛迪总是撩拨他的情欲,又不让他得手,还温情脉脉地对他提出,要去罗马其姐姐的一处公寓度周末,到那里就可以得到满足。瓦努努万万没想到,那个所谓的"爱巢",是摩萨德为绑架他而专门设置的一个秘密据点。瓦努努兴冲冲地随同辛迪来到罗马郊外的这处公寓,一进门便遭到等候在此的两名摩萨德特工的袭击,随即被注射了一针强力麻醉剂,封嘴捆绑后塞进麻袋里,用小

[①] 陈玉明主编:《世界间谍绝密档案》,吉林摄影出版社1999年版,第124—125页。

货车运到港口，经军用小艇转送到一艘游艇上，然后直达以色列海岸。同年 11 月底，瓦努努因叛国罪和间谍罪被判处 18 年监禁。① 这事规避了与英国关系破裂的风险，却惹得意大利一肚子不高兴，认为触犯了意大利的法律和尊严，差点要与以色列打国际官司。无论将目标对象引诱到哪个国家进行绑架，都会涉及到侵害该国主权、违反该国法律的问题，这里就会存在"两害相较取其轻"的考量，即依据与相关国家关系的重要性来进行取舍，这次意大利不幸成为了"舍"的对象。

二、伪装身份

实施绑架的特别行动小组成员进行乔装打扮，伪装成不会引起对方警觉的身份，突破重重阻隔，接近和贴靠对象进行绑架。在战争时期，实施绑架行动的人员伪装成对方或其盟友的身份，比较容易取得信任；和平时期伪装成日常社会身份，可以比较好地解除对方的戒备心理。总之不管什么类型的绑架行动，针对特定对象的相关特点，以及对象所处的客观环境和条件，设计出更好地接近对象的机会，是取得绑架行动成功的最核心的环节。

1944 年，英国特别行动执行署制定了绑架克里特岛德军司令、有"克里特屠夫"之称的弗里德里希·威廉·穆勒将军的秘密行动计划。克里特岛是爱琴海最大的岛屿，战略位置非常重要，穆勒在此的统治十分残暴，绑架其到盟国法庭上受审，不仅能让德国颜面尽失，给德军制造混乱，还能有效提升盟军及希腊地下抵抗力量的士气。因天气恶劣，空投特工不太成功，绑架行动延后了两个月，此间穆勒被德国统帅部调走了，另派海因里希·克莱佩将军接任司令。英国特工弗尔莫少校、莫斯少尉等人在当地希腊游击队的帮助下，临时决定改为绑架新到任的克莱佩将军，克莱佩成了名符其实的替死鬼和倒霉蛋。英国特别行动小组一行 4 人装扮成德国宪兵，在克莱佩下班的路上设置了一个"检查站"，拦住其座驾并用木棍打死司机，再将其五花大绑、堵住嘴巴后塞进后备箱。随后他们装扮成德军军官、司机和警卫，开车奔向海边，原以为途中要经过的 22 个德军检查站会非常凶险，没想到德军检查站及哨卡的士兵，一看是克莱佩将军的座驾，一个个毕恭毕敬，根本就不敢检查，全都挥手放行。原来克莱佩到任

---

① 詹为为、詹幼鹏：《以色列摩萨德绝密行动》，北方文艺出版社 2017 年版，第 226—233 页。

后虽然亲自下令加强对岛上车辆的检查工作,却很不喜欢自己的车被拦下来,检查站远远看到司令的座驾后,便赶紧移开路障放行。他们顺利到达海边后,转移到等候在此的英军舰艇上押往埃及。进入敌方重要军事防区,绑架其最高军事指挥官,难度极大。尤其是将人绑架后,转运途中还要经过20多个军事检查站,只要其中一个检查站认真履行职责,基本上就没有成功的希望。军队严格的等级制度,恰好在看似防守严密的系统之中,留下了可供敌方钻空子的空间,将不可能之事办得轻松顺畅,这也是秘密行动的魅力所在。克莱佩被绑架后,经埃及运送回英国,成为英国监狱里的囚犯。由司令莫名其妙地变为囚犯,克莱佩遭遇到了人生最大的挫折,但却因祸得福,使其躲过了二战最危险和最绝望的时期,得以好好地活到了战后。[①] 1972年,克莱佩与当年绑架他的莫斯少尉在一档电视节目中重逢,两人诉说往事,把酒言欢,当年的刀光剑影、仇恨屈辱,经过时光的沉淀醇化,演变成了一个轻松有趣的传奇故事。

1968年,捷共第一书记杜布切克进行改革,并引发了"布拉格之春"运动,苏联将此视为对其领导地位的挑战和对东欧地区政治社会稳定的严重威胁。同年8月,由克格勃控制的特种部队乘坐两架伪装成民航的运输机,以机械故障为由迫降捷克机场,并以此为据点,源源不断地空运增援兵力,以闪电般速度占领布拉格要害部位,并将捷共第一书记杜布切克、总理切尔尼克和国民议会主席斯姆尔科夫斯基等人押上飞机,绑架到了莫斯科,苏共总书记勃列日涅夫勒令他们签订了《关于苏军暂时留驻捷克斯洛伐克的协定》,使苏军占领由非法变成为合法。[②] 在国际关系史上,以绑架方式将他国领导人控制在手中,强迫签订城下之盟的做法非常罕见,在当时引起了国际社会的强烈谴责。但苏联的强硬态度和手段,使东欧动荡的局势迅速稳定下来,化解了一场重大的政治危机。这里是将特种部队伪装成普通的乘客,借口机械故障"迫降"后实施占领和绑架行为,使得捷方措手不及。

三、潜伏守候

在绑架对象经常出入或藏身的场所,或是已经获知了其准确活动地

[①] 《二战:英国特工妙计绑走德军司令》,佚名,2019年1月28日,手机搜狐网,https://m.sohu.com/a/291829928-120044586。

[②] 《苏联入侵捷克斯洛伐克的反思》,历史见证论,2024年2月25日,https://baijiahao.baidu.com/s?id=17899929688191577707。

点、活动规律情报的情况下，预先设伏实施绑架秘密行动。对一些特别重要而又很难找到下手机会的绑架对象，相关情报组织甚至会连续潜伏守候多年，紧紧抓住千载难逢而又稍纵即逝的机会，从而达成绑架的目标。

　　以色列建国后，对那些双手沾满犹太人鲜血的纳粹战犯，展开了持久的秘密追捕和暗杀行动，这些人也如惊弓之鸟，许多人选择躲藏到对纳粹德国多少有些好感的南美洲。阿道夫·艾希曼是纳粹德国党卫军冲锋队头目，是起草和执行对欧洲600万犹太人实行"最终解决方案"的主要人物，曾在匈牙利下令驱逐65万犹太人，也是奥斯维辛集中营的主要负责人之一，这里曾屠杀了200万犹太人。他躲过了战后"纽伦堡审判"，并悄然移居南美洲。1957年，摩萨德获悉了艾希曼藏身阿根廷的情报，派遣特工专程到阿根廷核实了其本人、查清了其居所及活动规律等相关情况。此后摩萨德制定了绑架行动计划，并报时任总理本·古里安批准后，组成了一支11人的特遣行动小组负责实施。行动小组到达阿根廷布宜诺斯艾利斯后，分散居住到不同的旅馆，还租了一座位于绿林深处的别墅作为扣押艾希曼的"安全屋（即藏匿据点）"。当时阿根廷正在筹备独立150周年的庆典活动，以色列领导人也受到了邀请，摩萨德局长哈雷尔决定利用以色列航空公司的返程专机将艾希曼偷运回国。1960年5月，哈雷尔下达最后指令，立即实施绑架行动，一旦出现意外，就地干掉艾希曼。当晚8时许，艾希曼在离家不远的公交站下车后向家门走去。潜伏守候在此的特遣行动小组特工打开汽车大灯，突如其来的强烈灯光使艾希曼停住了脚步，特工们迅速上前牢牢地抓住他，马上塞进汽车，向"安全屋"驶去。艾希曼落网后就供认了自己的真实身份，并在"安全屋"关押了9天。这期间，行动小组设计一名特工人员因"车祸"导致脑震荡住院治疗，两天后"病情"基本好转，院方开具了出院证明。特遣行动小组中的伪造证件专家在出院证明上换上了卡多·克莱门特（临时给艾希曼取的假名）的照片和姓名，以便为其神志不清的状态作出解释。在上飞机前，行动小组给艾希曼注射了大剂量的镇静剂，将其伪装成那名脑震荡患者，就这样艾希曼被搀扶着顺利地送上了以色列航空公司的专机，押回了以色列。1962年，艾希曼被以色列判处绞刑。① 艾希曼至死对自己所犯下的滔天罪行都没有悔改之意，他声称："我会笑着跳进我的坟墓，因为我手上沾了500万人的鲜

----

　　① 高金虎等：《大卫的铁拳——二十世纪以色列情报机构绝密行动》，东方出版社2005年版，第30—53页。

血。这种感觉,对我来说是无比的享受。"

苏联及东欧集团,对待叛逃者的态度是赶尽杀绝,一些非常重要的叛逃者也往往是生活在保卫森严的环境里,但只要稍有松懈,便会成为克格勃的猎物。1953年,东德国家安全局局长罗伯特·比亚维克中将叛逃到西柏林,改名换姓后,被秘密安置在西柏林一个防守严密的安全住处,并且从不出门。3年牢笼般的生活使他感到非常憋屈,他认为苏联人不可能总是盯着不放,于是私自出门散步。刚到小巷出口,就被守候在此的克格勃特工塞进小汽车疾驰而去,此后便杳无音信。潜伏在英国秘密情报局的苏联间谍乔治·布莱克,这期间正在西柏林情报站工作,居住在比亚维克安全屋的附近。他一直监视着比亚维克的一举一动,当他发现比亚维克出门后,立即通知了克格勃,随后就发生了比亚维克被绑架的事件。① 从整个事件来分析,克格勃应该是派遣特工人员一直潜伏守候在这里,一旦有了机会,便可以快速出击。事后,英国政府多次向苏联提出交涉,但苏联当局矢口否认,英国人也无计可施。

抗战时期国共合作,八路军驻西安办事处高级参谋宣侠父负责协调国共关系。宣侠父曾考入黄埔军校第一期学习,因反对校长蒋介石对学生干部的不当安排被开除。宣侠父在西安积极与黄埔军校同学联系,宣传共产党的抗日主张,蒋介石担心"引起军官思想动摇,部队叛变",于1938年密令西安行营主任蒋鼎文秘密"制裁"宣侠父,蒋鼎文将任务交给军统西北区(西安行营第三科)执行。新上任军统西北区区长的徐一觉立即安排情报组和行动组熟悉宣侠父的相貌、摸清活动规律、进行跟踪,并在其经常路过的西京医院门前设伏守候。当宣侠父骑着自行车来到时,他们将其迅速拉进汽车,绑架到了西安别动队队部,连打了7枪,杀害了宣侠父,埋在一口枯井里,企图毁尸灭迹。宣侠父失踪后,八路军驻西安办事处党代表林伯渠派人多方查找,反复与蒋鼎文进行交涉,蒋矢口否认暗害了宣侠父,还自导自演了"宣侠父在押解途中逃跑"的一出戏,以混淆视听。② 直到1951年,参与绑架和杀害宣侠父的军统潜伏特工佟荣功被抓获,才破解了宣案谜团。

---

① 詹非非、詹幼鹏:《英国情报组织绝密行动》,北方文艺出版社2017年版,第186—187页。

② 徐飞编著:《狼与狈——中统军统行动档案》,河北人民出版社1998年版,第124—132页。

四、设置陷阱

是指虚构一个绑架对象感兴趣的、与其所从事的活动相关的事项或话题，约其到预定的地方进行面谈，预先埋伏在此的人员将其绑架。有的是将对象引诱到附近某个事先安排好的特定处所，有的是将对象引诱到便于实施绑架行动的第三国。这种绑架方式与美色诱惑的方式有相通之处，都是将目标对象引诱到特定的场所后实施绑架，大而言之都是设置陷阱。也存在不同的特点，美色诱惑主要是利用人性的弱点，打的是"享乐牌"，对追求个人享乐的对象特别管用；设置陷阱则主要是利用目标对象在其所活动的领域建功立业的心理，打的是"事业牌"，对一些地位相对比较高、已将所从事活动当作所追求事业的对象更具迷惑性。不管你是什么样的人，只要秘密行动有需要，情报组织都会绞尽脑汁地设计一款合适的方案，力求将目标对象牢牢套住。美洲豹球杆前支有一句令人印象深刻的广告词："款款是精品，总有一款适合你。"用在情报组织秘密行动上，也丝毫没有违和感。

据叛逃英国的原克格勃驻伦敦情报站代理站长戈尔季耶夫斯基在《克格勃全史》一书中披露，1937年，为绑架流亡巴黎的最大反苏组织"俄国军人联合会"的首脑叶夫根尼·米勒将军，苏联内务人民委员会国家安全总局专门成立了行动小组。"俄国军人联合会"负责情报工作的斯科布林将军此前已被苏联特工策反，他假称德国情报机构要与米勒会晤，将米勒诱骗到巴黎近郊的一座别墅，等候在此的苏联情报人员将其麻醉后装入大箱子，运送到苏联"玛利亚·乌里扬诺娃"号轮船上，运回列宁格勒，经审判后处决。[①] 这起绑架案在法国和世界媒体上引起了轩然大波，认为在繁华之都巴黎明目张胆地实施绑架行为，是前所未有的骇人听闻的事件，但并没能改变米勒的命运。

二战期间的"文洛事件"，纳粹德国党卫队保安局通过绑架两名英国秘密情报局特工，给英国情报机构造成了巨大的损失，同时也有力地打压了德国军方内部的反希特勒势力，直接或间接地影响了二战进程中的其他可能性。1939年10月之前，英国秘密情报局已与德国军事谍报局中反对

---

① 《多次暗杀：克格勃铲除托落茨基及第四国际始末》，网易历史，2009年5月19日，手机网易网，https://m.163.com/news/article/59M24D5J00011248.html? spss = adap - pc。

第五章 绑架类秘密行动

希特勒的势力取得了联系,在梵蒂冈、海牙建立了秘密渠道,密商推翻希特勒的可能性。当时亨利·史蒂文斯少校任秘密情报局驻海牙情报站站长,负责与德国密谋分子联系。纳粹党卫队保安局局长海德里希侦知此事,派出保安局高级军官瓦尔特·施伦堡等人,冒充德国陆军密谋分子的代表,与史蒂文斯及其助手佩恩·贝斯特多次秘密见面,想套取德国军队反希特勒势力与英国勾结的情况及秘密情报局的情报。11月8日傍晚,在德国慕尼黑的一家啤酒馆,发生了一起针对希特勒的爆炸案。希特勒认定是英国情报机构所为,命令取消原定"放长线钓大鱼"的计划,武力绑架英国秘密情报局海牙站情报人员,海德里希立即安排施伦堡和党卫军一级突击队大队长阿尔弗雷德·瑙约克斯执行绑架任务。9日早上,施伦堡通知史蒂文斯和贝斯特下午到荷兰边境文洛小镇的巴克斯咖啡馆见面,史蒂文斯携助手贝斯特和荷兰情报人员克劳普如约而至。先期到达的施伦堡,看到贝斯特开着蓝色的别克车缓缓地停在咖啡馆门前时,立即向瑙约克斯带领的行动队发出了行动信号。正当史蒂文斯一行准备下车时,一辆深褐色敞篷大卡车撞断边境哨所栏杆,击毙试图阻拦的荷兰哨兵,从德国方向呼啸而来,贝斯特见势不妙,立即发动车辆准备逃走,但大卡车已经拦住了去路,瑙约克斯和4名党卫军队员跳下卡车,把史蒂文斯和贝斯特从小车上拉了下来并戴上手铐,还抢走了公文包及散落的文件。荷兰特工克劳普掏枪抵抗,倒在两支冲锋枪的弹雨之下。瑙约克斯命令手下将史蒂文斯和贝斯特拖到大卡车上,驶入德国境内,在当天就押送到了柏林。希特勒对这次绑架行动极为满意,接见了施伦堡、瑙约克斯及参与行动的党卫队人员,并授予每人一枚铁十字勋章。"文洛事件"使英国情报组织蒙受了巨大的损失,他们在欧洲大陆苦心经营的情报系统濒于瓦解,史蒂文斯和贝斯特所招供的情况,被德国情报机关汇编成《大英帝国的情报工作报告》,分发到情报官员手中,几乎人手一册,英国秘密情报局的许多"秘密"已不成其为"秘密"。① 德军内部反希特勒的组织"黑色乐队"再也不敢轻举妄动,时时提防盖世太保抓到什么把柄。英国秘密情报局与德国军事谍报局中反对希特勒的势力之间的信任丧失殆尽,双方合谋推翻希特勒统治的行动也陷入了停滞状态。

2019年10月,伊朗宣布抓获流亡巴黎的伊朗异见人士鲁霍尔拉·扎

---

① 詹非非、詹幼鹏:《英国情报组织绝密行动》,北方文艺出版社2017年版,第17—30页。

姆。扎姆被引诱离开法国到伊拉克，由伊朗"圣城旅"特工绑架并秘密带回国。扎姆是伊朗反政府组织"绿色运动"的成员，于2009年逃离伊朗并定居法国，继续从事图谋颠覆伊朗政府的活动，其创办的《哈桑的新闻》门户网站拥有百万粉丝量。伊朗指控其煽动了2017年伊朗国内的抗议活动，与美国、法国、以色列等西方国家情报组织合作，很有可能导致了伊朗核科学家及军方高官被西方国家所暗杀。据称伊朗伊斯兰革命卫队"圣城旅"指挥官苏莱曼尼亲自安排部署了这次绑架行动，"圣城旅"是隶属于伊斯兰革命卫队的特种部队，主要负责境外特种作战任务和秘密行动，具有情报机构的性质。2003年美国推翻萨达姆政权后，苏莱曼尼曾派遣大量"圣城旅"特工潜入伊拉克南部，支持当地的"马赫迪军"与美军对抗，还暗中向逊尼派抵抗运动提供武器。苏莱曼尼派遣美女间谍到法国，花了近两年时间才取得了扎姆的信任，并说服扎姆于2019年10月经约旦前往伊拉克巴格达。美女间谍称伊拉克最著名的什叶派牧师之一阿里·西斯塔尼，已经同意资助扎姆的网站，但需亲自与之面谈。结果一到巴格达，扎姆就被伊朗"圣城旅"特工绑架并秘密运回伊朗，后来经审判被判处绞刑。[①] 将对象从法国引诱到伊拉克后再进行绑架，除了能规避与法国直接的外交纠纷外，还为控制和转运对象创造了更加方便快捷的条件。伊拉克是伊朗的邻国，转运对象的距离更短，大幅度降低了出现意外情况的概率；伊拉克国内战乱不断，一些地方武装组织还是伊朗"圣城旅"所扶持的力量，有报道也说这次绑架行动得到了伊拉克地方武装组织的帮助。同时作为一个战乱国家，没有多少能力来维护国家的法律与尊严，相关国家也可以不用太在乎这类国家的感受。

五、制造借口

借口是多方面的，要尽可能符合生活常识，一般以受人之托来拜访、代人转交信件物品、商谈重要事项等名义来接近对象，而假托的人也是对象所熟知的，这些都是日常生活中经常会遇到的事情，一般不会引起对象的怀疑和警觉，接近对象并取得初步信任之后，再采取相应的方式实施绑架行动。

美国中央情报局就是用这种方式绑架了苏联官员弗拉基米尔·伊万诺

[①] 包小龙：《伊朗处决记者与欧盟生争端，可能给拜登和伊重启对话增加难度》，《环球时报》，2020年12月15日。

第五章 绑架类秘密行动

夫。1985 年,全苏化学产品出口联合公司官员伊万诺夫到菲律宾出席苏联化学产品展销会,住在马尼拉假日酒店。他正准备睡觉时,一个自称理查德的人与其联系,要到其房间转交其所认识的美国一家大公司副总经理的信件,并请他喝了酒,他很快就失去了知觉。3 天后发现自己被绑架,关押在美国慕尼黑军事基地的秘密据点里。谈话人员要求其与中央情报局合作、或是填表担任外贸顾问、或是回苏联后为中央情报局秘密服务,均遭到拒绝并进行绝食。多日后,其偶然发现房间里有一本电话簿,便试着拨通了一处汽车维修服务部的电话,苏联驻波恩的官方代表获悉此事后,随即采取有效措施,使伊万诺夫平安回到了莫斯科。伊万诺夫后来在政治上发展十分顺利,曾担任苏联木材工业部部长。[①] 当时苏联情报组织在西方国家以各种掩护名义,设立了许多情报据点,其中所谓的"汽车维修服务部",就是一种常用的掩护名义,这类服务部一般不会引人关注,人员来往比较频繁,便于隐藏真实目的和进行接头交联。伊万诺夫碰巧联系上了这样一个据点,不然世界上又会多出一个神秘失踪案件。绑架者不达目的不罢休,被绑架者坚决拒绝合作,伊万诺夫的命运堪忧。但他的运气不错,也算是上天对忠贞者的特别关照吧。

二战后期,斯大林曾答应罗斯福和丘吉尔,苏联红军将在战后撤出波兰。随着苏军围困柏林,苏联统帅部开始考虑战后控制波兰的问题,着手清除波兰的其他政治势力。苏联于是给波兰地下抵抗组织领袖捎话,宣称朱可夫元帅要与他们协商波兰的安全及战后重建问题,与朱可夫会谈之后,还会送他们到伦敦,与波兰流亡政府商谈战后事宜。这 12 位波兰地下抵抗组织领袖心存疑虑,担心是苏联设下的一个圈套,经过慎重讨论,觉得苏联已经答应释放被捕的包括茨维尔金斯基在内的一些波兰地下组织领导人,显示了一种友好的态度,便同意去见朱可夫。他们在华沙登上苏联运输机,就惊奇地发现茨维尔金斯基躺在机舱的地板上,伤痕累累,神志不清,心中顿时感到隐隐不安。飞机向东飞行了一段时间后,一位苏军上尉宣布原计划有变,朱可夫元帅太忙,没有时间接见他们,飞机将飞往莫斯科。这群忐忑不安的波兰人终于明白了,他们并不是朱可夫的客人,而是被苏联绑架了。飞机到达莫斯科后,他们便被扔进了苏联情报机关管理

---

① 孙树理主编:《间谍情报与安全保密辞典》,解放军出版社 1995 年版,第 835—836 页。

· 253 ·

的卢比扬卡监狱,这里所关押的都是苏联认为最顽固的政治犯。[①] 这批与纳粹德国侵略者进行了5年艰苦卓绝斗争的地下抵抗组织领袖,在胜利到来之际,却被稀里糊涂地送进了另一个国家的监狱,这可能是他们所始料未及的。苏联通过制造协商战后波兰安排问题的借口,让他们自投罗网,轻松地将他们控制在自己手中,使这些虎口余生的战士,又成为了砧板上的鱼肉。

六、武装突袭

运用配备武器装备的人员,采取突然袭击,消灭抵抗人员,以武力相威胁的方式,将对象绑架到预定地点的秘密行动。这种绑架方式多少带有一点明火执仗的意味,但与公开的武装行动相比仍有很大的差别。时机选择上讲求突发性,让对方措手不及;时间要求上讲求速战速决,一击而中,迅速撤离;方式方法上尽可能隐藏形迹,秘密进行;目的要求上是迫使对象或对象方按照己方的意愿达成某个重要目标。实质上是用武力劫持对象后,胁迫对方按照己方的意图办理相关事宜。与其他类别的绑架秘密行动相比,武装突袭类的绑架秘密行动,大多会在绑架的过程中或绑架结束后,很快在一定范围甚至是全社会传播开来,后续处置工作一定要快,否则会给后续处置工作带来麻烦。如纳粹德国党卫军绑架匈牙利摄政王霍尔蒂后,马上逼其签署退位和任命新总理的文件,然后再押送至德国的软禁地点。我们可以想见,如果先将其押到软禁地点,然后再签署相关文件,中间间隔时间过长,在二战后期瞬息万变的国际与战争形势下,势必会产生其他对纳粹不利的变故。

匈牙利摄政王霍尔蒂积极支持并参与纳粹德国的侵略行为,后来其长子伊斯特万在苏联阵亡,德军在战场上也显现出了颓势,他便开始打退堂鼓,希望与盟军议和并退出战争。希特勒迅速派出大量党卫军部队控制了匈牙利全境,并逼迫霍尔蒂任命亲德的德迈将军为总理,但霍尔蒂对和谈似乎并未死心。希特勒在"狼穴"紧急召见党卫军少校奥托·斯科尔兹内,要求其对霍尔蒂进行监视,防止霍尔蒂私下与苏联和谈,如有必要就军事占领匈牙利王宫所在地城堡山。斯科尔兹内将此秘密行动命名为"铁拳行动"。他伪装成一名普通的旅游者,化名沃尔夫博士,暗中搜集城堡

[①] 《二战未结束,苏联就已控制波兰,12位波兰领导人被"绑架"》,象牙塔学业规划指导,2018年11月20日,https://baijiahao.baidu.com/s?id=1617659552462165277。

山的地形和守卫兵力等情报。1944年10月10日,斯科尔兹内的特别行动小组绑架了霍尔蒂的亲信、驻防布达佩斯的匈牙利第一军团司令鲍考伊中将。次日,斯科尔兹内获悉匈牙利接受了盟军的停战条件,决定绑架霍尔蒂,这一方案得到了德驻匈盖世太保、党卫军和驻匈大使的支持。16日凌晨,斯科尔兹内指挥4辆虎式坦克和数辆运兵车组成的车队,攻入城堡山,整个武装突袭行动仅花费了20多分钟和死亡4人的微小代价,就控制了这个国家的首脑和政府。他们将霍尔蒂绑架到德驻匈牙利党卫军司令部,逼迫霍尔蒂退位及任命匈牙利法西斯运动头目萨拉希伯爵为总理,随后霍尔蒂及全家和部分匈牙利军政高官,被押送到德国巴伐利亚的一处城堡软禁。[①] 霍尔蒂被绑架,使得匈牙利失去了退出战争的机会,历史名城布达佩斯在惨烈的围城战中变成一片废墟。对霍尔蒂个人来说,却是因祸得福,因有过向盟军寻求和谈的举动及被纳粹德国绑架和软禁的经历,战后免去了审判之辱、牢狱之灾及处死之虞,辗转到葡萄牙居住,得以平安地度过余生。

3名以色列人被黎巴嫩真主党绑架扣押了3年,其中包括以色列飞行员罗恩·阿拉德上校。为使这3名人质获释,以色列政府想尽了办法,甚至愿意用释放300名什叶派囚犯作为交换,但一直得不到回音,以色列便组织实施了针对谢赫·欧贝德的绑架行动。黎巴嫩真主党受到伊朗的支持,扣押了大量的美英法等西方国家及以色列的人质,最多时达几百人,并借此向西方国家施压。欧贝德是该党精神领袖,他掌握了真主党的密码、组织编制、弹药库及人质藏匿地点等大量机密,以色列想用欧贝德来交换被扣人质。1989年7月28日深夜,以色列特别行动小组乘直升机来到黎巴嫩一处距以色列国境线16公里的安全区内,直奔几公里外的吉布希特镇,欧贝德就居住在镇东的一栋4层小楼里。突击队员用特制的消音炸弹炸断大门的铰链,冲上2楼,欧贝德束手就擒,其妻子、堂兄阿迈德和朋友法斯及3子1女均被控制。突击队员将欧贝德、堂兄和朋友五花大绑运到直升机上,迅速返回了以色列。为迫使以色列释放欧贝德,真主党处死了在黎巴嫩执行维和任务时被绑架的美国军官希金斯中校,还威胁要处死另一名美国人质。双方相持不下,以色列对真主党处死美国人质似乎并

---

① 《"铁拳"行动:纳粹不但武器牛得没边没沿,人更是牛得一塌糊涂》,漫步之心情,2017年1月4日,个人图书馆,https://www.360doc.cn/article/37113458-619916282.html。

不在意，欧贝德等3名人质被关押在以色列的"1391号监狱"很多年。①
2021年9月，摩萨德通过武装突袭的方式，冒着枪林弹雨，摆脱密集火力的围攻，在叙利亚绑架了1名伊朗将军，目的是调查35年前的一起失踪案。以色列飞行员罗恩·阿拉德上校于1986年执行轰炸任务，意外被黎巴嫩抓获，35年来一直杳无音信，以色列认为该飞行员很可能被转交给了伊朗军队。摩萨德将这名伊朗将军绑架到一个非洲国家进行审讯，最终将其释放。②据悉摩萨德很可能也没有获得什么有价值的信息，毕竟已经过去了35年，了解此事的人大多已经退休或是不在人世了。

第二节　绑架的主要对象及目的

绑架对象的范围要大于暗杀的范围，一般来说，被情报组织认定为"有罪"或"有害"才被列为暗杀对象，而绑架对象，除了"有罪"和"有害"之外，还有"有用"。"有罪"是指被实施绑架行动的国家及情报组织认定为罪犯或犯罪嫌疑人的对象；"有害"是指对本国或本组织的利益产生重大危害的对象。当然这都是绑架行动实施方单方面的认定，但对涉及到的另一方而言，肯定会是另外一种绝然不同的看法，因而绑架秘密行动一旦暴露，常常会引发国家之间的外交纠纷乃至国际社会的谴责。所谓"有用"，则是指为满足己方某些工作上的特殊需要，有针对性地绑架一些特定的对象来为我所用，这些对象本身无论从哪个方面来讲都是无辜的，纯粹是受害者。总的来说，实施绑架秘密行动的目的主要是打击对手、终止危害、追捕罪犯及为我所用。

一、绑架国家领导人及重要军政人物

绑架一个国家的领导人无疑违反了国际关系准则，必定会受到国际社会的强烈谴责和反对，一般国家不敢做，也做不到，只有那些实力雄厚的国家才可以罔顾一切。以色列安全内阁部长埃坦早年曾参与绑架艾希曼的秘密行动，他威胁要采取绑架的方式将伊朗时任总统内贾德送上海牙法

---

① 高金虎等：《大卫的铁拳——以色列情报组织绝密行动》，东方出版社2005年版，第122—125页。
② 《又一场匪夷所思行动！摩萨德特工掳走伊朗将军，令中央情报局刮目相看》，要闻视界，2021年10月8日，https://baijiahao.baidu.com/s?id=1713059355779513482。

庭。他在 2008 年 9 月 9 日曾公开表示："像内贾德那种威胁进行大屠杀的人，应该被送上海牙法庭……至于以哪种方式将他送到那里，各种选择均有可能。"当被问及是否考虑绑架时，他回答说："是的，将他送上海牙法庭的任何方式都是可能的。"伊朗驻联合国大使卡兹当天向联合国秘书长潘基文递交了一封信函，抗议埃坦的绑架言论及以色列官员对伊朗的威胁和恫吓行为。① 从表面上看来，这似乎就是一场舆论战，说说而已，但只要我们深入考察一下，就会发现以色列为了国家的生存，真能什么事都干得出来，以色列能在外敌环伺的环境中顽强地生存发展，与它的这股狠劲有着极大的关系。

绑架特定国家的领导人，基本上都是出于控制目标国家的需要，要么迫使被绑架对象屈服，要么利用空出的位置扶持其他傀儡或代理人。二战后期为防止匈牙利与盟国媾和，德国党卫军绑架了匈牙利摄政王霍尔蒂，逼迫其退位并任命法西斯组织头目为总理，将匈牙利紧紧地绑在纳粹德国战车上。苏联为了加强对东欧的控制，扑灭了具有离心倾向的"布拉格之春"运动，派兵控制了捷克斯洛伐克，并由克格勃主导，将捷共第一书记杜布切克等领导人绑架到了莫斯科，强迫签订了苏军占领合法化的城下之盟。年轻时就被中央情报局招募为间谍的诺列加，依靠美国的扶持，在巴拿马政坛迅速崛起，从 1983 年出任巴国防军总司令后，在 6 年时间里连续废黜了 5 位总统，最后自己取而代之。他曾被时任美国中央情报局局长凯西吹捧为"中美洲的反共堡垒"，但由于其掌握巴拿马政权后，坚决要求从美国手中收回巴拿马运河的主权，与美国产生了尖锐的矛盾。美国及中央情报局千方百计想将诺列加赶下台，在通过抹黑、支持反对派和多次策动政变等行动无果后，于 1989 年底直接派兵入侵巴拿马，诺列加战败后躲进了梵蒂冈大使馆。在美国及梵蒂冈的双重压力下，他最终不得不走出使馆，被绑架到美国受审，以贩毒等罪名判处 145 年监禁，后经多次减刑减至 17 年。② 没有了诺列加的巴拿马，又成为了美国可随意拨动的棋子。历史从来就不缺乏幽默感，情报组织运用其独特的工作方式，还在日复一日地创造和丰富这种幽默感。当诺列加投靠他国、吃里扒外时，却轻松地登

---

① 木尼：《以色列部长暗示绑架伊朗总统，伊要求联合国回应》，中国日报网，2008 年 9 月 11 日，http://www.chinadaily.com.cn/hqgj/2008-09/11/content-7016299.htm。

② 詹静芳、詹幼鹏：《美国中央情报局绝密行动》，北方文艺出版社 2017 年版，第 225—246 页。

顶本国的最高权力；当他想正确履职、为国谋利时，却不仅丧失了权力，还丧失了自由。常言道，出来混总是要还的，代理人的命运往往掌握在东家的手中，他能举你上天，也就能踩你入地，即使贵为总统，也概莫能外。2004年3月，美国政府及中央情报局操纵发动海地政变，由大批装备精良的雇佣兵占领时任总统阿里斯蒂德的住所，将其及家人戴上手铐，绑架到中非共和国，执政的民选合法政府被推翻。①

绑架其他重要军政人物，则是出于各种不同的需要，其诉求的差异性很大，可以说是五花八门，不一而足。如美国中央情报局绑架了苏联官员弗拉基米尔·伊万诺夫，是为了策反他做美国的间谍；苏联绑架波兰12名地下组织领袖，是为了清除波兰可能会与苏联为敌的政治势力；英国特别行动执行署绑架克里特岛德军司令，是想将其送到英国法庭上受审，让德国丢失颜面，给德军制造混乱，鼓舞盟军及希腊地下抵抗力量的士气。总之，根据现实斗争的需要，确定绑架的相关目标对象，来达到某个重要的工作目的。2009年11月，数家伊朗新闻网站报道称，以色列正关押着失踪近3年的伊朗前国防部副部长阿里·礼萨·阿斯加里将军，他于2006年前往土耳其的一趟私人旅行中失踪，德国和英国的情报机构协助摩萨德将其绑架到了以色列。此前德国国防部官员汉斯·吕勒在瑞士媒体撰文说，阿斯加里向西方交代了很多关于伊朗核计划的内幕，包括伊朗打算将叙利亚变为拥核国，导致2007年以色列对叙利亚进行空袭；他还供出了伊朗及真主党游击队的情况。②看来以色列这次绑架意在弄清楚伊朗的核计划及真主党的相关情况，以便制定应对的措施，目的是想获取伊朗的深层次情报，并运用秘密行动进行打击和破坏。

二、绑架流亡境外的政治反对派

流亡境外的政治反对派，包括反对党领袖、图谋颠覆政府的组织骨干、在境外参与反政府活动的人员、民族解放运动负责人，以及地方叛乱组织头目等方面的人员。这些人员在境外从事反政府的活动，会对相关国家和政府造成困扰和危害，利用情报组织将这些人员绑架回国进行审判、

---

① 胡效军：《全方位扫描现代"雇佣军"》，《国防科技》2006年第1期。
② 于盟：《伊媒：以色列绑架关押伊朗国防部高官，英德帮凶》，中国日报网，2009年11月16日，http://www.chinadaily.com.cn/hqgj/2009-11/16/content-8978631.htm。

第五章　绑架类秘密行动

关押或处死，成为相关国家政府打击这些政治反对派的一个重要措施。

　　流亡的反对党领袖。在1971年韩国总统选举中，金大中代表民主党挑战时任总统朴正熙，竞选活动中遭遇韩国中情部特工伪装成车祸的未遂暗杀行动，以得票微弱之差败选后流亡日本，继续从事反对朴正熙独裁统治的活动。1973年，时任韩国总统朴正熙下令中情部将金大中绑架回国，韩国中央情报部制定了周密的绑架行动计划。金大中在日本争取支持以发起反对朴正熙独裁的民主运动，于8月8日到东京大皇宫饭店2212室会见韩国"民主统一党"总裁梁一同，当会见结束后金大中走出房间时，被韩国中情部几名特工拽进隔壁房间，并强行注射了麻醉药，塞进轿车送到海边的特工船上偷运回韩国。韩国中情部打算在中途将金大中沉入深海，让其彻底消失，幸得日本警方接警后，美国中央情报局及日本及时出手阻止。[①]

　　在境外组织和参与反政府活动的人员。1930年1月，流亡巴黎的"俄国军人联合会"主席、前白俄第一集团军司令库特波夫中将，应约去会见来自苏联国内"俄国保皇主义者"组织的联络人，当他到达会面地点时，被迅速塞进了汽车。原来这两名所谓联络人是苏联特工，他们在此绑架了库特波夫，在车上给其打了麻药。现场还有一名被收买了的法国警察"维持秩序"，路人以为是警察在执行公务。在多辆汽车的护送下，库特波夫被转运到了等候在拉芒什海峡的苏联轮船上。库特波夫又气又急，加上麻药副作用，突发心脏病死亡。7年后，库特波夫中将的继任者米勒中将也步其后尘，被绑架回莫斯科遭到处决。[②]60年代，韩国中情部曾将17名反对朴正熙的留学生从联邦德国绑架回韩国，引起了外交纠纷。1968年韩国中央情报部将多名西德朝鲜族侨胞绑架回国，指控他们"亲朝鲜"和"触犯国家安全法"，并进行严酷对待，西德政府对此极为不满，一度中断了与韩国的外交关系。前几年，中东地区国家绑架境外政治反对派人员的现象比较突出，在个别国家甚至出现了"批量化"的绑架现象。据土耳其副总理博兹达说，土耳其国家情报机构开展海外行动，从18个国家抓回80多名"居伦运动"成员，并还将继续行动，抓回更多的"居伦分子"。土耳其政府怀疑"居伦运动"与流亡美国的宗教人士法图·居伦相互勾结，策划了土耳其2016年7月的未遂政变，并称其为"恐怖组织"。2018年3

[①] 王艳：《金大中绑架案：未完结的真相》，《中国新闻周刊》2007年第45期。
[②] 陈玉明主编：《世界间谍绝密档案》，吉林摄影出版社1999年版，第658—661页。

月,土情报机构在科索沃秘密抓走6名土籍"居伦分子",引起科索沃地方当局的谴责,科索沃安全部门负责人被解职。① 在没有知会目标国家或地区政府的情况下,派遣情报机构人员以秘密行动的方式去抓捕本国公民,无疑属于绑架行为,难怪科索沃地方当局会如此恼怒。2019年10月,伊朗宣布抓获流亡巴黎的伊朗异见人士鲁霍尔拉·扎姆。扎姆被美女间谍引诱离开法国到伊拉克,由伊朗伊斯兰革命卫队"圣城旅"特工绑架回国,2020年经审判后被处以死刑。

殖民地民族解放运动和地方叛乱武装组织负责人。为了扼杀阿尔及利亚民族解放运动,维护法国在北非殖民地的利益,1956年10月,法国国外情报暨反间谍局绑架了穆罕默德·本·贝拉等5位乘飞机跨国出行的民族解放运动领袖,并将贝拉长期拘禁在法国。直到1962年《埃维昂协议》签订后贝拉才获释回国,先后出任阿尔及利亚临时政府总理和共和国首任总统。2020年8月俄罗斯联邦安全局宣布,成功阻止了乌克兰情报人员试图在俄罗斯领土绑架顿巴斯武装一名领导人的企图,并抓捕了5名俄罗斯人和2名乌克兰人。乌克兰东部爆发武装冲突后,乌克兰军队和情报部门策划了多起针对乌东部地区亲俄武装组织领导人的绑架和暗杀行动,并造成多人死亡。这次到俄罗斯是计划绑架顿涅茨克共和国武装部队领导人,将其秘密押回乌克兰,并为此拨款20万美元②。

三、绑架对方间谍情报人员

绑架敌对国家或敌对组织的间谍,是敌对情报组织相互较量的一种重要方式,并能对受害方造成重大损失和打击。前面所述"文洛事件"中,德国纳粹党卫队保安局绑架英国秘密情报局海牙情报站站长亨利·史蒂文斯少校等两名情报人员,对英国在欧洲大陆苦心经营的情报系统造成了致命的打击。

1985年,美国中央情报局制造了"尤尔琴科事件"。尤尔琴科在1975—1980年以苏联驻美使馆一等秘书身份为掩护从事间谍活动,1985年任克格勃第1总局第1处副处长,主管对美、加的情报工作。同年7月他

---

① 陈立希:《土耳其称海外行动从18国抓回80名"居伦分子"》,新华社专特稿,新华网,2018年4月7日,http://www.xinhuanet.com/world/2018-04/07/c-129844957.htm

② 《俄安全局制止一起乌克兰特工劫持顿巴斯民兵领导人的图谋》,2020年8月20日,俄罗斯卫星通讯社,https://sputniknews.cn/amp/20200820/1031998602.html。

以外交部顾问身份到罗马,调查苏联核专家安东诺夫失踪事件,外出参观梵蒂冈博物馆途中被中央情报局绑架到美国。时任中央情报局局长凯西亲自宴请,并给其提供极为优厚的待遇,要求其为美国中央情报局工作。尤尔琴科一方面向中央情报局提供一些情报以博取信任,一方面千方百计地与苏联进行联系。11月某天,其以外出购物、吃饭为由摆脱了中央情报局监视人员,逃到苏联驻美大使馆。在大使馆的记者招待会上,他谴责了中央情报局对其绑架、关押、拷打、使用麻醉剂和套取情报等行径,引起舆论大哗,苏联也向美国政府提出强烈抗议,美国政府和中央情报局十分尴尬。对此事件也有尤尔琴科叛逃后又后悔、或是又被克格勃绑架回去等说法,但从尤尔琴科回苏联后仍在克格勃总部工作,获得了"荣誉契卡工作人员"奖章,于1991年平安退休等情况来看,其被中央情报局绑架的说法似乎比较符合常理。情报机构虽然也存在利用某个特定的对象或事件,故意歪曲事实,进行虚假宣传,达到欺骗对手或误导社会公众及国际舆论的情形,一般来说利用完其价值之后态度会有所改变,尤其是苏联和之后的俄罗斯对叛徒下手极狠,如果尤尔琴科确为叛逃,其结局应该比较悲惨才符合正常的逻辑。

  冷战时期,两大阵营的心理战非常激烈,苏联东欧集团领导人对如何取得宣传上的优势非常关注,尤其追求西方要人叛逃的轰动效应。于是一场绑架秘密行动悄然展开,也由此开启了这位西德反间谍机关头目一生的厄运。1954年7月,西德联邦宪法保卫局局长奥托·约翰叛逃东德的新闻震惊了世人,一年半后,他又逃回了西德,并被以叛国罪判刑,再次引起了轰动。此事一直怪诞难解,迷雾重重。约翰一直坚称自己是被克格勃绑架到东德的,但至死都未能洗脱叛国的罪名。据了解内情的东德外国情报总局局长沃尔夫在《隐面人》中透露,约翰是被其朋友、苏联克格勃间谍沃尔格穆特博士,乘其醉酒后将其用汽车送进了东柏林郊区的苏联军事基地。苏联随即安排克格勃驻柏林站站长皮托夫拉诺夫将军、苏联外交部宣传委员会代表图尔加里诺夫,到东德共同商量如何最大限度地利用其宣传价值。当时西德陷入了一片慌乱之中,指责共产党情报组织蓄意挑衅,绑架了约翰。正当西德政府发言人言之凿凿地宣称约翰不是自愿离开西德的时候,他却被迫在东德广播电台上回应说,他来东德是完全自愿的,因为西德总理阿登纳已沦为美国人的工具,他还说出西德情报部门使用的人主要是纳粹分子等许多敏感内容,这些话出自他的口中极具宣传分量。阿登纳不得不承认他正在考虑德国重整军备的问题,昔日纳粹分子在西德政府卷土重来的问题,也上升为西德政坛讨论的热点话题。苏联和东德也借此事向美国和西德发起了声势浩大的宣传攻势,宣称这体现了"美国和西德复仇主义分子的不得人心","约翰忠诚于两德统一事业,而美国人恰恰相反"等,搞得西德和美国灰头土脸,有苦难言。36年后两德统一,冷战结束,但国家的统一和时代的变迁并没能弥合个人心灵的伤痕。当沃尔夫与约翰这两位已到垂暮之年的老者在一家餐馆重逢时,提及往事,约翰仍然怒不可遏。他说:"我当时失去了知觉,醒来时已在苏联军营。我从来没想过去东德。"①数年后约翰去世,曾经的屈辱与愤怒,都化作一抔黄土、几缕轻烟。

四、绑架叛逃人员或罪犯

包括叛国投敌、以及其他被认定为是罪犯或犯罪嫌疑人的对象,绑架的目的是为了终止危害、惩罚罪犯或形成震慑。处理的方式有绑架后就近杀害、押回国内审判或转送第三国受审等。对美国及中央情报局而言,涉恐的犯罪嫌疑人绝大多数非本国公民,绑架后多为转送其户籍所在国或其他法律制度不健全的第三国进行审讯和关押,使这些人受到更为残酷的对待,从而可以通过采取非人的折磨等措施,榨取更多更深层次的情报,以阻止更多恐怖袭击事件的发生及对重要骨干头目实施暗杀和抓捕行动,而中央情报局则可规避本国法律,免受国际社会或国内的指责。

叛国投敌人员。包括被策反的叛逃人员、主动叛逃的人员和涉嫌犯罪的出逃人员。埃及飞行员阿巴斯·希尔米受到以色列间谍策反,驾驶战机叛逃到以色列;以色列迪莫纳核工厂工作人员摩德奇·瓦努努,因思想偏激、行为出格被开除,出于报复目的,他出逃国外后,向英国《星期日泰晤士报》出卖了核工厂的秘密,分别被两国的情报机构绑架回国进行审判,前者被埃及处以死刑,后者被以色列判处了18年监禁。有些涉嫌犯罪的人员,想以出逃的方式来逃脱惩罚。越南国家油气建设集团前董事长郑春成及女伴,在2016年出逃德国并寻求政治庇护。郑春成在叛逃前已因贪污腐败问题被开除出党和罢免了国会代表资格。越南警方发布国际通缉令,但德国方面拒绝引渡郑春成,并准备给其提供政治庇护,这迫使越南使用特殊手段来解决问题。越南情报机构特工于2017年7月在柏林大蒂尔

---

① [德]马库斯·沃尔夫著,胡利平译:《隐面人》,国际文化出版公司1999年版,第89—93页。

第五章　绑架类秘密行动

加藤公园将其控制后塞进一辆汽车，在越南驻柏林使馆情报人员的运作下，通过斯洛伐克将其秘密押回越南。此事引起德国的强烈不满，德国外交部发言人舍费尔愤怒地表示："在德国领土上绑架越南公民郑春成的做法可以说是史无前例的，也是对德国法律与国际法的严重践踏，这令人无法接受。"要求将郑春成送还德国，德国还将以外交官身份作为掩护的一名越南情报人员驱逐出境，据称其在柏林策划并绑架了郑春成。越南在此问题上显然不可能满足德国的要求，于是宣称郑春成是牵涉重大腐败案件主动回国自首，让郑春成在越南国家电视台露面并表示："我之前考虑不周，决定躲起来。在此期间我意识到我需要回去面对现实……承认错误并道歉。"以此来应对德国的指责和诉求，同时指控郑春成在任职期间涉嫌腐败，给国家造成了1.5亿美元的损失，最终越南河内法院判处其终身监禁。①

涉嫌组织和参与恐怖活动的人员。法国对外安全总局、美国中央情报局和苏丹国家保安警察合作，于1994年在苏丹喀土穆假日别墅绑架了世界头号恐怖分子"胡狼卡洛斯"，将其注射麻醉药后，由法国特工用飞机转运到巴黎，最后法国判处其无期徒刑。参与绑架行动的其中一名中央情报局特工布莱克，2002年底被小布什总统任命为国务院反恐协调员和巡回大使，2005年辞去公职后，出任私人军事企业黑水公司的CEO。出生于委内瑞拉的"胡狼卡洛斯"，本名伊里奇·拉米雷兹·桑切斯，被称为20世纪国际舞台上最具代表性的职业恐怖主义"大师"、世界第一杀手和城市游击战的"天才"，创造了20世纪恐怖史上最疯狂的记录，是当时世界极左恐怖主义组织的核心人物，国际刑警组织在通缉令中宣称："可以把这个人理解为一支军队。"②事实上，其恐怖活动的能量和威慑力要超出许多国家的军队，曾纵横欧洲及中东数十年，组织或参与了一系列震惊世界的恐怖袭击活动，其中包括绑架世界石油输出国组织（简称欧佩克）11个国家的石油部长、绑架并暗杀意大利时任总理阿尔多·莫罗，组织策划实施慕尼黑人质事件、将法航139次客机劫持到乌干达恩德培机场等，使西欧和中东国家闻之色变。随着"胡狼卡洛斯"的落网，在20世纪中后期盛极

---

① 郭鹏飞：《越共一高官在德遭"绑架"回国，越方称其系投案自首》，环球网，2017年8月3日，http://m.huanqiu.com/article/9CaKrnK4tu0。

② 马拉：《胡狼卡洛斯——世界第一杀手》，中国社会出版社1997年版，第1—8页。

· 263 ·

一时的极左恐怖主义思潮逐步走进了历史。但极左恐怖主义思潮的消亡并没有带来世界的安宁，此时以本·拉丹为代表的"基地"恐怖主义组织正方兴未艾，并将主要矛头对准了美国。"9·11"事件之后，美国中央情报局与相关国家情报部门合作，组织实施了针对恐怖分子嫌犯的"特别客串"秘密绑架行动，将他们送往相关国家接受审讯或监禁，执行这些绑架行动的特别小组装备着麻药和催泪毒气。2001年中央情报局在瑞典绑架了恐怖分子嫌犯阿赫麦德·阿吉扎和穆罕默德·阿尔泽里，并将他们移交给埃及当局。2004年，美国中央情报局根据英国秘密情报局的情报，在泰国绑架了利比亚教派武装头目贝勒哈吉夫妇，并交由利比亚监禁。其所领导的教派武装参加了推翻卡扎菲政权的战斗，后组建政党成为一名政治家。卡扎菲政权被推翻后，在其情报机构总部的档案中发现了英美在此次绑架案中所扮演的角色，当时英美试图以此来改善和修复与卡扎菲的关系。真相披露后，英国时任首相特雷沙·梅为此向贝勒哈吉夫妇致信道歉，英国政府给予其妻子50万英镑的补偿。① 2002年2月，美国中央情报局联手意大利军事情报局，在米兰朝阿布·奥马尔脸上喷射化学制剂，将这名伊斯兰教激进教长绑架后押往美国驻意大利军事基地，后又送到其国籍所在地埃及，使其在一处秘密监狱里经受酷刑的磨难。后来这位教长起诉参与绑架的特工人员，米兰一家法院于2007年判处美国中央情报局驻米兰负责人谢尔登·拉迪8年监禁，其他涉案的22名中央情报局特工均为5年刑期，意大利两名涉案情报人员被判处3年监禁，美国政府对此表示很不满。实际上这些美国特工早已回国，并拒绝了意大利提出的引渡要求，意大利的审判书与法律白条没有什么两样。②

　　追溯历史犯罪人员。以色列建国后，对那些双手沾满犹太人鲜血的纳粹战犯，展开了持久的秘密追捕和暗杀行动，所谓的秘密追捕，实际上就是绑架。负责起草和执行对欧洲600万犹太人实行"最终解决方案"的主要人物阿道夫·艾希曼，躲过了战后的"纽伦堡审判"，却没能躲过以色列人的追捕。实施这方面绑架行动的大概只有以色列，具有一定的特殊性。这些纳粹分子在执行针对犹太人的种族灭绝政策时，犹太人还是没有

---

① 郭倩：《英国曾助美绑架卡扎菲政敌，梅姨"毫无保留"致歉》，中华网，2018年5月12日，https://3g.china.com/act/news/10000166/20180512/32402894.html。
② 詹静芳、詹幼鹏：《美国中央情报局绝密行动》，北方文艺出版社2017年版，第294—295页。

祖国的人，纳粹的犯罪是针对一个民族的犯罪。以色列建国后对他们的追捕与审判，是一种历史的追溯行为，以此来还历史一个公道。

五、绑架特定的能为己所用的人员

这是与暗杀对象完全不同的一个群体，这些能为己所用的人员，除了情报机构策反逆用之外，主要是为满足己方的一些特殊需求，而将这些特定的对象绑架回来。从各国情报组织这方面的绑架案例来看，大体上可分为四类。

可策反逆用的对象。这类人员一般是对手国家或组织内部具有一定社会地位或影响力的人，掌握或者可以接近己方所需要的重要机密或相关重要资源，绑架策反后能够按照己方的要求开展间谍工作或其他相关工作。美国中央情报局绑架全苏化学产品出口联合公司官员伊万诺夫，目的就是想将其策反后，为美国从事针对苏联的间谍活动。从伊万诺夫后来一路升迁为苏联木材工业部部长的情况来看，美国中央情报局选人的眼光还是很厉害的。但中央情报局看到了他的重要位置和发展空间，却没能软化他的坚定意志，空忙了一场。1933年5月，担任中国左翼作家联盟中共党团书记、《北斗》杂志主编的作家丁玲，在上海公共租界家中被中统绑架，同时被绑架的还有正好到丁家拜访的哲学家潘梓年。该绑架案由投靠中统的顾顺章策划，其在"特工人员训练班"的得意门生史济美实施。史济美又化名吕克勤、马绍武，实施该案一个月后，被中共特科"红队"暗杀。丁玲被绑架后押送到南京，最后软禁在中统特工的一所住宅里。此绑架案引起了社会各界人士和文艺界的抗议和救援，国民党当局矢口否认，后来不得不在1936年9月释放。期间中统总干事长张冲、中统头目徐恩曾、国民党中央党部宣传部长张道藩、中共叛徒顾顺章等人先后前来劝降，想要她自首叛党，利用其名声和文学特长为国民党做事。张道藩劝降时，要求丁玲写剧本或是帮助他修改剧本，遭到拒绝。徐恩曾后来在回忆录中说："她有出色的写作天才，我希望他今后成为本党的有力文化工作者。"[1] 由于丁玲坚决不从，中统的企图落空。

可为情报人员培训工作提供服务的对象。朝鲜情报机构非常重视对情报人员进行渗透目标国家的语言和文化背景培训，并以此来更好地冒充目标国家公民，掩护朝鲜情报人员的身份，使其能更有效地融入到目标国家

---

[1] 穆欣：《隐蔽战线统帅周恩来》，中共党史出版社2018年版，第303—308页。

的社会之中，便于在目标国家或其他相关地方执行秘密行动任务。据1987年炸毁韩国航空858号班机的朝鲜对外调查情报部特工金贤姬供认，她曾接受过韩国、日本和中国文化背景的专门培训，承担培训任务的教师除了曾在这些国家生活过的朝鲜情报人员外，还专门绑架这些国家和地区的公民，由他们来给培训对象讲授本国的历史文化、生活习俗和语言等。据日本统计，20世纪七八十年代，朝鲜情报机构在日本绑架了至少17人，年龄大多在20岁左右，其中22岁的田口八重子于1978年在东京家中被朝鲜情报机构绑架。金贤姬被朝鲜情报机构招募后，负责培训其日语、日本文化习俗和生活细节的就是田口八重子，两人整整在一起生活了一年多时间。金贤姬被捕初期坚称自己是日本人，没有露出任何破绽，被捕前也曾以日本人身份顺利出入多个国家，可见培训的质量是很过硬的。她还熟练地掌握了汉语普通话和粤语方言，多次到过中国大陆及澳门。据其透露，这也是由从澳门等地绑架过去的人培训出来的。直到2002年朝鲜官方才承认确曾绑架过日本人，在时任日本首相小泉纯一郎的交涉下，朝鲜同意尚在人世的曾我瞳等5名被绑架者回日本。① 还有其他国家和地区的人，出于同样的目的被朝鲜情报机构绑架。美国人戴维·斯内登2004年在我国云南香格里拉旅游时神秘失踪，从此杳无音信，其家人多次赴云南寻找，都无功而返。有报道称他也是被朝鲜情报机构绑架到了朝鲜，负责给特定的重要对象教授英语，并已在朝鲜娶妻生子。朝鲜矢口否认，目前对此说法也无从查证。②

可为某项重大工作提供支撑的人员。绑架在有些方面有特殊技能和专长的人员，利用其技能和专长为己方服务，做强己方某一方面的事业。轰动一时的申相玉绑架事件，据报道是朝鲜为了发展电影事业，而有针对性实施的绑架秘密行动。申相玉是韩国20世纪中期的著名导演，其前妻崔银姬是70年代韩国最著名的电影明星。崔银姬于1978年在香港访问期间神秘失踪，申相玉只身前往香港寻找，发现前妻被朝鲜特工绑架，自己也是绑架的重要目标。俩人先后被绑架到朝鲜后，痴迷电影的朝鲜高层对他们非常重视，令其二人复婚，为其建立了拥有700人的当时亚洲最大的电影

---

① 《朝鲜绑架日本人问题（朝鲜于1977年—1988年在日本本土以及欧洲绑架日本人之事件）》，百度百科，https://baike.baidu.com/。

② 李四：《12年前一个美国人在中国失踪，真相却是他被朝鲜绑架教金正恩英语?》，2016年9月2日，http://mobile2.itanzi.com/api2/a?newsld=371867。

工作室，特许其成立了"申氏电影制片厂"，并给予了4000万美元的支持。申相玉也不负所望，拍摄了7部影片，其中《不归的密使》《平壤怪兽》《盐》等影片质量颇高。崔银姬出演了20多部电影，其中《不归的密使》获得了1984年第24届卡罗维发利国际电影节特别奖，《盐》在1985年莫斯科电影节上为崔银姬赢得了最佳女主角奖，申相玉夫妇对朝鲜电影事业的发展功不可没。朝鲜为申相玉夫妇提供了优越的电影创作条件，申相玉夫妇也能够在这里继续从事他们所喜爱的电影事业，但他们并不满足于这种身不由己的生活状态，曾多次寻机逃跑未果。此后，他们改变了行事方式，假装已经完全接受了这里的价值观，适应了朝鲜的生活方式，逐渐成为朝鲜高层的朋友和知己，朝鲜方面也放松了对他们的监管措施。最终等到了出席1986年柏林国际电影节的特权，他们抓住这一千载难逢的机会，行经维也纳时摆脱了监视他们的朝鲜特工，逃到美国驻奥地利大使馆。这送给了美国中央情报局一个意外的惊喜，使他们获得了搜集朝鲜高层核心机密的宝贵机会。此后申相玉夫妇顺利地回到了韩国，继续从事电影事业。面对韩国及相关国家对绑架问题的指责，朝鲜声称申相玉夫妇是自愿到朝鲜的。多年以后，当年的恩怨渐渐淡化，申相玉夫妇还对朝鲜高层对其电影事业上的帮助表示感谢。① 1965年初，驻守朝韩非军事区附近的美军中士查尔斯·罗伯特·詹金斯，在酒后巡逻时，越过"三八线"叛逃到朝鲜，平时在平壤的大学里教授英语，后来在申相玉执导的许多影片中扮演"万恶的美国人"。詹金斯高大帅气，正好弥补了朝鲜缺乏西方特型演员的难题，其中在反映朝鲜战争的《无名英雄》《普韦布洛号》等影片中成功扮演了美国战争贩子的丑恶形象。鉴于其对朝鲜电影事业所作出的突出贡献，朝鲜决定将日本女人曾我瞳许配给他。日本实习护士曾我瞳是在1978年被朝鲜特工从新潟市佐渡岛绑架到朝鲜的，在朝鲜的主要工作任务与田口八重子类似，为朝鲜特工人员传授日语和日本文化风俗、生活习惯。曾我瞳于2002年返回日本，在日本政府的交涉下，两年后詹金斯及与曾我瞳生育的两个女儿也转道印尼来到了日本。世界在近40年的时光里也发生了巨大的变化，驻日美军军事法庭象征性地判处詹金斯30天有期徒刑并开除其军籍，嗣后詹金斯在日本以经营煎饼店为生。② 在日本人看来，

---

① 《申相玉（韩国男导演、电影监制）》，百度百科，https：//baike.baidu.com/。
② 《查尔斯·罗伯特·詹金斯（原美国陆军士官）》，百度百科，https：//baike.baidu.com/。

世界情报组织秘密行动

詹金斯与曾我瞳的传奇经历,演绎了一个伟大的现代浪漫爱情故事,詹金斯一家在日本生活得还算不错。

用于交换或威慑对手的对象。为了迫使对方达到己方的某一要求,绑架对方特定的人员,作为交换的条件或威慑的筹码。1970年,以色列先后有3名飞行员在空袭叙利亚时被击落成为俘虏,无论以色列开出什么样的交换条件,叙利亚都不为所动,反正战俘在自己手中,你急我不急。为营救这些飞行员,1972年6月,由以色列国防军总参侦察营(即"野小子"特种部队)少校埃胡德·巴拉克带队实施了"板条箱行动"。情报显示,叙利亚情报部门的高级军官,经常在其盟国黎巴嫩的边境公路上对以色列进行侦察和巡视,他们一般乘坐轿车,由黎巴嫩军队负责护卫。但在实施行动这个期间,对方却增加了装甲车等其他车辆,或是附近有黎巴嫩军队活动,这大大地增加了绑架行动的风险和难度,前两次都放弃了。以色列特别行动小组第三次在以黎边境一处林木茂密的地段设伏,这次对方的车队由一辆装甲车开路,后面跟着两辆武装轿车和两辆轻便卡车,经过短暂的交火,绑架了到此巡查的5名叙利亚空军情报部的军官,其中1名将军和2名上校。这下轮到叙利亚着急了,几个小时后,叙利亚就同意了人质交换的交易。① 多年以后,执行此次秘密行动的巴拉克成为以色列总理。苏联也曾将对手亲友绑架后实施或威胁实施残暴手段等方式,迫使对手接受己方要求,营救回被对方绑架后作为威胁筹码的外交官。在黎巴嫩战乱中,叙利亚军队和亲叙政府武装经常使用苏制武器炮轰"伊斯兰解放组织"在的黎波里的基地。1985年9月,外号为"鬣狗"的"伊斯兰解放组织"恐怖分子伊马德·穆格尼亚,率领其武装团伙在黎巴嫩首都贝鲁特,绑架了包括大使奥列格在内的4名苏驻黎外交官,以此要挟苏联向亲叙政府武装组织施压,阻止其炮击。克格勃立即派出10名"信号旗"特种兵赶赴黎巴嫩,试图进行武装营救,但恐怖分子迅速转移了人质,并以处死其中1名受伤的人质作为回应,武装营救行动无法开展。克格勃驻贝鲁特情报站迅即通过当地的情报网,启动了报复和威慑的系列秘密行动,在短短半个月时间里,"鬣狗"及其组织6名高级成员的家属和亲戚纷纷死于枪击、毒药、爆炸和车祸,"鬣狗"依然不为所动。"鬣狗"所在的组织同时期曾绑架了美国大学校长戴维、美联社著名记者特里等7名人质,

---

① 宋颖编著:《特种部队:世界王牌特种部队秘密档案》,哈尔滨出版社2009年版,第221—228页。

擅长秘密行动的中央情报局也无计可施，里根总统只得用武器换人质，闹出了"伊朗门"事件。在这种事情上，克格勃比中央情报局似乎更有办法，他们找到并绑架了该恐怖组织负责人的12名亲属，并割下"鬣狗"叔父萨勒姆的双耳、生殖器和一根戴着钻戒的手指，寄给了"鬣狗"，同时带话称如不释放剩下的3名苏联外交官，那其余被绑架的亲属将会受到更残酷的报复。克格勃认为，对于丧失人性的恐怖分子，就要用他们也看得懂的动作进行威慑，那就是比他们更为冷酷。此举令恐怖分子心惊胆战，他们万万没有想到对方比自己还要"恶毒"，乖乖地将胡子拉碴、衣衫褴褛的3名人质悄悄扔在苏驻黎使馆的附近。此后"鬣狗"为躲避克格勃的追杀，从不轻易显露形迹。2008年2月，深居简出的"鬣狗"从位于叙利亚大马士革的公寓出来，走向一辆三菱越野车时，该车突然爆炸，"鬣狗"瞬间成为飞溅的碎片。①

第三节 绑架和暗杀的区别与转换

暗杀与绑架这两种秘密行动具有很强的亲缘性和相似性，一般为针对特定的个体，以处置或控制其身体为主要特征，绝大多数具有一人一案的特点，其中许多是有一定社会影响力甚至国际影响力，或具有特殊敏感身份的人员，因而此类秘密行动暴露或披露后往往会引发社会重大关注，其中暗杀的影响会更大，也更残酷。但在情报组织策划实施暗杀和绑架秘密行动时，绑架的难度要高于暗杀，在特殊情况下，绑架还会转换为暗杀。

一、绑架与暗杀的区别

虽说绑架和暗杀具有许多相同点或相似点，但毕竟是两类不同的秘密行动类别，其差异性还是比较明显的，在策划实施和执行的过程中存在诸多不同的特点和要求。

在实施秘密行动的关键环节上，绑架比暗杀要多。暗杀主要包括秘密接近目标、处置目标和安全撤离三个主要环节。就暗杀的核心目标而言，在第二个环节即处置目标的环节，任务就已经完成了，安全撤离环节的主

---

① 《以暴制暴的经典案例：苏联特种兵把恐怖分子吓到跪地求饶》，冷热防务，2021年5月11日，上游新闻，https://www.cqcb.com/wenshi2/dalishi/2021-05-10/4121162.html。

要目的是"安全",包括执行暗杀任务人员的生命安全和国家及情报组织背景的安全,重点是国家及情报组织背景的安全。在一些特别重大或敏感的暗杀行动中,当有可能暴露国家和情报组织背景时,执行人员应不惜牺牲自己的生命。即使是在安全撤离这个环节上出了问题,在绝大多数情况下,也并不影响暗杀对象生命已经终结、秘密行动核心目标已经达成的结果。绑架主要包括接近目标、控制目标和转运目标三个主要环节,必须坚持到转运目标环节成功了,绑架的核心目标才算达成。转运目标环节,相当于是带着绑架目标一起撤离,会给撤离工作带来巨大的风险和沉重的压力。因此,就达到核心目标而言,绑架比暗杀的环节要多,过程要长,任务更为艰巨,执行任务团队的风险和压力更大。

实施秘密行动环境上的要求方面,绑架比暗杀的更高。处置目标要比控制目标更为单纯,安全撤离要比转运目标相对容易,因此绑架秘密行动的难度和变数要比暗杀大得多,有些绑架还会被动地转变为暗杀。在接近目标上,绑架的难度比暗杀更高,条件要求更为苛刻。暗杀可以根据实际情况,采取身体接触、近距离射击、中距离操控、远程邮寄炸弹毒素、导弹袭击等多种多样的方式进行。也即接近目标上基本没有严格的距离限制,只有方法的不同,贴身、近距、中距、远距甚至超距都可以达到目的。暗杀的方式上也是灵活多样,可以使用刀斧棍绳等古老的工具,也可使用枪支、炸弹、毒素等现代装备,以及使用导弹等尖端武器,另外还可以制造意外事件、借刀杀人等方式。而绑架行动中,无论前期运用了什么样好的计谋,将对象诱骗到了什么地方,最终只能采取用身体接触的方式接近和控制对象,没有其他捷径可走。也就是说绑架的具体方法,自古以来就没有什么明显的变化。同时,转运过程中的封口、捆绑、麻醉、装箱、运输等手段和环节,稍有不慎,都有可能造成意外死亡;如果突遇紧急情况,还需就地解决绑架对象,甩下包袱轻装撤离,这实质上可视为绑架行动的失败。在执行任务团队的安排上,绑架一般也要比暗杀复杂,执行暗杀任务的团队,少者1—2人,多则数人,也有些可根据任务的复杂程度,派遣更多的人员组成团队执行暗杀任务,如克格勃只派遣特工斯塔申斯基一人,执行了使用喷射毒雾的装置暗杀列别德和班拉德的任务;为暗杀托洛茨基,苏联情报机构专门建立了一个间谍网,但具体执行暗杀任务的只有拉蒙·梅尔卡德一人。摩萨德在"上帝的复仇"秘密行动中,先后执行暗杀兹怀伊特、哈姆沙里、希尔等秘密行动的都只有2人。当然也不排除有些相对重要或复杂的任务会派遣更多的人员,如直接执行暗杀本·

拉丹任务的特种部队队员就多达 24 人，间接配合和支援的人数也不少，不过这都可归于特殊情况。执行绑架任务的团队，一般会组成一个人数相对较多的队伍，至少 1—2 人的规模是难以执行绑架任务的，如绑架艾希曼，摩萨德派遣了一支由 11 人组成的特别行动小组，这样规模的绑架执行团队属于正常状态，如果情况再复杂一些，可能会派遣更多的执行人员。

从对目标对象最终处置的结果上来看，暗杀与绑架也存在很明显的差别。如前所述，暗杀的整个行动过程尚未完全结束，对暗杀目标对象的最终处置结果已经达成了，因此暗杀秘密行动具有"闭环"的特点。而绑架过程结束，并不意味对绑架对象最终处置结果的达成，而恰恰相反，绑架的成功，只是为最终处置目标对象创造了基础性的前提条件，是下一个工作环节或工作项目的开始。从这个意义来说，绑架只能算是处置目标对象过程中的初始环节，也即从处置对象的最终结果上来看，暗杀为"终结"，绑架为"开始"，绑架并不是目的，后续的处置才是目的。

二、绑架与暗杀的转换

从情报组织所实施的绑架和暗杀秘密行动的案例来看，绑架可以转换为暗杀，而暗杀一般不会转换为绑架。绑架转换为暗杀，一般可分为绑架的目的是为了暗杀、绑架行动受阻直接转换成暗杀、绑架失手造成事实上的暗杀等三种情形。

绑架的目的是为了暗杀。指将目标对象绑架到预定的地点，再进行暗杀。这种情况下，绑架只是一种手段，暗杀才是目的。一般为实施绑架的地点不适合暗杀，或是还需要进行审讯及履行相关的程序和仪式，以及考虑被绑架者有无"改过自新"与合作的可能性等因素。摩萨德帮助摩洛哥国王哈桑二世建立了情报机构，两国情报机构进行了秘密合作。哈桑国王决定除掉最大的不同政见者本·巴尔卡，摩洛哥内政部长乌弗基尔请求摩萨德帮忙。巴尔卡曾是国王哈桑的老师，还曾经促成了法国殖民当局同意其父老国王穆罕默德五世复位，在摩洛哥及第三世界国家民族解放运动中具有很高的威望，是第三世界著名的政治理论家和社会活动家，但后来因与两代国王政见不合，被迫流亡国外并被缺席判处死刑，一直遭到摩洛哥情报机构的追杀。1965 年 10 月底，摩萨德特工假称要拍摄一部非洲反殖民主义的影片，引诱巴尔卡离开日内瓦到巴黎圣日耳曼广场利普餐厅，与一位所谓"电影制片人"见面，巴尔卡如约而来。守候在此的摩洛哥情报人员与合作的法国安全人员，将巴尔卡绑架到巴黎郊外一个乡间别墅，随后摩洛哥内政部长乌弗基尔和安全情报局局长德利米来到这里,将巴尔卡枪杀并就地掩埋。很显然,在巴黎闹市区的餐厅并不适合搞暗杀,也没有更好的办法将巴尔卡这位世界著名人物引诱到人烟稀少的僻静之处,于是就采用绑架的方式,将其强制转运到相对偏僻或隐秘的地点进行暗杀,并采取掩埋等方式消除暗杀痕迹。

1953年,东德国家安全局局长罗伯特·比亚维克中将叛逃到西柏林,3年后被克格勃从其藏身之地附近绑架后便彻底消失。以克格勃特工的身手,完全可以直接暗杀后安全撤离,这样做更为直接和便捷,执行的难度和风险更低。据分析,应该是将其绑架到预定的地点,进行了秘密审讯、宣判等一套司法程序,然后再秘密处死,对外界而言就是暗杀。逃亡美国的韩国中央情报部前部长金炯旭,1977年在美国国会作证时不仅揭露了时任总统朴正熙的腐败问题,还说如果没有朴正熙的许可,绑架金大中的计划是无法实施的,这些都引起了朴正熙的震怒。两年后金炯旭在巴黎突然人间蒸发,并成为悬案。时隔25年后,韩国"查明国情院历史事件真相的发展委员会"宣布,金炯旭是被韩国中情部特工绑架并暗杀后,弃尸于巴黎近郊。1973年8月8日,金大中在日本东京大皇宫饭店被韩国中情部特工绑架后并强行注射了麻醉药,用电梯送到地下停车场,塞进轿车带出了饭店,转运到大阪海边的韩国间谍船上。据金大中事后回忆称,在这艘开往韩国的船上,绑架者将他绑在十字形的木架上,还在他的手腕上系了一块几十公斤重的铁砣,并在一旁低声商议:"有这块铁砣,他怎么挣扎也浮不上来!"正在这时,一架美国直升机飞临这艘船,并警告必须保证金大中的生命安全。原来是日本警方接到报警后,立即展开调查并通报美国中央情报局,金大中才得以死里逃生。[①]

绑架受阻直接转换成暗杀。绑架因环节复杂,策划及实施的难度很大,在实施过程中突发意外状况,致使绑架行动不能顺利完成的概率也比较高。有些绑架行动在制定方案时,会将一旦出现意外情况直接杀死被绑架对象,作为应对绑架任务无法顺利完成时的应急手段。在这种情况下,绑架就直接转换成为暗杀。以色列摩萨德局长哈雷尔向总理本·古里安请示到阿根廷绑架纳粹头目艾希曼秘密行动时,本·古里安表态道:"把他弄来!死的、活的都行。"接着又强调说:"可能的话,要活的。对所有受过希特勒迫害的人来说,这将是一件大事。同时,这也是对我们年轻一代

---

① 王艳:《金大中绑架案:未完结的真相》,《中国新闻周刊》2007年第45期。

第五章　绑架类秘密行动

的鼓励。"从本·古里安的表态中,可知"活的"比"死的"难度更高,意义更大。哈雷尔也认为将艾希曼活生生地押上犹太人的法庭,"对以色列国具有道义上和心理上双重意义"。以摩萨德的能力,在阿根廷暗杀艾希曼,派遣一两名特工便可轻松搞掂,但要将这个大活人从数万里之遥的阿根廷绑架回以色列,摩萨德局长哈雷尔也没有十足的把握。哈雷尔亲赴阿根廷,对整个绑架行动全程进行组织指挥。临到绑架行动实施之前,他还对行动小组特别强调,如果艾希曼不肯就范,那就对他不客气,活的要不到,死的也行。[①] 这也从另外一个方面反映了绑架类秘密行动的操作空间比暗杀要大一些,达不到绑架的目的,还可以退而求其次,而暗杀则没有这种选择的空间。好在整个绑架过程比较顺利,为以色列司法机关审判艾希曼、清算纳粹对犹太人所犯下的种族灭绝罪行打下了良好的基础。克格勃在绑架俄国流亡海外的反对派组织"全国工人联盟"的领袖特鲁奇诺维奇受阻时,就是将其直接干掉,然后轻装撤离。

绑架失手造成事实上的暗杀。前面两种由绑架转换成暗杀的情况,都带有一定的主动性,要么是事先安排,要么是临机决断。而因绑架失手造成被绑架对象意外死亡的,则纯粹是被动的,可视为绑架出现重大失误。但毕竟被绑架对象中的绝大多数属于是"有罪"或"有害"人员,即便是造成了目标对象意外死亡,也并非完全没有收益,对情报组织及其政府或组织而言,至少是消除了一个危害因素,虽未达到既定目标,但也算是达到了次一级或兜底的目标。这种意外死亡的情形,在接近对象、控制对象和转运对象的各个环节中都有可能发生,而发生在转运过程中的相对会更多一些。以武力胁迫方式实施的绑架秘密行动,很容易在接近对象时发生意外,导致目标对象伤亡。在美国中央情报局策划实施的颠覆智利阿连德政权的秘密行动中,他们竭力鼓动智利陆军总司令施奈德将军发动军事政变,施奈德将军以"军队绝不采取任何反对宪法程序的举动"为由,予以拒绝。中央情报局转而支持退休将军罗伯特·维沃克斯和圣地亚哥卫戍区司令卡米格·瓦伦朱拉将军做政变代理人,两人都想在政变成功后坐上军政府的第一把交椅,不愿意合作,便各自分头单干。瓦伦朱拉首先实施了绑架施奈德将军的行动,因警卫森严无法接近而取消。维沃克斯也不甘落后,几天后他组织的绑架队伍,在上班的半路上截住了施奈德将军的汽

[①] 高金虎等:《大卫的铁拳——二十世纪以色列情报机构绝密行动》,东方出版社2005年版,第40—41、44页。

车，施奈德将军见状不好，急忙拔枪自卫，绑匪惊慌失措，开枪射击，没想到子弹击中了要害，致其身亡。维沃克斯只是想控制住施奈德将军后以便发号施令，发动政变，并没有打算暗杀他，执行绑架任务的人也只带了手枪，没有带其他武器。圣地亚哥数十万人自发为其送葬，悼念这位为捍卫民主而牺牲的将军，维沃克斯和瓦伦朱拉也被捕判刑。[1] 这次失败的绑架行动，反面暂时稳固了阿连德政权，中央情报局的颠覆行动暂时受到了挫折。

在控制和转运对象环节，一般会采取劫持、封口、捆绑、麻醉、装箱和运输等手段，麻醉时使用剂量的大小，封口、捆绑和装箱后的呼吸困难，转运过程中的心理压力和精神打击等问题，都可能造成目标对象的死亡。沃尔夫在《隐面人》中认为："20世纪50年代时期，保加利亚和波兰的谍报机构素有冷面杀手之称，东德的反谍报机构在这方面也不干净。这里我要再次说明一下，流传甚广的绑架处死叛逃人员的事件，其实多半是绑架时强力安眠药用多了的结果，而不是蓄意谋杀"，"实际上谍报工作中，暗杀只是偶然为之，并不是什么家常便饭。我觉得任何一方并不是想蓄意杀死对方的人。死者大多是因为被注射了过量的麻醉剂而致死，尤其是遭绑架时。"书中还透露，保加利亚情报机构驻柏林站站长，曾向他打电话求助找一个可靠的医生。原来是该情报站绑架了一名叛逃者，并给其注射了"杀死一匹马都有富余"的麻醉药，还将其塞进汽车后备箱，过量的麻药和缺少氧气，导致其昏迷不醒乃至最后意外死亡。[2] 1959年，苏联一名驱逐舰舰长尼古拉·阿塔曼诺夫，在波兰格丁尼亚港访问期间，以钓鱼为借口，与波兰情人爱娃·古拉一起乘坐舰上的摩托艇叛逃到瑞典，通过与中央情报局合作到了美国，改名为尼古拉斯·乔治·沙德林，担任美国国防情报局苏联海军分析专家。1966年他在华盛顿讲苏联军事局势，引起了克格勃的注意，很快就查清了其真实身份，并劝说他做双面间谍。中央情报局得知后，授意沙德林假装屈服于克格勃的压力，充当双面间谍。沙德林向克格勃联络人员索科洛夫提供了2名克格勃变节人员戈利岑和诺先科的情况，索科洛夫交给他一台间谍相机，要其拍摄一些重要的情报，

---

[1] 白建才：《"第三种选择"：冷战期间美国对外隐蔽行动战略研究》，人民出版社2012年版，第296—297页。

[2] [德]马库斯·沃尔夫著，胡利平译：《隐面人》，国际文化出版公司1999年版，第228—229、244—248页。

第五章　绑架类秘密行动

但交来的胶片都是黑的。克格勃总部认为沙德林是在玩欺骗的戏码，决定将其绑架回莫斯科。1975年沙德林被克格勃以面谈的名义诱骗到维也纳，注射麻醉剂后送往捷克斯洛伐克，过奥地利边境时被放进汽车后备箱，后来打开后备箱时，发现其已经断气了，也应该是死于过量的麻醉剂和相对密封的环境。美国福特、卡特两任总统曾先后向苏共总书记勃列日涅夫提及沙德林失踪的事情，勃列日涅夫诡称沙德林到维也纳会晤了克格勃官员，讨论了他想返回苏联的事宜，但安排的第二次会面他却没有到。① 意思是对沙德林突然消失一事，苏联方面也感到很困惑。对此说辞，美方也难辨真假，此事也就不了了之。

　　在转运过程中，因绑架对象受到生理和心理的双重折磨，而引发的其他相关疾病或意外事件，也可能会导致目标对象的死亡。苏联契卡（全俄肃反委员会）特别处针对流亡境外的前白军将领、临时政府要人及乌克兰民族主义武装领导人，于1921年组织实施了将他们欺骗回国或绑架回国的"托拉斯行动"。1924年，前临时政府陆海军部副部长、老社会革命党人萨文科夫被骗到苏波边境，格别乌（国家政治保卫总局，由契卡改名，克格勃的前身）将其绑架回莫斯科投入监狱，一年后坠窗身亡。萨文科夫的联络人之一、英国秘密情报局特工德尼·莱利于次年被诱到苏芬边境，随即被绑架到莫斯科，被定为1918年刺杀列宁案的主谋后遭到处决。1930年，流亡巴黎的"全俄军人同盟"主席、前白俄第一集团军司令库特波夫中将，在巴黎被冒充为"俄国保皇主义者组织"联络员的苏联特工谢列布良斯基和普齐斯基绑架，他们将其控制到一辆汽车上，注射麻醉药后，运到马赛港一艘苏联轮船上。此事引起巴黎以俄籍为主的6000多名出租车司机的大罢工，但船只已经驶离法国水域，法国政府无计可施。后据苏联情报机构透露，这艘船刚驶过黑海海峡，库特波夫就因心脏病突发去世。② 库特波夫曾向苏联派遣过暗杀小组，目标是苏联党的领袖和政治保卫总局的官员，在双方的较量中，苏联政治保卫总局还是技高一筹。

---

　　① ［俄］维克托·切尔卡申，格里高利·费弗著，佚名译：《经营间谍的人——一名克格勃特工的自传》，社联印制2006年版，第180—182页。
　　② 陈玉明主编：《世界间谍绝密档案》，吉林摄影出版社1999年版，第658—659页。

第六章

策反类秘密行动

没有人会预料自己是一个背叛者,没有人会期待自己被背叛,更没有人会意识到,有那么一个神秘的机构,居然将策动背叛当作攻击对手的利器。《孙子兵法·用间篇》中的"因间""内间"和"反间",是指收买和利用敌国的居民、官员和间谍来为己所用,这实际上属于策反类的秘密行动。所谓策反类秘密行动,是指情报组织对有可能为己方所用的对方机构、社团、党派等内部人员,采用秘密争取、拉拢、引诱、胁迫等手段,使其反叛自己的国家或组织,成为埋藏在对方内部的钉子,来秘密为己方服务的活动。通常将渗透称为"打入",策反称为"拉出",广义的渗透概念,则将打入、拉出和主动投靠等情形全部包含在内,即只要是在目标国家和组织中存在己方的间谍,不管是通过何种方式发展的,都可称为渗透,这里所讨论的是狭义的概念。被策反的人员,有的可以招募发展成为己方的间谍,使之能够发挥情报作用;有的可以培植成为对方内部的秘密异己力量,秘密开展破坏活动,给敌方造成重大损失,发挥秘密行动的作用。许多策反类的秘密行动与渗透往往相辅相成,这里主要看哪一个方面起主导作用,或是重心落在哪一方。在西方情报术语中,有个 SMICE 公式,它是英文 sex(色情)、money(金钱)、ideology(意识形态)、compromise(胁迫)、ego(自负)5 个单词的首个字母,意指凡充当间谍的,不论男女都逃脱不了这几个方面的原因,而开展策反秘密行动时也基本使用这些手段[①]。充当间谍的原因相当复杂,一个人背叛的动机往往并不是单一因素促成的,而是包含多种或综合的因素。主动投靠类的情形除了"胁迫"之外,其他的因素都基本相同,也放在这里一并进行讨论。德国哲学家弗里德里希·尼采说:"背叛者是隐藏在羊群中的狼。"一旦出现了背叛者,势必会给所在的国家和组织带来潜在的危机和显性的伤害,这也是情报组织策反类秘密行动所孜孜以求的目标。

[①] 饶榕:《他们为什么选择背叛——SMICE 公式与间谍策反》,《国际展望》2004 年第 4 期。

第六章 策反类秘密行动

第一节 色情诱惑

莎士比亚《皆大欢喜》中有一句话："美貌比黄金更易使人起盗心。"色情从业者被称为第一古老的职业，自古以来也与间谍活动密不可分。中国古代"三十六计"中就有"美女计"，夏朝前期少康复国时出现了"女艾谍浇"的故事，女艾成为中国历史上第一个间谍。《圣经》中也曾记载了大力士参孙中了菲力斯美女娣莱拉的美人计而招致杀身之祸的传说，西方情报界将娣莱拉称为"世间第一个女间谍"，甚至被认为是"情报鼻祖"。东西方各自所认可的第一个间谍都是女性，反映了色情与间谍活动具有非同寻常的亲缘关系。到了20世纪，性在间谍战中的作用大为增强，其方式也更为复杂，过去女性是性间谍的首选，此时男性也成为性间谍的重要角色，同性恋也进入了性间谍的视野。苏联情报机构最擅长运用这种手段，并设有专门训练"燕子（女性性间谍）"和"乌鸦（男性性间谍）"的培训学校，东德甚至专门组织"罗密欧（男性性间谍）小组"，针对在西德政府和北约组织工作的女秘书进行色诱，策反和利用她们为东德及苏联服务；西方国家也同样运用性间谍来从事策反活动，并在冷战时期风行一时。使用色情引诱使对方落入圈套、抓住把柄、迫其就范，是色情引诱进行策反的三个主要环节。运用色情的进攻方式，在一个时期曾令许多国家头疼不已。为避免和减少本国人员因落入色情陷阱、受到胁迫而给国家造成的巨大危害，西方国家从80年代开始逐步减轻了这方面的惩罚力度，色诱的效果虽然有所下降，但其并未退出历史舞台，仍是一种重要的策反方式。

一、使用女性性间谍

使用女性性间谍进行策反及与之相关的秘密行动，历史非常久远，东西方都留下了许多耳熟能详的经典案例，给严肃沉闷的史书涂下了一抹别样的色彩，现代许多国家情报组织也都乐于运用这种工作方式。孔子云："吾未见有好德如好色者也（《论语·子罕》）。"认为人对美色的追求超过了对美德的追求。《孟子·告子上》也说"食色，性也"，认为喜好美食和美色是人的天性。情报组织针对人的天性来下手，用美好的表象来隐藏险恶的居心，就如同糖衣炮弹一般，极具迷惑性。美色营造的温柔陷阱，往往会使人迷失基本的理性，解除应有的警惕。莎士比亚说："情欲犹如炭火，必须使其冷却，否则，那烈火会把心儿烧焦。"这种方式充分利用和激活了人性的弱点和劣根性，隐蔽性比较强，目标对象易于上钩，后期的使用也比较好把控。

德国情报工作的先驱，被称为"半个上帝"的施蒂贝尔，将"美人计"正式运用到情报工作中，他派遣贵妇人勾引对方高级官员，套取了许多珍贵情报。纳粹保安局局长海德里希及施伦堡进一步发扬光大，挑选了20名妓女进行了几个月的特别培训，包括射击、格斗、爆破、政治和经济知识、外语和社交礼仪，以及通过谈话套取情报等技巧，将她们安插到柏林大名鼎鼎的妓院"凯蒂沙龙"。据说仅1940年一年，这里接待的"有价值的顾客"就达上万名，西班牙外长、意大利外长等一批重要外国政要都在这里泄露了重要机密而不自知。汉妮·哈露德是二战期间德国有名的美女间谍，她曾用美色征服了一名美军中将，将盟军1943年西西里岛登陆战的空降时间搞到手，使盟军一场计划周密的空降登陆战演变成德军的空中大屠杀。

英国、美国、法国等西方国家也使用性间谍，但总的来说，与苏联、以色列等国家相比，相对要少一些。英国在二战期间，通过使用美女间谍获取了很大的收益，具有"月亮女神"之称的辛西娅就是其中卓越的代表，西方情报界公认她是女间谍中首屈一指的人物。她先后通过色诱策反的方式，从波兰外长机要副官手上获取了德国军用密码机"哑谜"的详细图纸；通过意大利驻美国大使馆海军武官艾伯托·莱斯上将，获取了意大利海军密码；通过法国驻美国大使馆工作人员查尔斯·布鲁斯，获取了法国维希傀儡政府的外交密码，为盟军取得二战胜利作出了重大的贡献，被历史学家誉为是"挽救了大不列颠（英国）"的美国女人。她出生于美国，原名贝蒂·索普，代号"辛西娅"，效力于英国秘密情报局及该局设在美国的英国安全协调局。晚年接受采访时，她对自己的色情间谍经历并不掩讳："也许我用'爱情'换取了情报，但我问心无愧。我的工作挽救了很多人的生命，人们也是这样说的。在我所遇到的情况面前，我知道对那些体面的女人来讲可能会退缩，但我是义无反顾的。我觉得单靠一些'体面'的办法无法赢得战争。"① 在北爱尔兰战争期间，英国和爱尔兰共和军之间也展开了性间谍战，有10多名英军士兵在舞会上被北爱美女间谍勾

---

① 詹非非、詹幼鹏：《英国情报组织绝密行动》，北方文艺出版社2017年版，第135—151页。

引，说是回家上床，结果身首异处。她们还引诱哨兵和检查站的英国士兵离岗，然后伺机进攻。英国情报机构则是开了两家妓院，用高价招募欧洲最有名的妓女，设置温柔陷阱，对落入陷阱的当地政治运动领袖进行胁迫和讹诈，获取了大量重要情报。爱尔兰共和军查清了泄密源头后，在妓院杀害了6名为英国秘密服务的女性性间谍。美国情报机构起初不太重视将色情用作情报工作的手段，但也会偶尔为之。在暗杀卡斯特罗的秘密行动中，他们曾将一名美丽的流亡古巴少女化名"巴蒂"，进行强化训练后派回古巴。她很快在古巴文艺界崭露头角，具备了接近卡斯特罗的条件，因其弟弟和妹妹死于中央情报局所策动的爆炸破坏行动，愤而自首举报，使暗杀计划流产。中央情报局又策反了卡斯特罗的情妇玛丽塔，因藏在冷肤霜里两粒毒丸溶化而未果。在尼克松时代，为应对克格勃咄咄逼人的情报攻势，中央情报局也开始将色情间谍用作进攻的重要武器。20世纪70年代，苏联驻哥伦比亚大使馆代理秘书亚历山大·奥戈罗德尼克具有贪色的毛病，政治上也不坚定，成为中央情报局眼中的猎物，他们派遣了一名西班牙女学生巴尔卡拉进行色诱。有此爱好的奥戈罗德尼克以为遇上了一场意外的艳遇，正当他们快活之际，中央情报局特工突然出现并进行讹诈，奥戈罗德尼克只得任其摆布。不久他回国到苏联外交部国际司任职，有权阅读机密文件，成为中央情报局埋在苏联外交部的"钉子"，为中央情报局提供了大量的重要情报。20世纪90年代，在法国与美国"关贸总协定"谈判期间，美国中央情报局派遣性间谍"玛丽"，勾引时任法国行政事务改革部部长亨利·普拉尼奥，获取了法国的谈判立场、国家经济政策，与北约、欧洲各国间的关系等机密情报。法国领土监护局侦知后将计就计，通过普拉尼奥向美国提供虚假情报，在取得政治和外交胜利的同时，还挖出了3名潜伏在法国的中央情报局高级间谍。①

　　苏联是第一个将性间谍进行系统化培训和广泛使用的国家。克格勃第二总局负责招募和培训男女性间谍，西方国家将之分别称为"乌鸦"和"燕子"，这两个名词后来成为男女性间谍的专用术语。对"燕子"的要求是有美丽的外表，干练的才智，最起码精通一门外语。在策反目标对象时，通常是在性间谍与目标对象鬼混时"当场捉奸"，或秘密录相和拍照，然后再进行要挟和威胁，逼其就范。克格勃通过这种方式，取得了极大的

---

　　① 王勤：《令人咋舌的性间谍色诱诡计》，《晚报文萃》2011年3月上半月刊（A版）。

成功。在50年代曾通过"燕子"进攻、当场捉奸的方式，迫使法国驻苏大使莫里斯·戴让就范。戴让是法国时任总统戴高乐的密友，克格勃试图通过胁迫他来影响戴高乐的对苏政策。①欧洲"阿丽亚娜火箭"间谍案也是如此，格鲁乌通过"乌鸦"和"燕子"进行辗转色诱的手段，将法国全国统计及经济研究所鲁昂处处长皮埃尔·维迪埃策反，并通过他收买了欧洲动力装备公司的一名制图员。这名制图员偷偷溜进"阿丽亚娜火箭"生产基地，用微型相机拍下相关图纸，该火箭极其核心的机密资料就这样落入到了苏联情报组织之手。60年代初期，克格勃甚至对到访莫斯科的时任印尼总统苏加诺下手，他们知道苏加诺素有好色的名声，安排了好几名"燕子"引诱他，拍摄了他们在一起厮混时的大量照片和录像，并以此威胁和讹诈苏加诺。谁知苏加诺神态自若，问能否让他把录相带回去，以便在印尼公映。印尼民众对领导人的私生活不太在意，对其他国家来说杀伤力巨大的桃色新闻，在印尼不过是一个茶余饭后的谈资而已。对国情研究不够，克格勃空忙了一场，但克格勃精于此道，这种失误并不多见，绝大多数时候都是满载而归。东德情报机构这方面也得到了苏联克格勃的真传，操作起来也是毫不手软。海因里希·卢默尔不到40岁便成为西柏林副市长和西柏林情报机构负责人，东德国外情报总局根据此人生活放荡的弱点，派遣"燕子"苏珊成功勾引上他，并将他哄骗到东柏林。在东德两名特工"政治性谈话"的威逼下被拖下了水，这位在西德具有远大发展前景的政府官员，就这样成为了东德的间谍。②

　　以色列非常重视性间谍的使用，犹太民族在传说时代就有派遣美丽寡妇犹滴到敌营，将敌军主帅何乐弗尼迷惑得心旌摇荡，犹滴将其灌醉并砍头带回城里，致使围城的敌军大败，从而挽救了整个民族的故事。以色列建国后，更是多方面发挥女性性间谍的作用，以色诱的方式，在各种秘密行动中纵横捭阖。以色列女性性间谍更多地是采取比较柔性的方式，让目标对象心甘情愿地被已方牵着鼻子走。以色列先后派遣美女间谍莫尼卡、德丽丝到伊拉克和叙利亚，通过美色接近和策反飞行员，诱导他们架机叛逃，将当时最先进的苏制米格-21、米格-23战斗机窃取回国。日本也有使用性间谍的偏好，晚清时期就在中国开设了许多妓院作为据点来开展间

---

①　高金虎：《国际间谍战》，江苏人民出版社1997年版，第225页。
②　崔佳编著：《人类谍战的历史》，中华工商联合出版社2014处版，第356—357页。

谍活动，抗战爆发之前，日本还派遣美女间谍针对国民政府高层进行策反。国民政府行政院机要秘书、蒋介石的亲信黄浚经不住美色和金钱的诱惑，被化名廖雅权的日本女间谍南造云子拉下水，成为日本潜伏在蒋介石身边的"钉子"。"七七事变"爆发后，他接连向日本出卖中国最高决策层决定封锁长江江阴要塞、蒋介石计划赴上海淞沪前线视察及出席"国父纪念日"活动等核心机密情报，导致长江江阴以上日本舰船基本逃光、蒋介石两次险遭日本暗杀等严重后果。该案破获后，被关押在南京老虎桥中央监狱的南造云子居然又以美色勾引一名狱卒，成功越狱并潜逃到上海，后来任日本上海特务机关特一课课长，捣毁了军统的十几个据点，抓捕了数十名军统特工及许多共产党人和抗日志士。直到1942年被军统暗杀，号称日本帝国"第一女谍"的南造云子终于魂归地府。[①]

二、使用男性性间谍

总体上来说，情报组织使用"美女计"由来已久，司空见惯，而"美男计"的兴起很晚，使用上也要少得多。但对东德情报组织而言，使用"美男计"却成为了一大特色，被西德及北约组织视为洪水猛兽，防之犹恐不及。伊朗有句格言："最大的仇敌，莫过于自己的情欲。"这方面男女都一样。使用男性性间谍策反的目标对象为女性，落入色情陷阱的女子同样会丧失基本的判断力和理性，沉迷其中而不能自拔。有的是威胁迫使就范，有的是帮助"男友"或"丈夫"完成工作任务，有的是心甘情愿与"情人"分享秘密；有的是使用男间谍去应对对方的女间谍，使对方在窃喜有人入我彀中时，不知不觉地落入到了新的陷阱。

使用男性性间谍去策反对方重要人员或利用对方间谍，西方国家情报组织这方面手段非常娴熟。二战时，美国情报机构针对纳粹德国的女性性间谍，将计就计进行反利用，就是用"美男计"来应对"美女计"。为搞到盟军反攻欧洲大陆的情报，德国女性性间谍汉妮·哈露德于1944年4月以荷兰译员的身份出现在伦敦的盟军中。汉妮美艳动人，足智多谋，为德国屡立战功，曾在1943年使一名美军中将陷入其所精心设计的温柔陷阱，窃取到了盟军西西里岛登陆战的空降时间，使盟军空降部队损失惨重。驻伦敦的美国陆军情报局第2677特勤队特别情报小组组长斯蒂夫决定将计就

[①] 魏大庆等编著：《诡狐——日本特工行动档案》，河北人民出版社1998年版，第207—222页。

计，给英俊潇洒的少尉军官迪恩罗斯安排接近汉妮的机会，他们两人很快如胶似漆。斯蒂夫设计让汉妮多次将假情报报回德国，最后还诱导汉妮窃取了精心伪造的盟军登陆荷兰的作战地图，迪恩罗斯是其中最核心的一个环节。希特勒看到这份作战地图后彻底打消了疑虑，将大量德军调往荷兰，诺曼底防守被削弱。后来盟军在此成功登陆，希姆莱恼羞成怒，下令将汉妮处死。[①] 有意思的是，作为这场"色情间谍对垒战"男主角的迪恩罗斯却一直被蒙在鼓里，既不知道自己是盟军方面抛出的色情诱饵，也没有意识到自己居然帮助汉妮窃取了那么多的"绝密情报"，还以为自己只是谈了一场再正常不过的恋爱。和平时期，西方国家之间为窃取科技情报，也会使用男性性间谍。西德联邦情报局向美国派遣了一名化名卡尔·斯托尔兹的间谍，他想办法认识了波士顿一家国防工业公司里的高级女秘书，试图将其策反，为西德搜集基因切片方面的情报。他偷偷把她同意为德国窃取工业情报的谈话录了音，并以此作为要挟。她不愿做西德的间谍，自杀未遂，弄得无法收场。在新的世纪，"美男计"依然是策反的一种重要方式。2005年2月19日，澳大利亚主流媒体曝出以色列驻澳使馆外交官员埃米尔·拉提，曾多次运用"美男计"勾引在澳机要部门工作的单身女性以窃取情报，其中1名供职于澳国防部，1名在内阁总理办公室工作。俊朗的外表、甜言蜜语、鲜花和烛光晚餐，加上过硬的床上功夫，使这些占据重要岗位的职业女性沉迷其中而不能自拔，以为遇上了生命中的"白马王子"。尤其是他还搭上了澳时任司法部长普利浦·鲁克多的千金卡林，澳大利亚的重要机密源源不断地流向了以色列。澳安全情报局经过长期跟踪调查，掌握了其情报官员的真实面目，对这名具有外交豁免权的"外交官员"，澳司法机关也无计可施，只得将其遣送回国。[②]

对男性性间谍进行系统培训和使用的也有苏联情报机构，在挑选男性性间谍方面，要求比女性性间谍相对低一点，不一定要容颜出众，但要精通心理学和性技术，因为进攻的目标对象不一定都年轻貌美，尤其是对一些相貌丑陋、年龄偏大、性格古怪冷漠的目标对象，要能克服心理障碍，并从生理上和心理上征服对方，使对方心甘情愿地充当己方的间谍。1993

---

① 綦甲福、赵彦、朱宇博、邵明：《德国情报组织揭秘》，时事出版社2013年版，第262—266页。
② 《澳以两国上演〈谍中谍〉，澳部长千金中"美男计"》，《楚天都市报》2005年2月20日；荆楚网，http://www.cnhubei.com/200502/ca685531.htm。

第六章　策反类秘密行动

年，克格勃退休将军潘图斯基对外宣称，他早年曾一手策划安排了手下的"乌鸦"成功地勾引了挪威首相基哈德森的妻子佛娜，使她心甘情愿地为克格勃提供情报。1954年，佛娜率领挪威青年友好代表团访问苏联，潘图斯基策划安排一名年轻帅气的"乌鸦"装扮成导游，成功地引诱了挪威第一夫人，并获取了大量关于挪威和北约国家的秘密情报。潘图斯基认为，这是他情报生涯中"最伟大的壮举"，并不无得意地说："无论是谁，纵有天大的本事，也绝无可能探听到北约成员国之一——挪威政府首相坐在高背椅上或躺在澡盆里的说话内容。"①

色诱是苏联情报组织惯用的手段，东德情报机构是在苏联克格勃的帮助下建立起来的，后来东德在色诱方面青出于蓝，令苏联老大哥自愧弗如。成规模地运用男性性间谍去诱惑西德政府和北约组织掌握着重要机密的女秘书，是东德情报机构的创新和得意之作。东德国家安全部国外情报总局局长沃尔夫，以组织"罗密欧（男性性间谍）小组"而闻名，有"20世纪超级间谍"之称。据沃尔夫在《隐面人》中透露，东德使用"罗密欧"式间谍始于20世纪50年代初，他们定期去物色这样的间谍人选，筛选过程极为严格，初选的100人中，最终只有1人能被录用，完全不比东德选出的体育苗子逊色，这方面的工作比苏联做的要精细许多。这些男性性间谍一般是年轻的大学生、军官和体育教官，个个长得伟岸英俊，性情稳重而富有教养，常常能使女人一见钟情。正是利用这种人性的弱点，使她们丧失理智，最后酿成了一个个人间悲剧。据报道有40多名女秘书因此被捕，有的在狱中得知真相后自杀，300多名女秘书临近暴露时潜逃东德，这些本可以成为贤妻良母、一生平安顺遂的职业女性，事业尽毁，身败名裂。二战使德国损失了1500多万男性青壮年，性别比例严重失衡，女性能找到一个如意郎君非常不易。男性青壮年的严重不足，使得西德波恩政府机关及北约总部招收的工作人员大部分是女性，各机关充斥着大量的女秘书，到处都是嫁不出去的孤独女性，对一些年龄偏大而又相貌平平的女性来说，结婚只是一个美好的幻想。60年代初，东德派出仪表堂堂的间谍苏特林，专门勾引西德外交部长相平淡、年已35岁的女秘书莱奥诺雷，并与其"结婚"，由此获取了西德与相关国家首脑秘密会谈、经济合作与发展等3000多份机密、绝密文件。直到1967年，苏联驻西德情报机构负责人

---

① 情报与国家安全课题组：《情报与国家安全——进入21世纪的各国情报机构》，时事出版社2002年版，第265页。

叶夫根尼·朗格投靠西方，她才被揭露出来。莱奥诺雷受到审讯时，还说所有的活动都与苏特林无关，她愿承担一切罪行。当她得知苏特林是东德男性性间谍的真相后，羞愤交加，在监狱里上吊自杀。"罗密欧小组"成员赫伯特·施勒特尔，曾先后勾引了西德政府机关的两名女秘书，窃取了大量深层次的情报。1963年，他奉命引诱西德漂亮的女秘书格达·奥斯丹丽德并与之"结婚"，格达1965年任西德驻美国大使馆秘书，1973年成为西德联邦政府秘书，窃取了北大西洋组织防御计划、美国对西德援助计划、贝尔格莱德会议筹备报告、欧洲自由联邦宣言等机密文件。1973年，施勒特尔又故伎重施，勾引西德总理府女秘书达格玛，窃取了施密特总理与美国总统卡特的矛盾分歧、德坦斯总统的亲笔信等情报。1968年，东德国外情报总局派遣贝克尔去勾引西德总统办公室女秘书马嘉丽特·赫克，她于1970年开始提供情报，一直未婚，后来贝克尔移居瑞士，两人仍保持联系。在1985年暴露被捕之前，她先后在总统办公室礼宾、外事和新闻等处工作了21年，为5位总统服务，并刚提拔为处长。为了接近在北约指挥中心——欧洲盟军最高司令部任口译员的玛格丽特，东德国外情报总局专门招募了东德一家剧院的院长罗兰。罗兰风度翩翩，气质非凡，艺术范十足，是那种人见人爱的青年小生形象。他化名彼得森，冒充为丹麦记者，不费吹灰之力便将玛格丽特勾引到手。罗兰谎称是丹麦军事情报部门的一名军官，解释说像丹麦这样的小国常有被北约冷落之感，因而需要有自己的情报来源。玛格丽特相信了，经常详细提供最近参加会议的情况，尤其是北约军事演习部署和评估情况，以及海军和地面部队后勤等方面的情报。[①] 面对东德猛烈的男性性间谍攻势，位于波恩的西德政府各部门办公场所专门贴出告示："警惕躲在暗中的唐·璜，甜言蜜语能够撬开保险柜！""唐·璜"是西班牙传说中的著名风流人物，一生周旋于无数贵妇之中，每天晚上都要与不同的女人发生性关系来满足个人的虚荣心，在西方文学作品中被用作"情圣"的代名词，类似于中国的西门庆。该告示提醒女性职员提高警惕，防范形形色色的"美男计"，以免遇人不淑，落入色情陷阱，毁了自己的人生。但告示提醒并不能真正解决问题，直到两德统一，这种发生在德国人之中的色情间谍战才终于拉上了帷幕。

东德情报机构将男性性间谍策反方式玩得炉火纯青，西德情报机构也

---

① ［德］马库斯·沃尔夫著，胡利平译：《隐面人》，国际文化出版公司1999年版，第143—160页。

不甘示弱，一方面揭露东德情报机构这方面的"恶行"；另一方面以彼之矛，攻彼之盾，也使用"美男计"向苏东国家发动进攻。西德《图片报》刊发了 12 名被东德"乌鸦"拖下水的妇女照片，并标注上《为了爱情当间谍的女秘书》的大字标题，展示这些女秘书"受害羔羊"的形象。实际上西德情报机构使用男性性间谍去勾引对方政府女秘书的时间要早于东德，只不过后来东德将这种方式发扬光大，并全盘碾压西德，才让西德感到惶恐不安。据沃尔夫《隐面人》透露，第一个被处决的西德间谍是个叫埃莉的妇女，她是东德总理格罗提渥的秘书，这个女秘书就是被西德男性性间谍所策反的。1948 年东德的社会民主党与共产党合并前，格罗提渥是社会民主党人，其在西德的社会民主党老同事一直想拉拢他，但他不为所动。西德于是开始打他秘书的主意，派了一名男性性间谍将埃莉拉下了水。这是二战后东西方情报机构首次使用"罗密欧式"手法，去策反一位政界要人身边的工作人员做间谍。埃莉倒霉就在于她案发时，罗森堡夫妇刚刚在美国因窃取原子弹机密被处死刑，东德判处埃莉死刑，是想给美国一个回击。1984 年西德情报局派遣另一位男性性间谍到巴黎，去勾引在联合国教科文组织工作的东德官员的妻子，然后胁迫她提供有关东德政府政策以及东德在联合国表决前立场的情报。①

三、使用或利用同性恋进行要挟

同性恋自古以来就被视为邪恶和丑陋的东西，在许多国家被列为刑事犯罪进行惩罚。冷战时期西方的间谍小说和电影，总会将同性恋与间谍活动、犯罪或背叛等紧密联系在一起。目前世界上仍有 70 多个国家将同性恋列为刑事犯罪，其中 8 个国家会判处死刑。英国著名数学家、逻辑学家艾伦·图灵，被誉为"计算机科学之父"和"人工智能之父"，曾在二战期间参与了情报机构"超级机密"的工作，为破译德国"哑谜"密码作出了杰出的贡献，获得了英国政府的最高奖项"大英帝国荣誉勋章（O. B. E. 勋章）"，因同性恋问题被英国法院于 1952 年定罪，并进行了化学阉割（雌激素注射）。他难以忍受这种羞辱和折磨，两年后用含有氰化物的苹果自杀身亡，年仅 42 岁。悲催的是，他死后 4 年，英国就取消了将同性恋定罪的法令，但直到

---

① ［德］马库斯·沃尔夫著，胡利平译：《隐面人》，国际文化出版公司 1999 年版，第 249、173 页。

2013年底，英国女王才给图灵颁发了赦免令。① 为纪念图灵，其崇拜者乔布斯将自己公司的标识设计为咬了一口的苹果。许多人不知道，这个漂亮标识的背后，竟然隐藏着这么一个悲惨的故事。虽然个别西方国家从20世纪之前就开始将同性恋合法化，但其进程极为缓慢，真正做到不歧视同性恋者，则需要等到冷战结束之后。如英国于1958年取消了将同性恋定罪的法令，1967年出台了同性恋合法化的法律，但到80年代英国国家安全委员会，曾调查"性格缺陷者"遭遇外国情报机构勒索和威胁受到的影响，其中仍包括"同性恋倾向"。英国官方对此表态，如果同性恋者身份遭到曝光，必须调离岗位，因为会带来安全隐患，可能会威胁国家利益。进入90年代，英国政府才不再对同性恋者另眼相看，确认同性恋者有资格进入安全性要求高的秘密机构。1960年美国国家安全局密码破译专家威廉·马丁和伯尔尼·米切尔叛逃到苏联，美国宣称这两人是同性恋，叛逃的目的是为了公开出柜。其实苏联也不是同性恋者的天堂，同样会将同性恋者扔进监狱。他们撕开了已成立13年的美国国家安全局包裹严密的面纱，还揭露了几乎所有国家的密码都被该局破译过，使世界各国深感震惊并重新编制密码。人们认为他们的叛逃对美国情报部门的打击，不亚于珍珠港事件对美国军事部门的打击。② 此事在美国引发了同性恋患者是否"对美国忠诚"的争论，并导致26名被认定有"性偏向疾病"的秘密机构工作人员被迫辞职。正因为如此，将同性恋作为要挟的手段，或因同性恋问题造成的人员背叛现象屡见不鲜。

以同性恋作为要挟的手段，在帝俄时代就开始了。1913年5月25日，奥匈帝国布拉格第8军参谋长雷德尔上校，被发现在维也纳一饭店房间开枪自杀。事后查明，早在1901年，还是上尉的雷德尔在俄国学习期间，就与一名俄国青年发生了同性恋关系，证据被掌握到了尼古拉·巴丘申上校领导的俄国军事情报机构手中。同性恋丑闻对于奥匈帝国军官来说是致命的，他们以此胁迫雷德尔充当间谍，出卖情报。在此后10多年间，雷德尔一直升迁到奥匈帝国陆军军事情报机构反间谍处长的位置，成为俄国最得力的间谍，调任第8军参谋长后，还出卖了德奥两国针对波兰和加利西亚

---

① 《艾伦·麦席森·图灵（英国数学家、逻辑学家、人工智能之父，英国皇家学会院士）》，百度百科，https://baike.baidu.com/。

② 孙树理主编：《间谍情报与安全保密辞典》，解放军出版社1995年版，第831—832页。

第六章 策反类秘密行动

的协同作战计划等大量情报。俄国军事情报机构与其联络的信件落入到了其继任者尼古拉少校的手中，通过追踪信件的去向，发现收信人居然是他的前任雷德尔，奥匈帝国总参谋长康拉德对此十分震惊，为掩盖丑闻，派人勒令其自杀。① 克格勃也继承了这一传统，针对一些具有同性恋倾向的目标对症下药。约翰·瓦萨尔本为英国海军情报局局长的文官助理，1954年被派遣到英国驻莫斯科大使馆担任武官助理，潜伏在英国使馆的克格勃间谍、翻译希格蒙德·米凯尔斯基给他引荐了一帮苏联男性朋友。一次在豪华餐馆聚餐醉酒后，他被人脱光衣服，与几名光着身子的男子一同倒在沙发床上，实施了性行为，还被拍了照片，瓦萨尔就这样落入了克格勃精心编织的同性恋"蜜网"之中。过了一些时日，米凯尔斯基又邀请其聚会，苏联情报官员将他们在餐馆寻欢作乐的照片摔到他面前，说他已触犯了苏联禁止同性性行为的法律，他将被剥夺外交豁免权，受到刑事审判，除非与克格勃合作。按照苏联法律，对同性恋者可判3年徒刑。在此情形下，他不得不同意为克格勃效劳，1962年暴露后被判处18年监禁。② 北爱尔兰前安全情报部长也因同性恋诱惑而受到克格勃的要挟，最终于1980年辞职。

1983年4月，驻防西柏林的美国空军士兵杰弗·卡尔尼叛逃到东柏林。他是一名孤独的同性恋者，对美军禁止同性恋深感失望，他想到东德开始新的生活，摆脱歧视。但东德外国情报总局官员要求他重新回到美国空军的工作岗位，为东德搜集情报，否则就会向美军指挥官告发他的背叛行为，卡尔尼不得已又回到了原来的岗位。在此后两年的时间里，卡尔尼为东德和苏联提供了大量情报，重点是北约对苏电子战系统。当时北约的策略是以电子战的方式切断苏联部队各层指挥系统的联系，让苏联的前线部队无法接到上级的指令。据北约评估其造成的损失高达145亿美元，他自己也认为给北约造成了150亿美元的损失。两年后他再次潜逃到东德，被安排过着隐姓埋名的生活，苏东剧变后美国将其抓捕，判处38年监禁，服刑12年后出狱。③ 出身英国贵族之家的记者杰里米·沃芬顿，有一份体

---

① 《维也纳1913：丑闻，腐败，间谍和同性恋，雷德尔做了什么》，冰轮财经，2021年8月3日，https://baijiahao.baidu.com/s?id=1706586981255578673。

② 高金虎等：《剑与盾——二十世纪俄罗斯情报机构绝密行动》，东方出版社2005年版，第185—188页。

③ ［德］马库斯·沃尔夫著，胡利平译：《隐面人》，国际文化出版公司1999年版，第349—350页。

面的工作，本可以轻松顺利地过一辈子，但同性恋者的身份使其受到了两家对立情报机构的要挟，在痛苦和折磨中了结了短暂的一生。他于60年代被英国《每日电讯报》派驻莫斯科，克格勃获悉其为同性恋者后，派出苏联外贸部一名理发师与其接触，当他们二人正在饭店房间里卿卿我我时，藏在衣柜中的克格勃特工突然跳了出来，并以此威胁他合作，否则就将照片送到《每日电讯报》，揭露其同性恋者身份。沃芬顿设法脱身后，立即向英国秘密情报局报告。谁知秘密情报局反过来劝导他"与苏联方面合作"，他身不由己地做起了双重间谍。在巨大的精神压力和折磨下，他开始酗酒，31岁时在浴室跌倒，引发脑溢血去世。①

曾先后任苏联克格勃驻丹麦哥本哈根情报站站长、驻英国伦敦情报站代理站长的奥列格·戈尔季耶夫斯基，则是因为一起同性恋乌龙事件而成为背叛的导火索。60年代，他以外交官员身份作掩护，被派到苏联驻丹麦大使馆工作，丹麦情报官员觉得他是一个可考虑的策反对象。有一次路过哥本哈根红灯区时，出于好奇，他在报摊上买了几本同性恋色情杂志，想带回去给妻子开开眼界，谁知被同事发现并告发了。克格勃很快展开了内部调查，将其从性取向到思想品德查了个遍，虽未查出明显的问题，但在调查结论中仍然用上了"意志品质不够坚定"的字眼，此事闹得沸沸扬扬，使其心灰意冷。丹麦情报机构认为策反时机已经基本成熟，但觉得丹麦庙太小了，担心戈尔季耶夫斯基瞧不上，于是牵线搭桥，介绍给英国秘密情报局，此后他为英国一干就是将近20年。总是通过丹麦情报机构中转，英国秘密情报局觉得不太方便，后来戈尔季耶夫斯基调到驻伦敦情报站工作。英国秘密情报局为了将其扶上站长的宝座，通过英国外交部，巧立名目地将其上司一个个驱逐出境，帮助戈尔季耶夫斯基坐上了克格勃驻伦敦情报站代理站长的位置。正当英国秘密情报局以为大功告成、戈尔季耶夫斯基春风得意之时，美国中央情报局苏联东欧部反间谍处处长埃姆斯出卖了他。克格勃总部以正式任命他为站长之前总部需要与其谈话为由，将其召回国内进行审查。狡猾的戈尔季耶夫斯基钻了审查期间监管不严的空子，偷偷与秘密情报局联系，并在其帮助下，悄然越过苏芬边境顺利出

---

① 爱新闻、吕茜颖:《畏惧同性恋间谍的年代》，中国日报网，2016年3月11日，https://ent.chinadaily.com.cn/2016-03/11/content-23829218.htm。

第六章　策反类秘密行动

逃，创造了克格勃历史上已暴露叛徒成功出逃的奇迹。[①]

第二节　金钱收买

运用金钱等具体利益收买的方式进行策反活动，是古今发展间谍一个行之有效的重要方式，《孙子兵法·用间篇》也强调"赏莫厚于间"。这是充分利用了人的贪婪之心，"人类最大的罪过是贪婪"，莎士比亚所言非虚。据2000年美国一个专家小组对139名间谍的调查，发现有62.5%是为了金钱，足以说明金钱是驱使人充当间谍的首要动机。所谓金钱收买，并不仅仅局限于金钱，而是包含以金钱为主的各种相关利益，如生活保障、安全保障甚至移民等利益等，这些利益大多可以转换为金钱来进行计算和评估，其中有些利益甚至是金钱也难以买到的。因此与其说是金钱收买，还不如说是利益收买，只不过金钱是其中最常见、最重要的表现形式。情报组织一般经过秘密调查了解，发现某个目标具有比较好的利用价值，但又经济拮据，就以交朋友等方式，投其所好，施以小恩小惠，诱导对方提供一些涉密不深的情况，逐步过渡到深层次的核心情报，此时目标对象已被套牢，想不干也晚了；有些则是单刀直入，直接谈好价钱和条件；主动投靠的一般也会开一个价码或相关利益条件。[②]

一、金钱报酬

革命导师马克思在《资本论》中写道："谁要是为名利的恶魔所诱惑，他就不能保持理智，就会依照不可抗拒的力量所指引给他的方向扑去。"为了个人利益而被策反或背叛的人员，金钱无疑是其所追逐的首要利益。金钱最直观，价值最确定，方便携带、使用和储存。对情报组织而言，能用金钱解决的问题都不是问题，而且这些都是在正常渠道里金钱所无法解决的问题，何况对个人看似一笔巨款，但与其所出卖的国家或组织利益相比，绝大多数情况下连九牛一毛都算不上，显然怎么算都是很划算的买卖。因此，在这方面各国情报机构都甘愿付出，乐此不疲。金钱给付的方

[①] 艾红、王君、慕尧：《俄罗斯情报组织揭秘》，时事出版社2013年版，第250—253页。

[②] 饶榕：《他们为什么选择背叛——SMICE公式与间谍策反》，《国际展望》2004年第4期。

式多种多样，一般以保密和方便为基本原则，有的是当面给现金，如克格勃给美国中央情报局苏东部反间谍处处长埃姆斯的酬劳多为联系人当面交付；有的是将现金放在密投点，在约定的地点位置标注相应的信号，提示对象自取，双方不见面，如克格勃经营在美国联邦调查局工作的汉森；有的是在瑞士或相关国家银行为对象开设秘密账户，定期或不定期向该账户打钱。定期打钱一般为按月或年发放工资，鼓励对象长期为己方秘密服务；不定期打钱一般为对特定的工作绩效付酬或进行奖励，用"多劳多得"或"质高价贵"的方式，激励对象发挥更多更大的作用，如以色列摩萨德经营在美国海军情报机构工作的波拉德、中央情报局经营在苏联格鲁乌工作的佩尼可夫斯基就是如此。

以色列情报组织先后策反伊拉克飞行员迪雷尔、叙利亚飞行员阿迪勒驾机叛逃到以色列，并在他们实施叛逃行动前，就谈妥了给付金钱的数额，事后分别付给两名飞行员各100万美元。但与他们所带来的当时世界上最先进的苏制米格-21型战斗机、米格-23型战斗机相比，这些钱根本不算什么。因为这些飞机的性能都比以色列的先进，以色列也买不到这些飞机，要想在技术上取得优势，又必须弄到这些飞机，通过策反的方式相当于是无偿地拿到了这些飞机，并在此后的战争中得到了高额的回报。摩萨德为了破坏伊朗"流星-3"型弹道导弹研发工作，在该导弹核心研发专家生病住院期间，用10万美元收买一名家庭经济困难的护士，在输氧管上做了手脚，使其窒息致死。伊朗对先进武器研发人员的保护工作非常重视，为防止该核心研发人员被暗害，安排了大量的安保人员及军人进行24小时贴身保护，本以为万无一失，结果却令人不寒而栗。[①] 该导弹是伊朗对付美国和以色列等敌对国家的尖端武器，此后研发工作在一个时期陷入了困境，造成了无法挽回的损失。以色列仅花了10万美元的代价，就将伊朗密不透风的安防体系打开了一个缺口，悄无声息地破坏和迟滞了其一款具有强大威慑力武器的研发计划。

通过金钱收买的方式策反对方人员，是情报组织发展间谍的重要方式。美国作家马克·吐温在短篇小说《三万元遗产》中写道："巨大的财富具有充分的诱惑力，足以稳稳当当地起致命的作用，把那些道德基础并不牢固的人引入歧途。"策反苏联东欧国家的情报和外交等重要人员秘密

[①] 《10万美元买通美女护士，医院拔掉氧气管，干掉伊朗国宝工程师》，铁血军武，2019年1月4日，搜狐网，https://m.sohu.com/a/286621944-99893249。

第六章 策反类秘密行动

为美国服务,是美国中央情报局苏联东欧部反间谍处处长埃姆斯最主要的职责,当他于1984年3月第一次因公务走进苏驻美使馆时,克格勃却发现他是一个很有潜在利用价值的策反对象。经过秘密调查,克格勃发现埃姆斯具备一个标准变节者的条件:刚刚离婚、嗜酒、有财务问题,公开向刚结识的苏联酒友抱怨离婚赡养费高和收入低带来的困扰。对此,克格勃不动声色地开始了策反工作。冗长的离婚诉讼和高额的赡养费几乎花光了埃姆斯的所有积蓄,万般无奈之下,他想到了苏联朋友试图策反他时许诺过的丰厚回报,他回忆道:"我当时觉得必须孤注一掷,因为我需要钱。我脑中思考的就是如何做克格勃的间谍。"1984年底,埃姆斯向苏联大使馆表达了提供情报的意愿,但克格勃起初反应十分谨慎,到次年才进行了第一笔交易,他提供3名双重间谍的情报换到了5万美元。在此后9年的时间里,埃姆斯向苏联(俄罗斯)出卖了近20名中央情报局及其他西方盟国策反招募的苏联(俄罗斯)间谍,其中包括被中央情报局局长伍尔西称为"钻石"的苏联格鲁乌将军德米特里·波利亚科夫、克格勃驻英国情报站代理站长戈尔季耶夫斯基,还导致中央情报局30多项对苏秘密行动计划失败,其中包括在苏联通信中心的窃听及探测苏联多弹头导弹轨道等两项绝密行动。埃姆斯与克格勃进行了100多次情报交易,获得了260多万美元的报酬,从单个间谍的总报酬来看,他应该算是历史上最"值钱"的间谍。他用这些钱举办盛大婚礼、购置豪宅和高级轿车,享受奢华的生活,银行里还有大笔存款。但好日子很快就到头了,他被判处终生监禁,入狱3年后在睡梦中离世。[①] 金钱只给他带来了短暂的欢娱,却造成了永久的耻辱。诚如叔本华所言:"金钱,是人类抽象的幸福。所以,一心扑在钱眼的人,不可能会有具体的幸福。"[②]

对于主动投靠或叛变的人员,情报机构也舍得花大价钱。这不仅仅是一个单笔的交易,它还能够起到一种示范作用,以巨额的回报,来引诱对方阵营的重要人物或掌握重要机密的人员,其中有些目标对象还是直接策反工作的触角所难以企及的区域。这种方式,我们不妨理解为间接策反,事实上也起到了间接策反的效应。1978年,驻守东德的苏联空军第16集

[①] 高金虎等:《剑与盾——二十世纪俄罗斯情报机构绝密行动》,东方出版社2005年版,第346—360页。

[②] [德]阿图尔·叔本华著,李小兵译:《意欲与人生之间的痛苦》,上海三联书店1997年版,第131页。

团军司令员康斯坦丁·科舍利夫中将,携带苏军在东德前线所有重要战略部队和核设施部署等机密叛逃,获得美国 4000 万美元的巨额奖励,而几乎丧失所有前线机密的苏联,不得不花费数百亿美元重新进行调整部署。罗伯特·汉森于 1976 年进入美国联邦调查局后,先后任纽约分局苏联部副主任、联邦调查局驻美国国务院外交使团办公室代表。他在 1985 年主动向苏联驻美使馆的克格勃官员维克多·切尔卡申投信,表示愿意用美国情报机构的最高机密档案来换取报酬,此后以无人交联的方式,向苏联及俄罗斯提供了 6000 余页绝密情报,仅出卖美国在苏联新使馆下面秘密建造隧道窃听工程的情报,就使联邦调查局和美国国家安全局历时 10 余年、耗资 10 亿美元的心血付诸东流。苏联及俄罗斯先后付给他 140 万美元和一些钻石,在此过程中,他并没有向克格勃刻意索要钱财。[①] 他精通反间谍技术,生活中刻意保持低调,这些钱基本没有动用,没有显露出一点蛛丝马迹,使得他平安地为苏联及俄罗斯秘密服务了 15 年。

二、利益期权

金钱报酬往往是眼前利益,通常具有一事一结的特点,以引诱和鼓励所策反和发展间谍为己方服务的积极性。但间谍是一种高风险职业,随时都有暴露的可能,对间谍人员是巨大的精神压力,必须给他们未来生活以确定而良好的预期,以解除其后顾之忧。对临近暴露脱逃出来的间谍、叛逃过来的人员、出狱间谍的后续生活保障,以及对经济状况不佳间谍退休后的帮助等,都可视为利益期权,包括授予国籍、提供住房、家人团聚、经济支持等。有的是事先约定,有的则是心照不宣,因为对以往这类人员的安置情况就可起到示范作用。

对暴露的外籍间谍或叛逃人员授予国籍并允许定居,是安置工作的基础,也是比较通行的做法,不仅能使这些人员重新获得一个合法的身份,而且因有些国家的国籍含金量比较高,可视为一种补偿和奖励。根据美国 1949 年《中央情报法案》第 7 条规定,因国家安全需要,为推动完成国家情报任务,经中央情报局局长授权,并经美国司法部长和移民局局长一致同意后,每年可准许 100 人成为美国永久居民,而不必参照其他法律法规。冷战时期出台这个法案,很明显是为了帮助重要间谍和叛逃而来的人员提

[①] 艾红、王君、慕尧:《俄罗斯情报组织揭秘》,时事出版社 2013 年版,第 235—239 页。

第六章 策反类秘密行动

供安全的容身之地。中央情报局设有叛逃者安置中心,后改名为国家安置行动中心,隶属于国家秘密行动部,专门管理投靠中央情报局的外籍人员,为其办理进入美国的各种手续,安排住所、工作和编制假身份,为这些叛逃者及其亲属办理永久居留权。叛逃者一旦进入美国及其盟国,便处于中央情报局的保护之下,直到其成为美国公民或离开美国,其他一些国家也有类似的做法。东德外国情报总局科技部负责核物理、化学和细菌的第1分处的施蒂勒大尉,于70年代中期,通过情人黑尔佳在西德的哥哥,与西德情报机构接上了头并被策反,他向西德提供东德科技部的情报,西德付给他高额酬劳,并允诺他最终定居西德。当时西德的经济发展和生活水平高于东德,同意其日后定居西德,实际上是一种利益承诺,也即利益期权,是作为策反的利益筹码来使用的。1978年施蒂勒叛逃到西德,出卖了手中掌管的7名东德非常重要的科技间谍,其带走的绝密文件还会危及20余名其他间谍的安全,东德不得不断绝与这些间谍的联系,以防止西德反间谍机构顺藤摸瓜。[①] 菲尔比、布莱克等著名间谍脱逃到苏联后,都被授予了苏联国籍,苏联解体后,其继承国俄罗斯继续履行了苏联所承诺的义务。布莱克直到2020年底才去世,享年98岁。俄罗斯总统普京随即向其家人和朋友表达了深切的哀悼,并称赞其为"确保战略平衡和守卫地球和平做出了宝贵的贡献",还在俄罗斯对外情报总局总部建筑内,竖立了布莱克的铜质纪念肖像。这既是对作出了重大贡献间谍的一种礼遇,也可视为对潜在策反和投靠对象的一种引诱和召唤。

　　在安置工作中,通常会给他们提供比较舒适的住房及相关生活条件,有条件的话,会尽可能开展外交交涉,使其家人能够团聚。苏联及东欧国家安置间谍,一般都会提供比较好的住房,对其中的重要间谍,则会提供豪华别墅或公寓,如菲尔比、布莱克,以及美国中央情报局历史上第一位公开叛逃到苏联的情报官员霍华德都是如此。霍华德1985年叛逃到苏联后,克格勃专门给他提供了一套别墅,他就在苏联过起了舒适的生活,每年可在欧洲和莫斯科与妻子、儿子相会,还在瑞典做过一段时间的进出口生意。2002年7月,霍华德在家中楼梯上跌落,摔断脖子而死。有人猜测,可能是他炫耀式的生活方式刺痛了中央情报局,最终招来杀身之祸。1985年,克格勃驻伦敦情报站代理站长戈尔季耶夫斯基叛逃英国后,一直

---

① [德]马库斯·沃尔夫著,胡利平译:《隐面人》,国际文化出版公司1999年版,第212—215页。

为与滞留在苏联的家人团聚而公关，时任英国首相撒切尔夫人与戈尔巴乔夫会晤时，也曾就此问题进行过交涉，1991年苏联解体前夕终于同意其妻子女儿到伦敦。俄罗斯格鲁乌上校谢尔盖·斯科里帕尔，秘密投靠英国秘密情报局，暴露后被判处监禁13年，2010年通过间谍交换到了英国，秘密情报局将他安置到南部小镇索尔兹伯里，给他分配了比较舒适的住房，通过与俄罗斯交涉，使其妻子和女儿也来到此地一起生活。西德联邦宪法保卫局第4处（反间谍处）处长蒂德格，负债累累，酗酒成性，因家庭暴力致使妻子意外死亡，受到司法调查，3个女儿也对其怀恨在心，对生活感到绝望的他于1985年夏天叛逃到东德。东德外国情报总局专门给其安排了住房，并给他介绍了一名女教师做妻子，同以前一地鸡毛的生活状况相比，过上了比较满意的日子。德国统一前夕，东德将他安排到苏联避难，苏联解体后，在俄国情报机构的庇护下，过着吃穿不愁的生活。蒂德格的直接部下库龙也秘密投靠了东德外国情报总局，除了每次情报交易的报酬外，东德还同意支付其退休后的养老金，支付的标准相当于东德外国情报总局的上校。但还未等到其退休，苏东剧变，两德统一，库龙不仅领取东德退休金的希望成为泡影，还受到了德国法律的制裁。

三、政治利益

间谍组织为了使被策反或主动投靠的对象发挥更大的作用，有时还会帮助对象在政治上的发展，使其爬上更高的政治职位，掌握更多的政治及工作资源，同时政治上的成功发展，反过来可以更好地掩藏间谍身份，能够长期为己方服务，发挥更大的作用。对间谍个人来说，则是通过所秘密服务的情报机构的帮助，获取了更高的政治职位，也可视为是对其利益输送和鼓励。苏联对加拿大籍间谍教授汉布尔顿非常重视，1975年7月秘访苏联时，时任克格勃主席安德罗波夫亲自为其接风洗尘，并说："我们在北美比在其他任何地方更需要能影响舆论的人，像你这样的人，汉布尔顿教授。在西方的选举中，一个像你这样有造诣的人是可以获得高级政治职位的。你参政所需要的经费对我们来说不是一个大问题。"[1] 另外，许多情报机构还通过授予职衔或荣誉称号等方式，来诱导和鼓励当事人及其他间谍为己方死心塌地地效命。

帮助对象在政治上的发展，其手法多种多样，如使其业绩出众、出钱

---

[1] 程景：《苏联克格勃绝密行动》，北方文艺出版社2017年版，第198页。

助其竞选、扫清晋升障碍等。苏联格鲁乌情报官员德米特里·波利亚科夫以联合国外交官的身份派驻纽约期间，投靠了美国联邦调查局，此后充当美国间谍达20年之久。为了让波利亚科夫获得比较快的升迁，中央情报局将自己的两个人介绍给他，再由他"招募"为间谍，并精心准备了大量的"情报"，因要助其上位，这些情报中肯定有许多货真价实的东西，使其取得了骄人的业绩，借此向格鲁乌邀功请赏，获得升迁的资本。后来波利亚科夫也确如中央情报局和联邦调查局所希望的那样，政治上一帆风顺，后来成为苏联驻印度新德里情报站站长，于1974年晋升为少将，向美国提供了大量核心机密情报，其中包括中苏分歧的情报，促使美国总统尼克松改善了与中国的关系。[①] 要知道，曾招募及经营埃姆斯和罗伯特·汉森两名顶尖间谍的克格勃军官维克多·切尔卡申，可以说是创造了情报界的"吉尼斯记录"，才止步于上校。1988年其被苏联逮捕枪决后，中央情报局局长伍尔西感到无比痛惜，称波利亚科夫是整个冷战时期美国最宝贵的间谍："不仅使我们赢得了冷战，而且他还竭尽全力使世界避免了热战。"1953年保加利亚特工招募了喜出风头、手头拮据的法国年轻人夏尔·埃尔尼，通过金钱资助，3年后帮助他成功当选为法国塞纳省议会议员。此后他转由苏联克格勃经营，当时法国政局动荡，克格勃资助他300万旧法郎，鼓动其参加国民议会的竞选，并帮助其策划了凌厉的宣传攻势，选民的信箱里塞满了支持埃尔尼的宣传材料，上面印着："投埃尔尼的票吧！你们将会受到保护。"可能克格勃对西方的选举游戏并不娴熟，因效果不佳而未能胜出，克格勃觉得他政治上的发展不会太好，对其失去了兴趣。罗马尼亚情报机构又接手经营，两年后埃尔尼跟随弗朗索瓦·密特朗创建法国统一社会党，成为一颗政治新星，克格勃见状，又抢了回来继续经营。1981年密特朗当选总统，埃尔尼成为国防部长。将一个间谍推上了世界主要国家防务部门和情报机构的最高宝座，令保、罗两国的知情人员目瞪口呆。埃尔尼在国防部长的位置上一直干到1985年，因"彩虹勇士"号被炸事件而辞职。其间，美苏军备竞赛进入了一个新的阶段，埃尔尼参与处理了美欧苏的中程导弹危机，他在其中究竟发挥了什么样的作用不得而知。1990年埃尔尼去世，两年后其间谍身份才被东欧叛逃特工曝光。当法国领土监护局局长富尔内单独向总统密特朗报告此事时，为避免引发政治

---

① 烨子：《间谍》上册，中国广播电视出版社2005年版，第243—244页。

危机,密特朗要求把此事列为机密。① 曾任南非总理彼得·博塔军事顾问的迪特·格哈特少将,为克格勃秘密服务了20年,后升任南非首都开普敦附近西蒙斯顿海军基地首席指挥官,曾两次从瑞士经伦敦、维也纳等地,再持假护照秘密赴苏,受到克格勃主席安德罗波夫的接见。其政治野心极大,想当南非总理,苏联满口答应给予支持,包括以军事力量帮助其上位。1982年一名苏联情报人员叛逃并出卖了格哈特,次年美国联邦调查局将其诱骗到纽约一家酒店后实施了抓捕,苏联帮其实现政治抱负的事情自然也泡汤了。② 为帮助戈尔季耶夫斯基当上克格勃驻伦敦情报站站长,英国外交部巧立名目,将其上司一个个驱逐出境,扫清其晋升道路上的障碍,克格勃总部先后让其接任了副站长、代理站长职务,将要正式任命其为站长时,遭到埃姆斯的出卖,最后功亏一篑。情报机构通过帮助对象实现政治上的发展,使其占据更重要的职位,掌握更多的资源,为己方秘密服务时能发挥更大的作用。

对一些特别重要间谍的政治待遇及荣誉方面,许多国家或地区也是毫不吝啬。一方面是对当事间谍的鼓励和认可,另外也可以对其他为己方效力的间谍起到诱导和鼓励作用。原中国人民解放军总后勤部军械部部长、少将刘连昆,于1992年被台湾"军情局"策反后,被台湾授予少将"军衔",成为第一位在两岸同时拥有少将军衔的间谍,刘连昆似乎对台湾这个见不得光的"少将军衔"还很在意。1999年刘连昆因间谍罪被捕并处以死刑,这个所谓的政治待遇也成为水月镜花。先后在美国海军情报与支援中心和美国海军调查局反恐警备中心工作的以色列间谍波拉德,被以色列秘密授予空军准将军衔,作为一名美国军事情报机构的文职情报分析人员,这么高的军衔此生永远也无法企及,他在心理上得到了极大的满足。为苏联提供英美原子弹情报的科学家克劳斯·福克斯,于1959年被英国释放后回到东德,重新结了婚,担任核物理研究所副所长,成为东德科学院院士和德国(东德)社会统一党中央委员,获得一级国家奖金、卡尔·马克思勋章及苏联人民友谊勋章。菲尔比逃到苏联后,得到了英雄般的待遇,给他分配了豪华公寓,授予苏联上将军衔,获得了列宁勋章、红旗勋

---

① 勾宏展等:《塞纳河畔的管子工——二十世纪法国情报机构绝密行动》,东方出版社2005年版,第242—249页。

② 崔佳编著:《人类谍战的历史》,中华工商联合出版社2014年版,第342—344页。

章、一级卫国战争勋章、民族友谊勋章及"优秀国家安全工作者"称号等一系列荣誉,苏联解体前夕,还专门发行了一套菲尔比的纪念邮票。叛逃英国的克格勃驻伦敦情报站代理站长戈尔季耶夫斯基,在 2007 年 10 月,被英国女王授予"圣迈克尔"和"圣乔治"勋章,以表彰他为"保卫英国安全所作出的杰出贡献"。俄罗斯对此非常不快,并于次月隆重举行了布莱克 85 岁寿辰庆祝活动,俄罗斯对外情报总局局长、前总理向他颁发象征国家最高荣誉的"友谊勋章",宣读总统普京的贺电。[①] 国家之间的政治斗争真是无处不在,有时还会以人们意想不到的方式进行,但对当事间谍来说,他们可能还是会沉迷于这种虚幻的荣光。在两人叛逃数十年之后,英、俄两国还如此大张旗鼓地表彰他们的"功绩",冷饭热炒,不排除双方都有想借此来羞辱对方的可能性。间谍事件都具有相当高的敏感性,任何涉及到对间谍进行公开褒奖或惩处的举动,都不会是单纯的新闻事件,其背后必定会有复杂的国际政治算计与考量,甚至可视为相关国家关系和国际局势变化的晴雨表。

四、安全保障

为了消除和中止危害、惩戒叛徒,对于脱逃的间谍和叛逃人员,许多国家的情报组织会采取各种方式进行暗杀或绑架。情报组织是这方面的行家里手,无孔不入,并且具有持久的耐心与专注力,一入法眼,便难逃厄运。保障这些人的安全,成为安置工作所要考虑的首要问题。一般是通过加强安保措施、寻找秘密居所、改换新的身份等方式,来确保对象的安全。这些叛逃人员,从他们迈出叛变的第一步起,就走上了不归路,这一辈子注定与正常人的生活无缘。再高的警惕,也耐不住岁月的消磨,一次不经意的小小疏忽,就可能会付出生命的代价。对这个特殊的群体来说,世界虽大,已难觅安全之所。因此这里所说的安全保障,是建立在十分苛刻条件基础之上的,而且这种安全也只是相对的。

西德联邦宪法保卫局反间谍处处长蒂德格叛逃到东德后,东德外国情报总局担心西德情报机构对他下手,将他安置到东柏林郊外普伦登的一座安全住所里,这里紧挨着东德中央政治局成员的地下掩蔽室,岗哨林立,戒备森严,西德情报机构想要对他下手比登天还难。前面所说的戈尔季耶

[①] 《俄高调表彰英国籍双重间谍》,央视网,2007 年 11 月 14 日,https://news.cctv.com/world/20071114/100101.shtml。

夫斯基，由于担心遭到苏联及俄罗斯情报机构的暗杀，被英国秘密情报局安置在萨里郡的秘密住所里，他也一直戴着假发，留着胡子，外出活动时很少以真容示人，保持着高度的警惕。但即便如此，据说他还是遭到过毒素方式的暗杀，幸得抢救及时，才捡回一命。苏联空军第16集团军司令员科舍利夫中将叛逃到美国后，为防止苏联追杀，美国将他安置在安全保卫措施极其森严的房子里，并派军队保护其安全。1953年，东德国家安全局局长罗伯特·比亚维克中将叛逃到西柏林，改名换姓后，被秘密安置在西柏林一个防守严密的安全住处，并且从不出门。但他们都忍受不了长期的孤独和牢笼般的生活，总觉得时间能冲淡一切恩怨情仇，猜测对方有可能已经淡忘了此事，想走出牢笼呼吸一点新鲜空气，看看外面的世界。此念一动，危险立至，立马被克格勃送到了另一个世界。

1964年，摩萨德策反埃及飞行员阿巴斯·希尔米驾驶"雅克"教练机叛逃到以色列，摩萨德给了其优厚的待遇，安排了理想的工作，但他无法适应这个犹太国度的生活，决定移居南美洲。摩萨德给他伪造了新的身份，提供了足以在南美过上富足生活的一大笔资金，并告诫其所必须遵守的安全事项，千万不能与家人联系。苏联（俄罗斯）伊霍设计局顶尖科学家格罗琴科于1993年叛逃美国后，美国给他配备了8名武艺高强的贴身便衣保镖。为杀鸡儆猴，俄罗斯情报机构派遣特工，在其出门上班之时，用冲锋枪将其击毙，还没等到保镖反应过来，杀手已跨上摩托车消失得无影无踪。这里也存在一个悖论，越是一方要千方百计保障其安全的对象，就越是另一方要千方百计取其性命的对象，也即安全保卫等级越高的对象，危险的等级也越高，就看对峙的双方中，哪一方先露出破绽。但不论结果如何，情报机构还是会尽其所能地为特别重要的叛逃者提供安全保障，至于结果如何，也只能如清代李汝珍小说《镜花缘》所言"尽人事以听天命"。

第三节　思想诱导

人是具有思想的动物，其行为也必然受到思想的支配。从狭义的概念上来讲，人的思想主要是指意识形态方面的信仰和认同；从广义的概念上来讲，人的信仰、情感、性格等均与思维有关，属于思想的范畴，在这里也一并纳入思想的范畴来进行讨论。心理包括情感、性格等，情感包括对某一民族、某一群体的认同和同情，对感觉对自己不公的报复心态等；性

第六章 策反类秘密行动

格包括自负等心理。通过这些因素来发展和策反对方人员成为己方的间谍，通常具有比较高的成功率。

一、意识形态的认同

意识形态是一种对事物的感观思想，是观念、观点、概念、思想和价值观等要素的总和。人的意识形态受思维能力、环境、信息及价值取向等因素的影响。意识形态的内容，是社会经济基础和政治制度及人与人的经济关系和政治关系的反映。具体到个人身上而言，一般是指思想意识和政治立场，其理想与信仰是意识形态的具体表象。有的人因为理想和信仰而心甘情愿充当间谍，这样的间谍被情报组织称为"现实中几乎不存在的理想间谍"。英国记者查普曼·平彻在《他们的职业是背叛》中写道："许多案例表明，意识形态上的背叛者通常是最深刻和最持久的，也是作用最大并最难加以利用的。"① 这些人往往对自己国家或组织的政治现状不满，对他国或对立组织的意识形态充满向往，他们为了这种理想和信仰，愿意冒着巨大的风险，为其投身间谍工作。古希腊哲学家柏拉图说："我们若凭信仰战斗，就有双重的武装。"为信仰而做间谍，除了"有双重的武装"，注定会是双重的人生。

因信仰认同而甘愿为之服务，认为是实现自己理想和抱负的一种途径，其中基本不掺杂个人的私利。在斯大林时代，苏联情报组织比较注重从政治信仰入手，来发展间谍人员。他们利用当时苏联在全世界人民心目中的崇高威望和影响力，依靠当时共产国际及后来的共产党工人党情报局，或由苏联情报机构直接出面，发展那些具有一定情报条件、信仰共产主义、同情苏联或反对资本主义及法西斯主义的对象，如"剑桥五杰"、特伯雷、多拉、佐尔格、尾崎秀实、福克斯等人都是如此。"剑桥五杰"在20世纪30年代就读于名校剑桥大学，当时校园里谈论最多的是社会主义，苏联的成功经验使年轻的大学生们兴奋不已。菲尔比等人出身于名门望族，学业优异，但受当时社会思潮的影响，对资本主义产生了失望情绪，对生活道路感到迷茫，并开始寻求自己的人生道路。苏联情报机构充分利用这一有利条件，逐步对他们施加政治影响，将他们发展成为间谍，指示他们向英国政府要害部门进行渗透并获得巨大成功。菲尔比逃到苏联

---

① 刘雪梅等：《保安局在行动——二十世纪英国情报机构绝密行动》，东方出版社2005年版，第251页。

后，受到了英雄般的礼遇，在1988年5月逝世前两个月，菲尔比接受英国《星期日泰晤士报》记者采访时说："我从20岁开始就立志要为共产主义事业奋斗终身，几十年来我的信念一直没有变。"佐尔格"拉姆扎"情报小组在日本开展秘密工作时，格鲁乌经常中断和拖欠经费，佐尔格不得不靠微薄的稿酬来维持情报小组的运转，但却没有一点抱怨，依然全心全意地为苏联搜集重要核心情报。①日本人中西功1929年到上海，进入由日本开办的具有间谍学校性质的东亚同文书院学习，在该院教师、地下中共党员王学文的影响下，逐步接受了共产主义信仰，先后加入了中国共产主义共青团和中国共产党，并秘密为中共从事针对日本的情报工作。他利用在满铁总社调查部、满铁上海事务所、日军华中派遣军司令部特务部等日本情报机构工作及兼任华中派遣军司令部顾问的机会，与"拉姆扎"情报小组的尾崎秀实，以及东亚同文书院同学、日本新闻联合通信社上海总局记者、日籍中共地下党员西里龙夫密切合作，获取了涉及日本袭击珍珠港、日军确定"南进"政策及日军侵华战争等一系列重大情报，并及时密报延安。其中日本图谋袭击珍珠港的情报被通报美国政府，但美国对中共的情报获取能力持怀疑态度，最终珍珠港在毫无戒备的情况下遭到日军毁灭性打击。"拉姆扎"情报小组出事后，中西功也被捕受审，他将审讯室和法庭当作战场，揭露日军残暴罪行和宣传共产主义思想，在狱中撰写了《中国共产党史》一书。日本战败后出狱，他参与重建日本共产党等活动，撰写了十余种反映和研究中国革命的书籍。在其晚年周恩来总理邀请其访华时，他开心得像个孩子，因查出胃癌无法成行。1973年去世之前，他仍然惦记着中国："我真想去看看，看看那些街道，那些胜利的人们，他们有了自己的共和国……"②是信仰的力量使一名侵华日本特工成为中共"红色间谍"，并将其一辈子都献给了中国的革命事业。

有的因信仰破灭或不认同而背叛，成为对手安插的一枚钉子，并给本国和本组织造成巨大的损害。在冷战时期，对苏联政治体制和社会制度的失望，以及对西方社会物质文明的贪恋，成为一些苏联情报官员背叛的重要原因，如佩尼科夫斯基、戈尔季耶夫斯基和谢夫钦科等。联合国副秘书

---

① 饶榕：《他们为什么选择背叛——SMICE公式与间谍策反》，《国际展望》2004年第4期。

② 魏然、鹿兮：《日籍中共党员中西功的传奇人生》，《炎黄春秋》2021年第12期。

第六章 策反类秘密行动

长谢夫钦科是克格勃情报人员,以联合国高级官员身份作掩护,搜集美国及其西方盟国的重要情报。他早在学生时代就对西方的社会制度充满向往,并阅读了大量西方的报刊和书籍。被苏联派驻到联合国工作后,他对苏联的社会制度日益不满,对西方尤其是美国的生活方式却推崇备至,在美国中央情报局的长期策反之下,最终投靠了中央情报局。他本人解释背叛苏联的原因,并不是为了金钱,他在苏联属于特权阶层,什么都有了,地位到了副部长级,金钱方面仅在联合国任职的年薪就达到 8.7 万美元,别墅、汽车一应俱全,还可以在内部特供商店购物、住高级医院等,只是因为看透了苏联的政治,不想参与虚伪的政治,不愿意执行克格勃的任何命令。[①] 处于冷战最前线的东德和西德,以德意志民族严谨认真的作风,利用意识形态进行策反和发展间谍的活动,斗争尤为激烈。西德情报机构向东德政界高层进行渗透,成功策反了一批不满东德政策的政界要人,其中包括东德政府副总理赫尔曼·卡斯特纳,他成了为"盖伦组织(西德联邦情报局前身)"效力的级别最高的东德官员,他搞到的情报数量多、质量高,东德统一社会党总书记乌布利希、政府总理奥托·格罗提渥、政府重要会议等无数绝密情报源源不断落入盖伦之手。另一个重要间谍是卡尔·劳伦茨,他是一个律师,因经常发表反共言论被开除出党,他策反了其未婚妻埃利·巴尔查蒂,两人代号"雏菊"。巴尔查蒂为东德政府总理格罗提渥工作,东德政府重要文件、苏联发给东德政府的指示、东德政府部长们的活动,都源源不断地流向了西德情报机构。"盖伦组织"高级人士不无得意地说:"雏菊是我们放在格罗提渥办公室里一盆盛开的鲜花。""盖伦组织"策反了瓦尔特·格拉姆施,他表面上是社会民主党人,实际上却反对共产党。后来他步步高升,潜伏到了东德国家安全部部长恩斯特·沃尔韦伯的身边。[②] 东德国家安全部简称史塔西,国外情报总局是其下属机构。这个被西方情报机构恨之入骨的强敌,其心脏部位成为"盖伦组织"窃取核心秘密的前哨阵地。

有的因信仰改变而投身对方的情报事业,虽历经坎坷却终身不悔,即便是他们所服务的国家及政治制度已经灰飞烟灭,他们仍然是那个信仰的

---

① 饶榕:《他们为什么选择背叛——SMICE 公式与间谍策反》,《国际展望》2004 年第 4 期。

② 綦甲福、赵彦、朱博明、邵明:《德国情报组织揭秘》,时事出版社 2013 年版,第 199—200 页。

守望者。有"间谍王子"之称的乔治·布莱克,二战期间曾先后在英国海军情报部和特别行动执行署工作,1948年被秘密情报局以代理领事身份派到汉城工作,1950年在朝鲜战争中被俘,关押在鸭绿江边的一个战俘营里。克格勃意识形态专家格列戈里·库兹米奇亲自出马,经过一年半时间的艰苦努力,最终策反并说服布莱克信仰共产主义,布莱克提出只提供与反对共产主义国家有关的情报,不接受酬金。此后布莱克成为了一名坚定的社会主义者,一直秘密为苏联效力,直到1961年暴露被捕,被英国判处了42年监禁,通过自我营救的方式,于5年后成功越狱并潜逃到苏联。有些反讽的是,当布莱克全心全意为苏联服务的时候,当年负责策反他的意识形态专家库兹米奇却叛逃到了美国。① 布莱克曾两次失去祖国,第一次是英国,第二次是苏联,最终在俄罗斯度过余生。他晚年接受采访时说:"我认为,把你的生命献给一个崇高的理想、一项崇高的实验,永远不会错。"

　　西德联邦情报局高级女官员加布里埃莱·加斯特,则是由"爱情"而走向信仰。1968年,在西德攻读博士学位的加斯特,到东德卡尔·马克思城研究东德"妇女的政治作用"课题期间,遭遇到东德国外情报总局"罗密欧小组"成员施密特的进攻,并被策反发展为间谍。在博士导师的推荐下,她于1973年底进入西德联邦情报局负责情报分析与整编的第3分局工作,她出色的能力很快引起多方关注,其分析报告被认为是整个西方情报部门中,关于苏联和东欧最深入最有价值的情报。她逐步被提升为该部门的负责人,也是在联邦情报局中职位最高的女性,向总理办公室、外交部和国防部提交苏东集团的情报分析报告,这些报告及相关情报自然也摆到了东德国外情报总局局长沃尔夫的办公桌上。随着职位的提升,加斯特厌倦了这种紧张危险的双重生活,萌生了退意。沃尔夫认为加斯特的重要性无可替代,在亚得里亚海岸的度假胜地接待了她,并对她说,从缓和东西方关系的视角,她可以把自己视作一名"和平的观察员",而不是一个身心俱疲的双重间谍,这给了她继续干下去的动力。沃尔夫优雅的气质、深邃的思想和开放的胸襟使其非常着迷。他们先后7次在国内外偏僻的度假胜地进行接待交流,两人建立了深厚的父女般的情谊。② 加斯特起初做间

---

① 程景:《苏联克格勃绝密行动》,北方文艺出版社2017年版,第148—156页
② [德]马库斯·沃尔夫著,胡利平译:《隐面人》,国际文化出版公司1999年版,第165—172页。

谍，主要是受"爱情"的影响，但随着时间的推移，她逐步接受了东德的信仰，无怨无悔地秘密为东德服务，即便是在东德消亡、理想成空，经历了牢狱之灾、身败名裂的情况下，已到人生晚年的她仍然不后悔自己的选择，认为自己是一个深思熟虑的共产主义者，并于1999年出版了自传《和平童子军》。书名来自于沃尔夫最喜欢使用的一个专用名词，这是沃尔夫对东德国外情报总局在国外所发展间谍的称呼。"和平童子军"一词源出英国，其原意是指走在文明前列并使所谓"野蛮"国家和地区"文明化"，从而成为英国殖民地的"开拓者"。这里是说为东德秘密服务的间谍，都是从事捍卫世界和平崇高事业的品质高尚的人。可见加斯特在其所秘密服务的国家命运和个人命运，都遭受天翻地覆的变化之后，仍然坚守着自己的那份初心。其志可悯，其情可哀。

二、自命不凡的性格

自命不凡的性格也称为自负型性格，是指过高估计自己的能力和水平，对自己目前生存现状感到不满的一种心理状态，如果不能及时进行矫正，容易形成心理障碍，并导致行为的极端化，给国家或组织带来潜在的危害。这类人到了中年，求生本能开始下降，而自负心理可能会日益增长，期望实现自我价值和获取一定的名位。当他们的这些欲望得不到满足时，就有可能会不择手段，选择背叛来证明其价值。这时金钱并不是背叛最重要的动机，金钱之所以变得重要，只是因为它能买到地位和名声，或是能够换来心理的慰藉、奢靡的生活和未来的保障。[①] 因此，丰厚的金钱回报，往往能够强化其背叛的动机和与敌方合作的欲望。作为一名普通的社会人员，这类人损害的是个人利益；当他是一名情报机构的工作人员时，其损害的则是国家和组织的利益。朝鲜有句格言："骄傲自负的野牛，也会被聪明的兔子送去见阎王。"此言生动地诠释了这类人的悲剧性命运。

埃姆斯1962年进入美国中央情报局工作，曾先后外派到土耳其、墨西哥、意大利和苏联等国工作，并成功策反了苏联驻哥伦比亚外交官亚历山大·奥戈罗德尼克、苏联驻联合国代表团成员谢尔盖·费多伦科及苏联派任联合国副秘书长阿尔卡季·谢夫钦科等重要人物，这些人要么是以外交官员身份作掩护的情报人员，要么是承担着情报机构所赋予的重要秘密工

---

① 饶榕：《他们为什么选择背叛——SMICE公式与间谍策反》，《国际展望》2004年第4期。

作任务。由此可见埃姆斯能力不错，绩效也很突出，并不是其案发后中央情报局所描绘的那种能力平庸、行为猥琐的小丑形象。埃姆斯1981年任中央情报局驻墨西哥情报站站长，1983—1991年间任中央情报局苏联东欧部反间谍处处长，当时苏联是美国的首要对手，这个职位可以说在中央情报局举足轻重，对绝大多数人来说已经是非常成功的了。他认为自己42岁才爬到一个中层职位，意味着事业已经到头，同时因收入不高和离婚，经济已经到了崩溃的边缘。当埃姆斯忙着在苏联人中物色具有酗酒、婚姻失败、事业无成、经济困难而又喜欢寻花问柳条件的"猎物"时，克格勃也相中了埃姆斯，认为埃姆斯具备一个标准变节者的条件，开始了策反工作，恭维说他们知道他的真正价值，他的天赋是超群的，只是到现在为止一直没有得到发挥，并保证只要他与克格勃合作，就会得到充分的回报。在克格勃持续不断的策反攻势下，这名中央情报局针对苏联东欧的反间谍部门负责人，最终成为苏联克格勃在中央情报局内的最大鼹鼠，并使他在心理上得到了极大的满足，口袋也得到了丰厚的回报。[①] 美国联邦调查局特工鲍勃·汉森投靠克格勃的动机之一，是他虽然工作兢兢业业，也得到了上司的赏识，不过始终是一个小人物，但他希望人们把他看作是一个才华横溢的联邦调查局特工，而不是他留给人们印象中的那个卑微的情报分析师的形象。其同事看惯了他身着深色西服、不苟言笑的样子，戏谑地称他是"殡葬场的人"，还有人叫他"厌恶女人的人"，其妻子也认为他是一个不可能引起女人"性趣"的人。他需要一个展示自己才华和能力的平台，并得到认可，在其正常工作的平台和群体里，显然难以获得这种机会，于是依靠自己所掌握的秘密工作资源，于1985年另辟蹊径，并干得风生水起，得到了克格勃的高度肯定和评价，使他这个"英雄"有了用武之地。[②] 看到中央情报局和联邦调查局中那些身居高位、貌似能力超群、深不可测的管理层和反间谍官员，被自己的秘密出卖行为搞得晕头转向、四处抓瞎的样子，心里的满足感和成就感油然而生，并从苏联时代一直干到俄罗斯时代。不过以背叛的方式来显示个人的价值和才华，犹如饮鸩止渴，铁窗幽室成为他最后的归宿。

[①] 艾红、王君、慕尧：《俄罗斯情报组织揭秘》，时事出版社2013年版，第226—231页。

[②] 艾红、王君、慕尧：《俄罗斯情报组织揭秘》，时事出版社2013年版，第234—240页。

第六章 策反类秘密行动

西德联邦宪法保卫局反间谍处特工库龙，同样因感到自己怀才不遇、大材小用而选择背叛。库龙家庭贫寒，没有读过大学，人到中年，因缺少文凭，事业基本上就到头了。他抱怨道："西德自称这里人人享有自由和发挥自己聪明才智的平等机会，我不这么认为。甭管我多玩命，到头来仍是个卖苦力的。而有的人本事不大，靠老子的钱读完大学后，一来到情报局马上前程似锦，不管干好还是干坏。我实在受够了。"他最关心的是他的4个儿子能否上得起大学，因为他出不起政府奖学金外的那部分学费。看到周围那些春风得意的达官显贵凭借金钱升官发财，他选择了在他唯一熟悉的领域里出卖所掌握的资源——情报，投进了东德国外情报总局的怀抱。[1] 瑞典国防司令部空军负责人史迪克·温纳斯特洛姆少将早年在驻苏联大使馆任武官时，先后成为美国和苏联情报机构的间谍，将从美国方面获取的情报卖给苏联人，从苏联方面获取的情报卖给美国人，又把美苏两国的情报报回瑞典，把瑞典的军事机密送给美苏，将多重间谍的游戏玩得令人眼花缭乱。因怕穿帮，一般人不敢这么玩，但他的确是一个不一般的人，还在一个相当长的时间段里，得到了三方的信任。瑞典方面不知其中的奥秘，认为其情报工作非常出色，给予了很高的评价，不断授予奖章，后来还将其提拔到空军负责人的高位上。他具有极强的虚荣心，觉得自己通过这种方式玩转了世界，并为此暗自得意，为进一步满足他的这种心理，当时还是上校的他被苏联格鲁乌授予少将军衔，美国中央情报局也给其送了上校军衔。暴露后在法庭受审时，他也没能从这种自欺欺人的感觉中醒悟过来，仍然大言不惭地吹嘘说："我觉得自己已经变成能左右世界政治的一个决定性的人物啦！"其实他所改变的只是自己个人的命运，从此身败名裂，与自由自在的生活无缘。[2]

三、怨恨报复的心理

当代诗人汪国真在《命运》中写道："不要咒骂不幸，不幸耳聋；不要埋怨命运，命运眼花。"然而在现实生活中的人往往为名利得失所累，很难做到如此达观洒脱。当一个人的目标得不到实现，欲望得不到满足，或感觉到自己受到打击报复、对未来的生活和发展感到绝望时，就会产生

---

[1] ［德］马库斯·沃尔夫著，胡利平译：《隐面人》，国际文化出版公司1999年版，第222—226页。

[2] 杨晓璐：《一仆三主的多重间谍》，《知识窗》2007年第4期。

抑郁、烦恼甚至愤懑的情绪，如果这种情绪得不到及时的疏通消解，将会造成严重后果，尤其是那些缺乏理智、忍耐力不强的人更加危险，他们可能会选择一种极具破坏性的报复行为，对情报官员来说，最严重的破坏行为无疑就是背叛了。弘一法师说："愤怒之气就像一把双刃剑，不仅会伤到别人，也会刺伤自己。"在情报界，这类故事并不鲜见。

美国中央情报局苏东部特工霍华德，本来工作和家庭都不错，夫妻俩都在中央情报局工作，并且即将以外交官员身份双双派驻莫斯科情报站，但1982年11月份的一件小事改变了他的一生。这天他乘坐飞机时，出于好奇的心理，运用中央情报局教会的技巧，尝试偷了邻座一位女士的化妆包，他也没有要这些赃物，将化妆包扔了，里面的40美元捐给了一家电视台。这件事使中央情报局觉得有必要对其进行重新审查，连续4次测谎都没有通过，为此中央情报局取消了其派驻莫斯科的任命，并将其夫妻二人都解雇了。霍华德无法承受这个巨大的打击，认为是中央情报局将不公正的命运强加在他的头上，因而恨透了中央情报局，并决心报复。1983年底，他混入旅游者和其他办理签证者中，进入苏联大使馆投靠克格勃，为苏联充当间谍，给中央情报局带来了巨大的损失。瑞士全国国民保卫部队司令冉路易·让梅尔准将，从小就梦想成为一个勇敢而富有魅力的军事领袖，他担任上校军官时，部队空出了一个准将的位置，他以为非己莫属，结果是其竞争对手捷足先登，使其产生了怨恨情绪，被苏联情报人员策反。他没有收过苏联的钱，为苏联提供重要情报时，维持自己是一个重要人物的自我形象。他于1975年退休，次年暴露被捕，被判处了18年徒刑，法庭在判决中认为："被告犯罪的动机既非出于意识形态原因，也非由于贪婪所致。他的行为是出于严重的性格缺陷，加上个人野心，渴望引人注目及怨恨心理混合而成。他对我们的国家、军队和军官队伍所造成的损失是不可估量的。"[1]

苏联格鲁乌特工德米特里·波利亚科夫在派驻美国工作期间，其幼子染上重病，生命垂危，苏联政府拒绝了其将幼子接到美国就医的请求，不久就病死了。当时正值美苏冷战最尖锐复杂的时期，按说应该理解政府的决定，但他并不这么认为。本来他就对苏联日益腐败的现象感到不满，此事更是使他十分痛恨苏联政府，成为他背叛的导火索，从1961年开始秘密

---

[1] 崔佳编著：《人类谍战的历史》，中华工商联合出版社2014年版，第270—272页。

为美国联邦调查局服务了20多年，先后向美国提供了19名为苏联秘密服务的间谍和150多名特工名单，并导致1500多名克格勃和格鲁乌特工暴露。在出卖情报的同时，美国联邦调查局和中央情报局还通力配合，给其创造升迁的机会，他于1974年晋升为格鲁乌少将。他这样做并不是为了钱，每年只象征性地接受3000美元，偶尔接受一些像打猎和钓鱼器材之类的小礼物，生活非常自律，不抽烟不喝酒，夫妻关系良好。他因受到怀疑于1980年被召回苏联，几年后被埃姆斯出卖，于苏联解体前3年被处决。① 70年代，苏联克格勃少校列夫钦科，以《新时代》杂志记者身份派驻东京，与驻东京情报站副站长普伦尼科夫关系不佳，备受打击和刁难，后来普伦尼科夫升任克格勃总部第7处副处长，权势更大，列夫钦科颇感恼怒，对自己的前途产生了幻灭感，觉得会永无出头之日。为摆脱普伦尼科夫的权势和阴影，于1979年从日本叛逃到美国，使苏联潜藏在日本的间谍都暴露了。

四、民族情感及追求心理刺激

世界上有各种不同的民族，同一个民族不一定在同一个国家生活，有些人虽然并不属于某个国家的公民，但民族、宗教、文化等相同或相似的因素，会使其产生对祖国和民族的认同感，并在心中将其当成自己的祖国，愿意秘密为之服务，不需要任何回报。还有的是出于满足对间谍活动刺激与猎奇的心理，将其当作一种人生特殊体验和心理刺激，基本没有政治、经济及其他欲望方面的企图，也不在乎对方有无回报。这种心理需求，放在其他行业可能不会产生多大的不良影响，但放在情报部门就麻烦了。这类人在生活上和工作上都十分正常，缺少引人关注的弱点和破绽，往往掩藏得更深，活动更持久，危害性更大。

乔纳森·波拉德是一位在美国出生长大的犹太人，虽然从未到过以色列，却对犹太复国主义有狂热的激情。1979年其到美国海军调查局任文职情报分析员，后被选派到该局新组建的"反恐警备中心"工作。他工作上一帆风顺，但犹太复国主义情绪，总是使其梦想着为以色列服务。1984年，他认识了以色列空军上校塞勒，塞勒也正好在物色间谍人选，两人一拍即合。波拉德说："我有充分的证据可以说明，美国并没有让以色列分

---

① ［俄］维克托·切尔卡申、格里高利·费弗著，佚名译：《经营间谍的人——一名克格勃特工的自传》，社联印制2006年版，第114—119页。

享应该分享的情报资源。我为此十分气愤。"表示愿意为以色列情报机构效劳,此后他为以色列科技情报机构"拉卡姆"提供了大量的情报。"拉卡姆"充分利用其民族情感,对他不时加以褒奖:"您的情报价值极大,以色列的许多情报部门和国防部门都在使用您提供的情报。"波拉德对自己提供的情报帮助了以色列自卫,感到十分高兴。[1] 以色列对核武器研发工作非常重视,并有了小型核反应堆。但到了60年代初期,国际社会彻底断绝了以色列的铀矿石来源,研发工作面临极大困难。1962年,以色列摩萨德制定出了通过策反的方式来窃取铀矿石的方案。摩萨德特工看中了美国纽梅克公司总经理夏皮罗,他是一名犹太人,二战期间许多亲人惨遭纳粹杀害,对以色列建国非常支持,此事没费多大的周折,便得到了夏皮罗的积极配合。他利用公司管理漏洞,每次窃取几十磅铀矿石,在几年的时间里悄悄窃取了大约400磅铀矿石,可生产10余枚小型核弹。铀矿石失窃事件暴露后,夏皮罗坚称所有的货物都有交接手续,失踪铀矿石的单据可能是做清洁时不小心丢失了,此事最后不了了之。

美国联邦调查局特工罗伯特·汉森,虽然从苏联和俄罗斯方面获取了巨额报酬,但种种迹象表明,其背叛的主要动机并不是金钱,而是其他原因。汉森从小就喜欢阅读间谍小说和故事,当他14岁时读了传奇间谍金·菲尔比的自传《我的秘密战争》后,立即对他佩服得五体投地,梦想成为一名这样的出色间谍。进入情报行业后,他接触到大量有关苏联情报机构的情报资料,对他们的间谍情报活动技巧及在培养、策反间谍方面所取得的成绩十分钦佩。他还对克格勃派驻美国的情报官员进行了认真研究,认定其中维克多·切尔卡申是一个理想的投靠对象。当时切尔卡申是驻华盛顿情报站负责反间谍工作的副站长,他先是在华盛顿情报站工作,后来先后任驻印度情报站副站长、克格勃总部副处长,现在又回到驻华盛顿情报站任副站长。汉森在1985年给切尔卡申的投靠信中称:"我已对你们的组织研究了多年,正是看到你在你们组织中受到广泛尊重的材料,敬佩你是个英雄,我才决定与你联络。"对精妙间谍技巧的狂热,对间谍活动惊险与刺激的迷恋,以及对苏联情报机构的敬仰,是汉森甘于承担风险、主动为对手服务的深层次原因。在美国联邦调查局内,同事从未怀疑过汉森会有什么出格的行为,他暴露后,一位与他共事了几十年的同事惊叹道:

---

[1] 高金虎等:《大卫的铁拳——二十世纪以色列情报机构绝密行动》,东方出版社2005年版,第301—311页。

"我这一辈子都在寻找是否有内奸，但从未想到过会是汉森。"[①]他在美国情报机构的核心部位从事间谍活动达 15 年之久，如果不是被埃姆斯出卖，素称精明的美国反间谍部门可能仍然发现不了。

第四节　把柄胁迫

如果说美色诱惑和金钱收买是使对象快乐，而把柄胁迫则是使对象恐惧。英国作家丹尼尔·笛福在《鲁宾逊漂流记》中写道："对危险的恐惧要比危险本身可怕一万倍。"情报组织显然深谙此道。金无足赤，人无完人，是人就会有弱点。情报组织在明确了招募和策反对象后，会对其进行全面的调查与了解，尤其是目标对象有什么样的弱点和污点劣迹，作为制定招募和策反方案的重要依据，当其他比较柔性的方式不太奏效时，就可将所掌握的弱点和污点劣迹作为把柄，进行威胁，将对象置于恐惧的情绪之中，最后迫其就范。污点劣迹包括政治信仰、受贿贪污、男女关系、性变态及其他不法行为等。有时还会采取设置陷阱、恶意执法等方式制造所谓污点劣迹，套牢目标对象。前面所述以色情引诱来进行策反的方式，换一个角度来看，也可视为一种设置陷阱、制造污点劣迹的手段。这类事情一旦曝光，就会极大地影响目标对象的职业前途和社会形象，有些甚至会面临牢狱之灾，许多人只得乖乖就范。所谓弱点，多指目标对象的性格特点和软肋，如果对象胆小怕事，就采用恐吓的手段；如果对象注重亲情，就以对其亲友的利害关系相要挟；如果对象是事业型的人，就给其事业和前途制造障碍；如果对象贪生怕死，就以牢狱之灾或生死相威胁等。美国第 32 任总统罗斯福的妻子安娜·埃莉诺认为："恐惧是世界上最摧折人心的一种情绪。"许多目标对象在这种恐惧面前，不得不作出了比这种恐惧后果更为严重的选择。

一、以污点劣迹相威胁

美国国父华盛顿说："当每个污点进入我们的心坎，便在我们的品格上留下一个深刻的痕迹，我们一生也揩抹不掉。"将污点劣迹作为控制目标对象的手段，是情报组织百试不爽的招数。这些所谓污点劣迹，基本上

[①] 艾红、王君、慕尧：《俄罗斯情报组织揭秘》，时事出版社 2013 年版，第 239—240 页。

世界情报组织秘密行动

属于违背道德或违反法律之类的行为，一旦被人揭发出来，轻则影响个人社会形象，重则断送个人职业前途，甚至还可能有牢狱之灾。情报组织如果掌握了招募和策反目标对象这方面的证据，往往具有极强的威慑力，以此胁迫对象成为己方间谍的成功率也比较高。

苏联格鲁乌技术局特工恩·切尔诺夫，就因为与另一名同事合伙收了200美元的回扣，被美国联邦调查局掌握了证据，落入了陷阱。他以外交官身份派驻纽约，于1963年的一天，与同样以外交官身份作掩护的克格勃少校柯辛一起，到纽约一家建材商店购买领馆装修材料，他们要求店家给200美元的回扣并私分了。第二天，当切尔诺夫去提货时，两位等候在此的美国联邦调查局人员说知道他是苏联情报人员，要求他"合作"，他当时被激怒了。美国人立即拿出了他们收取200美元收据的照片，还有他在纽约娱乐场所玩乐的照片。当时苏联格鲁乌严禁驻外人员光顾酒吧、饭店、夜总会等场所。在此情况下，考虑到面临的危险，切尔诺夫只得答应合作。此后不久他回到苏联，先后在格鲁乌总部和苏共中央国际部工作，直到1972年因酗酒被国际部开除，他向美国提供了格鲁乌总部3000多份世界各地间谍搜集的情报，还有世界各国共产党组织的绝密档案，导致一大批苏联潜藏在美国、英国、瑞士等西方国家的间谍被捕，格鲁乌在法国的间谍网几乎被一锅端。他于1990年被捕后，声称自己并不反对苏联及其制度，完全是由于自己的贪婪自私，遭到了胁迫。1991年被苏联军事法庭判处8年徒刑，未几苏联解体，只服刑了5个月，便被新当选俄罗斯总统的叶利钦大赦出狱。[①] 区区200美元，不仅使苏联蒙受了巨大的损失，也毁了切尔诺夫的一生。

二战期间，纳粹德国情报机构经常以目标对象的违法行为作为把柄，胁迫其做间谍。1940年9月，为配合德国进攻英国本土的"海狮"计划，德国军事谍报局汉堡站组织实施了"龙虾"渗透计划，最先被派遣到英国的是由1名德国人带队的4人间谍小组，但他们运气不好，利用渔船在夜色中悄悄上岸后不久，就先后被捕了。这其中3人是荷兰人，在一次走私活动中，被谍报局特工抓住，并威胁说战时走私会判处重刑，但如果愿意为德国到英国搜集情报的话，就可以免去牢狱之灾。他们只得乖乖服从安排，参与了初步的间谍技能培训之后，就踏上了这条不归路。其中2人与

[①] 烨子编著：《间谍》上册，中国广播电视出版社2005年版，第277—279页。

第六章　策反类秘密行动

带队的德国人被判处绞刑，1人被关押到战后。① 德裔威廉·西博尔德是美国一家飞机制造公司的机械师，1939年回德国探亲时，盖世太保要求其当德国间谍，西博尔德仗着自己有美国护照撑腰予以拒绝。盖世太保立即翻出他过去曾因走私和其他罪行坐过牢的老账，威胁他如果不合作，就会将此劣迹透露给美国，其美国护照便会被取消，德国会将他送进集中营，同时威胁也不能保证仍生活在德国的其父母的安全。西博尔德只得屈服，并到间谍学校接受了几个月的间谍技能培训，要他回美国后与潜藏的4名德国间谍取得联系，其主要任务是将该间谍网获取的情报，用无线电或拍成微型胶卷传回德国，为德国搜集了不少有价值的情报。两年后西博尔德及相关间谍网被美国联邦调查局破获，局长胡佛称是美国历史上"最出色的捕谍行动"，此后纳粹德国在美国的间谍活动一蹶不振。西德联邦议院社会民主党议员阿尔弗列德·弗伦采尔，原为捷克苏德台人，年轻时曾参加过捷共，因侵吞党组织经费被迫退党，还留有一个女儿在布拉格生活。此时弗伦采尔官运亨通，担任西德联邦议院处理战争赔偿事务的赔偿委员会主席及联邦国防委员会委员，了解西德军事机密、空军实力、导弹计划和北约部队的装备等情况。捷克和东德情报机构当然不会放过这条大鱼，他们于1956年拿这两个事情作为把柄，联手对弗伦采尔进行恐吓和威胁，侵吞公款的事会使其身败名裂，女儿的日子不好过也会使其忧心，最后只好充当捷克情报机构的间谍，窃取了大量西德和北约的机密文件，由于其所提供的情报非常重要，苏联克格勃经常向捷克索要这些情报。1960年弗伦采尔在向捷克情报机构联络人传递情报时被捕，并被判处15年徒刑。② 后来西德用他交换了《法兰克福汇报》女记者马尔蒂娜·基什克，该记者被苏联指控从事间谍活动而被投进了卢比扬卡监狱。弗伦采尔被取消联邦德国公民身份，重新成为捷克公民。

　　向敌方投靠，好像是"弃暗投明"，殊不知这种举动本身就是污点劣迹，相当于主动伸出脖子挨刀，成为对方威逼和控制的把柄。因风险太高，有些叛变投敌的人员并不想留在原地做间谍，但对方情报机构一般会希望对象留在原地继续提供情报或从事破坏活动，而不是逃到自己这一边

---

① 肖池编著：《米字旗守护神——英国军情五局和秘密情报局行动档案》，河北人民出版社1998年版，第106—110页。
② 王乔保等：《喋血柏林墙——二十世纪德国情报机构绝密行动》，东方出版社2005年版，第35—37、207—209页。

来。因已经被对方抓住了把柄，不管愿不愿意，许多此类人员只得留下来做"鼹鼠"，过着担惊受怕的日子。担任联合国副秘书长的克格勃情报人员谢夫钦科，于1975年投靠美国中央情报局时，中央情报局要求他留在原岗位为美国秘密工作，谢夫钦科大吃一惊，他想投奔美国过"新的生活"，并不想留在原岗位做间谍，他清楚克格勃也不是吃素的，弄不好会有性命之忧。第二次与中央情报局特工会面时，中央情报局给他照相、取指纹。谢夫钦科明白自己已经身不由己了，只得按照中央情报局的意思办，在惶恐不安中度过了近3年的双重间谍生涯。有些间谍在政治上发展顺利之后，想洗手不干，自己同样也作不了主。瑞士国民保卫部队上校冉路易·让梅尔，因竞争对手提拔为准将而心生怨恨，被苏联情报人员策反。当1969年其被提拔为准将并重用为全国国民保卫部队司令后，曾经受伤的心灵得到了极大的抚慰，他决心金盆洗手，与苏联断绝关系，开始新的生活。其联系人、苏联武官弗拉基米尔·斯特廖比斯基并不想放弃这个重要的情报来源，威胁要揭发他，他无奈之下只得继续为苏联秘密服务。身处高位的让梅尔可以接触到瑞士所有重要的军事机密，这些军事机密也源源不断地流向了苏联，成为瑞士有史以来职位最高的叛国者。

有些所谓的污点劣迹，则是被制造出来的。就是通过特意设计的圈套，给目标对象制造污点劣迹，并以此作为把柄，迫使其就范。前面所述通过色诱的方式策反目标对象，本质上来讲也是一种制造污点劣迹，然后迫使对象就范的方式，这种方式之所以有效，是因为可以同时给目标对象制造道德上的污点劣迹和法律上的污点劣迹，将对象逼进死角。与配偶之外的人发生性行为属于道德上的污点劣迹，与具有间谍身份的人员亲密接触并发生性行为，则是法律上的污点劣迹，轻则断送家庭幸福、职业前途和社会声誉，重则面临牢狱之灾，使对象在家庭、单位和社会上都无法做人，让其无路可逃。情报组织选择好策反目标对象后，有意识地与其交往，并在交往过程中故意引诱对方，使对方在不经意中留下把柄，再拿来作为胁迫的证据。1975年，在日本东京新式军事装备展览会上，苏联驻日使馆副武官结识了日本某军械制造厂的技术员，此后两人经常在一起吃饭。副武官设法引诱其谈了一些军械制造厂的技术和内部情况，并秘密进行了录音。一段时间后，副武官要求其合作，并拿出录音进行威胁，称如不合作，录音会让你在铁窗里度过余生；并说只要你合作，苏联会保证你

第六章 策反类秘密行动

的安全。在威逼利诱之下，这名日本技术员成了苏联间谍。[①] 50 年代后期，法国国外情报暨反间谍局发现埃及驻法大使馆总管卢克梭尔十分喜欢巴黎，不愿意过埃及国内的那种生活，是一个比较容易突破的人，于是让一名特工伪装成其他身份去接近他，两人成为了朋友。一天这名法国特工在喝酒时，向其提供了一份涉及法国关于阿尔及利亚民族解放运动的机密文件。当时埃及私底下给予了"阿民解"许多支持和帮助，卢克梭尔对获得了这么重要的情报感到十分高兴。当他正准备离开酒吧时，几个身材魁梧、眼戴墨镜的法国特工出现了，指控其窃取法国的情报并人赃俱获，声称要将其移交法国领土监护局（反间谍机构）处理，这就意味着其将会被驱离法国，带着全家回到埃及过那种毫无趣味的生活，这是他所极不情愿的。他央求给他一次机会，被迫成为了法国情报机构安插在埃及使馆的一枚钉子，后来使馆的机密文件成批地、悄无声息地流向了法国国外情报暨反间谍局，甚至还协助该局第 7 处特工到使馆以回收废纸的方式进行批量窃取。[②] 有的是监视跟踪目标对象，寻找合适的下手机会。克格勃少校谢尔盖·摩脱林，以外交官身份在苏联驻美大使馆从事情报工作，美国联邦调查局一直想将他拉下水，苦于没有合适的机会。1980 年某日，摩脱林到华盛顿特区郊区的一家电器商店赊购高档电视机和音响，遭到店员拒绝。等摩脱林离开后，跟踪而来的联邦调查局特工说服店主引他上钩，要摩脱林用几箱其可以免税买到的伏特加酒进行分次交换。当摩脱林带着伏特加酒回到电器商店进行交易时，已被录相机全程录下。此事如果曝光，摩脱林不仅会丢掉工作，还会受到"投机倒把罪（苏联时期对从事私人买卖的罪名）"的处罚。面对联邦调查局特工的威胁，摩脱林选择了屈服，此后秘密为美国人工作了 5 年时间，最后被埃姆斯所出卖。[③]

二、以本人监禁或生命相威胁

胁迫对方落网的间谍或是重要人物为己方所用，有时会采用"监禁（或处死）"与"合作"二选一的方式，对目标对象进行威逼和讹诈。在

[①] 饶榕：《他们为什么选择背叛——SMICE 公式与间谍策反》，《国际展望》2004 年第 4 期。

[②] 勾宏展等：《塞纳河畔的管子工——二十世纪法国情报机构绝密行动》，东方出版社 2005 年版，第 72—73 页。

[③] ［俄］维克托·切尔卡申、格里高利·费弗著，佚名译：《经营间谍的人——一名克格勃特工的自传》，社联印制 2006 年版，第 212—213 页。

战争时期，国家正常的运行秩序被打乱，敌国或敌对组织之间也因为战争而断绝了正常的往来与制衡，情报组织拥有临机处置的权力，"处死"与"合作"二选一的游戏更为普遍，甚至可能会当场兑现。不合作就现场处死，对一些求生欲望强烈的人来说，具有极强的威慑力。在和平时期，国家的法治环境和国家之间的制衡、组织之间的制衡机制会相对比较完善，"监禁"与"合作"二选一的游戏相对会更多一些。

被英国"双十委员会"逆用的著名间谍查普曼，代号"弯路"，是一名英国人。德国突袭法国时，他正在法国北部旅游，被德国人关进了集中营，生死难卜。不久，德国军事谍报局特工找到他，要他做间谍，作为释放他的条件，他看到了生的希望，就答应了，并在法国执行了几次任务，都完成得很好，谍报局巴黎分部很满意，对他进行了系统的间谍技能培训后，将他派遣到英国执行一项重大破坏任务：炸毁哈特菲尔德附近的哈利兰发电厂，这家发电厂向一家战斗机生产工厂供电。他充当德国间谍的目的，就是想寻找机会摆脱德国人的手掌心，重返家乡。这次被空投到英国后，他一落地就自首了，并在"双十委员会"的指导下，反过来欺骗德国。[1] 出生于台湾的蔡孝乾，是中共党内唯一参加过长征的台籍高级干部，1945年被任命为中共台湾省工委书记，次年秘密入台，开展配合解放台湾的工作。1950年1月他被国民党"国防部保密局（前身为军统）"逮捕入狱，后寻机逃脱，3个月后再次被捕。当时保密局采取了招供者活命，不屈者送往马场町处死的威胁策略。马场町是日据时期台北市的一个行政区名，国民党败退到台湾后，将这里作为处决共产党人及亲共人士等政治犯的刑场。在死亡威胁面前，蔡孝乾很快就变节了，并供出了其所掌握的所有地下工作者名单，包括中共台湾省工委领导干部、骨干及潜伏在国民党内的地下组织，共400多名共产党人被逮捕，许多人被处死，如时任国民党"国防部"中将参谋次长吴石及朱枫、陈宝仓、聂曦等，台湾地下党组织被破坏殆尽。蔡孝乾叛变后加入了保密局，后兼任台湾"司法行政部调查局"副局长，被授予少将军衔。因担心遭到报复，蔡孝乾长期被严加保护，深居简出。[2]

---

[1] 肖池编著：《米字旗守护神——英国军情五局和秘密情报局行动档案》，河北人民出版社1998年版，第129—130页。

[2] 郑立：《冷月无声：吴石传》，中共党史出版社2018年版，第228—232页。《蔡孝乾（革命叛徒）》，百度百科，https://baike.baidu.com/。

第六章 策反类秘密行动

对一些被抓获的重要间谍，情报组织出于一定的目的，对这些人员进行策反逆用，也常常是以生命或牢狱之灾相威胁。"红色乐队"间谍网是苏联格鲁乌二战期间在西欧建立的，1942年被盖世太保破获，200多人被捕，100多人被处决。少数"红色乐队"的高层却活到了战后，那是因为盖世太保针对他们制定实施了"大赌博"计划，即策反他们来向苏联传递英美与德国单独媾和的假情报，以离间和瓦解盟国之间的关系。盖世太保以被捕人员生命相威胁，逼迫"红色乐队"负责人特雷伯与他们合作，而此时已有多人被盖世太保策反逆用，并逐步取得了莫斯科的信任。为尽量拯救被捕人员和破坏敌人的计划，特雷伯假装同意合作，却利用这个机会帮助苏联情报机构，反过来欺骗盖世太保。冷战时期，东西德之间的谍战非常激烈，双方都派遣了大量的间谍潜伏到对方的区域，一些间谍被发现后，情报机构往往都会选择将其策反过来为己方所用。西德联邦宪法保卫局发现阿希姆·莫伊茨海姆是东德间谍后，威胁他做双重间谍，为西德秘密服务，否则就要判处长期徒刑，莫伊茨海姆被迫就范。1979年11月，鲁道夫·赫尔曼失踪了，他是克格勃精心培养的驻美国非法情报站站长，主要任务是一旦合法情报站遭到破坏或关闭时，负责接管苏联在美国的间谍网络，确保其正常运转。赫尔曼原名鲁德克，是捷克人，加入克格勃后，顶替了一名死在苏联的德国工人的名字，于1957年冒充东德难民进入西德，1962年移民加拿大，1968年移民到美国，此时赫尔曼才明白自己所要潜伏的目标国家是美国。他在纽约开办了一家纪录影片公司，商业摄影师的身份为赫尔曼从事间谍活动提供了极大的方便，可以去任何地方旅行，也可以在任何地点逗留，一般不会引起怀疑。美国联邦调查局通过长期调查，终于查清了赫尔曼的身份，于1977年5月将其抓捕，并给出两条路供其选择，一条路是以间谍罪判处长期监禁，其妻子和儿子也将以同谋罪关进监狱；一条路是与联邦调查局合作，给他们一家改变身份并保证安全，可以在美国过上平安的生活。赫尔曼选择了屈服，坦白了一切，反过来为联邦调查局服务。克格勃对此似乎浑然不觉，仍然向其布置秘密任务，发放活动经费，将其军衔由中校晋升为上校。克格勃要求与其妻子和儿子在美国以外的地方见面，赫尔曼意识到了其中的风险，但又缺少合适的借口进行推辞。联邦调查局考虑到存在着诱调和审查的风险，便让其全家转移住所，改名换姓，以新的身份融入美国社会，克格勃耗时20年的心血化为泡影。①

三、以亲人生命安全相威胁

法国思想家、文学家罗曼·罗兰说:"亲情是一种神圣的情感。"亲情也是人类最为原始和纯朴的情感,它出自于人的天性并且一般不带附加条件,许多人宁肯牺牲自己的生命,也不愿将亲人置于危险之中,这种情感也成为情报组织策反目标对象的利器。对一些意志坚定不怕死的对象,或是一些鞭长莫及直接掌控不了的对象等,情报组织通常会以其亲人的生命安全作为威胁的手段,彻底击垮对象的心理防线,迫使对象按照己方的意图行事。

1942年3月,英国特别行动执行署将携带着电台的荷兰籍特工劳威尔斯上尉空投到荷兰,任务是负责一个地下抵抗组织与伦敦的联系。他悄然隐藏到了女友伊乔娜的家里,但很快就被纳粹德国"阿勃韦尔"驻阿姆斯特丹办事处吉斯克斯少校抓获。吉斯克斯想利用他欺骗伦敦,劳威尔斯坚决不肯屈从。吉斯克斯最后使出了杀手锏,叫人将剥得只剩下三点式的伊乔娜带进了审讯室,威胁道,如果不合作,"她和你一样,都是要被判处绞刑的,或者是将被押往东方的某个集中营,比如达豪,甚至还有奥斯威辛!"并阴险地说:"不过,由于这个姑娘年轻而又漂亮,所以我们并不想马上把她送到那种地方去。我手下的几位兄弟都想跟她玩玩,尤其是当着你的面……如果你再保持沉默,我只有同意他们的请求了……"面对如此威胁,劳威尔斯不愿女友受辱,只得同意合作,并按照吉斯克斯的指令向伦敦总部发回了第一份假情报,不过劳威尔斯在电报中隐藏了事先约定的报警标志,可惜并未引起伦敦方面的注意,由此开启了"北极行动"的血腥序幕。吉斯克斯通过类似方式先后控制了英荷方面14部电台,将英国情报机构骗得团团转,捕获了所有空投到荷兰的特工和武装人员,几乎破获了荷兰所有的地下抵抗组织,1200多人因此而丧生。②

1941年底太平洋战争爆发后,汪伪集团中的一些汉奸意识到日本主子的好日子已经不长了,纷纷考虑另谋出路或预留后路,国民党中统和军统也加紧了对一些重要汉奸的策反工作,戴笠专门强调:"可利用家属,作

---

① 崔佳编著:《人类谍战的历史》,中华工商联合出版社2014年版,第273—277页。
② 詹非非、詹幼鹏:《英国情报组织绝密行动》,北方文艺出版社2017年版,第72—76页。

第六章　策反类秘密行动

为策反汉奸的门路。"周佛海是汪伪集团的主要成员之一，策反其为军统效力能发挥独特的作用，在控制不了其本人的情况下，控制其家人是一个比较好的选择。负责策反周佛海的唐生明发现其是一个孝子，于是向戴笠建议将周佛海的亲属扣为人质，以迫其就范。戴笠报请蒋介石批准后，在军统息烽监狱专门修建了一座古朴典雅的中式小院，将周佛海在湖南老家的母亲、妹妹、妹夫及岳父母、小姨子等两大家人接来安置好，并鼓动他们给周佛海写信，描述受到优待的情况，嘱咐其"务必做国之忠臣"，表面上温馨的客气掩藏着血腥的杀气。周佛海听说家人被军统绑架走了，一直提心吊胆；后来收到家人来信，才略感宽慰，他深知军统的用意，明白自己的行为直接关乎家人的生死。军统手中掌握着周佛海一大家子人的性命，不怕他不听摆布。周佛海接到军统除掉76号头目李士群的密令后，立即行动起来，借助日本宪兵队特高科长冈村之手，用阿米巴菌毒死了李士群。①

　　二战中后期及战后一个时期，很多乌克兰民族主义者为争取独立，组织了地下游击队，武装对抗苏联政府。斯塔申斯基的一个姐夫是当地一个游击队的领袖，该游击队队员暗杀了支持苏联的作家雅罗斯拉夫哈兰，使时任乌克兰地区最高领导人赫鲁晓夫很是恼火。1950年，年仅19岁的斯塔申斯基因乘坐火车逃票被带到警察局，秘密警察给了他两个选项，一是作为反叛者的家属，全家到西伯利亚劳改25年；二是潜伏进其姐夫的游击队，找到凶手。西伯利亚劳改营，基本上是进得去出不来的死亡地带，许多人甚至尚未到达西伯利亚，就死于环境恶劣的路途中，说送到西伯利亚，与宣判死刑没有什么两样，还会遭受路途上的痛苦和折磨，比死更难熬。斯塔申斯基为了家人安全，只得同意。斯塔申斯基在查清杀手和剿灭乌克兰游击组织的工作中出类拔萃，被吸纳成为克格勃正式特工，先后到慕尼黑用毒气枪暗杀了流亡西欧的乌克兰民族独立运动领袖里列别德和班德拉。他于1961年叛逃到西德，披露了这些暗杀事件，引起了轰动。苏联在冷战前期本来以"反帝反殖"的口号占据了道德制高点，在一些前殖民地及现殖民地国家民众中得到了一定程度的认同和拥护，但被斯塔申斯基叛逃及暗杀事件闹得一扫而空。②

---

　　①　徐飞编著：《狼与狈——中统军统行动档案》，河北人民出版社1998年版，第254—261页。

　　②　程景：《苏联克格勃绝密行动》，北方文艺出版社2917年版，第117—118页。

· 317 ·

第五节 战争与策反

老子《道德经》曰:"师之所处,荆棘生焉;大军之后,必有凶年。"战争必定会给人类带来灾难,和平成为人类共同的理想。但理想与现实总是相距千山万水,和平与战争通常只有一线之隔。德意志帝国首任宰相俾斯麦认为:"这个时代的重大的问题不是演说和决议所能解决的,这些问题只有铁和血才能解决。"铁指武器,血指战争,人称"铁血宰相"。他所说的话似乎并未过时,战争的阴云也似乎从未远去,如何取得战争的胜利成为国家或组织政治生活中的一件大事,中国古代也认为:"国之大事,在祀与戎(《左传·成公十三年》)。"拿破仑曾说:"与其说是步兵、骑兵和炮兵的勇敢与否决定着战争的胜负,不如说是看不见的武器——间谍活动操纵着战争的命运。"战端未启,间谍先行,是战争的普遍规律,拿破仑所言"间谍活动操纵着战争的命运",在一定意义上来说并非夸张之辞。战争其实是明暗两条战线的较量,明的一条战线是军事力量的对抗,讲的是实力;暗的一条战线是情报组织的较量,讲的是智慧。暗的战线往往能改变明的战线的力量对比和战争的最后结果,使弱者变强,或使强者更强,或是巧妙地改变战争的进程和方式,使战争朝着有利于己方的方向发展。无论是美伊海湾战争,还是当下的俄乌军事冲突,其战争的进程与方式,都大大出乎各路军事观察家的预料,他们不得不随时改变和修正自己的观点,成为战争当事方之外的最大输家。其实,战争决策的隐秘性、战争过程的千变万化和战争方式的快速演进,意味着仅凭公开的一点点战争报道资讯及传统的思维方式,就对现代战争下一步的战况作过具体的分析和预测,本身就比算命先生强不了多少,所谓"巧妇难为无米之炊",肯定是件吃力不讨好的苦差事。另外还有一个重要原因是,专家们了解一些战争双方的军事实力这个恒量,但并不一定了解情报组织针对战争的秘密行动这个变量,而在现代战争尤其是后冷战时代的战争中,变量往往是改变战争方式和走向的重要因素。策反秘密行动成为这种较量的重要手段,通过策反对方重要人员来掌握和了解敌方的军事部署等情报,为己方制定应对方案提供决策依据;通过策反来分化瓦解对方的力量,从而减少或消除对方的对抗意志与力量,减少己方的对抗成本,甚至可以不战而屈人之兵,以最小的代价取得最大的战争成果。从时间点上来说,暗的一条战线较量启动得更早;从所起的作用来说,某些战争的成败常常取决于暗的一条战线的工作成效。尤其是冷战之后的大国战争形态发生了巨大的变化，信息化基础上的战争讲求即时情报、电子定位、精准猎杀及减少和避免己方参战人员的伤亡，那么情报组织的实时情报与策反工作便成为战争所倚重的重要手段。在海湾战争中，以策反为主的秘密行动甚至成为战争的主体与灵魂，战火未燃，胜败已定。目前还在进行的俄乌战争之所以迁延不决，据目前披露的情况来看，除了西方国家对乌克兰先进武器装备和信息技术网络的支持与援助，俄方的战争理念与支撑体系尚未完全演进到信息化战争时代外，还有一个重要原因就是情报部门的策反等秘密行动没有按照要求做到位，很可能还通过虚假的情报误导了决策者，这反过来也证实了以策反为主的秘密行动对于现代战争的重要性。

一、在实施军事行动之前或军事行动的过程中，通过策反分化瓦解敌方力量，为武装行动顺利推进创造有利条件

军事对抗不仅是双方实力的较量，更是双方智慧的较量。宋朝欧阳修在《准诏言事上书》中认为："攻人以谋不以力，用兵斗智不斗多。"相对弱小的一方要想取得战争的胜利，必须运用智慧，力求改变己方的不利因素，面对强敌也能克敌制胜。即使是一方具有碾压式的优势，一般情况下也不会贸然进行硬对硬的武装对抗，通常也会运用智慧，尽可能避免或减少己方的伤亡，以最小的代价取得最大的成果，使战争赢得更加轻松。这个过程中，情报组织的策反秘密行动往往成为必用或首要的"斗智"工具，并有效改变敌我双方全局或局部的力量对比，使战争胜利的天平向己方倾斜。

列宁强调："没有不用军事计谋的战争。"这种计谋自然也包含策反秘密行动。为加速解放战争的进程，迅速摧毁国民党政权，中共中央1948年决定，责成李克农任代理部长的中央情报部负责针对国民党军队策动起义的工作，以逐步改变敌强我弱的整体态势，迅速取得解放战争的胜利。国民党政府及军队政治腐败，派系倾轧严重，各种矛盾错综复杂，人心涣散。有人看到国民党大厦将倾，想另寻出路，也有具有爱国心和正义感的人想弃暗投明，还有一些地下党员潜伏在国民党军队中，成为手握重兵的高级将领，这一切都成为策动国民党军队起义的有利条件。李克农按照中央意图，指示各情报系统积极开展这一工作，先后策动了国民党陆、海、空军一系列的起义，起义部队达到180万人，占国民党总兵力近四分之一，起义投诚将军级将领高达1043名，包括程潜、傅作义、董其武、陈明仁、

陶峙岳、卢汉、刘文辉等著名将领，对瓦解国民党军队，迅速改变解放战争中前期解放军的劣势地位，取得解放战争胜利起到了重要作用。中共华东局社会部派遣王征明打入江阴要塞，成功策动了起义，在国民党长江下游的防线上打开了一个重大缺口，使国民党的江防要塞变成为解放军的渡江要道。在渡江战役中，上海吴克坚情报系统派遣林亨元，策动了国民党海军海防第二舰队司令林遵率所部25艘舰艇起义，加速了国民党长江防线的崩溃，为解放军海军的创建发挥了积极的作用。在中南战役中，上海吴克坚情报系统派遣周竹安、华中局社会部派遣杨醒到长沙，成功策动了国民党湖南省政府主席程潜和第一兵团司令陈明仁起义，湖南和平解放。在解放军进军西南的过程中，中共派驻在西康省雅安县的王少春，策动了国民党西康省政府主席刘文辉、川康绥靖公署主任邓锡侯及潘文华起义，打乱了蒋介石"川西决战"的部署，关闭了胡宗南集团逃窜康滇的大门。1949年下半年，香港潘汉年情报系统派遣朱汉明，李克农派遣中情部吕明成功策动"两航"起义，沉重打击了国民党的空中运输渠道，加速了国民党政权的灭亡。"两航"是指属于国民党官僚资本的"中国航空公司"和"中央航空公司"，此时已分别从上海和广州迁到了香港。"两航"起义后，近百架飞机和1900多名员工陆续回到大陆，成为新中国民航事业的骨干。国民党起义将领中，还有一些人早年就秘密参加了共产党，一直潜伏在国民党军队中，在解放战争时期按照党的指令率部起义，不仅削弱了国民党的军事力量，还打乱了国民党的军事部署，为解放军突破敌军防线及围歼敌军创造了有利条件。担任第77军军长的张克侠，1929年就成为中共特别党员，受周恩来直接领导；担任第59军军长的何基沣，于1939年秘密入党。在淮海战役发动两天时，根据华东野战军的指示，两人率领所部两个军共2.3万名官兵起义，占国民党第三绥靖区（第33集团军）的一半人马，导致国军东线防线门户洞开，华野乘虚而入，切断了黄百韬部的退路，为淮海战役胜利立下了首功。中共特别党员、国民党国防部第三厅（作战厅）厅长郭汝瑰利用合法身份，为我党提供了大量的最深层次的军事情报，为解放战争的顺利推进作出了重大贡献，此后又设法担任国民党第22兵团司令兼第72军军长，率领所部1.5万余名官兵在宜宾起义，为川南地区40多个县城的解放创造了条件。抗战胜利后不久，蒋介石政权之所以敢于挑起内战，是因为当时国军拥有总兵力430万人，解放军总兵力只有127万人，军事装备上国军也要远优于解放军，美械或半美械装备部队至少为22个军（整编师）64个师（旅），解放军明显处于劣势地位。

第六章 策反类秘密行动

到1948年6月，国军损失兵力264万人，经补充恢复到365万人，但能部署到前线作战的兵力仅有174万人；解放军总兵力上升到280万人，其中有80万为国军起义和投诚人员。到1949年2月，国军总兵力下降至204万，其中能用于前线作战的仅为146万，解放军的总兵力则升至358万，双方实力对比完全逆转。[①] 基本趋势是随着解放军的胜利推进，起义的国军官兵呈迅速增长的态势，除了情报部门的有力工作之外，解放军强大的军事战绩和压力所发挥的作用也极具震慑力，策动起义是指明出路，大军压境是堵死退路，二者相辅相成，相得益彰。在国共双方兵力此消彼长的过程中，策反也即策动起义无疑发挥了至关重要的作用。

古马其顿国王菲利普说："诡计放在实力的前面，而最后才使用武力。"在海湾战争之前，美国中央情报局就精心策划实施了"摩尔计划"，即派遣间谍收买和策反伊拉克的高级军官及其他重要对象，共花费了30多亿美元，使得这个海湾地区的军事强国，在美军的攻击之下几乎未组织像样的抵抗便全线崩溃。当时伊拉克的武装力量号称有百万之众，除国防军、民兵与警察之外，其最精锐的部队共和国卫队有15万多人，他们拥有最好的军事素质和装备，受到过8年两伊战争的洗礼，应该说具有比较强的战斗力。收买和策反了这支武装力量，就瓦解了萨达姆政权的基础。在战前，美国中央情报局便积极开展策反秘密行动，收集了伊拉克共和国卫队高级军官的个人简历、家庭住址、电话、手机、电子邮件信箱等情报，然后分别进行威胁利诱，如果不与美国合作，其全家都可能会遭遇不测；承诺只要他们在战争中放弃抵抗，不仅可以获得大把的美元，还能保障其本人和家人的人身安全，可以在伊未来的过渡政府中占据一定的位置，或保证其及家人可以移民到美国等西方任何国家。中央情报局通过多年的努力，收买了将近500名伊拉克高级军官，将绝大部分旅长以上的军官都策反了，收买价格大体为旅长250万美元，师长、军长500万美元，大区司令3000—5000万美元，一些特别重要的对象还会超出这个标准。海湾战争开始后，这些将军们故意在军事部署上制造漏洞，给美军预留了一条通向巴格达的"绿色通道"，有的直接将部队解散或带领部队向美军投诚。萨达姆的表兄弟、负责守卫巴格达的共和国特别卫队司令马希尔·苏菲安·提克里蒂，统帅十万精锐之师，在成箱美元的诱惑下，与中央情报局达成

[①] 开诚：《中共隐蔽战绩的卓越领导人李克农》，中共党史出版社2018年版，第325—333页。

秘密协议，不仅向美军提供伊军的作战计划，在美军兵临城下之际，还命令共和国特别卫队放下武器，导致巴格达迅速陷落，马希尔则拿到一大笔奖金后，带着全家去了美国。伊军总参谋长阿比德·哈米德·马哈茂德·提克里蒂，从2000年左右就开始与美国人接触，先后从美国中央情报局那里拿到了10亿多美元，还做着取代萨达姆成为伊拉克下一任领导人的美梦，因而在战争期间为加快伊军颓势，他故意乱发命令，使部队无所适从，上报萨达姆的情况也是真真假假、虚虚实实。他用中央情报局的钱对军队中的一些重要将领进行二次收买和策反，在美军兵临巴格达时，直接下令解散了两个军的精锐部队，其他普通部队即国防军也望风而逃，还没等到美军打过来，30万军队就已经消失得无影无踪。不过战后美国马上翻脸不认人，并没有理睬他对美军所作出的"贡献"，依然将其送上了绞刑架，大概是所谓"功高不赏"吧。中央情报局曾用2000万美元收买两名共和国卫队的师长，据共和国卫队一名年轻军官在战后透露："当时有很多共和国卫队的高级将领们都私下里签署了一份同意书，即同意在美军进攻时，立即放下武器，不作任何抵抗。"7个共和国卫队精锐师，有6个自行解散或投诚，只有"麦地拉师"对美军进行了顽强的抵抗，但在美军空地一体战的强力打击下，以几乎全师阵亡的代价，仅消灭了10余名美军官兵。就这样，美军地面部队在4天的时间里，以阵亡不足百人的代价，仅用"第3机步师"1个师便轻松开进了巴格达。伊拉克国防部长苏尔坦·哈希姆阿玛也被收买了，战争爆发后，作为头号轰炸目标的国防部大楼却安然无恙。伊拉克情报部门首脑塔希尔·贾利勒哈布什及高级军官侯赛因向部下发出通知，谎称萨达姆已死，该消息很快在伊军中传播开来，致使伊军军心涣散。[①] 当时萨达姆政权的军事和强力部门的高官中，有许多人还是萨达姆的亲戚，在中央情报局的威胁利诱之下，大多选择了背叛，并在战争期间按照美国的指令行事。伊拉克政权其实在战争打响之前就已经不在萨达姆的真正掌控之下了，只是时机未到，这些人陪着萨达姆多演了一阵子的戏而已。美国也是深度介入了叙利亚的乱局，中央情报局对叙利亚军方人员的策反由来已久，在2007年以色列空袭叙利亚核反应堆时，就有消息称是中央情报局策反的叙方重要人士提供了准确的情报，为空袭创造了条件。2011年叙利亚内战爆发后，叙军大批将领在冲突之初宣布加入

[①]《美国用银弹打赢伊拉克战争》，士鸿，2021年4月7日，观察者网，https://user.guancha.cn/wap/content?id=490731。

叛军，一度有 20 多名高级将领在短时间内叛变，带走大批军队并反戈一击，叛军甚至进攻到了总统官邸附近，使得阿萨德政权岌岌可危，幸得俄军尤其是瓦格纳雇佣军果断出手相救，阿萨德政权才挺过了这次危机。

二、通过军事行动进行武力征服未能迅速达到目的时，借助以策反为主要手段的秘密行动来进行弥补

战争的目的是将对手消灭或使对手屈服，如果通过武力征服的手段达不到这个目的时，那么通过情报组织的策反或诱降等方式来分化瓦解对手，就会成为武力征服的补充手段。通过这种方式来分化对手，即使没有完全达到使对手屈服的目标，也能够有效地削弱对手的力量，并使对手的一部分力量转而为我所用，壮大己方的力量，为己方的军事行动创造有利的条件。

日本侵华战争历时 14 年，投入总兵力约为 410 万人，其中二战时期投入到中国战场的总兵力约为 260 万人，到 1945 年二战结束时，日本"中国派遣军"105 万人投降。这意味着在日本开展全面侵华战争的八年抗战时期，日本在中国的兵力大体维持在 100 万—200 万人之间。中国幅员辽阔，人口众多，单靠日本自身的兵力显然不足以达到征服中国的目的。但日本狂妄地认为，凭借日军强大的战斗力，中国军队会不堪一击，很快就能使中国政府屈服，但中国人民的抵抗意志使其完全依靠武力征服的幻想落空，对中国的方针也由"以军事打击为主"改为"以政治诱降为主"。于是由日本情报组织主导的策反中国军政要员、分化中国抗战力量、消解中国反侵略意志为主要内容的秘密行动，成为日本侵华战争的第二个重要战场，由战前的主要为搜集情报转变为将秘密行动放在了重要位置上。日军参谋本部任命土肥原贤二中将组建对华谋略（日本将情报组织的秘密行动称为谋略工作）的中央直辖机关，并在北京设立由大伯通贞少将为首的华北机关，在上海设立由知和鹰二大佐为首的华中（南）机关。随后在日本本部设立了由"五相会议"直接领导的"对华特别委员会"，由土肥原贤二等人分别代表陆军、海军、外务省等部门组成，代号为"竹机关"，通称"土肥原机关"，专门负责对华的重大政治、经济谋略和"建立中国新中央政府（即伪政府）"。日本陆军大本营专门制定了《第二期谋略计划》，该计划中的"实施要领"共分为 3 个部分。第一部分的内容为：策反和起用唐绍仪及吴佩孚等在野前军政要员，形成强有力的政权趋势的"鸟工作"；加强临时政权、维新政权，促进其与其他反蒋政权合并的"鸠

工作";在蒋政权内部及民众中掀起反蒋运动的"鹰工作";策反离间蒋政权的将领及政客的"鹭工作";酿成在蒋政权内部的反共和平空气的"鸳工作";形成建立西南政权的"鸢工作"等。第二部分的主要内容是使蒋政权统治下的杂牌军瓦解归顺,削弱其实力的"兽工作",具体为针对宋哲元军的"狐工作"、针对韩复榘军的"粟鼠工作"、针对旧东北军的"狗工作"、针对阎锡山军的"狸工作"、针对石友三军的"猫工作"以及针对刘建绪军的"鹿工作",针对徐源泉军的"牛工作"等,将这些策反过来的军队组成临时政府或维新政府的正规军,或编为保安部队。第三部分为利用李宗仁、白崇禧的"山工作",策动西南军队回避抗战,通电反蒋、反共;以反蒋、反共、反战为政策,建立地方政府,对内实行和平和亲日政策及西南大联合等。①

在华日本间谍利用各种关系和渠道,广泛开展策反和诱降秘密行动,日本称之为所谓"和平运动"。抗战8年中,被策反投敌的自国民党副总裁以下中央委员20人、高级将领99人,② 国军正规部队成建制投敌50万—60万人,成为伪军主要兵力来源。其中策反汪精卫的秘密行动代号为"渡边工作",汪精卫在日本的策反下,带领陈公博、周佛海等一帮政界大佬公开叛国投敌,在南京建立伪"国民政府",成为日本侵略者的帮凶。近百万的伪军,加上投敌的地方武装和沦陷区的警察部队,人数超过210万,超过了日军侵华时期的最高兵力。

在筹建汪伪政权的同时,日本又启动了由"中国派遣军总司令部"主管情报的今井武夫负责的策反和诱降蒋政权的"桐工作",双方代表曾先后多次在香港和澳门会谈,后因日本新任首相东条英机收回了"中国派遣军""和平谈判"的权力,以及重庆政府内部抗战派反对等变故而流产。虽然日本情报机构的策反与诱降秘密行动并没有完全达到目标,但仅部分达到了目标的项目,就给中国抗战造成了巨大的困难。中国的抗战,其对手不仅有日本政府,还有汪精卫之流的伪政府,不仅有装备精良的日军,还有数量更为庞大的伪军。在中国的土地上,利用中国人来打中国人,以实现日本侵占中国、实现所谓"大东亚共荣圈"的目标,成为日本军界及

---

① 魏大庆等编著:《诡狐——日本特工行动档案》,河北人民出版社1998年版,第225—226页。

② 王侃、杨树标:《论1939年—1945年国民政府将领投敌之原因》,《党史研究与教学》2000年第5期。

情报机构所导演的拿手"好戏"。这是一段对中国人民来说刻骨铭心的惨痛历史，但不得不承认，当时日本情报机构的战略水平和实操能力还是比较强的，正因为如此，也给中国带来了更加深重的灾难。

三、因策反工作没有按计划做到位，导致战争迁延不决，陷入困境

策反工作虽然对战争时期扭转敌我力量对比有着明显的、有时甚至是立竿见影的作用，但毕竟所针对的对象一般为敌方阵营的中高层人员，也并不是轻而易举就能得手的。抗战时期日本情报组织针对中国军政高官的策反工作，也只是少数意志不坚定者上了贼船，大多数都没能达到目标，使得日本迅速征服中国的图谋没能实现，日军的大部分兵力也被牢牢牵制在中国战场上，限制了其开辟新的战场及在新战场上所投入兵力与其他战争资源的规模，并在坚持持久战的中国军队面前极大地消耗了战争资源。作为一个国土面积狭小、自然资源贫乏的岛国，速战速决是最佳选择，它经受不了长期的战争消耗，"以战养战"也弥补不了战争所造成的巨量财力、物力与人力的亏空，决定了其必然失败的命运。另外，情报机构也是由人所构成的，与其他军政机构一样，也可能会存在管理不善、利己动机及腐败堕落等问题，因其工作方式的特殊性，在日常监管方面难度更高，发现问题的难度更大。

俄罗斯情报机构源出于苏联时代的克格勃和格鲁乌，冷战时期，苏美两国情报机构龙争虎斗，难分伯仲，有时苏联甚至还可以压过美国一头。俄罗斯情报机构虽然由于国家战略收缩及国力所限，其战斗力已不能与苏联时代相提并论，但依然是世界上战斗力最强的情报机构之一。在2014年克里米亚事件中，俄罗斯情报机构表现不俗，向克里米亚亲俄势力提供武器装备和军事训练，由这些亲俄武装民兵力量做先锋，占领当地政府、议会等机构和机场、港口等要地，俄军第31独立近卫空降突击旅伪装成"当地安全力量"，与亲俄武装一起迅速行动，使克里米亚乌军猝不及防。当乌克兰政府下令克里米亚乌军开火时，俄罗斯情报部门所策反的乌克兰国防部官员却向驻克里米亚乌军下达了完全相反的命令，当地乌军指挥官不明所以，延误了反击的时间，导致全面溃退。俄情报机构向驻克里米亚乌军官兵发送大量信息进行策反，告知他们投诚可以继续在俄军服役，待遇将大幅度提高，家人也可获得俄罗斯国籍，并宣称俄军已经实际占领克里米亚，致使乌军10多支部队成建制倒戈，其中包括乌海军司令等数十名

高级指挥官及海军旗舰,超过1.8万名乌军官兵向俄军投诚,而乌克兰在克里米亚的驻军才不过2.2万人,基本上瓦解了乌克兰在克里米亚的军事力量,为俄军不费一枪一弹占领克里米亚铺平了道路。俄总统普京在演讲中称:"感谢乌克兰(驻克里米亚)的军人,他们为数不少,一共有2.2万全副武装的士兵。我想感谢你们没有用流血解决问题,没有用血玷污自己。"① 作为旁观者,总觉得这番话或多或少带有些反讽的意味,当一个国家的军队受到敌国领导人的赞扬和感谢时,不知其当以何种面目自处,当然对这支已经垮掉并消失了的军队来说,连"自哀"的机会都没有了,遑论其他。其实普京最应该感谢的是俄情报机构,没有情报机构在克里米亚深耕细作,很难会取得这种不战而屈人之兵的效果。为防止北约干预,此间俄罗斯高调宣布要在北极地区举行大规模军事演习,并出动大量军列开往乌拉尔,成功迷惑了北约国家情报机构,掩藏了俄军的真实意图,当北约反应过来,为时已晚,克里米亚已被俄罗斯收入囊中。当西方国家指责俄罗斯军事干预克里米亚时,普京反问道:"你听说过历史上有不放枪、不死人的军事干涉吗?"俄情报机构不仅用秘密手段帮助俄夺取了克里米亚,还为其领导人争夺国际话语权创造了自由驰骋的空间。总之,摸清敌方的底数和底牌,分化瓦解敌方阵营的力量和意志,是现代战争能否取胜的关键之一,情报机构的策反秘密行动是达到前述目标的主要途径。行诡道,辟捷径,是现代战争取胜的不二法门。

---

① 张犟、詹静:《克里米亚上演俄版"混合战争"》,《中国国防报》2020年4月9日。

第七章

渗透类秘密行动

渗透，比喻某种事物或势力逐渐进入到对方结构内部中去。情报组织的渗透，是指情报组织一方以掩护身份、伪装面目派遣情报人员，逐步进入到对手的组织机构内部，从事情报搜集和破坏颠覆等秘密活动，以达到掌控、削弱或消灭对手的目的。渗透与策反是一种相对应的关系，渗透是"打入"，就是派遣人员打入到对手的组织里去；策反是"拉出"，是指通过收买、胁迫等手段，使对手阵营里的人为我所用。广义的渗透概念，则将打入、拉出和主动投靠等情形全部包含在内，即只要是在目标国家和组织中存在己方的间谍，不管是通过何种方式发展的，都可称为渗透。但从狭义的概念上来讲，渗透与策反的区别是很明显的，这里将二者分别开来进行讨论。各国情报组织都把渗透当作开展间谍情报活动最基本的手段，"特洛伊木马计"就是渗透方面的经典案例，因为堡垒最容易从内部攻破，渗透成功，就意味着你已经悄无声息地进入到了对手的堡垒之中，必定会给对方造成潜在或现实的巨大危害。同时思想文化渗透也是情报组织渗透类秘密行动的重要内容，尤其是美国中央情报局，在这方面做了大量而系统的工作，对于建立美国的文化霸权发挥了不可或缺的作用。

第一节 渗透的主要方式

情报组织的渗透活动，主要方式是派遣和发展。所谓派遣，是指情报组织为了一定的目的，暗中派遣情报人员潜入到目标国家、目标地区、目标组织或目标对象身边执行特定的任务。按派遣的方式，可分为公开派遣和秘密派遣，秘密派遣中又可分为直接派遣和迂回派遣。所谓发展，就是在目标国家、目标地区及目标组织中直接招募间谍，建立间谍网。另外还有培植代理人的方式，这些人往往在目标国家或组织中具有比较高的地位，不一定要发展成为间谍，只需要其按照本情报组织的意图和指令行事就可以了，虽然不一定具有间谍的身份，但实质上发挥着间谍的作用，甚至可以发挥间谍所难以发挥的作用。

一、公开派遣

对目标国家进行渗透，各国情报组织当然不会放过通过公开合法的渠道派遣间谍的方式，其所建立的情报组织一般称为"合法间谍网"。公开合法的途径，主要是指利用国家政府、军队和企业驻外等机构，以外交官、国防部代表、商务驻外人员和国际组织工作人员等身份为掩护派遣情报人员，所有这些情报人员都以公开合法的身份作为掩护，开展秘密情报和秘密行动等间谍活动。利用驻外使领馆的有利条件，在驻外使领馆建立情报站组，作为在驻在国进行情报活动的组织指挥中心，情报站有权指挥以各种合法身份派驻该国的所有情报人员，站组情报人员的主要职责是秘密发展和经营指导间谍或间谍网，这是世界大多数国家通行的做法。苏联驻外情报站一般下设4个业务组，即情报组、反间谍组、科技情报组和潜伏支援组。其中反间谍组的任务为确保苏联派驻在该国的人员不被对方的情报机构策反招募，还需针对对方的情报安全机构及军、政、情、科等人员进行策反、收买和招募等活动，具有矛与盾的双重功能。策反和经营埃姆斯、汉森等著名间谍的克格勃情报官员切尔卡申，曾担任驻美国情报站副站长，负责反间谍组的工作，并通过这些深藏在对手核心部位的间谍，来搜集潜伏在己方重要核心部位间谍的线索，以便进行反查和清除，美苏双方潜伏在对方核心部位的重要间谍，主要是通过这种方式发现并清除的。另外还可以借助向有些国际组织派驻外交官员或工作人员的机会，将情报人员伪装成为这些人员的身份进行派遣，从事间谍活动。苏联时期向联合国组织派驻的外交使团和工作人员达600多人，其中三分之一以上为掩藏身份的情报官员。

这种做法肇始于15世纪的意大利，到16世纪推广到全欧洲，后又逐步推广到世界其他国家。设在使领馆的情报站组人员具有外交人员身份，一旦因从事情报活动暴露或被捕，可依据外交豁免权逃脱牢狱之灾，大多不过受到驱逐出境的处罚，与秘密派遣的人员相比，个人安全风险系数大为降低。但与此同时，这些情报人员必定会受到驻在国情报机构和反间谍部门的严密监视，活动空间受限，也很容易被驻在国抓住把柄，引起外交纠纷，甚至引发大规模的间谍驱逐事件。如苏联一向将法国作为在欧洲间谍活动的中心，20世纪80年代初期，驻法外交人员达700多人，其中200多人为情报人员，其他驻法人员有1700多人，加起来共2500人，其中70%是情报人员，加上每人发展经营的间谍，在法国活动的苏联间谍不会是一个小数目。1983年，法国驱逐苏联47名以外交人员身份作掩护的情报人员及150多名家眷，由警察护送前往机场，人流如潮，蔚为壮观。1986年，美国认为苏联驻美外交人员太多，可能存在大量间谍，时任美国总统里根批准实施"饥渴行动"，目的是通过减少苏联驻美外交人员，来降低苏联在美间谍的规模，美国驱逐了80名苏联外交人员，苏联则以驱逐5名美国外交人员作为回应。美苏相互驱逐外交人员的做法一直延续到俄罗斯时期，2016年，因"通俄门事件"，奥巴马政府驱逐俄罗斯外交人员，关闭了俄罗斯两个领事馆；俄罗斯则驱逐了755名美国外交人员，使美国驻俄大使馆基本停摆。特朗普上台后，为洗脱"通俄"的嫌疑，不得已升级了对俄罗斯的制裁，俄罗斯再次驱逐了119名美国及其盟国的外交人员作为报复。当然不见得被驱逐的人员全部都是间谍，但其中肯定包含着相当数量的间谍，双方都心照不宣，打一阵口水仗便偃旗息鼓，再筹划新一轮的较量。

虽说这种派遣方式有种种不便之处，但将使领馆当作情报活动的组织指挥中心，其好处还是显而易见的，比较重要的间谍，大多是以外交官身份作掩护的情报官员进行联络和指挥的。如在日本的佐尔格"拉姆扎"间谍网，由苏联驻日本使馆二秘兼专员扎依采夫负责联络指导；美国中央情报局时任苏联东欧部反间谍处处长埃姆斯，由苏联驻美情报站副站长切尔卡申等负责联络；主动投靠英国秘密情报局的格鲁乌上校奥列格·佩尼科夫斯基，负责与其联络的除了英国商人格雷维尔·怀恩之外，还有英国秘密情报局驻莫斯科情报站官员罗杰里克·奇兹霍尔姆夫妇，克格勃反间谍人员正是通过跟踪后者，才掌握了佩尼科夫斯基叛国投敌的确凿证据。

二、秘密派遣

秘密派遣与公开派遣的做法正好相反，其所组建和发展的间谍网被称为"非法间谍网"，直接由情报机构总部领导，与"合法情报网"不发生任何横向联系，是指由情报组织采取伪装身份，通过秘密渠道，将情报人员派遣到目标国家、目标地区、目标组织或目标对象身边，从事秘密情报和秘密行动的行为。这些情报人员潜入指定国家或指定部位后，发展和组建情报网，这种间谍网一般不与设在使领馆的情报站组发生关系，直接受国内总部指挥。这类派遣人员多伪装成平民、商人、自由职业者、学者、记者、学生、经纪人等身份，以及因特殊情报、行动所需要的其他的合适身份，如难民、叛逃人员等，有的还成功渗透进目标国家的政府、情报、科研、军事等重要部门。秘密派遣可分为直接派遣和迂回派遣两大类。

　　直接派遣,是指针对指定的国家、组织或部位,直接派出情报人员开展活动,也即从派遣国家直接到达目标国家,中间不通过第三国洗白身份,主要方法有空投或偷渡、冒名顶替、鱼目混珠等。二战时期,两大军事阵营就经常采取空投或偷渡等方式,将间谍送到对方军事占领或管控区,从事破坏和情报搜集活动。如英国情报部门的"双十委员会"和德国情报部门实施的"北极行动",就是掌握和利用对方通过空投或偷渡等方式潜入的间谍,对对方进行反制。英国派遣到捷克暗杀海德里希的9名特别行动小组成员,派遣到德国控制的韦莫克重水工厂实施破坏秘密行动的艾因纳·斯金南纳德等人,都是用空投的方式送到指定的地点,与当地相关人员会合后,顺利地完成了任务。冒名顶替的方式使用得也比较多,一般情况下需要改变被派遣者的自然身份,战争年代比较混乱,这种方式比较好用,苏联和英国摧毁德国的细菌研发基地,都是采取了冒名顶替的方法。在战后一个时期,情报组织采用这种方式派遣间谍也比较普遍,这是因为战争导致大量人口死亡或离乡背井,正常的社会秩序被完全打乱,许多档案资料也遭到严重毁损,让情报人员顶替已经死亡或失踪人员的名字,并以这种新的身份回归到社会,派遣到指定的国家或部位,就有效消除了可能会引发怀疑的因素。所谓鱼目混珠的方式,即被派遣者的自然身份根据需要确定是否改变,冒充特定群体的人员进入目标国家,这种特定的群体要能比较容易获得目标国家的同情与接纳。如冷战初期,大量两德的居民向对方出逃,形成了难民潮,东德出逃的更多,这也是导致东德修建柏林墙的重要原因之一。东德和西德都借助难民潮,将情报官员伪装成难民,随着难民潮分别潜入对方区域,开展间谍活动。东德国外情报总局情报人员纪尧姆,就是伪装成东德难民身份"逃往"西德,打入社会民主党,最后竟然渗透进了总理府。捷克斯洛伐克为克格勃物色推荐的情报人员卡尔·科切尔及妻子汉娜·科切尔,经过捷苏两国情报机构的精心培训,于70年代伪装成政治避难者"逃亡"到美国,经过多年的准备和努力之后,卡尔·科切尔顺利进入美国中央情报局工作,直到1984年被捷克叛逃人员出卖。这也说明通过鱼目混珠的方式进行渗透,效果比较明显。

　　迂回派遣比直接派遣的方式更加隐蔽,过程更加复杂,周期也相对比较长,需要经过作为媒介的第三国或第三地洗白身份,再到达目标国家、目标组织或目标部位,以此来彻底斩断派遣对象与派遣国之间的关系,抹去派遣对象与其原有身份之间的所有痕迹,消除目标国家和组织的怀疑。

第七章　渗透类秘密行动

曾任美国中央情报局局长的杜勒斯对此十分在行："为情报目的而'伪装'一个人的唯一办法，就是把这个人从头到脚彻底改造一番。"使之变成另外一个身份背景完全不同的人。一般来说，选择媒介国要考虑以下三个因素。

媒介国一般社会管理比较宽松，谋职比较容易，最好是在媒介国或目标国能有一个特定的比较好融入的群体，派遣人员能够比较好地生存和适应，甚至可以为今后开展间谍活动创造新的更好的条件。有"间谍王子"之称的以色列特工伊利·科恩出生于埃及，1956年移民到以色列。科恩的祖辈是叙利亚犹太人，摩萨德将其装扮成富商，先派遣到有近50万阿拉伯移民的阿根廷首都布宜诺斯艾利斯，开办了一家进出口贸易公司，融入这里叙利亚人的圈子，彻底清除其与以色列相关的所有痕迹，再到达目标国家叙利亚大马士革开展间谍活动。其在阿根廷洗白身份期间，认识了叙驻阿使馆武官哈菲兹将军并成为好友，后来哈菲兹成为叙利亚总统，差点提拔其担任叙利亚国防部长。[①] 科恩在这里不仅洗白了身份，还获得了到叙利亚开展间谍工作的重要人脉资源。沃尔夫冈·洛茨出生于德国，二战前随犹太母亲移居以色列，被以色列阿穆恩（军事情报局）招募为特工后，他伪造了半真半假的德国人履历及户口，并在德国居留了一年多时间，先后更换了多个住址，再以德国人的身份到埃及经商。二战后有大量德国原纳粹人员为埃及政府工作，在军队和军事科技、军事工业部门尤为突出，洛茨伪装成具有强烈纳粹思想的人，很快在这些德国人的圈子中打开了局面，由此结交了一批埃及军政要员，借助这些人脉关系，向埃及军事机构和军事基地进行了成功的渗透，获取了埃及大量核心军事机密，为以色列打赢第三次中东战争作出了重大贡献。

媒介国与目标国关系比较友好，或有特殊的关系，相互信任，交往频繁，防范措施比较宽松。如按照英国移民法规定，英联邦国家公民向英国移民要比非英联邦国家容易得多；英美两国有特殊的历史渊源和关系，将英国作为向美国派遣间谍的媒介国更容易获得成功。加拿大与美国关系友好，语言相通，地理相邻，两国的人口流动管制比较宽松，许多国家将加拿大作为向美国派遣间谍的媒介国。由于特殊的地理位置和多元文化背景，加拿大成为世界上没有敌对国家的少数国家之一，加拿大护照几乎可

[①] 詹为为、詹幼鹏：《以色列摩萨德绝密行动》，北方文艺出版社2017年版，第82—83页。

世界情报组织秘密行动

在全世界畅通无阻,加上加拿大是一个移民国家,种族复杂,任何肤色或讲任何一种语言的人持有加拿大护照,都不易引起怀疑,所以从事非法活动的情报人员对加拿大护照情有独钟。1997年在"安曼行动"中失手的两名摩萨德特工均持加拿大护照,以色列情报人员一向喜欢冒用加拿大护照来掩护自己的身份。有些国家迂回派遣间谍时,也喜欢将加拿大作为媒介国来使用。苏联"千面谍王"阿贝尔上校,出生于流亡英国的一个被强制俄罗斯化的德国人家庭,后全家返回苏联,1947年冒充立陶宛难民凯奥蒂斯进入加拿大,1948年通过加拿大进入美国,冒名顶替美国人戈利德富斯的身份,并伪造了征兵卡和纳税证明,而真正的戈利德富斯出生于纽约,14个月就夭折了。他虽然是首次来到纽约,但由于事先做足了功课,其对纽约熟悉的程度和地道的美式英语,让当地人确信他就是土生土长的本地人。他以摄影师兼画家的职业作为掩护,领导苏联在北美及中美洲的"非法间谍网",1957年因被助手出卖而被捕。① 他在潜伏美国的近十年时间里,为苏联搜集了大量高质量的情报,从未引起过美国人的怀疑。实际上他真名为威廉·菲舍尔,阿贝尔是其二战期间在德军后方开展游击战时战友的名字,他冒用了这个名字及经历,后来以这个冒用的名字扬名于世,真名反倒湮没无闻。根据情报工作的需要,他先后冒充了一串人的名字,顶替了一批人的自然身份,说他是"千面人"一点也不夸张。

能够比较好地通过媒介国消除派出国的痕迹,不易让人发觉二者之间的联系,有效规避能引起对方怀疑的蛛丝马迹,提高派遣人员的安全系数。如苏联格鲁乌情报人员佐尔格是德裔,取得德国记者的身份,为消除与苏联相关的痕迹,舍近求远,特意绕道法国、美国后再进入日本,一般不会想到他与苏联还会有什么关系。因此,当佐尔格被日本抓捕后,德国驻日大使奥特非常愤怒,认为佐尔格不可能是苏联间谍,日本这样做是对德意志帝国的一种挑衅和侮辱行为,还致电柏林,试图由纳粹政府出面进行解救。当然最后的结果是奥特大使也受到了牵连,满怀懊恼地被解除了大使职位。② 佐尔格将学术研究、新闻报道与情报工作完美地结合起来,创造了世界情报史上独一无二的传奇,许多西方国家都出版了有关他的专

---

① 艾红、王君、慕尧:《俄罗斯情报组织揭秘》,时事出版社2013年版,第205页。

② 艾红、王君、慕尧:《俄罗斯情报组织揭秘》,时事出版社2013年版,第16、25页。

第七章 渗透类秘密行动

著,美国情报院校甚至将其写进了教材。以色列情报人员在执行短期的、一次性的任务时,通常也是冒用其他西方国家的护照,分别绕道假护照所在国家或其他相关国家,从那里进入目标国家后再会合。如摩萨德特工于2010在迪拜布斯坦罗塔娜酒店,暗杀了巴勒斯坦"哈马斯"高级官员哈茂德·马巴胡赫。暗杀特别行动小组的11名成员,分别持有伪造的英国、爱尔兰、法国、德国、澳大利亚和奥地利等国的护照,他们几天前分别绕道巴黎、法兰克福、罗马和苏黎世等地,然后再到迪拜会合。表面上看,这些人不过是来自不同国家的零散游客,你根本想不到他们是一伙的。要不是酒店的监控记录下了这次暗杀行动,该案大概率会成为一个因病自然死亡的事件,警方到现场时,最初判断就是死于心脏病突发。这是历史上第一次被监控记录下的暗杀秘密行动,随着监控设施的普及,情报组织的秘密行动迎来了新的挑战。几名生活在以色列的英国人抱怨,摩萨德特工在暗杀秘密行动中冒用自己的护照,致使自己被无故卷入谋杀争端中,甚至面临被受害国报复性暗杀的危险。新西兰、瑞典等国也因为以色列情报人员窃取和冒充其国民身份,在境外从事暗杀、破坏等秘密行动,而引起外交纠纷,新西兰曾因此一度中断了与以色列的外交关系。[①]

三、招募他国公民为情报官员

情报是一个特殊的职业,对国家的忠诚是最核心的素质要求,假如你本来就不是这个国家的公民,对该国的忠诚也就无从谈起,因此许多国家的情报机构都规定,情报官员的招募对象都必须是本国公民,具有本国国籍,个别国家甚至规定必须是出自本国主体民族。但在历史上,这也并不是一条铁律。当年苏联是世界革命的中心,为了推动世界各地的革命运动,招募他国公民为情报官员的做法,成为一种必然和有效的选择。这些被招募的人员通常具有共产党员的身份,或是认同共产主义,积极从事反对资本主义和反对法西斯的活动,理想信念使他们超越了国界,聚集到苏联的旗帜之下,心甘情愿地加入苏联情报机构,为苏联服务。英国情报机构在二战期间,则是以与相关国家流亡政府合作的方式,招募德占区国家的流亡人员为特工,再派回其祖国从事针对德军及傀儡政权的破坏活动。但欧洲德占区一些国家在英国设立的流亡政府多为空架子或空牌子,并没

---

① 詹为为、詹幼鹏:《以色列摩萨德绝密行动》,北方文艺出版社2017年版,第278—283页。

有多少可以调用的资源,因而所谓合作大多只是名义上的,全部或绝大部分工作一般都由英国情报机构承担或主导,从某种意义上来讲,说这些特工是由英国情报机构招募的,可能更符合当时的实际情况。

十月革命后至二战前,苏联拥有对外情报活动得天独厚的条件,仅在中央各省就有400多万外国人,其中很多是沙俄时代的战俘,这些战俘中有30多万人自愿参加了红军,绝大多数都是忠诚的有觉悟的共产党人,情报部门把他们招募后派回到他们的祖国,或是以他们的祖国作掩护派到其他国家,为苏联从事情报活动。同时十月革命后,莫斯科成为世界共产主义的中心,成立了共产国际,各国共产党人纷纷聚集到莫斯科来,根据共产国际的安排,其中一部分人接受苏联情报部门的任务。也有学者认为共产国际是苏联除克格勃、格鲁乌之外的第三大情报机构,至少是与苏联情报机构有着广泛而密切的合作,后来被"共产党工人党情报局(或简称共产党情报局)"所取代。十月革命的胜利,使世界上越来越多的人信奉共产主义学说,愿意为社会主义的苏联效力,苏联情报机构巧妙地利用了当时有利的国际环境,进行了大规模的情报网组建工作,形成了比较完善的情报网络。①

苏联情报组织于20世纪30年代,在英国建立了一个以暗中信仰共产主义的精英青年为核心的间谍网。苏联情报机构深知,公开左倾的知识分子在西欧是各国警察和情报机构严密监视的对象,很难为莫斯科工作;相反,吸纳还不为人所关注、又具有较强专业技能和良好社会关系的大学生,劝说他们进入所在国家政府机构、议会及情报部门工作,能为苏联创造更多更长线的收益,著名的"剑桥五杰"就是在这一时期发展招募的,这批人在10多年后都在政府及情报机构占据了重要岗位,发挥了重要作用。二战前及二战期间,苏联4个著名的情报网负责人及骨干成员,大多是通过类似方式招募发展的。如"特雷伯"情报网的负责人是波兰犹太人、共产党员奥波尔德·特雷伯,早年从事革命活动,曾两次被捕,1932年到苏联学习期间,加入苏联情报组织格鲁乌,并接受了间谍培训,1937年被派遣到西欧组建和领导间谍网,冒充加拿大人,以加拿大实业家的身份,在法国、比利时、丹麦、荷兰和德国等地开展情报活动。"红色乐队"情报网是"特雷伯"情报网的一个独立性较强的分支,负责人是两名德国人,有一位情报人员曾任纳粹德国最高统帅部的速记员,经常参加希特勒

---

① 卫安主编:《外国情报史》,时事出版社1993年版,第17页。

主持的最高军事会议,从而使苏军总部对德军的行动了如指掌。"拉多"情报网设在瑞士,负责人是匈牙利人亚历山大·拉多。拉多一战后曾参加匈牙利革命运动,革命失败后先后在柏林、巴黎开办新闻图片社,1935年到苏联搜集业务资料时加入格鲁乌,嗣后到瑞士日内瓦以开办新闻图片社作掩护,组建并经营间谍网。该情报网所属的"露西小组",根据拉多的指令,参与策划实施了施陶芬贝格上校在"狼穴"暗杀希特勒的秘密行动,失败后"露西小组"多名成员被希特勒处决。在日本的"拉姆扎"间谍网的负责人佐尔格,是格鲁乌首脑别尔津亲自招募的德裔人士,骨干成员尾崎秀实是日本人。这些人都渗透进了间谍网所在区域目标国家的核心部位,为苏联的情报工作作出了巨大的贡献,同时也付出了巨大的牺牲。[①]

二战期间,英国与欧洲一些国家的流亡政府情报部门合作,招募这些国家的流亡人员,由英国特别行动执行署进行培训后,空投到这些国家从事破坏及情报活动。英国派遣到捷克暗杀海德里希的9名特别行动小组成员,全部是招募的捷克人。派遣到挪威韦莫克重水工厂实施破坏秘密行动的艾因纳·斯金南纳德,流亡英国前就在该厂工作过,其弟弟及熟识的一帮工友还在该厂工作,这也为他渗透进该厂实施破坏行动提供了良好的条件。在德国情报机构的"北极行动"中,共抓获英国空投到荷兰的特工52名,有47名被杀,其中英国人只有10名,其余42名均为荷兰人,荷兰流亡政府对这种惨重的损失非常愤怒,认为是英国情报机构的严重失误所造成的。二战的硝烟尚未完全散尽,荷兰议会就迫不及待地成立了专门的调查委员会,想向英国人讨要说法。这也从另一个侧面说明,英国情报机构在这些秘密行动中起着决定性的作用,说是英国情报机构直接招募了这些特工也不为过,所以荷兰人才敢于理直气壮地向英国情报机构追责。英国秘密情报局与美国战略情报局合作,还联合法国戴高乐流亡政府中央情报暨行动局,实施了"苏塞克斯"行动,同样是主要招募法国流亡人员进行专门的特工培训,然后将他们空投到法国,从事针对德国占领军的破坏活动,并取得了很大的成功。

四、扶持代理人

前面所说的通过派遣方式开展的渗透活动,是以损害目标国家、目标组织利益,增益己方利益为主要目的的活动。另外还有一种方式开展的渗

---

① 卫安主编:《外国情报史》,时事出版社1993年版,第19—21页。

透活动，则比较复杂，他们通过寻找和扶持代理人的方式，操纵目标国家或目标组织的高层政治，将自己心仪的人扶上目标国家或组织领导人的宝座，从而实现对这个国家或组织某种程度上的影响和控制；有的则是大力扶持当地的某些政治势力或军事势力，使其按照己方的意图开展政治或军事斗争。这些代理人大多没有加入间谍组织，不具备间谍身份，但他们实质上起着间谍的作用，甚至能起到间谍难以起到的作用。其他人的渗透活动，往往只是一个点，在局部或极小点位上发挥作用；而扶持代理人的渗透方式，则是一个面，对一个国家或组织发挥作用，甚至进而可影响到这个国家所在的区域，显然这种渗透方式的收益更大，相关的条件要求和实施难度也更高。

苏联对东欧国家政府的控制，就是通过这种方式进行的，美国也同样是如此。具有"游击战专家"之称的爱德华·兰斯代尔，实际上也是一个颠覆和控制专家，先后在菲律宾和越南开展了这种秘密行动，并由中校逐步晋升为少将。他在二战期间曾加入过美国战略情报局，20世纪50年代初期，由美国中央情报局派遣到菲律宾，以美军顾问团顾问的身份，帮助菲律宾政府镇压了已控制该国大部分地区的"新人民军"游击队。他认为菲国会议员拉蒙·麦格塞塞具有领导人潜质，可在当政的腐败右翼势力与如火如荼的左翼势力之间找到第三条道路，扶持其担任国防部长，通过给予高达百万美元的资金资助，媒体宣传造势，对竞争对手、时任总统季旦诺发表重要竞选演说前偷偷下药，使其演讲时语无伦次，秘密策反副总统费尔南多等方式，帮助麦格塞塞取得竞选胜利并当上了总统，建立了亲美政权。麦格塞塞当选总统几天后，就承诺美国可以永久使用在菲的军事基地。美国时任总统艾森豪威尔，将兰斯代尔在菲律宾成功的秘密行动称为"深奥微妙政治行动"的典范，① 并在1954年将其派往南越，担任中央情报局驻西贡军事顾问团团长。中央情报局局长杜勒斯指示其"干你在菲律宾干过的事情"，他将受到法国追捕的吴庭艳扶持为南越总理，后来在其一手操纵下，吴废黜保大皇帝就任南越总统，成为美国在越南的代理人。②

阿富汗战争初期是苏联与阿富汗抵抗组织之间的战争，后来很大程度上发展成为苏联与美国代理人之间的战争。美国中央情报局大力支持阿富

---

① 侯涛：《美国多次干涉菲律宾大选》，《环球时报》2018年10月18日。
② 刘雪梅等：《神秘的第三只手——二十世纪美国情报机构绝密行动》，东方出版社2005年版，第229—233页。

汗地方军阀和穆斯林游击队组织，通过给他们提供经费、军火装备、组织培训等方式，提高他们的军事实力和作战能力，使拥有强大军事实力的苏联，陷入了阿富汗非常规战争的泥潭。1979年底，苏联入侵阿富汗，阿富汗民族抵抗运动兴起，世界各地许多年轻的穆斯林以志愿者的身份云集阿富汗，参加以游击战为主要方式的所谓"圣战"。23岁的沙特人本·拉丹也随着这股洪流涌进了阿富汗，结识了一大批来自阿尔及利亚、摩洛哥、马来西亚及美国等国的伊斯兰激进人士，并在战火的洗礼中逐渐显露头角，成为"圣战"组织的领袖之一，得到了美国的大力扶持，被美国誉为"反苏英雄"和"抗苏斗士"。美国中央情报局每年拨出5亿美元经费，来武装和训练这些游击队员，美国的各种武器包括"毒刺"导弹等尖端武器，也陆续进入了本·拉丹等穆斯林游击队组织的武器库，他们也从美国中央情报局那里学会了许多行之有效的阴谋诡计和暴力手段。苏军撤离后，本·拉丹成立了"基地"组织，作为未来"圣战"可能的总部。90年代初，美国借攻打伊拉克之机，将50万大军开进沙特，激起了本·拉丹及许多伊斯兰教士的强烈反对和公开谴责，本·拉丹也从此走上了与美为敌的道路，在世界各地频繁策划实施针对美国的恐怖袭击活动。[①] 在阿富汗对抗苏联的战争中，本·拉丹等穆斯林游击队组织和阿富汗地方军阀实质上成为了美国的代理人，美国中央情报局出钱（武器装备和培训也需要钱来支撑），本·拉丹等组织和地方军阀出人，按照美国的意图开展针对苏军的战争，美国中央情报局通过这些大大小小的代理人，赢得了这场战争。

第二节 渗透的主要部位

派遣情报人员进行渗透，是情报组织惯用的手法。渗透的重点部位一般为目标政府或组织的重要部位、对方情报机构、科技研究机构和重要国际组织等。渗透的方式一般是以掩护身份或伪装面目进行，有的是直接向指定的部位进行渗透，一般需要有得力的人进行引荐或伪装成特殊的身份，需时相对比较短；有的是先以合适的身份潜伏下来，逐步向更高层或指定的部位发展渗透，需时相对比较长，不确定因素也比较多，但仍然有

[①] 白建才：《"第三种选择"：冷战期间美国对外隐蔽行动战略研究》，人民出版社2012年版，第353—356页。

许多成功的经典案例。

一、政府或组织核心部位

向目标国家政府或组织的重要部位渗透，是情报机构的首要目标。所谓政府的重要部位，一般是指以国家最高领导人为核心的决策层及其重要部门。国家之间的较量与博弈，实质上是政府之间的较量与博弈，"知己知彼，百战不殆"，掌握了对方政府最核心的机密，或在核心部位开展破坏活动，往往易于掌握博弈的主动权，做到在纷繁复杂的斗争中游刃有余、克敌制胜。

理查德·佐尔格领导的"拉姆扎"情报小组渗透进了德国驻日本大使馆及日本首相身边，并得到了他们的充分信任，获取了德国和日本最核心的机密，为苏联取得卫国战争胜利作出了重大贡献。1929 年，佐尔格被苏联军事情报部部长别尔津招募为情报官员，安排在共产国际处工作，同年至 1932 年以共产国际名义派遣到上海从事情报工作，并与时任日本《朝日新闻》常驻上海特派员、"上海的日本共产党和日本进步人士的核心人物"尾崎秀实密切合作，搜集了大量涉及中国的情报，许多情报经苏联转到中央苏区。1933 年佐尔格以记者身份被派到日本领导"拉姆扎"情报小组的工作，其本人成为纳粹德国驻日本大使的密友，被德国外交部任命为使馆的新闻专员，帮助分析情报、草拟绝密电文，使馆向其敞开了机密的大门。情报小组的重要成员尾崎秀实后来成为日本首相近卫文麿的政治顾问，可以看到很多重要的机密文件材料，并每周三参加首相领导的早餐会，全面掌握了他们所谈论的国内和国际大事，还与内阁官房长官风见秋、元老院重臣西园寺公望之孙西园寺公一过从甚密，基本上按住了日本政府的脉搏。他们为苏联获取了大量德国和日本最核心的机密，其中最重要的是纳粹德国进攻苏联的准确时间和日军南进计划等情报，后者使苏联统帅部放心地从远东地区抽调防范日本入侵的 11 个步兵师和坦克师共 25 万兵力，增援莫斯科保卫战，打破了战争的僵持状态，从而扭转了整个对德战局，改变了二战的走向。他们还试图借助尾崎秀实的特殊身份影响日本政府的决策，并商定了可施加影响的日本军政要员名单。针对德国敦促日本北上进攻苏联的要求，尾崎秀实装作漫不经心的样子对近卫首相说："希特勒先生现在对我们讲的与以前的说法完全不同。德国人过去一直说

第七章 渗透类秘密行动

我们北面的后方是很可靠的。莫非他们是想让我们为他们去虎口拔牙吗？"[①] 后来日本仍然维持"南进"政策，解除了苏联的后顾之忧。

两个德国对抗期间，东德国外情报总局对西德最重要和最成功的间谍是纪尧姆，他伪装成难民"逃亡"到西德后长期潜伏并不断努力，从最底层干起，逐步渗透到勃兰特总理身边，并成为其亲信，使东德全面掌握了西德总理的所有重要机密。其父在纳粹统治时期，曾帮助勃兰特逃过盖世太保的追捕并帮他疗伤，通过这层关系，1956年纪尧姆同妻子一起以难民身份进入西德，时任西柏林市长的勃兰特给予了很多帮助。1969年勃兰特出任总理，纪尧姆被迅速提升为总理私人助理，有权接触一级机密文件。西德及英美的许多最高级别的机密，源源不断地通过这个秘密渠道转交到东德和苏联手中，直到1974年纪尧姆才被叛逃人员揭露出间谍身份，最终导致勃兰特辞职。[②] 以色列摩萨德为了向叙利亚进行渗透，规避叙利亚对外国人抱有戒备的心理，将被称为"犹太第一谍"的伊利·科恩，伪造身份到叙利亚人比较多的阿根廷布宜诺斯艾利斯，开办了一家进出口贸易公司，设法结识了阿拉伯企业界的许多人士，更重要的是认识了叙驻阿根廷使馆武官阿明·哈菲兹将军，此人后来成为叙利亚总统。科恩以阿根廷作为媒介国和跳板，1962年到达叙利亚大马士革进行间谍活动，结识了一批叙利亚军方、政府和情报机构的中上层官员，获取了叙利亚大量的政治、军事以及约旦河改道计划等详细情报。在阿根廷认识的哈菲兹将军成为叙利亚总统后，提名科恩为叙利亚国防部长候选人，1965年科恩暴露后被判处绞刑。我党在与国民党反动政府的斗争中，也是积极想办法力图向国民党政府核心部位进行渗透。沈安娜于1935年打入国民党浙江省政府任书记员，得到了省主席朱家骅的信任，秘密为党搜集情报。1938年，在周恩来的指派下，她通过时任国民党中央党部秘书长朱家骅的安排，成为国民党"特别党员"，打入国民党中央党部做书记员，主要职责是在蒋介石主持的党、政、军、特等高层会议上作记录。这些记录文稿，很快就通过地下渠道流向了延安，从未留下任何蛛丝马迹，她被誉为"按住蒋介石脉搏的人"。1949年国民党政府兵败南迁广州，沈安娜才悄然离开南京，结束了

[①] 高金虎等：《剑与盾——二十世纪俄罗斯情报机构绝密行动》，东方出版社2005年版，第42页。

[②] 王乔保等：《喋血柏林墙——二十世纪德国情报机构绝密行动》，东方出版社2005年版，第268—277页。

长达 14 年的地下谍报生涯。①

"独奏行动（或译为索洛行动）"采取了一种比较特殊的渗透方式，通过派遣本国具有特殊身份的人员，利用其与目标国家最高权力层密切交往的机会进行渗透。美国共产党骨干莫里斯·查尔兹于 20 世纪 40 年代末期被联邦调查局秘密策反，50 年代中期出任美共副主席，负责与苏联的联络及筹款等工作。他先后 54 次到访苏联，经常与苏共总书记及政治局成员会面，并成为赫鲁晓夫、勃列日涅夫、安德罗波夫及许多党政要员的私人朋友。1959 年，苏共时任总书记赫鲁晓夫还带着他访问了北京，受到我国领导人的约见。他每到一次苏联，都会给联邦调查局带来丰厚的回报，美方获取了苏联高层及相关国家一系列的核心情报，其中对中苏矛盾双方的观点和想法及许多隐秘问题都了解得清清楚楚。莫斯科给他们夫妇提供了别墅、厨师、专车、医疗及物资特供等优厚的生活条件，但他深知克格勃的能耐，每次到苏联都过得提心吊胆。1977 年 6 月 10 日晚上，苏共总书记勃列日涅夫突然要召见他，他心里一惊，以为该来的这一天终于来了，但也无路可逃，只得强作镇静地来到克里姆林宫，却发现是勃列日涅夫想给他一个惊喜。几乎半个政治局的高官在摆满美酒佳肴的桌子旁，正准备庆祝他 75 岁的生日，还给他颁发了一枚"红旗勋章"。虽说是虚惊一场，但这种一惊一乍的事情，隔三差五地来这么一下，使其身心备受折磨。随着时光的流逝，联邦调查局越来越担心该行动会暴露，到 80 年代初期，莫里斯年事已高，疾病缠身，便以此为由让其向苏联报告无法继续履行职责，中止了该项秘密行动。莫里斯于 1991 年 6 月即苏联解体半年前去世，在追悼会上，联邦调查局局长助理詹姆斯·福克斯，并意味深长地说："除了联邦调查局之外，我可以肯定地说，很少有人知道他到底是谁。但我可以向你们保证，每当我听到人们谈论詹姆斯·邦德的电影时，我都会说，我知道的这个故事，比你们所谈的故事更精彩。"福克斯曾任纽约分局主管，是该行动的负责人。②直到本世纪初，该事件才被逐步披露出来，而涉及到该事件的重要当事方，大多已经作古，包括曾经强大无比的苏联。

---

① 杨丽娟：《"按住蒋介石脉搏的人"——中共情报员沈安娜的潜伏 14 年》，《北京日报》2017 年 2 月 12 日。

② [美] 罗纳德·凯斯勒著，佚名译：《联邦调查局》，社联印制 2005 年版，第 24—25 页。黄大林编译：《FBI 针对苏联的"独奏"行动》，泰迦老骥，2022 年 5 月 23 日，知乎网，https://www.zhihu.com/。

第七章　渗透类秘密行动

二、对方情报机构

向对方情报机构进行渗透，是各国情报组织活动的重中之重，掌握了对手的核心秘密，就等于是扼住了对手的咽喉。这往往体现为行家对行家、专业对专业的较量，渗透的难度极大，但一旦成功，会带来非常丰厚的收益。

针对英国情报机构开展的渗透活动，苏联情报组织所取得的最辉煌的成就是培养和招募了"剑桥五杰"。菲尔比、伯吉斯、麦克林、布兰特、凯恩克罗斯5个人都于20世纪30年代毕业于英国剑桥大学，在校读书期间就被苏联情报组织招募，并指示他们打入英国政府和情报机构内部，这些人都如愿达到了目的。这5个人先后进入英国外交部、秘密情报局、安全局和政府通信总部等要害部门工作。其中最著名的是菲尔比，曾先后担任秘密情报局驻美国情报站站长和秘密情报局反间谍处处长，差一点就成为了秘密情报局的领导，暴露后潜逃到苏联。1934年，英国伦敦大学一个名叫阿诺德·多伊奇的学生前来攻读心理学，外表看他像个典型的英国知识分子，他的真实身份是苏联格鲁乌情报官员。他发现一些学生对共产主义充满激情，具有招募发展间谍的有利条件。他想精选几名能干的学生，公开身份背景应该属于英国上流社会，便于打入英国政府和情报机构。多伊奇与同在伦敦的奥地利共产党员丽丝取得联系，丽丝推荐了自己的丈夫金·菲尔比，菲尔比又推荐了剑桥大学同学唐纳德·麦克莱恩和盖伊·伯吉斯，伯吉斯劝说剑桥大学学者安东尼·布兰特和约翰·凯恩克罗斯加入，"剑桥五杰"间谍圈形成。这些人都是出身英国上流社会，为什么会走上甘当苏联间谍之路？菲尔比和布兰特等人在回忆录中都认为，他们坚信共产主义的最后胜利有一两代人就会实现。20世纪30年代欧美经济危机和希特勒上台，西方国家无计可施，一味绥靖，才使英国进步阶层普遍转左，年轻知识分子中弥漫着一种情绪，认为英国已是穷途末路，苏联才是世界的希望。当时剑桥的进步学生大都是共产主义者，菲尔比、布兰特、吉伯斯等人的加入，使剑桥精英社团"使徒社"更是被共产主义信仰所主宰。"使徒社"是剑桥大学的一个秘密学生团体，每届由12名出类拔萃的学生组成，每周六进行秘密聚会，讨论从哲学、美学到政治、商业等各类问题，从中走出了一大批文学和学术名人，如哲学家伯特兰·罗素、经济学家约翰·凯恩斯、文学家E·M·福斯特等。英国情报系统的"绅士俱乐部"性质，使得国家利益经常不得不让位于朋友情谊。占据核心位置的英国情报人员多来自公学和牛津、剑桥等名校，他们视彼此为朋友，到了关键时刻，他们宁肯叛国，不愿卖友，剑桥"使徒社"的悠久传统和精英意识，使得这种友谊更是登峰造极。文学家 E·M. 福斯特曾说过："如果我必须在出卖我的祖国和出卖我的朋友之间做出选择，我希望，我敢于出卖自己的祖国。"这种人文环境，使得"剑桥五杰"如鱼得水。①

捷克斯洛伐克情报官员卡尔·科切尔夫妇，在冷战期间以极其独特的方式，为苏联集团作出了巨大贡献，他们是通过精心设计的虚假"政治避难"的方式，渗透进了中央情报局。科切尔和妻子汉娜被捷克国家安全局招募为情报官员，送到苏联的秘密训练基地接受了3年的特殊技能训练，并在捷克国家安全局和克格勃的精心安排下，两人以难民身份，到美国驻奥地利大使馆申请"政治庇护"获得批准，从此他们到西方国家潜伏长达21年，与世界上最强大的情报机构美国中央情报局玩起了"猫鼠游戏"。克格勃交给科切尔的任务是站稳脚跟、长期潜伏、设法打入美国敏感部门并窃取秘密。科切尔先是成为自由欧洲电台的专职撰稿人，后到美国哥伦比亚大学攻读哲学博士学位，1973年经著名国际问题专家布热津斯基推荐，被美国中央情报局录用，负责评估和预测苏联集团各成员国的政治、军事、外交和经济政策趋势与特点等问题，向美国政府有关部门提供政策建议。科切尔向捷、苏情报部门提供了大量的情报，以及美国潜伏在苏联东欧国家的间谍线索，致使不少美国潜伏在苏联东欧的间谍被捕或失踪。为进一步扩大情报来源，获取到更多的情报，他们还经常参与"性群交俱乐部""换妻俱乐部"之类团体的活动。1984年被联邦调查局抓捕，1986年苏联用持不同政见者夏兰斯基换回了科切尔夫妇。科切尔夫妇给美国中央情报局造成了巨大的损失，并使其在世人面前蒙羞，美国情报机构却对这个高明的对手恨不起来。美国联邦调查局认为他们的从谍经历是"难得的谍术教科书"，中央情报局将他们视为"最出色的间谍"，曾邀请他们就自己的间谍生涯经验到中央情报局授课。②

希特勒一直认为共产主义是纳粹主义的天敌，党卫军保安局外国情报处处长施伦堡将情报工作的重点对准了苏联，并通过虚假决裂的方式，将

---

① 《西学||剑桥大学走出的苏联间谍"五人组"》，《翻译教学与研究》，2024年8月4日，微信公众平台，https://mp.weixin.qq.com/s?-biz=MzA3MTg1NjMwNg==。
② 孙树理主编：《间谍情报与安全保密辞典》，解放军出版社2001年版，第889—891页。

第七章　渗透类秘密行动

已经收买的出走人员重新送回苏联情报组织。苏联是一个防范极其严密的国家，很难渗透进其情报组织。此时一名叫尼尔斯·弗莱格的瑞典人进入了施伦堡的视线，他曾是瑞典共产党员，后脱党建立了自己的政治小团体，日子过得穷愁潦倒，面对施伦堡送来的巨款，一下子又来了精神。在施伦堡的授意下，弗莱格安排手下的十几个人假意公开与他决裂，设法又回到了瑞典共产党组织之中，并起劲地"攻击"弗莱格，直到引起苏联人的关注，苏联大使馆情报官员很快与这些人建立了联系。通过这个"弗莱格情报网"，施伦堡获得了惊人的回报，获取了苏联将在1941年底对德国军队的反攻计划要点、苏军在莫斯科周围地区用以反击德军钳形攻势的兵力配置地图、苏军的兵力兵器构成情况等。[①] 二战时，弗拉索夫中将是苏联第2集团军司令，在莫斯科保卫战期间兵败被俘，他很快投降德国并组建了一支10多万人的"俄罗斯解放军"，调转枪口对准苏联。为对付这支叛军，苏联内务人民委员会派遣亚历山大·纳夫拉蒂尔洛夫化名"奥尔洛夫"，代号"萨沙"，以假叛逃的方式来到德国。他乘坐飞机进入德国，杀死机上所有人员后跳伞，向德国人表示投靠的意愿，并以提供20多名在德活动的苏联情报人员为代价，获得了德国东线外军处处长盖伦的信任，成功离间了其与弗拉索夫的关系，使其领导的叛军未能开赴前线与苏军作战，后又获得弗拉索夫所组织的"解放俄罗斯各民族委员会"的情报，使苏联一举抓获该委员会大部分成员。战后"萨沙"又通过盖伦组织进入美国中央情报局，转战美国。[②] 直到1961年，克格勃特工戈利钦"叛逃"美国后，才向中央情报局反间谍处处长安格尔顿揭开了"萨沙"的身世之谜，当时"萨沙"还在中央情报局苏联东欧部工作。瓦尔特·格拉姆斯是德国社会民主党人，后社会民主党与共产党合并为东德统一社会党时，其成为东德贸易和供应局运输处处长。他内心里是反共的，盖伦获知后派人将其招募。他工作几经变动，成为了海运总局局长恩斯特·沃尔韦贝尔身边的红人。1953年，沃尔韦贝尔升任东德国家安全部部长，并进入了政治局。格拉姆斯也成为盖伦所掌握的最重要的间谍之一，东德国家安全部及政治局大量机密文件和材料，源源不断地流入到了盖伦组织总部。[③]

[①] 崔佳：《人类谍战的历史》，中华工商联合出版社2014年版，第165页。

[②] 艾红、王君、慕尧：《俄罗斯情报组织揭秘》，时事出版社2013年版，第127页。

[③] 王乔保等：《喋血柏林墙——二十世纪德国情报机构绝密行动》，东方出版社2005年版，第185—186页。

三、重要军事部门

向对方重要军事部门和重要军事设施部位进行渗透，一直是情报机构的工作重点，对于处于战争状态、战争对峙状态或计划偷袭对手的国家及组织来说，就更是如此。通过秘密渠道全面掌握了解对方的军事部署、军事计划、重要军事装备设施等情况，事关战争成败。战端未启，情报先行，是取得战争胜利的不二法则。中共地下党员刘斐和郭汝瑰经过长期潜伏发展，在解放战争时期，两人深得蒋介石和陈诚、何应钦的信任，刘任国民党国防部参谋次长、郭任国民党国防部作战厅厅长，成为蒋介石指挥前线作战的核心班底成员，不仅为我党提供了大量深层次的军事情报，还在作战部署和军事指挥方面故意出一些深藏玄机的"点子"，影响蒋介石及国防部的决策，为解放军打垮和歼灭国民党军队提供有利条件。

震惊世界的日军偷袭珍珠港事件，就是在派遣间谍渗透进珍珠港，全面掌握珍珠港情报的基础上，日本海军进行长途奔袭，打得美国太平洋舰队措手不及，损失惨重。20世纪30年代末，日美关系急剧紧张，日本海军联合舰队司令长官山本五十六认为，日本在开战之初就应摧毁位于夏威夷珍珠港的美国太平洋舰队，必须事先掌握该舰队的情况。1940年日本海军军令部第三部负责对美情报工作的第五课派遣吉川猛夫，化名"森村正"，以檀香山总领事馆书记员的身份作掩护，搜集美国太平洋舰队的情报。他借助码头边的小茶馆、珍珠港后面山坡上的妓院春潮楼等有利位置进行侦察，还经常装扮成富二代，请美国海军军官喝酒时打听舰队的情况等，全面掌握了舰艇进出港、气象、机场、兵力配备调动等情报，在日本偷袭珍珠港前，吉川详细回答了海军军令部列出的涉及珍珠港的97个具体问题。他潜伏夏威夷的210天里，向国内发回了100多份情报，对成功偷袭珍珠港发挥了关键作用，得到了极高的评价。曾参与偷袭珍珠港的海军第一航空舰队参谋长草鹿在回忆中说："由于军令部及时通报了来自檀香山的情报，才得以及时了解珍珠港内的敌情，使奇袭获得了成功。"①

以色列建国后，与阿拉伯国家处于尖锐的敌对和战争状态，中东大国埃及对以色列的威胁很大，当时埃及请了许多德国前纳粹分子为埃及效力。已经在以色列军队成为少校的沃尔夫冈·洛茨被阿穆恩（军事情报局）相中，进行了严格的间谍专业培训。洛茨出生于德国，阿穆恩为其伪

---

① 梁陶：《日本情报组织揭秘》，时事出版社2012年版，第489—504页。

造了新的履历，先派往德国，并在柏林申报了户口，然后在短期内变换了好几个住处，以洗白身份，再以德国人、富商和"育马专家"的身份来到埃及，通过这里德国人的圈子作为桥梁，很快结识了一批当地的社会名流和成功人士，与埃及军队的一批将校级军官成为了朋友，并买下了在埃及一个火箭发射试验场旁边的牧场。他利用这些关系，参观了连同试验场在内的两个导弹发射井，获取了两个飞机工厂的详细情况，掌握了军事工业部门的情况及德国专家的详细人事安排，埃军红海舰队及西奈半岛的军队及物资运输情况，还查清了埃及沙卢发导弹基地的详情，这些都为以色列军队在第三次中东战争中打败埃及立下了汗马功劳。正因为如此，其暴露被捕后，以色列于1968年用包括9名埃及将军在内的5000多名战俘进行交换。①

四、科技研发机构

国家之间的竞争，往往体现在科技的竞争。向科技研发及生产机构进行秘密渗透，也是各国情报组织的工作重点。英国经济学家、哲学家亚当·斯密说："科学是对狂热和狂言最好的解毒剂。"而对科学技术成果的觊觎，许多国家情报机构往往具有狂热的激情，并且无药可解。这些渗透活动主要是要达到两个方面的目的，一是窃取他国先进的科技研发成果，缩短与他国科技发展的距离，节约研发成本和时间，以改变己方在某个方面的劣势地位；二是对他国或对手的科技研究或生产场所进行破坏，迟滞或中止其先进技术的研发进程，以确保己方在某个方面的优势地位，或是不至于让对手拉出更大的距离。

为获取原子弹研发方面的情报，苏联针对英美原子弹研发相关机构和科学家实施了"蜜糖行动"，其中表现最突出的是克劳斯·福克斯。他先后渗透进了英国"管道合金"和美国"曼哈顿计划"原子弹研发项目，获取了原子弹研发最核心的情报。生于德国的福克斯大学时代加入了德国共产党，因全家受到纳粹迫害移民到英国，在英国读完博士后进入了皮尔斯教授的原子弹研究实验室工作，1943年被派到美国考察原子弹研究基地，并留下来担任"原子弹之父"奥本海默的助手，全程参与了美国原子弹的研究、组装和试爆工作。1946年他回到英国任哈鲁艾尔原子能科学研究中

---

① 詹为为、詹幼鹏：《以色列摩萨德绝密行动》，北方文艺出版社2017年版，第101—118页。

心理论部主任,参与英国的原子弹研究工作。在此期间,他将美英两国原子弹研究的机密全部提供给苏联,使苏联于 1949 年成功试爆了"南瓜"原子弹。美国认为,凭苏联的科技水平和工业生产能力,要研制出原子弹至少需要 20 年。福克斯的情报大大缩短了苏联研发原子弹的时间,节省了宝贵的时间和巨额的研发经费,使得苏联在短时间内获得了针对以美国为代表的西方国家的战略核威慑力量,成为苏联与美国争霸的王牌和底气所在。①

二战期间,为摧毁纳粹德国位于柏林附近黑林山的细菌武器研制中心,苏军情报部组织实施了"极点行动",派遣德国人海因里希·齐默尔曼担任破坏小组组长。他声称自己是被流放到西伯利亚的德国人,顺利混进了由 300 人组成的俄罗斯劳工队中,来到黑林山,并负责管理这些劳工。苏联又另派中央方面军反间谍局侦察员亚历山大·萨弗罗诺夫化名"勒勃沃尔",冒充德国细菌实验中心施密特教授的侄子。施密特教授与弟弟一家多年没有来往,过去并没有见过这个"侄子";对"侄子"投奔自己非常高兴,并将他作为助手带进了实验室。还有负责实验室动物饲养的畜牧师拉杜什金也混进了黑林山。随着与苏联的战事进入不利状态,希特勒急切地想使用细菌武器以扭转战局,并再次召见细菌实验室负责人施泰尼茨及施密特教授。萨弗罗诺夫得知后立即上报总部,总部当即决定破坏小组提前行动。拉杜什金将炸药装进动物饲料槽的夹层中带进了实验室,齐默尔曼小组也在细菌武器生产厂安放了炸药和定时装置。到了夜半时分,连续两声爆炸划破了黑林山的寂静,纳粹的细菌实验楼和工厂化为废墟,希特勒寄予厚望的细菌武器灰飞烟灭,参与破坏行动的人员按预定方案顺利撤离。②

台湾地区于 20 世纪 70 年代末开始秘密发展核武器,台核能研究所在高雄中磷公司兴建磷酸提铀先导工厂,与法国塞卡公司合作设立一座年产 20 吨二氧化铀燃料丸的压水式反应器燃料束先导工厂,到 1986 年已有了短期内生产核武器的能力,并进行了小型核试爆,估计只要两三年时间就可以制造出原子弹。1988 年该所副所长张宪义上校窃取核武器计划机密文件,在中央情报局的协助下逃到美国,随后又在美国国会秘密听证会上作

---

① 程景:《苏联克格勃绝密行动》,北方文艺出版社 2017 年版,第 63—70 页。
② 宋颖编著:《特种部队:世界王牌特种部队秘密档案》,哈尔滨出版社 2009 年版,第 134—143 页。

证，将其掌握的台湾地区研制核武器的内幕和盘托出，并说台准备在射程为1000公里左右的"天马"导弹上安装核弹头，研制工作已接近完成。美国是反对台湾地区拥核的，此事引起美国一片哗然，在美国压力下，台湾当局不得不终止了核武器发展计划。张宪义早年赴美留学期间，就已被美国中央情报局招募为间谍，并安插在台核武器研发核心部门，台核武器研发工作的一举一动均在美国的掌握之中，并最终梦碎。[①] 间谍活动，不只针对敌人，也针对朋友，这在情报界是一种常态，对情报机构来说，本国或本组织的利益才是第一位的。一个陌生的朋友（指不了解其内心的真实想法和可能的举动），会比一个熟悉的敌人更可怕。千防万防，家贼难防，也是说的这个道理。

五、重要国际组织

冷战时期，在美苏两大阵营争霸的国际环境下，各自操纵、利用或成立一些国际组织来实现自己的目标，向对方主导的重要国际组织进行渗透，掌握了解其核心内幕情报，有针对性地进行防范和抵御，成为各自情报部门的重要任务。另外，通过人员渗透等方式操纵一些国际组织，给对方制造不利因素，也是比较常见的做法。

二战后成立了联合国组织，这里很快就成为各国情报组织的重要战场。苏联情报机构在联合国的活动相当活跃，据1981年统计，仅在纽约联合国秘书处就有苏联籍雇员330人，苏联驻联合国代表团成员310人，其中30%—40%是克格勃和格鲁乌情报官员，还有数以百计的东欧和古巴籍雇员为苏联工作，联合国总部成为苏联间谍在美活动的重要据点。苏联间谍遍布联合国各机构，占据着一批重要职位，如联合国先后两名秘书长吴丹和瓦尔海德姆的特别助理莱索维斯基，秘书长德奎利亚尔的特别助理叶夫斯塔维耶夫均为克格勃情报官员；联合国负责政治和安全理事会事务的副秘书长职位，长期由克格勃情报官员占据；特别政治事务部主任、国际经济和社会事务部官员、副秘书长特别法律助理、政治新闻协调科科长等职位也是由苏联情报官员长期盘踞。在日内瓦，苏联驻联合国组织使团有50人，苏联籍雇员78人，为苏联工作的东欧和古巴间谍130人，就地招募的超过100人，合计达到了358人；有一批苏联情报官员担任这些组织的重要职务，如联合国驻欧洲总部人事办公室主任德涅普罗夫斯基是克格

[①] 宋伟峰：《台湾要打"核武"牌？》，《当代军事文摘》2006年第3期。

勃上校等。① 他们利用这些合法身份，窃取秘密、发展间谍和从事相关的秘密破坏活动。

  为与苏联东欧集团相抗衡，美欧成立了北大西洋公约组织，简称"北约"，它是美国与西欧、北美主要发达国家为实现防卫协作而建立的一个国际军事集团组织，对苏东集团形成了巨大的威胁和压力，自然而然成为苏联情报机构渗透的重点。乔治·帕克在1943年时，通过西班牙内战时期的老战士、医生伯恩斯坦的引荐，被苏联情报人员招募为间谍，起初曾在法国第四共和国历任几个部的主任和顾问，戴高乐任第五共和国总统时，帕克又被调任专门负责国防问题，先后在法军参谋部情报处、国防研究院工作，于1962年到北约总部新闻处任副职。在为苏联秘密工作的20年中，他提供了北约成员国的国防计划、西柏林西部的防务体系、土耳其进口雷达的计划、北约在西欧的防务计划等重要文件，还包括200多份西方国家政治家、高官、记者和外交官的详细履历。② 克格勃从1951年就开始培养休·汉布尔顿，后来，进入北约工作，每两周就同克格勃联系人见一次面，带来大量北约从经济预测到军事计划的机密情报，为此克格勃在巴黎特意成立了一个加工和整理所窃文件的活动小组。加拿大人汉布尔顿的父母都是知名人士，经常带他参与一些外国大使馆举办的官方酒会，有时也会在家中招待外国大使馆官员，克格勃官员鲍罗廷对汉布尔顿很感兴趣，逐步将其发展为间谍。其于1956年在巴黎取得博士学位后，受聘到北约总部工作，4年时间里，每年向苏联提供北约上千页最高机密的经济和军事情报，让苏联政治局委员可以坐在办公室里，细细审读北约最重要的机密。③ 与此相对应，美国和西欧国家也对华约组织进行了渗透，其中波兰人民军总参谋部作战部副部长、战略防御计划处处长库克林斯基于1970年被美国中央情报局招募为间谍，其职责相当于华约总司令与波军最高首脑之间的联络官，他向中央情报局提供了华约5.8万余页总计1200万字的核心情报。1981年临暴露前，在中央情报局华沙情报站的秘密安排下，他携全家潜逃到美国。他在美国生活得并不如意，死神似乎总在他的身边徘

---

① 黄狐编著：《鹰眼——苏联克格勃行动档案》，河北人民出版社1998年版，第217—314页。

② 勾宏展等：《塞纳河畔的管子工——二十世纪法国情报机构绝密行动》，东方出版社2005年版，第153—159页。

③ 高金虎等：《剑与盾——二十世纪俄罗斯情报机构绝密行动》，东方出版社2005年版，第260—272页。

第七章 渗透类秘密行动

徊,其长子在海边游泳时神秘失踪,次子又因车祸而亡。其背后的原因只可意会,不可言传。1986年里根与戈尔巴乔夫在冰岛首都雷克雅未克会晤时,美国防部长温伯格向戈展示了由库克林斯基绘制的苏联指挥系统及地下指挥部的精确示意图,并警告说一旦开战,苏联的指挥系统会迅速被美国导弹摧毁,失去指挥系统的军队即使装备再精良也难有作为。这一招使苏联领导人如五雷轰顶,强化了美国在冷战中的优势地位。[①] 会谈中,戈尔巴乔夫在中程导弹、战略武器、核试验等问题上作出了重大让步,要求美国承诺10年内不在太空试验"星球大战"武器,作为达成一揽子协议的条件,但里根表示绝不放弃"星球大战"计划,致使谈判未能取得实质性成果。

第三节 渗透的主要目的与作用

间谍渗透进对手的内部,就如同病毒进入了人的躯体,势必会造成程度不同的危害。这些人往往以其内部人或自己人自居,表面看不出异样,实际上却起着与表象完全相反的作用。这些隐藏在内部的异己力量,同外部明火执仗的对手相比,危害性更大,更难进行防范,一般是在付出了惨重的代价之后,才会有所觉察,但其所造成的危害和损失已经无法挽回,因而情报组织都乐于此道。渗透的主要目的是窃取核心机密、从事破坏活动、诱导舆论和民意、影响政府决策和控制相关国家政府等。所涉及的层面既有战术性质的,也有战略性质的;既有点位的、局部的,也有全局性的,涵盖面比较广。

一、窃取核心机密

通过人员渗透的方式,打入对方重要部位,来窃取对方的重要秘密,是最常见的一种窃密方式。一般不会引起对方的警觉,能够掌握和获取核心内幕、准确完整、时效性强的情报。这类渗透活动通常潜伏时间跨度长,发挥作用大,对对方的危害也大。尤其是渗透到国家领导人身边的间谍,一旦被发现,对该国家领导人的政治杀伤力极大,甚至会被视为政治丑闻而导致该领导人下台,如佐尔格和尾崎秀实间谍案导致日本首相近卫文麿内阁倒台,纪尧姆间谍事件导致联邦德国总理勃兰特辞职等。这种窃

---

① 朱竟成、林国利:《上校间谍库克林斯基》,《环球军事》2006年第5期。

密行为可分为两种情形，一种是窃取目标国家和组织的核心机密，一种是从目标国家或组织窃取第三方的核心机密。第二种情形相对较少，因没有直接损害目标国家或组织的利益，不易引起警觉。

窃取所渗透国家和组织的核心机密，这是最主要的目的。据苏联《共青团真理报》报道，1941年10月，曾在苏联西线政治局工作的红军大尉弗拉基米尔·米尼什基成为德军俘虏，被德军东线外军处处长盖伦招募为间谍，任务是假称逃出战俘营，返回苏联，以刺探苏军情报，代号为"弗拉明戈"行动。他回苏联后被任命为由最高统帅斯大林领导的国防委员会秘书，这是战时管理国家的最高机关，他成为纳粹安插在斯大林身边的钉子。他于1942年7月，向盖伦提供了苏联最高领导层成员会晤美国和英国武官的情况，苏联将在奥尔拉和沃罗涅日地区发动进攻，苏联还同意把美国向苏联提供的部分武器转给在埃及作战的英军等重要情报。不久，苏联反间谍机构对各机关中工作的战俘进行了清理，米尼什基逃到德国，二战后与盖伦组织一起为美国人服务，后移居美国，在一所间谍学校任教。[1]

以色列总理本·古里安的密友伊斯雷尔·比尔教授，出生于维也纳，早年是一位社会主义者，后来移居巴勒斯坦，参与了以色列的独立战争，并担任过武装部队参谋长的副手，被授予上校军衔（当时以色列最高军衔是准将，只有数人获得此衔），与以色列的高层人物有广泛的接触。他还经常应邀到西德等欧洲国家讲授战争学，赢得了不少国家政治家和军队领导人的信任与敬佩。他受总理本·古里安委托，编撰以色列独立战争史，能够调阅国防部最高机密材料和总理的私人日记，可以参加重要军事会议和总理的许多重要活动。比尔移居以色列之前就是克格勃间谍，借此机会，大量的以色列最高等级的机密源源不断流向了苏联，对以色列国家安全带来了巨大的危害。当时苏联与阿拉伯国家十分友好，并积极支持它们对付以色列。时任摩萨德局长哈雷尔反复提醒，但总理本·古里安不以为然地说："怀疑每一个人是你的职业。至于我，则对比尔教授完全信任。"为了国家的利益，哈雷尔不惜得罪总理，加强了对比尔的侦控工作并人赃俱获，最终比以间谍罪被判处15年徒刑，后死于狱中。[2] 此事将总理本·古里安置于非常尴尬的境地，也给哈雷尔的政治生命埋下了隐患，两年后

---

[1] 《俄报揭秘斯大林身边的纳粹间谍——米尼什基》，北方网-新闻中心，2005年3月4日，http://news.enorth.com.cn/system/2005/03/04/000976867.shtml。

[2] 高庆德：《以色列情报组织揭秘》，时事出版社2016年版，第403—408。

第七章　渗透类秘密行动

被解除了局长职务。

　　窃取第三方的核心机密，这种情形相对较少。国与国、组织与组织的交往中，必定会涉及到对方的某些核心机密，而且相对而言，对这些核心机密的保密意识会比当事方弱一些，造成保密的一个薄弱环节；同时在敌对国家或组织之间，会大量搜集对方的各种情报，而其中某些情报己方不一定能派上用场，但却正是第三方所缺乏和亟需的东西，情报组织通过渗透的方式能够有效地解决问题。我党隐蔽战线的传奇人物阎宝航，先后在蒋介石、张学良合办的"四维学会"，蒋介石、宋美龄倡导的"新生活运动"等机构中担任要职，还担任国民政府军事委员会委员长行营参议、军事委员会政治部设计委员等职务，与国民党元老及党、政、军、情要员交往十分密切。在抗战时期，利用这些有利条件，他搜集了许多重要的情报，尤其是涉及到德国进攻苏联及日本关东军的相关情报，为二战胜利作出了杰出的贡献。1941年5月上旬的一天，阎宝航受邀参加欢迎德军代表的宴会，他发现立法院长孙科、监察院长于右任特别兴奋，还说什么祝德军旗开得胜、马到成功、踏平高加索、会师莫斯科等语。他就找于右任打听，于说德国马上就要攻打苏联了，时间定在6月20日前后的一个星期内。他又转身向孙科核实此事，孙科说这事千真万确，是德方透露给中国驻德使馆武官桂永清，桂报告委员长（指蒋介石），委员长又亲口告诉于右任等人。阎宝航听后寻机离开宴会厅，通过战友李正文密报周恩来，周恩来马上急电报延安，中央立即通报苏联。1944年，国民政府军事委员会政治部部长陈诚，向时任战地党政设计委员、少将阎宝航下达任务，要他了解日本是否会进攻苏联。阎以此为名做时任国民党军委会第三厅副厅长钮先铭的工作，获取了日本关东军详细军事部署情况，包括陆空军配置、要塞地点、布防计划、兵种兵器、部队番号、人数及将领花名册等全部绝密材料。中共中央迅速通报苏联，1945年8月8日苏军对日宣战后，按图索骥，只用了几天的时间就突破了日本关东军苦心经营十几年的防御体系，彻底摧毁了日本的这支王牌军队。中共情报人员阎宝航，通过渗透的方式潜伏到了国民党政府的核心部位，在国民党最高层及核心部位，窃取到了纳粹德国和日本最高等级的情报，提供给苏联，为苏联卫国战争和中国抗战胜利作出了重大贡献。这里的关系比较复杂，涉及到4个方面的对象，即中共情报组织、国民党政府、德日、苏联，起核心和主导作用的是中共情报组织，从第二方窃取到第三方的情报，提供给第四方使用。从某种意义上来说，情报组织真可以通过秘密手段，在特定的事项上玩转几个国家或组织,甚至改变世界重大事件的走向。1995年11月,俄驻华大使罗高寿受叶利钦总统的委托,授予阎宝航等人"卫国战争胜利50周年纪念奖章",并评价说:"阎宝航同志1941年6月16日向苏联提供了关于德军进攻苏联日期的准确情报,在二次大战最后阶段,在苏军对日作战前向苏联提供了日本关东军的详细军事部署资料。这两件事将载入世界人民反法西斯战争的史册。"①

二、从事破坏活动

派遣情报人员潜入目标国家或地区,针对目标对象从事各种各样的破坏活动,是情报组织的一项重要职能和任务。这些破坏活动内容广、方式多,法无定式,五花八门,大到危害国家政权,小到破坏一个具体的设施,只要能给对方带来危害和损失,增益己方的利益,或是出于现实斗争相关需要,情报组织就会不遗余力地去做。据西晋张勃《吴录》记载,三国时期,魏明帝命隐蕃以假叛逃的方式来到东吴,打入朝堂,实施离间东吴重臣、制造内乱、破坏吴蜀联盟的秘密行动。不明所以的孙权见其言辞敏捷,风度优雅,任命为廷尉监。其杰出的断狱才干、议论的高妙意蕴和过人的交际能力,使其在东吴名声大振,左将军朱据、廷尉郝普等一众高官称赞其有"王佐之才",其住所一时"车马云集,宾客盈堂"。他也在这个过程中逐渐显露出了蛛丝马迹,最后被东吴处死。

北越特工范玉草在南越潜伏十多年,并顺利渗透到南越政府高层,在各派政治势力之间游刃有余,同时在南越政坛翻云覆雨,甚至参与策划实施了两起政变,搅得南越政坛混乱不堪,为北越消灭南越政权、实现国家统一创造了有利条件。范玉草于1954年被越共派遣到南越,他通过接近南越总统吴庭艳的弟弟吴庭如,顺利地进入了南越政府的高层,成为建和省(现名槟知省)省长。他后来发现吴庭艳与美国已经貌合神离时,暗地里怂恿杨文明发动政变,杨文明夺取总统大权后,立即任命范玉草为大将,两个月后,阮庆又推翻了杨文明。1965年,阮庆政府将范玉草派到南越驻美大使馆工作,并对其进行调查,范玉草闻讯便回到南越,积极游说各路人马,很快就组织起了推翻阮庆政府的武装政变。新上台的阮文绍知道范玉草在南越军队中影响巨大,此人不除,南越政坛将不得安宁,严令抓捕玉草。北越考虑到他的安全,要求他离开西贡,积存力量以便发动第

---

① 王连捷:《英雄无名:阎宝航》中共党史出版社2018年版,第254—261页。

第七章 渗透类秘密行动

三次政变,配合北越的军事进攻。范仍决定留下来,积极筹划第三次政变,认为"绝对可以成功",于 1965 年被捕后死于狱中。其破坏活动加剧了南越政坛的混乱局面,有效地削弱了南越政权的统治,在他们忙于内斗之时,给北越创造了攻灭南越政权的机会。① 范玉草给人留下的是一个南越政坛"搅屎棍"的形象,始终未暴露北越特工的身份,成为越南情报史上的神话人物,被誉为教科书式的特工。1975 年他被秘密追授为越南人民军队烈士,直到 1987 年其北越特工的真实身份才为世人所知。

二战期间,苏联军事情报部曾通过"极点行动",派遣特工渗透进纳粹德国位于柏林附近黑林山的细菌研制中心,并将其摧毁,英国情报机构也同样通过派遣特工的方式,摧毁了纳粹德国另一个研发细菌武器的研究所。苏英两国情报机构都不约而同地选择了冒名顶替的渗透方式,这种方式更为快捷,可在短时间内迅速达成目标。英国获知德国 721 研究所正在研究细菌武器,估计几个月后,希特勒就会将这种可怕的武器投入战场,正常派人打入或策反都来不及了,英国情报机构 B 组组长莫森大胆地设计了一个以相貌相似的人冒名潜入的方案。他们通过认真筛查,选定了研究所负责资料管理的女职员谢里薇并相机将其绑架,从英国的难民营找到一名叫韦芳菲的德国女孩,她与谢里薇长相极为相似,经过 8 周的强化培训后,冒充谢里薇渗透进了研究所。主持研究工作的亨内博士对谢里薇色心迷离,韦芳菲借此查明了装有研究成果资料及样品的保险柜。她将微型炸药藏在食物中带进了亨内的实验室,趁亨内色迷情乱之际,用浸有迷幻药的手帕将他迷昏,迅速取出他身上的钥匙,打开保险柜放入炸药并关好门。她立即跑出办公室,一分钟后便传来了剧烈的爆炸声。韦芳菲被现场抓获,任凭纳粹威逼利诱,她就是不开口。一位纳粹高官说,"只要亨内博士还活着,很快就能复制出新细菌样本,你们的功夫全白费了!"韦芳菲突然想出一个主意,她叫亨内博士在她临终前再吻她一次,在接吻时,韦芳菲暗自咬破藏在牙齿里的微型毒药胶囊,用舌头将毒液顶入到亨内博士的口中。韦芳菲目睹亨内博士死后,才安详地闭上了双眼,德国的细菌武器就这样胎死腹中。② 这个秘密行动的传奇性刷新了人们的想象力,令

---

① 《特工范玉草,在敌人内部手握重兵,被誉为越南情报史上的神话人物》,汗青正浩,2021 年 1 月 22 日,手机网易网,https://m.163.com/dy/article/G0VT2N2I0517BOCJ.html。

② 崔佳编著:《人类谍战的历史》,中华工商联合出版社 2014 年版,第 197—200 页。

人难以置信,但在秘密行动领域,这种情形并不鲜见。秘密行动的发展史,从奇思妙想的角度上来看,也是一段不断创造现代神话的历史。

三、诱导舆论和民意

这类渗透活动一般为建立或依托某些社会组织、或是借助情报人员的社会职业资源,通过游说特定的团体或人士,或是以某些貌似中立的组织、媒体等平台,发表观点和见解,来诱导舆论或民意,向目标国家或组织施压,以期促成目标国家或组织接受相关观点或改变相关的政策。

20世纪70—80年代末,针对美国在欧洲部署核武器,西欧和平运动风起云涌,出于对核冲突的担心,反核情绪日益高涨,30万人涌到波恩,参加抗议在欧洲部署核导弹的和平示威,东德暗中给予支持和资助。同时苏联和东德情报机构还暗中操纵,于1981年成立了"将军争取和平运动"组织,参与该组织的9名将军,都是来自美国和西欧国家,因对北约核政策不满而退役的将军,后来为体现代表性,苏联也派一名将军参加了该组织。该组织的智囊和组织者卡德曾是西德海军陆战队的军官,后成为历史学家和作家,卡德的许多想法和点子出自克格勃的外国情报局,东德国外情报总局秘密提供了大量的经费和其他方面的支持。该组织经常公开宣传其观点以影响公众舆论,并同克格勃官员商讨宣传要点,在公开发表的文章和采访节目中,赞同苏联的观点,要求美国从欧洲撤出核武器,对社会上的反战和平运动起到了推波助澜的作用。这9名将军都亲身经历过二战,在和平运动中具有很高的权威,几乎被尊为偶像。他们在职业生涯的巅峰时期,曾参与制定了核威慑理论下的战略计划,从而说话更有份量,使美国及北约组织非常被动。卡德于1995年底在柏林去世,他生前始终不承认与苏联集团的情报机构有染,并以一名研究者和倡导和平的人士留名后世。而此前,在该运动中非常活跃的将军巴斯蒂安与情妇一起自杀身亡,有人怀疑与此事的情报机构背景被揭穿有关。[①] 东德国外情报总局局长沃尔夫是此项工作的亲历者,苏东剧变后,他在回忆录《隐面人》一书中透露了该项秘密行动的详情。

争取对克什米尔的主权,是巴基斯坦建国之后虽历经磨难、却永不言弃的重大目标,为争取国际社会对巴基斯坦立场的支持和理解,巴基斯坦

---

① [德]马库斯·沃尔夫著,胡利平译:《隐面人》,国际文化出版公司1999年版,第284—289页。

情报部门秘密做了许多工作。2011年美国联邦调查局逮捕了弗吉尼亚州的赛义德·吴拉姆·拉比·法伊,指控其为巴基斯坦情报部门工作了20年。法伊是"克什米尔美国人委员会(又称克什米尔中心)"主任,该组织成立于1990年,自称是一个非营利组织,致力于提高美国对于克什米尔人民自决斗争的认同。据查该组织实际上是由巴基斯坦三军情报总局在内的多个政府部门共同支持运营的,每年提供至少400万美元的活动资金,用于支持美国民选官员、组织高级别会议或其他针对华盛顿决策者的游说活动。巴还在英国、布鲁塞尔等地成立了"克什米尔中心",意欲影响所在国家在印巴克什米尔争议问题上的立场。① 潜伏在南越20多年的北越间谍范春安,先后为路透社、《纽约先驱论坛报》、《基督教科学箴言报》和《时代》周刊工作,与美国中央情报局、南越情报部门负责人陈金宣及南越其他政府高官、众多西方著名记者关系密切,这些人经常向他提供深层信息,倾听他的分析意见。得天独厚的人脉关系,使他能够在收集情报的同时,潜移默化地影响对方的思维和观点,深刻影响和操纵了众多西方著名记者与西方情报人员对南越政权的看法,在一定程度上间接影响了美国政府做出更换吴庭艳的决定,使得美国民众改变了对越战的看法,掀起了轰轰烈烈的"反战"运动,迫使美国从南越撤军,越南得以迅速统一。②

四、影响高层决策

通过将间谍渗透到重要岗位或具有重大影响力的领导者身边,来影响、诱导目标国家政府或组织制定政策时,作出对其所秘密服务国家或组织有利的决策,另外还可以通过公众舆论来影响决策。这种秘密行动因有合法的身份和职责作为掩护,实施时不显山露水,即便是有时观点与他人差距很大,也往往会被当成正常的意见分歧,一般不会引起怀疑。据《战国策》记载,著名纵横家苏秦,受燕昭王派遣到齐国实施"弱齐"的秘密行动,被蒙在鼓里的齐湣王任命他为相国。他通过为齐湣王出谋划策并影响其决策等方式,成功离间了齐国与秦、赵、韩、魏等国的关系,从外交上孤立和军事上削弱齐国;同时竭力怂恿齐湣王超规格、超规模厚葬齐宣

---

① 杨洁:《美指责巴情报机关搞渗透,一名潜伏20年特工被捕》,中国日报网,2011年7月21日,http://www.chinadaily.com.cn/hqgj/2011-07/21/content-12947232.htm。

② 《范春安(北越间谍)》,百度百科,https://baike.baidu.com/。

王,从人心上离散和经济上拖垮齐国。时机成熟后,燕昭王派大将军乐毅率领前述 5 国联军攻齐,迅速占领齐国 70 余城,齐国濒临灭国,齐湣王也在这个过程中死于非命。凭苏秦一人之力,当时最强大的国家之一齐国差点亡在弱小的燕国手里,可见以影响最高决策者决策的方式来开展秘密行动,其破坏能量是极其巨大的。

苏联克格勃将此类身居高位或要职开展秘密工作,以影响目标国家决策的间谍称为"感化特工"。苏联解体后,曾参与"8·19"事件的前克格勃主席克留奇科夫,在回忆录《灾难的使者》中指责原苏共政治局委员、中央书记、戈尔巴乔夫的得力干将雅科夫列夫是服务于美国的"感化特工",透露在 80 年代后期从几个可靠情报来源获悉,雅科夫列夫 1960 年在美国哥伦比亚大学进修期间被美国情报机构收买,在"改革"期间接受过美国方面的指示。他曾将雅科夫列夫"同外国勾结进行危害国家安全的活动"情况向戈尔巴乔夫作了汇报,但后者未采取任何措施。原苏联国防部长亚佐夫后来也回忆说雅科夫列夫被美国所收买,成为"第五纵队"的思想家,戈尔巴乔夫曾阻止克格勃对其进行调查。1995 年,一批前克格勃情报人员在《俄罗斯真理报》发表致雅科夫列夫的公开信,宣称他们手中握有雅科夫列夫进行叛国活动的可靠证据,准备到法院起诉他。[①] 维克多·切尔卡申在《经营间谍的人》一书中透露,他曾负责安排"华盛顿战略与国际研究中心"的一名人员与雅科夫列夫会面,此人后来便定期到莫斯科来,但他与雅科夫列夫谈了些什么无从知晓。切尔卡申曾策反和经营过埃姆斯、汉森等顶尖间谍,具有丰富的情报工作经验,他怀疑这名美国人极有可能是中央情报局特工,通过雅科夫列夫,对戈尔巴乔夫的决策产生了潜在的影响力。尽管雅科夫列夫对其为"美国间谍"的指控极力否认,但他与美国保持密切联系,积极支持戈尔巴乔夫的"新思维"及有损于苏联的所谓改革政策和措施,促成了苏联的解体,从其行为及结果上来看,许多人仍然认同其为美国间谍、按照美国指令搞垮苏联的观点。

将间谍安插到最高决策者的身边,直接影响其决策,是一种效率高、隐蔽性强的秘密行动方式。博姆是西德的一名政治家,在东德坐了 9 年牢,于 20 世纪 50 年代末回到了西柏林,东德国外情报总局资助其爬到了高位,在影响西德政府对东德的政策方面发挥了重要作用。1965 年其以西柏林地

---

① 张捷:《雅科夫列夫其人和他对苏联解体所起的作用》,《当代思潮》1996 年第 5 期。

第七章 渗透类秘密行动

区自由民主党候选人的身份当选为联邦议员,与时任社会民主党领袖勃兰特密切合作,积极反对冷战,向东德提供了自由民主党内的情况及勃兰特根据东方政策与波兰和苏联签订的条约详情,赞成勃兰特打开与东德的关系,并支持1972年签署的承认两个德国的基本条约,改善了东德的国际环境。① 两个德国对抗期间,东德国外情报总局对联邦德国最重要也最成功的间谍是久特尔·纪尧姆。作为西德总理勃兰特的私人助理,在勃兰特制定东西方政策过程中,纪尧姆坚信他在这一位置上为加深两个德国之间的理解做出了贡献,也就是说在勃兰特制定东方政策,与东德建立正常的国家关系,改善东德的国际环境方面发挥了积极的作用,即对最高领导人的决策施加了影响。此前西德是不承认东德政府的,也连带西方及世界上许多国家都不承认东德政府,东德在国际上非常孤立,勃兰特任总理时,改变了东德的这种不利现状。因而对于勃兰特因东德间谍案而被迫辞职,东德是不愿见到的。还有的是运用间谍去影响第三国政府的决策。加拿大杰出学者休·汉布尔顿年轻时就被克格勃发展为间谍,人到中年时,成为了公认的拉丁美洲问题专家,克格勃认为仅将他作为搜集情报的间谍来使用有些可惜。正好加拿大国际开发署聘请汉布尔顿担任援助秘鲁计划的顾问,凭靠自己杰出的学识和智慧,他很快成为秘鲁领导人贝拉科斯将军的政治顾问。在其策划和影响下,贝拉科斯将军开始在政治、经济领域进行了一系列改革,在外交上明显偏向苏联和东欧国家。克格勃十分希望汉布尔顿向加拿大政坛发展,经营指导他的克格勃官员赫尔曼说:"在为加拿大政府工作的新岗位上,你定能作为一个政策制定者大显身手。"② 因其在加拿大政坛可资利用的资源很少,参选议员也进行不下去,最后未能如愿,但克格勃想通过间谍渗透的方式,来影响目标国家政府决策的意图是很明确的。

有些是通过间接的方式来影响决策,如通过间谍操纵社会舆论、操刀分析研究报告或政策建议等。北越间谍范春安通过影响美国主流媒体记者刊发不利于南越政府领导人及具有反战倾向的报道和文章,引发并加剧美国公众的反战情绪和反战运动,成为迫使美国政府结束越战并从越南撤军

---

① [德]马库斯·沃尔夫著,胡利平译:《隐面人》,国际文化出版公司1999年版,第290—291页。
② 高金虎等:《剑与盾——二十世纪俄罗斯情报机构绝密行动》,东方出版社2005年版,第262—278页。

的一个重要因素。卡斯特罗在古巴建立革命政权后，美国对古巴极为仇视，通过各种方式图谋颠覆其政权，古巴为了自身的安全，其情报机构也非常重视对美国的渗透，喜欢在美国的名牌大学物色间谍人选。安娜·贝伦·蒙特斯在弗吉尼亚大学读书时，被古巴情报机构招募发展，1985年密访古巴，回国后按照其指令申请加入了美国国防部情报局，后来成为该局古巴情报科科长、古巴军政情报首席分析员，通过情报分析和政策建议的方式，来影响美国对古巴政策的制定工作。蒙特斯还利用自己的特殊身份，在美国国会中为古巴争取权益。1998年，蒙特斯陪同美国参议院外交委员会两名参议员访问古巴，随后参与起草了由美国国防部情报局、中央情报局、国家安全局和国务院情报与研究局等情报部门联合发布的《古巴对美国安全威胁》报告。在起草工作中，蒙特斯力陈古巴对美国的重要性，认为古巴不会成为美国的威胁，并且没有发展生物武器的能力，赢得了一些议员的支持，在一定程度上减轻了美国对古巴的压力。[①]

　　无论是直接影响决策还是间接影响决策，最终都需要经过目标对象即决策者这个中间环节，具有一定的不确定性。因为作为决策者需要听取多方面的意见，还有自己个人独到的看法和见解，采不采纳别人的意见，采纳谁的意见，采纳什么样的意见，都很难给人以确定的预期。但这种影响决策的方式，对渗透者本人来说相对比较安全，决策最终都是由决策者自己做的，通常情况下不便透过于他人。只有当渗透进入到对手核心部位的人员掌握了一定的权力后，这种影响决策的能力才是比较稳妥可靠的，如有的潜伏对象成为决策圈中的成员，在某些特定的事项上可以直接作出决策。解放战争时期，时任国民党国防部参谋次长刘斐是中共党员，在淮海战役前夕，国军区寿年、黄百韬、邱清泉3个兵团共计近30万人，集结在河南省的睢县和杞县附近，原计划准备撤离战场，参与徐蚌会战（即淮海战役）。刘斐却突然大笔一挥："不能撤，区寿年部队坚守睢县。"区寿年所部5万余人执行了这个命令，结果被粟裕所指挥的华东野战军包围并全歼。[②] 刘斐通过行使手中的权力，给华东野战军送了一份大礼。一般来说，这种事情偶尔做一次风险不大，可以解释为判断失误，但不宜多做，敌人

---

　　① 章鲁生：《美"间谍女皇"：从高材生到王牌内线》，《青年参考》2013年第9期。

　　② 《郭汝瑰回忆：睢杞战役时，刘斐用铅笔一挥，区寿年的几万人就没了》，橙色小猪的跑步机，2024年7月22日，https://baijiahao.baidu.com/s?id=1805255863318422034。

也不是傻瓜，很容易被抓住把柄，露出马脚。

五、影响和控制他国政府

影响和控制一国政府的渠道有很多，通过情报机构支持代理政治势力、扶持代理人、安插亲信甚至组建相关政府机构等方式来控制和影响一个国家的政府，以培植本国的势力范围或仆从国，是冷战时期美苏两大霸权国家的通行做法，并在一定范围内深刻地影响了当时的世界政治格局。冷战结束后，美国情报部门继续以策动"颜色革命"的方式来推翻所谓"独裁政权"，扶持代理人，建立亲美政府，在中亚、东欧和中东地区轮番上演"颜色革命"的戏码。这种渗透方式在短时期内十分有效，很快就可以渗透进这些国家的政权之中，并对其实施某种程度的影响和控制，但同时也会给将来埋下了危机的种子。苏东剧变及美国造就的一批军事独裁政权后来相继垮台，以及"颜色革命"造成的所在区域国家局势动荡、民不聊生的现状，都是对这这种渗透行动结果的生动注脚。

伴随着二战尚未散尽的硝烟，苏联内务人民委员部和国家安全人民委员会就奉命派遣大批情报人员，在东欧各占领国镇压民族主义反对派，重建或支持所在国共产党，建立国家政权，组建情报安全机构。这些国家的共产党领导人、国家领导人和情报安全机构的负责人，要么本身就是苏联间谍或与苏联情报机构有密切关系，要么受到苏联情报机构的扶持和控制，通过这种方式将东欧这些国家牢牢地掌控在手中。苏联内务人民委员部派遣特工重建波兰共产党，改名波兰工人党，将哥穆尔卡推上总书记宝座，建立了以卢布林为首的临时政府，组建了波兰安全局，贝利亚指派了两名高级顾问，用来控制临时政府。苏军占领匈牙利后，先是派内务人民委员部间谍马特皮亚什·拉科西出任临时政府副总理，后来又将其扶上总书记的职位；苏联内务人民委员部帮助成立了匈牙利安全局，并派出3名顾问主持日常工作。二战前期，铁托曾流亡莫斯科，在苏联内务人民委员部的帮助下，当上了南斯拉夫共产党总书记，但在战后铁托不愿接受苏联的控制，并抓捕了被苏联招募为间谍的两位内阁部长，即工业部部长安德利亚·赫布兰克和财政部部长斯特列捷·朱奥维奇，苏南关系恶化。当时阿尔巴尼亚共产党是南共的一个支部并接受其领导，为打击南斯拉夫，苏联情报机构策动阿尔巴尼亚独立，驱逐南斯拉夫工作人员，处死了深受铁托器重的内政部长佐泽，成功控制了阿尔巴尼亚。苏联情报机构使用同样的手段，在东德、保加利亚和捷克斯洛伐克等东欧国家建立了共产党政权，帮其组建安全情报机构，派驻顾问进行控制和监督，将东欧完全纳入了苏联的势力范围。① 这种控制也是建立在高风险的基础之上的，没有哪一个国家的政府和民众愿意长期接受他国的控制，后来苏阿反目，先后爆发"匈牙利事件"、波兰"波兹南事件"、"布拉格之春"，直至波兰"团结工会"闹事，最后东欧崩溃，受到苏联控制的东欧国家纷纷改弦易辙，苏联也在这场巨大的社会变革中消失于历史的烟尘之中。其间的是非因果、成败得失，成为学者们见仁见智、长盛不衰的话题。

美国在二战后也是通过中央情报局策动颠覆一些国家的合法政权，或是暗中扶持其中意的政党和代理人，建立亲美政府，并以此作为与苏联争夺势力范围的重要手段。针对意大利1948年大选意共胜选希望很大的状况，中央情报局评估报告中指出，"阻止意大利落入共产党的控制具有至关重要的战略价值"，不然"将大大便利共产主义渗透到法国、西班牙和北非"。美国国家安全委员会报总统批准了《美国关于意大利的立场》报告，提出美国的政策旨在"维持意大利独立、民主、对美国友好和能够参与抵抗共产主义扩张"，通过经济援助、政治行动、情报活动及隐蔽的宣传战、心理战等方式，成功地将意大利天民党扶上了台。这是美国第一次运用隐蔽行动的方式达成影响和控制一个国家政府的成功试验，促成了美国隐蔽行动战略的形成与确立，此后一发不可收，先后颠覆了伊朗摩萨台政府、印尼苏加诺政府、刚果卢蒙巴政府、智利阿连德政府等一大批亚非拉国家的偏左翼合法政府，扶持建立亲美的右翼军事独裁政权，如印尼的苏哈托政府、刚果的蒙博托政府、智利的皮诺切特政府等。美国政府及中央情报局通过支持波兰"团结工会"夺取政权，从东欧打开了一个缺口，点燃了东欧剧变的导火索，这些国家纷纷建立了亲美政府，倒向西方阵营，将北约东扩至俄罗斯的家门口。通过"颜色革命"，在脱胎于前苏联的一些国家扶持代理人，使这些国家"脱苏（俄）入美"，从根本上改变了地缘政治格局，由此带来的相关国家政局动荡及地区纷争依然如火如荼，目前还看不到平息的希望，尚在进行的俄乌战争只是其中的一个缩影。

---

① 陈玉明主编：《世界间谍绝密档案》，吉林摄影出版社1999年版，第二卷第720—730页。

第四节　思想文化渗透

二战重塑了国际政治格局，美国取代英国，建立了全球霸权，而支撑美国全球霸权的四大支柱，是军事霸权、金融霸权、科技霸权和文化霸权。但这四大支柱并不是从一开始就全部建立起来了，其中最薄弱的是文化霸权。二战使西欧成为一片废墟，在军事上和经济上严重依赖美国，美军和美元成为西欧国家战后安全和重建的保障；美国通过劫掠一大批德国科学家，大量吸纳欧洲的优秀科技人才，将科技中心从欧洲转移到了美国，冷战初期支撑美国霸权的主要是这三大支柱。而此时的美国，可以说与文化霸权的距离还相当遥远，在文化传统悠久、历史积淀深厚的欧洲人眼中，美国不过是一片文化荒漠，美国人则是粗鄙庸俗的暴发户形象，欧洲虽然需要美军和美元，但在文化上是打心眼里瞧不起美国的。这本是当时的客观现实，然而美国人尤其是中央情报局却认为，这都是纳粹德国和苏联先后相继歪曲宣传的结果。戈培尔领导的纳粹宣传机器曾指责美国经济上自私自利、政治上极为反动、文化上缺乏教养、道德上极其虚伪。美国亟需树立文化强国的形象，并以此来影响欧洲，同时与苏联集团的文化和意识形态相抗衡。

二战后苏联也以文化为武器，由共产党工人党情报局（共产国际解散后，由该组织取代其位置）背后操纵，网络国际文化名人，在国际上组织以文化、和平为主题的大型会议等活动，想以此来影响西欧和美国。1949年3月，在纽约沃尔多夫饭店召开争取和平文化科学会议，全世界有上千名代表出席会议，苏联由作协主席法捷耶夫率团参会。在美国最核心的城市来展示苏联文化和意识形态的影响力，深深地刺痛了美国政府及中央情报局、联邦调查局等情报机构。同年4月，共产党工人党情报局又策划在巴黎和布拉格同时举办了"世界保卫和平大会"，有72个国家共2000多名代表参会，通过了《世界保卫和平大会宣言》《告世界人民书》等10余个文件，决定成立世界和平理事会，著名电影艺术家卓别林发来信函对会议表示支持，国际文化名人、哲学家萨特称赞苏联是"自由卫士"，法国文学家、伦理学家、政治学家及诺贝尔文学奖得主加缪也积极支持，毕加索所画和平鸽成为苏联"和平运动"的象征，苏联的"和平运动"一时间在全球文化界产生了巨大的影响力。

在两大阵营对立逐步加剧之际，苏联集团组团到美国来推销苏联的文化、意识形态和价值观,引起了美国人的恐慌。饭店内会场上的尖锐交锋,饭店外支持者与抗议者相互攻击的场面,成为美苏冷战初期意识形态较量方式的一个缩影。美国联邦调查局和中央情报局也在高速运转,派出特工渗透进饭店和会场,调查这些参会人员的身份背景,采取各种方式进行破坏和反击。第一次将势力范围拓展到全世界的美国政府十分清楚,光依靠军事上的优势并不能确保其霸主地位,他们亟需在文化领域展开一场新的攻势,取得优势以确保其霸权。冷战设计者之一,美国国务院政策计划处主任乔治·凯南曾明确地说:"美国没有文化部,中央情报局有责任来填补这个空白。"中央情报局成立之初就确立了其宣传战的目标,一是反共,遏制共产主义在世界范围内的影响;二是树立美国的正面形象,系统地为美国的生活方式塑造形象,开展长期的思想渗透,输出美国的文化和价值观。中央情报局为实现文化冷战与思想文化渗透的目标,设立了代号为"QKOPERA"的秘密行动计划。该计划由汤姆·布雷顿任处长的中央情报局国际组织处主管。实际上涉及到文化冷战的相关工作,在此计划之前就已经开始了。"最好的宣传,就是做得好像从来都没有做过一样。"这是精通文化冷战的美国心理学家克罗斯曼的观点,也是中央情报局进行文化冷战的"行动准则"。对此,英国学者桑德斯在《文化冷战与中央中央情报局》一书中,进行了深入系统的研究。[①]

一、创立"文化自由大会"及相关外围国际组织

1950年,中央情报局为了更有效地在国际上实施文化冷战,背后操纵在柏林创立了文化自由大会。在文化冷战的前线德国,美国中央情报局驻德国情报站人员达1400名之多。为了召开这次会议,中央情报局为各国代表提供秘密经费和各种运输服务,甚至动用 C-47 军用运输机,运送几百名代表到柏林。会议以"科学与极权主义""艺术、艺术家与自由"等为议题,在这个有15000人参加的大会上,亚瑟·凯斯特勒宣读了《自由宣言》,宣称其目的是"一个设在欧洲的桥头堡,以阻止共产主义的进犯……它应该成为传播美国文化成就的使者,其任务是打破欧洲、特别是法国盛行的僵化负面的看法,认为美国是一片文化荒漠。"为避免苏联渗透,

---

① [英]弗朗西丝·斯托纳·桑德斯著,曹大鹏译:《文化冷战与中央中央情报局》,国际文化出版公司2002年版。本节研究资料主要引自该书,涉及引用该书的资料不再另行加注。

第七章　渗透类秘密行动

文化自由委员会很快就将总部迁到巴黎，接着法国、英国、美国及亚非拉许多国家纷纷成立文化自由委员会分支机构，鼎盛时期在全球35个国家设立了分支机构，犹如一个小型"文化联合国"。文化自由委员会表面上由俄裔美籍作曲家尼古拉斯·纳勃科夫担任秘书长，实际上统归中央情报局驻会特工李·威廉斯、乔斯尔森等直接指挥。

亚瑟·凯斯特勒出生于匈牙利布达佩斯，于20世纪30年代初期加入了共产党，1932年到苏联，在共产国际的资助下，写了一本宣传性的著作《白色黑夜与红色白昼》，后来因反感苏联大清洗运动及苏德签订友好条约而放弃了原有的信仰，出版了反映苏联大清洗运动的《正午的黑暗》一书，赢得了反共的名声，以宣传专家的身份加入英国情报研究局并获得英国国籍。英国情报研究局成立于1948年2月，被称为秘密的"冷战部"，主要从事反共宣传。凯斯特勒在英国和1948年赴美讲学期间，先后与英国新任驻法大使奇普·多伦、后来任美国国务卿的约翰·杜勒斯，以及美国战略情报局的创立者威廉·多诺万，研究讨论如何有效对付共产党工人党情报局的"和平攻势"及"进行心理战的必要性"。美国中央情报局、冷战之父乔治·凯南与凯斯特勒达成了共识，运用那些对共产主义产生了幻灭感但仍坚持社会主义理想的知识分子，即所谓"非党左派"来抵御苏联集团宣传攻势的战略。在此基础上，作为美国文化冷战主要平台和阵地的文化自由大会应运而生，凯斯特勒所宣读的《自由宣言》，正式拉开了由美国中央情报局所主导的文化冷战的序幕。

为配合文化冷战，中央情报局国际组织处还建立了一大批外围组织，到1953年，中央情报局已经操纵或影响了涉及所有领域的国际组织，并与苏联相抗衡，如建立国际法学委员会以对付苏联支持的国际民主律师协会、以争取欧洲自由委员会对付世界和平理事会、以国际妇女委员会对付国际妇女民主联合会、以国际学生协会对付国际学生联合会、以世界青年大会对付世界民主青年联合会、以国际记者联合会对付国际新闻工作者组织、以国际自由工会联合会对付世界工会联合会等。美苏两家带头大哥情报机构通过成立和操控相关"国际组织"，你来我往，针锋相对。策划成立并暗中操纵冠以"世界""国际"名头的各类组织方面，克格勃先行一步，中央情报局后来居上。二战刚结束，苏联就倡导成立了世界工会联合会，英国的职工大会和美国的产业工会联合会（产联）都加入了这个组织，后来他们发现这是苏联控制的一个组织便退出了。美国的工会组织劳联（美国劳工联合会，于1955年与产联合并，简称劳联—产联）、产联在

· 363 ·

二战期间就与战略情报局有过密切的合作，于是寻求中央情报局的支持，组织成立了国际自由工会联合会，改变了此前欧洲各国大型工会组织主要由亲苏势力控制的局面，自由工会成为西欧工会的主流。中央情报局还组织联合劳联、产联及一些大型的美国公司，培训了20万名拉丁美洲的工会官员，在该区域秘密推行美国的政策，维护和拓展美国的利益，同时也为中央情报局提供了丰富的秘密情报和秘密行动的资源。1946年苏联发起成立了国际学生联合会，该组织副主席亚历山大·谢列平后来坐上了克格勃主席的宝座。两年后捷克斯洛伐克发生"二月事件"，捷共上台执政，美国全国学联要求国际学生联合会予以谴责，遭到拒绝后退出，在中央情报局的秘密帮助下成立了对立的国际学生协会，中央情报局每年资助20万美元。直到越战时期，美国青年学生成为反战浪潮的重要力量，中央情报局与国际学生协会的秘密关系才被媒体揭露出来，也连带出了中央情报局与其他公共团体、劳工组织及商业界合作的内情，使得中央情报局极为难堪。中央情报局还动用美国国内的文化资源参与文化冷战，进行思想文化渗透，如时代公司、国际笔会、大都会歌剧院、纽约现代艺术博物馆、哈泼-罗公司、美国知识协会理事会和美国现代语协会等，都承担了中央情报局的任务，运用他们的社会影响力、组织网络和专业知识与技能，为中央情报局秘密提供高品质的专业服务，成为文化冷战积极的参与者和具体工作任务的承担者。[1]

二、组织相关文化活动

美国中央情报局认为二战结束后，苏联部署了一支非常规武器装备起来的部队，渗入欧洲人的意识，软化他们的思想，促使他们倒向苏联，工会、妇女运动、青年组织、文化机构、新闻出版界等都成为他们"政治攻心战"的对象。1947年，苏联在东柏林设立文化会堂，装饰豪华舒适，面向大众开放，打破了许多人认为俄国人不文明的观念。作为文化冷战的第一次尝试，美国随即在西柏林开办了美国会堂，与苏联相抗衡，提供舒适的阅览室，放映电影，表演歌剧戏剧，举办音乐会、报告会和艺术展览等文化活动。"一切活动的首要重点就是宣传美国"，将美国文化成就一股脑

---

[1]《美国曾大搞文化冷战，中央情报局变身"文化部"》，国际在线，2006年3月1日，手机新浪网，https://news.sina.cn/sa/2006-03-01/detail-ikknscsi9737682.d.html。

地运往欧洲,并在柏林展示出来。美国军事占领当局心理战机构委托翻译出版书籍达数百种之多,教育与文化关系处主任在美国会堂为工作人员所作《走出瓦砾》演讲中说:"尽管美国在文化领域已经作出了伟大贡献,但是德国或世界上其他地方却并不都了解这一点。我们的文化被认为是物质主义,人们经常听到这种评论,说'我们拥有的是技术,是思想,而你们拥有的只是金钱'。"通过一番努力后,美国文化在欧洲受到的赞许和认同的现象与日俱增,有些甚至超出了中央情报局的预期。

1952年4月,文化自由大会在巴黎举办了名为"二十世纪杰作"的美国大型艺术节,在一个月的时间里,为巴黎献上了20世纪70位作曲家上百部交响乐、协奏曲、歌剧和芭蕾舞,参加演出的有9个交响乐团,演奏了一批被苏联批判为"形式主义""颓废"和"腐朽"的作品;由黑人歌唱家主演《四圣徒》。还举办了艺术和雕塑展,展品大多为现代主义大师的作品,展会负责人威斯尼在新闻会上直言不讳地说:"展品均为杰作,这些作品的展示,在纳粹德国和现今的苏联及其卫星国的极权主义政权下是不允许的。其中许多绘画和雕塑被这些政府贴上了'堕落的'、'资产阶级的'标签就足以证明这一点。"艺术节上谈得最多的不是艺术,而是怎样将矛头对准苏联,攻击苏联的文化政策和意识形态。法共报纸《人道报》指出:"(文化自由大会)要让美国在意识形态上占领法国……使法国知识分子被招募去参加一支文化部队,从而加强欧洲军……文化交流就变成了美国强化其渗透、间谍和宣传计划的工具。"艺术节上也有出人意料的收获,所推出的波士顿交响乐团,一下子成为美国高超交响乐的金字招牌,在西欧10余个大城市巡回演出,引起轰动。主管此事的中央情报局国际组织处处长布雷顿兴奋不已:"波士顿交响乐团在巴黎为美国赢得的声誉,超过了约翰·福斯特·杜勒斯(国务卿)和德怀特·艾森豪威尔(总统)的上百次演说,为此我感到非常高兴。"显示美国文化的雄厚实力,成为中央情报局对付老式宣传车的一种手段。当时巴黎反美主义盛行,到处都充斥着"美国佬滚回去"的情绪,美国艺术节有效地冲淡了这种情绪。

现代画派在美国兴起时,美国主流社会包括时任总统杜鲁门对此很鄙视,认为抽象派艺术同堕落和颠覆的冲动联系在一起,一位共和党议员甚至宣称"所有现代艺术都是共产主义性质的",那些从欧洲纳粹铁蹄下逃到美国的先锋派艺术家,感到又跳进了新的火坑。美国文化官员和中央情报局却得出了相反的判断,认为抽象表现主义体现了自由和创新,恰恰是一种反共意识形态,并大力进行扶持,通过洛克菲勒的纽约现代艺术博物馆及大通银行,收藏了数千件当代先锋派艺术作品,并提供经费,多次组织这些作品到欧洲进行展览,如"前进中的美国艺术""美国先锋艺术巴黎展""当代12名美国画家和雕塑家""青年画展"等,还启动了抽象表现主义画作大规模出口的计划。美国国务院还规定,凡是属于共产党或其同路人的美国艺术家,其作品一律不得由政府出资参展。有个评论家欣喜地说:"我们自己都没有想到,西方艺术的主流终于也随着工业生产和政治权力重心的转移,移居到美国来了。"另一位评论家进一步认为:"在这个世界上,信仰开始转向了。这次向外输出的是美国土生土长的宗教,而过去美国总是进口欧洲的信仰。"这里所说的"信仰"和"宗教",指的是文化艺术及价值观。这也反映了美国由文化上的弱势群体,成长为掌握全球文化霸权国家的复杂历程。

三、出版杂志、书籍及拍摄影片

文化自由大会忠实地执行美国中央情报局心理战的任务,借用知识分子、学者和舆论制造者的力量,让文化艺术界的知名人士在各分会机关刊物杂志上发表文章。这些机关刊物有数十种之多,其中最为重要、影响最大的是英国的《邂逅》、西德的《月刊》、法国的《证据》和意大利的《当代》;另外还有比利时的《综合》、奥地利的《论坛》、日本的《自由》、印度的《探索》、澳大利亚的《象限》、拉丁美洲的《纪实》等也有一定的影响力。1952年在美国和英国出版的《侧面》杂志,宣称其文化宣传的宗旨为:"《侧面》将介绍美国作者写的文学作品和介绍美国的文章,展示美国艺术和音乐的概况……《侧面》最首要的任务之一,就是显示美国在知识和艺术领域并不是贫乏而无成就。"担任《邂逅》杂志编辑任期已满的德怀特·麦克唐纳,从英国经欧洲大陆回到美国,两相对比,深深感受到欧洲传统文化的深厚底蕴,而纽约公众行为"粗俗不堪"、暴力、俗气、"不成体统",他将这些感受写成了《美国啊,美国!》一文,《邂逅》杂志和文化自由委员会拒绝发表。中央情报局驻会特工乔斯尔森认为是"我读到过的文章中反美情绪最浓的一篇","只适合发表在(苏联的)《文学报》上",极力反对发表这篇"冒犯"美国的文章。这些刊物实质上成为"用美元做成的传声筒",尽管中央情报局表面上极力否认,但他们仍然坚持手段必须服从目的。"自由"只是用来对付以苏联为代表的共产主义意识形态的武器,就连曾经的编辑也无福享受,由此还引发了一场

第七章　渗透类秘密行动

不小的风波。

书籍曾是文化传播和影响意识形态的重要载体和工具。美国第32任总统罗斯福说："没有书籍就不能打赢思想之战，正如没有舰艇不能打赢海战一样。"中央情报局隐蔽行动部负责人也认为："书籍同所有其他媒体不同，因为一本书就可以使读者的态度和行为发生重大变化，这是其他任何单一媒体所不及的，所以要把书籍当作（长期）战略宣传最重要的武器。"据《纽约时报》在1977年报道，中央情报局至少插手了1000多种图书的出版，一部分是介绍美国著名作家如海明威、赛珍珠、福克斯等人的作品，让人们相信美国也有"伟大的文学"。另一方面大量出版反苏反共作品，如《匈牙利革命》《四个四重奏》《日瓦戈医生》《苏联生死劫》《延安之路》等。还有的是前共产党员，信仰幻灭后极为反共，如匈裔作家凯斯特勒是在苏联生活过的前共产党员，后来加入英国情报机构，并与美国中央情报局合作，文化自由大会上的《自由宣言》就是由其宣读的，他出版了反映苏联政府阴暗面的《正午的黑暗》，又联络5名信仰幻灭的左派知识分子撰写出版了具有"集体自我悔过"性质的《上帝的失败》。中央情报局出资请人在各种刊物上撰写书评进行推销，其触角延伸到了文化的各个领域。中央情报局在这些书籍的出版和发行方面也是煞费苦心，如中央情报局专门出资翻译出版了艾略特的《四个四重奏》，并空投到苏联。苏联作家帕斯捷尔纳克写出《日瓦戈医生》后，深知这部具有浓厚反苏色彩的小说不可能在苏联出版，便将打印稿交给一位意大利人偷偷带出苏联并用意语出版，中央情报局随即在荷兰盗印了俄文版，借助1958年布鲁塞尔博览会的梵蒂冈馆，悄悄送给几千名前来参观的苏联人；次年又在美国盗印了袖珍版，在世界青年联欢会上散发给苏联和东欧的学生。据估计，在冷战时期，大约有1000万本此类书籍在苏联和东欧传播，对输入美国价值观，瓦解苏东意识形态产生了很大的影响。长篇纪实小说《古拉格群岛》于1973年在西方出版后，被西方国家及中央情报局当作打击苏联意识形态的重要武器，作者索尔仁尼琴被吹捧为反苏"斗士"，其肖像上了《时代》周刊的封面。当晚年的索尔仁尼琴回国后，看到苏联解体后俄罗斯政局动荡、社会混乱、经济凋敝、民生维艰的乱象，沉痛地忏悔道："我的所作所为，对不住苏联和苏联人民，我的作品害了我的俄罗斯祖国。"[①]

[①] 陈先义：《必须好好说道说道索尔仁尼琴》，思想火炬，2022年6月26日，闪电新闻，https://sdxw.iqilu.com/share/YS0yMS0xMjgzNDA3MQ.html。

电影作为一种喜闻乐见的艺术形式,在上世纪对大众的影响力非同寻常,也被中央情报局用作文化冷战的武器。中央情报局在20世纪50年代与国家安全委员会和国防部联合组织了一场绝密行动,在好莱坞贯彻"战斗的自由"思想。一大批反共影片被炮制出来,如《赤色噩梦》《红色的威胁》《侵略美国》《我是联邦调查局的一名共产党员》《红色火星》《铁幕》等。中央情报局还自己出资拍摄了影射共产党腐败的动画片《兽园》;批判所谓"极权主义"的影片《1984》,文化自由大会美国委员会多次审片,并针对美国和欧洲观众,提供了两种不同结局的版本。中央情报局还在好莱坞安插特工,直接监控这里发生的所有政治动向,对"表现美国阴暗面"的东西十分警觉,诋毁攻击反映美国阴暗面的影片《愤怒的葡萄》《烟草路》等,对由小说《巨人》改编剧本中有损美国形象的描述提出警告并要求修改,删除一些影片中所谓"歪曲"美国形象的镜头等,并暗中对相关影片的导演、编剧和演员进行无声的"惩戒",无人敢聘用他们,许多人就这样不明不白地断送了电影职业生涯。好莱坞电影曾被欧洲人认为是"无聊低俗""充满了肉感女人和大腿舞",显得不屑一顾,经过数十年的发展终于实现了华丽转身,俨然成为推销美国价值观、宣扬"美国精神"、弘扬美国"主旋律"的强大的思想文化阵地,中央情报局在其中也发挥了不可或缺的作用。

四、秘密提供经费支持

文化冷战是一项规模庞大、极为烧钱的秘密行动,没有强大的经济后盾作为支撑是无法进行下去的,但这难不倒美国这样的头号经济大国,政府秘密拨款及私人基金会成为中央情报局不竭的财源。美国政府将"马歇尔计划"援助资金中的5%计约2亿美元,划给中央情报局支配使用,用来搞秘密文化宣传和心理战。其中1950—1967年间,有几千万美元用于文化自由大会。仅1963—1966年间,共有164个基金会为多达700多个项目,每个提供了1万美元以上的资助,其中至少有108个基金会的资金部分或全部来自中央情报局,这个时期资助的国际文化活动,几乎有二分之一用的都是中央情报局的秘密资金。有170多个基金会为中央情报局提供转账服务,输送资金给有关组织或个人,这些机构的董事会成员都是美国的社会、金融和政治等各界的顶尖人物。为支持美国大都会到欧洲演出,中央情报局资助了75万美元,前述各种文化活动项目,中央情报局都提供了大量的经费支持。将波士顿交响乐团请到欧洲参加美国艺术节,中央情报局花费了16.6万美元，这在当时是一笔巨款，一名文化自由大会的高层负责人认为"耗资实在太大了"。对文化自由大会所属《邂逅》等20多种杂志，中央情报局每年都给予了经费补助，1960年对这些刊物的资助为56万美元，1962年则增加到88万美元，每年对每种刊物都有数万美元不等的资助。

中央情报局向这些组织和个人提供资金，惯用的方式是"安静通道"，也即秘密和保密的渠道，以掩藏美国官方及中央情报局的背景，通常是将经费拨给第三方公司和机构，或是中央情报局假托第三方设立的"空壳"基金会，再由他们捐给对象。社会上的基金会有福特基金会、洛克菲勒基金会、卡内基基金会等，被认为是中央情报局"最好的也是最不令人怀疑的资助掩护机构"。如福特基金会在60年代初期，向文化自由大会捐赠高达700万美元。中央情报局假托第三方设立的基金会中，以法菲尔德基金会最为著名，第一任会长为弗莱希曼，是中央情报局政策协调处的一名签约顾问，是文化自由大会深知内情的掩护者，中央情报局政策协调处处长布雷顿说："这个基金会永远只能是一个掩护机构。谁来担任会长只不过是个名义。"另外比较知名的还有"帕特曼8家"，即戈萨姆基金会、密歇根基金、普赖斯基金、埃德塞尔基金、安德鲁·汉密尔顿基金、博登信托公司、比肯基金、肯菲尔德基金等。东欧基金也是中央情报局的一个外围机构，从福特基金会获得大量资助，曾从福特基金会拿到52.3万美元，资助契诃夫出版社购买在苏联禁止出版的图书，并将西方的经典作品译成俄文出版。这种通过几次转手的中央情报局秘密行动资金，比较好地隐藏了资金的源头及性质，使中央情报局国际组织处所操纵的各类文化机构的骨干人员中，除少数与中央情报局交往密切或必须向中央情报局报告工作的人员之外，大多以为这些钱来自私人或企业的赞助，自己所开展的是不依附任何政府的独立的文化活动。

美国中央情报局所操纵的文化冷战，在当时也曾受到过许多非议和责难，冷战设计者乔治·凯南理直气壮地为中央情报局辩护："就因为中央情报局给了钱而对它发动攻击是站不住脚的，攻击带来的痛苦超出了其应有的范围。对这件事我从来没有受到良心上的责备。我们这个国家没有设立文化部，中央情报局不得不尽其所能来弥补这一缺陷，它这样做应受到赞扬而不是批评。"他与文化自由大会秘书长纳勃科夫几十年的通信中，一直坚信通过文化冷战帮助建立"美国统治下的和平"是正确的。冷战结束之后的1993年，他却耐人寻味地转变了态度："关于美国在世界上的作用，我绝对强烈反对那种救世主的论点，这就是说我反对美国人充当全人类的导师和救星，反对说我们具有独一无二的优秀品质，也不赞成喋喋不休地空谈什么'命运宣言'或'美国世纪'之类的废话。"也许是乔治·凯南看到了自己亲自参与塑造的"巨人"的可怕之处。美国现在已经建立了文化霸权，再不会为"文化荒漠"的标签而急眼，也不会为欧洲人几句言不由衷的赞美之辞而窃喜，同时也失去了苏联这样势均力敌的强大对手。中央情报局有组织、大规模地开展文化冷战的方式，随着美国文化霸权的确立、冷战的结束及骨干成员的凋零也渐归沉寂，文化自由大会最核心的刊物《邂逅》也于1990年停刊。一个时代结束了，又开启了一个更为复杂的时代。乔治·凯南暮年所反对的，正是当今美国政客所信奉的观念和武器，他们常常以救世主自居，输出美国的价值观，经常使用军事打击、经济围堵或策动非暴力革命等手段来操控世界，谋取一国之私利，成为世界不安宁的重要因素。

刘秉忠 著

世界情报组织
秘密行动

［下］

时事出版社
北京

第八章

欺骗类秘密行动

德国诗人海因里希·海涅说:"生命不可能从谎言中开出灿烂的鲜花。"而情报组织不仅要"从谎言(欺骗)中开出灿烂的鲜花",还要从中收割丰硕的成果,这也是情报组织的生存发展之道。欺骗既是秘密行动最基本的共性特征,也是一种使用广泛的秘密行动类别,可以说"谎言的鲜花"开遍了秘密行动的广阔田野。《孙子兵法·计篇》曰:"兵者,诡道也。故能而示之不能,用而示之不用,近而示之远,远而示之近。利而诱之,乱而取之,实而备之,强而避之,怒而挠之,卑而骄之,佚而劳之,亲而离之。攻其不备,出其不意。"[1] 所谓诡道,其核心内涵就是欺骗,使用阴谋诡计使对方作出错误的判断和选择,并成为战胜对手的一种有效武器。意大利政治思想家马基雅维里主张:"靠欺骗可以取胜时,绝不要靠武力。"毛泽东主席《论持久战》说:"有计划地造成敌人的错觉,给以不意的攻击,是造成优势和夺取主动权的方法……采用各种欺骗敌人的方法,常能有效地陷敌于判断错误和行动错误的苦境,因而丧失其优势和主动,'兵不厌诈'就是指的这件事。"[2] 中国秦汉之际的"明修栈道,暗渡陈仓",古希腊的"特洛伊木马计",都是欺骗类秘密行动的经典案例。不仅军事上如此,在情报组织的秘密行动中,欺骗也是很重要的秘密行动方式,指情报组织用虚假的语言、行动、信号和物品等来掩盖事实真相,使敌方或特定的群体、个人上当的秘密行动,其目的是为了使态势朝有利于己方发展,从而为克敌致胜创造有利条件。美国中央情报局分析培训资深教官、情报理论专家杰克·戴维斯认为,欺骗是指外国情报机构或敌对组织通过误导或操纵情报分析人员的认知,使情报分析人员及政策制定者在理解和应对敌对国家或组织的行动中,处于不利地位的一切行为。[3] 戴维斯的看法是从情报分析人员和决策者的角度上来定义的,实际上情报组织欺骗类秘密行动的目标对象,并不仅限于情报分析人员和决策者,根据工

---

[1] 孙厚洋、周春:《孙子兵法评说》,时事出版社2000年版,第1页。
[2] 《毛泽东选集》第二卷,人民出版社1991年版,第491—492页。
[3] 高金虎、张佳瑜等:《战略欺骗》,金城出版社2015年版,第101页。

作的需要，任何组织、群体或个人都可能成为欺骗的目标对象。隐真示假是欺骗的主要方式，假象是欺骗的本质特征，误导是欺骗的目标指向，削弱或消灭对手是欺骗的最终目的。

第一节 欺骗的主要方式

欺骗的本质就是己方以"隐真示假"的方式，引导对手"认假为真"，甚至真中掺假、假中有真，以进一步增强迷惑性。具体为通过虚假情报、虚假行动、虚假报道、虚假目标和虚假电子信号等方式来达到欺骗的目的，有时为了增强真实感，还会视情况掺和一些真实的元素。就这样通过真真假假、虚虚实实的方法，使对手在判断真假时被己方牵着鼻子走，最后落入陷阱而不自知，待其发现上当时木已成舟，无法补救。《三十六计·无中生有》中载："（安史之乱时）令狐潮围雍丘，张巡缚蒿为人千余，披黑衣，夜缒城下。潮兵争射之，得箭数十万。其后复夜缒人，潮兵笑，不设备。乃以死士五百斫潮营，焚垒幕，追奔十余里。"[1] 唐朝雍丘守将张巡计谋过人，他首次夜缒草人的意图是借箭，叛军将领令狐潮以为是偷袭；最后一次夜缒"草人"意图是偷袭，令狐潮以为是借箭。同样的表象下面，隐藏着完全不同的目的和意图，使对手应对失措，从而创造机会来击败对手。张巡通过欺骗的方式，将对手的心理反应拿捏得恰到好处，并将之玩弄于股掌之中，显示出了欺骗类秘密行动的魅力。古希腊哲学家柏拉图认为："但凡带有欺骗性的东西，往往都会像魔术一样迷惑好多人。"[2] 而运用欺骗手段的人，往往是高超的心灵魔术师，在欺骗类秘密行动中尤其如此。

一、虚假情报

虚假情报亦可称为假情报，是指情报机构有意编造出的旨在迷惑和误导敌方决策，离间和破坏敌方内部团结，为己方谋取利益或为己方下步行动创造有利条件的虚假信息。假情报有的是完全虚构的，有的则是真假混合，对目标对象的判断和决策形成干扰和误导。利用虚假情报来欺骗对

---

[1] 丁春生：《三十六计》，内蒙古人民出版社2002年版，第133页。
[2] ［古希腊］柏拉图著，范晓潮译：《理想国》，研究出版社2018年版，第116页。

第八章 欺骗类秘密行动

手,一般包含制作虚假情报、传递虚假情报和监测欺骗效果三个主要环节,解放前国民党情报机构中统将之称为造谣、放谣和收谣三个步骤。假情报的制作方法将在离间秘密行动中进行讨论,这里重点分析如何以合适的方式将假情报传递到对手方面去,使对手对情报来源的可靠性深信不疑,并进而认定情报内容的真实性,在此基础上进行决策,这样才算大功告成。因此,运用假情报欺骗对手的秘密行动中,传递假情报这一环节非常关键。传递虚假情报的方式很多,同时为了增强欺骗性,彻底套住狐狸般狡猾的对手,情报组织有时还会通过多个渠道或多种方式传递内容相同或相似的虚假情报,如"卫士计划"包含了数十个欺骗秘密行动项目,还能够相互"印证",目的就是为了误导多疑的希特勒对盟军在欧洲登陆地点上的判断,削弱诺曼底的军事防卫力量,使盟军能够迅速突破德军防线,顺利在诺曼底登陆。希特勒深知"伟大的说谎者同时也是伟大的魔术师",但他在英国情报机构这个"魔术师"面前依然迷失了心性。

以"意外事故"的方式来传递假情报。二战中英国海军情报处设计实施的"肉馅行动",就是将一具尸体伪装为携带机密文件公文包的"马丁少校",以在中立国西班牙海域飞机失事而溺水身亡的方式,借助西班牙之手,将假情报传递给德国。"意外事故"地点的选择非常重要,既要能顺利地将假情报传递给目标对象,又要能消除人为设计的痕迹。1936—1939年的西班牙内战,被称为二战的预演和前奏,以佛朗哥为首的国民军右翼集团,在德意法西斯国家的鼎力支援下,打败了共和军,建立了独裁政权,佛朗哥对德意自然是感恩戴德。德意一直想拉西班牙加入轴心国阵营,佛朗哥权衡再三最终选择了中立立场,但私下里是偏向并帮助轴心国的。西班牙处于德意占领区与英国的中间地带,成为同盟国与轴心国情报组织角力的前沿阵地。英国人算准了,只要是西班牙获得了涉及轴心国的情报,必定会想方设法提供给德国,有西班牙这个对德友好的国家充当传递假情报的二传手,能在一定程度上麻痹多疑的希特勒,事实也证明英国得偿所愿。在"斩首行动"中,海德里希为将伪造的苏联元帅图哈切夫斯基里通外国和谋反的证据传递到斯大林手中,专门设计了由德国有关人员与捷克驻德大使马斯特内"酒后失言"的方式,传递了德国正与一个反斯大林密谋集团进行接触的虚假信息。当时捷克与苏联关系比较友好,并想借助苏联的力量来制衡德国对捷克的压力。马斯特内迅速报告捷克总统贝奈什,贝奈什马上告知了苏驻捷大使亚历山大·罗夫斯基。后面的事情就顺理成章了,苏联通过捷克花费巨资买回了这些虚假情报,最后决定了图哈切夫斯基及苏军一大批中高层军事指挥官的悲惨命运。"酒后失言"也可算是一个意外事故，同样是通过与苏联关系友好的国家来传递。如果选择了一个与目标国家关系不太友好的国家，一是它不一定会传递这个信息，可能还会看戏不怕台高；二是传递给了目标国家也不一定相信，它很可能会认为对方不怀好意，这样就很难达到传递虚假情报的目的。

  以被窃密或"泄密"的方式来传递假情报。在"南方坚韧"欺骗行动中，伦敦监督处利用被俘的德军高级军官，让其以耳闻目睹的形式直接向德军总参谋部面陈"美国第1集团军"及其进攻意向的假情报。1943年5月，德军非洲军团司令汉斯·克莱默将军被盟军俘获，在英国押解途中，故意让他看到大量的飞机、舰队和装甲部队，巴顿还以"美国第1集团军总司令"的身份请其吃饭，安排许多"师级指挥官"与其见面，有意无意透露出要在加莱登陆的信息。其实克莱默所看到的是英格兰西南部的情况，但英方诡称是英格兰的东南部。二战中英国去掉了所有的路标，克莱默无法通过路标来判断自己所处的位置。克莱默回德国后详尽地报告了自己的所见所闻，希特勒和纳粹德国高层当然不会怀疑这位装甲兵上将的忠诚和军事专业素养，这个"蒋干盗书"式的欺骗行动效果颇佳。① 为掩饰闪击苏联的军事意图，德国军事谍报局组织实施了"沙鱼行动"，其中一项任务是以大众传媒报纸作为传递假情报的工具和渠道。1941年6月13日，德国《人民观察家》报上刊登了纳粹德国宣传部长戈培尔的文章《克里特岛就是榜样》，文中暗示德国军队正在准备横渡拉芒什海峡以进攻英国，德军在东线的集结只是为了对付英国；此时帝国陆军总司令也在忙于调动军队，看上去想要在英国登陆。报纸发送出去后，各地盖世太保迅速行动起来，大吵大闹地回收这份报纸，暗示帝国宣传部长干了"一件可怕的蠢事"，泄露了重大机密，要赶紧回收报纸进行弥补。许多订户已经收到了报纸，各国情报组织也纷纷出动搜集这份报纸，一时间成为各方关注的焦点。② 这些都成功地误导了苏联最高统帅部，对多个渠道获取的德军准确进攻日期的情报置之不理，未做任何防范工作，在战争初期被打得措手不及。

  双重间谍往往是传递假情报的重灾区。向敌方派遣间谍就是为了掌握

---

 ① 郭魁、康永革：《"卫士"计划：历史上最大的战争骗局》，《国防科技》2006年第4期。

 ② 崔佳编著：《人类谍战的历史》，中华工商联合出版社2014年版，第172页。

第八章 欺骗类秘密行动

了解敌方的真实情况和搞破坏活动,但如果被敌方所逆用,则对己方危害极大。二战期间,德国向英国派遣了大量的间谍,英国通过策反、胁迫和自首等方式使120人成为双重间谍。为管理和利用这些间谍,英国由安全局为主,成立了由多家情报机构参加的"双十委员会",指导和协调这些双重间谍,对德国进行情报欺骗和战略欺骗。英国通过双重间谍向德国发送假情报,如为掩护盟军在北非登陆的"火炬行动",由双重间谍承担了"独唱一号"计划和"推翻"计划,误导德军将驻防重点放到了挪威和法国北海岸;在掩护盟军西西里岛和诺曼底登陆上,双重间谍也发挥了重要作用。同时还利用双重间谍掩护"超级机密",如因为德军通信密码被英国"超级机密"所破获,德国舰艇常被盟军准确找到并击毁,双重间谍按照英国的说辞,诡称盟军已经发明了一种功能强大的雷达和先进的寻热探测器,以及一种神奇的光束等,让德军深信不疑。观察德军新式武器V-1的轰炸效果,也是德国间谍的任务之一。英国通过双重间谍,引导其着弹点偏移到伦敦郊外,粉碎了德军将伦敦夷为平地的企图,挽救了数以万计人的生命。英国还利用"双十委员会"所控制的双重间谍实施骗人的"爆炸"行动,其中效果明显的是"盖·福克斯计划""布鲁克计划""本勃利计划"和德哈维兰爆炸案等,由双重间谍对食品仓库、军营、发电站、航空工厂等实施有限度的爆炸,经过布景专家进行伪装和媒体宣传,夸大爆炸造成的损失,既可以让双重间谍取得德国方面的持续信任,又可减少真正的德国间谍来进行破坏,以避免造成更大的损失。[①]

二、虚假行动

所谓虚假行动,是指刻意设计实施的,表象上与真实情况不符或相反的行动,以诱导对手产生误判,并进而作出符合己方期待的认知和决策。一般运用冒充、佯动甚或"不动"等方法来组织实施,虚假叛逃或叛变也是一种虚假行动。我国古代"明修栈道,暗度陈仓"之计就是一个经典的此类案例,刘邦用公开修复进出汉中的栈道这个虚假的行动,来迷惑对手,暗中却派奇兵绕道陈仓,趁敌不备占领了关中,由此拉开了击败项羽,奠定大汉王朝400年基业的楚汉战争的序幕,"暗度陈仓"也成为"三十六计"中的一计。

---

① 肖池编著:《米字旗守护神——英国军情五局和秘密情报局行动档案》,河北人民出版社1998年版,第119—138页。

世界情报组织秘密行动

　　冒充相关组织或人员，表面是开展与其冒充身份相符合的行动，而实际上所执行的是与表象完全不同甚至相反的任务，以此来蒙骗对手，最终达到消灭或削弱对手的目的。二战时期，英国情报机构组织实施了让詹姆斯中尉冒充蒙哥马利元帅进行虚假活动的"铜头行动"，将希特勒紧紧地控制在"卫士计划"的套子里。为掩护盟军在诺曼底登陆、苏军在东部同时发动攻势的"霸王行动"，伦敦监督处专门制定并组织实施了以心理欺骗为重点的"杰伊计划（后改为卫士计划）"，目的是通过这些欺骗手段使希特勒相信，盟军进攻的目标不是诺曼底，而是斯堪的纳维亚、巴尔干半岛、法国的加莱海峡或其他相关地方。其下又分为两个大的部分，"北方坚韧"用来牵制德军在斯堪的纳维亚的27个师，"南方坚韧"用来把德军最精锐的装甲部队第15军拴在加莱地区。从获取的德军作战方案及兵力部署等情报来看，希特勒已进入了"卫士计划"的套子。但英国情报部门仍不敢掉以轻心，在诺曼底登陆行动前夕，又精心设计了富有戏剧性的"铜头行动"。英国安全局找到曾当过演员、外表酷似蒙哥马利的詹姆斯中士，让其冒充这位英国陆军元帅、西北欧英军总司令，前往直布罗陀和阿尔及尔进行"巡视"。一路上，潜伏的德国间谍不断地将"蒙哥马利"活动的情况报回德国，使希特勒更加确信盟军的军事攻击重点不在诺曼底。而此时，真正的蒙哥马利元帅正在大本营与盟军高级指挥官推敲诺曼底登陆的最后细节，随后百万盟军以排山倒海之势扑向诺曼底海滩，半小时后成功登陆，由此开启了纳粹德国覆灭的命运。[①] 在战场上，更多是的是冒充敌方的部队或人员，以执行所谓"上级命令"的方式，堂而皇之地进入敌方控制的区域，出其不意地对敌方的关键部位和设施进行打击。在第四次中东战争初期被打得没有还手之力的以色列，很快从混乱中清醒过来，为扭转不利战局，决定组织一支由第45装甲师师长沙龙率领的先遣队，运用欺骗的方式，插入埃军后方，进行秘密军事打击行动。沙龙集中了第三次中东战争中缴获的埃军数十辆苏制坦克和装甲车，全部涂上埃军的标记，还挑选了数百名会讲阿拉伯语的官兵，身着埃军制服，配备苏制武器，乔装成埃及第21装甲师，顺利通过了埃军防守森严的运河浮桥。以军先遣队渡过苏伊士运河后，立即兵分三路，扑向埃及后方的地空导弹基地。埃及陶索姆附近的地空导弹基地正处于紧张的工作状态之中，雷达天线在转动，

---

　　① 詹非非、詹幼鹏：《英国情报组织绝密行动》，北方文艺出版社2017年版，第106—109页。

第八章 欺骗类秘密行动

荧光屏在闪烁,导弹架直指蓝天,并没有注意到公路上出现的这支乔装打扮的装甲部队。这支部队突然向导弹基地开炮,转眼间,导弹基地就在剧烈的爆炸声和冲天的烈焰中灰飞烟灭。惊慌失措的埃及士兵还以为是遭到了空袭,在天空中寻找并不存在的飞机。同一天,运河西岸埃军后方的另外几个地空导弹基地和高炮阵地,也相继遭此厄运,埃军损失惨不忍睹。[1]在第四次中东战争初期处于被动地位的以军开始扭转战局,控制了西线战场的主动权,使初战得手的埃军再次面临失败的命运。

佯动也是战争中的一种以虚假行动来进行欺骗的方式,实际上就是声东击西,是指为迷惑敌方,假意在非攻击区域部署重兵或是发动虚张声势的进攻,将敌方的注意力和兵力都吸引到该地区,使己方真正的攻击区域出现防守空虚的现象,为己方后续的重大军事行动创造条件。1950年美军在朝鲜仁川登陆,就是采取了这种欺骗方式。仁川登陆前,美军在群山港附近荒岛上进行登陆演习,同时派出联合突击队对群山港进行侦察,并对朝鲜东海岸的三陟和西海岸的镇南浦、达阳岛实施火力准备。仁川登陆前两天,美军"密苏里"号战列舰在数艘驱逐舰的护卫下,突然出现在三陟海面,对岸上重要目标进行袭击。英国"海伦娜"号航母和美国"凯旋"号巡洋舰则攻击了平壤外港镇南浦和清川江口的达阳岛,造成主要登陆点在群山地区的假象。这种佯动欺骗行动很好地隐藏了仁川登陆的意图,朝鲜人民军不但派出精锐部队增援群山港,还从北部抽调1个师到群山港,进一步削弱了仁川地区的防守力量,使美军得以在仁川顺利登陆,朝鲜战况出现逆转。[2] 如果要细分一下,可将不包含军事冲突的佯动称为佯动,而包含了军事冲突的佯动称为佯攻。在这个案例中,美军的演习和侦察可称为佯动,在三陟海岸等处的袭击可称为佯攻,但广义上均可称为佯动。前面所说的"明修栈道"也属于佯动,目的是为了掩藏"暗度陈仓"的真实意图。

有时知悉了敌方的行动之后,为了保护更大的利益,而选择不采取任何的应对措施,坐视己方蒙受重大损失,以此来迷惑敌方。这里的"不采取任何的应对措施",可视为"不动"。本应该"动"而"不动",也可算作是一种虚假行动。这种看似难以理解的悖论,在情报组织秘密行动及军事行动中,时常可以见到其智慧的光辉,有时虽然显得很残酷。这就是俗

---

[1] 周敏、余国强:《战争魔方:藏密于"公开"》,《解放军报》2006年8月24日。
[2] 高金虎、张佳瑜等:《战略欺骗》,金城出版社2015年版,第133页。

语所说"放长线，钓大鱼""忍得一时之快，免得百日之忧"的道理，在这种情况下，"忍"就是"骗"，"不动"就是最合适的"动"。二战时，英国破译了德国的密码恩尼格码，也称"哑谜"密码，并通过这个渠道掌握了德国的一举一动，这是盟军的最高机密。为了保护这个"超级机密"不被德国发觉，英国方面付出了重大牺牲。在争夺大西洋控制权的争斗中，德国潜艇针对英国的军舰及商船进行袭击，使英国蒙受了巨大的损失，1940年和1941年英国分别损失了400万吨位，1942年急剧上升到800万吨位，平均每天都有5艘商船被击沉。其实通过破译德军密电，英国每次都事先掌握了其潜艇的攻击情报，一般都没有采取保护措施。[1] 后来英国实在忍受不了这么巨大的损失，运用"超级机密"所破译的情报，采取了一些绕行之类的小动作，很少对德国潜艇进行回击。1940年11月破译的德军密码电报显示，德国空军将于15日实施"月光奏鸣曲"行动，轰炸英国军需工业基地考文垂，另外伯明翰和沃尔弗汉普顿两个重要城市也将遭到空袭。考文垂集聚着一批生产飞机、装甲车和重型卡车之类的军工厂，还有当时世界上最大的机床厂等重要企业。德军轰炸情报和英军保护方案都摆到了首相丘吉尔的案头，丘吉尔考虑到如果对考文垂等城市采取保护措施，必然会引起德国的警觉，一旦他们怀疑密码出了问题，重新更换密码，英国将失去掌握德国核心机密的一个最重要的途径。丘吉尔最后忍痛决定，不在考文垂及另外两个也将遭受轰炸的城市采取任何防护措施，来确保"超级机密"的安全。考文垂就这样在德军的空袭中变成了一片废墟，伦敦《泰晤士报》后来将它称为一座"殉难的城市"。[2] 但希特勒仍在放心地使用着"哑谜"密码，英国继续把控着德国的脉搏，在丘吉尔看来，所有的这些牺牲都是值得的。

运用虚假叛逃或叛变的方式来向敌方传递虚假情报，类似于《孙子兵法》中所说的"死间"，往往有比较好的欺骗效果。在"卫士计划"中，有一个位于法国北部隶属于英国特别行动执行署的代号为"繁荣"的抵抗行动小组，因成员亨利·德里古的告密而被德国盖世太保破获，数十名抵抗运动成员被捕。在历经严刑拷打，求生不得、求死无门的情况下，他们

---

[1] 刘雪梅等：《保安局在行动——二十世纪英国情报机构绝密行动》，东方出版社2005年版，第58页。

[2] 詹非非、詹幼鹏：《英国情报组织绝密行动》，北方文艺出版社2017年版，第43—45页。

不得已供出了他们所执行的任务：袭击德军在加莱的指挥部、通信中枢、岸炮及供电系统，配合盟军登陆。盖世太保对这些来之不易的口供深信不疑，进一步强化了盟军将在加莱登陆的判断。而实际上，德里古是按照伦敦监督处的秘密指令，用虚假叛变的方式，来取得盖世太保的信任。同时为了能让他们熬到最终的"招供"时刻，不会因为难以忍受而自杀，给他们配发的自杀毒药居然是无毒的，伦敦监督处在欺骗误导纳粹德国时，对己方执行任务的人员也耍了小手腕。以价值数十万美元的武器装备和整个抵抗小组成员的生命为代价，来向德国传递一条虚假情报，可谓代价巨大、成本高昂，但与掩护诺曼底登陆的总目标相比，这种牺牲仍然显得微不足道。[①] 只不过时代的一粒尘，落在这些抵抗战士的头上就是一座山。这座山压碎了他们的血肉之躯，却为盟军赢得胜利创造了有利的条件。

三、虚假报道

虚假报道也即虚假宣传，希特勒深知其中的奥妙和功用："所有的宣传一定要通俗易懂，连最愚蠢的智力水平最低的人都能够理解。人们可以被操纵成把天堂看作地狱，反过来，也可以把最悲惨的生活看作天堂。"希特勒能够煽动起素称严谨的德意志民族投入战争洪流的激情，这种虚假宣传功不可没。虚假信息往往具有极强的传播力和杀伤力，美国作家马克·吐温说："真相在穿鞋的时候，谎言已经跑遍了全城。"虚假报道是指由情报机构编造，或记者、研究人员等相关从业者按照情报组织的意图，所撰写并发表的与客观事实不符的新闻报道或研究文章等材料，主要是用于误导对手或公众，形成有利于己方的公众舆论环境和思维定势，对对方政府或决策者造成强大的社会压力，或是激起民众对抗政府的情绪和行动，从而达到己方所预期的目的。虚假情报和虚假行动的目标指向是对手方的高层领导者，意图是直接影响对手方的决策者。虚假报道的目标指向包括对手方的高层领导者和民众，但更多的还是针对民众，主要是想通过煽动和操控民意，形成强大的社会舆论压力，迫使对手方的决策者作出有利于己方的决策，即意图是间接地影响对手方的决策者。当然虚假报道的功用不仅限于此，另外还有掩盖真相、混淆视听、误导民意、激起民变等作用，不过在一般情况下，误导决策者的效应会更明显。这种方式，苏联克格勃

[①] 郭魁、康永革：《"卫士"计划：历史上最大的战争骗局》，《国防科技》2006年第4期。

称之为"积极措施",通过有目的、有组织的欺骗与传播谣言,来软化或搞垮反对苏联的外国政客、有影响的公众人物,干扰和影响他国政局,推进苏联的国际战略。

冷战时期,美国中央情报局针对媒体开展了"知更鸟行动",操纵媒体进行宣传,将当时美国最顶尖的媒体和记者掌控起来,通过媒体的声音来影响世界及公众舆论。曾任《华盛顿邮报》记者的卡尔·伯恩斯坦,深入研究了冷战时期美国中央情报局与媒体的关系,写成《中央情报局与美国媒体》一文,详细揭露了中央情报局与媒体的秘密交易。在冷战开始后的25年间,包括《纽约时报》、《时代》周刊、哥伦比亚广播公司、时代公司、美国全国广播公司、美联社、《新闻周刊》等在内的25家媒体,曾为中央情报局提供掩护、培养特工、收集情报、配合秘密行动;媒体高管与中央情报局有着极为密切的私交,超过400名记者与中央情报局有紧密的合作关系。作者还得出了一个重要结论,与单纯认为中央情报局操纵和控制新闻界不同,当时美国的新闻机构也心甘情愿地充当中央情报局的帮手,投身到反对"全球共产主义"的斗争中来。中央情报局借助媒体掩护自己,而记者把为中央情报局服务视作为国家服务,也是他们获取更好新闻素材和攀登职业顶峰的一种方式。[①] 美国的这些媒体大多具有世界性的影响力,它们按照中央情报局的意图进行虚假宣传和报道,来影响世界和公众,成为一种常态。中央情报局不仅控制国内的媒体,对境外的媒体也是通过收买的方式进行控制和利用,用以影响目标国家民众,达到抹黑或颠覆目标国家政权的目的。在颠覆智利阿连德政府的秘密行动中,中央情报局给被称为"反对阿连德政权重要堡垒"的《信使报》秘密提供了大量资金,支持其进行反政府宣传。《信使报》因阿连德对大型企业的国有化改革而失去了广告和赞助收入,1970年9月行将倒闭,中央情报局分两次给其秘密提供了166.5万美元的资助,使其起死回生,有了中央情报局撑腰,它便更加肆无忌惮地对阿连德政府进行攻击,严重损害了政府的公众形象。政府的每一个政策失误都被夸大宣传和恶意曲解,同时将反对派打造成"自由与民主"的化身,有效地迷惑了智利的民众,打消了部分民众

---

① [美]卡尔·伯恩斯坦著,陈秋云编译:《中央情报局与美国媒体的秘密交易》,原载《战略传播研究》,2015年11月7日,乌有之乡,http://m.wyzxwk.com/content.php?classid=19&id=354317。

第八章 欺骗类秘密行动

支持政府的念头，极大地削弱了阿连德政府的执政基础。①

苏联情报机构在国外主要是操纵左翼媒体，秘密招募和雇佣外国记者用严肃报道的方式来传播虚假信息，在国内则是着力打造自有的媒体团队。苏联于1923年初成立虚假信息局，由外交人民委员部管辖。该局首次执行的任务，是在《真理报》《消息报》上发表所谓波兰准备进攻德国的假消息，但对苏联官方的宣传造成了干扰，后来虚假信息局主要转战国外媒体。苏联国防部战略欺骗总局设立于1968年，其任务有对与军事和经济方面相关的新闻报道进行检查，向外国情报机构散布假消息；对苏军及军火工业内部实施保密监督，保护国家机密，传播假情报；制造假情报，导致敌人判断失误，采取错误行动；负责对西方国家所了解的有关苏联的全部情况进行仔细研究，并炮制大量宣传材料以歪曲事实真相。还管理指导《红星报》《苏联》《旗手》《武器与装备》等上百种军事报纸杂志。在军事情报部门的协助下，秘密招募和雇佣一批国外记者，让他们煞有介事地发表严肃的报道来传播虚假信息。苏联战略欺骗总局的第一任局长为奥加尔科夫，其遵循的原则是："敌人只能看到奥加尔科夫打算要他们看到的东西。"奥加尔科夫因战略欺骗成绩卓著，后升任苏军总参谋长，并晋升为元帅。奥加尔科夫虽然以"战略欺骗"起家，但他是一个有长远战略眼光和真才实学的人，他曾率先提出了"信息战"和"精确制导战争"等军事思想，但不被苏联领导人所重视，后来美军在此基础上形成了"空地一体战"的军事理论，进行了以信息技术为核心的军事革命。许多美军将领认为，海湾战争用的是美国的武器、奥加尔科夫的思想打赢的。②

这种虚假报道，或者说是欺骗性宣传，有时还用于误导公众视线，掩盖己方秘密行动的形迹。流亡欧洲的乌克兰民族主义领袖班德拉被克格勃暗杀后，警方经尸检发现了他杀的痕迹。为掩盖己方的行径，苏联《红星报》发文宣称，班德拉是被西德难民事务部长特奥尔多·奥伯兰德尔暗杀的，原因是奥伯兰德尔的污点劣迹，班德拉知道的太多了，"由于舆论越来越坚持奥伯兰德尔应该受到审判，班德拉可能成为最重要的证人之一。这一点使这个波恩的部长及其庇护者担忧，于是他们决定搞掉班德拉，并

---

① 白建才：《"第三种选择"：冷战期间美国对外隐蔽行动战略研究》，人民出版社2012年版，第305—307页。
② 杨宁：《揭秘苏军战略欺骗总局》，《科学大观园》2016年第8期。吴敏文、谭德兵：《"奥尔加科夫"革命为何错失机遇？》，《解放军报》2008年1月8日。

消灭一切痕迹。这样，一个恶棍就搞掉了另一个恶棍。"如果不是后来杀手叛逃说出真相，你真不知道真相到底是什么。克格勃特工拉蒙·梅尔卡德暗杀托洛茨基后被捕，对自己的真实身份一直守口如瓶，这给苏联的虚假报道提供了机会，苏联《真理报》只用数行字淡定地报道说，托洛茨基被一个"幻灭的追随者"杀死了。为了这短短的几行字，克格勃事先也是做足了功课。拉蒙实施暗杀行动前已经写好了遗书并带在身上，遗书声称他相信托洛茨基主义并到墨西哥来向他求教，但他却是一个伪君子，竟要求自己去谋杀斯大林，自己为了恋人拒绝了他的要求，结果被痛斥了一顿，于是才决定为全世界的工人阶级埋葬这个伪君子。[①] 苏联的报道与遗书的内容结合得天衣无缝，将一起令人发指的政治谋杀案件，轻飘飘地说成是出于个人的恩怨，不动声色地"撇清"了苏联政府与此案的关系，还顺带又抹黑了托洛茨基一把。这也说明克格勃在实施暗杀行动之前，不仅为拉蒙可能失手被捕制定了周密的应对措施，也安排好了后续欺骗性宣传的准备工作，而不是临时起意、仓促应付之举。

四、虚假目标

又称假目标，是指为欺骗敌人而模拟目标暴露征候，为此而专门设置的各种伪装物体。设置假目标的目的，是为了让敌方将假目标当作真目标，从而掩护真目标，保证真目标的安全；或是通过假目标所显露出的相关信息，来干扰敌方的判断和决策；或是掩护己方的真实意图，让对手方作出与己方真实意图相反的决择，从而为己方偷袭或躲避敌方创造有利条件。通过设置假目标的方式来欺骗对手，以实现己方的真实意图，战国时期孙膑的"减灶之计"和三国时期诸葛亮"草船借箭"都是很经典的案例。据《左传·襄公十八年》记载，春秋时期晋齐平阴之战中，劳师远征的晋军并不占优势，于是采用设置假目标的方式吓唬齐灵公。晋军在山上险要之处插上旗帜，用许多战车载着蒙上衣甲的草人、拖着树枝来回跑动，山谷中烟尘滚滚，似有千军万马正在聚集。齐灵公误以为晋国又来了大批援军，惊慌失措地带着军队逃跑，晋军乘机追击，直逼齐国都城临淄，迫使齐灵公签订了城下之盟。在现代战争中，这种古老的智慧不仅没有过时，反而被演绎得淋漓尽致。

在战场上利用假目标来误导敌人，从而掩盖己方的真实意图，为己方

---

① 程景：《苏联克格勃绝密行动》，北方文艺出版社2017年版，第35—36页。

第八章　欺骗类秘密行动

出其不意地展开攻击创造有利条件。一战中,英军指挥官埃德蒙·艾伦将军为突破位于加沙的奥斯曼帝国和德国联军防线,命令情报军官迈纳茨哈根与骑兵旅参谋对奥德联军进行欺骗误导,以故意遗失"机密文件",并通过无线电来"证实"这些文件等方式,将奥德联军的注意力全部吸引到加沙,同时表明英军近期不会有作战行动等,以掩护英军将在贝尔谢巴地区发动攻击的计划。奥德联军果然中计,艾伦将军暗地里开始行动,把骑兵团从加沙神不知鬼不觉地调到贝尔谢巴,将用草扎制的15000匹"战马"和帐篷留在加沙,继续用无线电联络,伪装那里仍然屯集着重兵。艾伦将军知道奥斯曼帝国军队极度缺乏香烟,专门定制了12万包含有鸦片的香烟,用飞机空投到奥军阵地上。当被鸦片所麻醉的奥斯曼帝国官兵还在幻觉中遨游时,英军突然发起攻击,猛烈的炮火打破了黎明的寂静,15000名英国骑兵部队从河谷中飞奔出来,转眼便席卷了贝尔谢巴这座沙漠之城,被鸦片所毒害的奥斯曼帝国军队丧失了最基本的抵抗能力,看来英国特别善于用鸦片来毒害对手。随后英国骑兵又挥师向加沙方向冲去,并很快攻克了加沙。奥斯曼帝国军队在这一突如其来的打击下土崩瓦解,英军迅速进军并攻占了耶路撒冷。策划这次欺骗秘密行动的情报军官迈纳茨哈根不无得意地记述道:"一次小小的诡计,竟然一劳永逸地把土耳其人赶出了基督教的圣地。"[①]

二战中,在"卫士计划"所属的"南方坚韧"行动中,伦敦监督处通过伪装的电子信号及伪装物等方式,来虚构出"美国第1集团军"这支并不存在的部队,诱使希特勒把精锐部队部署到加莱地区。其中为了欺骗德国的空中侦察机,盟军做出了许多武器装备及兵营等模型和道具,如飞机、大炮、坦克及兵营、医院、油库和野营厨房等模型都和实物一样。在多佛尔和泰晤士河口,有400多艘登陆舰正在集结,这是伦敦一家电影制片厂帮助做的道具。另外还在多佛尔修建了一座巨大的假输油码头,用脚手架、纤维板和旧管道搭起了约3平方英里的码头工区、输油管线、储油罐、发电站、消防队、车场、栈桥等,凡是真正石油码头应该配备的设施都应有尽有。英国国王和蒙哥马利元帅还亲自来"视察"码头,盟军统帅艾森豪威尔则在一次晚宴上向"码头建设者致以谢意"。当海峡对岸德军的远程火炮对码头进行袭击时,一群工人便四处点燃钠制火焰,制造被

[①] 吴杰明编著:《特殊战秘密档案·心理战》,黑龙江人民出版社1998年版,第16—17页。

"击中"和"起火"的假象。德军侦察机只能在高空进行侦察,摄像机分辨率有限,根本没法看清这些模型和道具的破绽。① 在德黑兰会议上,斯大林向丘吉尔介绍苏联军事欺骗的经验时,专门提到了设置假目标,"我们欺骗敌人的方法是建造坦克、飞机模型,修建假机场,然后在拖拉机的帮助下使这些模型运动起来,而敌人把侦察到的这些情况报告给自己的指挥部,德国人错误判断这一地区正准备突击。我们设置了 5000—8000 个坦克模型,约 2000 个飞机模型和大量的假机场"。为掩护左翼向德军发起进攻的第 20 集团军,苏军在右翼集结了大量假坦克和假火炮,并用喇叭播放坦克马达的声音。为把德国轰炸机从实际进攻区域引开,苏军西方面军在其他区域放置了数以百计的假坦克、假汽车、假油料车、假飞机和假人等假目标,引来了德国空军上千次的轰炸,既保护了真目标,掩藏了真实意图,又有效消耗了德军的战争资源。②

随着高新技术在军事侦察中的运用,以假目标来欺骗敌方的难度越来越大,但魔高一尺,道高一丈,这种欺骗手段不仅没有走向穷途末路,反而依然发挥着极为重要的作用。一战中还可以用"草扎马匹"的方式进行欺骗,在海湾战争中所用的假目标则是由专门的厂家进行商业化生产,外观上与实物看不出有什么差别,只有这样,才可能骗过天空中密切窥视的现代化"眼睛"。在 1999 年的科索沃战争中,北约联军对南联盟实施了 78 天的狂轰滥炸,部署在科索沃的南联盟第 3 军团仅损失了 13 辆坦克、6 辆运兵车、3 门火炮、7 门高射炮和约 10 辆汽车,死 161 人、伤 299 人、失踪 10 人。如此结果,出乎各方意料。据南联盟将军尼克利奇说:"我们很好地保护和隐藏了军事装备物资。在轰炸开始以前,我们十分重视伪装和诱饵的设置……我们的军队不仅设置假目标,而且时不时使这些假目标'运转'起来,以便更好地蒙骗探测目标的系统。就这样,北约飞机便认为这些假目标是真目标,用数天时间全力进行轰炸。"据美军战后评估表明,北约联军发射的 3000 枚导弹,只击中了南联盟 500 个虚假目标和 50 辆坦克,击毁的战机甚少。③ 在海湾战争初期,以美国为首的多国部队采用最先进的立体侦察手段和精确制导武器,对伊拉克实施了自二战以来最

---

① 詹非非、詹幼鹏:《英国情报组织绝密行动》,北方文艺出版社 2017 年版,第 100—104 页。
② 高金虎、张佳瑜等:《战略欺骗》,金城出版社 2015 年版,第 130 页。
③ 高金虎、张佳瑜等:《战略欺骗》,金城出版社 2015 年版,第 131 页。

第八章　欺骗类秘密行动

猛烈的轰炸，第一天空袭所投炸弹就有1.8万吨，本以为一周之内就可以结束轰炸，但发现伊拉克许多军事设施头天被炸毁，第二天又恢复了。多国部队对此百思不得其解，便拿出10多颗间谍卫星和多种间谍飞机侦察所搜集到的情报进行仔细比对，发现空袭所击中的目标80%是伪造的。原来在战前萨达姆就不惜重金，购买了大量美国侦察卫星和间谍飞机拍摄的照片，并依此设置了许多伪装目标。伊拉克从意大利购买了大量的飞机、坦克、火炮及导弹发射装置等模型，制作了一批类似的假装备、假阵地、假机场及假指挥所，还在假阵地上模拟武器发射的闪光、声响和烟尘，在假指挥所部署一些真武器、车辆及小股部队，真真假假，以增强真实感，从而蒙骗了多国部队，致使多国部队不得不一再延长空袭时间，推迟了地面部队进攻的计划。据美军实战验证，一个真阵地周围设置两三个假阵地，诱敌上钩的概率为60%—80%，真阵地遭到对方打击的概率至少可降低50%。[①] 这是弱者对强者的欺骗，主要目的是为了将敌人的注意力转移到假目标上，并消耗其军事资源，使真目标避免受到攻击，在敌强我弱的情况下，最大限度地保存实力。

五、虚假电子信号

现代通信技术为军事行动提供了千里眼和顺风耳，同时也给敌对双方提供了欺骗误导的新渠道和新空间。无线电电子信号与军队及军事行动如影随行，通过对电子信号的侦测来掌握对手的动态情况，已经成为一种常规手段和重要渠道。与此同时，如何利用电子信号来欺骗对手，使对手陷入虚假电子信号陷阱，作出错误的判断和决策，也成为取得战争胜利的一个重要手段。利用电子信号误导对手的方式主要有三种，即通过己方发出的虚假电子信号进行误导；冒充或盗用对方的电子信号频道进行误导；采取相应的技术手段，使对方的电子信号侦测和接收设备产生误读来进行误导。

前面所说的假目标可以实现"无中生有"的欺骗，通过虚假的电子信号也可以做到，而且往往是二者相互配合，相辅相成。盟军为掩护诺曼底登陆，通过"北方坚韧"和"南方坚韧"计划，分别虚拟出了英国"第4集团军"和美国"第1集团军"，除了大量设置假目标外，还运用了电子

---

① 宋涛：《30年前"迷魂阵"干扰"飞毛腿猎杀队"》，《新民晚报》，2021年1月19日。

欺骗的方式。前英国骑兵中校麦克劳德受命"组建"英国"第4集团军"，他带领超过现役年龄的22名军官和334名应征报务员，在爱丁堡建立了"司令部"，派遣少量人员建立了2个军部、6个师部和1个旅部，虚拟部队规模为25万人，然后模拟一个正在集结的集团军所发出的全部无线电报，而且这些电报必须逼真具体，电报性质和发报设备都要体现各个级别的特点，还要相互配合和印证。虚拟的美国"第1集团军"也是拼命通过无线电信号向德国人证实自己的存在，军、师、团、营之间也如同真实存在的军队一样，相互频繁联络。一时间，"第1集团军"驻地上空，充满了各级部队所发射的密集的无线电信号，德军将监听到的电报汇集成为一本8英寸厚的册子。德军据此确定了2个集团军的番号和驻地，并密切关注和重点防范这两支并不存在的军队，而真正准备进攻诺曼底的蒙哥马利军队的上空却是静悄悄的。[①] 这是通过刻意编造的、虚假的无线电信号来欺骗监听者，进而对其决策者进行误导，最后希特勒果然深陷其中，不仅失掉了诺曼底，由此还输掉了整个战争。

  战争中，有时会发生冒充敌方电台或盗用敌方无线电通信频率，向敌方下达假"命令"的情况，受令者往往会认敌为友，执行"命令"，或是一时敌友难辨，无所适从而造成混乱，从而借助敌方之手来打击和消灭敌人。纳粹德国曾利用无线电进行空中欺骗，诱使英美海军将美国空运飞机打了下来。1943年5月，德国情报机构截获并破译了英美联军发给美空军某基地的一份电报："进攻西西里岛的作战方案已定，命你部务必于5月8日23时前，完成向该地空运地面作战部队的任务。"为破坏这次空运行动，德军立即制定了一个用无线电通信手段进行欺骗的计划。美军空运行动开始，飞机离开基地不久，德军首先干扰了机队与基地之间的无线电通信，使飞机迷失了航向。与此同时，德军派出轰炸机轮番轰炸停泊在美军基地附近海面上的美英军舰。所有轰炸机与往常一样，始终保持在5000英尺的高度，而盟军飞机习惯上要超出这个高度。英美军队已经形成了这样的心理定式，飞行在这个高度的的军机都是德国的，发现了就开火。德军利用英美联军的这种心理定式，玩起了"借刀杀人"的游戏。正当美国空运机队与基地失去联系，在空中兜圈子时，突然收到了地面无线电指令："请保持5000英尺的高度，航向3500密位！"这是德军利用美军飞行员信

[①] 詹非非、詹幼鹏：《英国情报组织揭秘》，北方文艺出版社2017年版，第98—99、101—102页。

任电台、急于与指挥台联络的心理，盗用英美无线电频率向美军飞机编队发出的假指令。当他们被骗到英美舰队上空时，舰队发现其飞行高度是 5000 英尺，以为又是德军飞机来空袭，马上猛烈开火。许多美军飞行员还没有反应过来，便中弹着火，葬身鱼腹。德军的这次欺骗行动取得了意想不到的成功，使美军空运行动严重受挫。[1] 在第三次中东战争中，以色列破译了埃军密码，冒充埃军司令部，用埃及无线电通信的呼号和频率向埃军下达假命令，他们"命令"埃军一支运送弹药和油料的车队途中改变前进方向，径直进入以军的伏击阵地，不仅使运输队损失殆尽，而且使急需油料补充的前线坦克成为一堆废铁。他们"命令"担负反突击任务的埃军坦克第四师"向苏伊士运河退却"，使其在战斗正激烈的紧要关头退出了战斗。他们还"指挥"埃及大炮向埃军阵地轰击达 2 个小时之久，使埃军蒙受了巨大的损失。[2] 由于埃及部队接到的命令真假难辨，一时陷入混乱状态，指挥通信系统基本瘫痪，以军则浑水摸鱼，乱中取胜。

先进的电子设备是克敌制胜的法宝，同时也是敌我双方攻击和误导的焦点目标。在现代战争中，雷达应用广泛，如何欺骗雷达也成为了兵家必做之事，而受骗方也很难察觉。根据雷达等电子设备的特点和弱点，采取相应的技术手段，让敌方的雷达对电子信号产生误读，使敌方的判断严重背离真实情况。运用"卫士计划"欺骗行动，盟军在英国秘密集结了用于诺曼底登陆的 200 万人的部队，但依然存在着威胁登陆行动的障碍，这就是分布在法国瑟堡与德国肖尔台之间的近百个雷达设施，必须将这些雷达全部摧毁或使其失灵，或者是通过相关技术手段，使德军的电子侦测设备产生误读，才能有效掩护登陆行动。为此，"卫士计划"又精心策划实施了一系列的欺骗行动。盟军舰队从英国海峡地区出发的同时，一场迷惑敌人的大戏又拉开了序幕。由于德国人深信盟军企图在法国勒阿弗尔或加莱登陆，因而欺骗敌方的计划便建立在这个误判上。英国皇家海军的 18 艘小型舰只向法国勒阿弗尔的安梯福角驶去，每艘船都拖曳着好几个低飞气球，以便在敌方雷达屏幕上造成"大军舰回波"。仅这样做还不够，在雷达屏幕上军舰是变大了，但舰队的规模还是很有限。皇家空军又派出 12 架

---

[1] 吴杰明编著：《特殊战秘密档案·心理战》，黑龙江人民出版社 1998 年版，第 154—155 页。

[2] 吴杰明编著：《特殊战秘密档案·心理战》，黑龙江人民出版社 1998 年版，第 251 页。

飞机全部紧贴海面飞行，每隔一分钟便撒下一大束干扰金属箔，这样就可以使敌方雷达误读为有一支大型舰队正向法国加莱一带进发。当盟军伞兵在诺曼底空降时，皇家空军的另一组小型机群飞临勒阿弗尔，投下了大量带着假人的降落伞，在盟军真正登陆地点的右侧方向也投下了大批的假伞兵部队。同时不断实施"窗户"干扰，使敌方雷达上看到的"伞兵"数量要比实际规模多20余倍。24架英美飞机配备电子干扰器，沿着距敌方海岸线50英里的线路上往返飞行，不停地干扰敌方在瑟堡半岛的雷达站，对登陆的舰队进行电子掩护。当德军调集大量的鱼雷艇、战斗机及地面部队，去对付这些虚拟的"大型舰队"和"伞兵部队"时，百万盟军突然出现在诺曼底海峡，以排山倒海之势扑向法国海岸。经过两年多时间精心准备的诺曼底战役正式打响，由此也敲响了以纳粹德国为首的轴心国的丧钟。这是通过以欺骗敌方电子设备的方式来误导敌方。[①] 一般常识是机器不会说谎，因而欺骗性更强。爱迪生说："虚伪和欺诈是一切罪恶之母。"对秘密行动和军事斗争来说，它却演变为"成功之母"，这可能颠覆了人们在正常逻辑下的认知。

第二节 欺骗的主要目的和作用

阿拉伯有一句格言："真理是良药，谎言是病毒。"绝大多数的秘密行动都潜藏着谎言即欺骗这种"病毒"，可以说欺骗是秘密行动的灵魂。在日常生活中，谎言确实是病毒，但在军事行动和秘密行动中，谎言却能使对手中毒。这时健康者与中毒者进行较量，胜负可想而知。将欺骗作为主要手段来使用的秘密行动，具有很强的适应性，能够有效达成战略、战术或战斗各个层面的的效果。欺骗本质上是隐藏真相、释放假象，使对方疑真为假，认假为真，十分重视战略欺骗的英国首相丘吉尔对此感慨不已："战争中真理是如此宝贵，要用谎言来护卫。"这里所说的"真理"指的是真相。《左传·僖公三十三年》记载，秦穆公悄悄发兵攻打郑国，秦军潜行至滑国地界，被赶着牛群前往周朝国都洛邑贩卖的郑国商人弦高所发现。弦高马上派人回郑国报信，并灵机一动冒充郑国使者，用12头牛"犒劳"秦军。秦军主帅孟明视以为郑国发现了秦军动向并已做好了迎战

[①] 吴杰明编著：《特殊战秘密档案·心理战》，黑龙江人民出版社1998年版，第93—94页。

第八章 欺骗类秘密行动

的准备，此去不一定能占到便宜，便放弃了攻打郑国的计划，顺手灭掉滑国后率师返回。弦高在当时属于贩夫走卒之辈，社会地位十分低下，在祖国面临危难之际，他急中生智，耍了一个欺骗的小手腕，误导了秦军主帅的决策，便为郑国化解了一场灭顶之灾，也使自己名垂青史，当然也让毫无干系的滑国承受了这场无妄之灾。在一个丛林法则横行的时代里，就算是一个国家的命运，都会如此捉摸不定。欺骗类秘密行动的主要目的和作用是制造借口、误导决策、影响民意、形成威慑、消灭或削弱对手等。

一、制造借口

以栽赃诬陷、贼喊捉贼的方式来混淆视听、抹黑对手，为己方的行动制造"正当性"借口，是情报组织惯用的手法。主要目的是损害对手的形象，创造有利于己方的国际或社会舆论环境，将己方装扮成为"受害者"，抢占道义至高点，并为己方后续实施更大的政治军事行动制造"合法"或"合理"的依据与借口。古今中外，不论是什么性质的战争，战争发动方都会遵循"师出有名"的规则，这个所谓的"名"，就是正当理由。有正当理由好说，如果没有正当理由，相关国家和组织就会运用情报机构来制造一个"正当理由"。这正如同《伊索寓言》中《狼和小羊》的故事一样，一只狼想找个正当的理由吃掉小羊，指责在其下游喝水的小羊弄脏了河水，让自己喝不了水；遭到反驳后，又指责今年才出生的小羊去年骂过它的父亲。理由不过是个借口，吃是吃定了。吃只羊还要费这么多心思，这可能是一只受到过古希腊文化熏陶的狼。情报组织比这样的童话故事老到多了，他们所制造的借口设计周密，欺骗性极强，往往使受害方有口难辩，或是根本不给你辩解的机会，立即启动蓄谋已久的大规模政治或军事行动，受害方大多会在这种突然袭击的情况下遭受惨重的打击。

希特勒曾说："在发动战争和进行战争时，是非问题是无关紧要的，紧要的是胜利！"为了向东方扩张，并获取战争亟需的粮食等资源，希特勒急于寻找进攻波兰的借口，但苦于找不到相关的口实，希特勒将这个任务交由希姆莱和海德里希来完成，制造一个冠冕堂皇的进攻波兰的借口，这个借口要在历史上也能站得住，要使全世界都认为波兰是侵略者，而德国进攻波兰的军事行动是名正言顺的反击行动。1939年，希姆莱和海德里希根据希特勒授意，共同炮制了"白色方案"，又称为"希姆莱方案"。海德里希指派党卫军少校阿尔弗雷德·瑙约克斯实施这个方案，由他带领党卫队人员换上波兰军队的制服，在德波边境的一个德方小村子，制造所谓

世界情报组织秘密行动

波兰军队袭击德国电台和哨所的事件。8月10日晚上，两辆汽车来到德波边境的格莱维茨村，7名煤矿工程师拿出波兰政府的文件和证明要求住店，这伙人其实是海德里希派来踩点的。在此后的十几天里，海德里希让盖世太保准备了几名死刑犯，并让他们穿上波军制服。8月31日，一伙身着波军制服的德国人，在瑙约克斯的指挥下攻占了格莱维茨电台，迅速冲进播音室，他们手持冲锋枪朝天花板扫射，高喊"举起手来！"将吓得不知所措的播音员和电台其他工作人员绑起来塞进地下室，让翻译用波兰语广播海德里希事先准备好的稿件：德国领导人要把欧洲引向战争，和平的波兰正遭受着威胁和侮辱，波兰要不惜一切代价消灭希特勒，所谓德属但泽地区永远是波兰的等内容。无数正在收听广播的德国人，听到了"波兰人"狂妄的战争叫嚣和间杂着的枪声。四分钟后，瑙约克斯就带着人马消失得无影无踪，只留下了几具身着波军制服的囚犯尸体。次日上午，希特勒到国会声称："昨日夜间，波兰正规军已经向我们的领土发起了第一次进攻，我们已于清晨5点45分开始还击。从现在起，我们将以炸弹回敬炸弹！"德国所有的报纸、电台都无一例外地发布了同一条新闻：波兰暴徒进犯德国！与此同时，德国军队越过波兰边界，大举向华沙进军。欧洲大战的导火索，就这样被海德里希轻松点燃。为保守秘密，参与制造该事件的人员，除了瑙约克斯外，全部被海德里希秘密清除。[①] 也正是这个瑙约克斯，在战后的大审判中，才揭开了此事的全部真相。由盖世太保特工人员伪装成波兰军人袭击德国边境哨所、占领德国边境电台进行反德宣传等行动，制造了波兰在德波边境疯狂挑事的假象，以此栽赃诬陷波兰政府，并博得了欧洲一些国家的同情、支持或沉默，害得波兰政府有理无处说，为德军"反击（入侵）"提供了所谓"正当性"借口，波兰随即遭受毁灭性打击。

日本发动"九一八事变""七七事变"及"上海事变"等侵华事件，都是通过情报组织进行策划，制造事端，嫁祸于人，再以此为借口发动的侵略战争。日本既想用武力征服中国，又不想在世界面前背负侵略者的名声，于是就不断地要弄这种手段，每次都得逞了，将武装侵略者装扮成为"正义之师"。土肥原贤二是日本侵华的头号间谍，曾先后出任天津、哈尔滨、奉天等地日本特务机关长，被西方称为"东方的劳伦斯"。在其幕后策划下，1931年9月18日晚10时许，日本关东军岛本大队川岛中队河本

[①] 吴杰明编著：《特殊战秘密档案·心理战》，黑龙江人民出版社1998年版，第127—129页。

末守中尉带领数名日军，在沈阳北大营南约 800 米的柳条湖附近，将南满铁路的一段路轨炸毁，并在此布置了 3 具身着中国军服尸体的假现场，诬陷中国军队破坏了铁路。这个套路与纳粹德国的"白色方案"如出一辙，不过在时间上要早 8 年。日本关东军以此为借口，发起了大规模的侵略战争，不到半年的时间里，就侵吞了整个东三省。为掩护炮制伪满洲国傀儡政府的阴谋，日本关东军高级参谋坂垣征四郎，指令日本上海公使馆助理武官、上海特务机关长田中隆吉少佐，蓄谋在上海制造事端。经田中与川岛芳子策划，于 1932 年 1 月 18 日，指使日僧天崎启升等 5 人，向三友实业社总厂的工人义勇军投石挑衅，遭到工人反击。田中操纵流氓乘机将 2 名日僧打至重伤，日方传出其中 1 人死于医院，随即以此为借口，指使日侨"青年同志会"一伙暴徒，于 19 日深夜纵火焚烧三友实业社，砍死砍伤 3 名中国警员。20 日，他们又煽动千余日侨集会游行，强烈要求日本总领事和海军陆战队出面干涉，在中国极力忍辱求全的情况下，日军还是以保护侨民为由，于 28 日午夜突然向闸北中国驻军第 19 路军发动袭击，将战火又烧到了黄浦江边，此事被称为第一次"上海事变"，又称为"一·二八事变"。① "七七事变"即"卢沟桥事变"也是如此，1937 年 7 月 7 日夜，卢沟桥日本驻军在未通知中国地方当局的情况下，在中国驻军阵地附近举行所谓军事演习，并诡称有一名日军士兵失踪，要求进入宛平县城搜查，中国驻军严词拒绝。日军随即向宛平县城和卢沟桥发动进攻，中国驻军奋起抵抗，拉开了日本全面侵华战争、中国全民抗战的序幕。

二、误导决策

通过周密的策划和安排，以适当的渠道和方式释放虚假的情报或相关信息，将对方决策者的决策引向错误的方向，使对手的因应方式有利于己方的计划而有损于其自身的利益，也即使对手按照己方的预期进行决策和行动，从而为己方战胜对手创造有利条件。这与"三十六计"中的"声东击西"大体相仿，不过其具体的实行方式则要复杂得多，其内容也要丰富得多。这种欺骗方式在军事上使用得比较普遍，可以说军事上的欺骗都与误导决策有着密切的关系。美军 2012 年版《军事欺骗联合条例》规定："军事欺骗是指为误导敌方军事、非军事或暴力极端组织决策者采取有利

---

① 魏大庆、罗克祥、张伟、王虎成编著：《诡狐——日本特工行动档案》，河北人民出版社 1998 年版，第 185—187、201—204 页。

于己方完成任务的特定措施（或不采取措施）而故意实施的行动。"① 误导决策者尤其是最高决策者，往往能将收益最大化，可视为欺骗类秘密行动的最高境界，除军事领域外，在其他领域也运用得比较广泛。

二战中，盟军计划登陆意大利的西西里岛，而该岛地处要冲，战略地位十分重要，德国和意大利实行了重兵驻防，部署了13个主战师和1400多架飞机，总兵力达36万人。面对如此强大的防守力量，盟军如果贸然进攻，势必会造成重大人员伤亡甚至登陆行动失败，必须想办法减少德意在此岛的防卫力量和关注度。为诱导希特勒调走一部分守军，减轻盟军在此登陆的军事压力，英国海军情报处设计实施了"肉馅行动"。将一具尸体伪装为携带机密文件公文包的"马丁少校"，因飞机失事在中立国西班牙海域溺水身亡。西班牙与纳粹德国关系密切，发现"马丁少校"后，立即将公文包交给了德国情报机构。"机密文件"中透露，西西里岛只是掩护性目标，盟军的主攻方向是撒丁岛和希腊。为使戏演得更为逼真，伦敦特意发电要求驻西班牙大使尽快追回文件，不能让西班牙当局了解到文件的重要性；同时还在英国《泰晤士报》登载的阵亡将士名录中列入了"马丁少校"的名字。希特勒下令将西西里岛驻守的部分兵力调往希腊及撒丁岛、科西嘉岛，陆军元帅隆美尔的大本营也搬到了希腊，西西里岛上的防守力量被严重削弱。1943年7月下旬，盟军在西西里岛成功登陆，德意军队伤亡及被俘多达22.7万人，盟军仅伤亡2.1万多人，至少少牺牲了3万人，达到了"肉馅行动"所预期的效果。②

如果说上面的案例是利用文字来进行误导，那么这里则是运用"行动"来进行误导，利用对方的惯性思维和麻痹思想，将其思维引到想当然、与真实情况完全背离的方向上去。在第四次中东战争前夕，埃及就是这么做的。埃及每年在苏伊士运河上进行渡河演习，1973年的演习代号为"解放23"。以军照例破获了埃及的密码，发现他们的演习一如往常，全国动员，按计划进行演习。前两年埃及军队进行动员和演习时，保持高度戒备的以军被迫相应进行了两次总动员，耗资2000多万美元，结果什么事也没有，纯属劳民伤财。以军高层对这次埃军动员与演习的判断是会与前几次一样，演习结束就完事了；加上在战火中淬炼出来的以军战斗力极强，

---

① 高金虎、张佳瑜等：《战略欺骗》，金城出版社2015年版，第4页。
② 詹非非、詹幼鹏：《英国情报组织绝密行动》，北方文艺出版社2017年版，第85—92页。

在此前历次的阿以战争中创造了不败的神话,觉得埃军根本就不是对手,因而放松了警惕。以色列没有想到,埃及这次是玩真的了,一直在往前线悄然增兵,看似车队白天浩浩荡荡开往前线,晚上再浩浩荡荡开回后方,没有什么变化,而实际上白天开来的是一个旅,晚上只回去了一个营,埃及运用这种方式,暗中在前线集结了两个集团军的兵力。10月6日是穆斯林的斋月,次日是犹太人的"赎罪日",埃及和叙利亚从两个方向发起突然袭击,以军根本没有料到大规模战争已经降临,还以为只是擦枪走火,局部的小冲突。埃及5个加强师共3万名官兵攻占运河东岸,全歼以色列防守巴列夫防线的3个装甲兵旅和一个步兵旅,伤亡1万多人,360辆防守运河的坦克中有300辆被埃及反坦克导弹击毁;而埃及仅损失了5架飞机、20辆坦克和280名士兵。叙利亚也在北线向以色列占领的戈兰高地挺进,并一度占领了戈兰高地。[①] 这场战争虽然后来出现了逆转,初战得手的埃叙军队没能笑到最后,但依然改写了中东的历史,打破了以色列国防军不可战胜的神话,使以色列意识到赢得和平要比赢得战争更为重要,埃及总统萨达特也想通过取得战场上的胜利洗刷耻辱,逼迫以色列走上谈判桌,由此开启了阿以和谈的大门。

三、影响民意

民众共同的、普遍的思想或意愿,是一个国家的立国之本,一个政府或政权的执政之基。同时民意如流水,很容易受到各种因素包括非理性因素的影响而发生改变,从而给情报组织提供了操控的空间。情报组织通过秘密的渠道和潜移默化的方式,来影响民众的思想、立场、情感和行为,从而削弱、掏空甚至逆转对手的民意基础,或是建立、强化民众对己方的认同和支持,创造不利于对手而有利于己方的民意基础和社会氛围,从而实现己方的工作目标。

冷战结束之后,美国军方和情报部门利用媒体来影响民意的做法得到了进一步的发展。美军及所雇佣的私人军事企业职员在伊拉克滥杀无辜的暴行,激起了伊拉克民众的激烈反抗,为改变伊拉克民众对美军占领者的敌视态度,树立美国和美军的"光辉形象",美军及情报机构投入巨资开展宣传活动,并将这种宣传任务的大部分外包给了私人企业。这些私人公

---

① 高金虎等:《大卫的铁拳——二十世纪以色列情报机构绝密行动》,第188—201页。

关公司或私人军事企业,在报纸上大肆刊登一些子虚乌有的故事,来给美军增光添彩,以"改变伊拉克人对联军部队的理解"。驻伊美军司令乔治·凯西曾直言不讳地说,"美国军方打算继续花钱让伊拉克的各类报纸刊载对美国有利的文章","美国军方在这场信息大战当中,没有违反美国法律或者五角大楼的指导方针。期间,美军部队和一个私人承包商写了些亲美的文章,然后花钱把它们登载到了伊拉克的媒体上。"涉及此事的有"林肯集团",是一家总部设在华盛顿的公关公司,曾按五角大楼的要求,收买多名伊拉克逊尼派宗教学者,以有偿方式为美军指挥官撰写报告,指点美在伊的宣传活动;同时收买伊拉克媒体,让其刊登美军事先准备好的带有宣传性质的"有偿新闻"。据美联社报道称,美军付费新闻的操盘手"林肯集团"至少握有五角大楼的两份合同,一份为价值600万美元的合同,用于在伊拉克的公关和广告攻势;一份为5年总价值1亿美元的合同,用在更大范围内制作录像、文本、网络新闻等"产品"。用该公司宣传册上的话来说,就是旨在"改变伊拉克人对联军部队的理解"。[①] 实质上是用为以美军为首的联军部队涂脂抹粉的方式,来影响社会舆论,消解伊拉克人民的敌对情绪和反抗意志。

  惯于影响他国民意的美国,也曾被别国影响过,这种影响是通过间接的方式进行的,隐藏得很深,更加巧妙和有效。越南战争期间及此前一个时期,范春安先后为路透社、《纽约先驱论坛报》《基督教科学箴言报》和《时代》周刊工作,曾同时为法国、美国中央情报局、南越和越共提供情报,被称为"四重间谍",他与中央情报局驻西贡站站长、后来任中央情报局局长的威廉·科尔比,美国驻西贡军事顾问团团长、具有中央情报局特工身份的爱德华·兰斯代尔上校,南越情报部门负责人陈金宣,以及南越其他军政高官、众多西方著名记者关系密切,为越共提供了大量翔实准确、具体细致的重要情报,越共总书记胡志明及军事领导人武元甲感叹道:"我们简直就是亲身坐在美帝国主义的作战指挥室里!"是潜伏南越长达20年的北越间谍,直到越南统一,范春安受到越共表彰时,人们才获知其真实身份。但范春安的主要贡献可能还不是搜集情报,而是通过他的努

---

  ① [英]托尼·杰拉蒂著,宋本龙译:《雇佣兵》,敦煌文艺出版社2012年版,第308页。

力，影响了美国的民意，间接促成了美国政府从越南撤军。① 美国海军陆战大学副教授马克·莫亚在《被丢弃的胜利：越南战争（1954—1965）》一书中认为，越战并非如后世所想的那样，似乎是命中注定会失败的，而是美国的一系列错误决策造成的，其中最主要的失误之一就是听任反战运动的兴起、壮大乃至肆虐。而在此问题上发挥了重要作用的一个人就是范春安，他在南越称得上是能呼风唤雨的名人，几乎熟识在西贡的每一个人，是直接影响了民意走向的主流媒体名人大卫·霍伯斯坦和尼尔·希恩等美国记者的主要新闻来源，在美国民众对越战态度变化上发挥了巨大的作用，民众的反战浪潮日甚一日，美国政府为此焦头烂额，承受了巨大的社会压力。在美国这样的选举制国家，民意支持的缺乏，就意味着这个国家战争意志的丧失，政府不得不掂量这个战争是否应该持续下去。范春安学识渊博，分析问题深刻精到，在西贡美越精英圈内具有很高的人气，他们经常与范春安讨论越南时政问题，并乐于倾听和接受其观点，由此影响了众多美国著名记者及美国驻西贡外交、军事、情报人员对南越政权的看法，间接促使美国政府作出了更换南越总统吴庭艳的决定，使得南越的乱象更加不可收拾。② 最后美国不得不扔下这个烂摊子，卷铺盖走人，为北越统一南越扫清了障碍。

四、形成威慑

威慑是指凭借力量或势力使对手感到恐惧。有这种实力好办，如果没有这种实力，或是对方对你的实力视而不见，那么就只能靠欺骗的方式来实现了。欺骗是弱者的武器，也是强者的游戏。欺骗和恐吓往往是一对亲兄弟，通过欺骗的手段来恐吓对手，可形成威慑，迫使对手就范；或是让对手形成心理上的压力，使之不敢轻举妄动或有所顾忌。欺骗秘密行动有时会造就出一种诡异的现象，即实力上的强者变成心理上的弱者，因为他受到了对手的误导，以为自己的实力或某个方面的实力不如对手，为避免吃亏，只得迁就对手；实力上的弱者反而变成心理上的强者，因为他知道对手已经被自己忽悠得晕头转向了，丧失或弱化了正常的判断力，可以在

---

① 薄扶林：《北越间谍化身美国〈时代〉周刊记者潜伏20年》，《先锋·国家历史》2008年第14期。

② 刘见林：《马克·莫亚：颠覆越战失败论作者》，百度文库，2011年1月31日，https：//wk.baidu.com/view/9e6b2a50f01dc281e53af0b1？－wkts－＝1724894171402。

一定限度内对其进行施压或讹诈。

苏联为了取得冷战的心理优势，由情报机构运用各种宣传方式，针对苏联军事方面的实力和科技水平进行了有计划的虚假宣传，使美国总担心自己落在了苏联的后面，并为此焦躁不安。如苏联情报机构通过各种媒体和流言，甚至是领导人现场表演等方式，释放出苏联拥有可与美国抗衡的核弹头的信息。时任苏共总书记赫鲁晓夫夸口道："苏联生产导弹如同制造香肠一样容易。在我们工厂的装配线上，每年可以生产250枚带氢弹头的导弹。如果这些致命的东西在某个国家爆炸，那里什么也不会留下。"一直到苏联解体后，才知道苏联实际拥有的核弹头比美国预估的少60%以上。为了让美国等西方国家以为苏联在军事科技关键领域已经拥有了压倒性的优势，除了在历次阅兵中展示出"半成品"或"空壳产品"来吓唬美国外，苏联还声称已经研制出了反导系统，于1961年发布了伪造的在空中成功拦截P-12中程导弹的照片，还着手建造了体型巨大的反导导弹制导雷达站，并故意时不时发射出频率不定的高能信号，以显示苏联已经建设了完备的反导系统，能够随时将美国的核导弹拦截在国门之外，而美国当时尚未研制出反导系统。此后苏联还不断地利用各种媒体或渠道，发布系列的反导系统的"改进"消息，如激光反导、卫星反导、外太空核爆反导等，搞得美国信以为真、寝食难安，因为美国的反导系统直到25年后才趋于成熟，这促使美国于1972年与苏联签署了《限制反弹道导弹条约》。该条约签订之后，美苏双方都松了一口气。美国认为苏联已经部署了完备的反导系统，自己的战略导弹发挥不了什么威慑作用，不如早点签署条约为好，还可以限制苏联战略导弹威慑力的进一步发展。苏联则庆幸自己的欺骗取得了重大成功，因为自己的导弹根本无法打到美国，美国的导弹则可以长驱直入，条约可以给美国套上绳索，保障苏联的安全。当然这种带有威慑性质的虚假宣传，有时也会产生意想不到的负面作用，容易激发对手追赶乃至超越的意志力和创新潜能，结果是假的终归成不了真的，对手却发奋图强从无到有，自己则落得一地鸡毛。苏联的虚假宣传，使美国误以为苏联已经取得了对美国的军事优势，里根就任总统后推出了"反弹道导弹防御系统之战略防御计划"，俗称"星球大战计划"，计划耗资1万亿美元，而当时美国的GDP才3万多亿美元。无奈之下，苏联也只能投入巨资跟进，10年的军备竞赛，拖垮了苏联，所研制生产的纯军用装备都成了废铜烂铁；而美国"星球大战计划"所研究的技术，可军民两用，催生了光纤通信、光纤制导、半导体激光器、卫星定位系统、LED光源、微型计算机和互联网等现代新科技。① 是否可以设想，如果没有苏联的虚假宣传，美国不会背负这么巨大的心理压力，也就不会耗费巨资拼命下这盘军备竞赛的大棋，这些新科技出现的时间也许会晚好多年。当然也有人认为美国的"星球大战计划"是一场骗局，苏联一解体，美国便中止了"星球大战计划"，中央情报局解密的冷战密件，也似乎证实了这一种说法，该计划只是美国政府为了拖垮苏联的一种欺骗手段而已。但五角大楼声称，它没有实施，是因为存在着技术缺陷，许多用于"星球大战计划"中进行研究、实验的装置仍然在发挥着作用。从事后的分析来看，有关"星球大战计划"的许多技术性研发工作确实开展起来了，只是没有美国所吹嘘的那么庞大和神奇，而且还有许多技术上的难题至今都尚未解决，当时这么讲，也是为了对苏联产生威慑力。综合来分析，这可能是一个真假参半的计划，一个庞大的欺骗行动，如果没有一点真东西，是很难长时间唬住对手的。

五、消灭或削弱对手

消灭和削弱对手，是所有秘密行动的终极目标。在大多数情况下，欺骗秘密行动的直接目的是误导对手，再由误导作为桥梁，用以达到消灭和削弱对手的目标。如北越间谍范春安通过美国主流媒体影响美国民意，再通过民意向美国政府施压，最终迫使美国从越南撤军；美国通过"星球大战计划"对苏联产生威慑，迫使苏联加入军备竞赛的游戏，最终从经济上拖垮苏联；"卫士计划"是通过误导希特勒的决策，减轻诺曼底地区的军事压力，从而为诺曼底登陆创造更好的条件。从欺骗的目标指向，到最终收获的成果之间，有时并不是直接的因果关系，而是还存在一个中间环节，即直接受骗目标并不是欺骗秘密行动的最终目的，而是要通过这个中间环节作为桥梁，引导到最终目标上去。也有少部分欺骗秘密行动，不需要中间环节，而是一步到位，直接达到消灭和削弱对手的目的。

二战时期德国情报机构实施的"北极行动"，就是通过欺骗手段消灭和削弱对手的一个典型案例。为了援助荷兰地下抵抗组织，英国情报组织通过空投等方式，向荷兰地下抵抗组织派遣了很多情报人员，同时在人力、物力和情报上给予了有力支援。荷兰的地下抵抗运动也迅速发展起

---

① 倪树新：《"星球大战"计划及其对世界高技术发展的影响》，《激光与红外》1988年第6期。

来，让入侵的德军如芒在背。纳粹德国保安局第六处（国外政治情报处）处长瓦尔特·施伦堡命令驻荷兰的"阿勃韦尔"头目吉斯克斯少校，组织实施了利用破获的英国及荷兰地下抵抗组织的秘密电台为我所用、向英国传递假情报的"北极行动"。他们先后控制了14部这样的秘密电台，造成英国空投到荷兰的52名特工中有47人被诱杀，整个荷兰地下抵抗组织1200人牺牲，同时还引诱英国空投90多次，共计有电台75部、枪8000支、子弹50万发、炸药3万磅、经费50万荷兰盾等，给英国及荷兰地下抵抗组织造成了巨大的人员伤亡和战争物资的损失。萨温科夫是俄国社会革命党早期领袖，十月革命后加入了海军上将高尔察克领导的白军阵营，白军失败后他逃到了巴黎，聚集高尔察克旧部成为流亡反苏组织重要头目。为将其抓捕归案，苏联派遣特工费奥多罗夫打入了这个组织，并声称苏联境内有一个庞大的反苏组织等其回去领导。萨温科夫非常谨慎，派其助手先回苏联探路，助手落网后也被策反，并积极配合将萨温科夫诱骗回国。萨温科夫被捕后怎么也不肯交待问题，苏联又将一名特工伪装成囚犯，与其关在一起并取得了他的信任，从其口中套取了大量的情报。屡次上当受骗的萨温科夫感到无比绝望，在狱中自杀身亡。①

在和平时期，情报组织根据需要和机会，也会采取一些看起来好似恶作剧的欺骗方式，来消耗对手的时间和资源。2019年，俄罗斯联邦安全局退役上校尼古拉·雷布金透露，在冷战时期，苏联宇航员在太空工作的时间更长，美国以为苏联研制出了一种可延长宇航员在太空轨道工作时间的药片，千方百计想获取这种"神奇太空药片"的相关机密。苏联情报部门获知这一情报后，就顺着美国人的思维制定实施了一项欺骗秘密行动。他们有意识地安排宇航员在吃午饭时，服用一种用苏打片伪装成的药片，还编造了许多配套的假资料，故意让美国人获得了某些信息。美国中央情报局秘密派遣间谍到莫斯科，以弄清该药片的生产厂家和具体成份，苏联人又放风说这种药片的生产厂家在另外一个遥远的城市，害得美国间谍到处奔波。美国还投入大量财力和人力，建立了专门的实验室进行研发，结果自然是徒劳无功。据说为获取该药片的情报及研发投入，美国至少浪费了3000万美元，在20世纪70年代中后期，这是一笔不小的投入。②

---

① 《苏联特工到底有多厉害？这一个早期案例，展示出特工惊人的素质》，袁载誉读明朝，2019年6月26日，https://baijiahao.baidu.com/? id=1637415804037212897。

② 《"太空神药"让美国人入了局》，《新民晚报》2021年1月11日。

第三节 心理战

心理战的历史由来已久,有人将其称为陆战、海战、空战之外的"第四种战争"。我们可以把古代在征战中使用的面具、咒语、占卜和画符等看作最早的心理战术,孙子"攻心为上"的理论及"四面楚歌""空城计"等历史故事,都体现了心理战的思想。南北朝末期,隋文帝下诏讨伐陈朝,痛责后主陈叔宝20条罪状,命人抄写30万份,在江南广为散发,成功地瓦解了陈朝的军心民心,不到半年就攻克建康,结束了我国古代自汉末以来的分裂局面。这可能是世界历史上第一次采用大规模散发"传单"的方式所开展的心理战。心理战之所以能够大行其道,是因为"世界上没有人人都不信的谎言,也没有一句谎言都不信或只相信谎言的人(斯大林语)"。在敌对双方的较量中,精神和意志的因素历来受到重视。拿破仑曾说:"战场上的胜负,有四分之三取决于精神因素,有四分之一取决于其他条件。"克劳塞维茨认为:"敌国人民还没有屈服,我们就不能认为,战争已经结束。"[①] 战争年代,可通过心理战使敌方对抗的意志屈服;和平时代,则是要使对手日常的思想和立场屈服。尼克松在《1999:不战而胜》一书中毫不讳言地说:"当有一天,中国的年轻人已经不再相信他们老祖宗的教导和他们的文化,我们美国人将不战而胜。"在现代战争和国家之间的较量中,以心理战这种特殊的方式,通过心理的因素来改变对手的思想、立场、情感和行为,并以此来挫败对手,成为一个克敌制胜的法宝。作为无所不用其极的情报组织,无论是在战争时期,还是在和平时期,通过采取欺骗、离间等方式来与对手开展心理战,是其一项重要职能,也可产生其他手段难以达到的效果。

一、心理战的概念

"心理战"这个术语由英国军事历史学家富勒于1920年首次提出来,后来他曾在《战争指导》一书中说:"纯粹的心理战术将最终替代传统的战争手段。那时,取得战争胜利不是依靠武器或战场战斗,而是依靠通过某一国家的意志,来使另一个国家出现腐败现象、理智的模糊、道德和精

[①] [德]克劳塞维茨著,余杰译:《战争论》,台海出版社2018年版,第20页。

神生活的沦丧来实现。"① 二战时"心理战"一词才正式登堂入室，一开始是指纳粹的宣传，"第五纵队"的活动以及战前的各种恐怖活动；后来美国军方和情报部门把心理战扩展为运用心理学和社会心理学解决战时问题，包括阵地宣传、对友军的意识形态训练、鼓舞士气以及旨在瓦解敌方的宣传等内容。

1950年7月，美国国家安全委员会第74号文件《国家心理战计划》中，对心理战的概念作出了解释："一个国家有计划地运用宣传和除战争以外的其他旨在影响外国人员团体的见解、态度、情感和行为，以支持获得本国目标的传递思想观念和信息的活动"，"任何通过新闻、特别论据或呼吁传播信息或一种教义的有组织的努力或运动，其目的在于影响某些群体的思想和行动。"也就是说除战争以外，其他所有的活动，只要是能够影响外国个人或团体派别的立场观念、情感态度和行为方式，让其接受本国或本组织传达的思想观念及信息的活动，都属于心理战的组成部分，这就不仅包括利用广播、电视、报刊、书籍、传单、广告、书信、网络等宣传工具进行的宣传活动，也包括造谣惑众、破坏捣乱、挑拨离间，以及经济援助与制裁、军事演习、扩充军备等种种鼓舞支持本国和盟国士气、威慑扰乱敌方人心的活动。可以说冷战时期美国对外活动的诸多方面，都可归于直接或间接心理战的范畴，但这个概念的涵盖面未免过于宽泛，在理解和把握上会存在一定的矛盾和问题。②

与此时间稍晚几年，美国军方出版的一部军事词典中，将心理战定义为："一个国家或国家集团，有计划地使用宣传或者相关的信息手段，针对敌对的、中立的或者友好团体，目的是影响其观点、情感、态度以及行为，以便其支持该国家或国家集团的政策和目标。"③ 这个定义比较全面，将"中立的或者友好的团体"也纳入到心理战的目标对象中来了。心理战的目的是打击和瓦解敌人，团结和争取盟友，二者缺一不可，只不过在现实斗争中，打击和瓦解敌人是最主要的工作目标，心理战的组织与策划也是围绕着这个中心来进行的。在一国之内，对立或敌对的政治军事集团之

---

① 欧立寿、王鹏：《心理战概念的演变与时代背景》，《国防科技》2006年第1期。

② 曲洁：《分而制胜——冷战时期的美国楔子战略研究》，《学术论文联合比对库》2014年4月8日。

③ 彭凤玲：《心理战——争夺心灵与思想的战争》，陕西人民出版社2009年版，第2页。

间，为争取民心，分化对手，也会采用心理战的方式进行较量，从通用的意义上来说，这个定义有一定的瑕疵。不过美军及美国情报机构对境外的行动，都是以国家或国家集团的身份出现的，所体现的是国家或国家集团的意图，对其自身而言，这个定义还是合适的。

二、心理战的机构

心理战的出现，要远早于心理战术语的提出时间，但直到第一次世界大战才有了现代意义上的心理战，交战各方使用传单、广播、书籍等方式来消解敌方的战斗意志，并随着时代的发展而逐步丰富和成熟，成为国家集团、国家或政治军事集团之间博弈与较量的一种重要手段，与此相伴而生的是心理战机构的产生与逐步完善。

1914年英国在外交部设立了秘密的战时宣传局，通常称为韦林顿之家。1918年正式成立对敌宣传本部，对外称为英国战争救济机构，又称克尔之家。1915年法国参谋本部第5处新设立了空中宣传部。美国组成由战争部、海军部和国务院参加的公告信息委员会，1917年美国参加欧战时，就在战争部情报局及欧洲远征军司令部各设一个部门负责战争宣传。苏联于1923年初在外交人民委员部增设虚假信息局，专门针对境外开展欺骗性宣传。二战时期，心理战成为事关战争全局的重要工作内容，盟军中主要有两个系统，英国的政治战执行局直接隶属于首相丘吉尔，下辖政治情报处、情报部和英国广播公司（BBC）；美国先后成立了战略情报局和作战情报局。但美英两条线开展宣传战交叉重复，效率低下。盟军最高统帅艾森豪威尔任命查尔斯·黑丝尔坦上校组建了盟军心理作战处，成为对德心理战的主要力量。1939年德军最高司令部内设立了专事心理战的宣传部，负责制定每个战役中的宣传计划，还成立了中央心理实验室，专门从事心理战的理论研究工作，并陆续在部队中建立起一批实施宣传心理战的特种分队，称为宣传连，连内设宣传组、鼓动组和摄影组（采访组）。二战初期，日本政府提出了"三分军事，七分政治"的基本政策，把心理战列入战时内阁的议事日程，并由日本大本营情报局和内阁办公厅情报处负责心理战。

战后盟军最高统帅部心理作战处改由美国军事情报部门管辖；1950年美国国务院内设立国家心理战略局，任务是"对国际共产主义进行心理战"；次年成立协调各部门的统一心理战领导机构心理战略部；1953年改隶于国家安全委员会的心理战协调局，该局成员单位包括国防部、国务院、中央情报局及参谋长联席会议等。美军系统的心理战机构也逐步发展完善,1952年,美国陆军设立心理战中心,由一所心理战学校、第6无线电广播大队、心理战委员会和第10特种作战大队组成。1956年心理战中心改名为特种作战中心,1965年特种作战中心向越南派遣了部分心理战部队。1967年美军将在越南的心理战部队扩编为第4心理战大队,下辖4个营。到冷战结束时,美军共有4个心理战大队,下辖12个心理战营、22个独立心理战连,均隶属于陆军特种部队。其中除第4心理战大队是现役部队之外,其他3个属于后备役部队。北约其他国家也在冷战开始后相继组建心理战部队,西德承担心理战任务的有2个营和1个独立连;意大利、土耳其和希腊军队各有1个心理战连;英国陆军虽然没有独立的心理战部队,但建立了一些类似的分队和作战单位。[1] 在海湾战争中,美军第4心理战大队,与其他西方国家及阿拉伯国家的心理战部队,联合组成一支多国心理战部队,在长达8个多月的时间中,通过广播、电视和报刊等传媒,有目的地扰乱伊军心理、摧毁其战斗意志,收到了显著的效果。1951年4月,杜鲁门总统下令在国家安全委员会下面成立了心理战略委员会,负责美国对外心理战行动,其中国务院负责公开心理战、国防部负责军事心理战、中央情报局负责隐蔽心理战。1953年9月,行动协调委员会取代心理战略委员会,后来逐步演变为目前还在运行的"首长委员会""副职委员会"等机构。中央情报局于1947年成立不久,便承担了组织实施隐蔽行动的任务,其中宣传战是四大任务之一,宣传战属于心理战的范畴,并且还是心理战的主要方式,成为中央情报局颠覆目标国家政权、打击对手的重要手段。

苏联作为冷战时期美国的头号对手,对心理战同样抱有浓厚的兴趣,组建了高水平的心理战队伍。1959年,克格勃在第一总局设立了专门负责进行战略欺骗的第4处,1968年改名积极措施处,其重大秘密行动需经两名政治局委员审批,个别特别重要的需报总书记同意。克格勃《工作手册》中明确界定了"积极措施"的含义:"积极措施是为了使敌人对苏联的政策、活动、军事和经济水平或科技成就作出错误的判断,给帝国主义国家政府的政策制造混乱,破坏他们之间的关系。"苏军也在战后迅速恢复和建立了心理战机构,苏军总参第7部总体负责军事心理战活动,每个

---

[1] 吴杰明编著:《特殊战秘密档案·心理战》,黑龙江人民出版社1998年版,第200—202页。

方面军配备1个心理战连,每个集团军配备1个心理战分队。① 苏联战略欺骗总局设立于1968年,第一任局长为奥加尔科夫,其遵循的原则是:"敌人只能看到奥加尔科夫打算要他们看到的东西。"该局具有对国外开展虚假宣传的职能,负责对西方国家所了解的有关苏联的全部情况进行仔细研究,并炮制大量宣传材料以歪曲事实真相;还管理指导《红星报》《苏联》《旗手》《武器与装备》等上百种军事报纸杂志;在军事情报部门的协助下,秘密招募和雇佣一些国外记者,让他们煞有介事地发表严肃的报道来传播虚假情况。② 华约各国也把心理战组织纳入了部队编制序列,如东德有一个心理战旅,规定和平时期为250人,战时则可增至600—700人。

三、心理战的主要方式

美国乔治城大学国际研究与传播学教授胡安·曼弗雷迪认为:"宣传也是一种战略资产,就像外交与威慑(军事)一样。"各种方式的心理战中,宣传战是最主要的形式。宣传是心理战中的常用工具和最基本的方法,主要是运用语言、文字、图像、艺术等方式,以一套心理刺激的模式来影响人的思想、立场、情感和行为,并诱导对方根据宣传者的意志行事。这种手段通常能起到特殊的心理作用,以促成"不战而屈人之兵",因而又称为"战场上的无形杀手"。对宣传战,美国《国家心理战计划》的解释为:"任何通过新闻、特别论据或呼吁传播信息或一种教义的有组织的努力或运动,其目的在于影响某些群体的思想和行动。"该文件将宣传或心理战分为三种类型,即公开的(白色的)、隐蔽的(黑色的)和灰色的,统称为"三色宣传",其中最常用的是黑色宣传和灰色宣传。美国将心理战提升到与其他对抗方式同等的地位,致力于用心理战来在对手内部挑起内讧、瓦解士气,1948年美军一份绝密报告称:"心理战要运用一切手段来影响敌心。心理武器在于它们所产生的效果而不在于它们的特点。因此公开的、秘密的以及灰色宣传,颠覆、阴谋破坏、特别行动、游击战、间谍战、政治、文化、经济和种族压力等都是有效武器。其所以有效不在于宣传心理和心理战机构本身,而在于能在敌人心中产生内部纷

---

① 吴杰明编著:《特殊战秘密档案·心理战》,黑龙江人民出版社1998年版,第203页。

② 杨宁:《揭秘苏军战略欺骗总局》,《科学大观园》2016年第2期。

争、不信赖、恐惧和绝望。"[1]

公开的宣传，又称为"白色宣传"，是指公开表明和确认信息来源于政府、组织、机构等，内容意图明确直接的宣传活动，包括对己方的正面性宣传和对敌方的负面性宣传，也可视为对己方的建设性宣传和对敌方的破坏性宣传。1951年《自由欧洲电台的政策指南》指出："要通过令人信服地展示西方技术、资源和军事力量的优势，通过不断重申西方要使我们的听众获得自由的保证，向他们反复灌输最终解放的希望"；"要通过揭露其官员的愚笨无能，在东欧各国挑拨离间，通过谴责存在的压迫和残暴行径，并用将受到惩罚相威胁，使其政府官员提心吊胆、坐卧不宁。"[2] 在纳粹德国的侵略战争中，心理战也发挥了重要作用。希特勒曾直言不讳地说："在战争尚未打响之前，设法使敌人先在精神上崩溃，这是我最感兴趣的问题。"为瓦解挪威的抵抗意志，由德国驻挪威大使专门组织了《火的洗礼》电影招待会。该影片反映了纳粹德国闪击波兰的实况，德国动用150万军队、2000多架飞机、2800多辆坦克、6000多门火炮，以铁锤砸鸡蛋的迅猛态势，迅速摧毁了波兰21个机场、30多个城市及200万军队，使其在几天的时间里便灰飞烟灭。电影结束后，挪威的达官显贵们仍然沉浸在德军钢铁洪流、隆隆炮声和冲天烈焰的恐怖气氛之中，德国大使乘机进行心理威胁："究竟是要战争，还是要和平？"电影攻心战取得了预期的效果，挪威放弃抵抗，德军兵不血刃，仅出动1000多人的伞兵和空运步兵，就占领了其首都奥斯陆。这里宣传的事实是真实的，信息来源是德国政府，在特定的时期针对特定的对象，用这种特定的方式进行宣传，结果是使目标对象产生了极度恐惧的心理，最终达到了"不战而屈人之兵"的效果。[3] 1956年，赫鲁晓夫在苏共二十大上作了《关于个人崇拜及其后果》的秘密报告，并强调："请不要把这个问题泄露到党外，尤其不要泄露给报纸。我们之所以在大会的秘密会议上作讨论，理由正在于此，我们应当知道限度。不要给敌人制造武器，不要把家丑外扬到敌人面前。"[4] 但

---

[1] 许静：《"心理战"与传播学——美国冷战时期传播学研究的一大特色》，《国际政治研究》1999年第1期。

[2] 白建才：《美国隐蔽宣传行动与东欧剧变》，《国际政治研究》2021年第1期。

[3] 吴杰明编著：《特殊战秘密档案·心理战》，黑龙江人民出版社1998年版，第140页。

[4] 马双有：《赫鲁晓夫的"秘密报告"是如何出台的？》，爱思想，2023年12月27日，https://www.aisixiang.com/data/95740.html。

第八章 欺骗类秘密行动

美国中央情报局是不会放过这个机会的,他们通过摩萨德很快就窃取到了"秘密报告"的全本,美国总统艾森豪威尔如获至宝,国务卿杜勒斯认为"这是炸毁共产主义世界的原子弹",觉得这是在苏联集团中挑起内乱、促使苏共变革的绝佳机会。中央情报局将"秘密报告"交给具有全球影响力的《纽约时报》公开发表,由美国之音、自由欧洲电台、自由电台等昼夜不停地反复播送,自由欧洲电台还高密度地报道西方国家政府及西方各国共产党对"秘密报告"的反应,评价"秘密报告"的影响,煽动起了东欧一批本来就反对苏联控制和斯大林体制的官员、知识分子及民众的不满情绪,促成了波兰"波兹南事件"和"匈牙利事件"的爆发。自由欧洲电台力图扩大事态,竭力鼓动波兰和匈牙利民众起来反抗,不与政府合作,乃至推翻政府,唆使民众进行武装对抗。这个案例虽然挖的是苏联的隐私,但其来源确切,其内容也不是捏造的,这也属于是白色宣传的范畴。

灰色宣传介于白色宣传与黑色宣传之间,是指不透露信息来源,或以民间组织和私人名义发布的带有诱导性质的模糊宣传活动。灰色宣传包括来源暧昧的,或来自并非真实作者或提供者的,经过一定程度巧妙歪曲的事实,旨在通过伪装的宣传行为来推进本国政府或本组织的政策,实现欺骗和离间对手的图谋。如一个国家的情报部门,通过收买或诱导一个外国报纸编辑或专栏作家,并以其名义发表与收买者政府政策相一致的观点见解。灰色宣传的实施者可以通过各种信息传播方式吸引所要影响的受众的关注,如报纸评论、电视评论、广告、电视纪录片、通俗小报、政治演说、著作论文、文艺作品、新闻周刊、音乐电视、广播、网络等。用灰色宣传影响一国精英的最好方法,是收买有声望的学者、政治人物或其他公众人物,让他们在学术刊物、政论杂志及权威传媒上,发表体现己方意图的文章和观点。如在美国,《外交》《大西洋月刊》《国家评论》等杂志是决策者或与决策者关系密切的高官及精英阅读的主要刊物,在上面发表根据某一外国政府或情报组织旨意写的文章,都有可能对国会议员、内阁成员或白宫官员的思想产生影响,由此进而影响到其政策制定。二战期间,盟军心理战部队专门印制了多种针对德军进行宣传的战地报纸,其中最著名的是由盟军心理战处主管的《部队新闻》,专门提供纳粹禁止报道的新闻及德国内部的情况,其报道内容既有一定的事实基础,又包含着欺诈战术;新闻来源大多标为"据报道""据透露""据可靠消息"等模糊字眼。如经常报道德军军事行动的失误与失败的情况,加深德国士兵的沮丧情绪和失望心理;通过内幕揭秘和新闻特写的形式,描述纳粹上层的奢侈生活、德国妇女繁重过度的工作、德国猖獗的黑市交易等,激发德国士兵的不满情绪。这些报道内容往往真真假假、虚虚实实,但大多具有一定的事实基础,增强了可信度,使得这份心理战报纸在德国士兵中颇受欢迎。1941年12月圣诞节前夕,苏联在卫国战争中对德军开展了宣传心理战,苏联向德国妇女散发了一种特制的圣诞卡,上面画着一棵翠绿的圣诞树,树下有一具德国士兵的尸体躺在皑皑白雪之中,下方用德文写着:"他是谁的丈夫?"担心前线丈夫或儿子安危的德国妇女们看到后无不掩面痛哭。圣诞卡唤起了她们对亲人深深的思念和担忧,对战争产生了强烈的厌恶情绪,纷纷给前线的丈夫、儿子写信,严重挫伤了德军的士气。[①] 这类宣传也具有灰色宣传的色彩,虽然没有写明是某个特定的人,但却是严冬降临后德军在苏联战场上陷入绝境、生死难卜的真实写照,宣传效果自然会事半功倍。

隐蔽宣传,又称"黑色宣传",是指掩藏信息来源,以捏造事实和传播谣言为核心的宣传方式。黑色宣传具有隐蔽性、欺骗性和迷惑性,往往是通过编造虚假信息,以公开的渠道和方式来进行传播,骗取目标受众的信任,受众很难意识到所接受的信息是虚假的、伪造的,在潜移默化中受到影响,并由此达到迷惑和分化对手,使对手方陷入混乱的目的。1923年苏联虚假信息局利用巴伐利亚的报纸诋毁基里尔大公的名誉,成功离间了流亡国外的保皇派组织。基里尔大公是末代沙皇尼古拉二世的堂弟,流亡德国后自称"全俄皇帝"。文章"揭露"基里尔大公同情"二月革命",有效地离间了他与保皇派的关系,导致他失去了很多支持者和资金赞助,明显地削弱了保皇派的势力。曾任克格勃第一总局反间谍局局长的奥列格·卡卢金,1965年任苏联驻美国大使馆新闻和公共关系官员,真实身份是克格勃驻华盛顿情报站副站长,后来曾一度代理站长职务。他利用使馆公开身份,在新闻界中结识了几十个美欧国家的记者,以十分巧妙的方法不时向他们提供情况,有时是假情报,并借助这些记者来影响舆论;他还披露克格勃长期利用《明镜》周刊作为散布假信息的渠道。在海湾战争中,多国部队袭击伊拉克的第一天,美联社就报道了一则"未经证实"的"新闻",说萨达姆已被炸死,其家眷逃到了赞比亚,使伊拉克军队人心惶惶,战斗力受到严重削弱。美军在空袭南联盟时也采取了同样的宣传方式,诡

---

① 吴杰明编著:《特殊战秘密档案·心理战》,黑龙江人民出版社1998年版,第164页。

称米洛舍维奇的家人已"乘坐一架私人飞机逃往雅典"、南联盟军队与米洛舍维奇出现了矛盾,还宣称米洛舍维奇在瑞士银行存有大量外币,并为其家人购置了房产等,在一些民众心中产生了不小的消极影响。[①] 开展黑色宣传,也有其自身的规律和原则,要做到有的放矢,而不可率性而为,所捏造的事实也须符合目标国家或区域的社会习俗和心理状态,不然就会劳而无功。为了丑化印尼总统苏加诺的形象,掏空其执政的群众基础,中央情报局专门炮制出了一部反映苏加诺私生活的色情片《良辰美景》,并在远东地区大力推广,票房价值十分可观,但在印尼却几乎没有产生什么政治效果。原来在印尼男尊女卑及可娶多名妻子的社会背景下,人们对其领导人的好色癖好及风流韵事并无多少反感,只当作是茶余饭后的一个有趣谈资。想通过这种方式来煽动目标国家民众反抗其领导人,无异于缘木求鱼。

四、心理战的渠道和载体

宣传性心理战包括面对面宣传、声像宣传、听觉宣传与视觉宣传4种主要渠道,这些渠道都有相应的载体。互联网技术实际上已经将这几种载体有效地融合起来了,在心理战中发挥着巨大的作用,在席卷东欧及亚非一带的"颜色革命"浪潮中,网络起到了主渠道的作用。"颜色革命"从某种角度上来说,是以美国为首的西方国家对目标地区和国家的一场心理战,并运用这种心理战的方式迅速更迭了一批目标国家的政权,改变了相关区域的政治版图。拿破仑认为:"世界上只有两种武器,思想和利剑,最终思想战胜利剑。"历史的经验也告诉我们,心理战的威力有时并不亚于刀光剑影的热战,说它是第四种战争也并不为过。

面对面宣传,也可称为现场宣传,包括小到数人的交谈,大至在大庭广众之下进行有计划的宣传演讲活动,以及现场用高音喇叭喊话,发放传单、文稿播放新闻和音乐等,都属于面对面宣传的范畴。其主要的特点是现场进行、使用灵活、震撼力强,可根据现场情况的发展变化随时调整宣传的策略和内容。在西西里岛登陆战中,一些美军士兵蹲在散兵坑内,通过高音喇叭进行宣传,用意大利语不停地复述与"投降证"相关传单的内容,鼓动意大利官兵向盟军投诚。战争后期,盟军将喊话器安装在坦克炮

---

① 刘劲华、唐志强、咸明海:《心理战"多姿多彩"》,《中国国防报》2002年5月28日。

塔前部,制成"喊话坦克",可在行进途中或作战间隙进行现场喊话和宣传,集武力杀伤与心理进攻于一体,极具威慑力和震撼力。在朝鲜战争中,志愿军在第一线各军的防御地区建立了数十个播音宣传站,每个站配备扩音器和留声机各5部,每天用7—8个小时进行对敌火线广播,宣传中方对俘虏的宽大政策,驳斥敌人的谣言诬蔑,一些美韩士兵受到广播的影响主动过来投诚。侵朝美军专门配备了"战术宣传员",类似于战地宣传员,将传单上的内容用飞机、坦克及吉普车的扩音器广播出去,或是用手提式扩音器直接向对方宣读。在1982年马岛战争中,英军将11000多名阿根廷守军围困在斯坦利港地区,用高音广播喇叭,从四面八方向阿军阵地播放阿根廷的民歌和流行舞曲,不知是不是从中国古代"四面楚歌"的故事中得到的启发;并针对阿根廷人狂热爱好足球的特点,利用时值第12届世界杯足球赛的机会,让女播音员用缠绵悱恻的语调广播道:"赶快回家吧,在电视机前观赏一下世界杯足球赛多么畅快啊……"对唤起阿军的思乡厌战情绪,瓦解其斗志起到了致命的作用。① 1989年美国出动军队颠覆了巴拿马政权,巴总统诺列加躲进了梵蒂冈驻巴大使馆,美军调来特种心战营,在使馆对面的公园里架设起一排高音喇叭,不停地播放抨击诺列加的新闻以及摇滚乐,其中一首摇滚乐为《无路可逃》。诺列加极度讨厌摇滚乐,而"无路可逃"也是其现状的真实写照。美军还组织一批批市民和士兵来到使馆前,揿响汽车喇叭,不停地高呼"凶手""杀人犯",并要求使馆交人。人流如潮,噪声震天,使馆被浓厚的肃杀气氛所笼罩,诺列加心理防线几近崩溃,使馆人员也不堪其扰,最后只得送诺列加出门投降。② 这种现场宣传活动,还可用于鼓舞己方的士气。海湾战争中,当美军第2陆战师第6陆战团的一支先头部队正奋力突破伊军障碍地带时,配属该部的一个心理战小组,用高音喇叭播放海军陆战队队歌,其"声音几乎压过了火炮、迫击炮和轻武器的轰鸣声",正在冲锋陷阵的美军陆战队员不禁斗志大增,很快冲破了伊军的封锁线。③

声像宣传,包括电影、电视、视频及街头宣传广告等。声像具有形象

---

① 吴杰明编著:《特殊战秘密档案·心理战》,黑龙江人民出版社1998年版,第257页。

② 詹静芳、詹幼鹏:《美国中央情报局绝密行动》,北方文艺出版社2017年版,第244—245页。

③ 吴杰明编著:《特殊战秘密档案·心理战》,黑龙江人民出版社1998年版,第263页。

第八章　欺骗类秘密行动

直观、如临其境的特点，具有极强的现场感、代入感和冲击力，有着其他宣传载体所不及的长处与优点。如前所述，纳粹德国通过《火的洗礼》这部电影进行恐吓，使挪威政府被迫选择了屈服，如果是更换成文字或纯声音的方式，其效果恐怕就要大打折扣。1946年美国陆战队魏曼将军提交了一份有关美军在海内外所受的意识形态威胁的长篇报告，导致了有史以来最大的一次意识形态宣传活动，其中包括每年拍摄50—70部纪录片，控制美占区如德日等国所有美国商业影片的放映。相对而言，这种宣传载体的兴起比较晚，成本比较高，制作比较复杂，收视不太方便，在战争中用得比较少，但随着电视的普及和网络技术的发展，逐步发展成为主要的心理战工具。20世纪70年代初，美国中央情报局针对古巴设立了马蒂广播电台，当电视作为大众传媒兴起之后，中央情报局于80年代末又在迈阿密设立了马蒂电视台，用电视这种民众更为喜闻乐见的媒体对古巴开展心理战，挑拨古巴民众与政府的关系，煽动他们推翻卡斯特罗政权。在海湾战争中，美国心理战部队的主力——陆军"第4心理战大队"，向伊军空投了大量录音、录像制品，在两架EC-130飞机上设置机载电视广播站，连续60天每天飞行运作长达14小时，通过运用包括电视在内的宣传媒体，对伊军展开心理战。在美军强大的心理攻势下，伊军厌战、惧战和弃战情绪如瘟疫般蔓延，在美国为首的多国部队发起大规模地面攻势之前，就有12000名伊军士兵逃离部队；当攻势展开之后，有6.3万名伊军宁愿向美军投降，也不愿继续充当萨达姆的炮灰，美军很快就攻占了巴格达，看似坚不可摧的萨达姆政权訇然倒地。[①] 运用声像载体开展心理战，体现得最为充分的要数曾席卷中亚、西亚、东欧、北非的"颜色革命"了。运用网络技术，形成网上与网下的抗议活动相互影响、相互促进，网络所传播的抗议现场视频形成强烈的视觉冲击，能够极为有效地煽动民众的情绪，如洪水决堤，势不可当，一批国家的政权，在很短的时间里就被这种激愤的民意洪流所冲垮。具体内容已在相关章节中有所论述，这里不再重复。

听觉宣传的载体主要是广播电台，在电视这种大众传媒普及之前，广播电台由于其覆盖面广、能有效突破国界和意识形态的封锁、收听便利而成为心理战的宠儿。无线电广播几乎从它诞生之日起，就被用于心理战宣传之中，但真正发挥巨大作用还是从二战开始，并且涌现出了"哈哈爵

[①] 吴杰明编著：《特殊战秘密档案·心理战》，黑龙江人民出版社1998年版，第269—271页。

士""东京玫瑰""轴心沙莉""河内之花"等风云一时的心理战播音员。二战期间,在欧洲有多家电台开办了对德意日的宣传广播,如英国广播公司(BBC)、美国驻欧广播站、美国之音、联合国广播电台、盟总之声及卢森堡电台等。其中BBC影响最大,为英国对敌心理战立下了汗马功劳。BBC隶属于政治战执行局,由政治战执行局、特别行动执行署、英驻有关国家大使馆代表组成特别委员会,管理和指导BBC开展心理战。BBC每天用50种语言24小时不停地对外广播,每周约有700小时的外语节目。BBC还开设了一个特别节目,通过一个个人密码通信系统,直接指导欧洲沦陷地区的抵抗运动。除了固定的电台之外,还有装载在车辆上的小型广播系统,覆盖范围可达10—25平方英里。盟军还办了许多"黑色电台",即冒充是德国人所办的电台,如"安妮电台""第一号秘密转播站"等,愚弄德国听众,离间德军高层与下级官兵的关系,使得不少德军官兵深受影响。纳粹德国和日本在利用电台开展心理战方面也毫不示弱。纳粹德国先后使用了十几个大功率的广播电台,每天24小时向全世界进行广播。一名普通的英国人威廉·乔伊斯战前到柏林找工作,巧遇德国宣传部对外短波广播负责人并得到赏识,参加了针对英国的广播心理战工作,不料竟成为名噪一时的风云人物。他自称"哈哈爵士",以浓重的英国乡音,甜美悦耳的声调,幽默辛辣的语言,在英国大受欢迎,竟有近2000万台收音机收听其广播。他通过感情的煽动、理智的倾诉、精神的诱惑,使英国听众逐渐产生恐惧、不安、痛苦、混乱和不信任等不良心理。"哈哈爵士"如同幽灵飘荡在英伦三岛上空,严重侵蚀着英国人的心灵,起到了武力所起不到的恶劣作用。英国政府对其恨之入骨,战后坚持将他送上了绞刑架。①

日本广播协会是日本政府进行心理战的主要工具,所属东京广播电台充当了重要角色,在其五花八门的节目中,最著名的要数"东京玫瑰"。这是一支由美籍日裔移民第二代女子组成的特别播音小组,主要任务是对美军进行招降宣传和瓦解涣散美军的作战意志。流利的美式英语、甜美娇柔的声音、母亲妻子般的温存、美式风味的内容,将那些在太平洋孤岛上作战的美军大兵弄得神思恍惚、魂不守舍,一度被美军高层视为来自日本的主要威胁之一。"东京玫瑰"十二钗中,最有魅力的当属艾娃·户栗郁子,在战后大审判中,法官认定她的播音"足够伤害美国的士气",裁定其犯

---

① 吴杰明编著:《特殊战秘密档案·心理战》,黑龙江人民出版社1998年版,第121—125页。

第八章 欺骗类秘密行动

了叛国罪,直到近30年后,福特总统才赦免了她。①冷战时期,无线电广播仍然是重要的心理战工具,美国中央情报局所掌控的主要有美国之音、自由欧洲广播电台、自由电台这"三大巨头"。美国之音二战时隶属于美国战时情报局,后成为美国国家级的舆论工具,主要针对苏联及东欧,50年代后对华播音逐步占据重要地位。自由欧洲广播电台成立于1950年,总部在纽约,广播发射台位于德国慕尼黑;自由电台成立于1951年,原名解放电台,隶属于"美国解放布尔什维克委员会"。后两家电台成立后由美国中央情报局直接领导,直到1971年才与中央情报局脱钩,但承担的任务没有明显变化,主要是针对苏东各国开展宣传战,"挑起铁幕后面各国人民的抵抗情绪",给这些人"以道义上的支持"。另外英国广播公司和德意志电波电台,也在冷战时期的心理战中起到了不可忽视的作用。海湾战争期间,美军专门开设了"海湾之声"无线广播电台,还使用EC-130飞机机载无线电台进行空中机动播音,为了让伊军士兵能收听到这些电台,专门空投和散发了9000多台袖珍收音机。伊拉克也开设了针对美军开展心理战的英语节目,并模仿"东京玫瑰",取代号为"巴格达玫瑰",据说其宣传在一定程度上引发了美军思乡怀春的情绪,增加了男女官兵之间的性骚扰。在阿富汗战争期间,美军设立了"自由阿富汗电台",EC-130心理战飞机实施代号为"突击兵独奏"的广播行动,每天对阿民众播音达10小时以上;其心理战飞机机载无线电和电视中继站功率强大,可强行插入塔利班的频道播发节目。

视觉宣传主要是印刷品,即传单、书籍、报纸、杂志、书籍、广告以及印有宣传内容的小玩具、小饰品等来传播内容相对复杂的信息。传单具有制作简单、传播方便的特点,可能是产生最早的大众化心理战载体。唐代骆宾王《代徐敬业讨武曌檄》,语言文采飞扬,揭露酣畅淋漓,拂去千载的历史烟尘,读之仍使人心潮激荡、义愤填膺,可称为史上最牛"传单"。一战初期,法国在洛林空投第一批传单,内容为法国政府《告阿尔萨斯·洛林人民书》,接着又用气球向德国西南部空飘《告德军书》的传单,这些传单引起了轰动,参战的英、美、德、意、奥等国迅速采用了这种心理战方式,传单成为各方开展心理战的重要载体。法国还用10种语言翻译并大量印制一名德国律师抨击德国皇帝和政府的书籍《我在弹劾》,

---

① 吴杰明编著:《特殊战秘密档案·心理战》,黑龙江人民出版社1998年版,第180—182页。

用于向全世界散发，并将《我在弹劾》《觉醒吧！德国公民》《正因为我是一个德国人》等反德书籍印制成袖珍版，向德国本土和德军前线空投。英国将反对纳粹的前德国驻英大使所著《利希诺斯基侯爵回忆录》印制400万份，并发表在伦敦出版的《新欧洲》及美国《纽约时报》等报刊上。美军空投传单时还同时投下"特别通行证"，德军官兵只要持有此证便可顺利通过美军防线，还可得到精美食品，许多德军士兵受此诱惑，走出战壕向美军投降。二战时，心理战逐步成熟，传播传单、报纸、小册子及袖珍书籍等宣传品的方式，除飞机空投之外，用特制的炮弹发射成为一种重要的散发方式，发射距离一般为8000—12000英尺，一次能将1500份传单发射到对方阵地上，这种方式一直延续到俄乌军事冲突的初期。西西里岛登陆战打响之后，美军宣传凭借美方空投和大炮发射的传单可作为"投降证"，到盟军后方领取食物并获得安全保障，意大利士兵成批前来投降，有的甚至前来索要"投降证"，然后带领更多的人来投降。盟军心理作战处一名官员说："散发传单几乎像空袭一样有致命的打击力量。每散发一批传单，就等于是拯救了许多美国士兵的生命。因为只要有一个手持传单的敌人过来投诚，那就意味着我们的士兵可以少一个在前线向他们开枪的人。"据统计，整个战争期间，美英共向敌方散发了15亿份传单及相关宣传品。[①] 苏联在二战时期的心理战中，宣传始终居主导地位，仅通过苏军总政治部印制的印刷品就达到了300多种，超过20亿份，在德军中产生了不俗的影响。战争伊始，苏军便针对德军出版了名为《真理》的报纸，每期4页，8寸见方，用几种文字印制，揭露纳粹本质，破坏希特勒与同伙的关系。据对德国战俘调查统计，他们几乎人人都读过几期《真理》，并认同和接受其中的一些观点。交战各国还将传单制作成贺卡、漫画、海报、广告等样式进行散发，以增强影响力。抗战时期，为增强国人的抗战信心，委员长侍从室专机飞行员徐焕升上尉，于1938年5月率领两架马丁-139WC轰炸机远征日本，将100万份传单投放到长崎、福冈和九州等地区，并顺利返航。此事在世界上引起了巨大轰动，打破了"大日本神圣领空不可入袭"的神话，极大地鼓舞了世界和中国人民反法西斯斗争的信心。徐焕升也因此跻身美国《生活》杂志所评世界12名著名飞行员

[①] 何京：《"纸弹"征服西西里》，《民防苑》2005年第2期。

第八章 欺骗类秘密行动

的行列,被誉为是"先于美军杜立德将军轰炸日本本土的第一人"。① 虽然这个"轰炸"是运用的心理战方式,但其作用仍然不可小视。二战结束不久,美国中央情报局在意大利组织实施"书信行动",用书信、明信片、电报和录音制品等方式诋毁意左翼政党,估计有1000万封此类信件从美国寄到了意大利,成功扶持意右翼政党赢得大选。1953年,为煽动和支持捷克斯洛伐克的骚乱,美国中央情报局组织实施了"普洛斯比罗行动",在4天时间里向捷克领空投放了6万多个携带宣传品的大气球。在海湾战争时期,美军在科威特战区共动用35种以上的飞机和多种火炮,向伊拉克军队投送了2900多万份传单,既有攻击萨达姆政权穷兵黩武政策的政治漫画,又有以"简单明了"和"和蔼可亲"的口气劝降并授以投降具体方法的文字传单。其中有一些传单是仿照伊拉克货币第纳尔的样子印制的,散落在地面上的"纸钞"更有可能引起注意并被人拾取,也更容易隐藏在士兵们的钱包中,伊拉克士兵可凭此向联军投降,获得安全通行和领取食物等方面的权利,起到类似"投降证"的作用。②

---

① 杨丽娟:《纸弹轰炸——抗战时期中国空军对日本本土的一次空袭》,《北京日报》2020年11月3日。
② 吴杰明编著:《特殊战秘密档案·心理战》,黑龙江人民出版社1998年版,第268—269页。

第九章

离间类秘密行动

离间是指在对手方内部挑拨是非、引起纠纷、制造隔阂,破坏其内部的团结,使之分道扬镳或反目成仇,己方坐收渔翁之利的行为,也即《孙子兵法·计篇》的"亲而离之"。《三十六计·反间计》按语:"间者,使敌人自相疑忌也。"唐李靖在《卫公兵法》中对离间活动所涉及的对象进行了细述:"历观古人之用间,有间其君者,有间其亲者,有间其贤者,有间其能者,有间其助者,有间其邻好者,有间其左右者,有间其纵横者。"敌方内部如果团结一致,就会形成强大力量,难以战胜。离间就是要从心理上将敌方分化,促成其内斗,瓦解其力量,面对外来威胁时不能形成合力,以达到削弱或消灭对手的目的。中国历史上有许多成功的离间案例,如田单离间燕惠王与乐毅、陈平离间项羽与范增、周瑜利用蒋干离间曹操与蔡瑁等,都是有效分化了对手的力量,为打败对手创造了有利的条件。在现代国家或政治军事集团之间的较量中,针对特定的国家、组织和个人开展离间秘密行动,制造内乱、拆散同盟,以达到削弱对手、增益己方利益的目的,是情报组织常用的手段。列宁曾说:"使用非法手段所需的各种技巧、策略和战略,以躲避和掩盖真相,煽动敌人互相反对,是策略之一。这样的'措辞',不是打算对他们进行说服,而是打算粉碎他们的队伍;不是打算纠正对方的错误,而是打算把对方的组织消灭干净。'措辞'确实会引起人们对于对方的最坏的想法和最坏的猜疑。"[①] 离间带有浓厚的欺骗性质,广义上也可归属于欺骗中的一种类型,但从狭义的概念上来讲,二者则有比较明显的区别,欺骗主要是误导决策和民意,离间则主要是在敌方内部制造矛盾,前者重在误导,后者重在分化,同时离间的手段不仅限于欺骗,还有揭露隐秘事情真相和利益挑拨等手段。

---

① 《列宁全集》,人民出版社1959年版,第12卷,第413页。

第九章 离间类秘密行动

第一节 离间的主要方式

克劳塞维茨认为："战争是迫使对方服从我方意志的一种暴力行为。"[①] 而离间与欺骗则是诱使对手自愿满足我方意愿的一种智力游戏。离间所针对的是人与人（或国家、组织）之间的关系，只不过是要使这种关系变坏而不是变好。离间与欺骗是天然的亲戚，有时甚至是相互交织，从不同的角度来理解，在离间与欺骗的归属问题上可能会有所不同。离间的主要方式与欺骗也大体相仿，所不同的是，欺骗的所有方式都必须遵循"隐真示假"的原则，而离间则在基本遵循该原则的基础上，可以突破这一规则，揭示隐秘事情真相也成为离间的一个重要且行之有效的手段，也就是说离间除了"示假"之外，还可以"示真"。同时进行利益上的挑拨也成为离间的方式之一，这些利益也应该是真实存在的客观现象，只不过是否正当则另当别论，但一般情况下，相关国家或政治军事集团都倾向于将己方利益最大化，在对正当性问题的理解上，会具有明显的有利于己方的主观性色彩。

一、虚假情报

炮制并散布假情报，是各国情报组织一种惯用的手法和伎俩，充分利用伪造的假情报来达到己方的目的，以制造矛盾，破坏敌方内部的稳定与团结，来削弱或消灭对手。"假情报"一词由德国国防部情报机构在一战中首次提出和运用，苏联"契卡"及后来的克格勃和格鲁乌都沿用了这一术语和方法，此后在各国情报机构中流行开来。所谓假情报，是指情报组织有意编造出的与客观事实相反或不一致的虚假信息，并通过适当的渠道和方式传递给对手，旨在欺骗迷惑对手、离间破坏对手内部团结，使己方在与对手的较量中占据优势，或为己方战胜对手创造有利条件。简单点说，假情报主要有两大作用，就是欺骗和离间，即误导决策和分化对手。假情报可分为完全虚假型情报和真假混合型情报两类；真假混合型情报中，还可以细分出改头换面和添油加醋两个小类型，为方便叙述，统称为三种类型。真假混合型情报更具迷惑性和欺骗性，德国有句格言："半真半假的谎言是最恶毒的谎言。"

[①] [德]克劳塞维茨著，余杰译：《战争论》，台海出版社2018年版，第2页。

世界情报组织秘密行动

丘吉尔说："谎言环游全球的时候，真相还没有穿好裤子。"情报组织可以通过这个时间差，来制造和传播虚假情报，使目标对象在某个时间段里陷入被动。苏联克格勃在20世纪70年代，运用假情报，针对亨利·基辛格的离间秘密行动，三种类型都运用到了，并且取得了一定的成效，给基辛格及美国的外交工作带来了一定的困扰。基辛格是美国著名的政治家和外交家，在70年代担任美国国务卿时，在世界事务中发挥着巨大的作用和影响力。当时美苏争霸正酣，如何扩张本国在全球的影响力和利益，是争霸的核心内容。基辛格的影响力及作为，显然对苏联的争霸行为产生了制约和危害作用，克格勃就通过编造和散布假情报的方式，来离间他与当时美国政要及相关盟国的关系，以削弱基辛格的影响力，给美国的外交工作制造麻烦。这里所涉及到的3个案例，比较全面地涵盖了制作使用假情报进行离间的三种类型。一为栽赃诬陷，凭空捏造。此类假情报单个使用或单个渠道来散布的话，效果不一定好，但与其他假情报配合使用，或通过多种渠道来散布，使之能相互"印证"，以混淆视听，短时间内可以产生比较好的效果。一名叫格雷尼沃斯基的波兰情报机构人员"叛逃"到西方，并说他掌握一名美国政府要员是间谍的真凭实据，此人就是国务卿基辛格，化名"保罗"。1976年，美国保守派杂志《美国言论》刊登由克格勃精心杜撰的文章，诡称基辛格于二战期间在代号为"ODRA"的克格勃间谍网充当情报员，似乎印证了格雷尼沃斯基的说法。一时间，华盛顿的政府官员、社交圈和新闻记者中，都流传着基辛格可能是苏联间谍的说法，使得基辛格苦不堪言，在一个时段内，对其履行国务卿职责产生了相当程度的消极影响，好在时任总统福特信任他，使他平安地度过了这个艰难时期。二为改头换面，真假参半。这类假情报的技术含量更高，欺骗性更强，发挥作用持续时间更长，澄清的难度更大。1974年11月，克格勃窃取了基辛格签署的一份由中央情报局起草的文件，该件秘密发给美国驻巴黎、布鲁塞尔、日内瓦、维也纳和伦敦的外交机构，指示他们以公开或秘密的方式搜集这些西欧盟国的相关情报。克格勃认准这是一个下手的好机会，便将计就计，依照原来的文件标题、编号和基本框架，修改了许多内容，签发人仍为基辛格。经过克格勃修改后的文件，将搜集情报的目标指向明确对准了西方盟国领导人的隐私，要求美国外交官搜集法、英、意、西德等国领导人的私生活是否干净，以及他们执行北约政策是否坚决等情报。这直接触及到了西方领导人的隐私，显示出美国对他们不信任的态度，更能激起他们的愤怒情绪。克格勃有意将这份假文件透露出去，果

第九章　离间类秘密行动

然引起了轩然大波。尽管美国政府再三解释，但收效甚微，因为基辛格确实签署过类似的文件，也要求搜集西方盟国的情报，只不过并没有细化到要收集西方国家领导人的隐私这类问题上来，但目标国家领导人的隐私当然也属于情报工作的范畴，克格勃这么修改也是顺势而为，所以美国很难在这个问题上解释清楚，也就无法及时打消西方盟国领导人的疑虑与愤怒之情。西欧盟国将怒气全发在这位国务卿头上，使其外交工作一度陷入被动境地。三为借助真事，添油加醋。就是事情是真的，但其中最敏感的内容是假的。与第二种方式有相通的地方，即真假参半；也有不同的地方，即主要不是"改"，而是"添"，在原本真实的事情中，添加一些对事主不利的内容，事主本人很难辩解清楚。20世纪70年代前期，苏联外交官费拉托夫在阿尔及尔工作时，落入美国中央情报局的美色陷阱而被策反，克格勃发现后，利用其向中央情报局输送假情报。1977年费拉托夫向中央情报局提供了一份假情报，这是一份伪造的苏联驻美大使多勃雷宁致苏共中央政治局的电报底稿。电文称基辛格在与多勃雷宁共进早餐时，攻击卡特总统关于战略武器谈判的政策，认为其应该对第二阶段美苏战略武器谈判没有取得进展负主要责任，还对苏共总书记勃列日涅夫表示崇高的敬意。此时，基辛格作为上届政府刚卸任的国务卿和世界著名政治家，仍然具有很大的影响力，这种言论，对新上任的卡特政府来说肯定不是好事。克格勃此举可谓一箭双雕，既可栽赃基辛格，又可借基辛格之口来将美苏会谈失败的责任推到卡特政府头上，起到诱导世界舆论的作用。据基辛格事后回忆，他确实与多勃雷宁共进过早餐，但压根儿就没有说过抨击卡特、讨好勃列日涅夫的话。这件事还惊动了美国参议院，专门组织人员对此事进行了调查，才把事实真相搞清楚。[①]

　　上面所说的克格勃针对基辛格的离间秘密行动，主要目的只是想给基辛格及美国的外交工作造成一时的困扰，并不是想将其置于死地，当然也很难通过这种方式将其置于死地，因而伪造的假情报并不致命，传递假情报的方式也相对比较简单，下手比较轻。情报组织并不总是这样"仁慈"，纳粹德国盖世太保针对苏联元帅图哈切夫斯基的假情报离间秘密行动，则是在苏军中掀起了一场腥风血雨，被称为谍战史上的经典之作。图哈切夫斯基元帅不仅战功显赫，还非常注重对未来战争的研究，创立了大规模使用坦克、机械化步兵和航空兵实施"大纵深作战"的理论，该理论在二战

---

① 烨子编著：《间谍》下册，中国广播电视出版社2005年版，第269—271页。

中被参战国广泛采用,被誉为"红色拿破仑"。他还紧盯着主要对手德国,写出了《目前德国的军事计划》,阐述了德国武装的总规模、进行现代战争的观点、希特勒的反苏计划和复仇主义计划,及苏联的防御和反击手段与方法等。希特勒一直酝酿着入侵苏联,对纳粹德国保持高度戒备、具有高超的军事理论水平和指挥才能、与斯大林关系紧张的图哈切夫斯基,成为希特勒想要清除的首要目标,盖世太保头目海德里希根据希特勒的指令,立即着手策划实施"斩首行动"。他们先是在《新德意志》杂志接连发表文章,有意吹捧图哈切夫斯基为"第二个拿破仑",必将取代"克里姆林宫上的那颗星",激起了斯大林的严重关切和疑虑;接着伪造了图哈切夫斯基及其同事与德国高级将领间的往来书信,其中不仅含有通敌卖国、谋反政变等敏感内容,更是充斥着对斯大林的不满和憎恨,还有出卖苏联情报的详细材料和巨额报酬收据等。图哈切夫斯基于1925—1928年任苏军总参谋长时,曾多次会见德军总参谋部代表及驻苏武官,德军档案室留存了这些谈话记录以及图哈切夫斯基的亲笔签名等文件,海德里希将谈话记录进行改头换面,改换成一些特定的内容,又伪造了他给德国朋友的一封信,刻意模仿其语言风格和笔迹。这些假情报有的为完全捏造,有的则为改头换面。海德里希安排人员将德国握有所谓图哈切夫斯基"叛国证据"的消息,辗转透露给捷克斯洛伐克驻柏林大使马斯特;并亲赴巴黎,巧妙传给法国总理达拉第,后者马上告知苏驻法大使波特金。捷克总统贝奈斯得到报告后深感不安,他需要苏联支持捷克在苏德台地区问题上的立场,担心苏德合流,也想改善与苏联的关系,立即召见苏驻捷大使告知此事。同样内容的"情报",从苏联驻巴黎使馆也传回了莫斯科。海德里希接着派遣党卫军的一个头目贝伦斯,到捷克首都会见捷克总统的代表,并表示自己反对希特勒,透露了几份有关图哈切夫斯基的"罪证材料"。斯大林立即下令内务人民委员部,通过捷克牵线搭桥,花了300万卢布的高价买了回来。1937年6月,图哈切夫斯基和一批红军高级将领被判处叛国罪予以枪决,并由此将苏军中的大肃反运动推入到了最黑暗的时期,大部分高级将领被清洗。德国情报机构不费一枪一弹,还赚回了一大笔钱,谈笑之间,就沉重打击了苏联红军的战斗力,致使在苏德战争初期,战斗力孱弱的苏军节节败退。纳粹德国覆灭后,真相才逐步浮出水面,此事也成为20世纪最成功的离间计。这个案例的设计周密复杂,环环相扣,尽可能消除潜在的纰漏和隐患。图哈切夫斯基本身与斯大林存在矛盾,盖世太保先是通过公开吹捧图以加深斯大林的警觉与反感,接着根据图与德军高层

第九章　离间类秘密行动

存在工作上交往的客观事实，找出当时的相关文件进行修改添加，捏造图的亲笔信及出卖的情报材料和报酬收据，以及德国高层甚至希特勒在材料上的批示等成系列的假情报，真真假假，虚虚实实，形成了一个完整的"证据链"，以彻底"坐实"这件并不存在的事情。然后通过多个渠道传递出去，最后以高价卖给苏联。① 多个渠道是为了使其能相互"印证"，打消对手的疑虑；高价本身体现了这批"情报"属于奇货可居，价钱卖低了反而没人相信。盖世太保因担心苏联记下了这批卢布的编号，并可能追踪卢布的去向，使用这些卢布可能会带来泄密的隐患，便将这 300 万卢布全部销毁了。

　　凭空捏造假情报，并不是说可以天马行空，率意而为，必须符合目标对象的特点，使假情报所要影响的目标对象经过周密的分析研究后认为是"真"的，这就需要在"真"字上下功夫，将假情报针对和影响的对象研究透彻，对症下药。美国中央情报局 1947 年在"意大利行动"中，为离间意共与选民的关系，专门策划实施了"佐林计划"。美国中央情报局诡称盗出了一份苏联驻意大使瓦列里安·佐林交给意共有关意共胜选后如何统治意大利的计划文件，主要内容有：意大利要完全紧密地依赖苏联和南斯拉夫，枪决不服从莫斯科控制的教士，意大利的经济政治与社会事务严格按照苏联模式进行改造，没收工业资本家的所有财产并将他们关进集中营等。这份文件完全由中央情报局伪造，经广泛传播后，不仅搅乱了人心，还在社会上造成了恐慌情绪，使一大批原先支持或同情左翼政党的选民，将选票投给了右翼的天民党，本来有望获得选举胜利的左翼政党组成的"人民民主阵线"败北，美国达到了阻止意大利左翼政党上台执政及苏联阵营西扩的目的。② 这份文件纯属捏造，但这些内容符合苏联对待卫星国及其治理国家方式的特点，而这些特点也正是意大利许多选民最担心的问题，作为假情报目标受众的选民自然就不会怀疑有假了，以至于许多选民在假情报的刺激下改变了投票立场。

二、虚假行动

　　根据离间秘密行动的需要，虚假行动一般为由情报人员假冒事件相关

---

① 綦甲福、赵彦、朱宇博、邵明：《德国情报组织揭秘》，时事出版社 2013 年版，第 179—182 页。

② 白建才：《"第三种选择"：冷战期间美国对外隐蔽行动战略研究》，人民出版社 2012 年版，第 133 页。

方的身份，或是顺应对手方的思维定式及心理倾向，使目标对象将假象误认为真相，通过这些虚假行动，制造和扩大对手内部的疑虑和矛盾，引发内斗甚至是自相残杀，来保护或攫取己方的利益。"生命不允许脆弱，胜利才是判断善恶的唯一标准。我军的信念是不择手段打败敌人。"希特勒虽然已经作为恶魔般的人物钉在了人类历史的耻辱柱上，但他在《我的奋斗》一书中的这段话，似乎并没有远去，在秘密行动中，时常可以见其踪迹。

在"北极行动"中，纳粹德国情报机构冒充空投的英荷特工，采用虚假行动的办法，掩盖英荷情报机构空投特工已经落入陷阱并被部分逆用的实情，使伦敦总部不相信自己特工传回的被控制情报，还将死里逃生回来报信的特工投入监牢，继续将一批批特工送入虎口，造成了重大人员伤亡。二战中，英国特别行动执行署与荷兰流亡政府情报部门联合空投到荷兰的情报人员，负责用秘密电台与伦敦的联络工作，配合荷兰地下抵抗组织开展情报搜集和破坏活动，被纳粹德国"阿勃韦尔"驻阿姆斯特丹办事处吉斯克斯少校控制，有的被关押，有的被处死，有的被迫参与"北极行动"。被关押的情报人员彼得·道伦千辛万苦将实情传递到了英国特别行动执行署，但他们却将信将疑，并安排新的行动任务进行验证。英国发电要求荷兰地下抵抗组织立即炸掉科特威克电台发射塔，并指定由前期空投的特工彼得·道伦带队实施。该塔是德国海军与在大西洋活动的德军潜艇进行联络指挥的主要通信设施，肯定不能炸，但成竹在胸的吉斯克斯立即回电在近日实施。为骗取伦敦方面的信任，他策划虚构了一次未遂破坏行动。过了几天，德国控制的荷兰报纸刊出一则消息："昨晚，一伙武装分子袭击了科特威克电台，但被守军打退，袭击者中有3人被击毙，其中一名是这次袭击行动的指挥者彼得·道伦。"吉斯克斯给伦敦回电："袭击失败，彼得·道伦上尉遇难。"英国还是不放心，又发电要求荷兰地下抵抗组织马上开辟一条从荷兰经比利时、法国到西班牙的地下交通线，营救在西欧被击落的盟军飞行员返回英国。吉斯克斯觉得这个事情好办，在其组织安排下，该地下营救渠道很快建立起来，许多落难的盟军飞行员真的安全地返回了伦敦。表面上看，建立地下营救渠道的行动是真实的，但其建立者并不是英国的空投特工和荷兰地下抵抗组织，而是敌方情报机构，其目的并不是要营救盟军飞行员，而是用于欺骗英国情报机构，来达到离间的目的，以比较小的代价来获取更大的利益，使"北极行动"能够继续玩下去，就如同"黄鼠狼给鸡拜年"，因而也是一种虚假的行动。这条地下

第九章 离间类秘密行动

营救渠道的建立,彻底打消了英国方面的疑虑,反而认为来自彼得·道伦等人的情报,都是盖世太保的反间计,从此对这方面的情报一概不予理会。后来彼得·道伦越狱,辗转数月逃回英国,却被当作"双重间谍"关进了监狱。英国继续向荷兰空投情报人员,根本没有意识到这些人是在白白送死。直到1943年底,又有两名英国情报人员逃回来,再一次说明了真相,彼得·道伦才被释放出来,英国情报部门自认倒霉,德国的"北极行动"也总算玩到头了。但英国和荷兰空投情报人员付出了47人被杀的惨重代价,荷兰地下抵抗组织还有1200人因此而丧生。荷兰对此事极为愤怒,认为情报老手英国不应该犯这样的错误。1945年10月,荷兰流亡政府从英国回国不久,荷兰议会就组成调查委员会,专门就荷兰情报人员及地下抵抗组织人员白白送死一事进行调查。英国却说相关文件在一场大火中被烧毁了,使得调查无法进行,此事也就此了结。①

  为了离间英美与埃及之间的关系,防止敌对国家埃及收回苏伊士运河的控制权,以确保以色列的这个生命通道畅通,以色列军事情报局(阿穆恩)策划实施了"苏珊娜行动"。20世纪50年代初期,阿穆恩局长本杰明·吉布利认为,以色列应在埃及安插一个"第五纵队",可以在战争时期炸毁其民用和军事设施,该"纵队(从事秘密破坏活动的情报网)"由一名以英国商人身份作掩护的以色列特工领导。埃及军人纳塞尔发动政变废黜国王,自任总统,宣布要从英国人手中收回苏伊士运河的控制权。当时埃及作为中东阿拉伯世界的老大哥,一心想要帮助巴勒斯坦摧毁复国不久的以色列,与以色列矛盾极其尖锐,可以说是势不两立。苏伊士运河是以色列的商业生命通道,因而引起了以色列政府的极度恐慌。为离间埃及与英美之间的关系,促使英国继续保留对苏伊士运河的控制权,阿穆恩组织实施了"苏珊娜行动"。这个行动方式是通过攻击并烧毁英美在埃及的重要设施和财产来达到,如大使馆、通信设施、文化中心及商业建筑等,并冒充埃及共产党和极右的穆斯林兄弟会的名义来进行,以引发英美与埃及之间的冲突,使英美不放心将运河交由埃及管理。1954年,美国在亚历山大和开罗的通信机构、图书馆被炸,接着针对英国在埃及的相关设施,炸弹成功地被安置在开罗的几个重要设施里,两家英国人开的电影院被烧毁。其中一个名为那坦森的以色列特工在亚历山大一个美国人开的电影院纵火

---

① 詹非非、詹幼鹏:《英国情报组织绝密行动》,北方文艺出版社2017年版,第78—81页。

后被现场抓获，并导致其他 11 名以色列特工被捕，整个行动宣告失败。[①]本来英国就不甘心放弃在苏伊士运河的既得利益，"苏珊娜行动"如果没有出现意外，很可能会出现以色列所期待的结果。其中一名落网特工叫伊利·科恩，因其能言善辩，善于伪装，让埃及警方也觉得抓错了人，得以安然返回以色列，显现出了从事情报工作的智慧和特质，后来转投摩萨德的门下，打入到叙利亚总统哈菲兹的身边，差点成为叙利亚国防部长，创造了情报史上的一段传奇。当然英雄的落幕也令人唏嘘，绞刑架成为他最后的归宿。

三、虚假叛逃

虚假叛逃也属一种虚假行动，在离间秘密行动中使用得相对比较多，因而单独拿出来进行讨论。假情报主要体现的是物证，虚假叛逃则主要体现的是人证，其设计的难度更大，证据的效力更高，离间的效果也更佳，当然所付出的代价也会更大。以虚假叛逃的方式进入敌方阵营，取得对方的信任，根据事先设计好的方案，抛出相关的假情报和假证据，来离间对方特定组织或特定人员之间的关系。此类行动最核心的问题是如何取得敌方的信任，除了在身份、借口、"叛逃"方式等方面进行周密的设计之外，假叛逃人员还会提供一些真实的情报，甚至会"出卖"一些潜伏于敌方阵营中的己方重要间谍，类似于我国古代"三十六计"中的"苦肉计"，以伤害己方的方式来骗取敌方的信任。天下没有免费的午餐，这也可能是采用这种离间方式所必须付出的代价。

二战期间，苏联沃尔霍夫方面军副司令兼第二集团军司令安德烈·弗拉索夫中将被俘后投降了德军，在希姆莱支持下，希特勒同意其组建了一支名为"俄罗斯解放军"的叛军，主要由被俘苏军官兵和苏联侨民组成，总兵力 5 万多人，后来在德军中效力的各路俄罗斯叛军陆续投奔到弗拉索夫旗下，发展壮大到 10 万人。这是一支力量不容小觑的队伍，苏联非常担心德国派遣他们到东线与苏军作战，于是想办法离间其与德国的关系。苏联情报机构派遣亚历山大·纳夫拉蒂尔洛夫化名"奥尔洛夫"，代号"萨沙"，以假叛逃的方式来到德国，并以提供 20 多名在德军占领区活动的苏联情报人员为代价，获得了德国东线外军处处长盖伦的信任。"萨沙"所

---

① 《苏珊娜行动（1954 年 7 月埃及恐怖爆炸事件）》，百度百科，https://bike.baidu.com/。

第九章　离间类秘密行动

提供的"证据"表明，弗拉索夫并不是真心投靠德国，而是苏联的一个阴谋。① 直到1944年之前他都不曾直接领导过这支军队，他也一直处于德国人的监视之下。德国人认为他并不可靠，不排除他在演戏，好组建一支军队伺机反咬德军一口，使其旗下的叛军未能开赴前线与苏军作战。直到德军败相已现，才不得已起用了弗拉索夫，但为时已晚，纳粹德国利用叛将苦心组建的这一支庞大的叛军，没能为德国作出多少贡献。在捷克首都布拉格反抗德军大起义的战斗中，弗拉索夫为了逃脱战后的惩罚，寻求自保，调转枪口帮助捷克起义者解放了布拉格，捷克现在仍有不少人认为弗拉索夫才是布拉格的解放者，但此举并没能改变其战后被苏联处死的命运。

　　十月革命胜利建立苏维埃政权之后，许多反对新政权的人员流亡到欧洲相关国家，建立了各种反苏组织，西方国家情报组织也支持和利用这些流亡组织，开展反对和颠覆苏联政权的活动。苏联情报机构派遣情报人员，打入这些组织，开展离间行动，取得了明显的效果。1921年，陆续有6名苏联官员叛逃到西方国家，并与流亡西欧的反苏组织取得联系，声称自己属于国内颠覆苏联的组织"中央俄罗斯君主主义联盟"，该组织代号为"信任"，不仅离间这些反苏组织及头目之间的关系，还将其中一些骨干人员诱骗到国内进行打击处理。这些流亡组织接受英美法德等西方国家11个情报机构提供的经费，并向其提供"苏联马上就要完蛋了"之类的情报，同时向苏联境内的反苏武装提供武器，联系安排流亡反苏组织的骨干潜回苏联执行破坏任务。但苏联政权越来越稳固，潜回苏联的人员也是有去无回。1929年，一名叫爱德华·奥珀普特的苏联军官叛逃到荷兰，揭穿了前面6个人是假叛逃、提供假情报的真相，随后又悄悄回到了苏联，改了名字，继续在情报部门工作，这第7个叛逃者也是假的。② 此事使流亡境外的反苏组织不仅在西方情报机构那里失去了信誉，反苏组织之间也开始彼此猜疑，相互推卸责任和攻击，有效地削弱了他们的力量，西方国家情报机构之间也产生了一定的信任危机。

---

① 艾红、王君、慕尧：《俄罗斯情报组织揭秘》，时事出版社2013年版，第127页。
② 《7名苏联叛逃者，欺骗了西方情报部门8年，最后功成身退》，承吉凌8580，2022年10月22日，百度知道，https：//zhidao.baidu.com/question/10561135666614558379/answer/4222137983.html。

四、虚假舆论

利用假情报离间，是通过秘密渠道进行的，主要是对目标国家或组织的决策者施加影响，使其在某个特定事项上的决策符合己方的意愿和要求。而通过舆论来离间，则是利用公开的渠道，如报刊杂志、广播电视、网络等各类媒体，还有口耳相传的谣言等，所影响的范围比假情报要大得多，既可影响决策者，又可影响民众的立场和观点，还可以通过民众来向决策者施压，使决策者在巨大的民意压力下，不得不作出违心的决定。据《北齐书·斛律光列传》记载，为除掉北齐的顶梁柱、北周的劲敌斛律光，善于用间的北周大将韦孝宽，编造了歌谣"百升飞上天，明月照长安""高山不推自崩，槲树不扶自竖"，并派间谍到北齐都城邺城四处传唱。古时百升为一斛，明月是斛律光的字，北齐皇室姓高，歌谣暗指斛律光会谋朝篡位。北齐尚书右仆射祖珽等人素来与斛律光不和，乘机进献谗言，北齐后主高纬受到蛊惑，令武士用弓弦勒死了斛律光。仅靠几句口耳相传的童谣，便使北齐自毁长城。3年后北周灭掉北齐，北周武帝追赠斛律光为上柱国、崇国公，并感叹道："此人若在，朕岂能至邺！"

制造虚假的社会舆论来影响民众，从而离间民众与最高执政者之间的关系。希特勒采取外部高压和内部离间的方式，不费一枪一弹，就吞并了奥地利。这种离间的方式是通过散布谣言来煽动不明真相的民众，向奥地利总理施压，帮助德国扫除障碍。希特勒上台后，一直想吞并奥地利，并支持奥地利纳粹分子格拉斯发动政变，刺杀了时任总理陶尔斐斯，继任总理冯·许士尼格进行了镇压，挫败了希特勒的阴谋。但许士尼格总理一直处于希特勒的威胁与高压政策之下，被迫特赦了因监的纳粹分子，任命纳粹分子英克瓦特为内务部长兼保安部长。为将抵制纳粹德国吞并野心的许士尼格拉下总理宝座，盖世太保间谍散布谣言，说其曾暗中支持了几年前格拉斯的政变，并置时任总理陶尔斐斯于死地，而后取而代之。不明真相的奥地利民众纷纷示威抗议，要求许士尼格下台。有口难辩、内外交困的许士尼格，不得已于1938年3月1日辞职，致使德国支持的纳粹分子英克瓦特上台，为纳粹德国顺利吞并奥地利扫清了道路。3月12日，纳粹党徒大肆宣扬"奥政府被共产党暴徒包围"的谣言，伪造奥政府请德国军队出兵平乱的"紧急请求"，德军"应邀"而至，兵不血刃地占领了奥地利，希姆莱和海德里希迅即到维也纳建立了盖世太保大本营。次日清晨希特勒

第九章　离间类秘密行动

到维也纳,宣布奥地利并入德国。① 这个案例中,盖世太保通过制造和传播谣言的方式,离间奥总理许士尼格与民众的关系,让不明真相而又十分冲动的民众为渊驱鱼、为丛驱雀,最终付出灭国的惨重代价。由此可见舆论的威力,尤其是当敌方所制造的虚假舆论转化成为民众的盲目行动时,便如同洪水决堤,任何力量都拉不回来,所造成的破坏必然难以估量,盖世太保显然深谙此道,他们也在一个时期得到了丰厚的回报。

利用虚假的媒体报道来离间最高执政者与军队的关系,使最高执政者作出错误的决策。中央情报局针对危地马拉阿本兹政府的秘密行动"成功行动"中,通过媒体散布虚假消息,使阿本兹总统不信任空军,后来还丧失了对陆军的控制,致使政权被力量弱小的叛军所颠覆。中央情报局操纵的秘密电台大量制造假新闻,不断报道苏联阵营飞行员投奔美国的虚假消息,企图在阿本兹与空军之间种下互不信任的种子。后来危地马拉一名飞行员真的叛逃到了美国,中央情报局要求他通过电台鼓动其战友也叛逃,但他拒绝了。中央情报局设法将其灌醉后进行谈话,经剪辑后在电台播出,在危地马拉空军中造成了十分恶劣的影响,也引起了阿本兹的高度警觉。阿本兹担心其他飞行员驾机叛逃,下令空军没有他的命令不得起飞。当叛军入侵时,危地马拉空军从未起飞参与作战,丧失了侦察和消灭叛军的机会。中央情报局和叛军的秘密电台不断宣传危政府军遭到惨败、反政府军的好几个师正胜利挺进等虚假消息,致使政府军误以为叛军很强大而倒戈,阿本兹政权竟然被 300 多名乌合之众所推翻。②

对已发生的重大事件作歪曲性的宣传或解读,离间民众或其他相关群体与情报机构之间的关系。苏联克格勃也经常针对头号对手美国中央情报局开展离间行动,图谋使美国政府及民众不相信中央情报局,肯尼迪总统谋杀案一直扑朔迷离,正好可以拿来做文章。1967 年 3 月,新奥尔良地方检察官詹姆斯·加里森宣布拘捕了商人克莱·肖,指控他策划了谋杀肯尼迪总统的阴谋。三天后,意大利《国家晚报》根据克格勃旨意刊发新闻,称克莱·肖是中央情报局的特工,与中央情报局的掩护企业"中心蒙代尔商业"关系密切,苏联和东欧国家的媒体随即跟进炒作,美国媒体也报道

---

① 陈玉明主编:《世界间谍绝密档案》,吉林摄影出版社 1999 年版,第 1041—1043 页。

② 白建才:《"第三种选择":冷战期间美国对外隐蔽行动战略研究》,人民出版社 2012 年版,第 187—190 页。

称"有迹象表明中央情报局与一项阴谋调查有关"。这波炒作使相当多的美国人相信，中央情报局和五角大楼在"军事联合企业"的支持下，合谋暗杀了肯尼迪总统。此后电影制作人奥利弗·斯通的电影《刺杀肯尼迪》，又进一步强化了这种观点。在谋杀肯尼迪事件30周年所进行的调查显示，有四分之三的人都相信是中央情报局谋杀了总统。[1] 中央情报局在20世纪70年代受到美国国会严厉调查及媒体和民众的广泛抨击，除了其自身的原因之外，苏联情报机构的离间式宣传，也起到了一定的推波助澜的作用。

五、利益挑拨

只有永恒的利益，没有永恒的友谊。这句名言放在国家、组织或个人身上都百试不爽。任何国家之间、组织之间、个人之间或国家、组织的内部，都会存在着不同的利益诉求和或大或小的利益纷争，不过只要是在可控的范围内，通过协商沟通来缓和化解这些矛盾，就不会出现大的问题。情报组织针对目标国家、组织或个人的不同利益需求，进行煽动和挑拨，制造和激化矛盾，让对手和谐的关系矛盾化、潜藏的矛盾公开化、温和的矛盾尖锐化、内部的矛盾敌对化，使他们分道扬镳、反目成仇，甚至相互倾轧，来达到分化和削弱对手的目的。据《左传·僖公三十年》记载，公元前630年，晋文公和秦穆公率领联军围困了郑国都城，郑国危在旦夕。走投无路的郑文公，派遣大夫烛之武"夜缒"到秦营，以秦国无法"越国以鄙远（越过晋国占有郑国的领土）"，灭掉郑国后只会"阙秦以利晋（损害秦国利益，增益晋国利益）"等理由游说秦穆公。秦穆公深以为然，转而与郑国结盟，留兵帮助郑国防御晋国。烛之武一席用利益挑拨来进行离间的夜话，就拆散了秦晋联盟，让郑国转危为安。说客一张巧嘴，有时真可以胜过千军万马。《晏子春秋·内篇谏下》载，为除掉3名武艺高强、勇猛异常而又居功自傲、专横跋扈、结党营私的武士，齐相晏婴献了"二桃杀三士"之计。齐景公赏赐给这3名武士两个桃子，让他们按照功劳大小来分食，3人争执良久，最后均自杀身亡。用两个桃子，就消除了齐景公及齐国的心腹大患。二桃犹在，三士已死，可谓手段毒辣，成本低廉。人类的思维是相通的，在古希腊神话中，一个"献给最美丽的女神"的金苹果，挑起了3位女神的争斗，使得爱琴海陷入腥风血雨之中，由此演绎

---

[1] [美]理查德·赫尔姆斯、威廉·胡德著，佚名译：《谍海回首——前中央情报局局长赫尔姆斯回忆录》，社联印制2004年版，第397—405页。

第九章　离间类秘密行动

出了"特洛伊木马"的故事。后二者在今天看来似乎是一种虚幻的利益，但在那个将个人荣誉看得比生命都重要的久远年代里，这种利益可能才是他们心目中最重要、最切实的利益。

阿尔巴尼亚与南斯拉夫山水相依，有着复杂的历史纠葛、现实的利益交集与矛盾，苏联从中进行离间挑拨，将自己的势力直接延伸到了阿尔巴尼亚。二战期间，阿尔巴尼亚共产党是南斯拉夫共产党的一个分支机构，其内政部受到南人民保卫局的领导，苏联为维护反希特勒同盟关系，也默认南共代替自己领导和管理阿党事务。然而战后，南阿之间的特殊关系引起了莫斯科的极大关注，苏联不希望在自己的势力范围内出现一个南斯拉夫中心。当时南斯拉夫想将阿尔巴尼亚合并，阿不仅反对合并，还要求将科索沃划给阿，表面的亲密关系之下暗流涌动，但因阿过于弱小，仍然不得不看南的脸色行事。苏联利用这个矛盾和分歧，从中进行挑唆，宣称阿"要用自己的腿走路"，越过南对阿进行援助。苏联财大气粗，援助的力度更大，有意摆脱南控制的阿领导人霍查觉得是天赐良机，逐渐倒向苏联，南对此深感不满并对阿进行指责。1948年苏南反目，被苏联赶出了社会主义阵营，阿认为时机已到，冲到反南第一线，严厉谴责南共领导人铁托的所谓"公开叛变"行为，苏联国家安全部人员也来到地拉那，驱离全部南工作人员，对亲南势力进行全面清洗，深受铁托器重和信任的阿党二号人物、内务部长科齐·佐泽被处死。在苏联的利益诱惑和策动下，阿尔巴尼亚脱离南斯拉夫，投入到了苏联的怀抱。面对阿尔巴尼亚新的靠山苏联，实力相差悬殊的南斯拉夫徒唤奈何。①作为社会主义国家的南斯拉夫一下子成为了国际孤儿，不得不另辟蹊径，走第三条道路，后来与印度、埃及等国发起了不结盟运动，并于1961年在南斯拉夫首都贝尔格莱德召开了首次不结盟国家首脑会议，为南斯拉夫营建了新的国际生存环境。

抗战时期，日伪高层人员虽然同流合污，沆瀣一气，但为了各自的利益，同样也是矛盾重重，军统利用这些矛盾，开展分化离间工作，如利用周佛海怂恿日本人冈村毒杀李士群。李士群靠周佛海的支持控制了"76号"特工总部，并当上了伪警政部长，他还不满足，反过来将矛头对准了周佛海，通过所控制的《国民新闻报》攻击周生活腐化，与周争夺对"税警团"的控制权，周对李极为不满。李士群还兼任汪伪政府清乡委员会秘

---

① 陈玉明主编：《世界间谍绝密档案》，吉林摄影出版社1999年版，第729—730页。

书长、江苏省长,多次出动伪军与日军抢夺清乡战利品,其手下得力干将、行动大队长吴世宝,曾因策划过抢劫日本人的黄金而被日本人毒杀,日本人因此也迁怒于李士群。李士群还大肆收购被日军视为战略物资的棉纱布、粮食等,倒卖到日占区之外的地区,以中饱私囊,影响了日军的物资供应,引发日本主子的不满。军统利用周佛海、日本人与李士群之间的利益冲突并由此带来的不满情绪,通过周佛海,怂恿日本华中宪兵司令部特高科科长冈村,设计让李士群吃了含有阿米巴菌的牛肉饼。李士群平时与人交往时都保持着高度的警惕,不轻易在外吃东西。当冈村请他吃牛肉饼时,他推辞不吃,后来看到冈村津津有味地吃了起来,才小心翼翼地尝了一小口,匆匆回家后立马呕吐出来了,但为时已晚,几天后便毒发身亡。[①]

六、揭示真相

这里所说的"真相",对国家或组织而言是机密,对个人而言是隐私。这种隐秘事项,通常是该国家、组织或个人,曾经在暗中对某个特定的目标对象造成过重大伤害,而对方并未察觉,还将其作为自己人对待,或是其他一些不可为外人道的事项和污点劣迹。这种事情是真实存在的,并非凭空捏造,往往知情范围极小,不适合让受害方、公众或其组织群体所知悉。情报组织通常将掌握这些隐秘事项作为重要的工作内容,根据斗争的需要,选择合适的时机,采用不同的渠道或方式有意识地透露出去,以达到分化离间对手的目的。以这种方式针对国家和组织进行离间的最典型的案例之一,是中央情报局通过摩萨德窃取赫鲁晓夫的"秘密报告"后,开动宣传机器进行大肆宣扬,在苏联东欧国家造成了极大的混乱,还引发了波兰"波兹南事件"和"匈牙利事件",苏联与东欧国家之间、民众与执政党之间产生了明显的裂痕和矛盾,为以后苏东剧变埋下了隐患。

"千面谍王"阿贝尔在二战期间就曾打入了纳粹德国情报机构,通过离间方式打入盖世太保核心部位,并立下了重大功劳。他原名菲舍尔,于1927年加入了苏联国家政治保卫总局。德军于1939年侵入波兰后,苏联决定派出一名特工长期潜入纳粹内部,他们选中了菲舍尔,让其化名为约翰·利贝尔,伪装成德国侨民前往拉脱维亚首都里加。里加是当时欧洲的

[①] 徐飞编著:《狼与狈——中统军统行动档案》,河北人民出版社1998年版,第251—260页。

一个情报中心,汇集了来自许多国家的情报人员和侨民。利贝尔到里加后,立即加入了当地的德国侨民俱乐部。盖世太保也通过这个俱乐部,秘密建立情报组织和物色情报人员,并注意到了利贝尔。利贝尔在这里结识了年轻的工程师亨里希·施瓦茨科普夫,很快成为莫逆之交。亨里希的叔父维利·施瓦茨科普夫是盖世太保总部的上校,这可是利贝尔打入纳粹情报机构可资利用的极好资源。几周后他们获准移居德国,亨里希在叔父维利的帮助下,在党卫军帝国元首保安队开始了情报生涯;利贝尔也在维利的保举下,到军事谍报局的一个单位开车,后来利贝尔参与东线作战时,进一步获得了盖世太保的信任。莫斯科总部认真研究了亨里希的情况后,认为可以采用离间的方式对其策反,于1942年通过秘密渠道将有关亨里希父亲的一份档案材料交到了利贝尔手中。该材料证实亨里希的父亲鲁道夫工程师是被其兄弟维利下令打死的,鲁道夫拒绝了维利让他加入纳粹组织要求,并且不肯将苏联边境地区的无线电通信和电子学的某些重要材料交给纳粹分子。杀害自己的兄长后,维利又假装关心侄子,将其接到柏林并安排到保安队工作。亨里希对上述情况毫不知情,还以他的叔父感到自豪。看了利贝尔提供的档案材料后,亨里希从牙缝里蹦出了几个字来:"我要杀了他!"利贝尔冷静地分析不能这么蛮干,亨里希同意与他合作,利贝尔在党卫军元首保安队的上层顺利地发展了自己的间谍网。1943年,希姆莱的副手、海外政治情报处处长、党卫军准将舒伦堡将利贝尔任命为自己的副官,利贝尔在粉碎德国情报机构和军方组织的针对苏联后方实施"旋风"秘密破坏行动计划,以及掌握盖世太保头目缪勒秘密安排的由1000名特工以整容和冒名顶替方式进行潜伏的地下活动网等方面发挥了重要作用。①

冷战时期,西德一些顽固敌视东德的人反对给予东德任何形式的外交承认,攻击承认德国分治现状、促进实现两德之间商业正常化的各项条约。东德外国情报总局采取离间的方式,对这类重要人物进行回击,西德发行量极大的杂志《快捷》周刊总编冯·努许斯,就是他们进行回击的一个重点对象。努许斯在20世纪50年代曾为东德提供过情报,领取东德的报酬,到60年代逐渐停止,反过来肆意攻击两德所签署的有利于东德的各项条约。当时正好一名叫博斯的西德商人在东德期间因车祸去世,东德国

---

① 崔佳编著:《人类谍战的历史》,中华工商联合出版社2014年版,第115—116页。

外情报总局特意邀请西德《明星》画刊派一名记者来调查车祸事件,并假装不小心透露了一点努许斯的情况,引起了该记者的兴趣。《明星》画刊是《快捷》周刊的主要竞争对手,不久《明星》画刊将努许斯曾为东德情报机构秘密服务的事情曝光,努许斯被解职。《快捷》周刊指责《明星》画刊报道不实,打了一场历时数载的官司,最后《明星》画刊胜诉。[①] 这次离间秘密行动不仅让努许斯彻底闭嘴,还使得这两家著名刊物因忙于进行内斗,减弱了攻击东德的频次和调门。

第二节 离间的主要目的

列宁在领导俄国无产阶级革命时曾指出,"要战胜更强大的敌人,必须极仔细、极留心、极谨慎、极巧妙地利用敌人之间的一切'裂痕',利用敌人营垒中的一切利益对立,来获得大量的同盟者"。离间对手,成为削弱和战胜对手、扩大盟友的一个重要手段。离间的具体目的,主要是破坏信任、拆散同盟,制造矛盾、分化对手,借刀杀人、削弱对手,扰乱敌方、激起反叛等,总之是尽一切可能使敌方产生内乱,进而削弱或搞垮敌方。离间秘密行动实际上打的是心理战,利用了人的心理定势或思维定势。心理定势是由一定的心理活动所形成的准备状态,对以后的感知、记忆、思维、情感等心理活动和行为活动起正向或反向的推动作用。离间就是要将对手的心理定势和思维定势引入到己方所预设的轨道里,使其顺着这个轨道落入思维的陷阱,最终按照己方的意图行事,而当事人却浑然不知,还以为自己做了正确的事情,待其醒悟时为时已晚,或根本就没有醒悟的机会,甚至是醒悟了也不敢说出真相,还要想方设法进行掩盖。一次成功的离间秘密行动,往往能解决其他手段难以解决的问题,有的甚至抵得上千军万马。如纳粹德国离间苏联图哈切夫斯基元帅的"斩首行动",就使苏联军队旅以上军事主官大多死于非命,这是后来希特勒出动550万大军闪击苏联都没能做到的。唐朝李靖在《卫公兵法》中云:"且夫用间以间人,人亦用间以间己。己以密往,彼以密来。"在国家之间、组织之间的较量中,离间成为一种必不可少的博弈工具,就看谁能巧思使诈、慧眼识诈,并在这种心灵与心灵的较量中棋高一着。

---

① [德] 库马斯·沃尔夫著,胡利平译:《隐面人》,国际文化出版公司1999年版,第279—280页。

第九章　离间类秘密行动

一、破坏信任，离间同盟

在人与人之间的关系中，没有什么比信任更宝贵。有了信任，便敢于托付，能够风雨同舟，共克时艰，开拓出一片新的天地。而丧失了信任，则会相互猜忌，甚至同室操戈，再兴旺的事业也会被折腾得灰飞烟灭。堡垒最容易从内部攻破，因而破坏对手盟友及内部的信任，成为离间类秘密行动的重要目标之一。

1961年底，克格勃少校阿纳托利·戈利钦叛逃到美国。他给西方情报机构带来了一个令人震惊的消息："国际共产主义集团"于20世纪50年代末制定了一个"赤化全球"的长期战略，克格勃制定了一系列欺骗计划，战后国际共产主义运动中出现的一系列重大事件都是苏联精心策划的阴谋，如苏南冲突、苏阿争论、苏联出兵匈牙利、入侵捷克、中苏分裂等事件，都是苏联释放的烟幕弹；苏联国内持不同政见者，如萨哈罗夫其实是苏联的走狗等。同时他还提供了一个更具杀伤力的消息，苏联情报机构有一个渗透西方情报机构的长期计划，克格勃的"鼹鼠"无处不在，其最终目标是控制西方各国的情报机构。根据他提供的线索，在中央情报局反间谍处处长安格尔顿的主导下，美、英、法、加等国情报机构开展了大规模的"肃鼠行动"，其中确实也有少量的苏联间谍，但更多的是让许多无辜者背负了莫须有的罪名。中央情报局苏联处几乎瘫痪，中央情报局人人自危，元气大伤，一批发展前景良好的情报官员因受到怀疑而严重影响了职业生涯，如中央情报局苏联处处长戴维·墨菲，中央情报局驻莫斯科情报站第一任站长保罗·加布勒等。到1974年，中央情报局新任局长科尔比也被安格尔顿怀疑为头号苏联"鼹鼠"，科尔比想结束这种混乱状况，勒令其退休，中央情报局的"肃鼠行动"才算草草收场。英国安全局局长霍利斯，被部下彼得·赖特指控为苏联间谍，受到审讯，直到去世都未能洗脱罪名。法国国外情报暨反间谍局驻中央情报局联络员蒂劳德，因相信国外情报暨反间谍局已经被克格勃"鼹鼠"所控制而辞职。这场"肃鼠行动"还波及到了与中央情报局有密切合作关系的其他国家情报机构，如挪威情报局优秀女特工英格堡·利格伦，曾以第三国籍人士身份为中央情报局秘密服务，被怀疑为苏联"鼹鼠"而被逮捕，获释后一直失业，孤独终老；加拿大皇家骑警队安全处处长莱利斯·詹姆斯·班奈特，负有与美国中央情报局安格尔顿相同的反间谍职责，本有光明的前程，在安格尔顿的压力下，加皇家骑警队虽未掌握其间谍证据，仍然将他开除了，从此家破人亡，流落到澳大利亚过着清贫的生活。虽然这些人后来都陆续得到正名和平反，并给予了一定的经济补偿，但所遭受的苦难已经无法挽回。这次"肃鼠行动"严重破坏了美国与盟国之间的情报合作关系，中央情报局反间谍队伍也由 300 名减少到 80 名，极大地削弱了与苏联情报机构对抗的能力，而这个时期，苏联集团对美国等西方国家的情报渗透破坏活动明显加剧。针对此事，中央情报局内部分成了对立的两派，一派认为戈利钦是真叛逃，一派认为是假叛逃，双方争执不下。其中有人认为戈利钦及诺森科都是克格勃以假叛逃方式派遣的间谍，其目的是在西方情报机构内部进行离间，制造混乱，掩护真正的大"鼹鼠"安格尔顿。[①] 负责领导抓"鼹鼠"的人，反被其他人指控为"鼹鼠"。此案一直迷雾重重，非常蹊跷，有各种相互矛盾的解读和分析，不过至今也没有确凿的证据表明这是苏联克格勃实施的一次离间行动，也没有证据证明安格尔顿是苏联的"鼹鼠"，但安格尔顿和戈利钦在客观上起到了这种作用。情报机构能够被解密的事项只是其中极少的一部分，许多被解密的事项也可能并非全部真相，往往隐匿了最核心或最敏感的部分。真真假假，虚虚实实，本身就是情报机构的生存与发展之道，从结果来反推真相，有时可能会是接近真相的一种方式。

越战时期，北越从武器弹药、身上装备乃至粮食等几乎一切后勤补给都是中国提供的，为了挑拨北越与中国的关系，美国中央情报局与美军特种作战团策划实施了"长子行动"。美军特种作战团指挥官斯泰夫·卡万劳夫上校解释了实施此项秘密行动的目的："由于北越的后勤补给几乎全部由中国提供，我们正设法让北越人民认为，他们手中来自中国的弹药都是劣质产品。但愿这会激怒河内的领导者，并且使得士兵怀疑他们手中由中国提供的武器的可靠性和安全性。"1965 年美军在越南实施"滚雷行动"，对北越工业区和"胡志明小道"进行大规模轰炸，使北越本就不高的工业产能大幅度下降，越南人民军及越南南方民族解放阵线所需的物资，从生产到运输等环节都遭到严重破坏，因此他们无比珍惜手中现有的武器弹药，撤离时会将牺牲战友的枪支弹药带走。美军援越司令部研究观察团指挥官森洛布针对这种情况，主持制定实施了"长子行动"。森洛布原为中央情报局前身战略情报局的军官，他协调中央情报局冲绳知念基地

---

① 詹静芳、詹幼鹏：《美国中央情报局绝密行动》，北方文艺出版社 2017 年版，第 71—86 页。

第九章 离间类秘密行动

试验场,研发出了可安装在 AK-47 系列步枪上的自爆弹。自爆弹与正常枪弹外观上并无二致,但自爆弹被击发时会引发枪膛爆炸而置射手于死地。自爆弹的制作方法是将子弹内的火药取出,替换成名为钝化太恩的高爆炸药,这种炸药的威力为枪炮可承受膛压的 5 倍左右。后来研发的种类越来越多,从用于 AK 的 7.62 毫米子弹、中国 56 式冲锋枪子弹,到高射机枪的 12.7 毫米子弹一应俱全。中央情报局的军械专家还研制了一种专门用于 82 型迫击炮的特殊引信,这种引信在炮管内就将炮弹引爆,以达到自爆的效果。开始时,美军是将装有自爆弹的弹夹放置在北越士兵的尸体旁,后来则是在北越士兵尸体旁的武器里塞入一颗自爆弹;或是将这种特制的弹药放在渔船上,伪造一些战斗过的痕迹,等北越士兵发现后运回去使用等多种方式,迷惑性很强。枪膛和炮膛爆炸事件频发,使北越士兵遭受大量不明不白的伤亡,甚至有一个炮兵排因 4 门迫击炮自爆而全体阵亡,不仅造成了北越士兵对武器弹药使用上的恐慌情绪,还引起了北越高层及士兵对中国武器的疑虑和不满情绪。为了更好地达到离间效果,美军故意将特意印制的《敌方武器分析》简报泄露出来,内容就是将北越枪炮自爆的原因归咎到中国等国身上,称枪炮自爆是"有缺陷的冶金技术导致金属部件产生疲劳裂纹""劣质弹药产生的过高膛压"所造成的,中国等国家为北越提供的都是不合格的武器弹药;媒体上也大量报道"华约军火工厂子弹品控不过关,膛压过高导致武器频频炸膛"等内容,一时间北越军队人心惶惶。据美国对北越的电台进行监听,获悉北越最高司令部曾经表达了对于会炸膛的武器、中国军火的质量管理等方面问题的高度关注。[①] 由此可见,"长子行动"在某个时期、一定程度上达到了离间北越与中国关系的效果。

  冷战时期,苏联情报机构经常通过伪造文件和文章来离间美国与盟国之间的关系。为避免被看出这些伪造品出自莫斯科,通常会秘密交给国外的左翼报纸进行披露。1961 年 6 月,肯尼迪总统与戴高乐总统会晤的计划就差点被苏联搅黄。当时法国正在镇压殖民地阿尔及利亚的民族解放运动,一位驻阿法国将领企图发动政变。次日,意大利左翼报纸《国家晚报》刊发了一篇文章,声称这次政变图谋得到了美国中央情报局的支持。随后苏联的报纸、电台及西方媒体都跟进报道。欧洲最有影响力的报纸、法国的《世界报》发表社评,称"现在似乎可以确定,一些美国间谍或多

---

① 君百:《美军制造的"陷阱弹"》,《椰城》2009 年第 2 期。

或少地支持了"这些企图煽动叛乱的法国军官，使得法美两国政府的关系非常微妙。戴高乐总统很快意识到这场风波将影响到肯尼迪总统到访法国的计划，授意外交部长否认此事。1972年尼克松总统访问加拿大前夕，一些暗示美国中央情报局与魁北克极端分离主义分子有联系的文章流传甚广，以离间美加关系，阻挠尼克松的访问，后来证明这些文章也是出自克格勃之手。①

二、制造矛盾，分化对手

制造矛盾是在没有明显矛盾的地方挑起矛盾，将隐性的矛盾刺激为显性的矛盾，将微不足道的小矛盾升级为尖锐激烈的大矛盾，最后利用这些矛盾，来破坏其团结，削弱其力量，使己方在与对手的较量中能够取得一定的优势。

针对特定的个人制造矛盾，破坏信任。二战中为粉碎纳粹德国的原子弹之梦，英国真是绞尽脑汁，曾炸毁其重水工厂，将重水成品及半成品在运输途中炸沉，还策反并接走了从事原子弹研究的波尔教授，又通过离间的方式迟滞其对铀的研究工作，可谓刀刀见血。二战前，奥地利人保罗·洛斯伯德被英国情报机构招募，代号"秃鹰"，潜伏在德国，利用普林格韦拉格出版公司科学顾问的身份，组织了一个庞大的以德国科学家和军队技术人员为主的社交网络，搜集了大量有关德国制造核武器的绝密情报，为盟军阻止纳粹的核武器研发工作创造了条件，纳粹德国在挪威生产重水工厂的情报也是其历尽艰辛搜集到的，被誉为"粉碎纳粹核梦想的秃鹰"。当时的情况下，能否较快制造出原子弹的关键是要生产出足够的铀和重水，而对铀有深入研究的是德国物理学家弗里茨·豪特曼斯。德国海军军械部负责人卡尔·威策尔将军将豪特曼斯有关"铀元素研究报告"，发给帝国研究协会负责人鲁道夫·门采尔教授。保罗得知后，给与自己关系密切的门采尔教授写了一封信，含蓄地点明豪特曼斯曾长期在苏联工作，而当时德国人对苏联人或与苏联有关系的人是不信任的。门采尔教授接到此信后，对威策尔将军回函道："当前德国科学方面的研究工作都是为政府和战争的重要目标服务的，而且所有这些都必须秘密进行。为此，利用苏联人是不可靠的。"当威策尔将军打算再次推进对铀的研究时，门采尔明确表示，他不仅不相信仍在俄国的科学家，也不相信从俄国回来的科学

---

① 高金虎、张佳瑜等：《战略欺骗》，金城出版社2015年版，第139—140页。

家。这样钚研究被搁置下来,使德国错失了原子弹研发成功的机会。① 原子弹研发工作能否成功,曾被二战参战双方视为夺取战争胜利的最终希望所在。因离间而导致的信任缺失,浇灭了纳粹德国的希望之火。

针对特定的群体欺骗诱导,涣散人心。纳粹德国为了加快战争的进程,成功研制了深海潜水艇,并于1941年建造出了几十艘。如果这些潜水艇投入战争,会对盟军带来巨大的威胁,德军对此寄予了厚望。德军在全国各地招募艇员,大肆宣扬参加潜艇部队的好处,几千名德国青年将其当成一种崇高的职业和富有浪漫色彩的工作,准备应征服役。英国海军部秘密宣传机关立即针对德国青年好奇、幼稚和脆弱的心理特点,精心设计了一种图文并茂的传单,在德国广为散发。传单上,德国纳粹引以为傲的潜水艇被画成"钢铁棺材"的样子,并用德文写着潜水艇由于深海的压力,会影响到艇员的身体健康,死亡率很高,而且长时间与外界隔绝,容易引发心理疾病,自杀率很高,随时有可能命丧海底、葬身鱼腹等内容。英国在前线的无线广播中,还教唆德国青年如何假装反应迟钝、情绪不稳、身患疾病等问题来应对体检,逃避成为潜水艇员。许多原先准备应征的德国青年信以为真,放弃报名或体检,德国军方再三解释也无济于事,致使招募工作延迟了好几个月,不仅迟滞了德军潜艇部队的建设,而且对德国海军的作战实力和精神状态,都起到了明显的消极作用,影响了这批先进海战武器装备在战争中发挥的作用。这种做法在一战时期英国就曾使用过。1918年春,疲惫和绝望的情绪开始在德军中蔓延,此时由英国战争救济机构、又称"克尔之家"的英国心理战部门,通过传单和广播散布的一个消息在德国军营中悄悄传播开来,在德国有一个尸体炼油工厂,贫困到极点的德国现正在将人的尸体作为原料炼油,用来制造肥皂和其他相关产品。此事使全世界为之震惊和愤怒,极大地激发了人们对德国的憎恨心理,一些中立国也站到了英国一边。在德国军营,好多士兵都相信自己所用的肥皂是用死去战友的尸体做的。"人油肥皂"的消息激起了许多士兵对军方高层的不满,有的公开反抗,有的私自逃跑,严重影响了军队的士气和战斗力。许多媒体和社会团体公开指责和批评德国,甚至要求德国接受调查。德国政府再三发表声明进行澄清,却让许多人认为是欲盖弥彰之举,

---

① 王谦:《英国情报组织揭秘》,时事出版社2016年版,第333—334页。

不久德国便战败投降。① 英国主要是想通过此种黑色宣传来激发德国士兵的不满情绪，涣散德军的士气，却使德国陷入到了更大的舆论漩涡之中难以自拔，这种秘密行动效果的外溢和倍增效应，加速了德国的失败进程。

针对特定的国家制造矛盾，引发内讧。为离间苏联与其他社会主义国家及苏联高层的关系，1950年杜鲁门政府雇佣一批哈佛大学、麻省理工学院和兰德公司的学者制定了颠覆苏联政权的"特洛伊计划"，具体内容有：一是设法使苏联党和国家管理机构丧失能力；二是增加叛逃到西方的事件，煽动军队和安全机构中出现大量的叛逃者，动摇党对他们的信任，导致新一轮清洗，削弱党镇压不同政见者的能力；三是传播针对苏联高层领导特别是政治局成员的假情报，以增加他们的相互猜忌，诱导苏共最高层的权力斗争；四是削弱苏联对东德共产党的信任及紧靠西方边界苏联驻军的可靠性，继续进行把阿尔巴尼亚从苏联集团分离出来的活动，以及对苏联散布中国共产党可能有铁托主义倾向的假情报，促使国际共产主义再次分裂。为引诱鼓动苏联集团人员叛逃，具体负责秘密行动的中央情报局常常派遣特工潜入苏联东欧进行策反，并资助一些民间机构进行鼓动，如1949年中央情报局资助建立了总部设在柏林的"自由法学家协会"，从事秘密鼓动东德人投奔西德的工作。② 由中央情报局控制的自由欧洲电台和自由电台，长年累月地用数十种语言对苏联东欧地区进行离间式宣传，破坏苏联与东欧各国的关系。1953年，波兰公安部第十局副局长约瑟夫·斯维亚特沃趁在西柏林旅行购物之机叛逃西方，其主管的工作是对波兰统一工人党本身进行监视。中央情报局如获至宝，利用自由欧洲电台进行大肆宣传，连续播出了100多盘与其谈话录音，录音中详细披露了波兰党内的腐败现象和权力斗争，内容真真假假、虚虚实实，给波兰统一工人党造成了极其恶劣的影响。其中涉及到关押的前第一书记哥穆尔卡的情况，他说："他（哥穆尔卡）驳斥从其他被捕的统一工人党员那里逼取的指控证据是伪造的，并不断反击，指控贝鲁特（时任波共第一书记）和他的团伙在波兰被占领期间与纳粹合作。"最后导致波兰公安部被撤销，公安部第一把手被撤职，3名副手被逮捕，波兰警察和安全部队的力量遭到严重削

---

① 吴杰明编著：《特殊战秘密档案·心理战》，黑龙江人民出版社1998年版，第45、11页。

② 白建才：《论冷战期间美国的"隐蔽行动"战略》，《世界历史》2005年第5期。

第九章　离间类秘密行动

弱；哥穆尔卡等一些原高层人员被释放，1956年"波兹南事件"之后，哥穆尔卡重新当选为第一书记，被西方认为是比较温和的和可接受的领导人。① 这种离间式的宣传战，从某种意义上来说，促成了波兰政治势力和政治格局的重组，并朝着西方所期望的方向发展，也对东欧其他国家起到了一种诱导和示范作用。美国国务院对此大加赞赏，认为这是自1945年以来最有效的一次政治战。

　　有些离间秘密行动的效果，当时并未立即显现出来，但并不意味着事情就完结了，个别比较特殊的案例，其影响可能会在很多年以后才显现出来。顾顺章叛变后，因得到了钱壮飞的情报，在上海的中共中央领导人及时转移，国民党搜捕时任中央政治局委员、中央军委书记、中央组织部长及主管中央情报工作的周恩来未果，中统情报股总干事张冲具体策划，于1932年2月在上海的《时报》《申报》等报纸上刊发了伪造的《伍豪等脱离共党启事》，署名为"伍豪等二百四十三人启"。"伍豪"是周恩来的化名，中统企图通过这则伪造的启事，离间周恩来与党组织的关系，败坏中共的声誉和瓦解党在白区的革命力量。当时周恩来已经到达中央苏区，"临时中央"进行了有效应对，分别在白区报刊上刊发启事、在苏区刊物上刊发文章，驳斥了谣言，澄清了事实，中统的图谋没有得逞。诡异的是，时隔35年后的"文化大革命"时期，其离间效果却突然显现出来了。天津的红卫兵从上海的旧报纸上查到了此事，江青大喜过望，以此事攻击周恩来，给周恩来晚年政治生活带来了很大的困扰，不得不在不同范围、通过不同的方式，反复对此事进行说明和澄清。直至逝世前几个月进手术室之前，他还特意审核了自己关于"伍豪启事"问题真相的报告录音记录稿，并郑重地签上了自己的名字和日期。周恩来逝世后，"四人帮"利用所控制的舆论工具，对周恩来进行恶意中伤和攻击，几个月后"四人帮"覆灭，此事的后续影响才算彻底终结。② 离间秘密行动实施之后，一般都会留下历史的印迹，有些因年代久远而变得扑朔迷离，有些因政治斗争需要而变成攻击当事人的利器，还有些因传播者不同的取舍而众说纷纭、黑白难辨。因此作为离间的目标对象，大多会受到或轻或重、或近或远、或有形或无形的伤害。

---

　　① 白建才：《"第三种选择"：冷战期间美国对外隐蔽行动战略研究》，人民出版社2012年版，第145—146页。

　　② 穆欣：《隐蔽战绩统帅周恩来》，中共党史出版社2018年版，第370—381页。

三、借刀杀人，削弱对手

就是借助他人之手，除掉目标对象，己方则可置身事外，坐享其成。明末揭暄《兵经》："间者袪敌心腹，杀敌爱将，而乱敌计谋者也。"借刀杀人的方式主要有两种，一种是给目标对象的对手创造条件，借其手除掉目标对象。也就是在敌对的双方中，借与己方关系密切者之手，除掉另一方的特定人员，而这个特定人员，也是该方想要除掉的人员，可视为借友之手以除敌。在暗杀秘密行动中合作的双方存在着共同的利益诉求，如中央情报局采取借刀杀人的方式暗杀刚果总理卢蒙巴，是帮助蒙博托抓获卢蒙巴，再鼓动蒙博托将卢蒙巴交给反叛的冲伯集团，借冲伯集团之手杀掉卢蒙巴，而蒙博托和冲伯集团都是中央情报局扶持的对象，也即盟友，这种情形已经在暗杀类秘密行动中讨论过了。另一种是在目标对象的组织内部或其盟友中进行离间，制造内讧，借对方组织和盟友之手除掉目标对象，可视为借敌之手以除敌。这里所说的目标对象，既可以是特定的个人，也可以是特定的国家或组织，即离间类"借刀杀人"的对象包括特定的个人和组织，而暗杀类秘密行动"借刀杀人"的对象只能是特定的个人。

纳粹德国情报机构针对苏联元帅图哈切夫斯基实施的"斩首行动"，使得图哈切夫斯基被判处叛国罪予以枪决，并由此引发了苏军中的大肃反运动，5名元帅中的3名、15名集团军司令中的13名、83名军长中的57名、196名师长中的110名、406名旅长中的220名被清洗，严重削弱了苏联红军的战斗力，致使在苏德战争初期，苏军在德军的闪击战面前不堪一击，很快便丢失了位于欧洲的大片国土，在付出了巨大的牺牲后才逐步扭转了局势。一个离间计，便导致了苏军一大批高级军事主官丧生，极大地削弱了这支世界上最强大的军队。1929年，国民党上海公安局一名侦缉队长对共产党十分凶狠，抓捕过许多共产党员和革命者。中央特科决心除掉他，几次派"红队"暗杀都未得手。陈赓找李克农和打入淞沪警备司令部的"老宋（中央特科情报人员，本名宋启荣）"设计，先在上海租一处房子，安排一些共产党员住进去，放上若干已经被国民党搜获过的党内文件，然后将此线索透露给那名侦缉队长。当他想立即去搜捕的时候，陈赓通过杨登瀛（中央特科工作关系，中统驻上海特派员），提示他要"放长线，钓大鱼"。几天后这名侦缉队长前去搜捕时，已人去楼空，只拿回一些毫无价值的文件。其上司非常恼火，质问他为什么不早点动手，是否故意让共产党跑掉？此人有口难辩，引起了上司的怀疑，不久这名侦缉队长就被当作"共产党的奸细"秘密除掉了。① 1957 年底，福建前线某高炮师副师长张清荣叛逃台湾，并得到蒋介石亲自接见，委任为台湾防空司令部副参谋长。此人到台湾后大肆进行反共宣传，出卖我福建前线军事部署、兵力兵种、武器装备和作战计划等绝密情报，危害极大。惩罚叛徒，中止危害，成为大陆军方的当务之急。大陆情报部门获悉台湾当局并不完全信任他，还暗中指令一个潜伏大陆的台湾间谍小组对其进行秘密调查，调查的重点是"这个人是不是中共派的间谍"。大陆正苦于没有合适的办法惩罚叛徒，见机会从天而降，喜出望外，于是将计就计，指挥这个已被逆用的间谍小组先后向台湾报回了 3 个方面的假情报：一是他的家属继续享受我方军属待遇，妻子不仅未回原籍，反而调到首都北京工作；二是他很小就参军，在我军做过大官，受重用，其兄与区干部关系十分密切；三是他到福建工作前曾在北京接受过专门训练。这些"情报"表明，张清荣是受大陆派遣，通过假叛逃的方式潜伏进台湾，"坐实"了台湾当局对他的怀疑，最后以间谍罪名将其枪毙。② 大陆情报部门巧用"借刀杀人"之计，严惩了叛徒。

"借刀杀人"之计还可以针对特定的组织来开展。波波夫是南斯拉夫人，二战时期著名的双重间谍，表面上是纳粹德国军事谍报局的特工，暗地里是英国秘密情报局的间谍，据称是著名影视剧《007》主人公邦德的原型之一。在南斯拉夫间谍小组时期，波波夫给德国发送了大量的假情报，这些假情报是德国放弃进攻英国"海狮计划"的重要原因之一。波波夫在派驻里斯本工作期间，偶然发现在里斯本还有一个德国军事谍报局的特殊间谍网"奥斯特罗"，这个间谍网隐藏得非常深，它直接听命于德国军事谍报局总部。这使波波夫感到非常不安，他原以为自己的间谍网是德国在西欧唯一的一张牌，现在又冒出了一个"奥斯特罗"，可能意味着德国人对自己产生了怀疑。英国秘密情报局也意识到，如果德国军事谍报局对"奥斯特罗"的信任超过了波波夫，那么不仅会阻碍波波夫参与到"太上皇计划"中，还会暴露其双重间谍的身份。"太上皇计划"是德国军事谍报局旨在通过提高谍报人员素质，挫败盟军情报攻势的秘密行动，实施

---

① 穆欣：《隐蔽战绩统帅周恩来》，中共党史出版社 2018 年版，第 91—92 页。
② 孙树理主编：《间谍情报与安全保密辞典》，解放军出版社 2001 年版，800—801 页。

该计划之前，要对所管理的间谍展开一场评价审核活动，这也将危及双重间谍波波夫的安全，只有加入到这个计划中，安全才会有保障，还能够进一步扩大情报来源。秘密情报局和波波夫决定采取"借刀杀人"的方式，清除掉"奥斯特罗"情报网。秘密情报局帮助波波夫向柏林发送了一批货真价实的情报，其中还故意隐藏了一些对"奥斯特罗"不利的信息。对比之下，德国军事谍报局发现本来寄予厚望的"奥斯特罗"不仅情报质量不可靠，而且还有"通敌"的嫌疑，觉得根本没有存在的必要，就将这个情报网撤销了。波波夫最后间接地进入到了"太上皇计划"之中，获取了许多重要的情报。①

四、扰乱对手，鼓动反叛

毛泽东主席曾说过："所谓政治，就是把朋友搞得多多的，敌人搞得少少的。"离间秘密行动也是一种特殊的政治，同样也具备这方面的功能和特点，不过其方向是相反的，即通过离间秘密行动，将对手的敌人搞得多多的，将对手的朋友搞得少少的。离间对手的最高境界不仅仅是分化对手，还要给对手制造新的敌人，达到削弱对手，壮大己方的目的。这些"对手新的敌人"，虽然不一定能够成为己方的盟友，但可以起到己方盟友的作用，使双方的力量对比朝着有利于己方的方向发展，弱敌即是强己。通过离间的手法，使对手内部产生尖锐的矛盾，最后导致部分人员反叛或武装对抗，这样不仅有效地削弱了对手，还为其制造了一批新的敌人，并有可能会成为己方可资利用的力量。

针对特定个人进行离间，促使其投向己方。抗战时期，汪伪76号想策反军统上海区区长，与陈恭澍、赵理君和沈醉并称为军统"四大金刚"的王天木。1939年夏末，时任军统上海区区长的王天木，因上海区人事科长陈明楚被捕叛变，供出了其行迹，汪伪76号乘王天木接头时将其绑架到76号总部，李士群将他请进优待室，像对待贵宾一样，好茶好饭地伺候了三个星期，只字未提审讯和策反的事就把他放了。丁默邨很不理解，李士群一笑置之，不久王天木又自愿来到了76号。76号号称"阎王殿"，一般人进去后不死也得脱层皮，王天木能毫发无损地平安归来，自然引起了戴笠的怀疑，认为其有叛变或被策反的可能性，于是密令王天木的部下除掉

---

① 詹非非、詹幼鹏：《英国情报组织绝密行动》，北方文艺出版社2017年版，第124—125页。

第九章　离间类秘密行动

他。某天晚上，王天木、陈明楚等人去惠尔登舞厅活动，陈明楚被当场击毙，王天木正好去了洗手间而逃过一劫。王天木意识到戴笠中了李士群的离间计，自己已经成为军统所要清除的重点对象，便愤而投敌。李士群利用戴笠多疑的心理，成功离间了其与王天木的关系，迫使王自动反戈。此前，王天木曾先后任军统天津站站长和华北区区长，王天木的叛变，使军统北平、天津、济南等站被日军破获，军统在华北的情报体系几乎毁灭殆尽。①

针对特定的群体进行离间，促使其发动叛乱。中国革命取得胜利后，美国企图将西藏作为在"亚洲遏制共产主义的屏障"，并指使拉美小国萨尔瓦多在联合国大会上提出所谓"西藏遭受外国武装入侵"的问题。西藏于1951年和平解放后，美国挑拨、怂恿达赖喇嘛逃到国外"避难"，并煽动"藏独"分子进行抵抗。在和平解放西藏协议签订后仅10天时间，美国驻印度大使洛伊·亨德森向达赖转达了美国政府的立场，建议达赖去印度或锡兰"避难"，因为这可能会对西藏的"自由事业发挥更大的作用"；表示美国准许达赖及其家属在内的100人来美国，可以在美国享有永久的"宗教领袖"和"西藏国家领袖"地位；同时表示"美国认为，必须把抵抗中共对西藏的入侵当作长期性的问题来看待"，"只有西藏人自己真正作出努力并进行坚决地抵抗，援助才能奏效"。在美国中央情报局的暗中策动和支持帮助下，1959年西藏爆发大规模武装叛乱，中央情报局又积极策划并协助达赖出逃，将达赖化装成普通藏兵，在200多名随从的保护下，向印度逃窜。其中有两名中央情报局训练的西藏间谍，一人负责拍摄记录达赖的出逃过程，一人负责与中央情报局驻达卡情报站的无线电联系。中央情报局向印度政府联系了达赖"政治避难"的事宜，还多次派出飞机空投给养，提供空中保护。中央情报局秘密行动负责人理查德·比斯尔也承认，如果没有中央情报局提供帮助，达赖出逃不可能如此顺利。② 达赖出逃到印度后，继续进行所谓"藏独"活动，破坏西藏的稳定，积极配合美国为首的西方国家反华、制华，西藏问题也成为美国等西方国家制衡中国的一张牌。

针对特定国家进行离间，促使其发生武装冲突。美国中央情报局获取

---

① 《王天木（军统站长）》，百度百科，https：//baike.baidu.com/。
② 白建才：《"第三种选择"：冷战期间美国对外隐蔽行动战略研究》，人民出版社2012年版，第198—203页。

到苏共二十大"秘密报告",随后在《纽约时报》全文刊发,自由欧洲电台和自由电台昼夜不停地播送"秘密报告",其中自由欧洲电台分派 10 台发射机专门用于传播"秘密报告",在东欧激起了强烈反响,引发了一系列骚乱。1956 年 6 月底,发生了波兰"波兹南事件",暴乱中有 74 人死亡(含军警 8 人)、800 人受伤、658 人被拘捕。暴乱事件发生后,自由欧洲电台连篇累牍地对此进行报道,进行进一步的煽动。同年 10 月,匈牙利首都布达佩斯发生大规模示威游行,并发展成为武装暴动,自由欧洲电台竭力鼓动匈牙利民众开展武装斗争,让一名播音员假扮"贝尔上校"的名义,教唆匈牙利人如何取得武器装备、开展游击战和进行破坏活动等,以对抗苏联军队的镇压和推翻匈牙利政府;同时还释放出美国可能武装干涉匈牙利的虚假信息,以诱导匈牙利民众开展武装斗争,并播报了美国《观察家》报的消息:"匈牙利:引起华盛顿的严重担忧,美国可能被迫干预",使许多匈牙利人误认为美国将会为了匈牙利而战。实际上美国为避免与苏联发生直接军事冲突,并没有武力干预的考虑。一名曾参与武装暴动的泥瓦匠在 50 年后接受电视采访时说:"自由欧洲电台讲再坚持 3 个星期,3 个多星期后,我们就来了,我们来帮助你们。因此我们一直坚持战斗,直到打完最后一颗子弹,流尽最后一滴血。但发生了什么?他们对我们撒谎,谁也没有来。"[①] 这两起暴乱事件都遭到了严厉的镇压,也使美国看到了苏联维护其在东欧利益的坚定决心,以及苏联控制东欧的强大能力,于是将争夺的重点逐步转移到了亚非拉地区。但这两起事件,并没有彻底消除危机,只是将危机暂时压了下去,它已经在东欧国家与苏联之间、东欧国家政府与民众之间留下了深深的伤痕,埋下了不信任的种子,并在一定范围内潜滋暗长,一旦遇到合适的时机,便会"春风吹又生",后来苏东剧变,与此也有莫大的干系。

第三节 离间与欺骗的联系与区别

绝大多数的秘密行动都带有欺骗和破坏的性质,也可以说欺骗和破坏是秘密行动的共性特征。离间类秘密行动也同样如此,同时离间与欺骗具有更近的亲缘关系,大多数的离间秘密行动,运用的都是欺骗的手法,如

[①] 白建才:《"第三种选择":冷战期间美国对外隐蔽行动战略研究》,人民出版社 2012 年版,第 148—153 页。

第九章 离间类秘密行动

"蒋干盗书"及离间图哈切夫斯基元帅的"斩首行动",均是运用欺骗的方式来误导对手,以达到离间的目的。但离间与欺骗还是具有明显的不同之处,情报机构也多将离间与欺骗作为两个概念分开使用,并在两个方面都创造出了许多为人所称道的经典案例。

一、离间与欺骗的相同或相似点

离间具有动机性、隐蔽性、欺骗性和破坏性等特点,其中欺骗性成为离间的一个特点,表明了欺骗与离间具有相同或相似的性质,至少有一部分是交叉或重合的。各类秘密行动之间的关系比较复杂,通常不具备完全的排他性,很难将它们完全划分开来,而是既有联系又有区别,联系反映了不同类别秘密行动的共性特征,区别反映了不同类别秘密行动的个性特征。同时有些秘密行动项目还兼具两种或两种以上的秘密行动类别的性质,如支持反政府武装组织推翻目标国家的政府,就兼具准军事行动和颠覆这两种秘密行动类别的性质。如前所述,绝大多数的秘密行动类别都具有欺骗和破坏的性质,如暗杀、绑架等秘密行动要伪装身份、或将对象诱骗到特定的地点;颠覆、准军事等秘密行动要掩藏国家及情报组织的背景,或借助第三方力量来达到目的,这些都运用到了欺骗的手段。而所有的秘密行动都会对目标方造成某个方面的损害,即使是营救类的秘密行动,因为增益了己方的利益,对目标方来说也是一种损失,这种损害或损失,都具有破坏的性质。情报组织的较量,是典型的零和博弈,一方所获得的正是另一方所失去的,如果放在特定的时期或特定的环境下进行审视,可能还会放大这种受损的效应,不可能出现共赢的情形。离间与欺骗本身具有更近的亲缘关系,其相同或相似点会更明显一些。

在所运用的方式上,离间和欺骗都具有隐真示假的特点。利用虚假情报、虚假行动、虚假报道等方式来隐真示假,以达到离间或欺骗的目的。欺骗的特征是伪装己方的真实意图,掩盖客观事实,向对方传递虚假的信息,使对方落入思维的陷阱,从而作出有利于敌方、有损于己方的决策或行为。离间指用计谋进行挑拨,使敌方引起内讧。欺骗作为一种运用广泛、效果颇佳的计谋,自然会成为离间重点使用的手段。前面通过对情报组织离间秘密行动的案例进行梳理,归纳出了6种主要的离间方式,其中有4种方式运用的是欺骗的手段,即虚假情报、虚假行动、虚假叛逃和虚假舆论,可以说离间主要是通过欺骗的手段来达到目的的,这也往往会给人留下一种错觉,觉得离间和欺骗没有多大的区别,其实这只是二者的共性特征，它们的个性特征还是有比较大的差异。正因为离间带有比较鲜明的欺骗特征，有时候会将准确的情报误认为是对方运用欺骗的手段进行离间。1939年8月签订了《苏德互不侵犯条约》后，苏联和英国都希望对方成为德国的下一个攻击目标，德国方面所释放的一些信息，似乎也一直在做跨海进攻英国的准备工作。希特勒进攻苏联之前，格鲁乌在巴黎由特雷伯领导的"红色乐队"情报网、在瑞士的"拉多"情报网和在日本由佐尔格领导的"拉姆扎"情报网，以及中共情报机构等多个渠道，获取了纳粹德国计划进攻苏联的预警情报、准确日期及军事调动和部署等情报。尤其是前3个情报网，先后在1940年6—12月中旬之前，就作出了德国计划征服苏联的情报预警，并持续向苏联报告越来越具体、越来越详细的相关情报。当1941年6月22日希特勒闪击苏联的战争如期爆发后，特雷伯、"拉多"、佐尔格及中共中央都认为，苏联一定已经做好了战争的准备工作，德军必将遭到迎头痛击。但事实却是苏联被打得措手不及，苏军节节败退，德军势如破竹，苏联很快就失去了位于欧洲的大片领土。原来苏联最高统帅部收到这些情报后，对此的看法与真实情况却大相径庭，他们认为这是英国方面为离间苏联与德国的关系而故意散布的假情报，并运用这些假情报来欺骗苏联，让苏联为英国火中取栗，所以根本就没有做好战争的准备工作。这个案例反映了离间与欺骗的密切关系，虽然整体的判断是错误的，但其根源却是二者的关系太过密切，不得不提防相关国家运用欺骗手段来实施离间意图的可能性。当时在战争硝烟笼罩下的欧洲，运用欺骗手段误导对手决策及离间国与国关系的秘密行动层出不穷，各种相互矛盾的情报和信息鱼龙混杂、泥沙俱下，相关国家都吃过这方面的苦头，英国也的确想祸水东引，让德国将进攻的目标指向苏联，自己不仅可以免遭德国攻击，还可坐收渔翁之利。当时的欧洲，不仅弥漫着战争的阴云，还弥漫着欺骗和离间的阴云。面对这种信息杂乱、陷阱密布的状况，要想冷静地作出准确的判断实属不易。当我们回望历史时，好像一切是非得失都是如此的清晰。假如将我们重新投放到这种迷雾重重的环境中，我们的判断力未必比当时的人高明。好在苏联经过短期的混乱之后，逐步稳住了阵脚，并最终敲响了纳粹德国的丧钟。

都是针对目标对象的心理，具有心理战的特征。其工作目的都是为了误导目标对象，最后使之作出错误的决策。暗杀、绑架、破坏等秘密行动与所要达到的目标之间，基本上是一种直接关系，即执行这类秘密行动的人员可以直接达成工作成果。而离间和欺骗秘密行动与所要达到的目标之

第九章 离间类秘密行动

间,还隔着一座桥梁,必须通过目标对象进行转化,才能达到所预设的工作目标,即秘密行动与工作成果之间是间接的关系,这种转化必须经过目标对象的心理才能起作用,这个心理过程,即获悉—判断—认可—决策。如暗杀托洛茨基的"鸭子行动",执行者拉蒙可以直接达成结果;绑架艾希曼的秘密行动,由摩萨德局长哈雷尔组成的特别行动小组可直接做到,不需要其他中间环节,成败与否一目了然,即所谓结果在手。而离间和欺骗则不同,秘密行动与结果之间,必须有一个中间环节,如离间图哈切夫斯基元帅的"斩首行动",必须通过误导决策者即斯大林,使斯大林作出盖世太保所预设的决策内容,离间的目标才能够达成;二战中英国情报组织所策划实施的"卫士计划",同样是需要误导希特勒,使希特勒作出己方所期望的决策,才能达成欺骗的目标。误导成为达成秘密行动目标的中间环节,至于能否真正达到工作目标,关键是看所针对的目标对象是否作出了己方所预设的反应,即此类秘密行动的成败最终取决于目标对象怎么想和怎么做。暗杀和绑架需要控制目标对象的肉体,离间和欺骗需要控制目标对象的心理;窃取是要将目标对象的物品装到自己的口袋里,离间和欺骗是要将自己的想法装到目标对象的脑袋里。这也是离间和欺骗与其他类别秘密行动最大的不同之处,其较量的核心阵地并不在物质世界里,而是在精神世界里,是心灵与心灵的碰撞,思维与思维的博弈,一般将这种较量方式称为心理战,即情报组织对抗性竞争活动中双方心理上的较量。具体的方法包括离间分化、伪装欺骗、心理威慑、暗示诱导等,具有接受的非强制性、企图的隐蔽性、手段的特殊性和范围的广泛性等特点。这种无需配备武器装备的较量方式,往往能起到先进武器装备都难以起到的作用。这种破坏性通常是通过对手方以"自毁"的方式来达到,而对手方还自认为自己做了正确的决策或事情,等意识到不对劲时为时已晚。在特殊情况下,决策者即使已经意识到上当受骗了,但为了自己的声誉和尊严,可能还会讳疾忌医,文过饰非,坐视己方受损,或诿过于人,让无辜者为其顶缸,这也是离间和欺骗类秘密行动高明与残酷的地方。离间和欺骗秘密行动从表面上看基本不带暴力色彩,而且其破坏力也不是由策划实施秘密行动的情报组织所直接造成,因而具有先天的适应性和隐蔽性,无论是在战争状态下或是和平时期,都是情报组织所广泛使用的秘密行动类别。通过策划实施离间和欺骗秘密行动,在战争状态下可有效地误导和分化敌方,减少己方的人员伤亡和相关战争成本,显著提高己方获胜的几率。如运用"卫士计划"误导希特勒的决策,盟军在诺曼底登陆时减少了重大人员伤亡；美军运用离间的方式策反伊拉克军队一批军事将领，将一场本以为会对抗惨烈的战争基本演变为"和平接管"。和平时期，在给目标国家或组织造成重大损失和伤害的前提下，仍可有效地管控对抗的烈度，不至于引发武装冲突，回旋的余地比较大。冷战初期，以美国中央情报局为首的西方国家情报机构，想针对东欧国家开展准军事行动或煽动其民众进行武装斗争的方式，来颠覆这些国家的政权，后来觉得这种方式会招致苏联的严厉镇压，并存在与苏联爆发直接武装冲突的可能性，而美国及其盟友并不想与苏联兵戎相见，于是就改为主要通过心理战的方式来实施"和平演变"的战略。心理战的主要手段就是离间和欺骗，与绑架、暗杀、破坏、准军事等带有暴力性质的秘密行动相比，离间和欺骗的对抗烈度比较低，属于"文斗"的范畴，一般不会升级为"武斗"，而且在绝大多数情况下会隐藏得更好，使受害方浑然不觉，这成为和平时期大国及其情报组织乐于采用的博弈工具。

都具有很强的破坏作用。离间和欺骗的最终目标都是为了制造机会打击、削弱乃至消灭对手，这也是所有秘密行动的共同特征，但二者的破坏性相比于其他秘密行动，有时要大得多。大多数类别的秘密行动主要是针对点位或局部发挥作用，如暗杀和绑架大多是针对个体发挥作用，准军事行动大多是针对局部发挥作用。离间和欺骗秘密行动所涉及范围及层面的宽容度则相当高，既可以针对个体、点位或局部发挥作用，也可以在全局发挥作用；既可以在战斗、战术的层面上发挥作用，也可以在战略的层面上发挥作用，其整体的破坏性会更强。离间和欺骗的目标指向大多是决策者，有时甚至是最高决策者，当他们的思维被敌方所控制，并按照敌方的意图作出重大决策时，其所起的破坏作用，必然会远超一般的暴力行动，而且往往会带来全局性或战略性的重大损害，如"卫士计划"最终导致纳粹德国的失败，"斩首行动"最终导致大批苏军高级军事主官遭到清洗，其破坏的能量是暗杀和绑架等秘密行动所无法比拟的。即使是针对民众的欺骗和离间秘密行动，受鼓动的民众所爆发出来的非理性群体性行动，也会如洪水决堤、野马脱缰一样不可控制，其破坏能量同样难以估量，多轮"颜色革命"浪潮已经反复证明了这个道理，成批的国家政府在民众"非暴力抗争"的浪潮冲击下纷纷倒台，这是历史上从未出现过的现象，与冷战时期颠覆一个国家政府或政权的艰难程度相比，不啻于天上地下，而操纵"颜色革命"的美西方国家情报组织，所使用的主要手段就是离间和欺骗。在越战时期美国的反战运动，虽然与这场战争的非正义因素有着密切的关系，但范春安悄悄通过美国主流媒体记者的报道来体现北越的意图，诱导和推动美国反战运动的蓬勃开展，给美国政府施加了巨大的压力，在最终迫使美国政府作出撤军的决策方面发挥了不可忽视的作用。这种舆论宣传所起的作用，实质上是离间美国民众与政府的关系，使其产生对立或对抗的情绪与行动，美国政府在对越战事不顺、国内民意对立的情形下，不得不作出妥协。离间和欺骗秘密行动所发挥的作用，小的可影响一个人或一群人的命运，中等的可影响一个战役或一场战争的胜败，大的可摧毁一个国家或政权，甚至可深刻影响一个或一批目标国家此后的政治走向，重塑世界或某个区域的政治格局，其破坏能量及影响力不容小觑。

二、离间与欺骗的不同点

离间和欺骗作为亲缘关系比较近的两种不同类型的秘密行动，存在许多相同或相近的特征，同时也存在比较大的差异性，欺骗全部为隐真示假，离间既可示真也可示假；离间可以利用利益挑拨的方式来实现，欺骗则不行；欺骗主要对事，离间主要对人。

欺骗全部为隐真示假，离间既可示假也可示真。欺骗的属性决定了只能运用假象去误导目标对象，不然就不能称之为欺骗，而离间只要能达到使目标对象分化的目的，任何属性的手段都可以使用。从这个意义来说，离间所使用的手段比欺骗要更丰富一些。隐真示假是将目标对象的思维引向错误的方向，从而达到欺骗或离间的目的，"卫士行动"和"斩首行动"都是如此。揭示隐秘事情真相正好与此相反，是通过示真的方式来将目标对象的思维引向正常的方向，这种手段的杀伤力更强，作用更持久，而且基本上不会存在翻盘的可能性。而通过欺骗方式开展的离间秘密行动，大多会有真相浮出水面的那一天，正所谓可以骗一时，不可骗一世，在"斩首行动"中死于非命的图哈切夫斯基元帅后来就被平反昭雪。不过更为残酷的现实是，情报组织所实施的带有欺骗性质的离间秘密行动，也只是想在特定的时间段里发挥作用就大功告成了，至于事后是否被揭秘，对该项秘密行动本身而言并无多大的影响。图哈切夫斯基元帅的平反昭雪，对其本人来说已经没有任何现实意义，纳粹德国及盖世太保也已被埋入了历史的烟尘之中，似乎与它也没有多少关系了，只不过是苏联安抚生者、告慰死者的良心之举，但对已经沉淀到历史深处的血泪，任何方式都无法擦拭干净，由此造成的个人苦难和国家损害，已经不可能挽回。但不管怎么说，沉冤得雪，总是一件值得欣慰的事情。我们可以想象，当你获知形象

世界情报组织秘密行动

不错的组织或个人竟然暗藏着许多为人所不堪的污点劣迹，或是你所信任的组织或个人曾背地里对你及你所在的群体造成过重大伤害，你的感想会如何？一般情况下，小则会离心离德，大则会反目成仇。情报组织会非常注重搜集对手的污点劣迹，以及对手内部和盟友之间的恩怨情仇，在需要对其实施离间秘密行动时，以某种巧妙的方式散布出来，在目标对象内部引起纷争或内讧。突尼斯"茉莉花革命"，表面上来看是由一名小贩自焚引起的，其背后的原因则是由美国披露的几份揭秘式电报所激发出来的。"维基解密"网站于2010年12月公布了数份密码电报，并在网络上广泛传播。一份内容是前美国驻突尼斯大使罗伯特·戈德兹披露了本·阿里总统家庭成员贪污腐化的事实，并警告道，对于遭遇日渐增长的赤字和失业现象的突尼斯人来说，展示总统家庭财富和时常听到总统家人叛国的传言，这无异于火上浇油。一份内容为描述在本·阿里女婿的豪宅里举办的一次宴会，罗马时期的文物随处可见，客人们享用着用私人飞机从法国南部小镇空运来的酸奶，一只老虎在花园里漫游等等。还有一份电文题为《突尼斯的腐败：你的就是我的》，电文中称在突尼斯只要是总统家庭成员看上的，无论是现金、土地、房屋甚至游艇，最终都会落入他们的手中。这些电文中所揭示出来的总统家族腐败的事实，超出陷入赤贫的普通民众的想象，迅即引起了罢工和示威抗议。而次年研究生毕业无法找到工作，只得以提篮小卖方式维持生计的布瓦吉吉，因受到警察的粗暴对待而自焚抗议，迅速激起了全国民众的怒火，形成了大规模的社会骚乱，执政23年的总统本·阿里不得不出逃沙特。一边是贪污腐化，一边是赤贫的民众；一边是奢华的生活，一边是连卑微的谋生权利都要遭到剥夺，强烈的对比之下，民众的愤怒肯定会如同爆发的火山口，并外溢到其他阿拉伯国家，形成了名为"阿拉伯之春"的"颜色革命"浪潮。[①] 也许有人会感到疑惑，美国政府对"维基解密"极为恼火，并追捕该网站创始人阿桑奇，"维基解密"似乎不可能成为美国中央情报局操纵"颜色革命"的一个工具。但反过来想一想，中央情报局出于秘密行动的需要，会不会利用"维基解密"来散布相关情报？从现实的角度来看，"维基解密"权威性强、社会影响大，是一个不可多得的传播相关情报的绝佳渠道。当然这只是一种推测，对无所不用其极的情报组织而言，万事均可利用，一切皆有可

---

① 王大骐：《突尼斯之变：世界首场"维基革命"》，《南方人物周刊》2011年第4期。

能。赫鲁晓夫在苏共二十大上所作的"秘密报告",对党外和国外是严格保密的,中央情报局通过摩萨德窃取到手后,立即开动《纽约时报》、自由欧洲电台、自由电台等宣传机器进行大肆宣传和传播,不断报道西方国家政府及西方国家共产党对"秘密报告"的反应,评价"秘密报告"的影响,直接引发了波兰"波兹南事件"和"匈牙利事件",苏联虽然通过使用武力平息了这些事件,但在苏联与东欧国家之间、苏东各国党和人民之间已经埋下了不信任甚至仇视的种子,中央情报局离间的目标已经达到了。这些案例基本上都属于示真的范畴,残酷真相对目标受众群体心理上的冲击力,有时候不亚于原子弹,离间效果会明显而持久。在30多年后的苏东剧变中,仍然可见中央情报局大肆宣传"秘密报告"所造成的后续影响。如果仅仅是欺骗性的宣传,其作用很难具有持久性,还有可能因真相大白而出现反转。

　　离间可以用真实的现实利益进行挑拨的方式来实现,欺骗在这方面则没有操作的空间。这种利益是真实存在的,或是在一定条件下可以获取和给予的,利益挑拨的方式主要有两种,一是强调对方侵占了你的利益,你跟他混没有好处;二是你跟我混,我可以给予你更多的好处,实质上是利益收买。大多数情况下是这两种方式双管齐下,以此来分化对手,拆散同盟,有时特别管用。美国中央情报局在海湾战争之前,就通过金钱收买、承诺移民及安全保障、在未来政府中安排职位等利益收买的方式,将伊拉克军队的高级将领几乎全部策反,使萨达姆成为了孤家寡人,在战前就已经预先掌控了战争的结局。可以说战事未开,结局已定,将一场严肃残酷的战争,演变成情报组织私下里的游戏。有些秘密行动具有多重性质,这个案例中所使用的手段是策反,其目的则为离间,即分化萨达姆阵营。苏联离间南斯拉夫与阿尔巴尼亚的关系,则是一方面严厉指责南斯拉夫侵害了阿尔巴尼亚的权益,一方面提供或承诺远超南斯拉夫所能给予的各种援助,很快便将阿尔巴尼亚揽入怀中,顺利地渗透进巴尔干半岛。当然也存在事先承诺或给予相关利益,待目的达到后不认账、不兑现或又收回该利益等情形,这种利益不能视为真实存在的利益,属于运用欺骗手段所进行的离间活动。《左传·僖公五年》记载的假途灭虢的故事很有意思,春秋时期,虢虞两个小国结成联盟,共同对抗晋国,晋国也拿它们没有办法,于是就用宝马玉璧等财物贿赂虞国国君,拆散了虢虞的同盟关系,并借道虞国灭掉了虢国,回师途中又顺手灭了虞国,将当时贿赂虞君的财物带回了晋国,由此还留下了唇亡齿寒、马齿徒增等成语。这个故事的前半截是用利益收买的方式进行离间，拆散两国同盟关系；后半截则为欺骗，晋国并不是真心送给虞君财物，只是想寄放一段时间，等灭虢的目的达到后再取回来，还将虞国也装进了自己的口袋。一计灭两国，在当时人的观念中，晋国太不讲武德。这个案例兼有离间和欺骗两种类别秘密行动的性质，从虢国的角度来看主要是离间，从虞国的角度来看主要是欺骗。

　　欺骗重在误导，离间重在分化。欺骗是误导目标对象对事情的看法，并由此影响到作出对敌方有利的决策和行为，可理解为使对手"自置险境"或"自掘坟墓"；离间主要是对个人、群体、组织或国家之间的关系施加负面的影响并使之产生分化，可理解为使对手"自相残杀"或"自毁长城"，二者的主要工作目标及达成工作目标的主要方式是不同的。如"卫士计划"的核心目标是误导希特勒对盟军登陆欧洲地点上的看法，再影响其军事上的决策和部署，减少盟军真正的登陆区域诺曼底的军事压力。"斩首行动"的核心目标是挑拨图哈切夫斯基与最高领袖斯大林的关系，借斯大林之手除掉这个对纳粹德国存在现实威胁的元帅及其他军事将领，为德军入侵苏联扫除障碍。分化对手主要有三种方式，一是将对手的盟友变成己方的盟友，削弱对手，壮大自己。苏联离间阿尔巴尼亚与南斯拉夫的关系，将阿尔巴尼亚从南斯拉夫阵营拉到苏联阵营，削弱了南斯拉夫阵营的力量，壮大了苏联阵营的力量，使南斯拉夫在与苏联的对抗中处于更加弱势的地位，这也迫使南斯拉夫改善与西方国家的关系，争取和改善国家生存与发展的国际环境。二是在对手内部进行分化，将对手所依靠的中坚力量变为旁观者或反叛者，使对手在面临己方的打击时无力反击。伊拉克革命卫队是一支叱咤中东的精锐部队，号称"萨达姆的禁卫军"，美国中央情报局通过利益收买等方式成功离间了伊拉克革命卫队将领与总统萨达姆之间的关系，战争打响后，有的解散军队、放弃抵抗，有的出卖情报、卖国资敌，有的制造混乱、瓦解士气，有的传播谣言、扰乱人心，本是萨达姆政权柱石的革命卫队，反过来成为了萨达姆政权的催命符。当一个政治强人被对手掏空了政权的基石时，其结果就可想而知了，已经成为孤家寡人的萨达姆，所要做的最要紧的事情不是组织抵抗，而是赶紧逃命，一场战前被舆论界渲染得悬念四起的战争，最终以令人意想不到的方式落幕，萨达姆也无可奈何地走上了绞刑架。三是在对手内部制造矛盾，使其自相残杀，削弱对手的力量，使双方力量对比朝有利于己方的方向发展。盖世太保头目海德里希按照希特勒指令实施的"斩首行动"就是起到了这种作用，苏德战争初期苏军之所以被德军追着打，除了没有作好应对

第九章 离间类秘密行动

战争的准备工作之外，另一个重要的原因就是苏军旅以上的军事主官在"斩首行动"所引发的大清洗中多半为冤杀，使得苏军元气大伤，严重影响了其战斗力，这也是希特勒所预期和乐见的结果。

第十章

破坏类秘密行动

破坏类秘密行动，是指在情报组织的组织、主导或参与下，采取爆破、突袭、轰炸、纵火以及技术手段等方式，摧毁对手重要军事或民用设施；扰乱对方的经济、科技、交通、通信等发展计划，阻碍其发展进程；在敌方煽动罢工、游行和暴动、暴乱，制造社会骚乱和恐慌，动摇其政府统治根基等秘密行动，并以此来达到削弱和消灭对手，维护和增益自身利益的目的。破坏类秘密行动是各国情报组织开展秘密间谍战的重要手段之一，通过付出极小的成本，出其不意地给对手制造巨大的麻烦和损失，有时甚至可以迫使对手不得不中断事关国家生死存亡的重大项目的研发建设，或是通过秘密破坏行动所引发的"蝴蝶效应"搞垮对手的政权。因此，在对立的国家或政治军事集团之间的对抗中，破坏类秘密行动是其常用的博弈工具。

第一节 设施破坏

重要的军事和民用设施是一个国家或组织得以安全和正常运转的基石。情报组织采取爆破、突袭、轰炸、纵火等秘密破坏行动，摧毁对手重要军事和民用设施，给对手制造麻烦和困难，从而起到削弱对手，或是报复、警告、寻找借口、嫁祸于人及其他特殊的目的，具有很强的破坏性和威慑性。

一、爆炸

是指情报组织派遣特工、发展间谍或借助第三方之手，在目标国家或目标地区，针对重要的军事或民用设施，用各种炸弹实施爆破的秘密破坏行动。多使用定时炸弹，针对军事目标时，主要目的是为了摧毁该目标，削弱对手的军事实力，避免或减轻后续对己方的威胁；针对民用目标时，有的目的是为了摧毁目标，破坏对方的正常生产生活秩序，造成社会混乱；有些则是为了达到报复、警告或恐吓等目的，炸毁目标只是作为一种威慑对方的手段。这类爆炸破坏秘密行动极易伤及无辜，也缺乏正当性，一旦被抓到证据，会加剧双方的矛盾和纷争，造成对抗的升级。

第十章 破坏类秘密行动

破坏对手武器装备生产供应渠道。战争时期,能否得到充足的武器供应,是战争能否取得优势或持续打下去的关键,破坏对手的武器生产和供应渠道,是克敌制胜的一个重要手段。一战期间,德国为了切断美国军火输往英国的通道,德国驻美国大使冯·伯恩斯托夫组织间谍网,针对美国运送军火的货船、军火仓库、运输码头和军火工厂实施破坏行动。他们招募装卸工将伪装成"雪茄烟"形状的燃火装置随军用物资装到船上,连续炸毁了不少装满军用物资起航不久的美国货船。军火船经常莫名其妙地起火并引发爆炸,让美国方面摸不着头脑。德国后来发现炸毁军火运输船解决不了根本问题,大量装满军火的船只依然朝着英国方向进发,为了彻底堵住源头,伯恩斯托夫策划实施了"黑汤姆岛爆炸事件"。距纽约自由女神像不远处的黑汤姆岛,是当时美国军火物资的重要装配和运输中心,军火物资堆积如山,占到出口总量的75%。1916年7月30日午夜时分,岛上突发火灾,引发军火剧烈爆炸,其能量相当于里氏5.5级地震,摧毁了100多节火车车厢和驳船,夷平了13座仓库,炸出了一个长110米、宽50米的大坑,造成时值2000多万美元的损失,对自由女神像的裙摆和火炬也造成了不同程度的损伤。美国警方开始以为只是一场意外事故,经过数年的调查,终于查清此事系德国间谍所为,由德国海军情报官员弗朗兹·林特伦上尉具体执行。他发明了一种"雪茄烟"燃火装置,就是用类似于雪茄烟形状的中间隔着铜片的铝管,一头装着硫酸,一头装着三硝基酚,当中间的铜片被腐蚀到一定程度后,两种化学品碰到一起,便会引起燃烧。林特伦上尉运用这种方式炸毁了不少美国的军火船,不留一点痕迹,也没有引起美国人的怀疑。他派人趁岛上守备松懈之机,将"雪茄烟"燃火装置安放在岛上合适的地方,不久之后就引发了火灾,又由火灾引爆了大量准备外运的炸弹,设计得非常巧妙。后来美国政府及相关公司索赔5000万美元,直到1979年,西德政府才最终付清赔款。①

破坏先进武器研发计划。两军相逢勇者胜,一般是指在双方所持武器相当的情况下才适用,如果是一方手持冷兵器,一方运用枪炮,前者再勇敢也没有用,不过是后者的活靶子而已。发生在1860年第二次鸦片战争期间的通州八里桥战役中,由僧格林沁率领的3万清军与8000英法联军展开激战,手持弓箭矛剑的大清骑兵,迎着英法联军猛烈的枪炮英勇冲锋,但武器的代差和降维式打击,已经决定了战争的胜负。数千名清军将士为国

---

① 刘声远:《黑汤姆大爆炸》,《大自然探索》2012年第2期。

捐躯，而英法联军只有 12 人阵亡。随后便发生了英法联军攻入北京，火烧圆明园等惨痛的历史事件。当国与国的大型战争进入胶着状态或处于严重的敌对状态时，将希望寄托到新武器的研发上就不足为奇了。破坏对手的新武器研发计划，也就是在扑灭对手的希望之火。二战时期，研发原子弹成为战争双方期望赢得胜利的杀手锏，英德两国在这条战线上的较量并不亚于枪林弹雨的前线。英国的进度明显落后于德国，但英国在实施秘密破坏行动方面技高一筹。英国情报部门于 1939 年就获悉，德国正在从事原子弹的研制工作，德国占领挪威和比利时后，可以从挪威得到重水，从比利时得到铀矿，研制工作进展加快。为了破坏德国的原子弹研制计划，英国情报机构决定联合挪威流亡政府情报部门，炸毁位于挪威的德控韦莫克重水工厂。英国性报机构先是空投挪威流亡政府情报部门骨干斯金纳兰德潜伏进该厂，发展了一个行动破坏小组；再空投 4 名代号为"燕子"的特工在该厂附近建立秘密营地；接着空运 40 名志愿人员实施"新手行动"，因飞机坠毁大部分人员当场身亡，幸存人员全被德军抓获处死；合又派遣 6 名特工与斯金纳兰德和"燕子"接头，实施了"边炮手行动"，潜入工厂安装定时炸弹，炸毁了工厂部分设备；派飞机实施空袭，炸毁了给工厂供电的水力发电站。在工厂屡次受到严重破坏的情况下，德国决定将工厂设备和已提取出来的重水运回德国，英国再次派遣"边炮手行动"特工，在廷斯约湖上炸毁满载重水的渡船，由此彻底摧毁了德国的原子弹之梦。以色列建国之后，对中东地区国家发展大规模杀伤性武器，一直保持高度的警惕，并寻机实施破坏秘密行动。20 世纪 70 年代初期，法国帮助伊拉克建核反应堆，以色列政府在与法国交涉无果的情况下，决定针对法国为伊拉克制造核反应堆构件的塞恩镇地中海海军造船厂实施"空运行动"。摩萨德派遣特工到法国，用"美女计"和金钱收买了伊拉克派遣到法国萨塞勒核工厂学习培训的核科学家布托拉斯·埃木·哈利姆，获取了伊拉克核反应堆的施工图纸、施工进程和位置情报，同时还获取了将提供给伊拉克那套核设备装运的日程安排。1979 年 4 月，摩萨德派遣 3 名特工到达塞恩镇，与事先潜伏在该镇的 4 名特工会合后，于晚上潜入该工厂，在这些设备构件上装上炸药和定时引信。随着一声巨响，价值 9000 万法郎的核反应堆构件变成了废铁。①

---

① 高金虎等：《大卫的铁拳——二十世纪以色列情报机构绝密行动》，东方出版社 2006 年版，第 284—291 页。

第十章 破坏类秘密行动

破坏民用设施。这类爆炸破坏活动的目的多为报复或威胁，其所造成的附带伤害对象多为无辜者，社会影响往往比较巨大。1988年圣诞节前夕，泛美航空公司103航班满载准备回家过节的乘客，在从法兰克福到纽约的航线上飞行，飞机上突然响起剧烈的爆炸声，坠毁在苏格兰洛克比小镇，机上259名人员全部遇难，大部分是美国人，小镇上也有11人死于这场飞来之祸。后来查明，这起空难是利比亚情报组织制造的，利比亚情报人员阿里·穆罕默德·迈格拉希等将藏有定时炸弹的行李从马耳他机场送上了飞机。一般认为，该空难是利比亚时任领导人卡扎菲，对美国在1986年轰炸大马士革和班加西的报复行为。[1] 因"绿色和平"组织多次驾船阻止法国在南太平洋穆鲁瓦岛的核试验，法国对外安全总局派遣特工，于1987年7月炸毁停泊在新西兰奥克兰港的"彩虹勇士"号进行报复，并阻止该组织对法国即将进行新的核试验的干扰活动，原本设计为只炸船不伤人，但还是有一名"绿色和平"组织人员被意外炸死。为阻止次年在韩国召开的奥运会，朝鲜于1987年底派遣特工金贤姬化名蜂谷真由美，与另一名化名蜂谷真一的男特工一起，他们假扮父女，用定时炸弹炸毁了大韩航空公司858号航班客机，115名乘客和机组人员全部遇难。这几起爆炸事件都受到了国际舆论的谴责，前两起爆炸案的实施特工均被受审判刑，还给予了受害者高额赔偿。这些被处刑罚的特工也不过是执行者和替罪羊，真正的决策者却安然无恙。目前正在进行的俄乌战争中，发生了刻赤大桥爆炸案和"北溪"天然气管道破坏案，一为克里米亚的交通生命线，一为俄能源出口的重要通道，也可视为俄经济的生命线。在战争状态下，为削弱和打击对手，激励己方的士气，运用秘密行动对对手的重要民用设施进行破坏，是一种常见的现象，虽然不一定符合战争规则，但符合战时博弈的现实逻辑，俄罗斯认为刻赤大桥爆炸案系乌克兰情报机构所为。据美国"普利策奖"得主、著名记者西摩·赫什2023年2月8日在《纽约时报》发文披露，"北溪"天然气管道破坏案是经拜登批准、中央情报局策划、挪威协助实施的破坏秘密行动。据称特别行动小组以北约在波罗的海的军事演习为掩护，将C4炸弹安置在管道上，3个月后，由挪威海军侦察机投下声呐浮标以触发C4炸弹，巨大的爆炸能量如同小型地震，损坏了天然气管道，大量的天然气喷涌而出，一大片圆形的海面如同开水一

---

[1] 《洛比克空难（一次空难致使公司破产）》，百度百科，https：//baike.baidu.com/。

样翻滚沸腾。① 这两起破坏案的设计都非常巧妙，对俄罗斯心理上、经济上都是巨大的打击。在战争状态或双方严重敌对状态下的破坏活动，相比于和平时期，其政治风险要小得多，因为双方的关系已经处于不可能更坏的状态之下了，反而给秘密行动带来了更大的腾挪空间。我们可以想见，如果是在和平时期发生类似的破坏事件，素有"战斗民族"之称的俄罗斯肯定不会善罢干休，实施方也必定会付出更加惨重的代价，但因为处于战时状态，俄罗斯又陷入了战争的泥潭，既无精力、也无毅力实施烈度对等的报复措施。之所以称为秘密行动，就是在情报组织的周密策划设计之下所实施的行为，你很难及时准确地收集到完整确凿的证据，面对各种传闻，当事国也会极力否认，受害国也不宜在证据不充分的情况下实施报复行为。这也为相关国家暗中插手热点地区事务、不动声色地帮友损敌提供了上下其手的机会。真等到所有真相浮出水面时，大多已是时过境迁，国际局势和国家之间的关系或许已经发生了新的变化，这种事情很可能会变成历史的旧账而翻篇，更何况许多事情的真相可能会在某个防守严密的角落里长眠，永远都不会有重见天日的那一天。

二、突袭

是指在情报组织的策划、组织或参与下，派遣小股武装人员，以隐蔽秘密或突然袭击的方式，实施打击破坏的秘密行动。突袭也需要采用枪械和炸弹等武器，但细分之下，二者存在较明显的差别。爆炸秘密行动参与、实施的人员很少，大多为非武装人员，少则一两人，多则五六人；实施的方式比较灵活，或是事先潜伏到爆炸目标附近、或是就近收买人员、或是专门派遣特工执行爆炸任务；时间上也大多由执行行动的人员掌握，选择合适的时机。突袭秘密行动则需要组成一支小型的武装队伍，携带各种相关的武器装备，少则十来人，多则数十乃至上百人，多数情况下没有潜伏或接应人员，任务的规模、难度一般比爆炸秘密行动要大，实施行动的时间和方式也都是事先严格确定好了的，中途很难变更。

一战时期，德国研制出并使用"毒气弹"和"飞艇"两大独有的先进武器，对英法等国造成了极大的威胁，德国也将它们作为取得战争胜利的两大杀手锏。法国总参情报局（简称总参二局）将解除这两大威胁的任

---

① 由冠群译：《西摩·赫什：美国是怎样炸毁北溪天然气管道的（全文）》，光明网，2023年2月16日，https://baijiahao.baidu.com/s?id=1757953298180590642。

第十章 破坏类秘密行动

务,先后交给了以商人身份长期潜伏在德国的王牌特工查尔斯·卢齐托。卢齐托也不负所托,很快获取了毒气的生产厂家、成份和防护方法等核心秘密,不仅使德国的毒气武器失去了作用,法军还反过来将毒气战用到了德军身上,使得毫无防备的德军死伤惨重。一战时飞机虽然已经用于实战,但当时的空战近似于"滑稽游戏表演",对敌方并不能构成真正的威胁。而德国的"飞艇"则不然,其载弹量是飞机的几十倍,续航能力和飞行高度也远超飞机,当时的防空火炮对它望尘莫及。德国将最新式的飞机和几乎全部飞艇,都停放在齐柏林飞艇基地。英法两国情报机构决定摧毁这个基地,重新从德国手中夺回制空权。卢齐托再次领受了任务,他与几名扮作随从的英法特工,带着丰盛的食物等物资,打着劳军的旗号来到飞艇基地。战争时期各种物资都严重短缺,食不果腹的基地官兵将其奉为上宾,主动邀请他们参观了整个基地。他们回来后制定了偷袭飞艇基地的详细计划,成立了以卢齐托为首的英法联合特别突击队。他们在凌晨成功地摸掉基地岗哨,轻车熟路地潜入机库、艇库,在每架飞机和飞艇上安装了炸弹。开始撤离基地时,换岗的哨兵发现了异常情况并鸣枪示警,突击队立即还击并引爆炸弹。整个基地瞬间火光冲天,地下弹药库也发生了爆炸,大火和爆炸持续了两天时间,基地变成一片瓦砾。德皇威廉二世闻讯后痛心疾首,喃喃自语道:"战争该结束了。"卢齐托为英法取得一战胜利作出了巨大贡献,他也被誉为"两次改变战争进程的人"。①

南非铀矿资源丰富,占全球储量的11%。以色列有核技术,20世纪70年代开始,以色列与南非的军事合作由常规武器的开发发展到秘密的核合作。以色列后来在南非的阿尼斯通附近建立了奥弗贝格试验区,有数百名专家在这里研发新式武器,并部署了500人的部队承担守卫任务。1989年7月,以色列准备在这里进行"杰里科-2"号导弹试验,该导弹射程1800公里,可携带核弹头,几乎可以覆盖整个中东地区,能对中东任何一个阿拉伯国家实施先发制人的核打击。伊拉克获取情报后,派遣特种部队第36突击营,在哈瓦尔上校的率领下,秘密乘船跨越南北半球抵达南非海岸。120名官兵在此乘坐4架军用直升机悄悄潜入奥弗贝格试验区,摧毁了试验区内的导弹仓库和实验中心,1000多名以色列人死于突击营的狙击枪、云爆弹及两枚装有"沙林"的毒气弹,侥幸活下来的人屈指可数,整

---

① 吴大辉编著:《潜流——法国特工行动档案》,河北人民出版社1998年版,第114—120页。

个试验区惨不忍睹。伊拉克则仅付出了死1人、伤5人的微小代价。整个行动隐蔽秘密、干净利落、不留痕迹，素以精明强干著称的以色列情报机构，很长时间都没有查明是哪个国家制造了这起突袭事件，根本没有想到伊拉克特种部队，居然有这么高超的技能和强悍的战斗力。该事件导致以色列一批顶尖的核武器和导弹专家死于非命，试验区内残存的毒气弹痕迹，让南非误认为以色列还在这里偷偷研制毒气武器，颇为不满，最终终止合作并废弃了这个大规模杀伤性武器研发试验区。[①] 伊拉克的这次武装突袭，不仅摧毁了奥弗贝格试验区，还有效离间了以色列与南非的关系，使得分别具有资源和技术优势的两个国家终止了合作，发挥了其他任何方式都起不到的作用。

三、轰炸

指在情报组织的策划、组织和参与下，以运用伪装战机长途武装奔袭、投放炸弹等方式，实施精准打击的破坏秘密行动，这类行动一般需要空军的参与和配合。另外，也存在临时雇佣现役飞行员以个人名义伪装成志愿者，或将退役飞行员、他国（地区）飞行员，伪装成所扶持对象的同伙，来执行秘密行动任务等情形，并清除飞行员及飞机上带有本国痕迹的标识和物品，万一飞机被击落或失事，防止暴露国家和情报机构的背景。

伊拉克与以色列是中东地区的一对老怨家，前面所述伊拉克摧毁以色列位于南非的奥弗贝格试验区，只能算是伊对以的一次报复行动。此前以色列一直咬住伊拉克的核计划不放，实施了一系列破坏秘密行动，将其核计划最终送进了坟墓。摩萨德虽然炸毁了法国准备提供给伊拉克的核反应堆部件，但伊拉克的核反应堆建设仍未停止。1981年6月，以色列派遣伪装成约旦空军的14架战机，长途奔袭实施"巴比伦行动"。他们打开电子干扰信号，先后紧贴几个国家边界超低空飞行，避开约旦、叙利亚、沙特、伊拉克等沿途和目标国家的雷达，远程奔袭，高爆激光制导炸弹全部命中目标，摧毁了伊拉克"塔穆兹1号"核反应堆及附属设施，一名法国科学家被炸死，整个过程不到两分钟。伊拉克守卫部队用苏制防空火炮猛烈还击，硝烟映红了半个天空，但都没有击中以色列的战机。飞机出发前，一支由摩萨德特工组成的特别爆破行动小组也抵达目标附近，观测到

[①] 詹为为、詹幼鹏：《以色列摩萨德绝密行动》，北方文艺出版社2017年版，第235—243页。

伊拉克核基地没有出现异常情况，向空军突袭队发出了"一切正常"的密电。另外他们还要现场监测轰炸的效果，万一飞机轰炸未达到预期目标，那么剩下的任务则由他们乘乱完成。突袭发生之后，法国新当选总统弗朗索瓦·密特朗以此为借口，减少了与伊拉克的合作，并决定不再帮助伊拉克重建核反应堆，伊拉克原子弹之梦彻底破灭。[①]

20世纪50年代后期，美国中央情报局为了搞垮印尼总统苏加诺，秘密支持印尼外岛的军队叛乱。中央情报局雇佣台湾飞行员，实施"哈帕计划"，从克拉克基地向苏拉威西叛军运送B-26轰炸机和P-51战斗机，并对印尼政府军的空军基地和一些重要设施进行了轰炸。时任美国总统艾森豪威尔，还同意美国飞行员以个人身份伪装成志愿者，参加印尼叛军的战斗。接着，苏拉威西叛军的"野牛空战队"在中央情报局的支持下，发动了代号为"我的祖国"的反击行动，与印尼政府军空军展开了激战，双方互有损失。叛军飞机在进攻马鲁加首府安汶时误炸了一个集贸市场，造成大量平民伤亡，使原来支持叛军的当地民众开始反对叛军，美国政府对驻扎在万鸭老的中央情报局人员进行了严厉斥责。一架叛军轰炸机被击落，驾驶该机的美国退役飞行员阿伦·劳伦·波普被俘，其携带的证件暴露了身份，美国及中央情报局非常被动。美国驻印尼大使发表声明称他"只不过是受人出钱聘请而成为雇佣兵的一个普通美国人"，想以此来撇清美国政府的责任。波普从美国空军退役后，被聘到由中央情报局建立的掩护单位民营航空公司工作，成为一名中央情报局的雇佣兵。他担心万一被印尼政府军俘虏，怕被当作叛军处死，刻意违反了中央情报局不得携带能够表明真实身份的证件和物品的禁令，这还真的救了他一命，在印尼只坐了4年牢就被释放了。但美国政府及中央情报局得要为此买单，为避免与印尼的外交冲突及国际舆论的指责，美国中止了对叛军的支持，印尼仅用不到一个月时间就平息了叛乱。[②]

四、纵火

是指情报组织派遣间谍或指使相关人员，故意放火、恶意焚毁或企图

[①] 高金虎等：《大卫的铁拳——二十世纪以色列情报机构绝密行动》，东方出版社2005年版，第294—298页。

[②] 白建才：《"第三种选择"：冷战期间美国对外隐蔽行动战略研究》，人民出版社2012年版，第227—228页。

世界情报组织秘密行动

烧毁有关设施和物品的秘密行动，通常带有消灭目标、报复、警告、制造借口、嫁祸于人或其他特殊目的等意图。一般来说，情报组织的纵火行为都不会是单纯的破坏行为，火灾所造成的直接损失并不是他们所追求的主要目标，因火灾事件所衍生出来的其他相关问题和损害，才是他们的主要目标指向，也就是说纵火只是情报组织为达到某种特殊目的的一种手段，这也是情报组织纵火案件与一般刑事纵火案件最根本的区别。

德国"国会纵火案"，就是用纵火秘密行动制造的阴谋事件，主要目的是制造借口与栽赃陷害，通过非正当手段来击败对手。1933年2月27日晚，位于柏林的德国国会大厦突然起火，国会大厅、贵宾席、各党派议员休息室及新闻记者室都被大火吞噬。据当时英国《曼彻斯特卫报》报道，国会纵火案是由纳粹政府宣传部长戈培尔一手策划，由党卫军具体实施，在冲锋队长海因斯的指挥下，潜入国会议长戈林公馆通往国会的隧道进行纵火，并企图将纵火案栽赃到德国共产党头上，借以打击德国共产党和其他反纳粹主义与反法西斯主义的力量。当时纳粹党在上一届选举中获多数票，成为国会第一大党，但低于社会民主党和共产党两党的总和。社共两党正安排次日举行会议，商议结成统一战线，以共同应对3月5日的国会大选，使希特勒感到了空前的危机。国会纵火案发生后，纳粹将纵火事件栽赃到德共头上，宣布德共为非法组织，不久社会民主党也遭到了同样的噩运。① 虽然最终弄清了事实真相，但纳粹的这一阴谋阻止了次日社共两党的联合会议，阻碍了两党统一战线的建立，确保了纳粹党一党独大并牢牢控制了德国政权，希特勒完全达成了目标。

制造混乱，为窃密创造机会，美国驻苏联大使馆的两场神秘"火灾"就是如此。美国驻苏大使馆防守严密，潜入进去窃密非常困难。但这难不倒克格勃，常规的办法不行，就制造意外事件，乘乱行窃。1977年8月，美国大使馆位于机要室和大使居所的部位发生了火灾，火势异常凶猛，从睡梦中惊醒的美国外交官们根本无法扑灭，只得请苏联消防队前来灭火。大火被扑灭后，现场一片狼藉，美国人发现机要室保险柜的锁被炸开了，许多机密文件不翼而飞。1991年大使馆再度发生持续6个小时的火灾，事后美国官员说，有4名克格勃人员冒充消防队员闯入保密室，打开了两个保险箱，一些存有机密文件的软盘也失踪了。克格勃特工谢普塔，是一位

---

① 《国会纵火案（德国纳粹党策划的焚烧柏林国会大厦）》，百度百科，https://baike.baidu.com/。

能在烟雾弥漫的环境中迅速砸开保险柜窃取机密文件的专家，他当然不会放过这种难得的施展拳脚的机会。两场火灾，都使美国大使馆的机要重地门户洞开，许多机密被窃。美国国务院和中央情报局曾派遣6人小组到莫斯科调查火灾事件，并评估对美国所造成的损失。① 为灭火需要，对有些设施进行现场破拆是很正常的现象，加之现场混乱，人员混杂，美国人明知其中有诈，但拿不出确凿的证据，也只能哑巴吃黄连。

　　破坏民众生存环境，给对手制造问题和困难。1951年农历正月十五日，湖南省零陵专区7000余人在城区举行"抗美援朝拥军优属"联欢活动，突然间一场大火借着风势，将城内烧成一片瓦砾。经查，是总部设在香港的国民党情报组织"湘桂粤黔边区人民反共自卫救国军"零陵支队首领张景星等人策划实施的破坏行动。他们购买了硫磺、松香、火药、煤油、酒精等易燃物，偷偷配制成硫磺弹，乘零陵县城军民欢度元宵佳节之机，四处放火，烧毁房屋1000多间，造成2000多人无家可归，完全打乱了当地的生活秩序，给当地政府及民众生活造成了巨大的困难。② 也有些纵火秘密行动的目的比较复杂，追求一箭双雕甚至一石三鸟的破坏效果。1949年春节后不久，位于南京洪公祠一号的国民党保密局大楼突然起火，火焰蹿出10余丈高，将整个院子烧掉了一多半，满眼都是断壁残垣，院中的各种大树也被烤得非枯即焦。随着蒋介石下野，由军统改名保密局的局长毛人凤也离职了，他显得非常失落。但他并没有闲着，继续发挥其专业特长，秘密组织实施了这起针对自己的老巢保密局大楼的纵火行动，意在给新任保密局代局长徐志道制造难堪，让其在代总统李宗仁那儿无法交代；更重要的是可借助火灾焚毁成千上万卷见不得阳光的档案，消灭罪证；同时还可以嫁祸于共产党和第三党等进步力量，为镇压和迫害制造借口。③ 当时国民党政权大势已去，新政权呼之欲出，这些带着血腥味的档案成为毛人凤心中的一块大石头。估计毛人凤最核心的目的还是想销毁罪证，在此基础上，再附带达成其他目标。

---

　　① 孙树理主编：《间谍情报与案例保密辞典》，解放军出版社2001年版，第869页。
　　② 《零陵反革命纵火案》，百度文库，2022年5月8日，https：//wenku.baidu.com/。
　　③ 王炳毅：《国民党保密局纵火案内幕》，《文史天地》2007年第8期。

五、复合型破坏行动

前面所说的4种主要的破坏秘密行动,大多是运用一种方法进行,手段单一,目标明确,一击而中,便可收兵回营。现实斗争往往复杂多变,有时仅用一种方法解决不了问题,或是仅用常规的方式很难解决问题,这就要根据目标对象的特点和任务需求,综合运用多种手段或是临时变换工作手法来达到目的。破坏也是一种涵盖面比较宽泛的行为,只要是给对手制造了问题和困难均可视为破坏活动,从这个意义上来说,破坏的目标因事因时各不相同,破坏的手段和方法也是无穷无尽的,这就需要执行人员围绕核心任务,充分发挥想象力,以各种意想不到而又能立竿见影的方式来达成目标。

为配合盟军诺曼底登陆,美国战略情报局与英国特别行动执行署于1944年6月开始联合实施了"杰德堡行动"。在3个月的时间里,共有93支"杰德堡小分队"潜入到法国的54个城市,在法国地下抵抗组织的支持配合下,对以加莱海峡地区为重点的德国交通线和军事设施进行全面破坏。如使用外形像牲口粪便一样的"旋风"炸药,撒在公路上,炸毁德军汽车轮胎。纳粹德军有个奇怪的观念,认为车辆从动物的粪便上压过去,能够带来好运,这也算是对症下药。在电线上钉图钉,破坏德军通信系统,使德方很难查清故障出在哪里。将整个法国的路标都转向错误的方向,给德军行军造成极大的混乱。在德军坦克油箱里扔几块方糖,使其喷油嘴堵塞,无法启动。将诺曼底周围的1050个铁路目标中的950个摧毁掉,德军的铁路运输无法进行。刚开始时,习惯于干大事的英国情报人员,对美国同行恶作剧式的破坏方式看不上眼,觉得太小儿科了。这些破坏行动动作不大,技术含量不高,但效果奇佳,如使纳粹德国第二装甲师3天的路程整整走了17天,有效配合了诺曼底登陆行动,得到英国首相丘吉尔的高度评价。这些破坏活动都是因事制宜,很难给它们分类。秘密行动都是目标导向,不论是什么方法,有效就行,没有那么多的条条框框。参加这项秘密行动的美国战略情报局特工共有82名,战后被授勋的就有53名。经此一战,初出茅庐的美国战略情报局使英国情报部门刮目相看。[①] 参加该行动的美国特工威廉·科尔比,后成为中央情报局第8任局长,阿伦·班克成为美国陆军特种部队首任司令。随着朝鲜战争日益白热化,美

---

① 卫安主编:《外国情报史》,时事出版社1993年版,第136页。

国陆军决定重建其秘密行动的能力，班克根据自己在美国战略情报局开展秘密行动的经验，于1952年奉命组建了特种部队第10大队，主要用于非常规作战，这是美国陆军历史上第一个具有特种作战性质的作战单位，班克也被称为"美国陆军特种部队之父"。1962年，时任总统肯尼迪授权美国陆军特种部队佩戴绿色贝雷帽，此后，"绿色贝雷帽"成为这支大名鼎鼎特种部队的代称。越战时期，"绿色贝雷帽"曾与中央情报局一道扶植和培训苗人雇佣军、制订并执行"凤凰计划"，给越共造成了巨大的损失；在玻利维亚与中央情报局特工一起训练并协助当地军队，于1967年围剿和杀害大名鼎鼎的切·格瓦纳。其强大的执行秘密行动的能力，使这支特种部队声名卓著。[①] 从追根溯源的角度上来讲，美国陆军特种部队与情报组织和秘密行动真有不解之缘。

第二节　经济破坏

经济是一个国家或政权赖以生存和发展的基础，破坏了这个基础，就动摇了其根基。通过秘密行动来破坏和摧毁对手的经济，进而削弱其政治统治和军事实力，激发社会的不满情绪，引发社会动荡和变革，从而达到不战而屈人之兵的目的。这种方式无论是战争时期，还是和平时期都曾得到广泛运用。这种破坏方式类似于软刀子，杀人不见血，却又刀刀致命。有些此类秘密行动极具迷惑性，甚至还会得到受害方的积极配合与支持，待恶果显现时，大错已经铸成。我国春秋时期齐相管仲，被称为是经济战的鼻祖，他先后用大量进口鲁缟、重金买鹿等经济战的方式制服了鲁、梁、楚等国，又通过"衡山之谋"并吞了衡山国，辅佐齐桓公成为春秋第一个霸主。据《管子·轻重戊第八十四篇》记载，衡山国是齐国的邻国，民风彪悍，擅长制造精良的刀剑等兵器。齐桓公一直想灭掉衡山国，但强攻不一定能占到便宜，其他诸侯国还会来救援。于是他根据管仲的建议，下令大量订购衡山国的刀剑等兵器，燕、代、鲁、秦等国看到齐国正在扩充军备，也纷纷向衡山国订购兵器，衡山国制造的兵器价格上涨了十倍。衡山国君见有利可图，组织大量的民众制造兵器，导致土地荒芜。管仲见时机成熟，又以三倍的价格收购粮食，各国包括衡山国的粮商都将粮食运

[①] ［美］约翰·C.弗雷德里克森著、朱邦国译：《美国特种部队》，上海科学技术文献出版社2014年版，第166—175页。

到齐国牟取暴利。等粮食收购得差不多之后，就单方面撕毁了与衡山国的兵器订购合约，其他国家一看齐国打消了扩充军备的意图，也纷纷退货。衡山国制造的兵器全部砸在了手里，国内又闹起了饥荒，到处都买不到粮食。此时齐国大军压境，衡山国君无奈之下，只得归顺齐国。这样齐国不动一刀一剑，就兼并了衡山国，还获得了大量精良兵器和熟练工匠，进一步增强了齐国的实力。齐国以一场精心策划的破坏经济的秘密行动，就灭掉了一个国家，同时进一步壮大了自己。越王勾践也是通过向吴国提供煮熟了的种子，使吴国粮食绝收，最后将其收入囊中，报了屈身为奴之仇，这些都充分体现了经济战的威力。

一、秘密制造和投放伪币

自从货币诞生以来，伪币就如影随行。伪币又称假币、伪钞或假钞，其历史可追溯到古希腊，包括外邦仿造的希腊货币以及以次充好的假币，雅典设有专门的官吏分辨和检验假币，对假币的制造者惩罚措施极为严厉。中国汉代半两、五铢钱的假币事件也是层出不穷，严刑峻法都禁绝不了。古代假币的制造者一般为私人机构，以牟取暴利为目的。进入现代社会后，由国家来秘密制造和投放敌国伪币，以破坏敌国金融秩序和经济发展为目的的历史达200多年。美国独立战争期间，英国伪造美国的"大陆票"以破坏其经济；美国南北战争期间，为摧毁对方的经济，双方都曾大量伪造过对方的货币。普鲁士腓特烈大帝在7年战争时期，曾伪造过对手波兰的流通货币；后来英国对法国，法国拿破仑对奥地利和俄国都做过此类事情。二战期间，德国伪造过英镑，日本伪造过中国法币，苏联、英国、美国都曾仿制过大量的敌国或被占领国的货币，一方面破坏其金融和经济，另外还可以利用假币支撑在敌国或敌占区人员的活动经费，以及大量采购战略物资，为战争服务。伪造他国货币严重违反国际法规，一般为双方处于战争状态下的特殊行为，在和平时期非常罕见，但罕见并不等于没有。20世纪80年代为颠覆尼加拉瓜桑地诺政权，美国中央情报局向尼国内秘密投放了价值上亿美元的尼加拉瓜伪币，图谋搞垮其经济，并进而达到颠覆其政权的目的。考虑到当时尼加拉瓜只是中美洲的一个贫穷小国，如此量级的伪币所造成的危害可想而知。

二战时德国想通过轰炸来迫使英国投降的目的没有达到，他们又计划通过制造大量的英镑伪币，来摧毁英国的经济。这个想法最初是由制造入侵波兰借口的瑙约克斯提出来的，后来由党卫军少校伯恩哈德·克鲁格负

第十章　破坏类秘密行动

责实施,希姆莱为奖赏克鲁格,用其名字取代号为"伯恩哈德行动"。根据希特勒的指令,党卫军保安局局长海德里希在一份高度机密的文件中说,"这不是普通意义上的造假和仿冒,而是制造真实的产品,假币必须是原件的完美再现,即使是经验丰富的银行出纳也看不出差别",并要求"我们要起用最优秀的雕刻专家和造纸技术专家、数学家等一起加入这个项目的研究之中"。他们从犹太人集中营中搜罗了134名有这方面特长的专家,在柏林附近的萨克林豪森集中营的19号院内,四周设置了铁丝网以与外界隔绝,在里面秘密研制假英镑,还在存放假币房间的门上写着"英格兰银行",看来素称严酷的德国党卫军也不缺乏幽默感。从1942年开始,德国制造的假英镑大量投入市场,最高峰时每个月可制造3000万英镑的伪币。整个战争期间,据最保守的估计,德国共伪造了1.4亿英镑,价值相当于5.64亿美元。到1945年,市面上流通的英镑有三分之一是德国制造的假币,严重影响了英镑的稳定和信用,对英国经济造成了巨大的破坏。同时因为英镑当时的地位如同今天的美元,具有与黄金相当的交换与储备价值,是国际市场上的硬通货,德国用假英镑在国际市场上大量采购战争物资,支付相关国家贸易和债务,以及境外人员和间谍的活动费用,如营救墨索里尼和其女婿、外交部长齐亚诺的费用,也是用这些假币支付的,在一定程度上成为纳粹侵略战争的重要经济支柱。[1] 英国驻土耳其大使休伊·许阁森的贴身男仆伊利亚斯·巴滋拉,是代号为"西塞罗"的纳粹德国间谍,其情报得到希特勒的高度重视,并要求必要时可不惜重金,在短短半年左右的时间里,纳粹德国就先后付给其价值100多万美元的英镑。他发现自己被人跟踪后,便于1944年4月辞去了在英国使馆的工作,开办了一家建筑公司,生意十分兴隆。这时大量印制精美的假英镑出现在土耳其的金融市场上,经调查都是出自巴滋拉的公司,该公司受到土耳其警方的处罚,一下子就砸醒了巴滋拉的财富之梦。原来德国付给他的英镑都是来自集中营里的"英格兰银行",其手上的英镑成为了废纸,公司也倒闭了。战后他竟然要求西德赔偿,西德当然不会理会他,最终他穷困潦倒地度过了余生。[2] 在纳粹帝国大厦坍塌时,大量纳粹要犯利用这些假币作为逃亡经费,逃到南美及其他地方隐藏起来,其中包括后来被以色列绑

---

[1] 魏巍:《"二战"中的假币战争》,《金融博览(财富)》2017年第5期。
[2] 王乔保等:《喋血柏林墙——二十世纪德国情报机构绝密行动》,东方出版社2005年版,第84—94页。

架的艾希曼。德国还生产出了少量的美元假币，不过还来不及流散到社会上，纳粹就灭亡了。在计划制造英镑假币时，海德里希提出将仿冒美元一并纳入计划，希特勒否决了这个建议，说："我们现在还没有和美国人打仗呢。"美国参战后，他们才开始研制和生产美元假币，只是时间已经来不及了。

1939年，时任日本陆军少佐山本向参谋本部呈交《对支那经济谋略实施计划》，提出了大量伪造法币输入到中国，引发恶性通货膨胀和法币信用危机，搞垮中国的战时经济，削弱中国抗战能力的计划，代号为"杉工作"。日本由专门研制间谍器材的登户研究所，伪造了面值超过40亿日元的国民政府法币假钞，数额之巨，在二战参战国中绝无仅有。日军设立在上海的"杉机关"负责这些假钞的发行和流通，为此专门开办了诚达公司，并在日占区设立了30多家分公司，是对中国实施经济战最重要的机构。考虑到1945年日本的国家预算为200亿日元，面值超过40亿日元的法币伪钞可以说是一个天文数字。但由于中国地域辽阔，伪币流通和扩散能力有限，"货币战"虽然给中国战时经济造成了巨大的损失和困难，但并未达到打垮国民政府的目的，日本将重点转移为直接用伪币大肆购买贵金属、矿产等军用物资，从中国掠夺的物资价值相当于日本1945年全年预算的八分之一。[①] 与此相对应，军统也大量仿制了沦陷区的各种伪钞和军票，购回大量国统区所急需的黄金、粮食、棉花和药品等物资，不仅打击了日伪的金融和经济，还使得军统成为抗战时期自我经济保障条件最好的一个系统。

二、秘密操纵国际市场价格

随着世界经济的发展，各国都会融入到国际市场的洪流之中，国际市场及价格的变化，会直接或间接地影响到一国经济的发展。对一些严重依赖资源出口的国家而言，国际市场价格的变动往往会决定其国家经济的兴衰，甚至会影响到国家的政治稳定和命运。有针对性地通过操纵国际市场价格的方式，对一个国家的经济实施破坏活动，有时会对其带来灾难性的后果。

20世纪70年代初期，美国政府及中央情报局通过公开和秘密的渠道，极力想颠覆智利的阿连德政府，他们针对智利产铜大国的特点，实施了经

[①] 杨燕、杨振：《鲜为人知的中日"伪钞战"》，《档案记忆》2008年第9期。

第十章　破坏类秘密行动

济战,对国际市场铜矿价格进行干预,想借此摧毁智利的经济。智利铜矿资源丰富,铜矿出口占外汇收入约80%,国家经济严重依赖铜矿石出口。美国抛售其约25.8万吨的战略储备铜,立刻引发国际市场铜价大跌,直接导致智利的外汇收入锐减。同时在智利有重大利益的美国跨国公司也对智利的经济进行暗中破坏,智利对西欧国家的铜矿石出口占总额的66%,美国肯奈特公司对此进行破坏和阻挠,使其铜矿石销路受阻。铜矿石价格暴跌,加上出口大幅度减少,使智利的经济遭受灭顶之灾,物价不断上涨,各类物资供应紧张,通胀率超过500%,民众生活困难,大规模罢工和游行示威活动此起彼伏,阿连德政府处于风雨飘摇之中,总统的生命也进入了倒计时。不久便发生了"9·11"政变,阿连德战死总统府。[①]

20世纪80年代初期,苏联经济发展速度逐年下降乃至停滞,科学技术更趋落后。美国除了不断寻找借口进行经济制裁,通过"星球大战计划"加强军备竞赛,以拖垮苏联经济等公开手段外,同时实施了秘密的经济战。1985年,里根政府秘密实施了"沙特行动",派遣中央情报局局长威廉·凯西到沙特会见石油大臣,威逼利诱他们将石油价格打下来,并说可以通过购买美国国债弥补石油价格下跌造成的损失。沙特马上大幅度增加石油产量,国际市场上石油价格暴跌,从而使原油输出大国苏联的外汇收入锐减。沙特石油产量从日产200万桶增加到900万桶,在半年多的时间里,石油价格由每桶近30美元下跌到9美元,低于苏联10美元的生产成本,每生产一桶石油还会倒赔1美元,损失高达90—180亿美元。中东国家因石油收入降低,减少了对苏联的武器购买,苏联的军售外汇收入也大幅度下降。当时苏联外汇收入的三分之二依赖于石油和天然气出口,"沙特行动"给苏联经济造成了严重困难,基本上把苏联有限的外汇储备折腾一空,极大影响了苏联进口西方国家设备、工业材料和农产品,几十个重大建设项目被迫停止,使苏联脆弱的经济雪上加霜,最终加速了苏联崩溃的进程。[②]

三、封锁或干扰贸易渠道

贸易渠道是连接供需双方的纽带,通过封锁、干扰等方式阻碍和掐断

[①] 白建才:《"第三种选择":冷战期间美国对外隐蔽行动战略研究》,人民出版社2012年版,第300—301页。

[②] 白建才:《"第三种选择":冷战期间美国对外隐蔽行动战略研究》,人民出版社2012年版,第389—390页。

这个纽带，贸易就无法正常进行，供给与需求就无法得到满足。情报组织为了达到困死对手的目的，采取秘密的方式破坏其贸易渠道，使其想卖的物资难以卖出，想买物资难以买回，并以此来削弱和摧毁对手的经济。

美国为了颠覆尼加拉瓜"桑解阵"政府，对尼加拉瓜的经济进行破坏，1983年至1984年，中央情报局组织和配合尼加拉瓜反政府武装，对尼重要设施至少进行了22起攻击，其中包括轰炸基础设施、破坏港口、设置水雷等。为了阻止外国商船进入尼水域，扼杀尼进出口贸易，中央情报局自制水雷并派潜水员在港口布雷，对外宣称是尼反政府武装干的。几个月时间里，荷兰、巴拿马、古巴、苏联、日本和英国的12艘商船触雷，使得各国商船望而却步，对尼的进出口贸易造成了巨大的打击，进而达到摧毁其整体经济的目的。据尼经济学家统计，仅1987年造成直接经济损失2.54亿美元，间接经济损失高达25亿美元，对尼加拉瓜这样一个小国来说，损失不可谓不惨重。"桑解阵"政府比阿连德政府幸运的是，苏联等社会主义国家在1986—1988年间，每年向尼提供的援助资金都超过5亿美元，有效地缓解了尼加拉瓜的经济困难，坚定了其反对美国干涉、保卫革命成果的信心与决心，[①] 使美国通过经济破坏的方式，迅速颠覆"桑解阵"政府的图谋暂时落空。

为打击和摧毁阿尔及利亚民族解放运动，法国国外情报暨反间谍局第7处，以掩护名义成立专门的军火公司，来限制和破坏"阿民解"武装的军火贸易，企图垄断军火市场，切断"阿民解"武装与军火走私商的关系。他们有意卖给"阿民解"一些过期、受潮或质量不好的武器弹药；或者收钱后不发货，贻误其战机；或者发货后中途又秘密用武力截回，然后再卖再截回，榨干"阿民解"的钱包；或者千方百计破坏"阿民解"与他国军火商的合作，使其合同无法履行。第7处还通过一个中间商，为"阿民解"定制了4万双军用胶底鞋，在鞋底作了一个十字形状的特殊标记，为法国军队跟踪追击"阿民解"武装提供了很大的便利，使得"阿民解"武装在一个时期里处处被动挨打。尽管法国国外情报暨反间谍局采取了各种措施打击对"阿民解"的军火贸易，但在高额利润的诱惑下，仍有胆大的军火商暗渡陈仓。20世纪50年代中后期，德国人乔治·普赫尔特坚持与"阿民解"做军火生意，第7处派遣特工彼得罗以与其女儿谈恋爱为

---

① 白建才：《"第三种选择"：冷战期间美国对外隐蔽行动战略研究》，人民出版社2012年版，第375—377页。

第十章　破坏类秘密行动

名，潜伏在其身边，随时掌握其军火生意的详细情报。第7处根据这些情报，先后炸毁了其4艘运送军火的货船，但他仍不住手，依然越干越起劲，最后在其汽车上安装了炸弹将其炸死，才将"阿民解"的这条军火贸易渠道彻底堵死。①

四、实施贸易管制

通过秘密手段破坏对手国家的经济，有的国家甚至将其上升到了国家战略的高度。秘密的经济战略是指通过秘密的贸易管制、经济破坏等手段，以削弱对手的经济实力，动摇对手政治统治的战略。实施贸易管制和禁运，是以美国为首的西方发达国家常用的手段和伎俩，这种冷战时期的秘密武器，在后冷战时代逐步演变为公开的武器，进行经济制裁、打贸易战，成为新的历史条件下的打击对手经济和科技的主要方式。

二战结束后，美国政府制定并实施了贸易管制、经济援助、经济制裁等战略，这些战略的实施过程中，往往是公开与秘密互为表里，或是处于半公开半秘密的状态，但其具体项目的决策过程，则是谋于密室之中。其中贸易管制就是通过管制美国及西方盟国与苏联集团的贸易，禁止向苏联集团出口战略物资和先进技术，阻止其经济、军事实力的增长，以实现遏制大战略的目标。1947年，新成立的美国国家安全委员会《对苏联东欧的出口管制》文件指出："美国的安全需要立即、无限期地停止从美国向苏联及其附庸国出口所有美国短缺物资和有助于增强苏联军事潜力的物资。"1950年及以后，美国又先后将西方盟国共17个国家纳入到贸易管制的行列中来，在巴黎秘密成立了"对共产党国家出口统筹委员会"，又称"巴黎统筹委员会"，简称"巴统"，该组织具有强烈的冷战色彩和意识形态目的。1982年，时任美国总统里根签署了国家安全委员会第66号指令《东西方经济关系及与波兰的相关制裁》，要求美国及西方盟国不再购买苏联的天然气，禁止向苏联出口先进的技术设备，在巴统的禁运清单上增加一批重要的技术设备项目，提高对苏贷款利率，限制对苏信贷等。②

针对美国及西方国家的贸易管制与封锁，苏联通过情报组织寻求突破

---

① 勾宏展等：《塞纳河畔的管子工——二十世纪法国情报机构绝密行动》，东方出版社2005年版，第94—102页。

② 白建才：《"第三种选择"：冷战期间美国对外隐蔽行动战略研究》，人民出版社2012年版，第53—54页。

之法。克格勃将第一总局科技处扩建为科技情报局（T局），设在发达国家的情报站组中有40%—60%的情报官员从事科技情报搜集工作，并开展了卓有成效的工作。美国中央情报局认为，苏联通过窃取西方先进尖端技术，节省了数千亿美元的研究费用，并将研发新武器系统的时间缩短了5—10年；苏联军事电子技术100%抄袭西方，50%的微电子技术是从西方窃取的；依靠窃取的西方技术，开发了从坦克、飞机到洲际导弹等160个武器系统，占其全部新武器系统的70%。叛逃到西方的克格勃少校列夫钦科说，仅科技情报局每年所窃取科技情报的价值就大大超过克格勃全年的经费；从日本窃取到的工业设备中有关化学技术处理方面一项技术中获得的利益，就相当于克格勃驻日本情报站12年的总支出。[①] 1964年，弗拉基米尔·依·维托罗夫受克格勃之命，组建了"X线"秘密行动队，其任务就是发展和领导一批科技专家和工程师出身的间谍，窃取西方国家的军事和工业技术，对苏联科技事业的发展作出了重大的贡献。后来维托罗夫被法国领土监护局收买，导致近300名克格勃间谍暴露，100多名帮助克格勃窃取科技情报的西方人受到惩罚，在近20年时间里作出卓越贡献的"X线"科技情报网顷刻瓦解。此事沉重打击了苏联工业和军事科技的发展，苏联逐渐在美苏争霸的斗争中落于下风。[②] 学者研究认为，贸易管制战略实质上是一种秘密的经济战，通过拉拢引诱其他西方国家对苏联东欧国家进行贸易管制，掩盖了美国的作用。这一战略实施了40多年，对削弱苏联集团的经济实力和科技发展起到了非常重要的作用。苏联解体后不久，巴统就解散了。贸易管制表面上是经济问题，实质上针对的是政治问题，通过破坏对手的经济和科技，来达到摧毁其政治统治、颠覆其国家制度与政权的目的。

五、操纵经济体制改革

这里有一个比较独特的案例，就是俄罗斯的"休克疗法"。情报组织的秘密行动之所以充满魅力并屡获成功，就在于有深远之谋，无常规之法，幽径难防，出奇制胜。对秘密行动，要关注共性，更要关注个性，有时个性可能更能体现特色和智慧。美国为俄罗斯量身定制的"休克疗法"，

[①] 卫安主编：《外国情报史》，时事出版社1993年版，第39—47页。
[②] 勾宏展等：《塞纳河畔的管子工——二十世纪法国情报机构绝密行动》，东方出版社2005年版，第194—200页。

第十章 破坏类秘密行动

据学者研究，堪称高级间谍战的典范，也可能会是前无古人、后无来者的绝唱。

所谓的"休克疗法"，是指一种激进的稳定经济、治理通胀的经济纲领和政策，短期内会对经济生活产生巨大的冲击，甚至会使经济出现"休克"状态，由美国经济学家杰弗里·萨克斯发明。20世纪80年代中期，"休克疗法"曾在玻利维亚试验成功，也为萨克斯赢得了声誉，因而他被誉为"国际金融界的金童"和"休克疗法之父"。在俄罗斯引入之前，"休克疗法"在东欧多国的表现也不错，尤其是波兰获得了西方10亿美元的输血后，平稳地度过了危机，使经济起死回生。90年代初，苏联解体后，脱胎于苏联的俄罗斯急于投身世界资本主义的怀抱，请美国帮助制定由计划经济体制迅速转变为市场经济体制的方案。与中央情报局合作密切的美国国家开发署，委托哈佛大学国际发展协会所制定的方案就是"休克疗法"。但俄罗斯与玻利维亚、波兰等国在经济体量、国际角色与地位等方面有天壤之别，同时不管是苏联还是俄罗斯，在当时都是美国的首要对手，将事关国家命运的重大事项交由对手来操控，无异于引狼入室，福祸难测，正常来说应是防之犹恐不及。但历史的诡异与魅力也体现在这里，这就是不是所有的历史事件都会遵循历史的逻辑。俄罗斯因为实施了这套"疗法"，经济几近崩溃，苏联数十年积攒的20多万亿美元的国有资产以及民众一辈子的积蓄，一夜之间化为乌有，造就了一批巧取豪夺的经济和政治寡头，西方资本也趁火打劫，赚得盆满钵满。俄罗斯GDP直线下降了一半多，仅剩美国的十分之一，退出了一流经济大国的行列。当年苏联经济发展的高峰时期，GDP曾达到美国的70%。制定和落实"休克疗法"方案的小组由美俄两方人员组成，俄方成员有曾任总统办公厅主任和第一副总理的安纳托利·丘拜斯，他时任俄罗斯私有化中心主席，负责国有企业私有化的机构国资委，围绕其身边的官员通常被称为"圣彼得堡帮"或"丘拜斯派"，其也被称为"俄私有化之父"。美国等西方国家为实现政治经济上的利益与目标，欺骗诱导俄罗斯实行所谓的"休克疗法"，并以巨大的经济援助作为诱饵，当"休克疗法"陷入困境时，他们全都作壁上观。原本答应提供援助的美国等西方国家，口惠而实不至，240亿美元的一揽子贷款计划迟迟不到位，60亿美元稳定卢布的基金更是遥遥无期。运用"休克疗法"取得成功的国家，无一例外都是以巨额的贷款和援助作为保障。西方国家这种背信弃义的做法，无疑是将俄罗斯逼上了死路。积极引入并推进"休克疗法"的时任总理叶戈尔·盖达尔于2009年底因病去世后，俄杜马议员拒绝为其默哀，也从一个侧面反映出"休克疗法"祸国殃民之深。

"休克疗法"对俄罗斯造成的伤害无法淡忘。多年以后，俄罗斯总统普京与民众连线直播时说："目前查明，丘拜斯的圈子内曾有美国中央情报局人员做顾问工作。同样可笑的是，他们返回美国后被诉诸法庭，理由是他们违反本国法律，在俄联邦私有化过程中发财，他们作为中央情报局现役军官没有这个权利。"曾受聘任俄罗斯政府经济改革顾问、帮助俄罗斯推行"休克疗法"的萨克斯后来也说出了实情："波兰是西方阵营的一员，因此是值得帮助的。而美国的领导人看待俄罗斯，正如劳埃德·乔治和克莱蒙梭在凡尔赛看德国一样——被击败的敌人就应该被碾过，何谈帮助？"① 劳埃德·乔治一战时任法国总理；克莱蒙梭是法国行政院主席，一战结束后出任"巴黎和会"主席，负责对战败的德国等国家进行清算。而正是这个巴黎和会对战后事宜处理不公，严重损害了作为战胜国中国的利益，导致了五四运动的爆发；也正是由于巴黎和会对战败的德国压榨过甚，导致了希特勒和纳粹的兴起。从这位"休克疗法之父"的口中，我们可以体会到，美国帮助俄罗斯搞经济改革，本身就没有安好心，也不可能安好心。事实也证明，美国借"休克疗法"之机，狠狠地从俄罗斯身上"碾过"，使俄罗斯在经济上一落千丈，逐渐失去了与美国抗衡的实力。种种迹象表明，美国针对俄罗斯的"休克疗法"，很可能是一场大规模削弱俄罗斯的秘密行动。美国处心积虑，俄罗斯在劫难逃，历史无法假设，教训值得吸取。但著名哲学家黑格尔的一句名言值得深思："人类从历史中学到的唯一教训，就是没有从历史中吸取到任何教训。"唐代文学家杜牧在《阿房宫赋》里也感叹道："秦人不暇自哀，而后人哀之；后人哀之而不鉴之，亦使后人而复哀后人也。"人们大概不会再落进"休克疗法"的陷阱，但仍然会难以避免落入"休克疗法"式的陷阱。当我们漫步湖滨，看到垂钓者满满的鱼篓时，会感叹鱼儿的贪婪与愚蠢，遨游于如此广阔的水域，却受困于一只毫不起眼的鱼钩。我们能否反躬自问，如果我们也是一条鱼，是否比这些鱼儿更聪明？历史就是这样，总是在不经意间悄悄上演一幕幕大戏，当你意识到其荒诞的本质时，它已行将落幕，根本不给你反悔和修正的机会。你以为你操控了历史，到头来却发现，你不过是其中表演最为拙劣的一个小丑。也许正是这种诡异的现象，才构成了丰富与厚

---

① 陈朝晖：《苏联与休克疗法》，《现代商业》2016年第1期。

重的历史,不然历史就会像一杯淡乎寡味的清水,人们在品味历史的时候,会少了很多的乐趣。不过得注意,己方千万要避免成为此类事件的主角。

第三节 社会破坏

社会破坏是指情报组织通过各种秘密的渠道和方式,在敌方煽动罢工、游行和暴动,制造社会骚乱和恐慌,动摇其政府统治根基的秘密行动,并以此来达到削弱对手,维护或增益自身利益的目的。对社会正常秩序的破坏活动往往波及面广,难度相对比较大,仅靠单一的手段和渠道很难奏效,一般是围绕核心目标,以一两种手段和渠道为主,综合运用多种手段和渠道来达成。

一、制造社会暴乱

指在目标国家通过秘密支持反对政府的政治军事组织、民间团体或民众等方式,制造社会骚乱和武装暴动等事件,破坏正常的社会运行秩序,以削弱对手政府的政治统治和社会管控能力,并借此谋取本国利益。

20世纪初期,日俄在亚洲大陆东部的扩张形成了对峙局面,双方剑拔弩张。当时俄国拥有百万雄师,日本只有30万兵力,还需跨海作战,明显处于劣势地位。根据天皇决议"无法避免开战时,要用非常手段促成俄国国内反战、反政府活动,造成战争自然停止的可能性",日本参谋本部给驻俄公使馆副武官明石元二郎下达了对俄开展社会破坏活动的指令。被称为日本"地下情报工作之父"的明石,深知俄国表面上看起来很强大,但内部充斥着尖锐的矛盾,他认为:"如果敌人顽强抵抗,日本靠武力是不可能取胜的;但如果运用谋略从背后动摇其国内,却有成功的可能。"通过4个月的引诱和联络,他于1904年10月,在巴黎组织召开了为期5天的反对沙皇政府的俄国各党派集会,参会的有俄国自由党、俄国社会党、芬兰宪法党、波兰国民党、波兰社会党、亚美尼亚罗德谢克党、高加索萨其尔德贝罗党等。在明石的组织和煽动下,会议作出了"各党派各显其能,以示威游行、暗杀等行动打倒政府"的决议,一时间俄国各地反政府活动和骚乱风起云涌,罢工、游行示威、恐怖袭击、武装暴动等此起彼伏,使得俄国乱成了一锅粥。1905年初俄军在远东与日本作战失利的消息,更是助长了民众的愤怒情绪,20多万示威者向冬宫进发,数千名民众血染圣彼得堡大街。明石又向国内要来 100 万日元,这可是一笔巨款,当时日本上将的月工资才 13 日元,为这些党派购置武器,支持他们进行武装暴动。俄国各地的骚乱一发不可收拾,俄占波兰地区军队调动和征兵工作无法开展,到格鲁吉亚征兵的部队被反抗者包围,西伯利亚铁路被炸毁,各大城市暗杀事件频发,皇室的头号鹰派人物塞尔基亲王被炸死。正是这一系列骚乱和暴乱,使俄国沙皇政府焦头烂额,也未能完成加派两个军团支援满洲的计划,使处于劣势的日本在日俄战争中获胜。德国皇帝威廉二世惊叹道:"明石把相当于满洲 20 万官兵所干的事,一个人全干了。他是本世纪中最可怕的一个人物。"日本史学家评价道:"没有乃木希典大将,旅顺也能拿下来;没有东乡平八郎大将,日本海大海战也能赢;但要是没有明石元二郎大佐,日本决不可能赢得日俄战争。"虽然这些评价不无夸张之处,但明石的社会破坏活动无疑发挥了关键的作用。明石也获得了丰厚的回报,被天皇纳入华族(贵族),封为男爵,后来任台湾第 7 任总督,晋升为上将。① 当然,这场爆发在中国东北土地上的日俄战争,也给中国留下了惨痛而屈辱的记忆。

当我们回望历史时,总会觉得历史就如同一条清晰的河流,从洪荒时代向我们缓慢地流淌过来,我们只需静静地品味一幅一幅由历史学家所描绘的画面。其实真实的历史,或者说历史的真实,往往隐藏在这些画面的背后,它远没有我们所想象的那样美好和单纯。我国的辛亥革命,得到了许多日本友人的帮助和支持,革命先行者孙中山曾 16 次出入日本,居日时间累计达 9 年半,占其革命生涯的三分之一。孙中山先后在东京成立了中国同盟会和中华革命党,其组织网络遍布中国及世界华人社区,宣传革命并在国内组织武装起义,最终推翻了满清政府,建立了民国。表面上看来,这是中日友好的历史见证。假如我们深入地思考一下,进入现代以来,日本"脱亚入欧"之后迅速崛起,中国是其首要的征服目标,一个一盘散沙、贫弱混乱的中国,更符合日本的利益。他们为什么要帮助中国?他们是想通过这种方式让中国走上富强之路,让本国的征服图谋落空吗?当然,我们不排除其中有少量日本友人想帮助中国走上正常的发展之路,但如果说他们都是这样想的,就未免太过天真了。当时的日本在清政府、君主立宪派和革命党中分别下注,一是可让中国各派政治势力加剧内斗,以达到削弱中国的目的,为日本征服中国扫清道路;二是不管哪派政治势

---

① 梁陶:《日本情报组织揭秘》,时事出版社 2012 年版,第 465—479 页。

力取胜，日本都可以凭借施惠者的身份索取非正当利益。以日本贵族院议长近卫笃麿为中心的"东亚同文会"，聚集了一批日本政界要人及曾活跃在中国的日本军事间谍和大陆浪人，是一个具有情报职能的半官方半民间组织，他们既接纳主张君主立宪的中国改良派首领康有为、梁启超入会，又大力支持以孙中山为首的资产阶级革命派，并成立了"后援会"。1905年7月，在"黑龙会"首领内田良平的牵线和帮助下，孙中山返回日本东京，次月成立中国同盟会。内田良平少年时代就参加了"玄洋社"，1901年创立"黑龙会"，成为日本右翼势力的代表人物。日本民间情报组织十分发达，并具有主动服务政府侵略扩张战略的传统，"玄洋社"和"黑龙会"都是日本重要的具有情报组织功能的法西斯团体，对日本的官方决策有着不可忽视的影响力，曾大力帮助日本政府并吞朝鲜和侵略中国。辛亥革命爆发后，内田良平发动"黑龙会"的喉舌《日清时务辨》《内外时事月函》慷慨激昂地进行讴歌；同时到日本军部进行游说，他认为："制清朝于死命……使满蒙得日本之领导而获独立，方为日本应取之策。"又亲赴朝鲜，鼓动驻朝总督寺内正毅"借机解决满蒙问题"。极力反对中国南北议和，后南北议和成功，使其"满蒙独立"的图谋落空，他终于撕下了"支援"中国革命的面具，其旗下喉舌画风突变，大肆谩骂孙中山、黄兴等革命领袖，极力抹黑中国革命，煽动日本直接对华干涉。他于1913年出版《满蒙独立论》，成为日本侵华时期"满蒙独立论"的重要来源。[①] 这些人"支援"中国革命，不过是一种借机搞乱中国，攫取非正当利益的手段而已，与明石元二郎在沙俄的作为如出一辙。

二、制造社会恐慌

情报组织通过暗杀、绑架、策反、严刑拷打、随意处决等秘密行动方式，制造全社会的恐慌情绪，形成巨大的政治及心理压力，清除和打压敌方组织及势力，以维持自身或所扶持政府的统治。

1968年初，越共投入70万兵力，发动"新春攻势"，给美军空前重创，美军在越南战场上陷入了被动防御的地位。为挽回战场上的颓势，从1968—1971年，美国驻越军援司令部、中央情报局和南越情报机构组织实

[①] 马场公彦、武向平：《同时代日本人如何看待辛亥革命——以日本报刊为中心》，《社会科学战线》2014年第11期。康鹏：《日本最神秘的黑帮组织，其目的是并吞中国东北三省》，《齐鲁晚报》2019年2月3日。

施了"凤凰计划"。曾任西贡情报站站长的威廉·科尔比,调回中央情报局总部任远东处处长5年后,此时被借调到国际开发署驻越南民事行动和革命发展支援处工作,他亲自制定了这个计划,数年后他成为中央情报局第8任局长。该计划目的在于削弱越共在南越的影响力,搜集情报以确定其成员身份,诱导他们不再效忠越共而向南越政府靠拢,捉拿或逮捕他们交省安全委员会法办,动用军队或警察阻止越共地方组织的活动等,想以此来根除南越境内越共秘密组织和势力。南越从中央到地方建立了各级"凤凰计划"委员会,美国中央情报局和南越情报部门派员参与,并对每个委员会订出了抓捕、劝降及消灭越共基层组织的指标,在全社会制造了恐怖气氛。中央情报局及南越情报部门采取拷打、暗杀、绑架等残酷手段,为了取得越共活动的口供和情报而无所不用其极,包括剁手掌、掀指甲、割耳朵、电击、扔下直升机、随意处决嫌犯等。中央情报局还不断派人打入越共在南越的省委、区委等组织,获取人员和活动情报,策反重要干部。据具体负责此项计划、后来任中央情报局局长的科尔比在国会作证时披露,执行该计划3年间,越共方面共有1.7万人自愿投诚,2.8万人被捕,2万人被击毙,严重影响到了越共在南越各级地方组织的生存和军事计划的执行。①

三、煽动社会对抗

控制一个国家最好的方式,是煽动目标国家社会对抗,利用社会混乱之机,扶持己方所认可的代理人或政治势力上台。台湾女作家龙应台在《这个动荡的世界》里写道:"民意如果不接受批判又没有自我反省的节制,可以形成可怕的暴力,带来全体的灾难。"情报组织通过欺骗性宣传、资金资助、组织培训等方式,支持目标国家政治反对派及民众与政府对抗,鼓动他们提出目标国家政府难以接受的各种诉求,采取抗议和骚乱等方式向政府施压,以期削弱目标国家政府的管控和治理能力,甚至颠覆目标国家政府,扶持己方所中意的代理人或政治势力上台,从而达到控制和影响目标国家的目的。

二战结束后,两大阵营对抗的局面逐步形成。美国及西方国家情报组织极力鼓动东欧国家民众对抗政府,通过各种方式在东欧国家制造社会动

---

① 詹静芳、詹幼鹏:《美国中央情报局绝密行动》,北方文艺出版社2017年版,第219—221页。

乱。针对捷克斯洛伐克1953年因货币改革贬值引发的骚乱，有美国中央情报局背景的自由欧洲出版社和自由欧洲电台，实施了"普洛斯彼罗行动"，在4天的时间里，向捷克首都布拉格等主要工业城市释放了6万多个大气球，携带大量攻击捷克斯洛伐克货币改革、苏联控制及争取自由等图案和文字内容的宣传品。有的传单上写着："人们把这个王冠称为饥饿王冠，它是苏联的赠礼。"有的写着："捷克人和斯洛伐克人，你们要知道，政府比你们想象的更加虚弱。权力是人民的，人民却遭受着压迫。团结起来，勇敢地组织你们的力量，推翻这个政府。只要今天坚持工人的权利，明天就可获得自由。"还有的写着前不久东德的抗议和骚乱事件情况，煽动捷克民众运用游行示威和制造社会动乱的方式与政府对抗。捷克斯洛伐克外交部向美国提出了强烈抗议，美国国务院不仅矢口否认其与这次秘密行动有关，还对捷作了一番"言论自由"的说教。这次行动的成功鼓舞了自由欧洲电台，一年后又实施了"否决行动"，当时捷克斯洛伐克正在进行国会、地方政府及工厂工会等各方面的选举，由自由欧洲电台通过广播及气球飘走的传单，煽动捷克斯洛伐克民众利用这些选举要求政府改变政策，并为捷克民众提供了10项具体要求，包括建立独立工会、提高工资、自由变动工作的权利、终止强制集体化、废除义务交售制等。当年秋天工会选举开始后，他们煽动工人要求采取秘密投票、工人计票、候选人来自真正的工人队伍等。自由欧洲电台还发起了针对捷克农民的"收获自卫"行动，煽动农民要求政府放弃社会化农业、补偿暴雨造成的农业损失，退出集体农社，同时鼓动党员、政府官员和警察团结一致，拒绝执行对农民的制裁。[①] 这些带有离间性质的宣传鼓动活动，对捷克乃至东欧地区的社会稳定造成了很大的负面影响，数年后便爆发了波兰"波兹南事件"和"匈牙利事件"。

这种煽动社会对抗的秘密行动至今并未绝迹，仍然在国与国的较量中发挥着重要的作用。白俄罗斯2020年总统大选期间社会动乱，俄罗斯指责以美国为首的西方国家秘密给予了支持和鼓动。同年9月，俄罗斯对外情报局局长谢尔盖·纳里什金发表声明称，美国资助了白俄罗斯反对派，并鼓动了抗议活动，"早在（白俄罗斯总统）选举之前，西方就已经为抗议活动做好了准备。美国在2019年和2020年初，利用各种非政府组织提供

---

① 白建才：《"第三种选择"：冷战期间美国对外隐蔽行动战略研究》，人民出版社2012年版，第146—148页。

了约2000万美元,用于举行反政府活动","他们中的一些人在波兰、立陶宛和乌克兰接受了培训,在那里,经验丰富的美国教官指导他们举行非暴力抗议活动",美国试图通过这种方式,将前总统候选人斯维特拉娜·诺夫斯卡娅等反对派人士打扮成"人民领袖""民主白俄罗斯",并将他们推上未来的政治舞台。[①] 尽管美国矢口否认,但冷战结束后,美国通过中央情报局假手非政府组织等途径,培训、整合和指导相关国家反对派组织的非暴力抗议活动,制造社会对抗和动乱,搞"颜色革命"的秘密行动就没有停止过。发生在白俄罗斯的事件,从形式到内容、从方法到目标都没有什么两样。白俄罗斯总统卢卡申科作为俄罗斯的铁杆盟友,已经成为美国的眼中钉、肉中刺,美国不会心存仁慈,或是视而不见。没有哪个国家会承认通过秘密行动,煽动和操纵了别国的政治动乱与社会对立,再说"巧言否认",也是美国中央情报局秘密行动遵循的一个基本原则。

第四节 技术破坏

情报组织利用技术手段或通过技术途径,所实施的窃取秘密、破坏设施、操纵民意及制造动乱等方面的秘密行动,可视为技术破坏。技术破坏类秘密行动是现代科学技术发展的产物,尤其是现代信息技术的发展,给技术破坏秘密行动注入了巨大的破坏能量,而且操作简便、成本低廉、易于隐藏,其危害性有时远超其他方式的破坏行动。由于该类秘密行动技术含量高,对具体实施者的专业素养要求很高,许多国家情报机构会视情选择与一些专业技术公司或专业人员进行合作,购买其技术服务,如美国中央情报局、国家安全局和国土安全部等情报安全机构与承包商"博思艾伦汉密尔顿公司"的合作,俄罗斯军事情报机构与一些黑客组织关系密切等,这种合作不仅增强了破坏的能量,比较好地隐藏了情报机构的背景,而且一旦出现了问题,情报机构还可以借口撇清关系。

利用技术实施破坏秘密行动,在网络技术出现之前相对比较少,方法也比较单一,但其破坏的能力和能量却不容小觑。通过技术手段来破坏对手的相关技术装备或设施的案例,最著名的要数苏联克格勃特工破坏美国U-2高空侦察机及美国破坏苏联的天然气管道。美国U-2侦察飞机飞得

---

① 《条条证据指向美国!俄白两国联合发声:白俄抗议系美国多年策划》,南方前沿,2020年9月17日,https://baijiahao.baidu.com/s?id=1678063348184659419。

第十章　破坏类秘密行动

太高，苏联的战机和导弹都无可奈何。为解除威胁，克格勃派遣一名通晓飞机构造的飞行员，混进美国在巴基斯坦的U-2飞机场做清洁工，并寻找机会给飞机的高度仪偷换了一颗高磁性的螺丝钉，使飞机飞升到几千米时便显示出两万米的高度，结果被苏联击落。① 这实际上是通过技术破坏手段，来影响飞机飞行时的核心技术参数，造成严重误读而给己方提供攻击的机会。由于手法过于巧妙，在很长一段时间里，美方一直对该机被击落事件感到很困惑。美国也针对苏联进行技术破坏，1982年苏联天然气管道特大爆炸事件就是其中的一个经典案例。苏联经济严重依赖石油和天然气出口，为此建造了东起西伯利亚、西抵乌克兰的一条长达4500公里的天然气管道，出口西欧以换取外汇。苏联生产不出管线阀门控制所需的数据采集和监控系统软件，便向掌握了该项技术的法国和德国采购，但遭到了美国的坚决阻挠。苏联只得启动专司窃取科技情报的"X线"特工进行窃取，没想到此举正好落入了美国中央情报局的圈套。中央情报局专门策划实施了一项秘密行动，旨在"扰乱苏联的天然气供应，以及从西方获取硬通货的能力，打击苏联经济"。中央情报局设置了一个陷阱，对软件程序进行了恶意修改，使之经过一段时间的正常运转后，便会自动重新设定气泵速度和阀门运转参数，产生超出输气管道连接和焊接部位能够承受的压力强度。苏联间谍从加拿大某公司窃回了这种植入了恶意程序的软件，正常运转不久之后便自动启动了恶意程序，导致西伯利亚天然气管道发生特大爆炸。据称这是人类有史以来规模最大的非核爆炸，火势绵延几百公里，在太空中都能观测到，使苏联的经济命脉受到了毁灭性的打击；② 同时，也使苏联对从西方窃取回的科技情报疑虑加深，生怕再度上当受骗，结果是自身缺乏研发能力，窃取回的成果又不敢轻易相信和使用，又进一步拉大了与西方科技和经济上的差距，在冷战中逐步落于下风。美国作家马克·吐温曾说："历史总是惊人地相似，但又不会简单地重复。"40年后，中央情报局又对俄罗斯的"北溪"天然气管道下手，只是当年使用的是技术，实施地在苏联本土；这次使用的是炸弹，实施地在国际水域。上帝给予这个北方民族的慷慨馈赠，反而成为他们的"阿喀琉斯之踵"。大力士阿喀琉斯是古希腊神话人物，除脚后跟外，全身刀枪不入，在特洛伊战争中，因踵部中毒箭而亡，后用"阿喀琉斯之踵"比喻致命的弱点。将

---

① 程景：《苏联克格勃绝密行动》，北方文艺出版社2017年版，第130—133页。
② 《颠覆前苏联，里根曾用黑招》，《杭州日报》，2004年3月1日。

对手丰富的资源转变为致命的弱点，大概只有中央情报局的"金手指"才能做得到。情报组织针对对手国家最重要目标的最脆弱部位实施秘密行动，能活生生地将目标国家最大的优势转变成为最大的劣势，受害国还一点办法也没有，这的确有些超乎世人的认知。另外，二战期间，也出现过侵入敌方的无线电通信频道，冒充其上级下达命令，以创造机会消灭敌人的技术破坏方法。随着现代信息技术的发展，这个领域也逐渐成为情报组织角力的新战场。美国中央情报局与西德警方，于1989年联合破获了西德5人黑客团伙案，该团伙攻入美国军方及相关研究机构的网络，窃取了"星球大战计划"，卖给了苏联克格勃。运用网络技术开展破坏活动的势头越来越明显，危害性越来越大，涉及面也越来越广，媒体对这方面案例的报道时有所闻，这也引起了各国的高度关注。

对网络危害最大的是全球"高级持续性威胁（APT）"，此类组织，通常具有国家或情报机构背景，专门实施网络间谍活动，其攻击动机主要是长久性的情报刺探、收集和监控，也会实施以牟利和破坏为意图的攻击威胁性破坏秘密行动。主要攻击目标除政府、军队、外交、国防之外，也覆盖科研、能源以及国家基础设施性质的行业和产业。美国国家标准技术研究所对"高级持续性威胁（APT）"的定义是："攻击者掌握先进的专业知识和有效资源，通过多种攻击途径（如网络、物理设施和欺骗等），在特定组织的信息技术基础设施建立并转移立足点，以窃取机密信息，破坏或阻碍任务、程序或组织的关键系统，或者驻留在组织内部网络，进行后续攻击。"[1] 美国情报界最大的私人承包商"博思艾伦汉密尔顿公司"于2020年发布的一份报告，详细介绍了超200个俄罗斯军事黑客在2004—2019年间的网络攻击活动，俄罗斯军事情报机构与两个黑客组织APT28（又名Fancy Bear，即奇幻熊）和Sandworm存在联系，并介绍了俄黑客针对黑山、叙利亚、波兰、罗马尼亚、丹麦、英国、美国及国际体育组织等目标的攻击活动。[2] "博思艾伦汉密尔顿公司"作为与美国国家安全局、中央情报局和国土安全部等情报机构及军方密切合作的私人承包商，也提供网络攻击的服务，叛逃的爱德华·斯诺登就是该公司的雇员，他揭露了美

---

[1]《APT的攻击与防范》，wespten 码年8年，2022年7月4日，CSDN博客，https://blog.csdn.net/qq-35029061/article/details/125599624。

[2]《美国情报承包商披露俄罗斯黑客组织15年来的攻击活动》，创作者efn1ewkfe2ew，2020年3月30日，https://baijiahao.baidu.com/s?id=1662563056640961755。

第十章　破坏类秘密行动

国情报机构的许多内幕，包括网络攻击方面的情况。据《纽约时报》报道，2016年被捕的哈罗德·托马斯·马丁三世也是该公司的雇员，涉嫌窃取美国国家安全局开发的高度机密的计算机程序"源代码"，这些程序旨在用来侵入俄罗斯和伊朗等敌对国家的计算机网络。

一、网络渗透，窃取机密

通过网络渗透的方式来窃取对方的机密，已经成为各国情报机构窃密的一种重要渠道。网传美国国家反间谍与安全中心于2020年2月发布的《美国2020—2022年反情报战略》中认为："外国情报参与者（包括国家、组织和个人）正在采取传统间谍、经济间谍活动以及供应链和网络攻击的创新组合，来获得关键基础设施的访问权，窃取敏感信息，包括各种研究、技术和工业机密。"[1] 网络渗透与窃密已经对国家安全构成了巨大的威胁。自2007年以来，APT攻击就不断被发现。2009年Ghost Net攻击，专门盗取相关国家大使馆、外交部等政府机构以及银行的机密信息，两年就已渗透到至少103个国家的1295台政府的电脑中。2011年发现的Duqu病毒用于从工业控制系统制造商收集情报信息，已经检测到法国、荷兰、瑞士、印度等多个国家受到该病毒感染。2012年发现的Flamer攻击更为复杂，被称为有史以来最复杂的恶意软件，遭受其攻击的国家和地区有伊朗、巴勒斯坦地区、苏丹、黎巴嫩等。APT攻击不仅是涉及软件技术，目前已有向硬件转移的趋势，攻击对象也向移动用户扩展。

2020年5月，德国联邦检察院以入侵德国议会网络为由，对俄罗斯黑客德米特里·谢尔盖耶维奇·巴丁发布了逮捕令，美国司法部也指控巴丁和6名俄罗斯军事情报局情报人员，于2016—2018年，策划实施了针对民主党全国委员会和世界反兴奋剂机构网络的攻击行为。据称巴丁是俄罗斯军事情报局所属军事单位26165的成员。2015年4月30日，该黑客组织向德联邦议院目标投下了诱饵，几名议员几乎同时收到了一封带有恶意软件的电子邮件，并通过恶意软件，攻入议院网络。该网络拥有5600多台计算机，注册用户多达12000个，然后黑客组织通过该网络横向渗透，不仅掌握了大量密码，还控制了管理账户，并成功地窃取到了包括总理默克尔

---

[1]　Kriston编译：《美国2020—2022年反情报战略》，蓝海长青智库，2020年4月6日，手机网易网，https：//m.163.com/dy/article/F9GB3TPM0511DV4H.html。

在内的超过16GB的数据，整个网络战历时一个多月才得到有效抑制。①

据斯诺登揭露，美国国家安全局和联邦调查局于2007年联合实施的"棱镜计划"，是一个绝密监控项目，最开始打的是反恐旗号，监控阿富汗、伊拉克等与恐怖主义有关联的国家，后来逐渐扩展到全球除美国以外的所有人，包括德国时任总理默克尔、法国时任总统奥朗德等美国传统盟友国家的领导人。据雅虎新闻披露，美国总统特朗普在2018年曾签署密令，授权中央情报局加大对包括中国在内的多个国家的网络攻击，其直接点名中国、俄罗斯、伊朗和朝鲜4个国家，这些目标大多涉及对国家安全极其重要的航天部门、石油化工、互联网及政府部门。中国网安企业360的安全大脑，捕获美国中央情报局攻击组（APT-C-39）利用专门攻击中国的网络武器Vault7（穹窿7），对我国进行了长达11年网络攻击的多项实据，表明我国航空航天、科研机构、石油行业、大型互联网公司以及政府机构等遭到不同程度的持续威胁。约书亚·舒尔特在美国中央情报局秘密行动部担任科技主管期间，成为诸多黑客工具和网络空间武器的设计研发骨干，后来舒尔特涉嫌向"维基解密"提供涉及中央情报局黑客工具的绝密文件，被中央情报局告上了法庭。据"维基解密"2017年发布的这些材料表明，中央情报局已经开发了当时全球最先进的数十种黑客网络工具，能够潜入高科技手机和智能电视，监视全世界各地的人。为隐藏其行动，中央情报局经常采用一些掩护身份背景的技术，使黑客看起来像是来自俄罗斯的人。美国官方辩称，任何使用文件中描述的黑客工具进行情报搜集，都是针对海外目标的合法行为。我国网络安全机构发现，美国利用"酸狐狸平台"入侵他国网络，该病毒软件已经成为美国网军的主力装备。这些网军通常是美国情报机构以国家的名义，借助网络空间培养的黑客人才，主要用于监听他国用户信息，或对其发动网络战等。从披露的信息来看，"酸狐狸"在全球范围内均有部署，但主要的攻击对象为中国和俄罗斯，美国国家安全局还开发了专为中俄准备的服务器。目前所发现的"高级持续性威胁（APT）"攻击的案例，都可以直接证明中国是主要的受害国，这方面我们与重点国家的抗衡与较量，方兴未艾，道阻且长。② 美国

---

① 《看德国当局如何"花式实锤"俄军事情报机构GRU黑客对其联邦议院的网络攻击》，360政企安全，2020年5月7日，手机搜狐网，https://m.sohu.com/a/393621886-120474319。

② 《实锤！美国中央情报局黑客攻击中国关键领域，长达11年！》，来源国际安全智库，环球网，2020年3月3日，https://baijiahao.baidu.com/s?id=1660140897695383999。

通过的 2023 年财年拨款法案中，用于网络空间安全活动的预算高达 221 亿美元，其中 109 亿美元用于民事机构网络安全，包括联邦 IT 和国家最有价值的信息，112 亿美元用于军事网络空间活动，以对抗恶意的网空行为体和网空活动。上年度为 201 亿美元，同比增长近 11%。[1] 在当前俄乌军事冲突中，美国前国务卿希拉里公开煽动美国黑客攻击俄罗斯政府机构的网络，美国黑客对俄罗斯的网络攻击持续不断，俄罗斯黑客也进行了反击。与传统兵戎相见的战争形式相比，现代的战争形态正在悄然发生着前所未有的变化，网络空间已经成为大国较量的另一个重要战场，而情报组织则是这个看不见硝烟战场上不可或缺的主角之一。这种作战方式也十分契合情报组织的活动法则和秘密行动的特质，因而这个领域正在成为情报组织施展拳脚的新天地。

二、网络攻击，破坏设施

通过网络攻击的方式，来破坏对手国家或地区的军事和民用设施的正常运行，能够在一瞬间给一个国家造成巨大的混乱，成本极低，隐蔽性强，危害性大，往往很难确认加害者，被指控者也可以找出各种理由加以否认，受害国很难抓到真凭实据，往往只能隔空打一场口水战了事。

据报道，美国和以色列情报机构曾用病毒攻击来破坏伊朗的核计划。"震网病毒（Stuxnet）"于 2010 年首次被检测到，据称是美国和以色列情报机构共同研发的，是第一个专门定向攻击真实世界中能源基础设施的"蠕虫"病毒，比如核电站、水电站、电网等。作为世界上首个网络"超级破坏性武器"，"蠕虫"已经感染了全球超过 45000 个网络，其中伊朗遭到的攻击最为严重。该病毒具有自我复制、自动传播的特性，可以毫不费力地入侵机密性高的工业和军事网络，甚至能悄无声息地控制一些重要的计算机，如核设施和导弹相关的关键电脑，指令导弹发射或自爆，其破坏力非常强大。2010 年，一名被荷兰情报机构招募为间谍的伊朗工程师，将该病毒植入了伊朗纳坦茨核电站离心机控制运行系统，经过一段时间的蛰伏后，通过修改程序命令，使生产浓缩铀的离心机加速到超过设计极限而报废，就这样摧毁了约 2000 台离心机，使伊朗铀浓缩计划推迟了两年多。该控制运行系统是德国西门子公司生产的，据称该公司为植入病毒提供了

---

[1]《虎符智库丨美国政府 2023 财年网安预算分析》，奇安信集团，2022 年 4 月 6 日，https://h5.qianxin.com/news/detail/4313。

技术支持和后门程序。伊朗方面一直未能查出原因，直到国际网络安全公司"塞门铁克（Symantec）"发布"震网病毒"的报告后，才明白其核设施是遭到了美以网络病毒攻击①。

2015年12月23日，乌克兰首都基辅部分地区和乌克兰西部的140万居民突然发现家中停电，经查是受到了黑客攻击。黑客利用欺骗手段，让电力公司员工下载了一款恶意软件"Black Energy（黑暗力量）"，当天攻击了60座变电站。黑客首先操作恶意软件，将电力公司的主控电脑与变电站断连，随后又在系统中植入病毒，让电脑全体瘫痪。据称该软件由俄罗斯地下黑客组织于2007年开发并广泛使用，在俄格军事冲突期间，黑客组织曾利用这款软件攻击格鲁吉亚政府网络。② 美国2019年针对委内瑞拉、阿根廷等南美国家电力系统发起攻击，造成全国性交通瘫痪，医院手术无法进行，所有通信线路中断，航班无法正常起降，超过4800万普通民众的工作生活无法正常运转。相比于纯政治、军事、外交目标，面向电力等工控系统和关键基础设施的打击，因系统间牵制和连锁的故障反应，更易引发全局性的"雪崩效应"。③

在战争时期，安全有效的防空系统，保密和顺畅的指挥与通信系统，是确保战争取得胜利的前提条件，同时也是敌方攻击的首要目标。2003年伊拉克战争爆发前不久，美国获悉伊拉克从法国购买了用于防空系统的新型电脑打印机，计划通过约旦首都安曼运送到巴格达。美国特工在安曼机场偷梁换柱，将带有病毒的芯片置入打印机内。战争爆发后，美军用指令激活病毒，病毒通过打印机侵入伊军防空系统，致使其防空指挥中心主计算机系统程序混乱，整个防空电脑系统失灵。④ 在伊拉克战争前一天，美军派出情报人员和特种部队，潜入巴格达和萨达姆的故乡提克里特，任务之一就是借助便携式电脑，侵入伊军的指挥与通信系统，切断萨达姆与其他高级指挥官，以及伊拉克指挥中枢与各作战区域的联系，使伊军陷入被

---

① 《史上多次网络战揭秘：美国曾用病毒黑掉伊朗核设施》，每日经济新闻，2019年6月24日，荔枝新闻，https: //news.jstv.com/a/20190624/1561329939160.shtml。

② 安天实验室：《乌克兰停电事件启示录》，《中国信息安全》2016年第4期。

③ 《南美五国大停电，这是美国"练习"网络攻击？》，上观新闻，2019年6月22日，https: //baijiahao.baidu.com/s? id = 1637004525567791222。

④ 《"网军"哪家强？美军领跑"键盘战争"》，《广州日报》，2014年12月25日，中国日报网，https: //world.chinadaily.com.cn/2014 - 12/25/content - 19163443.htm。

割裂的无指挥状态。美军还在网络上假借伊军指挥官的名义发号施令，制造混乱，将伊军调到指定地点进行轰炸。通过对电力系统进行精准打击，使巴格达地区所有电子设备全面陷入瘫痪，伊军的指挥与通信系统全部失灵，伊军完全陷入被动挨打的状态。美军第 4 机械化步兵师作为首个数字化师，在伊战中一路突进，其先头部队携带各种网络战装备，为美军全面控制伊拉克的网络空间，顺利实现军事行动目标发挥了重要作用。[①]

三、网络操纵，诱导民意

通过各种媒体来灌输己方的意识形态和价值观，丑化抹黑对手，影响和操纵民意，是冷战时期情报组织心理战的主要方式，此前主要是通过广播电台、电视、报纸杂志、出版书籍、空飘传单、投递信件等方式进行，受众局限性比较大，成本也比较高，很容易被对手抓住把柄，但网络信息技术改变了这一切，不仅成本低廉、方便快捷、受众广泛，而且较易隐藏背景、清除痕迹，即便受到指责，也便于矢口否认。

《美国 2020—2022 年反情报战略》称，"外国情报机构正在美国开展影响力活动，破坏人们对民主体制和进程的信心，分裂社会，削弱联盟，使公众舆论对美国政府的政策产生影响，改变公众的看法，扩大阴谋论。对手正在利用各种传播媒体来开展秘密影响力活动，使用虚构美国人物，开发和运用社交媒体网站和其他论坛，引起美国受众的注意，散布错误信息并传递分裂信息"，"他们（外国情报参与者）利用网络攻击、媒体操纵、秘密行动以及政治颠覆来分裂美国社会，破坏美国对民主制度的信心，削弱美国的联盟。外国情报参与者已变得更加危险，因为他们可以利用先进技术来以较低的风险威胁更广泛的目标。"[②] 美国所说对其威胁是否属实姑且不论，但通过网络来操纵民意、分裂社会、破坏同盟的确可为，这也可以视为心理战在新时代新的表现形式，美国情报机构也一直是这方面的行家里手。

美国一位政府官员曾表示，他们已经在俄罗斯的网络植入大规模病毒代码，只要激活的话，就可以让俄罗斯的网络瘫痪。特朗普上台后，这项

[①] 王勇：《网络战：伊拉克战争留下的重要遗产》，来源《学习时报》，2013 年 4 月 8 日，东营大众网，https：//dongying.dzwww.com/js/201304/t20130408-8204957.htm。

[②] Kriston 编译：《美国 2020—2022 年反情报战略》，蓝海长青智库，2020 年 4 月 6 日，手机网易网，https：//m.163.com/dy/article/F9GB3TPM0511DV4H.html。

行动的目的也变得更具有攻击性。之前，黑客攻击主要是为了情报，但现在已经发展成了专门在别的国家煽动混乱，破坏社会政治稳定，而且还会把窃取的某些情报或伪造的情报秘密交给记者，或发布到全球网络上，引起社会分裂或国与国之间的纠纷。2017年法国总统大选期间，法国左翼政党"前进党"指责俄罗斯黑客干扰大选，支持其对手右翼共和党候选人菲永和极右候选人勒庞。据称马克龙之所以成为莫斯科网络攻击的目标，是因其立场亲欧，主张建立一个强大的欧洲以对付俄罗斯。一次攻击会造成该党网站瘫痪十几分钟，一个月内已发生了4000多次。法国大选第二轮投票前夕，马克龙竞选团队成千上万的信息和文件在网络上散播。调查称涉及此事的两个黑客团体"APT28"和"沙虫"与俄罗斯格鲁乌有高度关联，很可能分别源于其26165和74455部队。[①] 美国也曾指责俄罗斯通过网络干预美国2016年总统大选，据美国联邦调查局时任局长詹姆斯·科米在自传《至高忠诚》一书中透露，希拉里担任国务卿4年间，用私人电子邮箱与同事进行了数千次邮件往来，其中有36份讨论的是"机密"信息，8份邮件讨论的是"最高机密（绝密）"。2016年6月中旬，俄罗斯政府开始披露从民主党机构窃取来的这些邮件。在大选的节骨眼上曝光这些邮件，其目的就是想干预美国大选。在普京眼里，特朗普是个商人，可以做交易，而希拉里则属于玩意识形态的政客，更难对付。大选结果出炉后，美国4家情报机构针对俄罗斯干预美国大选事件，联合推出了一份调查报告，显示普京有足够的理由影响美国大选，以及通过网络活动和社交媒体进行操控，抹黑希拉里，扶特朗普上位。科米在书中还披露，当他去拜会候任总统特朗普时，特朗普团队竟然当着他们的面，公然谈论起如何利用俄罗斯干预大选这件事，引导舆论和民意，以达到政治利益最大化。[②] 其实早在1948年，美国中央情报局就通过传统媒体和"书信运动"，操纵了意大利议会选举的结果，确保意大利建立了一个亲美反共的政府。美国和法国等国的指责，俄罗斯的否认，都是围绕着"做了"或"没做"打口水仗，而不是"有作用"或"没作用"，本身就说明美法等西方国家及俄罗斯，都不否认通过网络是能够对大选产生干预或干扰效果的。如果真是这

---

① 侯悦编译：《美或指责俄罗斯黑客窃取文件，干涉法国总统大选》，环球网，2017年5月10日，https://baijiahao.baidu.com/s? id=1566991918119037。

② 《政治漩涡中的科米："更高的忠诚"无法给予特朗普》，选美，2018年5月15日，手机搜狐网，https://m.sohu.com/a/231662191-570253。

样，作为无孔不入的情报组织，肯定是不会轻易放过这种机会的。

2016年里约奥运会，俄罗斯100多名运动员因兴奋剂问题被禁止参赛，嗣后又取消了俄罗斯里约残奥会的参赛资格。在残奥会期间，俄罗斯名为"奇幻熊（Fancy Bears）"的黑客组织，侵入了世界反兴奋剂机构的服务器，曝光了一系列体育明星在里约奥运会上使用禁药仍然获得奖牌的信息，其中美英的体育明星最多，包括大小威廉姆斯、纳达尔等名将，里约奥运会4枚金牌得主西蒙·拜尔斯以及长跑双料冠军法拉赫等金牌得主。此事反映出在禁药问题上，世界反兴奋剂机构对不同的国家区别对待，[①] 在国际上引发了一场舆论风暴，俄罗斯借此出了一口恶气，此前还以正人君子自居的美英等国，一下子变得灰头土脸。在网络上，挖到并抛出一条货真价实而又应景的黑材料，往往抵得上召开10次新闻发布会，很快就能在引导和影响舆论与民意方面发挥巨大的作用，可变被动为主动、变损失为收益。俄罗斯通过在网络上的反击行为，不仅化解了己方大量优秀运动员被禁赛的尴尬局面，还无情地剥掉了以道义自居的相关国家和国际组织的外衣，并将他们置于更加难堪的境地，这可能是其他任何途径和方式都难以做到的。

四、网络煽动，制造动乱

通过网络来建立虚拟的反政府组织，以及突破相关国家网络监管部门的封锁，进行组织、煽动、通联和指挥，成为"颜色革命"中出现的一种制造社会动乱、颠覆现有政权的新方式。这种方式快捷灵活、聚集迅速、成本低廉、监管困难、效果极佳，在"阿拉伯之春"中显现出了强大的能量。

有报道称，"阿拉伯之春"是在美国于2003年成立的全球舆论办公室的直接指挥下，美国国家安全局和网络司令部联合运作的信息思想战的第一次全面实践。在这场涉及中东、北非的"颜色革命"中，美国通过推特、脸书等网络平台，实时高效地组织指挥了现实世界中的街头政治暴乱，被西方媒体称为"脸书及推特革命"。2010年12月，美国通过网络披露突尼斯时任总统本·阿里家族贪污腐化的事实，由此引发了"茉莉花革

[①] 《俄罗斯黑客的这记重拳，世界反兴奋剂机构有点扛不住了》，《西安晚报》，2016年9月26日，手机凤凰网，http://inews.ifeng.com/50025331-3/news.shtml?&back。

命",突尼斯国内爆发了大规模罢工和游行示威等抗议活动,并且所有反政府的宣传和集会都是通过推特、脸书等网络工具进行组织的。次年元月,埃及也爆发了数百万人的抗议活动,组织这些活动的主要有"全国变革运动"和"4月6日运动",它们都是以脸书为平台组成的网络组织,后者的负责人马希尔在华盛顿接受卡耐基基金会采访时说:"这是埃及青年人第一次利用像脸书、推特这样的网络通信工具进行革命,我们的目标是推行政治民主,鼓励民众参与政治进程。"埃及反政府组织领导人之一的戈尼姆,就是一名谷歌公司的技术人员,也是这次抗议活动的组织者之一。街头暴乱开始后,埃及政府切断了国内的互联网,但在谷歌公司技术人员的帮助下,开通了"Speak-2Tweet"服务,突破了埃及政府的网络封锁。

在利比亚内乱初期,示威者利用互联网和社交媒体平台作为传输介质,来组织活动及与外界沟通。他们利用推特和脸书来组织反政府活动,呼吁将2011年2月17日定为"愤怒日",当天网上报名者达到4000多人,次日就发展到了9600多人。他们利用警察无法监控的"马瓦达"网站,成功地联合了17万名卡扎菲的反对者。冲突加剧后,卡扎菲政府关闭了互联网,但西方情报机构立即为反对派提供了网络支援,从23日开始,一名美籍电信公司高管所领导的工程师团队,帮助反政府力量"劫持"了卡扎菲政府的蜂窝无线网络,建立了自己的通信系统,让反政府组织领导人能顺畅地与外界交流或请求国际援助。他们还为反政府组织创建了一个不受的黎波里当局控制的独立的数据系统,并破解了卡扎菲政府的手机网络,获取了电话号码数据库,利用这些信息建立了"自由利比亚"新的通信系统,随后又创建了由谷歌地图组成的战况图,追踪报道利比亚各地的反政府情况及相关事件,在12天时间里网络浏览用户达31.4万人,至少被20多家新闻媒体转载,影响巨大,这些都加速了卡扎菲政权的倒台。[1]

现代信息技术的应用已经渗透到社会的各个角落,自马岛战争、海湾战争直到现今的俄乌军事冲突,可以明显地感受到信息技术是如何改变现代战争形态的。恩格斯指出:"一旦技术上的进步可以用于军事目的并且已经用于军事目的,它们便立刻几乎强制地,而且往往是违反指挥官的意

---

[1] 戴旭:《美国中央情报局操纵的新型"第五纵队"是怎样在全球策动"颜色革命"的》,《国防参考》,2014年10月29日,中国军网,http://www.81.cn/mjjt/2014-10/29/content-6626768.htm。

第十章　破坏类秘密行动

志而引起作战方式上的改变甚至变革。"[①] 信息技术的发展和应用，正在悄然改变着战争的方式和形态，打破了上下级关系，模糊了前方作战系统与后方支持系统，实现了作战指挥权在前线与后方之间的实时切换与无缝联接，改变了传统上对军事力量强弱和侦战攻防的认识。信息技术改变了对战场的感知和认知能力，美国等西方国家的间谍卫星，侦察飞机，"全球鹰""死神"无人机以及埃隆·马斯克的商用星链（Starlink）卫星等提供的即时情报和技术服务，使乌克兰军队能够全面掌控瞬息万变的战场信息，形成单向透明的战场并对俄军实施精准打击。美国中央情报局局长威廉·伯恩斯明确要"与乌克兰快速、有效地共享情报"，美国等西方国家同时提供经费、武器装备及军事培训等服务，他们事实上已经成为战场上影响战争方式和胜负的重要甚至是决定性的角色。只不过他们是以"隐形"的方式参战的，虽然没有现身战场，却又无处不在，在一定程度上带有情报组织准军事行动的色彩，反过来说，可视为情报组织准军事行动的拓展和泛化，这也是后冷战时代战争所呈现出的一种新的形态。按传统的战争观念来讲，他们似乎还应该算作是局外人。时代变化了，战争的方式与形态变化了，对战争参与国的认定标准没有随着发生变化，而变化可能只是时间迟早的问题。有世界第二军事强国之称的俄罗斯，对乌军具有碾压式的优势，原以为在俄军钢铁洪流和猛烈炮火的攻击下，乌军支撑不了多长时间，但在西方国家信息技术加持下的乌军，对战争初期基本上处于前信息化作战模式的俄军，在一定程度上实行了降维打击，改写了军队强弱的概念和旧有的战争逻辑。上万架大型武装无人机、中型侦察无人机、小型巡飞弹无人机和四轴无人机出现在战场上，将平面作战改变为立体作战；将侦察（战场情报）与作战两条线变成侦战一体、即侦即战、精准打击的模式；将大规模攻防战演变为从空中对个体目标的精准猎杀，战壕、阵地和坦克由安全掩体转变为死亡陷阱。这一系列变化，颠覆了人们对战争常识的认知，使得战事迁延不决，让俄军陷入十分被动的状态，多名将军和一批校级指挥官阵亡，成为二战之后俄军（苏军）人员伤亡最为惨重的军事行动，充分体现了现代信息化战争的威力，也给其他国家的军事建设与应对未来战争的方式，提出了新的课题和考验。

[①] 《马克思恩格斯军事文集》第二卷，战士出版社1981年版，第326页。

第十一章

颠覆类秘密行动

国家之间的较量，危害最大和难度最高的莫过于颠覆对手方的国家政权。颠覆的词汇意义为用某种手段发动政变或武装叛乱，也比喻用阴谋破坏而非直接用武力从根本上推翻政权，颠覆类秘密行动的涵盖范围比这个要更大一些。颠覆类秘密行动，是指情报组织为了本国利益的需要，通过秘密渠道或方式，针对目标国家，组织、策划和实施的图谋更迭或消灭现存国家政权和政府，以及阻挠目标国家相关政党团体和政治势力通过合法或其他手段取得国家政权的行为。消灭现存国家政权的主要方式，是肢解或并吞目标国家。领土的肢解使目标国家原有国家政权自然消亡，分裂为若干个管辖领土面积更小的政权，即便是某个政权承袭了原有的国名和国家政权的班底，也是名同而实不同；并吞则更是直接消灭目标国家现存政权，建立新的隶属于他国的地方性政权，因此这二者可视为特殊的、危害更大的颠覆政权的行动。

第一节 颠覆的主要方式

情报组织通过秘密行动来颠覆目标国家政权的方式多种多样，可以说无所不用其极。主要有操纵和破坏民主选举、策动和支持政变、组织和支持武装叛乱、肢解和吞并、策动和支持非暴力抗争及利用雇佣军进行武装干涉等。通过这些方式来更迭、控制或消灭目标国家的政权，攫取和扩大本国的利益。策动和支持非暴力抗争的相关问题将有专节进行论述，这里不再细述。在颠覆他国政权时，有些国家会拿"自由""民主"之类的词来说事，但其背后的逻辑则是以是否符合本国的利益为依归，对他们所支持或扶持的对象是否属于正人君子并不在意，甚至可能在内心里很鄙视这个对象，在没有更合适对象的情况下，依然会全力加以扶持。正如富兰克林·罗斯福总统所言："他可能是一个狗娘养的，不过他至少是咱们的狗娘养的。"正因为如此，今天是其所扶持的对象，明天就可能会被抛弃。他们时常是颠覆了一个多少有点民主气息的政府，却很可能扶植了一个人神共愤的独裁者。这些代理人借助他国情报组织的力量来攫取个人和小团体的利益,他国情报组织也不过是将其作为谋取本国利益的一个工具。至于这个工具的使用时长及未来的命运,往往取决于背后的操纵者认为用得是否顺手和得不偿失,或者是否寻找到了更合适的代理人。

一、操纵和破坏民主选举

在许多国家的政党政治中,一般都会通过民主选举的方式来产生国家领导人和执政党,并以此来体现民意和执政的合法性。每个政党都会有自己的政策和执政理念,不同的政党上台执政,其治国理念和对外政策会存在着一定的差异性,对一些社会动荡、民意撕裂和政党对立的国家来说,不同的政党可能会将国家带向不同的方向。对此,相关国家从全球战略和自身利益出发,通过秘密渠道干扰、操纵和破坏目标国家的民主选举,以确保自身所青睐的政党、政治势力或代理人赢得大选,在冷战时期和冷战后的"颜色革命"中,都是司空见惯的事情。这方面的任务通常是由情报机构来秘密组织或参与实施,通过采取秘密行动破坏民主选举的方式,不仅可以颠覆现有的政府,还可以颠覆未来的政府,即阻止有望赢得大选的政党或个人上台执政,改变选举的结果及目标国家未来的政治走向,并进而影响到全球或区域性的政治格局。

美国对1948年意大利大选的秘密行动,是二战后美国政府实施秘密行动的一场试验,它成功地干预和改变了意大利大选的结果,促成了美国隐蔽行动战略的形成与确立。二战结束后,意大利共产党(以下简称意共)和盟友社会党在首次大选中赢得了多数选票和议会多数席位,参加了以天主教民主党(以下简称天民党)领袖德·加斯佩里为首的6党联合政府,后被右翼势力天民党逐出政府。遵照苏联的指示,意共不断发动大规模示威游行和罢工运动,反对政府的亲美政策,阻止意大利接受"马歇尔计划"。当时意共有170多万党员,直接领导的"加里波第游击队"有25万之众,通过武装起义或议会道路上台执政都成为可能。美国中央情报局评估认为"阻止意大利落入共产党的控制具有至关重要的战略价值",美国国家安全委员会制定并报总统批准了《美国关于意大利的立场》的文件,声称美国在意大利有"头等重要的安全利益",美国对意政策旨在"维持意大利独立、民主、对美国友好和能够参与抵抗共产主义扩张",美国应该通过各种援助方式支持意大利政府,通过有效的美国情报行动和其他一些可靠的方式,包括秘密资助,来抗击意共的宣传等,并由国务院、中央情报局和国防部等部门贯彻实施。为阻止意共通过1948年的选举取得执政权，维护美国在地中海和整个欧洲的战略利益，美国政府出资1000万美元秘密基金，由中央情报局驻罗马情报站站长詹姆斯·安格尔顿负责，组织了一场针对意大利选民规模空前的宣传战，鼓励和引导选民将选票投给右翼政党天民党。他们通过书信、广播、报纸杂志等宣传工具，向意大利选民进行大肆宣传和恐吓，说是如果共产党获得选举胜利，将会毁了意大利，意大利将会沦为俄国的附庸、美国将取消经济援助、新的世界大战将要爆发，你们将失去宗教、教会、房子、土地和家庭生活等。尤其是在美国动员天主教徒和美籍意大利人实施的"书信运动"，以信件、电报、明信片、招贴画、录音碟片等方式，向意大利的亲戚、朋友、熟人寄出邮件达1000多万件。同时他们还给右翼政党，反共工会、团体和政客大量的资助。在中央情报局秘密行动的运作和干预下，选民对左翼政党的支持率在选前1个月中急转直下，最后由意大利共产党、社会党及一些左翼小党派组成的"人民民主阵线"仅得票31%，天民党获得48.5%的选票赢得大选。[1] 从此，由天民党长期执政的意大利，成为西方阵营中的重要一员和阻止苏联势力西扩的桥头堡。这次秘密行动，不仅使右翼政党取得了政权，还使美国取得了长期的战略红利。

　　受到"意大利行动"成功的鼓舞，美国中央情报局不断地在其他国家复制这种秘密行动的模式，通过操纵民主选举，将所支持的政党及代理人推上执政地位，建立亲美政权，与苏联相抗衡。20世纪50年代初期，为阻止菲律宾落入共产党之手，美国中央情报局政策协调处菲律宾地区组组长爱德华·兰斯代尔中校以军事顾问的公开身份，秘密扶持议员马格赛赛担任菲律宾国防部长，瓦解了菲共领导的"人民军"武装，随后又不择手段帮助他在总统大选中击败时任总统，使其成为第一个由中央情报局直接扶植上台的菲律宾总统。1955年初，中央情报局出资100万美元，支持印尼的玛斯友美党参加全国大选，力图挫败共产党和苏加诺的民族党，但这次失手了，没有成功。60年代，拉丁美洲民族解放运动和左翼革命此起彼伏，美国政府想把智利树立为拉丁美洲资本主义"民主"的样本，以遏制古巴"红色瘟疫"的蔓延。为阻止社会党左翼领袖萨尔瓦多·阿连德在1964年的总统大选中当选，中央情报局包办了天主教民主党参选人爱德华多·弗雷一半的竞选费用。中央情报局斥资400万美元，利用报刊、广告、

---

[1] 白建才：《"第三种选择"：冷战期间美国对外隐蔽行动战略研究》，人民出版社2012年版，第122—137页。

第十一章 颠覆类秘密行动

传单、电台等传媒美化弗雷，攻击和丑化阿连德，最终将弗雷扶上了总统的宝座，华盛顿对中央情报局此次秘密行动的成效非常满意，认为"成效卓著，功不可没"。1970年智利再次大选，中央情报局为了继续阻挠民望甚高的阿连德当选，专门制定实施了"轨道1号"行动计划，但这次中央情报局失手了，阿连德成功当选。时任美国总统尼克松暴跳如雷，认为阿连德的胜利意味着卡斯特罗的反美革命已蔓延到了智利，并将从那里传遍整个拉丁美洲。

进入20世纪80年代以后，美国中央情报局逐渐改变了过去直接插手开展颠覆行动的做法，依托第三方机构尤其是非政府组织来承担这方面的任务，中央情报局主要是制定方案、提供资金和培训，并进行幕后操纵，也即第三方机构成为中央情报局实施颠覆秘密行动的"白手套"。由于苏联已经停止了对尼加拉瓜桑地诺政府的援助，老布什政府调整了通过准军事行动颠覆尼政府的做法，改变为通过美国国家民主基金会干预1990年尼加拉瓜大选，来达到颠覆尼现政权的目的，并将重点放在整合四分五裂的反对派组织上。美国国会议员乔治·米勒表示："我们将要为这一选举投入10亿美元。我们资助反政府武装，破坏尼加拉瓜经济，选择查莫罗夫人作为总统候选人，我们为她的报纸提供资金，我们为她的整个选举过程提供资助，现在我们将为她提供美国可以用钱买到的最好的选举。"中央情报局通过国家民主基金会将一盘散沙的14个反对派组织联合起来，组成"全国反对派联盟"，并推出总统候选人查莫罗夫人，为其提供大笔经费，在政治上为其大造正面舆论，在国际政治舞台上为其提供与英国首相撒切尔夫人、教皇保罗二世及欧洲其他国家重要领导人会晤展示的机会，同时支持反政府武装加强了恐怖袭击活动。中央情报局为了最大限度地孤立桑解阵，还暗中支持建立了年轻市民组织、尼加拉瓜妇女运动组织等群众组织，想方设法破坏民众对桑解阵的信任和支持。最终美国如愿以偿，查莫罗夫人当选，桑解阵下台，尼加拉瓜又成为美国可随意拨动的一粒棋子。①据克格勃叛逃到英国的前档案管理员瓦西里·米特罗欣所著《克格勃绝密档案》披露，从1960年开始，苏联克格勃就试图通过"积极措施（即欺骗宣传）"来影响美国的总统大选。克格勃主要是通过欺骗和离间式的宣传方式进行干预，希望对苏态度相对温和的人当选，与中央情报局运用全

---

① 白建才：《"第三种选择"：冷战期间美国对外隐蔽行动战略研究》，人民出版社2012年版，378—380页。

方位的手段和扶植代理人的方式相比差距甚远。当时苏联领导人赫鲁晓夫视尼克松为五角大楼鹰派分子的代言人和麦肯锡主义者，希望肯尼迪能够获胜，并通过各种方式来抹黑尼克松。在1964年大选中，总统候选人之一的戈德华对苏表现强硬，苏联指使捷克国家保密局印制了几万本小册子，将其涂抹成一个罪恶的种族主义者和狂妄的白人至上主义者，用外交邮袋偷运进美国后暗中散发，同时还散发到亚非各国，在非洲引起了大规模的反美浪潮。在1968年大选中，克格勃全力阻止尼克松当选，向其对手汉莱弗提供了秘密援助。但尼克松上任后，提出了"尼克松主义"，推行了对苏"缓和战略"，曾让苏联大感意外。80年代，里根总统上任后，一反70年代美国政府对苏联的缓和政策，称苏联为"邪恶的帝国"，美苏关系迅速恶化，苏联认为里根正在部署一场核战争，于是安排克格勃在美国的华盛顿、纽约和旧金山的3个情报站组通过"积极措施"来阻止里根连任，这也成为克格勃总部当时压倒一切的中心工作任务。他们专门编造了里根对外政策的五大罪状，对内政策上歧视黑人和拉丁裔少数族裔、存在腐败现象及对美国军工联合体卑躬屈膝等问题，宣传"选择里根就等于选择战争"，"任何其他的候选人，不管来自民主党，还是来自共和党，都胜过现任的总统！"[①] 但在美国这样选举制度比较完善的国家，运用这种单一直白、正面攻击的宣传攻势，效果并不理想。2019年4月底，时任国务卿蓬佩奥在美国媒体The Hill举办的活动上表示："俄罗斯从1974年就开始威胁我国总统大选，并且干涉了80年代的大选"，并说"现在我们的任务是防止2020年选举受到干涉。"[②] 从各方面的情况来分析，说俄罗斯情报机构干预和影响了美国2016年的大选，应该不是空穴来风，它有着历史的传承和现实的需要。这也表明与苏联时期相比，俄罗斯情报机构这方面的能力和水平有了长足的进步，至于效果如何则另当别论，也很难用定量的方式进行评估。苏联和俄罗斯对美国大选的干预和影响，基本上停留在"挠痒痒"式的层面上，而美国影响目标国家的大选，一般是带有"控盘"或"半控盘"的性质，二者不可同日而语。

---

① 阎滨：《苏联如何干涉美国大选：捏造同性恋和种族歧视材料》，网易历史，2017年8月26日，手机网易网，https://m.163.com/news/article/CSONK2GH000187UE.html。

② 《美国国务卿：俄罗斯从70年代起就干涉美国大选》，观察者网，2019年4月30日，https://baijiahao.baidu.com/s?id=1632194531575142315。

第十一章　颠覆类秘密行动

二、策动和支持政变

政变是指统治集团内部一部分人，采取军事或政治手段，造成国家政权突然地非正常更迭。而情报组织策动和支持他国的政变，则是指利用和制造目标国家统治集团及社会的尖锐矛盾，通过军事、政治及制造社会动乱等方式，颠覆该国现政权，扶持代理人控制该国国家政权的秘密行动。

二战后美国情报机构采取策动和支持政变的方式，颠覆的第一个国家政府，是伊朗的摩萨台政府。伊朗拥有丰富的石油资源，但却被长期控制在英国"英伊成品油公司"手里。20世纪50年代初期，伊朗国王巴列维被迫任命"民主阵线"领导人穆罕默德·摩萨台为首相。摩萨台提出要限制君主权力，反对西方帝国主义国家对伊朗的控制，并着力实施石油国有化运动，伊朗国王和英国对他都深感忌惮和不满。英国不甘心既得利益受损，向美国求助，联合颠覆摩萨台政府。两国情报机构中央情报局和秘密情报局共同研定了"阿贾克斯行动"，由中央情报局中东处处长克米特·罗斯福具体负责，此人是美国前总统西奥多·罗斯福的孙子，人称小罗斯福。小罗斯福选定了受到摩萨台政府追捕的失意军人法兹洛拉·扎赫迪将军作为代理人，秘密鼓动巴列维国王签署了解除摩萨台职务、任命扎赫迪为首相的法令。摩萨台先发制人，逮捕了向他宣布法令的军官，动员支持者上街示威游行。小罗斯福指使招募的一帮打手从四面八方涌进德黑兰，高呼"国王万岁"的口号，一叠叠钞票和10万份印好的传单也飞向人群。扎赫迪带领倒戈的军队攻下首相官邸，摩萨台被捕，其政府被推翻。组织伊朗这场政变，中央情报局只花了100万美元，却获得了巨大的政治和经济利益。为了回报美国，国王巴列维将伊朗原油产量40%的开采权转让给了美国财团；在此后26年中，伊朗成为美国最坚定的盟友及美国对苏联进行遏制和渗透活动的桥头堡。中央情报局观察到埃及法鲁克王朝不得人心，又派遣小罗斯福赴埃及，秘密资助和支持少壮派军官纳赛尔上校为核心的"自由军官组织"，于1952年发动政变，推翻法鲁克王朝，成立共和国，纳赛尔任总统，小罗斯福也成为名副其实的"政变专家"。[①]

在权力斗争比较尖锐、社会极其动荡的情况下，统治高层往往互信度差，通过中间人来秘密联络、策动和整合，能比较好地避免相互间的提防

[①] 詹静芳、詹幼鹏：《美国中央情报局绝密行动》，新东方文艺出版社2017年版，第186—195页。

与猜疑。情报机构通过这种方式可以改变目标国家原有政治格局，促使其向有利于本国利益的方向发展。二战结束后，法国殖民者又回到了越南，美国也把越南视为遏制共产主义战略的重要一环，力求介入和主导越南事务。中央情报局看中了被法国人视为颠覆分子的吴庭艳，于1955年扶持其担任越南保大皇帝政府总理，次年又支持他发动政变，废黜保大皇帝，自任"越南共和国（南越）"总统，美国也成功地取代了法国，成为南越事实上的宗主国。由于吴庭艳实行家族独裁统治，人心尽失，逐渐成为美国想要赢得越战的绊脚石。南越总统特别军事顾问杨文明将军向中央情报局西贡情报站站长约翰·理查森汇报了暗杀吴庭艳兄弟的计划。中央情报局局长麦科恩并不想将吴庭艳搞下台，但不得不执行美国政府搞掉吴庭艳的指令。西贡情报站积极联络南越军方杨文明、陈文敦、孙室亭等高级将领发动军事政变，中央情报局西贡情报站特工卢西恩·科宁，作为美国大使馆与南越军人政变集团之间的唯一联络人，在政变开始时携带美元赶到政变司令部，用作购买必需品和在政变中丧生士兵的抚恤金。政变部队进攻总统府并打死了吴庭艳，杨文明出任总统。政变并没能改变南越政权的命运，西贡局势变得更加动荡不定，此后在一年半的时间里，就发生了6次军事政变和政权改组，南越局势变得更加不可收拾。① 为推翻左翼的苏加诺政府，美国和英国政府及情报组织，策动并支持以苏哈托为代表的右翼军官集团，以"9·30"事件（苏加诺总统卫队营营长翁东带领一批年轻军官，逮捕并杀死7名参加"将军委员会"政变阴谋活动的最高层将领）为借口，发动军事政变，残杀参与"9·30"事件的人员及数十万印尼共产党人，苏哈托全面接管政权，两年后废黜苏加诺，自任总统。此间美国驻印尼大使正是亨利·洛奇，他曾先后在南韩和南越任职，李承晚、吴庭艳的垮台都与其有密切关系，被称为"颠覆专家"。

三、组织和支持武装叛乱

以组织和支持武装叛乱的方式来推翻目标国家的政府，也是情报组织颠覆他国政权的一种重要方式，通常是组织流亡人员、地方武装势力、策反军方实力派人物，甚至是利用雇佣军等方式来进行。这类秘密行动具有准军事性质，操纵此事的国家情报组织隐藏在背后，提供各种支持，并不

---

① 刘雪梅等：《神秘的第三只手——二十世纪美国情报机构绝密行动》，东方出版社2005年版，第224—257页。

第十一章 颠覆类秘密行动

抛头露面，从表象来看，是目标国家内部不同政治和军事势力的较量与争斗。

组织和武装目标国家流亡境外的人员杀回国内，推翻现有国家政权，这类武装人员通常具有雇佣兵的性质和特点。1961年4月，美国中央情报局策划的古巴猪湾登陆行动的"萨帕塔计划"，是冷战时期美国实施的最具代表性的准军事行动之一，是美国隐蔽行动战略的一次大规模运用。1959年古巴卡斯特罗政权建立后，美国总统艾森豪威尔就明确指示中央情报局要搞垮这个政权。中央情报局专门制定了"冥王星计划"，其中一项重要的内容就是准军事行动"萨帕塔计划"，该计划包括方针与构想、入侵时间表、转向或取消、海军保护、引诱叛变、内部抵抗运动、宣传通信、政治领导、军事指挥等9个方面，名义上由以米洛·卡多纳为首的古巴流亡政府"革命委员会"组织领导，并采取了许多掩护美国背景的保护性措施。中央情报局纠合和组织古巴流亡人员组成1511人的"古巴旅"，从位于危地马拉的训练营地出发，在美国空军掩护和中央情报局"蛙人"突击队的引导下，通过乘船和空投的方式在猪湾武装登陆，他们期望由此引发古巴内部的游击队和起义者的响应和配合，一举推翻卡斯特罗政权。但古巴内部并没有什么游击队和起义者，该行动在古巴军队猛烈围剿下遭到惨败。中央情报局军事指挥官格雷斯顿·林奇在日记中写道："我活了37年，第一次为我们的国家感到羞愧。"杜勒斯也因此丢掉了中央情报局局长的宝座。

策动和支持目标国家军队进行武装叛乱。印尼由荷兰殖民地获得独立后，成立了带有左翼色彩的苏加诺政府，美国担心印尼会倒向苏联阵营，由中央情报局负责实施了"海克行动"，支持印尼外岛的分裂叛乱势力，图谋分裂印尼及颠覆苏加诺政府。从1957年开始，中央情报局向盘踞在苏门答腊、苏拉威西等岛的反苏加诺的叛军，提供了1000万美元的武器弹药资助。美国海军派出潜艇向苏门答腊海岸运送突击队员；美国空军负责空投武器；中央情报局派遣雇佣兵驾驶飞机执行空投、轰炸和侦察任务，支持叛军的地面行动。次年2月，苏门答腊岛上的叛军宣布成立新政府，一时间印尼群岛上的叛乱此起彼伏，国家的统一受到严重威胁。苏加诺予以了坚决打击，很快就平定了叛乱。

在一些国际势力深度介入、各种矛盾错综复杂的战乱国家，颠覆其政权的方式和过程则要复杂得多，会综合使用多种手段，其中支持地方上的武装叛乱仍为重要手段之一。武装叛乱往往能动摇国家政权的根基，给相关国家情报组织的介入提供了有利的条件,然后借助一系列的秘密行动,逐步达到控制目标国家的目的。20世纪60年代,非洲大陆民族解放运动如火如荼,非洲人民纷纷摆脱殖民统治,独立自主。刚果于1960年独立后不久,就爆发了非洲人与欧洲移民的流血冲突,前殖民者比利时政府以护侨为名,悍然出动万名伞兵进驻刚果。同时比利时情报部门及军队,策动刚果最富裕的加丹加省政府首脑莫伊斯·冲伯成立"加丹加共和国",该省提供了刚果全国总收入的五分之三,其叛乱使刚果政府陷入了严重的危机;策动刚果民族运动党领导人阿尔贝·卡隆基在开塞省宣布成立"开塞矿业共和国",与中央政府对抗。联合国维和部队进入刚果后,既没能让比利时撤军,也没能说服分裂势力放弃独立,无奈之下,时任刚果总理卢蒙巴只得请求苏联提供军事援助。当时美苏尚未在非洲展开全面争夺和抗衡,此事引起了美国的惊恐。中央情报局刚果站站长维克托·赫奇曼给总部发报认为:"共产党人正在刚果用惯用的传统方法接管政权……采取行动避免出现另一个古巴的时间已经不多了",提出了"用亲西方人士取代卢蒙巴的行动目标",美国政府授权中央情报局除掉卢蒙巴。蒙博托原为刚果军队的准尉,1960年7月军队哗变后,被总理卢蒙巴任命为陆军上校参谋长。在中央情报局和比利时情报组织的双重策动和支持下,其发动军事政变,宣布接管政权,解除了总统及卢蒙巴的总理职务,驱逐苏联、捷克等社会主义国家使馆和援助人员。中央情报局向蒙博托提供了卢蒙巴行踪的情报,并鼓动将其秘密送交冲伯叛乱集团后惨遭杀害。蒙博托于1965年在中央情报局支持下再度发动政变,自任总统,建立亲美独裁政府,曾被里根总统称赞为美国在非洲"最好的朋友",直到1997年被推翻。[1]

四、肢解和吞并

肢解是指分裂他国领土,吞并是指占据他国领土。肢解和吞并都是对他国主权的严重侵害,也必然涉及到对他国政权的颠覆,其后果比单纯的政权颠覆还要严重。肢解使得一个国家被分成为若干块,即使表面上来看其原有政权没有变化,但其所管辖的领土范围已经大幅度缩水,此政权已非彼政权。对一个国家的吞并,不仅颠覆了一个政权,还消灭了一个国家。对一个国家部分地区的吞并,实际上是对一个国家的肢解,比一般的

---

[1] 白建才:《"第三种选择":冷战期间美国对外隐蔽行动战略研究》,人民出版社2012年版,240—249页。

第十一章 颠覆类秘密行动

肢解更为恶劣，一般的肢解是使一个国家变成若干个国家，而吞并式的肢解则是将原本不属于本国的领土强行占据，以满足本国的贪欲。在任何时代，肢解和吞并他国领土都被视为严重违反国际关系基本准则的行为，尤其是在非战争状态下就更是如此。有些国家为了达到肢解和吞并他国领土的目的，运用情报组织来组织实施渗透、策反、离间、破坏等秘密行动，瓦解目标国家的政治统治和诱导民意，从表面上看，似乎是这些国家（地区）的政府和民众愿意或主动接受肢解和吞并，从而掩盖了情报组织在其中的作用，同时也可作为应对国际舆论的理由和借口，给这些非法行为披上了合法的外衣。

希特勒认为要实现称霸欧洲、征服世界的梦想，首先要统一日耳曼民族，而扩张的第一个目标就是奥地利，盖世太保成为希特勒扩张的马前卒。希姆莱领导的盖世太保大量吸收奥地利纳粹分子，培训后作为间谍潜回奥地利。1934年，盖世太保指使奥地利纳粹分子格拉斯一伙人冲进奥地利总理府，企图胁迫时任总理陶尔斐斯退位，由亲纳粹分子安东·林特伦接任，但在慌乱中打死了陶尔斐斯，导致政变流产。冯·许士尼格继任总理后，希特勒表面上表现出和解之意，暗地里却召集希姆莱和海德里希，把吞并奥地利的前期准备工作交给盖世太保。盖世太保间谍在奥地利不断实施暗杀、绑架、爆炸等破坏活动，迫使许士尼格总理签订了奥地利从属于德国的协定，并任命纳粹党员英克瓦特为内政部长。后来纳粹分子诬陷前总理陶尔斐斯是许士尼格指使人暗杀的，引起不明真相民众的强烈抗议，许士尼格被迫辞职，纳粹分子英克瓦特如愿接任总理，奥地利政权完全落入纳粹分子手中，希特勒通往奥地利的大门被完全打开了。希姆莱和海德里希随即来到维也纳，在莫尔津广场设立了大本营，希特勒也乘飞机来到维也纳，宣布将奥地利并入德国。纳粹德国通过情报机构的秘密行动，助力希特勒兵不血刃地吞并了奥地利。希特勒为了控制捷克斯洛伐克，则是实施了吞并与肢解相结合的方式。通过盖世太保支持捷克苏台德地区日耳曼人的分裂活动，指使和组织该地区的"德国工人党""弗朗克苏台德德国军人团"不断闹事并要求加入德国，在英法绥靖政策的纵容下，德国通过"慕尼黑方案"吞并了苏台德地区。盖世太保积极扶持斯洛伐克自治政府中的亲德分子杜长和马赫，秘密提供资助，将大量德国军队空运到斯洛伐克地区，不断挑起事端，胆小软弱的捷克斯洛伐克总统哈查被迫同意斯洛伐克独立，肢解后所形成的两个国家更加弱小，两国总统都声称愿意接受德国的保护。这样纳粹德国不仅吞并了捷克斯洛伐克的部分领土，肢解了捷克斯洛伐克，还将它们完全纳入了自己的势力范围。[①] 大概是为了犒赏盖世太保所立下的"功劳"，希特勒任命海德里希为捷克总督。后来就发生了英国和捷克流亡政府情报机构，在捷克地下抵抗组织的协助下，成功暗杀海德里希的"类人猿行动"。

在世界上，印度情报组织显得有些默默无闻。2023年6月，印度情报组织在加拿大暗杀锡克教分离主义组织领袖尼贾尔，引起了加、印两国政府激烈的外交对抗，才撩开了其神秘面纱的一角。其实在历史上，他们就有不俗的表现。在1962年中印边境冲突和1965年印巴战争中，印度情报部门因工作不力而备受指责。1968年参照美国中央情报局的模式，印度成立了专门承担国外情报任务的印度研究分析局，下设特别行动办公室，此后在吞并锡金的"锡金特别行动"和肢解巴基斯坦的"孟加拉国特别行动"中发挥了独特的作用。根据1950年《印度锡金和平条约》，锡金继续作为印度的保护国，由印度驻锡金首席行政官行使首相职权。1964年，锡金国王续娶美国人霍普·库克为妻，在美国中央情报局的支持下，锡金国王力求摆脱印度保护国的地位，谋求真正的独立并成为联合国会员国。印度研究分析局闻讯在锡金设立了4个情报指挥中心，加紧了吞并锡金的秘密行动，拉拢收买锡金政党和社会团体反对锡金独立，组织一些知名人士宣传废除国王的主张；鼓动锡金亲印度的国民大会党等政党成立国民政府，逐步剥夺国王的权力；离间国王与军队的关系，操纵军人发动政变，软禁了国王。印度军队还以此为借口，乘机开进了锡金。操纵1974年锡金的大选，亲印度的国民大会党毫无悬念地胜选，在其积极配合和运作下，印度随即吞并了锡金，使其成为印度的第22个邦。印度研究分析局通过全面渗透、收买和拉拢锡金的政党、军队、政府官员和社会团体及民众，使锡金国王几乎成为了孤家寡人，从表象上看，似乎是印度顺从了锡金的民意，被动接纳了锡金。[②] 当时美苏两个超级大国争斗正酣，作为南亚大国的印度是他们拉拢的对象，谁也不愿意得罪印度，锡金就这样在内无抵抗、外无声援的情况下黯然灭国。

二战后英国撤离，印巴分治，但同出一胞的印巴两国因领土、宗教等问题矛盾尖锐，冲突不断。巴基斯坦虽然在整体实力上不及印度，但它在

[①] 陈玉明主编：《世界间谍绝密档案》，吉林摄影出版社1999年版，第1041—1045页。

[②] 卫安主编：《外国情报史》，时事出版社1993年版，第534页。

印度东西两侧都有领土，对印度形成了夹击之势，具有一定的战略优势。为了削弱和制衡巴基斯坦，印度情报机构将目光盯上了同属巴基斯坦的孟加拉，也称东巴基斯坦，简称东巴。为更好地在"孟加拉国特别行动"中发挥情报部门的作用，印度专门成立了由研究分析局局长、情报局局长、军事情报署署长参加的联合情报委员会。1962年，印度情报局负责巴基斯坦方向工作的K.S.奈尔（后任研究分析局第二任局长）就同东巴的谢赫·穆吉布·拉赫曼派势力建立了联系，研究分析局成立后，奈尔加速建立情报网，很快渗透到了东巴的几乎每个角落，大批印度间谍掌握了权力或接近权力中心。在1970年巴基斯坦大选中，具有分离主义倾向的"人民联盟"在东巴获得绝对多数议席。获知巴基斯坦准备镇压东巴分离势力的情报后，印度研究分析局迅速安排拉赫曼等"人民联盟"领导人流亡印度，扶持其在印度加尔各答成立了"孟加拉国临时政府"。研究分析局向总理英·甘地提出对东巴"动外科手术"的建议被采纳。研究分析局沿印度与东巴边界建立了一批掩护所和游击队训练营地，为东巴分离势力组织和培训了10万人的军队；同时提供准确情报，配合印度军队以闪电战方式攻占了东巴首府达卡，"孟加拉国临时政府"迁回达卡，宣布东巴独立，彻底肢解了巴基斯坦，消解了巴基斯坦的战略优势和实力，使得在印巴两国的博弈中，巴方处于更加弱势的地位。[1] 印度与新独立的孟加拉国度过了短暂的蜜月期，但孟加拉国并不想长期接受印度的摆布和控制，锡金的命运也让孟加拉国如坐针毡，于是与印度渐行渐远，反过来与老冤家巴基斯坦建立了比较友好的关系，有好事者将此调侃为孟加拉国对印度"最好的报答就是恩将仇报"，让印度"欲哭无泪"。在国际上，没有什么"恩"能大得过国家的独立与尊严，看来孟加拉国对这个问题拎得很清。

五、利用雇佣兵进行武装干涉

雇佣兵是一个古老的职业，在古希腊时期就产生了这样一个群体，以后在漫长的历史长河中不绝如缕，一直延续到现在的军事商业组织。雇佣兵不具有政府背景，可以做政府不便做、不能做或做不了的事情，一旦出了什么问题，相关国家政府可以置身事外，便于规避风险，回旋的余地比较大；在有些国家还可以绕开国会和媒体的监督，规避法律的限制。正因为如此，雇佣兵成为情报组织可资利用的重要社会资源。采取秘密行动的

---

[1] 卫安主编：《外国情报史》，时事出版社1993年版，第532—533页。

方式来颠覆他国政府,是非常敏感的事情,一旦暴露,会引发国际社会的谴责及外交纠纷,利用雇佣兵则既可有效规避这些风险,又能够比较好地达到目的。

美国中央情报局在颠覆危地马拉阿本兹政府的"成功行动"中,就临时招募和使用了雇佣兵。1951年阿本兹当选总统后,积极推行土地改革政策,严重影响到了美资联合果品公司的利益。该公司的利润比危地马拉政府的收入还要高,他们自订法律,自设军营,操纵危地马拉政治,成为危地马拉的"国中之国"和"太上皇"。该公司与艾森豪威尔政府中的许多官员有着密切的利益关系,如担任国务卿和中央情报局局长的杜勒斯兄弟是重要股东,还有多名高官担任董事等。同时美国政府也担心危地马拉土地改革会蔓延到其他拉美国家,危及本地区美国公司的利益。尤为重要的是,美国政府将阿本兹的改革视为共产主义的渗透,认为阿本兹政府已受到共产党的控制。美国政府授权中央情报局负责实施"成功行动",目的是推翻阿本兹政府,"在危地马拉隐蔽地扶持一个亲美政府"。中央情报局调来驻朝鲜情报站站长、具有丰富秘密行动经验的艾伯特·哈尼上校负责"成功行动",他们选定原危地马拉陆军上校、因发动政变失败而逃亡国外的卡洛斯·卡斯蒂略·阿马斯,由他来领头发动叛乱,可以使人相信"仅仅是一次国内起义"。中央情报局为他提供了大笔经费,帮助其在洪都拉斯建立了一个基地,招募危地马拉流亡人员和其他国家的志愿者,组建和训练了一支300余人的雇佣军,中央情报局还派雇佣飞行员驾驶数架过时的轰炸机,对危政府重要目标进行轰炸,通过虚假宣传和飞机轰炸,造成叛军实力强大的假象。莎士比亚认为:"谣言会把人们所恐惧的敌方军力增加一倍,正像回声会把一句话化成两句话一样。"这种虚张声势的谣言和假象倍增效应很快就发挥了作用,使阿本兹失去了对军队的控制。阿马斯靠这一支300多人的乌合之众推翻了阿本兹政府,在美国的扶持下成为总统,废止了《土地改革法》,联合果品公司的土地也如数奉还,美国又牢牢控制了危地马拉。阿本兹下台后辗转流亡到古巴,并在此度过了余生。[①]

后殖民时代,非洲产生了一大批新生国家。前宗主国与新生国家之间,新生国家之间,新生国家内部不同势力与部族之间矛盾重重,以及外

[①] 白建才:《"第三种选择":冷战期间美国对外隐蔽行动战略研究》,人民出版社2012年版,第178—190页。

第十一章 颠覆类秘密行动

部国家的纷纷介入，使非洲大地上一时狼烟四起，纷争不断。一支支活跃在非洲的职业雇佣兵更是混得风生水起，在许多国家浑水摸鱼、翻云覆雨。一些国家的情报组织看中了他们的能耐，给予暗中的支持和资助，以达成本国所需要的目标。出身于法国殖民军人家庭的鲍勃·德纳尔，以雇佣兵指挥官的身份，参与了后殖民时代的许多纷争。1960年，他来到刚果，在美国和比利时情报机构的支持下，作为雇佣兵"可怕部队"的指挥官之一，支持宣布成立"加丹加共和国"的冲伯叛乱集团，1963年冲伯集团失败，雇佣兵躲进了安哥拉。同年8月他奉英国秘密情报局的命令，带领17名雇佣兵到也门，与其他雇佣兵和"保皇派"军队一起，对共和派作战。1964年他再度回到刚果，招募前伞兵部队和外籍军团中的退役士兵，组建了"加丹加人"的小型雇佣兵部队，镇压了共产党人组织的武装暴动。1975年，他受英国秘密情报局的指派来到安哥拉，支持约纳斯·萨维比的"安哥拉完全独立国家联盟（即安盟）"。同年7月，德纳尔来到刚单方面宣布独立的科摩罗，支持阿里·斯瓦里发动政变，推翻总统阿卜杜拉。1977年，他在贝宁发动未遂政变，企图推翻塞舌尔芒沙姆政权。1978年，他又率领43名雇佣兵杀回科摩罗，将阿卜杜拉重新扶上总统宝座。随后他组建了600人的科摩罗总统卫队，与科摩罗国家武装力量相抗衡，在这个国家建立了绝对的权威，被称为"雇佣兵国家"。1989年，科摩罗总统阿卜杜拉责成德纳尔解散科摩罗国家武装，一名国家武装军官冲进总统官邸，打死了阿卜杜拉总统，德纳尔受伤。1995年，他率领30余名雇佣兵再度登陆科摩罗，推翻了1990年上任的总统乔哈尔。据称德纳尔虽然并没有加入法国情报组织，但法国情报机构不便出面的行动，便会求助于德纳尔及其雇佣兵，他的活动经费及武器装备，也多是由法国情报机构迂回供给的。① 这种利用雇佣兵，在非洲国家参与战乱、发动政变、控制相关国家政府、攫取非法利益的现象，在新的世纪也没有绝迹。赤道几内亚石油资源丰富，国民收入的90%来自石油产业。2004年，英国特种空勤团退役老兵、绰号为"战争猛犬"的英国雇佣兵头目西蒙·曼恩，组织了一支80多人的雇佣兵队伍，策划在赤道几内亚发动政变，推翻时任总统特奥多罗·奥比昂，将流亡境外的该国反对派领导人莫托扶上总统的宝座，交换条件是新政府与一位英国资本大佬签订一份合同，将该国的石油资源交由其控制和经营。雇佣兵队伍乘坐飞机从南非前往赤道几内亚途中，经停津

---

① 高振明：《法国情报组织揭秘》，时事出版社2013年版，第246—250页。

世界情报组织秘密行动

巴布韦加油并装载武器时全部被捕，一场武装政变被终止，赤道几内亚幸运逃过一劫。法庭和媒体透露，西蒙只是一个执行人，深藏在其背后的是一批英国投资人，英国前首相撒切尔夫人的儿子马克·撒切尔就是其中的一名投资者，其为承担政变任务的雇佣兵提供了27.5万美元。津巴布韦内政部长指出，这支政变武装得到了英国秘密情报局、美国中央情报局和西班牙秘密情报部门的支持和帮助。马克被南非警方抓获后，撒切尔夫人不顾年老体弱，亲赴南非求情，避免了其被引渡到赤道几内亚。[①] 有这位具有世界影响力老妈的庇护，马克逃脱了可能被判处死刑的厄运，其在支付了巨额罚款后便获得了自由。

第二节 "非暴力抗争" 理论与 "颜色革命"

提到"非暴力抗争"，人们一般会将其与"颜色革命"直接挂钩。作为一种颠覆国家政权或摧毁旧有国家机器的方式，它可以被追溯到印度甘地的"不合作运动"、美西方的"和平演变"战略直至苏东剧变，但在冷战后的"颜色革命"中表现得最为突出。"颜色革命"是指21世纪初期，在前苏联、东欧和中东北非等地区发生的一系列以颜色命名，以和平的非暴力方式进行的政权更迭运动。它主要是指美国和西方国家通过策动和支持目标国家反对派，采取非暴力抗争的手段，颠覆和更迭目标国家现有政权的行为。"颜色革命"与苏东剧变时期的捷克斯洛伐克"天鹅绒革命"一脉相承。所谓"天鹅绒革命"是借用天鹅绒的平和柔滑，来形容政权的和平更替，是与暴力革命相对应的一种革命类型。这些所谓的革命，一般是以西方政治制度为理想目标，以非暴力为主要形式，以颠覆政权为主要诉求。发生"颜色革命"的国家具有一些共同的特征，名义上和法律上已经建立了民主制度，但实际上仍处于某一党派或个人的威权政治统治之下，或是政党恶斗、政局动荡、经济凋敝、民不聊生，在乌克兰甚至爆发了两次"颜色革命"。在苏东剧变和"颜色革命"中，美国及西方国家情报组织，采取秘密介入或借助第三方机构等渠道，通过整合反对派力量、提供资金资助、培训骨干人员、策划行动方案等方式，深度地操纵和参与

[①] 《撒切尔爱子赤道几内亚搞政变》，南京报业网-《南京晨报》，2004年8月26日，手机新浪网，https://news.sina.cn/sa/2004-08-26/detail-ikkntiam0881702.d.html。

了这一系列的所谓革命运动。

一、吉恩·夏普"非暴力抗争"理论研究工作

提起苏东剧变和"颜色革命",都绕不开吉恩·夏普这名美国学者,正是他提出的"非暴力抗争"理论,在美国政府及中央情报局的支持和操作下,促成了苏联东欧的剧变及席卷东欧、中亚、中东、北非等地区的"颜色革命",而且"颜色革命"的余波至今尚未停息,委内瑞拉、白俄罗斯、哈萨克斯坦等国仍然受到"颜色革命"的侵袭。"冷战之父"乔治·凯南最早提出和平演变苏联和社会主义国家的思想,"颜色革命之父"吉恩·夏普将这一思想变成一整套可执行的操作方案,被称为"颜色革命"重要推手之一的罗伯特·赫尔维,则是将这套操作方案运用于具体的实践,并在实践中予以丰富和完善。

吉恩·夏普是一名哲学、政治学和社会学学者,被西方称为"非暴力抗争之父"和"颜色革命之父"。他1928年出生于美国,年轻时与政府持不合作态度,是一名左派叛逆青年,并因拒服兵役、逃避朝鲜战争被捕入狱近10个月。对于此事,夏普后来曾解释说:"我选择了一个特别的良心反抗,我猜想是至今存在最令人生厌的公民抗命。"嗣后他到挪威、英国从事"非暴力"思想的研究工作,1960年出版《甘地行使道德力量的武器:三件个案史》,标志着其"非暴力抗争"思想初现雏形。在此期间,他受到了美国情报部门智囊、国家安全专家、经济学家托马斯·谢林的关注,并被邀请到哈佛大学继续深造和研究,他在这个阶段完全改变了立场,与左翼彻底划清了界限。

夏普于1973年出版《非暴力抗争政治》,被视为"非暴力抗争"的必读书籍,开始用自己的学术研究成果为美西方阵营的整体战略服务,其提出的"非暴力抗争"理论,得到美国中央情报局和北约组织相关部门的高度重视。由于为美国打赢冷战提供了新的路线指南,其理论逐渐获得美国情报界和军界的垂青。他于1983年获资助在美国马萨诸塞州建立了爱因斯坦研究所,专门致力于研究诱导民众通过"非暴力"手段推翻"专制政权",以助力美国针对社会主义国家的"和平演变"战略,并出版了《让欧洲不可战胜——非暴力威慑与防御的潜力》一书。该书再版时,"冷战之父"乔治·凯南亲自为其作序:"尽管在书中,夏普把这种非暴力运动主要设定在欧洲,但在欧洲之外,这种方式拥有更大的潜力。"乔治·凯南已经充分预见到了"非暴力更迭政权"模式在地缘上从苏联控制的东欧

地区向外延伸的潜力。乔治·凯南的器重从此奠定了夏普在政治学领域举足轻重的地位，并在乔治·凯南的运作下，美国情报机构以巨额资金扶持爱因斯坦研究所，主要研究如何颠覆社会主义国家政权和控制第三世界国家政权。乔治·凯南最早提出"和平演变"苏联和社会主义国家的思想，夏普最终将这一思想变成一整套可执行的操作方案。20世纪80年代后期，夏普策划的一系列反共产主义的运动初见成效，引起了中央情报局更大的关注。当时中央情报局日益感到，用暴力颠覆他国政权的方式困难重重，而夏普的"非暴力抗争"理论，让他们"看到了其中隐藏的希望"，于是邀请其出任中央情报局的顾问，专门从事对一些国家进行秘密颠覆行动的策划，爱因斯坦研究所也开始秘密为中央情报局训练"颜色革命"的人才和技能。

1993年夏普出版《从独裁到民主——解放运动的概念框架》，集中体现了其"非暴力抗争"的思想，奠定了其"颜色革命精神教父"的地位，他自己也曾公开宣称："这本书是一本革命指南。"该书将"非暴力抗争"的方法归纳为"抗议和说服、不合作、干预"三大类，其下提出了40种类别198种"非暴力抗争"的手段，包括舆论宣示、文化讽喻、经济抵制、政治孤立、外交封锁等，堪称是对"非暴力抗争"经验的集大成式总结。其中在"象征性的公开行为"类别中，提出了"展示旗帜和象征性彩旗""佩戴象征性标识"等，这已成为"颜色革命"运动中的标配。该书自问世以来，被翻译为30多种语言出版，在世界各地迅速传播，并一直被"颜色革命"的组织者奉为圭臬，夏普也被称为"颜色革命之父"。为方便传播，夏普放弃了版权，特许"任何人可以随意传播和翻译此书"。苏联于1991年动乱并垮台时，《非暴力革命指导》的小册子就曾广泛传播。2000年，在其得意门生们的策划指导下，美西方成功颠覆了塞尔维亚米舍诺维奇政权，随后又策划实施了格鲁吉亚"玫瑰革命"、乌克兰"橙色革命"、吉尔吉斯斯坦"郁金香革命"、缅甸"藏红花革命"等，以及后来中东北非一批国家的"颜色革命"，都与该研究所及夏普有着密切的关系。

夏普不仅从事"非暴力革命"的理论研究，还身体力行地将其理论转变为具体的行动。夏普所主持的爱因斯坦研究所，定期向美国国会和政府提交报告和计划，在获得许可后，由研究所下设的人权基金会、民主价值基金会和宗教自由基金会等组织具体实施。1991年，苏联在"非暴力革命"的冲击下訇然解体，新独立的立陶宛时任国防部长布特克维休斯声称，夏普的书"对我们来说比核武器还重要"。1994年，夏普在泰缅边境地区，向从缅甸逃出来的学生传播"非暴力抗争"理论，在短短3年时间里，培训了3000多名缅甸反对派人士，其中包括数百名僧侣，为后来的"藏红花革命"打下了基础。2002年，70多岁的夏普受邀到荷兰海牙，亲自培训来自很多国家的信奉"非暴力革命"的精英人士，在格鲁吉亚、乌克兰等国家掀起了"颜色革命"的浪潮。夏普对自己的研究成果给世界带来的改变也很自负，他在2012年接受采访时说："我从事非暴力研究几十年了，因为我认识到非暴力抗争所具有的根本力量以及它在世界各地所做出的改观。想象一下波兰、东德以及巴尔干国家如果使用暴力抗争的话，他们会受到苏联的残酷屠杀，东欧很可能仍然在俄罗斯的控制下。但是这些国家自由了，因为那里的人民选择了一种不同的抗争方式。"①

二、"非暴力抗争"基本理论

"非暴力抗争"理论是一套完整的理论体系，夏普的这一理论深受印度甘地、美国的亚伯拉罕·约翰内斯·马斯特、中国的毛泽东和意大利的葛兰西等人理论的影响，并善于从其中吸收营养为己所用，但更多是出于工具理性而非价值理性。印度甘地的非暴力主义，毛泽东哲学思想及群众路线和人民战争理论，美国劳工党创始人之一马斯特的基督教社会主义，以及意大利共产党缔造者和领袖、国际工人运动理论家葛兰西的思想等，都为"非暴力抗争"理论提供了营养。从工具价值而言，夏普将其集成化、系统化和具体化，变成了可具体操作的成体系的方法；从价值工具而言，其研究基本上走向了来源理论的反面，由反对帝国主义和资本主义的理论，变成了帝国主义和资本主义手中的工具和武器。这里简要介绍其"非暴力抗争"的权力理论、"非暴力抗争"的方法、"非暴力抗争"战略战术的关键要素及"非暴力抗争"的主要步骤等方面的内容，便于对其理论有一个总体的把握和了解。

"非暴力抗争"的权力理论。夏普"非暴力抗争"的理论，建立在权力理论基础之上。夏普认为，"武力""暴力"是"独裁者"的优势所在，但是权力的维持，必须依赖社会各部门及人民的支持、服从与合作。统治者权力来源并非来自统治者本身，而是来自外部，主要体现在6个方面：一是合法性，统治者与被统治者之间的权威范围与强度，是影响统治者权

---

① 李静涛：《"颜色革命教父"，政治动荡的幕后推手》，《环球人物》2013年第7期。马钟成：《美国"颜色革命"战略及其应对思路探讨》，《探索》2015年第1期。

力的一个关键因素；二是人力资源，统治者的权力是受到多少人服从与合作，或为他提供特别的协助，以及这些人在整体人口中的比例与他们组织的范围及形式的影响；三是技能与知识，统治者的权力也受到其技能、知识与能力，对统治者需要之关系的影响；四是无形的心理与意识形态因素，如对服从与屈服的习惯与态度，以及一个共同的信念、意识形态或使命感的有无，都会影响统治者与人民相关的权力；五是物质资源，统治者控制财产、天然资源、财务资源、经济体系、通信与运输工具的程度，有助于确定其权力的限度；六是制裁，统治者最终权力的来源，就是他可以处置制裁的类型与程度，两者都是用来对付被统治者以及与其他统治者发生冲突的时候。"非暴力抗争"的战略，就是削弱乃至剥夺统治者这6个方面的权力来源和基础，进而和平地实现政权更迭。夏普认为，"支撑一个政权的是人民和各种国家机构，想推翻这个政权，削弱这些支撑就可以了"，"没有一个政权，甚至一个最残酷的独裁者，可以在没有人民的支持下屹立不倒"，"非暴力抗争就如同白蚁蚕食树木一般，可以把政权的支柱力量蚕食掉。这种力量并不亚于一枚炸弹或一杆枪，最终整个支柱会轰然倒塌。"长达半个多世纪里，在夏普"非暴力抗争"理论的指导下，许多国家的政权发生了更迭，夏普理论的影响力也越来越大。2009—2012年4年间，夏普3次获得"诺贝尔和平奖"的提名，虽然每次都与该奖失之交臂，但足以说明夏普理论与日俱增的影响力。

"非暴力抗争"的方法。夏普在《从独裁到民主》一书中认为，政权的存在依赖于民众的服从和支持，如果民众因为不满而不支持政府，那政权也就无法继续维持了，而不再支持是可以用非暴力的手段实现的。夏普在书中总结归纳了3大类、40小类、总共198种非暴力抗争的方法。3大类包括非暴力抗争与劝说、不合作和非暴力干预的方法。一是非暴力抗争与劝说的方法，这是最温和的一类方法，包括各种游行、公开集会、集体表达意见、象征性公开行为、向公众传播信息和思想等小类别。如象征性公开行为中就包括展示旗帜和象征性彩旗、佩戴象征性标识等，这也是后来形形色色"颜色革命"名称的来源。二是不合作的方法，这是对现时社会的、经济的、政治的关系实行故意的切断、限制、撤除或者公然反抗，例如罢课、退出社会机构、罢工、经济性抵制、抵制选举、不服从不道德法律、拒绝纳税等。这些合法或不合法的不合作行动，能致使一个国家的日常生活无法正常运作。三是非暴力干预的方法，这是直接干预并破坏局势的方法，抗争者运用这种手段掌握主动权，并且直接使制度和局势遭到破坏乃至崩溃,包括心理干预、物质干预、社会干预、经济干预、政治干预等。在心理干预中包括绝食、非暴力骚扰等抗争方法;政治干预中包括暴露间谍身份、诱使进行拘捕入狱、建立平行政府等;物质干预中包括静坐、非暴力入侵、非暴力阻挡、非暴力占领等,所谓占领国会、占领中环、占领某广场等即来源于此。前些年在美国发生的占领华尔街、占领国会等群众性抗争运动,也是受到了夏普理论的影响,有评论者讽刺道,只不过背后少了美国使馆和中央情报局的身影,这也决定其成不了气候。这也说明了"非暴力抗争"运动,如果没有背后的操纵者和境外的声援与支持,是很难达到更迭政权的目标的。

非暴力抗争战略战术的关键要素。夏普非常强调非暴力抗争战略战术的重要性,并认为关键的要素有7个。一是间接战略。他认为,"与直接攻击对方有力的阵地不同,李德·哈特强调指出心理因素的重要性,那么战略的目的就成为'减少抵抗的可能性',敌人的'心神错乱'在现实胜利的条件中是至关重要的","这会使对手的行动手段总是遭到间接性的挑战,而他镇压的权力就会以一种政治'柔道术'反弹对付他。最后他的这些权力来源就会减少或消除。"李德·哈特是英国著名军事理论家,被西方尊奉为"20世纪的克劳塞维茨"和"军事理论教皇","间接路线"是其所独创的军事理论。他在《战略论:间接路线》一书中,对西方希波战争以来的30场战争、280个战役进行了研究,发现其中只有6个采用的是"直接路线",即集中兵力直接进攻敌军主力而获胜,其余的都是采用的"间接路线",即运用智慧和谋略来战胜敌人。与直接通过暴力手段夺取政权相比,"非暴力抗争"与"间接路线"具有相似的特质。二是心理要素。心理和意识形态因素被夏普视为权力的关键基础,它直接影响政权的合法性和被统治者对政权的态度,尤其是面临严厉镇压的情况下,这一要素更加关键。心理战和意识形态战,是"非暴力抗争"最鲜明的特色。夏普认为:"非暴力抗争中这些行动者的士气,正如同在军事冲突中的一样,都是重要的……信心应该是非暴力行动的根本素质。"夏普的得意弟子罗伯特·赫尔维在《论战略性非暴力冲突:关于基本原则的思考》一书中也强调:"不论在军事战役还是在非暴力抗争中,心理战一再证明其有效性,作为削弱、分裂、中立和瓦解对手的支柱和强有力的武器。"制造和传播谣言,是心理战的重要作战方式,罗伯特·赫尔维指出:"谣言的主题应当是对目标受众有重要性的,而且要有趣,使人们愿意传播它。谣言可以用来提高或降低目标受众的士气,或引起诸如仇恨、厌恶或钦佩等情绪。"

三是地理和物质实体。"非暴力抗争"并不谋求一城一池的得失，它只是将"特定地方的控制"，"当作'中间环节'或是作为'获得更大优势的手段'，从而取得最后的胜利"，"特别的地方、建筑物等有时候可能在非暴力行动中变得很重要，特别是当它们有高度的象征意义时"。在"非暴力抗争"的具体实践中，相关国家的相关组织非常注重占领有标志性意义的建筑或场所。四是时机。执行战术的时机是非常重要的，"时机的考虑必须从整体局势的角度"，"必须要有能力可以判断人们什么时候已经准备好采取直接行动，并且也要判断在什么时候呼吁采取行动，将只会得到微弱的反应或受到忽视"。时机要选择于对手企图强加或延他他对社会控制的阶段，而且有时要"迅速地反应与抵抗"，强调"只有迅速采取行动才会有效果"。五是人数与力量。夏普认为人数非常重要，但人数并不完全等于力量。在总罢工或兵变等特殊情况中，"人数可能有时候是具有决定性的"，"特殊的战术与方法可能有它自身人数的要求。人数多有时会无法维持非暴力的纪律，并且镇压之下无法继续行动，可能会削弱运动"。也即要根据不同的抗争手段或方法，配置相应的合适的人数。当然如果参与者"具备必要的标准与纪律"，人数众多也"可能会变成不可阻挡的"力量。六是议题与力量的集中。夏普认为"熟练仔细地选择攻击点"这一原则非常关键，要将攻击点"集中在对手身上最薄弱的环节"，尤其是应当"寻找凸显对手'邪恶'面目的具体方位进行集中攻击，它是对手最不容易防守的地方，而且是能够在非暴力行动者与更广泛的民众中激发出最大力量的地方。在这个有限焦点上的成功，会增加他们的自信心与能力，以有效地向前迈进，更充分地实现其目标"。七是掌握主动性。其主要原则是"非暴力的领导者必须有能力控制局势，并且展示它可以控制"。夏普认为"要选择行动的时间、议题与过程，并且尽管在对手的镇压之下，还是要寻求保持主动。在冲突是由对手出手的情况下……非暴力的行动者要努力尽快恢复自己的主动性"。

"非暴力抗争"的12个主要步骤。夏普"非暴力抗争"理论并非纯理论的学术研究和探讨，而是具有极强的实践性、指导性和操作性。在"非暴力抗争"运动中，只需要按照其提供的方法和程序进行具体的落实与操作就行了，理论直通实战，避免了其他理论由抽象到具体、由宏观到微观、由观念到行动的转换过程，一看就懂，一学就会，做到了学与用的高度融合，因而其传播与应用都极易扩散。"非暴力抗争"运动的实际操作过程，主要包括12个步骤。第一步，派出情报机构的情报人员，伪装成留

第十一章 颠覆类秘密行动

学生、游客、义工、商人、记者等身份，进入目标国家。第二步，以推行"人道主义"目标为理由，组织开办"民主""人权"为主旨的非政府组织机构，暗中招募一些所谓的"民主""人权"人士开展工作。第三步，在当地招募一些政治异见分子或反政府人士，尤其是学者、政客、记者、军人等，通过金钱收买、寻找把柄等方式来控制他们。第四步，如果目标国家有工会势力，就以金钱收买这些组织。第五步，为颠覆行动创作象征性颜色标志或者鲜明的口号，以赢得视觉和听觉的冲击性效果。例如2003年格鲁吉亚的"玫瑰革命"、2005年黎巴嫩的"雪杉革命"、乌克兰的"橙色革命"、伊朗的"绿色革命"等，都有标志性的颜色和具有象征意义的物品。第六步，以相关名义开始示威，从而展开革命运动，示威的名义可以是人权、民主、政府腐败、选举舞弊等，不需要找出证据，只需要找到借口就可以。第七步，不管当地使用什么语言，均要大幅使用英语抗议标语，让国际社会，尤其是美国的政客和民众支持声援这些行动。第八步，组织之前所收买或胁迫的政客、知识分子、记者、明星艺人、工会领袖等加入示威，并要求他们通过自己的影响力，煽动所有对政府不满的人加入。第九步，美国及欧洲通过自己垄断的全球传媒霸权，不断向全世界传播这些煽动颠覆行为的正义性，并把反对暴乱的人指控为"反民主"，予以丑化和抹黑，从而获得大多数人的支持。第十步，当全世界都通过美国及西方把持的媒体关注这里时，就组织或指使相关人员伪造照片或视频，广泛传播民众被暴打、头破血流、哭喊痛诉等图片视频，以动摇目标政府在人民心中的正面形象，使目标政府失去民意支持。第十一步，在游行示威进入高潮时期，派遣间谍或收买亡命之徒，暗中带头进行打砸抢烧，诱发暴力事件，迫使目标政府运用警察甚至军队来维持稳定。以武力挑衅军警，诱使军警使用武力镇压，这样就可以使目标政府失去其他国家的支持，被国际社会认为是"非法政府"。第十二步，组织政客到美国、欧盟、联合国等西方把持的组织陈情，使目标政府受到国际舆论谴责和经济制裁。如果此时目标政府还不肯就范，那就开始扶持反政府武装，资助金钱和武器、帮助反政府武装训练士兵等，甚至协助反政府武装袭击目标国家政府，直到其倒台为止。[①] 在苏东剧变及"颜色革命"中，目标国家的政治反对派及美国为首的西方国家情报组织，基本上都是按照这个套路

[①] 马钟成：《美国"颜色革命"战略及其应对思路探讨》，《探索》2015年第1期。李静涛：《"颜色革命教父"，政治动荡的幕后推手》，《环球人物》2013年第7期。

来颠覆目标国家政权的,并且在多数情况下都能做到旗开得胜,迅速达到颠覆目标国家政权的目的。

三、罗伯特·赫尔维在"颜色革命"中的实践

被称为"颜色革命"重要推手之一的罗伯特·赫尔维,曾是美国国防情报局的一名军官,在美国驻缅甸大使馆任过武官,是夏普的得意弟子,后来曾任爱因斯坦研究所所长。20世纪80年代中期,赫尔维在一次有关"非暴力抗争"问题的国际会议上结识了夏普,从此成为"非暴力抗争"运动的急先锋。赫尔维是一名越战老兵,深知战争的残酷性,也在寻找一种替代战争的革命方法,接触到夏普的理论后,觉得这正是自己要寻找的一条革命的新路径,便积极投入到"非暴力革命"的事业中来了。80年代末,赫尔维受夏普指派来到香港,试图谋划针对中国内地的颠覆行动,并未取得预期的效果。赫尔维曾在美国驻缅甸大使馆担任过武官,对缅甸的情况比较熟悉。90年代初,赫尔维来到泰缅边境,从事"非暴力革命"的培训工作,还将夏普接到缅甸,为当地反对派领袖传授"真经"。缅甸人看到夏普的理论后感到很惊讶,他们不相信还有比武装斗争更好使的方法,但此后夏普的理论在缅甸被广泛传播,并诞生了一位"非暴力抗争"革命的政治家昂山素季。她被军政府软禁了15年,通过"非暴力抗争"的方式取得了成功,在一个时期成为缅甸实际领导人。由于赫尔维出身军人,他的"非暴力革命"中有时夹杂一些暴力色彩,在泰缅边境从事"非暴力革命"培训工作时,也按照美国国防情报局的指令,秘密为一支反对派武装提供武器,支持他们对缅甸政府进行"可控制的小规模暴力抵抗"。

1998年,他来到匈牙利首都布达佩斯,开始谋划颠覆南联盟米洛舍维奇政权,并在南联盟精心指导成立了一个名叫"Otpor(塞尔维亚语反抗之意)"的学生团体,对他们进行"非暴力抗争"的培训,帮助他们分析南联盟政权的弱点,指导缺乏政治经验的学生如何吸引更多的人参加等。2000年,他在布达佩斯举办"非暴力抵抗讲习班",24名南联盟反对派领导人秘密前往受训,学会了如何组织罢工、罢课,如何通过手势进行交谈、如何克服恐惧心理,如何动摇一个"独裁政府"的统治等,这些人回国后很快成为"倒米"街头运动的骨干。他还结合自己长期从事情报工作的经验,对夏普的"非暴力革命"理论进行了补充,比如他曾强调:"在培训反对派领袖时,重要的不是要他们如何推翻现政权,而是要说服他们,告诉他们在新政权里会有他们的位置。"推翻旧政权的行动是一种付

第十一章　颠覆类秘密行动

出，而新政权里的位置则是一种收益，这实际上是对受训者的一种政治利益诱惑，激发他们追逐政治利益的欲望，强化他们起事闹事的意念和行动。2004 年，赫尔维推出了《论战略性非暴力冲突：关于基本原则的思考》一书。书中写道："在军事上取得胜利，是靠摧毁对手继续战斗的能力或意志。在这一点上，非暴力战略无异于武装冲突，只是两者所使用的武器系统截然不同。"他还列举了非常具体的参考文案，如在南联盟大选前怎样把 60 吨传单散发到全国各地；让游行队伍带一块干净的白布，以便于医疗救护；怎样处理伤者，以及如何吸引记者镜头等等。他在一系列新的理论中"最大的贡献"，就是他认为"非暴力革命的重点培训对象是年轻人"，并在实践中进行推广，取得了不错的效果。

促使南联盟米洛舍维奇政权倒台的主要力量，既不是强有力的政治团体，也不是其手下将领的背叛，而是一个新成立的名叫"Otpor"的学生团体，此后这个组织成为策动其他国家"颜色革命"的孵化基地。赫尔维的这些"创新"，随后被迅速运用到格鲁吉亚、白俄罗斯和乌克兰等国。2001 年，"Zubr（野牛）"组织在白俄罗斯创立，该组织试图利用选举策动"非暴力革命"未能成功；2003 年格鲁吉亚出现"Kmara（受够了）"组织；2004 年乌克兰创立了"Pora（是时候了）"等组织。这些组织的标志都具有很强的视觉冲击力，使人过目不忘，塞尔维亚反政府组织使用的是紧握的拳头；乌克兰反政府组织使用的则是时钟，暗指时任总统库奇马下台指日可待。此外，网站、博客、车贴、短信、涂鸦等年轻人喜欢的表现方式，都成为了推动"非暴力革命"的有效武器。在爱因斯坦研究所、自由之家等美国非政府组织的资助下，赫尔维带领"Otpor"组织的骨干成员，在匈牙利布达佩斯建立了"非暴力行动与战略应用中心"，专门培训来自其他国家的"年轻反抗分子"，推广"Otpor"组织的成功经验，其中包括白俄罗斯、格鲁吉亚、乌克兰等国的反对派组织，随之"颜色革命"席卷东欧中亚。2003 年，赫尔维在塞尔维亚首都贝尔格莱德又举办了一个讲习班，格鲁吉亚反对派领导人萨卡什维利应邀前往接受有关进行塞尔维亚"温和运动"的培训。几个月后萨氏便在格鲁吉亚成功发动"玫瑰革命"，登上了总统宝座。[①]通过"非暴力抗争"形式所开展的"颜色革命"，来迅速颠覆某区域一批国家政府，成为后冷战时期颠覆目标国家政

[①] 王晋燕：《"颜色革命"策动者阴谋中国》，2008 年 3 月 3 日，乌有之乡，http://m.wyzxwk.com/content.php?classid=14&cpage=0&id=29271。

权的主要方式,其效率远远超过了冷战时期的传统手法。到目前为止,这个过程似乎并未完结。

第三节　非政府组织在颠覆政权中的作用

非政府组织一词,英文名缩写为 NGO,最初出现于 1945 年 6 月在美国旧金山签署的《联合国宪章》第 71 款中,但非政府组织的历史至少已有 200 多年。联合国官网上对非政府组织的定义是:"非政府组织是在地方、国家或国际级别上组织起来的非营利性的、志愿性的公民组织。"《公共国际法百科全书》的定义为:"非由政府或政府间协议而成立的私营组织,能够通过其活动在国际事务中发挥作用。"非政府组织出现的初期,主要是在美国和欧洲比较流行,现在已经覆盖到全球的各个地区及领域,据《国际组织年鉴》统计,全球有非政府国际组织 2.4 万多个,各国国内非政府组织 2.5 万多个,对世界和平与发展发挥着越来越重要的作用,同时也不可避免地成为有些国家情报组织的工具。在国际关系中,国际非政府组织是除国家政府和跨国公司以外,第三种重要的组织力量,被国际社会视为"第三种力量"。[①] 有些国家的政府和情报组织,出于本国全球战略和国家利益的考虑,借助和利用"第三种力量"进行渗透破坏活动,以达到颠覆他国政权的目的。这方面表现得最为突出的是美国,其欧洲盟国主要是起到配合的作用,其他国家在这方面的作为大多不太明显,许多国家还是"第三种力量"的受害者。

美国中央情报局的海外秘密行动,在 20 世纪 70 年代中期因受到国会调查和舆论抨击而备受打击,并暂时陷入低谷。80 年代初期,新上台的里根政府,决心重振美国在海外的秘密行动,但又担心继续利用中央情报局来直接运作可能会遭到国会和民意的反对,也容易被受害国和国际社会抓住把柄,所以决定转换为主要由非政府组织来运作的新模式。1983 年经美国国会同意正式设立美国国家民主基金会,英文名缩写为 NED,其宗旨是通过非政府组织渠道对外推进民主。美国国会最初决定每年为民主基金会拨款 1800 万美元,到 2003 年突破了 4000 万美元,2006 年已经达到 8000 万美元,2014 年大概为 1.35 亿美元,现在应是远不止此数,此外从 1994

[①] 傅宝安、吴才焕、丁晓强编:《"颜色革命":挑战与启示》,江西人民出版社 2006 年版,第 150—154 页。

年开始还接受私人捐赠。民主基金会通常将财政预算的 30% 直接拨给外国相关组织,其余大部分通过下属的 4 个核心组织进行再分配。这 4 个核心组织分别为代表民主党的美国国际事务民主协会、代表共和党的国际共和协会、代表美国商会的国际私人企业中心。代表美国劳工组织劳联—产联的美国国际劳工团结中心(亦简称团结中心),另有部分资金通过自由之家发放。1994 年民主基金会旗下新建了国际民主研究论坛和民主资源中心,资金主要来源为私人捐助。民主基金会在美国有众多的支持机构和合作伙伴,包括索罗斯等一批传统的私人基金会、约翰·霍布金斯大学、亚洲基金会、透明国际等。民主基金会在全球 90 多个国家和地区开展活动,推广"自由""民主"等美国价值观,颠覆所谓"独裁""极权"政府,建立亲美政权,是苏东剧变和"颜色革命"的重要幕后推手。[①]

中央情报局成立之后,就与非政府组织有着不解之缘,利用非政府组织来达到某种目的,如利用美国劳联—产联在苏东地区和第三世界国家开展渗透破坏活动,在文化冷战中建立了文化自由大会及相关非政府组织,宣扬和推销美国文化与价值观等。但在颠覆他国政权的秘密行动中,非政府组织的参与度及作用比较有限,中央情报局对其利用也具有临时性、随机性、零散性和辅助性等特点。中央情报局虽然在颠覆他国政权的秘密行动中,隐身背后进行操纵,并没有走向前台,但由于中央情报局与在前台实施颠覆行动的目标国家代理组织和代理人之间缺少"防火墙",容易暴露美国政府背景,引火上身,即便巧言否认,也很难令人信服。当时针对美国中央情报局颠覆他国政权这种严重违背国际准则的行为,国际社会高度关注并予以谴责,美国国会及民众也多有非议。正是在这种情况下,里根政府转而借助非政府组织来作为"白手套",成为美国政府及中央情报局与目标国家代理组织和代理人之间的"防火墙",以"非政府"或"私营组织"的名义来掩人耳目。中央情报局则退到幕后进行秘密策划与指导,提供资金、情报及相关社会资源的支持。由美国政府拨付给这些非政府组织的资金,实质上是来自中央情报局总经费之中,只不过过去是以秘密经费名义由中央情报局私下资助,现改为由国会预算直接拨付,从形式上阻断了中央情报局与这些非政府组织之间的直接关系。

美国国家民主基金会,1983 年由时任总统里根倡议推动,时任中央情

[①] 刘强、李环:《美国国家民主基金会及其对"疆独"组织的资助》,《国际资料信息》2009 年第 9 期。

报局局长威廉·凯西和国家安全委员会成员沃尔特·雷蒙德等人创建,形式上是私人运作,本质上是一个政府部门,接受国务院、中央情报局、美国国际开发署的指令并配合行动,被国际社会视为"第二中央情报局"。该基金会创始人之一艾伦·温斯坦,在1991年接受《华盛顿邮报》采访时,就曾直言不讳地说:"我们今天做的许多事情,就是25年前中央情报局偷偷摸摸做过的事情。"2006年10月,该基金会时任总裁格什曼在对美国退休外交官的演讲中表示:"国家民主基金会的目的就是要推行类似乌克兰橙色革命和格鲁吉亚玫瑰革命那样的、通向民主的和平政治演变。"自由之家于1941年由温德尔·威尔基和埃莉诺·罗斯福(美国第32任总统富兰克林·罗斯福之妻)创建,当时的目的是为了反对欧洲的纳粹主义与共产主义,自称"致力于在全世界范围内推广自由",是"全球自由民主的福音",其经费预算的三分之二来自美国政府,在12个国家设有分部,主要任务是在一些国家推动"人权"和"自由",达到颠覆目标国家政权的目的。英国《卫报》也认为:"作为颜色革命主要建筑师之一的自由之家,不过是中央情报局的门面而已。"[①] 美国许多私人基金会也加入到这一行列之中,如索罗斯基金会、福特基金会、洛克菲勒基金会、卡耐基基金会等。在"颜色革命"过程中,美国的许多非政府组织在其中翻云覆雨,受到国际舆论的诸多指责,于是纷纷改头换面,将设在目标国家的分支机构更名,或是成立新的非政府组织,从形式上阻断美国总部与目标国家分支机构之间的直接关系。如自由之家在吉尔吉斯斯坦的办事处于2005年更名为"自由之声",给人以二者之间没有任何关联的感觉。索罗斯基金会等美国私人基金会也改变了过去直接资助的方式,转而在世界各地及目标国家注册了名目繁多的非政府组织名头。这种掩耳盗铃式的游戏并不能够完全消除世人的疑虑,但为巧言否认提供了一定的回旋空间。同时美国所开展的颠覆秘密行动是强者对弱者的"战争","战争"的方式是挑动弱者内斗,使其代理组织或代理人能够胜出,根本不用惧怕对手反击,对手大多也就无力反击,如其代理人能够成功上位,还会产生一个感恩戴德的盟友,如冷战时期智利总统皮诺切特、印尼总统苏哈托等,依靠"颜色革命"上台的乌克兰总统尤先科、格鲁吉亚总统萨卡什维利等莫不如此。让人们意识到背后有美国政府因素的存在,并形成威慑力,这种威慑力也

---

① 刘小燕、王洁:《政府对外传播中的"NGO"力量及其利用——基于西方国家借NGO对发展中国家渗透的考察》,《新闻大学》2009年第1期。

第十一章 颠覆类秘密行动

有助于其代理人能够在目标国家各种势力的较量中胜出，在某种意义上来说，可能也是美国政府及中央情报局所乐见的。间接的威慑与直接的威慑毕竟是两码事，在目标国家参与内斗的多派政治或军事势力中，域外国家有选择性地进行支持，如支持其中被己方认为是"正义"或"合法"的某一方，这也是国际政治中司空见惯的现象。因此这种通过非政府组织来支持代理组织或代理人，制造目标国家动乱或进行颠覆活动的方式，表面上看来是其国内不同政治或军事派别的内斗，具有明显的隐蔽性和欺骗性，同时也不乏威慑性，面对相关方面的指责也易于进行应对。常识是非政府组织不代表政府的政策和立场，但政府不一定不赞同非政府组织的某些行动，这里面的关系错综复杂，也给相关国家政府及情报组织巧言否认和翻云覆雨提供了相当广阔的空间。

一、整合反对派，扶持代理人

通过整合反对派、扶持代理人的方式来颠覆目标国家的政权，或是改变大选结果，建立亲美政权，是美国政府及中央情报局的惯常做法，如在伊朗通过"阿贾克斯行动"扶持失意军人法兹洛拉·扎赫迪将军担任首相，南越的吴庭艳、智利的皮诺切特、印尼的苏哈托等人，都是美国中央情报局通过秘密行动的方式扶上总统宝座的，无一例外地都建立了反共亲美的政权，这些基本上都是通过操纵目标国家统治集团内部高层斗争来实现的。20世纪80年代开始，美国颠覆他国政权的秘密行动发生了明显的变化，方式上更多地采取"非暴力抗争"，渠道上更多通过非政府组织，力量上更多依靠在野组织和草根群体，节点上更多选择国会和总统选举，在苏东剧变尤其是"颜色革命"中表现得最为突出。有些目标国家的反对派组织林立，力量分散，内耗严重，无法与现政权对抗，美国中央情报局就对他们进行整合，共同推出1名可能性比较大的代理人参选。

尼加拉瓜"桑地诺民族解放阵线"于1979年推翻索摩查家族专制统治，建立了人民民主革命政府，同古巴、苏联和东欧、越南等社会主义国家建立了紧密的关系，并支持中美洲萨尔瓦多、危地马拉、洪都拉斯等国家的反政府武装斗争。对此，美国政府如鲠在喉，授权中央情报局开展准军事行动和贸易禁运，企图颠覆"桑解阵"政权，都未能奏效。布什政府调整了做法，试图通过干预尼加拉瓜1990年大选来达到这个目的。中央情报局通过美国国家民主基金会，将尼加拉瓜一盘散沙、四分五裂的14个反对派组织联合起来，组成全国反对派联盟，并推出总统候选人查莫罗夫人，为其提供大笔经费，在政治上为其大造正面舆论，还建立了年轻市民组织、尼加拉瓜妇女运动组织等群众组织，利用其将触角延伸到尼社会的各个阶层，破坏选民对"桑解阵"政权的支持，最终查莫罗夫人赢得大选。美国国会议员乔治·米勒直言不讳地表示："我们将要为这一选举过程投入10亿美元。我们资助反政府武装，破坏尼加拉瓜经济，选择查莫罗夫人作为总统候选人，我们为她的报纸提供资金，我们为她的整个选举过程提供资助，现在我们将为她提供美国可以用钱买到的最好的选举。"[①] 中央情报局通过其他方式积10年之力都未能颠覆的"桑解阵"政权，经由非政府组织的运作便被赶下了台。这是中央情报局首次通过非政府组织运作来颠覆他国政权，在此后的苏东剧变和"颜色革命"中，这成为美国及中央情报局颠覆他国政权的主要方式。

科索沃战争结束后，美国中央情报局和英国秘密情报局等情报机构重返南联盟，秘密颠覆米洛舍维奇政权。美国大型专业选举公司"佩恩、肖恩和伯尔蓝德民调公司"，对南选民的民意测评结果进行了深度分析，建议将南反对派联合起来参选，就一定能够将米赶下台，美国国务院和中央情报局采纳了这个建议。为改变南联盟20多个反对党一盘散沙的状况，美国国家民主研究所于1999年10月出面，邀请南联盟20位反对党领导人到布达佩斯玛利特饭店进行研讨和协调，美国专家警告并提醒，赶米下台的唯一机会就是"反对党应该联合起来"，最终形成了"反米联盟"，共同推出民意支持率较高的科什图尼察为反对党联盟总统候选人。在2000年9月的大选中，科什图尼察当选总统。[②] 南联盟的政权更迭，成为"颜色革命"的前奏，其成功经验后来不断在相关国家进行复制和提高完善。2005年4月，时任美国国务卿赖斯访问波罗的海国家期间，专门会见白俄罗斯反对派代表，公开指责卢卡申科是"欧洲最后一个独裁者""白俄罗斯的米洛舍维奇"，提出"现在是白俄罗斯实行变革的时候了"，并对他们面授机宜：建立独立媒体、发动群众运动、联合反对派、推出统一候选人等。在次年的总统大选中，10个反对派组成"民主力量联盟"，联合推出亚历山大·米林克维奇为总统候选人，但其仅获得6.1%的选票，嗣后他们组织

---

① 白建才：《"第三种选择"：冷战期间美国对外隐蔽行动战略研究》，人民出版社2012年版，第378—380页。
② 傅宝安、吴才焕、丁晓强编：《"颜色革命"：挑战与启示》，江西人民出版社2006年版，第9—10页。

第十一章 颠覆类秘密行动

的抗议活动也被政府平息下去了。① 美国在白俄罗斯的"颜色革命"图谋没有取得成功,但直到2020年仍然没有放弃。

在颠覆他国政权的秘密行动中,美国中央情报局十分重视在目标国家中寻找和培养持不同政见者,只要这些人持有亲西方的政治立场,有较强的政治斗争能力和个人魅力,就将其培养成为西方的代理人,并暗中支持其在国内扩大政治影响,有朝一日将其推上目标国家最高权力的宝座。格鲁吉亚的萨卡什维利,20世纪90年代初获得美国国会奖学金赴美学习,学成后取得律师执照,在纽约一家律师事务所工作,此间结识了到访美国的谢瓦尔德纳泽总统,成为谢氏的得意门生,并于2000年底被提携为司法部长。其于次年秋辞职组建统一民族运动党,成为反对党领袖之一,得到了美国及中央情报局的青睐。为赢得2004年的大选,萨卡什维利专门到塞尔维亚参加了"非暴力抗争"的培训,回来数月后,通过组织开展"玫瑰革命"取得了总统宝座。② 乌克兰的尤先科,是索罗斯基金会下属的乌克兰开放社会研究所董事会成员。③ 尤先科的妻子叶卡捷琳娜·丘马琴科是乌裔美国人,先后在美国国会、国务院、白宫和财政部工作了6年多时间,1991年作为美国乌克兰基金会的创始人之一和首席代表派驻到基辅,④ 1998年由小三上位与尤先科结婚。俄罗斯一位主持人曾称丘马琴科是"美国女间谍",也有传闻说尤先科是美国中央情报局发展的间谍,此事虽未成定论,但至少说明尤先科与美国的关系非同寻常,自然会得到美国的鼎力支持,他们所任职的乌克兰开放社会研究所和乌克兰基金会本身就是乌克兰"颜色革命"背后的推手,尤先科毫无悬念地摘取了"橙色革命"的胜利果实。

在对目标国家开展"颜色革命"的过程中,美国非政府组织还承担起了针对目标国家建立"指挥中心"的任务,统一调度和指挥前期培养的目标国家"民主"骨干力量和"领军人物"。据报道称,2000年初,美国在

---

① 孙壮志主编:《独联体国家"颜色革命"研究》,中国社会科学出版社2011年版,第245页。

② 傅宝安、吴才焕、丁晓强编:《"颜色革命":挑战与启示》,江西人民出版社2006年版,第25—26页。

③ 傅宝安、吴才焕、丁晓强编:《"颜色革命":挑战与启示》,江西人民出版社2006年版,第171页。

④ 孙壮志主编:《独联体国家"颜色革命"研究》,中国社会科学出版社2011年版,第237页。

匈牙利成立了"促进南斯拉夫民主办公室",派高官坐镇指挥。2002年4月,美在驻格鲁吉亚使馆设立了"促进格鲁吉亚民主办公室",美驻格大使迈尔斯曾毫不讳言地表示,他出使格鲁吉亚的主要任务是促进该国"以民主方式实行政权更迭"。[①] 2004年秋,乌克兰举行总统大选,美在乌克兰的邻国也成立了类似的办公室,尤先科曾亲自前往该办公室接受指令,并通过"橙色革命"夺取了乌克兰总统宝座。

二、培训骨干人员,培养亲美阶层

美国著名政治学家萨缪尔·亨廷顿在《变化社会中的政治秩序》中写道:"对一个传统社会的稳定来说,构成主要威胁的并非来自外国军队的侵略,而是来自外国观念的侵入,印刷品和言论比军队和坦克推进得更快、更深入。"组织培训工作,是美国中央情报局培养开展颠覆活动队伍的重要途径,只不过在冷战时期,中央情报局主要是培训武装人员,包括目标国家的流亡人员、反政府武装人员、地方民族武装人员及所招募的雇佣兵等,组织这些人员开展准军事行动,以颠覆目标国家政权。美国中央情报局及盟国情报机构甚至在阿富汗培训如本·拉丹之类的极端宗教势力武装组织,以武装对抗苏联及所扶持的阿政府。后冷战时期,美国逐步转为通过非政府组织培训目标国家的反对派组织骨干、青年学生及相关草根群体,传授"非暴力抗争"的方法技巧,以"非暴力"和"和平"的方式,颠覆所谓的"独裁""专制"政权。通过培训来传授技巧和组织队伍,成为"颜色革命"的基础性工作和前置条件。要想颠覆目标国家政权,必须改变目标国家相关组织和群体的思想观念,培训就是改变思想观念的不二法门,同时让他们熟练掌握"非暴力抗争"的方法和技能。将思想观念与方法技能有机地结合起来,常常能激发和培植出相关群体社会变革的巨大潜能。索罗斯传记中说:"革命不应被引向防御工事,不应在街道上,而应在平民的思想里。这种革命是和平的、缓慢的、渐进的,但从不间断。到最后,它终将导致民主在一些国家中诞生。"这段话揭示了非政府组织"非暴力抗争"培训工作的实质。

受到中央情报局和国家民主基金会资助的爱因斯坦研究所,以及索罗斯基金会等美国相关非政府组织,多年来一直与北约和中央情报局合作,在中亚、东欧、北非以及津巴布韦、委内瑞拉、缅甸等地区和国家,针对

---

① 南菁:《浅议街头政治》,《思想理论教育导刊》2005年第7期。

第十一章　颠覆类秘密行动

反对派和青年学生开展"非暴力抗争"培训，成为"颜色革命"的重要推手。"颜色革命"虽然集中爆发于本世纪，但美国非政府组织的培训工作早就着手了。美国国家民主研究所从1992年开始，为乌克兰改革派进行了13年的政党培训；国际共和研究所从1998年开始帮助培训格鲁吉亚的政党，训练了数千名政党活动分子。2000年3月，爱因斯坦研究所在匈牙利首都布达佩斯希尔顿饭店举办"非暴力抗争讲习班"，24名南斯拉夫反对派领导人秘密前往受训，这些人在美国专家指导下学会了如何组织罢工、罢课和街头运动等"非暴力抗争"活动。一位塞尔维亚青年领袖说："赫尔维是一位很有经验的人，他教我们如何同警察搞好关系。如何向警察发信息，说我们同是专制制度的受害者。他还告诉我们，要及时确定宣传符号、标志以及联络方式，然后再组织一些活动，吸引更多的人参加。要推翻一个政权，必须要有庞大的声势和人群。"索罗斯基金会出资150万美元，在格鲁吉亚成立了"Kmara（受够了）"青年组织，并邀请塞尔维亚"民主"专家赴格对该组织的2000余名成员进行专门培训。2003年，美国在塞尔维亚首都贝尔格莱德"非暴力行动与战略应用中心"又举办了一个讲习班，格鲁吉亚反对派领导人萨卡什维利应邀前往接受有关进行塞尔维亚"温和运动（非暴力革命）"的培训。2004年秋，美国派出1000多人分赴乌克兰14个州，在乌克兰培养和输送了大批骨干，这些人随后在"橙色革命"中发挥了主力军的作用。英国《卫报》评论道："这个运动（指橙色革命）是美国人的创造，是根据大众营销和推行西方品牌的方式，经过周密和精确的计划制造出来的。"[①]

由美国非政府组织举办的此类培训班，在20世纪80年代末期就开始了。与东欧或紧邻欧洲的国家和地区不同，在缅甸这种传统宗教和政治文化与欧洲迥然不同的国家，从播种到收获周期很长。爱因斯坦研究所1989年已开始在缅甸开展秘密活动，美国政府一次性拨给该所5200万美元，由该所下属的人权基金会、民主价值基金会、宗教自由基金会具体实施。他们在泰缅边境培训了来自缅甸各地的反对派3000多名，其中包括数百名僧侣，培训内容除"非暴力抗争"的各种策略和方法外，还传授了如何与警察等现政权的维护者展开沟通的技巧。2007年9月缅甸爆发"藏红花革

---

① 南菁：《浅议街头政治》，《思想理论教育导刊》2005年第7期。

命"的政治危机,这批受训人员成为骨干和活跃分子。① 在这次危机中,与以往由普通工人、学生发起的抗议不同的是,僧侣的行动要克制得多,不仅事先计划周密,而且禁绝一切政治性口号,不与当局派出的军警发生正面冲突,还主动在日落前解散,致使缅甸军政府处于进退维谷的困境,想镇压难以找到借口,不镇压又终止不了事态,结果是军政府统治的根基,在这种"非暴力抗争"的运动中逐步被侵蚀。

夏普的"非暴力抗争"理论是培训的重要内容,其抗争的方法技巧,被苏东剧变和"颜色革命"中的反对派组织所普遍采用。夏普接受采访时说:"该书(《从独裁到民主》)是一本革命的指南,使用它,在发动革命的时候就会避免受到残酷的镇压。在塞尔维亚,就是因为在革命中使用了儿童,警方才不敢使用暴力。后来反对派领袖们又与司法部门谈判,建立关系,达成协议。"参加培训的人员毕竟是有限的,他们还将这些方法技巧编印成简明易懂、方便携带的小册子,广为散发,发展更大的受众群体。1991年导致苏联解体的"8·19"事件中,叶利钦的拥护者人手一册夏普的《非暴力革命指导》。2011年埃及爆发"颜色革命"时,爱因斯坦研究所专门编印了《埃及革命行动手册》,这本广泛散发的阿拉伯文小册子,非常详尽地指导民众如何进行和平抗争、如何选择抗争口号、如何选择具有象征意义的地点、如何选择鲜明醒目的抗争标记、如何与警察对抗、如何组织街头运动、如何争取官方内部的支持等。埃及"颜色革命"中的两个有影响的反政府组织,都接受过美国非政府组织的培训与指导。一个名为"全国变革运动",也称"卡法亚(Kefaya)",意为"受够了",与乌克兰反政府组织"Kmara(受够了)"如出一辙。另一个名为"4月6日青年运动",该组织成员也曾前往塞尔维亚"非暴力行动与战略应用中心"接受过培训。② 2005年10月,胡安·瓜伊多等5名委内瑞拉"学生领袖"也来到贝尔格莱德,接受美国国家民主基金会资助的"颜色革命"技能培训,回国后组织年轻人开展街头政治运动。随后瓜伊多赴美留学,在国家民主基金会的支持下活跃在美国相关政治团体中,被美国培养成为在委内瑞拉的代理人。他于2019年1月自封"临时总统",图谋取代被美国

---

① 《警惕渗透中国的西方NGO策动"颜色革命"》,乌有之乡,2015年7月30日, http://m.wyzxwk.com/content.php?classid=18&cpage=0&id=348704。

② 马钟成:《美国"颜色革命"战略及其应对思路探讨》,《探索》2015年第1期。

认定为"非法"的马杜罗政府，成为美国颠覆委内瑞拉合法政府的急先锋和工具。① 当然如能成功，其本人也将会是最大的受益人，面对如此巨大的利益诱惑，他是很难放弃的。2009 年奥巴马访问开罗时，国务卿希拉里专门接见了一批在自由之家接受过两个月培训的埃及青年活跃分子。吉尔吉斯斯坦的"反腐败文明社团"组织也是由美国资助，编写和散发有关"非暴力抗争"运动的手册；自由之家将夏普《从独裁到民主》翻译成俄文，在吉广泛散发，成为反对派的必读书籍和行动指南。

对目标国家和地区精英阶层的培训，则大多是放在美国本土，以邀请学习考察的名义进行组织，灌输美国及西方的民主价值观，培养亲美精英阶层。据统计，1993—2005 年，有 9 万名来自独联体国家的政府官员、军人、学生及学界和商界精英等方面的人员，在美方的资助下赴美参观学习，其中就有后来通过"颜色革命"上台的萨卡什维利和尤先科两位总统，还有一大批人进入目标国家领导高层。为帮助白俄罗斯反对派在 2003 年地方市政选举中获胜，美国出资邀请近 200 名白俄罗斯反对派骨干赴美考察受训，另外还有 50 名俄罗斯青年学生参加美国政府组织的"未来领导人"项目赴美学习。1993—2008 年，吉尔吉斯斯坦参加赴美交流人数达到 2700 人。美国还资助独联体国家的军官和警察赴美学习，专门建立国际军事教育和培训基金。2002 年美国向哈萨克斯坦提供 180 万美元，资助 200 名哈军人到美国学习，次年增至 300 万美元。2001—2003 年提供 210 万美元培训吉尔吉斯斯坦的军人，而吉军队才 1 万人。索罗斯-吉尔吉斯基金会，在吉投入约 4000 万美元，资助开办了美国中亚大学，学校为青年学生精英颁发奖学金，资助他们赴美留学。② 通过这些方式，美国在目标国家和地区造就了一个庞大的亲美社会精英阶层，形成了"颜色革命"坚实的社会基础。

三、掌控社会舆论，引导民意指向

在大选期间，媒体具有信息披露者、选举监督者、选民引导者、竞选平台提供者和事件评判者等多重身份，具有一定的影响选举结果的能量。

---

① 外交部：《关于美国国家民主基金会的一些事实清单》，2022 年 5 月 10 日，公安部网站，https://www.mps.gov.cn/n2255079/n6865805/n7355741/n7355780/c8486909/content.html。

② 孙壮志主编：《独联体国家"颜色革命"研究》，中国社会科学出版社 2011 年版，第 406—409、436 页。

因此在西方国家，媒体被视为与立法、行政、司法相提并论的"第四种权力"。据皮尤研究中心于 2004 年 3—6 月在美国进行的一项调查显示，新闻报道、广告和午夜节目对选民影响占 34%，候选人及其代理人对选民的影响占 39%，其他专家对选民的影响占 11%。① 在苏东剧变与"颜色革命"过程中，媒体和各种宣传品自然也成为重要的工具，通过丑化执政当局，宣传反对派的主张和诉求，来影响选民的投票意向。

广播电视受众面广，美国历来重视发挥其在颠覆活动宣传战中的作用。2004 年美国通过了《白俄罗斯民主法案》，允许美国自由资助白俄罗斯非政府组织与独立广电媒体，以此敦促该国进行改革。欧盟资助 200 万欧元，建立广播电台，以"打破白俄罗斯当局对国家新闻工具的垄断"。② 在总统和议会选举的敏感时期，这些所谓自由媒体成为反对派操纵民众、误导民意的喉舌，对形势的发展起到推波助澜的作用。由美国支持的乌克兰媒体，以 2002 年叛逃的乌安全官员提供的录音为证据，大肆报道总统库奇马密令谋杀著名记者贡加泽、秘密向伊拉克和南联盟出售军火、在英国洗钱等诸多"罪证"，试图以此将库奇马搞臭，阻止其支持的总统候选人、时任总理亚努科维奇当选，为亲西方的"民主派"总统候选人尤先科争取更多的选票。乌克兰"第五频道"是西方国家投资的商业电视台，覆盖受众达 1500 万人，影响极大。该台在 2004 年年底总统选举期间，散布俄罗斯特种部队已抵达基辅的谣言，试图激起乌民众对亲俄的亚努科维奇的反感，对选举结果翻盘起到了不可忽视的作用。③

传统媒体如报纸杂志，在经济相对落后的国家依然是获取信息的主要渠道，作用不可小觑。吉尔吉斯斯坦《我的首都新闻报》，是受到美国非政府组织自由之家资助的反对派报纸，该报自 1999 年创刊至 2005 年，共接受 7 万美元的资助。在吉议会选举前，该报不断爆料时任总统阿卡耶夫及其家人的奢华生活，激起了民众对执政当局的强烈不满。而该国国营新闻媒体的记者大多曾到欧美接受过免费培训，全盘接受了西方价值观，导

---

① 孙壮志主编：《独联体国家"颜色革命"研究》，中国社会科学出版社 2011 年版，第 387—389 页。

② 孙壮志主编：《独联体国家"颜色革命"研究》，中国社会科学出版社 2011 年版，第 246 页。

③ 戴旭：《美国是如何在全球策动"颜色革命"的》，来源《国防参考》，2014 年 10 月 29 日，中国军网，http://www.81.cn/mjjt/2014-10/29/content-6626768.html。

致他们集体失语,媒体失控。① 自由之家项目总监、美国人麦克·斯通,赶在吉议会选举前夕,加班加点专门印制了20万份头版为《现在轮到阿卡耶夫了》的特刊,10天后阿卡耶夫政权被"郁金香革命"所颠覆。

网络媒体在"颜色革命"中也发挥了不可替代的作用,它既可以传播信息,又是通联的渠道,还是聚集的场所。有些西方媒体将发生在突尼斯和埃及的"颜色革命",称为"脸书及推特革命"。发生在中东、北非的"阿拉伯之春",起源于"维基解密"网站于2010年12月公布的数封密码电报,内容是美国驻突尼斯前大使罗伯特·戈德兹披露本·阿里总统家庭成员贪污腐化的事实,并警告"对于遭遇日益增长的赤字和失业现象的突尼斯人来说,展示总统家庭财富和时常听到总统家人叛国的传闻,无异于火上浇油"。该文件在网络上出现后,突尼斯爆发了罢工和街头示威活动,所有反政府的宣传和集会指令都是通过推特、脸书和油管进行的。次年元月,埃及数百万民众走上街头抗议,要求总统穆巴拉克辞职。这次暴动的主要组织团体"4月6日运动"就是以脸书为平台组成的一个网络组织,"埃及变革运动"也是这样一个虚拟的网络组织。同年2月,利比亚发生反对总统卡扎菲的抗议活动和内战,据利比亚反对派领导人奥马尔·马哈穆德称,为了使人们走上街头,他们利用了社交网站"马瓦达",成功地联合了17万名卡扎菲的反对者。②

另外,不干胶贴、涂鸦、传单等年轻人喜欢的表现方式,都成为了推动"非暴力革命"的武器和工具。美国非政府组织为塞尔维亚学生运动"Otpor"组织提供了5000罐油漆的费用,使他们能随心所欲地在塞各地涂写反米的标语口号、漫画等。美国非政府组织资助印有"他完蛋了"的不干胶贴标语250万张,重达80吨,这个标语后来成为整个"倒米运动"的标志性口号。在"颜色革命"所波及到的国家,反对派基本上都是借鉴和复制这种模式。③

---

① 孙壮志主编:《独联体国家"颜色革命"研究》,中国社会科学出版社2011年版,第437页。

② 戴旭:《美国是如何在全球策动"颜色革命"的》,来源《国防参考》,2014年10月29日,中国军网,http://www.81.cn/mjjt/2014-10/29/content-6626768.html。

③ 傅宝安、吴才焕、丁晓强编:《"颜色革命":挑战与启示》,江西人民出版社2006年版,第10页。

四、暗中提供资助

支持反对派，培训及组织大规模的群众性抗争等活动，都需要大量的资金。这方面美国及欧洲盟国通过非政府组织提供了巨额的经费及相关设备的支持，不过与通过战争或准军事行动来颠覆目标国家政权的方式相比，投入产出之比非常高。2005年5月，时任美国总统小布什在参加国际共和研究所组织的"自由奖"颁奖仪式时赞扬道，该组织成立20年来，在100多个国家的民主变革斗争前沿"努力工作"，在帮助反对派夺权等方面发挥了"重要作用"，并透露："为了在阿富汗和伊拉克推进民主、进行政权更迭，美国几乎耗费了3000亿美元。相反，在策划独联体地区的颜色革命中，仅花了不足46亿美元，少花钱，多办事，事半功倍。"[①] 美国尼克松研究中心主任山姆斯在接受俄罗斯媒体采访时曾表示，美国有专门的法律禁止非政府组织资助美国的政党。此类事情在美国国内不被允许，但却成为美国政府及中央情报局借手非政府组织颠覆目标国家政权的主要手段。

从思想文化上入手，通过非暴力的方式来颠覆社会主义国家，是冷战时期的主要特征。1982年美国总统里根签署了第75号秘密训令，其主旨是颠覆社会主义国家，主要手段就是建立和联合相关国家内部的反对派力量在外来的支持下夺取政权，并使这些国家在政治上转向西方。他在训令中特别规定，拨款8500万美元，用于在未来两年内培植"第五纵队"；拨款1780万美元，用于控制相关国家的工人运动；拨款550万美元，用于出版和发行批驳"马克思主义辩证哲学"的印刷品等。[②] 80年代初期波兰团结工会开始闹事后，美国政府及中央情报局除了在政治上给予全方位扶持外，还在经费上给予了大力支持，1987年向团结工会提供了100万美元的活动经费，次年增加到500万美元。从波兰团结工会成立之日起，美国最大的工会组织劳联—产联就根据中央情报局的指令，对其提供建议、培训、资金等方面的支持，并通过秘密渠道，将传真机、计算机、印刷设备等物资运交团结工会。从某种意义上说，团结工会当时实际上已成为美国

[①] 李晓春、陈诚：《颜色革命金钱功劳大，美用重金渗透中亚五国》，《环球时报》2006年3月6日。

[②] 戴旭：《美国是如何在全球策动"颜色革命"的》，来源《国防参考》，2014年10月29日，中国军网，http://www.81.cn/mjjt/2014-10/29/content-6626768.html。

第十一章 颠覆类秘密行动

在波兰、乃至整个苏联集团内部最大的代理组织。1989年，团结工会顾问马佐维耶茨基组建以团结工会为主体的联合政府，次年波兰统一工人党决定停止活动。①美国终于在苏联集团身上打开了缺口，波兰成为苏联集团中第一张倒下的多米诺骨牌。美国学者戴维·罗特科普夫认为："随着社会对外开放，传真机、录像带、完善的电视信号服务系统、美国有线新闻网（CNN）及各类西方新闻媒体蜂拥而至，冲破禁锢人们思维的桎梏，从而推动反政府力量前行；当地人民在了解了其他地方成功推翻当局的新闻报道后，就会进一步推动社会变革。正因为如此，东欧的天鹅绒革命才会发展成燎原之势。波兰的革命长达好几年，捷克斯洛伐克长达几个月，匈牙利用了几周，而罗马尼亚只花了几天而已——很明显，每一次政权的更迭都推动了下一个政权的倒塌。"②

冷战结束后，为避免陷入国际道义上的被动，美国政府不直接介入目标国家的"民主改造"，而有美国及西方背景的非政府组织则发挥着重要的作用，成为美国推动"民主化"进程的重要工具及输送资金的渠道。美国政府斥资近100亿元，组建或资助了近1000个非政府组织，其中影响最大的是美国国家民主基金会及其下属机构。美国政府每年"为推动全球民主"开列的预算高达10亿美元，通过国家民主基金会、国际共和研究所、美国和平协会，以及自由之家、开放社会研究所等非政府组织，向目标国家反政府组织进行输送，美国中央情报局和英国秘密情报局深度参与了此项工作。通过国家民主基金会和国际共和研究所向南联盟反对派提供资助，1990年为1000万美元，2000年增至3100万美元，到同年选举结束，美、英、德共向南联盟反对派提供了超过6000万美元的活动经费。据美国《纽约时报》和《华盛顿邮报》报道，美国国会共拨款7700万美元直接用于颠覆南联盟政权，南联盟选举投票后的第二天，美国众议院再次批准拨款1.05亿美元用于支持南国内反对米氏的政治派别，并最后将其所认可的反对党候选人科什图尼察扶上总统的宝座。③2003年11月格鲁吉亚议会选举期间，美国索罗斯基金会和国家民主研究所，共向格反对派提供了5000

---

① 白建才：《"第三种选择"：冷战期间美国对外隐蔽行动战略研究》，人民出版社2012年版，第338—346页。
② [美]戴维·罗特科普夫著，孙成昊、赵亦周译：《操纵世界的手——美国国家安全委员会内幕》，商务印书馆2014年版，第325页。
③ 傅宝安、吴才焕、丁晓强编：《"颜色革命"：挑战与启示》，江西人民出版社2006年版，第10页。

多万美元，资助反对派从各地招募民众，到首都第比利斯举行集会游行活动。谢瓦尔德纳泽总统被迫辞职后愤怒地表示："有一位大使告诉我，索罗斯为发动玫瑰革命，拿出了250万到300万美元的活动资金。"谢氏所言只是美国总资助金额的零头，可见美国非政府组织颠覆活动的隐蔽性还是比较强的。索罗斯基金会1990年在乌克兰建立国际复兴基金会，搞"民主渗透"，截至2004年乌爆发"颜色革命"，美国通过国家民主基金会和乌克兰的开放社会研究所，向乌反对派领导人尤先科提供竞选资金6500万美元。[1] 在吉尔吉斯斯坦2005年议会选举中，美国向吉反对派提供了3000万美元的资助。索罗斯基金会在吉南部地区积极开展医疗、卫生和教育等公益活动，使月工资仅为十几美元的吉受益民众感恩戴德。索罗斯通过开放社会基金会积极介入了格鲁吉亚的选举活动，该基金会在第比利斯的总代表、后任格鲁吉亚教育部长的拉马耶接受采访时说："选举的时候，我通过鼓动、宣传等手段，就花了30万美元。"

为在中东北非推动"民主化"，美国政府运用非政府组织，很早就在这个区域进行深耕。埃及是阿拉伯世界的重要国家，具有标志性的意义，也成为美国假手非政府组织进行渗透的重点目标。从1990年开始，美国通过国际开发署和国家民主基金会等组织，每年向埃及提供2000万美元，覆盖埃及国内所有研究领域，其中包括著名的金字塔战略研究中心，日渐渗透进埃及的政府部门和意识形态领域。"9·11"事件后，小布什政府将推进中东民主的资助额度从2000年的5亿美元，增加到2005年的20亿美元，其中埃及是重点对象。2008年，兰德公司对美国在埃及推进"民主改革"进行了具体研究，认为除了培训之外，还应帮助投资发展网络技术，以逃避目标国家政府的监管。奥巴马上台后，为该项目增加了6500万美元预算，这为后来埃及等国发生的"脸书及推特革命"提供了技术支撑。据统计，2011年3—6月埃及"颜色革命"期间，埃及境内非政府组织共接受了1.75亿美元的资助。埃及大学教授赛义德·拉万迪认为："革命意味着改变，但在阿拉伯世界的改变是摧毁性的，这些改变为地区国家塑造了新的敌人——恐怖主义和分裂主义。"[2] 美国针对委内瑞拉所开展的实质上

---

[1] 林风：《港大被曝将接受索罗斯秘密捐款，或成"颜色革命"桥头堡》，《环球时报》2015年5月29日。

[2] 《2011年埃及动荡：意识形态渗透埋下动荡伏笔》，《人民日报》，2022年9月21日。

第十一章 颠覆类秘密行动

也是"颜色革命",极力支持自封"临时总统"的瓜伊多以颠覆马杜罗政府,陆续给予了巨额资金资助,截至2019年6月底累计达到2.13亿美元,9月又提供了5200万美元的资助,另一笔3600万美元则是从联合国人道主义援助款项中划拨,10月份又再次给瓜伊多打款9800万美元,宣称是用于从马杜罗和平过渡到瓜伊多的领导。① 美国及中央情报局在支持重点目标国家代理人的颠覆活动方面可谓不惜血本,但此次的颠覆活动开展得并不顺利,委内瑞拉出乎意料地成为"颜色革命"中一块最难啃的骨头。在看不到希望的情况下,委内瑞拉反对派于2022年12月30日,投票决定解散"临时政府"和解除瓜伊多"临时总统"职务,瓜伊多称反对派此举是"自寻死路"。美国投入了这么资金和精力,这种状况肯定是其所不愿意看到的,这也注定了委内瑞拉的政坛不会就此风平浪静。

---

① 《瓜伊多成功续命!美国又打过去9800万,临时总统还能再当一段时间》,花辰月夕103028,2019年10月12日,https://baijiahao.baidu.com/s?id=1647167475920203961。

第十二章

窃取类秘密行动

盗窃曾被认为是万恶之源，美籍阿富汗裔作家卡勒德·胡赛尼在小说《追风筝的人》中写道："罪行只有一种，那就是盗窃，其他的罪行都是盗窃的变种。"窃取是情报组织最基本的活动方式，就是运用盗窃的方式将己方需要的东西偷回来，并以这种方式来损害和打击对手，增益本国或本组织的利益。窃取的标的物特性一般可分为有形的实物和无形的情报两大类，这里主要讨论窃取有形的实物，而且这些实物一般具有特殊的价值，体积也相对比较大，需要组织专门的特别行动小组或是运用特殊的方式窃取回来；或是需要建设专门的秘密工程进行窃取的非实物标的，也即情报。实物与情报具有比较复杂的关系，很难将二者完全区分开来，这里论述时偏重于实物或需要专门的工程及行动项目相关的秘密行动。二战以来，相关国家情报组织窃取实物的重点主要是围绕军事斗争服务的，如窃取飞机、火箭、导弹、舰艇等尖端武器以及特殊的原材料等。尖端武器往往是一个国家科技水平、经济实力和国防实力的象征，也是一个国家取得战略优势和战争主动权的重要因素。窃取回来这些实物，不仅可以掌握对手的尖端武器和装备的状况，有针对性地制定打击和防御措施，削弱对手的战斗力；还可以迅速进行研究和仿制，缩短与对手的武器装备差距，甚至可能在性能和技术上实现反超。在和平时期，窃取科技方面的实物与技术，以弥补或加快本国某个方面科学技术的发展进步，提升本国经济建设的质量和速度，也是情报组织的一项重要工作任务。战后日本情报组织将工作的重点放在科技和经济上，为20世纪下半叶日本经济的起飞作出了巨大的贡献。

第一节 窃取的主要方式

情报组织的窃取秘密行动，一般具备4个方面的特征：行为主体的特殊性，窃取行为虽然是情报组织具体实施的，但其背后的国家或组织才是窃取行为的主体，应视为一种国家或组织的行为；行动的保密性，要使物品的所有方毫无察觉，即采用隐蔽秘密的手段和渠道来进行，不仅不能惊

第十二章 窃取类秘密行动

动当事方,还不能让与此事无关的人员获悉;手段的非正当性,即所使用的手段不仅违反法律规定,也有违道德规范,事涉国家间的窃取行为,还违背国际政治伦理,属于重大的违法犯罪行为;目标的重要性,情报组织所要窃取的标的物,往往是其所有者保卫和守护的重点目标,其价值和重要性远非一般物品所能比拟,反过来说,值得情报组织劳神费力去窃取的东西,必定是具有极为重要的价值或十分独特的用途。这四个方面的特点,就将情报组织窃取秘密行动与民间的偷盗行为区别开来了。同时情报组织具有国家或组织的强大背景,可调用的资源相对较多、策划设计的方式更为丰富和有效、窃取回来的标的物所发挥的作用更大,小到可解决一个重要问题,大到可改变国家之间、组织之间某个方面实力的对比,甚至事关国家和组织的兴衰。我国古代战争中,通过窃取的方式来解决相关问题的案例史不绝书,诸葛亮的"草船借箭",是通过欺骗的方式,来窃取曹军的箭;战国时期魏信陵君通过盗取兵符,窃取了魏王一支10万人的军队,从而演绎了"窃符救赵"的故事,击退秦军,帮助赵国避免了亡国之祸。

一、运用偷盗的方式进行窃取

未经许可拿走别人的东西为偷盗,也即口语中所说的偷东西,一般标的物为实物,所适用的范围相对比较窄,属于窃取中的一种方式。以非正当的手段取得为窃取,窃取的标的物比较宽泛,既可是实物,也可是非实物,如权力、荣誉等。窃取的手段和渠道也比较多,只要是通过非正当的手段或渠道,获取的不该获得的或本不属于自己的东西,都可称为窃取,如"草船借箭"可理解为是运用欺骗的方式进行窃取,以非法贸易的方式取得禁运物资或技术可称为窃取,但这些都不宜称为偷盗。通过偷盗的方式进行窃取,与小偷的行为从本质上来讲没有什么区别,但由于情报机构可动用的资源和战斗力远非小偷可比,而且所要偷盗的标的物往往是对方所要保护的重要目标,其偷盗行为的难度和方式也会复杂得多。

以突袭的方式进行窃取。1969年,在第三次中东战争中惨败的埃及等国痛感拥有先进雷达的重要性,花费巨资从苏联购回了几部新式对空警戒雷达,而此前以色列空军一直掌握着红海区域的制空权。同年11月,以军48架战斗机秘密起飞,计划袭击西奈半岛的一座埃军机场,遭到埃军苏制萨姆-2导弹的迎头痛击,在随后的几次空袭行动中,以空军都没能逃脱挨打的厄运。摩萨德历尽千辛万苦才搞清楚,埃及部署了苏制新式P-12

· 531 ·

远程警戒雷达,探测半径达到280公里,能及时发现以色列南部区域起飞的战机并进行精准拦截和打击,以战机所配备的机载干扰器完全不起作用。以色列决定由摩萨德、特种部队和电子专家组成"神鼠"突击队,窃取一部完整的苏制雷达回来研究反制措施,代号"雄鸡行动"。当时苏联的此款雷达非常先进,美国人也侦测到了它的存在并很感兴趣。1969年底圣诞节晚上一片漆黑,数架没有任何标志的"超级种马"重型直升机和"超黄蜂"直升机,载着50名"神鼠"突击队员和10多名电子技术专家,从以色列出发,穿越苏伊士湾,直扑埃及拉斯加里卜雷达阵地,解决了守卫雷达的10余名埃及守军。专家们迅速将雷达的主要部件拆散,搬上直升机或进行吊运,将这部价值数百万美元的新式雷达偷偷运回了以色列。以色列和美国电子技术专家对雷达进行了系统的分析研究,有针对性地研制了新的电子干扰设备。1973年第四次中东战争中,以色列对埃及实施了狂轰滥炸,而苏制雷达所构成的空中保护伞都失去了作用。[1] 苏共总书记勃列日涅夫对苏制P-12远程警戒雷达失窃事件怒不可遏,决定再也不向阿拉伯国家提供最新式的苏制武器装备,并迫使苏联研制和列装了更先进的P-18雷达。失窃事件30年后,南联盟使用苏制P-18雷达,侦测到了美军最先进的F-117A隐形战机并一举击落,使美国引以为傲的这款飞机走向了没落并退役。这款早已过时的雷达对美国最先进的隐形战机,从技术上来说是无能为力的,但隐形战机有一个被忽视了的致命漏洞,就是弹舱内没有隐形材料涂层,飞机开舱投弹的一瞬间,该雷达捕捉到了电子信号并迅即开火。被美国认为走遍天下、不露形迹的F-117A隐形战机,就一头栽到了地下,让美军大感意外,不知道问题出在哪里。直到近20年后,指挥这次导弹伏击任务的前南250防空导弹旅营长佐尔坦·丹尼上校才现身说法,揭穿了谜底。[2] 丹尼上校退役后,为了生计开了一家面包店。2011年,该机飞行员戴尔·泽尔科前往塞尔维亚拜访丹尼,两人见面,百感交集。他俩重逢的故事,被拍成纪录片《第二次邂逅》,第一次邂逅是在雷达上,第二次邂逅是在面包店。对媒体来说,多了一个吸引眼球的传奇故事;对塞尔维亚来说,依然会是一段不堪回首的惨痛历史。

以内外勾结的方式进行窃取。1967年,克格勃获知西德诺伊堡空军基

---

[1] 高庆德:《以色列情报组织揭秘》,时事出版社2016年版,第199—201页。
[2] 《前南联盟上校揭露击落F117细节:弹舱打开瞬间,F117暴露目标》,战旗红,2019年1月13日,手机搜狐网,https://m.sohu.com/a/288681974-793025。

第十二章　窃取类秘密行动

地第74战斗机中队,将最先换装80架美国生产的F-4E型"鬼怪"式战斗机,这种机型是第二代战斗机中的典型代表,飞行速度达到2.23倍音速,于是决定窃取一架回来,由潜伏在西德的一个间谍小组来实施。组长为弗列德·雷明格,由其带领两名间谍完成这项任务。其中一人叫约瑟夫·林诺斯基,是一名锁匠,擅长开锁;另一人叫沃尔夫·克诺普,是西德空军第74战斗机中队的飞行员,喜欢过花天酒地的生活,早些年被雷明格拉下水。在接受这项任务之前,他们曾在该基地偷走了当时西方最顶尖的利顿LM3型导航仪和另一个价值超过10万美元的定向导航仪。空军基地却没有任何反应,根本不知道克格勃已经盯上了这里,这也让该间谍小组颇感自负,有些忘乎所以。3人间谍小组接到命令,组织上让他们隐藏好身份,最长不超过3个月,F-4E战斗机就会运抵该空军基地。在此期间,该基地又进了一批新的武器装备,其中有美国生产的"响尾蛇"空对空导弹。克诺普觉得等待3个月时间太无聊了,于是提议利用这段空闲时间偷一枚"响尾蛇"导弹。"响尾蛇"导弹性能先进,可装备当时各种先进战机,对苏联空对空导弹的研制工作有着十分重要的参考价值,大家决定干一票。到了他们行动的这一天,基地要下毒饵灭鼠,军犬都被关起来了,这给行动消除了不利因素。林诺斯基手持克诺普给他准备的通行证,与克诺普一起顺利进入了基地,到晚上一起剪开铁丝网进入了导弹库,打开仓库大门,将一枚2.7米长的导弹放在手推车里,从基地不慌不忙地推了出来。由于导弹太长,他们只好砸破了后车窗才塞进车里,并用毯子裹住导弹露出车窗的部分,然后长驱300多公里抵达位于克雷菲尔德市的安全屋,将导弹拆成两截,分别装箱后贴上"商业用品"的标签,送到机场托运回苏联。一段时间后,基地军医无意中发现了铁丝网上被剪的痕迹,经检查才发现一枚导弹不见了。一番调查之后,这3个人被抓进了监狱,窃取飞机的任务就泡汤了。[①] 埃及驻法国大使馆是阿尔及利亚民族解放阵线的活动基地,为了掌握埃及政府支持阿民解的相关情况,法国国外情报暨反间谍局第7处对该使馆实施了情报窃取行动。他们策反了该使馆总管卢克梭尔,获知使馆地下室存放着大量废弃的文件资料,便指使其故意在地下室点燃废纸后再扑灭,对大使谎称是电线老化短路引起的,并建议将这些东

[①] 萧关历史:《苏联克格勃有多牛?偷走响尾蛇导弹,又瞄准了法国幻影3战斗机》,网易新闻,2022年3月9日,手机网易网 https://m.163.com/dy/article/H20T6SIJ0552PU2R.html。

西清理掉。1959年的一个冬夜,处长勒鲁瓦和特工多兰悄悄潜入大使馆,在大使馆内线的帮助下,将首席参赞室和档案室保险柜里的文件打包后,一袋一袋地运送到堆满了废弃文件的地下室,这些废弃的文件里,有许多涉及到阿民解的重要材料。次日多兰身着破衣烂衫,来回收废旧物品,清空了地下室,将这两大车文件资料运了回来。埃及使馆工作人员还请多兰推荐一个好锁匠,更换使馆的门锁。处长勒鲁瓦喜出望外,派遣该处头号开锁专家科伊东来全部换上做了手脚的新锁,用一种特制的铁片,就可以打开使馆的每一扇门。① 在一个时期,埃及大使馆在法国国外情报暨反间谍局面前近乎裸奔,基本上没有秘密可言。

　　制造意外事故进行窃取。通过制造意外事故,给窃取创造条件。由于事情来得非常仓促,目标对象根本来不及作出反应,己方便可乘乱行窃,而且往往能顺利得手,即使对方事后回过味来,也只能自认倒霉。法国国外情报暨反间谍局第7处,是专门从事秘密行动的机构。美国和法国对苏联先进的喷气式发动机技术垂涎三尺,要求第7处想办法弄到一部。苏联对此项技术封锁非常严密,要想弄到比登天还难。但不久就等来了机会,苏联一架图-104型飞机的一部喷气式发动机,因故障在法国机场被换了下来,准备用火车运回苏联。第7处马上成立了"国际运输公司",办公场所和人员也一应俱全,用低价顺利承接到了将故障发动机从机场运到火车编组站的生意。在运输途中,第7处特工故意制造交通事故,交警将沿途押送监视的两名苏联人带到了警局。第7处特工迅速将发动机悄悄运到附近的特里贡空军基地,由技术人员全部拆解进行拍照,还原后运到了编组站。这些工作全部做好之后,两名苏联人才从警局脱身赶到了编组站,看到发动机完好无损,才松了一口气。这次行动安排得天衣无缝,为法国的航空工业发展赢得了10年时间。② 1977年8月,美国驻苏联大使馆位于机要室和大使居所的部位发生了火灾,苏联消防队前来灭火之后,美国人发现机要室保险柜的锁被炸开了,许多秘密文件不翼而飞。1991年使馆再次发生持续6个小时的火灾,事后美国官员说,有4名克格勃人员冒充消

---

① 勾宏展等:《塞纳河畔的管子工——二十世纪法国情报机构绝密行动》,东方出版社2005年版,第70—77页。

② 勾宏展等:《塞纳河畔的管子工——二十世纪法国情报机构绝密行动》,东方出版社2005年版,第88—92页。

防队员闯入保密室,打开了两处保险箱,一些存有机密文件的软盘也失踪了。① 对这两场神秘的"火灾",美国人深度怀疑是克格勃在捣鬼,借"火灾"之机,到防守严密、平时根本无法接近的美国使馆内的机要重地行窃,但因缺乏证据,也不好多说什么。

秘密打捞等方式进行窃取。出于各种原因,常有先进的武器装备沉入海底或遗留在事发现场,为了防止其他国家获取到这些武器装备、先进技术和相关机密,在己方无法控制的情况下,通常的做法是将其就地销毁。如美国实施"海神之矛"行动时,就是将遗留在事发现场的一架"黑鹰"直升机炸毁。2005年俄罗斯一架苏33舰载机坠入海底,俄军向坠机海域发射了几十枚深水炸弹,以防止该舰载机的防空识别系统落入敌国之手。2020年一架苏27SM3战斗机坠入克里米亚半岛以西50公里许的海域里,该战机是俄空军现役主力装备之一,蕴藏众多俄航空最新技术,俄罗斯极为担心被北约秘密打捞,便直接用深水炸弹炸毁了飞机残骸。俄罗斯这样做,是因为吃过这方面的亏。1968年,苏联547号核潜艇失事,沉入太平洋夏威夷西北海域5000多米深的海底。该潜艇涉及潜艇残骸、核弹头导弹、电子装备和苏军密码本等尖端技术和机密实物,具有重大的情报价值。苏联为避免泄密,出动了36艘舰船和286架次飞机进行搜寻,计划找到残骸后打捞回来,但踪迹全无。苏联为保护机密,没有公布潜艇失事的消息。美国太平洋监听系统曾收到过该艇出事时发出的微弱求救信号,很快就锁定了沉船的准确位置。由中央情报局主导制定和实施秘密打捞行动,代号"杰尼弗行动"。为掩人耳目,中央情报局安排休斯公司以勘探海底金属矿为名,实施打捞秘密行动。休斯公司专门花费7000万美元建造了名为"格洛玛"号的作业船,是世界上第一艘36万吨级的巨轮。由于在苏联潜艇失事海域活动非常敏感,苏联间谍也一直密切关注此事,休斯公司前几年以探矿为名,对目标海域进行秘密探查,船队回港时带着大量稀有金属矿物标本,监视的苏联间谍以为只是普通的商业活动,便放松了警惕。1974年,休斯公司海底探查队再次出海时,苏联方面没有任何反应。作业船拖着相当于足球场大的浮体,浮体下安装着专门设计的打捞爪钩,由船和浮体上的精密装备进行操作。为防备苏联的侦察卫星发现,该公司专门制作了一个椭圆形的巨盖,将整个浮体遮盖起来。核潜艇重达

---

① 孙树理主编:《间谍情报与安全保密辞典》,解放军出版社1995年版,第869页。

4000吨，因失事时曾发生过多次爆炸，舰体非常脆弱，在吊离海底的过程中突然断裂成两截，后半截沉了下去。"格洛玛"号载着核潜艇前半截回到了加利福尼亚，整个行动花费了3.5亿美元。虽然密码本及密码解析机等随着后半截潜艇又沉入了海底，但收获仍然很大。中央情报局并不死心，正紧锣密鼓地策划第二次打捞秘密行动时，存放在休斯公司总部的大量文件被盗，其中包括"杰尼弗行动"的相关秘密文件，《洛杉矶时报》将这件事捅了出去。苏联立即作出了强烈反应，指责美国违反了国际海洋法，宣布在事发海域进行无限期军事演习，将击沉所有出现在该海域的船只，中央情报局不得不取消再次打捞的计划。[①]

二、运用非法贸易的方式进行窃取

通过贸易来互通有无，是人类社会生活中的一个重要运行方式，但国家或国家集团之间的关系非常复杂，为了确保己方的优势，打压对手某些领域的发展空间，有时会对某些特定的物资、装备、技术等实行贸易限制或禁运。活跃于冷战时期的"巴黎统筹委员会"（简称"巴统"），其成员国有17个，绝大多数为世界上最发达的国家，其宗旨是限制成员国向社会主义国家及一些民族主义国家出口战略物资和高新技术，包括军事武器装备、尖端技术产品和稀有物资等3大类上万种产品。"巴统"虽于1994年解散，但其所制定的禁运物品列表后来被"瓦森纳协定"所继承。在贸易禁运和限制上，"巴统"只是其中最典型的代表，国与国之间更是一种常态，尤其是在冷战时期，表现得非常突出。有贸易禁运就会有非法贸易，尤其是在事关重大国家利益时，情报组织利用非法贸易来进行窃取，成为获得这些物资、装备和技术的重要渠道。

通过收买对手或第三方来进行非法贸易，也即利用对方官员的腐败或第三方人员来进行窃取。从腐败官员身上打开缺口，是情报组织窃取秘密行动的一个重要途径，往往能花小钱办大事，有效降低窃取的风险和难度；第三方人员身份不敏感，不易引起对方的警觉，由第三方人员出面，成功的概率会相对比较高。1980年，美国陆军列装M1"艾布拉姆斯"主战坦克在即，但不知道性能上能否压倒苏军已经大规模装备的T-72坦克，美国中央情报局受命窃取一辆该型号坦克，并迅速启动代号为"玫

[①] 詹静芳、詹幼鹏：《美国中央情报局绝密行动》，北方文艺出版社2017年版，第66—67页。

瑰"的窃取秘密行动。罗马尼亚是少数与西方保持密切关系的华约国家，它也能够得到苏联的先进武器装备。中央情报局通过商业关系，找到罗马尼亚领导人齐奥塞斯库之兄马林，马林是罗驻奥地利商务参赞，有做军火生意的经验。为避开克格勃的耳目，中央情报局决定向罗购买一批过时的武器装备，将T-72坦克混入其中一起运走。为慎重起见，马林找到时任罗国防部副部长的弟弟伊利埃，由伊利埃赴美商定支付货款的方式，美国将80%的货款打到主管军贸的罗马尼亚联合公司名下，其余20%打到瑞士银行马林和伊利埃的账户上。中央情报局还保证，一旦事情败露，将为兄弟俩提供政治避难。1981年春，一艘挂着希腊国旗的货轮驶入罗马尼亚康斯坦察港，货轮上有一名美国人充当候补船长。罗生产的装甲车和大炮很快被送上货轮，一辆T-72坦克也隐匿其中。此时罗马尼亚情报部门获悉，在黑海演习的一队苏联潜艇突然靠近康斯坦察港，马林兄弟一下慌了神，急令货轮不得出港。后来发现只是虚惊一场，该货轮顺利到达美国。美国坦克专家经过试验，证明美国M1坦克的性能并没有超过苏联T-72坦克，在多个方面还存在着不小的差距。在摸清了对手的底细后，美军对M1坦克进行了改进，配备有120毫米滑膛炮、先进火控系统和贫铀复合装甲的M1A1不久后问世。[1] 在1991年海湾战争中，M1A1坦克成为苏制T-72坦克的克星，将伊拉克军队装备的该款坦克打得满地找牙。一次非法贸易，就将苏联一款先进的坦克送进了博物馆，在国际军火市场上对苏制武器的声誉和销路都造成了不小的打击。据英国《星期日泰晤士报》2000年5月7日报道，被称作犹太人国宝的希伯莱圣经《旧约》的首五卷（即"摩西五经"），现身伊拉克首都巴格达的一个秘密仓库，这些古籍珍本至少有50卷，价值连城，已经在这个仓库里存放了近半个世纪，不久前被伊拉克军队重新发现。萨达姆很反感犹太人的东西，他对"摩西五经"毫无兴趣，下令将其烧毁。以色列政府知晓后焦急万分，随即指令摩萨德把这批国宝窃取回来。摩萨德通过约旦商人，用每卷数万美元的高价收买这批古籍。伊拉克负责此事的军官觉得烧了太可惜，还不如悄悄换一笔钱花，于是与约旦商人私下达成了这笔交易。以色列宗教官员说，这批圣经古籍

---

[1] 阿纳托利·多库恰耶夫：《美苏关于坦克技术的一场秘密较量》，《国防时报》2011年8月24日。

是犹太文化的重要组成部分，要让它们全部回归故乡。[1]

　　通过发展的间谍来进行非法贸易。1983年，苏联通过充当克格勃间谍的南非海军军官迪特尔·格哈特，此人曾担任过南非总统博塔的军事顾问，他以欧洲一家公司的名义，在美国申请到了购买3套VAX Ⅱ—782型计算机的许可证，拆卸后装进了十几个集装箱，由瑞典的"埃尔加伦"号货船辗转南非、汉堡、瑞典开往苏联。交易达成后，该公司就突然消失了，显然是为了这次非法贸易而成立的一家掩护公司。该款计算机为美国和北约军队编制十分复杂的秘密程序，美国严禁这种尖端技术产品运往苏联及其盟国。"埃尔加伦"号货船的诡秘行为引起了中央情报局的注意，在西德和瑞典政府的帮助下，中央情报局先后截获了7个集装箱。据信有8个集装箱运回了苏联，苏联人一下子窃取了美国5年的研究成果，可以节省几亿美元的研制费用，运用该计算机还可以更加可靠和快速地设计新式武器，用以对付西方国家。在10多年的时间里，格哈特为苏联购买偷运了重达百吨的西方先进军事科技装备、尖端科技成果等实物。[2]

　　通过冒充未受到贸易限制者的身份，即以第三方人员的身份进行交易，借合法之名，行窃取之实。以色列在法国造船厂订购了5艘"美洲虎"导弹快艇，时值1967年第三次中东战争（又称为六日战争）爆发，因法国政府对以色列实施武器禁运没法提货，而战争又急需这批快艇，为此摩萨德制定实施了"诺亚方舟"行动。他们兵分两路，一组由海军司令利蒙准将到该造船厂索要1000万美元的巨额定金，以逼迫船厂老板尽快寻找新的买家。一组稍后冒充挪威造船厂经理，愿以现款方式购下全部快艇，船厂老板喜出望外，很快办好各种购买手续，一批以色列人冒充"挪威海员"每天试驾快艇。圣诞节晚上，法国人都狂欢去了，"挪威海员"乘着夜色，悄悄将5艘快艇驶出港口，长驱3000海里回到了以色列海法港。法国政府接连遭到以色列情报机构窃取"幻影"飞机图纸和导弹快艇的羞辱，感到异常愤怒，严厉谴责这种海盗行径。以色列政府则回应说，只知道有一家法国公司经法国国际委员会同意，将以色列订购的导弹快艇转售给了一家挪威公司，当然不排除挪威公司获得快艇后，又转售给以色

---

[1] 陈克勤：《以色列情报机构摩萨德跨国抢救犹太珍籍》，《光明日报》2000年6月28日。

[2] 崔佳编著：《人类谍战的历史》，中华工商联合出版社2014年版，第342—343页。

第十二章　窃取类秘密行动

列某公司以获利的可能性，以色列政府对此毫不知情。以色列精心编织的一番谎言，将自己的责任推得一干二净，法国政府也无可奈何。参与实施此项秘密行动的海军司令利蒙，早年曾在情报机构干出过骄人的业绩，这次被恼羞成怒的法国政府驱逐出境，但在以色列却成为了大英雄。在1973年的第四次中东战争（又称赎罪日战争、斋月战争或十月战争）中，这批窃取回来再加上以前购回的12艘导弹快艇横行海上，将叙利亚和埃及海军打得毫无还手之力。①

三、运用策反的方式进行窃取

情报组织之所以要去窃取，是因为需要这个东西，而己方手中又没有。寻找谁手中掌握有这个东西，将其策反过来，为我所用，就可以顺理成章地得到这个东西，这就是通过策反的方式来进行窃取的基本方法。策反既是秘密行动的一个类别，又是实施秘密行动的一种手段。如果策反的主要目的在于目标本人，并准备长期使用，我们不妨将其视为一种秘密行动的类别；如果策反的主要目的在于目标手中所掌握的某种特殊资源，并且基本上是一次性使用，则可将其视为秘密行动的一种手段，当然这只是一个粗略的划分，实际情况非常复杂，我们也可以理解为这种情形兼具策反和窃取两类秘密行动的性质。以策反的方式来窃取，往往能够减少许多拐弯抹角的环节，可以直击核心目标，不过要找到合适的策反对象并将其成功拉下水，也并非易事。

20世纪中期，中东地区的阿以对抗，在很大程度上是武器的对抗，谁拥有更先进的武器，谁就可能掌握战场上的主动权。因此，对抗双方都对自己的武器装备严加保密和控制，因为这关系到国家的生死存亡。以色列为了取得战场上的主动权，不断采取策反的方式来获取对手的先进武器装备。米格-21是苏联最新式的喷气式战斗机，是当时世界上速度最快、最先进的攻击型飞机之一，只有苏联军队中那些最优秀的空军中队才能配备这款飞机，就连华沙条约组织其他成员国的空军都没有这种装备。为了加强对中东的影响力，1961年，苏联以"绝对保密"为条件，向埃及、叙利亚和伊拉克提供了几架样机。为了弄到这样一架飞机，摩萨德专门成立了一个特别行动小组，实施了策反伊拉克空军飞行大队长穆尼尔·雷迪法少

---

① 高金虎等：《大卫的铁拳——二十世纪以色列情报机构绝密行动》，东方出版社2005年版，第76—87页。

校的"首饰行动"。他们派遣手持美国护照、化名"莫尼卡"的美女特工到伊拉克,并在一次伊拉克军政要人参加的招待会上,巧妙地结识了雷迪法。雷迪法立刻被她迷人的容貌和非凡的气质所倾倒,两人很快就成了无话不谈的知心朋友。雷迪法出身于一个基督教家庭,一方面因自己受到重用,能驾驶世界上最先进的米格-21飞机感到很自豪,另一方面又为伊拉克政府因宗教原因屠杀犹太人和库尔德人感到不满,心情很苦闷。莫尼卡提出她在特拉维夫有一些有趣的朋友,或许能够帮助他。经过反复劝说,雷迪法终于同意试试看,于是两人持摩萨德提供的假护照,悄悄乘飞机到了特拉维夫,在一个空军基地参观时,见到了早已等候在此的摩萨德和阿穆恩的情报官员,雷迪法这才明白了这位所谓"美国美女"的真实身份。摩萨德局长阿米特将军亲自接见了他,直接问他回伊拉克后能否带着他的飞机再来以色列,雷迪法不置可否。随后以色列情报官员与雷迪法进行了秘密会谈,商定雷迪法驾驶一架米格-21战斗机到以色列,以色列付给他100万美元奖金,给他全家提供保护和住房等优厚条件。以色列空军司令莫迪凯·霍德亲自帮他拟定了驾机出逃的详细计划。1966年8月15日,雷迪法驾机升空,按照霍德将军详细制定的航线飞行,并尽可能降低飞行高度,以避开沿途雷达的监视。飞至约旦上空时,以色列派出一个中队的"幻影"式战斗机前往护航,降落在以色列南部内盖夫的一个空军基地。雷迪法将米格-21战斗机的驾驶技术毫无保留地教给了以色列空军飞行员,还有苏联空军实施空中袭击和防御方法,以及苏联空军对阿拉伯飞行员进行战略战术方面训练的情报。以色列空军对米格-21战斗机的性能和弱点进行了全面研究,并有针对性地制定了攻击的方式方法。在1967年第三次中东战争中,以色列对阿拉伯国家的空军实施了毁灭性的打击。[1]

同样的戏码在以色列上演了多次。1989年10月11日,两架苏制米格-23战斗机从叙利亚首都大马士革附近的空军基地起飞进行正常训练,突然一架战斗机掉头向西朝以色列方向飞去,迅速从雷达荧光屏上消失,降落在以色列的一个秘密农场。时任以色列国防部长拉宾立刻中止正在召开的会议,接见了这名驾机叛逃的叙利亚空军少校穆罕默德·巴西姆·阿迪勒。阿迪勒同样是落入摩萨德美女间谍陷阱的一条大鱼。网到这条大鱼的摩萨德女特工叫德丽丝,因家境贫寒,16岁便辍学来到贝鲁特一家酒吧做

---

[1] 高金虎等:《大卫的铁拳——二十世纪以色列情报机构绝密行动》,东方出版社2005年版,第103—108页。

第十二章 窃取类秘密行动

女招待，不久在黎巴嫩从事秘密活动的摩萨德组织发展了她。1982年第五次中东战争中，惨败的叙利亚空军得到了苏联米格-23型战斗机，用来对付以色列空军的F-15和F-16型轰炸机。在此背景下，德丽丝被派遣到叙利亚大马士革从事军事情报活动，掩护职业仍是做酒吧招待。30来岁的阿迪勒尚未结婚，因生性急躁，经常与上司闹别扭，每当心情不愉快时，就来这个酒吧借酒消愁，在此过程中，被美丽的德丽丝所吸引，便很快坠入情网，频频幽会。在一个合适的时机，德丽丝告知了自己的真实身份，随后摩萨德又多次派其他特工与阿迪勒接触，鼓动他驾机叛逃。阿迪勒提出了两个要求，允许他娶德丽丝，给他100万美元，以色列当然满口答应。阿迪勒驾机叛逃成功后，美国专家迅速到达以色列，同以专家一起对飞机进行拆卸，研究其结构和各种系统的功能及应对的方法。[①]

对难以获取的重要战略物资及技术情报，以色列摩萨德也采用过策反的方式来窃取。1962年，以色列刚刚起步的核计划因缺少浓缩铀而面临中途夭折的窘境。摩萨德策反了美国纽梅克公司总经理夏匹罗，他是个狂热的犹太复国主义分子，曾受聘于威斯汀豪斯公司，参与研制美国第一艘核潜艇"鹦鹉"号所使用的反应堆。在夏匹罗的帮助下，以色列成功窃取到177公斤浓缩铀，可制造出18枚核弹头。1965年4月，当美国原子能委员会调查浓缩铀丢失的问题时，夏匹罗坚持说公司所有的交易都手续完备，只是一部分成交凭据在清洁工厂时不小心弄丢了。后来美国联邦调查局也介入调查，但最终以证据不足而不了了之。[②] 以色列依靠法国达索公司提供的"幻影"战斗机奠定了其在中东空军的霸主地位，并赢得了1967年的"六日战争"。法国政府认为以色列违背了其"不要向阿拉伯人打响第一枪"的承诺，对以色列实行了全面的武器禁运，以色列"幻影"战斗机的添置和维修零件都成了大问题。摩萨德将眼睛盯上了与达索公司合作生产"幻影"战斗机的瑞士苏泽尔兄弟公司，用20万美元收买了该公司工程师阿尔弗雷德·弗朗克内希特，利用其每周销毁"幻影"战斗机图纸运输途中的机会，进行调包，在一年的时间里，将20多吨图纸偷偷转运回以色列。1971年，以色列运用这些窃取的图纸，研制出了"鹰"式战斗机，

---

① 姚华飞：《美女间谍的杰作》，《新天地》2007年第6期。
② 高晓：《摩萨德经典行动》，《文史参考》2010年第2期。

1975年又在此基础上研制出了更先进的"幼狮"战斗机。[①]

四、运用胁迫的方式进行窃取

胁迫意为威胁逼迫。通过胁迫的方式进行窃取,主要有两种比较常用的方法,即掌握把柄和武力威慑,对象在名声或生命受到严重威胁的情况下,不得不选择屈服并进行合作。运用胁迫的方式进行窃取,与运用策反的方式进行窃取存在一定的区别,策反对象一般为心甘情愿地进行合作,并获取一定的利益,可以当作自己人来看待,也即所发展的间谍,或是让对象此后在己方的保护下生活,以及给予其比较丰厚的金钱回报。而胁迫对象是在被逼无奈的情况下进行合作的,不一定能获取到个人利益,还有可能受到迫害或歧视性对待,这种所谓"合作"也只是一次性的,不会被当作自己人。

掌握目标对象的把柄,胁迫其合作,以达到窃取的目的。1967年"六日战争"后,以色列的主要武器供应国法国终止了与其的核合作,核武器的原材料氧化铀也遭到国际禁运,以色列无法制造梦寐以求的原子弹。摩萨德局长阿米特专门制定了窃取铀矿石的"高铅酸盐行动"。摩萨德特工打探到比利时布鲁塞尔矿业公司仓库里有一批铀矿石,德国阿斯马拉化学股份有限公司的合伙人赫伯特·舒尔岑专门经营消除化学及放射性污染的化学制剂,于是便策划从其身上入手,来实施"高铅酸盐行动"。摩萨德特工萨哈罗夫上校装扮成特拉维夫塔尔胶合板厂的老板,将舒尔岑诱调到以色列的海滨城市海法,安排两名妓女陪其玩乐,并用摄像机拍下了他与妓女交欢的种种丑态,这才与其摊牌,要求其帮忙购买铀矿石,舒尔岑前纳粹军人的身份更是让他为自己的性命担忧。在名声和生命都受到威胁的情况下,舒尔岑不得不按照摩萨德的意图,费尽周折,从欧洲原子能委员会骗到了批文,买下了布鲁塞尔矿业公司200吨铀矿石,密封在560个标注"高铅酸盐"剧毒符号的铁桶里,悄悄运到了以色列,此后摩萨德与舒尔岑便再无交集。欧洲原子能委员会7个月后才惊恐万分地发现,世界上第一战略物资——200吨铀矿石竟然神秘地失踪了。1973年,美国《时

[①] 高金虎等:《大卫的铁拳——二十世纪以色列情报机构绝密行动》,东方出版社2005年版,第90—102页。

第十二章 窃取类秘密行动

代》周刊报道,以色列用这次窃取的铀矿石制造出了 13 枚原子弹。①

　　以武力控制目标对象,逼迫其按照己方的意图行事,以达到窃取的目的,一般称为劫持。摩萨德为获取更多的铀,组织实施过多次相关的秘密行动。摩萨德获悉,法国驻印度新德里情报站负责人奥弗茨尔将军,帮印度从巴黎私购了一批铀,准备从安特卫普港装上"瑟斯别格"号货轮运抵印度。潜伏在巴黎的摩萨德间谍加季·乌里迈,受命将该货轮劫持到以色列。乌里迈等 4 名以色列间谍潜藏进一个集装箱,被装上了货轮,等待两名伪装成货轮上的摩洛哥水手的同伙,在途中开箱会合后行动。但接应的同伙未能如期上船,他们用自带的工具在集装箱上开了一个孔洞,爬了出来,随后打死了两名船员,控制了船长,将货轮顺利地劫持到了以色列海法港,货轮上的铀自然也落入了以色列之手。② 1954 年 6 月,苏联万吨油轮"图阿普斯"号满载 1.1 万多吨照明煤油前往上海,在巴士海峡突遭国民党海军两艘军舰劫持到高雄港,船上人员被扣押,万吨煤油被瓜分一空。当时美国正对中国大陆进行经济封锁,此前台湾海军已经扣押没收过两艘波兰货船,波兰提出抗议没有任何效果。敢于扣押可与美国抗衡的苏联的货船,台湾当然不会有如此胆量和底气,原来幕后的策划者是中央情报局派驻台湾的间谍机构,公开名称为"西方公司"。当时中国大陆在美国等西方国家的封锁下,各种生活与战略物资奇缺,亟需从友好国家进口这些物资,这船煤油就是从乌克兰敖德萨港装载后运往中国大陆的。船只路过香港补给生活物资时,被中央情报局香港办事处发展的间谍发现该船的目的地是上海。时任中央情报局局长杜勒斯立即授意"西方公司"代表狄伦,鼓动台湾拦截扣押。苏联向美国提出了强烈抗议,要求美国敦促台湾放人还船未果。苏联随即派遣太平洋舰队军舰前往台湾海域,准备夺回被劫持的油轮,美国第 7 舰队也赶到了台湾海峡。在双方相持不下的情况下,美国总统艾森豪威尔下令让台湾归还油轮和船员,杜勒斯却私下里让台湾顶住压力,要求大陆释放因侵犯中国领空被关押的 11 名美国飞行员。苏联方面因担心引发第三次世界大战,主动撤离对峙现场。油轮被台湾海军改名为"会稽"号,用于后勤运输服务,近 50 名船员直到 1988 年才先

---

① 詹为为、詹幼鹏:《以色列摩萨德绝密行动》,北方文艺出版社 2017 年版,第 148—154 页。

② 崔佳编著:《人类谍战有历史》,中华工商联合出版社 2014 年版,第 325—327 页。

后回到苏联。① 对"图阿普斯"号油轮的窃取，除了能非法占有油轮及所载煤油外，还能对与大陆做生意的商船形成震慑，可能后者才是更为重要的目标。受此事件的影响，前往大陆的商船急剧减少，给大陆经济造成了很大的困难。次年初，解放军拿下一江山岛，台湾当局才放弃劫持开往大陆商船的做法，运输渠道才相对比较畅通。

五、运用秘密工程和专用技术装备进行窃取

《孙子·谋攻篇》云："知己知彼，百战不殆。"据《韩非子·外储说右上》记载，战国时期秦惠文王的弟弟樗里疾，担心逃到秦国并受到惠文王重用的魏相公孙衍取代自己的位置，暗中派人挖掘了一条通向秦王密商国家大事宫殿的地道，窃听到秦王与公孙衍商议攻打韩国的事宜并要求其保密。樗里疾将攻韩之事私下透露出去并栽赃公孙衍，公孙衍为了保命不得不再次出逃，樗里疾得偿所愿。这是中国间谍史上第一次运用地道窃听的方式获取情报来打败对手的案例。掌握对手国家和组织深层次的情报，是维护本国和组织利益的必然要求，也是情报机构所追求的目标，通过以对手想象不到的隐秘方式来窃取对方的情报，是实现这一目标的重要途径之一。为了针对对手的特殊目标窃取情报，有时甚至会不惜耗费巨资修建秘密工程或研制专门的设备，"白银行动""黄金行动"就是如此，这与樗里疾所用的手法并无不同，只不过时代发展了，科技含量方面不可同日而语罢了。这些秘密行动的目的是窃取电子信号情报，但为了达到这一目的，所依靠的是秘密工程，并利用这些秘密工程及专门的装备来进行电子信号的窃听。修建这些秘密工程或研制专门装备，本身就是重要的秘密行动。

运用挖掘隧道的方式窃听通信电缆。二战硝烟尚未散尽，苏美两大政治军事集团就展开了争夺欧洲的较量，处于欧洲心脏地带的柏林、布达佩斯和维也纳成为"欧洲谍都"。美英为掌握苏联集团深层次的内幕情报及苏军占领区的军事动向，首先实施了"白银行动"。1949 年，英国秘密情报局与美国中央情报局一起，在维也纳郊区开了一个花店，在花店下面开挖了一条 60 多米长的地道，一直延伸到苏军通信电缆下面，安装好窃听器材，对维也纳苏军司令部与莫斯科的通话进行窃听。原以为被战争夷为废

---

① 《图阿普斯号事件：1954 年台美勾结，劫持苏联驶往中国的万吨油轮》，小院之观，2021 年 12 月 31 日，https://baijiahao.baidu.com/s?id=1720646657507101401。

第十二章　窃取类秘密行动

墟、生计窘困的当地人不会对鲜花感兴趣，谁知生意十分火爆，严重影响了隧道窃听工作，就是只销售价格昂贵的名贵鲜花，也阻挡不了他们对鲜花的热情，只得借口虫灾等原因，哪种花最畅销就停售哪种花，尽可能减少对情报工作的干扰。美英情报机构由此获取了奥地利苏军占领区的军事布防情况，苏联与相关国家的关系和外交政策等，尤其是掌握了苏联和南斯拉夫的争端与关系破裂内幕等情况，得知苏联当时没有打算向巴尔干半岛扩张，美国政府就放心地从欧洲抽调大量兵力，投入到朝鲜战场。中央情报局尝到甜头后，时任中央情报局局长希伦科特认为优质的情报比黄金更有价值，于是又策划实施了"黄金行动"。当时德国被美英法苏 4 国分区占领，首都柏林也被一分为二，成为美苏谍战的前沿战场。受到"白银行动"的启发，中央情报局决定针对途经东柏林近郊格尼克村的苏军通信电缆实施窃听行动，代号为"黄金行动"。他们在邻近的西柏林近郊鲁多夫村开挖了一条长 2500 米的隧道直达电缆，进行窃听和录音。窃听掌握了大量的情报，如克里姆林宫要求军队配合政府同西德改善关系，中央情报局分析柏林的战争状态有望结束，苏联果然于 1955 年 1 月宣布与西德结束战争状态，在同年 9 月双方正式建交。但不到一年时间，就再也听不到任何有价值的东西了，原来是英国秘密情报局的克格勃间谍乔治·布莱克将此情告知了苏联。1956 年苏联通信兵检查维修电缆时"突然发现"了这个隧道，隧道内的中央情报局窃听人员仓惶逃离，苏联将隧道作为旅游项目长期向公众开放，并向游客讲解中央情报局是如何搞间谍活动的，借此羞辱美国政府和中央情报局。美国政府宣称对这个隧道"一无所知"，对苏联的抗议和谴责保持了沉默。耗资数千万美元的"黄金行动"并没有捞到多少"黄金"，反而招来了长期的羞辱，这可能是中央情报局事先没有估计到的。[①] 美国情报机构似乎有挖掘隧道的癖好，不过要是能够保守好秘密，其收获无疑是非常丰厚的，但往往事与愿违。20 世纪 70—80 年代，苏联在华盛顿阿尔托山另建新使馆，美国国家安全局和联邦调查局在地下建造了通向新使馆的秘密隧道，安装了当时最先进的窃听仪器，包括美国情报委员会刚刚研制成功的可以对大型建筑物室内谈话进行窃听的系统、可以悄悄把窃听系统搭载到苏联使馆秘密通信线路上而不被发现的技术、可以破解苏联使馆通信密码的译码机等，这些先进间谍器材价值超过数千

[①] 詹静芳、詹幼鹏：《美国中央情报局绝密行动》，北方文艺出版社 2017 年版，第 48—55 页。

万美元。为了确保这些娇贵的间谍器材和高级间谍人员良好的生活工作环境，这个隧道装修得如同地下宫殿般豪华，空调、空气清洁机、各种生活设施一应俱全，据说整个隧道建设及设施耗资达10亿美元。但耗资巨大的隧道窃听工程却并没有发挥应有的作用，该秘密早就被潜伏在联邦调查局的"鼹鼠"罗伯特·汉森报告给苏联，苏联及后来的俄罗斯采取了有效的防范措施，所窃听到的大多是一些东扯西拉的无聊话题和刺耳的噪音，基本上没有什么秘密。[①] 美国情报机构一直感到很困惑，直到汉森暴露，才真相大白。

运用其他科技手段进行窃听。克格勃也没有放松对美国方面的窃听，早年曾对美国大使馆策划制造了一场"火灾"，伪装成消防员进入使馆灭火，防范意识很强的美国使馆工作人员拒绝了。浑水摸鱼的方法难以奏效，于是克格勃将主要精力放在研制窃听效果好、又能迷惑住美国人的窃听器材上，最终决定送给美国大使馆一个制作精美而又内藏玄机的美国国徽，代号"金唇行动"。苏联于1945年2月在克里米亚举办"阿尔台克全苏少先队健身营"开营典礼，为向美英示好，特意邀请美国总统罗斯福和英国首相丘吉尔光临。当时二战正处于胜利前夕的关键阶段，他们不可能出席，便分别指派本国驻苏大使参加。开营典礼上，苏联少先队员用英语激情四溢地合唱完美国国歌之后，将一个制作精美考究的木质美国国徽抬上来，献给美国驻苏大使阿维列拉·卡里曼，让卡里曼感动不已，他惊叹道："天哪！我把它放在哪儿才能不辜负孩子们的一片心呢？"苏联官方代表不失时机地点拨道："挂在您的办公室最合适不过，英国人肯定会嫉妒得发疯。"他将国徽带回大使馆，郑重地挂在自己的办公室里，代号为"自白"的窃听美驻苏大使的行动正式启动。这个国徽里，藏有窃听器材"金唇"，它设计简单，是一枚衔接着鼓膜的钢针，声响到达鼓膜时，会转化为钢针的震动，克格勃安装在对面的雷达能接收到钢针的震波，再由震波还原为声波，情报就到手了。它不需要电源，可无限期使用。在此后8年时间里，美国换了4任大使，每位大使到任后，都会更换办公室里的所有物品，以清理掉可能隐藏的窃听器材，唯独这个国徽一直挂在老地方。每位大使还会按照国徽的材质和颜色，来配置新的办公用品。大使馆有太多的机密被泄露了，中央情报局觉得不对劲，便对使馆内部进行了一次彻

---

① 张宝钰：《建筑里设机关，隧道里截电话：大国角力场上的美苏窃听战》，《青年参考》2017年第12期。

底的大清查。在清点物品时，他们惊奇地发现，国徽挂在大使办公室的这个时间段里，正好是泄密的高峰期，拆解国徽后，才发现了"金唇"的秘密。这事说出去有损美国颜面，他们选择了隐忍不发。直到1960年苏联击落了美国U-2侦察机，并指责美国搞间谍活动时，美国才将这个国徽带到联合国进行回击，如此简单巧妙的设计使与会者惊叹不已，立即引起了巨大的轰动。① 20世纪70年代，美国迫切想了解苏联潜艇和导弹的秘密，时任美国海底情报局局长布拉德利提出并与国家安全局联合实施了"常春藤之铃"行动。美国情报部门获知，位于苏联堪察加半岛的彼得罗巴甫洛夫斯克太平洋舰队核潜艇基地，与隔海相望的海参崴太平洋舰队司令部之间，有一条横穿鄂霍茨克海的海底电缆用于两地之间的联络。苏联对该区域防守严密，安置了密集的声呐监测网，认为美国人根本没有能力对这条电缆进行监听，所以并没有对信号进行加密。美国决定对这条电缆进行窃听，为躲过苏联的声呐监测网，美国专门花费6000万美元，研制出无声潜艇"大比目鱼"号来执行任务，伪装成深水救援和从事科研的潜艇，把装有由核能提供能源的录音设备搭载到电缆上，每隔6—8个星期更换一次录音带，一直窃听了近10年时间，窃听到了苏联海军的指挥命令、技术情报、指挥程序和作战方式等。美国国家安全局情报分析师佩尔顿嗜酒好赌，入不敷出，将这个秘密以35000美元的价格出卖给了克格勃。苏联将这个窃听设备运回了莫斯科，放在克格勃的博物馆里展示，苏联解体后，又转移到了俄罗斯军事博物馆。②

运用空中飞行器进行窃照、监视及打击。间谍卫星出现之前，主要是依靠间谍飞机对敌方进行窃照和监视，此后以间谍卫星为主，后来无人机又加入到了这个行列。用飞机对敌方进行侦察，在二战时期就已经开始了，在冷战中前期被普遍使用，尤其是美国具有这方面的独特优势。为弥补"黄金行动"等失败后的损失，中央情报局很快找到了替代方案，派遣高空间谍飞机拍摄苏联的军事设施和装备部署，如"本垒打工程""猎狐行动"等。其中"本垒打工程"在两个来月的时间里，就到苏联领空执行侦听和拍照任务达156次之多；"猎狐行动"是运用电磁侦察机探明苏联防空系统的薄弱环节和盲区，便于军事部门制定出有效的打击方案。苏联

---

① 程景：《苏联克格勃绝密行动》，北方文艺出版社2017年版，第91—93页。
② 《美军窃听苏联光缆长达10年，却因情报分析师落魄而"春光泄漏"》，大涂观察，2022年1月6日，https//baijiahao.baidu.com/s? id=1721197747062482306。

世界情报组织秘密行动

对这些间谍飞机给予了沉重打击，美国损失了数十架间谍飞机和 200 多名飞行员。于是他们研制出了飞行高度超过 2 万米的 U-2 型间谍飞机，在苏联领空横行了 5 年之久，由于飞得太高，苏联的战斗机和导弹都望尘莫及。1960 年 5 月，一架 U-2 型间谍飞机因被苏联间谍事先在高度仪上做了手脚，进入苏联领空后被导弹击落。中央情报局以"西方公司"作为掩护，与台湾情报部门和军方合作，由中央情报局提供包括 U-2 型飞机在内的间谍飞机及相关设备器材，台湾提供飞行员，成立了 34 低空侦察机中队（即"黑蝙蝠中队"）和 35 高空侦察机中队（即"黑猫中队"），对中国大陆进行侦察。"黑猫中队"驾驶 U-2 型间谍飞机深入中国内陆侦察拍照时，在大漠深处拍到了一个已经荒废的高台架构，还发现苏联援建的一处核能项目已人去楼空。中央情报局通过对这些照片进行分析，认为中国确实有发展核武器和导弹的计划，并推断中苏关系已经恶化。随着萨姆-2 型先进导弹的出现，U-2 型间谍飞机不断被击落，中央情报局逐步减少了深入大陆的任务，到 1970 年因中美关系缓和而中止了这项任务。① 随着间谍卫星技术的逐步成熟，间谍飞机逐步式微。间谍卫星又称为侦察卫星，利用所载的光电遥感器、雷达或无线电接收机等设备，对目标实施侦察、监视和跟踪，以获取地面、海洋或空中目标辐射、反射或发射的电磁波信息，用胶片、磁带、存储卡等记录器存储于返回舱内进行地面回收，或通过无线电传输方式发送到地面接收站，经过光学、电子设备或计算机加工处理，从中提取有价值的情报。间谍卫星从 1959 年美国发射的"发现者 1 号"开始，当时所拍摄图像的分辨率极差，仅能判断大型目标的有无，现在已经达到了 0.01-0.05 米的分辨率，可看清地面上报纸的标题。② 在间谍卫星发展的高峰期，据说美苏 70% 以上的情报是通过间谍卫星获取的。1973 年中东战争期间，美苏竞相用间谍卫星来侦察战况，并分别转给各自所支持的以色列和埃及。1982 年英阿马岛战争期间，美苏又重演了这一幕，阿根廷通过苏联间谍卫星提供的情报，派战机击沉了英国的"谢菲尔德号"驱逐舰。二战后美国用小型无人机进行侦察，在越战中改装直升机用于侦察任务，1982 年以色列的无人机已成为重要作战角色，承担侦察、情报收集、跟踪和通信等任务。1991 年"沙漠风暴"行动中，美国用专门设计的小型无人机作为诱饵来欺骗敌方的雷达系统。英国、法

---

① 烨子编著：《间谍》上册，中国广播电视出版社 2005 年版，第 121—124 页。
② 百度百科：《间谍卫星（用于获取军事情报的军用卫星）》。

国、德国、俄罗斯等许多国家都在大力发展无人间谍飞机,无人机也具有了侦察、电子对抗、图像拍摄和传输、导弹攻击等多方面的功能。在"海神之矛"秘密行动中,"全球鹰""哨兵"和"死神"无人机,在目标地区上空秘密飞行,提供实时视频监控、视频中继通信及导弹打击等支援,间谍卫星提供信号拦截、电子干扰、监控及视频中继传输等支援。无人机及间谍卫星在追踪本·拉丹的工作中也发挥了重要作用,对小院进行监视和拍照录像,为制作小院模型、策划实施秘密行动提供了重要支撑。在反恐斗争中,美国使用无人机进行导弹攻击,暗杀了"基地"组织本·拉丹的继任者扎瓦赫里、"基地"组织巴基斯坦地区指挥官基尼、巴基斯坦塔利班运动首领马哈苏德等一批恐怖组织头目,以及被美国视为恐怖分子的其他人员,如伊朗圣城旅指挥官苏莱曼尼等人,无人机成为美国反恐斗争中的重要侦察和攻击性武器装备。在俄乌冲突中,无人机在即时情报和实时攻击两方面的作用都发挥得淋漓尽致,通过侦察和监视获取实时情报,运用所携带的导弹或炸弹进行直接攻击,使情报和攻击实现了无缝对接,真正做到了"察(侦察)打(打击)一体,情(情报)击(攻击)融合",小装备发挥了大作用,颠覆了传统战争的作战方式和形态。我们从中可以看出,后冷战时代的战争,带有越来越深厚的情报组织秘密行动的色彩,按照中国军事学者乔良和王湘穗的说法就是"超限战",这也似乎是一种信息化时代战争演进发展的基本趋势。

第二节 窃取的主要目标

国家和组织的需要,就是情报组织窃取秘密行动的目标指向,而一个国家或组织的需求,是全方位、多层次的,有时还会有些独特的要求。这必然导致情报组织窃取的目标繁多,有些甚至可以说是稀奇古怪、无奇不有,超出普通人的想象力。好在每个国家的主要需求,都会集中在解决与国家安全和发展相关的重大问题上,情报组织窃取的主要目标自然会聚焦到武器装备、科学技术、战略物资和秘密情报上。

一、武器装备

先进的武器装备是人类智慧的结晶,是科技进步的标志,是国家实力的象征。这决定了武器装备是国家之间进行对抗的重要物质基础,获取对方先进的武器装备及技术秘密,是破解对方威胁、取得对抗优势的一种有效手段。情报组织将窃取武器装备作为一项重要工作，如窃取先进的战机、舰艇、导弹、坦克、雷达等。窃取这些武器装备的目的，除了极少数情况是用于直接使用外，主要是通过深入研究其技术和性能，用以改进或研发己方的相关武器装备，取得技术和性能上的进步及优势，以期在战场上压过敌方；寻找对方相关武器装备上的弱点，有针对性地研究打击和对抗的方法，削弱对方相关武器装备的优势，甚至使其优势变为劣势。同时武器装备也是引领军事组织形式和作战方式变革的先决条件，苏联红军统帅、军事理论家伏龙芝认为："任何战术都只适用于一定的历史阶段，如果武器改进了，技术有了新的进步，那么军事组织的形式、军队指挥的方法也会随着改变。"[1] 如坦克和飞机的大规模列装，催生了大纵深作战理论；信息技术在战争中的广泛运用，使战争形态又发生了深刻的变化。因此窃取先进的武器装备，不能仅仅看到只是增强硬件上的实力，它对相关国家的军事思想和战争方式也会产生潜移默化的影响。

　　用于直接使用。窃取武器装备的目的是为了直接使用，这种情形并不多见。通过情报组织千辛万苦、费尽周折窃取回来的武器装备，是想发挥更大更长远的作用，而直接使用在大多数情况下就会显得有些不太合算。但少见并不等于没有，在特殊的情况下，直接使用也能体现出巨大的价值。以色列通过"诺亚方舟"行动窃取回来的5艘导弹快艇，其目的就是为了直接使用。20世纪50年代，苏联首先提出了导弹快艇的战术思想，并于60年代初期研制出了装备"冥河"式导弹的"蚊子"级导弹快艇，可通过侦察艇或巡逻飞机及早发现敌人，然后用导弹快艇在最大射程范围内对敌实施奇袭，"冥河"导弹能对万吨级的军舰造成严重破坏。以色列的死敌埃及很快就装备了6艘导弹快艇，其作战半径为25海里，足以对以色列的各大城市及海军构成威胁。1964年，以色列从西德秘密订购了12艘"美洲虎"导弹快艇，交付3艘之后被阿拉伯国家获知，引起了阿拉伯国家的强烈抗议。西德迫于压力，将导弹快艇的建造工作转移到了法国，以色列又乘机将2艘建造好的导弹快艇开了回去。在1967年第三次中东战争中，以色列著名的"埃特拉号"驱逐舰在埃及塞得港附近执行任务时，被埃及导弹快艇击沉。这是世界海战史上导弹快艇第一次参加实战，并以小艇吃掉了大舰，震惊了世界。以色列意识到，如果不赶紧将其他导弹快

---

[1]　王荣耀：《认真审视西方军事思想中的科技观》，《光明日报》2005年10月19日。

艇从法国弄回来，以海军将在海战中处于极为不利的地位。第三次中东战争发生后，法国决定对以色列实行武器禁运，以色列趁法国宣布禁运令之前，开走了2艘接近完工的导弹快艇，另外5艘也通过"诺亚方舟"秘密行动的方式从法国窃取回来了。在1973年第四次中东战争中，这些导弹快艇发挥了极为重要的作用，成功击沉了埃及和叙利亚12艘导弹快艇，赢得了战场的主动权。① 情报组织窃取大型的武器装备，一般为窃取一个作为研究的样本。而这次武器装备的窃取，有一个明显的特点是数量相对比较多，加上先期开回来的7艘，能够形成比较强的战斗力，可用于直接作战的目的。

用于分析研究其弱点和特点，便于制定有针对性的反制措施。任何武器装备都有其优缺点，深入掌握了解了这些优缺点，就可以制定出应对的办法，使对手方的先进武器装备失去优势。以色列通过"首饰行动"，策反伊拉克飞行员雷法德，窃取了一架米格-21战斗机后，雷法德与以色列飞行员一起进行了几百次模拟战斗，通过计算机处理所获得的大量飞行数据，全面分析了苏制战斗机的优缺点，熟悉阿拉伯飞行员的战术，并利用其缺点克敌制胜。以色列发现，该机外形普通，但高空性能十分出色，配备有工艺水平极为先进、以红外线制导的环礁式空对空导弹。同时也发现了其弱点，与"幻影"战斗机相比，其飞行速度略低，水平视野有相当多的死角；为使发动机有更大的动力，使用的是高度易燃的普通汽油，其油箱成为攻击的薄弱部位。这些分析研究的结论，在"六日战争（即第三次中东战争）"中得到了验证，以色列飞行员对准米格-21战斗机的油箱进行攻击，目标瞬间就会变成火球，其飞行员使用弹射坐椅跳伞都来不及，其后该机型在战场上的优势全失。② 1957年，苏联研制出了当时非常先进的防空导弹系统S-75"杰斯纳河"，后来部署到古巴领土上，于1962年击落了一架在古巴上空侦察的美国U-2高空侦察飞机。美国对这种性能高超的防空导弹部署到了自家"后院"反应强烈，为了弄清楚这种导弹的技术参数，中央情报局和国防情报局受命到古巴窃取该导弹，并在佛罗里达州某空军基地进行了严格的实战演练，但一直未能找到合适的机会，围

---

① 高金虎等：《大卫的铁拳——二十世纪以色列情报机构绝密行动》，东方出版社2005年版，第80—86页。

② 高金虎等：《大卫的铁拳——二十世纪以色列情报机构绝密行动》，东方出版社2005年版，第108页。

绕该防空导弹的较量持续到了越南战争期间。1965年苏越导弹部队在河内附近一举击落3架美国"鬼怪"式战斗机，导弹伏击圈战法开始流行，美国空军损失明显上升。美军改变战术，在飞机上加装"百舌鸟"反雷达导弹，飞行员只要捕捉到雷达信号，就发射导弹，导弹沿雷达波束飞行，就能直接击毁防空导弹系统的天线。苏越双方采取急剧改变波束后关闭雷达的方式，使"百舌鸟"反雷达导弹在击中目标前坠毁。美国吃尽了"杰斯纳河"导弹的苦头，但到1967年事情发生了改变，美军对导弹瞄准波道实施了干扰，苏越所发射的近90枚导弹无一命中。原来第三次中东战争后，苏联将在埃及部署的该导弹系统移交埃方。埃及在与苏联友好的同时，与美国也保持着一定的关系，在埃及驻有美国军事专家，这些专家有的来自情报机构，有的承担情报部门赋予的任务，很快从埃及人手中秘密获取到了该导弹系统的秘密，并制定了针对性反制措施，此后"杰斯纳河"导弹在越战中便雄风不再。[①] 1969年11月1日凌晨，48架以色列战机前去偷袭埃及机场，谁料刚进入埃及领空，就几乎全部被导弹击落，仅两架战机侥幸逃回，使以色列大惊失色。后来发现是埃及装备了苏制新式远程警戒雷达P-12，使得以色列战机上的干扰设备全部失灵。该雷达分辨率高、功率大，不仅能监视以空军的一切飞行情况，还可以自动引导导弹远距离攻击以战机。其280公里的探测半径，意味着以战机一升空就会被埃及发现，以空中优势不复存在。为此，以色列专门组织实施"雄鸡行动"，从埃及窃取了一台P-12雷达。美国和以色列立即着手对其展开系统研究，掌握了其技术参数和工作原理。一款可以使P-12雷达完全失效的新型电子干扰设备被研制出来并安装到战机上，红海上空的制空权，被以色列再次夺了回来。

　　用于科学研究，改进己方相应武器装备的技术和性能，或是在此基础上仿制、研发新的武器装备。先进的武器装备技术并非凭空而来，有相当一部分是在对手方武器装备的基础上加以改进，进行研发，不仅可以节约研究成本，还可以在短时间内达到或超过对手相关武器装备的水平，取得武器装备技术和性能上的优势，在战场上力压对手。二战后期，苏联领导人斯大林从情报渠道获悉，美国的原子弹研发工作已经接近尾声，将使用可跨洲飞行的B-29战略轰炸机进行投掷。苏联也正在加快核武器研发工

---

① 李子实：《20世纪60年代中央情报局试图盗取苏联防空导弹》，来源《中国国防报》，光明网，2012年8月15日，https://baijiahao.baidu.com/s?id=1707230524563069775。

第十二章 窃取类秘密行动

作,但可用于投掷核武器的战略轰炸机项目几乎是空白,于是要求情报部门尽一切可能搜集B-29的技术资料,然而效果并不明显。1944年7月,对日空袭的一架美国B-29战略轰炸机因机械故障,迫降在苏联远东城市海参崴,给苏联送来了意外的惊喜。苏联以"入侵领空"为由,强行扣留了飞机。随后飞机被运送到莫斯科附近的苏联海军飞行中心,按照斯大林"必须分毫不差地仿造出一架我们的B-29"的手令,航空研发制造专家将B-29的10.5万个零件进行拆解、制图和编号,一一进行复制。为准确复制出每个部件,苏联专门成立了新的研究所和设计局,建立了迥异于过去的新的航空工业系统,发展方向也转换为自动化控制、新工艺和新材料。到1947年,苏联生产的图-4轰炸机面世,其仪表、传感器、电机等精密仪器,都可追溯到B-29身上,苏联新一代航空生产链也完备地建立起来了。1949年,图-4轰炸机正式装备苏联空军并用于投掷原子弹。①

2014年美国拥有现代化"宙斯盾"系统的"唐纳德·库克"号驱逐舰,违反《蒙特勒公约》出现在黑海海域。作为回应,俄罗斯出动装备最先进电子设备的苏-24战机到达美舰附近,"宙斯盾"系统突然失灵,雷达黑屏。苏-24战机在美舰上空绕飞,模拟导弹攻击动作,吓得舰上美军官兵魂不附体。当年这款苏-24战机刚面世时,人们就发现它与美国F-111战机惊人相似。美国F-111战机早在1967年就服役了,而且有一架在越战中神秘失踪,据美军知情人士透露,该战机突然与基地失去了无线电联系,此后便杳无音信。苏联对在越战中性能优良的美国F-111战机垂涎三尺,开始时是想打下一架来进行研究,但考虑残骸丢失的信息太多,不利于研究工作,最后决定窃取一架完整的F-111战机。为此,苏联专门派遣防空专家弗拉第米尔·阿布拉莫夫将军、少将飞行员叶甫盖尼·安西菲洛夫、苏联防空部队无线电兵司令格奥吉·吉契科将军等40名军事专家,组成特别行动小组前往越南,组织实施窃取秘密行动。前两位将军擅长夜航,后一位将军擅长电子干扰,都是针对F-111战机的特性特意安排的。1968年4月22日晚,当一架美国F-111战机正在执行任务时,苏联专家根据情报部门提供的飞行路线情报,沿途设置了无线电干扰,成功切断了它与美军基地的联系。随即苏联安西菲洛夫少将驾机尾随在F-111战机后面,通过无线电,对失联美机飞行员进行威逼利诱,将这架美机迫降到了北越的内排机场,据称安西菲洛夫少将因此获得了"苏联英雄"的

---

① 秦鸥:《前苏联扣留B-29轰炸机》,《科学大观园》2012年第13期。

称号。该机随后被苏联专家拆解、包装,秘密在海防港装上"阿历克谢·托尔斯泰"号动力船运回苏联,几年后苏联就研发出了苏-24战机。①冷战时期,作为各国陆军主战装备的坦克,技术细节一直受到严格保密。为了了解对手的武器性能,美苏展开了激烈的坦克情报战,通过第三国窃取坦克实物成为主要途径。在莫斯科近郊的库宾卡装甲兵技术中心,展出了50余辆冷战时期苏联从国外窃取回来的坦克,其中一部分是相关国家在战场中缴获后送给苏联的。一辆美制M24"霞飞"轻型坦克,原为法国殖民军所有,参加了1946—1954年的印度支那战争,在奠边府战役中被越南人民军缴获,后来送给了苏联。美制M41"沃克猛犬"坦克机动性能好,火炮威力大,在1961年入侵猪湾的战役中被古巴所缴获,卡斯特罗将其送给了苏联。美制M48"巴顿"坦克,是叙利亚军队在1982年黎巴嫩战争期间,缴获自以色列国防军的战利品,后来送给苏联用作研究。该坦克身上披挂着爆炸反应式装甲板,在当时堪称坦克防御技术革命,其结构很像"三明治",系在坦克体外敷设一层空心装甲板,里面装填钝性炸药,当装甲板遭到敌方穿甲弹的高温高压金属射流冲击时,会在瞬间产生反冲击力,从而抵消穿甲弹的动能,保护坦克安全。苏联专家看到后很是郁闷,该项发明他们早就试验过,因受到苏军将领的反对而放弃,却被对手后来居上。②

前面所说的都算是常规武器装备,法国情报机构想得更大,甚至打起了核弹头的主意。二战后法国一直想拥有大国地位,对企图垄断核武器的美国极为不满,拒绝美国在法国本土储存核弹头和建立中程导弹基地,并投入巨资进行研发,于1960年成功试爆原子弹,成为核国家之一,但显然没有美国的成熟和先进,于是想从美国在欧洲的军事基地窃取一枚核弹头用于研究。西德法兰克福美军基地中心一座非常坚固的仓库里存放着这样一些弹头,部署在西德的美军导弹未装上弹头,以防出现意外。法国对这些核弹头很感兴趣,任务落到了法国国外情报暨反间谍局第7处头上。处长勒鲁瓦与特工雷蒙·阿迈尔在巴黎奥利机场找到了一处美军遗弃的旧军

---

① 雷神:《越战一架美机失踪,克格勃解密:大卸八块偷回苏联,造出苏24》,兵说视界,2019年12月1日,手机凤凰网,http://imil.ifeng.com/60776828/news.shtml?&back。

② 李学华:《美国窃取T-72:罗马尼亚高官帮忙,苏联潜艇没截住》,人民网,2017年7月8日,http://military.people.com.cn/n/2015/07-08/c172467-27272099.html。

营,这里与法兰克福美军基地的布局极为相似,他们在这里进行了严格的实战演练,对军营的规模、营房的位置、驻扎的人数及安保措施和警戒系统等进行了认真的研究,找出突破障碍的方法和路径。弹头大约50公斤重,可用摩托车来进行运输。军事基地戒备森严,必须在极短的时间里迅速完成任务,使对方来不及反应,才有可能成功,因而在军事基地内的窃取时间设计为3分钟。经过反复训练,从抵达仓库开始,打开大门密码锁、撬开保险柜、偷出弹头、锁好仓库门,到最后用摩托车载着弹头从栅栏的缺口冲出基地,由最初的10分钟缩短为5分钟,再经过几个星期的艰苦努力,就可以达到标准实施窃取秘密行动了。而此时突然爆发了本·巴尔卡暗杀事件,第7处也卷入了这场丑闻,不仅窃取弹头的行动被取消,在秘密行动中战绩辉煌的第7处被撤销,处长勒鲁瓦也被开除了,还在监狱里待了117天,后虽被宣判无罪释放,但其情报官员生涯则是彻底地终结了。[①] 这项必定会轰动全球的窃取秘密行动,因意外事件而终止,对美法关系来说,可能是一件幸事。

二、科学技术

科学技术是第一生产力,现代国家的竞争与较量,在很大程度上是科学技术的竞争与较量。因此,窃取科学技术方面的成果,以实行科学技术方面的追赶和反超,既是国家发展的一个重要途径,也是情报组织的责任和义务。日本在二战之后确立了"技术立国"的战略,形成了遍布世界各地的"商社情报网",将窃取科技情报和科技成果作为各类情报组织最主要的职责,其情报活动有85%属于科技经济类情报。美苏全面对抗和竞争,科技方面尤其是军事科技竞争尤为激烈,相互窃取作为科技成果载体的最先进武器装备成为家常便饭。以色列能在阿拉伯世界中立国,除了其他耳熟能详的原因外,与其强大的科技窃取能力也密不可分。前面所说的窃取武器装备,换一个角度来审视,也是窃取的科技成果。

科技产品。克格勃通过南非海军军官迪特尔·格哈特,在10多年的时间里,为苏联购买偷运了重达百吨的西方先进军事科技装备、尖端科技成果等物资,其中购买了2台VAX II-782型计算机运回苏联,窃取了美国5年的研究成果,可以节省几亿美元的研制费用。在苏联窃取美国重大科

[①] 勾宏展等著:《塞纳河畔的管子工——二十世纪法国情报机构绝密行动》,东方出版社2005年版,第142—145页。

技成果的同时，美国也紧盯着苏联的最新科技成果，其潜艇的声呐系统就与苏联的技术有关。20世纪70年代，苏联潜艇在静音性能、速度和探测能力等方面都在努力追赶西方国家，美英等国为了监视苏联海军动向，窃取苏联情报，派出了大量的潜艇、间谍船和间谍设备在苏联家门口活动。为阻止北约的渗透和侦察，苏联在领海区域内布置了大量的拖曳阵列声呐基阵，可以依靠传感器及时捕获敌方潜艇发出的声音，能轻松发现、定位和跟踪所有型号的潜艇。美国对此技术几乎一无所知，就想窃取一个样品回来进行研究，并专门制定了"酒保行动"计划。但考虑到如果由美国亲自动手，可能会引发两个超级大国的直接对抗甚至军事摩擦，美国就请英国来帮忙实施这个计划，刚从马岛战争中凯旋的英国海军核潜艇"征服者"号被安排担此重任。美国在"征服者"号艇首安装了有摄像头的电控钢钳，以便于艇内人员遥控操作。1982年8月，在巴伦支海游弋的"征服者"号发现一艘挂着波兰旗帜的苏联间谍船，正拖曳着一条长达3200米的阵列声呐航行。舰长布朗命令潜艇倾斜上浮，成功钻进苏联间谍船的声呐盲区，艇员操作钢钳夹住拖曳声呐阵列的钢缆，以极快的速度将其扭断，收拢后全速回到北约控制海域，此后用飞机运到美国。此事的当事国美、英、苏都没有声张，直到苏联解体后才解密。美国对其进行了研究，发现并没有所宣传的那么神奇，能在其工作时段窃取到就表明其本身存在明显的技术缺陷，但还是通过学习借鉴苏联的声呐技术，研制出了更先进的声呐阵列。①

科技设备。冷战时期，美苏两国争夺世界霸权，首先要争霸海洋。因为谁想控制世界，谁就要控制海洋；谁控制了海洋，谁就能控制世界。美国著名海军战略家、军事理论家阿尔弗雷德·塞耶·马汉提出的"海权论"，揭示了这个真理。随着核动力舰队弹道导弹的研制成功并装备部队，海军在美苏核威慑力量中的地位和作用显得十分重要。海军是一个技术密集型的军种，苏联由于科学技术的限制，无法与美国在海洋上分庭抗礼，尤其是其潜艇的噪声过大，很容易被美国及其盟国侦测到，利用海洋对军事目标的隐蔽功能来形成战略威慑的作用大打折扣。怎样将潜艇噪声降至西方国家侦测技术难以发现的水平，是苏联海军亟需解决的问题。由于"巴统"对苏东国家的出口管制，苏联无法通过正常的贸易渠道获得相关

---

① 予阳：《英国传奇核潜艇：击沉阿根廷巡洋舰，偷苏军声呐》，中国新闻网，2015年4月2日，http://www.chinanews.com/m/mil/2015/04-02/7180531.shtml。

第十二章　窃取类秘密行动

的技术和设备。1980年底,克格勃控制的全苏机械进出口公司以高价作为诱惑,通过日本和光贸易公司作为中介,向日本东芝公司购买螺旋桨九轴推进器工作母机。日本是"巴统"成员国,但在巨额利润的驱使下,企业主往往会私下绕道而行。日方报价每台机器10亿日元,折合500多万美元,比正常售价高出一半以上,日方认为此笔交易冒了极大风险,不能再少了。苏方对这套设备是志在必得,并不在乎价格因素,最终4台机器成交价格为35亿日元,大约相当于2000万美元,东芝公司非常满意。克格勃以挪威国营康斯贝公司为转运公司,日方以出口到挪威的名义使设备通过海关监督。这家公司此前就曾秘密向苏联出口过火炮自动瞄准计算机,与苏方联系颇为密切。这4台工作母机运到苏联后就马上投入使用,运用该螺旋桨研磨技术制造出的潜艇,其噪声降至以往的5%,北约执行反潜战任务的舰艇和飞机,侦测和跟踪的难度增加了10倍以上。"东芝事件"案发后,在日本及西方国家引起了轩然大波,美国众议员亨特认为:"西方国家由此而丧失的反潜领域的对苏优势,需要付出300亿美元的庞大资金才能恢复。"日本东京警视厅逮捕了东芝机械公司4名涉案人员,东芝公司总部、东芝机械公司、和光贸易公司的总裁和总经理均引咎辞职;美国宣布禁止进口东芝集团的产品,拒绝东芝参与战略防御体系的相关研发工作。受到严厉处罚的东芝公司感到十分委屈,想到临死也要拉个垫背的,抱怨称法国重型机床厂及其分厂,曾先后向苏联秘密出口军工用途的精密机床和先进战机机翼机体冲压机床,却什么事也没有,东芝不过是效仿法国厂家,为何如此厚此薄彼?这下又将法国重型机床厂推上了风口浪尖,法国反间谍机构领土监护局经过数月调查取证,宣布拘押该厂总厂和涉案分厂董事长及两名高级职员。[①] 从法国购买的先进军用工业设备也是由克格勃X线(科技情报间谍网)秘密运作的。

科学技术。以色列情报机构从瑞士窃取了重达20吨的法国"幻影"战斗机的图纸,并依靠这些图纸很快建立起了航空工业体系,两年后的1971年便生产出了"鹰"式战斗机,该机型实际上就是"幻影"战斗机的翻版。而此前按照以色列一个咨询委员会研究的结果显示,以色列要想完全依靠自己来研发和生产战机,可能需要10年的时间,而当第一架飞机离开生产线时,可能就已经落伍了,最快和最保险的方式是仿制成熟的先

---

① 黄狐编著:《鹰眼——苏联克格勃行动档案》,河北人民出版社1998年版,第279—284页。

进战机。仿制需要图纸，以色列空军拥有150架"幻影"战斗机，对这种机型最为熟悉，于是"幻影"战斗机的图纸就成为以色列情报机构的猎物，并且在此基础上催生出了航空工业体系及系列更新迭代的先进战机。1975年，以色列在特拉维夫机场展示了其最新式的"幼狮"喷气式战斗机，其模样与"幻影"战斗机极为相似，速度达到了2.2马赫，可携带导弹，安装了复杂的电子系统，当时在全世界也处于最先进的战斗机之列，在现场观摩的一位西德武官嘲讽其为"幻影之子"。法国对"幻影"战斗机图纸被窃取一事耿耿于怀，1976年以色列请求让这种机型参加巴黎航空展览会，遭到了法国的拒绝。[①] 自己的秘密被别人窃取了，还在此基础上研制出了更加先进的飞机，"儿子"的回访只会让主人陷入更加难堪和恼怒的境地，法国的做法也可以理解。

科技人才。科技人才是科技领域最核心的资产，其不仅手头掌握着大量的科技研究成果，还能够研发出更多的新的科技成果，培养出更多的科技人才，称他们为"科技奶牛"也不为过。窃取科技人才，自然成为情报组织的一项重要工作任务。二战时期，德国虽然总体实力不及美国，但其武器装备的研发技术仍然让美国惊讶不已，如V-1、V-2火箭，先进的喷气式战斗机，核武器研究等。美国对研制这些武器的科学家非常感兴趣，也很担心这些科学家在战后会被苏联所用，增强苏联的实力。经总统批准，美国战略情报局专门制定实施了"回形针行动"，通过各种途径，先后将1600多名纳粹科学家秘密偷运回美国，并帮助他们洗白身份，为美国服务，对美国战后的科技发展发挥了巨大的作用。这些科学家属于德国的精英阶层，许多人与纳粹有着千丝万缕的联系，有的还是明摆着的战犯，德国战败在即，他们担心遭到清算，惶惶不可终日。虽然后来他们自我粉饰是纳粹时期的"和平囚徒"，但其中不少人的身上充满了黑暗，他们研制的先进武器杀死了成千上万的人，如V-2火箭首席专家冯·布劳恩，不仅对集中营的情况了如指掌，还亲自从集中营里挑选人员参与建造火箭。美国的法律和民意不会允许纳粹分子入境，其他盟国也不希望看到美国成为纳粹分子及战犯的收容所，因此这项行动必须秘密进行。我国著名科学家钱学森当时在美军中服务，也参加了"回形针行动"，并曾参与过审问和招降布劳恩的工作。美国一位科学记者回顾这段历史时感叹道：

---

① 詹为为、詹幼鹏：《以色列摩萨德绝密行动》，北方文艺出版社2017年版，第129—137页。

第十二章 窃取类秘密行动

"在那时,没有人知道,中国未来的航天之父,正在审问美国未来的航天之父。"这些科学家到美国后,都被安排了合适的科研岗位,美国还通过这些科学家出面邀请,使更多的德国科学家来到了美国。美国正是靠着"导弹之父"布劳恩等一大批从德国抢来的顶级科学家,推动了战后美国科技的迅猛发展,为确立美国的科技霸主地位作出了重大贡献。布劳恩带领其火箭研究团队及相关德国科学家,推动了美国太空计划的顺利开展。他在担任美国国家航天局马歇尔空间飞行中心总指挥时,主持"土星5号"运载火箭的研发,并在1969年7月完成了人类首次登月的壮举,他也头顶"20世纪航天事业的先驱""美国航天之父""土星5号之父"等一系列桂冠。[①] 20世纪60年代初期,古巴导弹危机和平解决后,苏联为向美国示好,组织苏联和匈牙利各个科技领域顶尖的200名专家到美国访问交流,这些专家在美国情报机构的优厚待遇诱惑下,一下飞机便全部叛逃,这些人掌握着苏联和匈牙利各个科技研究领域的尖端成果和机密,并且有着极强的科技研发能力,都被美国无偿占有了。进入80年代直至苏联解体后的一个时期内,美国又迎来了一个窃取人才的大好时机。当时美国发现苏联经济萧条,民众生计困难,就派遣了大量的间谍潜入到苏联,利用金钱来收买苏联各行各业尤其是科技界的精英人才。成箱的美元,很快击垮了许多科学家的傲骨,据不完全统计,仅在10年的时间里,就有高达千人的精英人才流失到美国。苏联苏霍伊设计局科学家格罗琴科是顶级飞行器设计师,他的很多研究成果让美国心恨眼红,自然成为美国的重点拉拢对象。美国专门制定了策反和收买的方案,先后派出6批间谍进行策反。但格罗琴科在苏联科技界拥有崇高的地位,根本不屑于美国所许诺的物质生活条件,对美国间谍的纠缠也十分恼火,并先后报告克格勃将这些美国间谍一网打尽。苏联解体后,俄罗斯社会动荡,经济状况一落千丈,一向生活相对优裕的格罗琴科也陷入了困境。美国间谍再度造访,并承诺给予50万美元的年薪及位于夏威夷的豪宅,于1993年成功将格罗琴科及全家秘密带到了美国,由8名顶尖保镖进行24小时保护。1999年格罗琴科遭到暗杀,吓得大批叛逃的原苏联及俄罗斯科学家从美国的科研机构离职,或是

---

① 《回形针行动(美国吸收德国纳粹科学家的一项计划)》,百度百科,https://baike.baidu.com/。

隐姓埋名以逃避追杀。① 这或许是俄罗斯情报机构为阻止俄科学家进一步流失而实施的一次秘密行动，客观上也起到了一定的"止血"作用，但已经失去的血液不可能回流。国家的衰落导致人才的流失，人才流失又促使国家的进一步衰落，成为前苏联地区国家的真实写照。

三、战略物资

战略物资是指对国计民生和国防具有重要作用的物质资料，包括主要工业产品、农产品和矿产品；按照加工程度，可分为原料、材料、半成品和制成品。在战争、敌对及特殊情形下，相关国际组织或国家会对这些物资进行严格的管控和禁运，通过正常的贸易途径无法取得，而本国或本组织又急需这些物资，情报组织便派上了用场。在特殊情况下，有些不被视为战略物资的物品，也会因特殊时期的重要用途，临时或短期的紧缺，而被当作战略物资进行争夺。

为防止核扩散，相关国际组织和国家二战后对铀矿石及浓缩铀实行了管控和禁运政策。因为铀不只是一般的战略物资，还是潜藏着巨大风险和危害的战略物资，其管控措施非常严厉和严密，窃取的难度也成倍增加，但对战斗力极强的摩萨德来说，再大的困难也难不倒他们。以色列为突破封锁，发展核武器来保障国家的安全，摩萨德和拉卡姆等情报机构通过胁迫、劫持、策反等多种方式，数次窃取了大量的铀矿产品，并顺利研制出了核武器。1962年10月，以色列刚刚起步的核计划因缺少浓缩铀而面临中途夭折的危险。摩萨德策反了美国纽梅克公司总经理夏匹罗，他是个狂热的犹太复国主义分子，曾受聘于威斯汀豪斯公司，参与研制美国第一艘核潜艇"鹦鹉"号所使用的反应堆。在夏匹罗的帮助下，以色列成功将177公斤浓缩铀窃取回了以色列。摩萨德获悉，法国驻印度新德里情报站负责人奥弗基尔将军，帮印度从巴黎私购了一批铀，准备从安特卫普港装上"瑟斯别格"号货轮运抵印度。潜伏在巴黎的摩萨德间谍加季·乌里迈，受命将该货轮劫持到以色列。乌里迈等4名间谍潜藏进一个集装箱，被装上了货轮，等待2名伪装成货轮上的摩洛哥水手的同伴，在途中开箱会合后行动。但接应的同伴出了问题，他们用自带的工具在集装箱中开了一个孔洞，随后打死了两名船员，控制了船长，将货轮顺利地劫持到了以

---

① 《俄罗斯顶尖科学家叛逃美国6年，被当街射杀，8名保镖都没保住》，之音生活，2022年7月20日，https//mp.weixin.qq.com/s? – id=2649980441 &idx=8。

第十二章　窃取类秘密行动

色列海法港，货轮上的铀落入了以色列之手。

古董文物、医疗用品等物资。一般情况下它们不会成为战略物资，在战争状态下特别需要资金和伤员救治，或疫情来得猝不及防等特殊情况下，医疗物资就成为了当时最重要的战略物资之一。从这个意义上来说，缺什么，急需什么，什么就是战略物资，并成为情报组织窃取的重点目标。二战中纳粹德国有一支神秘的部队，专门掠夺别国的古董文物，然后变卖以充军费，来维持侵略战争的庞大开支，美国学者林恩·H.尼古拉斯在《劫掠欧罗巴：西方艺术珍品在二战中的命运》一书中有详细的记载。这支部队名为林茨特遣队，其任务是在纳粹德国军队攻打一个国家之前，便派出特工对这个国家的各种古堡、宫殿和博物馆进行摸底，等占领这个国家之后，把它所有的黄金储备和文物宝藏洗劫一空。纳粹德国二号人物戈林就曾说过："德国铁蹄所到之处，只要发现是德国人民所需要的，就要像警犬一样紧追不舍，一定要把它搞到手。"据纳粹德国官方的一份秘密报告显示，仅1941—1943年，林茨特遣队从欧洲各国运回德国的文物就超过了10万件，装满了137辆火车，其中绘画作品就达到了10890幅，被称为"世界第八大奇迹"、用6吨琥珀打造的"琥珀厅"，也被从苏联窃取走，这些古董文物大多是世界上独一无二的超级珍宝。纳粹德国所掠夺的一部分古董通过瑞士银行兑换为货币，用来进口各类急需的物资，以满足战争的需要；一部分成为"纳粹宝藏"，至今下落不明。[1] 新冠病毒疫情暴发初期，国际市场上相关医疗设备和物资奇缺，摩萨德动用其情报网，在国外窃取了大量的医疗设备和物资，以满足国内抗击疫情的需要。据以色列12频道记者采访一位匿名的摩萨德官员透露，当时以色列政府要求摩萨德提供130多万件医疗设备和药品，摩萨德为此新组建了一个规模较大的特别行动中心，其中从美国和沙特等国获取了1万台呼吸机及其他医疗物资。这位摩萨德官员拒绝透露其采用的手段及这些医疗设备和物资的来源。[2] 显然这些物品的来路不正，可以判断大概率是通过非法贸易等方式获得的。

窃取战略物资的目的，除了自身需要外，还可以对相关国家或地区形

---

[1] 《二战纳粹藏宝下落之谜：希特勒究竟抢了多少财宝》，世界历史网，2021年3月12日，https:/mp.weixin.qq.com/s?-biz=Mzl1NDlxMTl1MQ==&mid=2649991201。

[2] 张幂：《与死神赛跑！以色列出动摩萨德，全球抢购医疗物资，呼吸机是重点》，幂谈天下，2020年4月2日，https://baijiahao.baidu.com/s?id=1662851958982397709。

成威慑，加强对目标国家或地区的经济封锁。新中国成立后，美国操纵对中国进行了经济封锁和贸易禁运。在美国中央情报局的策划和支持下，台湾国民党军队先后劫持了向我国运送燃油的波兰"布拉卡号"和"哥德瓦尔号"油轮，以及苏联的"图阿普斯号"油轮。对当时缺少石油矿藏的新中国而言，这些燃油不仅是不可或缺的"工业血液"和"军事血液"，还是民众日常生活的必需品（用于家庭点灯照明），无疑是重要的战略物资。这些燃油被台湾窃取后，经过加工，大多用于台湾空军的战机，加大了对大陆的军事压力。在"图阿普斯号"事件中，可与美国抗衡的苏联也选择了退让，对与新中国进行贸易往来的外国商船形成了巨大的威慑，一个月内，从欧洲运往中国的物资减少了近3万吨，英国保险公司的船只保险费率飙涨，由原来货值的1%上涨到5%。往返中欧航线的苏联和东欧货轮，在中方海空军护航的前提下，才敢前往大陆港口卸货，再转铁路运输，极大地增加了成本，降低了效率。

四、秘密情报

秘密情报从载体上可分为书面情报、声像情报、实物情报和信号情报等类别。书面情报是指主要以纸质作为载体，以文字、图形或图片等形式所显示的情报。声像情报是指以音频、视频作为载体的情报。信号情报是指主要以电子作为载体的情报，需要通过特定的技术设备和手段，将其转换成为文字、图片或声音等可辨识物后，才能识读和使用；或按照事先的约定，明确信号的特定含义，正常情况下只有信号的接收方才能理解，窃取方必须要进行破解密码才能识读。美国情报机构挖掘隧道及实施"长春藤之铃"等行动，对苏联电缆及使馆进行窃听，二战中英国情报机构针对德国所实施的"超级机密"行动，都是为了获取电子信号情报。而实物情报，这里所涉及的大部分窃取标的物都是实物，如武器装备、科技器材等本身就是相应情报的载体。

书面情报。摩萨德窃取的赫鲁晓夫"秘密报告"及法国"幻影"战斗机图纸，法国国外情报暨反间谍局从埃及大使馆窃取的大量文件和档案资料等，都属于书面情报。情报组织通过秘密行动窃取了书面情报，除了直接使用之外，还可通过从书面情报中寻找线索和资源，策划实施新的秘密行动，形成秘密情报与秘密行动的滚动运行模式。2018年1月31日凌晨，20名以色列摩萨德特工及特种部队队员组成的特别行动小组，潜入伊朗首都德黑兰郊区一个看起来非常普通的仓库区。伊朗为不引起关注，这里未安排人员24小时警卫，只在早上7时到晚上10时有人值守。摩萨德在2016年就发现了这个秘密仓库，并进行了长达一年多的监视。他们于晚上10时半潜入库房，修改了外部警报系统，用高温喷灯等工具，切割并撬开了32个保险柜，窃取了伊朗核计划的几乎全部档案资料，据介绍这些资料包括5.5万页纸张和163张光盘，共约半吨左右的文件资料。摩萨德迅速将这些文件全数转移出去，在外面人员的接应之下，分成几批"以某些方式"偷运出境。警卫上班后，发现仓库被盗立即报警，警方随即进行搜捕，但摩萨德特工早已逃之夭夭。这些被窃取的文件资料，在外交和秘密行动领域都发挥了重大作用。以色列总理内塔尼亚胡利用这些文件，促使美国时任总统特朗普退出了2015年签署的《伊核协议》。[1] 以色列情报分析人员从中发现，伊朗核武器计划的负责人是法赫里·扎德，此人任伊朗国防部副部长，是伊朗顶级核科学家，号称"伊朗核弹之父"。摩萨德开始对其严密监控，并策划实施了暗杀秘密行动。因现场被故意停电，没有留下监控视频，暗杀的具体方式有多个流传版本，这也说明了摩萨德的暗杀行动非常周密和诡异，没有留下多少可供警方复盘案件的有用线索。其中一个版本为，2020年11月27日，在伊朗首都德黑兰附近实施暗杀行动时，为避免实施人员无法从现场脱身，摩萨德使用卫星控制的遥控机枪及人脸识别系统，3枪精准射杀拥有数十名武装保镖的扎德。摩萨德暗杀特别行动小组全员逃脱，无一落网，使伊朗蒙受了丧失要员的损失和丢失颜面的羞辱。[2]

实物情报。实物情报具有比较宽泛的概念，指依附于一定实物的情报，大到舰船飞机，小到人体生物样本，从中可以分析研究出己方所需要的重要信息，因而实物情报必须具备实物和情报的双重属性。这种情形下，窃取实物的目的并不是实物本身，而是附着在实物上的重要信息，这种信息一般是需要专业人员或通过专业的设备才能解读。像战略物资之类的实物，大多只具有使用价值，缺少情报价值，所以其仅仅是窃取的实物，而不是实物情报，如铀矿石、医疗用品等。有关武器装备、科技器材等实物情报前面已经有所论及，这里重点谈一下人体生物样本及人体排泄

---

[1] 杜海川：《以特工被曝偷"半吨"伊核机密》，《环球时报》2018年7月17日。

[2] 《伊朗核科学家遭暗杀仍是谜局，谁搅动了这场中东乱局》，新华网，2020年12月7日。https://baijiahao.baidu.com/s?id=1685382884817676314。

物。美国中央情报局在追踪本·拉丹时，就已经窃取到了其人体生物样本，掌握了其 DNA，击毙本·拉丹后，在确认其身份方面起到了一锤定音的作用；美国抓捕到藏身地窖的伊拉克总统萨达姆后，也是通过与先前获取到的 DAN 样本进行比对，才确认了其身份。摩萨德一直有刺探其他国家领导人健康情报的传统，似乎对窃取尿液情有独钟，这一嗜好说着都有一些不好意思，但对以色列政府来说，却是一件十分重大和严肃的事情，能够使他们在错综复杂、反复无常的中东局势变化中占得先机。1998 年叙利亚时任总统哈菲兹·阿萨德在一家法国医院动手术时，摩萨德指使其医疗小组中的一名犹太医生，窃取了阿萨德的病历及尿样，并据尿样化验结果断定其心脏存在严重隐患，将不久于人世。1999 年 2 月，约旦国王侯塞因去世，很少出国的阿萨德率团飞赴安曼参加葬礼。为了判断阿萨德还能活多久，以色列和约旦两国情报机构决定再次窃取其尿样。在摩萨德特工的策划下，约旦为阿萨德总统准备了一个特殊的卫生间，使其尿液能够注入一个特制的储尿罐。其尿样被运送到以色列特尔·哈舍默医学中心，医学专家的检测结果和摩萨德的报告，很快就摆在了以色列总理巴拉克的办公桌上，显示其健康状况正在恶化，寿命已屈指可数。除心脏病外，他还患有糖尿病和泌尿系统癌症，须定期进行血液透析，尿液中还含有止痛药的成分，表明病情正在恶化。如此差的身体状况，使他每天的工作时间不超过几个小时，阿萨德果然一年多后就心脏病突发去世。[①] 摩萨德的准确情报，为以色列提前调整与叙利亚的关系争取到了宝贵的时间。约旦国王侯赛因在位期间，在各国之间游刃有余。摩萨德为掌握侯赛因国王的身体健康状况，以便及时进行应对，窃取了其尿液进行分析。摩萨德还利用窃取的尿样来打击对手。2005 年上台的伊朗总统内贾德，一直视以色列为不共戴天的死敌。刺探内贾德的健康状况，成了摩萨德的重要任务，他们为此制定并实施了代号为"取水"的秘密行动。趁内贾德 2007 年出席联合国大会之机，美国和以色列情报机构联合设局，邀请其到哥伦比亚大学演讲，其间频频送上矿泉水。当内贾德需要方便时，他们将其领到一间专供"贵宾"使用的卫生间，内贾德的尿样就这样被窃取到了。通过化验尿样，以色列弄清楚了其身体处于"亚健康"状态，有低血压、糖尿病、心脏也不太好，如果工作及心理压力大，身体和心理状况就会出问题。以色列一直企图给内贾德施加心理压力，以加剧其病情恶化。2008 年伊朗大选前，

---

① 烨子编著：《间谍》下册，中国广播电视出版社 2005 年版，第 240—241 页。

摩萨德趁其患重感冒之机，把"内贾德病重，将放弃明年大选"的假情报散布到媒体和网络上。伊朗反对派如获至宝，随之进行了大肆炒作和传播，一时间搞得内贾德有口难辩、非常被动。不过最终效果有限，内贾德还是于2009年再次成功当选总统。[①] 美国中央情报局是学习借鉴英国秘密情报局的模式建立的，摩萨德又是按照美国中央情报局的模式建立的，其工作方式也有许多相似之处。窃取人体排泄物并不只是以色列情报机构独有的嗜好，其祖师爷英国秘密情报局也有这方面的偏好。其特工曾用特别设计的避孕套来窃取罗马尼亚总统齐奥塞斯库的小便样品，还千方百计窃取了苏共总书记勃列日涅夫及古巴国务委员会主席卡斯特罗的排泄物，由医疗专家来分析他们确切的健康状况，以此来分析判断他们执政的后续时长及其身后的政治走向，或是策划设计相应的秘密行动。

第三节 外国对我国科技成果的窃取

改革开放使中国进入了持续40多年的高速发展时期，尤其是在科学技术发展方面的中国速度，令世界震惊，引起了以美国为首的西方国家的严重不安。于是他们无中生有，想当然地认为并指责中国窃取了他们的科技成果。其实窃取他国的科技成果，是西方国家由来已久的传统。数百年以来，他们就将窃取的目标指向了我国传统的科技和制作工艺技术，使我国许多在国际市场上占据绝对优势份额的产品风光不再，严重损害了中国的利益。新中国成立之后直至改革开放前期，我国许多科研单位及研究人员对自己已有的或研究的科技成果缺乏自信，又没有树立起保护科技秘密的意识，大量的先进科技成果及传统工艺技术，仍然被外国大量窃取，给我国造成了不可挽回的重大损失。惨痛的教训已经使国人警醒，玩点小花招，甚至不用玩花招，就能从中国窃取重大科技秘密的时代一去不复返了。但道高一尺，魔高一丈，窃取与反窃取的较量永远也不会停息。

一、外国在古代窃取我国先进的科技及传统工艺制作技术

历史上，我国科学技术的发展水平曾长期领先于世界，创造出了许多令世界上其他国家难以望其项背的辉煌成就，英国著名学者李约瑟在《中

---

① 王树军：《美以特工偷了内贾德的尿》，《环球人物》2008年第22期。

国科学技术史》这部巨著中给予了全面反映和高度评价。我国依靠这些科学技术所生产出来的产品也是独步全球,在国际市场上具有碾压式的优势,使许多国家在与中国的贸易中出现了巨大的逆差。窃取这些科技成果和制作工艺技术,成为数百年来外国间谍孜孜以求的重大秘密任务。我国这些引以为傲的传统科技成果及优势产业,也在这个过程中被逐步蚕食,外国间谍一次成功的窃取秘密行动,往往就意味着我国一个传统优势产业的衰落。我国历史上出口的三大优势产品,如丝绸、瓷器、茶叶等,都曾高度占有国际市场,也不可避免引来了外国间谍的觊觎。当这些外国间谍满载而归之后,我国的相应产品在国际市场上就逐步被逼到了边缘化的角落,曾经的辉煌也难掩现实的落寞。中国古代对重要技术也是严禁传到国外去的,如丝绸生产技术、造纸技术、火器制作技术、瓷器制作技术等,就是皇室公主嫁到国外,也只能携带成品,而不允许带走技术书籍、工匠或种子。古代掌握这些技术的工匠也只是在家族或家庭之中传授,并且传男不传女,来确保世世代代的营生不被外人夺走。历史上依靠这种方式,在很长的时间段里,确实也起到了保守技术秘密的作用,但当遇到无孔不入的间谍时,这种防线便显得无比脆弱。

中国生产的丝绸,在欧洲古罗马时期就是奢侈品,其价值贵过黄金,当时恺撒大帝身着一件丝绸长袍到剧院看戏,立即轰动了整个剧院。《荷马史诗·奥德赛》云:"从门阀到内室,椅子上放着柔软的绮罗(丝绸)。"欧洲这两大文明古国的贵族,都以这种柔滑似水、薄如蝉翼的东方舶来品作为自己财富和地位的象征。最先窃取中国丝绸制作技术的是日本,东汉末年天下大乱,日本人潜入到我国中原地区,伪装成逃难的百姓,向当地的4位姑娘学习种桑、养蚕、缫丝和丝织等技术,暗中藏好蚕种和桑树种子回到了日本,从此日本人穿上了自己生产的丝绸。因日本市场太小,对中国丝绸出口基本上没有什么影响。到6世纪,两名景教传教士受雇于东罗马帝国皇帝,来到中国南方丝绸生产地区,以传教作为掩护,向当地百姓学习从种桑、养蚕、缫丝到丝织的整套技术,以及相关工具和器械的制造方法,还将蚕卵和桑树种子藏在竹杖里,瞒过了边关搜查的士兵,偷偷带回了东罗马,获得了巨额报酬。后来君士坦丁堡成为欧洲最大的丝绸生产基地,向欧洲各国出口大量的丝绸以赚取利润,打破了中国丝绸市场的垄断地位。不过其丝绸质量比不上中国,欧洲仍以来自中国的丝绸为上品。中国古代一直很注重保护丝绸制作技术,汉武帝时期就曾下令严查想窃取丝绸技术的外国商人,以后历朝历代都执行了这项政策,但依然没有阻挡住间谍之手。还有另外一种说法，据《大唐西域记》记载，在南北朝时期，西域有个小国瞿萨旦那国国王向中原国家索要桑种和蚕种遭到拒绝，中原国家还严令边关对出境人员进行严格检查。外交渠道和偷窃的方法都行不通，瞿萨旦那国国王便想到了与中原国家联姻的办法，派遣使者私下说服公主将蚕种和桑种藏在帽子里，边关士兵也不好仔细检查公主，就这样将中国丝绸生产的种子和技术带到了西域，后来丝绸制作技术也可能是从西域外泄的。① 两种说法都有一个共同点，就是时间都是在南北朝时期，当时天下大乱，政权林立，各个区域性政权的兴替如走马换灯，很难对国家和社会进行有效的管理，给了外国间谍可乘之机。

英国间谍窃取中国茶叶生产的技术秘密，还被英国人自诩为"史上最伟大的一次企业间谍行为"。鸦片战争之前，全世界90%的茶叶产地在中国，茶叶对中国人来说是日常用品，对西方人来说却是奢侈品。此前中国输入欧洲的茶叶是通过陆路到达鹿特丹，再由荷兰商人销往欧洲大陆各地。经过两次英荷战争，英国逐渐垄断了茶叶贸易，运往欧洲茶叶的主要渠道也由陆路变为水路。茶叶占中英贸易总额的80%以上，英国贸易逆差巨大。为摆脱对中国茶叶的依赖，英国曾在南亚试种茶叶，但未获成功。当时清廷实行闭关锁国的政策，严禁外国人进入内地。1848年，英驻印度总督达尔豪西侯爵派遣植物学家、传教士罗伯特·福琼到达上海，装扮成中国人的模样，携带两个被其收买的中国人帮助他隐瞒身份，先后游历了浙江、安徽、福建等茶叶产区，弄清了茶叶的制作工艺和茶树的栽培技术，还收集带走了2.4万棵茶树幼苗和1.7万颗茶籽。满载而归的福琼发现，要想在印度生产出优质的红茶，仅靠剽窃的那点东西是不够的，必须弄来中国的种茶和制茶人。他又来到武夷山桐木关，招聘了8名制茶工人，于1851年偷偷把他们及秘密获得的茶叶树种带回了加尔各答。在福琼的帮助下，印度和锡兰的茶叶产业迅速发展起来，印度逐渐成为红茶第一出口大国。半个世纪后，中国售往西方茶叶的比重下降到10%，中国茶叶风靡欧洲的时代也成为久远的记忆。②

在300年前欧洲的餐桌上，中国的瓷器被视为"白色黄金"，许多国

---

① 《千里走线：泄露中国丝绸技术的商业间谍案》，小米文史，2024年5月20日，https://baijiahao.baidu.com/s?id=1799538452835346709。

② 《史上最大经济间谍案——罗伯特·福琼盗茶事件》，茗录堂普洱茶，2024年3月2日，https://baijiahao.baidu.com/s?id=1792303041496134902。

家开始进行仿制，但质量低劣，远不能与中国瓷器相比。于是欧洲国家便派遣间谍潜入中国，专门刺探瓷器生产的工艺技术情报，最早来到中国刺探瓷器生产情报的是天主教传教士克鲁兹，最著名的是法国传教士昂特雷柯莱。克鲁兹于1547年从葡萄牙来到中国，是第一个具体描绘中国青花瓷生产流程的欧洲人。昂特雷柯莱中文名殷弘绪，从1698年开始，担任瓷器之都景德镇一个陶工圣会的牧师，并获得了陶工们的信任，从而获取了瓷器生产的技术秘密。他向法国寄回3封信，详细记录了景德镇瓷器的制作和烧制过程，如制作材料、配比、黏土的揉法和卷法，以及如何在炉中烧制等，他带着科学研究的眼光总结了瓷器的制造技术，比中国陶工仅凭经验劳作高了一个层次，这3封信也成为欧洲瓷器史上划时代的信件，还寄回去了瓷器原料白不子和高岭土的样本。殷弘绪还通过结交清廷御医，获取了明朝发明的预防天花的接种痘技术，结束了欧洲预防不了天花的历史。1750年，奥尔良大公热诺维凡从中国偷运回白不子和高岭土样本，命令工匠盖塔尔在法国寻找类似的原材料，找来化学家贝特洛仿制瓷器，并设立了塞夫勒窑厂，烧制出了比较白净的类似瓷器的产品。另外一个著名的"瓷器间谍"是法国驻汉口的领事谢尔策，他在1882年造访景德镇瓷器厂，清政府无力阻止，任其参观瓷器的烧制过程，并将烧制过程、瓷窑结构图样及瓷土样品等情报送给了法国塞夫勒窑厂，该窑厂很快就生产出了质量类似瓷器的产品。荷兰、英国、德国也不甘落后，模仿中国的制瓷技术，建厂烧制瓷器，但这些国家所生产的所谓瓷器与釉陶差不多，中国长期积累的瓷器制作技术不是那么轻易就能学到手的。真正生产出瓷器的是德国罪犯波特格尔，他梦想一夜暴富，吹嘘能点石成金，被普鲁士一世招进了宫里，希望他能发挥炼金特长，帮助解决财政危机。他害怕把戏被拆穿，某天乘夜出逃到萨克森的威腾堡。萨克森的统治者奥古斯都二世将其囚禁起来，同样责令他炼出金子来，正当他以为会牢底坐穿时，奥古斯都二世又命令他研究生产瓷器的秘方，以将功赎罪。没想到他发挥了炼金术士的特长，破解了中国瓷器的烧制秘密，终于在新建立的迈森窑厂里，烧制出了质地细腻温润的瓷器。这时正好赶上了英国工业革命，英国陶工威基伍德认真研读了昂特雷柯莱关于瓷器生产技术的书信，产生了改进瓷器生产方式的灵感，在英国斯塔福德郡建立了欧洲第一条瓷器生产线，开启了工业化流水线生产瓷器的时代，对中国瓷器的手工生产方式及国际贸易带来了致命的冲击。[1]

二、外国在当代窃取我国传统的工艺制作技术

解放后，我国有些传统工艺制作技术仍然充满了强大的生命力，依靠这些独门绝技所生产的产品行销世界各地，窃取这些独门技术也成为许多国家的间谍活动目标。据不完全统计，20世纪80—90年代，外国及港澳常驻北京的商社有1000多家，人员4000余人，其中有相当一部分人从事的是与其身份不相符的活动，窃取中国的商业技术秘密成为他们的主要任务。这些独门技术往往是中国传统文化的载体，浸润着中国传统文化的基因，深受中国传统文化影响的日本对此有着先天的优势，成为这支间谍队伍的主力军。许多传承数百年乃至上千年的独门绝技，在日本人考察和商务合作等名义下悄然改名换姓，如宣纸、景泰蓝、龙须草席等就是如此，当然他们所窃取的远不止这几种技艺，这只是其中的典型代表。英国情报史学者理查德·迪肯在《间谍秘史——日本间谍成功的奥秘》一书中认为，"在日本，与其他国家的观念相反，他们一向把间谍活动视为一种光明正大和爱国的行为。在日本的许多参考书中，对他们的许多大人物曾参与过间谍活动这一事实，并不隐瞒"，"日本人的独特之处，就在于他们的谍报观念比其他国家更广泛，也更具想象力"，"在世界历史上，可能从来没有一个国家建立过如此包罗万象，有着如此广泛基础的谍报系统。"他还断言，"世界上究竟有多少国家的情报机构把促进国家繁荣和提高人民生活水平当作首要目标？除了日本，别无他国"，指出日本"跻身于世界最伟大的国家之列，靠的是经济情报"。这里所说的经济情报，主要是指窃取具有重要商业价值的科技情报。

宣纸始于唐代，产于泾县，是世界书画用纸中质量最好的，有"纸寿千年"之誉，日本、美国等国家对宣纸的制造技术都垂涎不已。中国所产宣纸以安徽宣州泾县为上乘，1980年，4名日本人游完黄山后，跟踪泾县宣纸厂的汽车来到宣纸厂，要求参观考察宣纸的制造过程，遭到厂方拒绝。次年，他们得知泾县宣纸厂在浙江临安县潘家镇扶持建设了一家宣纸制造厂，便通过浙江省外贸公司特艺科介绍前往"考察"。该厂领导缺乏保密意识，见有外宾上门进行"技术交流"，喜不自胜，待为上宾，欣然陪同日本人参观考察宣纸生产的全过程，不仅详细进行讲解，还任其拍照

---

[1] 程庸：《300年前的瓷器间谍》，《益寿宝典》2018年第19期。

录像,连属于绝密配方的碱水浓度也和盘托出,还以檀树皮、长稻草浆、杨桃藤等原材料样品及造纸用的井水相赠,让日本人满载而归。此后不久,日本人得意地宣布:"世界上宣纸质量,安徽泾县第一,日本第二,浙江潘家镇第三,台湾第四。"由我国独占的世界宣纸市场,受到了日本宣纸的严重侵蚀。①

景泰蓝是中国著名的特种金属工艺品,正式名称为"铜胎掐丝珐琅",因盛行于明朝景泰年间,珐琅釉多以蓝色为主,通称为景泰蓝。日本首饰工艺品制造商总想仿制景泰蓝,但没有成功,于是就动起了歪心思。20 世纪 80 年代初,某日本工厂收买了一名华侨,派遣其到中国窃取景泰蓝制作工艺技术。这位华侨诡称是"代理商",要求参观北京景泰蓝工艺厂,他不但参观了生产工艺的全过程,还将工艺制作技术的全过程拍摄下来,有意用领带粘走景泰蓝釉料,中方陪同人员有问必答,作详细的解释和说明。景泰蓝制作工艺繁琐复杂,要经过制胎、掐丝、烧焊、点蓝、磨光、镀金等 108 道工序,不仅要运用青铜和瓷器技艺,还需要把绘画和雕刻技术融入其中,集成了中国传统工艺的多种重要技术。日本人自以为窃取到了真经,回国后就尝试着烧制,但始终没弄明白其中的技术要领,于是就以高额工资为诱饵,从该厂挖走了好几名技术骨干。这一传承千年、被国家列为保护项目的专有技术,就这样被日方窃取了。不久日本也制造出了景泰蓝产品,另取名为"七宝烧",价格比中国的低,很快就占有了国际市场,导致我国传统的出口创汇产品景泰蓝的市场急剧萎缩,价格暴跌,造成重大损失。②

湖南临武县出产的龙须草席,是中国最古老的独有的编织技术,在清朝时属于皇室专用贡品。1953 年后开始出口,远销日本、东南亚、欧洲等国家和地区,是当时重要的创汇产品,1954 年在德国莱比锡举办的世界工艺品博览会上,被誉为"世界独有的手工艺品"。1975 年,日本某株式会社派人到临武县一家龙须草席厂家进行了为期一个月的"考察",对每一道工序都作了详细的了解并进行拍照,厂方也是有问必答,连蒸煮原材料的碱水浓度等细节也知无不言,临别时还以相关原材料相赠。日本窃取了

---

① 孙树理主编:《间谍情报与安全保密辞典》,解放军出版社 1995 年版,第 796—797 页。

② 《关于景泰蓝工艺泄密的真相》,珐琅之家,景泰蓝之家,2011 年 12 月 7 日,http://www.jtlzj.net/jingtailanzixun/154.htmi。

该厂龙须草席的生产工艺后，不到 3 个月就将偷来的技术转变成为产品，还制造出了替代手工锤草的机器，有效提高了生产效率，降低了生产成本，不仅从此停止从我国进口龙须草席，还在国际市场上对我国展开价格竞争，国际市场逐渐被日本所垄断，导致我国出口生产厂家几乎全部倒闭，仅剩的几家只能供应国内市场。[①]

三、外国窃取我国现代科技成果

现代科学技术方面，我国许多领先世界的科研成果也被国外所窃取。有一些是我国科研单位和人员缺乏自信，上了外国科技欺诈的圈套；有一些是我们自己缺乏保密和保护意识，将研究成果的详细情况有的是公开发表、有的是无偿援助、有的是以资料形式提供，如杂交水稻重大成果、两步发酵法生产维生素 C 技术、青蒿素生产技术等。这些科技成果本来应该为我国带来巨大的经济效益，但却全部成为了他国的免费午餐。

在改革开放初期，我国与世界各国的科技交流大门刚刚打开，对国际上科技发展的状况不太了解，以为国外每项科技成果都比我们先进，对自己的科技研究成果缺乏自信，认为我国科技成果落后过时的观点相当流行，毫无戒备和保留地拿出自己千辛万苦所研究出来的成果，请国外同行帮助鉴定的做法也比较常见。当时中日两国倡导睦邻友好，双方的交流相对比较多，这给日本采取欺骗手段窃取我国科技成果开了方便之门。这个阶段日本正处于经济高速发展的时期，在全世界疯狂窃取科技成果，以满足国内经济发展的需要，极具防范意识和有着严密防范机制的美国都觉得难以招架。初开国门，毫无防范之心的中国，自然成为日本间谍所重点关照的对象，成为日本间谍窃取的重灾区。20 世纪 80 年代初，中国已经完成了"长城"1 代大型机及"曙光 1 号"巨型机的研制工作，于 1982 年带着"长城"2 代大型计算机及重要技术资料，参加"纽约国际科技博览会"及"东京新技术交流会"。日本发现中国的计算机技术遥遥领先于他们，便利用中国人的自卑心理进行科技欺诈，诡称"你们的长城已经是很落后的产品"，并无偿骗取到了中国的计算机研发资料。日本借助这些窃取的资料，于次年推出了"大型计算机系统昭和 1"，宣称是"自行研发"的，但除了外观上比"长城"计算机漂亮一些外，其核心技术基本上都是

---

① 孙树理主编：《间谍情报与安全保密辞典》，解放军出版社 1995 年版，第 770 页。

抄袭自我国"长城"计算机。1985年，日本还是打着"睦邻友好合作"的旗号，参观沈阳某工业自动化研究所，我国科学家将几乎整个自动化项目研究成果和盘托出，让日本人进行所谓"审定"。当时日本的完整工业自动化技术还只是一个雏形，而中国已经是成形的科技项目，只是尚未大规模推广应用。1986年日本宣布整体化工业自动项目研发成功，将中国的研究成果据为已有。上海某船舶制造厂同样是在日本"睦邻友好"的旗号下，经过多年心血研制的"XXX型集约化数字焊接系统"科技成果被日本所窃取。该系统是自20世纪60年代初开始，我国科学家在秘密条件下，利用早期苏联电子机床自行设计研发的，是80年代亚洲最先进的设备，在日本所谓"专家"的"高度审视"下，却被说成是落后的技术，使得该项目研究工作最终下马，在这个过程中，相关科技研究资料流失到日本"专家"手中。1989年，中国与日本签署进口日本大型焊接系统的合约，价格达3亿美元，后因政治原因未能践约。1992年，我国从法国引进了12亿美元的电子数控设备，发现其中80%的技术与我国"XXX型集约化数字焊接系统"项目中的技术并无二致，是被日本"专家"认为落后而否定了的技术。[①] 日本以欺诈手段从我国无偿窃取了该项技术，反过来高价卖给我国获取商业利益，还想利用政治原因卡我国的脖子。采取这种欺骗的手段来窃取科技成果，可能是那个特殊年代的特殊现象。但深入掌握一个国家的国民性，以及当时中国社会所普遍存在的妄自菲薄、崇洋媚外的心理，从而制定有针对性的窃取方法，是日本间谍不断故技重施，又能频频得手的深层次原因。

很长一个时期，我国缺乏对科技成果的保护意识和专利意识，许多科技成果一旦研发出来，便马上原原本本地见之于报刊杂志，或是无偿用于外援，将全部家底都摆到台面上。如果说前面日本的窃取方式为"暗偷"，那么这里所说的窃取方式则为"明取"了。20世纪60年代，我国农业科学家袁隆平攻克了杂交水稻难关，为我国乃至世界以水稻为主的国家粮食大幅度增产开辟了广阔的前景，被誉为"第二次绿色革命"。美、日等国从50年代就开始进行杂交水稻的研究，但一直没有取得实质性的进展。如此重大的科技成果却没有得到应有的保护，一些报刊连篇累牍地刊发有关杂交水稻技术的文章，一些农业科研部门把这项技术带到菲律宾的国际水

---

① 唐总云端工作室：《中国技术失窃回顾》，手机搜狐网，2017年12月16日，https://m.sohu.com/a/210958924-100016599。

稻研究所进行扩散，甚至免费为几十个国家和地区举办培训班，发放技术资料。一家外国公司与我国谈判要求转让该项技术，当他们收集到了60多份杂交水稻的资料后，便表示不需要再购买这项专利了。可获得几十项专利的杂交水稻技术，仅有"杂交水稻和技术"一项获得了专利，基本上没有获得任何商业利益。① 反观美国种子巨头孟山都公司，利用转基因技术垄断了全球的种子市场，占据玉米、大豆、棉花等重要作物的转基因种子市场70%—100%的份额，全世界超过90%的转基因种子，都需使用其专利，在全球攫取了巨大的超额利润。除此之外，在特殊时期或战争状态下，这极有可能成为美国打击敌对国家的杀手锏式的武器，彻底摧毁目标国家的农业经济，使其不战而败，这绝非危言耸听。在我国春秋时期，齐国对衡山国、越国对吴国就玩过此类游戏。以屠呦呦为代表的科研团队经过艰苦努力，于1979年研制出了抗疟疾新药青蒿素，引起了国际上的广泛关注，西德一家药厂随即多次派人或来函联系，要求购买此项专利。但在两年的时间里，国内有4本医学类杂志先后发表了18篇有关文章，将青蒿素的整个研究过程和生产技术全部公开了。当我国医药代表团到西德访问这家药厂时，该厂经理表示："青蒿素的发明专利我们不要了。"② 这项惠及世界数以亿计人口，并获得了诺贝尔奖，可创造巨大经济效益的伟大科研成果，就这样成为了外国资本的免费午餐。1982年，我国成功研制出"两步发酵法生产维生素C技术"，垄断维生素C生产的瑞士、美国厂商闻讯，表示想要购买这项专利。某学报却已详尽介绍了全部技术资料，稍有化学常识的人，都可以按照此种方法制成维生素C。两国的厂商宣称他们本来想花钱购买这项专利技术，现在已经从公开的刊物上获取到了，就不必再花这个冤枉钱了。③

外国间谍针对我国窃取的目标并不仅限于科技成果，而是全领域、全方位的，甚至延伸到了一些令人意想不到的偏门角落里。吉林省集安市是我国古代地方政权高句丽400多年都城的所在地，有将近8000座古墓，其中最著名的是"三室墓"和"长川1号墓"，均被列为国家级重点文物保

---

① 孙树理主编：《间谍情报与安全保密辞典》，解放军出版社1995年版，第779—780页。

② 孙树理主编：《间谍情报与安全保密辞典》，解放军出版社1995年版，第788页。

③ 孙树理主编：《间谍情报与安全保密辞典》，解放军出版社1995年版，第783页。

护单位。这两座珍贵的古墓却被韩国古美术协会负责人金仲春盯上了,他派遣熟悉中国情况的李万植潜入集安,收买当地人金权红、崔镇等,许以巨额回报,诱使他们盗取古墓。1997—2000年,金红权等人先后将两座古墓里的"出行图""青龙图""白虎图""玄武图"及"抚琴舞乐图""飞凤图""供养人图""百戏图"等壁画盗走,由集安市朝鲜文化馆原馆长崔镇卖给李万植,获利86万元。其中4幅壁画进入了韩国国家博物馆,韩方宣称它们代表着"韩国古代最强大国家高句丽"优秀的"文化遗产"。案发后,金红权、崔镇等10余名案犯受到法律严惩,但流失到韩国的壁画再也回不来了,我国追讨20多年,韩国拒不归还。韩国有些人认为,既然是高句丽的壁画,就应该是韩国人的文化遗产,怎么能说是中国文化呢?还有人扬言,即使真是韩国盗窃回来的壁画,为了国家利益也不应当返还。[①] 窃取古墓文物只是表象,真实的目的是想窃取中国古代地方政权的一段历史,将与现代韩国没有丝毫关系的高句丽历史据为己有,为其他方面的争端与诉求提供所谓的"历史依据"。通过情报组织进行窃取的行为,其背后必然会隐藏着重要的国家意图和国家利益,在局外人看来好似不值一提的小事或难以理喻的怪事,往往潜藏着巨大的隐患和危害。

---

① 左江:《吉林集安盗掘古墓大案终审判决,三主犯死刑》,手机新浪网,2003年4月16日,https//news.sina.cn/sa/2003-04-16/detail-ikkntiak7288337.d.html?from=wap。

第十三章

营救类秘密行动

对为了国家和组织利益陷入险境或绝境的人员进行营救，是国家和组织义不容辞的责任和义务，这也是激励国民和组织成员面对艰难险阻、勇于赴汤蹈火的重要保障。这个道理不难理解，但要真正做到并不容易。美国影片《拯救大兵瑞恩》，讲述了一个在二战中营救陷入险境的士兵瑞恩的故事，美军派出 8 人武装小组前往营救，以牺牲 4 人的代价终于完成了任务，故事非常感人，同时也引人深思。作为一个旁观者，你可以只从道义的角度上去看问题，但作为一个决策者或执行者，就得要综合考虑各方面的因素，比如代价过高是否值得、难度太大能否做到、政治敏感可否出手等问题。尤其是涉及到从事情报工作方面的人员时，就更为复杂，在相当长一段时期里，各个国家和组织连从事间谍活动的事情都会极力否认，营救工作更是无从谈起。因而明白一个道理容易，但要将其付诸实践则可能会困难重重。营救类秘密行动，是指情报组织运用各种秘密渠道和手段，或组织相关部门和特种部队，设法救援被对手国家或政治军事集团抓捕关押的人员，从事秘密活动陷入险境或存在暴露风险的人员，在军事行动中被俘的人员，被绑架或被恐怖组织劫持的人员等，这些人员往往存在丧失生命或自由的危险。通常情况是事发突然，时间紧迫，无法通过正常的渠道和途径解决，不得已而采取秘密行动的方式来进行救援，风险高，收益大，一旦失败，损失也会非常大。同时以交换方式进行营救，表面上看是外交努力的结果，但实际上背后往往隐藏着秘密博弈、秘密交易等不便为外人道的因素，这里也一并纳入营救类秘密行动的范畴。

第一节 营救的主要方式

情报组织营救境外或非己方控制区域里的相关人员，除人员交换式的营救方式之外，基本上都是采取非法方式和非法途径进行的，这也与情报组织秘密行动的行事风格相契合。主要方式有伪造身份、地下秘密渠道、武装突袭、假绑架、胁迫和威慑、自救等，这些方式也是情报组织在秘密行动中所惯用的手法。只不过用在其他类别的秘密行动中，主要是起到对对手的破坏作用；而用在营救类秘密行动中，主要是起到维护己方利益的作用，但从对手方来看，仍然是具有破坏性质的行为。有些案例的破坏作用甚至十分巨大，如被英国判处42年监禁的苏联间谍乔治·布莱克，通过自救的方式从英国防卫森严的监狱里顺利出逃到苏联，曾使英国方面大失颜面、如鲠在喉。武装突袭式的营救行动，当进入到实质性的救援环节时，有时与明火执仗式的武装冲突没有多少差别，也会给对手方及己方造成或多或少的人员伤亡。

一、伪造身份

被营救人员一般身份比较敏感，陷入到十分危险的环境里，如果以真实身份现身，存在被捕、关押甚至枪杀的风险，情报组织通常会通过伪造身份的方式，来规避这种风险，将对象营救出来。伪造身份进行营救，就是采取伪造护照、证件及其他可表明身份的特殊徽章、标志等方式，将营救对象身份伪装为活动相对比较自由、风险系数比较低的其他国籍、组织或从业人员，再以与其伪装身份相适应的方式离开危险国家或区域的秘密行动。

使用伪造的护照和身份蒙混过关，是情报组织在营救秘密行动中常用的手法。1979年伊朗爆发伊斯兰革命，伊朗宗教领袖霍梅尼对支持前国王巴列维的美国十分痛恨，在其默许下，德黑兰4000多名学生占领了美国大使馆并扣押了66名使馆工作人员。但另有6人成功逃脱，其中5人分别躲藏在加拿大驻伊朗大使肯·泰勒官邸和工作人员约翰·舍尔顿家里，另一人躲藏在一名瑞典外交官家中，最后都秘密转移到了泰勒大使官邸。在霍梅尼政府软硬不吃，下令禁止美国特使入境的情况下，美国中央情报局决定先营救这6名躲藏的人员，调用曾任中央情报局伪装部门负责人14年之久的托尼·门德斯负责营救工作。伪装正是门德斯的专业和拿手好戏，他伪装成爱尔兰制片人霍金斯，在好莱坞朋友的帮助下，专门成立了一家子虚乌有的电影公司，在各大媒体上刊登拍摄科幻大片《光之王》的新片广告并进行炒作，诡称专程到伊朗拍摄外景，并携带经加拿大破例签发的6本假护照，于1980年1月25日转道欧洲到达伊朗德黑兰。他将假护照分发给这6名美国人，并分别把他们伪装成导演、制片人助理、编剧、通信调度师和布景师等身份，经过初步的身份训练和适应，于3天后一起前往麦赫拉巴德机场，没有引起任何人的怀疑。只是因该航班机械故障晚点，这帮疑神疑鬼的逃亡人员惴惴不安了一阵子，不久便乘坐瑞士航空公司的

第十三章　营救类秘密行动

航班安全抵达瑞士，这6名美国外交官员成功逃出了虎口。①

　　纳粹德国军事谍报局特工汉斯·吉斯维乌斯以外交官身份作掩护，多年充当局长卡纳里斯与英美情报机构之间的联络人，与美国战略情报局伯尔尼站负责人艾伦·杜勒斯关系密切。反希特勒组织"黑色乐队"被团灭时，吉斯维乌斯也受到盖世太保的通缉，东躲西藏一个多月后，用密信向杜勒斯求救。将一个受到通缉的要犯从戒备森严的柏林营救出来，新出道的美国战略情报局还没有这个能力，杜勒斯只好求助英国秘密情报局驻伯尔尼情报站站长霍伊维尔。他俩研定的方案是给其伪造一套证章，证件上显示其为哈姆顿·霍夫曼上校，博士学位，是党卫队保安局总部技术行动处军官，还给他伪造了保安局军官必须佩带的银质椭圆形徽章，徽章背后的编号没法仿造，只能现蒙一个，利用德国人对保安局军官敬畏有加的心理，蒙混过关。英国特别行动执行署的伪装技术专家很快就伪造出了这套证章。有了这套证章护身，他顺利地从柏林乘火车到达斯图加特，对当地保安局官员谎称是奉命调查一位陆军将军的叛国嫌疑问题，当地保安局次日专门用汽车将他送到紧邻瑞士的边境口岸小镇，他向海关官员晃了晃证件和胸牌，就顺利出关进入了瑞士，从而逃脱了追捕，成为"黑色乐队"惨案中为数极少的漏网之鱼。②

　　任何国家的情报组织都会有工作上的死角，或风险系数极高而难以把控的区域，这种情况下，不同国家情报机构之间的合作在所难免，向第三国情报机构求助来实施营救秘密行动，成为一个比较稳妥的选择。在1990年8月伊拉克入侵科威特的战争爆发时，中央情报局在伊科边境秘密侦察伊军动向和武器装备的6名特工来不及撤离，一下子深陷敌国困境，只好混到躲避战火的外国人中，逃到了巴格达。不久伊拉克议会宣布，将把敌国的国民留在伊拉克和科威特领土上的重要设施里，将他们当作人肉盾牌，以阻止西方国家的进攻。这6名特工东躲西藏，逃避追捕，但似乎哪里都不是安全之所，急得像热锅上的蚂蚁。中央情报局向英国和法国求助，但英法情报部门表示爱莫能助，自己国家也有不少公民滞留在伊拉克，正在为此事发愁，实在没有力量来冒险帮助美国。走投无路之际，中

---

① 詹静芳、詹幼鹏：《美国中央情报局绝密行动》，北方文艺出版社2017年版，第196—200页。

② 肖池编著：《米字旗守护神——英国军情五局和秘密情报局行动档案》，河北人民出版社1998年版，第158—160页。

央情报局将目光转向了波兰。波兰与伊拉克关系密切，对伊拉克给予了一定的军事和经济援助，在伊拉克有数千名从事建筑工作的波兰劳工，可为6名美国特工伪装身份提供便利条件。但波兰长期处于社会主义阵营，与美国关系若即若离，时任美国总统老布什授权中央情报局，暗示波兰如果帮助营救美国特工，将从美国得到其他好处。波兰内政部长考兹罗斯基见到中央情报局特使，犹豫片刻后表示愿意帮忙，并委派波兰国家安全局行动处副处长柴姆平斯基上校承担此项任务。当时这6名美国特工已经躲进了巴格达郊区一处波兰人的建筑工地，一个个筋疲力尽，惶恐不安。柴姆平斯基带领几名情报官员携6本波兰假护照来到伊拉克，设法找到了这6名美国特工。这些美国特工不会说波兰话，一旦露馅，麻烦可就大了。于是要求他们灌下大量的威士忌酒，伪装成酒气冲天的波兰劳工，这样不仅符合东欧人嗜酒如命的特点，还可以应对相关检查和避免可能的语言沟通，便于蒙混过关。他们由一名波兰技术员带队，乘车经过一处伊拉克检查站时，负责检查的伊拉克军官视波兰人为朋友，与波兰技术员天南海北地闲聊了一番之后，没有做认真细致的检查便挥手放行。经过艰苦的跋涉，他们一行人顺利越过伊拉克边境进入了土耳其，终于结束了这种担惊受怕的日子。此后不久，波兰国家安全局又从伊拉克营救出了被扣为人质的15名其他外国人，其中大部分是英国人；另外还向美国提供了巴格达的地图和伊拉克境内军事设施的详情。此事使美国政府和中央情报局对波兰另眼相看，波兰也得到了丰厚的回报，美国促成17个国家减免了波兰330亿美元外债中的一半债务，美国也自己带头减免了波兰一半的债务，约10亿美元。①

二、地下秘密渠道

所谓地下秘密渠道，是指间谍组织为了营救陷入险境的人员，专门规划或安排的比较安全的撤离线路。有的会安排人员全程护送，有的为半路接应，有的则是只安排好路线，由当事人按照路线逃离。这些安全线路通常为对手不太关注、比较忽略的区域；或是关系比较友好的、中立的等风险较小的国家；或者是多个国家、多种政治军事力量交织、管控比较宽松的区域。

---

① 詹静芳、詹幼鹏：《美国中央情报局绝密行动》，北方文艺出版社2017年版，第254—255页。

第十三章 营救类秘密行动

英国秘密情报局营救玻尔教授,就是在多国及多种政治军事力量交织的区域,借助地下抵抗运动力量来实施的。1940年4月,在纳粹德国的恐吓下,丹麦未开一枪便选择了投降,希特勒对听话的丹麦人开始还比较客气,对丹麦犹太人也没有立即采取搜捕行动。犹太人尼尔斯·玻尔教授曾为研究原子核裂变作出重大贡献,获得过诺贝尔物理学奖,当时正担任丹麦皇家科学院院长兼理论物理研究所所长。希特勒意识到其研究大大有助于纳粹德国原子弹研发计划,不仅没有惊动这位超一流的科学家,而且还给他的研究提供了许多方便。为了阻止纳粹德国的原子弹研究计划,英国情报机构多次请与玻尔教授关系密切的学者给其写信,想将他请到英国来,但他不愿意离开自己的祖国丹麦。后来有两件事促成了玻尔教授态度的转变,一是得知了德国重水需求量大大增加的消息,二是纳粹开始对丹麦的犹太人进行搜捕。1943年9月,他决定逃往英国,并与前不久曾传递信件的丹麦地下抵抗组织"王子"小组联系,请求帮助。"王子"小组马上报告秘密情报局,按要求先把玻尔教授全家送到瑞典。月底正是星期天,玻尔教授全家带着一大堆食品,自己开着灰色的奔驰车,到哥本哈根北边海滨小山上"秋游"。按照与"王子"小组的约定,天黑后,山下将有接应的船只偷运他们去瑞典。天色渐暗时,一个中年人把他全家带到一处森林茂密的小港湾,与等候护送的"王子"小组人员一起,登上了一艘黑色的中型渔船,乘着夜色悄悄向瑞典方向开去。待周一德国人获悉玻尔教授未来上班的消息时,玻尔教授已经在秘密情报局斯德哥尔摩站的安排下,全家乘飞机到达了伦敦。[1]

曾先后任苏联克格勃驻丹麦哥本哈根情报站站长、驻英国伦敦情报站代理站长的奥列格·戈尔季耶夫斯基,在回国接受秘密审查时成功出逃,其是通过事先规划好的秘密出逃路线,英国秘密情报局半路接应的方式实施的。戈尔季耶夫斯基先是与丹麦情报机构挂上了钩,后又为英国秘密情报局服务,被英国秘密情报局称为"最重要的资产",是货真价实的三重间谍。1985年被调回莫斯科接受调查,他利用监视人员松懈之机,与英国大使馆秘密情报局人员取得联系,商定了出逃的计划和线路。一天,他假装跑步,甩掉监视人员,乘火车到达芬兰湾边的小镇泽列诺戈尔斯克,藏进了等候在此的英国使馆汽车后备箱中,为预防苏联边防哨卡红外热源探

---

[1] 肖池编著:《米字旗守护神——英国军情五局和秘密情报局行动档案》,河北人民出版社1998年版,第201—203页。

测仪检查，身上裹着一条航天被。在不到半个小时里，汽车连续通过了5道苏联边防哨卡，进入芬兰境内，创造了克格勃历史上一个暴露的变节者成功越境出逃的记录。[1]

苏联及东欧国家情报机构经常采取事先规划安排好逃离线路，让当事人照此线路出逃，最后顺利脱险的方式，来营救已暴露的间谍。沃尔夫在《隐面人》中也说："潜伏人员的撤离路线总是事先商定好的。一般做法是通知要撤离的间谍，经由风险较小的国家，如比利时、荷兰或瑞士到达东德边境检查站，手持一本只有西德护照封皮，里面空空如也的假护照。边境官员知道这一事先约定好的暗号，卫兵叫来指挥官，指挥官做个样子，挥手放行。然后把逃回的间谍领到旁边的一间小屋里，用一台专线电话通知我们。"1951年5月，"剑桥五杰"中的唐纳德·麦克莱恩时任英国外交部美洲司司长，当时已经暴露，英国外交部已授权安全局下周一对其进行审讯。克格勃负责英国间谍网的特工尤里·摩丁随即为他制定了出逃方案，并让伊·弗朗西斯·伯吉斯帮助他出逃。25日晚，伯吉斯和麦克莱恩驱车直抵南安普敦港，登上了一艘前往法国的渡船，经法国顺利逃到苏联。1956年，菲尔比被英国秘密情报局以《观察家》和《经济学家》杂志社记者的身份，派往黎巴嫩贝鲁特工作。1963年，菲尔比彻底暴露，并在贝鲁特接受了秘密情报局的审讯。摩丁再次为其制定了出逃方案，并提醒菲尔比千万不要回伦敦，对审讯采取合作的态度，以拖延时间，寻找出逃的机会。菲尔比瞅准机会，按计划悄然登上一艘开往奥德萨的轮船，成功地潜逃到苏联。[2]

三、武装突袭

武装突袭是指在情报机构的组织、主导或参与下，协同武装人员以突然袭击的方式解救被劫持的人质、被关押的人员或其他陷入险境的人员。在战争状态下或是反恐斗争中，这种营救方式用得比较多。尤其是在反恐斗争中，在绝大多数情况下，武装突袭成为唯一的选择。要么接受要挟，要么决一死战，而接受要挟又可能会更加助长恐怖组织的嚣张气焰，引发

---

[1] 艾红、王君、慕尧：《俄罗斯情报组织揭秘》，时事出版社2013年版，第250—255页。

[2] 肖池编著：《米字旗守护神——英国军情五局和秘密情报局行动档案》，河北人民出版社1998年版，第253—270页。

更多的人质劫持事件，在这种情况下，武装突袭就成了唯一的选项，其风险与付出的代价也要高昂许多。

采取武装突袭的方式营救被恐怖分子劫持的人质，在反恐斗争中经常使用，如俄罗斯先后采用武装突袭的方式，解救被车臣恐怖组织在别斯兰第一中学、莫斯科轴承厂文化宫等处劫持的人质，但都造成了重大的人员伤亡。俄罗斯主要是在境内实施此类营救行动，而在境外以武装突袭方式实施营救人质秘密行动的经典案例，非以色列"霹雳行动"莫属。1976年6月27日，巴勒斯坦"人民阵线"和西德"红军派"恐怖分子，将法航139次大型客机劫持到了乌干达的恩德培机场，机上共有200多名乘客和机组人员。劫匪要求释放53名被关押在以色列、西德等5个国家的53名"自由战士"来换取人质，否则就杀死人质，炸毁客机。劫机者先后释放了47名妇女儿童和100名法国人质，余下的105名以色列人和机组人员，被继续扣押在机场候机大厅。以色列摩萨德和总参谋部迅速制定了实施武装营救的"霹雳行动"，并兵分几路高速运转起来。由特种部队中校约尼·内塔尼亚胡指挥参与营救行动的人员，根据情报人员搞到的恩德培机场平面图所建成的机场模型进行模拟演练；通过内罗毕情报站，与肯尼亚政府协调好需在内罗毕指挥、加油、中转及伤员急救等相关事宜，答应了肯尼亚顺带摧毁乌干达空军的要求；派遣摩萨德特工冒充商人或游客，潜入恩德培机场附近，实地侦察机场地形、军队防守及出入路线。7月3日下午，装载180名突击队员和相关武器装备的4架"大力神"运输机，在10架战斗机的护航下，经过7小时的飞行，按时抵达恩德培机场，内坦尼亚胡带领行动队员，向候机大楼扑去，击毙了3名乌干达巡逻士兵，打死了两名警卫人员，击毙了恐怖分子头目伯泽，接着又撂倒4名恐怖分子，很快冲上二楼和三楼将恐怖分子和警卫人员全部消灭，保护并带领着100多名人质奔向"大力神"运输机。负责接应的预备队及时赶到，与拦截人质的乌干达军人展开激战，很快将他们消灭，摧毁机场指挥塔及相关设施，封锁机场所有通道。同时，破袭分队也进展顺利，给停在机场的20余架战斗机全部装上炸弹，在剧烈的爆炸和熊熊烈火中，乌干达空军的战斗机几乎全部报销。行动队迅速打扫战场，把人质和死伤人员装进"大力神"运输机，飞到肯尼亚内罗毕机场补充油料，几名重伤人员送到医院抢救，然后安全返回以色列。在机场的突袭营救行动不到1个小时就完成了预定的任务，共消灭乌干达官兵45人；击毙恐怖分子7人，活捉3人；救出人质100多人；人质死亡3人（其中1人当时正在医院治疗，事后被乌干达枪毙），特别行动小组牺牲 1 人，就是行动小组的指挥官内塔尼亚胡。以色列时任总理拉宾欣喜地表示："我们谨向那些情报机构的无名战士、奋不顾身的空降兵、英勇顽强的步兵、空军飞行员和所有的把不可能办到的事情办成的人们表示一点微薄的敬意。"① 可见在拉宾的心里，这是一件他原以为不可能办到的事情；同时将"情报机构的无名战士"放在首位，也表明了情报机构所发挥的作用极为重要。"霹雳行动"的成功，震惊了世界，成了全球各类传媒的特大新闻，以至让美国 7 月 4 日建国 200 周年的重大庆典活动都显得黯然失色。

　　以武装突袭的方式，营救下台并被关押的他国政府首脑，在谍战史上是极为罕见的事件，但在二战期间就发生过。盟军于 1943 年成功登陆意大利西西里岛后，意大利国内反独裁的情绪持续高涨，不久意军方发动政变，将紧紧追随希特勒的意大利总理墨索里尼赶下了台，秘密关押在离罗马 120 公里、地势险要的大萨索山山顶上的旅馆里，同时秘密与盟国进行和谈。希特勒闻讯后暴跳如雷，他绝对不能容忍轴心国的军事堡垒出现一个巨大的缺口，立即下令盖世太保制定了搜寻和武装营救墨索里尼的秘密行动计划，代号"橡树行动"，由希姆莱所管辖的特种兵"贾格尔－巴塔伊隆"营指挥官奥托·斯科泽尼组织实施。大萨索山山顶四周几乎都是悬崖绝壁，只有缆车通向山顶，无法进行地面进攻。斯科泽尼想到了一个疯狂的计划，何不从天上试试？他打算运用 12 架 DFS230 突击滑翔机进行空中突袭，每架包括飞行员可装载 11 人。行动开始后，有 4 架滑翔机出现了损坏及迷航等问题，斯科泽尼只得带领剩下的 8 架滑翔机展开了突袭。在山顶旅馆负责守卫和看押的意大利士兵，看到从天而降的德国突击队，惊讶得不知所措，还没等他们反应过来，有的就被德国突击队制服，有的则东躲西藏，基本上没有组织像样的抵抗，很快就结束了战斗。斯科泽尼和墨索里尼两个人的体重都达 90 公斤，他们不顾飞行员的反对，挤上"费赛勒怪鸟"飞机，在坎坷不平的砾石山顶上强行滑行，直到滑过悬崖边缘后才慢慢起飞。墨索里尼吓得魂不附体，紧闭着双眼，好在有惊无险，墨索里尼又获得了自由。希特勒又重新扶持墨索里尼出任"意大利社会共和

---

① 高金虎等：《大卫的铁拳——二十世纪以色列情报机构绝密行动》，东方出版社 2005 年版，第 257—277 页。

第十三章 营救类秘密行动

国"傀儡政府总理,延缓了意大利的法西斯统治。①"橡树行动"堪称二战史上最大胆的营救行动,被称为"魔鬼的杰作"。

对于陷入险境的军事战斗人员,有时也采取武装突袭的方式进行营救。1999 年,北约轰炸南联盟开始后,美英法三国情报人员和特种部队频频在夜间潜入南联盟境内活动,执行情报搜集、策反南联盟军政官员、营救北约失事飞机飞行员等任务。3 月 27 日,曾在海湾战争中执行 20 余次隐形飞机实战任务的戴尔·泽尔科少校,驾驶美国最先进的 F-117A 隐形飞机,到南联盟首都贝尔格莱德执行轰炸任务,被南联盟导弹击落。泽尔科跳伞落地后掩埋了降落伞,躲进了附近的水渠中,用无线电信号呼叫美军营救,并将自己的定位信息用密码发送给在空中盘旋的 EC-130 飞机。南联盟出动 2000 多名军人在坠机区域进行地毯式搜索,想抓获隐形飞机飞行员。美军也立即出动了 30 名特战队员,乘坐 3 架直升机和 5 架 A10 攻击机潜入贝尔格莱德地区,在坠机 8 小时后找到泽尔科并将其营救回去。隐形飞机是当时美国独有的技术,此前从未被击落过,各种技术参数、操作技术、及被导弹击中的详情和分析,都是绝密级的情报。直到多年后 F-117A 隐形飞机退役,泽尔科才开始接受媒体采访,透露隐形飞机当年被击落时的详情。②

四、假绑架

一般是情报组织与被营救对象事先约定好了营救的时间、地点和方式,以合适的借口或方法到达预定的地点,乘看管或可能的跟踪监视的人员松懈之机,与营救小组会合,营救人员迅速将被营救对象塞进交通工具,逃离危险场所或区域,给旁观者的感觉是有人被不明身份的人绑架走了。这样既可以以出其不意的方式达到目标,还可以误导对方对事件性质的判断,给后续的撤离工作创造有利条件。

二战期间,英国秘密情报局采取假绑架的方式,成功营救了德国军事谍报局特工维尔米伦夫妇。1943 年 12 月的一天,英国驻伊斯坦布尔大使馆接到一个陌生人的电话,那人自称是德国军事谍报局驻伊斯坦布尔情报

---

① 宋颖编著:《特种部队:世界王牌特种部队秘密档案》,哈尔滨出版社 2009 年版,第 44—50 页。
② 《营救中校泽尔科——F117 被击落之后的故事》,三石城池,2017 年 5 月 7 日,https://card.weibo.com/article/m/show/id/2309404104890476558715。

站的高级官员,对纳粹的暴行越来越感到不满,觉得继续为纳粹政权效力,会受到良心的谴责;他的妻子违反了出国旅行的禁令,即将受到保安局的调查,他们夫妻决定叛逃到英国,请求英国情报机构给予帮助。而实际情况是他们曾参加过"黑色乐队"一名成员的家庭茶会,被混入的盖世太保特工掌握了他们反对希特勒的证据,于是参加茶会的人员一个个遭到逮捕,维尔米伦夫妻也接到了召回的通知,他们深知回到德国后会面临什么样的处境,便秘密筹划出逃事宜。秘密情报局驻伊斯坦布尔情报站答应了维尔米伦的请求,并协调英国设在开罗的中东安全情报处及联络部内部交流处,进行了精心的策划设计,决定以假绑架的方式来进行营救。某天傍晚,维尔米伦夫妇参加一个中立国家使馆的鸡尾酒会,酒会结束时已到深夜,他俩慢慢步行回家。突然一辆汽车疾驶而来,在他俩身边猛然停下,从车上跳下3个蒙面人,快速将他俩塞进汽车后飞驰而去。几名路人目睹了这起突如其来的"绑架案"。维尔米伦夫妇在英国大使馆躲藏几天后,带着伊斯坦布尔情报站为他们制作的假身份证,在英国特工的护送下,乘火车经叙利亚到达开罗。在开罗受到中东安全情报处及联络部内部交流处一个多月的审查后,他们被送到了伦敦。维尔米伦夫妇对秘密情报局表示,不再愿意为战争效力,他们便被安排到一个反纳粹宣传机构工作。为了打击纳粹情报机构的士气和形象,英国政府大张旗鼓地对这起叛逃案件进行了宣传,不久,德国派驻伊斯坦布尔的情报站中,又有3人叛逃到英国。希特勒为此很是生气,大骂军事谍报局成事不足,败事有余。[①]此事也成为党卫军保安局(盖世太保)吞并军事谍报局的导火索,后来军事谍报局局长卡纳里斯不仅丢掉了局长宝座,其生命也进入了倒计时。

墨索里尼女婿加莱阿佐·齐亚诺担任外交部长,曾被指定为墨索里尼的继承人,一度权倾朝野。随着战争局势的变化,齐亚诺意识到德国和意大利必败无疑,自己也不会有好果子吃,便秘密参与了反对墨索里尼的政变。墨索里尼下台后,齐亚诺非但没有因此立功,反而受到涉嫌贪腐的调查,齐亚诺一家也被政变者限制了人身自由,被软禁在其位于罗马的豪华别墅里,只是看管不太严密。齐亚诺获悉新政府将会以贪污罪名对其进行审判,在明知道纳粹德国也可能不会善待他的情况下,仍然决定向其求助。通过妻子爱达与德驻意使馆盖世太保上校多利曼取得联系,商定以假

---

① 肖池编著:《米字旗守护神——英国军情五局和秘密情报局行动档案》,河北人民出版社1998年版,第170—171页。

绑架的方式进行营救。当日，爱达带着孩子如往常一样出门散步，等候在此的盖世太保特工假装问路，迅即将她们塞进汽车开走。齐亚诺身着披风和墨镜，趁看守人员不备溜出家门，这时一辆赛车开过来停在他身边，他跳上车疾驰而去。两辆车在一所院子里悄然会合后，齐亚诺一家转移到一辆遮盖严实的德国军用卡车上直奔机场，乘坐德国容克运输机到达慕尼黑。但齐亚诺是出了虎口又入狼窝，希特勒痛恨齐亚诺背叛和危害轴心国的利益，下令盖世太保将其关押。墨索里尼被营救出来后，出任"意大利社会共和国"傀儡政府总理，按照希特勒的要求，将押解回意大利的齐亚诺处死。齐亚诺并非平庸之辈，他是意大利贵族，曾参与了慕尼黑会议、签订德意"钢铁盟约"等重大历史事件。[①]"成功的果实有上百人认领，失败的涩果却无人问津"是其所说的一句格言，这句话也在冥冥之中预示了其大起大落而又福祸相倚的命运。

五、胁迫和威慑

情报组织采取各种威慑和胁迫等手段，迫使对方合作，以达到解救相关人员的目的。胁迫的方式多种多样，针对不同的对象和不同的情况，采用不同的方式，其核心就是要向对方传达准确而坚定的信息，使对方明白，除了接受己方的要求外别无他途，如果拒绝合作，所带来的损失或危害会让对方无法承受。在此情况下，对方即使万分不情愿，但为了避免更大的损失，也不得不作出妥协。

在绑架秘密行动中，我们曾介绍了苏联为营救被伊斯兰恐怖分子绑架的3名外交官员，在寻求外交和武装突袭等营救方式未能奏效后，克格勃绑架了恐怖组织负责人的12名亲属，并将其中1名残忍肢解后，托人将尸块送给对方，威胁如不释放这3名苏联外交官，那剩下的11名亲属将会受到更加残酷的报复。此举令恐怖组织负责人不寒而栗，很快就恢复了3名苏联外交官的自由。在营救类秘密行动中，为了达到解救己方人员的目的，对与对方有关联的无辜人员采取如此残酷手段的事例并不多见，无论怎么说，总觉得道义有亏。但当时对苏联来说，恐怕也找不出其他更合适有效的办法。在完成使命与手段选择二者之间，并没有多少可供灵活掌握的空间，同时为达到目的而不择手段，也是情报组织行事的一个特点，只

[①] 《墨索里尼的帮凶和反叛者齐亚诺（2）》，水娟3573，2023年9月15日，https：//baijiahao.baidu.com/s?id=1777068615942869925。

是使无辜的人员遭受了飞来横祸，还没有说理的机会和地方。在这个案例中，克格勃所要解决的不只是眼前的外交官员被绑架问题，同时还要防止以后再发生同类事件，否则将会后患无穷。在这种情况下，用血淋淋的手段来展示出"战斗民族"的"狠劲（凶残性）"，可起到一箭双雕的作用，即既要营救出被绑架的人员，又要防止此类事件再度发生，兼顾眼前利益与长远利益。事实上也真如苏联所愿，伊斯兰恐怖分子在此后很长时间里不再招惹苏联及后来的俄罗斯。

以色列摩萨德在暗杀哈马斯头目的"安曼行动"中失手，受到约旦国王的威胁，不得已说出了解药的名称。1997年9月25日清晨，巴勒斯坦哈马斯政治书记哈立德·马沙尔，在两名保镖的陪同下，走出位于约旦首都安曼西郊的家门，看到两名外国游客正在与其司机争吵，马沙尔报警请来了警察。这两名游客突然冲向马沙尔，一人抓住他的手，一人用类似小木棍的东西刺中了他的颈部。两名刺客立即跳上急驰而来的汽车逃走，当他们自以为危险已经解除并现身在联络点时，被尾随而来的警察抓获。马沙尔随后被送进了医院，呕吐不止，血压下降，医生怀疑其中了化学武器袭击。此事引发了约旦和以色列两国的外交风波，约旦国王侯赛因立即给以色列总理内塔尼亚胡打电话，以断交作为威胁，逼其说出了毒药和解药的名称，马沙尔虽然中了神经毒素，但因得到了及时对症治疗而痊愈，两名被捕特工也得以安然返回以色列。① 在当时，约旦是阿拉伯世界中少有的对以色列关系友好的国家，因暗杀事件而与约旦翻脸得不偿失，内塔尼亚胡这次的妥协之举也算是打破了常规。同时约旦还迫使以色列释放了哈马斯创始人及精神领袖亚辛，此人被以色列视为最危险的恐怖大亨，不到万不得已是不会释放的。此后不久，巴勒斯坦的"人肉炸弹"出现了明显的低龄化倾向，甚至有年仅10岁的儿童充当"人肉炸弹"，使以色列深感震惊。获释后的亚辛却鼓励道："这些少年如果是在袭击以色列的行动中死了，他们同样是烈士，同样可以上天堂！"时任以色列总理沙龙闻之震怒，召开紧急内阁会议，决定用"定点清除"的方式暗杀亚辛。2004年3月22日，6名保镖护送做完祈祷后乘坐轮椅的亚辛从清真寺出来，两名保镖正准备将轮椅连人一起抬上轿车，此时3枚导弹呼啸而来，亚辛和两名保镖被炸成了碎片。以色列的直升机在现场上空悬停了好一阵才离去，显

---

① 詹为为、詹幼鹏：《以色列摩萨德绝密行动》，北方文艺出版社2017年版，第253页。

第十三章 营救类秘密行动

然是在观察导弹袭击的效果。①

六、自救

是指情报组织人员身陷险境后，主要依靠自己想办法脱离险境，或是依靠有限的条件进行自我解救的秘密行动，尤其是在重要间谍叛逃或因其他因素而危险突然降临之时，有时除了报警之外，根本来不及实施营救行动，有的甚至连报警也来不及。情报人员身处敌中，突然遇到危险时，也不可能完全依赖己方情报组织和人员来解救，这就需要当事人处变不惊、灵活应对，想方设法给自己创造一线生机。

据东德国外情报总局局长库马斯·沃尔夫在《隐面人》中透露，他们所经营的在西德活动的间谍，许多都是在暴露之际，抓住或创造有限的机会，成功地进行了自我营救。1979年该局科技部负责核物理、化学和细菌学的第一分处情报官员施蒂勒叛逃西德，出卖了他手里掌握的近20名东德间谍。其中核反应堆专家科珀和妻子在危急关头镇定自若，当警察来到他家，敲门问是不是科珀时，他告诉警察敲错门了，说那位先生住在楼上两层。当警察继续上楼执行任务时，他和妻子随后抓起几件衣服，迅速溜出家门直奔波恩，躲进苏联大使馆，苏联人后来把他们偷偷送出西德。在卡尔斯鲁厄核研究中心工作的专家菲勒遭遇更加惊险，他在家中被捕后，几名警察押送他从停车场去警察局的路上，其中一名警察在结了冰的路上摔了一跤，菲勒撒腿就跑，甩掉了追捕的另一名警察，人不知鬼不觉地溜进了苏联军事代表团驻地，苏联人随后将他送到了东柏林。② 在警察抓捕时能够侥幸脱逃，可能是那个特殊时代的特殊现象，但到了最后一刻也不轻言放弃的毅力与狡黠，使得他们陷入绝境，却能逃出生天。

具有"间谍王子"之称的乔治·布莱克被关押在监狱里，完全靠自己的力量和智慧，成功越狱并逃到他当年秘密服务的国家苏联。在朝鲜战争期间，布莱克以外交官身份到汉城为秘密情报局工作，被朝鲜人民军俘虏后成为苏联间谍。他回到英国先后在秘密情报局总部和西柏林情报站工作，据称其向克格勃出卖了400多名英国间谍，导致其中42人被处死；还

---

① 闻心芳：《哈马斯精神领袖亚辛被暗杀全过程》，来源《北京青年报》，新华网，2004年3月23日，手机新浪网，https://news.sina.cn/sa/2004-03-23/detail-ikkntiak9727313.d.html。

② [德]马库斯·沃尔夫著，胡利平译：《隐面人》，国际文化出版社公司1999年版，第215—216页。

报告了"白银行动""黄金行动"等秘密,致使英美情报机构耗费巨资兴建的窃听隧道报废。1961年暴露后,他被英国判处了42年监禁,可能是法官想为那42名因他而死的英国间谍复仇吧。他进监狱后一直琢磨如何越狱,发现一个名叫肖恩·伯克的狱友年轻机智,就鼓动他帮助自己越狱。布莱克也积极地为自己越狱作准备,初步谋划好了越狱的方法和路线,根据每一个看守的位置和距离,计算好了绳子从墙外抛过来的时间和自己爬上墙头逃走需要的时间,他把这一切计算得天衣无缝,悄悄等待时机。伯克假释后又找了一个名叫雷诺的人帮助,他俩在监狱外租了一间房子,并与布莱克取得了联系,趁监狱放电影,大多数人去看电影的时机,抛出绳索,将布莱克拉出了监狱的围墙。当晚,整个伦敦被布莱克越狱的事闹得沸沸扬扬,他们躲藏在监狱附近的小屋里却安然无恙。在办假护照无果后,伯克又找了钢铁公司的老板迈克尔帮忙运送布莱克出境。布莱克躲藏在迈克尔那辆坐卧两用汽车的床下,一路上由迈克尔夫妇应付着检查出了伦敦城,经过多佛尔渡口,到达比利时,经西德顺利到达了东德,创造了被关押重刑间谍罪犯成功出逃的奇迹,使英国政府丢尽了脸面。[①]

七、交换

就是运用相关人员、物资或金钱等与对方进行交换,将被对方俘虏、关押或判处监禁的人员解救回来。以交换方式进行营救的对象,多为从事间谍活动被捕人员或军事行动被俘人员。间谍交换起自20世纪60年代初期,后逐渐成为官方公开或半公开手段营救被捕间谍的一种主要方式。这里所说的"公开或半公开"只是就结果而言,其过程实际上是秘而不宣的,也是一个秘密博弈的复杂过程。这种交换多为以人换人,也有以财物换人的。

自古以来,在人们的意识当中,间谍都是一种不光彩的职业,一旦落入敌方之手,命运极其悲惨;二战以后,部分国家对间谍的处罚稍微有所减轻;从20世纪60年代初期开始,出现了以交换的方式来营救间谍的行为。1962年2月,由东德检察官沃尔夫冈·弗格尔主持,在东西柏林边界的格利尼克桥上,美苏两国进行了历史上第一次间谍交换,一方是被美国判刑30年的苏联间谍鲁道夫·阿贝尔,一方是被苏联判刑10年的美国U

[①] 詹非非、詹幼鹏:《英国情报组织绝密行动》,北方文艺出版社2017年版,第182—195页。

第十三章 营救类秘密行动

-2 高空侦察机飞行员加里·鲍尔斯,由此开启了以交换方式营救间谍的新渠道。阿贝尔本名菲舍尔,被誉为"千面谍王",1927 年被苏联国家政治保卫总局招募,二战期间受派遣打入纳粹德国党卫军保安局,并成为海外政治情报处处长瓦尔特·舒伦堡的中校副官,德国失败后回到苏联。1948 年他经加拿大潜入美国,组织搜集原子能情报的工作,并领导苏联在美国的非法情报网,取得了丰硕的成果,1957 年因助手和联络员雷诺·海哈南叛逃而被捕,被判处 30 年监禁。阿贝尔最大的特点是精通谍术,善于伪装,时任美国中央情报局局长杜勒斯曾不无期待地感慨道:"我希望我们现在在莫斯科也能有三四个像他这样的人。"对这次间谍交换,许多美国人认为在重要性方面,鲍尔斯完全无法与阿贝尔相比,美国吃亏了。[①]但这次的间谍交换为美苏及其他国家开了一个好头,间谍交换逐渐成为一种常规的营救方式。

以色列一直注重对间谍的保护和营救,在间谍交换方面肯付出巨大的代价。1965 年 7 月,以色列优秀特工沃尔夫冈·洛茨夫妇被埃及抓捕,并被分别判处终身苦役和 3 年苦役。1968 年 2 月,以色列用在第三次中东战争中俘获的包括 9 名将军在内的 5000 多名埃及战俘,与埃及换回了 10 名在押的以色列人,其中最主要的是洛茨夫妇。在战俘交换谈判时,摩萨德局长梅厄·阿米特坚持要求将洛茨夫妇列入交换名单,但政界高层人物不愿意公开承认其是以色列间谍,阿米特局长以辞职相威胁,逼迫总理艾希科尔作出让步。为了营救被俘的军事作战人员,以色列还专门抓获对方高级军官,以更大的筹码逼对方就范。1970 年以色列对叙利亚境内实施空袭时,有 3 名飞行员被俘,以色列想用数十名战俘作交换,但叙利亚根本不予理睬。以色列意识到必须抓到令叙利亚心痛的对象才能奏效,制定并实施了"板条箱行动"。以色列情报部门获悉,叙利亚军方情报部门高级军官经常在黎巴嫩边境公路上侦察和巡视,决定由埃胡德·巴拉克少校率特种部队,在以黎边境一处草木茂盛的地带设伏,袭击了叙利亚巡视车队,抓获了 5 名叙利亚情报机构军官,其中有 1 名少将和 2 名上校。以色列当即向叙利亚提出交换战俘,几个小时后,叙利亚就同意了,3 名以色列飞

[①] 艾红、王君、慕尧:《俄罗斯情报组织揭秘》,时事出版社 2013 年版,第 203—212 页。

行员获释。① 这位在军中任职的巴拉克与秘密行动有着不解之缘，参与和组织指挥了许多重大的秘密行动，并为他赢得了声誉，一路发展十分顺利，后来成为以色列总理。

美国中央情报局在实施"萨帕塔计划"即"猪湾登陆"事件中，秘密纠集反对卡斯特罗的古巴流亡人员，组成一支1500多人的"古巴旅"，实质上是中央情报局的雇佣军，给人以古巴人打古巴人的假象。该旅于1961年4月中旬在古巴猪湾海滩登陆，经过72小时激战，"古巴旅"惨败，共计1189人被俘虏，114人被打死。卡斯特罗宣布，愿以这批战俘换取美国500台推土机，但美国只愿意出相当于500台推土机价值的2800万美元作交换。后来古巴将所有战俘判刑，赎金抬高到6200万美元。经过艰难的谈判，美国最后付给古巴价值5300万美元的医药和食品，营救出了这些战俘。② 为交换人质，美国政府甚至不惜违反国家法律和开罪盟国，"伊朗门事件"就是如此。从1984年开始，西方国家驻黎巴嫩的一些外交人员、记者和教师等连连遭到"伊斯兰圣战者组织"绑架，其中有7名美国公民。美国发现真正能够控制该组织的是伊朗的"伊斯兰解放运动"，伊朗也希望得到前国王巴列维在美国订购的一批价值3000万美元的武器装备，于是在严格保密的情况下，里根总统派员与伊朗达成了"武器换人质"的秘密交易。由以色列作保，用一飞机军用物资交换一名人质的原则，陆续换回了3名人质。但由于此事涉及美国对恐怖活动和两伊战争的态度和立场，有悖于美国绝不向恐怖分子妥协的政策，还违反了美国国会通过的不得向尼加拉瓜反政府武装输送资金的法案，该事被黎巴嫩《船桅》周刊披露后，在中东和美国引起一片哗然。埃及、约旦和伊拉克等国对美国进行了严厉的指责，西欧盟国也提出了批评，美国独立检察官进行了深入的调查，一时间里根政府受到了巨大的冲击，里根总统不得不由公开否认走向承认是"一个错误"，并由几名与此事相关的人员充当背锅侠，才逐步将这场政治风暴平息下来。③

---

① 宋颖编著：《特种部队：世界王牌特种部队秘密档案》，哈尔滨出版社2009年版，第221—228页。

② 詹静芳、詹幼鹏：《美国中央情报局绝密行动》，北方文艺出版社2017年版，第144页。

③ 刘雪梅等：《神秘的第三只手——二十世纪美国情报机构绝密行动》，东方出版社2005年版，第341—350页。

第十三章 营救类秘密行动

第二节 营救从事间谍活动的人员

通过秘密行动营救的对象范围比较广,但主要是从事间谍活动的人员、外交人员、从事军事活动的人员及被恐怖组织劫持的人质等,其他的对象比较少见。这里专门讨论营救从事间谍活动人员的相关问题,重点是通过交换的方式进行营救的问题。这个问题表面上来看,是间谍情报人员职业生存环境的变化与改善,也从一个侧面深层次地反映了时代的进步和国际风云的变幻。间谍情报人员,既是时代的弄潮儿,他们没有平战之分,永远在为国家和组织的利益,身陷险境,出生入死,在社会的阴影里奔走忙碌;同时他们也被时代的潮流所裹挟,悲欢离合,生死难测,心有所属,身不由己。他们演绎了一个个爱恨对立、毁誉参半的传奇故事,在一个人身上,往往同时插上了天使与恶魔的标签,恨之者欲其死,爱之者欲其生。其实剥掉他们身上的职业外衣,他们也与同你擦身而过的芸芸众生无异,只不过他们选择了间谍这个职业,从此便与平静安宁的生活无缘,尤其是当他们暴露被捕后,等待他们的将会是残酷的命运,而营救秘密行动则为他们打开了一扇求生之门。情报人员执行任务的环境一般为国外或非己方控制的区域,所从事的是严重损害当事国家或组织利益的活动,其所针对的目标对象或部位通常敏感度高,安全保卫措施相对严密,因长期潜伏而留下蛛丝马迹,因执行秘密任务而失手,或因内部出现叛徒而被出卖等现象屡见不鲜,暴露往往成为许多间谍逃脱不了的宿命。以"祖母间谍"著称于世的梅利塔·诺伍德,曾供职于与原子弹研发有密切关系的英国有色金属科研协会,秘密为苏联情报机构工作到退休,共计48年时间,直到苏联解体后,才被原克格勃档案官员瓦西里·米特罗欣所出卖,这时已经离她投身苏联情报事业的那一天整整过去了62年,不过好在英国政府以证据不足为由决定不予起诉,使这位已经87岁的老祖母得以平安度过余生。① 但并不是所有的间谍都有这样的好运气,对可能暴露、行将暴露、已经暴露及已被抓捕和监禁的间谍进行营救,便成为情报组织的一项重要工作职责。每个间谍所处的条件和环境不同,营救的方式也是多种多样,总体而言,间谍营救的方式主要分为合法营救和非法营救两大

---

① 孙树理主编:《间谍情报与安全保密辞典》,解放军出版社1995年版,第878页。

类。我们可以将与相关国家和组织进行交涉和谈判,以间谍交换为主要形式的营救方式称为合法营救,除此之外的其他营救方式称为非法营救。非法营救的方式前面已经讨论过了,这里进一步讨论合法营救的问题。

一、二战及以前对间谍的处置与营救

历史上,间谍是一种极度危险的职业。人们通常把从事间谍活动当作十分不齿的行为和十恶不赦的罪行,一旦间谍活动暴露后,相关国家或组织要么沉默不语,要么矢口否认,将曾冒着生命危险为本国和本组织秘密服务的间谍置于孤立无援、任人宰割的境地。相关国家或组织对抓获的间谍也往往是处以极刑,如绞刑、斩首、枪决和电刑等,从事间谍工作也基本上就是走上了一条不归路。1918年列宁亲笔签署的《社会主义祖国处于危难中》的法令要求:"敌人的代理人、受派遣者、投机倒把分子、刺客、恶霸、反革命煽动分子、外国间谍,一旦被我们抓获,应立即就地枪决。"这不仅是在双方进行激烈武装冲突和政治斗争的时期是如此,就是在和平时期,从事间谍活动的人员也大多逃脱不了这样的宿命。有意思的是,某些国家领导人想除掉政治上的对手,也往往会给对手安上间谍的罪名,以便从政治上彻底搞臭并从肉体上消灭对手,"间谍"成为置人于死地的绝佳借口。在苏联的多轮大清洗中,图哈切夫斯基、布哈林等一批党政军要员被指控为间谍,最后遭到处决。包括一度在大清洗中冲锋陷阵、翻云覆雨的内务人民委员亚戈达失宠后,也被指控为曾是沙皇暗探局的"奸细",受德国帝国主义的收买打入了契卡,与因其罗织罪名而下狱的布哈林、李可夫等人一起站在了被告席上,最后都遭到处决。布哈林在其绝笔信《致未来一代党的领导人》中控诉道:"这些'创造奇迹的机关(指克格勃的前身契卡等机构)'能够把任何一个中央委员、任何一个党员干部干掉,把他们指为叛徒、恐怖分子、异端分子和间谍。"间谍这顶帽子都足以置人于死地,如果是真正的间谍,其命运不言自明。在营救类的秘密行动中,营救从事间谍活动人员的行动是比较多的,在交换营救方式出现之前,通过这些方式来营救间谍人员,基本上成为间谍人员唯一的希望。表面上来看,似乎有许多成功的案例,但从总的比例上来讲,能被成功营救出来的只是极少数幸运儿,绝大多数暴露和被捕获的间谍,面临的都是极其残酷的命运。

二战期间,被抓获的间谍命运大多很悲惨,面临着三种选择,即合作(叛变)、关押或处死,更多的时候是在合作与处死之间进行选择,少数未

第十三章 营救类秘密行动

被处死而关押起来的间谍,也并非出于人道主义的考虑,多为现实斗争和谍战工作的需要。二战中,英国"双十委员会"对拒不合作的德国间谍是否处以死刑,主要基于三个方面的考虑,不杀不足以平民愤的要杀;对英国"双十委员会"欺骗行动有威胁的要杀;出于欺骗迷惑对手的需要,对少数间谍可暂时关押起来不杀。据有关资料统计,英国二战期间共处死了16名德国间谍,被"双十委员会"逆用的双重间谍有120名,其中比较重要的有39名。英国情报机构的逆用率之所以这么高,与德国派遣了大量占领区国家的人员做间谍有关,这些人多怀有家国之恨,还有人不认同纳粹,许多人一潜入英国便主动自首,这些因素直接降低了被捕间谍的死亡率。[①]"红色乐队"间谍网是苏联格鲁乌二战期间在西欧建立的,成员大多为西欧的左翼及反纳粹人士,潜伏在德、法、比等国军政商界,其中有些人拥有较高的地位,为苏联提供了大量重要情报,1942年被盖世太保破获,200多人被捕,100多人被处决。少数"红色乐队"的高层却活到了战后,那是因为盖世太保针对他们制定实施了"大赌博"行动计划,即逆用他们传递假情报来欺骗苏联。他们假装同意合作,却利用这个机会暗中帮助苏联情报机构,反过来欺骗盖世太保。[②] 说到底,还是"合作"救了他们一命。

战争时期,敌对的国家和政治军事集团之间,进行你死我活的军事较量,将间谍活动视为影响战争胜败的重要因素,处死对方的间谍,不仅是为了消除危害,更是为了对其他间谍起到震慑作用,极少对抓获的间谍宽大处理,也很难建立官方的营救渠道,一旦落入敌手,命运可想而知。美国战略情报局在英国秘密情报局的协助下,在西班牙南部建立了"香蕉"间谍网,搜集西班牙驻军及其与轴心国合作的情报,但很快被西班牙军事情报局破获,261名间谍全部被捕,其中22名被枪毙。在二战中,西班牙是中立国,对在境内活动的外国间谍依然下手很猛,但相比德国而言,已经算是很宽大的了。英美两国情报机构在土耳其伊斯坦布尔建立了"仙人掌"情报网,并延伸到德占区的奥地利和匈牙利,发展了50多名间谍,最后被纳粹一网打尽,受尽折磨,全遭枪毙。[③] 德国利用"北极行动"进

[①] 王谦:《英国情报组织揭秘》,时事出版社2016年版,第269—273页。
[②] 程景:《苏联克格勃绝密行动》,北方文艺出版社2017年版,第46—50页。
[③] 肖池编著:《米字旗守护神——英国军情五局和秘密情报局行动档案》,河北人民出版社1998年版,第222—223页。

行欺骗诱导,英国特别行动执行署向德占区荷兰先后空投了52名间谍,其中47人被处决,除去逃脱的,基本上被杀光,非常惨烈。在英美情报机构联合实施的"苏塞克斯"行动中,向德占区法国空投承担破坏任务的间谍小组,其中美国的3个小组6名间谍被德国人抓获,全部被枪毙。美国对待德国的间谍,同样也不客气。1942年,纳粹德国将8名军事谍报局特工用潜艇投送到美国,实施"帕斯托留斯行动",计划针对美国重要的军用和民用设施实施爆炸破坏等活动。这帮人还未正式实施破坏行动,就被其中两名自首者出卖,美国联邦调查局很快就将其余6名间谍搜捕归案。自首者原以为自己会成为美国的英雄,至少会将功补过,受到善待,没想到与另外6名间谍一起被判处了死刑。后经罗斯福总统批准,才将这两名自首者分别减刑为无期和30年,其余6名间谍用电椅处决。对这伙德国间谍进行如此严厉处置的原因,是罗斯福总统想借此案向希特勒发出明确的警告,以免再发生类似的事情。德国军事谍报局为了保证这些间谍的生命安全,让他们上岸时全部身着德国海军制服,以便万一被捕后,可享受战俘待遇,以避免针对间谍的电椅、毒气室和绞刑架等刑罚。[1] 事实证明纳粹德国的苦心,所换来的依然是苦痛。

有"红色国际间谍""间谍之王"之称的理查德·佐尔格,是苏联军事情报部(格鲁乌)情报官员,被日本抓获时,苏日之间并未宣战,日本也主动提出了交换的要求,但被苏联无情拒绝。当时各国都非常忌讳公开承认与间谍活动有关的事情,往往是在第一时间就矢口否认,官方营救工作也就无从谈起。对落难间谍本人而言,所面临的却是国家或组织对他们个人的背叛,看似不可思议,但在当时约定俗成,司空见惯。落难的间谍对此也能理解,他们深深知道,自己身陷囹圄、面临死亡的那一天,谁也指望不上。佐尔格以记者身份在日本东京组建了"拉姆扎"间谍小组,与德国驻日本两任大使迪克森和奥特建立了密切的关系,所发展的日本《朝日新闻》著名记者、中国问题专家尾崎秀实,成为日本首相近卫文麿的政治顾问,获取了德日大量核心机密,如德国将要发动对苏战争和日本不会进攻西伯利亚等准确情报,为苏联卫国战争的胜利作出了不可磨灭的巨大贡献。该间谍小组被日本破获后,成为轰动一时的"共产国际间谍案"。而负责联系指导这个间谍网的苏联驻日本使馆二秘兼专员扎依采夫,悄然

---

[1] 《牧师行动(1942年6月发生的历史事件)》,百度百科,https://baike.baidu.com/。

第十三章 营救类秘密行动

离开了东京，苏联也一直保持沉默，未采取任何公开营救措施。日本多次推迟对佐尔格和尾崎秀实的死刑执行日期，3 次提议用他们赎回日本俘虏，苏联的答复都是："我们对理查德·佐尔格此人毫不知情。"佐尔格和尾崎秀实于 1944 年 11 月 7 日被处以绞刑，这一天是十月革命纪念日，苏联此时已经收复全部国土，兵锋直指纳粹德国首都柏林。[①] 这两名为苏联卫国战争作出重大贡献，反对轴心国侵略战争的著名间谍，在二战结束的前夜魂归天国。

并不是说所有的国家都在官方营救情报官员方面完全无所作为，但做的极少。有极个别的案例也很特殊，是以国际组织营救其工作人员的名义出现的，与后来直接以营救间谍的名义来进行是不同的。正因为如此，表面上轰轰烈烈的营救运动，本质上来说仍然属于秘密行动的范畴。共产国际联络部上海秘密交通站负责人牛兰夫妇被租界警务处逮捕，并移交给国民党政府。为营救牛兰夫妇，共产国际发起了声势浩大的营救行动，1931 年 9 月开始发展成为一场世界性的运动，国际红色救济会发动了强大的舆论攻势。该组织是一个非党化的国际救援组织，在 77 个国家和地区拥有 1300 万名会员，以十几种文字定期不定期出版发行几十种报刊杂志和救援公告，一份份声援牛兰夫妇的呼吁书传到各地，一封封抗议信电发到南京国民政府。国际知名人士爱因斯坦、肖伯纳、杜威、高尔基、罗曼·罗兰，以及宋庆龄、鲁迅等也加入了救援队伍。共产国际运用苏联格鲁乌远东情报网佐尔格小组，查明了牛兰夫妇的关押地，由德国共产党员奥托·布劳恩等两名格鲁乌情报官员专程押送 2 万美元到上海，交给国民党中央党部调查科（中统）情报股总干事张冲。当时 2 万美元是一笔巨款，想利用国民党的腐败来营救牛兰夫妇。1932 年 8 月国民党当局以触犯"危害民国紧急治罪法"判处牛兰夫妇死刑，援引大赦条例减为无期徒刑。牛兰夫妇生命得以保全，营救行动告一段落，抗战爆发后获释。此次营救行动，苏联军事情报部也即格鲁乌付出了巨大代价，对中国工农红军也产生了重大的影响。佐尔格等人因或多或少暴露了情报组织的背景被迫撤回莫斯科，苏联及中国工农红军也失去了一个非常重要的情报来源。据俄罗斯前些年解密的档案显示，佐尔格在上海从事情报工作期间，共发回莫斯科急

---

① 艾红、王君、慕尧：《俄罗斯情报组织揭秘》，时事出版社 2013 年版，第 188—203 页。

电597份，其中有335份转给了中央苏区。① 中央苏区反"围剿"失败，与此事也有一定的关联性。奥托·布劳恩将赎金送到上海后，留在共产国际远东局工作，1933年以中共中央军事顾问的身份进入苏区，化名李德，成为"三人团"成员之一，其错误指挥导致红军第五次反"围剿"严重失利，被迫长征。

二、冷战时期对间谍的处置和营救

二战以后一个时期，部分国家对间谍的处罚稍微有所减轻，但许多间谍仍被处以长期监禁，不过一部分间谍至少还可以保住生命。直到20世纪60年代初期开始，美苏两大国开启了交换间谍的营救方式，东西方阵营的许多国家，在美苏的主导下也陆续跟进，为落难的间谍开启了一条"绿色生命通道"。一些国家虽然不再严格讳言从事间谍活动，但依然是犹抱琵琶半遮面，在政治上和外交上，处理间谍案件仍然是件十分敏感和尴尬的事情。间谍交换能否进行，也与当时的国际环境、相关国家的战略考虑和间谍所涉及到的罪名息息相关，并不是所有被抓的间谍都能通过交换的方式获得自由，只能说是多了一条救助的渠道，能进入这个渠道的间谍并不多，被处死和关押仍是大多数被捕间谍无法逃避的命运。同时用于交换的间谍一般为对方派遣来的人员，己方阵营中被收买和策反的人员即叛徒，很难进入这个渠道。

冷战初期，由于国际局势复杂，国际关系紧张，苏联与西方处于意识形态的尖锐对立之中，苏联政府基本上没有通过外交途径营救被捕的情报官员，甚至拒不承认其苏联间谍的真实身份。窃取原子弹秘密"蜜糖行动"中的罗森堡夫妇，于1951年夏天被美国联邦调查局逮捕，到1953年6月被送上电椅处死，苏联官方未见有任何公开的营救行动。当时这起间谍案在世界上也引起了轰动，世界各地发生了几百起声援罗森堡夫妇的示威游行，当然这其中不排除苏联情报组织暗中操纵和鼓动的因素，罗马教皇也呼吁美国总统能免除该夫妇一死。时任美国总统艾森豪威尔认为，"罗森堡夫妇被处死，只是死了两人，但他们向苏联提供的原子弹制造技术，却能杀死成千上万的人"，不肯赦免他们。② "千面谍王"阿贝尔于1957年被美国联邦调查局逮捕后，被判处30年监禁。对阿贝尔的审判在

---

① 赛赛：《"牛兰事件"始末》，《湖南文史》2002年第1期。
② 程景：《苏联克格勃绝密行动》，北方文艺出版社2017年版，第178页。

第十三章 营救类秘密行动

西方世界引起了轰动,但苏联媒体却视而不见,仿佛没有发生这件事。当时苏联领导人拒绝承认阿贝尔是苏联间谍,并向世界宣称苏联不搞间谍活动。根据"阴谋把军事情报交给苏联"等罪状,阿贝尔是可被判处死刑的,幸运的是在律师的努力下,他才得以死里逃生,保住性命,这也与二战后相关国家对间谍的处罚有所减轻的总趋势息息相关。

"随着冷战规则的逐渐明朗,对方的间谍也不再像是魔鬼的使者,而更像是东西方游戏中的棋子或卒子。一旦落入敌国情报机构之手,他们更有可能成为阶下囚,而不是刀下鬼。不过处决间谍的事仍时有发生,通常是因为某个政治家想借此向本国人民或敌国表达一种立场。情况的变化使我意识到,交换间谍有可能成为情报工作中的一件有力武器"[①] 赫鲁晓夫执政后,调整了对西方的战略,于1959年开启破冰之旅,访问了美国,苏联政府才开始积极利用外交途径,也即交换的方式对情报官员进行营救。这种营救工作,一开始时基本上都是从事间谍活动的对方国家公民、国与国之间人数对等的交换。第一例就是1962年2月,苏联用U-2高空侦察机飞行员鲍尔斯交换"千面谍王"阿贝尔。1963年10月,美国用苏联特工、原联合国秘书处官员伊万·叶戈罗夫夫妇,与苏联交换1961年在基辅旅游时被捕的美国人马文·威廉·马基嫩,及1941年被捕的传教士沃尔特·齐赛克。1964年,苏联又用英国间谍格雷维尔·梅纳德·怀恩等3人,交换被英国监禁的格鲁乌情报官员莫洛德(化名戈登·朗斯代尔)及科恩夫妇。科恩夫妇是参与窃取美国原子弹机密"蜜糖行动"的重要间谍,该间谍网被美国破获时,他们成功逃脱,辗转来到英国后,用化名潜伏下来继续从事间谍活动。1969年,英国用苏联间谍彼得·克罗格夫妇,交换在苏联卷入间谍案的讲师杰拉尔德·布鲁克。彼得夫妇属于一个5人间谍小组,他们被控泄露英国皇家海军的机密。这些交换的对象一般为对方国家的国民,对内部的叛徒则处罚很严厉,苏联在这方面尤具代表性。奥列格·佩尼科夫斯基是格鲁乌上校,1961年主动投靠英国秘密情报局,据称导致600多名情报人员暴露,其中有50名格鲁乌情报官员;还有关于苏联军事力量和军事战略的绝密情报,在古巴导弹危机中,其所提供的情报为美国总统决策发挥了关键性的作用,西方媒体盛赞其在防止一场核战争的爆发中发挥了重要作用。佩尼科夫斯基1962年10月被捕,次年5月被执行死

---

① [德]马库斯·沃尔夫著,胡利平译:《隐面人》,国际文化出版公司1999年版,第107页。

刑。有消息称，佩尼科夫斯基是在许多情报官员的面前，被活生生地投进了火葬场的焚尸炉，并拍摄下整个过程，以便日后用来警示更多的情报官员。佩尼科夫斯基并不是第一个被投入焚尸炉的叛徒，此前格鲁乌少校彼得·波波夫主动投靠中央情报局，向中央情报局提供了大量的绝密情报，使美国在某军事科技研究和开发方面至少节省了5亿美元，还导致苏联400多名情报官员暴露，于1959年被现场抓获后，同样是被投入了烈火熊熊的焚尸炉。当时苏联克格勃有一个原则，在任何情况下，那些曾经为敌对国家提供情报的苏联公民，都不被允许进行交换，他们被视为不可饶恕的叛国者，而面临最严厉的惩罚，波波夫和佩尼科夫斯基为这个规矩作了一个生动的注脚。

随着间谍交换工作的开展，由开始是国与国之间的、人数对等的间谍交换，演变为东西方集团之间的、多方参与的、相关方人数不对等的间谍交换，甚至将不是间谍的本国其他囚犯也拿出来进行交换。1969年，苏联用18名被指控为西德间谍及政治犯的囚犯，交换被西德关押的苏联间谍海因茨·菲尔弗。1978年，美国、东德和莫桑比克三方进行囚犯交换，美国释放前空军情报人员罗伯特·汤姆森，他被控向苏联传递情报；东德释放了美国人艾伦·范·诺曼，他因试图把东德医生一家人偷渡到西方国家而遭逮捕；莫桑比克在其边境释放了1名自1976年就被囚禁的以色列人。1979年，苏联释放5名政治及宗教异见人士，把他们送上了去纽约的飞机。作为交换，美国释放了苏联间谍瓦尔蒂克·恩格尔和鲁道夫·切尔尼亚耶夫。这次苏联是用本国的持不同政见者与美国交换间谍，也即用本国的政治犯去交换本国在境外落难的间谍。

对于特别重要的间谍，美苏两个集团都肯花大价钱来进行交换。沃尔夫在《隐面人》中认为："全力营救被捕的间谍，不仅从道义上讲义不容辞，也是使目前或将来执行危险使命的间谍放心的一种重要手段。"他还透露："20世纪50年代以后，东德不再判处间谍死刑，叛变的东德谍报官除外。对我们来说，把重要间谍关起来更有价值，以后待时机成熟时可以用这批间谍换回关押在西德的我方间谍。只有背叛祖国的谍报官员才受到最严厉的处罚。"[①] 1956年东德外国情报总局将纪尧姆夫妇伪装成难民身份派遣到西德，到1974年暴露被捕时纪尧姆已是时任西德总理勃兰特的政

[①] [德] 马库斯·沃尔夫著，胡利平译：《隐面人》，国际文化出版公司1999年版，第194页。

第十三章　营救类秘密行动

治秘书。为了营救他，刚就任东德最高领导人的昂纳克就向西德总理施密特暗示，如果不解决这个问题，东德就可能会限制交换俘虏及两德之间家庭成员的团圆。东德担心手中西德间谍的份量不够，试图说服苏联答应用阿纳托利·夏兰斯基来与西德交换纪尧姆，被苏联拒绝。夏兰斯基是苏联著名的持不同政见者，曾为苏联犹太人的权利奔走呼号，被以间谍等罪名投进了监狱，苏联担心释放他会引发一系列的民族矛盾问题。经过艰苦努力，东德于1981年用30多名被关押的西德间谍换回了纪尧姆。1985年，美苏在东西德之间的格利尼克桥上，完成了二战后规模较大的一次间谍交换。4名被控在美国从事间谍活动的人士获释，苏方则释放了5名波兰囚犯，以及20名被东德和波兰捕获的间谍。1986年2月，苏联在格利尼克桥上释放因间谍罪入狱的持不同政见人士、犹太人夏兰斯基，以1人换多人。苏联舍不得用来交换纪尧姆的夏兰斯基，最终还是在间谍交换中派上了用场。西方则释放了9人，其中包括捷克斯洛伐克的卡尔·科切尔夫妇，他们因间谍活动指控于1984年在美国被捕；苏联人叶夫根尼·泽姆利科夫，因被控窃取科技情报于1985年在西德被判入狱；还有被控在西德从事间谍活动的波兰人耶日·卡奇马雷克和东德人德特勒夫·沙尔芬施泰因。[①]后两次间谍交换，实质上是美苏主导的两个国家集团之间的间谍交换，苏方换回的人员涉及到苏联及东欧多国，美方用于交换的间谍则涉及到美国和西德从事间谍活动的人员。

　　间谍交换的过程，也是一个秘密博弈和不断讨价还价的过程，除了谈判桌上的较量之外，还会策划实施谈判桌之外的秘密行动。主动点名要求对某个或某些间谍进行交换的一方，通常还会通过各种行之有效的方式向对方施压，以促成该项间谍交换事宜；而另一方则可能会因某种复杂因素而置之不理，或是开出更高的价码和条件，或是等候对方拿出更多的筹码。海因茨·菲尔弗受到苏联情报机构的指派，打入到"盖伦组织（西德联邦情报局前身）"，并成为局长盖伦的心腹和红人，担任反间谍处处长，为克格勃秘密工作了10年之久，因东德国家安全部情报官员叛逃出卖，于1961年被捕并被判处14年徒刑。在拘押候审期间，老奸巨猾的菲尔弗，秘密向克格勃联系人传递出了"请把我救出去"的纸条。1963年苏联提出用2名被指控为美国中央情报局间谍的西德学生交换菲尔弗，中央情报局也来撮合此事，遭到盖伦断然拒绝。菲尔弗间谍事件让盖伦丢尽了脸面，

---

① 谭顺谋：《八大间谍交换事件》，《环球军事》2010年第15期。

世界情报组织秘密行动

间谍老手反被对方间谍玩弄于股掌之间,就如同玩了一辈子鹰的猎人反被鹰啄了眼睛,动摇了西德联邦政府对该局的信任和盖伦在局内的执政根基,更何况这是一桩份量悬殊的不对等交易,同时像菲尔弗这样给西德造成了极大损害的间谍都能释放,对苏联和东德的间谍不啻于是一种极大的鼓励,让联邦情报局更难招架。但苏联并没有打算放弃,1968年,克格勃又添上了一名从事间谍活动的大学教师沙夫豪塞尔,想3换1。此时西德联邦情报局局长已经换成了韦塞尔,他虽然对菲尔弗并无个人恩怨和成见,但还是认为他掌握了太多的机密,释放后会造成新的损害,同时也不想给苏东间谍送去精神上的鼓励,坚持没有松口。桌面上的谈判没有效果,那就运用桌面下的秘密行动来促成。克格勃与东德国外情报总局局长沃尔夫合作开展心理战,将有关方面的矛头引向西德政府,迫使西德政府让步。东德将包括西德间谍和政治犯在内的18名囚犯转移到克姆尼茨监狱,这里设有专供即将释放的囚犯所使用的牢房,与其他监狱和劳改营相比,条件不可同日而语,伙食标准达到了饭店的水平,还准许他们购置便装,使这些吃尽了苦头的囚犯受宠若惊。东德还通过曾主持过间谍交换工作的东德检查官沃尔夫冈·弗格尔,向西德方面表示愿意用18名囚犯来进行交换;在囚犯中散布他们不能获释的原因是波恩政府不同意交换,鼓动这些囚犯给家人写信,敦促他们的家人向西德政府呼吁和求情。克格勃和东德间谍在波恩悄悄四处放风,说如果西德赦免菲尔弗,东德就会将这18名囚犯送回西德,如果西德近期不同意交换的话,将会取消给这些囚犯提供的优厚待遇,把他们送回原来的监狱和劳改营,重新去接受非人的煎熬。这些曾经备受折磨的囚犯再也不想受二茬罪,他们的家人也是焦急万分,并引发了西德社会的广泛同情和声援。在强大的社会舆论及心理压力下,西德联邦情报局局长韦塞尔放弃了反对意见,西德时任总理基辛格同意进行交换。在西德监狱里待了8年之久的名谍菲尔弗,如愿看到了东柏林蔚蓝的天空。[①] 经过不懈的努力,克格勃终于办成了这件在当时看来不可能办成的事情。这个案例表明了间谍交换并不是一桩简单的交易,它牵扯到许多复杂的问题和考量,其背后国家及情报机构之间的较量与博弈,同样诡计多端、精彩纷呈。如果将其展示出来,可与一场剧情复杂、引人入胜的大戏相媲美。

---

① 王乔保等:《喋血柏林墙——二十世纪德国情报机构绝密行动》,东方出版社2005年版,第232—234页。

三、冷战结束后对间谍的处置和营救

冷战结束后，随着全球化的推进，各个国家之间联系密切、来往频繁、利益交织，而且许多国家政府对情报组织的活动有了更为深入的认识和理解，不再将从事间谍活动完全看作是羞于启齿的事情，甚至以法律的形式明确营救的责任。因此当情报活动或情报网络暴露后，部分国家会承认本国公民在国外从事间谍活动的事实，并积极通过外交等途径进行营救，有些甚至是通过国家元首之间的沟通来解决问题，以保证本国间谍生命安全，促使事件顺利解决，这已经基本上成为了国际惯例，也符合当事国家和当事间谍个人的利益。

具有情报机构工作经历的普京入主克里姆林宫后，俄罗斯政府对情报工作的重视程度进一步提高，情报系统地位有了很明显的提升，情报官员在境外出了事，会得到政府的积极营救。《俄罗斯联邦对外情报法》规定：对外情报机构的官员及其家属在境外因从事情报活动而被拘留、逮捕或审判时，国家有责任采取一切措施帮助其获得无条件释放。美国对营救在国外被捕的间谍也十分重视，汉森间谍案爆发时，恰逢美俄两国因一系列事件而积怨颇深。2000年12月6日，莫斯科市法院以非法收集关于"风雪"潜水快速导弹的机密情报为由，判处美国商人爱德蒙·波普20年监禁。此举引起美国强烈不满，时任美国总统克林顿4次同俄总统普京电话联系，要求释放波普，12月中旬，普京在访问古巴的途中下令赦免了波普。

过去用于间谍交换的对象，一般是对方国家的公民、对方国家所发展的第三国公民渗透到本国从事间谍活动的人员或是本国的其他囚犯，俄罗斯这次则是成批地用本国的叛徒来进行交换，这是非常罕见的事情，能够这样做的国家并不多。2010年6月，美国逮捕了10名俄罗斯情报官员，随后以"在美国境内从事非法情报活动"的罪名起诉，指控他们在美国执行潜伏任务，秘密搜集情报，并试图渗透进美国政府决策圈。这10名俄罗斯情报人员是采取非法派遣的方式进入美国的，他们都已经谋到了合适的社会职业并潜伏下来，根据俄罗斯情报机构的指令开展间谍活动。这10名间谍是5对夫妻，其中一对间谍夫妻，在苏联时期就冒用加拿大两名已经夭折小孩的名字进入加拿大，在加拿大生了两个孩子，将自己彻底变成加拿大人后进入美国，男的已经成为波士顿一家顾问公司的资深主管。俄罗斯政府马上展开了营救行动，由外交部发表正式声明，承认他们是俄罗斯公民，并派外交官前去探视。俄罗斯很快便秘密地与美国达成了交换协

议，俄罗斯释放因向西方出卖情报而被判处监禁的核武器专家伊戈尔·苏佳金、对外情报总局前上校亚历山大·扎波罗斯基、格鲁乌前上校谢尔盖·斯科里帕尔和原克格勃军官根纳季·瓦丁连科，很快就交换回了10名间谍及其家人，这也是俄罗斯独立以后，最大规模的一次以间谍交换方式营救间谍的行动。① 2004年2月，俄罗斯头号通缉犯，前车臣"总统"泽利姆汗·扬达尔比耶夫在卡塔尔首都多哈被炸身亡，3名涉案的俄罗斯情报官员被卡塔尔警方拘捕，后来释放了其中1人，准备对另外2人进行审判。俄罗斯政府断然否认指控，要求立马放人，卡塔尔当局也态度坚决。俄罗斯联邦安全总局随后逮捕了2名过境莫斯科的卡塔尔国家摔跤运动队成员进行要挟；俄罗斯还重金聘请了专门的律师团队，其中包括两位世界上最优秀的律师为他们进行辩护，在高层也不断进行沟通和谈判。卡塔尔将他们判处终身监禁（25年监禁）后进行大赦，使这2名情报官员最终逃脱了牢狱之灾。② 与此同时，俄罗斯对在美国策反和发展的间谍，也想用交换的方式进行营救。美国中央情报局苏东部反间谍处处长埃姆斯，1985年投靠克格勃，1994年被美国联邦调查局逮捕并判处终生监禁；美国联邦调查局资深特工汉森向苏联及俄罗斯出卖情报，于2002年被判处终生监禁。长期以来，俄罗斯就这两人的引渡问题想与美国进行磋商，均被拒绝。前些年，俄联邦对外情报总局局长纳雷什金还就此问题发声，希望美方能够将此二人纳入间谍交换计划之中，而此前埃姆斯已在狱中因病去世。俄罗斯明知美国人不可能这么做，俄联邦对外情报总局局长出面以此说事，至少是表明了一种态度。

从目前来看，绝大多数通过交换途径获得自由的间谍，基本上就能平安地度过余生了，但也有例外。俄罗斯总统普京在一次记者招待会上曾明确表示："只要是为国家卖力，国家是不会忘记的；而那些背叛国家的人，国家同样也不会忘记。"俄罗斯格鲁乌上校谢尔盖·斯科里帕尔，秘密投靠英国秘密情报局，出卖了苏联及俄罗斯在欧洲的间谍网，致使几百名间谍暴露被捕，2004年被捕后判处13年徒刑，与佩尼科夫斯基相比，处罚已经算是很轻的了，2010年又通过间谍交换到英国南部小镇索尔兹伯里生

---

① 《美俄间谍交换事件（俄罗斯和美国间的间谍交换事件）》，百度百科，https://baike.baidu.com/。

② 《俄罗斯逮捕两名卡塔尔运动员，两国外交冲突升级》，北方网-新闻中心，2004年3月2日，https://news.enorth.com.cn/system/2004/03/02/000742483.shtml。

活。但其生活并不顺心，2012年妻子因癌症去世，2016年在俄罗斯生活的兄弟因车祸而亡，2017年43岁的儿子和女友在圣彼得堡度假时突然死亡。7年的时间里，家人相继非正常死亡，只剩下他与33岁的女儿相依为命，他一直怀疑是俄罗斯情报机构的系统性暗杀行为。2018年，父女俩在所居住的小镇中毒，因抢救及时才幸免于难。导致中毒的是苏联时期研制的"诺维乔克"类神经毒剂，英国及西方国家指责是俄罗斯实施了暗杀行为，俄罗斯坚决予以否认。① 事涉暗杀这种极其严重的刑事犯罪行为，只要不被当场抓现行，没有哪一个国家会承认，就算现场被抓，也会找出各种理由进行抵赖或搪塞，即所谓巧言否认。对俄罗斯来说，一个叛国者虽然通过间谍交换获得了自由，但并不意味着其罪行已经一笔勾销。除了其所秘密效力过的国家，能惦记他的只有其所背叛的祖国俄罗斯，而有罪的人，最害怕的是被人惦记，尤其是曾被其所深深伤害过的祖国、组织或个人所惦记。一旦失足，此生便注定与平淡安宁的生活无缘，这也是间谍类叛国者所必须付出的代价。

四、以色列间谍保护与交换

以色列把"一个被抛弃了的民族，不会再抛弃任何它的人民"作为信条，自其立国之后，对情报人员的营救工作就不遗余力。传统的观念认为，一个被捕的间谍就是一个失败的间谍，而一个失败的间谍不值得花费太多的人力和物力去营救。但摩萨德局长哈雷尔坚决反对这种观点，如果他手下的人在国外被捕，他总是要千方百计地设法营救，那怕付出再大的代价也在所不惜。这无疑使摩萨德特工感受到了身后祖国和组织的强大力量与关爱，在执行任务时更愿意尽忠竭力、赴汤蹈火。

以色列国内有一个这样的共识，每位特工都是国家的精英，如果他们不幸被捕，就必须不惜一切代价去营救他们。辛贝特制定了"特工生命高于一切"的准则，以色列特工一旦被捕并且生命受到威胁时，可以向敌方供认自己所知道的一切，而不会被认为是叛国。摩萨德局长哈雷尔曾说："为我们工作的每一个人都是朋友，都是一个大家庭中的一员。无论要费多少时间，无论要作出多大努力，无论要付出多少金钱，我们将始终不渝地尽力拯救一个蒙受牢狱之苦或援助一个处于困境中的特工人员。只有在

---

① 《2018年前俄罗斯特工在英国遭灭门，普京：俄罗斯绝不放过一个叛徒》，西部文明播报，2022年3月15日，https://baijiahao.baidu.com/s?id=1727329436220535869。

极其罕见的绝境中,才可能牺牲一个人的生命。"[1] 正因为如此,1967年以色列才肯用包括9名将军在内的5000多名埃及战俘,与埃及交换以间谍洛茨夫妇为主的10名以色列人。1997年以色列用"哈马斯"精神领袖亚辛,交换在"安曼行动"中失手被捕的2名特工。从2004年亚辛仍被以色列用导弹袭击身亡的情况来看,当年用交换的方式释放他实属无奈之举,以色列并未考虑就此放过他。2011年,根据埃及与以色列达成的协议,涉嫌在埃及从事间谍活动的伊兰·格拉佩尔回到以色列,作为交换,以色列释放在押的25名埃及人。从常规的眼光来看,以色列在这几次交换中都比对方付出的代价更高,但用"特工生命高于一切"的准则来衡量,任何付出都是值得的。

以色列在与他国的间谍交换事宜中,并不是所有的事情都一帆风顺,也同样存在着许多阻碍因素,能否达成交换协议,会受到双方各自政治考量等诸多因素的影响。美国海军调查局情报分析专家波拉德,为以色列科学事务联络局(拉卡姆)提供了大量的情报,1985年暴露后被判处无期徒刑。美以是一种特殊的盟友关系,可以说以色列的生存离不开美国的支持,发生这种事情,美方极为恼怒,以色列也非常被动。当波拉德暴露后逃到以色列驻美大使馆要求保护时,被无情地拒之门外,但待风头过后,历届以色列政府都为营救他做了许多工作。总理沙龙曾多次向美国总统老布什争取能够释放波拉德,其发言人曾动情地说:"出于人道主义,我们要为曾为以色列服务的人争取权利。"后来任以色列总理的内塔尼亚胡也做了大量的工作,而美国人不为所动,一直将波拉德关押到2015年才释放。30年的岁月,波拉德也由一个风华正茂的青年,熬成了白发苍苍的老头。2004年埃及情报局长奥马尔·苏莱曼上将与以色列会谈,议题为用以色列间谍交换被以关押的巴勒斯坦"法塔赫"运动领导人梅尔万·巴尔古提。巴尔古提在"法塔赫"组织中拥有很高的地位,曾一度被认为是阿拉法特的继任者。以色列认为其涉及恐怖主义,放弃了到手的交换间谍的机会,仍然以谋杀罪判处其终生监禁。[2] 以色列对待恐怖主义的政策是决不妥协,事关重大原则问题,间谍交换之事就得让路。

---

[1] 高金虎等:《大卫的铁拳——二十世纪以色列情报机构绝密行动》,东方出版社2005年版,第151—152页。

[2] 章田、雅龙:《埃及建议用以色列间谍交换正在以服刑的巴尔古提》,中国新闻网,2004年11月17日,https://www.chinanews.com.cn/news/2004/2004-11-17/26/507044.shtml。

生前没能救援，死后也要让其遗物回家，这是以色列对为国牺牲间谍的一种礼遇。1965 年，潜伏在叙利亚的摩萨德王牌间谍伊利·科恩被捕，以色列提出用 1000 名叙利亚战俘和 100 万美元交换被拒。时任以色列总理艾希科尔，发动友好国家领导人和海外知名人士展开营救行动，包括罗马教皇、法国总统和总理、加拿大总理、国际红十字会及美国众多国会议员等进行斡旋和呼吁，比利时首相和几位东欧国家领导人还亲自到叙利亚做工作，都被置之不理。以色列又逮捕了本可用于放长线钓大鱼的 5 名叙利亚间谍，想用作交换的筹码，暂时保住科恩的性命，都没有得到回应。以色列时任外交部长梅厄夫人甚至向联合国提出了申诉，也没能改变科恩的命运。科恩被吊死前，他留下的遗言是："我没有罪。我只是为了我的国家、我的民族尽了本分而已。"此后以色列又想将其遗体弄回国，甚至提出愿意支付给叙利亚 100 万美元的赎金，也没能达到目的。叙利亚为防止摩萨德窃取其尸体，数次秘密转移埋葬地点，估计现在连叙利亚人都不知道埋在哪里了。2017—2018 年，摩萨德趁叙利亚再次内乱之机，派遣特工到叙利亚秘密搜寻科恩的遗体和遗物，经过 18 个月的艰苦努力，只查清了其生前曾配戴过的欧米茄手表的下落并带回国。科恩的遗孀娜迪娅说："这块表凝聚着科恩的秘密生涯，意义重大。"以色列时任总理内塔尼亚胡称赞摩萨德"完成了一项勇敢的任务"，"你们让无名英雄的遗物回家，让家人对他的思念有了寄托。"[①]

第三节　营救被恐怖分子劫持的人质

恐怖主义这一专用术语产生于法国大革命时期，当时专指雅各宾派的恐怖统治，后来其词义由滥用国家权力转变为制造社会恐慌、危害公共安全的暴力行为。恐怖袭击事件，至少可追溯到春秋时期鲁国曹沫劫持齐桓公和古罗马 3 名贵族刺杀凯撒大帝。古希腊历史学家色诺芬认为："运用暴力制造恐怖或进行恫吓，对人类来说是熟知的一项古老的策略。"中国西汉历史学家司马迁在《史记》中专门辟有《刺客列传》，这可能是人类历史上第一个专为恐怖袭击者写的传记。当时的恐怖袭击基本上是个体的行为，要么是受人之托，要么是激于义愤，要么是出于个人的私利，还没

[①] 肇立启：《以色列从敌国取回王牌间谍遗物》，《新民晚报》2019 年 11 月 11 日。

有形成组织的观念。最早的恐怖组织"西卡（意为短剑）"诞生于公元之初的巴勒斯坦地区，古犹太人为反抗罗马的统治，用短剑刺杀罗马官员和与罗马人合作的犹太贵族。11世纪诞生的"阿杀辛（意为暗杀）"恐怖组织，在中东地区活跃了近200多年时间，黎巴嫩学者希提在《阿拉伯通史》一书中认为，该组织"只问目的，不择手段，滥用匕首，把暗杀变成一种艺术"。他们甚至建立了名为"木刺夷"的国家政权，一共传了7代，连东征的十字军在他们面前都甘拜下风，后来消亡在蒙古西征大军的铁蹄之下。[1] 恐怖主义经过历史的发展和演变，古今发生了巨大的变化，这种暴力行为由过去针对特定的个体目标，转变为主要针对不确定的群体目标；由专门针对社会上层，逐步转变为主要针对平民；由专门针对人，转变为也针对一些重要设施；由企图直接影响决策者来达到己方的目的，转变为主要通过间接的极限施压手段来达到目的。现代恐怖主义是指通过暴力、破坏、恐吓等手段，制造社会恐慌、危害公共安全、侵犯人身财产或胁迫国家机关、国际组织，以实现其政治、意识形态等目的的主张和行为。[2] 恐怖袭击的实施者对非武装人员有组织地使用暴力、或以暴力相威胁，通过将特定的对象置于恐惧之中，来达到某种政治目的、策略和意图。有人曾把恐怖主义称为"20世纪的政治瘟疫"，与恐怖主义的较量称为"一场永无休止的地下世界大战"。恐怖主义已经成为当今国际社会的一大公害和威胁，营救被恐怖组织、恐怖分子劫持的人质，成为相关国家情报机构的一项重要工作职能。

一、恐怖袭击的方式及产生的原因

恐怖袭击是指极端分子人为制造的、针对但不仅限于平民及民用设施的、不符合国际道义的攻击方式。一位潜心研究恐怖主义的美国心理学家曾断言："恐怖主义是弱者采用的战略。"理论是行动的先导，对现代恐怖主义来说也是如此。在20世纪中期北非阿尔及利亚民族解放运动中，产生了现代恐怖主义的首席教父弗朗兹·法农，他在《全世界受苦受难者》中，将暴力提升到了神秘主义的救世主高度，其极左"暴力哲学"成为现代恐怖主义的思想指南。巴西一位恐怖组织领导人卡洛斯·玛里赫拉成为

---

[1] 马拉：《胡狼卡洛斯——世界第一杀手》，中国社会出版社1997年版，第25—27页。

[2]《恐怖主义（汉语词汇）》，百度百科，https://baike.baidu.com/。

第十三章 营救类秘密行动

现代恐怖主义的首席战术大师,他在游击战期间写成的《城市游击指南》,具有浓厚的"犯罪教科书"色彩,而且操作性非常强,迅速传遍全球,成为恐怖主义者的"步兵操典",在激进的左派青年中人手一册。出生于阿根廷的古巴革命重要领袖之一的切·格瓦拉成为激进左派青年的精神偶像,其《游击战》一书中的"游击中心论",甚至直接影响了意大利城市游击队"红色旅"的产生。① 恐怖主义系统理论的指导,催生了一批恐怖主义组织,并在20世纪60年代后期至70年代盛极一时,当时成立了一批具有恐怖主义性质的极左组织,他们大多极度仇视资本主义社会,想通过恐怖主义的方式摧毁资本主义制度,如意大利"红色旅"、西德"红军派"、法国"直接行动"、日本"赤军"、西班牙"埃塔"、巴勒斯坦"阿布·尼达尔突击队"、秘鲁"光辉道路"等,成立于1919年的英国"爱尔兰共和军"也兴盛一时,这些组织相互学习借鉴、协同作战,开展所谓"城市游击战",制造了一系列恐怖袭击和劫持人质的事件,意大利"红色旅"甚至在1978年绑架并暗杀了意大利天民党领袖、时任总理阿尔多·莫罗。被称为"世界第一杀手"的"胡狼卡洛斯"是委内瑞拉人,原名伊里奇·拉米雷斯·桑切斯,他对卡洛斯·玛里赫拉十分崇敬,冒用了他的名字,并以这个名字纵横欧洲和中东地区,在这个国际恐怖组织网络中混得风生水起,他亲自组织绑架了石油输出国组织11国的石油部长,并勒索到巨额赎金,使西欧和中东国家闻风丧胆,对这些微型非国家行为体密集的恐怖袭击活动束手无策。80年代后期到20世纪末,这些组织逐渐式微,大多已宣布解散或名存实亡,个别未解散的也基本放弃了恐怖袭击的理念。与上述组织相伴而生的阿拉伯恐怖组织则继续发展壮大,进入20世纪90年代,以"基地"组织为代表的国际恐怖主义组织异军突起,在全球范围内迅速蔓延,成为全球反恐斗争的主要对手。另外还有各种形形色色的区域性的恐怖组织,对相关国家和地区的安宁带来了巨大的威胁和挑战。

恐怖袭击多发于人员密集的区域和场所,包括常规手段和非常规手段。常规手段一般分为三类。一是袭击。爆炸恐怖袭击,如炸弹爆炸、汽车炸弹爆炸、自杀性人体炸弹爆炸等;枪击恐怖袭击,如手枪射击、制式步枪或冲锋枪射击等;刀棍恐怖袭击,如使用刀具砍杀、棍棒击打、投掷燃烧瓶和砖石等。爆炸和枪击的杀伤力更强,危害性更大。另外还有对建

---

① 马拉:《胡狼卡洛斯——世界第一杀手》,中国社会出版社1997年版,第33—56页。

筑物和交通工具等实施纵火焚烧，使用车辆等交通工具冲撞辗压无辜民众等袭击方式。二是劫持。劫持人员，如劫持医院、学校、剧院、商场等聚集区的人员；劫持交通工具，如车辆、船只和飞机等人员装载量大的交通运输工具；绑架人员，如针对重要人物的单人或多人绑架事件。绑架与劫持语义相近，有时可以通用，但细分还是有很明显的不同之处，一般情况下劫持可公开进行，绑架为秘密开展；劫持大多为就地控制对象，绑架大多为控制对象后随即转移到安全之所进行藏匿和转运；劫持的目的大多是将人质作为讨价还价的筹码，绑架的目的则要复杂得多，作为讨价还价筹码只是众多目的中的一种；劫持的对象既可以是人，也可以是物，如各类交通运输工具，绑架的对象只能是人。当然也有"道德绑架""亲情绑架"之类的语言组合，这只是借用了绑架的词汇意义，与现实生活中的与犯罪行为相关联的绑架是两个概念，但大而言之，也可以将绑架视为劫持的一种方式。三是破坏，纵火破坏及设施破坏等，如针对电力、交通、通信、供气、供水等基础设施的破坏活动。一般情况下，恐怖袭击所使用的多为单一手段，但有些比较复杂的恐怖袭击活动，则兼具多种袭击手段，如"9·11"事件，将劫持、袭击和破坏三种手段都用上了。恐怖分子劫持多架民航飞机并当作袭击的工具，袭击了世贸大厦和五角大楼等建筑物，导致世贸大厦双子塔坍塌和五角大楼部分损毁，机上乘客及与建筑物相关的3000多人丧生。非常规的手段主要有四类，即核与辐射恐怖袭击、生物恐怖袭击、化学恐怖袭击和网络恐怖袭击等。[1] 如1995年奥姆真理教邪教组织在东京地铁释放致命的沙林毒气，造成13人死亡和5500多人身体受损，其教主麻原彰晃等6名共犯被判处死刑。目前危害最大的是针对平民的暴恐袭击和劫持人质的行为，恐怖组织劫持人质往往事发突然、人数众多，也很难满足恐怖组织所提出的要求，稍有不慎，便会造成重大人员伤亡，给营救工作带来了巨大的挑战。

现代恐怖主义及恐怖袭击产生的原因非常复杂，主要有四个方面的原因。一是文化冲突。以美国为首的西方国家对伊斯兰地区的意识形态、价值观和所谓民主观念的输出，造成了伊斯兰世界与西方国家的文化，包括宗教与习俗等的冲突，并由此而引发了大量的恐怖袭击事件，如伊斯兰恐怖主义组织对西欧国家的恐怖袭击，以"基地"组织为代表的国际恐怖主

---

[1] 《恐怖袭击常用手段》，青海普法网，2024年1月2日，http://sft.qinghai.gov.cn/pub/qhpfw/rdpf/flcs/202312/t20231227-113148.html。

义组织对美国本土及海外机构和设施的袭击等。二是领土冲突。由领土、边界等问题引发的恐怖袭击主要集中在南亚和西亚，如印度与巴基斯坦对克什米尔争夺而带来的恐怖袭击事件；以色列与巴勒斯坦的领土冲突，造成了以色列与整个中东地区阿拉伯国家的对立，由此引发了大量的针对以色列的恐怖袭击事件，以色列也以恐制恐，使中东地区成为恐怖袭击事件易发高发地区。三是民族冲突。主要集中在俄罗斯，这也是苏联时期遗留下来的政治负资产。苏联时期以暴力方式对待车臣民族问题，后来虽然进行了调整和安抚，但造成的民族对立与仇恨已经无法消弭。趁苏联解体之机，车臣掀起了声势浩大的民族独立运动，当这一诉求不可能得到满足时，就由民族分离主义演变为恐怖主义，二者相互交织，对俄罗斯社会造成了巨大的冲击，好在这个问题近些年已经得到了比较好的解决。四是利益冲突。这些利益包括政治利益、经济利益等，主要体现在世界大国对全球政治势力范围和经济资源需求的竞争，这些国家以各种方式、各种形态介入这些地区，制造纷争，导致相关地区和国家长期战乱，经济落后，成为宗教和极端势力滋生壮大的温床，如阿富汗、伊拉克等国家。阿富汗的乱局是美苏争霸的产物，冷战的结束并没有给当地带来和平，美国当年资助和培植的穆斯林武装游击力量，反而成为了以"基地"组织为代表的国际恐怖组织孳生和蔓延的摇篮，并反噬美国，制造了震惊世界的"9·11"等一系列的恐怖袭击事件。

二、各国对恐怖主义的应对措施

针对恐怖主义日益猖獗、社会危害越来越大的现实，各相关国家先后设立了反恐协调机构，进一步加强了国际合作，赋予或强化了情报机构的反恐职能，应对恐怖活动，尤其是针对大规模劫持人质的恐怖袭击事件采取坚决不妥协的原则，改造或组建用于反恐的特种部队，全力以赴参与反恐斗争，不惜一切代价营救人质，沉重地打击了劫持人质的恐怖袭击行为。情报机构及特种部队在反恐斗争、尤其是营救人质事件中发挥了不可替代的作用。

（一）在国家层面上设立反恐协调机构

这种反恐协调机构大多设立在情报部门，有的直属总统，但都具有协调国内各情报部门、政府相关部门的职能，能够整合各种相关资源用于反恐斗争，同时还具有开展国际间反恐合作的职能。

美国中央情报局于20世纪90年代初期设立了反恐怖中心，任务是搜集、分析与国际恐怖活动相关的情报，追踪恐怖组织和个人的行踪，为阻止恐怖事件发生和追捕恐怖分子提供情报支援。它是中央情报局第一个跨部门跨地区的综合单位，在联邦调查局、国家安全委员会和国防部等单位派驻人员，有权调集相关部委的人员和资源，并与国内及外国情报机构合作。2001年"9·11"事件发生后，该中心人员由300余人猛增到近千人。

俄罗斯联邦于2006年成立了国家反恐委员会，由联邦安全总局局长任主席，联邦内务部长、对外情报总局局长及20多个国家部委主要负责人和议会相关负责人参加。主要任务是：向俄联邦总统提供制定反恐领域国家政策及完善反恐法规的相关建议；统一协调联邦执行权力机关和联邦主体反恐委员会的反恐行动，并组织其与联邦主体执行权力机关、地方自治机关、社会团体和社会组织的协作；制定打击恐怖主义、消除恐怖主义产生根源的措施，以及保护可能的恐怖袭击目标的相关措施；参与国际反恐合作，制定反恐领域的国际条约草案；提出向参与反恐的人员提供社会保护，或向恐怖活动受害者提供社会康复方面的建议等。[1]

英国于2003年在安全局成立了联合恐怖主义分析中心，下设6个部门和1个专家组。专家组成员来自安全局、秘密情报局、政府通信总部、国防情报局和都市警察局反恐指挥部，人员仍隶属于原机构。任务为分析和评估国内外与国际恐怖主义相关的情报，设定威胁等级，为政府和相关部门提供与恐怖主义相关的预警，以及有关恐怖主义发展趋势、恐怖网络和能力的深度分析材料等。

德国于2004年成立反恐中心，由来自联邦刑警局、宪法保卫局、联邦情报局、海关和军事反间谍局的200多名专家集中办公。法国于2017年成立国家反恐中心，由法国总统直接管辖，主要任务是加强对各有关部门的协调和指导，在应对持续、严重的恐怖主义威胁时提高工作效率，确保情报部门之间的有效合作，全面准确地掌握恐怖主义威胁的态势。以色列于1999年成立了国家安全委员会，2008年进一步进行了完善，主要负责国家安全的顶层设计、增强国家安全决策的科学性和合理性、强化反恐怖主义与危机状态的管理和控制、推动国际安全事务的对话与合作等，核心职能仍然是反恐。

---

[1] 穆亮龙：《俄罗斯国家反恐委员会的成立与发展》，《国际资料信息》2008年第2期。

第十三章 营救类秘密行动

(二) 赋予或强化了情报部门的反恐职能

为适应反恐斗争的需要，许多国家赋予或者强化了情报部门的反恐工作职能，在情报部门内增设或进一步充实了已有的反恐机构，使反恐及人质营救工作有强大的执行部门作为支撑。

美国中央情报局除了设立反恐怖中心外，还于1996年成立了亚历克情报站，专门追踪本·拉丹，俗称拉登处，"9·11"事件之后将追杀本·拉丹及恐怖组织头目作为首要任务。美国联邦调查局于1998年设立了战略情报与行动中心，是负责全局行动指挥和危机管理的部门，常设编制百人左右。2001年"9·11"事件期间，曾有近800人在此集中工作，由局长坐阵指挥，情况直达总统；1999年增设反恐怖处，核心任务是监视、跟踪国际恐怖组织动向，追捕恐怖分子，阻止各类危害国民和基础设施安全的恐怖行为。英国安全局自1909年开始，就保留了其前身秘密勤务局的反恐怖工作职能，1989年发布的《安全局法》规定："维护国家安全，特别是要对付来自间谍活动、恐怖主义和破坏活动造成的威胁。"都市警察局所属特勤处，前身为1883年建立的负责镇压北爱尔兰独立运动的爱尔兰特勤处，任务为应对恐怖主义和有组织犯罪等，还设有专门的反恐处。面对严峻的反恐形势，俄罗斯增设了多个不同层级的反恐协调机构，如联邦主体反恐委员会、联邦行动指挥部、联邦主体行动指挥部及车臣共和国行动指挥部，将反恐任务艰巨的车臣单列出来，体现了对车臣的重视程度。俄罗斯反恐的重心在国内，俄联邦安全总局内设有专门的反恐局。

进入新世纪后，反恐问题成为德国情报工作的重中之重，德国各情报侦察部门均设立了反恐应急中心，联邦情报局于2001年新设第五分局（国际恐怖活动与国际有组织犯罪情报分局）；宪法保卫局二处负责处理极右、极左势力及恐怖主义事务；军事反间谍局一处兼有防范恐怖主义、极端主义的职能，二处兼有搜集恐怖主义、极端主义情报并加以评估等职能。法国对外安全总局反间谍处兼有反恐工作职能，领土监护局设有反恐怖处。以色列摩萨德于2003年进行了一场脱胎换骨式的大改革，将绝大部分常规情报职能转交军事情报局，改组为一支全球化的既具有情报职能、又拥有特种作战能力的特种部队，在全世界范围内开展特别行动（秘密行动），包括消灭对以色列和西方国家构成威胁的恐怖组织和个人、抓捕恐怖分子头目及摧毁其拥有的大规模杀伤性武器等。

(三) 对恐怖组织劫持人质事件采取坚决不妥协的原则

在早期，对恐怖组织劫持人质事件大多采取谈判妥协的方式解决问题，但结果却是招来了更多的、规模更大的劫持人质事件，这使世界各国认识到，对恐怖组织的妥协，就是对恐怖袭击行为的纵容。对恐怖袭击采取坚决不妥协的原则，逐步成为各相关国家坚守的一项基本政策。当重大人质劫持事件发生后，与恐怖分子所进行的谈判，基本上成为拖延时间、寻找战机的一种策略。

坚决不妥协的原则，是从深刻的教训中得来的。早期针对劫持大规模人质的恐怖行为，是力求通过谈判来解决问题的。历史上首次劫机事件发生在1931年秘鲁的阿雷基帕，秘鲁革命军控制了一架福特飞机，企图迫使政府谈判，后平安解决，未造成人员伤亡。60年代中后期开始，劫机活动日益频繁。1968年以色列航空公司426号航班，被3名哈达德"人阵"恐怖分子劫持，经过40天的谈判，以色列释放了20名被关押的巴勒斯坦游击队员作为交换，人质被释放，这是以色列向恐怖分子妥协的唯一一次，此后却招来了更多的飞机劫持事件。1970年日本以田宫高麿为首的9名"赤军"成员，将日航351次航班从日本劫持到朝鲜，通过谈判120名人质全部获释，劫机者留居朝鲜。谈判只解决了个案问题，却诱发了更多、更严重的连锁反应，恐怖组织从中发现了达到目的的一条捷径，致使70年代劫机恐怖活动一度达到高潮。俄罗斯政府对劫持人质事件的处理上，也同样经历了从妥协到坚决用武力解决的转变。1995年6月，车臣叛军首领巴萨耶夫率领150名武装分子，将布琼诺夫斯克市市立医院医生和患者共1500多人劫为人质，俄时任总理切尔诺梅尔金与巴萨耶夫现场进行电话谈判，同意在车臣战争问题上作出让步，叛匪安然撤离，但已经造成25名俄军警牺牲和106名人质死亡，此事极大地影响了叶利钦政府的声望。俄罗斯政府对恐怖组织的妥协，进一步刺激了他们的欲望，他们又制造了多起超级规模的劫持人质事件，如1996年1月的"基兹利亚尔人质事件"、2002年10月的"莫斯科剧院人质事件"、2004年9月的"别斯兰中学人质事件"等，伤亡人数分别为数百乃至以上千计，比"布琼诺夫斯克市人质事件"更为惨烈。这也与双方的判断与期待错位有关，车臣叛匪以为俄罗斯政府被逼无奈之下还会选择妥协，俄罗斯政府则认为再次妥协必定后患无穷，智取无效则组织强攻，最后导致大量无辜人质伤亡。1999年，克格勃出身的总理普京上任伊始，便放出狠话："我们将到处追击恐怖分子，原谅他们是上帝的事，我们的任务就是送他们见上帝。在机场抓到就在机场击毙，在厕所抓到就溺死在马桶里。如此一来，一切问题都将得到解决。"①在后面两起大规模人质事件的处理上，充分表明了普京不仅善于说狠话，也善于下狠手。

以色列专门制定了反恐威慑战略，使恐怖组织在高昂的攻击代价面前知难而退，不敢贸然发动恐怖袭击，该战略包含两个政策原则：即以牙还牙的报复原则和不与恐怖分子谈判、不同恐怖分子进行任何幕后交易的原则。"以眼还眼，以牙还牙"这句话出自古巴比伦《汉谟拉比法典》，在《圣经·旧约·申命记》中扩展为"以眼还眼，以牙还牙，以手还手，以脚还脚"，意为你毁了我什么，你也必将受到同等的惩罚与伤害。以色列情报组织在针对恐怖分子的报复性秘密行动中，将这种原则发挥得淋漓尽致。以色列总统西蒙·佩雷斯认为："你无法在谈判桌上结束恐怖"，"永远都不应该对恐怖分子投降。"② 美国的公开政策也是不向恐怖组织妥协，但在1984年为营救遭到"伊斯兰圣战者组织"绑架的7名美国公民，里根总统派员与伊朗达成了"武器换人质"的秘密交易，此事被披露后，在美国政坛引起了轩然大波，里根不得不挥泪斩马谡以平息众怒。在此后的反恐斗争中，尤其是"9·11"事件之后，美国展开了全球性的反恐行动，追杀了一大批恐怖组织头目和骨干。埃及处于孳生恐怖分子的区域，但埃及政府对恐怖袭击并不手软。1985年11月，埃及航空公司648航班客机被4名恐怖分子劫持到马耳他首都卢加机场，埃及时任总统穆巴拉克决定进行突袭，埃及特种部队25名突击队员和3名美国反恐专家立即赶到该机场实施营救行动。埃及特种部队认为对劫匪的妥协就是对国家尊严的侮辱，拒绝了美国顾问暂时不要强攻、先摸清情况再做打算的建议，强行炸开飞机舱门并引发舱内大火，与劫匪展开枪战，互掷手雷，机舱内血肉横飞，导致52名人质死亡，32人受伤。③ 面对如此惨烈的结果，埃及的营救方法虽然饱受各方批评，但其对待恐怖袭击的态度还是毋庸置疑的。

三、特种部队在人质营救行动中的作用

现代意义上的特种部队始建于二战时期，纳粹德国军事谍报局特工西

---

① 白云怡：《普京对恐怖分子撂过哪些"吊炸天"的狠话》，《环球时报》2015年11月17日。
② 高庆德：《以色列情报组织揭秘》，时事出版社2016年版，第372—373页。
③ 《24小时60死，1985劫机惨案已过35年，中东依旧不太平》，纵相新闻，2020年12月5日，https://baijiahao.baidu.com/s?id=1685235360330418703。

奥多·冯·希普尔上尉,于1939年所创建的"特种任务训练与建设第800中队",是世界上第一支现代意义上的特种部队,因总部设在普鲁士的老城勃兰登堡,外界通称为"勃兰登堡部队",主要承担袭击敌方重要的政治、经济、军事目标和执行其他特殊任务,此后英国、美国等许多国家都先后建立了特种部队,这些特种部队主要用于特种作战和配合情报部门执行秘密行动任务。和平时期,人类面临越来越猖獗的各种暴力活动和恐怖袭击,特种部队又成为反恐斗争的急先锋,尤其是在恐怖组织大规模人质劫持事件的营救行动中,特种部队通常发挥着主力军的作用。为应对恐怖主义,各相关国家进一步加强了特种部队的建设,甚至有许多国家组建了专门的特种部队来应对恐怖袭击。从70年代初期开始,许多国家的特种部队主要用于反恐斗争,有些特种部队往往依靠一次成功的大规模人质营救行动而一战成名。在和平时期,是否能够圆满完成大规模人质营救行动,成为检验一支特种部队战斗力的试金石。

(一)恐怖组织人质劫持事件,催生了许多国家的反恐特种部队,一些成立比较早的特种部队也先后向反恐转型或增加反恐职能

慕尼黑人质事件,可以说是催生许多国家反恐特种部队的标志性事件。在该事件中,恐怖分子的凶残,人质的无助,救援人员的无能,事件结果的惨烈,不仅使联邦德国无颜面对世界,也使许多国家清醒地认识到反恐斗争的严峻性、残酷性和艰巨性,要想在反恐斗争中立于不败之地,必须建立一支精悍强大的可与恐怖分子进行较量的武装队伍,相关国家不约而同地将目光聚焦到了特种部队上。二战时期的勃兰登堡特种部队曾臭名昭著,联邦德国对成立特种部队一直抱有戒惧心理,但1972年9月慕尼黑奥运会期间,营救被恐怖组织"黑九月"劫持的以色列运动员惨遭失败的教训改变了这一切,他们痛切地感受到没有一支装备精良、人员精干、训练有素、战力超强的特种部队,是不可能在与恐怖分子的较量中取胜的。为有效打击恐怖袭击活动,联邦德国用两年时间创建了一支反恐特种干预部队边防第9反恐怖大队,又称边防第9旅、边防第9大队,隶属于内务部,主要职责是在非常时期承担重要人物的保卫和与恐怖分子作战等,该部队的最高原则是:保护人的性命高于一切。[①]

受到恐怖袭击的影响,许多国家相继成立了应对恐怖袭击的特种部

[①] 宋颖编著:《特种部队:世界王牌特种部队秘密档案》,哈尔滨出版社2009年版,第66—69页。

第十三章 营救类秘密行动

队。1973年3月,曾经制造慕尼黑惨案的"黑九月"恐怖组织,袭击了美国驻苏丹大使馆,劫持了美国大使馆人员,苏丹政府对营救人质毫无办法,美国政府也鞭长莫及,最后美国大使克利·罗威尔惨遭杀害,此后美国驻海外机构和人员接二连三地受到恐怖袭击。面对严峻的形势,1977年卡特总统上台后,就着手组建了一支专门用于应对恐怖事件的特种反恐部队三角洲特种部队,在职责上专司海外反恐行动。其被认为是世界上规模最大、装备最齐全、资金最雄厚的特种部队,编制2500人,具备在任何时候、任何地点进行机动部署和作战的能力。① 阿尔法特种部队是苏联时期专为反恐而建立的。1973年,苏联一架雅克-40型客机在伏努科沃机场遭到4名武装歹徒劫持,苏联克格勃和内务部联手,采取紧急措施才营救出了人质,此事在苏联引起了不小的震动。当时苏联正在全力筹备1980年的奥运会,为防止慕尼黑惨案重演,同时也为了应对苏联国内已经出现的恐怖主义苗头,打击劫机、绑架、暗杀、爆炸等恐怖袭击活动,苏联于1974年7月,在克格勃系统内组建了阿尔法小组,由最初的30人扩充到250人,后发展到700人,参与了数十次引人注目的营救人质等秘密行动,成为一支在国际上享有盛名的特种部队。1981年,苏联在克格勃C局(对外情报局)又成立了信号旗特种部队,专司境外秘密行动,同时也具有反恐职能,1991年时已经发展到1200多人,苏联解体后划归俄联邦安全局,曾参与别斯兰第一中学等大规模人质营救行动。② 法国也是受到慕尼黑惨案的启示及所面临的越来越频繁的恐怖袭击,于1973年成立了专门承担反恐任务的国家宪兵特勤队,下设4个突击小分队和1个本部,其宗旨是:凭借最先进的技术和最大的耐心闪电般地行动。其人员编制在2000年时只有87人,可谓世界上规模最小的特种部队,但优中选优的选拔程序、魔鬼般的训练机制及先进装备的加持,使这支部队具有超常的战斗力,被誉为"凯旋门前的利剑"。③

早年已经成立的特种部队,有的向反恐职能转型,有的增加了反恐职能。英国皇家特别空勤团成立于二战初期,曾给纳粹德军以沉重打击,被

---

① 宋颖编著:《特种部队:世界王牌特种部队秘密档案》,哈尔滨出版社2009年版,第92—97页。
② 宋颖编著:《特种部队:世界王牌特种部队秘密档案》,哈尔滨出版社2009年版,第149—160页。
③ 《法国国家宪兵特勤队(从事于反恐怖活动的特种突击队)》,百度百科,https://baike.baidu.com/。

德军称为"红色魔鬼"。进入20世纪70年代后,为对付日益猖獗的爱尔兰共和军极端分子及其他恐怖组织,这支部队正式改编为英国反恐特种部队,1975年在其内部又组建了一支反骚乱突击队,旨在当本国或盟国发生诸如劫机、绑架人质或城市爆炸等恐怖袭击事件时,提供一支训练有素、精悍凶狠、经验丰富、技术精湛的快速反应突击队。[①] 成立于1962年的美国海豹突击队,是美国实施局部战争、应对突发事件的杀手锏,在其五类任务中包括反恐行动,目前在反恐斗争中的作用并不亚于三角洲特种部队,击毙本·拉丹的"海神之矛"秘密行动,就是由海豹突击队6队担纲的。[②] 以色列的野小子(总参谋部侦察营)和塞雷特(空降突击队)特种部队均成立于50年代,是在以阿战火中锤炼出来的、战力超强的特种部队,它们同时也肩负着反恐的任务,并在许多重大的营救人质秘密行动中立下汗马功劳,让世人刮目相看。

(二)特种部队在营救人质的战斗中经受洗礼,发挥了主力军作用

一些国家新成立的及任务转型的特种部队,在情报部门的组织、支持和配合下,迅速投入到营救被恐怖组织劫持人质的战斗中,并在战斗中接受洗礼和检验,赢得了巨大的声誉,成为营救大规模恐怖袭击劫持人质事件的主力军和杀手锏,使恐怖组织和恐怖分子闻风丧胆,在一定程度上改变了慕尼黑人质事件发生时的被动状况。

1976年2月,法属索马里(今吉布提)"海岸解放阵线"4名成员,劫持了一辆法国军事基地子弟学校的校车,车上有30名法国儿童,要求法国政府马上同意领地独立,如果36小时内不答复就处死所有儿童。法国一边派人与恐怖分子谈判,一边派遣国家宪兵特勤队40多名突击队员进行营救。突击队在送给人质的食物中下了镇静剂,学生吃后都睡倒在座位上。恐怖分子以为是惊吓和疲劳所致,便没有在意。突击队长布鲁托当即下令攻击,恐怖分子应声倒下,邻近的索马里边防部队见状向突击队开火,射中了1名女孩。突击队立即进行还击,迅速营救出其他29名人质,恐怖分子全部被击毙,突击队员无一伤亡。此次营救行动,使成立不久的法国国

[①] 宋颖编著:《特种部队:世界王牌特种部队秘密档案》,哈尔滨出版社2009年版,第21—23页。

[②] [美]约翰·C.弗雷德里克森著,朱振国译:《美国特种部队》,上海科学技术文献出版社2014年版,第302、328—329页。

第十三章　营救类秘密行动

家宪兵特勤队名声大噪，跻身世界著名特种部队的行列。[①] 1977年10月，联邦德国汉莎航空公司181次航班波音737客机，被4名中东恐怖分子劫持到摩加迪沙机场。联邦德国边防第9反恐怖大队60名突击队员奉命赶赴该机场进行营救，代号"魔火行动"。突击队用磁性小炸弹炸开两个舱门，30名突击队员冲进飞机与劫匪展开激战，不到2分钟就将劫匪击毙3名、重伤1名，战斗中仅有1名突击队员和几名人质受伤，营救行动非常成功。该大队一时声名远扬，恐怖分子也闻之丧胆，让全世界都认识了这支精悍的联邦德国特种部队，在此后营救索马里解放阵线扣押人质等一系列的行动中，表现也非常出色。该行动成为世界反恐作战史上一个完美的经典案例，反劫机训练也从此成为各国反恐特种部队的必修科目。[②] 苏联克格勃阿尔法特种部队在格鲁吉亚第比利斯，成功地营救了被恐怖分子劫持的一架"图-134"型客机上的57名乘客。1980年4月，6名恐怖分子闯进伊朗驻英国大使馆，劫持了26名人质。英国皇家特别空勤团迅速与相关部门联合制定了营救人质的"猎人行动"计划，通过5天的谈判，5名人质陆续获释，到第6天恐怖分子开始杀害人质，特别空勤团50名突击队员兵分几路攻入使馆，19分钟结束战斗，击毙5名恐怖分子，活捉1名；人质除2人遇害外，其余19名生还。此战干净利落，使在和平时期一度寂寂无名的特别空勤团一战成名。[③] 营救人质的"霹雳行动""摩西行动"等一系列成功的战例，也为以色列塞雷特和野小子特种部队及情报机构，赢得了世界级的声誉。

（三）因营救大规模人质事件的复杂性和艰巨性，许多营救行动付出了巨大的代价

恐怖组织和恐怖分子孤注一掷的赌徒心理和死生以之的决绝行为，使营救被劫持人质的行动充满了风险，人质和特种部队官兵伤亡事件频发。营救人质的行动是否成功，是以被劫持的人质能否平安脱险、保全生命为最高标准。但在大型的人质营救行动中，由于场面巨大、情况复杂，给营救工作带来了重重困难，因而只要多数的人质被营救出来了，就可视为是

[①] 《历史背后的历史系列21——法国比利时电影〈干预〉背后的历史》，第五种权力，2020年7月26日，https://baijiahao.baidu.com/s?id=1673256336730795547。

[②] 宋颖编著：《特种部队：世界王牌特种部队秘密档案》，哈尔滨出版社2009年版，第73—80页。

[③] 宋颖编著：《特种部队：世界王牌特种部队秘密档案》，哈尔滨出版社2009年版，第29—36页。

一次成功的营救行动。营救行动的艰巨性，也给参与营救行动的人员带来了巨大的风险，在营救行动中牺牲人员的情况也时有发生。

阿尔法和信号旗特种部队，参与了布琼诺夫斯克市人质事件等4起超大规模的人质营救行动，恐怖组织劫持的人员动辄以成百上千计，虽然均造成了巨大的人员伤亡，但因规模巨大，情况复杂，能够在凶残的恐怖分子手中救出大部分人质已属不易，人们仍然认为它们是世界超一流的特种部队。1995年布琼诺夫斯克市人质事件中，车臣叛军首领巴萨耶夫率领150名亡命之徒，劫持了1500名人质，最终导致105名人质死亡，25名俄罗斯军警阵亡。2004年9月的别斯兰人质事件中，车臣分离主义武装分子将别斯兰市第一中学1200多名师生劫为人质，在营救行动中，有335名人质死亡、958人受伤，31名恐怖分子被击毙、1名被活捉。莫斯科剧院人质事件中，车臣恐怖分子共劫持850名人质，俄军警和特种部队向表演大厅中输入化学气体，至少129名人质死于这种麻醉气体，39名恐怖分子被击毙。在被视为经典人质营救行动的以色列"霹雳行动"中，也有3名人质死亡，负责带领突击队营救人质的约纳坦·内塔尼亚胡中校中弹牺牲，他就是后来任以色列总理的本雅明·内塔尼亚胡之兄。因情况复杂多变，不是所有的营救行动都能成功。美国于1980年组织实施的营救美国驻伊朗大使馆被劫持人质的"鹰爪行动"，在进入伊朗沙漠地带的临时营地时，因遇上沙漠风暴及飞机出现故障和操作失误等原因，3架直升机出现故障，2架飞机相撞爆炸起火，8人当即死亡，4人严重烧伤，被迫中止了营救行动，扔下4架完好的直升机，乘坐5架C-130运输机全力撤出伊朗。准备了4个多月的营救计划，执行不到4个小时就被迫放弃了。这类营救行动本身就是在没有其他更好选择情况下的兜底行为，在某种意义上来说，可视为别无选择情形下孤注一掷的冒险行为，谁也无法保证行动能够完全成功。克劳塞维茨认为："在军事战争里只有各种可能性、盖然性、幸运和不幸的活动，它们像经纬线一样纵横交织在战争中，使战争在人类社会的各种活动中最近似于赌博。"① 运用特种部队营救被恐怖分子劫持的成规模的人质，也是一种特殊的战争，甚至比一般的战争更为复杂。一般战争的核心目标是运用一切手段摧毁敌人，没有什么顾忌；营救人质的核心目标为消灭敌人和救出人质，而人质和恐怖分子又处于混为一体的状态之下，会严重束缚执行人员的手脚。如同警察进瓷器店抓小偷，既要抓住负隅顽

---

① ［德］克劳塞维茨著，余杰译：《战争论》，台海出版社2018年版，第15页。

第十三章 营救类秘密行动

抗的小偷，又要尽可能不损坏瓷器，其执行难度非局外人所能体会。因而有些成规模人质营救行动出现零伤亡或个别伤亡的圆满结果，在一定程度上也是运气使然。当然事先周密的策划与设计、执行人员熟练强悍的战斗力，会大大增加这种运气的几率。

第十四章

准军事类秘密行动

　　自古以来，军事行动都是国家政治生活中的大事。《左传·成公十三年》云："国之大事，在祀与戎。"《孙子兵法·计篇》也强调："兵者，国之大事，死生之地，存亡之道，不可不察也。"这里的"戎"和"兵"是指战争，也即军事行动。军事行动是指有组织地使用武装力量的活动，在战争状态下，通过使用武装力量来打击目标国家或政治军事集团，用战争的方法来解决问题。但世界上还有另外一种战争，不必动用本国或本方的武装力量，而是充分发挥情报组织的作用，秘密利用第三方武装人员开展军事行动来打击对手的方法，这种做法在冷战时期比较盛行，现今国际上的许多热点战乱地区仍然存在着这种现象。这里将这种一般不直接使用正规军队，政府不公开承认，由情报组织通过秘密渠道，主要借助第三方人员开展的、多数情况下烈度相对较低的军事行动，称为准军事秘密行动。情报组织策划实施的针对目标国家或组织的秘密军事行动，从情报组织的角度而言，他们不是战场上公开显露身份的当事方，也不是主要的战斗人员，甚至不必亲临战场，但他们策划战争的方式，掌握战争的目标，提供战争的保障，控制参战的人员，获取战争的利益，这类战争也可称为代理人战争。这种代理人战争并非始自现代，我国春秋时期的吴越战争，实质上是晋楚争霸大背景下的代理人战争。据东汉赵晔《吴越春秋》记载，晋国派遣楚国的叛臣申公巫臣到吴国教以舟车战阵，实施"弱楚"战略，后来一些楚国逃亡人员如伍子胥也加入进来，使楚国两面受敌，疲于奔命。楚国则大力扶持越国与吴国作对，使吴国常有后顾之忧，越王勾践两个最重要的大臣范蠡和文种都是楚国人，文种出身于楚国公族，他到越国前担任楚国宛（今河南南阳一带）令，有学者认为二人系楚国派遣到越国的间谍。在此过程中，吴军攻入楚都郢都，楚昭王出逃随国，楚国差点亡国；后来勾践灭吴，为楚国报了一箭之仇，可见代理人战争的威力及有效性。处于蛮荒之地、名不见经传的吴越，由晋楚随意摆弄的棋子，迅速成长为春秋时期"国际政治"的重要玩家，吴王阖闾（一说夫差）、越王勾践跻身"春秋五霸（其中一种说法）"的行列，实现了从代理人到主人的华丽转身。代理人战争也会存在反噬的风险，马基雅维里在《君主论》

第十四章 准军事类秘密行动

中认为:"助人强大就是毁灭自己。"强大起来的吴国北上与晋国争夺霸主之位,灭吴后的越国又成为了楚国的劲敌。这种戏码在历史上不断重演,由美国中央情报局扶持的"基地"组织在完成了针对苏联的代理人战争之后,便调转枪口对准了美国。不过在多数情况下,代理人很难改变其弱势地位,一般不会对操纵者造成大的危害。在这类秘密行动中,情报组织往往以操纵者或支持者的身份隐藏在背后,因而对情报组织来说是准军事秘密行动;但对于所支持的国家、政治军事集团或组织来说,则是公开的军事行动,因为他们才是战场上公开的当事方,与其他公开的军事冲突和战争并无多大的差别。广义的准军事行动,还包括派遣本国情报人员、特种部队或发展的情报人员渗透到目标国家、目标组织或目标部位,开展颠覆、破坏(纵火、投毒、爆破、拆毁、袭击、煽动骚乱等)及暗杀等秘密活动,也称为直接行动。一般而言,情报组织策划实施的与暴力行为相关的秘密行动,都可归入广义的准军事秘密行动的范畴。从准军事行动的本质上来讲,广义的概念可能更合适一些,但为了减少交叉重复,这里采用狭义的概念。因相关内容已经在颠覆、破坏、渗透、暗杀、营救等相关章节中有所论述,这里讨论的问题只涉及与武装斗争相关的活动,即狭义的准军事秘密行动。

第一节 准军事行动的主要方式

代理人战争是由某个国家或组织通过资助、训练、装备、指挥等手段,间接参与另一国家或组织的军事冲突与战争的行为,这也是情报组织准军事秘密行动的基本特征。情报组织开展的准军事秘密行动,主要包括给目标国家或地区的政府、反政府武装、流亡人员、雇佣兵或其他军事组织,秘密提供经费、军事物资、军事训练,甚至参与招募、组建队伍,组织、策划、指导军事行动等方式,或者秘密组织和利用雇佣军参与武装行动,在目标国家进行武装破坏、发动武装进攻,颠覆该国政权或破坏该国统一,使其支持的武装组织和政治集团掌握政权或割据一方的秘密活动;通过秘密渠道给一些国家政府或组织提供经费、军事物资、军事训练和军事指导等军事援助行动,以支持其镇压国内反对派武装或针对他国的军事对抗等活动,也属于准军事行动的范畴。也即情报组织准军事秘密行动包括支持目标国家反政府武装对抗政府、支持目标国家政府镇压反政府武装、支持目标国家针对他国的军事行动,以及在战乱国家中支持某派政治军事势力等情形。

一、招募、组织和培训武装人员

开展准军事秘密行动，首要条件是必须有合适的武装人员。情报组织自身并没有多少可资利用的武力资源，招募、组织和培训武装人员，在特定情况下成为实施准军事秘密行动的先决条件。根据准军事秘密行动的需要，秘密招募特定的群体和人员，进行军事技能培训，提供资金和武器装备，组织和派遣他们针对目标国家、地区或政治军事集团实施军事行动。

确定在哪个区域开展准军事秘密行动，情报组织通常会招募与该区域相关的群体和人员，尤其是政治性的逃亡人员，这些人原本多为当地或周边地区的人，不仅熟悉当地的环境，不满该情报组织所针对的目标政府或政治军事集团，乐于为其所用并借此达到自己的目的，还可以更好地隐藏外国情报组织的背景，看起来更像是当地人自发的武装反抗行为。新中国成立后，美国政府认为"达赖喇嘛的佛教主义"是"一种在亚洲中部及南亚佛教国家影响较大的反对共产主义的意识形态"，企图将其作为在"亚洲遏制共产主义的屏障"，积极支持西藏的民族分裂分子，企图将西藏分裂出去。美国中央情报局负责组织实施了针对西藏的准军事秘密行动，招募培训了大批西藏民族分裂分子，空投到西藏进行武装叛乱。1956年中央情报局制定实施了"马戏行动"计划，招募了6名藏族分裂分子，其中包括达赖的哥哥土登诺布，将他们秘密运到太平洋塞班岛上的美军基地，进行了长达4个多月的训练，学习从识别地图、武器操作、炸药使用到无线电收发、跳伞等多种军事技能。训练结束后，中央情报局又实施了"巴纳姆行动"计划，将其分两批空投到西藏，这些人回到西藏后，按照中央情报局的指令组织发动叛乱，成为西藏叛乱的骨干分子。此后中央情报局又多批次在台湾地区、冲绳群岛、塞班岛及美国本土的黑尔营地秘密训练了数百名西藏流亡人员。从1959年到1964年，中央情报局在黑尔营地分5批共培训了500名"藏独"分子。位于科罗拉多州的黑尔营地，是一处刚废弃不久的陆军训练基地，海拔在2800米以上，地形和气候与西藏类似，可见中央情报局用心之良苦。为防止泄密，对内严加管控，招募来的"藏独"分子被空运到科罗拉多的一个机场后，再用密闭车帘的大巴运抵黑尔营地，根本没有告诉他们身在美国；对外则宣称重新启用该营地的目的，是为了进行原子弹试验。中央情报局将这些人训练完毕后，秘密投送回西藏，成为西藏叛军的骨干力量，开展武装叛乱，发动武装袭击。60年代初

第十四章　准军事类秘密行动

期，在解放军的强力打击下，西藏叛匪基本被肃清，部分残匪逃到了尼泊尔的木斯塘地区，中央情报局又对逃亡至此的 2000 多名西藏叛军进行军事训练，指使他们经常渗透回西藏进行破坏、袭击解放军分散的营地和交通运输线等。① 直到 1974 年尼泊尔军队清剿盘踞在木斯塘的西藏叛军，西藏叛乱武装才彻底消亡。

美国情报组织先后招募和组织培训阿尔巴尼亚、古巴等国家的流亡人员，进行军事训练，然后针对这些国家开展准军事行动，如针对阿尔巴尼亚的"宝贵行动"和"BG 魔鬼计划"，针对古巴的"萨帕塔计划"等，这些案例在前面相关章节中，从不同的角度反复讨论过，这里不再赘述。为找到合适的雇佣兵来源，情报组织常常别出心裁，想象力爆表，甚至将主意打到了猴子身上。越战期间，一些美军士兵发现丛林里的猴子喜欢把弄枪支和其他军事设施，中央情报局的动物心理学家听说后，组织实施了"香蕉行动"，运用花生、香蕉等食物作诱饵，训练猴子使用枪支、辨别敌人和战地射击等军事技能，想把它们培养成越战中的"雇佣兵"。苏联格鲁乌从潜伏在中央情报局的间谍那里获悉此事后，也不甘落后，开始训练起自己的"猴子军队"。根据达尔文进化论的理论，猴子经过数百万年的时间才进化成为人，要想在数月乃至数年的时间里达到成为武装战士的目标，难度实在太高了，因而美苏情报机构的努力并没有获得相应的回报。苏联解体后，失业的"猴子士兵"训练师为了生存，将这个秘诀出售给各种武装组织，其中包括阿富汗的塔利班，没想到竟然在塔利班手里开花结果。他们将处于幼年期的短尾猿和狒狒收买回来，在专门的训练基地里，将它们训练成为真正的杀手，教会了它们使用 AK-47 步枪、卡拉什尼科夫冲锋枪、布伦式轻机枪和迫击炮等武器，向身着美军制服的士兵发动袭击。这些猴子身手敏捷，来去如飞，对美军士兵造成了不小的心理压力。美国军事专家将这些武装猴子称作"猴恐怖分子"，并说这是"我们最可怕的梦魇"。不过总体上说来，这种带有耍猴性质的队伍，成不了规模和气候，只是为战争增添了一种别样的味道和色彩。据一名了解内幕的塔利班人士透露："如果爱护动物的西方人得知这些猴子可能在战争中受伤时，

---

① 白建才：《"第三种选择"：冷战期间美国对外隐蔽行动战略研究》，人民出版社 2012 年版，第 197—204 页。

世界情报组织秘密行动

他们可能就会向政府施压，从而迫使西方军队撤离阿富汗。"[1] 但最终将西方人赶出阿富汗的还是人，而不是猴子。

美国情报组织训练招募武装人员的营地，初期有部分设在美国境内，后来为撇清与美国政府的关系，以及方便开展准军事秘密行动，大多设在目标国家或地区的附近区域，有的还兼具训练营地与驻扎营地的功能。为颠覆古巴卡斯特罗政权，中央情报局征募和训练古巴流亡者，最初是在迈阿密一家掩护身份为电子公司的基地里，将20余名古巴流亡人员送到佛罗里达乌塞帕岛上接受无线电训练，6月又有一批流亡者来这里接受游击战训练，以便他们潜回古巴后分别承担"古巴起义者"的通信及游击战的任务。由于美国国务院反对在美国本土上训练古巴流亡者，同时也不便于隐藏美国背景，中央情报局将训练基地转移到美国控制的巴拿马运河区。因训练规模扩大，训练营地又转移到了危地马拉赫尔维地亚的特拉克斯营地，将古巴游击队的训练全部集中到这里。同时还在这里开设了空军训练基地，训练古巴飞行员和飞机技师。该训练营地位于加勒比沿岸的一片海滩，地形地貌都与古巴的海岸相似，训练与实战演练没有多少差别。入侵古巴的"萨帕塔计划"，即实施猪湾登陆行动的"古巴旅"，都是在这里接受训练并由此地出发的。[2]

出于共同的利益目标及隐藏身份背景的需要，不同国家的情报组织在培训第三方武装人员时也会进行合作。20世纪80年代，美国想将苏联逐出阿富汗，但又不能够派遣军队，于是大力开展对阿富汗反政府武装及穆斯林游击队的军事训练，支持他们对苏联及其所扶持的政府开展游击战，代号"飓风行动"，同苏联玩起了代理人战争。为了避免与苏联产生直接军事冲突，组织实施这项准军事秘密行动任务的美国中央情报局，借手巴基斯坦、英国、伊朗、埃及、沙特等国情报机构来实现这个目标。巴基斯坦承担了主要的训练任务，美国中央情报局先对巴基斯坦教官进行培训，再由这些教官培训阿富汗反政府武装人员和穆斯林游击队员。有报道称，美国前总统奥巴马在学生时代，即80年代前期，被中央情报局以卡拉奇大学交换生的名义派遣到巴基斯坦，在这类培训中从事翻译及武器和资金运

---

[1] 《塔利班士兵训练猴子，使用机枪炮袭击美军》，国际在线，2010年6月28日，https://m.sohu.com/n/273119159。

[2] 刘雪梅等：《神秘的第三只手——二十世纪美国情报机构绝密行动》，东方出版社2005年版，第179—181页。

第十四章 准军事类秘密行动

送等相关工作。训练内容包括各种武器的原理和操作、布雷排雷、暗杀破坏、研判地形、医疗救护及乘坐直升机空中射击等技能，训练时间从两三周至半年不等。在巴基斯坦共有7个训练营，主要由巴陆军情报局负责，先后训练了8万多名穆斯林游击队员。据苏联情报统计，这类军事训练中心和据点共200多处，其中巴基斯坦境内212处，伊朗境内31处。[①] 这些受训人员陆续投入或重返战场，使苏联这个"流血不止的伤口"情况持续恶化，成为拖垮苏联的一个重要因素。1962年中印边界战争后，出于报复和打击中国的目的，印度中央情报局开始与美国中央情报局合作实施"西藏计划"。同年底，印度中央情报局实施了"察克拉塔计划"，招募那些叛逃出来的藏人，组建为"特别边境部队"，以收集中国情报和开展准军事秘密行动。美国中央情报局积极参与了该行动，并派出106名特种部队军人，对这支所谓"特别边境部队"提供跳伞、非常规战术等多种军事技能训练。[②]

培训内容除了前面所述与战争直接相关的技能之外，还注重训练与心理战、政治战相关的技能和方法，即全面提高受训人员军事和政治两个方面的能力，以便从肉体上和精神上全方位打击对手。为了加强对尼加拉瓜反政府武装的训练，美国中央情报局专门编写了培训手册《游击战中的心理战行动》，详细介绍了绑架、暗杀、造谣、敲诈、制造烈士、聚众骚乱等各种手段。其中一条为"雇佣专业罪犯去完成一些特殊使命，如挑动示威者与当局冲突以引起暴乱和开枪，那样将造成若干人死亡，从而为我们的事业创造出烈士"。[③] 这种故意引诱执政当局开枪杀人的方法，能够迅速激怒社会公众，混淆国际视听，破坏执政当局的形象，让叛乱者占据道义至高点，反过来诱使更多人参加到武装斗争的行列中来，进一步发展壮大准军事秘密行动的队伍和社会基础，为颠覆目标国家政权创造更好的条件。

[①] 白建才：《"第三种选择"：冷战期间美国对外隐蔽行动战略研究》，人民出版社2012年版，第356页。

[②] 白建才：《"第三种选择"：冷战期间美国对外隐蔽行动战略研究》，人民出版社2012年版，第206页。

[③] 白建才：《"第三种选择"：冷战期间美国对外隐蔽行动战略研究》，人民出版社2012年版，第374页。

二、提供经费和武器装备等保障

开展准军事秘密行动，必须有经费和武器装备等保障，而作为承担具体行动的第三方组织和人员，大多缺少这方面的条件。情报组织作为准军事秘密行动的组织者和支持者，就需要担负起这方面的责任，事实上也是这么做的。武器装备虽以军火为主，但不仅限于军火，也包括与军事行动相关的运输、通信、医疗、食品等方面的保障和服务，这样才能保证武装人员各方面的需要。

有钱好办事，对情报组织的准军事秘密行动而言，更是如此。一些涉及规模较大、旷日持久的准军事秘密行动，经费消耗量尤为巨大。1979年尼加拉瓜推翻了亲美的索摩查独裁政府，建立了左翼的桑地诺政权，在其影响和支持下，加之苏联、东欧及越南、古巴等国家提供大量的武器弹药援助，中美洲各国掀起了针对独裁亲美政权的武装斗争高潮。为与苏联争夺对中美洲的控制权，削弱和消除苏联的影响力，美国政府授权中央情报局在整个拉美开展抵御苏联渗透的秘密行动，其中重点是扶持尼加拉瓜反政府武装，扼杀新生的桑地诺政权，为此中央情报局不惜耗费巨资。当时尼加拉瓜反政府武装主要有两个，一个是1981年在美国迈阿密成立的"尼加拉瓜民主力量"，其成员大多是前独裁政府索摩查时期的国民警卫队人员，由前国民警卫队上校军官恩里克·贝穆德斯领导，基地在洪都拉斯境内，主要在尼北部一带活动，人数最多时达到1.7万人；一个为1982年在哥斯达黎加成立的"革命民主联盟"，人数最多时达到2500人；另外在洪都拉斯边境还有一支500人的队伍。为支持尼加拉瓜的这些反政府武装，美国政府拨出了大量经费，1983年、1984年和1986年分别为2100万美元、2400万美元和1亿美元，由中情局进行秘密输送。[①] 但与中央情报局在阿富汗的资金消耗量相比，尼加拉瓜所费只是小巫见大巫。1979年12月苏联秘密出动阿尔法特种部队颠覆阿富汗阿明政权，时任美国国家安全事务助理、美国著名地缘战略理论家布热津斯基，在给总统卡特的备忘录中兴奋地写道："我们现在有机会让苏联陷入它自己的越南战争了。"卡特总统很快下令中央情报局局长斯坦斯菲尔德·特纳，制定支持阿富汗穆斯林游击队抗击苏联入侵的秘密行动计划，向游击队提供各种类型的武器和

---

① 白建才：《"第三种选择"：冷战期间美国对外隐蔽行动战略研究》，人民出版社2012年版，第373—374页。

第十四章 准军事类秘密行动

军事装备，援助资金由1981年的1亿美元增加到1988年的7亿美元，总计高达20多亿美元，被认为是美国历史上耗资最多的秘密行动之一。[1]

准军事秘密行动需要大量的武器装备和军用物资，而作为代替情报组织出面实施准军事秘密行动的武装人员，一般缺乏正常的军用物资来源，情报组织必须提供这方面的保障，同时还需要隐藏身份和国家背景。运送渠道也是多种多样，有的是通过第三方渠道辗转运送，有的是直接运用清除本国痕迹或伪装身份的飞机、轮船等运输工具进行投送，都是采取隐蔽秘密的其他方式进行运送。1964年，美国国家安全委员会研究通过了中央情报局制定的"西藏行动"计划，包括实施政治行动、宣传行动和准军事行动，旨在"西藏内部和外部（主要是印度）确立一个自治西藏的政治概念，并在中国内部培养抵抗共产主义政治发展的能力"。为支持西藏叛匪，美国中央情报局于1957—1961年间，利用中央情报局名下的"民用航空公司"，抹掉机身上美国的标识，先后组织向西藏空投30多次，共计250吨的物资，包括无线电设备、武器、军火、医疗设备、手动打印机等。前两次空投中有403支步枪、60箱手榴弹、20挺机关枪、2门迫击炮及大量子弹和炮弹等[2]。美国颠覆印尼苏加诺政府的"海克行动"，支持印尼外岛的军人叛乱，中央情报局先后通过实施"黑客行动""汉斯行动""苹果1号"计划等，以海运和空投等方式，向叛军投送了大量的武器装备。在安哥拉内战中，为对抗美国中央情报局支持的"安盟"和"安解阵"，苏联用运输机和运输船向"安人运"运送了大量武器装备，包括AK-47步枪、机枪、火箭筒和火箭炮等。

在阿富汗筹划实施针对苏联的准军事秘密行动中，美国中央情报局局长凯西密访埃及和沙特等国，利用阿拉伯国家对苏联入侵穆斯林兄弟国家的不满情绪，商谈援助阿富汗反政府武装的问题，精心编织了一个由美国和沙特提供资金、埃及等国提供武器、巴基斯坦提供运输渠道和庇护的秘密而庞大的网络，巧妙地掩藏了美国的作用。美国通过这一渠道每年向阿富汗反政府武装运送多达1万吨的武器装备和弹药，到1985年上升到6.5万吨，这是一个令人咋舌的数字。美国给阿富汗反政府武装的援助主要包括自动步枪、重机枪、高射机关炮、迫击炮、反坦克炮、火箭炮等各种武

---

[1] 白建才：《"第三种选择"：冷战期间美国对外隐蔽行动战略研究》，人民出版社2012年版，第353页。

[2] 高庆德：《美国情报组织揭秘》，时事出版社2016年版，第353页。

器弹药和运输工具等。为避免暴露美国背景,大部分是在国际军火市场上购买的苏式武器,埃及或其他国家制造和贮存的武器。但其中防空武器质量不佳,苏军始终掌握着制空权,虽然备受攻击,但仍然掌握着战场上的主动权。[1] 在叙利亚内战中,美国中央情报局也是背后的推手,他们于2013年启动了代号为"西克莫槭木"的项目,与一些阿拉伯国家合作,向叙利亚反对派提供武器,美国和沙特是最主要的武器提供方,沙特还提供资金,中央情报局负责训练反对派武装使用步枪、迫击炮、坦克、导弹和其他武器,并在3年里训练了数千名反对派武装人员。美国和阿拉伯国家的情报机构通过约旦运送武器,这些武器多是从巴尔干和东欧地区购买。

除了常规武器之外,根据准军事秘密行动的需要,情报组织还会提供大型的或先进的武器装备。不少古巴黑人的祖先都是从安哥拉被贩卖到美洲去的,古巴为了支持"故土"安哥拉的革命事业,暗中组织武装"志愿者"加入到"安人运"阵营的战斗。苏联出于全球战略考虑,与美国争夺在非洲的势力范围,用运输机和运输船为"安人运"和古巴军队运来了大量的武器装备和军用物资,包括米格-21战机、T34/85坦克、T54/55坦克及装甲车等大型先进武器,帮助"安人运"赢得了政权。在索马里与埃塞俄比亚争夺欧加登地区的战争中,苏联给埃塞支援了10亿美元的军用物资,包括大量坦克、装甲车、武装直升机、加农榴弹炮等,古巴派遣1.7万人参战,使埃塞俄比亚反败为胜,收回了欧加登地区。[2] 美国中央情报局在实施准军事秘密行动时,有时也向所扶持的武装人员提供飞机等大型军事设施,在颠覆印尼苏加诺政府的秘密行动中,为强化叛军对制空权的争夺,中央情报局实施"哈帕计划",向叛军提供了B-26轰炸机和P-51战斗机,用于执行对印尼政府军的轰炸和侦察任务。在颠覆危地马拉阿本兹政府的"成功行动"中,阿马斯叛军的3架轰炸机被政府军击落了2架,中央情报局考虑到如果不能继续进行空袭,"成功行动"将会变成失败行动,于是紧急请求艾森豪威尔总统批准给叛军提供轰炸机。为撇清美国与此事的关系,中央情报局要求尼加拉瓜政府给阿马斯叛军提供两架轰炸机,再由美国给尼加拉瓜两架性能更好的P-47战斗机作为补偿。就靠

---

[1] 白建才:《"第三种选择":冷战期间美国对外隐蔽行动战略研究》,人民出版社2012年版,第355—356页。

[2] 《欧加登战争(1977到1978年发生的战役)》,百度百科,https://baike.baidu.com/。

第十四章 准军事类秘密行动

这几架轰炸机虚张声势的空袭和宣传，使危地马拉军心发生了动摇，1954年6月总统阿本兹被迫辞职，辗转流亡到古巴。叛军首领阿马斯在美国的扶持下当上总统，中央情报局"成功行动"完全达到了目标。[①]

在准军事秘密行动中，情报组织提供的一般为外面采购的、过时的、库存的或是本国军队已经列装了的武器装备，很少将本国军队都尚未实战使用过的先进尖端武器装备提供给这类武装人员，但美国中央情报局打破了这个惯例。看到阿富汗战争久拖不决，中央情报局阿富汗特遣队开始向阿富汗穆斯林游击队及地方军阀提供现代化武器装备，先是英国生产的"吹管"防空导弹，这种曾在马岛战争中使用过的导弹效果不尽人意，中央情报局决定改用美国最新研发的"毒刺"式地空导弹。当时这种型号导弹美军都尚未正式列装及实战使用过，每枚价值5万美元，先后提供了1000枚。为抹掉美国的痕迹，中央情报局将导弹发往英国希思罗机场，由一名英国空中特勤团少校接货后，经由埃及和阿曼中转运抵巴基斯坦，最后由巴基斯坦三军情报总局负责运到阿富汗并进行分配。中央情报局根据间谍卫星照片资料统计，阿富汗反政府武装共发射了340枚"毒刺"导弹，击落苏军米格-24等型号飞机269架，命中率高达79%，使苏军的空中优势荡然无存，几乎丧失了医疗护送、物资供给、空中火力支援以及攻击巴基斯坦军用物资运输通道的能力，战争形势出现逆转。阿富汗游击队则神出鬼没，炮轰和偷袭苏军、攻击哨所据点、拦截运输车辆、破坏军事设施、抢夺武器弹药和粮食等，甚至越境袭击苏联，给苏军造成了巨大损失。[②]时任苏共总书记戈尔巴乔夫在二十七大报告中称之为"流血不止的伤口"，最后不得不黯然撤军。此时中央情报局才意识到有一大半"毒刺"式导弹还留存在阿富汗游击队手中，潜藏着巨大的隐患和风险，曾组织实施专项秘密行动以回购这些导弹。掌握了这种尖端武器的阿富汗游击队，怎么可能放弃这些宝贝，回购行动无功而返。后来历史出现了惊人的反转，剩余的"毒刺"式导弹竟然被用到了美国人自己的头上，让美国也品尝到了苏联那种无可奈何的滋味。对于此类风险，在西方产生了一个新的术语叫"反作用（Blowback）"，指高科技军事装备让不该得到的人得到了

[①] 白建才：《"第三种选择"：冷战期间美国对外隐蔽行动战略研究》，人民出版社2012年版，第189页。

[②] 白建才：《"第三种选择"：冷战期间美国对外隐蔽行动战略研究》，人民出版社2012年版，第354页。

之后，所产生的意想不到的后果。① 中央情报局万万没有想到，美国也会成为这种"反作用"现象的"受害者"。

三、策划、组织、指挥准军事秘密行动

在具体的准军事秘密行动中，根据实际需要，情报组织通常发挥的作用为策划、组织、指挥或是参与配合。准军事秘密行动本身就是按照情报组织的意愿和要求开展的，情报组织也提供了必要的保障条件，不管在前台的武装人员显露的是什么身份、打的是什么旗号，其背后的情报组织毫无疑问是策划者、决策者、主导者和参与者。有时候情报组织与武装人员的关系就如同导演和演员，演员只能按照导演的意图行事。

策划准军事秘密行动，包括确定目标对象和行动目标，物色具体执行的人员，制定出具有很强操作性的准军事秘密行动方案。中央情报局组织古巴流亡人员入侵猪湾的准军事秘密行动，在艾森豪威尔当政时就已经开始策划，由中央情报局负责秘密行动的副局长比斯尔制定了"冥王星计划"，还未来得及实施，美国政府换届，肯尼迪上台。中央情报局在此基础上经过多次修订，形成了"萨帕塔计划"，时任总统国家安全事务助理麦乔治·邦迪，在写给肯尼迪总统的备忘录中认为："为了使行动不引人注目悄悄进行，并能巧言是古巴人自己的行动，中央情报局为重构登陆计划做了显著的工作。"肯尼迪总统原则上同意了这个秘密行动计划，该计划又经过了反复的讨论和修改，迟疑不决的肯尼迪直到行动实施的前一天，才批准这个计划。此前两日，肯尼迪还在记者招待会上宣称，无论如何美国军队都不会对古巴进行干涉，"这个政府将尽其所能……确保没有美国人卷入古巴内部的任何行动"。② 颠覆危地马拉阿本兹政权的"成功行动"也是由中央情报局策划的，开始定的代号为"财富行动"，后来受到成功实施推翻伊朗摩萨台政府"阿贾克斯行动"的鼓舞，对这次行动也充满了信心，于是更名为"成功行动"，并筛选了代理人，为因发动政变失败流亡国外的阿马斯上校。此人反共亲美，在流亡人员中享有一定的威望，但缺少个人的政治势力，易于控制，同时出身军人，由他出头露面来

---

① [英] 托尼·杰拉蒂著，宋本龙译：《雇佣兵》，敦煌文艺出版社 2012 年版，第 127 页。

② 白建才：《"第三种选择"：冷战期间美国对外隐蔽行动战略研究》，人民出版社 2012 年版，第 258—259 页。

第十四章 准军事类秘密行动

实施准军事秘密行动，可使人们相信这次武装叛乱"仅仅是一次国内起义"。

准军事秘密行动是一个复杂的系统工程，纵向来说，从制定行动方案、招募培训人员、到实施行动方案等，每个工作环节都容不得有半点疏忽；横向来说，武器装备和给养保障、情报支持、武装人员的投送和撤离、情况发生变化后的应对预案等都需要考虑到。一些规模比较大、需要多方协作配合的行动，组织起来就更加复杂了。在这个复杂的系统工程中，情报组织处于中枢神经的位置，其组织工作的优劣，直接决定了行动的成败。美国中央情报局实施入侵猪湾的"萨帕塔计划"之所以失败，主要是在组织工作上出现了许多失误。从整体上而言，有学者认为存在4个方面的失误。一是入侵武装与古巴政府军的力量对比过于悬殊。入侵武装人员只有1511人，其中合格军人不到10%，年龄也参差不齐。古巴政府拥有一支3.2万正规军、20万民兵的武装力量。二是保密工作做得不好，美国中央情报局招募及在危地马拉培训古巴流亡武装的情况，先后在危地马拉《时间报》及美国《拉丁美洲报告》《民族》杂志、《迈阿密先驱报》等报刊上刊发，古巴政府对此事还进行了谴责，并在多个可能的入侵登陆地点加强了戒备，其中在猪湾一带就安排了2万名配备着重武器的正规军和民兵，结果自然是羊入虎口。三是中央情报局的情报失误导致计划不周。认为这个登陆地点位置偏僻，荒无人烟，不会遇到古巴军队的阻击；同时还认为只要登陆成功，就会引发古巴人民起义，古巴境内还有数千名反卡斯特罗的游击队，会前来接应和配合作战，实际情况完全不是这回事。四是肯尼迪临时改变计划，取消了第二次空袭，失去了制空权，使"古巴旅"陷入了被动挨打的境地。从组织者自己身上找原因，存在着以下几个方面的问题：一是中央情报局主管行动计划的副局长比斯尔，也是这次准军事秘密行动的策划者和负责人，他缺乏军事作战经验，也没有发挥局内几名两栖登陆作战专家的作用。二是为撇清美国的关系，避免遭到国际舆论谴责，制造"古巴人打古巴人"的假象，中央情报局在各方面都极大地限制了自己的选择余地。三是制定秘密行动方案和进行风险评估的都是同一批人，他们本身非常希望此次秘密行动能够实施，极大地影响了对风险的客观分析与判断能力。四是为掩护登陆行动而组织的空中打击力量严重不足，相当于是把这批人往枪口上送，最后除投降之外别无他途。五是缺乏行动失败后的应对预案，船只被古巴政府军击毁，无法回撤；也不可能分散突入到山区打游击，这批人没有进行过游击战训练，也没有开展游击战的装备。六是杜勒斯、比斯尔等中央情报局负责人认为，万一行动受挫，他们一定能够说服总统，让美军以某种形式介入，为"古巴旅"提供保护，这实际上是将一次准军事秘密行动改变为公开的军事行动，而肯尼迪根本没有打算这么做。① 从反面来说，这些都是这次准军事秘密行动的教训；从正面来说，这些都是在策划制定准军事秘密行动方案时，必须要认真研究和解决的问题。所谓一招不慎，满盘皆输，莫说存在这么多问题，就是存在其中一个问题，都有可能带来失败的风险。准军事秘密行动与公开的军事行动最大的区别，是在规模、手段和武器的运用方面都受到了极大的限制。公开的军事行动，只要是有利于战争取得胜利的方式、手段和武器装备都可以毫无顾忌地大胆使用，而准军事秘密行动则受到了"秘密"渠道与"第三方武装人员"身份条件的双重限制，即使情报组织手头掌握着能赢得战争胜利的其他方式和武器装备都不能够轻易投入使用，更何况其手中不一定掌握这些资源，还需要临时请求决策者同意及向军队调用，这里面存在着太多微妙的政治考量和其他不确定性的因素。秘密行动实施过程中，在某些重大问题的处理上一旦出现"临时抱佛脚"的情形，也就意味着该项秘密行动的结局可能不那么美妙，这对策划制定准军事秘密行动方案提出了非常苛刻的要求。

冷战时期，颠覆一个国家的政权，只通过单一的方式或单独的秘密行动往往很难奏效，通常是多种方式或多个秘密行动集中进行。如颠覆危地马拉的"成功行动"，包含9项内容：对其他中美洲国家提供军事援助、停止对危地马拉的军事援助、支持性官方压力、通过官方渠道诋毁危地马拉、施加经济压力、实施心理战、采取政治行动、准军事行动、加强中央情报局危地马拉站。② 其中前3项基本上属于公开的行动，最后一项所涉及的是加强秘密行动一线组织指挥机构的建设问题；第4至第8项的内容属于秘密行动的范畴，涉及欺骗、离间、破坏、颠覆和准军事等秘密行动，准军事秘密行动只是其中的一种方式。从整个方案及最终实施的结果来看，"成功行动"是公开行动与秘密行动相结合，以秘密行动为主；秘密行动中是多种方式综合运用，以准军事秘密行动为主。有时为方便实施，还会在大的行动方案下面，再细分出若干个小的具体的行动方案。这

---

① 高庆德：《美国情报组织揭秘》，时事出版社2016年版，第358—359页。
② 白建才：《"第三种选择"：冷战期间美国对外隐蔽行动战略研究》，人民出版社2012年版，第184页。

第十四章 准军事类秘密行动

类秘密行动的组织工作是非常复杂的,需要不同部门的协同配合,不同工作方式的协调互补。而一些针对局部的、点位的、单一的或是细分出的小的准军事秘密行动方案,其个案的组织工作就会相对简单得多。如美国中央情报局仅是给印尼叛军运送武器弹药的准军事秘密行动,就细分出了"黑客行动"、"汉斯行动"、"苹果一号"行动、"哈帕计划"等,大体上是给一个区域投送一次武器,或是短时间内给同一个地点连续投送几次武器,就单独作为一次秘密行动。① "汉斯行动"就是如此,中央情报局运用伪装成美国民用航空公司的 C-46 运输机,从菲律宾的克拉克空军基地起飞,多次向苏门答腊的印尼叛军空投大量重武器。为撇清美国的关系,中央情报局放弃借用英国在马来西亚的空军基地,舍近求远,绕道南越西贡后趁夜进入苏门答腊。这类秘密行动任务单一,组织工作就要相对简单一些,但要同时协调菲律宾、南越和苏门答腊三地的相关部门和人员,同时要躲避印尼政府军的攻击,也不是一件轻而易举的事情,只能说是相对比较简单而已。

　　视具体情况,情报组织有时也派遣隐藏情报人员及国籍身份的特工参与指挥军事作战行动。在利用苗人雇佣军开展准军事秘密行动时,中央情报局特工就是以军事顾问、军事教官或志愿者等身份出现的。为了袭扰北越及控制老挝左派势力巴特寮,中央情报局利用赫蒙族(苗人)首领王宝组织雇佣军,对其提供军事、经济上的援助,撮合其与老挝富米势力联合对抗老挝左派,重点是开展针对北越的准军事秘密行动。从 1960 年到 1968 年,其武装由 1000 多人发展到 4 万多人。中央情报局专门由 3 名军官组成的班子进行指挥,曾在印尼和中国西藏执行过准军事秘密行动任务的中央情报局特工安东尼·波什普尼,担任王宝的高级顾问。有 300 多名绿色贝雷帽出身的特种部队军人和中央情报局特工负责训练,在其各个别动队中,配备了 4—12 名不等的中央情报局人员协同指挥作战,装备了火箭筒和重型迫击炮等先进武器。尽管美国驻老挝大使萨利文考虑到国际影响,曾严令美国人不得参与作战,但依然阻挡不了中央情报局的热情。王宝的苗人武装在中央情报局特工的指挥下,采取打了就跑的游击战术,使北越正规军和巴特寮部队吃了不少苦头。中央情报局依靠这支雇佣军队伍,开展了大量针对北越的秘密军事行动,如监视和破坏"胡志明小道"、

---

① 白建才:《"第三种选择":冷战期间美国对外隐蔽行动战略研究》,人民出版社 2012 年版,第 225—226 页。

· 633 ·

向北越和老挝渗透南越特工、冒充巴特寮部队袭击北越军队等,成为北越的心头之患。直到越南统一,这支雇佣军队伍才彻底消亡。中央情报局将王宝安置在美国,为他购置了房屋,让他成为了农场主。①

第二节　准军事秘密行动的主要目的

准军事秘密行动相对于其他方式的秘密行动,烈度更高、破坏性更大,有些行动的周期更长,情报组织采取的掩藏方式更多。但一些周期比较长、影响面比较宽的准军事秘密行动,还是难以做到完全不显露国家或情报组织的背景,此时只需要找一些合适的借口予以否认,只要这个借口大体说得过去就行。其实情报组织的有些准军事秘密行动做着做着就半公开或公开化了,只是不会公开承认,该做的掩饰性工作还是会照常去做,尽可能不让对方拿到直接证据,至于间接证据,找一个适当的理由便可搪塞过去。如美国中央情报局等西方国家情报机构支持阿富汗穆斯林游击队和地方军阀对抗苏军,具有强大情报工作能力的苏联心里必定有数,只是美苏都没有进行直接军事对抗的念头,双方才在这个问题上"难得糊涂";俄罗斯瓦格纳私人军事公司,派遣大量雇佣军协助叙利亚政府军作战,美国等西方国家指责俄罗斯干预了叙利亚局势,俄罗斯政府的回应是"民间行为""与俄政府无关"。只要你没有拿到俄罗斯政府派遣瓦格纳雇佣军的直接证据,这事也就过去了,就算是美国拿到了也未必会亮出来,美国就是亮出来了俄罗斯也必定会矢口否认,最后的结果还是会停留在口水仗的层面上,对外界来说就是又多了一个罗生门事件。相关国家情报组织似乎有一个默契,为了避免国家之间产生直接军事冲突,一般将主要精力放在暗中较量上,有时并不会在公开揭露事实真相上花费太多的精力和时间。因为双方都在做同样性质的事情,在这个问题上争出个子丑寅卯就显得将着力点放错了方向,有时争清楚了反而更麻烦,只要双方没有亲自下场去拼个你死我活的打算,这种相对模糊的状态对双方都是最合适的。冷战时期的各种热点武装冲突中,大多有美苏两个超级大国争霸、两国情报组织背后操纵和角力的特点。虽然美苏两国在政治上会相互指责和对抗,但并不愿意将战火引到自己身上,而是热衷于在他国的地盘上,以代理人

---

① 白建才:《"第三种选择":冷战期间美国对外隐蔽行动战略研究》,人民出版社2012年版,第215—217页。

第十四章 准军事类秘密行动

战争的方式来解决问题。胜了可以拓展势力范围，败了也不会对本国造成实质性的损害，大不了在其他热点地区多使点劲，扳回来就是；或是再寻求机会，原地翻盘。准军事秘密行动的目的主要是消灭或削弱对手，扶持与己方友好的对象，以达到控制目标国家或地区的目的。

一、颠覆政权，制造分裂

情报组织的秘密行动，一般是围绕国家战略和国家利益开展的。情报组织秘密行动的最高目标，无过乎颠覆目标国家政权，或制造目标国家分裂，以此来削弱或控制目标国家，这远比从局部或点位上给目标国家制造麻烦要有效得多，自然危害也要大得多。

掌控一个国家的政府，就等于是掌控了一个国家。情报组织颠覆目标国家政权的目的，大多并不是想消灭这个国家，而是想将一个与本国为敌的政权替换成能亲近己方，能与己方合作或是听从己方摆布的政权，使之成为己方的盟友或势力范围。在情报组织的秘密行动中，颠覆一国的政府是一个系统的复杂工程，靠单一的秘密行动方式往往难以奏效，一般为多种方式综合运用，其中准军事秘密行动大多成为必选的方式，或是在其他方式都效果不佳的情况下，将准军事秘密行动当作最有效的解决方案来使用。二战之后，美国中央情报局在亚非拉开展了一系列颠覆目标国家政权的秘密行动，其中有的是以准军事秘密行动为主，如图谋颠覆阿尔巴尼亚政府的"宝贵行动"和"BG 魔鬼计划"，主要依托流亡人员开展武装斗争。在企图颠覆印尼苏加诺政府的秘密行动中，主要的依托力量是印尼叛军，中央情报局提供的是与军事斗争相关的支持，如武器装备及运用飞机进行轰炸和侦察等。更多则是多种秘密行动方式综合运用，其中包含准军事秘密行动的方式，如图谋颠覆古巴卡斯特罗政权的"冥王星计划"中，包含在古巴境外建立一支准军事部队，也即后来的"古巴旅"，并在此基础上制定实施了具有准军事秘密行动性质的"萨帕塔计划"。在颠覆危地马拉阿本兹左翼政府的"成功行动"中，准军事秘密行动发挥了决定性作用，利用雇佣军推翻了阿本兹政府，扶持代理人阿马斯建立了亲美政府，大肆镇压左翼势力，废止了1952年的《土地改革法》，如数归还美国"联合果品公司"40多万亩土地等，更重要的是避免被称为美国"后花园"范围内的中美洲出现一个新的古巴，在与苏联对中美洲的争夺中扳回了一局。

苏联为了扩大势力范围，也在拉美积极开展秘密行动，组织或支持当

世界情报组织秘密行动

地反政府武装开展武装斗争，推翻亲美独裁政权。作为苏联在西半球最重要的盟友古巴，也积极参与了这些秘密行动。1957年，尼加拉瓜未来的革命领袖卡洛斯·丰塞卡以尼加拉瓜社会主义党代表的身份，参加了苏联举行的"第六届世界青年学生节"，这是一个由克格勃暗中支持的世界性左翼运动国际组织。1961年，以武装斗争推翻亲美独裁的索摩查政权为宗旨的"桑地诺阵线"在洪都拉斯首都成立，丰塞卡是核心领导人，从此"桑地诺阵线"发起了长期的游击战。从20世纪60年代末期开始，在古巴情报局和克格勃的指导下，"桑地诺阵线"采取比较谨慎的战略，默默积聚实力，在尼中北部山区农村训练了一支精干的游击武装，同时在大学生和城市贫民中吸收支持者，在城市悄悄发展同情和支持游击队的秘密网络。1978年，"桑地诺阵线"同时对5座城市发起袭击，虽然被索摩查政府军击退，但全国性的武装斗争已经开展起来了，数以千计的人加入游击队，克格勃通过古巴转手运来大批武器，"桑地诺阵线"实力大增，一举夺取了国家政权。此事引起了中美洲众多军事独裁政权的恐惧和仇恨，特别是尼加拉瓜的邻国洪都拉斯，收容了索摩查政权的支持者组成反政府游击队，对尼桑地诺政权开展游击战。美国历来将拉美看作是自己的"后花园"，岂能容忍苏联染指，美国政府指令中央情报局给予了大量的资金和武器装备，并帮助训练这些游击队。苏联和古巴则针锋相对，加紧支持中美洲其他国家的反政府武装，中美洲国家一时烽烟四起，战乱不断。直到1987年中美洲5国达成和平协议，由美苏情报组织背后支持的战乱才逐步停歇下来。[①]

通过准军事秘密行动，在目标国家制造分裂来削弱对手，也是情报组织惯用的手法。二战结束后，美国政府认为"达赖喇嘛的佛教主义"是"一种在亚洲中部及东南亚佛教国家影响较大的反对共产主义的意识形态"，企图将其作为在"亚洲遏制共产主义的屏障"。在1951年西藏和平解放之前，美国政府企图阻止我国接管西藏，向西藏提供了充分的援助。在西藏和平解放之后，中央情报局加强了对西藏的秘密行动，主要是秘密训练西藏民族分裂分子、支持组织武装叛乱、给西藏叛乱分子提供军事援助、策动和协助达赖喇嘛外逃等准军事行动。在达赖喇嘛出逃时，有两名经中央情报局训练的西藏人员随行，一人负责拍摄记录出逃过程，一人负

---

① 阎滨：《伸向亚非拉的触角：全球争霸，克格勃当先锋》，《国家人文历史》2016年第11期。

第十四章 准军事类秘密行动

责通过无线电与中央情报局驻达卡联络站联系。中央情报局多次派飞机给达赖一行空投给养，提供空中保护；还与印度政府沟通安排达赖所谓"政治避难"事宜。中央情报局秘密行动负责人理查德·比斯尔认为，如果没有中央情报局的帮助，达赖是不可能顺利出逃的。60 年代初期，在解放军的强力打击下，西藏叛匪基本被肃清，部分残匪逃到了尼泊尔的木斯塘，中央情报局对逃亡至此的 2000 多名西藏叛军进行军事训练，指使他们经常渗透回西藏进行破坏、袭击解放军分散的营地和交通运输线。1961 年底，西藏叛军在安多公路袭击了一支解放军小型车队，意外获得了许多秘密文件，其中包括"1959 年西藏叛乱的报告"和中苏之间出现裂痕的文件等。1962 年中印战争之后，印度中央情报局与美国中央情报局积极合作，将逃亡藏人组建为特别边境部队，对我国西藏实施准军事秘密行动。这些准军事秘密行动的目的就是妄图将西藏从中国分裂出去，以削弱和打击我国，不过在我国的有效应对之下，这些图谋都未得逞。印度和巴基斯坦从英国人手中独立后，双方为克什米尔归属问题大打出手，巴基斯坦实力不俗，印度占不到多少便宜。印度为了削弱巴基斯坦，其最大的情报机构印度调查分析局（类似于美国的中央情报局）于 1968 年成立后，就大力支持东巴即孟加拉的独立运动，组织实施了肢解巴基斯坦的"孟加拉国特别行动"。巴基斯坦建国后，西巴和东巴的矛盾渐深，1971 年东巴出现了叛乱。印度调查分析局支持主张独立的东巴"人民同盟"在加尔各答建立"孟加拉国临时政府"，帮助"人民同盟"建立训练营和"东巴自由电台"，沿印度与东巴边界建立掩护所和游击队训练营地，每 6 周可训练 2000 名东巴"自由军"队员，同年底该军队已经发展到 10 万人，组织"自由军"返回东巴，与巴政府军作战。后来在印度政府军闪电战的配合下，"自由军"击败巴政府军，东巴建立孟加拉国，严重削弱了巴基斯坦的国力，此后印度就成为南亚次大陆具有绝对优势的大国。

二、扶持友方，打击对手

在国际上，国与国之间会爆发矛盾冲突，在一国之内，不同的政治军事集团和势力之间有时也会化友为敌、反目成仇。在这些国家和地区存在矛盾或爆发冲突的时候，在这些地区有重大利益或试图在此地区谋求利益的国家，便会通过情报组织介入这些地区，利用准军事秘密行动来扶持与己方关系友好的一方，打击关系不好或敌对的一方，如果所支持的一方取得了胜利，那么就能够建立或扩大本国在该地区的影响力，保护、拓展或攫取本国在该地区的利益。

为了打击苏联，里根政府试图利用阿富汗战争的机会，借巴基斯坦和阿富汗穆斯林游击队之手，将战火引到苏联境内，使苏联自顾不暇。1984年2月，中央情报局局长凯西密访巴基斯坦，获得巴基斯坦情报部门的配合和帮助。他们认为苏联的民族关系紧张，中亚地区是苏联"柔软的下腹部"，中央情报局印制了包括《古兰经》在内的几万册书籍在苏联中亚几个加盟共和国散发，以鼓动当地民众的反苏情绪，同时还提供了用于准军事秘密行动的"圆周"牌橡皮艇和相关武器装备。根据中央情报局的授意，巴基斯坦情报部门组织了15个阿富汗穆斯林游击队对苏执行准军事袭击和破坏任务。游击队晚上向阿姆河对岸的苏联境内发射火箭炮；越过阿姆河攻击苏联的边境哨所，埋设地雷，拆毁铁路和破坏输电线路，袭击破坏军事设施、工厂和燃料仓库；反复袭击苏联边境地区的一个机场等。1986年底，30余名穆斯林游击队员乘坐"圆周"牌橡皮艇渡过阿姆河，攻击位于塔吉克斯坦的两座水电站，致使该共和国部分地区断电好几个月，沿途还捣毁了苏联的两个哨所。次年4月，一支34人的阿富汗穆斯林游击队深入苏联境内20英里，运用火箭炮，袭击了一座工厂。不过美国始终忌惮与苏联发生直接军事冲突，这次准军事秘密行动没能坚持下去。巴基斯坦联合情报委员会负责此次秘密行动的尤素福准将在回忆录中说，中央情报局竭力鼓动"把战争引向苏联国内，但他们小心翼翼地不留任何可能追踪到美国的痕迹"，对中央情报局畏首畏尾、虎头蛇尾的做法颇有微词。[①] 但在美苏争霸的大背景下，不留下任何可能被对手抓住的把柄，以免引发直接的军事冲突，应该说是一种明智的选择。

埃及摆脱殖民统治获得独立后，雄心勃勃地想在中东阿拉伯国家中发挥主导作用，支持也门军方发动政变推翻国王，建立共和政府，受到了英法等老牌殖民主义国家情报组织的阻扰。1962年，埃及总统纳赛尔派兵支持也门共和党军官发动政变，扶持陆军元帅阿卜杜拉·萨拉勒建立了共和制政府，继位才8天的新国王穆罕默德·巴德尔逃到了山区，组织保皇派进行抵抗。有中东大国埃及的军事支援，这场战争似乎已无悬念。但英法雇佣兵的介入，使得这场战争变得旷日持久，成为埃及的"越南泥潭"。英国不想放弃对海湾地区的控制权，但又不便于采取公开的军事行动，于

---

① 白建才：《"第三种选择"：冷战期间美国对外隐蔽行动战略研究》，人民出版社2012年版，第356—358页。

是通过秘密情报局招募组织原特别行动执行署和特种部队的老兵,发动一场"私人战争"来对抗纳赛尔。法国情报机构也担心法国在吉布提的基地会出问题,向英国秘密情报局推荐了两个雇佣兵头目,这两人在此前的阿尔及利亚和刚果等地的战乱中已经成为声名显赫的雇佣兵头目,这就是非洲雇佣兵"前六杰"中的福克斯和德纳尔。福克斯曾任驻阿尔及利亚法国外籍军团第一空降团情报队长,该部队因参与反对戴高乐的叛乱被解散,从此就以雇佣兵身份参与了非洲及中东地区的各种热点军事冲突。德纳尔在参与刚果内战的过程中,拉起了一支雇佣兵队伍,这次受法国情报机构的派遣,帮助也门保皇派,与共和派及埃及军队作战。这些雇佣兵有时候是独自与埃及军队作战,他们有着非常丰富的作战经验,常常采用突然袭击或游击战的方式,有时几个雇佣兵就能将埃及一支不大不小的部队打得丢盔卸甲;有时候是负责指挥保皇派军队和当地部落武装作战,使埃及军队占不到多少便宜,这支人数并不多的雇佣兵队伍发挥了重大的作用。沙特王室担心这股"革命"浪潮会波及到沙特,其皇家空军也利用英国雇佣兵飞行员驾驶"闪电"和F86战斗机,对也门共和派的军事目标进行轮番轰炸。埃及先后在也门投入了高达7万人的军队,却处处被动挨打,1万余人阵亡,此间埃及又在与以色列的第三次中东战争中惨败,纳赛尔无奈从也门撤军。①

自从2011年卡扎菲政权被推翻后,利比亚就成为了俄罗斯、美国、法国、土耳其、埃及等国情报组织的竞技场,利比亚国内处于东西两个政治军事集团对峙的状态,各有不同的国家在背后撑腰。环球网报道,据不完全统计,俄罗斯先后向利比亚派遣了大约5000名叙利亚籍雇佣兵,支持位于利比亚东部的哈夫塔尔国民军。对此俄罗斯宣称系民间所为,与政府没有丝毫关系。自2019年4月以来,利比亚国民军在雇佣兵的帮助下士气大增,对西部政权不断发动军事打击,已造成数千人伤亡,17万人沦为难民。眼看利比亚西部政府支撑不住,支持西部政府的土耳其坐不住了,计划在利比亚建立两个永久性军事基地,向利比亚派遣2000名雇佣兵对抗利比亚国民军。这些雇佣兵也是在叙利亚招募的,并被承诺战争结束后赋予他们土耳其国籍。这下又轮到利比亚国民军扛不住了,向俄罗斯提出了请求支援的要求,俄罗斯决定再招募和派遣1000名叙利亚籍雇佣兵前往利比

---

① [英]托尼·杰拉蒂著,宋本龙译:《雇佣兵》,敦煌文艺出版社2012年版,第70—98页。

亚增援，帮助其作战5个月。① 随着越来越多的雇佣兵进入利比亚，该国的局势也越来越恶化。一个贫困国家的内战，基本上演变成为他国雇佣兵厮杀的战场，并造成战争不断升级，给国民带来了深重的灾难。同时，长期战乱的叙利亚，培养出了一大批善于舞枪弄炮的战士，除了在国内相互厮杀之外，还被雇佣到利比亚，继续在同胞之间玩命。针对有些国家已经发生的内乱，相关国家情报组织也会积极插手。出生于阿根廷的切·格瓦拉，帮助卡斯特罗建立了古巴革命政权，后辞去古巴国家银行行长等职务，到非洲试图点燃革命火种，成效不佳后又转战到玻利维亚。1967年，为对付在玻利维亚打游击的格瓦拉，美国中央情报局组织了由16名特工和50名特种部队官兵骨干组成的特别行动小组，并先后选拔和训练2000多名玻利维亚军人组成突击营，对仅有27人的格瓦拉游击队进行围剿，同年10月格瓦拉被俘，在中央情报局特工的监督下，被玻利维亚士兵枪杀。1995年8月，克罗地亚政府军发动了代号为"暴风"的军事行动，仅仅3天，自行宣布独立的"塞尔维亚克拉伊纳共和国"便不复存在。此役表面上好像与美国没有关系，但实际上此战速胜的原因，是美国"军事职业资源公司"提供了2000名雇佣兵。

三、拓展势力，争夺资源

在冷战的国际格局中，曾呈现出美苏大国争霸，在全球争夺势力范围的情形；而一些地区性大国，也想在本区域内确立权威；还有一些老牌殖民主义国家不想放弃在某些地区的既得利益，维护原有的势力范围。除了争夺势力范围这种政治利益之外，大国也对一些重要资源展开争夺，实现经济利益。有的纯粹是政治利益，有的纯粹是经济利益，有的是政治利益与经济利益交织，各种情况错综复杂，手段也花样百出，但大多会发挥情报组织的作用，将准军事秘密行动作为实现这些目标的重要途径之一。

冷战时期，中小国家冲突的背后，常常有美苏两个超级大国的影子，其成败有时也取决于美苏两个大国的决心与支持力度。1977—1978年，非洲两大强国兵戎相见，索马里为夺取埃塞俄比亚的欧加登地区，打了一场惨烈的战争。欧加登地区炎热荒凉，黄沙滚滚，主要居民是索马里人，历史上曾归属过索马里。这块土地原本不具备经济价值，两国也没拿它当回

---

① 《每月2000美元高薪，俄罗斯招募一千名雇佣兵，去北非痛打土耳其》，烽火观点，2020年9月12日，https：//baijiahao.baidu.com/s? id=1677594008329314893。

事，后来据说其地下有储量丰富的石油和天然气，这片不毛之地一下子变得炙手可热起来。索马里想要回这块土地，埃塞当然不干。在苏联支持下，索马里发起突然袭击，占领了欧加登大半土地。埃塞政府当时与西方国家处于对立状态，苏联又是索马里的老大，总统门格图斯环顾世界，发现一个可依赖的朋友也没有，不禁急火攻心。走投无路之际，他突然异想天开，想到敌人的老大为什么不可以当我的老大？竟然向苏联求救，表示欢迎苏联到埃塞设立军事基地、驱逐美国人、实行社会主义制度等。正在满世界扩张的苏联不禁喜出望外，认为埃塞在非洲的地位和影响力要超过索马里，完全不顾索马里的感受，马上接受了门格图斯的盛意，并要求索马里停战撤军，与埃塞一起聚集到苏联的羽翼之下，和睦相处，共享太平。索马里总统巴雷被这个惊天大变局搞得目瞪口呆，回过神后，立马也将埃塞的这一招现学现用，把国内6000名苏联顾问全部驱逐出境，向美国示好，表示愿意将本国3个战略港口提供给美军作军事基地。但美国无意大规模卷入这场战争，只提供了1000吨淘汰的军事物资，通过中央情报局给予了一些帮助，犹如杯水车薪。苏联对索马里的"背叛"很是生气，在连续三周的时间里，展现出了巨大的洲际远程空中投送能力，动用200多架运输机，向埃塞运送了900辆坦克和装甲车、400门火炮和火箭炮，以及200架战斗机和直升机，足以装备3个师；还有1500名军事顾问和17000名古巴"志愿者"，以及堆积如山的后勤补给物资。这被认为是海湾战争之前最大的洲际远程空中投送军事行动，苏联如此强大的军事投送能力，当时曾令西欧各国坐卧不宁。在古巴军队的帮助下，埃塞很快就收回了欧加登地区。这场战争导致15万人丧生，直接经济损失高达550亿美元，改变了整个东非地区的发展轨迹，两国都逐渐滑入了灾祸和战乱的泥坑，欧加登地区的石油开采也无从谈起，其地下到底有无石油也成为一个谜团。①

英国作为一个老牌殖民主义国家，曾长期掌控中东地区的石油资源与交通要冲，二战后英国在中东地区影响力逐渐衰落，但英国并不想彻底放弃既得利益，依然通过情报组织来维护这种利益。1970年，阿曼由衰老而残暴的苏丹泰姆尔执政，政权岌岌可危。为维护英国在本地区的石油等利益，英国秘密情报局通过雇佣兵蒂莫西·兰登，将泰姆尔的儿子卡布斯扶

---

① 《欧加登战争：埃塞俄比亚和索马里与美苏的博弈，彻底改变东非历史》，历史大嘴聊，2023年10月26日，https://baijiahao.baidu.com/s?id=1780778652472915451。

持上了苏丹的宝座。表面上来看,就是阿曼发生了一起宫廷政变,与英国没有丝毫的关系。为保障新苏丹卡布斯的安全,英国基尼米尼服务公司派遣雇佣兵,帮助建立了"苏丹特种部队",连续多任最高指挥官都由英国特种部队的退役老兵担任,其中化名"哈罗中校"的前英国空中特勤团军官在这个位置上干了9年,使这支部队真正站稳了脚跟。① 此后阿曼持续稳定几十年,据称在很大程度上得益于这支由雇佣兵掌管的特种部队。

有些地区性的大国,为了建立地区霸权,也会通过情报组织,采用秘密行动的方式,对周边国家进行干预。印度通过这种方式肢解了巴基斯坦、吞并了锡金,同时也将手伸向了斯里兰卡。泰米尔人原为居住在印度南部沿海地区的一个民族,早在1000多年前就开始移居斯里兰卡,与当地土著民族僧加罗人存在矛盾冲突。斯里兰卡独立后,泰米尔人觉得自己在政治、经济、语言等方面都受到了政府的打压,于1972年成立了泰米尔"猛虎"组织,开展武装斗争。印度一直想成为南亚霸主,斯里兰卡具有重要的军事价值,如果敌对国家在斯设置军事基地,对印威胁极大,因而印度千方百计地想控制其政局。如果能够支持"猛虎"组织推翻斯政府,印度就可以借助泰米尔人控制斯里兰卡了。印度通过情报机构秘密为"猛虎"组织建立兵工厂和训练基地,提供经费、装备和军事训练。1987年6月面对斯政府的强大攻势,印度派出运输机向"猛虎"组织空投军需物资,提供坦克、装甲车、远程火炮、防空导弹、巡逻炮艇和轻型飞机等先进武器装备,使"猛虎"组织绝处逢生,将地盘扩大到斯全境的三分之一,并在占领区成立了地方政府。正当印度认为再加一把劲,就可以成功控制斯里兰卡时,战场上的胜利却激起了泰米尔人的民族自信,认为既然打得过斯里兰卡政府,当然也可以摆脱印度。印度国内的6000万泰米尔人,脱离印度、独立建国的民族情绪空前高涨,"猛虎"组织也与印度南部的泰米尔纳德邦的泰米尔分离主义组织结成了联盟。印度发现情况不对,当机立断,停止援助,于1987年7月底,签订《印斯和平协议》,反过来帮助斯里兰卡政府平定"猛虎"组织的叛乱。真是时隔一个月,冰火两重天。"猛虎"组织对印度的"背叛"异常愤怒,派遣一名女性组织成员,以自杀式炸弹袭击的方式,炸死了参加竞选活动的印度总理拉吉夫·

---

① [英]托尼·杰拉蒂著,宋本龙译:《雇佣兵》,敦煌文艺出版社2012年版,第106—114页。

甘地。①"猛虎"组织独创的这种"人体炸弹"袭击方式，被恐怖组织所普遍效仿，并贻害至今。

古巴的情况则有些特殊，其对外实施准军事秘密行动的目的既不是拓展势力范围，也不是为了争夺资源，而是为了改善自己的国际生存环境，这也算是一种政治利益吧。古巴革命成功后，处于资本主义世界的包围之中。1962年古巴导弹危机后，古巴意识到苏联也罩不住自己，于是想到了输出革命，一旦美洲大陆或周边国家都与古巴一样了，古巴就安全了。此前，古巴革命胜利后1个月就成立了"解放部"，致力于训练目标国家反政府组织人员和派遣古巴志愿者推翻拉美的一些独裁政权。一时间，巴拿马、危地马拉、尼加拉瓜、秘鲁、阿根廷、委内瑞拉、哥伦比亚等国，都出现了由古巴训练出来的革命团体和游击队，反抗本国的统治者。但拉美国家多是军事独裁政府，对社会管控比较严密，加上美国及中央情报局的强力干预，拉美的革命之火纷纷熄灭。在非洲大陆，却迎来了国家独立与民族解放运动的高潮，有些国家或政治军事集团宣称要走苏联道路，引起了苏联和古巴的浓厚兴趣。②在苏联的支持下，古巴深度介入了非洲的战乱，并在一定程度上改变了非洲的政治格局。

前面所述大多是为了获取政治利益，或政治利益与经济利益相互交织，下面的几个案例则主要是为了经济利益。1960年尼日利亚脱离英国独立后，东南部伊博民族居多的地区发现了石油资源，为了独占石油经济利益，1967年，该地区宣布退出联邦，成立"比亚法拉共和国"，此后打了近3年的内战。英国支持联邦政府，法国和南非则支持比亚法拉分裂势力。比亚法拉拥有尼日利亚大部分石油资源，1967年估计其储量相当于科威特的三分之一，每天可生产100万桶石油。法国在这里拥有众多的石油企业，如果联邦政府获胜，英国将会取代法国获取这些利益，这是法国所不愿看到的。法国总统戴高乐认为，支持比亚法拉脱离尼日利亚，可保有和扩大法国石油公司在此开采石油的特许权，通过情报部门提供武器装备、派遣雇佣兵帮助比亚法拉与政府军作战，并拉拢西非地区原法属殖民地国家承认比亚法拉分裂政权。战争一时处于胶着状态，联邦政府总统戈翁急不可

---

① 《印度养"泰米尔猛虎"为患：搬起石头砸了自己的脚》，老张侃侃谈历史123，搜狐网，2017年8月26日，http://www.sohu.com。

② 《古巴革命输出史——奋战30年，一地鸡毛》，翰林十三司，2021年5月19日，https://baijiahao.baidu.com/s?id=1700180041029997072。

· 643 ·

耐,遂向苏联求援。苏联的加入便很快扭转了局势,打得比亚法拉找不着北,于1970年向联邦政府递交了投降书。苏联不一定看得上尼日利亚的石油,却对拓展势力范围很感兴趣,戈翁不愿长期被苏联所控制,短暂的蜜月期之后便又反目成仇。① 塞拉利昂自1991年发生内乱以来,反政府武装"革命联合阵线"攻势凌厉,政府军节节败退。无奈之下,塞拉利昂政府于1995年与"南非战略资源公司(简称EO公司)"签订了一份为期两年的合同,EO公司派出300名雇佣兵,帮助培训政府军及协助作战。EO公司装备精良,拥有武装直升机、装甲车、榴弹炮及运输机投放的燃料空气炸弹等先进武器装备。10个月后"革命联合阵线"即溃不成军,不得不与政府签订了和平协议。这次军事行动中,EO公司每月收费120万美元,还取得了塞拉利昂钻石矿的开采权。② 这种情形一直延续到新世纪,据英国《星期日独立报》披露,涉嫌参与2004年3月赤道几内亚未遂军事政变的雇佣兵供认,是英国、美国和西班牙情报部门指使他们发动军事政变,推翻赤道几内亚总统奥比昂政府,以控制当地丰富的石油资源。

第三节 雇佣兵与准军事秘密行动

雇佣兵,又叫雇佣军,被称为世界上第二古老的职业,指主要以金钱为目的而参战的职业军人,不顾国家民族利益和一切后果,而受雇于任何国家、民族或组织,并为之作战的职业士兵。雇佣兵的这种特殊身份,正好契合了情报组织准军事秘密行动的需求,可以隐藏情报组织的背景,被对方抓获后便于矢口否认,还可以利用这股力量,以比较小的代价来达到己方的目标。因而,在情报组织操纵或插手的军事行动中,时常闪现着雇佣兵的身影。

雇佣兵从古希腊开始,就作为一个特殊的群体,以战争和冒险为职业而活跃在世界舞台上。公元前8世纪晚期,古希腊各城邦王权式微,当政的僭主成为雇佣兵的衣食父母。到公元前4世纪,古希腊雇佣兵迎来了全盛时期,出现了雇佣兵完全或大部分取代公民兵的现象。雇佣兵作为一个特殊的职业和群体,也融入到历史发展的洪流中而生生不息。直到16世纪

---

① 《尼日利亚,薅欧美羊毛的非洲第一大国》,历史真相档案,2024年4月2日,https://baijiahao.baidu.com/s?id=1795202919707580864。

② 《南非EO公司》,百度百科,http://baike.baidu.com/。

第十四章 准军事类秘密行动

初期,马基雅维里《君主论》一书中,在论述意大利君主国的兴亡时,还将雇佣兵作为一个重要问题反复提及和讨论,可见雇佣兵在当时意大利的政治军事生活中,仍然扮演着极为重要的角色。不过他对雇佣兵并没有好印象:"这些雇佣军队是不团结的,怀有野心的,毫无纪律,不讲忠义,在朋友当中则耀武扬威,在敌人面前则表现怯懦。"当时意大利四分五裂,城邦国家密布,财力有限,给雇佣兵的"这点军饷并不足以使他们愿意为你牺牲性命"[①],雇佣兵甚至成为贫穷的代名词,他们也不愿意为雇主拼命作战,这点与现代雇佣兵完全不可同日而语。历史上比较著名的有瑞士雇佣兵、廓尔喀雇佣兵、哥萨克雇佣兵等,尤其是瑞士,甚至将雇佣兵做成了具有品牌性质的输出型产业,目前负责保卫梵蒂冈的近卫队,就是一支瑞士雇佣兵队伍。古代中国也曾出现过雇佣兵的身影,在平定安史之乱的战争中,唐朝雇佣回纥军队收复都城长安,双方达成的协议是:"克城之日,土地、士庶归唐,金帛、子女皆归回纥。"即用长安城的财富和青壮年男女作为回纥雇佣兵的报酬,最终长安城被回纥人劫掠一空,唐肃宗只得到了一座残破的空城。帮助清政府镇压太平天国的华尔"洋枪队",是由清朝官商共同出资,英美等国军官组织指挥,欧美、南洋和华人士兵组成的雇佣兵队伍。雇佣兵来自不同的国家、不同的种族,他们中绝大多数是为了钱而冒险,也有因意识形态和宗教信仰而战的,还有厌倦了平静生活想寻求刺激的,参与者一般为平民、退役军人或亡命之徒等,在现代退役军人尤其是特种部队退役军人最受欢迎。20世纪80年代以前,雇佣兵大多是以个人或小团体为单位,他们策动政变、绑架暗杀、劫掠财物等,被称为"战争动物"[②]。对雇佣兵来说,只要付给了他们满意的报酬,他们便如同古希腊斯巴达格言所说的那样:"斯巴达人不问敌人有多少,只问敌人在哪里。"

从20世纪80年代中叶开始,雇佣兵逐步转变为集团化、企业化的经营模式,全球大约有100多家成规模的雇佣兵公司,大大小小的都算上则至少有数百家,其中南非EO私营武装公司、SI防御公司、美国军事职业资源公司和美国黑水安全咨询公司等4家在一个时期规模最大,还有英国装甲集团、俄罗斯瓦格纳私人军事公司、以色列IZO雇佣兵集团等,都是

[①] [意]马基雅维里著,潘汉典译:《君主论》,商务印书馆2017年版,第57—58页。

[②] 胡效军:《全方位扫描现代"雇佣军"》,《国防科技》2006年第1期。

非常著名的雇佣军公司，并能在一个时期独领风骚。如瓦格纳私人军事公司，是前一段时期影响力最大的私人军事企业，在俄乌冲突中表现不俗，经常出现在媒体的头条位置。这些私人军事企业大多由退役军人创办或管理，广泛吸纳退役军人、前情报机构人员和警察参加，本身就与政府及强力部门关系密切。世界各大私营武装公司都有很强的政府背景，以国家政府或跨国大型公司为主要客户，提供"直接战争"或情报、后勤、安保等服务。后冷战时期，美国所有的重大海外军事行动都有私人军事企业参与，单是五角大楼就与30多家私人军事企业合作，这些企业每年从五角大楼拿到高达百亿美元的合同，其中2004年高达300多亿美元，占美国本年度军费开支的8%。据估计，全球雇佣兵公司年收入至少超过1000亿美元。欧美及一些发展中国家的军人退役后仍身强力壮，他们的特长毫无疑问是继续与战争打交道，于是便纷纷加入私人军事企业，获取每月1.5—1.8万美元，或日均高达1000多美元的报酬。雇佣兵的收入也受制于雇佣兵公司所在国家经济发展的水平，俄罗斯、土耳其等经济相对落后的国家，给雇佣兵的报酬则要少得多，仅为每月数千美元，但与其国内民众的收入相比，仍然属于高收入群体。他们为雇主的军事行动提供情报、工程、后勤、保卫、训练或直接参与战斗等服务，并不会因为收入的差异而明显影响战斗力，如俄罗斯瓦格纳雇佣兵在叙利亚和俄乌军事冲突中的表现，并不输于正规部队和领取高额报酬的美英等西方国家私人军事企业的雇员。雇佣兵可实现再就业并获取相对高额的报酬，相关国家政府也可绕过国会和媒体的监督，规避世界舆论的指责，借助雇佣兵来达到自己的军事目的，雇佣兵与相关国家政府实现了共赢。[①]

  国际上对雇佣兵现象褒贬不一，但总体上是限制和禁止的。1977年《日内瓦公约》附加议定书规定，外国雇佣兵不是合法的战斗员，不应享有作为战斗员或成为战俘的权利。联合国1989年国际公约规定，禁止征募、使用、资助和训练雇佣兵，但签约国只有12个，其中3个国家存在雇佣兵。2003年联合国大会通过一项法案，禁止外籍雇佣兵这个职业。[②] 但这些禁令似乎并未起到明显的作用，雇佣兵的发展势头仍然强劲，只不过随着时代的发展，雇佣兵需求市场的变化，作为个体或小团体的雇佣兵组

---

  ① 孙晔飞：《雇佣兵：一群"靠战争吃饭"的职业杀手》，《中国青年报》2015年5月29日。

  ② 胡效军：《全方位扫描现代"雇佣军"》，《国防科技》2006年第1期。

织日渐式微，而作为商业化模式运作的私人军事企业集团则不断发展壮大，在国际上已经成为仅次于国家武装力量的、不可小觑的私人武装力量，成为全球各热点地区重要的参与者，可以说哪里有战火，哪里就有雇佣兵的身影。有的是公开受雇于某国政府，执行相应的军事任务；有的则表面上看纯属私人军事企业的商业行为，但让人总觉得事情没有这么简单，好像其行为总在体现某个特定国家的战略意图和利益。雇佣兵本身就给人以神龙见首不见尾之感，这种行为方式更是增添了浓厚的神秘色彩。

情报组织作为国家的秘密机构，与私人性质的武装力量雇佣兵，具有天然的亲和力。情报组织主要是花钱收买对方或第三方人员为自己做事，以实现本国的国家战略和本情报机构的工作目标；雇佣兵则主要是出售自己的武装技能，以获取个人或企业的经济利益。双方一拍即合，在许多秘密行动中密切合作，演绎出了一幕幕的悲喜剧，即便是在当下，也仍然演绎着同样的故事。在当前的俄乌冲突中，雇佣兵成为冲突双方所倚重的重要参与力量。不过双方利用雇佣兵的方式有所不同，乌克兰方面的雇佣兵多为以个体或小团体的方式，参与乌军和由雇佣兵临时组成的部队进行作战，承担乌军的培训任务，或是在后方负责信息技术设备的操作等工作，雇佣兵来源复杂，军事素质参差不齐。但随着战事的发展，乌方雇佣兵的战斗力明显提升，可能是雇佣兵的来源方面发生了新的变化，有报道称许多雇佣兵来自北约国家的军队。俄罗斯方面主要是由瓦格纳私营军事公司带领其武装雇员参与作战，这类私人军事企业的作战能力并不亚于正规的军队，队伍组织严密，军事素质优秀，武器装备先进，在叙利亚、利比亚等许多国家的武装冲突中，瓦格纳公司的雇佣兵作战十分勇猛，在俄乌军事冲突中，其表现也被许多人认为要优于俄正规军队。但普里戈任2023年的一场"叛乱"，使该公司遭受灭顶之灾。作为私人军事企业，其不过是雇主在应对特殊事项上的一个工具，所要做的事应该是完成雇主吩咐的事项和按合同取酬，而不应忘记自己的身份，以为自己是主人或是主人中的一分子。功高震主都会前景堪忧，功高逼主则是自寻死路。普里戈任弄明白了菜谱和战争，却没弄明白政治，其结果是自己也死得不明不白。

一、亲手招募培养雇佣兵

情报组织针对某个国家或地区实施准军事秘密行动，没有现成或合适的可资利用的武装人员时，有时会亲手进行招募和培训，再组织派遣这些人员去实施准军事秘密行动。这类人员在受到情报组织招募之前并不是雇佣兵，是情报组织将他们从普通人变成了雇佣兵。这里重点讨论招募流亡人员和技术人员为雇佣兵的情形。

国家的政权更迭、政治对立、民族矛盾或战乱等，加上掺杂国外势力的支持与引诱，会产生数量不等的流亡人员。情报组织策划开展准军事秘密行动时，目标国家的流亡人员就成为重点的招募对象。这些流亡人员大多对本国执政当局不满，熟悉本国情况，急于返回故土和改变国家现状。对流亡人员来说，外国情报组织能够帮助自己实现愿望还出钱出力，何乐而不为；对情报组织来说，用你的人打你自己的国家，来实现我的国家战略和利益，明面上表现为"自家人打自家人"，自己躲在背后策划、组织和支持就行了，正合我意。二者有着高度的契合点，在一个时期成为准军事秘密行动的重要组织方式。

冷战时期，美国中央情报局企图颠覆阿尔巴尼亚政府的"BG魔鬼计划"、颠覆危地马拉阿本兹政府"成功行动"、入侵古巴的"萨帕塔计划"及妄图分裂我国西藏的"西藏行动"等一系列的涉及准军事秘密行动中，都是大量招募目标国家或地区的流亡人员，进行军事训练和装备后，再派遣回去执行准军事秘密行动。二战结束后不久，为颠覆阿尔巴尼亚霍查政权，英国秘密情报局邀请美国中央情报局联合实施"宝贵行动"失败后，美国中央情报局单独实施了"BG魔鬼计划"。中央情报局在西德海登尔堡建立了一个训练基地，打着"4000公司"的牌子，表面上是招募劳工，实际上是招募并培训阿尔巴尼亚流亡人员和美籍阿族人员，再通过船只运送、陆地潜入和飞机空投等方式，进入阿尔巴尼亚，从事破坏和颠覆活动。但因潜伏在英国秘密情报局的苏联间谍菲尔比及时提供了相关情报，这些人员刚入境便被活捉或剿灭，最后该行动以失败告终。入侵古巴猪湾的"萨帕塔计划"中，招募的主要是古巴逃亡的旧政权的军人、警察、地主、企业主、学生及自由主义者等，还有因感觉受到新政权排挤和迫害而出逃的军官和不满人员，并在美国一些城市和中美洲许多国家打出了"阿尔法66"的招聘广告，经过训练后投入到猪湾入侵的军事行动中，规模达1500多人。颠覆危地马拉阿本兹政府的"成功行动"中，由中央情报局帮助招募的300多人号称"危地马拉解放军"的雇佣军队伍，以危地马拉流亡人员为主，还有少量周边国家的"志愿者"。

情报组织招募的雇佣兵不一定全部都是流亡人员，也会有一些其他国家的志愿者，包括目标国周边国家或欧美一些国家的人员。1975年，安哥拉从葡萄牙手中独立后，"安解阵（安哥拉民族解放阵线）""安人运（安

第十四章 准军事类秘密行动

哥拉人民解放运动）""安盟（争取安哥拉彻底独立全国联盟）"三个派别立即打起了内战。苏联支持"安人运"，给予了大量的经费及军事物资援助，并由古巴派人参战。美国中央情报局为支持"安解阵""安盟"对抗苏联，除了给予巨额资金和武器装备之外，还招募组织了一支由多国人员组成的雇佣军。中央情报局从国内招募的雇佣兵大都是参加过越战的老兵，也有从欧洲高薪招募的退役军人。无奈苏联支持的力度太大，"安人运"成功攻入首都并建立全国性政府，中央情报局只得从这个烂摊子抽身。而被中央情报局抛弃的雇佣兵结局悲惨，除了战死和伤残的以外，"安人运"掌权后还陆续公审和处决了一批雇佣兵，仅在1976年6月28日，就有3名英籍和1名美籍雇佣兵被处决，10名雇佣兵被处以16—30年不等的刑期。时任安哥拉总统内图拒绝了英美政府首脑提出宽大处理雇佣兵的要求，次月又枪毙了4名英美籍雇佣兵，其中1名美籍雇佣兵中枪后过了好一阵子才死亡。[1] 这类雇佣兵与目标国家的流亡人员不同，他们纯粹是为了经济利益，但高报酬往往意味着高风险，说他们是在拿命换钱也不为过。

准军事秘密行动中，会使用到现代化的先进武器和装备，这就需要一些具有相关技术专长和操作经验的专业人才。在流亡人员和一般志愿者中，不一定有这样的人才，那么就需要在拥有这方面人才的国家或地区中去招募。美国中央情报局在冷战时期的准军事秘密行动中，经常使用伪装了的飞机运输和空投武器装备及武装人员，执行轰炸和侦察任务。而目标国家大多比较落后，很难从中招募到飞行员，中央情报局主要是在美国和欧洲招募退役的飞行员，另外还有东欧国家流亡飞行员。二战结束之后，美国和欧洲国家许多飞行员解甲归田，有些人退役即失业，日子过得相当窘迫，现在有人给他们专业对口的工作和高额的报酬，自然具有相当大的吸引力。在"成功行动"中，中央情报局从美国招募退役飞行员驾驶3架过时的轰炸机，为反政府武装组建了临时空军，参加了针对政府重要目标的空袭和轰炸，造成了叛军很强大的假象，在一定程度上动摇了政府军的信心和立场。在颠覆印尼苏加诺政权的"海克行动"中，美国中央情报局招募了一批退役的美国飞行员，驾驶飞机为叛军运送军用物资，或是配合叛军的军事行动，对政府重要军事和民用设施进行空袭。一位名叫阿伦·

---

[1] ［英］托尼·杰拉蒂著，宋本龙译：《雇佣兵》，敦煌文艺出版社2012年版，第66页。

劳伦·波普的美国退役雇佣飞行员驾驶的飞机遭击落被俘,印尼政府很快查清了其美国人的身份。美国驻印尼时任大使发表声明称:"被判刑的飞行员,只不过是受人出钱聘请而成为雇佣兵的一个普通美国人。"① 以其雇佣兵的身份,来强调波普的行为与美国政府完全没有关系。在"萨帕塔计划"中,由中央情报局雇佣的美国退役飞行员驾驶8架涂有古巴空军标志的B-26轰炸机,对古巴重点目标进行轰炸,有4名飞行员在战斗中丧身。在"BG魔鬼计划"中,美国中央情报局招募了一批波兰流亡飞行员作为雇佣兵,驾驶DC3S飞机多次向阿尔巴尼亚空投经过军事训练的流亡武装人员。1957年,中央情报局分两次将培训的西藏民族分裂分子空投到西藏,机组人员全是雇佣的东欧流亡人员。在安哥拉内战中,中央情报局在金沙萨成立了一家掩护公司,调集了大量运输机,雇佣了一批退役的美欧飞行员,为"安解阵"运送军用物资和人员。古巴军队有一次捣毁了"安解阵"4个秘密补给点,打死了多名中央情报局雇佣的飞行员。

二、利用个人和小团体雇佣兵

说起个人和小团体性质的雇佣兵,我国耳熟能详的恐怕要数二战时帮助中国抗战的陈纳德组织的"飞虎队"了,这支队伍在中国的正式名称为"中国空军美国志愿援华航空队"。当时国民政府邀请陈纳德担任空军顾问,支付每月1000美元的顾问费及所有的活动经费。陈纳德的主要任务是从美国购置飞机和招募训练飞行员来中国参与抗战。在美国政府暗中帮助下,陈纳德购买了100架二手P40战斗机,招募了一批从美军退役的飞行员,给他们的报酬是月薪600美元,这在当时是非常高的薪酬,相当于美国初级飞行员月薪的5倍,此外每击落一架日机给予500美元奖励。在与日机的空战中,这支雇佣兵队伍表现非常出色,共击落日机299架,击伤153架,"飞虎队"在空战中仅损失飞机12架。后来美军将这支战功赫赫的雇佣军收编为陆军航空队第23大队,实现了由私人武装到国家正规武装力量的华丽转身,陈纳德也由一名退役上尉成为了将军,创造了雇佣兵史上的奇迹。② 从这件事情中我们可以看出,所谓个人和小团体雇佣军,是

---

① [日] 松本利秋著,熊苇渡、蔡静译:《雇佣军:战争生意与生死博弈》,中国书籍出版社2011年版,第78—79页。
② [日] 松本利秋著,熊苇渡、蔡静译:《雇佣军:战争生意与生死博弈》,中国书籍出版社2011年版,第70—76页。

第十四章　准军事类秘密行动

指以个人名义参战,或以个人名义招募,规模一般比较小,受雇于某个国家或组织的私人武装力量,一般将这种情形称为传统职业雇佣兵组织。

二战之后,非洲、亚洲和拉美等地区民族解放运动蓬勃兴起,一大批殖民地国家陆续获得了独立。前宗主国不愿就此放弃既得利益,美国和苏联也在这些地区争夺势力范围,许多新独立的国家之间、国内各派政治军事势力之间、不同部族之间矛盾重重,在多重因素的催化之下,这些地区的国家战乱频发,为个人和小团体雇佣兵组织提供了广阔的舞台并兴盛一时。据统计,仅1970—1980年,至少有150起非洲军事政变和内战与欧洲雇佣兵有关。相关国家的情报组织也深度介入了这些纷争,并借助个人和小团体雇佣兵组织来实施准军事秘密行动,以实现本国的战略意图。1960年,美国、比利时等西方国家情报组织意图颠覆可能倒向苏联的刚果卢蒙巴政权,并支持加丹加省叛军首领冲伯等叛乱组织,高薪聘请欧洲雇佣兵助战。比利时籍种植园主雅克·施拉姆招募来自欧洲国家的老兵,组建了现代非洲第一个私人雇佣兵武装组织"第十突击队",从此开启了非洲小团体雇佣兵的魔盒,其中一名队员叫鲍勃·德纳尔,被解雇后投奔到冲伯集团,后来成为"雇佣兵之王"。原比利时政府军上校拉·莫林,原法国职业军人罗杰·福尔斯,前英国军官麦克·霍尔和约翰·彼得斯,以及原法国海军陆战队员鲍勃·德纳尔,也聚集到冲伯的旗帜下,这6个人被称为非洲雇佣兵"前六杰"。他们帮助冲伯集团屡屡打败政府军,并在1961年杀害了总理卢蒙巴。在这里我们可以发现一个奇特的现象,欧洲雇佣兵头目往往只需拉上十几人、几十人或数百人的雇佣兵队伍,就能在非洲大地上翻云覆雨、横冲直撞。据说当时在非洲黑人中有"白人至上"的神话,广泛存在"白色巨人综合征",有些欧洲雇佣兵甚至认为想要在战争中取胜,只要炫耀一下自己的武力和一张白色的脸,或是吼一声"欧洲人来了"就够了。[①] 这些人出身于正规军队,具有很高的军事素养、组织能力和冒险精神,其战斗力是毋庸置疑的。这些人的传奇故事,为欧美影视剧提供了丰富的素材,也曾是欧美影视剧一个时期长盛不衰的主题。

20世纪60年代中前期,被称为"疯子麦克"的麦克·霍尔少校在美国中央情报局和英国秘密情报局的支持下,与其代理人阿利斯泰尔·威克斯,在欧洲招募了一支300多人的雇佣兵队伍,组建为"第五突击队",

---

[①] [英]托尼·杰拉蒂著,宋本龙译:《雇佣兵》,敦煌文艺出版社2012年版,第36—49页。

被称为"野鹅部队"。他们在刚果内战时，配合刚果冲伯集团和比利时部队，通过一系列的战斗，消灭了盛极一时的"辛巴（雄狮）"反政府军。"辛巴"反政府军由苏联控制和支持，主要由十几岁的青少年组成，他们受到酒精、毒品和睾丸酮的控制，被灌输刀枪不入，因而作战时勇猛异常，他们攻城略地，大量绑架并关押美欧白人人质，一时风头无两。在战斗的过程中，由美国中央情报局招募的古巴流亡飞行员，驾驶 B-26 轰炸机执行轰炸任务。[1] 出生于法国殖民军人家庭的鲍勃·德纳尔，被雅克·施拉姆解雇后，自己招募了一支雇佣兵队伍，参与了许多后殖民时代的纷争。1960 年，他来到比利时的属地刚果，作为雇佣军"恐怖军团"的指挥官之一，在美国中央情报局的支持下，参与"加丹加共和国"冲伯集团的叛乱。1963 年冲伯集团失败，雇佣军躲进了安哥拉。此后他们在英国、法国等国情报组织的支持下，横行非洲和也门 30 余年。德纳尔本人虽然并没有加入情报组织，但美英法等西方国家情报组织不便出面的行动，便会求助于德纳尔，他的活动经费及武器装备，也都是由这些国家的情报组织迂回供给的。[2] 就这样一个雇佣兵头目，率领着一支人数少得可怜的雇佣兵队伍，在美英法等国情报组织的暗中支持下，30 多年的时间里，在非洲和海湾地区多国政坛翻云覆雨，创造了一系列令人难以置信的传奇故事。

雇佣兵头目罗尔夫·斯坦纳出生于德国慕尼黑，曾参加法国外籍军团，后因参与反对戴高乐的叛乱被判 9 个月监禁。1967 年尼日利亚为石油利益爆发内战，具有丰富石油资源的比亚法拉地区宣布独立，法国为取得该地区的石油特许权，支持该地区脱离尼日利亚。法国对外情报暨反间谍局积极招募雇佣兵赴比亚法拉作战，斯坦纳在法国外籍军团时的同事罗杰·福克斯正在为比亚法拉招募雇佣兵，斯坦纳由此成为了一名真正的雇佣兵，后来成为比亚法拉所谓"第 4 突击旅"指挥官，为迷惑对手，前面 3 个序号都是空的。该部队有 3000 多人，独立于正规军队指挥系统之外，实际上是一支私人雇佣军，打着画有骷髅和交叉股骨的旗子。在比亚法拉的冒险失败后，斯坦纳又投入到了苏丹南部叛军的怀抱，这引起了英国秘密情报局的关注，派遣情报官员向斯坦纳提供地图和无线电台等设备，为英国情报部门秘密服务。中央情报局为了推翻偏向苏联的苏丹尼迈里政权，

---

[1] ［英］托尼·杰拉蒂著，宋本龙译：《雇佣兵》，敦煌文艺出版社 2012 年版，第 44—46 页。

[2] 高振明：《法国情报组织揭秘》，时事出版社 2013 年版，第 246—250 页。

第十四章　准军事类秘密行动

也找上了斯坦纳,并为他提供武器弹药。斯坦纳自称是向南部苏丹提供人道主义援助非洲协会代表,以此作为幌子训练了一支杀人不眨眼的雇佣兵队伍,在苏丹南部滥杀无辜,对苏丹军队和警察发动袭击。[1]

三、利用商业军事企业组织

美国布鲁金斯学会军事问题专家彼得·辛格,按照商业军事企业在战场上的位置分为军事供应公司、军事咨询公司和军事支援公司三类,并指出:"私人军事公司是一个受利益驱动的组织,他们出售的是与战争相关的服务。这些公司专门提供军事技术,包括战术军事行动、战略计划、情报收集与分析、军事行动支持、军队培训及军事技术援助。"[2]从中我们可以看出,商业军事企业组织以追求商业利益为主要目标,从事军事顾问、军事培训、安全保卫到情报收集、后勤保障、战斗支援等与战争相关的工作。

欧洲有军事任务外包的传统,第一次实现环球航行的哥伦布,就被认为是一个军事任务承包商。出生于意大利的哥伦布,受西班牙统治者雇佣探索通往东方的新航道,事后西班牙确认了"圣塔菲协定"给予他的一切权益。此前他曾先后向葡萄牙、西班牙、英国和法国等国提出该计划,并要求给予其航海司令头衔、10% 的战利品回报、将他发现的每个地方的总督职位由其后代继承等要求,因要价过高而遭到这些国王的拒绝。从这里可以看出,哥伦布的所谓探索之旅,本质上是掠夺之旅,他是将此作为一桩超高回报的生意来做,不过这也符合雇佣承包商的特点,为求财而不择手段,敢冒险而不计后果。带有雇佣兵性质的现代私人军事企业发轫于美国德阳集团的前身、于 1946 年成立的航空服务公司,不过当时只是承包美军的作战飞机维护工作,逐步发展成为美国最大的私人军事企业之一,其与黑水公司、三叶丛林等 3 家公司,在伊拉克所获得的军事服务合同最多。1987 年成立的英国装甲集团正式具备了私人军事企业集团的特征,但真正走进全球大众视野,开启雇佣兵新的历史篇章的是南非战略资源有限公司,简称 EO。EO 公司创始人伊宾·巴罗,曾任南非第 32 空中侦察营军官,先后进入南非军队情报机构和具有种族压迫职能的情报机构国民合作

---

[1] [德] 马库斯·沃尔夫著,胡利平译:《隐面人》,国际文化出版公司 1999 年版,第 305—306 页。

[2] 周钦:《论国际法对私营军事安保公司的规制》,手机知网,https://wap.cnki.net/touch/web/Dissertation/Article/10530-1011243099.nh.html。

· 653 ·

局工作。非国大领袖曼德拉执政后，面临失业的巴罗于1989年组建了EO公司，职员大多是其过去的战友和同事，也即退役军人和情报部门的人员。EO公司曾标榜为"地球上唯一一家注册成立的私人雇佣军……将代表其客户发动全面战争"，并声称："为非洲人解决非洲问题提供成功的非洲解决方案。"[1] 虽然EO公司并不是成立最早的私人军事企业，但其直接大规模参与作战，而且其武装人员训练有素，武器装备精良，作战勇猛凌厉，经常以少胜多，是非洲许多战乱国家和热点地区举足轻重的武装介入者，赢得了战争客户的普遍信任，颇受西方情报机构和非洲战乱国家政府或政治军事集团的青睐，说是由EO公司开创了私人商业军事企业时代及"战争私有化"时代也不为过。

随着伊拉克战争和阿富汗战争的爆发，战争形式正在大踏步朝着商业化、私有化和企业化的方向发展，私人商业军事企业组织在战争中所发挥的作用越来越大。美国列克星敦研究所一份2010年的评估报告认为："如果不依赖私营企业，美国将再也无法在任何一段时间内展示出具有任何真正意义的武力。"[2] 2014年，私人军事公司业务覆盖全世界110多个国家，美国、英国、以色列、南非、比利时等国私人军事公司数量猛增，全球50多个国家共有数百家这样的公司，雇员总数超过500万人，年产值保守估计超过1000亿美元。在特殊时期，私人军事企业的收入要大大超出这个数字，据黑水公司创始人普林斯透露，美国国防部与私人军事任务承包商的合同，从1996年的851亿美元，增长到2006年的超过1500亿美元。[3] 在伊拉克，到2007年为止，据估计私人军事任务承包商雇员已经从2万人增长到10万人，成为继驻伊美军之后的第二大武装力量。美军撤离阿富汗前，私人军事任务承包商雇员超过了20万人，比正规军总人数还要多。

私人军事企业多由退役军人尤其是特种部队退役军官创建，有的还专门邀请前情报机构人员参与管理，与情报机构关系密切。英国装甲集团的前身防卫系统有限公司，成立于1981年，创始人是前英国特种部队空中特勤团英雄阿拉斯泰尔·莫里森。2005年装甲集团聘请美国中央情报局老兵

---

[1] 《曾经是最著名的雇佣军公司——EO公司》，枪炮世界站长dboy，哔哩哔哩，https：//www.bilibili.com/read/mobile?id=12838562。

[2] [美]埃里克·普林斯著，张晓红、周勇译：《阴影中的军队：黑水公司和他的平民勇士》，中信出版社2015年版，第72页。

[3] [美]埃里克·普林斯著，张晓红、周勇译：《阴影中的军队：黑水公司和他的平民勇士》，中信出版社2015年版，第104—106页。

第十四章　准军事类秘密行动

史蒂芬·卡佩斯担任全球战略部主管，刚满一年，卡佩斯就又回到中央情报局担任副局长，有效地提高了该企业服务情报机构的能力，装甲集团与美国政府及情报机构一直来往密切。① 美国黑水公司创始人埃里克·普林斯是前海豹突击队队员，大量网罗情报机构的高层官员到公司任职。曾先后任中央情报局反恐中心主任和国务院反恐协调员的约瑟夫·科弗·布莱克于2005年辞去公职，出任黑水公司CEO；中央情报局隐蔽行动中心副手罗伯特·里彻离职后，到黑水公司担任主管情报业务的副总裁，组建了情报完整解决方案有限公司；中央情报局反恐中心主管恩里克·普拉多也投奔到黑水公司旗下。② 中央情报局局长詹姆斯·伍尔西和国家情报总监詹姆斯·克拉珀离职后，都先后到"博兹艾伦汉密尔顿公司"效力。该公司与美国多家情报机构进行密切合作，曝出"棱镜门事件"的爱德华·斯诺登，就是该公司的雇员。"棱镜计划"是美国国家安全局和联邦调查局共同实施的一个秘密监控项目，"博兹艾伦汉密尔顿公司"是这个项目的承包商。有些私人军事企业的高管甚至被情报机构发展为间谍，马克斯·布特在《中央情报局与埃里克·普林斯》一文中透露，普林斯被中央情报局招募为"眼线"，也即间谍，代号为"201"，认为他属于"具备突出才干、资源和人脉，可以帮助中央情报局的美国人"，"指定他为一个可以信任并为中央情报局效力的个人"。一位中央情报局前高官认为："这发展成为兄弟般的关系。人们有种感觉，黑水公司最终成为中央情报局的一个延伸。"该文还引用了《名利场》报道："普林斯当时正在打造打入'硬目标'国家的非传统方式——中央情报局在这些国家极难开展工作，要么因为没有可以开展行动的情报站，要么因为当地情报机构具备所需的资金技术来挫败中央情报局的图谋。"③ 普林斯《阴影中的军队》一书将此文作为后记，表明普林斯对此说法是认可的。这些不仅为私人军事企业与情报机构的合作创造了有利条件，同时有些私人军事企业为了商业利益，会主动将自身打造成为具有情报组织特征的实体。

本世纪初，美国中央情报局和国家安全局热衷于外包各种情报工作，

---

① ［英］托尼·杰拉蒂著，宋本龙译：《雇佣兵》，敦煌文艺出版社2012年版，第313—314页。
② ［美］埃里克·普林斯著，张晓红、周勇译：《阴影中的军队：黑水公司和他的平民勇士》，中信出版社2015年版，第104—106页。
③ ［美］埃里克·普林斯著，张晓红、周勇译：《阴影中的军队：黑水公司和他的平民勇士》，中信出版社2015年版，第354、357页。

世界情报组织秘密行动

2001年外包合同经费200亿美元，2003年增长到400亿美元。据《华盛顿邮报》报道，仅中央情报局就有来自114个私人军事企业的1万名雇员为其提供各种服务，黑水公司承担过美国中央情报局分遣队潜入伊拉克调查大规模杀伤性武器的安保任务，创建史密斯咨询集团的吉米·史密斯因在"沙漠盾牌"行动中的突出业绩，获得美国中央情报局颁发的勋章。黑水公司拥有包括轻武器、反坦克导弹、防空导弹、武装直升机、大型运输机在内的第一流作战装备，甚至还拥有一支以"麦克阿瑟"号炮舰为核心的舰队，雇员达2万余人，手上还有许多可随时招募的人员资源，一度被认为是"世界上最强大的私人军队"。据黑水公司创始人普林斯在《阴影中的军队》一书中透露，"9·11"事件发生后，中央情报局想利用阿富汗坐拥1.5万兵力的北部联盟来对付塔利班，但苦于缺少联络的渠道。此前担任中央情报局局长的约翰·多伊奇坚持清除一些"不干净的"线人，执行这个"多伊奇规则"的结果，是砍掉了1000多名领取报酬的线人，也使中央情报局严重削弱了在阿富汗开展重大秘密行动的条件。作为私人军事企业的黑水公司则不受这些因素的影响，拥有这方面的丰富资源，立即主动为中央情报局提供了一批反对塔利班实力派人物的名单及联络渠道，如接替马苏德北部联盟首领位置的杜斯塔姆，中部反塔利班力量的指挥官莫哈奇克等人，并牵线搭桥，帮助中央情报局与他们建立了合作关系。在"9·11"事件发生15天后，中央情报局就通过黑水公司提供的渠道，顺利派出了由7人组成的北阿富汗联络小组，代号"碎颚者"，抵达喀布尔北部约60公里处的潘杰希尔峡谷，为美军特种部队绿色贝雷帽的到来做准备。随后两支美军特遣队先后到达该峡谷和马扎里沙里夫南部的一个着陆点，通过联络和引导招之即来的由美国军舰和飞机发射的猛烈炮火，对塔利班的军事设施和军队聚集点进行毁灭性打击，帮助杜斯塔姆展开了快速反攻，塔利班节节败退。特遣队用来引导炮火的激光定位器，被阿富汗人称为"死亡之光"，仅用了3个多月的时间就推翻了塔里班政权。杜斯塔姆谈到中央情报局和美军特种部队组成的特遣队时说，"我要求派几个美国人来"，"他们带来了整个军队的勇气"。在这次导致阿富汗政权更迭的代号为"持久自由"军事行动中，直接参与一线作战的由美国中央情报局和特种部队组成的特遣队人数并不多，黑水公司在关键的环节中发挥了重要作用。[1]

---

[1] [美] 埃里克·普林斯著，张晓红、周勇译：《阴影中的军队：黑水公司和他的平民勇士》，中信出版社2015年版，第104、53—55页。

第十四章 准军事类秘密行动

随着塔利班的倒台，美国中央情报局在阿富汗喀布尔及其他地方建立了许多基地，黑水公司为中央情报局喀布尔总部及其他基地提供安保服务。在伊拉克和阿富汗这些战乱国家，所谓安保工作实质上与军事行动并没有多少区别，随时都有交火和遇袭的可能。2004年3月底，黑水公司4名雇员护送随美军换防的ESS世界保障服务公司的车队，通过费卢杰城区时遇袭，4名雇员全部遇难，并被焚尸示众。这是黑水公司在伊拉克曾遭遇过的情况，在阿富汗的情况也与此类似。2009年12月底，位于阿富汗东部的美国中央情报局霍斯特基地发生了一起"线人"自杀式爆炸案，该基地负责人詹尼弗·马修斯等9人遇难，其中2人为黑水公司派驻的安保人员。当时马修斯安排在该基地接谈打入到"基地"组织核心部位的间谍胡马姆·哈利勒·巴拉维，此人被约旦情报局发展为针对"基地"组织总部的间谍，后约旦情报局与美国中央情报局联合经营指导，谁知他进入到"基地"组织头目身边后又改换了门庭，成为一名三重间谍，利用到霍斯特基地面谈的机会进行自杀式袭击，给中央情报局造成了重大伤亡。[①] 巴拉维乘车到达霍斯特基地下车时，经验丰富的黑水公司两名雇员发现情况不对，举枪试图阻止时，巴拉维拉响了背心炸弹。黑水公司遇难雇员分别为前美国特种部队绿色贝雷帽和海豹突击队队员。其中戴恩·帕里西在绿色贝雷帽服役期间，曾在阿富汗东部捣毁"基地"组织和塔利班的一队武装人员，并因此获得青铜勋章，但年满45岁退役后囊中羞涩，除了打仗外别无所长，无法找到合适的工作，便与黑水公司签订了一年的劳务合同，受雇保护中央情报局在阿富汗的军事设施和人员安全，日薪为700美元。[②] 从2005年开始，中央情报局强制规定情报官员在无安保人员随行保护的情况下，不得走出喀布尔或巴格达的总部。结果是黑水公司的雇员超越了安保职责，其执行安保任务的过程，往往会演变为执行秘密行动的过程。这些出身于特种部队的老兵经验丰富，年轻的中央情报局情报官员执行秘密行动任务时需时常向他们请教，以避免出现失误，中央情报局与黑水公司之间的界限都变得模糊起来了，黑水公司似乎成为了"中央情报局的一个

[①] ［美］乔比·沃里克著，王祖宁译：《三重间谍：打入中央情报局的"基地"鼹鼠》，广东人民出版社2013年版，第198—202页。

[②] ［美］乔比·沃里克著，王祖宁译：《三重间谍：打入中央情报局的"基地"鼹鼠》，广东人民出版社2013年版，第351—352页。

延伸",这也应该是美国情报机构与军事商业企业关系的真实写照。[①] 令人感到奇怪的是,在伊拉克和阿富汗战争中十分活跃的美英等西方国家私营军事企业,在俄乌军事冲突的报道中却看不到他们的身影,他们似乎集体从人们的视野中消失了,对这些靠做"战争生意"的企业来说有些不合常理,很难相信他们会对这样的"商业机会"视而不见,西方国家政府和情报机构恐怕也不会让这些可资利用,又易于隐藏背景和规避国家责任的战争资源闲置着。那些参与乌方军事培训、后勤保障、信息技术服务和前线作战的雇佣兵中,有没有、有多少欧美私营军事企业的雇员,又有多少援乌资金流入了它们的腰包,是一个令人倍感兴趣的问题。当然,在没有得到确凿的证据之前,我们也不必急于预设一个答案。

对于私人军事企业,俄罗斯也不遑多让,不过其行事风格与美英等国不尽相同。美国私人军事企业大多是跟随国务院、国防部和情报机构开展活动,并以合同的方式取得报酬;俄罗斯的则是在世界热点地区自行活动,在表面上看来与俄政府没有什么关系,一旦出现问题时,俄政府也是矢口否认。据估计,在国内外私人军事企业任职的俄罗斯雇佣兵大约有几十万人。俄罗斯瓦格纳私营军事公司,在前一段时间堪称全球最大、最活跃的私人军事集团,足迹遍及中非、苏丹、利比亚、委内瑞拉、叙利亚、乌克兰等众多存在俄罗斯重大利益的冲突地区。在德国人眼中,瓦格纳公司彪悍、专业、不守规矩。该公司成立于2013年,创始人是前格鲁乌中校乌特金,他先是参加俄罗斯安保公司斯拉夫军团,后来出来成立了该公司,招募了数千名俄前空降部队、特种部队、前内务部特别用途机动单位及特别反应小组、车臣战争老兵等,此后逐渐成为中东及其周边地区各类代理战争的关键参与者,他们提供情报、训练、后勤支持、基础设施保护并直接参与战斗。其幕后最大的出资者是俄罗斯餐饮大亨叶甫根尼·普里戈任,此人被称为普京的"私人厨师"。2014年的乌克兰危机给其提供了发展的机遇,他招募了1000多名俄退役军人赴乌克兰东部作战,在乌克兰顿巴斯战争中,帮助自行宣布独立的顿涅茨克和卢甘斯克分裂势力,与俄军配合默契,并经常得到俄军的火力支援与装备补给。叙利亚战争爆发后,瓦格纳组织数千名雇佣兵与叙政府军协同作战,参加了巴尔米拉、阿勒颇等最激烈的战斗,俄空军给予了大力支援。在叙利亚驻军的3年多时

---

① [美]埃里克·普林斯著,张晓红、周勇译:《阴影中的军队:黑水公司和他的平民勇士》,中信出版社2015年版,第353—354页。

间里，俄罗斯武装部队基本上不直接参加战斗，伤亡仅数十人，而直接参加战斗的俄罗斯雇佣兵伤亡达 1000 多人。国际上普遍认为，如果没有俄罗斯雇佣兵及时参战，叙利亚巴沙尔政权可能在 2015 年前就垮台了。当时反政府武装最鼎盛的时候，距离巴沙尔在大马士革的官邸只有区区 5 公里，是俄罗斯雇佣兵彻底扭转了战局。美国苦于无法指证俄罗斯出兵干预叙利亚局势，于 2018 制造了一起"误炸"事件，上百名瓦格纳雇佣兵在一次空袭中被炸伤亡。阵亡者家属反映到媒体，瓦格纳雇佣兵的事情才引起世人关注。俄罗斯官方才正式承认确有俄罗斯公民在空袭中伤亡，但强调他们是志愿前往叙利亚作战，与俄军方毫无关系。[①] 委内瑞拉马杜罗政权危机之时，约有 400 名俄罗斯雇佣兵乘包机飞往委内瑞拉，加强对马杜罗的安全保护，以应对美国支持的委反对派的抗议和颠覆活动。分析人士普遍认为，瓦格纳其实就是隶属于俄军队，或者说是直接的金主关系，为俄政府、军队和情报机构从事各种"白手套"工作，在海外以合法的形式来维护俄海外利益。它可以广泛地使用俄各类军事设施、物资装备及医疗服务。帮助叙利亚政府军作战的雇佣兵，可以直接从驻叙俄军那里领取武器弹药及其他补给。针对西方国家的质疑，俄罗斯总统普京直言："我认为，这些公司是在没有国家直接参与的情况下实现国家利益的一种方式……我认为我们可以考虑这一选择。"各种迹象表明，俄罗斯私人军事企业与俄罗斯军队及情报部门有着说不清、道不明的关系。在俄乌冲突中，瓦格纳也是一支重要的参战武装力量，该公司老板普里戈任声称，俄罗斯第一批参加特别军事行动的因犯，6 个月合同期满，可以恢复自由，消除之前的犯罪记录，并赞扬他们用自己的行动维护了俄罗斯的国家利益。从这里也可以看出瓦格纳的雇佣军队伍，在俄罗斯的对外军事行动中具有十分重要的作用，俄政府也对其提供了一些超出常规做法的支持。据报道，共有 5 万名瓦格纳雇佣兵参与了对乌特别军事行动，有评论认为其战斗力超过了俄罗斯正规军队，先后有 4 万人阵亡。[②] 此前在境外军事行动中战功卓著的瓦格纳雇佣兵，在乌克兰伤亡如此惨重，除了其纪律严苛、作战勇猛、不惜性命之外，也说明了在战争形态发生了巨大变化的今天，雇佣兵的作

[①] 《瓦格纳集团（俄罗斯私人军事公司）》，百度百科，http://baike.baidu.com/。

[②] 《俄乌冲突中的"网红"瓦格纳集团，已战损 4 万人，成乌军噩梦》，观景说史，2023 年 2 月 2 日，手机网易网，https://m.163.com/dy/article/HSJM291A0543GW8O.html。

战方式与保障支持体系也需要与时俱进。传统战争形态下的优势，被信息化战争变成为劣势，惨重的伤亡正是这种变化的必然结果。

四、其他形式的雇佣兵

情报组织利用雇佣兵的方式多种多样，除了前面的三种主要方式之外，还有许多因地制宜、因事制宜的方式，能够有效服务于准军事秘密行动的方式都会尽量去挖掘和拓展。这些方式包括利用民族地方武装、具有雇佣兵传统的族群，甚至利用某些国家或地区在役人员来做雇佣兵等，总之，只要是能够承担准军事秘密行动任务，对敌方形成有效打击，又能比较好地掩藏己方背景的资源，都会考虑加以利用。

利用民族地方武装势力。这实际上也是在利用和激化这些民族与主体民族或执政当局的矛盾，将其拉入到己方阵营，助其进一步发展壮大，运用其力量来打击和制衡对手。越战中，在老挝左派势力的帮助下，北越通过越老边境地区的"胡志明小道"，向南越运送大量的军队和军需物资，以支持南越民族解放阵线武装夺取政权。越南北部与老挝的边境地区是山地少数民族的聚集之地，他们的部族观念强过国家观念，法国殖民时期就曾在军队中大量招募山地民族人员。为了打击北越及老挝左派势力巴特寮，中央情报局和美军特种部队军官深入到山地民族区域，通过提供食物、医药和各种生活用品，每月支付相当于他们一年收入的报酬，取得山地民族的信任和支持，在老挝附近的兰贝建立了基地。1961年，中央情报局情报官员詹姆士·威廉·莱尔到达老挝东北部的塔维村，收买了赫蒙族（苗人）首领王宝的民族地方武装部队，对其提供军事、经济上的援助，其武装由1000多人发展到4万多人。中央情报局专门派遣由3名军官组成的班子进行指挥，曾在印尼和中国西藏等地策划过秘密准军事行动的中央情报局特工安东尼·波什普尼担任王宝的高级顾问。中央情报局在老挝设有4个军事训练基地，在泰国至少也有一个重要军事训练基地，有300多名绿色贝雷帽军人和中央情报局特工负责训练，配备了火箭筒和重型迫击炮等先进武器，还调集了14架H-34直升机，组成"渡鸦小组"航空小分队，以加强这支雇佣兵队伍的战斗力。王宝的苗人武装采取打了就跑的游击战术，对北越正规军和巴特寮部队进行袭扰。中央情报局还依托这支雇佣兵队伍开展了大量的秘密军事行动，监视和破坏"胡志明小道"、向北越和老挝渗透南越特工、冒充巴特寮部队袭击北越军队等。尽管美国驻老挝大使萨利文严令美国人不得直接参战，但在苗人武装的各个别动队中,通常有4—12人不等的中央情报局和绿色贝雷帽人员协同指挥作战,这些中央情报局特工也大多是特种部队出身的退役军人,富有军事指挥和作战的经验。苗人武装在进行战斗时,中央情报局美国航空公司的直升机,曾经将105毫米山炮从一个山头吊到另一个山头来轰击敌方目标,协助其作战。"水门事件"之后,中央情报局遭到国会调查,停止了对苗人武装的支持,中央情报局顾问撤出老挝,该武装走向衰败。① 美国败退越南时,中央情报局安排苗人首领王宝移民美国,这支雇佣兵队伍才彻底解体,为避免遭到越共和老挝新政府清算,许多人逃亡海外。

利用具有雇佣兵传统的族群。提起哥萨克人和廓尔喀人,首先浮上脑海的就是雇佣兵一词,他们展示给世人的也是骁勇善战、忠诚雇主的雇佣兵形象。情报组织雇佣他们从事准军事秘密行动,连军事技能培训这个环节都可省去了。哥萨克人是生活在俄罗斯和乌克兰沼泽与平原地区的一个族群,自古以来就骁勇善战,哥萨克雇佣兵曾为沙皇俄国开疆拓土发挥过巨大作用,但在斯大林时期遭受了强力的打压。苏联解体后,哥萨克再度成为独联体乃至全世界炙手可热的雇佣兵来源。据称俄罗斯境内的哥萨克雇佣兵组织拥有100多万兵源,随时可为雇主效劳。哥萨克雇佣兵最突出的特点是对武器有着天生的热爱和对雇主的忠诚,即便是付出生命的代价也在所不惜。2000年3月,在车臣剿匪中的90名哥萨克雇佣伞兵与2500名匪徒鏖战3天3夜,打死700多名非法武装分子,还主动请求对战场实施炮火覆盖,最后仅6人生还。此事感动了整个俄罗斯,称他们为真正的英雄。车臣武装分裂分子对哥萨克雇佣兵恨之入骨,曾到处张贴这样的悬赏告示:"漂亮女人和1500美元的奖金并不遥远,只要你能提着一颗哥萨克的人头送到某某地方。"② 俄罗斯对这个雇佣兵族群颇为信任,莫斯科曾给他们不少订单,其中就有让哥萨克派出一支雇佣兵队伍,前往格鲁吉亚冲突地区保护俄罗斯公民的人身安全和维持当地的秩序。在中东、非洲、乌克兰等冲突地区都有哥萨克雇佣兵的存在。在2013年时,就有900多名哥萨克雇佣兵进入叙利亚帮助叙政府军作战,每人月薪仅为3500美元,但却因作战勇猛而死伤过半,远高于俄罗斯驻叙军队的伤亡率。英国占领印度

---

① 白建才:《"第三种选择":冷战期间美国对外隐蔽行动战略研究》,人民出版社2012年版,第215—217页。
② 《历史上最凶悍的5个雇佣军集团》,木缘花海,2017年4月26日,搜狐网,http://www.sohu.com。

后发现尼泊尔廓尔喀人忠诚善战,其标志性武器廓尔喀弯刀更是让人胆寒。英国于是招募廓尔喀人加入军队,经过上百年的时间,廓尔喀骑兵成为英国武装力量的一部分,是少数几个成规模、成建制的雇佣兵部队之一。在1982年的马岛战争中,英军中就有一个廓尔喀步兵营参与作战,并被英国用作对阿根廷心理战的工具,在报纸上刊登廓尔喀士兵手执廓尔喀弯刀的大幅照片,声称廓尔喀士兵生性勇猛,不惧危险,一刀就能砍下一颗人头,大肆宣传该营营长摩根上校"谁要与廓尔喀人对阵,就叫谁加倍流血"的狠话,一时间在阿军中形成了"恐廓"的情绪。[1] 截至2011年,英军中有4个廓尔喀步兵团约3700人。目前廓尔喀雇佣兵取得了几乎与英国士兵同等的待遇,他们寄回国的钱,也成为尼泊尔除旅游业之外最重要的一笔外汇收入来源。

利用他国的武装部队。一个国家将另一个国家的军队变成为雇佣军,看起来似乎有些匪夷所思,但在复杂多变的国际斗争中,任何事情都会有可能。冷战时期,非洲的各种战乱都深深地打上了美苏两个超级大国争夺势力范围的烙印,古巴则由主动向非洲输出革命,变成了苏联实行自身战略意图的白手套。20世纪60年代到80年代末,古巴深度卷入了非洲许多国家的战乱,他们派出了医疗队、军事顾问,提供大批援助物资,并以"志愿者"名义派遣数万军人到非洲参战。在苏联的支持配合下,古巴军队帮助安哥拉实现了统一,帮助埃塞俄比亚收回了欧加登地区,挫败了南非对安哥拉内战的干涉,帮助纳米比亚从南非手中独立等。可以毫不夸张地说,古巴改变了非洲的政治格局。在安哥拉内战中,古巴派遣军人支持"安人运",为掩人耳目,开始派的都是黑人,但肤色还是比非洲本地人浅,后来就索性不考虑肤色的问题了,所派兵力由1975年的3500人上升到1983年的5万多人。美国中央情报局和南非则分别支持"安解阵"和"安盟",与古巴和"安人运"对抗。单靠古巴有限的资源,肯定难以维持数万大军在海外的军事行动。苏联出于美苏争霸全球战略的考虑,也深度卷入进来,基本上形成了古巴派遣"志愿者",苏联提供经费、武器装备和后勤保障,以及人员和物资运输的格局,这种格局一直维持到苏联解体。没有了苏联的支持,古巴在非洲的军事行动也走到了尽头。当时苏东各国情报机构也派遣了许多情报人员到非洲开展秘密行动,但效果都不如

---

[1] 吴杰明编著:《特殊战秘密档案·心理战》,黑龙江人民出版社1998年版,第257—258页。

古巴。古巴情报部门也是在苏联和东欧国家情报机构的帮助下建立起来的，其建立初期的稚嫩与在非洲的老辣形成了鲜明的对比。曾亲赴古巴帮助培训古巴情报人员的东德外国情报总局局长沃尔夫在《隐面人》中感慨道，古巴人肯动脑子，熟悉游击战，能够吃苦，懂得非洲人的思维，仗打得很漂亮，是社会主义阵营内唯一在非洲玩得转的国家。从1975—1991年，累计有43万古巴人前往非洲支持当地的"革命"，南非总统曼德拉曾对卡斯特罗说："古巴15年来的所作所为，堪称非洲历史的转折点。"实际上古巴在非洲从未向任何国家、任何政治军事势力宣战，他们都是以"志愿者"的身份参战的，在初期，他们还想冒充非洲本地人，只是因肤色差异不便伪装才作罢。① 这种情形具有一定的雇佣兵的特征，我们可以把其当作一种比较特殊的雇佣兵来看待，他们是一群为了理想而作战的队伍。刚开始时古巴是想自己单干，但客观条件支撑不了，后来有了苏联这个金主源源不断的输血才能将游戏玩下去，也就是说苏联成为了雇主，古巴派遣非洲的人员则成为了事实上的雇佣兵。

利用现役人员。现役人员临时充当雇佣兵的现象也并不少见，有的是经过政府同意或情报机构的委派，临时离开军队，伪装成志愿者的身份或是参加私人军事企业完成秘密军事任务；有的则是利用假期或请假出去参加某个雇佣兵队伍，赚点外快。他们都严格掩藏自己现役军人的身份，即使在战场上阵亡，也不可能得到政府的公开承认。英国记者托尼·杰拉蒂在《雇佣兵》一书中披露，在英国特种部队空中特勤团的圈子里，部分高级士官会得到官方授权，离开正规部队，进入安全行业（指私人军事企业）去赚钱，等他们腰缠万贯之后，又可以在18个月后再次回到正规军部队，继续在空中特勤团服役，不影响军衔的评定和退休金的领取。英国政府发现，在存在英国重大利益区域的战乱中，让正在服役的空中特勤团成员暂时退出部队，加入到雇佣兵游击队中参加战斗，是一招屡试不爽、效果颇佳的权宜之策，这样的雇佣兵也被称为"权宜之军"。② 在也门内战期间，雇佣兵头目麦克·古力率领包括自己在内共4人的一支雇佣军队伍遇袭，其手下3人全部阵亡。公开的说法是这3人都是英国空中特勤团退

---

① 《古巴出兵非洲始末：30年征战，到头来一场空》，战争艺术001，2020年6月19日，https://baijiahao.baidu.com/s?id=16699233506720779 42。

② ［英］托尼·杰拉蒂著，宋本龙译：《雇佣兵》，敦煌文艺出版社2012年版，第7页。

役人员，但古力对朋友的说法却是："我们都是被邀请来参战的。他们说服我们的时候强调说我们都是为民族利益而来。为了让此次行动神不知鬼不觉，我们都是从正规部队调离出来的。"① 在阿富汗抵抗苏联的战争、伊拉克战争及后来的阿富汗反恐战争中，英国经常有特种部队现役军人被"准假"到私人军事企业和秘密情报局，以雇佣兵的身份参战，完成任务后，他们又重新回归军队，照常享受各种特权及退休金待遇。美国中央情报局和国防情报局为了避免介入阿富汗战争的嫌疑，加强了同英国秘密情报局的合作。秘密情报局则通过雇佣兵这个渠道来实施相关的秘密行动。参与训练项目的空中特勤团士兵越来越多，其中有一部分跟也门及其他地方的雇佣兵一样，暂时从正规军队解除职务，同游击队员一起跟马苏德创立的日益强大的北方联盟并肩合作，并由一名正在服役的空中特勤团中校负责与秘密情报局联系。在当前的俄乌战争中，据报道也有不少西方国家现役军人以雇佣兵身份参与乌克兰军队的培训工作和作战等任务，也应该属于"权宜之军"的范畴。前面所说的都属于政府行为，还有出于经济原因个人临时客串雇佣兵的现象。2004年，英国皇家爱尔兰军团上士克里斯多弗·麦克唐纳，在伊拉克执行安保任务时遇袭身亡。当时他并未从军队退役，而是借休假之机，到橄榄安全公司充当临时雇佣兵以赚取外快。② 当时英国空中特勤团的士兵月收入低于2000英镑，而退役到私人军事企业后每月收入可达到1.4万英镑。丰厚的收入具有强大的吸引力，在英国军队尤其是特种部队中，现役军人临时请假或利用假期，参与雇佣兵作战的情形并不鲜见。有的是为了所谓"国家利益"，配合情报部门，完成政府不便出面的任务，一旦任务完成，便重新回到军队；有的则纯粹是为了获取丰厚的收入，但所发挥的作用并没有什么区别。

为隐藏国家背景，情报组织有时也会雇佣本国和其他国家或地区的现役人员参战。在冷战时期的准军事秘密行动中，美国中央情报局经常使用本国和其他国家或地区的现役飞行员，但都需伪装成本地人或志愿者，也即当地叛军或雇佣兵等身份。在针对印尼的准军事秘密行动中，时任美国总统艾森豪威尔同意美国现役飞行员以个人身份伪装成志愿者参加战斗；

---

① [英]托尼·杰拉蒂著，宋本龙译：《雇佣兵》，敦煌文艺出版社2012年版，第96页。

② [英]托尼·杰拉蒂著，宋本龙译：《雇佣兵》，敦煌文艺出版社2012年版，第175页。

第十四章　准军事类秘密行动

中央情报局雇佣部分台湾飞行员,从美军驻菲律宾克拉克空军基地,向印尼叛军苏拉威西空军基地运送 B-62 轰炸机和 P-51 战斗机。在越战中,为了切断北越经过老挝境内的交通线"胡志明小道",美国冒充老挝空军,出动飞机实施了高频度的轰炸和袭击;雇佣了泰国、菲律宾和南越、台湾等国家和地区的飞行员作战,执行任务时他们身着老挝空军制服,飞机也被涂上了老挝空军的标志。[①] 为掩藏美国的背景,美国进行了双重掩饰,可谓不嫌麻烦,不惜代价,但好处还是显而易见的,既可离间北越与老挝的关系,又可撇开美国与此事的关系,为应对国际舆论和受害国的指责找到合适的借口。

[①] 白建才:《"第三种选择":冷战期间美国对外隐蔽行动战略研究》,人民出版社 2012 年版,第 214 页。

第十五章

秘密行动与伦理道德

德国哲学家康德在《实践理性批判》一书中写道:"世界上只有两件东西能够深深地触动人们的心灵,一是我们心中崇高的道德准则,另一是我们头顶灿烂的星空。"在人类漫长的历史发展过程中,逐步形成了处理人与人、人与社会相互关系时应遵循的道理和准则,包含人的情感、意志、人生观和价值观等,这些人际之间符合道德标准的行为准则就是伦理。日常会将道德与伦理连用,道德是指人们共同生活及其行为的准则和规范,符合道德的一定符合伦理,反之亦然。一般来说,伦理的概念可以涵盖道德,但要细分的话,二者所关注的侧重点还是有所区别的,伦理是关于社会的,称为社会伦理,涉及到社会关系、社会秩序和社会制度;道德是关于个体的,称为个人道德,涉及到个人的品格修为和个体的行为规范。而个人的品格修为和行为规范上升到国家或社会的层面上,则成为社会伦理,使二者又成为了一个统一体。是否符合伦理道德,成为判断人和社会善恶的终极标准。

情报组织的秘密行动与社会和个人都会发生极为密切的关系,情报组织是由个体的人集合面成的,而秘密行动所针对的对象涉及到国家、组织和个人,在这里你无法将社会和个人割裂开来,我们不妨将伦理道德作为一个词组来使用。情报部门在政府机构中是一个特殊的存在,历史上及二战结束后相当长一段时间,许多国家对情报机构严格保密,不承认对他国开展了情报活动,一旦间谍事件暴发之后,也是第一时间矢口否认。这种在国家层面上睁着眼睛说瞎话的反常行为,本身就提出了一个问题,建立情报机构和对他国开展情报活动是否符合国际关系准则?正常的国际关系准则也属于伦理道德的范畴,或是符合伦理道德规范的。情报搜集对目标国家只是造成潜在和间接的危害,而秘密行动则多为显性和直接的危害,小则造成目标国家人员伤亡或设施破坏,大则造成社会动乱、政权更迭甚至国家灭亡。如果将此事放在伦理道德的评判台上进行拷问,结果是不言而喻的。但这种不符合伦理道德的机构和行为不仅没有消亡,反而是在国际政治生活和国家之间的博弈中发挥越起来越重要的作用,成为许多国家实现国家战略意图,维护和攫取国家利益的重要工具,对情报机构及情报活动的存在也不再"犹抱琵琶半遮面",而是半推半就地"掀起了红盖头",尽管其具体的工作内容依然掩藏得非常严密。社会的发展意味着文明程度的提升,而伦理道德是文明的题中应有之义。情报机构成为各国政府和军队的重要组成部门,从目前来看,总的趋势是进一步重视和加强。这意味着在国与国、组织与组织的博弈中,这种不符合伦理道德的工具还处于成长期。据报道,美国总统拜登于2023年7月,将中央情报局局长威廉·伯恩斯提升为内阁成员,并在声明中表示:"在他(伯恩斯)的领导下,中央情报局正以一种清晰的、长期的方式,应对我国面临的主要国家安全挑战。"① 显然是想在当前复杂的国际局势与博弈中,赋予中央情报局更大的权力与责任,发挥其更大的作用,同时也表明了拜登政府对中央情报局当前的工作表现十分认可,并对其后续的工作充满了期待。这是一个非同寻常的举动,美国历史上,仅在里根和克林顿总统时期,中央情报局局长享受过此种待遇。德国哲学家叔本华在《人生的智慧》一书中认为:"任何人都不要抱怨卑鄙和下流,因为在这世上只有卑鄙和下流才是威力无比。"叔本华被法国作家莫泊桑称为"人类历史上最伟大的梦想破坏者",他常常撕开事物温情脉脉的表象,让人们能够直视其血淋淋的本质。在当前复杂的国际博弈背景下,拜登总统无疑是想进一步发挥这个"威力无比"工具的作用。有学者认为,间谍活动会与人类相伴而生,只要人类存在一天,间谍这一行业就不会消亡。有人说国家之间没有永恒的友谊,只有永恒的利益,在运用情报组织维护和拓展国家或组织利益时,往往不分敌方或盟友,只不过对敌方投入的情报资源会更多一些,下手会更狠一些。只管手段是否有效,不问手段是否合规,是情报组织行事的一种普遍现象。正如同克劳塞维茨所言:"战争是一种暴力行为,而暴力的使用是没有限制的。"② 秘密行动则是一种破坏行为,对其破坏性同样是很难限制的。对待间谍活动及从事间谍活动的人员,各国在伦理道德的考量上都表现出了矛盾性和双重性,即对己方和对对手的双重标准。在某种意义上来说,情报工作尤其是秘密行动领域并不是一个适合讲伦理道德的地方,也很难用情报机构的强弱多寡来衡量社会文明的程度。

中国春秋时期的宋楚泓水之战中,宋襄公坚持不鼓不成列、不重伤、

---

① 熊超然:《白宫网站声明:拜登已邀美国中央情报局局长伯恩斯担任其内阁成员》,观察者网,2023年7月22日,https://baijiahao.baidu.com/s?id=1772080460413732301。

② [德]克劳塞维茨著,余杰译:《战争论》,台海出版社2018年版,第4页。

不擒二毛、不推人于险、不迫人于厄，毫不意外地输掉了这场战争并身受重伤，不久去世，为千古所笑。被认为反映了上古时期战争伦理风尚的《司马穰苴兵法·仁本》主张："战道：不违时，不历民病，所以爱吾民也；不加丧，不因凶，所以爱夫其民也；冬夏不兴师，所以兼爱民也"，"古者逐奔不过百步，纵绥不过三舍，是以明其礼也。不穷不能，而哀怜伤病，是以明其仁也；成列而鼓，是以明其信也；争义不争利，是以明其义也；又能舍服，是以明其勇也；知终知始，是以明其智也"。说明宋襄公所奉行的战争伦理，正是古之遗风，宋襄公用自己的鲜血和生命，谱写了一曲上古战争伦理的挽歌。兵书《太白阴经》对此种现象也是感慨万端："后世浇风起而淳朴散，权智用而谲诈生"，"徐守仁义，社稷丘墟；鲁尊儒墨，宗庙泯灭"。此后兵家、纵横家横行于世，"兵不厌诈""兵以诈立"成为一种共识，秘密行动也成为军事行动的重要组成部分，《孙子兵法》就是这种情形下的产物，这部兵法不知道是体现了老祖宗洞悉人心、视通千载的过人智慧，还是体现了"礼崩乐坏，狂狡有作（章太炎《与简竹居书》）"的残酷现实。马基雅维里在《君主论》中写道："我们这个时代的经验表明：那些曾经建立丰功伟绩的君主们却不重视守信，而是懂得怎样运用诡计，使人们晕头转向，并且终于把那些一贯守信的人们征服了。"还主张君主必须具备狐狸的狡猾和狮子的凶狠，以便认识陷阱和使豺狼惊骇。[①] 我们在阅读马基雅维里的著作时，不得不被其冷峻的功利主义理论所折服，同时也为他们缺乏人文主义关怀而感到脊背发凉，而伦理道德正是这种人文主义最核心的内容，也是人之所以区别于其他动物的一条边界线。从上古时代贵族精神浸润下的战争伦理层面上来讲，我们可以感叹世风日下，人心不古；但从军事事关"死生之地，存亡之道（《孙子兵法·计篇》）"的层面上来讲，当"丛林法则"兴起并盛行之时，国家和组织的生存与安全已经成为第一要义，其他的所有行为都得服务和服从于这一要义，在这种情况下，"诡道"便成为一种智慧和必备的工具。2022 年俄乌军事冲突爆发，俄总统普京"如果俄罗斯都没有了，还要世界干什么"的话曾广为流传。普京的这句话说于 2018 年 3 月，当时并没有引起世人的关注，在俄乌军事冲突的背景下重新审视这句话，其中所包含的意蕴可能会让西方国家不寒而栗，也让整个世界感到不安。当国家处于生

[①] [意]马其雅维里著，潘汉典译：《君主论》，商务印书馆 2017 年版，第 83—84 页。

第十五章 秘密行动与伦理道德

死存亡之际,当事国反而会少了许多顾忌,这也包括国际政治伦理和战争伦理,更不用说基本上游离于伦理之外的秘密行动了。俄罗斯联邦安全总局侦破克里米亚大桥爆炸案及挫败"南溪"天然气管道爆炸图谋,据俄称均系乌克兰情报机构所为,这应该具有相当大的可能性。在这场事关乌克兰国家命运的战争中,乌情报机构绝不会是旁观者,它一定会积极参与进来,发挥其职能优势和专业特长,将诡道发挥到极致,尽其所能给俄方制造更多的麻烦和更大的损失,这也是其职责和使命所在。但秘密行动也会给对手提供报复和武力打击的借口,俄罗斯随后对乌克兰的民用基础设施进行了大规模的精确打击。你来我往,冤冤相报,其间很难找到伦理的合适位置。

从宋襄公在泓水之战中受辱身亡的那一刻起,产生宋襄公的土壤就已经被历史的洪流冲刷得一干二净了。后来者可能会做出许多其他方面的荒唐之事,但绝不会仿效备受世人嘲弄的宋襄公。革命导师恩格斯曾指出:"恶是历史发展的动力","自从阶级对立产生以来,正是人的恶劣的情欲——贪欲和权势欲成了历史发展的杠杆"。[①] 当我们用伦理道德的规范来检视历史时,常常会觉得手足无措,宋襄公遵循古礼,却成为后人眼中的"蠢猪";唐太宗弑兄逼父,却被推崇为千古明君。成败的逻辑与善恶的逻辑有时会二律背反,难以自洽,这既是历史的冷酷与诡异之处,也是秘密行动得以生存与发展的社会历史土壤。德国哲学家、社会学家、法学家马克斯·韦伯所提出的一个理论,似乎可以为我们解围。他在《政治与学术》一书中认为,一切以伦理为取向的行为都可以归并为两种原则,即信念伦理和责任伦理。信念伦理以"价值合理性"为核心,行为者仅根据其所认定的价值信念作为开展行动的准则,将保持信念的纯洁性视为自己的责任,从信念伦理出发来考虑目的和手段的理性关系,认为凡不合主观价值判断的手段不仅不用,而且应加以排斥。责任伦理以"形式合理性"为核心,强调行为者的责任是寻求达成既定目的的最为有效的手段或工具,并对其行为后果负责的准则,以后果合理来补偿手段的不善。可见,信念伦理是认识只停留在价值判断的阶段,即在善恶是非面前爱憎分明、坚持原则,但在方法上缺乏达到目的的灵活性。相比之下,责任伦理就进了一步,不只讲原则,而且讲策略。所以,责任伦理的一个重要特点就是强调

[①] 恩格斯:《路德维希·费尔巴哈和德国古典哲学的终结》,《马克思恩格斯选集》第4卷,人民出版社1972年版,第233页。

· 669 ·

对客观世界及其规律性的清醒认识,并要求行为者必须审时度势地对行为作出选择,并对后果负责。[①] 在秘密行动领域中,我们可以将信念伦理视为一种价值判断,将责任伦理视为一种结果导向。在秘密行动决策和执行的过程中,情报机构和政治决策者更倾向于根据责任伦理来行事,也即为达目的而不择手段,与马基雅维里"目的总是为手段辩护"的观点具有异曲同工之妙。这是现实社会生活中不可回避的一种现象,它也不会因为我们是否喜欢而有所改变。

第一节 秘密行动与国际关系基本准则

秘密行动作为处理涉及到国与国之间关系的秘密工具,必然会与国际政治伦理产生密切的关联度,而且往往是一种负相关的关系,即这种关系通常是破坏性的。国际政治伦理指的是国际关系的道德维度,包括国际关系准则、国际人权原则、国家利益、外交行为等道德标准以及武力的道德限制、核伦理、平等公正的世界秩序等,所体现的是独特的伦理关怀精神。由我国老一辈领导人周恩来所提出的国际关系基本准则得到世界上绝大多数国家的普遍认同,互相尊重主权和领土完整、互不侵犯、互不干涉内政、平等互利、和平共处五项原则,成为处理和规范国际关系的重要准则,对促进世界和平与国际友好合作方面发挥了巨大作用。五项原则适用于正常的交往渠道和正常的交往方式,而情报组织的秘密行动,则属于非正常的渠道和行为,往往会破坏这种原则,因而国家之间由情报组织秘密行动所引起的矛盾和纠纷时有发生。但由于各国情报机构所履行职责的方式大同小异,对此各国也是心照不宣,这些矛盾和纠纷大多会控制在一定的范围内,一般情况下不会造成大的国家冲突。在战争或武装冲突时期,情报机构的秘密行动通常是战争的有机组成部分,可由与战争有关的国际法来进行规制。战争时期国家之间动用一切资源进行生死博弈,所谓的战争伦理,在不同国家或组织眼中会有不同的理解和拿捏尺度,秘密行动自然也可以无所不用其极。传统国际法对和平时期的间谍行为没有明确规定,但并不是完全无法可依,一般认为在他国领土上从事间谍活动,违反了《联合国宪章》第 2 条第 4 款:"各会员国在其国际关系上不得使用威

[①] 王容芬:《马克斯·韦伯的信念伦理与责任伦理》,愿随身,2012 年 9 月 18 日,https://www.360doc.cn/article/99504-236676719.html。

胁或武力，或与联合国宗旨不符之任何其他方法，侵害任何会员国或国家之领土完整或政治独立。"间谍活动可归于"与联合国宗旨不符之任何其他方法"的范畴，其所侵害的同样是他国主权和领土完整。各国对间谍案件的处理，也基本上是按照这个路径来进行的。

一、在目标国家维护己方正当利益的秘密行动

在目标国家维护己方的正当利益，按照国际关系准则，应当是通过正常的外交或法律途径来解决问题。但当牵涉到国与国之间的沟通与交涉时，许多看似简单的事情会变得相当复杂，不仅存在由于看问题的角度和方式不同，或是相关国家在其中的价值和利益取向不同，会出现对同一事件观点不同甚至迥异的情形，这中间还有可能会出现其他的意外情况，使得通过正常途径来解决问题的时效性和可能性都会变得十分渺茫。在这种情况下，采用秘密行动的方式来解决问题，就成为一种相对比较稳妥的选择。这种行动大多不会对所在国家产生实质性的伤害，看似只是在他国的领土上做了不该做的事而已，但却会伤害相关国家的尊严，当事关国家尊严的时候，任何国家都不会善罢甘休。这时，我们可能会看到一种奇特的现象，一方面是某国通过秘密行动的方式达成了己方的合理诉求，一方面是面临国际社会及相关国家的谴责甚至制裁。其根本的原因不在于该国的诉求是否合理，而在于该国选择了损害他国主权的行为方式，有违国际政治伦理，从国际关系伦理的维度来讲就是非法或犯罪行为。合理的诉求应该采取合理的方式，合理的方式又未必能达成合理的诉求，有时会成为一个死结，而解开这个死结的一个有效选择就是秘密行动，最后的结果则是用非法的方式达成了合理的诉求。这颇有"黑色幽默"的味道，然而在国家之间的博弈中，这种情形并不鲜见。

以色列立国之后，对逃亡藏匿到世界各地的双手沾满犹太人鲜血的纳粹战犯展开了持久的追捕和追杀行动，当摩萨德特工查明曾执行希特勒灭绝犹太人"最后解决方案"的艾希曼藏匿在阿根廷后，摩萨德局长哈雷尔十分纠结，他后来回忆道："是否有必要把艾希曼弄出阿根廷的问题，在我们的内心引起了激烈的斗争。对必须在一个友好国家的主权领土上进行一次秘密行动的问题，我绝不是心安理得的。无论从道德上还是从政治上看，这都将面临着一个是否允许这样做的严峻的问题。正当的途径应该是把我们的怀疑通告阿根廷政府，向他们指出，住在布宜诺斯艾利斯郊区的一个德国移民可能是阿道夫·艾希曼，然后等待把他引渡到德国或其他提

出了要求的国家必须履行的冗长的法律程序。"然而这样做的后果是，艾希曼可能会听到风声跑掉，再也找不到他的行踪；而且随着时间的流逝，对战犯的审判会逐步放松放宽，艾希曼可能会由此逃脱或减轻处罚，这都是以色列所不愿意看到的。而对艾希曼进行惩罚的最佳方式，是将其尽快绑架到以色列进行审判，对阿根廷主权的尊重就只能让位了，摩萨德领受了这个艰巨的任务。哈雷尔亲赴阿根廷，组织指挥特别行动小组的绑架秘密行动。为应对最坏的结果，他专门交待特别行动小组指挥官嘉比·埃勒达德，如果行动时被阿警方抓获，可以供出他的名字和所住的旅馆，由他来承担法律与道德等全部责任。当时许多国家都不承认有情报机构，情报机构及领导人的名字都会严格保密，哈雷尔在他国的土地上这样做，可以说是异乎寻常的，他深刻认识到了一旦行动败露，后果会非常严重。艾希曼被绑架到以色列后，阿根廷就向联合国正式提交了一份抗议书，指责以色列绑架了它的公民，以色列当即致歉，但仍将艾希曼拘押在以色列。也就是说这种道歉只是口头上的，对事情的结果并没有产生丝毫的影响，以色列也不可能将千辛万苦绑架回来的对象送回阿根廷。随后联合国安理会作出了"（艾希曼）因其被指控的罪行而应该受到正义的审判"的决议，这也表明了国际社会认为以色列审判艾希曼是正当利益和合理诉求，但将其绑架到以色列的方式有问题，侵害了阿根廷的主权，阿根廷对此耿耿于怀，再次向联合国递交了抗议书。[①] 大量纳粹战犯之所以选择逃亡到南美国家，是因为南美国家中德国、意大利和西班牙的移民比较多，尤其是德国移民在当地社会中扮演着重要角色，他们对纳粹德国持比较友好和宽容的态度。如果以色列采取正常的外交渠道，向阿根廷提出引渡艾希曼的要求，哈雷尔所虑并非杞人忧天。

以色列采取武装突袭的方式，在乌干达恩德培机场营救出了被恐怖分子劫持的 100 多名以色列人质的"霹雳行动"，被参与行动的"塞雷特"特种部队称为"乌干达慈航行动"，"慈航"二字显示出了这次秘密行动的正义性和合理性。乌干达时任总统阿明给恐怖分子提供了保护，以色列政府尝试各种外交途径均无效，人质随时面临着死亡的威胁，武装突袭式的营救秘密行动成为唯一的选择。当营救秘密行动成功后，世界各方的反

---

① 高金虎等：《大卫的铁拳——二十世纪以色列情报机构绝密行动》，东方出版社 2005 年版，第 41 页；高庆德：《以色列情报组织揭秘》，时事出版社 2016 年版，第 193—194 页。

第十五章　秘密行动与伦理道德

应态度迥异。时任联合国秘书长瓦尔海德姆指责道：这是一种严重侵犯联合国会员国主权的行为。此前瓦尔海德姆曾亲自出面向阿明呼吁和平解决人质问题，阿明未予理睬，既说明了以色列解决人质问题的诉求是无可厚非的，也证明了和平解决人质问题的渠道已经堵死。作为联合国秘书长，首要职责是保证联合国宪章得到严格遵守；作为以色列，首要任务是确保100多名本国公民的生命安全，职责不同，价值取向存在很大的差异。巴解领导人阿拉法特说："以色列和劫机者一样，都是恐怖分子。"新西兰、西德等国则给予了积极的肯定。最耐人寻味的是乌干达总统阿明，他先是谴责了以色列打死乌干达士兵和炸毁飞机的"暴行"，最后却以赞赏的口吻说："我作为一名职业军人，认为袭击非常成功，以色列特遣部队真是好样的！"① 人是世界上最复杂的动物，其表面所为与内心所虑有时会相距甚远。这可能也是乌干达总统阿明心里所期待的一种结果，在恐怖分子和阿明不愿意作出让步，以色列又决不妥协的情况下，100多名人质很可能会被恐怖分子逐个处死，乌干达及阿明以后在国际社会中恐怕难以自处，"霹雳行动"则很好地解开了这个难题。

"9·11"事件之后，美国反恐的首要任务是追捕和追杀"基地"组织头目本·拉丹，并通过组织实施"海神之矛"秘密行动将其击毙。美国中央情报局等情报机构经过近10年追踪，发现本·拉丹可能藏身于巴基斯坦阿伯塔巴德小镇的一处小院里。按照正常的程序，应该是美国将此情报通报巴基斯坦，由巴方单独或联合美方进行抓捕，然后引渡到沙特（其是沙特人）或美国进行审判。由于美国决策者担心巴方走漏消息，或巴政府及军队内部某个"基地"组织的同情者通风报信，否定了任何涉及巴基斯坦官方知晓或参与的行动方案，最后采取了侵害巴方主权的"海神之矛"秘密行动。该秘密行动结束几周后，奥巴马总统专门派遣南亚特使马克·格罗斯与中央情报局副局长莫雷尔一行前往巴基斯坦修复关系。巴基斯坦三军情报总局局长艾哈迈德·帕夏对莫雷尔表示，该事件让巴基斯坦陷入了非常尴尬的境地，如果美国的某个盟国在美国来一场突袭，杀死一个逃犯后再把他的尸体运走，你们就会感同身受了。中央情报局副局长莫雷尔表示十分理解巴方的感受，觉得帕夏说的没错，但美国岂肯轻易认错，他又反过来将了巴方一军："美国人很难相信，贵局的阿伯塔巴德分局或者阿

---

① 高金虎等：《大卫的铁拳——二十世纪以色列情报机构绝密行动》，东方出版社2005年版，第276—277页。

伯塔巴德警察局，从来没有质疑过在那个大院中发生的事。"①意思是巴方也可能存在知情不报或暗中保护的问题，使会谈一时陷入了僵局。从本·拉丹住处搜集到的文件材料显示，巴官方与本·拉丹没有任何联系。但事情已经发生了，巴方只能在表达完不满情绪之后选择理解。

二、在他国国土上从事针对第三方的秘密行动

间谍活动的主战场在境外，各国一边对在本国国土上的间谍活动进行严格的禁止和惩处，一边又心安理得地派遣间谍到他国的领土上秘密开展活动，而在他国的领土上从事间谍活动，无疑是侵犯了当事国的领土主权。在他国领土上秘密从事针对第三方的秘密行动，同样侵犯了所在国家的领土主权，一旦暴露，会受到所在国家的严厉打击。即使如此，在他国领土上从事针对第三国或第三方的秘密行动的现象依然司空见惯，前述"海神之矛"秘密行动也是这方面的一个经典案例。

二战时期，艾伦·杜勒斯以外交官身份作掩护，任美国战略情报局驻瑞士伯尔尼情报站站长。纳粹德国外交部的弗里茨·科尔贝，担任负责外交部与德军最高统帅部之间联络的特任大使卡尔·里特的助手，每天所接触的都是德国重要的政治和军事机密。他痛恨纳粹主义，想早日结束战争，主动与该情报站联系，提供德国外交部的秘密文件材料，杜勒斯满腹狐疑，怀疑是瑞士为驱赶美国情报人员而故意设置的陷阱。当时瑞士是中立国家，交战双方在瑞士从事针对对方的间谍活动都是非法的，与此相对应的是，正因为瑞士是中立国，又与纳粹德国相邻，这里成为二战时期盟国针对德国开展间谍活动的中心。不过战略情报局初出茅庐，情报来源极为有限，能在德国外交部开辟一个情报来源的诱惑太大了，杜勒斯决定与其见面，并给其取代号为"乔治·伍德"，没想到竟然真的是一条大鱼，先后获取了1600份德国深层次的情报，美国政府认为这些情报挽救了无数人的生命，缩短了二战在欧洲战场上的时间，科尔贝被誉为"二战中最伟大的间谍"。②此事也为杜勒斯赢得了巨大的声誉，是其后来出任中央情报局副局长、局长的重要资本之一。位于瑞士的"拉多"情报网，是苏联针

---

① [美]迈克尔·莫雷尔、比尔·哈洛著，朱邦芊译：《不完美风暴：美国中央情报局反恐30年》，中信出版社2018年版，第192—194页。

② 刘雪梅等：《神秘的第三只手——二十世纪美国情报机构秘密行动》，东方出版社2005年版，第22—23页。

对纳粹德国开展情报搜集和秘密行动的情报组织，也受到了德国盖世太保的高度关注，后者侦听出了该情报网 3 部电台在瑞士的大体位置并决心端掉它们。瑞士警察局局长毛勒出访柏林时，在德国党卫军少将舍连别格的威胁下，为了不给德国提供入侵的借口，回国后侦破了这个间谍网，该间谍网遭到了毁灭性的打击。盟国在瑞士开展间谍活动本身就是非法的，但瑞士内心里还是倾向盟国的，对英、美、苏等国在瑞士的间谍活动监管并不严格。但这种间谍活动极大地损害了纳粹德国的利益，面对德国明确而强硬的要求，弱小的瑞士无法找到合适的理由予以拒绝。瑞士对"拉多"情报网人员的审判工作一直延续到战后，直到 1947 年 10 月，伯尔尼军事法庭还在对"拉多"间谍案相关人员进行开庭审理，并对拉多缺席判处 1 年监禁、10 年内禁止进入瑞士。① 此时纳粹德国已经灭亡，不可能再给瑞士施加压力，针对纳粹德国的间谍活动也被公认为是正义的事业，瑞士法庭依然对这些涉案人员给予了惩处，不过惩处的力度并不大，更多可能是在宣示瑞士维护本国领土主权的态度。这也表明即使目的无可厚非，在别国领土上从事针对第三国的间谍活动也是不被允许的。

本·巴尔卡是摩洛哥政治家暨第三世界革命运动的领袖，因主张民主政治而受到摩洛哥王国政府情报机构的追杀。1965 年 10 月底，摩洛哥安全情报局、以色列摩萨德和法国国外情报暨反间谍局第 7 处特工在巴黎绑架并暗杀了本·巴尔卡后，戴高乐总统非常愤怒，取消了总理对国外情报暨反间谍局的领导权，解除了保罗·雅基埃的局长职务，撤销了该局第 7 处。他对以色列情报机构在法国国土上从事间谍活动也很是恼火，认为是对法国主权赤裸裸的侵犯，并采取了一系列的惩罚措施，停止法国与以色列的一切情报合作，将摩萨德欧洲总部赶出巴黎，勒令摩萨德特工尽快离开法国，停止他们在巴黎的全部活动；已经开始削减的武器装备交易全部中止，以色列订购的 50 架"幻影"V 式战斗机尽管全部款项已经付清，也被取消了合同。当时以色列空军拥有 150 架"幻影"战斗机，零件补充和飞机更新严重依赖法国，戴高乐的禁令对以色列空军造成了致命的打击，以色列不得不另辟蹊径，由情报机构摩萨德和拉卡姆策划实施了窃取"幻影"飞机图纸的秘密行动。摩洛哥内政大臣乌弗基尔和安全情报局局

---

① 《谍影重重：二战中，前苏联无所不能的"拉多"小组情报网（下）》，金色年华 554，2023 年 9 月 10 日，个人图书馆，https：//www.360doc.cn/article/18841360 - 1095982152. html。

世界情报组织秘密行动

长德利米带着几名特工,亲自到巴黎郊外的丰特内勒维孔特别墅杀害了本·巴尔卡后返回了摩洛哥。这件事使得法国与摩洛哥的关系也紧张起来,摩洛哥国王访问法国、法国外交部长访问摩洛哥的计划也被延期。这次绑架及暗杀事件中,受到冲击最大的是以色列,而摩萨德只是在法国的领土上协助摩洛哥情报机构实施针对摩洛哥公民的秘密行动,而法国的惩罚措施力度非常大,基本上是勒住了以色列的脖子,以色列明摆着理亏,台面上也不便多说。但私底下,以色列为了国家的生存,反过来又通过情报机构的秘密行动进一步加剧了对法国利益的侵害。

"绿色和平"组织是一个以保护环境为宗旨的世界性非政府组织,源自1971年12名志愿者从加拿大温哥华出发,乘坐打着"绿色和平"横幅的渔船前往安奇卡岛,阻止美国在此进行的核试验,遭到美国军方阻拦。此事触发了舆论和公众的大力声援,美国于次年放弃在此岛进行核试验,后来该组织在全球迅速发展壮大。法国自1966年以来一直在南太平洋的穆鲁罗瓦岛进行核试验,"绿色和平"组织多次驾驶船只到该区域举行抗议活动,法国政府不得不几度中止核试验。法国总统对此很是恼火,有关部门也很不满,要求法国对外安全总局采取行动,阻止"绿色和平"组织的抗议干扰活动。法国对外安全总局派遣特工,于1985年7月10日深夜,在新西兰奥克兰港炸毁了"彩虹勇士"号轮船。新西兰警方迅速查明此事为法国特工所为,加上法国媒体进行深挖报道,此事在全世界及法国政坛引起了轩然大波,法国总统密特朗及政府总理法比尤斯都宣称不知情,将责任全部推到国防部长埃尔尼和法国对外安全总局局长拉斯科特两人身上,这两人不得不引咎辞职,成为替罪羊,执行爆炸任务的两名特工被新西兰各判了3年徒刑。新西兰总理谴责法国特工人员的炸船行为,要求法国进行深入调查,但法国坚持将责任锁定在国防部长及对外安全总局局长这一级。在联合国秘书长德奎利亚尔的调停下,法国正式向新西兰道歉,同意新西兰向欧共体出口羊肉和黄油;向"绿色和平"组织赔偿了700万美元,"绿色和平"组织用这笔钱购买了一艘排水量达900吨的新船,比"彩虹勇士"号大了不少。[①] 法国情报机构在新西兰的国土上,针对第三方即国际非政府组织"绿色和平"组织的秘密行动,被新西兰紧紧咬住不放,最终只得以利益作为交换才得以脱身,新西兰也得到了在谈判桌上所

[①] 吴大辉编著:《潜流——法国特工行动档案》,河北人民出版社1998年版,第225页。

得不到的羊肉和黄油出口许可,成为最大的赢家。有意思的是,法国也反过来将此事作为要挟新西兰的筹码,声称如果新西兰拒绝释放两名炸船法国特工,它将否决这个出口议案;新西兰表示会将这两名特工交还法国,但必须服满3年刑期,最后双方握手言和。法国的炸船事件侵害了新西兰的主权,还受到了英国、荷兰、西德等欧共体成员国的谴责,不得不以此种方式来息事宁人。美国前国务卿基辛格曾说:"真正的外交家不是为了让对方放弃他们的利益,而是找到一个可以满足双方利益的共同点。"在处理这类涉及秘密行动的外交事件时,双方用利益交换来处理问题的方式比较常见。

三、针对目标国家的秘密行动

情报机构的大多数秘密行动是针对目标国家的,而且只要是秘密行动,必定会对目标国家造成或轻或重、或明或暗的损害,可视为是对目标国家主权赤裸裸的侵犯和损害,如颠覆国家政权、破坏重要设施、支持武装叛乱、窃取各种机密及暗杀绑架特定对象等。情报机构会采取严密的措施掩藏身份背景,只要对方没有拿到真凭实据,就可以进行否认,一旦暴露了国家及情报机构的背景,该秘密行动就基本上做到头了。当然也有极少数秘密行动完成后就不再掩盖了,如"巴比伦行动",在飞机执行完轰炸任务后就没有继续采取掩藏措施,而是径直飞回以色列。这类秘密行动所造成的是极为显性的破坏力,同时所针对的是敌对状况很严重的国家,与战争时期的秘密行动没有本质的区别。战争时期的有些秘密行动实施前严格保密,结果达成后有些就不再保密,有时为了鼓舞士气,打击敌方,还会用作宣传的内容。

印度尼西亚独立后,总统苏加诺想走两大阵营之外的第三条道路,被美国当作共产主义的同路人。美国国务卿约翰·杜勒斯认为:"我个人的感觉是,一个在国土上统一但却倾向于共产主义的印尼,和一个地理上被分割成块的印尼国家相比,我更喜欢后者。"中央情报局策划实施了鼓动印尼外岛军队叛乱的"海克行动",投入1000万美元,为叛军提供了大量的武器装备,招募使用一批雇佣飞行员运送武器和进行侦察、空袭,派遣准军事行动专家进行指导。苏加诺谴责美国支持和操纵了印尼外岛的武装叛乱,美国矢口否认,国务卿杜勒斯声称:"从国际法的角度来看,我们遵循的是一条正确的方针。我们没有干涉这个国家的内部事务。"艾森豪威尔总统表示:"我们一贯采取谨慎的中立和正当的行动的政策,我们不会在与我们无关的地方支持某一方。"不久中央情报局雇佣飞行员艾伦·劳伦斯·波普执行轰炸印尼政府目标的任务时被击落俘虏。按照中央情报局的要求，这些雇佣人员及飞机上的一切与美国有关的痕迹都要清除干净，波普作为参加过朝鲜战争和受雇中央情报局帮助法国越战的老兵油子，深知如果身上没有证明自己身份的物品，一旦被俘就有可能难逃惨死的厄运，于是私藏了自己的美国空军身份证和民用航空公司身份证，与民用航空公司和中央情报局签订的合同，以及美军克拉克空军基地商店的特许购货证等。① 这下彻底坐实了苏加诺的指控，狠狠地打了美国总统和国务卿的脸。美国政府当然不会承认自己做了违反国际法的事情，美国驻印尼大使霍华德·琼斯把波普说成是一个以雇佣兵身份私自参与行动的人，意思是纯属个人行为，与美国政府无关。美国政府心底里期望能分裂印尼或是颠覆苏加诺政权，但在公开场合并不想与印尼政府彻底翻脸，中央情报局不得不中止"海克行动"。失去了中央情报局的支持，叛军便成为秋天的蚂蚱，不到一个月就被印尼政府军平息下去了。秘密行动的特点在"密"，可以在桌面上和桌面下两个方面游刃有余，一旦失去了"密"，秘密行动就步入了绝境，不仅失去了桌面上有关"道义"的话语权，也失去了以"密"为生命的秘密行动得以开展的基本条件。

以色列通过"巴比伦行动"炸毁了伊拉克的核设施后，立即激起了阿拉伯国家的极大愤怒，使他们感到了消除分歧、抵御外侮的必要性，在伊拉克的请求下，突袭事件4天后，就在巴格达举行了阿拉伯联盟外长紧急会议，一致谴责以色列的侵略行径。这次行动也严重打击了埃及总统萨达特正在推行的和平战略，他十分生气，严厉谴责以色列的行为是"把和平进行的时钟倒拨"。以色列这种公然践踏国际法准则的恐怖行为，也使美国处于十分难堪的境地。它不仅激化了阿拉伯国家与以色列的敌对情绪，还使得他们的反美情绪进一步高涨。他们有理由认为，如果不是美国的支持和怂恿，以色列是不敢如此胆大妄为的。美国为了撇清自己，挽回在中东的影响力，迅速谴责以色列的举动加剧了"中东的不安局势"，同时还指责说以色列用美国装备袭击伊拉克违反了美国的法律，里根总统决定暂停交付4架喷气式飞机。苏联在阿以冲突中一贯支持阿拉伯国家，自然也不会放过这个谴责以色列和美国的大好机会。大家表面上的文章都做得很

---

① 刘雪梅等：《神秘的第三只手——二十世纪美国情报机构绝密行动》，东方出版社2005年版，第156页。

足,都在抢占道义的至高点,拿国际关系准则说事,但实际上是各怀鬼胎,在"义利之辨"中更多的是一种逐利的心态,或是口言义而心向利,二者并行不悖,一切以本国的利益为依归。无论华盛顿、莫斯科,还是相关阿拉伯国家,私下里都对以色列的行动感到期待和满意。美苏都不希望国际核俱乐部里再添一个新成员,阿拉伯国家也不愿意咄咄逼人的萨达姆所领导的伊拉克研制出核武器。在中东这个战乱不断的区域里,他国的强大意味着本国的衰弱,显然阿拉伯国家都不想看到在本国所在区域出现一个强大的拥核国家。[1] 有时候国际关系准则与本国的具体利益诉求不一定合拍,但在公开场合下,还是会拿国际关系准则说事,至于私下里怎么想,就是另外一回事了。外交活动是明的,遵循规则,讲求道义;秘密行动是暗的,打破规则,注重实利,这也是二者最大的区别所在。这个道义就是符合伦理道德的国际关系准则,针对具体的事项时,往往按照国际关系准则的要求发声,即使不符合伦理道德的事情,也要将其说成是如何符合伦理道德的。讲求道义的关键在于"讲",相关国家外交部门从来不缺乏这方面的人才,对此,大家也是心照不宣,最大限度地维护本国的声誉和利益是他们的职责所在。英国的亨·沃顿曾说:"大使都是诚实的人,只是为了国家利益才被派到国外去骗人。"而注重实利之利,有合法之利,也有非法之利,不管是何种之利,其获取的渠道和手段都是见不得光的。公共权力要在阳光下运行,而秘密行动正好相反,背阴处才是其最适宜的生态环境。

第二节 秘密行动与国内政治

作为由专门的政府部门(情报部门和军事部门都隶属于政府)主导的秘密行动,与政治有着十分密切的关系,它涉及到国家与国家、组织与组织之间的关系。只不过外交手段是通过光明正大的渠道来处理这种关系,讲求的是平等互惠;而秘密行动则是通过隐蔽秘密的渠道来处理这种关系,追求的是损人利己。我们在前面已经说过,秘密行动的共性特征就是欺骗和破坏,它与政治伦理是背道而驰的。从政治伦理的角度上来看,秘密行动属于阴谋诡计和卑鄙无耻的行为,因而秘密行动的核心是"秘密",

---

[1] 高金虎等:《大卫的铁拳——二十世纪以色列情报机构绝密行动》,东方出版社 2005 年版,第 297—298 页。

背阴处才是其最适宜的生态环境。在战争时期,交战双方运用一切手段进行生死博弈,取得战争胜利是压倒一切的任务,政治伦理的观念会暂时让位于现实斗争的需求,对秘密行动具有极高的包容度,许多国家可能还会以欣赏的态度看待秘密行动。但在和平时期,一切又会回归正轨,一些比较重大的秘密行动一旦暴露或是被揭秘,必然会导致政治上的不利后果,矛头所向一般为最高决策者。遵循政治伦理,是对一个政治家在政治上的基本要求,如果公开承认做了有违政治伦理的事项,无异于自毁形象或自掘坟墓。在此情形下,最高决策者的选择往往是"做一个伟大的伪装者和假好人"。① 也即掩盖事实真相,诡称自己不知情,将一切责任推给相关人员,有些甚至还会慷慨激昂地表态要查明真相,严惩涉案人,给受害国(或受害组织)和公众一个交代,以维护自己的良好形象。其实真相就在他的手中,他并不想将真相和盘托出,而是尽一切可能将真相永远封存起来,编造另外一套说辞来应对受害方和舆论。最后给人的感觉往往是,某些手握权力的人为了摆脱因秘密行动衍生出的不利影响和后果,通过贼喊捉贼的方式,对部下实施了一次"秘密行动",而这种"秘密行动"的核心就是欺骗公众和对手,转嫁罪责,使自己能够全身而退,并且多数情况下能够如愿以偿。

一、对平战两种状态下秘密行动的评价存在很大的差异性,基于伦理道德的价值判断经常让位于国家利益的实际需要

在战争时期,国家会动用一切资源和手段为围绕战争服务,秘密行动作为战争的有机组成部分及夺取战争胜利的一个重要手段,自然会受到领导人的青睐。曾领导英国取得二战胜利的首相丘吉尔,对情报组织的秘密行动充满了兴趣,他也是秘密行动的重要受益者,他曾用文学式的语言赞美道:"在特工工作的高级范畴里,许多案例中的事实,都同异想天开的冒险故事和传奇式的虚构一模一样。盘根错节中的盘根错节,阴谋与反阴谋,骗局与骗局中的骗局,真间谍与假间谍,双重间谍,黄金和刀剑、炸弹,匕首和行刑队。这一切都缠结在一个又一个的结构中,错综复杂,令人难以置信,然而却是真实的。特工组织的首脑和高级官员陶醉于这些地

---

① [意]马基雅维里著,潘汉典译:《君主论》,商务印书馆2017年版,第84页。

第十五章 秘密行动与伦理道德

下迷宫中,并且以冷静和默不作声的热情执行他们的任务。"① 曾任法国总统的戴高乐在回忆录中写道:"在两次大战之间,青年人对'第二局(法国总参第二局,军事情报机构)'、秘密机关、侦探工作乃至破坏和阴谋的故事都具有很浓厚的兴趣。书籍、报刊、戏剧、电影,大部分都集中精力描绘某些多少带些想象因素的英雄人物的冒险事迹。他们在为国家进行的秘密工作中做出了卓越的贡献。"②

在和平时期,有些国家的领导人对情报机构及秘密行动抱有戒心,戴高乐对平战两种状态下的秘密行动就有截然相反的态度,对战争状态下的情报机构和秘密行动给予了高度评价,但对和平时期的秘密行动则怀有敌意。法国国外情报暨反间谍局第 7 处处长勒鲁瓦说:"我感到,戴高乐的敌意并未消除。在他看来,我们依然是扒手,是砸保险柜的盗贼。他打心底里反对我们的做法。可他忘记了不可能有别的办法,忘记了在我们的国家里,一些出类拔萃的军官领取微薄的薪俸,冒着巨大的风险,从事着这种秘密工作。"③ 1929 年任胡佛总统的国务卿史汀生有"君子不看他人信件"的名言,并关闭了"暗室"密码破译机构。罗斯福总统去世后,新上任的杜鲁门总统所听到的都是"战略情报局将成为美国的盖世太保"之类的批评,宣布撤销战略情报局。但经过美国战略情报局这"一次史无前例的实验(战略情报局局长杜诺万告别演讲时用语)",情报从只是军队和战争的附庸,成长为国家决策的重要基石,即如杜诺万所言:"向美国证明只有基于准确的情报基础上的国家政策才能使和平永在。"杜鲁门很快就认识到了情报工作和情报机构的重要性,美国逐步形成了由总统直接控制和指挥,以中央情报局为龙头的国家情报体系。中央情报局成立之初,主要任务是协调各情报机构的情报搜集和分析任务,出于冷战的现实需要,不久又获得了从事隐蔽行动(秘密行动)的授权。亲手批准成立中央情报局的杜鲁门总统曾说:"有一段时间,我对中央情报局改变原来的任务感到不安。它现在已经成为政府行动的一臂,有时还成为政府决策的一臂。在建立中央情报局的时候,我从来没有想到过它会一面穿着和平时期的外

---

① 刘雪梅等:《保安局在行动——二十世纪英国情报机构绝密行动》,东方出版社 2005 年版,第 21 页。
② 勾宏展等:《塞纳河畔的管子工——二十世纪法国情报机构绝密行动》,东方出版社 2005 年版,第 1 页。
③ 勾宏展等:《塞纳河畔的管子工——二十世纪法国情报机构绝密行动》,东方出版社 2005 年版,第 129 页。

衣，一面玩弄着匕首的勾当。我认为我们所曾经历的一些事和令人窘迫的情况，部分地也是由于这一总统安分的情报之臂已经背离它原来的角色，致使它正在被说成是卑鄙无耻、神秘莫测的外交阴谋的象征。"[1] 所谓"匕首的勾当"应该是指秘密行动，从这段话里，杜鲁门总统对赋予中央情报局秘密行动的职能似乎感到有些后悔，亲手创建了美国情报体系的杜鲁门心情比较矛盾和复杂。虽然此后的大部分美国总统，尤其是肯尼迪、里根对秘密行动充满了兴趣，但也出现过像福特、卡特对秘密行动感到厌恶或敬而远之的总统。在处理U-2飞机被苏联击落的事件中，艾森豪威尔总统在国家安全委员会会议上说："在这个问题上我们不得不承受很多谴责，我应该全部承担起来。"并在白宫宣读了一个声明，承认自己曾命令"采取各种不同的方式"以搜集情报，称情报活动是"令人厌恶的但又是不可缺少的"。接替尼克松继任总统的福特，获悉中央情报局"家庭珍宝"的情况后，在一次特别会议上说："我在椭圆形办公室会见科尔比，第一次了解到中央情报局官员称作'家庭珍宝'的东西，这些都是绝密文件，提供了中央情报局那些令人厌恶的非法行径的细节。在50—60年代，中央情报局曾阴谋刺杀外国领导人，包括菲尔德·卡斯特罗。"并下令由副总统洛克菲勒组建"中央情报局国内活动委员会"，对中央情报局所从事的非法活动进行调查，随后国会两院分别成立"派克委员会"和"丘奇委员会"，对中央情报局展开深入调查。一时间中央情报局的声望一落千丈，正如美国学者约翰·兰尼格拉在《中央情报局》一书中所言："一夜间中央情报局顿时在美国人民心目中成了罪恶的跟踪组织。全国人眼中的领取中央情报局工资的人的形象，都是一些不听公正判断、不受任何约束、无孔不入地进行阴谋活动的恶棍。中央情报局被认为是像贬损者长期以来一直说的那样，是威胁美国的恶魔。"时任中央情报局局长科尔比明显感受到："白宫打算疏远中央情报局以及其麻烦事（就像水门事件期间中央情报局疏远白宫一样）……我感到很孤独，但我也明白福特政府决心不同中央情报局30多年来罪恶沾边的某些内在原因。"接着上台的卡特总统则发自内心地"不喜欢中央情报局"，公开表明他"深受中央情报局大多数活动的困扰"，在竞选时曾将中央情报局称为"民族的耻辱"，这种状况一直

---

[1] 刘雪梅等：《神秘的第三只手——二十世纪美国情报机构绝密行动》，东方出版社2005年版，第79页。

第十五章 秘密行动与伦理道德

持续到里根总统上台才得到根本的转变。① 英国在 1956 年发生了"克雷布事件"之后,对情报机构进行了重大改组,安全局局长迪克·怀特出任秘密情报局局长,并认为秘密情报局不是特别行动执行署在和平时期的延续,其任务并非破坏和暗杀,主要转向情报搜集与分析。在和平时期从事间谍活动尤其是秘密行动,被一些国家的领导人认为是一种令人厌恶的或罪恶的行为,但他们并没有中止或摒弃这些行为,正如艾森豪威尔所言是"令人厌恶的但又是不可缺少的"。即伦理道德上的判断与国家的实际需要之间存在着尖锐的矛盾,最终前者让位并服从于后者。

在反恐斗争中,中央情报局也采取了许多特殊的措施,并引发了国际社会对中央情报局"黑牢"和"酷刑"的争议。中央情报局认为将所抓获的恐怖组织重要人物带回美国走司法程序,或是移交原籍国,都无法保证从他们那里获取情报,于是将近千名嫌疑犯扔进了阿富汗、泰国、波兰和美国设在古巴关塔那摩的秘密监狱,由中央情报局官员和私人军事企业雇员进行刑讯逼供;另有数百人交由埃及、巴基斯坦、约旦和叙利亚情报机构审讯,中央情报局协助。中央情报局在巴基斯坦费萨拉巴德抓获了"基地"组织的后勤总管阿布·祖巴耶达赫,审讯中他交待了"9·11"事件主要策划者是哈立德·谢赫·穆罕默德的重大情报,此后便不再合作。小布什政府授权"强化审讯手段",其中包括动用水刑。数年后这些审讯方式被披露出来并饱受非议。国际人权组织、美国国会及布什政府中的一些官员,对此提出了质疑,国际红十字会甚至将水刑称为"酷刑","祖巴耶达赫"也成为中央情报局秘密监狱和酷刑的代名词。但在中央情报局内部,认为实施了"强化审讯手段"后,才使得这些亡命之徒不得不合作,水刑和剥夺睡眠这两个审讯手段最为有效,有超过 70% 的情报是通过酷刑获取的,其中包括本·拉丹信使的线索,炸毁美国布鲁克林大桥、袭击英国伦敦希思罗机场等计划,并成功进行了阻止。中央情报局副局长莫雷尔接受采访时表示,"'强化审讯手段'不是酷刑,但这些手段与美国人的价值观不符,因此,我认为不应该那样做。"时任国家安全事务助理赖斯看到中央情报局提交的一系列可能采用的手段之后,认为其中的一种手段超过了白宫的道德底线,因而不能使用。美国顶尖法学院的一位教授认为,中央情报局的很多手段与美国对人格尊严的捍卫以及美国在世界上的领导

---

① 白建才:《"第三种选择":冷战期间美国对外隐蔽行动战略研究》,人民出版社 2012 年版,第 282—283 页。

作用相抵触,"我强烈反对,也就是说,除非我是美国总统并且某人走进我的办公室,说这是防止有可能导致成千上万美国人死亡的大规模恐怖袭击的唯一办法。在那种情况下,如果决定的责任落到了我的肩上,我也会说试试这个办法吧。"① 这同样是表明了伦理道德的价值判断,让位于反恐斗争的实际需要,中央情报局也正是这样做的。

二、秘密行动暴露后掩盖真相,最高决策者转嫁责任

古希腊哲学家柏拉图认为:"假如有人必须要拥有撒谎的特权的话,那么这些人就是城邦的统治者。在与敌人打交道的过程中,甚至在与他们统治的公民打交道的过程中,为了公众的利益,他们或许可以被允许撒谎。不过,别的人一概不准撒谎。"② 这段话还有一个比较通行的翻译版本为:"国家的统治者是唯一享有特权在国内和国外说谎的人,他们可以为了国家的利益而说谎。"秘密行动暴露后,为维护国家的国际形象和与目标国家之间的关系,规避国内的法律责任,相关国家领导人往往会采取丢卒保车的方式来化解难题、摆脱困境,他们往往将"说谎"的本领和特权发挥得淋漓尽致。一般的程序是相关国家政府否认此事为本国情报机构所为;当得知目标国家或当事国已经获取了确凿的证据之后,便诡称国家最高当局不知晓此事,纯粹是由管理该情报机构的部门负责人、情报机构的负责人或其他与该事件有关的人员,不经请示报告而擅自所为,或宣称是执行人的个人行为,与政府无关;根据不同情况,由前述几类人员中的某些或某个人充当替罪羊,来平息和搪塞国际舆论、相关国家的谴责及本国的法律追究。大多数情况下,最高决策者能够通过此种手法金蝉脱壳,而情报机构及执行人员成为罪责的承担者,轻则撤职开除,重则陷入牢狱之灾。从伦理道德上来讲,这里涉及到三个方面的问题,即侵害他国主权,有违国际关系基本准则;采取欺骗的手段转嫁责任,陷害或加重了对相关人员的处罚,有违诚实守信的政治伦理和个人道德;逃避了本国法律的制裁,有违罪罚相当的法律精神和公正公平的原则。而这些成为了背锅侠的当事人,有的是胸怀大局、心甘情愿地揽过一切责任,有的则是进行抱怨

---

① [美]迈克尔·莫雷尔、比尔·哈洛著,朱邦芊译:《不完美风暴:美国中央情报局反恐30年》,中信出版社2018年版,第300—308页。
② [古希腊]柏拉图著,范晓潮译:《理想国》,研究出版社2018年版,第82页。

第十五章　秘密行动与伦理道德

和申辩，但不管当事人是什么样的态度，一般都改变不了替罪羊的命运。在这种事情上，国家的最高决策者不愿意自己的命运被他人所主宰，肯定会竭尽全力地通过主宰相关人员的命运，来维护自己的命运。他们正好是最高决策者为摆脱责任所选定的最合适人选，因而由情报机构及其负责人、或相关人员来承担责任，成为许多国家的通行做法。从工作性质上来说，情报工作是一种高危职业；从政治上来说，情报部门的负责人同样成为一种高危职位。这种最高决策者转嫁责任的行为，大多体现为降级担责，不仅使最高决策者摆脱了困境，也的确为缓解与受害方之间的对抗和政治危机起到了良好的作用，这种违背政治伦理和个人道德的处理方式，反而成为一种最合适的选择。这样做，使由最高决策者所领导的政府行为，变成为部门或个人不经请示批准的乱作为，这实际上是表明本国政府也不赞同这种行为，有助于降低与受害方之间对抗的烈度，相当于给了双方一个台阶下，如果实话实说，只会将事件弄得更糟。这时往往会出现一种奇特而诡异的现象，加害国一本正经地说假话，受害方一定程度上似乎相信并需要这种假话，然后在此基础上逐渐淡化火药味，最终和平地解决问题，这件事就算翻篇了。一个国家政府要处理的重大事务太多了，它们不可能在一件已经发生的事情上耗费过多的时间和精力。当我们回溯历史时，会发现当年许多惊天动地的重大事件，都已经沉睡在布满了蛛网的故纸堆里，包括那些曾经轰动一时的间谍案件。翻动这些案卷时，总会有人泪流满面，有人是因为产生共情，有人是因为尘螨过敏，而绝大多数人已是心如古井，波澜不惊。我们不得不感叹时光的魔力，它会使所有的喧嚣最终都归于沉寂，也会使许多曾如泰山压顶的重负渺若轻烟。

　　采取秘密行动的方式来解决问题，除了缺少更好的方法与途径之外，还有一个很重要的原因，是不想破坏与目标国家或所涉及国家的友好关系，或是在原本就不太好的国家关系上雪上加霜，以及招惹来难以承受的报复。这也是一个悖论，即采用秘密伤害目标国家的方式，来尽可能避免或减轻对与目标国家关系的伤害。这就如同两个认识的人，一方明火执仗去抢劫另一方，肯定会变成仇敌；但如果是一方暗地里将另一方的东西偷过来，只要不暴露，他们可能还是朋友，或是可避免原本不太好的关系进一步恶化，后者就是秘密行动行事的基本方式。美国与以色列是特殊的盟友关系，双方的情报机构保持着密切的合作，但每个国家都有自己特殊的国家利益和战略考量，不可能完全做到开诚布公、互晾家底，能拿出来进行共享的情报还是很有限的，这方面以色列对美国的情报需求会更迫切一

· 685 ·

些，美国没有完全满足、也不可能满足以色列的情报需要。由以色列国防部科技事务联络局（拉卡姆）负责经营的间谍乔纳森·波拉德是美国海军情报机构的文职分析人员，为以色列窃取了大量的情报，正好弥补了美以情报合作的不足。波拉德有一台与联邦情报系统数据库联网的计算机，可进入6个受限制的机密档案馆调阅机密文件，包括中央情报局、联邦调查局、国家安全局、国防情报局、海军情报局及国务院情报与研究局等。拥有如此高的接密权限，使得波拉德为拉卡姆服务时得心应手，大量绝密情报涌向特拉维夫，如叙利亚发展化学武器，伊拉克核计划，埃及、沙特等国购买武器清单及性能等，这些情报以色列过去无法搞到，但又事关以色列的生死存亡。他还提供了巴解突尼斯总部的间谍卫星照片及相关情报，据此以色列专门组织实施了空袭巴解突尼斯总部的"木脚行动"。波拉德被捕后，在美国引起了轩然大波，对美以关系造成了重创。以色列不得已对这起间谍案进行了调查，以色列政府要员包括时任总理沙米尔、国防部长阿伦斯都承认看过波拉德所提供的一些情报，但否认知道情报来源，并称如果知道的话，他们肯定会中止这一行动。而拉卡姆局长艾坦则表示自己是问心无愧的："我所有的活动，包括波拉德的活动，上层领导人都了解得一清二楚。我不想充当替罪羊，掩盖他们的责任。"但艾坦还是被当作替罪羊解除了局长职务，以平息美国的愤怒情绪。[①] 这位年轻时代曾参与绑架艾希曼，并将其送上法律绞刑架的拉卡姆局长，这次是心有不甘地被其上司送上了政治上的"绞刑架"。作为世界情报大国的美国政府，对情报工作的运作程序了如指掌，应该明白以色列在玩丢卒保车的把戏，也是见好就收，没有执意往上追究。在内行人看来，这两个正在因间谍事件闹得不可开交的国家政府，似乎演了一出"双簧"，这可能也是处理间谍事件时的一种独特政治现象。以色列政府虽然一直要求美国释放波拉德，但直到12年后，才承认他是以色列间谍，结束了他没名没分的日子。

  1979年，尼加拉瓜桑地诺阵线推翻索摩查家族独裁统治，建立民族复兴政府后，美国政府就一直想通过秘密行动来支持尼反政府武装，颠覆亲共的桑地诺政权。美国国会认为这是中央情报局想发动一场战争，而只有国会才有发动战争的权力，于是国会通过了制止中央情报局或国防部为"推翻尼加拉瓜政府"的行动提供经费的"博兰修正案"。此后国会又对该

[①] 高金虎等：《大卫的铁拳——二十世纪以色列情报机构绝密行动》，东方出版社2005年版，第309页。

第十五章 秘密行动与伦理道德

法案进行了修正,规定中央情报局、国防部以及美国其他涉及情报活动的机构或实体,其所能得到的款项不得用于支持"任何国家、小组、组织、运动或个人在尼加拉瓜直接的或间接的,军事的或准军事的作战行动",彻底关闭了从美国向尼反政府武装输送资金的渠道。但美国政府并未遵守该法案的规定,由国务院、中央情报局和国家安全委员会负责针对尼加拉瓜的准军事秘密行动。此间有7名美国人被伊朗所支持的黎巴嫩真主党绑为人质,其中包括中央情报局驻贝鲁特情报站站长巴利克、美联社驻黎巴嫩记者安德森等。里根总统在白宫主持召开了国家安全计划小组会议,中央情报局局长凯西、国务卿舒尔茨、国防部长温伯格及波因德克斯特等人参加了会议,作出了"武器换人质"的决策,即由以色列把陶式反坦克导弹运到伊朗,美国补充以色列的弹药库,换取伊朗帮助美国人质获释。此事由国家安全委员会政治处副处长诺思中校负责实施,由中央情报局控股的南方航空公司承担了从以色列向伊朗运送导弹的任务。在这些军火交易中,伊朗共支付了约3000万美元,诺思将其中的1200万美元打到尼反政府武装的账户上。嗣后不久,一架向尼反政府武装空投物资的美国飞机被击落,黎巴嫩《帆船》杂志又报道了此事,立即在美国引起了强烈的反响,被称为可与"水门事件"相提并论的"伊朗门事件"。里根总统向全国发表电视讲话,迅速撇清自己的责任,他说:"我们没有,再说一遍,没有拿武器或其他任何东西交换人质,我们将来也不会这样做。"最后将所有的责任都推到了总统国家安全顾问波因德克斯特和诺思中校的身上。这两人虽然没料到这么快就被当作替罪羊扔进了舆论的火山口,但他们很快就适应了这个角色,尤其是波因德克斯特主动揽过了全部的责任,说很多事情他没有向里根总统报告,诺思也只是执行了他的命令,两人分别被判处6个月和3年的监禁。里根总统平安渡过了政治上的"至暗时刻",逃脱了被弹劾的命运,也即逃脱了本国法律的制裁。诺思中校在法庭上为自己辩护道:"我想,重要的是,我们此时此地已经就什么是隐蔽行动达成了某种共识,就其本质而言,特别行动就是撒谎,在隐蔽行动中,从事欺骗和蒙骗的活动大量存在,这些活动从本质上看就是撒谎。我们要尽其所能就我们的动机和我们的行为欺骗敌人,否认美国与这些行动有任何联系……这并没有错。"在秘密行动领域,诺思所言并非完全没有道理;但摆在法律的台面上进行审视,这无疑是犯罪。正如美国作家蒂姆·韦纳所写的那样:"当他销毁、焚烧和改写记录他丰功伟绩的文件时,他是在欺骗历史,企图偷盗忠诚。伪造假文件和销毁真文件,对于秘密世界是家常便饭,或者说,诺思认为如此;用法律的眼光看,这些活动便是犯罪。"①

法国国外情报暨反间谍局第 7 处处长马塞尔·勒鲁瓦,通过秘密行动为法国作出了重大的贡献,其所领导的第 7 处,在一个时期创造了该局 90% 的工作成果,被西方情报界公认为是有勇有谋、功勋卓著的"间谍大师",也没能逃脱当替罪羊的命运。他曾满怀心酸地说:"万一事情搞糟了,他们只需把一切都推到特工机构头上就是了","我立志全身心投入特工事业,甚至不惜牺牲自己的生命。我以我自己独特的方式工作着,为了弄到情报,我四处搜寻,总能得手。但哪里料到,道路的尽头等着我的却是一场悲剧。"因本·巴尔卡绑架暗杀事件,法国国外情报暨反间谍局局长保罗·雅基埃被解职,第 7 处被撤销,处长勒鲁瓦被开除,涉事的 3 名法国特工均被判处 7 年徒刑,摩洛哥内政大臣乌弗基尔和安全情报局局长德利米被缺席判处无期徒刑。但摩洛哥政府发表公告,否认摩洛哥政府参与了此事,乌弗基尔宣称自己只是到日内瓦看望了在那儿读书的孩子,路过巴黎而已。② 法国的审判结果成为法律白条,在摩洛哥没有任何效力,真正暗杀本·巴尔卡的摩洛哥两名安全情报部门的高官仍然活得有滋有味。

三、秘密行动有时会极大地影响国家关系,受害国有时并不希望得到全部的真相

这可能也是一个很矛盾又很有趣的现象,一般来说受害方的首要诉求是得到全部真相,但在涉及到间谍事件尤其是秘密行动对目标国家造成了重大损害的时候,而两国关系比较友好或是处于比较特殊的时期,加害方如果说出了全部真相,可能会对两国之间的关系造成重大破坏,这并不是双方或其中一方所愿意看到的。在这种情况下,加害国掩盖部分真相,不仅能够得到受害国的认同和理解,同时也是受害国所希望的处理方式,使该事件的处理对国家关系不至于产生过于严重的负面影响。一方刻意欺骗,另一方乐于受骗,这种看似矛盾的现象,反映出了国家之间关系及处理国家间特殊事务的复杂性和微妙性,有时远远超出了是非观念或伦理道

---

① 刘雪梅等:《神秘的第三只手——二十世纪美国情报机构绝密行动》,东方出版社 2005 年版,第 347—350 页。

② 勾宏展等:《塞纳河畔的管子工——二十世纪法国情报机构绝密行动》,东方出版社 2005 年版,第 186—189 页。

第十五章 秘密行动与伦理道德

德所能覆盖的范围。

不说出全部真相,尤其是降级担责的方式,可为处理两国关系预留更大的回旋余地,有利于双边关系的修复或不至于过度恶化。波拉德间谍案爆发后,时任美国总统里根感到十分震惊和困惑:"我不理解他们为什么这么干。"里根政府对以色列的支持可以说达到了登峰造极的地步,以色列竟然还不知足。以色列政府要员包括总理沙米尔、国防部长阿伦斯知道此事非同小可,都声称不知道情报来源。拉卡姆局长拉菲·艾坦感到很委屈,表示"上层领导人都了解得一清二楚",还是被当作"替罪羊"解除了职务。从常理来分析,艾坦所言应该是真实的,波拉德所提供的都是事关以色列生死存亡的重大情报,以色列据此组织实施了多起针对阿拉伯国家的震惊全球的重大秘密行动,无论从展现情报来源的可靠性、情报内容的真实性,还是从情报机构展示能力和功劳的功利性等方面而言,都有必要向最高决策者以及拉卡姆的上司国防部长报告波拉德的情况,有着丰富情报工作经验和分析能力的美国情报机构,对此必定心中有数。但美国似乎在一定程度上相信并接受了以色列的说法,并未盯着以色列的最高决策层做文章,而是紧追着以色列空军上校阿维姆·塞勒不放。塞勒在美国大学进修期间亲自策反和招募了波拉德并进行经营指导,在波拉德临暴露前夕专程到美国肯定其工作成就,并通知其已被晋升为空军准将。得知波拉德遇到麻烦后,塞勒与接替其负责同波拉德直接联系的约西·耶格迅速离美回国。塞勒也成为本案中唯一被指控犯有刑事责任的以色列人,他回国后任以色列最大的空军基地特尔诺夫基地的司令。华盛顿对此颇为不快,下令只要塞勒在该基地任职,任何美国人不得涉足该基地,时任美国副总统老布什1986年访问以色列时,拒绝到该基地参访。为了维持与美国的战略关系,以色列不得不忍痛解除了塞勒的职务。[①] 以色列作为美国在中东地区最重要的盟友,美国并不想因这个间谍案件给双方关系带来大的震动,以色列否认最高决策者知晓此事,除了推脱责任之外,实际上也是为美以处理因该案件受到不良影响的双边关系预留了更大的回旋空间,因而美国方面也并未穷追猛打。但这个案件毕竟对美国造成了很大的伤害,对拉卡姆局长艾坦及塞勒的处理,也算是给了美国一个面子,在一定程度上平息了美国的怒火。

[①] 高金虎等:《大卫的铁拳——二十世纪以色列情报机构绝密行动》,东方出版社2005年版,第308—309页。

世界情报组织秘密行动

　　有时秘密行动事件会成为当事国博弈的筹码，以此来获取国家的最大利益，并不在意是否揭示出了全部的真相。"彩虹勇士"号被炸事件发生后，法国总统密特朗声称："法国在南太平洋的穆鲁罗瓦岛进行核试验，纯属法国主权范围内的事，任何人不得干涉。但炸沉绿色和平组织的旗舰'彩虹勇士'号，则是一起恐怖活动，是不能容忍的犯罪行为……有人隐瞒此事真相，直接损害了法国的利益，不论其职位高低，都必须受到严厉的制裁。"显得大义凛然，实际上该行动就是他审批的，总理法比尤斯也知情。法国政府指派原戴高乐总统府的秘书长、行政法院大法官特里科夫进行调查，得出的结论是遵照国防部的指示，对外安全总局局长拉斯科特先后派遣3批共6名特工到新西兰的奥克兰港，监视"彩虹勇士"号的行动，期间没有任何越轨行动。对此结论，新西兰和"绿色和平"组织都不满意，但苦于缺少证据，也无可奈何。法国《世界报》和《快报》周刊等新闻媒体随后揭发出了事实的真相，舆论一片哗然，法国民主联盟的领导人弗朗索瓦·莱奥塔尔说："这比水门事件还要糟糕。在任何民主国家，如果出现这种事件，总统都是要下台的。"法国总理法比尤斯将全部责任推到国防部长和对外安全总局局长身上，并对记者说："我确信，是他们两人采取了行动，主意也是在他们这级拿的，责任也应由他们承担。"① 从事件后续发展的情况来看，新西兰只需要法国承认炸船事件是法国特工所为就足够了，并不在意是否需要挖出背后真正的决策者，再说因此事致使法国总统密特朗下台，对新西兰也没有任何实际好处。接受法国的说法，并以此作为筹码与法国政府讨价还价，为新西兰争取到最大的利益，才是一个明智的选择。于是法国同意新西兰向法国和欧共体出口羊肉和黄油，这可是新西兰过去在谈判桌上所没能争取到的重大利益，新西兰也接受了法国的道歉，挽回了国家的尊严。法国总统密特朗和总理法比尤斯经过一番操作，将责任推得干干净净，顺利渡过了"法兰西门"的政治危机，新西兰政府和法国政府实现了"双赢"的目标，于是双方捐弃前嫌，和好如初。只是苦了两位替罪羊，当他们看到总统、总理仍然道貌岸然地活跃在政治舞台上，市场上充斥着新西兰羊肉和黄油的情形时，内心可能会是五味杂陈。有些反讽的是，在这场政治危机中真正感到痛心疾首的可能是表面上与此事毫无关系的苏联，他们好不容易培养了一名身居法国国防部长

---

① 勾宏展等：《塞纳河畔的管子工——二十世纪法国情报机构绝密行动》，东方出版社2005年版，第203、219—221页。

第十五章 秘密行动与伦理道德

高位的间谍,却因为这个事件弄得鸡飞蛋打,他们看在眼里,痛在心里,却又不能说出来。

前面所说的是加害国隐瞒部分事实真相,这里所要说的则是受害国希望加害国隐瞒部分事实真相,他们觉得获取另外的国家利益比真相更重要。原定于1960年5月16日在巴黎举办美苏英法四国首脑会谈,6月份艾森豪威尔总统访问苏联,赫鲁晓夫准备给予超规格的隆重接待。美国中央情报局U-2侦察飞机于5月1日在苏联境内被击落事件发生后,为了不影响美国总统访苏和两国首脑会谈的安排,以及美苏两国正在推进的缓和进程,赫鲁晓夫有意为艾森豪威尔推卸责任留下口风,故意以猜测的语气说:"或者是五角大楼的好战分子在总统不知情的情况下擅自实施了这次入侵行动?"中央情报局局长杜勒斯也准备辞去局长职务,替总统承担罪责,帮助总统摆脱困境,从而化解美苏之间的这场政治危机。没想到艾森豪威尔总统一反常态,不想将责任推给下属,决定由自己来承担全部责任,于是就有了其承认下令对苏联开展了间谍活动的一幕。一个国家元首公开承认自己批准对他国开展了间谍活动,这在历史上是第一次,对美国而言是诚实,对苏联而言却成为一种莫大的羞辱。赫鲁晓夫闻此气急败坏,我给你留面子,你还不领情,索性撕破脸面,谴责美国总统"背信弃义",美国总统访苏及两国首脑最高级别会谈流产,从1954年开启的缓和局面也走到头了。[①] 从这里我们看到,为了外交工作的需要,苏联并不希望美国总统说出是自己下令实施此项秘密行动的真相,而是想引导其以不知情为由将责任推到军方身上,这样可以保证美国总统访苏及两国首脑会谈能够如期进行,由赫鲁晓夫所倡导的美苏两大集团的缓和政策也能延续下去,但艾森豪威尔合乎伦理道德的一句真话,将这一切都断送了。是要真相还是要假象,是揭穿谎言还是期待谎言,有时却成为了一个问题,看似荒诞不经,却又真实无比。掩盖最高决策者知情的真相,至少还表明最高决策者认为这事不应该干,在心理感受上反而更符合国际政治伦理的要求;承认这个真相,意味着将这种损害他国主权的行为正常化或正当化,反而加剧了对受害国的伤害。这种极其微妙的心理感受及由此带来的后果,局外人可能很难体会和理解。

[①] 刘雪梅等:《神秘的第三只手——二十世纪美国情报机构绝密行动》,东方出版社2005年版,第134—139页。

第三节　秘密行动与个人道德

　　守法和遵从道德标准，似乎从来就不是从事情报活动或秘密行动时所应该秉持的品质。美国第三任总统托马斯·杰斐逊于 1807 年在一封信中写道："作为一名优秀军官，就应该做好一切准备，（为获取有用而且必要的情报）不惜突破法律的严格限制。"东德外国情报总局局长马库斯·沃尔夫在《隐面人》中认为："就道德而言，东西方的谍报机构都属于灰色范畴。他们的手段卑鄙毒辣，所作所为常常有违人伦。"美国情报学者拉·法拉戈说："作为一个间谍，必须具有一种特别的道德标准，世俗的道德观念必须从属于更直接的非道德动机。"曾任美国司法部长的爱德华·顿维认为："根据我国的道德标准、我们的生活方式以及我们的信仰，暗杀是一件肮脏的、邪恶的、该诅咒的丑恶勾当。"[①]不仅从美国的道德标准来看是这样，从世人所普遍公认的道德标准来看也是如此，但作为政府或军队所属的情报部门，并不因为以暗杀为代表的秘密行动不符合道德标准而放弃这方面的职能和工作，在其内部，反而认为是维护了国家或组织的利益，体现了对国家和组织的忠诚而受到赞赏，这种忠诚却又是符合道德标准的。拿破仑曾说："人类最高的道德标准是什么？那就是爱国心。"对于从事间谍工作的人来说，作为社会的人与作为职业的人所遵循的是不同的道德标准，对己方与对敌方也是遵循的不同的道德标准，甚至于对己方的人员，以及对投靠己方或为己方秘密服务的人员，都会保持一种特别的警惕，往往会从最坏的角度去考虑问题，要想获得信任，并不是一件轻而易举的事情。即使是这样，比你所能想象到的情况更糟的情形依然会不期而至，你可能误信了一个内贼，却使忠贞者蒙受冤屈，不过对己方来说是忠贞者，对对方来说就是一个叛徒或破坏者。在这里，你仿佛走进了一个伦理道德的迷宫，有时会使人晕头转向，找不到出口。

一、防止背叛屈服

　　古罗马政治家凯撒曾说："我喜欢敌人的叛变，但不喜欢叛徒。"情报机构也是如此，需要不等于喜欢，喜欢不等于信任，信任不等于当成自己

[①] 勾宏展等：《塞纳河畔的管子工——二十世纪法国情报机构绝密行动》，东方出版社 2005 年版，第 66、149 页。

第十五章 秘密行动与伦理道德

人,当成自己人也不等于不防范。以怀疑的眼光去审视和对待相关的人和事,在情报界是一种基本的行事方式。情报组织的工作主要由三个方面的力量所支撑,即自有的特工队伍、对方的叛徒和第三方人员,对情报机构来说,叛徒是情报机构生存和发展的一个非常重要的基础,可以说没有对方叛徒的支撑,就没有资格顶起情报机构这块牌子,当然这个叛徒应该是出自对方阵营的,而不是己方阵营的。这是一个悖论,对情报机构而言,对手就犹如一面镜子,当你挖空心思向对方渗透并策反重要人员时,对方也在做同样的事,如同拳击场上的运动员,无论胜负,双方都会是满身伤痕。二战时期英国情报机构对德战略欺骗取得了骄人的成就,同样也深陷德国情报机构"北极行动"的骗局。当你为策反了对方一个重要人物而窃喜时,对方也可能正在为取得了同样的成绩而庆贺,没有哪一家情报机构能置身事外,也没有哪一家情报机构能够独善其身,这是一个所有情报机构千方百计想要规避而又无法逃脱的宿命。因此,在情报机构的较量中,渗透与反渗透、策反与反策反、诱使背叛与防止背叛,虽然不见硝烟,却是刀刀见血,冷战时期美苏双方情报机构的斗法,便是这种现象的生动写照。老的对手倒下了,又会出现或寻求新的对手,在这个领域里,永远不会出现刀枪入库、马放南山的情形。维克托·切尔卡申在《经营间谍的人》一书中写道:"1997年,在一次美国会议上,乔治·H. W. 布什总统的国家安全顾问布伦特·斯考克罗夫特问我的看法:奥尔德里奇·埃姆斯为什么背叛了他的国家——还有,有没有防止叛国的可能。我回答说:如果要绝对安全,只有一个办法,那就是在情报搜集工作中不要使用人。要确保安全,需要完全由卫星、计算机和其他技术手段来从事谍报工作。这是不可能的——在情报搜集中,人的贡献是绝对是最重要的部分。只要涉及到人,安全威胁就无法完全消除。"[①] 你可以通过各种有效的措施,将安全威胁降到最低限度,但却无法完全杜绝,这就是一个客观而残酷的现实。

各国情报机构为了防止己方人员被策反或主动投敌,可谓是绞尽脑汁,招募时的严格考察、培训时的严酷考核、入职后的定期审查等,这是其他行业基本不会有的现象,尤其是对执行秘密行动的人员有时还会有更冷酷无情的要求,这就是给在敌区工作的重要情报人员准备好自杀用品,

---

[①] [俄] 维克托·切尔卡申、格里高利·费弗,佚名译:《经营间谍的人——一名克格勃特工的自传》,社联印制2006年版,第119页。

其用意不言自明。这种要求很难说是建立在信任的基础之上的,而是基于对人性的慎重考量。从人性的角度上来考察,面对严酷的刑讯和折磨,以及危及生命的考验,总会有部分人员因忍受不了而招供。以色列规定情报人员在这种情况下可以招供,不以叛国罪论处;有一些情报机构事先给定了招供的范围,即可以招供一些相对不太重要的情况,对重要的情况一律不得招供;也有一些情报机构规定必须熬过一定的天数才能招供,这样可以为相关人员预留出撤离、出逃或销毁间谍证据的时间,避免遭受更大的损失。但只要是提供了供词,必定会带来或大或小的损失,甚至让本国政府或本组织处于十分被动的境地。在有关谍战的影视剧中,时常有情报人员面临被捕时服毒或举枪自尽的场景,这绝非杜撰,而是在敌区活动的重要情报人员随时都有可能面临的考验。主要是防止情报人员被捕后暴露身份背景,或是经受不了严酷的刑讯而供出了机密,除了情报界,世界上还没有哪一个行业会有如此残酷且不近人情的要求。二战时期,英国特别行动执行署一般会给投送到德占区的特工配备自杀毒药,供他们面临绝境时使用。具有以色列"谍报王子"和"东方佐尔格"之称的特工伊利·科恩被捕后,叙利亚秘密警察在其房间里搜到了一块"雅得来牌"香皂,掰开后,里面露出了粉状炸药、微型雷管和毒药片,炸药用来炸毁发报机,毒药用于自杀。由于事发仓促,他根本来不及使用。法国国外情报暨反间谍局负责秘密行动的第7处成立后,处长勒鲁瓦为执行任务可能会陷入绝境的情报人员准备了毒丸或氰化物,请牙医在情报人员的牙齿上钻孔并注入毒药,用一层金质薄片封住孔口,当情报人员陷入绝境无法脱逃时,只需轻轻咬破薄片便可立即致死。[①] 制造1987年大韩航空公司858次航班爆炸案的持日本护照的两名男女,在巴林被拘接受问讯时,提出吸烟要求获准后,迅速吞进藏在香烟过滤嘴中的剧毒氰酸钾胶囊,男性送医抢救无效死亡,女性幸存。起初日本警方怀疑炸机事件是日本恐怖组织"赤军"所为,未死的女性使剧情发生了反转,她没能抵挡住持续不断的高强度审讯,最终交待自己真实姓名叫金贤姬,受朝鲜情报机构派遣,与金胜一假扮日本父女,在飞机上安置了定时炸弹,此事立即成为世界各国媒体报道的焦点话题。[②] 一个避死求生的金贤姬,给朝鲜惹来了大麻烦,朝鲜马上

[①] 勾宏展等:《塞纳河畔的管子工——二十世纪法国情报机构绝密行动》,东方出版社2005年版,第55页。

[②] 《金贤姬(前朝鲜特工)》,百度百科,https://baike.baidu.com/。

第十五章　秘密行动与伦理道德

回应说是韩国卑鄙无耻的诬蔑和栽赃，甚至说是韩国自导自演的苦肉计，目的是破坏国家统一。苏联驻哥伦比亚外交官员奥戈罗德尼克，于1973年陷入美国中央情报局设置的色情陷阱，被在中央情报局驻哥伦比亚情报站工作的埃姆斯等人策反，埃姆斯后来成为中央情报局苏东部反间谍处处长和苏联间谍。奥戈罗德尼克次年调回苏联外交部国际司工作，打入中央情报局的苏联和捷克双料间谍卡尔·科切尔将此线索报告了克格勃。克格勃将其抓捕后进行审讯，他表示愿意提供一份书面交待材料，并抱怨审讯室的钢笔不好用，请求使用自己的钢笔，他接过自己的钢笔后，迅速取出中央情报局提供的藏在里面的氰化物药片吞下，很快便气绝身亡。中央情报局虽然怀疑奥戈罗德尼克可能已暴露，经过反复掂量后仍派驻莫斯科情报站特工玛莎与其联络，克格勃通过跟踪找到了其隐藏的伪装成石头的无人交联工具，空心石头里面装着特制的摄影器材、黄金、美元和两粒毒胶囊等物。很显然，这些毒胶囊也是供其面临绝境时使用的。[1] 从这些案例中可以看出，自杀用的药品会做成各种不同的形状，隐藏在不同的随身物品之中，以方便在面临不同情形的绝境时取用。

1960年5月1日，经艾森豪威尔总统批准，美国中央情报局派到苏联领空进行侦察的一架U-2高空侦察飞机突然失踪。局长杜勒斯认为飞机上有自毁装置，可以引爆毁掉一切证据；飞行员也配备了毒针，可用于面临被俘时自杀，苏联抓不到美国从事间谍活动的任何证据，于是美国诡称一架"气象飞机"可能因出现故障误入苏联领空。中央情报局主管行动的副局长比斯尔说，如果飞行员落入"俄国熊"手中，我们鼓励他们但不命令他们自杀。局长杜勒斯则认为，即使不命令他们自杀，他们的"崇高品质"也会促使他们自杀；每个飞行员都配备了毒针，只要轻轻一刺，他们就可以免受"极权主义"政权的迫害了。因此，杜勒斯多次向艾森豪威尔总统保证："一旦出了乱子，苏联人不可能得到完整的设备，也不可能活捉飞行员。"[2] 不管怎么说，自杀无疑是中央情报局为飞行员鲍尔斯准备好的一个避免被俘和泄密的终极选项，但这次他们还是显得过于自信了。鲍尔斯为了活命，既没有启动飞机自毁装置，也没有使用毒针。具有讽刺意味的是，这支鲍尔斯不愿使用的毒针，成为其从事间谍活动最核心的证据

---

[1]　程景：《苏联克格勃绝密行动》，北方文艺出版社2017年版，第210页。
[2]　刘雪梅等：《神秘的第三只手——二十世纪美国情报机构绝密行动》，东方出版社2005年版，第133页。

和审讯的突破口。如果真是美国所宣称的"气象飞机",是不会配备这种间谍自杀用具的。苏联领导人赫鲁晓夫吊足了美国人的胃口,一周后才透露飞行员加里·鲍尔斯已经被活捉,还把什么都供了出来,美国总统艾森豪威尔随后承认了事实。这是历史上第一次一个国家的元首承认针对某个特定国家开展了间谍活动,艾森豪威尔觉得自己丢尽了脸面,说再也不想单独见到杜勒斯。不过这次事件也影响到后来许多国家逐渐不再讳言从事间谍活动,间谍交换也发端于此。将此事件放在伦理道德的评判台上进行拷问的话,你会发现自己陷入矛盾之中而无力自拔,承认从事危害他国主权与领土完整的有违国际关系准则的行为,并且事实上也不可能知错就改,类似的行为还会持续进行下去,是不是降低或是违背了伦理道德的标准?承认从事了间谍活动,而不是像过去那样一味地用谎言去应付,又符合做人的"诚信"原则,是遵循伦理道德的表现。我们可以想见,如果金贤姬和鲍尔斯按要求自杀成功,重要证据(人证及口供)随同灭失,这两起案件的公开定性与后续处理,很可能会是另外一种绝然不同的面目。即使受害国查出了真相,由于证据效力的位阶问题,在加害国字斟句酌、逻辑严密的谎言面前,也会变为一潭浑水。

二、提防上当受骗

古希腊哲学家德谟克利特认为:"不应该相信任何人,而应该仅仅信任那些已证明可信的人。第一种态度是愚蠢的,第二种是聪明的(《著作残篇》)。"情报机构虽然紧盯着对手,寻找可以收买或策反的人员,但当对手阵营真的有人来投靠时,又会充满疑虑,担心上当受骗。因为在这个行业里,欺骗行为司空见惯,防不胜防,"不应该相信任何人"的做法不仅不愚蠢,反而还是一种行规。这样的确可以防止一些双面间谍式的陷阱,同时也会使一些非常重要的情报资源从手头轻易溜走,这种情形常常会使相关情报机构及负责人陷入两难的境地。中国古代有一个"自相矛盾"的寓言故事,其所揭示的道理也适用于情报行业,情报机构是进攻对手的利器,同时又是对手进攻的重要目标,即情报机构兼具矛与盾的双重功能,"矛利"与"盾坚"的悖论同样会循环往复。即使是最强大的情报机构,也常常会陷入矛利盾坚自信与矛残盾破现实的尴尬处境。

二战时期,纳粹德国外交部官员弗里茨·科尔贝希望德国摆脱希特勒的统治,1943年8月,他携带186页德国外交部的绝密文件,来到英国驻伯尔尼领事馆,提出要见情报站负责人。英国秘密情报局驻伯尔尼情报站

第十五章　秘密行动与伦理道德

站长亨利·卡特怀特上校，完全不相信这个秃头中年男子是纳粹德国外交部的高级官员，他看了科尔贝所带来的材料后，觉得内容太过惊人，认为是编造的用来骗人的假情报，并对他说："这位先生不要把我当傻瓜，我知道你是纳粹派来的双面间谍。请你赶紧出去，我才不会上当。"他在这里碰了一鼻子灰后，不得已又去找了美国战略情报局驻伯尔尼情报站，站长杜勒斯坦率地说："我们现在还没法证明你是不是双重间谍。"虽然满腹狐疑，但还是接纳了他。① 日后的事实证明，亨利的武断，使英国秘密情报局错失了一位二战历史上最优秀的间谍，让美国战略情报局拣了一个大便宜，成为杜勒斯后来在政治上发迹的重要资本。这并不是说美国情报机构技高一等，而是美国战略情报局创建之初，海外情报工作举步维艰，实在没有多少值得一提的情报工作资源，所以才冒着风险接纳，没想到捞到了一条大鱼，当属意外收获。当战略情报局将其所提供的情报陆续发给美国军方时，却受到军方的普遍质疑和鄙视，军方认为刚出道不久的战略情报局很可能上了德国人的圈套，弄回来了一堆骗人的假情报。本来是间谍活动重要成果的情报，在美国政府和军方的眼中却成为耻辱的象征，使得杜勒斯有口难辩，心急如焚。战略情报局局长多诺万夹在中间，既没有充足的理由和证据说服军方，又不愿打击杜勒斯的积极性，搞得手足无措。后来请英国情报机构通过"超级机密"所破译的德国密电及其他渠道获取的德国情报，进行反复比对核实，认为情报真实可靠，才打消了美国政府和军方的疑虑，杜勒斯和多诺万才摆脱了里外不是人的处境。

格鲁乌上校奥列格·佩尼可夫斯基，被西方媒体称为"冷战神话""拯救了整个世界的人"。他先是主动投靠美国情报机构，但他的投靠之路并不顺利。佩尼可夫斯基在安卡拉情报站任站长高级助理时，就曾试图与美国人接触，并向美国驻土耳其大使馆提供了苏联在中东地区计划的情报，表示愿意与中央情报局合作。中央情报局调查后发现，其成长经历和事业、家庭堪称顺利完美，不存在任何背叛祖国的合理动机，认定他不是一个合适的招募对象，很可能是苏联人设计的一个圈套，便拒绝了其投靠要求，还向所有驻土耳其的北约国家大使馆发出了警报。数年后，已回莫斯科任职的他又以协调科技交流活动的名义拜访了美国驻莫斯科大使馆，表示愿意提供情报，再次遭到了拒绝。后来他试图通过加拿大商人范佛里

---

① 綦甲福、赵彦、朱宇博、邵明：《德国情报组织揭秘》，时事出版社2013年版，第208—213页。

特与加皇家骑警队取得联系，也没能成功。1961年，他找到了与英国秘密情报局有联系的英国商人格雷维尔·怀恩。秘密情报局认真核实了其所提供的情报之后，认为他是一个有诚意的变节者，指示驻莫斯科情报站谨慎经营。当佩尼可夫斯基所提供的情报如潮水般涌来时，秘密情报局请美国中央情报局联手处理，至此中央情报局才放弃了对他的怀疑，认为没有一个伪装投靠的间谍会提供如此之多的要害情报。在古巴导弹危机过程中，他所提供的情报在防止美苏核战争爆发中发挥了重要作用，还有600名苏联情报官员因其而暴露，被称为是现实中"几乎不存在的理想间谍"。他也在此过程中暴露被捕，主审法官阿·格·戈尔尼中将宣布"佩尼可夫斯基是一个机会主义者、野心家和道德败坏的人，他受雇于帝国主义情报机构，走上了通敌叛国的道路"，判处其死刑，最后他被活生生地投进了焚尸炉。①

三、难以得到信任

俄国作家列夫·托尔斯泰说："如果世界上还有比痛苦更坏的事，那么，它就是怀疑了。"人与人之间最宝贵的是信任，但当你为了一个国家、一个组织、一个理想而身蹈险境，为之奋斗一生甚至献出生命后，收获的却是怀疑与不信任，不知会作何感想。在情报行业，此类事件并不鲜见。在鱼龙混杂的间谍队伍中，到处充斥着欺骗与破坏，加之斗争尖锐复杂，情况瞬息万变，在敌方区域活动的间谍人员必须特意涂上一层保护色，为开展工作必须与敌方人员来往密切，对敌方来说是真真假假、虚虚实实，对己方来说时间长了也会在一定程度上起疑心，信任便成为稀缺资源。多一分审慎的态度，也许就会少蒙受一分损失，但对一些忠心耿耿，作出了巨大贡献的间谍而言，心中必定会是另一番滋味。

"剑桥五杰"之一的菲尔比，潜伏进英国秘密情报局为苏联工作了近30年时间，但从其逝世后克格勃解密的档案显示，他从来就没有得到过苏联人的真正信任。最初招募并指导他的苏联情报官员，在20世纪30年代的大清洗运动中大部分死于非命，而菲尔比与他们的关系极为亲密，苏联内务部认为菲尔比一定会有自己的想法，从而导致他对共产主义失去信心。在相当长一段时间里，苏联情报机构认为菲尔比是一名为英国服务的

---

① 艾红、王君、慕尧：《俄罗斯情报组织揭秘》，时事出版社2013年版，第244—249页。

双重间谍，但因其具有利用的价值及欺骗西方情报机构的需要，决定不揭露其真面目。当菲尔比1963年潜逃到莫斯科后，苏联虽然同意接受其"政治避难"的请求，并给予他一堆荣誉及良好的待遇，但在莫斯科生活的25年时间里，他并没有得到应有的尊重和使用。在苏联人看来，菲尔比既然能出卖自己的祖国向苏联提供情报，谁能保证他不会转而投入英国的怀抱出卖苏联呢？尽管菲尔比认为自己所从事的是一项崇高而伟大的事业，并且一辈子都没有改变这个信念，但在英国人看来，他是一个十足的叛徒，苏联人又觉得他不可靠，最后两边都不落好。虽然他获得了苏联给予的上将军衔和一堆奖章，但表面的光鲜难掩内心的落寞，他逝世前曾悲凉地说："我这一生就是在不断地背叛。一个人必须有所归属，而我从未有过什么归属。"[1] 这正如中国现代女作家张爱玲在散文《天才梦》中所写的那样："生命是一袭华美的袍，（里面）爬满了蚤子。"宋代释道原《景德传灯录》云："如人饮水，冷暖自知。"任何人都是时代的产物，又以自己的行为影响着时代，遥望那个曾经充满激情而又破烂不堪的时代，我们已经很难体味当事人的心境。

二战时期，苏联最有名的"拉姆扎""红色乐队"和"拉多"3个间谍网，为苏联取得二战胜利立下了汗马功劳，但这些间谍网的负责人并没有得到苏联的信任。驻日盟军最高统帅麦克阿瑟曾这样称赞"红色谍王"佐尔格："与佐尔格相比，其他间谍行动就是外行人的游戏。"其领导的"拉姆扎"间谍网，在日本开展了卓有成效的情报工作，及时向苏联报告了所搜集到的希特勒袭击苏联的准确时间和军队规模，以及日本暂时不会进攻苏联远东地区等极为重要的情报，为苏联夺取卫国战争胜利作出了卓越的贡献，并为此付出了生命的代价，但佐尔格在苏联人的眼里就是一个多重间谍，并被怀疑他对苏联的忠诚。亲自招募佐尔格的格鲁乌（苏联军事情报部）部长别尔津在大清洗运动中被处死，佐尔格失去了组织上的支持和信任。为隐藏苏联情报人员的身份，佐尔格将自己包装成一个狂热、偏执且富有侵略性的德国退役军人，成为纳粹党日本地区的负责人，还经常出入酒馆妓院，生活显得放荡不羁。他与德国两任驻日大使关系密切，经常帮助他们撰写报告、审核修改相关文件电报、分析探讨热点问题、编报相关情报，并在此过程中窃取了大量核心机密。这些行为本是掩护其间

---

[1] 艾红、王君、慕尧：《俄罗斯情报组织揭秘》，时事出版社2013年版，第225—226页。

谍活动的手段，但谁知道他是逢场作戏还是本色表演呢？苏联格鲁乌认为佐尔格是同时为德国和日本提供情报的多重间谍，甚至中止向其提供活动经费，他不得不靠自己微薄的薪水和稿酬来维持间谍网的日常运行，按照苏联的指令搜集并发回其所亟需的大量情报。随着这起"共产国际间谍案"处理的落幕，佐尔格便被苏联人遗忘了，在苏联内务部和格鲁乌4局布满灰尘的档案柜里，他已经成为一个"完全投靠了日本和德国的间谍"。反倒是西方国家对这名"红色谍王"兴趣盎然，拍摄了许多有关他的电影。直到20多年后的1964年，时任苏共总书记赫鲁晓夫偶然看到了其中的一部电影《佐尔格博士你是谁》，感到非常震惊，下令授予其"苏联英雄"称号，并开展了多种形式的纪念活动，佐尔格才得以以本来面目回到苏联大众的视野。[1] 活跃在欧洲的"红色乐队"和"拉多"情报网，其情报来源延伸到纳粹德国的最高决策层，与盟国的情报网络也保持着一定的联系，同样向苏联准确报告了希特勒闪击苏联的时间，还有大量涉及德军军事装备、军事部署、军队调动、军事行动等方面的系列情报，"拉多"情报网所属的"露西小组"还参与策划了施陶芬贝格上校在"狼穴"暗杀希特勒的秘密行动。这两个间谍网先后被破获，绝大多数成员被处死，"红色乐队"间谍网负责人特伯雷和"拉多"间谍网负责人拉多，闯过了重重叠叠的鬼门关才侥幸活到了战后，本以为到莫斯科后会获得鲜花和奖章，谁知迎接他们的竟然是手铐和审判，这两个间谍网被指控都被西方国家情报机构渗透了，与佐尔格一样，特雷伯和拉多也被认定是西方国家的间谍，他们逃脱了纳粹德国的集中营，却在战后被苏联投进了卢比扬卡监狱。比佐尔格幸运的是，在贝利亚倒台后，他们迎来了命运的转机，先后被释放出狱和恢复名誉，分别回到了各自的祖国波兰和匈牙利，从事自己喜欢的工作并得以善终。[2]

四、懊悔所作所为

人是具有丰富情感和思维能力的高级动物。从事秘密行动的情报人员在"刀尖上跳舞"和"刀刃上舔血"生涯的间隙，也会对自己的行为进行

---

[1] 程景：《苏联克格勃绝密行动》，北方文艺出版社2017年版，第26页。
[2] 高金虎等：《剑与盾——二十世纪俄罗斯情报机构绝密行动》，东方出版社2005年版，第81页。程景：《苏联克格勃绝密行动》，北方文艺出版社2017年版，第50页。

第十五章 秘密行动与伦理道德

反思,尤其是当有些人将自己的行为放到伦理道德的评判台上进行审视时,会觉得自己的良心无处安放,有些人甚至在纠结与困惑中走向了另一个极端。然而,正如日本作家村上春树所言:"过去的事情已经过去,无论怎样后悔都无法改变。"《史记·陈丞相世家》记载,汉朝开国功臣陈平善于用间,即擅长使用秘密行动的方式来为刘邦解决难题,"常出奇计,救纷纠之难,振国家之患",最后位极人臣,但他觉得这种行事方式会给后人带来灾祸和报应,他说:"我多阴谋,是道家之所禁。吾世即废,亦已矣,终不能复起,以吾多阴祸也。"法国特工莫里斯·罗贝尔说:"正派人干起了流氓的勾当。在我们国家,只有为了国家利益才杀人。"[①] 在情报界,这样做的可不止法国,与美国、苏联(俄罗斯)和以色列相比,这方面法国只能算是小弟。

"黑九月"组织制造了"慕尼黑惨案"后,以色列总理梅厄夫人随即命令摩萨德特工阿夫纳组织了"上帝的复仇"特别行动小组,对"黑九月"组织11名骨干人员进行追杀。梅厄夫人认为,以色列存在于世,就是要保护犹太人,使他们免遭敌人的欺凌和虐杀。以色列在过去为自己的生存而奋斗时,也总是力求要有个限度,即使是在保卫她的孩子们时,她也要尽力克制,从没有逾越一切文明的准则,始终保持自己的清白,不采取不必要的残暴手段。但现在不同了,我已经做出了一项决定,那就是复仇。摩萨德局长扎米尔说:"这就像是一个恐怖小组,但能量要比恐怖小组更大。"特别行动小组成员还专门签署了与摩萨德脱离关系的文件。当"死亡名单"上的8个对象已经被特别行动小组解决了时,该小组的情况也发生了重大的变化,其中1名队员因杀错了人被挪威判刑、两名队员死于"黑九月"的暗杀、1名死于试制炸弹。这支从摩萨德数百名特工中精选出来的虎狼之师,只剩下队长阿夫纳及史蒂夫两个人了,便暂时停止了暗杀行动。这段时间,阿夫纳和史蒂夫面对层出不穷的恐怖事件,开始反思这种旷日持久追杀行动的合理性,他们觉得这本身就是一种恐怖行为,拒绝接受摩萨德的任何指令,并移居美国,试图真正与摩萨德脱离关系。虽然他们曾与摩萨德签过脱离关系的法律文书,但那只是一个幌子。摩萨德断绝了他们的一切经济来源,并以绑架他们的家人相威胁,最后反目成仇。还剩3名对象的暗杀任务,转到了新任摩萨德局长霍菲将军的手中,

---

① 勾宏展等:《塞纳河畔的管子工——二十世纪法国情报机构绝密行动》,东方出版社2005年版,第182页。

他不得不另外组织人员执行。① 在这个案例中，决策者也认为追杀行动逾越了文明的准则，是一种残暴的手段，从摩萨德局长到特别行动小组成员，尤其是两名还活着的组员，也觉得自身的行为与恐怖分子无异。一场轰轰烈烈的复仇之战，出生入死、立下赫赫战功的两名幸存者，并没有如我们所想象的那样成为英雄，反而是受到了心灵的拷问，质疑起自己行动的合理性，毅然与摩萨德分道扬镳，成为了"逃兵"，结局令人唏嘘。英国记者查普曼·平彻说："因为良心谴责而认供的人似乎为数不多，但克格勃的刺客博格丹·斯塔申斯基就是一个这样的叛徒。"斯塔申斯基受命先后用特制毒雾喷射装置暗杀了乌克兰民族主义领袖列别德和班德拉，后来他偶然看到了有关班德拉葬礼的新闻片，班德拉躺在棺材里，其妻子和孩子围着棺材悲痛欲绝。这个场景使斯塔申斯基深受震撼，突然有了一种良心发现的感觉，他告诉克格勃联系人，说被自己的罪行和班德拉亲属的悲痛击垮了，并由此产生了要逃脱这令人厌恶的杀人行当的想法，不久就叛逃到西德，揭露出了克格勃暗杀行动的内幕情况。② 他们选择回归做人的良知，却不得不背叛自己的祖国和组织，在他们的内心深处，一定会感到无比的纠结和无奈，因为无论怎么做，都不会是最理想的选择。

　　暗杀托洛茨基的拉蒙·梅尔卡德，其母亲卡里达德·梅尔卡德是这个代号为"母亲"的暗杀小组的组长，正是她帮助"鸭子行动"的负责人艾廷根招募了自己的儿子。卡里达德出身于西班牙名门望族，其先祖任过古巴副总督，曾祖父担任过西班牙驻俄罗斯大使。拉蒙实施暗杀行动时，卡里达德和艾廷根在别墅外的汽车里计划接应其撤离。因出现了意外，拉蒙被捕。卡里达德和艾廷根迅速逃离现场，辗转回到了莫斯科，由贝利亚带着晋见斯大林，被授予"列宁勋章"。但是她过得并不快活，自己得到了勋章，儿子却要在墨西哥熬过20年的牢狱生涯，每念及此，她都感到良心不安。她对共产国际西班牙支部的代表说："他们再用不着我了。国外对我的……情况了如指掌，再用我就危险了。但他们也知道，我再也不是过去的那个女人了……而是一个万恶的凶手。我不仅走遍了欧洲，寻找那些

---

① 詹为为、詹幼鹏：《以色列摩萨德绝密行动》，北方文艺出版社2017年版，第177—178页。

② 黄狐编著：《鹰眼——苏联克格勃行动档案》，河北人民出版社1998年版，第242页。

脱离乐土的肃反委员会工作人员,无情地杀死他们。我做的甚至超过了这些。我还为了理想把自己的儿子变成了一个凶手。尽管我看到他被绑着,浑身血迹斑斑地从托洛茨基的房子里走出来,但却无法接近他。"二战结束后,她曾四处奔走,竭力争取儿子提前获释,但处处碰壁,理由是拉蒙的真实身份还没有暴露,苏联政府不宜出面营救。拉蒙于1960年刑满释放回到莫斯科后,发现负责"鸭子行动"的原苏联内务部情报局副局长苏多普拉托夫及艾廷根被关在监狱里,便不断地请求克格勃先后两位主席谢列平和谢米恰斯特内将他们放出来,还向苏共中央书记苏斯洛夫提出了这个问题,令他们非常恼火。他们还拒绝了拉蒙提出的加入苏共的申请,苏共并不想让一个杀手来玷污自己的名声。拉蒙的心情十分矛盾,他感慨道:"假如再回到40年代,我还是会做我自己已做过的事情,只要不生活在今天这个世界上就行。谁也选择不了他所生活的年代。"①

五、双重人格要求

情报机构对其工作人员及发展的间谍有着双重人格的要求,对己方和对敌方完全是相反的。这种双重人格要求由来已久,《圣经》马太福音10章16节:"耶稣对他门徒说:'我差你们去,如同羊进入狼群,所以你们要灵巧像蛇,驯良像鸽子。'"也有人将"灵巧像蛇,驯良像鸽子"翻译为"机灵如毒蛇,纯洁如鸽子",这种译法可更好地凸显双重人格的特质,正如弗洛伊德所说"一半是天使,一半是魔鬼",遑论作为情感动物的人,就是社会又何尝不是如此。英国作家狄更斯在长篇小说《双城记》开篇第一段话就是:"这是一个最好的时代,这是一个最坏的时代;这是一个智慧的年代,这是一个愚蠢的年代;这是一个光明的季节,这是一个黑暗的季节;这是希望之春,这是失望之冬;人们面前应有尽有,人们面前一无所有;人们正踏上天堂之路,人们正走向地狱之门。"作为情报机构的工作人员及所发展的间谍,不仅要面对充满矛盾的世界,还要面对更加矛盾的职业要求,这个行业在对自身操守和工作手法上的要求是完全对立和撕裂的,忠诚与背叛、诚实与欺骗、守法与非法、仁爱与残忍,在其日常工作中时常纠结在一起。如对自身操守的要求是忠诚、诚实和守法等,与正常的伦理道德标准是一致的,但其所运用的工作手法则是鼓动背叛、运用

---

① 高金虎等:《剑与盾——二十世纪俄罗斯情报机构绝密行动》,东方出版社2005年版,第247—248页。

欺骗和各种非法的手段来达到目的，并要求所策反的间谍背叛其原有的国家和组织之后，忠诚于己方的国家和组织。这种不断变幻的要求和手法，给人以头晕目眩之感，但在这个行业中，这是再正常不过的一种运作方式。2019年，时任美国国务卿蓬佩奥在得州农工大学演讲时说："我曾担任美国中央情报局的局长。我们撒谎、我们欺骗、我们盗窃，我们还有一门课程专门来教这些。这才是美国不断探索进取的荣耀。"① 这一席话当时在国际上引起了轩然大波。作为一位承担外交职能的国务卿，在公开场合夸耀这些不符合伦理道德的行为方式确实值得商榷，但这就是情报组织的工作方式，而且他所说的撒谎、欺骗、盗窃只能算是烈度相对较低的秘密行动方式，而暗杀、绑架、破坏、颠覆、准军事等烈度更高、破坏性更强的秘密行动方式他还没有说。可见从社会认知上来说，对情报组织有违伦理道德的工作方式反感程度是相当强烈的。但无论你喜欢与否，都不会影响这个行业的存在，也不会影响相关国家政府和组织将其作为重要的博弈工具，更不会影响有那么一群人，在这个世人无法察觉的战线里辛勤劳作，要用自己的忠诚，来力求激发目标对象的反叛之心；用自己的廉洁，来力求激发目标对象的贪婪之心；用自己的残暴，来维护己方国家和组织的和谐与安宁。在这个外人看来充满了矛盾和悖论的世界里，一切都运转得井然有序，一切都显得那么理所当然。就像一个钓者，打好鱼饵，手执鱼杆，等待满满的收获，一派岁月静好、田园牧歌的模样。但一个钓者，只会惦记鱼篓里鱼的多少，很少关心鱼篓里的鱼会是什么样的心情。一个执行秘密行动的情报人员，如果他过多地关注目标对象及相关人员的心理感受，肯定难以完成国家和组织赋予他的使命，还可能会捅出更大的娄子，就如同克格勃杀手斯塔申斯基所做的一样。作为一个特殊行业的从业人员，与作为一个普罗大众式的社会人，竟然会是如此的不同。从本质上来讲，军人的职责是杀人，间谍的职责是坑人。只不过军人杀的对象是敌人，而间谍坑的对象除了敌人之外，也坑朋友，如以色列通过策反波拉德窃取美国的情报，美国中央情报局通过支持军人政变杀害了"我们的狗娘养的"南越总统吴庭艳。在这个隐形的世界里，你不必斤斤计较基于个人色彩的良知和操守，但你必须完成基于国家和组织赋予的使命，这个使命就是不择手段地去坑对手，而这个对手是敌人，是路人，也可能是朋友，

---

① 《CGTN：撒谎不会让美国再次伟大》，中国青年网，2020年3月4日，https://baijiahao.baidu.com/s?id=1660249956460576866。

第十五章　秘密行动与伦理道德

而这正是你必须遵从的职业良知和操守。

二战时期德国军事谍报局局长卡纳里斯，因参加反希特勒的密谋集团"黑色乐队"被处以绞刑，焚尸扬灰。曾参与反希特勒活动的恩斯特·冯·魏茨泽克男爵评价道："他是一个无私的理想主义者和奸诈狡猾的混合体……机灵如毒蛇，纯洁如鸽子……无论如何，他是一个狡猾的奥德修斯。"[①] 奥德修斯又译为俄底修斯，是荷马史诗《奥德赛》中的主角，通过策划实施"特洛伊木马计"赢得了战争的胜利，他既有阴险狡诈、残暴贪婪的性格特点，又有面对艰难险阻、百折不挠的豪迈气概。在这里，我们无意讨论魏茨泽克对卡纳里斯的评价是否中肯准确，主要是想借用其中"机灵如毒蛇，纯洁如鸽子"这一句源自《圣经》的评语。对情报机构中的情报人员来说，这句话高度概括了对他们的伦理道德上的要求，对敌方或对手必须"机灵如毒蛇"，对己方国家和组织要"纯洁如鸽子"。这是一个矛盾的结合体，没有哪一个行业对工作人员在伦理道德上会有如此矛盾和撕裂的要求。世界上绝大多数的行业，对自身要求、对工作对象的要求及工作手段上的要求基本上是一致的，对待自己的国家和组织与对待其他国家和组织在原则上也不会有太大的出入，基本上都会用一个相同或相似的标准和原则去衡量，即便是监狱里的狱政人员与罪犯这两类完全不同的群体，都会遵循总体方向一致的伦理道德标准。如狱政人员要遵纪守法、诚实守信，对罪犯的要求也是要将他们改造成为遵纪守法、诚实守信的公民，狱政人员还要用遵纪守法、诚实守信的方式去改造和影响罪犯，使这些罪犯能够痛改前非、重新做人。而情报机构则完全不同，对自己内部的情报人员要求忠诚廉洁、诚实守信，在日常工作中却使用阴谋诡计，设置陷阱，激发工作对象的贪婪之心，诱发工作对象的背叛行为，或是使工作对象上当受骗而不自知。也就是说对己方情报人员所使用的是高尚的伦理道德标准，日常工作中所使用的是卑鄙无耻的手段，最大程度地激发出工作对象人性的弱点和劣根性。对己对人及所使用的手段，伦理道德标准的要求根本就不在一个频道上，甚至是完全对立的。德国哲学家叔本华认为："世界是一半一半的世界。天一半，地一半；男一半，女一半；善一半，恶一半；清净一半，浊秽一半。学习包容不完美的世界，你就会拥有一个完整的世界了。"在情报界，不仅仅是要用宽广的胸怀去包容那么简

[①] 王乔保等：《喋血柏林墙——二十世纪德国情报机构绝密行动》，东方出版社2005年版，第103—104页。

单,更重要的是要用行动贯穿在日常生活和工作中,做到并行不悖,游刃有余,浑然天成,不能留下任何表演或刻意为之的痕迹,对情报人员来说,是一个无法回避、必须迎头而上的挑战。

美国情报学者拉·法拉戈说:"间谍工作实质上就是一场复杂的诈骗,人们相信,如果一个间谍起初还不是一个流氓,那么他的间谍生涯就不可避免地要使他堕落变质。"① 此话说得有些绝对,但长期浸润其间,不排除对极少数人会产生负面的影响。从事间谍工作包括秘密行动的绝大多数人员,对自身的社会角色与职业角色是分得很清楚的,作为一个社会的人,他必须遵从社会所普遍认可的道德规范;作为一个职业的人,他必须按照这个行业的工作规律和要求去行事,用"流氓"的方式去开展工作,一般情况下并不会使自己"堕落变质"。但近朱者赤,近墨者黑,其中也会有极少数的人员,长期在这种不能见光的状态下工作,逐步迷失了自我,混淆了社会身份与职业身份的界限。执行"上帝的愤怒"秘密行动的阿夫拉和史蒂夫,用特制毒雾喷射装置暗杀了乌克兰民族主义领袖列别德和班德拉的克格勃杀手斯塔申斯基等,反思了自己的所作所为,选择回归社会身份,但却成为了"逃兵"或"叛徒";埃姆斯、汉森、佩尼科夫斯基等人抛弃了其社会身份,完全滑进了职业身份的泥坑,给自己的国家和组织造成了巨大的损失,最终受到了本国法律的严惩。

双重人格是对间谍个人的一种内在要求,另外,社会上对他们的评价也两极分化,也可以说是一种双重评价,赞之者认为是天使,贬之者认为是魔鬼。纳粹德国外交部工作人员弗里茨·科尔贝,痛恨纳粹,主动向美国中央情报局驻伯尔尼情报站站长杜勒斯投靠,并提供了1600份绝密情报,挽救了无数欧洲人的生命,缩短了二战在欧洲战场的时间,被誉为是"二战中最伟大的间谍"。二战后的纽伦堡大审判中,他出庭指证纳粹犯下的滔天罪行,结果被德国人当成叛徒和走狗,不仅无法回到外交部工作,连其他工作也找不到。德国虽然全面否定并积极清除纳粹主义,但并没有善待这样一位反纳粹的人士。当时,他充当美国间谍的经历还不为世人所知,否则德国人会生吞活剥了他。他不得不只身前往美国谋生,已经平步青云的杜勒斯也没有给予他任何礼遇和帮助,最后只得帮一家美国电锯商在瑞士代销产品,度过了清贫的一生,他临去世时说:"我做的一切都是

---

① 勾宏展等:《塞纳河畔的管子工——二十世纪法国情报机构绝密行动》,东方出版社2005年版,第93页。

第十五章　秘密行动与伦理道德

为了德国和德意志民族，总有一天，会有人理解我的良苦用心的。"直到其去世后第33年的2004年，德国政府才肯定这个曾被民众认为是"叛国者"的科尔贝的功绩，德国时任外交部长菲舍尔表示："现在是很迟，但向他致敬还不算太迟"，"这份荣誉迟到太久，这在我们外交部的历史中可不是光荣的一页。"① 这位代表德国政府发声的外长，语气显得并不是那么干脆利落、清澈透亮。格鲁乌上校佩尼科夫斯基，在古巴导弹危机期间将苏联核武器的数量及导弹射程等真实情况提供给英美情报机构，使得时任美国总统肯尼迪掌握了苏联核武器的底牌，迫使苏联从古巴撤出了导弹，避免了美苏核战争的爆发。对这名叛国者，苏联痛恨至极，军事法庭法官判定为："他是个机会主义者、野心家以及道德败坏的人。"并将其活生生地投进了焚尸炉。美国总统肯尼迪高度评价他为拯救了美国的最伟大的间谍，西方媒体称他为"冷战神话""拯救了整个世界的人"，是"现实中几乎不存在的理想间谍"。英国记者查普曼·平彻在《他们的职业是背叛》一书中写道："他们的行为是崇高的，肯定也是勇敢的，但是从任何定义上来说，他们都是叛国者。"② 实际上在背叛者中，绝大多数人的行为并不崇高，相反是私利作怪，或是受到了胁迫，身不由己，最后的结局注定是悲惨的。不管对方给你多高的评价和荣誉，在你自己的祖国，永远也洗不掉叛国者的耻辱。在这个世界上，任何人都只会属于某个特定的国家，而不存在世界公民一说。

　　历史还在延续，世界并不太平。一个国家想要成为国际社会中一个强大、重要或熟练的玩家，必定需要一个精明强悍的情报组织作为支撑。作为国家或组织重要博弈工具的秘密行动，将会继续发挥其独特的作用，不会因为不符合伦理道德的规范而刀枪入库。也许有人会说，秘密行动的这些方式自古以来就在不断地重复使用，其效能会不会随着时间的推移而衰减？从经济学"边际效应"的角度上来理解，的确会存在效能递减的问题，因为对方可能从历史的经验教训中学会许多应对秘密行动的方法。有一种说法是人不会在同一个地方跌倒两次，或聪明人不会被同一块石头绊倒两次。但现实给我们的回答是秘密行动这些方式方法仍然管用，主要是

---

① 綦甲福、赵彦、朱宇博、邵明：《德国情报组织揭秘》，时事出版社2013年版，第217—219页。

② 刘雪梅等：《神秘的第三只手——二十世纪美国情报机构绝密行动》，东方出版社2005年版，第35页。

世界情报组织秘密行动

因为秘密行动的策划者专业性越来越强，手段越来越高明，采取的是暗中捣鬼的方式，同时每个秘密行动项目都基本上是独一无二的存在，你很难从中找到应对下一个秘密行动的灵丹妙药。就如同世界上的石头多得不可计数，用来绊人的石头多的是，情报机构一般不会重复使用其中的任何一块石头，而你也不可能对所有的石头保持高度的警惕，最后的结果是，你仍然可能会被其中一块最不起眼的石头所绊倒。这种最终的不利结果，常常被视为验证了哲学家黑格尔的一句名言："人类从历史中学到的唯一教训，就是没有从历史中吸取到任何教训。"历史也反复表明，就算是使用了同一块石头，也仍然不乏被绊倒的人，只是概率会更低一些。如同自古以来人们就在防范诈骗，但有哪一个时代真正杜绝了诈骗现象？信息不对称是诈骗现象得以存在的社会基础，但在社会资讯高度发达的今天，诈骗活动依然能够大行其道，并有愈演愈烈之势，借助信息技术的加持，由诈骗个体演变为诈骗团体，一个骗子或一个诈骗团伙，用同一种手段就能撂倒一大片人，甚至远隔千山万水，也能将成批的人骗得团团转。我们总以为信息技术可以很好地解决信息不对称的问题，没想到信息技术还能更有效地制造信息不对称的问题，骗子将防骗的解药变成了行骗的迷药，而且波及面更广，效率更高，实在令人匪夷所思。人们的认知总会受到各种客观和主观因素的制约，世界上不可能存在能辨别出所有妖魔鬼怪的火眼金睛，人们津津乐道的孙悟空，只存在于神话小说之中。苏轼曾感叹道："横看成岭侧成峰，远近高低各不同。不识庐山真面目，只缘身在此山中（《题西林壁》）。"即使从事后诸葛亮的眼光来看，对历史上或早前的许多事件和问题，也是见仁见智，争论不休，对身陷迷境中的当事者来说，难免会有判断失误的时候，正如德国哲学家叔本华所言："没有人能在任何时刻都保持理智。"正是这种客观的现实，才给情报组织的秘密行动提供了翻云覆雨、纵横驰骋的机会和空间。这方面我们不能苛求前人，同时也不要苛求今人，能在双方的博弈中比对手棋高一着，在胜负率上优于对手，或是与对手旗鼓相当，就已经是很难能可贵的了。秘密行动往往是高手与高手的对垒、专业与专业的对抗，而且与明火执仗式的较量有着巨大的差异性，如同在黑暗环境中比赛的搏击手，有时甚至必须用第六感官去感知对手的状态、反应和弱点，寻求合适的方式去击败他，而这种感知不一定每次都能把握得恰到好处。因此任何一项秘密行动，都会存在成功与失败的可能，并应尽可能事先准备好因应之策。情报组织之间的较量，是典型的零和博弈，一方的成功意味着另一方的失败，一方的得意味着另一

第十五章 秘密行动与伦理道德

方的失。设置无形陷阱,让人防不胜防,才能称之为诡道,作为诡道集大成者和最高表现形式的秘密行动,才有了长久的生命力和展示的广阔空间。

主要参考资料

1. 白建才:《"第三种选择":冷战期间美国对外隐蔽行动战略研究》,人民出版社2012年版。

2. 乔良、王湘穗:《超限战与反超限战——中国人提出的新战争观美国人如何应对》,长江文艺出版社2016年版。

3. 卫安主编:《外国情报史》,时事出版社1993年版。

4. 孙厚洋、周春:《孙子兵法评说》,时事出版社2000年版。

5. 孙树理主编:《间谍情报与安全保密辞典》,解放军出版社1995年版。

6. 贾小平:《中国古代兵法选读》,文稿。

7. 高庆德:《美国情报组织揭秘》,时事出版社2016年版。

8. 王谦:《英国情报组织揭秘》,时事出版社2016年版。

9. 高庆德:《以色列情报组织揭秘》,时事出版社2016年版。

10. 梁陶:《日本情报组织揭秘》,时事出版社2012年版。

11. 綦甲福、赵彦、朱宇博、邵明:《德国情报组织揭秘》,时事出版社2013年版。

12. 高振明:《法国情报组织揭秘》,时事出版社2013年版。

13. 艾红、王君、慕尧:《俄罗斯情报组织揭秘》,时事出版社2013年版。

14. 詹敬芳、詹幼鹏:《美国中央情报局绝密行动》,北方文艺出版社2017年版。

15. 詹非非、詹幼鹏:《英国情报组织绝密行动》,北方文艺出版社2017年版。

16. 詹为为、詹幼鹏:《以色列摩萨德绝密行动》,北方文艺出版社2017年版。

17. 程景:《苏联克格勃绝密行动》,北方文艺出版社2017年版。

18. 刘雪梅等:《神秘的第三只手——二十世纪美国情报机构绝密行动》,东方出版社2006年版。

19. 高金虎等:《剑与盾——二十世纪俄罗斯情报机构绝密行动》,东方出版社 2006 年版。

20. 王乔保等：《喋血柏林墙——二十世纪德国情报机构绝密行动》，东方出版社 2006 年版。

21. 刘雪梅等：《保安局在行动——二十世纪英国情报机构绝密行动》，东方出版社 2006 年版。

22. 勾宏展等：《塞纳河畔的管子工——二十世纪法国情报机构绝密行动》，东方出版社 2006 年版。

23. 高金虎等：《大卫的铁拳——二十世纪以色列情报机构绝密行动》，东方出版社 2006 年版。

24. 黄狐编著：《鹰眼——苏联克格勃行动档案》，河北人民出版社 1998 年版。

25. 肖池编著：《米字旗守护神——英国军情五局和秘密情报局行动档案》，河北人民出版社 1998 年版。

26. 吴大辉编著：《潜流——法国特工行动档案》，河北人民出版社 1998 年版。

27. 魏大庆、罗克祥、张伟、王虎成编著：《诡狐——日本特工行动档案》，河北人民出版社 1998 年版。

28. 陈玉明主编：《世界间谍绝密档案》1—4 卷，吉林摄影出版社 1999 年版。

29. 吴明杰编著：《特殊战秘密档案·心理战》，黑龙江人民出版社 2005 年版。

30. 彭凤玲：《心理战——争夺心灵与思想的战争》，陕西人民出版社 2009 年版。

31. 烨子编著：《间谍》，上册为"政治军事编"，下册为"经济社会编"，中国广播电视出版社 2005 年版。

32. 崔佳编著：《人类谍战的历史》，中华工商联合出版社 2014 年版。

33. 宋颖编著：《特种部队：世界王牌特种部队秘密档案》，哈尔滨出版社 2009 年版。

34. 高金虎、张佳瑜等：《战略欺骗》，金城出版社 2015 年版。

35. 宋希仁主编：《社会伦理学》，山西出版集团、山西教育出版社 2007 年版。

36. ［古希腊］柏拉图著，范晓潮译：《理想国》，中国出版集团有限公司研究出版社 2018 年版。

37. [意] 尼科洛·马基雅维里著, 潘汉典译:《君主论》, 商务印书馆 2017 年版。

38. [德] 克劳塞维茨著, 余杰译:《战争论》, 台海出版社 2018 年版。

39. [英] 弗朗西斯·斯托纳·桑德斯著, 曹大鹏译:《文化冷战与中央情报局》, 国际文化出版公司 2002 年版。

40. [英] 托尼·杰拉蒂著, 宋本龙译:《雇佣兵》, 敦煌文艺出版社 2012 年版。

41. [英] 克里斯托夫·安德鲁、瓦西里·米特罗欣著, 王振西等译:《克格勃绝密档案(上下册)》, 当代世界出版社 2002 年版。

42. [德] 马库斯·沃尔夫著, 胡利平译:《隐面人》, 国际文化出版公司 1999 年版。

43. [美] 戴维·罗特科普夫著, 孙成昊、赵亦周译:《操纵世界的手:美国国家安全委员会内幕》, 商务印书馆 2014 年版。

44. [美] 约翰·C. 弗雷德里克森著, 朱振国译:《美国特种部队》, 上海科学技术文献出版社 2014 年版。

45. [美] 迈克尔·莫雷尔、比尔·哈洛著, 朱邦芊译:《不完美风暴:美国中央情报局反恐 30 年》, 中信出版集团 2018 年版。

46. [美] 小彼得·F. 潘泽瑞著, 张立功译:《"海神之矛"行动:"海豹"突击队猎杀本·拉丹》, 中国市场出版社 2016 年版。

47. [美] 理查德·赫尔姆斯、威廉·胡德著:《谍海回首——前中央情报局局长赫尔姆斯回忆录》, 社联印制 2004 年版, 内部资料。

48. [美] 埃里克·普林斯著, 张晓红、周勇译:《阴影中的军队:黑水公司和他的平民勇士》, 中信出版社 2015 年版。

49. [美] 乔比·沃里克著, 王祖宁译:《三重间谍——打入中央情报局基地的鼹鼠》, 广东人民出版社 2013 年版。

50. [俄] 维克托·切尔卡申、格里高利·费弗著《经营间谍的人——一名克格勃特工的自传》, 社联印制, 2006 年版, 内部资料。

51. [日] 松本利秋著, 熊苇渡、蔡静译:《雇佣军:战争生意与生死博弈》, 中国书籍出版社 2011 年版。